Collins

— POCKET —

Irish

Dictionary

Published by Collins
An imprint of HarperCollins Publishers
Westerhill Road
Bishopbriggs
Glasgow G64 2QT

Fourth Edition 2015

10 9 8 7 6 5 4 3

© HarperCollins Publishers 1997, 2008,
2010, 2015

ISBN 978-0-00-758090-3

Collins® is a registered trademark of
HarperCollins Publishers Limited

www.collinsdictionary.com
www.collins.co.uk

Typeset by Davidson Publishing
Solutions, Glasgow

Printed in Italy by Grafica Veneta SpA

A catalogue record for this book is
available from the British Library.

If you would like to comment on any
aspect of this book, please contact us at
the given address or online.
E-mail: dictionaries@harpercollins.co.uk

Acknowledgements
We would like to thank those authors and
publishers who kindly gave permission
for copyright material to be used in
the Collins Corpus. We would also like
to thank Times Newspapers Ltd for
providing valuable data.

CONTRIBUTORS/RANNPHÁIRTITHE
Niall Comer
Gráinne Uí Dhuifinn
Séamus Mac Mathúna
Máire Nic Mhaoláin
Ailbhe Ó Corráin
Pádraig Ó Mianáin

FOR THE PUBLISHER/
I GCOMHAIR AN FHOILSITHEORA
Gerry Breslin
Helen Newstead
Ruth O'Donovan

TECHNICAL SUPPORT/
TACAÍOCHT RÍOMHAIREACHTA
Thomas Callan
Agnieszka Urbanowicz

CONTENTS

CLÁR ÁBHAIR

INTRODUCTION

We are delighted you have decided to buy the **Collins Irish Dictionary** and hope you will enjoy it and benefit from using it.

The use of colour guides you quickly and efficiently to the word you want, and the comprehensive wordlist provides a wealth of modern and idiomatic phrases not normally found in a dictionary of this size.

The opening sections of the dictionary include a list of the abbreviations used in the text and a detailed guide to Irish pronunciation. There is a useful Irish grammar section in the middle of the dictionary which gives extensive tables of regular and irregular verbs and noun declensions. At the end of the dictionary there is a Language in Action supplement, which gives help with correspondence and time, date and numbers. In addition, Collins' unique "keyword" feature gives the user extra help with the most frequently used words in English and Irish (eg. **about**, **from**, **get**, **agus**, **cé**, **mar**).

RÉAMHRÁ

Cuireann sé áthas orainn gur shocraigh tú **Foclóir Gaeilge Collins** a cheannach agus tá súil againn go mbainfidh tú sult agus tairbhe as.

Cabhróidh na dathanna éagsúla leat an focal atá uait a aimsiú go furasta agus tá neart frásaí nua-aimseartha agus cora cainte sa stór fairsing focal nach bhfaighfí de ghnáth i bhfoclóir den mhéid seo. I ranna tosaigh an fhoclóra, faightear liosta de na giorrúcháin a úsáidtear sa téacs mar aon le cur síos ar fhuaimeanna na Gaeilge. Sa ghraiméar beag úsáideach i lár an fhoclóra, faightear táblaí de réimniú na mbriathra, idir rialta agus neamhrialta, mar aon le díochlaontaí na n-ainmfhocal. Ina dhiaidh sin, tá roinn ar uimhreacha, ar fhrásaí ama agus ar dhátaí, agus forlíonadh ar áitainmneacha. Ina theannta sin, beidh leagan amach na n-eochairfhocal, gné speisialta de chuid foclóirí Collins, ina áis bhreise ag an léitheoir le teacht ar na focail is coitianta a mbaintear úsáid astu i nGaeilge agus i mBéarla (m.sh. **agus**, **cé**, **mar**, **about**, **from**, **get**).

ABBREVIATIONS

GIORRÚCHÁIN

abbr	abbreviation	excl	exclamation, interjection
adj	adjective		
Admin	administration	f (f2, f3, f4)	feminine (second etc declension)
adv	adverb		
Agr	agriculture	fig	figurative
Anat	anatomy	Fin	finance
Archit	architecture	fpl	feminine plural
art	article	fsg	feminine singular
Astrol	astrology	fus	(phrasal verb) where
Astron	astronomy		the particle cannot
attrib	attributive		be separated from
Aut	cars and motoring		the main verb
aux	auxiliary	fut	future
Aviat	aviation	fvn	feminine verbal noun
Biol	biology	gen	genitive, generally
Bot	botany	Geog	geography
Brit	British	Geol	geology
Chem	chemistry	Geom	geometry
Cine	cinema	Gram	grammar
Comm	commerce, banking	gpl	genitive plural
compar	comparative	gs	genitive singular
Comput	computing	gsf	genitive singular feminine
conj	conjunction		
Constr	building, construction	gsm	genitive singular masculine
cpd	compound element		
Culin	cookery	Hist	history
def art	definite article	impers	impersonal
dem pron	demonstrative pronoun	Ind	industry
		indef art	indefinite article
dir rel	direct relative	indir rel	indirect relative
dpl	dative plural	inf(!)	colloquial usage
ds	dative singular		(! particularly
Eccl	ecclesiastical		offensive)
Econ	economics	infin	infinitive
Elec	electricity, electronics	Ins	insurance
esp	especially	interr	interrogative
etc	et cetera	inv	invariable

Irl	Ireland	pl	plural
irreg	irregular	Pol	politics
Ling	linguistics	poss adj	possessive adjective
Liter	literature	pp	past participle
m (m1, m3, m4)	masculine (first etc declension)	prep	preposition(al)
		pres	present
Math	mathematics, calculus	pron	pronoun
		Psych	psychology
Med	medical term, medicine	Rail	railways
		reg	regular
Meteor	meteorology	Rel	religion
Mil	military matters	rel	relative
msg	masculine singular	sb	somebody
Mus	music	Scol	schooling, schools
mvn	masculine verbal noun	Scot	Scottish
		sg	singular
n	noun	Ski	skiing
Naut	sailing, navigation	sth	something
neg	negative	sub	subjunctive
nf (nf2, nf3, nf4)	feminine noun (second etc declension)	subj	subject
		superl	superl
		Tech	technical term, technology
n gen (as adj)	noun in genitive as adjective		
		Tel	telecommunications
n inv	invariable noun	Theat	theatre
nm (nm1, nm3, nm4)	masculine noun (first etc declension)	TV	television
		Typ	typography, printing
nom	nominative	Univ	university
npl	plural noun	US	(North) American
num	numeral adjective or noun	vadj	verbal adjective
		vb(s)	verb(s)
o.s.	oneself	vi	intransitive verb
part	particle	vn	verbal noun
pej	derogatory, pejorative	voc	vocative
pers pron	personal pronoun	vt	transitive verb
Phil	philosophy	Zool	zoology
Phot	photography	®	registered trademark
Phys	physics	≈	introduces a cultural equivalent
Physiol	physiol		

PRONUNCIATION GUIDE

There are three main dialects of Irish: Ulster Irish, Connacht Irish and Munster Irish. There is, at present, no standard spoken pronunciation, although important steps have been taken recently to establish such a standard. The aim of this short guide is to give you an outline of the way in which the sounds of Irish are made, and to help you pronounce them. Two kinds of information are needed if a word is to be correctly pronounced. We need to know about each of the sounds that make up the word, and we need to know about stress. There are essentially 18 letters in the Irish alphabet: **a, b, c, d, e, f, g, h, i, l, m, n, o, p, r, s, t, u**; the letters **j, q, v, w, x** and **z** also occur in some loan words.

Vowels

The basic vowels of Irish are represented in the alphabet as **a, e, i, o** and **u**. These vowels may be either short or long. The difference in the length of vowels must be distinguished, as replacing one variety by the other can change the meaning of a word and lead to misunderstanding. The short and long vowels of Irish are listed below, together with their nearest English equivalents. It should, however, be noted that the following is simply a rough guide and that the vowels in question may vary considerably depending upon the surrounding consonants.

VOWEL	IRISH EXAMPLE	ENGLISH TRANSLATION	CLOSEST ENGLISH APPROXIMATION
a	**cat**	*cat*	*cat*
á	**lá**	*day*	*law*[1]
e	**te**	*hot*	*che(rry)*
é	**mé**	*I, me*	*may*[2]
i	**sin**	*that*	*shin*
í	**mín**	*smooth*	*mean*
o	**donn**	*brown*	*done*[3]
ó	**mór**	*big*	*more*[4]
u	**bus**	*bus*	*bus*[5]
ú	**cúl**	*back*	*cool*[6]

[1] With lips less rounded but more advanced than the vowel in standard English *arm*. In Ulster, pronounced as in the English *cat*, but with a long vowel.
[2] As pronounced in Irish English, i.e. not diphthongized.
[3] Also often pronounced as in the English *hot*.
[4] In Ulster, often pronounced as in the English *law* when not flanked by a nasal consonant.
[5] As pronounced in Irish English; in some dialects, pronounced as in the English *book*.
[6] With more rounded lips.

Vowel combinations

The vowels combine with each other in a variety of ways. The vowels **i** and **u**, for example, combine with **a** to give **ia** and **ua**. These combinations consist of the two sounds **i** and **u**, which are normally long in this case, and a sound similar to the *a* at the beginning of the word *across* in English. Hence, **ia** = *eea* and **ua** = *ooa* in the words **bia** (food), **fuar** (cold). Compare the vowels in English *theatre* and *cruel*.

In the middle of words, the combinations **a(i)dh**, **a(i)gh**, **o(i)dh**, **o(i)gh**, **eidh**, **eigh** also consist of two vowel sounds, pronounced like English *eye* or *my* in words such as **radharc** (view), **maidhm** (explosion, eruption), **laghdú** (reduction), **caighdeán** (standard), **oidhreacht** (inheritance), **oighear** (ice), **feidhm** (function, use), **leigheas** (cure).

In a similar position, **(e)amh** is pronounced like *ow* in English *how* and *cow* in words such as **samhradh** (summer), **deamhan** (demon, devil); **(e)abh**, **obh**, **omh**, **odh**, **ogh** are also pronounced in this way in some dialects, for example **cabhair** (help), **leabhar** (book), **lobhadh** (rot), **domhan** (world), **bodhrán** (deaf person; type of drum), **bogha** (bow); in others, they are pronounced like a long *o* sound as in English *more*.

The combinations **umh** and **ubh** are pronounced like a long *oo* sound as in English *cool*, for example, **cumhacht** (power), **subhach** (joyful).

The combination **ao** does not represent two sounds. In Ulster and Connacht Irish, it is generally pronounced *ee*, in Munster Irish like the vowel in the English *may* (as it is pronounced in Irish English); **aoi** is generally pronounced *ee*. Hence **saol** (life) = *seel* or *sayle*; **Ó Laoire** (O'Leary) = *o leere*.

Because slender consonants are preceded or followed by **e** and **i** and broad consonants by **a**, **o** and **u** (see **Consonants**), it is sometimes difficult to determine which vowel or combination of vowels in a word should be pronounced. In the table below, one of the vowels simply indicates that the preceding or following consonant is either slender or broad.

VOWEL COMBINATIONS	IRISH EXAMPLE	ENGLISH TRANSLATION	CLOSEST ENGLISH APPROXIMATION
ai	**cailc**	chalk	*cat*
ea	**fear**	man	*cat*
eá	**meán**	middle	*law/arm*
eái	**coinneáil**	keeping	*law/arm*
ái	**páirc**	field	*law/arm*
ei	**peil**	football	*che(rry)*
ae	**tae**	tea	*may*[1]
éa	**béal**	mouth	*may*[1]

[1] As pronounced in Irish English.

VOWEL COMBINATIONS	IRISH EXAMPLE	ENGLISH TRANSLATION	CLOSEST ENGLISH APPROXIMATION
éi	**féin**	self	*may*
aei	**traein**	train	*may*
ui	**duine**	person	*shin*
io	**fionn**	fair	*shin*
aí	**scéalaí**	storyteller	*mean*
oí	**oíche**	night	*mean*
uí	**suí**	sitting	*mean*
uío	**buíochas**	thanks	*mean*
ío	**síol**	seed	*mean*
oi	**coill**	wood	*done*
eo	**ceol**	music	*more*
eoi	**beoir**	beer	*more*
eó	**seó**	show	*more*
ói	**óir**	because	*more*
úi	**cúis**	cause	*cool*
iúi	**ciúin**	quiet	*cool*
iai	**fiailí**	weeds	*theatre*
uai	**duais**	prize	*cruel*

Before **rd**, **rl**, **rn** and **rr** short stressed vowels are normally lengthened:

ard	high	*law/arm*
orlach	inch	*more/law*
carn	cairn, heap	*law/arm*
corn	cup	*more/law*
barr	top	*law/arm*

However, if **rr** is followed by a vowel, the preceding vowel normally remains short:

carraig	rock	*cat*

In parts of Munster and Connacht, short vowels are made long or become diphthongs before **ll**, **nn**, **ng** and **m**:

poll	hole	*how*
binn	sweet	*eye* or *mean*
im	butter	*eye* or *mean*
cam	bent	*how* or *law/arm*

However, if **ll**, **nn**, **ng** and **m** are followed by a vowel, the preceding vowel normally remains short:

folláin	healthy	*done*

The "central" vowel

There is also a short "central" vowel in Irish which is often represented in writing by **a**, **e**, **ea** and **o**. It is pronounced like the *a* in the English word *across* and occurs in unstressed short syllables, for example: **anois** (now), **briseann** (breaks), **paca** (pack), **cluiche** (game), **mo** (my) and **do** (yours). In certain instances, this vowel is not written. It is pronounced after the first consonant in the following consonant groups: **lb, lbh, lch, lg, lm, lmh, lp** (from **lbth**), **nb, nbh, nch, nm, nmh, rb, rbh, rc, rch, rg, rm, rmh, rn, rp** (from **rbth**). Here are a few examples: **colm** (dove), **gorm** (blue), **colg** (bristle), **dearg** (red), **Albain** (Scotland), **tarbh** (bull).

The central vowel also occurs in Munster Irish when the order of consonants in these groups is in reverse order, eg: **eagla** (fear), **Aibreán** (April).

Consonants

The greatest difference between Irish and languages such as English, French and German is in the consonantal system. Irish has nearly twice as many consonant sounds as English. The reason for this is that there are two sets of consonant sounds in the language, each consonant having both a **broad** and a **slender** variety. As is the case with short and long vowels, broad and slender consonants must be clearly distinguished in pronunciation. Failure to make this distinction can change the meaning of a word. Roughly speaking, when pronouncing a broad consonant, the lips are relaxed and the tongue tends towards the back of the mouth. When pronouncing a slender consonant, the lips are tense and the tongue tends towards the front of the mouth. In written Irish, slender consonants are preceded or followed by the vowels **e** and **i**; broad consonants are preceded or followed by the vowels **a**, **o** or **u**. Hence, **b** and **p** are slender in the words **beo** (alive) and **peaca** (sin) but broad in the words **bó** (cow) and **paca** (pack). Similarly, both **t** and **r** are slender in the word **tréan** (strong) but broad in the word **traein** (train). To make things easier, we shall divide the consonants into so-called homorganic groups. Homorganic consonants are consonants which are alike in that they are pronounced by using the same position of the articulatory organs. For example, **p**, **b** and **m** are all made by bringing your lips together. The only difference is that **p** is unvoiced, **b** voiced, **m** both voiced and nasalized.

CONSONANT GROUP	IRISH EXAMPLE	ENGLISH TRANSLATION	CLOSEST ENGLISH APPROXIMATION
p (broad)	**pór**	seed	*pour* (lips closed and relaxed)
b (broad)	**bonn**	coin	*bun* (lips closed and relaxed)
m (broad)	**mamaí**	mama	*mammy* (lips closed and relaxed)
p (slender)	**pé**	who	*pay* (lips closed, tense and spread)

CONSONANT GROUP	IRISH EXAMPLE	ENGLISH TRANSLATION	CLOSEST ENGLISH APPROXIMATION
b (slender)	**bí**	be	*be* (lips closed, tense and spread)
m (slender)	**mé**	I, me	*may* (lips closed, tense and spread)
ph/f (broad)	**fón**	phone	*phone* (lips relaxed and close but not touching)
bh/mh (broad)[1]	**an-bhán**	very white	*Vaughan* or *wan*
ph/f (slender)	**an pheil**	the football	*fell* (lips tense and close but not touching)
bh/mh (slender)	**an mhí**	the month	the letter *V*
t (broad)	**tae**	tea	*tay* (tongue pressed against teeth)
d (broad)	**donn**	brown	*done* (tongue pressed against teeth)
n (broad)	**naoi**	nine	*knee* (tongue pressed against teeth)
t (slender)	**tír**	country	*cheer*
d (slender)	**díon**	roof	*Jean*
n (slender)	**ní**	thing	*knee* (with *n* as in *onion*)
c (broad)	**cam**	bent	*calm*
g (broad)	**gall**	foreigner	*Gaul*
ng (broad)	**long**	ship	*lung*
c (slender)	**cill**	churchyard	*kill*
g (slender)	**géim**	roar	*game*
ng (slender)	**cling**	peal	*cling*
ch (broad)	**loch**	lake	Scottish *loch*
gh/dh (broad)	**a dhroim**	his back	French *r* as in *Rhône*
ch (slender)	**oíche**	night	German *ch* as in *ich*
gh/dh (slender)	**ghéill sé**	he gave up	*yell*
s (broad)	**suigh**	sit	*see*
s (slender)	**sin**	that	*shin*

[1] **bh/mh** (at the end and the middle of words): at the end of words and after long vowels and diphthongs, broad **bh** and **mh** are pronounced *v* in southern dialects, *oo/w* in northern dialects, eg: **scríobh** (writing), **léamh** (reading), **ábhar** (matter), **lámha** (hands).

Final -(a)idh, -(a)igh

In most Irish dialects, these are pronounced like *ea* as in *mean*. In parts of Munster, *ig* as in *fig*. In verbs before a subject pronoun, **aigh** is pronounced like the *a* in *across*.

Final -adh, -amh

Nouns: In northern dialects, *oo* as in *cool*. In many southern dialects, as the *a* in English *across*; **amh**, however, is normally pronounced as *av* in Munster.

Verbs: In northern dialects, *oo* as in *cool*. In southern dialects, *ch* as in Scottish *loch*. In parts of Munster, however, as either *g* or *v* in the past passive.

ts

After the article **an, t** is pronounced as *t* (tongue pressed against teeth) before broad consonants; and as *ch* as in *cheer* before slender consonants, eg: **an tsúil** (the eye) = *tool*, **an tséis** (the sense) = *chesh*.

Word stress

Words are normally stressed on the first syllable in Irish. Under certain conditions in Munster Irish, however, the stress may fall on the second or subsequent syllables. This occurs:

1 In words in which the second syllable has a long vowel or a diphthong, for example, **beagán** (little) and **mórán** (much).

2 In words of three syllables when the first two syllables are short and the third is long, the stress is attracted to the long syllable, for example, **leanbaí** (childish) which is pronounced like *lanibee* and **Aibreán** (April), pronounced like *ibirawn*. Note that both these words contain the central vowel referred to above which does not appear in writing.

3 In words in which **(e)ach** occurs in the second syllable, for example, **bacach** (lame) and **coileach** (cock). However, if **h** (written **th**) intervenes between the vowel of the first syllable and that of the second, the stress falls on the first syllable, for example, **fathach** (giant).

4 In prepositional pronouns such as **agam** (on me), **agat** (on you), **orm** (on me), which is pronounced like *irum* in some areas.

There are approximately 20 words in Connacht Irish, particularly in Connemara and Aran, in which a short vowel in the first syllable is not pronounced when it is followed by a long vowel in the second syllable. This happens most frequently before **r**, **l** and **n** for example, **(a)rán** (bread), **p(a)róiste** (parish), **c(o)láiste** (college). The same applies to Munster Irish both in this case and frequently also when the second syllable is short, for example, **t(u)ras** (journey), pronounced *trus*, **ch(o)nac** (I saw), pronounced *chnuk*.

In Ulster Irish, long vowels in unstressed syllables are normally shortened, particularly the vowels **a** and **o**, for example, **arán** is pronounced *aran*, **scioból** (barn) is pronounced *shgyobal*.

Some words are stressed on the second syllable in all dialects. These are mostly adverbs of time and place which originally had an unstressed initial element, for example, **in<u>niu</u>** (today), **in<u>né</u>** (yesterday), **am<u>árach</u>** (tomorrow), **an<u>seo</u>** (here), **an<u>sin</u>** (there). This stress pattern is sometimes found in loan words such as **tobac** (tobacco).

In compound words, the primary stress may fall either on the first or the second syllable, or the first two syllables may carry equal stress:

Stress on the first syllable   **ollscoil** (university), **seanduine** (old person).

Stress on the second syllable   **indéanta** (practicable), **ró-bheag** (too small).

Equal stress   **an-mhaith** (very good), **fíor-álainn** (very beautiful).

Sentence stress
Nouns are more strongly stressed than verbs: **dúirt <u>Seán</u>** (John said); **d'inis sé <u>scéal</u>** (he told a story).

Pronouns have much weaker stress than the verb: **<u>tháinig</u> mé** (I came).

A dependent adjective or genitive has stronger stress than the noun: **cailín <u>deas</u>** (a nice girl), **fear an <u>tí</u>** (the man of the house).

Adjectives and nouns used predicatively are more strongly stressed than the subject: **is <u>deas</u> an cailín í** (she's a nice girl); **tá sé <u>fuar</u>** (it's cold).

Adverbs have stronger stress than the words they qualify: **déan go <u>maith</u> é** (do it well).

Prepositions, pronouns, conjunctions, the article, interrogatives and negative particles have weak stress or are unstressed.

Initial mutations
Under certain conditions, the beginning of words in Irish undergo a change in form. There are two kinds of change, both of which are caused by a preceding word. Some words cause **lenition** (called **séimhiú** in Irish), others **eclipsis** (called **urú** in Irish). Before feminine nouns, for example, the article **an** causes lenition of a noun which is the subject or object of a sentence. For example, the word for "a woman" is **bean**, but "the woman" is written **an bhean**, the **bh** being pronounced as a *v* sound. Similarly, the possessive pronouns **mo** (my), **do** (your) and **a** (his) cause lenition, as do many prepositions. For example, the word for "a car" is **carr**, but "my car" is **mo charr**, the **ch** being pronounced like the *ch* in

Scottish *loch*. Words causing eclipsis include the possessives **ár** (our), **bhur** (your plural), **a** (their) and the preposition **i** (in, into), for example, **ár gcarr** (our car), where **gc** is pronounced *g*, **i mbád** (in a boat), with **mb** pronounced *m*. The following tables give the basic consonants and their mutated forms in writing and in speech.

CONSONANT	LENITED	PRONUNCIATION	
		BROAD	SLENDER
p	**ph**	*f*	*f*
b	**bh**	*v* or *w*	*v*
m	**mh**	*v* or *w*	*v*
n	*no change*	*n*	*n*
t	**th**	*h*	*h*
d	**dh**	French *Rhône*	*y* as in *yell*
c	**ch**	Scottish *loch*	German *ich*
g	**gh**	French *Rhône*	*y* as in *yell*
l	no change	*l*	*l*
f	**fh**	not pronounced	not pronounced
s	**sh**	*h*	*h* or as in *ich* before letters **eó**, **iú** and, in some cases, before **eá**

CONSONANT	ECLIPSED	PRONUNCIATION	
		BROAD	SLENDER
p	**bp**	*b*	*b*
b	**mb**	*m*	*m*
m	not eclipsed	—	—
n	not eclipsed	—	—
t	**dt**	*d* as in *done*	*j* as in *Jean*
d	**nd**	*n*	*n* as in *onion*
c	**gc**	*g* as in *Gaul*	*g* as in *game*
g	**ng**	as in *lung*	as in *king*
l	not eclipsed	—	—
f	**bhf**	*v* or *w*	*v*
s	not eclipsed	—	—

ENGLISH–IRISH

BÉARLA–GAEILGE

A *n* (*Mus*) A *m4*

KEYWORD

a *indef art* (*no indef article in Irish*) **1**: **a book** leabhar; **an apple** úll; **she's a doctor** is dochtúir í
2 (*instead of the number "one"*): **a year ago** bliain ó shin; **a hundred/thousand** *etc* **euros** céad/míle *etc* euro
3 (*in expressing ratios*): **3 a day/week** 3 sa lá/sa tseachtain; **10 km an hour** 10 gciliméadar san uair; **30p a kilo** 30 pingin an cileagram

aback *adv*: **he was taken ~** baineadh siar *or* stangadh as
abandon *vt* (*desert*) tréig, fág; (*give up*) éirigh as, lig uait; (*hope, right, ideals*) tabhair suas
abbey *n* mainistir *f*

abbreviation *n* giorrúchán *m1*, nod *m1*
abdomen *n* bolg *m1*; (*Biol*) abdóman *m1*
abduct *vt* fuadaigh
abide *vt*: **I can't ~ it/him** níl cur suas agam leis; **abide by** *vt fus* seas le, cloígh le
ability *n* ábaltacht *f3*, inniúlacht *f3*, cumas *m1*
able *adj* ábalta; **to be ~ to do sth** bheith ábalta *or* in ann *or* in inmhe rud a dhéanamh
abnormal *adj* mínormálta; (*unusual*) neamhghnách, as an ngnáth
aboard *adv* ar bord ▷ *prep* ar bord + *gen*
abolish *vt* cuir ar ceal
abort *vt* (*plan etc*) éirigh as; **abortion** *n* ginmhilleadh *m*; **to have an abortion** ginmhilleadh a fháil

KEYWORD

about *adv* **1** (*approximately*) timpeall, thart ar, tuairim is; **about a hundred/thousand** *etc* tuairim is céad/míle *etc*; **it takes about 10 hours** tógann sé thart faoi 10 n-uaire an chloig; **at about 2 o'clock** i dtrátha a dó a chlog; **I've just about finished** tá mé chóir a bheith críochnaithe *or* de chóir críochnaithe, tá mé beagnach críochnaithe
2 (*referring to place*) thart, timpeall, anseo is ansiúd; **to leave things lying about** rudaí a fhágáil ina luí thart; **to run about** rith thart; **to walk about** siúl thart
3: **to be about to do sth** bheith ar tí *or* ar bhéala rud a dhéanamh

▷ *prep* **1** (*relating to*): **a book about London** leabhar faoi Londain; **what is it about?** (*book, programme*) cad is ábhar dó?; **we talked about it** labhraíomar faoi or ina thaobh or fá dtaobh de; **what** or **how about doing this?** cad é do bharúil dá ndéanfaimis seo? **2** (*referring to place*): **to walk about the town** siúl thart faoin mbaile mór or siúl timpeall an bhaile mhóir

above *adv* thuas ▷ *prep* thar, os cionn + *gen*, taobh thuas de; (*more*) breis agus; **mentioned ~** thuasluaite; **~ all** os cionn gach uile ní, thar gach uile ní

abroad *adv* ar an gcoigríoch, thar lear

abrupt *adj* (*sudden*) tobann; (*gruff*) giorraisc

abscess *n* easpa *f4*

absence *n* easpa *f4*, éagmais *f2*; (*of person*) neamhláithreacht *f3*; **during my ~** agus mé as láthair

absent *adj* (*missing*) in easnamh, ar iarraidh; (*person*) as láthair; **absent-minded** *adj* dearmadach

absolute *adj* iomlán, lán-; **~ certainty** lánchinnteacht *f3*; **absolutely** *adv* (*completely*) iomlán, go hiomlán, ar fad, amach is amach, fíor-; (*in agreement*) cinnte

absorb *vt* súigh, ionsúigh; **to be ~ed in a book** bheith sáite i leabhar; **absorbent cotton** (*US*) *n* cadás *m1* súiteach

abstain *vi*: **to ~ (from)** staonadh (ó); (*meat*) tréanas a dhéanamh (ar)

abstract *adj* teibí ▷ *n* coimriú *m*, achomaireacht *f3*

absurd *adj* áiféiseach

abundance *n* flúirse *f4*, raidhse *f4*

abundant *adj* flúirseach; **an ~ supply of food** flúirse bia

abuse *n* (*of person*) mí-úsáid *f2*, drochíde *f4*; (*insults*) masla *m4* ▷ *vt* tabhair drochíde or mí-úsáid do; (*insult*) maslaigh; **verbal ~** íde *f4* béil; **drug ~** mí-úsáid drugaí; **abusive** *adj* maslach

abysmal *adj* uafásach, ainnis, léanmhar

academic *adj* acadúil ▷ *n* scoláire *m4*; **academic year** *n* bliain *f3* acadúil

academy *n* (*learned body*) acadamh *m1*; **~ of music** acadamh ceoil

accelerate *vt* cuir tuilleadh siúil faoi, luathaigh, luasghéaraigh ▷ *vi* tóg siúl, luathaigh, luasghéaraigh; **accelerator** *n* luasaire *m4*

accent *n* blas *m1*; (*Gram*) aiceann *m1*; (*length accent*) síneadh *m1* fada

accept *vt* glac (le); (*apology*) gabh; **acceptable** *adj* inghlactha; **acceptance** *n* glacadh *m*

access *n* bealach *m1* isteach, rochtain *f3*; (*permission*) cead *m3* isteach; (*Comput*) rochtain; **~ time** (*Comput*) aga *m4* rochtana; **random ~** (*Comput*) randamrochtain *f3*; **accessible** *adj* (*place*) so-aimsithe; (*person*) sochaideartha

accessory *n* oiriúint *f3*, gabhálas *m1*; (*Law*) cúlpháirtí *m4*

accident *n* taisme *f4*, timpiste *f4*, tionóisc *f2*; **by ~** de thaisme, de thimpiste, trí thionóisc; **accidental** *adj* taismeach, timpisteach, tionóisceach; **accidentally** *adv* de thaisme, de thimpiste, trí thionóisc

acclaim *n* gairm *f2*, moladh *m* ▷ *vt* gair, mol

accommodate *vt* tabhair lóistín

do, cuir cóir ar; (*oblige, help*) déan garaíocht do; (*car etc*): **it ~s five** tá fairsinge do chúigear ann

accommodation n iostas m1, lóistín m4, cóiríocht f3; **office ~** cóiríocht oifige

accompany vt tionlaic, comóir

accomplice n comhchoirí m4

accomplish vt cuir i gcrích, críochnaigh; **accomplishment** n (*completion*) críochnú m; (*feat*) éacht m3

accord n comhaontú m ▷ vt deonaigh; **of his own ~** dá thoil féin, dá dheoin féin; (*initiative*) ar a chonlán féin; **accordance** n: **in accordance with** de réir + *gen*; **according** prep: **according to** de réir + *gen*, dar le; **accordingly** adv dá réir (sin), mar sin de, amhlaidh

account n (*Comm, bank*) cuntas m1; (*report*) tuairisc f2; (*bill*) bille m4; **accounts** npl (*Comm*) cuntais mph; **of no ~** gan tábhacht; **on ~** ar cairde; **on no ~** ar chuntar ar bith; **on ~ of** de bharr + *gen*; **on ~ of that** dá bharr sin, i ngeall ar sin; **to take sth into ~, take ~ of sth** rud a chur san áireamh; **account for** vt fus mínigh, tabhair cuntas i; **accountable** adj: **accountable (to)** freagrach (do), cuntasach (faoi or i); **accountant** n cuntasóir m3

accumulate vt tiomsaigh, carn ▷ vi carn, méadaigh

accuracy n beachtas m1, cruinneas m1

accurate adj beacht, cruinn; **accurately** adv go beacht, go cruinn

accusation n gearán m1, cúiseamh m1; (*allegation*) líomhain f3

accuse vt cúisigh; **to ~ sb of sth** rud a chur i leith duine, rud a chur síos do dhuine; **accused** n: **the accused** (*sing*) an cúisí m4; (*plural*) na cúisithe mpl4

accustomed adj (*usual*) coitianta, gnách, gnáth-; (*in the habit*): **he is ~ to doing that** tá sé de nós aige sin a dhéanamh

ace n aon m1

ache n pian f2, tinneas m1 ▷ vi (*yearn*): **to ~ to do sth** bheith ar bís chun rud a dhéanamh; **my head ~s** tá tinneas cinn orm

achieve vt cuir i gcrích, bain amach; **achievement** n éacht m3

acid n aigéad m1 ▷ adj aigéadach

acknowledge vt (*letter, fact*) admhaigh; **acknowledgement** n (*of letter*) admháil f3; (*of work*) aitheantas m1

acne n aicne f4

acorn n dearcán m1

acoustic adj fuaimiúil

acquaintance n duine m4 aitheantais

acquire vt faigh

acquit vt saor; **to ~ o.s. well** cruthú go maith

acre n acra m4

across prep trasna + *gen*, ar an taobh thall de; (*crosswise*) crosach ▷ adv anonn, anall, thall; **to run ~** rith trasna; **he went ~ the street** chuaigh sé trasna na sráide; **he went ~ the bridge** chuaigh sé anonn or thar an droichead; **he lives ~ the river** tá sé ina chónaí ar an taobh thall den abhainn; **~ from** os comhair + *gen*

acrylic adj aicrileach

act n (*gen, also of play*) gníomh m1; (*in music hall etc*) mír f2; (*Law*) acht m3 ▷ vi (*take action*) gníomhaigh, feidhmigh; (*Theat*) bheith ag aisteoireacht; (*pretend*) lig ort féin (go) ▷ vt (part): **to ~ a character** carachtar a dhéanamh; **to ~ as** gníomhú mar; **acting** adj gníomhach ▷ n aisteoireacht f3

action n aicsean m1, gníomh m1, gníomhú m, beart m1; (Mil) comhrac m1; (Law) caingean f2; **out of ~** (machine) as feidhm, as gléas, ó threoir; **to take ~ on sth** tabhairt faoi rud

activate vt (mechanism) cuir ar obair, gníomhachtaigh

active adj fuinniúil, gnóthach, cruógach; (in organization etc) gníomhach; (volcano) beo; **~ voice** (Ling) faí ghníomhach; **actively** adv (go) gníomhach

activist n gníomhaí m4

activity n gníomhaíocht f3

actor n aisteoir m3

actress n ban-aisteoir m3

actual adj fíor, dearbh; (Law) iarbhír

actually adv (really) go fírinneach, go dearfa; (in fact) déanta na fírinne

acupuncture n snáthaidpholladh m

acute adj géar; **~ accent** agúid f2; **~ angle** géaruillinn f2

A.D. adv abbr (= anno Domini) I.C., iar-Chríost

ad n abbr = **advert(isement)**

adamant adj dáigh, diongbháilte

adapt vt: **to ~ sth (to)** rud a chur in oiriúint (do) ▷ vi: **to ~ to** tú féin a chló le; **adapter, adaptor** n cuibheoir m3

add vt cuir le; (figures: also: **~ up**) suimigh ▷ vi: **to ~ to** (increase) cur le; **that ~s up** tá dealramh na fírinne air sin, tá sin ceart

addict n andúileach m1; **addicted** adj: **to be addicted to** (drugs, drink etc) bheith ar slabhra ag, andúil a

bheith agat i; (fig: to football etc) bheith tugtha do, dúil bhocht a bheith agat i; **addiction** n (Med) andúil f2

addition n suimiú m, suimiúchán m1; (thing added) breis f2, aguisín m4; **in ~** ina theannta sin; **in ~ to** le cois + gen, mar bharr ar;

additional adj breise n gen

additive n breiseán m1

address n seoladh m; (talk) óráid f2, aitheasc m1 ▷ vt cuir seoladh ar; (speak to) cuir forrán ar, labhair le

adequate adj sásúil

adhere vi: **to ~ to** greamú do; (fig: rule, decision) cloí le, géilleadh do

adhesive n greamachán m1; **adhesive tape** n (Brit) téip f2 ghreamaitheach; (US: Med) greimlín m4

adjacent adj: **~ (to)** cóngarach (do), buailte (le)

adjective n aidiacht f3

adjoining adj tadhlach; (land) atá sínte le, atá ag críochantacht le

adjourn vt cuir ar atráth ▷ vi scoir; **they ~ed the meeting** chuir siad an cruinniú ar atráth

adjust vt (clock, scales, compass) ceartaigh, cuir ina cheart; (machine) cóirigh, deisigh; (clothes) cuir in ord, cóirigh, socraigh; (prices) coigeartaigh ▷ vi: **to ~ (to)** tú féin a chló (le); **adjustable** adj incheartaithe, insocraithe, inathraithe; **adjustment** n ceartú m; (to machine) cóiriú m, deisiú m; (of prices, wages) coigeartú m

administer vt (country) riar; (drug) tabhair (do); (test) cuir (ar); (justice) cuir i bhfeidhm; **administration** n riarachán m1; (people) lucht m3 riaracháin; (Pol) rialtas m1;

administrative adj riarthach;

administrative centre lárionad riaracháin

admiral n aimiréal m1

admire vt: **to ~** meas mór a bheith agat ar

admission n (*to place*) cead m3 isteach; (*fee*) táille f4; (*of guilt*) admháil f3

admit vt (*let in*) lig isteach; (*confess*) admhaigh; (*agree*) aontaigh, glac le; **admittance** n cead m3 isteach; **admittedly** adv is fíor go, caithfear a rá go

adolescent adj óigeanta ▷ n ógánach m1

adopt vt (*child*) uchtaigh; (*plan*) cinn ar, glac le; (*stance*) cuir chugat, cuir ort; **adopted** adj (*child*) ucht-; **adoption** n uchtú m

adore vt gráigh; (*Rel*) adhair; **to ~ sth** dúil mhór a bheith agat i rud

adorn vt maisigh, cuir maise ar

Adriatic, Adriatic Sea n Muir f3 Aidriad

adrift adv: **to be ~** bheith ar fuaidreamh or ag imeacht le sruth

ADSL n abbr (= *asymmetric digital subscriber line*) ADSL, líne f4 dhigiteach neamhshiméadrach rannpháirtí

adult n duine m4 fásta, aosach m1 ▷ adj fásta; **~ education** oideachas aosach

adultery n adhaltranas m1

advance n (*money*) airleacan m1, réamhíocaíocht f3 ▷ adj: **he made an ~ booking** chuir sé ticéad in áirithe (roimh ré) ▷ vt (*move forward*) cuir chun cinn; (*money*) tabhair ar airleacan do ▷ vi téigh chun tosaigh; **~ notice** fógra roimh ré; **to make ~s (to sb)** mór a dhéanamh (le duine); **in ~** roimh ré; **advanced** adj (*country*)

forbartha; (*guard*) tosaigh n gen; (*Scol*): **advanced students** scoláirí ardleibhéil; **advanced GCSE** ardleibhéal GCSE; **Institute of Advanced Studies** Institiúid Ardléinn

advantage n (*also Tennis*) buntáiste m4; **to take ~ of** (*sth*) buntáiste or leas a bhaint as; (*sb*) buntáiste a bhreith ar

advent n teacht m3; **A~** (*Rel*) An Aidbhint f2

adventure n eachtra f4; (*Comm*) fiontar m1

adverb n dobhriathar m1

adversary n céile m4 comhraic

adverse adj (*damaging*) dochrach, aimhleasach; (*hostile*) naimhdeach

advert n fógra m4; (*small*) fógrán m1

advertise vt, vi fógair, déan fógraíocht ar; **advertisement** n = **advert**; **advertiser** n (*in newspaper etc*) fógróir m3; **advertising** n fógraíocht f3

advice n comhairle f4; (*notification*) faisnéis f2; **to take legal ~** dul i gcomhairle le dlíodóir

advisable adj inmholta

advise vt comhairligh, mol do; **to ~ sb of sth** faisnéis a thabhairt do dhuine faoi rud; **to ~ against doing sth** comhairliú gan rud a dhéanamh; **adviser, advisor** n comhairleoir m3

advocate n (*upholder*) cosantóir m3; (*Law*) abhcóide m4 ▷ vt (*course of action*) mol

aerial n aeróg f2 ▷ adj aerga, aer-

aerobics n aeróbaíocht f3, aeraclaíocht f3

aeroplane n eitleán m1

aerosol n aerasól m1

affair n (*concern*) gnó m4; (*event*) cás m1; (*also: love ~*) caidreamh m1

suirí; **current ~s** cúrsaí reatha;
foreign ~s gnóthaí eachtracha
affect vt (*influence*) téigh i bhfeidhm
ar; (*move deeply*) corraigh; **it
doesn't ~ us** ní bhaineann sé linn;
affected adj galamaisíoch,
móiréiseach, gothach,
mórchúiseach; **affection** n cion
m3, gean m3; **affectionate** adj
ceanúil, geanúil
afflict vt caith ar; **John was ~ed
with tuberculosis** bhí an eitinn ag
caitheamh ar Sheán
affluent adj rathúil, saibhir,
acmhainneach, i do sháith den
saol; **the ~ society** sochaí na
flúirse
afford vt: **she can ~ to** tá sé de
ghustal aici, tá sé ar a hacmhainn
afraid adj eaglach; **to be ~ of sb/
sth** eagla a bheith ort roimh
dhuine/rud; **to be ~ to go out**
eagla a bheith ort dul amach; **I am
~ that ...** tá eagla orm go ...; **I am
so** is eagal liom gur mar sin atá
Africa n an Afraic f2; **African** adj, n
Afracach m1
after prep, adv tar éis + gen, i ndiaidh
+ gen ▷ conj tar éis do, i ndiaidh do;
what/who are you ~? cad/cé atá
á lorg agat?; **~ he left** i ndiaidh dó
imeacht; **ask ~ him** cuir a
thuairisc; **to name sb ~ sb** duine a
bhaisteadh as duine; **twenty ~
eight** (*US*) fiche i ndiaidh or tar éis a
hocht; **~ all** i ndiaidh an iomláin,
ina dhiaidh sin is uile, tar éis an
tsaoil; **~ you!** tusa ar dtús!;
after-effects npl (*of disaster, illness
etc*) fuíoll msg1, iarsmaí mpl4,
iarmhairt f3; **aftermath** n
iarmhairt f3; **afternoon** n iarnóin
f3, tráthnóna m4; **Good
afternoon!** tráthnóna maith duit!;

aftershave n ionlach m1
iarbhearrtha; **aftersun** n lóis f2
iarghréine; **afterwards** (*US*
afterward) adv tar a éis sin, ina
dhiaidh sin
again adv arís, athuair; **to do sth ~**
rud a dhéanamh athuair; **not ... ~**
ní ... arís; **~ and ~** arís agus arís eile;
what is his name ~? cén t-ainm
seo atá air?; **then ~** ach ina dhiaidh
sin; **once ~** arís eile
against prep in aghaidh + gen, i
gcoinne + gen, in éadan + gen
age n (*maturity*) aois f2; (*era*) aois, ré
f4 ▷ vt cuir aois ar ▷ vi téigh
(anonn) in aois; **it's been ~s since**
is fada ó; **he is 20 years of ~** tá sé
fiche bliain d'aois; **she came of ~**
tháinig sí in aois mná; **~d 10** deich
mbliana d'aois, na seandaoine
mpl4; **age group** n aoisghrúpa m4;
age limit n teorainn f aoise
agency n gníomhaireacht f3,
áisíneacht f3
agenda n clár m1 oibre or gnó
agent n gníomhaire m4; (*Ling*)
gníomhaí m4
aggravate vt (*make worse*) cuir in
olcas, géaraigh (ar); (*annoy*) griog,
saighid faoi, cuir corraí ar
aggression n (*attack*) ionsaí m;
(*pugnacity*) bruíonachas m1;
(*fierceness*) boirbe f4
aggressive adj ionsaitheach;
bruíonach; borb
agile adj aclaí, lúfar
ago adv: **2 days ~** dhá lá ó shin;
long ~ fadó; **not long ~** le déanaí,
ar ball beag; **how long ~?** cá fhad ó
shin?
agony n (*pain*) céasadh m; **to be in
~** bheith i bpianpháis
agree vt (*price*) socraigh ▷ vi: **to ~
with** (*person*) aontú le; (*statements*

etc) réiteach le chéile; (*Ling*) géilleadh do; **to ~ to do sth** toiliú rud a dhéanamh; **to ~ to sth** aontú le rud; **to ~ that** (*admit*) admháil go; **garlic does not ~ with me** ní réitíonn gairleog liom; **agreeable** *adj* pléisiúrtha, caoithiúil; (*willing*) toilteanach; **agreed** *adj* (*time, place*) socraithe; **agreement** *n* aontú *m*, comhaontú *m*; **in agreement** ar aon intinn

agricultural *adj* talmhaíoch, talmhaíochta *n gen*; **the A~ Institute** an Fóras Talúntais

agriculture *n* talmhaíocht *f3*

ahead *adv* (*in front: of position, place*) roimh; (: *at the head*) ar thosach + *gen*, ar cheann + *gen*; (*look, plan*) romhat; **~ of** roimh, chun tosaigh ar; (*fig: schedule etc*) chun tosaigh le; **~ of time** (*go*) luath; **go right** or **straight ~** gabh díreach ar aghaidh; **go ~!** (*fig: permission*) ar aghaidh leat!

aid *n* cúnamh *m1*, cuidiú *m*, cabhair *f*; (*device*) áis *f2* ▷ *vt* tabhair cúnamh do, cuidigh le, cabhraigh le; **in ~ of** ar mhaithe le; **to ~ and abet** (*Law*) cabhrú agus neartú le; *see also* **hearing aid**

aide *n* (*person, Mil*) cúntóir *m3*

AIDS *n abbr* (= *Acquired Immune (or Immuno-) Deficiency Syndrome*) SEIF, Siondróm Easpa Imdhíonachta Faighte

ailment *n* easláinte *f4*

aim *vt* (*blow*) deasaigh (ar); (*remark*) dírigh (ar), caith (le); **to ~ sth (at)** (*gun, camera*) rud a dhíriú or a aimsiú (ar); (*stone, missile*) rud a chaitheamh (le) ▷ *vi* (*also:* **to take ~**) amas a thógáil ▷ *n* aidhm *f2*; (*on gun*) amas *m1*; (*skill*): **his ~ is bad** tá drochurchar aige; **to ~ at sth**

aimsiú ar rud, díriú ar rud; (*fig*) rud a bheith de chuspóir or d'aidhm agat; **to ~ to do sth** é a bheith de rún or ar intinn agat rud a dhéanamh

air *n* aer *m1* ▷ *vt* (*room, bed, clothes*) aeráil; (*grievances, views, ideas*) nocht, cuir in iúl ▷ *cpd* (*currents, attack etc*) aer-; **to throw sth into the ~** rud a chaitheamh san aer; **by ~** (*travel*) ar an eitleán or bealach na spéire; **to be on the ~** (*Radio, TV*) bheith ar an aer; **airbag** *n* mála *m4* aeir; **airbed** *n* tocht *m3* aeir; **airborne** *adj* ar eitilt; **air-conditioned** *adj* aeroiriúnaithe; **air conditioning** *n* aeroiriúnú *m*; **aircraft** *n* aerárthach *m1*; **airfield** *n* aerpháirc *f2*; **Air Force** *n* aerfhórsa *m4*; **air hostess** *n* aeróstach *m1*; **airlift** *n* aertharlú *m*; **airline** *n* aerlíne *f4*; **airliner** *n* aerlínéar *m1*; **airmail** *n* aerphost *m1*; **by airmail** le haerphost; **airplane** *n* (*US*) eitleán *m1*; **airport** *n* aerfort *m1*; **air raid** *n* aer-ruathar *m1*; **airsick** *adj*: **to be airsick** tinneas aerthaistil a bheith ort; **airtight** *adj* aerdhíonach, aerobach; **air-traffic controller** *n* stiúrthóir *m3* aerthráchta; **airy** *adj* aerach

aisle *n* (*in church*) taobhroinn *f2*; (*in theatre etc*) pasáiste *m4*

ajar *adj* ar leathoscailt

alarm *n* aláram *m1*; (*warning*) rabhadh *m1*; (*fright*) scaoll *m1*; (*signal*) rabhchán *m1* ▷ *vt* cuir scaoll i; **alarm call** *n* scairt *f2* or glao *m4* dúisithe; **alarm clock** *n* clog *m1* dúisithe or aláraim

Albania *n* an Albáin *f2*

albeit *conj* (*although*) cé (go)

album *n* albam *m1*

alcohol n alcól m1; **alcoholic** adj alcólach ▷ n alcólach m1; **Alcoholics Anonymous** Alcólaigh Anaithnide

alcove n almóir m3, cuasán m1

ale n leann m3

alert adj airdeallach ▷ n rabhadh m1 ▷ vt tabhair rabhadh do; **on the ~** san airdeall; **he was ~ to the dangers** ba mhaith a thuig sé na contúirtí

algebra n ailgéabar m1

Algeria n an Ailgéir f2

alias adv: **Zimmerman ~ Dylan** Zimmerman nó Dylan mar a thugtar air ▷ n ainm m4 bréige; (writer) ainm m4 cleite

alibi n ailibí m4

alien n coimhthíoch m1, eachtrannach m1; (from outer space) neach m4 neamhshaolta ▷ adj: **it is ~ to me** tá sé coimhthíoch agam;

alienate vt: **to alienate sb** duine a chur i d'aghaidh

alight adj, adv trí thine ▷ vi íslígh; (passenger) tuirling; (bird) luigh

align vt ailínigh

alike adj cosúil, ionann ▷ adv cosúil le chéile, mar an gcéanna; **they are ~** tá siad cosúil le chéile

alive adj beo, i do bheatha; (lively) beoga

KEYWORD

all adj (singular) gach (uile), an uile; **all day** an lá ar fad; **all night** i rith na hoíche; **all men** gach uile dhuine, gach aon duine, an saol mór; **all five** lán an chúigir; **all the food** an bia uile (go léir); **all the books** iomlán na leabhar; **all the time** i rith an ama, an t-am ar fad; **all his life** ar feadh a shaoil

▷ pron **1** uile, iomlán; **I ate it all, I ate all of it** d'ith mé an t-iomlán or an uile chuid de; **all of us went** chuaigh an t-iomlán againn; **all of the boys went** chuaigh na buachaillí uile

2 (in phrases): **above all** thar gach aon ní; **after all** i ndiaidh an iomláin, tar éis an tsaoil; **at all** ar chor ar bith, in aon chor; **not at all** (reply to question) níl ar chor ar bith, ní hea ar chor ar bith; **did he do it? — not at all** an ndearna sé é? — ní dhearna ar chor ar bith; (reply to thanks) go ndéana a mhaith duit; **I'm not at all tired** níl aon tuirse orm, níl tuirse dá laghad orm; **anything at all will do** déanfaidh rud ar bith cúis; **all in all** idir gach aon rud

▷ adv: **to be all alone** bheith i d'aonar ar fad; **it's not as hard as all that** níl sé chomh deacair sin uile; **all the more/the better** is amhlaidh is mó/ is fearr; **the score is 2 all** tá siad a 2 cothrom, is é an scór ná 2 an taobh/duine

allegation n líomhain f3

allegedly adv más fíor, mar dhea

allegiance n dílseacht f3, géillsine f4

allergy n ailléirge f4

alleviate vt tabhair faoiseamh do, maolaigh

alley n caolsráid f2; (Handball) pinniúir m1; (address) scabhat m1

alliance n comhaontas m1; **the A~ Party** (Pol) Páirtí m4 na Comhghuaillíochta

allied adj comhaontaithe; **the ~ powers** na comhghuaillithe

alligator n ailigéadar m1

all-in adj (also adv: charge) (san) iomlán

All-Ireland n (Sport: also: ~ **Final**) cluiche m4 ceannais na hÉireann ▷ adj uile-Éireann n gen

allocate vt (share out) roinn, riar; cionroinn, leithdháil; **to ~ to** (duties) leagan amach do; (sum, time) dáileadh ar, roinnt ar

allot vt: **to ~ (to)** (money) roinnt (ar); (work, duty, time) leagan amach (do); **what has been ~ted to us** an rud atá geallta dúinn, an rud atá leagtha amach dúinn

all-out adj (effort etc) dólámhach ▷ adv: **all out** ar theann do dhíchill, dólámhach, ar dólámh

allow vt (practice, claim, goal) ceadaigh; (sum to spend etc) lamháil; (time estimated) cuir san áireamh; **to ~ that** admháil go; **to ~ sb to do sth** ceadú or ligean do dhuine rud a dhéanamh; **he is ~ed to ...** tá cead aige...; **allow for** vt fus cuir san áireamh; **allowance** n (money received) liúntas m1; (Tax) liúntas m1; (discount) lascaine f4, lacáiste m4; **to make allowances for sth** rud a chur san áireamh

all right adv ceart go leor

ally n comhghuaillí m4 ▷ vt: **to ~ o.s.** with dul i bpáirt le

almighty adj uilechumhachtach

almond n almóinn f2

almost adv beagnach, chóir a bheith; **I ~ fell** dóbair dom titim, dóbair gur thit mé, is beag nár thit mé

alone adj, adv aonarach, i do aonar; **to leave sb ~** ligean do dhuine; **to leave sth ~** rud a fhágáil mar atá; **let ~ ...** gan trácht ar...; **he is living ~** tá sé ina chónaí leis féin; **Seán ~**

knew ag Seán amháin a bhí a fhios

along prep, adv: **is he coming ~ with us?** an bhfuil sé ag teacht linn?; **he was limping ~** bhí sé ag bacadaíl leis; **~ with** (together with: person) in éineacht le, i gcuideachta + gen, mar aon le; **all ~** (all the time) i rith an ama; **alongside** prep le taobh + gen

aloof adj deoranta, seachantach ▷ adv: **to stand ~ from** fanacht amach as

aloud adv os ard

alphabet n aibítir f2

Alps npl: **the ~** Na hAlpa

already adv cheana, cheana féin

alright adv = **all right**

also adv fosta, freisin, leis, chomh maith

altar n altóir f3

alter vt, vi athraigh, athchóirigh; **alteration** n athrú m, athchóiriú m

alternate adj gach re, gach dara ▷ vi malartaigh le; **on ~ days** gach dara lá; **to ~ with sb** sealaíocht or uainíocht a dhéanamh le duine

alternative adj (solutions) eile, malartach ▷ n (choice) rogha f4; (other possibility) bealach m1 eile, dóigh f2 eile; **alternatively** adv ina áit sin, de rogha air sin

although conj cé go, bíodh (is) go

altitude n airde f4

altogether adv go hiomlán, ar fad; (on the whole) tríd is tríd; (in all) san iomlán

aluminium (US **aluminum**) n alúmanam m1

always adv i gcónaí, i dtólamh; (in past) riamh; **she was ~ placid** bhí sí riamh séimh; (in future) go deo, go bráth, choíche; **they will ~ be with us** beidh siad linn go deo

Alzheimer's, Alzheimer's disease n aicíd f2 Alzheimer

a.m. adv abbr (= ante meridiem) r.n.

amalgamate vt, vi cónaisc

amateur n amaitéarach m1

amaze vt: **it ~s me** cuireann sé iontas or ionadh an domhain orm; **to be ~d (at)** iontas (an domhain) a bheith ort (faoi); **amazement** n ionadh m1, iontas m1; **amazing** adj iontach

ambassador n ambasadóir m3

amber n ómra m4

ambiguous adj athbhríoch, débhríoch; (unclear) doiléir

ambition n uaillmhian f2; **ambitious** adj uaillmhianach, aidhmeannach

ambulance n otharcharr m1

ambush n luíochán m1 ▷ vt cuir luíochán ar, déan luíochán roimh

amend vt (law) leasaigh; (text) ceartaigh, leasaigh ▷ n: **to make ~s** cúiteamh a dhéanamh

amenities npl áiseanna fpl2

America n Meiriceá m4; **American** adj, n Meiriceánach m1

amicable adj cairdiúil; (Law) síochánta

amid, amidst prep i lár + gen, i measc + gen

ammunition n armlón m1

among, amongst prep i measc + gen

amount n (sum) méid m4, suim f2; (quantity) méid ▷ vi: **that ~s to** (same as) is ionann sin agus; **that ~s to five euros** sin cúig euro san iomlán

amp, ampere n aimpéar m1

ample adj fairsing, dalladh; (enough): **this is ~** is leor é seo; **to have ~ time/room** tréan ama/spáis a bheith agat

amplifier n aimplitheoir m3

amputate vt teasc, gearr or bain de

amuse vt siamsa or cuideachta a dhéanamh do; **amusement** n cuideachta f4, siamsa m4; (pastime) caitheamh m1 aimsire; **amusement arcade** n stuara m4 siamsa; **amusement park** n páirc f2 shiamsaíochta

amusing adj (humorous) greannmhar, barrúil; (entertaining) siamsúil

an indef art see **a**

anaemic (US **anemic**) adj neamhfholach, anaemach

anaesthetic (US **anesthetic**) n ainéistéiseach m1

analog, analogue n analóg f2

analyse (US **analyze**) vt déan anailís or mionscrúdú ar, anailísigh; **analysis** n anailís f2; **analyst** n (Pol etc) anailísí m4; (esp US: psychoanalyst) anailísí, anailíseoir m3

analyze (US) vt = **analyse**

anarchy n ainriail f, anlathas m1

anatomy n anatamaíocht f3

ancestor n sinsear m1, sinsearach m1

anchor n ancaire m4 ▷ vi an t-ancaire a chur ▷ vt: **to ~ a boat** bád a chur ar ancaire; (fig): **to ~ sth to** rud a fheistiú de; **to drop ~** an t-ancaire a chur

anchovy n ainseabhaí m4

ancient adj ársa, seanda, sean-

and conj agus, is; **~ so on** agus araile; **try ~ come** déan iarracht teacht; **he talked ~ talked** níor stop sé de bheith ag caint, lean sé air ag caint; **it got better ~ better** bhí sé ag dul i bhfeabhas in aghaidh an lae

anesthetic (US) = **anaesthetic**

angel n aingeal m1

anger n fearg f2, colg m1 ▷ vt: **to ~ sb** fearg a chur ar dhuine

angina n aingíne f4

angle n uillinn f2; (viewpoint) dearcadh m1; **at an ~** ar fiar, ar claonadh

angler n duánaí m4, iascaire m4 slaite

Anglican adj, n Anglacánach m1

angling n duántacht f3, iascaireacht f3 slaite

Anglo-Irish adj Angla-Éireannach; **the ~ Agreement** an Comhaontú Angla-Éireannach

angrily adv go feargach; **he left ~** d'imigh sé agus fearg air

angry adj feargach, colgach; **to be ~ with sb/at sth** fearg a bheith ort le duine/faoi rud; **she got ~** tháinig fearg uirthi

anguish n (physical) crá m4, pianpháis f2; (mental) pian f2 intinne, léan m1

animal n ainmhí m4, beithíoch m1, míol m1 ▷ adj ainmhíoch

animated adj beo, gleoiréiseach, anamúil; **~ film** cartún m1; **he became ~** tháinig oibriú or corraí air, d'éirigh sé tógtha

aniseed n síol m1 ainíse

ankle n murnán m1, rúitín m4, caol m1 na coise

annexe n fortheach m; (to document) iarscríbhinn f2

anniversary n cothrom m1 an lae; **my wedding ~** cothrom an lae a pósadh mé

announce vt fógair; **announcement** n fógra m4; **announcer** n (Radio, TV, between programmes) fógróir m3, bolscaire m4

annoy vt buair, ciap; (inconvenience) cuir isteach ar, cuir as do, bodhraigh; (vex) cuir olc ar; **don't get ~ed!** tóg go réidh é!; **sth is ~ing him** tá rud éigin ag cur as dó; **she got ~ed** tháinig olc uirthi; **annoying** adj ciapach; (person) bearránach, bambairneach; **it's awful annoying** is mór an crá croí é

annual adj bliantúil ▷ n (Bot) bliantóg f2; (book) bliainiris f2; **annually** adv gach bliain, in aghaidh na bliana

annum n see **per**

anonymous adj gan ainm; **it's ~** ní fios cé a chum

anorak n anarac m1

anorexia n anoireicse f4

anorexic adj: **she is ~** tá anoireicse uirthi

another adj: **~ book** leabhar eile ▷ pron eile; **~ person** duine eile; see also **one**

answer n freagra m4; (to problem) fuascailt f2, réiteach m1 ▷ vi freagair ▷ vt (reply to) freagair; (problem) réitigh; **in ~ to your letter** mar fhreagra ar do litir; **to ~ the phone** an teileafón a fhreagairt; **to ~ the door** an doras a oscailt; **answer back** vt tabhair aisfhreagra ar; **answer for** vt fus: **to ~ for sb** dul in urrús ar dhuine; (crime, one's actions): **to ~ for sth** cuntas a thabhairt i rud; **answer to** vt fus: **she ~s to that description** sin é an chosúlacht atá uirthi

answering machine, answerphone n gléas m1 freagartha

ant n seangán m1

Antarctic adj Antartach ▷ n: **the ~** an tAntartach m1; **the ~ Ocean** an tAigéan m1 Antartach

antelope n antalóp m1
antenatal adj réamhbheirthe
anthem n (Eccl) aintiún m1; **the national ~** an t-amhrán m1 náisiúnta
anthropology n antraipeolaíocht f3
anti- prefix frith-, anta(i)-;
   antibiotic n frithbheathach m1, antaibheathach m1; **antibody** n frithábhar m1, antashubstaint f2
anticipate vt (actions etc) tar roimh (dhuine) i, réamh-mheas; **to ~ sth** (look forward to) bheith ag súil le rud or ag feitheamh le rud;
   anticipation n feitheamh m1, fuireachas m1, súil f2; **with anticipation** go tnúthánach
anticlimax n frithbhuaic f2
anticlockwise adj tuathalach
   ▷ adv tuathal
antics npl geáitsí mpl4, cleasaíocht fsg3
antidote n nimhíoc f2, frithnimh f2;
   antifreeze n frithreo m4;
   antihistamine n frith-hiostaimín m4
antique n rud m3 ársa or seanda
   ▷ adj seanda, seanaimseartha, seanchaite; **~s** seandachtaí;
   antique shop n siopa m4 seandachtaí
antiseptic n frithsheipteán m1, antaiseipteán m1 ▷ adj frithsheipteach, antaiseipteach;
   antisocial adj seachantach, frithshóisialta; **antivirus** adj frithvíreasach; **antivirus software** bogearraí frithvíreasacha
antlers npl beanna fpl2
Antrim n Aontroim m3
anxiety n imní f4, buairt f3
anxious adj imníoch, buartha;
   (keen): **to be ~ to do sth** bheith ar bís le rud a dhéanamh; **he is ~** tá imní air

 KEYWORD

any adj aon, ar bith **1** (in questions etc): **have you any butter/ink?** an bhfuil aon im/dúch agat?; **have you any children?** an bhfuil clann ar bith agat?, an bhfuil aon chlann ort?, an bhfuil cúram ar bith ort?
2 (with negative): **I haven't any money/books** níl aon airgead/ leabhair ar bith agam, níl aon airgead/leabhair agam
3 (no matter which): **choose any book you like** bíodh do rogha leabhar agat
4 (in phrases): **in any case** i gcás ar bith, ar aon chaoi; **any day now** lá ar bith feasta; **at any moment** nóiméad ar bith; **at any rate** ar aon chuma, ar scor ar bith, ar chuma ar bith
   ▷ pron **1** (in questions etc): **have you got any?** an bhfuil a dhath agat?, an bhfuil aon cheann agat?; **can any of you sing?** an bhfuil ceol ag aon duine agaibh?
2 (with negative): **I haven't any** níl a dhath or dada or puinn or faic agam, níl aon chuid ar bith agam; **I haven't any of them** níl aon cheann díobh agam
3 (no matter which one(s)) aon cheann, ceann ar bith, is cuma cé acu (ceann); **take any of those books (you like)** tabhair leat do rogha as na leabhair sin
   ▷ adv **1** (in questions etc): **do you want any more soup/ sandwiches?** an bhfuil a thuilleadh tae/ceapairí de dhíth ort?; **are you feeling any better?** an bhfuil aon

bhiseach ort, an bhfuil biseach ar bith ort?

2 (with negative): **I can't hear him any more** ní chluinim or ní chloisim níos mó é; **don't wait any longer** ná déan a thuilleadh moille

anybody pron duine m4 ar bith, aon duine; **anyhow** adv (at any rate) ar scor ar bith, ar aon chuma, ar aon chaoi, pé scéal é, ar aon nós; **anyone** pron = **anybody**; **anything** pron aon rud, rud ar bith; **anytime** adv am ar bith, aon am; **anyway** adv ar aon chaoi, ar aon nós; **anywhere** adv áit ar bith, aon áit; **I don't see him anywhere** ní fheicim (in) áit ar bith é

apart adv (to one side) i leataobh; (separately) ó chéile; **the two cities are sixty miles ~** tá an dá chathair seasca míle ó chéile; **to take sth ~** rud a bhaint as a chéile; **it fell ~** thit sé as a chéile; **~ from** diomaite de, lasmuigh de, cé is moite de

apartment n (US) árasán m1, leithleann f2; **apartment building** (US) n bloc m1 árasán

ape n ápa m4 ▷ vt: **to ~ sb** aithris a dhéanamh ar dhuine

aperitif n greadóg f2

aperture n poll m1, oscailt f2; (Phot) cró m4

apologize vi: **to ~ (to sb for sth)** leithscéal a ghabháil (le duine as rud); **I ~** gabhaim pardún agat, gabh(aim) mo leithscéal

apology n leithscéal m1

apostrophe n uaschamóg f2

app n (Comput) aip f2

appal vt scanraigh; **to ~ sb** uafás a chur ar dhuine; **appalling** adj scanrúil; uafásach, fuafar

apparatus n gléas m1, gaireas m1; (in gymnasium) trealamh m1; (of government) córas m1

apparent adj follasach, soiléir; **apparently** adv is dealraitheach, de réir dealraimh, is cosúil; (disbelievingly): **was he here? — apparently!** an raibh sé anseo? — is cosúil go raibh!; **he was here, apparently** is cosúil go raibh sé anseo, bhí sé anseo de réir cosúlachta

appeal vi (Law) achomharc, déan achomharc, cuir isteach achomharc ▷ n achainí f4, guí f4; (Law) achomharc m1; (charm) tarraingt f, mealltacht f3; **to ~ for sth** rud a iarraidh; **to ~ to sb** (beg) duine a agairt, impí ar dhuine; (be attractive): **it ~s to me** taitníonn sé liom; **appealing** adj (attractive) taitneamhach, tarraingteach

appear vi nocht, taispeáin; (Law) láithrigh; (publication) tar amach; (seem): **you ~ tired** tá cuma thuirseach ort; **it ~s that he lost the money** is cosúil or dealraíonn sé gur chaill sé an t-airgead; **it ~ed to me that he didn't understand the question** chonacthas dom nár thuig sé an cheist; **it would ~ that** ba dhóigh go; **to ~ in Hamlet** páirt a bheith agat in Hamlet; **to ~ on TV** bheith ar an teilifís;

appearance n (arrival) teacht m3; (Law) láithreas; (look, aspect) cuma f4, cló m4, cosúlacht f3, dreach m3

appendicitis n aipindicíteas m1; **he has ~** tá aipindicíteas air

appendix n (of book etc) aguisín m4; (Med) aipindic f2

appetite n goile m4

appetizer n géarú m goile; (drink) greadóg f2

applaud vt, vi (clap) tabhair bualadh

bos (do); (*praise*) mol os ard
applause n bualadh m bos, moladh m
apple n úll m1
appliance n fearas m1, gléas m1
applicable adj (*relevant*): **to be ~ to**
bheith fóirsteanach or oiriúnach or
feiliúnach do
applicant n: **~ (for)** iarratasóir m3
(ar)
application n (*use*) feidhm f2; (*for a
job, a grant etc*) iarratas m1;
application form n foirm f2
iarratais
apply vt (*paint, ointment*) cuir le;
(*law etc*) cuir i bhfeidhm (ar) ▷ vi (*be
suitable for, relevant to*): **that
applies to you** baineann sin
leatsa; (*ask*): **I applied (to him) for
help** d'iarr mé cúnamh (air); **to ~
(for)** (*job, permit, grant*) cur isteach
(ar); **to ~ o.s. (to)** luí isteach (ar),
cromadh (ar); **the same applies
to me** is é an dála céanna agamsa é
appoint vt ceap; **appointment** n
ceapachán m1, ceapadh m;
(*meeting*) coinne f4; **to make an
appointment (with)** coinne a
dhéanamh (le)
appraisal n measúnacht f3,
meastóireacht f3, breithmheas m3
appreciate vt: **he ~s that** (*likes*) is
maith leis sin, is mór aige é sin, tá
toil aige dó sin; (*is grateful for*) tá sé
buíoch as sin; (*understands*)
tuigeann sé sin, tá ciall aige dó sin
▷ vi (*Fin*) luachmhéadaigh,
méadaigh ar luach + *gen*; **he
doesn't ~ music** níl cluas ar bith do
cheol aige; **appreciation** n
léirthuiscint f3; (*gratitude*) buíochas
m1; (*Comm*) ardú m, luachmhéadú m
apprehensive adj faitíosach,
eaglach; **she feels ~** tá cineál
scátha or imní uirthi

apprentice n printíseach m1
approach vi druid le ▷ vt (*come
near*) druid le, tarraing ar; (*ask,
apply to*) téigh chun cainte le;
(*situation, problem*) tabhair faoi,
téigh i gceann ▷ n modh m3 oibre,
cur m1 chuige; (*access*) bealach m1
isteach
appropriate adj (*moment, remark*)
tráthúil; (*tool etc*) cuí, feiliúnach,
fóirsteanach ▷ vt (*take*) glac seilbh
ar, leithghabh
approval n (*satisfaction*) sásamh
m1; (*permission*) cead m3; (*Admin, of
goods*) formheas m3, faomhadh m;
on ~ (*Comm*) ar triail
approve vt aontaigh le, ceadaigh,
glac le, formheas; **approve of** vt
fus bheith i bhfách le; **I don't ~ of
them** níl siad chun mo thaitnimh
approximate adj cóngarach, gar
▷ vt: **to ~ to sth** bheith cóngarach
do rud; **approximately** adv
amuigh agus istigh ar, timpeall (is)
apricot n aibreog f2
April n Aibreán m1; **~ Fool** Amadán
m1 Aibreáin
apron n naprún m1, práiscín m4
apt adj (*suitable*) feiliúnach, cuí;
(*likely*): **to be ~ to do sth** claonadh
a bheith agat le rud a dhéanamh
Aquarius n (*Astrol*) An tUisceadóir
m3
Arab adj, n Arabach m1; **Arabian** adj
Arabach; **Arabic** adj Arabach ▷ n
(*Ling*) Araibis f2
Aran Islands n Oileáin mph Árann
arbitrary adj ar togradh
arbitration n eadráin f3
arc n stua m4
arcade n stuara m4
arch n áirse f4, stua m4; (*also:* **the ~
of the foot**) trácht m3 na coise ▷ vt:
the cat ~ed its back chuir an cat

cruit air féin

archaeology n seandálaíocht f3

archbishop n ardeaspag m1

archeology (US) n = **archaeology**

architect n ailtire m4;
architecture n ailtireacht f3

archives npl cartlann fsg2

Arctic adj Artach ▷ n: **the ~** an tArtach m1; **the ~ Ocean** an tAigéan m1 Artach

area n (Math) achar m1; (zone) ceantar m1, limistéar m1, dúiche f4; (knowledge, research) réimse m4, ábhar m1

arena n airéine f4

Argentina n an Airgintín f2; **Argentinian** adj, n Airgintíneach m1

arguably adv: **it is ~ ...** is é is dóichí go ..., d'fhéadfaí a rá go ...

argue vi (reason) áitigh; **to ~ that** áitiú go; **to ~ with sb** argóint (a dhéanamh) le duine; **to be arguing** bheith ag argóint

argument n argóint f2

Aries n (Astrol) An Reithe m4

arise vi éirigh; (case): **should the occasion ~** sa chás sin, sa gcás (go); **a difficulty arose** tháinig achrann sa mbealach

arithmetic n uimhríocht f3, áireamh m1

arm n géag f2, lámh f2, sciathán m1 ▷ vt armáil; **arms** npl (weapons) airm mph; (Heraldry) armas msg1; **~ in ~** uillinn ar uillinn

Armagh n Ard m Mhacha

armchair n cathaoir f uilleach or uilleann

armed adj armtha; **armed robbery** n róbáil f3 armtha

armour (US **armor**) n cathéide f4; (Mil, tanks) armúr m1

armpit n ascaill f2

armrest n taca m4 uillinne

army n arm m1

aroma n dea-bholadh m1, cumhracht f3

around adv timpeall, thart; (nearby) ar na gaobhair ▷ prep timpeall + gen; (near) in aice le, (i n)gar do; (about) tuairim is; (date, time) i dtrátha + gen

arouse vt múscail, dúisigh

arrange vt socraigh, leag amach, eagraigh, cuir in eagar; (flowers, hair, objects) cóirigh; **arrangement** n socrú m; **arrangements** npl (plans etc) socruithe mpl; **the arrangement of the room** leagan amach or eagar an tseomra

array n: **~ of** mustar m1 + gen, cóiriú m + gen

arrears npl riaráiste m4; **to be in ~ with one's rent** bheith ar deireadh leis an gcíos

arrest vt gabh ▷ n gabháil f3; **under ~** gafa, faoi ghlas

arrival n teacht m3; **new ~** núíosach m1; (baby) babaí m4 úr

arrive vi sroich, bain amach, tar chuig

arrogant adj díomasach, sotalach, uaibhreach

arrow n saighead f2

arse (inf!) n tóin f3

arson n coirloscadh m

art n ealaín f2; **Arts** npl (Scol) An Ealaín fsg2; **the Fine Arts** na hEalaíona Uaisle; **Bachelor of Arts** Baitsiléir Ealaíne

artery n cuisle f4 mhór, artaire m4

art gallery n dánlann f2, gailearaí m4 ealaíne

arthritis n airtríteas m1

artichoke n bliosán m1

article n (in newspaper etc) alt m1; (of merchandise) airteagal m1, earra m4;

articles *npl* (*Law*) airteagail *mph*;
~ of clothing ball éadaigh
articulate *adj* (*person*) glinn,
deisbhéalach, dea-labhartha,
sothuighte, líofa; (*speech*) glan,
sothuighte ▷ *vt*: **to ~ sth** rud a
chur i bhfriotal
artificial *adj* saorga; **~ intelligence**
intleacht *f3* shaorga; **~ respiration**
riospráid *f2* shaorga
artist *n* ealaíontóir *m3*; **artistic** *adj*
ealaíonta
art school *n* scoil *f2* ealaíne

KEYWORD

as *conj* **1** (*referring to time*): **he came
in as I was leaving** tháinig sé
isteach agus mé ag imeacht; **as
the years went by** de réir mar a
bhí na blianta á gcaitheamh; **as
from tomorrow** ón lá amárach
(amach)
2 (*in comparisons*): **as big as** chomh
mór le; **twice as big as** dhá uair
chomh mór le, a dhá oiread chomh
mór le; **as much** *or* **many as** a
oiread agus; **as much money/
many books** a oiread airgid/
leabhar; **as soon as** a luaithe a, a
thúisce a, chomh luath agus a
3 (*since, because*) mar, óir, toisc, as
siocair, de thairbhe, de dheasca; **as
he had to be home by 10 ...** mar
go raibh air bheith ar ais sa mbaile
ar a deich
4 (*referring to manner, way*): **do as
you wish** déan do chomhairle féin,
déan do rogha rud, déan mar is áil
leat
5 (*concerning*): **as for** *or* **to that**
maidir leis sin, i dtaca leis sin
6: **as if** *or* **though** amhail is, faoi
mar, (faoi) mar a bheadh; **he**

looked as if he was ill bhí sé mar a
bheadh tinneas air, bhí cuma air
mar a bheadh sé tinn; *see also* **long**;
such; **well**
▷ *prep*: **he works as a driver** tá sé
ina thiománaí; **as chairman of
the company** mar chathaoirleach
ar an gcomhlacht; **dressed up as
a cowboy** gléasta mar a bheadh
buachaill bó ann; **he gave me it as
a present** thug sé mar
bhronntanas dom é

asbestos *n* aispeist *f2*
ascent *n* éirí *m4*; (*of a hill*) tógáil *f3*
ash *n* (*dust*) luaith *f3*; (*also:* **~ tree**)
fuinseog *f2*; **ashes** *npl* (*human
remains*) luaith *fsg3*
ashamed *adj* náirithe; **she was ~
of them** bhí náire uirthi leo; **he
was ~** bhí náire air, bhí ceann faoi
air; **it's no reason to be ~** ní scéal
cinn chroim é; **he was ~ to say it**
ní ligfeadh an náire dó é a rá
ashore *adv* i dtír; **to go ~** dul i dtír
ashtray *n* luaithreadán *m1*
Ash Wednesday *n* Céadaoin *f4* an
Luaithrigh
Asia *n* an Áise *f4*; **Asian** *adj, n*
Áiseach *m1*
aside *adv* i leataobh ▷ *n*
seachfhocal *m1*; **put it ~** cuir i
leataobh é
ask *vt* iarr ar; (*invite*): **he ~ed me to
leave** d'iarr sé orm imeacht; **to ~
sb sth** rud a fhiafraí *or* a fhiosrú de
dhuine; **to ~ (sb) a question** ceist
a chur (ar dhuine); **to ~ sb out to
dinner** cuireadh chun dinnéir a
thabhairt do dhuine; **they ~ed me
where I left the money**
d'fhiafraigh siad díom cén áit ar
fhág mé an t-airgead; **ask for** *vt fus*
iarr; **he's ~ing for trouble** tá sé ag

tuar or ar lorg trioblóide dó féin

asleep adj: **he is ~** tá sé ina chodladh; **she fell ~** thit sí ina codladh, thit a codladh uirthi

asparagus n lus m3 súgach or spreagtha

aspect n aghaidh f2, dreach m3, gné f4

aspire vi: **to ~ to sth** tnúth le rud, rud a bheith mar aidhm agat

aspirin n aspairín m4

ass n asal m1; (inf: idiot) dobhrán m1, bómán m1; (US: backside: inf!) tóin f3, geadán m1

assassinate vt feallmharaigh, dúnmharaigh

assault n ionsaí m ▷ vt ionsaigh; (sexually) tabhair drochiarraidh ar

assemble vt bailigh, cruinnigh; (machinery) cuir i gceann a chéile, cóimeáil ▷ vi tar le chéile, cruinnigh, bailigh

assembly n teacht m3 le chéile, tionól m1, comhthiomsú m; (construction) cóimeáil f3

assert vt dearbhaigh; **he ~ed himself** chuir sé é féin in iúl; **he ~ed his innocence** dhearbhaigh sé go raibh sé neamhchiontach; **assertion** n dearbhú m

assess vt measúnaigh, meas; **assessment** n measúnacht f3, measúnú m; **tax assessment** cáinmheas m3

asset n sócmhainn f2, áirge f4; **assets** npl (Fin) maoin fsg2, sócmhainní fpl2

assign vt (date) ainmnigh; (jury) sann; (task) tabhair do, dáil; (resources) dáil, leag amach; **to ~ the job to sb** an tasc a thabhairt do dhuine; **assignment** n (Scol) tasc m1; (allocation) dáileadh m; (Law) sannadh m

assist vt cuidigh le, cabhraigh le; **to ~ sb to do sth** cuidiú le duine rud a dhéanamh, cúnamh a thabhairt do dhuine rud a dhéanamh; **assistance** n cuidiú m, cúnamh m1, cabhair f; **assistant** n cúntóir m3, cabhróir m3; (also: **shop assistant**) freastalaí m4 siopa

associate adj comhpháirteach, gaolmhar ▷ n comhpháirtí m4, comhlach m1 ▷ vt: **to ~ sth with sth else** rud a shamhlú le rud eile ▷ vi: **to ~ with sb** caidreamh a dhéanamh le duine, cuideachta a choinneáil le duine; **~ professor** comhollamh m1; **~s** páirtí msg4

association n (with people) caidreamh m1, comhluadar m1, comhlachas m1; (club etc) cumann m1, comhaltas m1; **~ of ideas** comhcheangal m1 smaointe

assorted adj measctha

assortment n éagsúlacht f3, ilchumasc m1, meascra m4, meascán m1

assume vt glac le; (responsibilities etc) gabh (ort féin); **assuming you are right** abraimis go bhfuil an ceart agat; **I ~ you don't drive** glacaim leis nach bhfuil tiomáint agat; **he ~d his mother's name** thug sé ainm a mháthar air féin

assumption n glacadh m; (of power) gabháil f3

assurance n dearbhú m; (pledge) geallttanas m1; (confidence) muinín f2; (insurance) árachas m1

assure vt cinntigh, dearbhaigh, deimhnigh; **he will complete the work, I ~ you** cuirfidh sé an obair i gcrích, geallaim duit

asthma n asma m4, múchadh m, plúchadh m

astonish vt: **to ~ sb** alltacht or

ionadh a chur ar dhuine;
astonishing *adj* iontach;
astonishment *n* iontas *m1*,
alltacht *f3*
astound *vt*: **to ~ sb** alltacht a chur
ar dhuine
astray *adv*: **to go ~** dul amú, dul ar
seachrán; (*fig*) dul chun drabhláis;
to lead sb ~ duine a chur amú; (*fig*)
duine a chur chun drabhláis, duine
a chur ar bhealach a aimhleasa
astrology *n* astralaíocht *f3*
astronaut *n* spásaire *m4*
astronomy *n* réalteolaíocht *f3*
astute *adj* géarchúiseach
asylum *n* teach *m* na ngealt;
(*sanctuary*) tearmann *m1*

 KEYWORD

at *prep* **1** (*referring to position,
direction*) ag; **at the top** ag an
bharr, ar bharr + *gen*; **at home/
school** sa bhaile *or* ag baile/ar
scoil; **at Patrick's** i dteach
Phádraig, tigh Phádraig; **to look
at sth** amharc *or* breathnú ar rud
2 (*referring to time*): **at 4 o'clock** ar a
ceathair a chlog; **at Christmas** um
Nollaig, faoi Nollaig; **at night**
d'oíche, san oíche; **at times** (in)
amanna, idir amanna, scaití,
uaireanta
3 (*Comput, symbol* @) ag
4 (*referring to rates, speed etc*): **at £1 a
kilo** ar phunt an cileagram; **two at
a time** ina mbeirteanna, ina bpéirí,
péire in éineacht; **at 50 km/h** 50
ciliméadar san uair
5 (*referring to manner*): **at a stroke**
d'aon iarraidh; **at peace** faoi
shíocháin
6 (*referring to activity*): **to be at
work** bheith ag obair; **to play at**

cowboys bheith ag imirt buachaillí
bó; **to be good at sth** bheith go
maith i gceann ruda
7 (*referring to cause*): **to be
surprised/annoyed at sth**
iontas/fearg a bheith ort faoi rud;
I went at his suggestion ar an
gcomhairle s'aigesean a chuaigh
mé

atheist *n* aindiachaí *m4*
Athens *n* an Aithin *f*
athlete *n* lúthchleasaí *m4*, lúithnire
m4
athletic *adj* lúfar, lúthchleasach;
(*club*) lúthchleas *gpl*; **the Gaelic A~
Association** Cumann Lúthchleas
Gael; **athletics** *n* lúthchleasa *mph*,
cleasa *mph* lúith, lúthchleasaíocht
fsg3
Atlantic *adj* Atlantach ▷ *n*: **the ~
(Ocean)** an tAigéan *m1* Atlantach
atlas *n* atlas *m1*
atmosphere *n* atmaisféar *m1*,
aerbhrat *m1*
atom *n* adamh *m1*; **atomic** *adj*
adamhach; **atomic bomb/power**
buama/cumhacht adamhach
atrocity *n* ainghníomh *m1*, gníomh
m1 uafáis
attach *vt*: **to ~ sth to sth** rud a
cheangal *or* a ghreamú de rud;
(*document, letter*) rud a chur le rud;
to be ~ed to sb/sth bheith ceanúil
ar dhuine/rud; **he ~ed the
greatest of importance to that**
ba ríthábhachtach leis é sin;
attachment *n* (*tool*) ball *m1* breise,
forbhall *m1*; (*Comput*) ceangaltán
m1, iatán *m1*; (*love*): **attachment
(to)** cion (ar)
attack *vt* ionsaigh; (*task etc*)
tabhair faoi ▷ *n* ionsaí *m*, fogha *m4*;
(*also*: **heart ~**) taom *m3* croí

attain vt (also: **to ~ to**) sroich, bain amach

attempt n iarraidh f, iarracht f3, ionsaí m ▷ vt: **to ~ sth** iarraidh a thabhairt ar rud; **to ~ to do sth** féachaint le rud a dhéanamh; **to make an ~ on sb's life** iarraidh mharaithe a thabhairt ar dhuine

attend vt (course) freastail; **to ~** (lectures) freastal ar, bheith i láthair ag; (school) dul ar; (patient) freastal ar; **to ~ Mass** an tAifreann a éisteacht; **attend to** vt fus: **to ~ to sth** aire a thabhairt do rud; **to ~ to sb** (care for) freastal ar dhuine, aire a thabhairt do dhuine; **attendance** n (caring for) giollacht f3; (people present) freastal m1; (at school) tinreamh m1; **attendant** n freastalaí m4 ▷ adj: **the attendant dangers** na deacrachtaí a ghabhann le rud

attention n aire f4, aird f2, suntas m1; **~!** (Mil) ar aire!; **for the ~ of** (Admin) le haghaidh + gen

attic n áiléar m1

attitude n (position) gotha m4; (mental) dearcadh m1, mana m4

attorney (US) n (lawyer) aturnae m4; **Attorney General** n Ard-Aighne m4

attract vt tarraing, meall; **attraction** n (pleasant things) tarraingt f; (Phys) imtharraingt f; (fig): **attraction towards sb/sth** dúil i nduine/i rud; **attractive** adj tarraingteach, meallacach

attribute n airí m4, bua m4, cáilíocht f3 ▷ vt: **to ~ sth to sb** rud a fhágáil ar or a leagan ar dhuine, rud a chur i leith duine

aubergine n ubhthoradh m1

auction n (also: **sale by ~**) ceant m4 ▷ vt: **to ~ sth** rud a cheantáil; **to**

put sth up for ~ rud a chur ar ceant, ceant a chur ar rud

audible adj inchloiste, inchluinte

audience n (for radio) lucht m3 éisteachta; (for television) lucht féachana; (interview) éisteacht f3

audit n iniúchadh m ▷ vt iniúch

audition n triail f

auditor n iniúchóir m3

auditorium n halla m4 éisteachta

August n Lúnasa m4

aunt n aint f2; **auntie, aunty** n aintín f4

au pair n (also: **~ girl**) au pair

Australia n an Astráil f2; **Australian** adj, n Astrálach m1

Austria n an Ostair f2; **Austrian** adj, n Ostarach m1

authentic adj barántúil, údarach, fíor

author n údar m1

authority n údarás m1; **the authorities** npl (ruling body) na húdaráis

authorize vt údaraigh; **to ~ sb to do sth** údarás a thabhairt do dhuine rud a dhéanamh

auto (US) n carr m1, gluaisteán m1; **autobiography** n dírbheathaisnéis f2; **autograph** n síniú m ▷ vt sínigh; **automatic** adj uathoibríoch ▷ n (washing machine) inneall m níocháin (uathoibríoch); **automatically** adv go huathoibríoch; **automobile** (US) n gluaisteán m1, carr m1; **autonomy** n féinriail f, uathriail f

autumn n Fómhar m1; **in ~** san Fhómhar

auxiliary adj cúnta, cúntach ▷ n cúntóir m3

avail vt: **to ~ o.s. of sth** úsáid a bhaint as rud ▷ n: **to no ~** gan tairbhe

availability n infhaighteacht f3
available adj ar fáil, infhaighte;
  readily ~ ar aghaidh boise, ar fáil
  gan stró
avalanche n (of snow) maidhm f2
  shneachta; (of rocks, clay etc)
  maidhm f2 shléibhe
avenue n aibhinne m4, ascaill f2;
  (fig) slí f4, féidearthacht f3
average n meán m1 ▷ adj cothrom,
  meánach, meán-; (fig): **the ~
  person** an gnáthdhuine ▷ vt (a
  certain figure) meán a thógáil ar; **on
  ~** ar an meán; **average out** vi: **it
  ~s out at 3.5** (is é) 3.5 an meán
avert vt (one's eyes etc) iompaigh ó;
  we ~ed disaster choinníomar
  uainn an tubaiste
avocado n (also: **~ pear**) piorra m4
  abhcóide
avoid vt seachain, teith ó, téigh
  taobh anonn de; **to ~ work**
  teitheadh ó obair, obair a
  sheachaint; **to ~ sb** an bealach a
  fhágáil ag duine, duine a
  sheachaint
await vt fan le
awake adj múscailte, dúisithe ▷ vt
  múscail, dúisigh ▷ vi múscail,
  dúisigh; **I was ~** bhí mé múscailte,
  bhí mé i mo dhúiseacht
award n duais f2; (Law, damages)
  dámhachtain f3 ▷ vt: **to ~ a prize
  to sb** duais a thabhairt do dhuine;
  (Law): **to ~ damages to sb**
  cúiteamh a dhámhachtain ar
  dhuine
aware adj: **I am ~ of them** is eol
  dom iad, is eol dom í a bheith ann;
  to become ~ that teacht ar an
  eolas go; **to become ~ of sth** fios
  ruda a fháil; **he was ~ of that** ní
  raibh sin ceilte air, ní dheachaigh
  sin amú air; **as far as I am ~** go

bhfios dom; **awareness** n aithne
  f4, eolas m1
away adj imithe, ar shiúl ▷ adv: **he
  went ~** d'imigh sé; **he talked ~**
  labhair sé leis; **two kilometres ~**
  dhá chiliméadar ar shiúl; **it is two
  hours ~ by car** tógann sé dhá uair
  an chloig sa charr; **~ from** ar shiúl
  ó; **stay ~ from the fire** fan amach
  ón tine; **he's ~ for a week** beidh sé
  ar shiúl go ceann seachtaine; **to
  fade ~** (sound) síothlú; **to wither ~**
  (plant) seargadh; **he went ~**
  (plant) seargadh; **he took it ~** thug
  sé leis é; **take three ~ from five**
  (subtract) bain a trí óna cúig; **~
  from home** as baile; (no longer
  present) as láthair; **far ~** i bhfad ar
  shiúl, i bhfad ó bhaile; **he went ~**
  d'imigh sé (leis); **do it right ~** déan
  láithreach é
awe n uamhan m1; **awesome** adj
  uamhnach, creathnach
awful adj uafásach, millteanach,
  scanrúil; **an ~ lot (of)** cuid mhór
  + gen; **it was an ~ death** ba
  choscrach an bás é; **awfully** adv
  go huafásach; **awfully funny**
  millteanach or thar a bheith
  greannmhar
awkward adj (clumsy) anásta,
  liobarnach, amscaí; (hands)
  ciotach, sliopach; (inconvenient)
  ciotach
axe (US **ax**) n tua f4 ▷ vt: **the report
  was ~d** caitheadh an tuarascáil i
  dtraipisí; **jobs were ~d** gearradh
  poist
axle n (Aut) fearsaid f2, acastóir m3
ay, aye excl (yes) sea

b

B n (Mus) B m4

baby n leanbh m1, leanbán m1, babaí m4; **baby carriage** (US) n pram m4; **baby-sit** vi: **to baby-sit** páistí a fheighil, aire a thabhairt do pháistí; **baby-sitter** n feighlí m4 páistí

bachelor n fear m1 singil, baitsiléir m3; **B~ of Arts/Science** baitsiléir ealaíne/eolaíochta

back n (of person, animal) droim m3; (of horse) droim, muin f2; (of hand, chair) droim, cúl m1; (of house, room, street, page) cúl; (of car, train) deireadh m1; (Football) cúlaí m4 ▷ vt (candidate: also: **~ up**) tacaigh le, tabhair tacaíocht do; (horse: at races) cuir geall ar; (car) cúlaigh ▷ vi (also: **~ up**) cúlaigh, téigh ar gcúl, baiceáil ▷ adv (not forward) siar, ar gcúl ▷ adj (in compounds): **~ door/room** doras/seomra cúil; **~ seats/wheels/legs** suíochán/rothaí/cosa deiridh; **~ payments/rent** riaráistí; **he's ~** (returned) tá sé ar ais; **he called ~** (again) ghlaoigh sé ar ais; **as far ~ as** chomh fada siar le; **he ran ~** rith sé ar ais; **stay ~ from the fire** fan amach ón tine; **I will write ~ to you** scríobhfaidh mé ar ais chugat; **throw the ball ~** caith ar ais an liathróid; **get off his ~** lig dó; **in the ~ of the car** i gcúl an chairr; **back down** vi tarraing siar, géill; **back out** vi téigh ar do chúl i; **back up** vt (candidate etc) tacaigh le, tabhair tacaíocht do; **backbencher** n cúlbhinseoir m3; **backbone** n cnámh f2 droma, slat f2 droma; **backfire** vi (Aut) cúltort, déan cúltortadh; (plans etc) fill ar; **his actions backfired on him** d'fhill a chuid gníomhartha air; **background** n cúlra m4 ▷ adj (Comput) cúlrach; **backing** n (fig) tacaíocht f3, cúl m1 taca; **backlog** n riaráiste m4; **backpack** n mála m4 droma; **backstage** adv ar chúl stáitse; **backstroke** n snámh m3 droma; **backup** adj (train, plane etc: also Comput) cúltaca ▷ n (support) tacaíocht f3, cúl m1 taca; (also: **backup copy**) cóip f2 chúltaca; (also: **backup disk**) diosca m4 cúltaca; (also: **backup file**) comhad m1 cúltaca; **backward** adj (movement) siar, ar gcúl; (person) cúthail, neoid; (place) cúlráideach, iargúlta; **backwards** adv (move, go) ar gcúl, siar; (read a list) droim ar ais; (walk) i ndiaidh do chúil, ar lorg do thóna; **to fall backwards** titim i ndiaidh do chúil; **backyard** n clós m1 cúil, cúlchlós m1

bacon n bagún m1, muiceoil f3

bacteria npl baictéir mpl1
bad adj olc, dona; (child) crosta, dána, dalba; (mistake, accident etc) droch-; (meat, food) lofa; **his ~ leg** a chos thinn or nimhneach; **to go ~** (meat, food) cor a theacht i; **it's not ~** níl caill air
badge n suaitheantas m1
badger n broc m1
badly adv (work, dress etc) go dona, go holc, go hamscaí; **~ wounded** gonta go dona, loite go dona; **he needs it ~** tá sé de dhíth go géar air, teastaíonn sé uaidh go géar
badminton n badmantan m1
bad-tempered adj colgach, confach
bag n mála m4 ▷ vt cuir i mála; (inf: nab) croch leat; **~s of money** na múrtha airgid; **baggage** n bagáiste m4; **baggage allowance** n liúntas m1 bagáiste; **baggy** adj: **baggy trousers** bríste atá ina mhála; **bagpipes** npl píb fsg2 mhór, píb mhála, píoba fpl2
bail n (payment) bannaí mpl4 ▷ vt (prisoner: also: **grant ~ to**) lig amach ar bannaí; (boat: also: **~ out**) taosc; **on ~** (prisoner) faoi bhannaí, ar bannaí; **bail out** vt (prisoner) téigh i mbannaí ar
bait n baoite m4 ▷ vt cuir suas baoite; (fig: tease): **to ~ sb** bheith ag spochadh as duine
bake vt bácáil, bruith ▷ vi bácáil; **baked beans** npl pónairí fpl4 bruite; **baker** n báicéir m3; **bakery** n bácús m1, teach m báicéireachta; **baking** n báicéireacht f3; **baking powder** n púdar m1 bácála
balance n cothrom m1, cóimheá f4, cothromaíocht f3; (Comm, sum) iarmhéid m4; (remainder) fuílleach m1; (scales) scálaí mpl4, meá f4 ▷ vt

cothromaigh, meáigh; (budget, account) comhardaigh; **~ of payments/trade** comhardú na n-íocaíochtaí/na trádála; **to hang in the ~** bheith idir dhá cheann na meá; **she lost her ~** baineadh dá cothrom í; **balanced** adj cothrom; (judgement etc) cóir; **balance sheet** n clár m1 comhardaithe
balcony n balcóin f2, grianán m1; (in theatre) áiléar m1
bald adj maol, blagadach; (tyre) maol; (statement) lom; **~ man** blagadán; **~ patch** plait, blagaid
ball n liathróid f2, bál m1; (Football) peil f2; (for hurling) sliotar m1, cnag m1; (of wool, thread, string) ceirtlín m4; (dance) bál m1; **to play ~ (with sb)** (fig: cooperate) comhoibriú (le duine)
ballerina n bailéiríne f4
ballet n bailé m4; **ballet dancer** n rinceoir m3 bailé
balloon n balún m1; (in comic strip) bolgán m1
ballot n ballóid f2
ballpoint, ballpoint pen n badhró m4, peann m1 gránbhiorach
ballroom n bálseomra m4
Baltic n: **the ~ (Sea)** Muir Bhailt
bamboo n bambú m4
ban n cosc m1, cros f2 ▷ vt cosc, toirmeasc, cuir cosc ar
banana n banana m4
band n banda m4; (Mus) banna m4 or buíon f2 ceoil
bandage n bindealán m1, bréid m4 ▷ vt cuir bindealán or bréid ar
bang n pléasc f2; (of door) tailm f2, plab m4 ▷ vt pléasc; (door) dún de phlab, plab ▷ vi pléasc ▷ excl plimp; **the door closed with a ~** dhún an doras de phlab
bangs (US) npl (fringe) frainse msg4

banish vt díbir

banister n, **banisters** npl balastair mph, ráillí mpl4 staighre

banjo n bainseó m4

bank n banc m1; (of river, lake) bruach m1; (of earth) carnán m1 ▷ vi (Aviat) claon sciathán; **bank on** vt fus braith ar, cuir do mhuinín i; **bank account** n cuntas m1 bainc; **bank card** n cárta m4 baincéara; **banker** n baincéir m3; **bank holiday** n lá m saoire bainc; **banking** n baincéireacht f3; **banknote** n nóta m4 bainc

bankrupt adj féimheach; **he went ~** breithníodh ina fhéimheach é, briseadh ina ghnó é; **bankruptcy** n féimheacht f3

bank statement n ráiteas m1 bainc

banner n meirge m4, bratach f2, fleaige m4

bannister n, **bannisters** npl = **banister**

banquet n féasta m4; **wedding ~** bainis f2

baptism n baisteadh m

bar n (also Mus) barra m4; (pub, counter in pub) beár m1; (rod: of metal etc: lock) bolta m4, sparra m4; (on window etc) sparra; (fig) bac m1, constaic f2; (ban) cosc m1, toirmeasc m1 ▷ vt (road) dún; (door) sparr, cuir sparra le; (person, activity) cuir cosc ar; **~ of soap** barra sópa; **the B~** (Law) an Barra; **behind ~s** (prisoner) faoi ghlas

barbaric adj barbartha

barbecue n barbaiciú m4, fulacht f3

barbed wire n sreang f2 dheilgneach

barber n bearbóir m3

bar code n barrachód m1

bare adj nocht, lom ▷ vt nocht; **barefoot** adj, adv cosnochta;

barely adv ar éigean

bargain n (transaction) margadh m1; (good buy) sladchonradh m, margadh maith ▷ vi (haggle) déan margáil; (negotiate): **to ~ (with sb)** margáil a dhéanamh (le duine); **into the ~** de bharr ar an iomlán; **bargain for** vt fus: **he got more than he ~ed for** fuair sé rud nach ndearna sé margadh air

barge n báirse m4; **barge in** vi (walk in) gread isteach, tar isteach de rúid, siúil romhat isteach; (interrupt talk) bris isteach ar, téigh roimh

bark n (of tree) coirt f2, rúsc m1; (of dog) tafann m1, glam f2 ▷ vi: **to ~** lig glam (as), déan tafann, bheith ag tafann or ag amhastrach

barley n eorna f4

barmaid n cailín m4 beáir, bean f an leanna

barman n fear m1 beáir, fear m1 an leanna

barn n scioból m1

barometer n baraiméadar m1

baron n barún m1; **baroness** n banbharún m1

barracks npl beairic fsg2

barrage n (Mil, dam) baráiste m4; (fig) rois f2

barrel n bairille m4

barren adj aimrid, seasc

barricade n baracáid f2 ▷ vt cuir baracáid ar

barrier n bac m1, bacainn f2; (fig: to progress etc) constaic f2

barring prep ach amháin

barrister n abhcóide m4

barrow n (wheelbarrow) barra m4 (rotha)

bartender (US) n freastalaí m4 beáir

base n bun m1; (foundation) bonn m1;

(*Mil*) bunáit *f2* ▷ *vt*: **to ~ sth on** rud a bhunú ar ▷ *adj* suarach, táir
baseball *n* baseball
basement *n* íoslach *m1*
bash *vt* cnag, buail, gread, basc
basic *adj* bunúsach, bunaidh, bun-; **basically** *adv* go bunúsach; (*in fact*) is amhlaidh (go)
basil *n* basal *m4*, lus *m3* mic rí
basin *n* (*vessel*) mias *f2*; (*Geog*) imchuach *m4*; (*of river*) abhantrach *f2*; (*also*: **wash~**) báisín *m4*, scála *m4*
basis *n* bun *m1*, bonn *m1*, bunús *m1*, dúshraith *f2*; **on a trial ~** ar bhonn trialach; **on a part-time ~** ar bhonn páirtaimseartha
basket *n* bascaed *m1*, ciseán *m1*, cliabh *m1*; **basketball** *n* cispheil *f2*
bass *n* (*Mus*) dord *m1*; (*voice*) dordghuth *m3*
bastard *n* tuilí *m4*, mac *m1* suirí; (*infl*) bastard *m1*
bat *n* builteoir *m3*, slacán *m1*; (*Zool*) sciathán *m1* leathair ▷ *vt*: **he didn't ~ an eyelid** súil níor chaoch sé
batch *n* dol *m3*; (*of turf, eggs, potatoes*) baisc *f2*
bath *n* folcadh *m*; (*bathtub*) folcadán *m1* ▷ *vt* folc; **to have a ~** tú féin a fholcadh; *see also* **baths**
bathe *vi* folc ▷ *vt* (*wound*) nigh, ionnail
bathing *n* snámh *m3*; **bathing costume** (*US* **bathing suit**) *n* culaith *f2* shnámha
bathrobe *n* fallaing *f2* folctha; **bathroom** *n* seomra *m4* folctha; **baths** *npl* (*also*: **swimming baths**) poll *msg1* or linn *f2* snámha; **bath towel** *n* tuáille *m4* folctha
baton *n* (*Mus*) baitín *m4*; (*club*) bata *m4*, smachtín *m4*
batter *vt* gread, batráil ▷ *n*

fuidreamh *m1*; **battered** *adj* (*hat, pan*) briste brúite, seanchaite
battery *n* (*Elec*) cadhnra *m4*, ceallra *m4*
battle *n* cath *m3*, briseadh *m* ▷ *vi*: **to ~ against sth** troid in aghaidh ruda, streachailt in éadan ruda; **battlefield** *n* páirc *f2* an áir
bay *n* (*of sea*) bá *f4*; (*small*) camas *m1*; (*tree*) crann *m1* labhrais; **to hold sb at ~** srian a choinneáil ar dhuine
bay leaf *n* duilleog *f2* labhrais
bazaar *n* basár *m1*
B.C. *adv abbr* (= *before Christ*) R.Ch., Roimh Chríost

 KEYWORD

be *aux vb* **1** (*with present participle: forming continuous tenses*): **what are you doing?** cad é atá tú a dhéanamh?; **they're coming tomorrow** beidh siad ag teacht amárach; **I've been waiting for you for two hours** tá mé ag fanacht leat le dhá uair an chloig
2 (*with pp: forming passives*): **he was killed** maraíodh é; **he was nowhere to be seen** ní raibh sé le feiceáil thoir ná thiar
3 (*in tag questions*): **it was fun, wasn't it?** ba mhór an chuideachta or an spraoi é, nár mhór?; **she's back, is she?** tá sí ar ais, an bhfuil?
4 (+ *to* + *infin*): **the house is to be sold** tá an teach le díol; **he's not to open it** caithfidh sé gan é a oscailt, ná hosclaíodh sé é
▷ *vb* (+ *complement*) is, bí **1** (*gen*): **I'm Irish** is Éireannach mé; **I'm tired** tá tuirse orm, tá mé tuirseach; **I'm cold/hot** tá mé fuar/te; **he's a doctor** is dochtúir é; **2 and 2 are 4** a dó is a dó a ceathair

2 (*health*): **how are you?** cad é mar atá tú?, cén chaoi a bhfuil tú?, conas atá tú?; **he's fine now** tá sé go breá anois; **he's very ill** tá sé an-bhreoite
3 (*age*): **how old are you?** cén aois atá agat?; **I'm sixteen (years old)** tá mé sé bliana déag (d'aois)
4 (*cost*): **how much was the meal?** cá mhéad a bhí ar an mbéile?; **that'll be £5, please** cúig phunt, le do thoil
▷ *vi* **1** (*exist, occur etc*): **the prettiest girl that ever was** an cailín is deise dá raibh riamh ann; **be that as it may** bíodh sin mar atá, bíodh sin amhlaidh nó ná bíodh; **so be it** bíodh amhlaidh
2 (*referring to place*): **I won't be here tomorrow** ní bheidh mé anseo amárach; **Edinburgh is in Scotland** tá Dún Éideann in Albain, is in Albain atá Dún Éideann
3 (*referring to movement*): **where have you been?** cén áit a raibh tú?
▷ *impers vb* **1** (*referring to time, distance*): **it's 5 o'clock** tá sé a cúig a chlog; **it's the 28th of April** an t-ochtú lá is fiche de Mhí Aibreáin atá ann; **it's 10 km to the town** tá sé deich gciliméadar chun an bhaile mhóir
2 (*referring to the weather*): **it's too hot/cold** tá sé róthe/rófhuar; **it's windy** tá sé gaofar
3 (*emphatic*): **it's me/the postman** mise atá ann/fear an phoist atá ann

beach *n* trá *f4* ▷ *vt* (*boat*) tabhair rith cladaigh do
beacon *n* (*lighthouse*) solas *m1*; (*marker*) rabhchán *m1*
bead *n* (*decorative*) coirnín *m4*; (*of sweat, blood*) deoir *f2*; **Rosary ~s** Paidrín *msg4*, Coróin *fsg* Mhuire
beak *n* gob *m1*
beam *n* (*of wood*) maide *m4*; (*of light*) ga *m4* ▷ *vi* soilsigh, lonraigh; **she was ~ing** bhí aoibh an gháire uirthi
bean *n* pónaire *f4*; **runner/broad ~** pónaire reatha/leathan; **beansprouts** *npl* spruitíní *mpl4* soighe
bear *n* béar *m1* ▷ *vt* (*carry*) iompair; (*endure*) fulaing ▷ *vi*: **to ~ right/ left** coinneáil ar dheis/ar chlé; **bear out** *vt* (*fact*) deimhnigh, cruthaigh; **bear up** *vi* (*person*) fulaing go cróga
beard *n* féasóg *f2*; **goat's ~** meigeall *m1*
bearer *n* iompróir *m3*; (*of passport*) sealbhóir *m3*
bearing *n* iompar *m1*, siúl *m1*; (*connection*) baint *f2*; **bearings** *npl* (*also*: **ball ~s**) gráinní *mpl4* iompair
beast *n* ainmhí *m4*, beithíoch *m1*; (*inf: person*) brúid *f2*
beat *n* bualadh *m*; (*Mus*) buille *m4*; (*of policeman*) cuairt *f2*, stádar *m1* ▷ *vt, vi* buail; **off the ~en track** scoite, iargúlta; **~ it!** gread leat!; **beat up** *vt* (*inf*) buail, tabhair greasáil *or* léasadh do; (*egg*) buail; **beating** *n* bualadh *m*, greasáil *f3*, léasadh *m*
beautiful *adj* álainn, scéimhiúil, galánta, sciamhach; **beautifully** *adv* go hálainn, go scéimhiúil, go sciamhach
beauty *n* áilleacht *f3*, scéimh *f2*; **~ products** earraí áillithe; **beauty spot** *n* (*Tourism*) ball *m1* áilleachta
beaver *n* béabhar *m1*
because *conj* óir, mar, toisc
beckon *vt*: **~ to** sméid ar

b

become vi éirigh; **to ~ fat/thin** éirí ramhar/caol; **he became afraid** tháinig eagla air; **he became a priest** rinneadh sagart de; **he became a Catholic** d'iompaigh sé ina Chaitliceach; **he became a soldier** chuaigh sé sna saighdiúirí; **what became of him?** cad (é) a d'éirigh dó?

bed n leaba f; (of flowers) ceapach f2; (of coal, clay) scair f2; (of sea) grinneall m1; **to make the ~** an leaba a chóiriú; **he went to ~** chuaigh sé a luí; **bed and breakfast** n leaba f agus bricfeasta; **bedclothes** npl éadaí mph leapa; **bedding** n córacha fpl3 leapa; **bedroom** n seomra m4 leapa; **bedside** n: **at sb's bedside** ag colbha na leapa ag duine; **bedsit, bedsitter** n seomra m4 suí is leapa, suanlann f2 chónaithe; **bedspread** n scaraoid f2 leapa; **bedtime** n am m3 luí

bee n beach f2

beech n fáibhile m4, feá f4

beef n mairteoil f3; **roast ~** mairteoil rósta; **beefburger** n martbhorgaire m4

beer n beoir f, leann m3

beet n (vegetable) biatas m1; (US: also: **red ~**) biatas dearg

beetle n ciaróg f2, daol m1

beetroot n meacan m1 biatais, biatas m1

before prep (in time) roimh; (preference) thar; (in space) os comhair + gen, os coinne + gen ▷ conj sula ▷ adv ar tosach, roimhe sin, cheana; **~ going** roimh imeacht; **~ she goes** sula n-imíonn sí; **the week ~** an tseachtain roimhe sin; **I've seen it ~** chonaic mé cheana é;

beforehand adv roimh ré

beg vi bheith ag iarraidh na déirce ▷ vt impigh ar; (forgiveness, mercy etc) agair; (entreat) achainigh ar; see also **pardon**

beggar n bacach m1, fear m1 déirce, bean f déirce

begin vt, vi tosaigh, cuir tús le; **to ~ doing** or **to do sth** tosú ar rud a dhéanamh; **beginner** n tosaitheoir m3; **beginning** n tús m1, tosach m1

behalf n: **on ~ of sb** (representing) thar ceann duine; **on ~ of** (for benefit of) ar son + gen; **on my/his ~** thar mo/a cheann

behave vi iompair; (well: also: **~ o.s.**) tú féin a iompar go maith; **~ yourself** bíodh múineadh ort; **behaviour** (US **behavior**) n iompar m1; **good/bad behaviour** dea-/drochiompar m1

behind prep taobh thiar de, laistiar de, ar chúl + gen; (time, work, studies) siar, ar deireadh ▷ adv thiar, chun deiridh ▷ n tóin f3; **to be ~ (schedule)** bheith ar deireadh (leis an obair); **~ the scenes** ar chúl stáitse, ar an gcúlráid

beige adj béas

Beijing n Béising f4

being n neach m4; (existence) beith f2

belated adj deireanach, mall

belch vi brúcht ▷ vt (also: **to ~ out**: smoke etc) bheith ag tonnadh

Belfast n Béal m Feirste; **~ Lough** Loch m Lao

Belgian adj, n Beilgeach m1

Belgium n an Bheilg f2

belief n (opinion) barúil f3, tuairim f2; (trust, faith) creideamh m1

believe vt, vi creid; **to ~ in** (God, method) creidiúint i; (ghosts) tabhairt isteach do; **believer** n (Rel) creidmheach m1

bell n clog m1

bellow vi (bull) búir; (person) béic

belly n bolg m1

belong vi: **that ~s to me** is liomsa sin; (group): **she ~s to that party** is ball den pháirtí úd í; (place): **I don't ~ to this town** ní as an mbaile seo mé; **belongings** npl giuirléidí fpl2

beloved adj ionúin ⊳ n muirnín m4

below prep faoi ⊳ adv thíos, laistíos; **see ~** féach thíos; **from ~** aníos

belt n crios m3, beilt f2; (of land, Tech) crios ⊳ vt (thrash) buail, tabhair greadadh do, tabhair léasadh do; **beltway** (US) n (Aut: motorway) cuarbhóthar m1

bemused adj trí chéile, trína chéile

bench n binse m4; **the B~** (Law) An Binse m4

bend vt lúb ⊳ vi lúb, crom ⊳ n (in road) cor m1, lúb f2; (in pipe) lúb; (in river) lúb, camas m1; **the ~s** (Med) tinneas m1 tumadóra; **bend down** vi crom síos; **bend over** vi crom

beneath prep (thíos) faoi ⊳ adv thíos; **it is ~ me** ní chromfainn air

beneficial adj tairbheach, sochrach; **~ to the health** tairbheach don tsláinte

benefit n sochar m1, leas m3, tairbhe f4; (also: **unemployment ~**) sochar dífhostaíochta ⊳ vt téigh chun sochair do; **it ~ted me** chuaigh sé chun sochair dom ⊳ vi bain sochar as; **I ~ted from it** bhain mé sochar as

benign adj (person, smile) caoin; (Med) neamhainciseach, neamhurchóideach

bent adj cam ⊳ n: **he has a ~ for it** tá claonadh or luí aige leis; **he is ~**

on escaping tá rún daingean aige éalú

bereaved n: **the ~** muintir f2 an mharbhánaigh

beret n bairéad m1

Berlin n Beirlín f4

berry n caor f2

berth n (bed) leaba f (loinge); (for ship) leaba ancaire ⊳ vi (in harbour) tar le cé; (at anchor) téigh ar ancaire

beside prep in aice (le), le hais + gen, taobh le; **that's ~ the point** ní bhaineann sin le hábhar; **he was ~ himself with anger** bhí sé thairis féin le fearg; **besides** adv le cois, freisin, chomh maith; (in any case) thairis sin, cár bith ⊳ prep (as well as) seachas, diomaite de, chomh maith le

best adj, adv is fearr; **the ~ part of** an mhórchuid de; **at ~** ar an chuid is fearr de; **to make the ~ of sth** a mhór a dhéanamh de rud; **to do one's ~** do dhícheall a dhéanamh; **to the ~ of my knowledge** ar feadh m'eolais; **to the ~ of my ability** a fheabhas agus is féidir liom, chomh maith agus a thig liom; **best man** n finné m4 fir, vaidhtéir m3; **bestseller** n leabhar m1 móréilimh

bet n geall m1 ⊳ vt, vi cuir geall (ar); **I ~ five euros on a horse** chuir mé (geall) cúig euro ar chapall; **I'll ~ you he comes** bíodh geall go dtiocfaidh sé

betray vt braith, feall ar; (secret) sceith; (feeling) taispeáin

better adj, adv níos fearr ⊳ vt sáraigh, feabhsaigh ⊳ n: **to get the ~ of** an lámh in uachtar a fháil ar; **you had ~ do it** b'fhearr duit é a dhéanamh; **he thought ~ of it** rinne sé athchomhairle; **to get ~**

b

bisiú, dul i bhfeabhas

betting n geallchur m1; **betting shop** n siopa m4 geallghlacadóra

between prep idir ▷ adv: **(in) ~** i lár báire; **~ meals** idir bhéilí; **~ Belfast and Dublin** idir Béal Feirste agus Baile Átha Cliath

beverage n deoch f

beware vi seachain; **"~ of the dog"** "seachain an madra"; **~ of him** fainic thú féin air, bí ar d'fhaichill air

bewildered adj ar mearbhall, trí (na) chéile

beyond prep (in space, time) ar an taobh thall (de); (exceeding) thar, os cionn ▷ adv ansiúd, thall; **~ doubt** gan aon amhras; **it is ~ repair** tá sé ó chóiriú

bias n (prejudice) claonadh m; **biased, biassed** adj leataobhach, claonta; **he is bias(s)ed towards/ against women** tá sé claonta i leith/i gcoinne na mban

bib n bráidín m4

Bible n Bíobla m4

bicarbonate of soda n décharbónáit f2 sóide

biceps n bícéips f2

bicycle n rothar m1

bid n (at auction etc) tairiscint f3; (attempt) iarraidh f, iarracht f3 ▷ vi tairg, déan tairiscint ▷ vt ordaigh do; **he ~ me goodbye** d'fhág sé slán agam; **bidder** n tairgeoir m3; **the highest bidder** an té a thairgeann an t-airgead is mó

big adj mór; **bigheaded** adj sotalach, leitheadach; **he is bigheaded** tá a cheann séidte, tá sé mór as féin

bike n rothar m1

bikini n bicíní m4

bilateral adj déthaobhach

bilingual adj dátheangach

bill n (also Pol) bille m4; (US: banknote) nóta m4 bainc; (of bird) gob m1; (Theat) **on the ~** ar an gclár; **"post no ~s"** "cros ar fhógráin"; **to fit** or **fill the ~** (fig) cúis a dhéanamh ▷ vt: **to ~ sb** bille a chur chuig duine; **billboard** n clár m1 fógraí; **billfold** (US) n sparán m1

billiards n billéardaí

billion n (Brit) billiún m1 + sg; (US) míle m4 milliún + sg

bin n araid f2; (also: **dust~**) bosca m4 bruscair

bind vt (tie) ceangail, nasc; (book) ceangail; (oblige): **to ~ sb to do sth** iallach a chur ar dhuine rud a dhéanamh ▷ n (nuisance) crá m4 croí

binge (inf) n ragús m1 óil, drabhlás m1; **to go on a** or **the ~** dul ar an ól or ar na cannaí

bingo n biongó m4

binoculars npl déshúiligh mph

bio- prefix bith-, beath-; **biochemistry** n bithcheimic f2; **biodegradable** adj bith-indíghrádaithe; **biofuel** n bithbhreosla m4; **biography** n beathaisnéis f2; **biological** adj bitheolaíoch; **biology** n bitheolaíocht f3; **biotechnology** n bitheicneolaíocht f3

bipolar adj dépholach

birch n beith f2

bird n éan m1

bird watcher n éanfhairtheoir m3, éaneolaí m4

Biro® n badhró m4

birth n breith f2; **she gave ~ to a son** rugadh mac di; **he's Irish by ~** is Éireannach ó dhúchas é; **birth certificate** n teastas m1 beireatais; **birth control** n (policy) cosc m1 beireatais; (method) frithghiniúint f3; **birthday** n breithlá m, lá m

breithe ▷ *cpd* breithlae *n gen*;
birthplace *n*: **my birthplace** an
áit ar rugadh mé; (*fig*) m'áit *f2*
dhúchais

biscuit *n* (*Brit*) briosca *m4*; (*US*)
toirtín *m4*

bishop *n* (*also Chess*) easpag *m1*

bit *n* giota *m4*, blúire *m4*, píosa *m4*;
(*of tool*) béalmhír *f2*; (*for horse*)
béalbhach *f2*; (*Comput*) giotán *m1*;
a ~ of píosa de, giota de; **a ~ tired**
rud beag tuirseach; **~ by ~** de réir a
chéile, diaidh ar ndiaidh, ó ghiota
go giota

bitch *n* (*dog*) soith *f2*, bitseach *f2*;
(*inf!*) raicleach *f2*, bitseach (*mná*)

bite *vt, vi* bain greim *or* plaic *or*
sclamh as; (*insect*) cailg ▷ *n* (*insect
bite*) cailg *f2*, greim *m3*; (*mouthful*)
greim; **let's have a ~ (to eat)**
beidh greim bia againn; **to ~ one's
nails** d'ingne a ithe

bitter *adj* goirt, searbh,
gangaideach; (*weather, wind*)
nimhneach, feanntach; (*person*)
domlasta; (*criticism*) géar, dian,
feanntach ▷ *n* (*beer*) leann *m3*
searbh

bizarre *adj* ait, aisteach, saoithiúil

black *adj* dubh ▷ *n* (*colour*) dubh *m1*;
(*person*): **B~** Gormach *m1*, duine *m4*
gorm ▷ *vt* (*Ind*) baghcatáil; **to give
sb a ~ eye** súil dhubh a fhágáil ag
duine; **to be in the ~** (*in credit*)
bheith ar thaobh an tsochair;
blackberry *n* sméar *f2* dhubh;
blackbird *n* lon *m1* dubh, céirseach
f2; **blackboard** *n* clár *m1* dubh;
black coffee *n* caife *m4* dubh;
blackcurrant *n* cuirín *m4* dubh;
black ice *n* oighear *m1* dubh;
blackmail *n* dúmhál *m1* ▷ *vt* cuir
faoi dhúmhál, dúmháil; **black
market** *n* margadh *m1* dubh;

blackout *n* (*Elec*) lánmhúchadh *m*;
to have a blackout (*fainting*) titim
i laige, dul i dtámh *or* i dtámhnéal;
Black Sea *n*: **the Black Sea** an
Mhuir *f3* Dhubh

bladder *n* lamhnán *m1*

blade *n* (*of weapon*) lann *f2*, faobhar
m1; (*of oar, hurling stick, shoulder*)
bos *f2*; **~ of grass** gas *m1 or* ribe *m4*
féir

blame *n* locht *m3*, milleán *m1* ▷ *vt*:
to ~ sb/sth for sth an locht a chur
ar dhuine/ar rud as rud; **who's to
~?** cé air an locht *or* an milleán?; **he
is to ~** eisean is ciontaí

bland *adj* (*taste, food*) tur, leamh

blank *adj* bán, folamh; (*look*)
folamh, bómánta ▷ *n* (*space*)
bearna *f4*; (*cartridge*) cartús *m1*
caoch; **his mind was a ~** ní raibh
aon smaoineamh ina cheann

blanket *n* blaincéad *m1*, pluid *f2*; (*of
snow, cloud*) cumhdach *m1*

blast *n* (*of wind*) rois *f2*, soinneán *m1*;
(*of explosive*) pléasc *f2* ▷ *vt* pléasc,
réab

blatant *adj* lom-, dearg-; (*clear*)
follasach

blaze *n* (*fire*) dóiteán *m1*, gléireán *m1*;
(*on animal*) scead *f2* ▷ *vi*: **to ~** (*fire*)
bheith ag bladhmadh; (*sun*) bheith
ag scalladh *or* spalpadh ▷ *vt*: **to ~ a
trail** (*fig*) ceannródaíocht a
dhéanamh

blazer *n* bléasar *m1*

bleach *n* bléitse *m4* ▷ *vt* (*linen etc*)
bánaigh, tuar

bleak *adj* sceirdiúil, deileoir; (*future*)
gruama

bleed *vt* (*Med*) bain *or* lig fuil as,
déan cuisleoireacht ar ▷ *vi* cuir fuil,
fuiligh (*ar*); **his nose was ~ing** bhí
sé ag cur fuil shróine

blemish *n* ainimh *f2*, máchail *f2*,

smál *m1*; (*on fruit, reputation*) smál ▷ *vt* smálaigh

blend *n* cumasc *m1*, meascán *m1* ▷ *vt* cumaisc, measc ▷ *vi*: **to ~ (in)** (*colours etc*) dul isteach ina chéile, cur le chéile; **blender** *n* cumascóir *m3*

bless *vt* beannaigh, coisric; **~ you!** (*after sneeze*) Dia leat!; Dia linn!; **blessing** *n* beannacht *f3*, coisreacan *m1*; (*godsend*) tabhartas *m1* Dé, tíolacadh *m* ó neamh

blight *vt* smol, mill; **to ~ sb's hopes** duine a chur dá dhóchas *or* as a dhóchas

blind *adj* dall, caoch ▷ *n* (*for window*) dallóg *f2*; **the ~** *npl* na daoine *mpl4* dalla, na daill *mpl1* ▷ *vt* dall, caoch; **blindfold** *n* púicín *m4* ▷ *adj, adv* faoi phúicín ▷ *vt* cuir púicín ar

blink *vi* (*light*) preab; **to ~ an eye** súil a chaochadh *or* a bhobáil ▷ *n*: **in the ~ of an eye** i bhfaiteadh na súl

bliss *n* aoibhneas *m1*

blister *n* (*on skin*) spuaic *f2*, clog *m1*; (*on paintwork, rubber*) clog ▷ *vi* (*paint*) clog; **it ~ed** d'éirigh clog air

blizzard *n* síobadh *m* sneachta

bloated *adj* ata, séidte, borrtha

blob *n* (*drop*) daba *m4*, braon *m1*; (*daub, lump*) daba *m4*; (*stain*) smál *m1*; (*spot*) ball *m1*

block *n* bloc *m1*, ceap *m1*; (*in pipes*) bacainn *f2*; (*toy*) bloicín *m4*; (*of buildings*) ceap *m1* ▷ *vt* coisc, cuir bac *or* cosc ar, stop; (*ball*) stop, blocáil; (*fig*) téigh roimh; **mental ~** bac intinne; **blockade** *n* imshuí *m4*; **blockage** *n* caochaíl *f3*, bac *m1*; **block capitals, block letters** *npl* bloclitreacha *fpl*, mórlitreacha *fpl* bloic

blog *n* (*Comput*) blag *m4*

blogger *n* blagálaí *m4*

bloke (*inf*) *n* diúlach *m1*

blond, blonde *adj* fionn, bán ▷ *n* duine *m4* fionn

blood *n* fuil *f*; **blood donor** *n* deontóir *m3* fola; **blood group** *n* fuilghrúpa *m4*; **blood poisoning** *n* nimhiú *m* fola; **blood pressure** *n* brú *m4* fola; **bloodshed** *n* ár *m1*, doirteadh *m* fola, fuildoirteadh *m*; **bloodshot** *adj* sreangach; **bloodstream** *n* sruth *m3* (na) fola; **blood test** *n* triail *f* fola; **blood vessel** *n* fuileadán *m1*, soitheach *m1* fola; **bloody** *adj* fuilteach; (*inf!*): **this bloody ...** an .... mallaithe seo; **bloody strong/good** damanta láidir/maith

bloom *n* bláth *m3*, snas *m3*, snua *m4* ▷ *vi* tar i mbláth

blossom *n* bláth *m3*, plúr *m1* ▷ *vi* bláthaigh, tar i mbláth

blot *n* smál *m1* ▷ *vt* smálaigh; **blot out** *vt* (*memories*) cuir as do cheann; (*view*) folaigh, ceil

blouse *n* blús *m1*

blow *n* buille *m4* ▷ *vi* (*wind*) séid; (*fuse*) dóigh ▷ *vt* séid; (*instrument*) séid; **to ~ one's nose** do shrón a shéideadh; **to ~ a whistle** feadóg a shéideadh; **blow away** *vt* séid ar shiúl, séid chun siúil; **blow down** *vt* séid chun talún; **blow off** *vt* séid de, síob de; **blow out** *vt* (*fire, flame*) múch, séid amach ▷ *vi* téigh as; **blow over** *vi* síothlaigh; **blow up** *vt* séid; (*tyre*) séid, teann, cuir aer i; (*Phot*) méadaigh ▷ *vi* pléasc

blue *adj* gorm; (*fig*) graosta, gáirsiúil ▷ *n*: **the ~s** (*Mus*) na bliúanna *mpl4*, na gormacha *mpl*; **~ joke** scéal (grinn) graosta; **~ movie** scannán pornagrafaíochta; **to come out of the ~** (*fig*) teacht mar a bheadh splanc ann, teacht gan choinne; **bluebell** n cloigín m4 gorm

bluff vi: **he was ~ing** bhí sé ag cur i gcéill ▷ vt cuir dallamullóg ar ▷ n cur m1 i gcéill; **to call sb's ~** tabhairt ar dhuine cur lena chuid cainte

blunder n botún m1, meancóg f2 ▷ vi déan botún or meancóg

blunt adj (person) giorraisc; (knife, pencil) maol

blur n dusma m4 ▷ vt smálaigh, doiléirigh

blush vi dearg, las ▷ n lasadh m, luisne f4; **she ~ed** las sí san aghaidh

board n clár m1, bord m1; (on wall, for chess) clár; (cardboard) cairtchlár m1; (committee) coiste m4; (in company) bord m1, (Naut, Aviat): **on ~** ar bord ▷ vt (ship) téigh ar bord; (train) téigh ar; **full/half ~** lánchothú/leathchothú; **~ and lodging** bia agus leaba; **which goes by the ~** (fig) a ligtear ar lár; **board up** vt (door, window) dún le cláir; **boarding card** n = **boarding pass**; **boarding pass** n (Aviat, Naut) cárta m4 or pas m4 bordála; **boarding school** n scoil f2 chónaithe; **board room** n seomra m4 comhairle

boast vi: **to ~ (about or of)** maíomh (as), mórtas a dhéanamh (as), gaisce a dhéanamh (as)

boat n bád m1; (small) coite m4

bob vi (boat, cork, on water: also: **~ up and down**) damhsaigh

body n corp m1, colainn f2; (dead) corp, corpán m1, marbhán m1; (of car, plane) cabhail f; (fig: society) comhlacht m3; (of wine) tathag m1; **body-building** n corpdhéanamh m1; **bodyguard** n garda m4

cosanta; **bodywork** n cabhalra m4

bog n portach m1, caorán m1 ▷ vt: **to get ~ged down** (fig) dul in abar

bogus adj bréagach; **a ~ company** comhlacht m3 bréige

boil vt, vi beirigh, fiuch, bruith ▷ n (Med) neascóid f2; **to come to the** or (US) **a ~** tosú ag fiuchadh, tosú ag gail; **to bring to the ~** gail or fiuchadh a bhaint as; **boil down to** vt fus (fig): **it ~s down to** is é bun agus barr an scéil; **boil over** vi téigh thar maoil; **boiled egg** n ubh f2 bhruite; **boiler** n coire m4, gaileadán m1; **boiling point** n pointe m4 fiuchta

bold adj dána, dalba, neamheaglach; (pej: cheeky) crosta, soibealta; (clear and distinct) glan soiléir; (print) trom

bollard n (Aut) mullard m1

bolt n (lock) bolta m4, sparra m4; (with nut) bolta m4 ▷ adv: **~ upright** ina cholgsheasamh ▷ vt boltáil, cuir bolta or sparra ar; (Tech: also: **~ on, ~ together**) boltáil; (food) alp, slog, pulc ▷ vi: **the horse ~ed** d'imigh an capall chun scaoill; **he ~ed** d'imigh sé de sciotán, thug sé do na boinn é; **~ of lightning** splanc thintrí

bomb n buama m4, pléascán m1 ▷ vt buamáil; **bomber** n (Aviat) buamadóir m3

bond n cuibhreach m1, ceangal m1; (binding promise) gealltanas m1, conradh m; (Comm) banna m4; **in ~** (of goods) faoi bhanna

bone n cnámh f2 ▷ vt bain na cnámha as, díchnámhaigh

bonfire n tine f4 chnámh

bonnet n boinéad m1

bonus n bónas m1 ▷ adj breise n gen; **~ number** uimhir bhreise

boo *excl* bú ▷ *vt*: **to ~ sb** faíreach a dhéanamh faoi dhuine

book *n* leabhar *m1*; *(of stamps, tickets)* leabhrán *m1* ▷ *vt (ticket, seat, room)* cuir in áirithe; *(football player)* glac ainm, cuir sa leabhar; **books** *npl (accounts)* leabhair *mph* chuntas; **bookcase** *n* prios *m3* leabhar, leabhragán *m1*; **booking office** *n* oifig *f2* ticéad; **book-keeping** *n* cuntasóireacht *f3*, leabharchoimeád *m*; **booklet** *n* leabhrán *m1*; **bookmaker** *n* geallghlacadóir *m3*; **bookmark** *n* *(also Comput)* leabharmharc *m1*; **bookseller** *n* díoltóir *m3* leabhar; **bookshop, bookstore** *n* siopa *m4* leabhar

boom *n* tormán *m1*, búireach *f2*; *(in prices, population)* borradh *m* ▷ *vi*: **to ~** bheith ag búireach; *(prices etc)* bheith ag borradh

boost *n* méadú *m*, spreagadh *m* ▷ *vt* treisigh, méadaigh, tabhair uchtach (do); **to ~ the power** an chumhacht a mhéadú

boot *n* bróg *f2* mhór, buatais *f2*; *(for football etc)* bróg pheile; *(of car)* cófra *m4* ▷ *vt (Comput)* tosaigh; **to ~** *(in addition)* de bhabhta leis, chomh maith, lena chois

booth *n* *(at fair)* stainnín *m4*; *(telephone etc)* both *f3*; *(also: voting ~)* both vótála

booze *(inf)* *n* an braon *m1* crua, biotáille *f4* ▷ *vi* déan pótaireacht *or* póit

border *n* ciumhais *f2*, teorainn *f*, imeall *m1*; *(of a country)* teorainn, críoch *f2* ▷ *vt*: **to ~ (on)** *(country)* bheith ag críochantacht (le); **the B~** *(Irl: Geog)* An Teorainn; **borderline** *n* *(fig)* teorainn *f*

bore *vt (hole)* poll, toll; *(oil well,*

tunnel) toll; *(person)* tuirsigh, cráigh ▷ *n* leadránaí *m4*, liostachán *m1*; *(of gun)* cró *m4*; **to be ~d** bheith dubh dóite; **he's such a ~!** a leithéid de strambánaí!; **boredom** *n* leamhthuirse *f4*

boring *adj* leadránach, tuirsiúil; **a ~ story** strambán

born *adj*: **to be ~** teacht ar an saol; **when were you ~?** cén bhliain a rugadh tú?; **I was ~ in 1985** rugadh i 1985 mé

borough *n* buirg *f2*

borrow *vt*: **to ~ sth (from sb)** rud a fháil ar iasacht (ó dhuine)

Bosnia *n* Boisnia *f4*

bosom *n* brollach *m1*, cliabh *m1*, ucht *m3*

boss *n* saoiste *m4*, máistir *m4*, maor *m1* ▷ *vt*: **to ~ sb (around** *or* **about)** barrastóireacht *or* saoistíocht a dhéanamh ar dhuine; **bossy** *adj* tiarnúil

both *adj* araon ▷ *pron*: **~ (of them)** (s)iad beirt; **~ of us went, we ~ went** chuaigh an bheirt againn; **~ of you** sibh araon, an bheirt agaibh; **~ (of) the books** an dá leabhar; **~ men and women** idir fhir agus mhná

bother *vt (worry)* cráigh, clip, buair; *(disturb)* cuir as do ▷ *vi*: **to ~ (o.s.)** an stró a chur ort féin, bacadh le ▷ *n* crá *m4*, buairt *f3*; **it's no ~** ní stró ar bith é; **to ~ doing sth** bacadh le rud a dhéanamh, an saothar a chur ort rud a dhéanamh

bottle *n* buidéal *m1* ▷ *vt*: **to ~ sth** rud a chur i mbuidéal, rud a bhuidéalú; **bottle up** *vt (emotion)* brúigh fút; **bottle bank** *n* gabhdán *m1* buidéal; **bottle-opener** *n* osclóir *m3* buidéal

bottom *n* *(of container etc)* bun *m1*,

íochtar *m1*; (*of sea, lake*) grinneall *m1*, íochtar; (*buttocks*) tóin *f3*; (*of page, list*) bun ▷ *adj* bun-
boulder *n* bollán *m1*, moghlaeir *m3*
bounce *vi* (*ball*) preab, bocáil, léim; (*cheque*) preab ▷ *vt* preab ▷ *n* (*rebound*) preab *f2*; **bouncer** (*inf*) *n* (*at dance, club*) fear *m1* (an) dorais
bound *n* (*gen pl*) teorainn *f*; (*leap*) léim *f2*, abhóg *f2* ▷ *vi* (*leap*) léim, preab ▷ *vt* (*limit*) teorannaigh ▷ *adj*: **to be ~ to do sth** (*obliged*) é a bheith mar oibleagáid ort rud a dhéanamh, ceangal a bheith ort rud a dhéanamh; **it's ~ to happen** (*likely*) is cinnte go dtarlóidh sé; **to be ~ by** (*law, regulation*) iallach + *gen* a bheith ort; **to be ~ for ...** bheith ag triall ar ...; **out of ~s** toirmiscthe; (*Sport*) thar teorainn
boundary *n* teorainn *f*
bouquet *n* crobhaing *f2*; (*of wine*) cumhracht *f3*
bout *n* dreas *m3*; (*of malaria etc*) ráig *f2*, taom *m3*; (*Boxing etc*) babhta *m4*
bow[1] *n* (*ribbon*) cuach *f2*, cuan *m1*, cuachóg *f2*; (*weapon, Mus*) bogha *m4*
bow[2] *n* (*with body*) umhlú *m*; (*Naut: also*: **~s**) tosach *m1 or* ceann *m1* báid ▷ *vi* sléacht, umhlaigh; (*yield*) **to ~ to** *or* **before** géilleadh do
bowels *npl* inní *mpl4*, ionathar *msg1*
bowl *n* (*for eating*) babhla *m4*, cuach *m4* ▷ *vi* (*Cricket, Baseball*) babhláil; **~s** (*Sport*) bollaí *mpl4*; **bowler** *n* (*Cricket, Baseball*) babhlálaí *m4*; (*also*: **bowler hat**) babhlaer *m1*; **bowling** *n* (*game*) bollaí *mpl4*; **bowling green** *n* faiche *f4* bollaí
bow tie *n* carbhat *m1* cuachóige
box *n* (*also Theat*) bosca *m4*; (*large*) cófra *m4* ▷ *vt* cuir i mbosca; (*Sport*) dornáil ▷ *vi* dornáil; **boxer** *n*

(*fighter*) dornálaí *m4*; **boxing** *n* dornálaíocht *f3*; **Boxing Day** *n* Lá *m* Fhéile Stiofáin; **boxing gloves** *npl* lámhainní *fpl2* dornála; **boxing ring** *n* cró *m4* dornálaíochta; **box office** *n* oifig *f2* ticéad
boy *n* buachaill *m3*, gasúr *m1*, garsún *m1*; (*young man*) stócach *m1*
boycott *n* baghcat *m1* ▷ *vt* baghcatáil
boyfriend *n* stócach *m1*, buachaill *m3*
bra *n* cíochbheart *m1*
brace *n* (*on teeth*) cuing *f2*, teanntán *m1*; (*tool*) bíomal *m1* ▷ *vt* (*knees, shoulders*) teann; **braces** *npl* (*for trousers*) guailleáin *mpl1*, gealasacha *mpl1*; **to ~ o.s.** tú féin a chur i dtaca, (*fig*) tú féin a chur faoi réir
bracelet *n* bráisléad *m1*
bracket *n* (*Tech*) brac *m1*; (*group*) aicme *f4*; (*also*: **brace ~**) cuing *f2*; (*also*: **round/square ~**) lúibín *m4* cruinn/cearnach ▷ *vt* cuir idir lúibíní; (*fig*: *also*: **~ together**) cuir ar aon chéim; **tax ~** réim *f2* chánach
brag *vi* déan mórtas
braid *n* (*trimming*) bréad *m1*, órshnáithe *m4*; (*of hair*) dual *m1*, trilseán *m1*
brain *n* inchinn *f2*; **brains** *npl* (*intellect*) eagna *fsg4* chinn; **he's got ~s** tá éirim ann, tá eagna chinn aige
braise *vt* galstobh
brake *n* (*on vehicle, also fig*) coscán *m1* ▷ *vi* na coscáin a theannadh; **brake light** *n* solas *m1* coscán
bran *n* bran *m4*
branch *n* craobh *f2*, géag *f2*; (*of river, road*) gabhal *m1*, géag, brainse *m4*; (*Comm*) brainse, gasra *m4* ▷ *vi*

(*road: also*: **to ~ off from**) imeacht ó, géagú ó
brand n branda m4, marc m1 ▷ vt (*cattle*) brandáil; **brand-new** adj úrnua
brandy n branda m4
brash adj sotalach, teanntásach
brass n prás m1; **brass band** n banna m4 práis
brat (*pej*) n sotaire m4, dailtín m4
brave adj cróga, calma ▷ vt tabhair aghaidh ar, tabhair dúshlán + gen; **bravery** n crógacht f3, calmacht f3
brawl n maicín m4, racán m1
Brazil n an Bhrasaíl f2; **Brazilian** adj, n Brasaíleach m1
breach vt bearnaigh ▷ n (*gap*) bearna f4; (*breaking*): **~ of contract** sárú m conartha; **~ of the peace** briseadh na síochána
bread n arán m1; (*fig*) cothú m, slí f4 beatha; **breadbin** (*US* **bread box**) n bosca m4 aráin; **breadcrumbs** npl grabhróga fpl2 aráin
breadth n fairsinge f4, leithead m1
break vt bris; (*promise*) bris; (*law*) sáraigh, bris ▷ vi bris; (*weather*) claochlaigh, bris; (*story, news*) sceith; (*day*) bánaigh ▷ n (*gap*) bearna f4; (*fracture*) briseadh m; (*pause, interval*) scíth f2, sos m3; (*at school*) am m3 sosa; (*chance*) deis f2, faill f2; **to ~ one's leg** do chos a bhriseadh; **to ~ a record** curiarracht a bhriseadh; **to ~ the news to sb** an drochscéal a ligean le duine; **to ~ even** gan gnóthú ná cailleadh; **break down** vt (*figures, data*) miondealaigh ▷ vi: **his health broke down** bhris ar a shláinte; **the car broke down** chlis an carr, bhris an carr anuas; **break in** vt (*horse etc*) bris ▷ vi (*burglar*) bris isteach; (*interrupt*):

to ~ in on sb briseadh isteach ar dhuine; **break into** vt fus (*house*) bris isteach i; **break off** vi (*speaker*) stad; (*branch*) scoith; **break out** vi bris amach; (*war*) tosaigh; (*prisoner*) éalaigh; **to ~ out in spots** or **a rash** baill or gríos a theacht ort; **break up** vi (*ship*) tit as a chéile, scoir; (*crowd*) scaip; (*Scol, meeting*) scoir; (*marriage*) clis (ar), scoir ▷ vt bris ina phíosaí; (*fight etc*) réitigh; **breakdown** n (*Aut, fig*) cliseadh m; (*of statistics*) anailís f2, miondealú m; **nervous breakdown** (*Med*) cliseadh néarógach; **breakfast** n bricfeasta m4; **break-in** n briseadh m isteach; **breakthrough** n céim f2 (mhór) ar aghaidh
breast n (*of woman*) cíoch f2, brollach m1; **~ of chicken** brollach sicín; **breast-feed** vt, vi tabhair an chíoch do
breath n anáil f3; **out of ~** rite as anáil, píopáilte
Breathalyser® n anáilíseoir m3
breathe vt, vi tarraing anáil, análaigh; **breathe in** vi tarraing d'anáil isteach ▷ vt ionanálaigh; **breathe out** vi cuir d'anáil amach ▷ vt easanálaigh; **breathing** n análú m; **breathless** adj séidte, as anáil; **breathtaking** adj iontach, millteanach; **it was breathtaking** bhain sé an anáil díom
breed vt, vi póraigh, síolraigh ▷ n pór m1, sliocht m3
breeze n leoithne f4, feothan m1
breezy adj gaofar
brew vt (*tea*) déan; (*beer*) grúdaigh ▷ vi (*storm*) bheith ag cruinniú; **brewery** n grúdlann f2
bribe n breab f2 ▷ vt breab, ceannaigh; **bribery** n breabaireacht f3

brick *n* bríce *m4*; **bricklayer** *n*
bríceadóir *m3*
bride *n* brídeach *f2*; **bridegroom** *n*
grúm *m1*; **bridesmaid** *n* cailín *m4*
coimhdeachta
bridge *n* droichead *m1*; (*of nose*) caol
m1 na sróine; (*Cards*) beiriste *m4*
▷ *vt* (*fig: gap, gulf*) líon
bridle *n* srian *m1*, araí *f*
brief *adj* achomair, gairid ▷ *n*
(*guidelines*) treoir *f*; (*Law*)
mionteagasc *m1* ▷ *vt* cuir ar an
eolas; **briefs** *npl* (*undergarment*)
fobhríste *msg4*, bristín *msg4*;
briefcase *n* mála *m4* cáipéisí;
briefly *adv* i mbeagán focal, go
hachomair
bright *adj* geal, glé; (*clever*) cliste,
éirimiúil; (*cheerful*) gealgháireach;
a ~ idea smaoineamh maith
brilliant *adj* lonrach; (*great*) ar
dóigh, iontach
brim *n* béal *m1*; (*of hat*) duilleog *f2*
brine *n* (*Culin*) sáile *m4*
bring *vt* tabhair leat, beir leat;
bring about *vt*: **it was he who
brought it about** ba é ba chúis leis,
ba é faoi deara é; **bring back** *vt*
tabhair ar ais; **bring down** *vt*
(*price*) ísligh, laghdaigh; (*enemy
plane*) leag; (*government*) bris;
bring forward *vt* tabhair chun
tosaigh; **bring off** *vt* (*task, plan*)
cuir i gcrích; **bring out** *vt*
(*meaning*) léirigh; (*book*) foilsigh;
(*object*) cuir ar an margadh; **bring
round, bring to** *vt* (*revive*): **to ~ sb
round** *or* **to** duine a thabhairt
chuige féin; **bring up** *vt* (*child*) tóg;
(*carry up*) tabhair suas; (*question*)
cuir i dtreis, tarraing ort; (*food:
vomit*) urlaic, aisig, cuir amach;
she was brought up in Ireland
tógadh in Éirinn í

brink *n* bruach *m1*; **on the ~ of**
ar bhruach, ar tí
brisk *adj* briosc, bíogúil
bristle *n* guaire *m4*, colg *m1* ▷ *vi*:
he ~d with anger d'éirigh colg
feirge air
Brit (*inf*) *n* Gall *m1*, Sasanach *m1*
Britain *n* (*also*: **Great ~**) an
Bhreatain *f2* Mhór
British *adj* Briotanach ▷ *npl*: **the ~**
na Briotanaigh *mph*; **British Isles**
npl: **the British Isles** na hOileáin
mph Bhriotanacha, Oileáin Iarthair
Eorpa
Briton *n* Briotanach *m1*
brittle *adj* sobhriste, briosc
broad *adj* leitheadach, leathan;
(*distinction*) ginearálta; (*accent*)
láidir; **in ~ daylight** i lár an lae ghil;
broadband (*Comput*) *n* banda *m4*
leathan ▷ *adj* leathanbhanda;
broadcast *n* craoladh *m*,
craobhscaoileadh *m* ▷ *vt*, *vi* craol,
craobhscaoil; **broaden** *vt*
fairsingigh, leathnaigh ▷ *vi* leath;
to broaden one's mind d'intinn a
fhairsingiú; **broadly** *adv* go
ginearálta; **broad-minded** *adj*
leathanaigeanta
broccoli *n* brocailí *m4*
brochure *n* bróisiúr *m1*
broil *vt* (*Culin*) gríosc
broke *adj* (*inf*) briste, sportha,
creachta
broken *adj* briste; (*also*: **~ down**) as
gléas; **in ~ English/French** i
mBéarla briste/i bhFraincis
bhriste; **~ leg** cos bhriste
broker *n* bróicéir *m3*
bronchitis *n* broincíteas *m1*
bronze *n* umha *m4*, cré-umha *m4*
brooch *n* dealg *f2*, bróiste *m4*
brood *n* ál *m1* ▷ *vi*: **to ~ over sth** gor
a dhéanamh ar rud

broom n scuab f2; (Bot) giolcach f2 shléibhe

broth n brat m1, anraith m4

brothel n drúthlann f2, teach m striapachais

brother n deartháir m; (Rel) bráthair m; **brother-in-law** n deartháir m céile

brow n (forehead) clár m1 an éadain; (eyebrow) mala f4, fabhra m4; (of hill) grua f4

brown adj donn; (tanned) crón, donn ▷ n (colour) donn m1 ▷ vt (Culin) donnaigh; **brown bread** n arán m1 donn; **brown sugar** n siúcra m4 donn

browse vi (among books) bheith ag caitheamh do shúile thar; **to ~ through a book** mearspléachadh a thabhairt ar leabhar

bruise n brú m4, ball m1 gorm ▷ vt brúigh

brunette n cailín m4 donn

brush n scuab f2; (for painting) cleiteán m1; (for shaving) scuaibín m4; (quarrel) imreas m1, teagmháil f3 (bheag) ▷ vt scuab; (also: ~ against) cuimil de, teagmhaigh le; **brush aside** vt déan a bheag de; **brush up** vt bain an mheirg de; **to ~ up on sth** athstaidéar a dhéanamh ar rud

Brussels n an Bhruiséil f2

Brussels sprout n bachlóg f2 Bhruiséile

brutal adj brúidiúil

bubble n boilgeog f2, bolgán m1, súil f2 ▷ vi bheith ag boilgearnach; **bubble bath** n folcadh m sobalach; **bubble gum** n guma m4 coganta

buck n poc m1, boc m1; (US: inf) dollar m1 ▷ vi rad; **to pass the ~ (to sb)** an fhreagairt a fhágáil

uait (chuig duine)

bucket n buicéad m1

buckle n búcla m4 ▷ vt (belt etc) búcla ▷ vi (warp) lúb, cam

bud n bachlóg f2 ▷ vi bachlaigh, sceith

Buddhism n Búdachas m1

Buddhist n Búdaí m4 ▷ adj Búdaíoch

buddy (US) n compánach m1

budge vt bog, corraigh; (fig: person) bain feacadh as ▷ vi corraigh, bog

budgerigar n budragár m1

budget n buiséad m1, cáinaisnéis f2 ▷ vi: **to ~ for sth** buiséad le haghaidh + gen

budgie n = **budgerigar**

buff adj donnbhuí ▷ n (inf: enthusiast) móidín m4; **a film ~** saineolaí scannánaíochta

buffalo n buabhall m1

buffer n (also Comput) maolaire m4

buffet[1] vt tuairteáil

buffet[2] n (bar) cuntar m1 bia; (food) buiféid m4; **buffet car** n (Rail) carráiste m4 bia

bug n feithid f2; (fig: germ) fríd f2; (: spy device) gaireas m1 cúléisteachta; (Comput) fabht m4 ▷ vt (inf: annoy) cráigh, ciap

build n (of person) déanamh m1 ▷ vt tóg, déan; **build up** vt carn, méadaigh, neartaigh; **builder** n tógálaí m4, foirgneoir m3; **building** n (trade) foirgníocht f3; (house, structure) foirgneamh m1; **building society** n cumann m1 foirgníochta

built-in adj (cupboard, oven) ionsuite; (device) inlonnaithe

bulb n (Elec) bolgán m1, bulba m4; (Bot) bleib f2

Bulgaria n an Bhulgáir f2; **Bulgarian** adj, n Bulgárach m1 ▷ n (Ling) Bulgáiris f2

bulge n boilsc f2 ▷ vi (pocket, file etc) boilscigh; (cheeks) séid

bulk n téagar m1, toirt f2, bulc m1; **in ~** (Comm) ar an mórchóir; **the ~ of ...** an mhórchuid de ...; **bulky** adj toirtiúil, téagartha

bull n tarbh m1; (male whale) míol m1 mór fireann; (male elephant) eilifint f2 fhireann

bulldozer n ollscartaire m4

bullet n piléar m1

bulletin n bileog f2 nuachta; (TV, Radio, news bulletin) feasachán m1

bullfight n tarbhchomhrac m1; **bullfighter** n tarbhchomhraiceoir m3; **bullfighting** n tarbhchomhrac m1

bully n bulaí m4 ▷ vt: **to ~ sb** bheith ag maistíneacht ar dhuine

bum n (inf: backside) geadán m1, tóin f3; (esp US: tramp) geocach m1, fánaí m4, ráigí m4

bumblebee n bumbóg f2

bump n (swelling) cnapán m1; (in car: minor accident) tuairt f2; (jolt) croitheadh m; (on road etc, on head) uchtóg f2 ▷ vt buail, gread, tuairteáil; **bump into** vt fus buail in éadan + gen; (meet) buail le; **I ~ed into Sean** casadh Seán orm; **bumper** n cosantóir m3, maolaire m4 ▷ adj (edition) mór; **bumper crop/harvest** barr/fómhar den scoth; **bumpy** adj tuairteálach, cnapánach, corrach

bun n borróg f2; (in hair) cocán m1

bunch n (of flowers) dos m1, scoth f3, triopall m1; (of keys) cloigín m4; (of bananas) dornán m1; (of people) baicle f4, drong f2; **bunches** npl (in hair) snaidhmeanna fpl2; **~ of grapes** triopall caor fíniúna

bundle n burla m4, beart m1; (of paper) cual m1 ▷ vt (also: **~ up**) cnap;

(put): **to ~ sth/sb into** rud/duine a chuachú isteach i

bungalow n bungaló m4

bunion n pachaille f4, buinneán m1

bunk n bunc m4

bunker n (coal store) gualchró m4; (Mil) buncar m1, tochaltán m1

bunny, bunny rabbit n coinín m4

buoy n baoi m4, bulla m4; **buoyant** adj snámhach; (carefree) aigeantach; (economy) buacach, bríomhar

burden n eire m4, ualach m1; (responsibility) muirear m1, cúram m1 ▷ vt (trouble) ualaigh, cuir ualach ar

bureau n (Brit: writing desk) biúró m4; (US: chest of drawers) cófra m4 tarraiceán; (office) oifig f2

bureaucracy n maorlathas m1

burglar n buirgléir m3; **burglar alarm** n rabhchán m1; **burglary** n buirgléireacht f3

burial n adhlacadh m, cur m1

burn vt, vi dóigh ▷ n dó m4, ball m1 dóite; **burn down** vt dóigh go talamh; **burning** adj loiscneach; (house) (atá) trí thine; (ambition) díochra

burrow n (gen) uachais f2; (rabbit's) poll m1 coinín; (badger's) brocach f2 ▷ vt tochail

burst vt maidhm, pléasc; (subj: river: banks etc) maidhm ▷ vi pléasc, maidhm; (tyre) pléasc ▷ n (of gunfire) rois f2; (also: **~ pipe**) réabadh m; **a ~ of enthusiasm/ energy** tallann díograise/ fuinnimh; **to ~ into flames** lasadh d'aon bhladhm; **to ~ out laughing** pléascadh amach ag gáire, racht gáire a ligean asat; **to be ~ing with ...** bheith ag cur thar maoil le ...; **burst into** vt fus (room etc) téigh isteach de rúid

bury vt adhlaic, cuir
bus n bus m4
bush n tor m1, tom m1; (scrubland)
mongach m1, díthreabh f2; **to beat
about the ~** teacht thart ar an
scéal
business n (trading) gnó m4,
gnóthas m1; (firm) gnólacht m3; **to
be away on ~** bheith as láthair ar
chúrsaí gnó; **it's none of your ~** ní
de do ghnó é, ní bhaineann sé duit;
mind your own ~! déan do
ghnóthaí duit féin!; **he means ~** tá
sé dáiríre; **businesslike** adj ar
bhonn ordúil; **businessman** n fear
m1 gnó; **business trip** n turas m1
gnó; **businesswoman** n bean f
ghnó
busker n ceoltóir m3 sráide
bus pass n pas m4 bus
bus stop n stad m4 bus
bust n bráid f, busta m4, brollach m1
▷ adj (inf: broken) as gléas, briste;
to go ~ cliseadh
bustling adj fuadrach
busy adj gnóthach, cruógach,
broidiúil ▷ vt: **to ~ o.s. with sth**
bheith ag gabháil do rud, tú féin a
choinneáil gnóthach le rud

 KEYWORD

but conj ach; **I'd love to come, but
I'm busy** ba bhreá liom teacht, ach
tá mé gnóthach
▷ prep (apart from, except) ach;
we've had nothing but trouble ní
raibh a dhath againn ach trioblóid;
no-one but him can do it ní thig le
duine ar bith é a dhéanamh ach é
féin; **but for you/your help** ach
ab é or murach tusa/do chuidiúsa;
anything but that gach rud ach
é sin

▷ adv (just, only) ach; **she's but a
child** níl inti ach páiste; **had I but
known** ach fios a bheith agam; **all
but finished** beagnach
críochnaithe

butcher n búistéir m3 ▷ vt déan
búistéireacht ar; **butcher's,
butcher's shop** n siopa m4
búistéara
butler n buitléir m3
butt n (large barrel) buta m4; (of gun)
stoc m1; (of cigarette) bun m1; (fig:
target) ceap m1 ▷ vt buail sonc ar;
butt in vi (interrupt) bris isteach,
cuir do ladar i
butter n im m ▷ vt cuir im ar;
buttercup n cam m1 an ime
butterfly n féileacán m1; **~ stroke**
bang m3 an fhéileacáin
buttocks npl mása mph, tóin fsg3
button n cnaipe m4; (US: badge)
suaitheantas m1 ▷ vt: **to ~ (up)
one's coat** cnaipí do chóta a
cheangal or a dhúnadh
buy vt ceannaigh ▷ n ceannach m1;
to ~ sb sth/sth from sb rud a
cheannach do/ó dhuine; **to ~ sb a
drink** deoch a cheannach do
dhuine; **buyer** n ceannaí m4
buzz n crónán m1, dordán m1; (of
talking) monabhar m1; (inf: phone
call): **to give sb a ~** glaoch a chur ar
dhuine ▷ vi bheith ag dordán;
buzzer n dordánaí m4

 KEYWORD

by prep **1** (referring to cause, agent) le,
ag; **he was killed by lightning**
splanc thintrí a mharaigh é; **he
was struck by a stone** buaileadh
le cloch é; **the house was
surrounded by a fence** bhí sconsa

thart timpeall ar an teach or timpeall an tí; **a painting by Picasso** pictiúr le Picasso

2 (*referring to method, manner, means*): **by bus/train** ar an or leis an mbus/traein; **by car** i gcarr or sa charr; **to pay by cheque** íoc (as) le seic; **by saving hard** trí choigilt mhór a dhéanamh

3 (*via, through*) trí, tríd; **we came by Dublin** thángamar trí Bhaile Átha Cliath

4 (*close to, past*) in aice + *gen*, in aice le, taobh le, láimh le, cois + *gen*; **the house by the school** an teach in aice leis an scoil; **a holiday by the sea** laethanta saoire cois (na) farraige; **she sat by the bed** shuigh sí ag colbha na leapa; **she went by me** chuaigh sí tharam or thart liom; **I go by the post office every day** téim thart le hoifig an phoist gach lá

5 (*with time: not later than*) roimh; (*during*): **by daylight** de sholas an lae, de lá, sa lá; **by night** d'oíche, san oíche; **by 4 o'clock** roimh a 4 a chlog; **by this time tomorrow** faoin am seo amárach; **by the time I got there it was too late** faoin am ar tháinig mé ann bhí sé rómhall

6 (*amount*): **by the kilometre** an ciliméadar; **he is paid by the hour** íoctar in éadan na huaire é

7 (*Math, measure*): **to divide by 3** roinnt ar 3; **to multiply by three** méadú faoi thrí; **a room 3 metres by 4** seomra atá trí mhéadar ar cheithre mhéadar; **it's broader by a metre** is leithne de mhéadar é; **one by one** ceann i ndiaidh an chinn eile, ina gceann is ina gceann, ceann ar cheann, ina

nduine is ina nduine; **little by little** de réir a chéile, ó ghiota go giota, beagán ar bheagán

8 (*according to*) le, ar, de réir; **it's 3 o'clock by my watch** tá sé a trí a chlog de réir an chloig/an uaireadóra s'agamsa; **it's all right by me** i dtaca liomsa de, tá sin i gceart

9: **(all) by o.s.** *etc* i d'aonar (ar fad), leat féin *etc*

10: **by the way** dála an scéil
▷ *adv* **1** *see* **go**; **pass**
2: **by and by** ar ball (beag), i gceann na haimsire; **by and large** tríd is tríd, den chuid is mó

bye, bye-bye *excl* slán leat, slán agat

by-election *n* fothoghchán *m1*

bypass *n* seachród *m1*; (*Med*) seach-chonair *f2* ▷ *vt* seachain

byte *n* (*Comput*) beart *m1*

C

C *n* (*Mus*) c

cab *n* cab *m4*, tacsaí *m4*; (*of train, truck*) cábán *m1*

cabaret *n* (*show*) seó *m4*, cabaret *m4*

cabbage *n* cál *m1*, cabáiste *m4*

cabin *n* (*house*) bothóg *f2*, bothán *m1*; (*on ship*) cábán *m1*

cabinet *n* (*Pol*) comh-aireacht *f3*; (*furniture*) caibinéad *m1*, clóiséad *m1*; (*also:* **filing ~**) comhadchaibinéad *m1*

cable *n* cábla *m4*; (*of anchor*) téad *f2* ▷ *vt* cáblaigh, cuir sreangscéal chuig; **cable car** *n* carr *m1* cábla; **cable television, cable TV** *n* teilifís *f2* chábla

cactus *n* cachtas *m1*

café *n* caife *m4*

cafeteria *n* caifitéire *m4*, caifelann *f2*

caffeine *n* caiféin *f2*

cage *n* caighean *m1*, cás *m1*; (*bird cage*) éanadán *m1*

cagoule *n* cóta *m4* éadrom fearthainne

cake *n* cáca *m4*, císte *m4*; **~ of soap** bloc *m1* gallúnaí *or* sópa

calcium *n* cailciam *m4*

calculate *vt* áirigh, comhair, ríomh; (*estimate: chances, effect*) meas; **calculation** *n* áireamh *m1*, comhaireamh *m1*, ríomh *m3*, ríomhaireacht *f3*; **calculator** *n* áireamhán *m1*

calendar *n* féilire *m4*, caileandar *m1*

calf *n* (*of cow*) gamhain *m3*, lao *m4*; (*of other animals*) ceann *m1* óg; (*also:* **~skin**) laochraiceann *m1*; (*Anat*) colpa *m4*

calibre (*US* **caliber**) *n* (*Mil*) calabra *m4*; (*of character*) mianach *m1*

call *vt* glaoigh ar, scairt ar; (*name*) tabhair ar; (*meeting*) tabhair le chéile, gair; (*to visit: also:* **~ in, ~ round**) tabhair cuairt ar; (*for help*) glaoigh ar chúnamh ▷ *n* (*shout*) scairt *f2*, glao *m4*, gairm *f2*; (*also:* **telephone ~**) glao, scairt ghutháin; (*visit*) cuairt *f2*; **he is ~ed Patrick** Pádraig atá air; **to be on ~** bheith ar dualgas; **call back** *vi* (*return*) tar ar ais ▷ *vt* (*Tel*) glaoigh ar ais; **call for** *vt fus* (*demand*) iarr; (*fetch*) buail isteach faoi choinne + *gen*, tar ag iarraidh + *gen*; **call off** *vt* (*meeting*) cuir ar ceal; (*strike*) cuir deireadh le; (*dogs*) glaoigh ar ais ar; **call on** *vt fus* (*visit*) téigh ar cuairt chuig, buail isteach chuig; (*request*): **to ~ on sb to do sth** iarraidh ar dhuine rud a dhéanamh; **call out** *vi* glaoigh amach, scairt amach; **call up** *vt* (*Mil*) cuir gairm slógaidh ar; (*Tel*) glaoigh *or* scairt ar; **call box** *n* (*Tel*) bosca *m4* teileafóin or gutháin; **call centre** n (Brit) ionad m1 glaonna; **caller** n (Tel) scairteoir m3; (visitor) cuairteoir m3

callous adj fuarchroíoch, gan taise gan trócaire

calm adj socair, ciúin; (weather) soineanta, ciúin ▷ n ciúnas m1, calm m1 ▷ vt, vi ciúnaigh, suaimhnigh; **calm down** vt, vi socraigh, suaimhnigh, ciúnaigh

calorie n calra m4

Cambodia n an Chambóid f2

camcorder n ceamthaifeadán m1

camel n camall m1

camera n (Phot) ceamara m4; (Cine, TV) ceamthaifeadán m1; **cameraman** n ceamaradóir m3; **camera phone** n fón m1 ceamara

camouflage n duaithníocht f3 ▷ vt duaithnigh, cuir bréagriocht ar

camp n (also Mil) campa m4; (camping place) áit f2 or láthair f champála ▷ vi campáil ▷ adj (man) piteogach, baineann

campaign n (Mil, Pol etc) feachtas m1 ▷ vi (Pol) déan toghchánaíocht

camp bed n leaba f champa; **camper** n campálaí m4; (vehicle) carr m1 campála; **camping** n: **to go camping** dul ag campáil; **campsite** n áit f2 champála, láithreán m1 campála

campus n campas m1

can¹ n canna m4, stán m1 ▷ vt cannaigh, cuir i gcannaí, stánaigh

KEYWORD

can² aux vb **1** (be able to) féad, is féidir le; **you can do it if you try** féadann tú é a dhéanamh má thugann tú faoi, beidh tú ábalta é a dhéanamh má thugann tú faoi;

I can't hear you ní chluinim thú, ní chloisim thú

2 (know how to): **I can swim/drive** tá snámh/tiomáint agam; **can you speak French?** an bhfuil Fraincis agat?

3 (may): **can I use your phone?** an bhfuil cead agam glaoch gutháin or teileafóin a dhéanamh?

4 (expressing disbelief, puzzlement etc): **it can't be true!** ní thiocfadh leis bheith fíor!; **what CAN he want?** cad é bheadh de dhíth air ar chor ar bith?

5 (expressing possibility, suggestion etc): **he could be in the library** d'fhéadfadh sé bheith sa leabharlann; **she could have been delayed** thiocfadh dó gur cuireadh moill uirthi

Canada n Ceanada m4; **Canadian** adj, n Ceanadach m1

canal n canáil f3

canary n canáraí m4

cancel vt cealaigh, cuir ar ceal; (cross out) scrios amach, síog; **cancellation** n cealú m, cealúchán m1

cancer n (Med) ailse f4; **C~** (Astrol) An Portán m1

candidate n iarrthóir m3

candle n coinneal f2; **candlestick** n coinnleoir m3; (bigger, ornate) coinnleoir craobhach

candy n candaí m4; (US) milseáin mph; **candyfloss** n flas m3 candaí

cane n (for walking) bata m4 siúil; (Scol) slat f2; (for furniture, baskets etc) cána m4; (Bot) giolcach f2

canister n ceanastar m1

cannabis n (drug) cannabas m1

canned adj (food) stánaithe, cannaithe

cannon n canóin f3, gunna m4 mór
canoe n canú m4, curach f2;
  canoeing n curachóireacht f3
canon n (clergyman) canónach m1;
  (rule) prionsabal m1
can-opener n stánosclóir m3
canteen n ceaintín m4, bialann f2;
  (flask) ceaintín
canter vi (horse): **to be ~ing** bheith
  ag gearrshodar
canvas n bréid m4, anairt f2
  (bheag); (for painting) canbhás m1
canvass vi (Pol): **to ~ for** vótaí a
  iarraidh ar son + gen, toghchánaíocht
  a dhéanamh ar son + gen ▷ vt
  (investigate: opinions etc) canbhasáil
canyon n cainneon m1
cap n caidhp f2, caipín m4, bairéad
  m1; (contraceptive, of pen, for toy gun)
  caipín; (of bottle) claibín m4, caipín
capability n cumas m1, ábaltacht
  f3, inniúlacht f3
capable adj ábalta, cumasach; **to
  be ~ of doing sth** bheith inniúil ar
  rud a dhéanamh
capacity n toilleadh m; (for heat,
  drink etc) acmhainn f2; (of factory)
  cumas m1 táirgthe
cape n (garment) cába m4, clóca m4;
  (Geog) ceann m1 or rinn f2 tíre
caper n ceáfar m1 ▷ vi ceáfráil,
  pramsáil
capital n (also: ~ **city**)
  príomhchathair f; (money) caipiteal
  m1; (also: ~ **letter**) ceannlitir f;
  capitalism n caipitleachas m1;
  capitalist adj caipitlíoch ▷ n
  caipitlí m4; **capital punishment** n
  pionós m1 an bháis
Capricorn n (Astrol) An Gabhar m1
capsize vt, vi tiontaigh, iompaigh
capsule n capsúl m1
captain n captaen m1
caption n ceannteideal m1,

fortheideal m1
capture vt gabh, tóg; (attention)
  tarraing ▷ n gabháil f3; (data
  capture) gabháil sonraí
car n carr m1, gluaisteán m1; (Rail)
  carr, carráiste m4, cóiste m4
caramel n caramal m1
carat n carat m1
caravan n carbhán m1; **caravan
  site** n láithreán m1 carbhán
carbohydrate n carbaihiodráit f2
carbon n carbón m1; **carbon
  dioxide** n dé-ocsaíd f2 charbóin;
  carbon footprint n lorg m carbóin;
  carbon monoxide n aonocsaíd f2
  charbóin; **carbon-neutral** adj
  neodrach ó thaobh carbóin de
carburettor (US **carburetor**) n
  carbradóir m3
card n cárta m4; **cardboard** n
  cairtchlár m1; **cardboard box**
  bosca cairtchláir; **card game** n
  cluiche m4 cártaí
cardigan n cairdeagan m1
cardinal adj príomh-, bunúsach,
  cairdinéalta ▷ n cairdinéal m1
cardphone n cártafón m1
care n aire f4, cúram m1, faichill f2;
  (worry) buairt f3, imní f4; (charge)
  cúram m1 ▷ vi: **to ~ about sb** cion a
  bheith agat ar dhuine, cás a bheith
  agat i nduine; **~ of** faoi chúram +
  gen; **in sb's ~** faoi chúram + gen; **to
  take ~** bheith faichilleach; **to take
  ~ to do sth** tabhairt do d'aire rud a
  dhéanamh; **to take ~ of** aire a
  thabhairt do; **I don't ~** is cuma
  liom; **care for** vt fus tabhair aire
  do; (like): **to ~ for sb** cion a bheith
  agat ar dhuine
career n slí f4 bheatha ▷ vi: **to ~
  (along)** imeacht de rúchladh,
  strócadh (leat)
carefree adj neamhbhuartha;

careful adj (cautious) cúramach, faichilleach, cáiréiseach; **(be) careful!** aire!, seachain!, faichill!; **carefully** adv go cúramach; **careless** adj míchúramach, leibideach, amscaí; (heedless) neamhairdiúil, neamh-aireach; **carer** n (Med) feighlí m4; **caretaker** n airíoch m1

car-ferry n bád m1 fartha gluaisteán

cargo n lasta m4, ládáil f3

car hire n fruilíú m carranna or gluaisteán, carranna ar cíos

Caribbean adj: **the ~ (Sea)** Muir f3 Chairib

caring adj (person) dea-chroíoch, cásmhar; (society, organization) carthanach

Carlow n Ceatharlach m1

carnation n coróineach f2

carnival n (public celebration) carnabhal m1

carol n: **(Christmas) ~** carúl m1

car park n carrchlós m1

carpenter n saor m1 adhmaid, cearpantóir m3

carpet n cairpéad m1, brat m1 urláir

car phone n carrfón m1

carriage n carráiste m4, cóiste m4; (of goods) iompar m1, carraeireacht f3; **carriageway** n carrbhealach m1

carrier n (Med) iompróir m3; (company) carraeir m3; (mechanical) iomprán m1; **carrier bag** n mála m4 iompair

carrot n cairéad m1, meacan m1 dearg

carry vt iompair ▷ vi (sound): **his voice carries** tá guth láidir cinn aige, chluinfeá míle ó bhaile é; **to get carried away** (fig) dul thar fóir; **carry on** vi: **to ~ on with sth/**

doing sth dul ar aghaidh le rud/ag déanamh ruda ▷ vt (conversation, work) lean de; **carry out** vt (orders) comhlíon; (investigation) déan, cuir i bhfeidhm; **to ~ out an experiment** turgnamh a dhéanamh

cart n cairt f2, trucail f2 ▷ vt (inf: lug) tarraing, srac (leat)

carton n cartán m1

cartoon n cartún m1

cartridge n cartús m1

carve vt (meat) spól, gearr; (wood, stone) snoigh, gearr, grean; **carve up** vt gearr, roinn; **carving** n snoíodóireacht f3

car wash n carrfholcadh m

case n cás m1; (Law) cás, cúis f2; (also: **suit~**) mála m4 taistil; **in ~ of** ar eagla + gen, i gcás go; **in ~ he comes** ar eagla go dtiocfadh sé; **just in ~** ar eagla na heagla; **in any ~** ar aon chaoi

cash n airgead m1 tirim ▷ vt bris; **to pay (in) ~** íoc in airgead; **~ on delivery** íoc ar sheachadadh; **cash card** n cárta m4 airgid; **cash desk** n deasc f2 airgid; **cash dispenser** n dáileoir m3 airgid

cashew n (also: **~ nut**) cnó m4 caisiú

cashier n airgeadóir m3

cashmere n caismír f2

cash register n scipéad m1 cláraithe

casino n casaíne m4

casket n cisteog f2; (US: coffin) cónra f4

casserole n casaról m1

cassette n caiséad m1; **cassette player** n seinnteoir m3 caiséad

cast vt (throw) caith, teilg, diúraic; (shed) scoith, caith; (Theat): **to ~ sb as Hamlet** páirt Hamlet a thabhairt do dhuine ▷ n (Theat) foireann *f2*; (*also:* **plaster ~**) múnla *m4* plástair; **to ~ one's vote** do vóta a chaitheamh; **cast off** *vi* (*Naut*) scaoil an feistiú; (*Knitting*) lig síos, leag (lúb); **cast on** *vi* (*Knitting*) tóg (lúb)

caster sugar *n* siúcra *m4* mín

castle *n* caisleán *m1*; (*Chess*) caiseal *m1*

casual *adj* (*by chance*) fánach, teagmhasach; (*unconcerned*) neamhchúiseach; (*conversation*) fánach; (*dress*) neamhfhoirmiúil

casualty *n* taismeach *m1*; (*Med, department*) An Roinn *f2* Éigeandála

cat *n* cat *m1*

catalogue (*US* **catalog**) *n* catalóg *f2*, clár *m1* ▷ *vt* cláraigh

catalytic converter *n* tiontaire *m4* catalaíoch

cataract *n* (*Med*) fionn *m1*; (*waterfall*) eas *m3*

catarrh *n* réama *m4*

catastrophe *n* matalang *m1*, tubaiste *f4*

catch *vt* beir ar, gabh, ceap; (*grip*) beir greim ar; (*fish*) ceap, maraigh; (*by surprise*) beir (amuigh) ar; (*understand, hear*): **I didn't ~ that** níor chuala mé sin i gceart ▷ *vi* (*fire*) téigh le thine; (*become trapped*) téigh i bhfostú ▷ *n* gabháil *f3*; (*trick*) cleas *m1*; (*of door*) laiste *m4*; **to ~ sb's attention** *or* **eye** iúl duine a tharraingt; **she caught her breath** baineadh an anáil di; **to ~ sight of** amharc a fháil ar; **to ~ a cold** slaghdán a thógáil *or* a tholgadh; **catch on** *vi* (*understand*) tuig; (*grow popular*) éirigh faiseanta; **it has caught on** tá an saol mór ag gabháil dó, tá sé san fhaisean; **catch up** *vi* tabhair isteach do bhris; **catch up with** *vt* beir ar, tar suas le, tarraing isteach;

catching *adj* (*Med*) tógálach

catchment area *n* (*of school*) scoilcheantar *m1*

category *n* catagóir *f2*, earnáil *f3*, rangú *m*

caterpillar *n* bolb *m1*, péist *f2* chapaill *or* chabáiste

cathedral *n* ardeaglais *f2*

Catholic *n, adj* Caitliceach *m1*

cattle *npl* eallach *msg1*, bólacht *fsg3*, buar *msg1*

cauliflower *n* cóilis *f2*

cause *n* údar *m1*, fáth *m3*, cúis *f2* ▷ *vt*: **to ~ trouble** bruíon a tharraingt; **what ~d them to fight?** cad é a tháinig eatarthu?

causeway *n* cabhsa *m4*, tóchar *m1*

caution *n* faichill *f2*, fuireachas *m1*; (*warning*) rabhadh *m1* ▷ *vt* tabhair rabhadh do; **cautious** *adj* faichilleach, airdeallach, fuireachair

Cavan *n* an Cabhán *m1*

cave *n* uaimh *f2*, prochóg *f2*, pluais *f2*; **cave in** *vi* (*roof etc*) tit isteach, tabhair uaidh

caviar, caviare *n* caibheár *m1*

CCTV *n abbr* (= *closed-circuit television*) TCI

CD *n abbr* (= *compact disc*) dlúthdhiosca *m4*; **CD burner** *n* dóire *m4* CDanna; **CD player** *n* seinnteoir *m3* dlúthdhioscaí; **CD-ROM** *n abbr* (*Comput*) dlúthdhiosca *m4* ROM; **CD-ROM drive** *n* (*Comput*) tiomáint *f3* dlúthdhiosca ROM; **CD writer** *n* scríbhneoir *m3* CDanna

cease *vt* stad (de), éirigh as ▷ *vi* stad, éirigh as; **ceasefire** *n* sos *m3* lámhaigh *or* cogaidh

cedar *n* céadar *m1*

ceiling *n* síleáil *f3*

celebrate *vt, vi* ceiliúir, comóir;

to ~ **Mass** aifreann a léamh *or* a cheiliúradh; **celebration** *n* ceiliúradh *m*, comóradh *m1*

celebrity *n* duine *m4* cáiliúil *or* clúiteach

celery *n* soilire *m4*

cell *n* cill *f2*, cillín *m4*

cellar *n* siléar *m1*

cello *n* dordveidhil *f2*

cellphone *n* teileafón *m1* ceallach

Celtic *adj* Ceilteach; **Celtic Sea** *n* an Mhuir *f3* Cheilteach

cement *n* suimint *f2*, stroighin *f2* ▷ *vt* stroighnigh; *(friendship)* daingnigh, neartaigh

cemetery *n* reilig *f2*

censor *n* cinsire *m4* ▷ *vt* coisc, déan cinsireacht ar; **censorship** *n* cinsireacht *f3*

census *n* daonáireamh *m1*

cent *n* *(coin)* ceint *m4*; **per ~** faoin gcéad

centenary *n* ceiliúradh *m or* comóradh *m1* céad bliain

center *(US)* *n* = **centre**

centigrade *adj* ceinteagrádach

centimetre *(US* **centimeter***)* *n* ceintiméadar *m1*

centipede *n* céadchosach *m1*

central *adj* lárnach; **C~ Bank of Ireland** Banc Ceannais na hÉireann; **Central America** *n* Meiriceá *m4* Láir; **central heating** *n* téamh *m1* lárnach; **central locking** *n* glasáil *f3* lárnach; **central reservation** *n* *(Aut)* tearmann *m1* láir

centre *(US* **center***)* *n* lár *m1*, lárphointe *m4*, ceartlár *m1*; *(building)* lárionad *m1* ▷ *vt*: **to ~ sth** rud a chur i lár báire; **centre-forward** *n* *(Sport)* lárthosaí *m4*; **centre-half** *n* *(Sport)* leathchúlaí *m4* láir

century *n* aois *f2*, céad *m1*; **21st ~** an 21ú haois *or* céad

ceramic *adj* criaga, ceirmeach

cereal *n* gránach *m1*, arbhar *m1*

ceremony *n* searmanas *m1*, deasghnáth *m3*; **to stand on ~** an ghalántacht a imirt

certain *adj* cinnte, dearfa; *(particular)* áirithe; **for ~** gan amhras; **certainly** *adv* go cinnte, go deimhin; **certainty** *n* cinnteacht *f3*, deimhneacht *f3*

certificate *n* teastas *m1*, teistiméireacht *f3*, deimhniú *m*

certify *vt* deimhnigh, dearbhaigh

chain *n* slabhra *m4*; *(of islands, poems)* sraith *f2* ▷ *vt* *(also: ~ up)* cuir ar slabhra, ceangail le slabhraí; **~ stores** sreangshiopaí *mpl4*

chair *n* cathaoir *f*; *(armchair)* cathaoir uilleach *or* uilleann; *(of university)* ollúnacht *f3*; *(of meeting, committee)* cathaoirleacht *f3* ▷ *vt*: **to ~ a meeting** bheith sa chathaoir ag cruinniú; **chairman** *n* cathaoirleach *m1*; **chairperson** *n* cathaoirleach *m1*

chalet *n* sealla *m4*

chalk *n* cailc *f2*

challenge *n* dúshlán *m1* ▷ *vt* *(statement, right)* caith amhras ar, cuir i gcoinne + *gen*; **to ~ sb** dúshlán duine a thabhairt; **he ~d me to do it** thug sé mo dhúshlán é a dhéanamh; **to ~ sb to a fight** troid a chur ar dhuine; **challenging** *adj* dúshlánach

chamber *n* seomra *m4*; **~ of commerce** Cumann *m1* Lucht Tráchtála; **chambermaid** *n* cailín *m4* aimsire

champagne *n* seaimpéin *m4*

champion *n* seaimpín *m4*, curadh *m1*;

championship n craobh f2, craobhchomórtas m1

chance n (fate) cinniúint f3; (opportunity) áiméar m1, faill f2; (hope, likelihood) seans m4; (risk) fiontar m1, seans ▷ vt: **to ~ it** triail a bhaint as, dul sa seans air ▷ adj teagmhasach, taismeach, cinniúnach; **to take a ~** dul sa seans; **by ~** de sheans, de thaisme

chancellor n seansailéir m3; **Chancellor of the Exchequer** n Seansailéir m3 an Státchiste

chandelier n coinnleoir m3 craobhach, crann m1 solais

change vt athraigh; (Comm, Fin) sóinseáil, bris; (transform): **to ~ water into wine** fíon a dhéanamh d'uisce ▷ vi athraigh; (one's clothes) cuir malairt éadaigh ort féin ▷ n athrú m, malairt f2; (money) briseadh m, sóinseáil f3; **to ~ one's mind** athchomhairle a dhéanamh, d'intinn a athrú; **to ~ sth beyond recognition** rud a chur as aithne or as a riocht ar fad; **the weather has ~d** (for the worse) chlaochlaigh an aimsir; (for the better) bhisigh an aimsir; **it ~d my life** chuir sé cor i mo chinniúint; **a ~ of clothes** malairt éadaigh; **for a ~** mar athrú; **changeable** adj inathraithe, inmhalartaithe; (weather) claochlaitheach, luaineach; **change machine** n inneall m1 sóinseála; **changing room** n seomra m4 gléasta

channel n (TV) cainéal m1, bealach m1; (for water) cainéal m1; (gulley) clais f2; (at low tide) deán m1; (irrigation) caidhséar m1 ▷ vt dírigh ar; **the (English) C~** Muir f3 nIocht; **the C~ Islands** Oileáin mph Mhuir nIocht

chant n coigeadal m1; (Rel) cantaireacht f3 ▷ vt déan cantaireacht

chaos n anord m1

chaotic adj anordúil, bunoscionn

chap (inf) n (man) diúlach m1

chapel n séipéal m1, teach m pobail

chapped adj (skin, lips) gágach

chapter n caibidil f2

character n carachtar m1, pearsa f; (quality) tréith f2; (eccentric) mac m1 barrúil; **characteristic** adj tréitheach ▷ n tréith f2

charcoal n gualach m1, fioghual m1

charge n (cost) táille f4, costas m1, muirear m1; (accusation) cúis f2, cúiseamh m1; (Elec) lucht m3; (of gun) lánán m1 ▷ vt (battery) luchtaigh; (enemy) tabhair ruathar faoi; (customer, sum) **she ~d him five pounds** ghearr sí cúig phunt air ▷ vi tabhair ruathar; **charges** npl (costs) muirir mph, costais mph; **to reverse the ~s** (Tel) glao (táille) frithmhuirir a chur; **to take ~ of** aire a thabhairt do, dul i gceannas ar; **to be in ~ of** bheith i gceannas ar; **how much do you ~?** cá mhéad atá agat air?; **to ~ sb (with)** duine a chúiseamh (as); **charge card** n cárta m4 muirir

charity n déirc f2, grá m4 dia; (organization) cumann m1 carthannachta

charm n cuannacht f3, meallacacht f3; (spell) ortha f4; (amulet) briocht m3 ▷ vt meall, cuir faoi dhraíocht; **charming** adj cuannach, meallacach

chart n cairt f2, graf m1; (Naut, map) cairt f2 ▷ vt (coast) déan cairt de

charter vt (plane etc) cairtfhostaigh ▷ n (document) cairt f2; **chartered accountant** n cuntasóir m3 cairte;

charter flight n eitilt f2 chairtfhostaithe

chase vt téigh sa tóir ar, seilg; (also: **~ away**) ruaig, cuir an ruaig ar ▷ n tóir f3, seilg f2; (rout) ruaig f2

chat vi (also Comput) comhrá a dhéanamh ▷ n comhrá m4; **to have a ~** tamall comhrá a dhéanamh; **chat room** n (Comput) seomra m4 comhrá; **chat show** n seó m4 cainte

chatter vi déan geabaireacht or cabaireacht ▷ n geabaireacht f3, cabaireacht f3; (of teeth) gliogar m1; **her teeth were ~ing** bhí a cár ag greadadh ar a chéile

chauffeur n tiománaí m4

chauvinist n seobhaineach m1

cheap adj saor; (joke) suarach, táir ▷ adv go saor; **~ at the price** saor ar a luach; **cheaply** adv go saor

cheat vi bheith ag rógaireacht, déan séitéireacht ▷ vt déan calaois ar, cuir dallamullóg ar ▷ n séitéir m3, caimiléir m3

Chechen adj, n Seitniach m1

Chechnya n an tSeitnia f4

check vt deimhnigh, seiceáil; (halt) stad; (restrain) srian, cuir srian le; (chess) sáinnigh ▷ n seiceáil f3; (curb) srian m1; (US: bill) bille m4; (pattern) seic m4; (US: cheque) seic ▷ adj (pattern) seicear; (cloth) páircíneach; **~!** (Chess) sáinn!; **check in** vi (at airport, hotel) cláraigh, seiceáil isteach; **check out** vi (from hotel) imigh, seiceáil amach; **check up** vi: **to ~ up on sth** rud a fhiosrú or a chinntiú; **to ~ up on sb** fiosrú a dhéanamh ar dhuine; **checkers** (US) npl cluiche msg4 táiplise; **check-in, check-in desk** n deasc f2 cláraithe; **checking account** (US) n (current

account) seic-chuntas m1;

checkmate n marbhsháinn f2;

checkout n (in shop) cuntar m1 amach; **checkpoint** n ionad m1 seiceála; **checkroom** (US) n (left-luggage office) seomra m4 bagáiste; **checkup** n (Med) scrúdú m dochtúra

cheddar n céadar m1

cheek n (Anat) grua f4, leiceann m1; (nerve) dánacht f3, soibealtacht f3; **cheekbone** n cnámh f2 grua; **cheeky** adj dalba, soibealta; **cheeky person** cocaire m4

cheer vt (team etc) bheith ag gárthaí ar son; (gladden) tabhair a chroí do ▷ vi lig gáir mholta ▷ n (of crowd) gáir f2 mholta; (disposition) meanma f; **~s!** sláinte!; **cheer up** vi glac misneach ▷ vt: **to ~ sb up** aigne a chur i nduine, cian a thógáil de dhuine; **~ up!** bíodh misneach agat!; **cheerful** adj meanmnach, gealgháireach, croíúil

cheerio excl slán

cheese n cáis f2; **cheesecake** n císte m4 cáise

chef n príomhchócaire m4, cócaire m4

chemical adj ceimiceach ▷ n ceimiceán m1

chemist n (pharmacist) ceimiceoir m3, poitigéir m3; **chemistry** n ceimic f2; **chemist's, chemist's shop** n siopa m4 ceimiceora or poitigéara

cheque n seic m4; **chequebook** n seicleabhar m1; **cheque card** n seic-chárta m4

cherry n silín m4; (also: **~ tree**) crann m1 silíní

chess n ficheall f2; **chessboard** n clár m1 fichille

chest n cliabh m1, cliabhrach m1,

ucht *m3*; (*box*) cófra *m4*, ciste *m4*
chestnut *n* (*horse*) cnó *m4* capaill;
(*Spanish*) castán *m1*; (*also*: **~ tree**)
crann *m1* castán
chest of drawers *n* cófra *m4*
tarraiceán
chew *vt, vi* cogain, mungail;
chewing gum *n* guma *m4* coganta
chic *adj* faiseanta
chick *n* scalltán *m1*, sicín *m4*; (*inf*)
báb *f2*, leadhb *f2*
chicken *n* eireog *f2*, sicín *m4*; (*food*)
circeoil *f3*, sicín; (*inf: coward*)
faiteachán *m1*; **chickenpox** *n*
deilgneach *f2*
chickpea *n* piseánach *m1*
chief *n* (*of a tribe*) taoiseach *m1*;
(*boss*) ceann *m1* urra ▷ *adj* príomh-,
ard-; **chief executive** (*US* **chief**
executive officer) *n*
príomhoifigeach *m1* feidhmiúcháin;
chiefly *adv* go príomha, go mór
mór
child *n* leanbh *m1*, páiste *m4*, gasúr
m1; **child abuse** *n* drochíde *f4* ar
pháistí; **childbirth** *n* breith *f2*
clainne; **childhood** *n* leanbaíocht
f3, macacht *f3*; **childish** *adj*
leanbaí, páistiúil; **child minder** *n*
feighlí *m4* páistí
Chile *n* an tSile *f4*
chill *n* fuacht *m3*, crithfhuacht *m3*
▷ *vt* (*Culin*) fuaraigh
chilli, chili *n* cillí *m4*
chilly *adj* féithuar; **to feel ~** fuacht
a bheith ort, aireachtáil pas beag
fuar
chimney *n* simléar *m1*
chimpanzee *n* simpeansaí *m4*
chin *n* smig *f2*
China *n* an tSín *f2*
china *n* poircealláin *m1*; (*crockery*)
gréithe *pl* poircealláin
Chinese *n* Síneach *m1*; (*Ling*) Sínis *f2*

▷ *adj* Síneach
chip *n* (*Culin: Brit*) sceallóg *f2*
phrátaí; (: *US: potato chip*) brioscán
m1 phrátaí; (*of wood*) slis *f2*; (*of*
stone) sceall *m3*, scealpóg *f2*; (*also*:
micro~) slis ▷ *vt* (*cup, plate*) bain
slis de
chiropodist *n* coslia *m4*
chisel *n* siséal *m1*
chives *npl* síobhais *mph*
chlorine *n* clóirín *m4*
chocolate *n* seacláid *f2*; **a box of ~s**
bosca seacláidí
choice *n* rogha *f4*, togha *m4* ▷ *adj*
tofa, scothúil
choir *n* cór *m1*, claisceadal *m1*
choke *vt, vi* tacht ▷ *n* (*Aut*) tachtóir
m3
cholesterol *n* colaistéaról *m1*
choose *vt* togair, togh, roghnaigh
chop *vt* (*wood*) gearr (le tua), tuaigh;
(*Culin: also*: **~ up**) gearr ina phíosaí,
mionghearr ▷ *n* (*Culin*) gríscín *m4*;
chopper *n* (*helicopter*) héileacaptar
m1
chord *n* (*Mus*) corda *m4*
chore *n* creachlaois *f2*
chorus *n* cór *m1*; (*of song, fig*) curfá
m4, loinneog *f2*
Christ *n* Críost *m4*
christen *vt* baist; **christening** *n*
baisteadh *m*
Christian *adj* Críostaí, Críostúil ▷ *n*
Críostaí *m4*; **Christianity** *n* An
Chríostaíocht *f3*; **Christian name**
n ainm *m4* baiste
Christmas *n* Nollaig *f*; **Happy** *or*
Merry ~! Nollaig Shona!; **~ night**
Oíche *f4* Lá Nollag; **Christmas**
card *n* cárta *m4* Nollag;
Christmas Day *n* Lá *m* Nollag;
Christmas Eve *n* Oíche *f4* Nollag;
Christmas tree *n* crann *m1* Nollag
chrome *n* cróm *m1*

chronic *adj* leannánta, ainsealach

chrysanthemum *n* órscoth *f3*

chubby *adj* plucach, sultmhar

chuck (*inf*) *vt* (*throw*) caith, rop; (*also*: **~ up**: *job*) tabhair suas; (*person*) fág; **chuck out** *vt* caith amach

chuckle *vi* déan maolgháire, bheith ag sclogaíl

chum *n* compánach *m1*, comrádaí *m4*

chunk *n* alpán *m1*, smután *m1*

church *n* teach *m* pobail, eaglais *f2*, teampall *m1*; (*organization*) eaglais; **churchyard** *n* reilig *f2*

churn *n* (*for butter*) cuinneog *f2*; (*also*: **milk ~**) canna *m4* bainne; **churn out** *vt* steall amach

chute *n* fánán *m1*, sleamhnán *m1*; (*also*: **rubbish ~**) sleamhnán bruscair

chutney *n* seatnaí *m4*

cider *n* ceirtlis *f2*

cigar *n* todóg *f2*

cigarette *n* toitín *m4*

cinema *n* pictiúrlann *f2*

cinnamon *n* cainéal *m1*

circle *n* ciorcal *m1*, fáinne *m4*; (*in cinema, theatre*) áiléar *m1* ⊳ *vi* teacht thart, bheith ag guairdeall ⊳ *vt* (*move round*) tar thart ar, bheith ag guairdeall ar; **a vicious ~** ciorcal lochtach

circuit *n* timpeall *m1*, cúrsa *m4*, cuairt *f2*; (*Elec*) ciorcad *m1*

circular *adj* ciorclach ⊳ *n* imlitir *f*, ciorclán *m1*

circulate *vi* téigh timpeall ⊳ *vt*: **to ~ a story** scéal a scaipeadh; **circulation** *n* (*of blood*) imshruthú *m*; (*of newspaper*) scaipeadh *m*, díol *m3*; (*of air*) cúrsaíocht *f3*

circumstances *npl* tosca *fpl2*, cúrsaí *mpl4*, cúinsí *mpl4*

circus *n* sorcas *m1*

cite *vt* luaigh; (*Law*) glaoigh ar

citizen *n* saoránach *m1*, cathróir *m3*; (*resident*): **the ~s of this town** bunadh *m1* an bhaile seo; **citizenship** *n* saoránacht *f3*, cathróireacht *f3*

city *n* cathair *f*

civic *adj* cathartha

civil *adj* cathartha, sibhialta; (*polite*) béasach, sibhialta; **civil engineering** *n* innealtóireacht *f3* shibhialta; **civilian** *adj*, *n* sibhialtach *m1*

civilization *n* sibhialtacht *f3*

civilized *adj* sibhialta

civil law *n* dlí *m4* sibhialta; **civil rights** *npl* cearta *mph* sibhialta; **civil servant** *n* státseirbhíseach *m1*; **Civil Service** *n* státseirbhís *f2*; **civil war** *n* cogadh *m1* cathartha

claim *vt* (*rights, inheritance*) éiligh; (*assert*) maígh ⊳ *vi* (*for insurance*) déan éileamh ar ⊳ *n* éileamh *m1*; (*entitlement*) teideal *m1*; (*right*) ceart *m1*

clam *n* breallach *m1*

clamp *n* teanntán *m1*, clampa *m4* ⊳ *vt* clampaigh, cuir clampa ar; **clamp down on** *vt fus* cuir faoi chois

clan *n* treibh *f2*

clap *vi* buail bosa, tabhair bualadh bos ⊳ *n* bualadh *m* bos; **~ of thunder** plimp *f2* thoirní, rois *f2* toirní

Clare *n* an Clár *m1*

claret *n* cláiréad *m1*

clarify *vt* soiléirigh

clarinet *n* cláirnéid *f2*

clarity *n* soiléireacht *f3*, glinne *f4*

clash *n* (*dispute*) caismirt *f2*, achrann *m1* ⊳ *vi* buail in éadan a chéile; (*argue*): **they ~ed** d'éirigh eatarthu, bhí caismirt eatarthu; (*two events*) tar salach ar a chéile; (*colours*): **orange ~es with pink** ní thagann oráiste le bándearg

clasp *n* (*of necklace, bag*) claspa *m4*, greamán *m1* ▷ *vt* fáisc, diurnaigh

class *n* (*type*) cineál *m1*; (*social status*) aicme *f4*; (*Scol*) rang *m3*, grád *m1*; (*style*) cineál ▷ *vt* rangaigh, grádaigh; **the upper/ lower ~** an uasaicme *f4*/an ísealaicme *f4*

classic *adj* clasaiceach ▷ *n* saothar *m1* clasaiceach; **classical** *adj* clasaiceach

classify *vt* rangaigh, aicmigh

classmate *n* comrádaí *m4* scoile

classroom *n* seomra *m4* ranga

clatter *n* clagarnach *f2* ▷ *vi* clag, déan clagarnach

clause *n* agús *m1*, clásal *m1*; (*Ling*) clásal

claw *n* crág *f2*, crúb *f2*; (*of bird of prey*) ionga *f*; (*of lobster*) ladhar *f2*; **claw at** *vt fus* crúbáil ar, ladhráil ar

clay *n* cré *f4*, créafóg *f2*

clean *adj* glan ▷ *vt* glan; **clean out** *vt* glan amach; **clean up** *vt* glan; **cleaner** *n* (*person*) glantóir *m3*; **cleaning** *n* glanadh *m*, glantóireacht *f3*

cleanser *n* (*for face*) ungadh *m* glanta

clear *adj* glan; (*evident*) follasach; (*explanation, speech*) soiléir ▷ *vt* glan; (*of people*) bánaigh; (*cheque*) cuir tríd an mbanc; (*Law: suspect*) saor ▷ *vi* (*weather*) geal; (*fog*) scaip ▷ *adv*: **~ of** glan ar, amach ó; **to ~ the table** an bord a réiteach; **clear up** *vt* réitigh; (*mystery*) fuascail; **clearance** *n* (*removal*) bánú *m*; (*permission*) cead *m3*; (*customs*) imréiteach *m1*; **clear-cut** *adj*

soiléir, follasach; **clearing** *n* (*in forest*) réiteach *m1*; (*Comm*) imréiteach *m1*; **clearly** *adv* go soiléir, go follasach

clench *vt* (*teeth*) teann ar a chéile

clergy *n* cléir *f2*

clerk *n* cléireach *m1*; (*US: salesperson*) díoltóir *m3*

clever *adj* (*mentally*) cliste, gasta; (*deft, crafty*) glic; (*device, arrangement*) cliste

click *vi* cniog; (*Comput*) cliceáil; **click on** *vt fus* (*Comput*) cliceáil ar

client *n* cliant *m1*

cliff *n* aill *f2*, binn *f2*

climate *n* aeráid *f2*, clíoma *m4*; (*economic*) timpeallacht *f3*

climax *n* buaic *f2*, barrchéim *f2*, forchéim *f2*; (*Theat*) buaicphointe *m4*; (*sexual*) orgásam *m1*

climb *vt* dreap, tóg ▷ *vi* dreap ▷ *n* dreapa *m4*, dreapadh *m*; **climber** *n* dreapadóir *m3*; **climbing** *n* (*mountaineering*) dreapadóireacht *f3*

clinch *vt* (*deal*) cuir i gcrích, ceangail

cling *vi*: **to ~ (to)** greim a choinneáil (ar); (*person*) bheith crochta (as); (*of clothes*) luí leis an gcraiceann

clinic *n* clinic *m4*; **clinical** *adj* cliniciúil

clip *n* (*for hair*) fáiscín *m4*; (*also:* **paper ~**) fáiscín páipéir ▷ *vt* (*fasten*) fáisc; (*hair, nails, hedge*) bearr; **clippers** *npl* (*for hedge*) deimheas *msg1*; (*also:* **nail clippers**) siosúr *msg1* ingne; **clipping** *n* (*from newspaper*) gearrthán *m1*

cloak *n* clóca *m4*, brat *m1* ▷ *vt* (*fig*) ceil, folaigh; **cloakroom** *n* (*for coats etc*) seomra *m4* cótaí; (*WC*) leithreas *m1*

clock *n* clog *m1*; **clock in** *or* **on** *vi* clogáil isteach; **clock off** *or* **out** *vi* clogáil amach; **clockwise** adv deiseal; **clockwork** n: **to go like clockwork** dul chun cinn bonn ar aon ▷ adj (precision, regularity) rialta

clog n paitín m4 ▷ vt calc, tacht ▷ vi (also: ~ **up**) éirigh calctha or tachta

close[1] adj (near): ~ **(to)** gar (do), láimh (le), in aice + gen, i gcóngar + gen; (contact, link) dlúth-; (contest, watch) géar; (examination) mion; (weather) meirbh, marbhánta ▷ adv go dlúth; ~ **to** gar do, lámh le, in aice + gen; ~ **by**, ~ **at hand** adj, adv in aice láithreach or láimhe; **a ~ friend** dlúthchara; **it was a ~ shave** (fig) chuaigh sé gairid go maith dó

close[2] vt, vi druid, dún, iaigh ▷ vt (debate, conference) cuir an clabhsúr ar ▷ n (end) clabhsúr m1, críoch f2; **close down** vt, vi dún, druid; **closed** adj dúnta, druidte

closely adv (examine, watch) go géar

closet n clóiséad m1

close-up n gar-amharc m1

closure n clabhsúr m1, dúnadh m

clot n téachtán m1; (inf: person) pleidhce m4, cnapán m1 amadáin ▷ vi (blood) téacht

cloth n (material) éadach m1, bréid m4, ceirt f2; (also: **tea ~**) éadach tae

clothes npl éadaí mpl1; **clothes line** n líne f4 éadaí; **clothes peg** (US **clothes pin**) n pionna m4 éadaí

clothing n = **clothes**

cloud n scamall m1, néal m1; (of dust) ceo m4; ~**s of smoke** calcanna toite, bús deataigh; **cloudy** adj scamallach, néaltach; (liquid) modhartha

clove n (Culin: spice) clóbh m1; ~ **of garlic** ionga f gairleoige

clown n fear m1 grinn, áilteoir m3; (pej) cábóg f2 ▷ vi (also: **to ~ about**,

~ **around**) bheith ag abhlóireacht

club n (society, place) club m4, cumann m1; (also: **golf ~**) maide m4; (weapon) lorga f4, smachtín m4 ▷ vi: **to ~ together** airgead a bhailiú i bpáirt le chéile; **clubs** npl (Cards) triufanna mpl4

clue n leid f2; **he hasn't a ~** níl barúil aige

clump n: ~ **of trees** mothar m1 crann

clumsy adj ciotach, ciotrúnta

cluster n (of fruit) crobhaing f2; (of berries) triopall m1; (of nuts) mogall m1; (of houses) cloigín m4; (of people) comhthionól m1, drong f2 beag, scata m4 beag ▷ vi cruinnigh le chéile

clutch n (grip, grasp) greim m3; (Aut) crág f2; (of chicks) éillín m4 ▷ vt (grasp) glám, beir or coinnigh greim ar

coach n (bus, horse-drawn) cóiste m4; (of train) carráiste m4; (Sport: trainer) traenálaí m4; (Scol: tutor) oide m4 múinte ▷ vt traenáil; (student) múin, teagasc; **coach trip** n turas m1 cóiste

coal n gual m1

coalition n (Pol) comhcheangal m1; ~ **government** comhrialtas m1

coal mine n mianach m1 guail

coarse adj garbh, garg; (fig) gáirsiúil, madrúil

coast n cósta m4; **coastal** adj cósta; **coastguard** n garda m4 cósta, vaidhtéir m3 cuain; **coastline** n imeallbhord m1, líne f4 an chósta

coat n cóta m4; (of animal) fionnadh m1; (of paint) brat m1 ▷ vt cuir brat ar, cumhdaigh; **coat hanger** n crochadán m1 cótaí; **coating** n screamh f2, scim f2, cumhdach m1

coax vt meall, bréag

cobbles npl (also: **cobblestones**) clocha fpl2 duirlinge

cobweb n líon m1 or téada fpl2 damháin alla

cocaine n cócaon m1

cock n coileach m1; **cockerel** n coileach m1 óg

cockney n cocnaí m4

cockpit n (in aircraft) cábán m1 (píolóta)

cockroach n ciaróg f2 dhubh

cocktail n manglam m1

cocoa n cócó m4

coconut n cnó m4 cócó

cod n trosc m1

code n cód m1

coeducational adj comhoideachais n gen

coffee n caife m4; **coffee bean** n síol m1 caife; **coffee break** n sos m3 caife; **coffeepot** n pota m4 caife; **coffee table** n bord m1 caife

coffin n cónra f4

cog n fiacail f2; (wheel) roth m3 fiaclach

coil n lúb f2, corna m4; (contraceptive): **the ~** an corna ▷ vt corn

coin n bonn m1 ▷ vt (word) cum

coincide vi comhtharlaigh (le); (agree) tar le chéile, réitigh le chéile; **coincidence** n comhtharlú m

Coke® n Cóc m4

coke n cóc m1

colander n síothlán m1

cold adj fuar, dearóil ▷ n fuacht m3; (Med) slaghdán m1; **it's ~** tá sé fuar; **to be** or **feel ~** (person) bheith fuar, aireachtáil fuar; **to catch a ~** slaghdán a thógáil or a tholgadh; **I have a ~** tá slaghdán orm; **in ~ blood** as fuil fhuar; **cold sore** n cneá f4 fuachta

coleslaw n cálslá m4

colic n coiliceam m1

collaborate vi comhoibrigh (le), téigh i gcomhar (le)

collapse vi (building etc) tit go talamh, tabhair uaidh; (person) tit i bhfanntais or i meirfean ▷ n titim f2; **he ~d** thit sé as a sheasamh; **the ditch ~d** sceith an claí, thug an claí uaidh

collar n (of coat, shirt) bóna m4, coiléar m1; (for animal) coiléar m1; **collarbone** n cnámh f2 an smiolgadáin, branra m4 bráid, dealrachán m1

colleague n comhoibrí m4, comhpháirtí m4, comhalta m4

collect vt bailigh, cruinnigh, tiomsaigh, cnuasaigh; (call and pick up) tóg ▷ vi (people) cruinnigh; **to call ~** (US: Tel) glao (táille) frithmhuirir a chur; **collection** n bailiú m, cruinniú m; (of poetry etc) díolaim f3, cnuasach m1; (of mail) bailiú m; (for money) bailiúchán m1; (Eccl) tobhach m1; **collector** n bailitheoir m3

college n coláiste m4

collide vi tuairteáil; **the two cars ~d** bhuail an dá charr faoina chéile or in éadan a chéile

collision n imbhualadh m, tuairt f2

colloquial adj comhráiteach, neamhfhoirmiúil

colon n (Typ) idirstad m4; (Med) drólann f2

colonel n coirnéal m1

colonial adj coilíneach

colony n coilíneacht f3

colour (US **color**) n dath m3; (of person) dath, snua m4, lí f4 ▷ vt (paint, dye) dathaigh, cuir dath ar ▷ vi (blush) dearg, las san aghaidh; **colours** npl (of party, club) suaitheantais *mph*; **he passed with flying ~s** d'éirigh go geal leis; **colour in** *vt* líon isteach le dathanna; **colour-blind** *adj* daththdhall; **coloured** *adj* (*illustration*) daite; **colour film** *n* scannán *m1* daite; **colourful** *adj* dathannach, dathúil; (*personality*) beoga, aigeanta; **colouring** *n* dathú *m*, lí *f4*; (*complexion*) lí, snua *m4*; **colour television** *n* teilifís *f2* dhaite

column *n* colún *m1*
coma *n* cóma *m4*, támhnéal *m1*
comb *n* cíor *f2* ▷ *vt* (*hair*) cíor, spíon; (*area*) cíor, cíorláil
combat *n* comhrac *m1*, coimheascar *m1* ▷ *vt*: **to ~ sth** troid in éadan ruda, dul i ndeabhaidh le rud
combination *n* comhcheangal *m1*, teaglaim *f3*
combine *vi* comhcheangal, cuir le chéile, cumaisc; (*Chem*) cuingrigh ▷ *vt*: **to ~ things** rudaí a chomhcheangail *or* a chur le chéile ▷ *n* (*Econ*) comhaontachas *m1*; (*also*: **~ harvester**) comhbhuainteoir *m3*
come *vi* tar; **to ~ to** (*decision etc*) tar ar; **it came undone** *or* **loose** scaoil sé; **come about** *vi* tit amach, tarlaigh; **come across** *vt fus* (*find*) tar ar; (*meet*): **I came across John** casadh orm Seán; **come along** *vi* = **come on**; **come away** *vi*: **~ away from there!** tar amach as sin!; **come back** *vi* fill, tar ar ais; **come by** *vt fus* (*acquire*) faigh; **come down** *vi* tit; **come forward** *vi* tar chun tosaigh; **come from** *vt fus*: **she came from Belfast by train** tháinig sé as Béal Feirste leis an traein; **where do you ~ from?**

cárb as duit?; **I ~ from Derry** is as Doire dom, is as Doire mé; **come in** *vt fus* tar isteach; **come into** (*money*) tar isteach ar; **come off** *vi* (*button*) scaoil; (*stain*) tar amach; (*attempt*): **it came off** d'éirigh leis; **come on** *vi* (*pupil, work, project*) téigh *or* tar chun cinn; (*lights*) las; **~ on!** chugainn!, siúil leat!; **come out** *vi* tar amach; **come round, come to** *vi* (*after faint, operation*) tar chugat féin; **come up** *vi* tar aníos; **come up against** *vt fus* (*resistance, difficulties*) buail le; **come upon** *vt fus* tar ar; **come up to** *vt fus* sroich, tar suas le; **come up with** *vt fus* tar chun tosaigh le
comedian *n* fuirseoir *m3*
comedy *n* coiméide *f4*, dráma *m4* grinn
comet *n* cóiméad *m1*
comfort *n* compord *m1*, sócúl *m1*; (*relief*) sólás *m1* ▷ *vt* tabhair sólás do, sólásaigh; **the ~s of home** sócúl an bhaile; **comfortable** *adj* compordach, sócúlach, cluthar; (*walk etc*) éasca; **he is comfortable** (*financially*) tá sé go maith as; (*mentally*) tá sé ar a sháimhín; (*patient*) tá sé ar aghaidh bisigh; **comfort station** (*US*) *n* leithreas *m1*
comic *adj* (*also*: **~al**) greannmhar, barrúil ▷ *n* (*man*) fear *m1* grinn, fuirseoir *m3*; (*woman*) bean *f* ghrinn, banfhuirseoir *m3*; (*paper*) greannán *m1*
comma *n* camóg *f2*
command *n* ordú *m*; (*leadership*) ceannas *m1*, ceannasaíocht *f3*; (*Mil, authority*) ceannas; **he has a good ~ of Irish** tá Gaeilge mhaith aige ▷ *vt* (*troops*) stiúir; **to ~ sb** ordú a thabhairt do dhuine; **to be in ~ of**

o.s. smacht a bheith agat ort féin;
commander n (*Mil*) ceannfort m1,
ceannasaí m4

commemorate vt: **to ~ sb**
cuimhneachán a dhéanamh ar
dhuine, duine a chomóradh or a
chuimhneamh; **to ~ sth** rud a
cheiliúradh

commence vt, vi cuir tús le, tosaigh

commend vt mol

comment n trácht m3 ▷ vi: **to ~ on**
trácht ar; **"no ~"** "níl dada le rá
agam"; **commentary** n
tráchtaireacht f3; **commentator** n
tráchtaire m4

commerce n tráchtáil f3

commercial adj tráchtála n gen ▷ n
(*TV, Radio*) fógra m4

commission n coimisiún m1;
(*power*) barántas m1 ▷ vt
coimisiúnaigh; **out of ~** (*not
working*) as úsáid, as feidhm,
díomhaoin; **commissioner** n
coimisinéir m3

commit vt (*act*) déan; (*resources*)
cuir ar fáil; **to ~ o.s. (to do sth)** tú
féin a cheangal (le rud a
dhéanamh); **to ~ suicide** lámh a
chur i do bhás féin, féinbhás a
ghabháil; **to ~ a crime** coir a
dhéanamh; **commitment** n
ceangal m1; (*Comm*) ceangaltas m1;
(*responsibility*) dualgas m1;
(*obligation, pledge, assurance*) geall
m1, gealltanas m1

committee n coiste m4

commodity n earra m4,
tráchtearra m4

common adj coiteann, coitianta,
comónta, gnáth-, comh- ▷ n (*land*)
coimín m4, coiteann m1; **in ~** i
gcoitianta; **commonly** adv go
coitianta, go forleathan;
commonplace adj gnáth-, gnách;

common sense n ciall f2;
Commonwealth n: **the
Commonwealth** an Comhlathas
m1

communal adj comhchoiteann

commune n (*group*) común m1

communicate vi: **to ~ with sb**
bheith i dteagmháil le duine, scéala
a chur chuig duine ▷ vt cuir in iúl;
to ~ sth (to sb) rud a chur in iúl (do
dhuine)

communication n cumarsáid f2;
(*message*) teachtaireacht f3, scéala
m4

communion n (*also*: **Holy C~**)
Comaoineach f4 Naofa

communism n cumannachas m1;
communist adj cumannach ▷ n
cumannaí m4

community n pobal m1,
comhphobal m1; **community
centre** n (lár)ionad m1 pobail

commute vi bheith ag
comaitéireacht ▷ vt (*Law*) gearr;
commuter n comaitéir m3

compact adj dlúth ▷ n (*also*:
powder ~) boiscín m4 púdair;
compact disc n dlúthdhiosca m4;
compact disc player n seinnteoir
m3 dlúthdhioscaí

companion n compánach m1,
comrádaí m4

company n (*social*) comhluadar m1,
cuideachta f4; (*business*)
comhlacht m3, cuideachta; **to
keep sb ~** cuideachta a dhéanamh
le duine

comparative adj comparáideach;
comparatively adv (*relatively*)
measartha, cuibheasach, réasúnta

compare vt: **to ~ sth/sb with/to**
rud/duine a chur i gcomparáid le
▷ vi: **to ~ favourably with** bheith
lán chomh maith le; **~d with** i

gcomparáid le, taobh le;
comparison n comparáid f2
compartment n urrann f2
compass n compás m1; **compasses**
npl (Geom) compás msg1
compassion n trua f4, trócaire f4,
taise f4
compatible adj: **to be ~ (with)**
bheith ag freagairt do, bheith
oiriúnach do, bheith
comhoiriúnach do
compel vt: **to ~ sb to do sth** iallach
a chur ar dhuine rud a dhéanamh;
compelling adj (irrefutable)
dochloíte; (persuasive) éifeachtach,
áititheach
compensate vt cúitigh ▷ vi: **to ~
sb for sth** rud a chúiteamh le
duine; **compensation** n cúiteamh
m1
compete vi: **to ~ (with sb)** dul san
iomaíocht (le duine), dul i
gcoimhlint (le duine)
competent adj éifeachtach,
cumasach, inniúil
competition n (contest) comórtas
m1; (Econ) iomaíocht f3; **in ~ with**
in iomaíocht le
competitive adj (Econ) iomaíoch;
(Sport) comórtais n gen
competitor n iomaitheoir m3
complain vi: **to ~ (about)** gearán or
casaoid a dhéanamh (faoi); **to ~ of**
(pain etc) bheith ag éileamh as;
complaint n clamhsán m1, gearán
m1; (Med) éileamh m1
complement n líon m1; (of ship's
crew etc) foireann f2, iomlán m1;
(Ling) comhlánú m ▷ vt
comhlánaigh; **complementary**
adj comhlántach
complete adj iomlán; (utter,
outright) críochnaithe, cruthanta,
dearg- ▷ vt críochnaigh, cuir i

gcrích; (perfect) iomlánaigh;
(a form) líon; (set, group): **that ~s
section 2** sin deireadh le roinn 2;
completely adv go hiomlán, ar
fad; **completion** n críochnú m,
iomlánú m; (of contract) cur m1 i
gcrích
complex adj casta ▷ n coimpléasc
m1
complexion n snua m4, lí f4
compliance n (submission)
géilleadh m; **in ~ with** de réir + gen
complicate vt: **to ~ sth** rud a chur
trí chéile, rud a chur in achrann;
complicated adj casta,
achrannach; **complication** n
(problem) fadhb f2; (complexity)
castacht f3; (Med) aimhréidh f2
compliment n moladh m, focal m1
molta ▷ vt mol, tabhair focal molta
do; **compliments** npl (respects)
beannacht fsg3; **with ~s** le
dea-mhéin; **to pay sb a ~** duine a
mholadh; **complimentary** adj
moltach; (free) dea-mhéine
comply vi: **to ~ with the law**
déanamh de réir an dlí
component n comhpháirt f2, ball
m1, comhbhall m1
compose vt cum, ceap; (form):
to be ~d of bheith déanta or
comhdhéanta de; **to ~ o.s.** tú féin
a dhéanamh socair, tú féin a
shocrú; **composer** n (Mus)
cumadóir m3, ceapadóir m3;
composition n comhdhéanamh
m1; (atmosphere etc) comhshuíomh
m1; (literary) aiste f4
(ceapadóireachta); (art etc)
ceapachán m1; (music)
cumadóireacht f3
composure n sócúlacht f3,
suaimhneas m1, neamhchúis f2
compound n cumasc m1; (Ling)

comhfhocal *m1*; (*enclosure*) bábhún *m1*; (*Phys*) comhdhúil *f2*, comhshuíomh *m1* ▷ *adj* (*fracture*) créachtach; (*interest*) iolraithe
comprehension *n* tuiscint *f3*
comprehensive *adj* cuimsitheach, uileghabhálach ▷ *n* scoil *f2* chuimsitheach; **comprehensive school** *n* scoil *f2* chuimsitheach
compress *vt* comhbhrúigh; (*text, information*) coimrigh ▷ *n* (*Med*) adhartán *m1*, comhbhrúiteán *m1*
comprise *vt* (*also*: **be ~d of**) bheith comhdhéanta de, cuimsigh; **the council ~s** *or* **is ~d of 200** tá 200 ar an gcomhairle
compromise *n* comhréiteach *m1*, comhghéilleadh *m* ▷ *vi* comhréitigh, tar ar chomhréiteach
compulsory *adj* éigeantach
computer *n* ríomhaire *m4*; **computer game** *n* cluiche *m4* ríomhaire; **computerize** *vt* ríomhairigh; **computer programmer** *n* ríomhchláraitheoir *m3*; **computer programming** *n* ríomhchlárú *m*; **computer science, computing** *n* an ríomhaireacht *f3*
con *vt*: **to ~ sb** bob a bhualadh ar dhuine, caimiléireacht a imirt ar dhuine ▷ *n* caimiléireacht *f3*
conceal *vt* folaigh; **to ~ sth** rud a chur i bhfolach
conceited *adj* postúil, sotalach, mórchúiseach
conceive *vt, vi* (*child*) gin, gabh; (*devise*) ceap; (*imagine*) samhlaigh
concentrate *vi*: **to ~ on sth** d'intinn a dhíriú ar rud ▷ *vt* (*thoughts etc*) cruinnigh; (*liquid etc*) tiubhaigh
concentration *n* dianmhachnamh *m1*

concept *n* coincheap *m3*
concern *n* (*affair, business*) cúram *m1*, gnó *m4*; (*anxiety*) imní *f4*; (*Comm*) gnó *m* ▷ *vt*: **to ~ o.s. with sth** dul i mbun ruda, rud a thógáil idir lámha; **to be ~ed (about)** bheith i gcás (faoi), bheith buartha (faoi); **it is none of your ~** ní de do ghnóthaí-sa é, ní bhaineann sé leat *or* duit; **concerning** *prep* i dtaobh + *gen* faoi, mar gheall ar, fá dtaobh de
concert *n* ceolchoirm *f2*, coirm *f2* cheoil; **concert hall** *n* ceoláras *m1*
concerto *n* coinséartó *m4*
concession *n* lamháltas *m1*; **tax ~** lamháltas cánach
conclude *vt* críochnaigh, cuir críoch ar, cuir deireadh le; **conclusion** *n* deireadh *m1*, críoch *f2*; (*decision*) cinneadh *m1*, tuairim *f2*, barúil *f3*; (*deduction*) tátal *m1*; **to jump to conclusions** scéal a dhéanamh de do bharúil; **to draw a conclusion from sth** tátal a bhaint as rud
concrete *n* coincréit *f2* ▷ *adj* coincréiteach
concussion *n* (*Med*) comhshuaitheadh *m*, comhtholgadh *m*
condemn *vt* cáin
condensation *n* comhdhlúthú *m*
condense *vt, vi* comhdhlúthaigh; (*writing*) coimrigh
condition *n* (*stipulation*) coinníoll *m1*; (*state*) staid *f2*, caoi *f4*, dóigh *f2*, bail *f2*; (*circumstance*) toisc *f2*, dáil *f3*; (*Med*) riocht *m3* ▷ *vt* múnlaigh; **on ~ that** ar choinníoll go, ar chuntar go, ar acht go; **conditional** *adj* coinníollach; **conditioner** *n* feabhsaitheoir *m3*
condom *n* condam *m1*, coiscín *m4*,

clúidín *m4* boidín (*inf*)

condominium (*US*) *n* comhthiarnas *m1*, áraslann *f2*

condone *vt* maith

conduct *n* iompar *m1* ▷ *vt* iompair; (*Mus*) stiúir; (*Elec*) seol; **conductor** *n* stiúrthóir *m3*; (*Elec*) seoltóir *m3*

cone *n* coirceog *f2*; (*Bot*) buaircín *m4*

confectionery *n* sólaistí *mpl4*, milseogra *m4*, sócamais *mpl1*

confer *vi*: **to ~ with sb** dul i gcomhairle le duine

conference *n* comhdháil *f3*

confess *vt*, *vi* admhaigh; (*Rel*) déan faoistin, tabhair faoistin do; **confession** *n* admháil *f3*; (*Rel*) faoistin *f2*

confide *vi*: **to ~ in sb** do rún a ligean le duine

confidence *n* muinín *f2*; (*also*: **self-~**) féinmhuinín *f2*; (*secret*) rún *m1*; **in ~** (*speak, write*) faoi rún, i modh rúin; **I have ~ in you** tá muinín agam asat; **confident** *adj* féinmhuiníneach; **confidential** *adj* rúnda

confine *vt*: **to ~ o.s. to** cloí le; (*shut up*): **to ~ sb** duine a chur i ngéibheann *or* i bpríosún *or* i mbraighdeanas; **to be ~d to bed** bheith ag coinneáil na leapa; **confined** *adj* (*space*) cúng

confirm *vt* cinntigh, dearbhaigh; (*Rel*) cóineartaigh; **she was ~ed** chuaigh sí faoi lámh easpaig; **confirmation** *n* cinntiú *m*; (*Rel*) cóineartú *m*

confiscate *vt* coigistigh

conflict *n* coimhlint *f2*, caismirt *f2* ▷ *vi* (*opinions*) tar salach ar a chéile

conform *vi*: **to ~ to the rules** déanamh de réir na rialacha

confront *vt*: **to be ~ed by a problem** fadhb *or* deacracht a theacht sa bhealach ort; (*enemy, danger*): **to ~ sb/sth** aghaidh a thabhairt ar dhuine/rud; **to ~ sb about sth** rud a chur chun tosaigh ar dhuine; **confrontation** *n* caismirt *f2*

confuse *vt*: **to ~ sb** mearbhall a chur ar dhuine, duine a chur tríd a chéile; (*situation*): **to ~ sth** meascán mearaí a dhéanamh de rud; (*one thing with another*) rud a mheascadh le rud eile; **confused** *adj* bunoscionn, trí chéile; **he is confused** tá mearbhall air; **to be confused by sth** bheith in aimhréidh i rud, bheith trí chéile ag rud; **confusing** *adj* mearbhallach; **confusion** *n* (*of situation*) tranglam *m1*; (*of person*) mearbhall *m1*; **to throw sth into confusion** rud a chur chun sioparnaí, rud a chur trí chéile

congestion *n* (*Med*) plúchadh *m*; (*traffic etc*) plódú *m*

congratulate *vt*: **to ~ sb (on sth)** comhghairdeas a ghabháil *or* a dhéanamh le duine (faoi rud), (rud) a tréaslú do dhuine *or* le duine; **congratulations** *npl* comhghairdeas *msg1*; **congratulations!** go maire tú!; (*on marriage*) go maire tú do shaol úr!; (*on birthday*) go maire tú an lá!

congregation *n* pobal *m1*

congress *n* comhdháil *f3*

conjugation *n* (*Ling*) réimniú *m*

conjunction *n* (*Ling*) cónasc *m1*

conjure *vi* toghair; **conjure up** *vt* (*ghost, spirit*) toghair; (*memories*) dúisigh, múscail

Connacht *n* Connachta *mpl*, Cúige *m4* Chonnacht ▷ *adj* Connachtach

connect *vt* nasc, ceangail; (*Elec*) ceangail; (*Tel: caller, subscriber*) ceangail ▷ vi (*train*): **to ~ with the Belfast train** bualadh le traein Bhéal Feirste; **it is ~ed with** (*fig*) tá baint aige le, baineann sé le; **connection** n nasc m1, ceangal m1; (*relationship*) baint f2; (*Tel*) ceangal m1; (*Elec*) cónasc m1; **in connection with** i dtaca le, maidir le, mar gheall ar

conquer vt buaigh ar, buail, faigh bua ar

conquest n (*land etc*) gabháil f3, concas m1; (*act*) bua m4

cons npl see **convenience**; **pro**

conscience n coinsias m3

conscientious adj coinsiasach

conscious adj meabhrach, comhfhiosach; **he was ~** bhí a mheabhair aige; **to be ~ of sth** rud a aireachtáil; **consciousness** n comhfhios m3; (*Med*) meabhair f; **to lose/regain consciousness** do mheabhair a chailleadh/a theacht ar ais chugat

consent n cead m3, deoin f3 ▷ vi ceadaigh, deonaigh

consequence n iarmhairt f3, toradh m1; (*significance*) tábhacht f3

consequently adv ar an ábhar sin, dá bhrí sin, dá bhíthin sin

conservation n caomhnú m

conservative adj coimeádach; **Conservative** (*Brit*) adj, n (*Pol*) Coimeádach m1

conservatory n teach m gloine

consider vt (*think about*) machnaigh ar, smaoinigh ar; (*think, judge*) síl, ceap, meas; (*bear in mind*) cuimhnigh ar; (*take into account*) cuir san áireamh; **to ~ doing sth** smaoineamh ar rud a dhéanamh; **all things ~ed** tríd is tríd, i dtaca le holc; **considerable** adj (*great*) maith, mór; (*significant*)

mór le rá; **considerably** adv go mór; **considerate** adj cásmhar, tuisceanach; **consideration** n (*attention*) aird f2, dearcadh m1; (*deliberation*) machnamh m1; (*concern*) tuiscint f3; (*Comm*) comaoin f2; **to have consideration for others** cuimhneamh ar dhaoine eile; **to take sth into consideration** rud a chur san áireamh, cuimhneamh ar rud; **considering** prep: **considering how deep it is** agus a dhoimhne atá sé

consignment n coinsíniú m; (*Comm*) coinsíneacht f3

consist vi: **the job ~s of** is é atá sa phost ná

consistency n comhsheasmhacht f3, seasmhacht f3, buaine f4; (*of substance*) raimhre f4, téagar m1; **his words lack ~** níl a chuid focal de réir a chéile

consistent adj comhsheasmhach, seasmhach, buan; **~ with** ar aon dul le, ag teacht le, comhsheasmhach le

consolation n sólás m1

console n (*Comput*) consól m1

consonant n consan m1

conspicuous adj sofheicthe, feiceálach

conspiracy n comhcheilg f2

constable n constábla m4; **chief ~** an príomhchonstábla m4

constant adj seasmhach, síor-; **constantly** adv de shíor, i gcónaí, oíche is lá, Domhnach is Dálach

constipated adj iata, ceangailte (sa chorp); **constipation** n iatacht f3, ceangailteacht f3 (coirp)

constituency n dáilcheantar m1

constitution n bunreacht m3; (*Med*) coimpléasc m1; (*Phys*) comhdhéanamh *m1*

constraint *n* srian *m1*; (*Comm*) sriantacht *f3*

construct *vt* tóg, déan; **construction** *n* déantús *m1*; (*Constr*) tógáil *f3*, foirgníocht *f3*; **constructive** *adj* éifeachtach; (*helpful*) cuidiúil, cúntach, úsáideach

consul *n* consal *m1*; **consulate** *n* consalacht *f3*

consult *vt* téigh i gcomhairle le, ceadaigh le; **consultant** *n* comhairleoir *m3*; (*Med*) lia *m4* comhairleach; (*Comm*) comhairleach *m1*; **consulting room** *n* seomra *m4* comhairle

consume *vt* (*eat*) ith, caith; (*drink*) ól; (*use up*) ídigh; **consumer** *n* tomhaltóir *m3*

consumption *n* (*of goods*) tomhaltas *m1*; (*of capital*) caitheamh *m1*, ídiú *m*; (*Med*) an eitinn *f2*

cont. *abbr* (= *continued*) ar lean

contact *n* teagmháil *f3*, tadhall *m1* ▷ *vt* teagmhaigh le, déan teagmháil le; **contact lenses** *npl* lionsaí *mpl4* tadhaill

contagious *adj*: **~ disease** galar *m1* tadhaill

contain *vt*: **the box ~s money** tá airgead sa bhosca; (*capacity*): **the bottle ~s a pint** coinníonn an buidéal pionta; **to ~ o.s.** (*fig*) smacht a bheith agat ort féin; **container** *n* soitheach *m1*, gabhdán *m1*; (*Comm*) coimeádán *m1*

contaminate *vt* truailligh

cont'd *abbr* (= *continued*) ar lean

contemplate *vt* smaoinigh ar, machnaigh ar, meabhraigh (ar)

contemporary *adj* comhaimseartha ▷ *n*: **her**

contemporaries lucht a comhaimsire

contempt *n* dímheas *m3*, drochmheas *m3*; **~ of court** (*Law*) díspeagadh *m* cúirte

contend *vt*: **to ~ that** maíomh go ▷ *vi*: **to ~ with** (*compete*) dul in iomaíocht le; (*struggle*) bheith ag coimhlint le, bheith i ngleic le

content *adj* suaimhneach ▷ *vt* sásaigh ▷ *n*: **the ~ of the book** ábhar *m1* an leabhair; (*of fat, moisture*) méid *m4*; **contents** *npl*: **the ~s of the container** a bhfuil sa soitheach; (**table of**) **~s** clár *msg1* ábhair; **contented** *adj* sásta, ar do sháimhín; **to be contented** suaimhneas intinne a bheith agat

contest *n* comhlann *f2*; (*competition*) comórtas *m1* ▷ *vt* (*decision, statement*) cur i gcoinne + *gen*; (*compete for*) dul san iomaíocht; **contestant** *n* (*in competition etc*) iomaitheoir *m3*; (*of will*) conspóidí *m4*

context *n* comhthéacs *m4*

continent *n* mór-roinn *f2*, ilchríoch *f2*; **the C~** an Mhór-Roinn *f2*, Mór-Roinn na hEorpa; **continental** *adj* mór-roinneach, ón Mhór-Roinn

continual *adj* leanúnach; **continually** *adj* i gcónaí, de shíor

continue *vi* lean (ort), mair ▷ *vt* lean de

continuity *n* leanúnachas *m1*

continuous *adj* leanúnach

contour *n* comhrian *m1*, imlíne *f4*; (*on map: also*: **~ line**) comhrian, imlíne chomh-airde

contraception *n* frithghiniúint *f3*

contraceptive *adj* frithghiniúnach ▷ *n* frithghiniúnach *m1*, coiscín *m4*

contract *n* conradh *m* ▷ *vt* (*disease*)

tolg, tóg ▷ vi (*become smaller*) crap; (*Comm*): **to ~ to do sth** conradh a dhéanamh le rud a dhéanamh; **contractor** n conraitheoir m3

contradict vt bréagnaigh, cuir in éadan, trasnaigh

contrary[1] adj codarsnach, contrártha; (*also*: **~ to**) contrártha le ▷ n malairt f2; **on the ~** os a choinne sin; **unless you hear to the ~** mura gcluinfidh tú a athrach *or* a mhalairt

contrary[2] adj contráilte, dáigh, cancrach, conróideach

contrast n codarsnacht f3, contrárthacht f3 ▷ vt: **to ~ things** rudaí a chur i gcomparáid *or* i gcomórtas *or* i bhfrithshuí; **in ~ to** *or* **with** i gcodarsnacht le, i gcomórtas le, neamhionann is, ní hionann is

contribute vi, vt íoc, tabhair; (*magazine etc*): **to ~ (an article) to** (alt a) scríobh do; (*situation*): **to ~ to** cur le; **contribution** n (*donation*) síntiús m1; (*share of*) cion m4; **contributor** n síntiúsóir m3; (*to newspaper*) scríbhneoir m3; (*participator*) rannpháirtí m4

control vt smachtaigh, cuir smacht ar, stiúir; (*Comm, inflation etc*) rialaigh ▷ n smacht m3, stiúir f, stiúradh m; (*Comm*) rialú m; **controls** npl (*of machine etc*) stiúir fsg; (*on radio, TV*) cnaipí mpl4; **under ~** faoi smacht; **to be in ~ of** bheith i gceannas ar; **to lose ~ of o.s.** dul as do chrann cumhachta; **the car went out of ~** chuaigh an carr ó smacht; **it went beyond my ~** chuaigh sé thar mo smacht

controversial adj conspóideach

controversy n conspóid f2

convenience n áis f2, cóir f3; **at**

your ~ ar do chaoithiúlacht; **all modern ~s, all mod cons** gach deis is nua

convenient adj áisiúil, caoithiúil

convent n clochar m1

convention n (*social*) comhghnás m1, coinbhinsiún m1; (*gathering*) comhdháil f3; **conventional** adj comhghnásach, coinbhinsiúnach

conversation n comhrá m4

conversely adv go contrártha, os a choinne sin

convert vt (*Rel, Comm*) tiontaigh; (*building*) athchóirigh; (*alter*) athraigh ▷ vi (*Rel*) iompaigh ▷ n iompaitheach m1; **convertible** adj inathraithe; (*currency*) insóinseáilte, in-chomhshóite

convey vt iompair; (*thanks, idea*) cuir in iúl; **conveyor belt** n crios m3 iompair

convict vt ciontaigh ▷ n ciontach m1; **conviction** n (*Law*) ciontú m; (*belief*) creideamh m1, tuairim f2 láidir

convince vt: **to ~ sb of sth** rud a chur ina luí ar dhuine; **to be ~d of sth** bheith cinnte dearfa de rud; **convincing** adj éifeachtach, a théann i gceann ar

cook vt, vi cócaráil, i déan cócaireacht, bheith ag cócaireacht ▷ n cócaire m4; **cookbook** n leabhar m1 cócaireachta; **cooker** n cócaireán m1; **cookery book** n = **cookbook**; **cookie** (*US*) n briosca m4; **cooking** n cócaráil f3, cócaireacht f3

cool adj fionnuar; (*unfriendly*) fuar ▷ vt fuaraigh, fionnuaraigh ▷ vi fuaraigh, fionnuaraigh, téigh i bhfuaire

cooperate vi comhoibrigh; **cooperation** n comhoibriú m; **cooperative** adj comhoibritheach

▷ n comharchumann m1

coordinate vt comhordaigh

cop (inf) n péas m4, pílear m1

cope vi: **to ~ with sth** cur suas le rud; (solve) rud a chur díot

copy n cóip f2 ▷ vt cóipeáil, déan cóip de, athscríobh; **copyright** n cóipcheart m1

coral n coiréal m1

cord n sreang f2; (fabric) corda m4; (Elec) sreang

corduroy n corda m4 an rí

core n croí m4, smior m3

coriander n coiriandar m1

Cork n Corcaigh f2

cork n corc m1; **corkscrew** n corcscriú m4

corn n (Brit: wheat) arbhar m1; (US: maize) arbhar Indiach; (on foot) fadharcán m1

corned beef n mairteoil f3 shaillte

corner n coirnéal m1; (in room) cúinne m4; (of fireplace) clúid f2; (of street) coirnéal m1; (also: **blind ~**) coirnéal caoch; (Football: also: **~ kick**) cúinneach m1 ▷ vt sáinnigh, teanntaigh; (Comm) cúinneáil ▷ vi cas

cornflakes npl calóga fpl2 arbhair

cornflour (US **cornstarch**) n gránphlúr m1

Cornwall n Corn m1 na Breataine

coronary n (also: **~ thrombosis**) trombóis f2 chorónach

coronation n corónú m

coroner n cróinéir m3

corporal n ceannaire m4 ▷ adj: **~ punishment** pionós corpartha

corporate adj corparáideach

corporation n (of town) bardas m1; (Comm) corparáid f2

corps n cór m1

corpse n marbhán m1

correct adj (accurate) ceart; (proper) cuí ▷ vt ceartaigh; **correction** n ceartú m, ceartúchán m1; (adjustment) leasú m

correspond vi: ~ **to** freagair do; ~ **with** déan comhfhreagras le; **correspondence** n comhfhreagras m1; **correspondent** n comhfhreagraí m4

corridor n dorchla m4, pasáiste m4

corrode vt creim, cnaígh ▷ vi cnaígh

corrupt adj truaillithe ▷ vt truailligh; **corruption** n truailliú m

Corsica n an Chorsaic f2

cosmetic n cosmaid f2 ▷ adj cosmaideach

cost n costas m1; (price) praghas m1 ▷ vt: **how much does it ~?** cá mhéad atá air?; **it ~s too much** tá sé ródhaor; **at all ~s** ar ais nó ar éigean

co-star n comhréalta f4

costly adj costasach

costume n culaith f2, éide f4; (also: **swimming ~**) culaith f2 shnámha; (Theat) feisteas m1

cosy (US **cozy**) adj teolaí, cluthar, seascair

cot n (Brit: child's) cliabhán m1; (US: camp bed) leaba f champa

cottage n teachín m4; **cottage cheese** n cáis f2 bhaile or tí

cotton n cadás m1; **cotton candy** (US) n candaí m4 cadáis; **cotton wool** n olann f cadáis

couch n tolg m1

cough vi: **to ~** casacht a dhéanamh ▷ n casacht f3; **to have a ~** casacht a bheith ort

council n comhairle f4, bardas m1; **council house** n teach m comhairle or bardais; **councillor** n comhairleoir m3

counsel n (*lawyer*) dlíodóir m3;
(*advice*) comhairle f4; **counsellor** n
comhairleoir m3; (*US: lawyer*)
dlíodóir m3

count vt, vi cuntais, déan cuntas,
tomhais, déan comhaireamh ▷ n
cuntas m1, comhaireamh m1,
áireamh m1; (*nobleman*) cunta m4;
count on vt fus braith ar

counter n áiritheoir m3; (*in shop*)
cuntar m1; (*in game*) licín m4 ▷ vt
cuir i gcoinne + gen, cuir in aghaidh
+ gen ▷ adv: **~ to** in aghaidh + gen

counterfeit n (*money*) bréige n gen
▷ vt falsaigh ▷ adj bréagach, bréige
n gen

counterpart n (*of person etc*)
macasamhail f3, leithéid f2,
leathbhreac m1

countess n cuntaois f2

countless adj gan áireamh

country n tír f2; (*as opposed to town*)
tuath f2; (*region*) dúiche f4; **a ~
area** ceantar tuaithe; **in the ~**
faoin tuath; **country house** n
teach m tuaithe; **countryside** n
taobh m1 tíre

county n contae m4

coup n (*achievement*) éacht m3;
(*also: ~ d'état*) coup d'etat, gabháil
f3 ceannais

couple n lánúin f2; (*a few*) cúpla m4;
a ~ of words cúpla focal

coupon n cúpón m1

courage n misneach m1, uchtach
m1; **courageous** adj misniúil,
uchtúil, móruchtúil

courier n cúiréir m3

course n cúrsa m4; (*for golf*)
galfchúrsa m4; **first ~** (*food*) an
cúrsa tosaigh; **of ~** ar ndóigh, ní
nach ionadh; **~ of action** plean
gníomhaíochta; **in due ~** i gceann
na haimsire

court n cúirt f2

courtesy n cúirtéis f2; **~ of** le
caoinchead ó

courthouse (*US*) n teach m cúirte

courtroom n seomra m4 cúirte

courtyard n clós m1

cousin n col m1 ceathar or ceathrair;
second/third ~ col seisir/ochtair;
they are second ~s tá siad an dá ó

cover vt clúdaigh, cumhdaigh ▷ n
clúdach m1, cumhdach m1; (*of pot*)
clár m1; (*shelter*) foscadh m1, dídean
f2; **to take ~ (from)** dul ar foscadh
(ó); **under ~** ar foscadh; **under ~ of
darkness** faoi choim na hoíche;
cover up vt ceil, forcheil; **to ~ up
for sb** maide as uisce a thógáil do
dhuine; **coverage** n (*TV, Press*)
tuairisciú m, plé m4; **cover charge**
n táille f4 cumhdaigh; **cover-up** n
forcheilt f2

cow n bó f

coward n cladhaire m4; **cowardly**
adj cladhartha

cowboy n buachaill m3 bó

cozy (*US*) adj = **cosy**

crab n portán m1

crack n scoilt f2, scáineadh m, gág
f2; (*in skin*) gág; (*blow*) cnag m1;
(*noise*) bloscadh m1, pléascadh m;
(*drug*) craic f2 ▷ vt scoilt; (*noise*): **to
~ sth** bloscadh or pléascadh a
bhaint as rud; (*nut*) oscail; (*code*)
bris; (*problem*) fuascail, réitigh
▷ adj (*athlete*) sár-; **crack down on**
vt fus teann ar, cuir faoi chois;
crack up vi: **he ~ed up** thit sé as a
chéile; **cracker** n (*Christmas
cracker*) pléascóg f2 Nollag; (*also:*
cream cracker) craicear m1

crackle vi bheith ag brioscarnach or
ag cnagarnach

cradle n cliabhán m1

craft n ceird f2; (*vehicle*) soitheach

m1, árthach m1; **craftsman** n ceardaí m4, saor m1;
craftsmanship n ceardaíocht f3, obair f2 cheardaíochta
crafty adj fadcheannach, glic
cram vt (fill): **to ~ sth with** rud a shacadh le; (put): **to ~ sth into** rud a dhingeadh isteach or a shacadh isteach i ▷ vi (for exams) pulc
cramp n crampa m4 ▷ vt (encroach on) cúngú ar; **cramped** adj craptha; (room) cúng
cranberry n mónóg f2
crane n corr f2 mhóna; (machine) craein f, crann m1 tógála
crash n tuairt f2, plimp f2; (car, plane) taisme f4 ▷ vt pléasc ▷ vi pléasc, tit de phlimp or de thuairt; (cars) buail faoina chéile; (plane) tuairteáil; (Comm) tit; **to ~ into** buail faoi, buail in éadan; **crash course** n dianchúrsa m4; **crash helmet** n clogad m1 cosanta
crate n cis f2, cliathbhosca m1; (for bottles) cráta m4
crave vt, vi: **to ~ for sth** cíocras ruda a bheith ort
crawl vi snámh, bheith ag lámhacán; (vehicle) dul falróid ▷ n (Swimming) cnágshnámh m3
crayfish n inv (freshwater) cráifisc f2; (saltwater) piardóg f2
crayon n crián m1
craze n mearadh m1
crazy adj ar buile, ar mire, craiceáilte, buile n gen, mire n gen; **~ about sb** splanctha i ndiaidh duine, ag briseadh na gcos i ndiaidh duine
creak vi díosc ▷ n díoscán m1
cream n uachtar m1; (best) togha m4 ▷ adj (colour) bánbhuí; **creamy** adj uachtarúil
crease n filltín m4, roc m1 ▷ vt: **to ~**

sth (with iron) filltín a chur i rud; (untidily) roic a chur i rud ▷ vi éirigh rocach
create vt cruthaigh; **creation** n cruthú m; **creative** adj (artistic) cruthaitheach
creature n créatúr m1, dúil f2
crèche n naíolann f2
credentials npl (references) dintiúir mpl1
credit n cairde m4, creidmheas m3; (Accountancy) sochar m1; (recognition) dea-chlú m4 ▷ vt (believe: also: **give ~ to sth**) creid, tabhair isteach do; (Comm): **to ~ sb with sth** rud a chur do shochar duine; **to ~ sb with sth** (fig) rud a chur i leith duine, rud a shamhlú le duine; **~s** (Cine, TV) teidil mpl1 chreidiúna; **to be in ~** (person, bank account) bheith sa dubh; **on ~** ar cairde; **credit card** n cárta m4 creidmheasa; **credit crunch** n géarchor m creidmheasa
creek n crompán m1, góilín m4; (US: stream) sruthán m1
creep vi snámh, téaltaigh
creepy adj uaigneach, aerachtúil
cremate vt créam
crematorium n créamatóiriam m4
crescent n corrán m1
cress n biolar m1
crest n (feathers) cuircín m4; (hill) mullach m1; (helmet) cíor f2; (arms) suaitheantas m1
crew n criú m4, foireann f2
crib n cruib f2; (Rel) mainséar m1; (for baby) cliabhán m1 ▷ vt (inf) bheith ag canrán or ag cnáimhseáil
cricket n (insect) criogar m1; (game) cruicéad m1
crime n coir f2; **criminal** n coirpeach m1 ▷ adj coiriúil
crimson adj corcairdhearg

cringe vi lútáil
cripple n (inf!) bacach m1, cláiríneach m1, mairtíneach m1 ▷ vt craplaigh
crisis n géarchéim f2, éigeandáil f3, gábh m1
crisp adj briosc; (weather) úr; (style, speech) gonta; **crisps** (Brit) npl brioscáin mph phrátaí
criterion n critéar m1, slat f2 tomhais
critic n criticeoir m3, léirmheastóir m3; **critical** adj cáinteach, criticiúil; (very ill) i mbaol; **criticism** n (of faults) lochtú m; (of art) critic f2, léirmheastóireacht f3; **criticize** vt lochtaigh, cáin
Croatia n an Chróit f2
crockery n soithí mph, gréithe pl
crocodile n crogall m1
crook n crúca m4, bacán m1; (thief) cneámhaire m4, bithiúnach m1; (of shepherd) caimín m4; (Rel) bachall f2; **crooked** adj cam
crop n barr m1; (riding crop) fuip f2 ▷ vt (hair) bearr; **crop up** vi tar aníos
cross n cros f2; (Biol etc) cros-síolrú m ▷ vt (street etc) trasnaigh, téigh trasna + gen; (cheque) crosáil; (Biol etc) cros-síolraigh ▷ adj mishásta, cantalach; **to ~ one's arms/legs** do dhá lámh/chos a chur trasna ar a chéile; **to ~ o.s.** (Rel) comhartha na croise a ghearradh ort féin; **it ~ed my mind** rith sé liom; **cross out** vt cealaigh, scrios; **cross over** vi (towards) téigh anonn; (from) tar anall; **cross-eyed** adj fiarshúileach; **he's cross-eyed** tá fiarshúil ann; **crossing** n (at sea) trasnáil f3; (also: **pedestrian crossing**) crosaire m4; **crossing guard** (US) n maor m1 crosaire; **crossroads** n crosbhealach m1,

crosbhóthar m1; **crosswalk** (US) n crosaire m4; **crossword** n crosfhocal m1
crotch n gabhal m1
crouch vi crom, téigh ar do chromada
crow n (bird) préachán m1; (of cock) scairt f2, glao m4 ▷ vi (cock) scairt, glaoigh
crowd n slua m4, scata m4, drong f2 ▷ vt, vi plódaigh; **to ~ in** plódú isteach; **crowded** adj plódaithe
crown n coróin f; (of head) baithis f2, mullach m1; (of hill) mullach
crucial adj barrthábhacht, den mhórthábhacht
crucifix n (Rel) croch f2, cros f2 chéasta
crude adj (materials) amh-; (rough) garbh, gairgeach; (lewd) gáirsiúil, graosta ▷ n (also: **~ oil**) amhola f4
cruel adj cruálach; **cruelty** n cruálacht f3
cruise n cúrsáil f3 ▷ vi cúrsáil
crumb n grabhróg f2
crumble vt mionaigh, déan smidiríní or smionagar de, mionbhrúigh, déan mionbhruar de
crumpet n crompóg f2
crumple vt, vi crap
crunch vt cnag ▷ vi bheith ag cnagarnach ▷ n (fig) uair f2 na cinniúna; **crunchy** adj cnagach
crush n brú m4; (love): **to have a ~ on sb** bheith splanctha i ndiaidh duine ▷ vt brúigh; (grind) meil; **to ~ sb's hopes** duine a chur dá dhóchas
crust n crústa m4
crutch n maide m4 croise
cry vi caoin, goil, bheith ag caoineadh or ag gol; (shout: also: **~ out**) glaoigh, scairt, lig gáir asat ▷ n scairt f2

crystal n criostal m1

cub n coileán m1; (also: **~ scout**) gasóg f2 óg

Cuba n Cúba m4

cube n ciúb m1 ▷ vt (Math) ciúbaigh

cubic adj ciúbach

cubicle n cubhachail m4

cuckoo n cuach f2

cucumber n cúcamar m1

cuddle vt, vi muirnigh, déan gráin le

cue n (Theat etc) leid f2; **snooker/billiard ~** cleathóg f2 snúcair/billéardaí

cuff n (of shirt, coat etc) cufa m4; (blow) smitín m4; **off the ~** as do sheasamh, as maol do chonláin; **cufflink** n lúibín m4 cufa

cul-de-sac n cul-de-sac, caochshráid f2

cull vt togh; (animals) tanaigh ▷ n (of animals) tanú m

culminate vi: **to ~ in** teacht chun buaice le

culprit n ciontach m1

cult n cultas m1

cultivate vt saothraigh

cultural adj cultúrtha

culture n cultúr m1

cunning n gliceas m1, cleasaíocht f3 ▷ adj glic, lúbach, cleasach; (device, idea) cliste

cup n cupán m1; (as prize) corn m1

cupboard n cófra m4, almóir m3

cup tie n cluiche m4 coirn

curator n feighlí m4, coimeádaí m4

curb vt srian, cuir srian le ▷ n (fig) srian m1; (US: kerb) ciumhais f2

curdle vt téacht, gruthaigh ▷ vi (milk) bris, téacht

cure vt leigheas; (Culin) leasaigh, saill* ▷ n leigheas m1; (for hangover) leigheas m1 na póite

curfew n cuirfiú m4

curiosity n fiosracht f3

curious adj fiosrach

curl n coirnín m4 ▷ vt: **to ~ sb's hair** coirníní a chur i gcuid gruaige duine ▷ vi éirigh catach; **curl up** vi crap; **to ~ o.s. up** tú féin a chuachadh, ceirtlín a dhéanamh díot féin; **curly** adj catach, coirníneach

currant n cuirín m4

currency n airgeadra m4, airgead m1 reatha

current n sruth m3 ▷ adj reatha n gen; **current account** n cuntas m1 reatha; **current affairs** npl cúrsaí mpl4 reatha; **currently** adv faoi láthair

curriculum n curaclam m1; **curriculum vitae** n curriculum m vitae

curry n curaí m4 ▷ vt: **to ~ favour** fabhar a lorg

curse vi bheith ag eascaíní, tabhair mionnaí móra ▷ vt mallaigh, cuir mallacht ar ▷ n mallacht f3, eascaine f4; (problem, scourge) crá m4 croí, plá f4; (swearword) eascaine, mionn m3 mór

cursor n (Comput) cúrsóir m3

curt adj giorraisc

curtain n cuirtín m4

curve n cuar m1; (in the road) lúb f2 ▷ vi cuar; (road) lúb

cushion n cúisín m4 ▷ vt (fall, shock) plúch

custard n custard m1

custody n (of child) cúram m1; (Comm) cumhdach m1; **in ~** faoi choinneáil; **to take sb into ~** duine a ghabháil

custom n gnás m1, nós m1

customer n custaiméir m3

customs npl custam m1; **customs officer** n oifigeach m1 custaim

cut vt gearr, ciorraigh; (hair) bearr, gearr; (turf) bain ▷ n gearradh m;

(*wound*) cneá f4; (*in salary etc*)
laghdú m; (*of meat*) stiall f2; **cut
down** vt fus (*tree etc*) leag; (*costs*)
gearr (anuas), laghdaigh; **cut off**
vt scoith; (*fig*) gearr; **cut out** vt
gearr amach; (*stop*): **~ it out!** éirigh
as!; (*remove*) bain amach; **cut up** vt
(*potatoes, meat*) scean; **cutback** n
gearradh m siar, ciorrú m
cute adj cleasach; (*US*) gleoite
cutlery n sceanra m4, cuitléireacht
f3
cutlet n gearrthóg f2 (gualainne)
cut-price (*US* **cut-rate**) adj faoi ráta
cutting adj faobhrach; (*fig*) géar
▷ n (*from newspaper*) gearrthán m1;
(*from plant*) gearrthóg f2
CV n abbr = **curriculum vitae**
cyberspace n cibirspás m1
cycle n timthriall m3; (*Liter*) sraith
f2; (*bicycle*) rothar m1 ▷ vi rothaigh,
téigh ag rothaíocht; **cycle lane** n
lána m4 rothaíochta; **cycling** n
rothaíocht f3; **cyclist** n rothaí m4
cylinder n sorcóir m3
cynical adj ciniciúil, seabhasach
Cypriot adj, n Cipireach m1
Cyprus n an Chipir f2
cyst n cist f2
czar n sár m1
Czech adj, n Seiceach m1; (*Ling*)
Seicis f2; **the ~ Republic** an
Phoblacht f3 Sheiceach

d

D n (*Mus*) D m4
dab vt tabhair daba do, smeadráil,
smear
dad, daddy n daid m4, daidí m4
daffodil n lus m3 an chromchinn
daft adj amaideach; **to be ~ about
sb** (*fig*) bheith sa chéill is aigeantaí
ag duine, bheith splanctha i
ndiaidh duine
dagger n miodóg f2, daigéar m1
daily adj laethúil ▷ n nuachtán m1
laethúil ▷ adv go laethúil; (*dosage*)
in aghaidh an lae, sa lá
dairy n déirí m4
daisy n nóinín m4
dam n damba m4 ▷ vt dambáil
damage n damáiste m4, dochar m1
▷ vt déan damáiste or dochar do;
damages npl (*Law*) damáistí mpl4
damn vt damnaigh; (*curse*)
mallaigh, cuir mallacht ar ▷ n (*inf*):
I don't give a ~ is cuma liom sa

diabhal ▷ *adj* (*inf: also:* **~ed**) damanta, mallaithe; **~ (it)!** damnú air!

damp *adj* tais ▷ *n* taise *f4* ▷ *vt* (*also:* **~en**: *cloth, rag*) taisrigh, fliuchaigh

dance *n* damhsa *m4*, rince *m4*; (*social event*) damhsa *m4* ▷ *vi* déan damhsa or rince; **dancer** *n* damhsóir *m3*, rinceoir *m3*; **dancing** *n* damhsa *m4*, rince *m4*

dandelion *n* caisearbhán *m1*

dandruff *n* sail *f2* chnis

Dane *n* Danmhargach *m1*, Danar *m1*

danger *n* contúirt *f2*, baol *m1*; **there is a ~ of fire** tá contúirt dóiteáin ann; **in ~** i gcontúirt, i mbaol; **D~!** (*sign*) Aire!; **dangerous** *adj* contúirteach, baolach

dangle *vt* coinneáil ar bogarnach ▷ *vi* bheith ar bogarnach

Danish *adj* Danmhargach ▷ *n* (*Ling*) Danmhairgis *f2*

dare *vt*: **to ~ sb to do sth** dúshlán duine a thabhairt rud a dhéanamh ▷ *vi*: **to ~ to do sth** é a bheith de mhisneach agat rud a dhéanamh, é a bheith de dhánacht ionat rud a dhéanamh; **I ~ say** (*I suppose*) déarfainn; **daring** *adj* dána ▷ *n* dánacht *f3*, misneach *m1*

dark *adj* (*night, room*) dorcha; (*colour, complexion*) crón ▷ *n* dorchadas *m1*; **in the ~** sa dorchadas; **in the ~ about** (*fig*) dall ar; **after ~** ar dhul ó sholas dó; **darken** *vt* dorchaigh, dall ▷ *vi* dorchaigh, téigh ó sholas; **darkness** *n* dorchadas *m1*; **darkroom** *n* seomra *m4* dorcha

darling *adj* muirneach ▷ *n* muirnín *m4*, grá *m4* geal; **my ~ girl** a chailín mo chroí

dart *n* ga *m4*; **~s** dairteanna *fpl2*; **dartboard** *n* clár *m1* dairteanna

dash *n* (*sign*) dais *f2*; (*small quantity*) steall *f2* ▷ *vt* (*missile*) teilg; **to ~ sb's hopes** duine a chur dá dhóchas ▷ *vi*: **to ~ towards** rúid or sciuird a thabhairt ar, seáp a thabhairt faoi

dashboard *n* (*Aut*) painéal *m1* ionstraimí

data *npl* sonraí *mpl4*; **database** *n* (*Comput*) bunachar *m1* sonraí; **data processing** *n* (*Comput*) próiseáil *f3* sonraí

date *n* dáta *m4*; (*with sb*) coinne *f4*; (*fruit*) dáta *m4* ▷ *vt* dátaigh; **to ~ sb** siúl amach le duine; **~ of birth** dáta breithe; **to ~** (*until now*) go nuige seo, go dtí seo; **out of ~** as dáta; (*clothes etc*) seanfhaiseanta, seanaimseartha; **up to ~** nua-aimseartha, suas chun dáta; (*news*) is deireanaí; **dated** *adj* seanfhaiseanta

daughter *n* iníon *f2*; **daughter-in-law** *n* banchliamhain *m4*, bean *f* mhic

daunting *adj* scáfar

dawn *n* breacadh *m1* or bánú *m* or bodhránacht *m3* ▷ *vi* (*day*) bánaigh, geal; (*fig*): **it ~ed on him that ...** rith sé leis go ...

day *n* lá *m*; **the ~ before** an lá roimhe; **the ~ after, the following ~** an lá arna mhárach; **the ~ after tomorrow** anóirthear, arú amárach; **the ~ before yesterday** arú inné; **by ~** de lá; **daydream** *vi* bheith ag aislingeacht ▷ *n* taibhreamh *m1* na súl oscailte; **daylight** *n* solas *m1* an lae; **daytime** *n*: **in the daytime** i rith an lae, de sholas lae; **day-to-day** *adj* laethúil; (*events*) gnáth-

dazed *adj* ar mearbhall, néal a bheith ionat

dazzle *vt* dall, dallraigh, caoch

dead adj marbh; (telephone): **the line is ~** tá an líne marbh ▷ adv lán, iomlán, an- ▷ npl: **the ~** na mairbh mpl; **~ on time** díreach in am; **~ tired** marbh tuirseach; **to stop ~** stopadh in áit na mbonn; **dead end** n ceann m1 caoch; **deadline** n spriocdháta m4; **deadly** adj marfach; **Dead Sea** n: **the Dead Sea** an Mhuir f3 Mharbh

deaf adj bodhar; **deafen** vt bodhraigh

deal n margadh m1 ▷ vt (blow) tabhair do, buail ar; (cards) roinn; **a great ~ of** cuid mhór + gen, lear mór + gen; **deal in** vt fus déileáil i or ar; **deal with** vt fus (person, problem) déileáil le; (be about: book etc) bain le, bí faoi; **dealer** n (Comm) déileálaí m4; **dealings** npl déileáil fsg3

dean n (Rel, Scol) déan m1

dear adj ionúin, dil, dílis; (expensive) daor, costasach ▷ n: **my ~** a chroí, a stór; **~ me!** m'anam!; **D~ Sir/Madam** (in letter) A dhuine uasail/A bhean uasal; **D~ John** A Sheáin, a chara; **dearly** adv (love) go mór, go domhain; (pay) go daor

death n bás m1; **to be the ~ of sb** bás duine a thabhairt; **death penalty** n pionós m1 an bháis

debate n díospóireacht f3 ▷ vt pléigh; **to ~ sth** rud a phlé or a chaibidil

debit n dochar m1 ▷ vt: **to ~ a sum to sb** or **to sb's account** suim a chur do dhochar cuntas duine; see also **direct debit**

debris n (rubbish) bruscarnach f2; (fragments) smionagar m1, treascarnach f2

debt n fiach m1, fiacha mpl; **to be in ~** fiacha a bheith ort

debug (Comput) vt dífhabhtaigh

decade n deich mbliana fpl3; (Rel: of rosary) deichniúr m1

decaff (inf) n = **decaffeinated coffee**

decaffeinated adj gan chaiféin; **~ coffee** caife m4 gan chaiféin

decay n (also: **tooth ~**) lobhadh m1 fiacla ▷ vi (rot) lobh, meathlaigh; (wither: flower) feoigh; (teeth, meat) lobh; (fruit) lobh, meathlaigh

deceased n marbh m1, marbhán m1

deceit n cealg f2, camastaíl f3, calaois f2, feall m1; **deceive** vt cealg, meall

December n Nollaig f, Mí f4 na Nollag

decent adj gnaíúil, cneasta, macánta; (amount) cuibheasach, measartha; **they were very ~ about it** bhí siad an-tuisceanach faoi

deception n camastaíl f3, cealg f2, cluain f3

deceptive adj cealgach, cluanach, mealltach

decide vt réitigh, socraigh ▷ vi cinn (ar), beartaigh (ar); **to ~ to do sth** beartú or cinneadh ar rud a dhéanamh

decimal adj deachúlach ▷ n deachúil f3

decision n cinneadh m1

decisive adj cinntitheach; (person) diongbháilte

deck n (Naut) deic f2, bord m1; (of bus): **top ~** urlár m1 uachtair; (of cards) paca m4; (record deck) deic; **deckchair** n cathaoir f dheice

declare vt (state) dearbhaigh, fógair, maígh; (war) fógair; (at customs) admhaigh

decline n (decay) meath m3, meathlú m; (lessening) maolú m, titim f2 ▷ vt diúltaigh ▷ vi (health) meath, meathlaigh

decorate vt (adorn, give a medal to) bronn gradam ar; (room, house) maisigh, cóirigh; **decoration** n maisiúchán m1; (medal, award) suaitheantas m1; **decorator** n maisitheoir m3

decrease n: **~ (in)** laghdú (i) ▷ vt, vi laghdaigh

decree n (Pol) forógra m4; (Law) foraithne f4

dedicate vt tiomnaigh; **dedication** n (devotion) dúthracht f3; (in book) tiomnú m

deduce vt déan amach; **to ~ from** baint as, tuiscint as

deduct vt bain de, bain as; **deduction** n tátal m1; (from wages etc) gearradh m

deed n gníomh m1, beart m1; (Law) cáipéis f2, gníomh m1

deep adj domhain ▷ adv: **spectators stood 20 ~** bhí fiche rang de lucht féachana ann; **4 metres ~** ceithre mhéadar ar doimhne(acht); **deeply** adv go domhain; **I am deeply interested in it** tá an-spéis agam ann

deer n inv fia m4

default n (Law) mainneachtain f3; (Comput: also: **~ value**) luach m3 loicthe; **by ~** (Law) de los éagmaise trí mhainneachtain; (Sport) de los éagmaise

defeat n briseadh m, maidhm f2 ▷ vt cloígh, buaigh ar

defect n locht m3, fabht m4, máchail f2 ▷ vi: **to ~ to the enemy** dul leis an namhaid; **defective** adj lochtach, fabhtach, easnamhach

defence (US **defense**) n cosaint f3

defend vt cosain; (rights) seas; **defendant** n cúisí m4, cosantóir

m3; **defender** n cosantóir m3

defensive adj cosantach

defer vt (postpone) cuir ar athlá, cuir siar ▷ vi: **to ~ to sb** géilleadh or tabhairt isteach do dhuine

defiance n dúshlán m1, neamhghéilliúlacht f3; **in ~ of** ar neamhchead do, de dheargainneoin + gen; **defiant** adj dúshlánach, neamhghéilliúil, ládasach

deficiency n easpa f4; (Med) easnamh m1; **deficient** adj (inadequate) easpach, easnamhach, uireasach; **to be deficient in sth** bheith in easnamh ruda, easpa ruda a bheith ort

deficit n easnamh m1

define vt sainmhínigh, sainigh

definite adj (fixed) cinnte, deimhneach; (clear, obvious) follasach, soiléir; (certain) cinnte, dearfa; **he was ~ about it** bhí sé cinnte de; **definitely** adv go cinnte, go dearfa

definition n sainmhíniú m, sainiú m; (clearness) géire f4, léire f4

deflate vt díbholg; (ball) lig an t-aer amach as; (fig) bain an ghaoth de

deflect vt sraon

defraud vt déan calaois ar, cúbláil; **to ~ sb of sth** rud a bhaint de dhuine le calaois

defrost vt díshioc, díreoigh

defuse vt (bomb) bain an t-aidhniú as; (situation) bain an t-aidhniú or an dochar as

defy vt (efforts etc) sárú ar; **to ~ sb** dúshlán duine a thabhairt

degree n (also Scol) céim f2, grád m1; **by ~s** (gradually) de réir a chéile; **to some ~, to a certain ~** go pointe áirithe

dehydrated adj (parched) spalptha

(leis an tart), díhiodráitithe
de-ice vt dí-oighrigh
de-icer n dí-oighreoir m3
delay vt moilligh, cuir moill ar, bain moill as ▷ vi déan moill, moilligh ▷ n moill f2; **she was ~ed** bhain moill di, baineadh moill aisti
delegate n toscaire m4 ▷ vt: **to ~ sb to do sth** údarás a thiomnú do dhuine le rud a dhéanamh
delete vt cealaigh, scrios, bain amach; (Comput) scrios
deli n abbr (= delicatessen) deilí m4
deliberate adj (intentional) réamhbheartaithe; (slow) malltriallach ▷ vi machnaigh (ar); **deliberately** adv (on purpose) d'aon ghnó, d'aon turas
delicacy n (of quality, character) fíneáltacht f3; (frailness, fragility) leiceacht f3, leochaileacht f3; (sensitivity) íogaireacht f3, míníneacht f3; **delicacies** sólaistí pl, sócamais mph, míníneachtaí fpl3
delicate adj (of quality, character) fíneálta; (frail, fragile) leice, leochaileach; (sensitive) íogair
delicious adj caithiseach, sobhlasta, neamúil
delight n lúcháir f2, aoibhneas m1, pléisiúr m1 ▷ vt: **to ~ sb** lúcháir or aoibhneas a chur ar dhuine; **to take (a) ~ in sth** aoibhneas a bhaint as rud; **delighted** adj: **to be delighted (at** or **with/to do sth)** áthas a bheith ort (as rud/rud a dhéanamh); **delightful** adj álainn, galánta
delinquent adj ciontach ▷ n ciontóir m3
deliver vt (mail, goods) seachaid; (message) seachaid, tabhair do; (speech) tabhair (uait); (baby) saolaigh; **delivery** n seachadadh

m; (of speaker) cur m1 i láthair; (Med) breith f2; **to take delivery of** glacadh le
delusion n seachrán m1, dallamullóg m4
demand vt éiligh ▷ n éileamh m1, ráchairt f2; **in ~** éileamh or ráchairt a bheith ar; **on ~** ar éileamh; **demanding** adj (person) doiligh a shásamh; (work) crua, maslach
demise n éag m3, bás m1
demo n abbr = **demonstration**
democracy n daonlathas m1; **democrat** n daonlathaí m4; **democratic** adj daonlathach
demolish vt (building) leag; (overthrow, annihilate) scrios, treascair; (food) plac
demonstrate vt léirigh; (show) taispeáin ▷ vi léirsigh, déan agóid; **to ~ for/against** léirsiú i leith/in aghaidh, agóid a dhéanamh i leith/in aghaidh; **demonstration** n (exposition) taispeántas m1; (illustration) léiriú m; (Pol) léirsiú m, agóid f2; **demonstrator** n (Pol) léirsitheoir m3, agóideoir m3
demote vt: **he was ~d** tugadh céim síos dó
den n pluais f2, prochóg f2
denial n séanadh m; (refusal) diúltú m
denim n deinim m4; **denims** npl (jeans) bríste m4 deinim
Denmark n an Danmhairg f2
denomination n (of money) luach m3; (Rel) sainchreideamh m1
denounce vt cáin (go poiblí)
dense adj dlúth; (fog) dlúth, tiubh; (stupid) tiubh, dobhránta, dúr
density n dlús m1, tiús m1; **double-/high-~ diskette** discéad dédhlúis/ard-dlúis
dent n log m1, ding f2 ▷ vt log or ding

a chur i; **to make a ~ in** log or ding
a chur i

dental adj déadach; **dental floss** n
flas m3 déadach or fiacla

dentist n fiaclóir m3

dentures npl déadchíor fsg2

deny vt séan; (refuse) diúltaigh

deodorant n díbholaíoch m1

depart vi imigh, fág; **to ~ from** (fig:
differ from) gan a bheith ag teacht le

department n roinn f2;
department store n siopa m4
ilranna

departure n imeacht m3, fágáil f3;
a new ~ treo nua, athrú gnáis, cor
nua i do shaol

depend vi: **to ~ on** brath ar, bheith i
dtuilleamaí or i muinín + gen; **it ~s**
braitheann sé; **~ing on the result**
ag brath ar an toradh; **if your life
~ed on it** dá mbeadh do bheo de
gheall leis; **dependable** adj
iontaofa, muiníneach; **dependant**
n cleithiúnaí m4; **dependent** adj:
to be dependent (on) bheith ag
brath (ar), bheith spleách (ar),
bheith i dtuilleamaí + gen ▷ n
= **dependant**

depict vt léirigh, cuir síos ar, déan
cur síos ar

deport vt díbir as an tír, díbir thar tír
amach

deposit n deascán m1, dríodar m1;
(Comm) taisce f4; (Chem) screamh
f2; (Geog) sil-leagan m1, fosú m;
(part payment) éarlais f2 ▷ vt (in
bank) taisc, cuir i dtaisce; (put down)
leag síos; (as part payment) cuir
éarlais ar; **deposit account** n
cuntas m1 taisce

depot n (warehouse) stóras m1; (US:
Rail) stáisiún m1

depreciate vi titeann (a) luach

depress vt cuir gruaim ar; (press

down) brúigh síos; **depressed** adj
(person) faoi ghruaim; **a depressed
area** limistéar bochtaineachta;
depressing adj gruama;
depression n gruaim f2, smúit f2;
domheanma f; (melancholy) droim
m3 dubhach, lionn m dubh; (in
trade) lagar m1 tráchtála; (Meteor)
lagbhrú m4; (hollow) logán m1,
ísleán m1

deprive vt: **to ~ sb of sth** rud a
bhaint de dhuine or a choinneáil ó
dhuine; **deprived** adj in anás, ar
an ngannchuid

depth n doimhneacht f3; **in the ~s
of despair** in umar na haimléise;
to be out of one's ~ bheith thar do
bhaint or thar d'fhoras

deputy adj leas- ▷ n ionadaí m4;
(Pol, second in command) tánaiste
m4; **~ head** (teacher) leas-
phríomhoide m4; **Dáil ~** (Irl: Pol)
teachta m4 Dála

derail vt (train) cuir de na ráillí; (fig)
cuir dá threoir

derelict adj tréigthe

derive vt: **to ~ sth from** rud a
bhaint as ▷ vi: **to ~ from** fréamhú
ó, díorthú ó

Derry n Doire m4

descend vt, vi tuirling, téigh síos,
tar anuas; (lineage) **to ~ from**
síolrú ó; **to ~ to (doing) sth** tú féin
a fhágáil thíos le rud (a dhéanamh);
descendant n: **she is a
descendant of** is de shliocht or
d'iaróibh a ∼ gen í; **descendants**
sliocht msg3; **descent** n tuirlingt
f2, ísliú m; (origin): **of Irish descent**
de shliocht or d'iaróibh Éireannach

describe vt cuir síos ar, tabhair
cosúlacht (ruda); **can you ~ him
for me?** an féidir leat a chosúlacht
a thabhairt dom?; **description** n:

d

description (of) cur *m1* síos (ar), tuairisc *f2* (ar); **of some description or other** (*sort*) de chineál éigin

desert *n* fásach *m1*; (*sandy*) gaineamhlach *m1* ▷ *vt, vi* tréig

deserve *vt* tuill, tabhaigh

design *n* (*sketch, layout, shape*) dearadh *m1*; (*plan*) leagan *m1* amach, plean *m4*; (*pattern*) patrún *m1*, gréas *m3*; (*art*) gréas; (*intention*) rún *m1* ▷ *vt* leag amach, ceap, dear

designate *vt* (*to office*) ceap, ainmnigh; (*indicate*) léirigh, sainigh, taispeáin

designer *n* (*Tech*) dearthóir *m3*; (*fashion*) dearthóir éadaigh

desirable *adj* inmhianaithe; (*woman*) tarraingteach, meallacach, a bhfuil mian súl inti

desire *n* mian *f2*, dúil *f2*, fonn *m1* ▷ *vt* santaigh; **to ~ sth** do shúil a bheith agat le rud, rud a shantú

desk *n* deasc *f2*; (*in hotel, at airport*) deasc cláraithe

desktop *n* (*also:* **~ computer**) ríomhaire *m4* deisce

despair *n* éadóchas *m1* ▷ *vi* tit in éadóchas; **to ~ of sth** deireadh dúile a bhaint de rud

despatch *n, vt* = **dispatch**

desperate *adj* (*hopeless*) éadóchasach, gan dóchas, doleigheasta; (*very grave*) an-chontúirteach, uafásach; **desperately** *adv* go huafásach, go millteach; (*very*) an-; **desperately tired** marbh tuirseach, traochta; **desperately urgent** an-phráinneach; **desperation** *n* éadóchas *m1*, scaoll *m1*; **in sheer desperation** le teann éadóchais

despise *vt*: **to ~ sb/sth** gráin a bheith agat ar dhuine/rud,

drochmheas *or* dímheas a bheith agat ar dhuine/rud

despite *prep* d'ainneoin + *gen*; **~ all the difficulties** d'ainneoin na ndeacrachtaí uile

dessert *n* milseog *f2*

destination *n* ceann *m1* scríbe, ceann cúrsa

destined *adj*: **to be ~ to do/for sth** é a bheith i ndán duit rud a dhéanamh/rud a bheith i ndán duit

destiny *n* cinniúint *f3*

destroy *vt* scrios, mill, creach

destruction *n* scrios *m*, léirscrios *m*, millteanas *m1*

destructive *adj* (*injurious*) millteach, díobhálach; (*antagonistic, adverse*) naimhdeach

detach *vt* scar, scoir, dícheangail, bain de; **detached** *adj* (*distant, aloof*) leithleach; (*objective*) neodrach; **detached house** teach aonair

detail *n* sonra *m4* ▷ *vt* tabhair mionchuntas ar; **in ~** go mion; **detailed** *adj* mion-; **detailed account** mionchuntas

detain *vt* (*pupil*) coinneáil istigh; **to ~ sb** (*delay*) moill a chur ar dhuine; (*arrest*) duine a ghabháil; (*intern*) duine a choinneáil i bpríosún

detect *vt* (*notice, perceive*) braith, tabhair faoi deara; (*discover, find*) fionn, faigh amach; **detection** *n* lorgaireacht *f3*, bleachtaireacht *f3*; **he escaped detection** ní bhfuarthas amach air é; **detective** *n* bleachtaire *m4*; **private detective** bleachtaire príobháideach; **detective story** *n* scéal *m1* bleachtaireachta

detention *n* coimeád *m*, coinneáil *f3*; (*Scol*) coinneáil istigh; **~ camp** campa géibhinn

deter vt coisc; **to ~ sb from doing sth** duine a chur ó rud a dhéanamh, cosc a cur ar dhuine rud a dhéanamh

detergent n glantóir m3

deteriorate vi téigh in olcas, meath, meathlaigh

determine vt cinn ar, socraigh ar; **to ~ to do sth** socrú or cinneadh ar rud a dhéanamh; **determined** adj diongbháilte, daingean; **to be determined to do sth** bheith meáite or leagtha ar rud a dhéanamh

deterrent n cosc m1, iombhagairt f3 ▷ adj coisctheach

detest vt: **to ~ sb/sth** dearg-ghráin or fuath a bheith agat ar dhuine/ rud; **there is nothing I ~ more** ní lú orm an diabhal or an donas ná é

detour n cor m1 bealaigh, timpeall m1; (US: Aut, diversion) atreorú m

detox n díthocsainiú m

detract vt: **to ~ from** (quality, pleasure, reputation) baint ó

detrimental adj dochrach, aimhleasach; **~ to** a dhéanann dochar or aimhleas do

devastating adj millteach, coscrach

develop vt forbair; (Phot) réal; (disease) tolg, tóg; (resources) forbair ▷ vi fás, forbair; (situation, disease: evolve) tar chun cinn; (cause) éirigh; (facts, symptoms: appear) nocht, tar chun cinn; **~ing country** tír f2 i mbéal forbartha; **development** n forbairt f3, forás m1; (of affair, case) casadh m1 nua

device n gaireas m1, gléas m1, áis f2; (plan) seift f2; **listening ~** gaireas éisteachta

devil n diabhal m1, deamhan m1; **he's a real ~!** d'imigh an diabhal air!, tá an diabhal ina sheasamh ann!; **why the ~ didn't you tell me?** cad chuige sa diabhal nár inis tú dom?

devious adj lúbach, slítheánta

devise vt ceap, cum

devote vt: **to ~ sth to** rud a thoirbhirt do or a thiomnú do; **to ~ o.s. to sth** do dhúthracht a chaitheamh le rud; **devoted** adj dílis, díograiseach; **to be devoted to** (learning) bheith tugtha do; (person) bheith doirte do, do chroí a bheith istigh i; **a book devoted to** leabhar faoi; **devotion** n dúthracht f3; (Rel) deabhóid f2, cráifeacht f3

devour vt alp

devout adj dúthrachtach, deabhóideach, cráifeach

dew n drúcht m3

diabetes n diaibéiteas m1

diabetic adj, n diaibéiteach m1

diagnosis n fáthmheas m3

diagonal adj fiar ▷ n trasnán m1

diagram n léaráid f2, diagram m1

dial n aghaidh f2, diail f2 ▷ vt (number) diailigh

dialect n canúint f3

dialling code n cód m1 diailithe

dialling tone n ton m1 diailithe

dialogue n comhrá m4

diameter n trastomhas m1, lárlíne f4

diamond n diamant m1; (shape) muileata m4; **diamonds** npl (Cards) muileata msg4

diaper (US) n clúidín m4

diarrhoea (US **diarrhea**) n buinneach f2

diary n dialann f2

dice n dísle m4 ▷ vt (Culin) díslaigh

dictate vt deachtaigh; **dictation** n deachtú m

dictator n deachtóir m3

dictionary n foclóir m3
die vi faigh bás, éag, básaigh; **to be dying for sth** bheith fiáin chun ruda, cíocras chun ruda a bheith ort; **to be dying to do sth** bheith ar bís le rud a dhéanamh; **die away** vi síothlaigh, téigh i léig; **die down** vi maolaigh, ciúnaigh, síothlaigh; **die out** vi téigh i léig, faigh bás
diesel n (also: **~ oil**) ola f4 díosail; (vehicle) díosal m1; **~ engine** inneall m1 díosail
diet n aiste f4 bia ▷ vi (also: **be on a ~**) bheith do do thanú féin; **to be on a regular ~** bheith ar aiste bia
differ vi (be different): **to ~ from** bheith éagsúil le; **difference** n difear m1, difríocht f3; (quarrel) easaontas m1; **different** adj difriúil, éagsúil; **that's entirely different** rud eile ar fad é sin; **differentiate** vi: **to differentiate (between)** idirdhealú a dhéanamh (ar), dealú a dhéanamh (idir); **differently** adv ar dhóigh eile
difficult adj deacair, doiligh, crua; **to get out of a ~ situation** teacht as an abar; **difficulty** n deacracht f3, dua m4; **to have difficulty with sth** saothar a fháil le rud
dig vt (hole) tochail; (garden) rómhair ▷ n (prod) sonc m4; (fig) sáiteán m1, goineog f2; (archeological) tochaltán m1; **dig in** vi talmhaigh; (Mil: also: **~ o.s. in**) tú féin a thalmhú; **~ in!** (eat up) ith leat!; **dig up** vt (potatoes etc) bain; (information) nocht, tabhair chun solais
digest vt díleáigh, cloígh ▷ n achoimre f4; **digestion** n díleá m4
digit n (number) digit f2; (finger) méar f2; **digital** adj digiteach; **digital camera** n ceamara m4

digiteach; **digital TV** n teilifís f2 dhigiteach
dignified adj maorga, díniteach, uasal
dignity n dínit f2
digs (inf) npl lóistín msg4
dilemma n cruachás m1, aincheist f2
dilute vt (drink) lagaigh; (paint) tanaigh, caolaigh
dim adj (light) lag, doiléir; (outline, figure) doiléir; (room) breacdhorcha; (stupid) dúr, bómánta ▷ vt (light) ísligh, lagaigh
dime (US) n = **10 cents**
dimension n (aspect) gné f4; (scope) méid f2; **the ~s of the house** buntomhais mph an tí
diminish vt, vi laghdaigh, maolaigh ar
din n trup m4, tormán m1; (clamour) callán m1; (commotion) tamhach m táisc, ruaille m4 buaille
dine vi dinnéar a ithe, béile a ithe or a chaitheamh, do chuid a dhéanamh; **diner** n (person) aoi m4; (US: restaurant) bialann f2; (Rail) carráiste m4 bia
dinghy n báidín m4; (also: **rubber ~**) báidín rubair; (also: **sailing ~**) báidín seoil
dingy adj gruama, modartha
dining room n proinnseomra m4, seomra m4 bia
dinner n dinnéar m1; **dinner jacket** n seaicéad m1 dinnéir; **dinner party** n cóisir f2 dinnéir; **dinner time** n am m3 dinnéir
dip n (hollow) fána f4; (in sea) tumadh m; (Culin) tumadh, dip f2 ▷ vt tum; (Aut: lights) ísligh ▷ vi (slope) tit
diploma n dioplóma m4
diplomacy n taidhleoireacht f3
diplomat n taidhleoir m3;

diplomatic adj taidhleoireachta n gen; (adroit) géarchúiseach; **diplomatic relations** caidreamh m1 taidhleoireachta

dipstick n (Aut) slat f2 tumtha

dire adj uafásach, tubaisteach; **to be in ~ straits** bheith sa chúngach or san fhaopach

direct adj díreach ▷ vt treoraigh; (letter) seol; (film, programme) stiúir; (order): **to ~ sb to do sth** ordú a thabhairt do dhuine rud a dhéanamh ▷ adv go díreach; **can you ~ me to ...?** an gcuirfeá ar an bhealach go ...?; **direct debit** n dochar m1 díreach

direction n aird f2, treo m4; (guidance) treoir f; **directions** npl (orders) orduithe mpl; **to ask ~s** eolas or faisnéis an bhealaigh a chur; **~s (for use)** treoracha fpl; **in all ~s** sna ceithre hairde fichead

directly adv (in a straight line) (caol) díreach; (at once) láithreach bonn

director n stiúrthóir m3

directory n eolaí m4, eolaire m4; (Comput) eolaire m4

dirt n brocamas m1, salachar m1; (earth) cré f4; **~ track** smúitraon m1; **dirty** adj salach; (talk) gáirsiúil ▷ vt salaigh; **dirty trick** cleas suarach

disability n míchumas m1

disabled adj míchumasach ▷ npl: **the ~** daoine mpl4 míchumasacha

disadvantage n míbhuntáiste m4

disagree vi: **to ~** (be discordant) gan cur le chéile; (quarrel) gan réiteach le duine; (think otherwise) gan aontú le duine; **disagreeable** adj míthaitneamhach; **disagreement** n easaontas m1

disappear vi (depart) imigh; (be lost to view) téigh as amharc; (slip away) seangaigh as; (vanish) ceiliúir; (die out) téigh ar ceal bánaigh;

disappearance n imeacht (as amharc), dul m3 ar ceal, dul m3 as

disappoint vt meall, cuir díomá ar; **disappointed** adj meallta, díomách; **disappointing** adj mealltach; **disappointment** n mealladh m, díomá f4

disapproval n míshásamh m1

disapprove vi: **to ~ (of)** bheith míshásta (le); **I ~ of his methods** ní maith liom an modh oibre atá aige

disarm vt dí-armáil; **disarmament** n dí-armáil f3

disaster n tubaiste f4, anachain f2, matalang m1; **disastrous** adj tubaisteach

disbelief n díchreideamh m1; (doubt) amhras m1; (amazement) iontas m1

disc n (circular plate) teasc f2, diosca m4; (record) ceirnín m4; see also **disk**

discard vt: **to ~ sth** rud a chaitheamh uait

discharge vt (cargo) folmhaigh; (duties) comhlíon; (patient) scaoil amach; (employee) bris; (soldier) urscaoil; (defendant) lig saor ▷ n folmhú m; (dismissal) briseadh m; (Med) sileadh m1

discipline n disciplín m4, smacht m3; (regular habits) riailbhéas m3

disc jockey n ceirneoir m3

disclose vt (make known) tabhair le fios, foilsigh; (expose) nocht

disco n dioscó m4

discoloured adj (water) ruaimneach

discomfort n míshuaimhneas m1; (lack of comfort) míchompord m1

disconnect vt scaoil, scoir; (Tel) gearr (an líne), díchónaisc

discontent n míshásamh m1

discount n lascaine f4 ▷ vt (sum) lascainigh; (fig: leave out) fág as an áireamh; (disregard) déan neamhshuim de

discourage vt (dishearten) cuir beaguchtach ar; (dissuade) athchomhairligh

discover vt (detect) fionn; (come across) tar ar; **discovery** n fionnachtain f3

discredit vt (idea) tarraing míchreidiúint ar; (person) cuir drochtheist ar

discreet adj discréideach

discrepancy n (difference) difear m1, difríocht f3; (inconsistency) neamhréir f2, neamhréiteach m1; **there were discrepancies in the accounts** ní raibh na cuntais de réir a chéile

discretion n discréid f2; **use your own ~** déan de réir do bhreithiúnais féin

discriminate vi: **to ~ against** leithcheal a dhéanamh ar; **discrimination** n idirdhealú m, leithcheal m3; (judgment) géarchúis f2

discuss vt pléigh, caibidil; (debate) caibidil, déan díospóireacht ar; **discussion** n (conversation) comhrá m4; (consideration) plé m4; (debate) díospóireacht f3, caibidil f2; **under discussion** idir chamáin

disease n galar m1

disembark vi téigh i dtír

disgrace n náire f4; (disfavour) míchlú m4 ▷ vt náirigh; **to ~ sb** duine a náiriú, náire duine a thabhairt; **disgraceful** adj náireach; (scandalous) scannalach

disgruntled adj míshásta

disguise n bréagriocht m3 ▷ vt cuir

bréagriocht ar; **in ~** faoi bhréagriocht

disgust n déistin f2, samhnas m1, masmas m1 ▷ vt cuir déistin etc ar

disgusting adj déistineach, samhnasach, masmasach, múisciúil

dish n soitheach m1, mias f2; **to do** or **wash the ~es** na soithí a ní; **dishcloth** n éadach m1 soithí

dishonest adj mí-ionraic

dishtowel (US) n éadach m1 soithí

dishwasher n niteoir m3 soithí, miasniteoir m3

disinfectant n díghalrán m1

disintegrate vi tit as a chéile, díscaoil

disk n (Comput) diosca m4; **hard ~** diosca crua; **single-/double-sided ~** diosca aontaoibh/déthaoibh; **disk drive** n (Comput) dioscthiomáint f3; **diskette** n discéad m1

dislike n col m1 ▷ vt: **I ~ it** ní maith liom é, tá col agam leis; **I ~ him intensely** is fuath liom é; **to take a ~ to** sth snamh a thabhairt do rud

dislocate vt cuir as áit; (bone) cuir as alt

disloyal adj mídhílis

dismal adj (dreary) gruama; (abysmal) ainnis

dismantle vt bain as a chéile, díchóimeáil

dismay n (consternation) anbhá m4; (disappointment) díomá f4

dismiss vt (soldiers) scaip; (after service) scaoil le; (from meeting) scoir; (idea) caith as do cheann; (Law): **to ~ a case** cúis a dhíbhe; **to ~ sb from employment** duine a bhriseadh as a phost, an bóthar a thabhairt do dhuine, duine a dhífhostú; **dismissal** n scaipeadh m; scaoileadh m; scor m1; dífhostú m; díbhe f4

disobedient adj easumhal, aimhriarach

disobey vt: **to ~ sb** bheith easumhal do dhuine

disorder n mí-ordú m; (rioting) círéibeacht f3; (Med) easláinte f4

disorganized adj gan ord, gan eagar

disown vt (son) séan

dispatch vt (goods) seol ▷ n seoladh m; (Mil, Press) teachtaireacht f3

dispel vt scaip

dispense vt (medicine) ullmhaigh; (justice) riar ▷ vi: **to ~ with sth** teacht gan rud; **dispenser** n (device): **cash dispenser** dáileoir m3 airgid

disperse vt, vi scaip

display n (also Comput) taispeántas m1; (of anger etc) ligean m1 amach ▷ vt taispeáin; (goods) taispeáin, cuir ar taispeáint; (results, departure times) cuir suas, cuir ar taispeáint; (pej) taispeáin, déan gaisce as

disposable adj (pack etc) indiúscartha; (income) inchaite

disposal n (of goods, property) díol m3, cur m1 de lámh; (of rubbish) diúscairt f3; **to have sth at one's ~** rud a bheith faoi do réir agat

dispose of vt fus (unwanted goods etc) cuir díot; (problem) réitigh

disposition n méin f2

disproportionate adj díréireach, éaguimseach

dispute n conspóid f2, argóint f2; (also: **industrial ~**) díospóid f2 thionsclaíoch ▷ vt déan argóint faoi, cuir in aghaidh + gen

disqualify vt (Sport) dícháiligh; **to ~ sb for sth/from doing sth** duine a

dhícháiliú as rud a dhéanamh/ ó rud a dhéanamh

disregard vt déan neamhshuim de

disrupt vt (interrupt) bris isteach ar; (disturb) cuir isteach ar; **disruption** n briseadh m, cur m1 isteach

dissatisfied adj: **~ (with)** diomúch (de), míshásta (le)

dissent n easaontas m1

dissertation n tráchtas m1

dissolve vt tuaslaig, díscaoil ▷ vi leáigh; (partnership) díscaoil; **she ~d in(to) tears** bhris a gol uirthi

distance n achar m1, fad m1; **in the ~** i bhfad uait, i gcéin

distant adj i bhfad ar shiúl, imigéiniúil; (manner) leithleach

distil vt driog; **distillery** n drioglann f2; (small) teach m stiléireachta

distinct adj (separate) leithleach, ar leith; (clear) soiléir; **as ~ from** ní hionann is; **distinction** n idirdhealú m; (honour, merit) céimíocht f3, gradam m1; **distinctive** adj sainiúil

distinguish vt (identify) sonraigh, aithin; **to ~ one thing from another** rud a idirdhealú ó rud eile; **to ~ between X and Y** idirdhealú a dhéanamh ar X agus Y; **to ~ o.s.** clú a thabhú duit féin; **distinguished** adj (eminent) oirirc, céimiúil

distort vt (argument etc) cuir as a riocht; (picture, sound etc) saobh, díchum

distract vt: **to ~ sb** or **~ sb's attention from** iúl duine a thógáil de, aigne duine a bhaint de; **distracted** adj ar mearaí; (anxious) i mbarr do chéille; **distraction** n (diversion) caitheamh m1 aimsire; (nuisance) crá m4 croí

distraught adj i mbarr do chéille

distress n broid f2, anacair f3; (*suffering*) crá m4, pian f2 ▷ vt cráigh; **~ signal** comhartha guaise; **distressing** adj coscrach, corraitheach

distribute vt dáil, riar, roinn; **distribution** n dáileadh m, riar m4, roinnt f2; **distributor** n dáileoir m3

district n (*of country*) ceantar m1, dúiche f4; (*of town*) ceantar m1; **district attorney** (*US*) n aturnae m4 dúiche

distrust n drochmhuinín f2, drochamhras m1 ▷ vt: **to ~ sb** drochmhuinín a bheith agat as duine

disturb vt cuir isteach ar, corraigh; (*inconvenience*) cuir as do; **disturbance** n (*emotional*) anbhuain f2; (*interruption*) coiscriú m; (*fracas*) griolsa m4; **disturbed** adj (*worried, upset*) corraithe, suaite; **disturbing** adj suaiteach

ditch n díog f2; (*irrigation*) clais f2 ▷ vt tabhair suas; (*person*) fág, cuir díot

ditto adv (an rud) céanna

dive n onfais f2; (*of submarine*) tumadh m ▷ vi tum; **to ~ into** (*bag, drawer etc*) sá a thabhairt i; (*shop, car etc*) scinneadh isteach i; **diver** n tumadóir m3

diverse adj (*distinct*) éagsúil; (*assorted*) ilghnéitheach

diversion n (*Mil*) claonadh m; (*Aut*) atreorú m

divert vt atreoraigh; **to ~ sb's attention from sth** iúl duine a thógáil de rud

divide vt, vi roinn; **divided highway** (*US*) n mótarbhealach m1

dividend n díbhinn f2

divine adj (*godlike*) diaga; (*beautiful*) sár-álainn

diving n tumadóireacht f3; **diving board** n clár m1 tumadóireachta

division n (*split*) deighilt f2, scoilt f2; (*Math*) roinnt f2; (*department*) roinn f2; (*section*) rannóg f2

divorce n colscaradh m, idirscaradh m ▷ vt: **to ~ sb** idirscaradh ó dhuine; **to get ~d** idirscaradh; **divorced** adj colscartha, idirscartha; **divorcee** n duine m4 colscartha or idirscartha

dizzy adj: **to feel ~** meadhar a bheith ionat; **to make sb ~** meadhar a chur i nduine

DJ n abbr = **disc jockey**

DNA n abbr (= *deoxyribonucleic acid*) DNA

 KEYWORD

do n (*inf: party etc*) cóisir f2, féasta m4 ▷ vb **1** (*in negative constructions*): **I don't understand** ní thuigim **2** (*to form questions*): **didn't you know?** nach raibh a fhios agat?; **why didn't you come?** cén fáth nár tháinig tú?

3 (*for emphasis, in polite expressions*): **she does seem rather late** nach déanach atá sí; **do sit down/help yourself** bí i do shuí/tarraing ort

4 (*used to avoid repeating vb*): **she swims better than I do** is fearr an snámh atá aicise ná atá agamsa; **do you agree? — yes, I do/no, I don't** an aontaíonn tú? — aontaím/ní aontaím; **she lives in Glasgow — so do I** tá sí ina cónaí i nGlaschú — tá agus mise; **who broke it? — I did** cé a bhris é? — mise

5 (*in question tags*): **he laughed, didn't he?** rinne sé gáire, nach ndearna?; **I don't know him, do I?**

níl aithne agam air, an bhfuil?
▷ vt (gen: carry out, perform etc)
déan; **what are you doing
tonight?** cad é atá tú a dhéanamh
anocht?, céard atá ar siúl agat
anocht?; **to do the cooking** an
chócaireacht a dhéanamh; **to do
the washing-up** na soithí a ní; **to
do one's teeth** do chuid fiacla a
scuabadh; **to do one's hair** do
chuid gruaige a chóiriú; **to do
one's nails** do chuid ingne a
ghearradh; **the car was doing
100** bhí an carr ag déanamh 100
míle san uair
▷ vi **1** (act, behave): **do as I do** déan
mar a dhéanaimse
2 (get on, fare): **to do well** déanamh
go maith or cruthú go maith; **the
firm is doing well** tá an comhlacht
ag cruthú go maith, tá ag éirí go
maith leis an gcomhlacht; **how do
you do?** cad é mar atá tú?, cén
chaoi a bhfuil tú?, conas atá tú?
3 (suit) déan cúis; **will it do?** an
ndéanfaidh sé cúis?
4 (be sufficient) is leor, déanann cúis;
will £10 do? an leor deich bpunt?;
that'll do déanfaidh sin cúis;
that'll do! (in annoyance) is leor sin
anois!; **to make do (with)** teacht
le; **we'll have to make do with it**
caithfimid teacht leis
do away with vt fus cuir
deireadh le
do up (laces) ceangail; (button)
dún; (renovate: room, house etc)
deisigh, cóirigh, cuir bail ar
do with vt fus (need): **I could do
with a drink** ní dhéanfadh deoch
aon dochar; (be connected): **that
has nothing to do with you** ní
bhaineann sin leatsa; **I won't
have anything to do with it** ní

bheidh aon bhaint agam leis
do without vi tar gan
▷ vt fus: **we couldn't do without
him** ní thiocfadh linn teacht gan é

dock n duga m4; (Law) gabhann m1
▷ vi (ship) tar chun cé; (Space) tar
chun glais
doctor n (Med, PhD) dochtúir m3
▷ vt (drink) truailligh, cuir rud i
document n cáipéis f2, doiciméad
m1 ▷ vt (also Comput)
doiciméadaigh; **documentary** adj
faisnéiseach; (bill) doiciméadach
▷ n clár m1 faisnéise
dodge n (trick) cleas m1 ▷ vt (missile)
seachain; (tax etc) seachain,
éalaigh ó
dog n madra m4, gadhar m1
dole n (payment) dól m1; **to be on
the ~** bheith ar an dól
doll, dolly n bábóg f2
dollar n dollar m1
dolphin n deilf f2
dome n cruinneachán m1
domestic adj (of country: trade,
situation etc) intíre; (animal) clóis;
~ chores obair fsg2 tí
dominant adj ceannasach
dominate vt (control) bheith i
gceannas ar; (be overbearing)
smachtaigh
domino n dúradán m1; **dominoes** n
dúradáin mph
donate vt bronn
Donegal n Dún m na nGall, Tír f
Chonaill
donkey n asal m1
donor n (of blood etc) deontóir m3;
(to charity) bronntóir m3; **donor
card** n cárta m4 deontóra
donut (US) n taoschnó m4
doom n míchinniúint f3 ▷ vt: **he is
~ed (to failure)** níl aon rath i ndán dó

d

door n doras m1; **doorbell** n cloigín m4 (an) dorais; **doorstep** n leac f2 (an) dorais; **doorway** n doras m1

dope n (inf: drugs) drugaí mpl4; (: idiot) bómán m1 ▷ vt (horse etc) drugáil

dormitory n suanlios m3, dórtúr m1

dosage n dáileog f2, miosúr m1

dose n dáileog f2 ▷ vt tabhair druga do

dot n ponc m1, pointe m4; (on material) ball m1 breac ▷ vt: **~ted with** breac le; **he came at ten on the ~** tháinig sé ar bhuille a deich

double adj dúbailte ▷ adv: **to cost ~** a dhá oiread a bheith ar rud ▷ n scáil f2, taise f4 ▷ vt, vi dúbail; **doubles** n (Tennis) cluiche m4 ceathrair; **at the ~** go tiubh téirimeach; (Mil) ar sodar; **double bass** n olldord m1; **double bed** n leaba f dhúbailte; **double-click** vt: **to double-click on** (Comput) déchliceáil ar, cliceáil faoi dhó ar; **double-cross** vt déan feall ar; **double-decker** n bus m4 dhá urlár; **double glazing** n gloiniú m dúbáilte, déghloiniú m; **double room** n seomra m4 dúbailte

doubt n amhras m1, dabht m4 ▷ vt bheith in amhras ar; **to ~ that ...** bheith in amhras go ...; **doubtful** adj amhrasach; **doubtless** adv gan amhras, gan dabht

dough n taos m1; (inf: cash) iarann m1; **doughnut** (US **donut**) n taoschnó m4

dove n colm m1

Dover n Dobhar m1

Down n an Dún m1

down n (soft feathers) clúmh m1 ▷ adv thíos; (motion) síos; (from above) anuas; (on the ground) thíos, ar lár ▷ prep síos ▷ vt (inf: drink, food) slog siar; **down-and-out** adj ar an trá fholamh ▷ n bacach m1 bóthair; **downfall** n (of dictator etc) turnamh m1; **downhill** adv: **to go downhill** dul le fána; (fig) bheith ag meath; **download** vt íoslódáil; **downloadable** adj in-íoslódála; **downright** adj (refusal) glan, scun scan; **a downright lie** deargéitheach; **downstairs** adv thíos (an) staighre; (motion) dul síos (an) staighre; **down-to-earth** adj siosmaideach; **downtown** adv i lár na cathrach; **down under** adv san Astráil; **downward** adj, adv síos; (from above) anuas; **face downward** béal faoi; **downwards** adv = **downward**

doze vi néal a chodladh ▷ n sámhán m1; **doze off** vi: **she ~d off** thit a néal uirthi

dozen n dosaen m4; **a ~ books** dosaen leabhar; **~s of** cuid mhór + gen

Dr abbr = **doctor**

drab adj (colourless) lachna; (lacklustre) leamh

draft n (also Comm) dréacht m3; (US: call-up) coinscríobh m ▷ vt dréachtaigh; see also **draught**

drag vt tarraing, srac; (river) saibhseáil ▷ vi tarraing, slaod ▷ n (inf) strambán m1, leadrán m1; (women's clothing): **in ~** faoi éadaí ban; **drag on** vi téigh chun leadráin

dragonfly n snáthaid f2 mhór

drain n draein f; (ditch, trench) díog f2, clais f2; (on resources) ídiú m, dísciú m ▷ vt (land, marshes etc) taosc, sil; (vegetables) sil; (glass) diúg ▷ vi (blood) sil; **drainage** n draenáil f3, taoscadh m; **drainpipe** n gáitéar m1

drama n (*Theat*) drámaíocht f3; **a ~** dráma m4; (*fig*) seó m4; **dramatic** adj drámata; (*moving, exciting*) corraitheach; (*striking*) suntasach, sonraíoch; (*sudden*) tobann

drastic adj (*changes*) bunúsach; (*measures*) dian

draught (*US* **draft**) n (*wind*) siorradh m1, séideadh m; (*in doorway etc*) siorradh isteach, séideadh isteach; (*from chimney*) séideadh anuas, cur m1 anuas; (*Naut*) snámh m3; **on ~** (*beer*) ar na bairillí; **~ beer** beoir bhairille; **draughts** n táiplis f2 (bheag); **draughty** adj: **it's a bit draughty in here** tá siorradh beag isteach ann

draw vt tarraing; (*tooth*) tarraing, stoith; (*comparison, distinction*) déan; (*conclusion*) bain as; (*tear from*) bain as ▷ vi (*Sport*): **they drew 1-1** chríochnaigh siad ar chomhscór 1-1 ▷ n (*Sport*) comhscór m1; (*lottery*) crannchur m1; **~ near** druid le; **draw out** vt (*money*) tarraing as; (*lengthen*) bain fad as, cuir chun leadráin; **draw up** vi (*stop*) stad ▷ vt (*chair*) tarraing chugat *or* ort; (*document*) dréachtaigh; **drawback** n (*hindrance*) míbhuntáiste m4

drawer n tarraiceán m1; (*person*) línítheoir m3

drawing n líníocht f3; **drawing pin** n tacóid f2 ordóige; **drawing room** n seomra m4 suí

dread n scáth m3, imeagla f4 ▷ vt: **to ~ sb/sth** eagla do chraicinn a bheith ort roimh dhuine/rud; **dreadful** adj uafar, uafásach, scáfar

dream n brionglóid f2, taibhreamh m1 ▷ vi, vt: **to ~ of sth** brionglóid a bheith agat ar rud; (*envisage*): **I ~t that** taibhríodh dom go; **I had a ~** rinneadh taibhreamh dom, rinne mé brionglóid

dreary adj (*bleak*) dearóil; (*gloomy*) gruama, duairc; (*tedious, boring*) leadránach; (*lonely*) uaigneach

drench vt báigh, fliuch, folc

dress n gúna m4; (*clothing*) éadach m1, feisteas m1 ▷ vi: **to ~** do chuid éadaigh a chur ort ▷ vt cóirigh, gléas, feistigh; (*Med*) cóirigh; **to get ~ed** do chuid éadaigh a chur ort; **dress up** vi: **to ~ up** tú féin a chóiriú; **dresser** n (*furniture*) drisiúr m1; **dressing** n (*Med*) cóiriú m; (*Culin*) anlann m1, blastán m1; **dressing gown** n fallaing f2 sheomra; **dressing room** n seomra m4 gléasta; **dressing table** n clár m1 maisiúcháin

dried adj (*fruit, beans*) tíortha; (*milk*) triomaithe

drier n triomadóir m3

drift n (*of current etc*) treo m4; (*of snow*) ráth m3, muc f2; (*general meaning*) éirim f2 ▷ vi (*boat*) téigh le sruth; (*sand, snow*) síob

drill n (*tool*) druilire m4, druil f2 ▷ vt, vi druileáil

drink n deoch f; (*alcoholic*) deoch (mheisciúil), ól m1, ólachán m1 ▷ vt, vi ól; **to have a ~** deoch a ól; **a ~ of water** deoch uisce; **drinker** n óltóir m3, pótaire m4; **drinking water** n uisce m4 inólta

drip n braon m1, sileadh m1; (*Med*) sileadh m1 ▷ vi sil; **to be ~ping wet** bheith i do líbín báite

drive n tiomáint f3; (*also*: **~way**) cabhsa m4; (*energy*) fuinneamh m1; (*push*) feachtas m1; (*Comput: also*: **disk ~**) tiomáint f3 ▷ vt tiomáin; (*nail, stake etc*): **to ~ sth into sth**

rud a thiomáint i rud ▷ vi (Aut)
tiomáin; **left-/right-hand ~**
tiomáint tuathail/deisil; **to ~ sb
mad** duine a chur as a mheabhair;
to ~ sb home/to the airport
duine a thiomáint abhaile/chuig
an aerfort
driver n tiománaí m4; **driver's
license** (US) n ceadúnas m1
tiomána
driveway n cabhsa m4
driving n tiomáint f3; **driving
lesson** n ceacht m3 tiomána;
driving licence n ceadúnas m1
tiomána; **driving test** n triail f
tiomána
drizzle n brádán m1, ceobhrán m1
▷ vi (also: **to be drizzling**) bheith
ceobhránach or ag brádán
droop vi (shoulders) crom; (head)
crom, claon; (flower) sleabhac,
crom, claon
drop n deoir f2, braon m1; (fall) titim
f2; (also: **parachute ~**) léim f2
pharaisiúit ▷ vt lig titim, lig síos;
(voice, eyes, price) ísligh; (set down
from car) fág; (hint) tabhair ▷ vi tit;
~ in or **by** (visit) buail isteach;
drops npl (Med) deora fpl2; **drop
off** vi (sleep) tit thart ▷ vt
(passenger) fág; **drop out** vi (of
contest) éirigh as
drought n triomach m1
drove n: **~s of people** na sluaite
drown vt, vi báigh
drowsy adj codlatach; **to feel ~**
codladh a bheith ort
drug n druga m4 ▷ vt drugáil; **to be
on ~s** bheith ar drugaí; **drug
addict** n andúileach m1 drugaí;
drug dealer n mangaire m4
drugaí, díoltóir m3 drugaí;
druggist (US) n drugadóir m3;
drugstore (US) n druglann f2

drum n druma m4; **drummer** n
drumadóir m3
drunk adj ólta, ar meisce ▷ n (also:
~ard) meisceoir m3, pótaire m4,
druncaeir m3; **drunken** adj (person)
ólta; (rage, stupor) meisciúil
dry adj tirim; (humour) tur; (well)
tirim, tráite ▷ vt, vi triomaigh;
dry up vi triomaigh; (well) tráigh,
téigh i ndísc; (plant) searg ▷ vt:
to ~ up the dishes na soithí a
thriomú; **dry-clean** vt tirimghlan;
dry-cleaning n tirimghlanadh m;
dryer n triomadóir m3
dual adj déach, dúbailte, dé-; **dual
carriageway** n carrbhealach m1
dúbailte
dubbed adj (Cine): **the film was ~**
cuireadh fuaimrian leis an scannán
dubious adj amhrasach, éiginnte;
(reputation, company) amhrasach
Dublin n Baile m4 Átha Cliath;
Dublin Bay n Cuan m1 Bhaile Átha
Cliath
duck n lacha f ▷ vi crom go tapa
due adj (expected) le teacht; (fitting)
cóir, dleachtach ▷ n: **to give sb
his/her ~** a cheart/a ceart a
thabhairt do dhuine ▷ adv: **~ north**
ó thuaidh díreach; **dues** npl (for
club, union) táillí fpl4 ballraíochta;
(in harbour) dleachtanna mpl3; **in ~
course** in am is i dtráth; **~ to** de
bharr + gen, de dheasca + gen; **he's
~ to finish tomorrow** tá sé le
críochnú amárach; **the train is ~
at three** tá an traein le teacht ar a
trí
duet n díséad m1
duke n diúc m1
dull adj leadránach, leamh; (boring)
strambánach, leadránach, tur;
(sound, pain) marbh; (weather, day)
gruama, smúitiúil; (fire)

marbhánta ▷ *vt* (*pain, grief, mind etc*) maolaigh

duly *adv* (*on time*) go tráthúil, in am; (*as expected*) mar is cóir, (go) cuí

dumb *adj* balbh; (*stupid*) bómánta

dummy *n* (*tailor's model*) riochtán *m1*; (*for baby*) gobán *m1* ▷ *adj* bréag-, bréige *n gen*

dump *n* (*also:* **rubbish ~**) láithreán *m1* fuílligh; (*pej: place*) prochóg *f2* ▷ *vt* (*put down*) caith amach, fág; (*get rid of*) dumpáil, caith uait; (*Comput, data*) dumpáil

dumpling *n* domplagán *m1*, úllagán *m1*

dungarees *npl* bríste *msg4* dungaraí

dungeon *n* doinsiún *m1*

duplex (*US*) *n* (*apartment*) árasán *m1* dhá urlár

duplicate *n* dúblach *m1*, macasamhail *f3* ▷ *vt* cóipeáil, déan cóip de; (*on machine*) cóipeáil, ilchóipeáil; **in ~** dhá chóip de

durable *adj* buanfasach, fadsaolach

duration *n* fad *m1*, achar *m1*, feadh *m3*

during *prep* i rith + *gen*, le linn + *gen*, i gcaitheamh + *gen*, ar feadh + *gen*

dusk *n* clapsholas *m1*, crónú *m*, cróntráth *m3*

dust *n* deannach *m1*, smúit *f2* ▷ *vt* dustáil, glan an deannach de; **dustbin** *n* bosca *m4* bruscair; **duster** *n* ceirt *f2* deannaigh; **dusty** *adj* deannachúil, smúrach

Dutch *adj* Ollannach, Dúitseach ▷ *n* (*Ling*) Ollainnis *f2* ▷ *adv* (*inf*): **to go ~** an bille a roinnt; **the Dutch** *npl* na hOllannaigh *mph*

duty *n* dualgas *m1*, cúram *m1*; (*tax*) dleacht *f3*; **on ~** ar dualgas, ar diúité; **off ~** saor

duvet *n* fannchlúmhán *m1*

DVD *n abbr* (= *digital versatile disc*) DVD; **DVD burner** *n* dóire *m4* DVD; **DVD writer** *n* scríbhneoir *m3* DVD

dwarf *n* (*inf!*) abhac *m1*, draoidín *m4* ▷ *vt* crandaigh, cuir cuma bheag bhídeach ar

dwell *vt fus*: **to ~ on sth** seanbhailéad a dhéanamh de rud

dwindle *vi* laghdaigh

dye *n* dath *m3* ▷ *vt* dathaigh

dynamic *adj* bríomhar

dynamite *n* dinimít *f2*

dyslexia *n* disléicse *f4*

E n (Mus) E m4

each adj gach, gach aon ▷ pron gach aon; **~ other** a chéile; **they hate ~ other** is fuath leo a chéile; **you are jealous of ~ other** tá éad oraibh lena chéile; **they have two books ~** tá dhá leabhar an duine acu

eager adj (keen) díocasach, cíocrach, fonnmhar; **to be ~ to do sth** bheith ar bior chun rud a dhéanamh, fonn mór a bheith ort rud a dhéanamh; **to be ~ for sth** bheith scafa chun ruda, fonn ruda a bheith ort

eagle n iolar m1

ear n cluas f2; (of corn) dias f2; **earache** n tinneas m1 cluaise; **eardrum** n tiompán m1 cluaise

earl n iarla m4

earlier adj níos luaithe ▷ adv roimhe seo, ar ball, níos luaithe

early adv go luath; (morning) go moch, go luath; (near the beginning) i dtús + gen, i dtosach + gen ▷ adj luath; (morning) luath, moch; (settler, Christian) tosaigh n gen; (death) óg; **to have an ~ night** dul a luí go luath; **in the ~** or **~ in the spring/19th century** i dtús an Earraigh/an naoú haois déag; **early retirement** n: **to take early retirement** scor a ghlacadh go luath, éirí as do phost go luath

earmark vt: **to ~ sth for** rud a chur i leataobh do or in áirithe do

earn vt tuill, gnóthaigh, saothraigh

earnest adj dáiríre; **in ~** adv i ndáiríre

earnings npl pá m4, tuarastal msg1, saothrú msg, tuilleamh msg1

earphones npl cluasáin mpl1; **earplugs** npl plugaí mpl4 cluaise; **earring** n fáinne m4 cluaise

earth n (soil) talamh m1 or f, cré f4; (planet) an Domhan m1; (Elec) talmhú m ▷ vt talmhaigh; **earthquake** n crith m3 talún

ease n sócúlacht f3; (comfort) compord m1 ▷ vt (soothe) tabhair faoiseamh do; (burden, pain) maolaigh; **at ~!** (Mil) ar áis!; **to feel at ~** bheith ar do shuaimhneas

easily adv go héasca, go furasta

east n oirthear m1 ▷ adj oirthearach; (wind) anoir; (side) thoir ▷ adv (in) thoir; (towards) soir; (from) anoir; **the E~** an tOirthear m1; **~ of** taobh thoir de

Easter n Cáisc f3; **~ Sunday** Domhnach m1 Cásca; **Easter egg** n ubh f2 Chásca

eastern adj oirthearach, thoir; **E~ Europe** Oirthear m1 na hEorpa

easy adj furasta, éasca; (comfortable, peaceful) socair, suaimhneach; (*carefree: of life*) bog, réidh; (*easy going*) réidh ▷ *adv*: **to take it** or **things ~** é or rudaí a ghlacadh go réidh, bheith ar do shuaimhneas; **easy-going** *adj* réchúiseach, sochma

eat *vt* ith, déan do chuid ▷ *vi* ith, caith

eccentric *adj* ait, aisteach, corr ▷ *n* duine *m4* corr, éan *m1* corr, mac *m1* barrúil

echo *n* macalla *m4* ▷ *vt* (*cause to*) bain macalla as ▷ *vi* déan macalla

e-cigarette *n* toitín *m4* leictreonach

eclipse *n* urú *m*

ecology *n* éiceolaíocht *f3*

e-commerce *n* ríomhthráchtáil *f3*

economic *adj* eacnamúil, eacnamaíoch; (*business etc*) sóchmhainneach; **economical** *adj* eacnamaíoch; (*person*) coigilteach, spárálach, barainneach; **economics** *n* eacnamaíocht *f3* ▷ *npl* (*of project, situation*) taobh *m1* an airgid de

economist *n* eacnamaí *m4*

economize *vi* coigil, spáráil

economy *n* eacnamaíocht *f3*, geilleagar *m1*; (*thrift*) coigilteas *m1*

ecstasy *n* eacstais *f2*, sceitimíní *pl*, lúcháir *f2* an tsaoil; **ecstatic** *adj* eacstaiseach; **she was ecstatic** bhí sceitimíní uirthi, bhí lúcháir an tsaoil uirthi

eczema *n* eachma *f4*

edge *n* imeall *m1*, bruach *m1*, ciumhais *f2*; (*of knife etc*) faobhar *m1*; (*of road, ridge*) grua *f4*; (*edging: of cloth*) ciumhais ▷ *vt* (*cloth*) cuir ciumhais le; (*knife etc*) cuir faobhar ar; **on ~** (*fig*) ar bior; **to ~ away from** druidim amach ó

edgy *adj* faoi chearthaí, corrthónach

edible *adj* inite

Edinburgh *n* Dún *m* Éideann

edit *vt* (*text, book*) cuir in eagar; **edition** *n* eagrán *m1*; **editor** *n* eagarthóir *m3*; **editorial** *n* eagarfhocal *m1*

educate *vt* oil, múin

education *n* oideachas *m1*; (*studies*) léann *m1*, scolaíocht *f3*; **educational** *adj*: **educational policy/institution** polasaí/ institiúid oideachais

eel *n* eascann *f2*

eerie *adj* diamhair, uaigneach

effect *n* éifeacht *f3*, toradh *m1* ▷ *vt* feidhmigh, cuir i gcrích; **to take ~** (*law*) dul i bhfeidhm; **in ~** go fírinneach; **effective** *adj* éifeachtach; (*actual*) fíor-; **effectively** *adv* go héifeachtach, le héifeacht; (*in reality*) dáiríre, le fírinne

efficiency *n* éifeachtacht *f3*

efficient *adj* éifeachtach

effort *n* iarracht *f3*; **to make an ~ to do sth** iarracht a thabhairt ar rud a dhéanamh; **effortless** *adj* gan saothar, gan stró

e.g. *adv abbr* (= *exempli gratia*) e.g., m.sh.

egg *n* ubh *f2*; **hard-/soft-boiled ~** ubh chruabhruite/bhogbhruite; **eggcup** *n* ubhchupán *m1*; **eggplant** *n* (*US*) ubhthoradh *m1*

ego *n* (*self-esteem*) féinspéis *f2*

Egypt *n* an Éigipt *f2*; **Egyptian** *adj, n* Éigipteach *m1*

eight *num* ocht; **~ bottles** ocht mbuidéal; **~ people** ochtar *m1*; **eighteen** *num* ocht (gcinn) déag; **eighteen bottles** ocht mbuidéal déag; **eighteen people** ocht nduine dhéag; **eighth** *num* ochtú; **the eighth woman** an t-ochtú bean

eighty num ochtó

Eire n Éire f

either pron (one or other of two) ceachtar; **~ of the two** (people) ceachtar den bheirt ▷ pron: **~ (of them)** ceachtar acu ▷ adv ach oiread ▷ conj: **~ good or bad** maith nó olc; **~ that or** sin nó; **on ~ side** ar gach aon taobh, ar an dá thaobh; **I don't like ~** ní maith liom ceachtar acu

eject vt caith amach

elaborate adj (thorough) críochnúil; (complex) casta; (of inspection) mion; (of style) greanta, saothraithe ▷ vt léirigh go mion ▷ vi: **to ~ (on)** cur le, forbairt a dhéanamh ar

elastic adj leaisteach; (fig) sobhogtha, solúbtha ▷ n leaistic f2; **elastic band** n crios m3 leaisteach

elbow n uillinn f2

elder adj: **the ~ of the twins** an duine is sine den chúpla, an leathchúpla is sine ▷ n (tree) trom m1; (of tribe etc) seanóir m3, sinsear m1; **elderly** adj cnagaosta ▷ npl: **the elderly** na seandaoine mpl4

eldest adj, n: **the ~ (child)** (an páiste) is sine

elect vt togh ▷ adj: **the president ~** an t-uachtarán tofa; **to ~ to do sth** socrú or cinneadh ar rud a dhéanamh; **election** n toghchán m1, toghadh m; **electorate** n toghthóirí mpl3

electric adj leictreach; **electrical** adj leictreach; **electric blanket** n blaincéad m1 leictreach; **electric fire** n tine f4 leictreach; **electrician** n leictreoir m3; **electricity** n leictreachas m1

electronic adj leictreonach; **electronic mail** n (Comput) post

m1 leictreonach; **electronics** n leictreonaic f2

elegant adj maisiúil, galánta, cuanna, fíneálta

element n dúil f2; (of heater, kettle etc) eilimint f2

elementary adj bunúsach, bun-; **~ school/education** bunscoil f2/ bunoideachas m1

elephant n eilifint f2

elevate vt ardaigh, tóg

elevator n ardaitheoir m3

eleven num aon déag; **~ bottles** aon bhuidéal déag; **~ people** aon duine dhéag; **eleventh** num: **the eleventh woman** an t-aonú bean déag

eligible adj: **to be ~ for sth** bheith i dteideal ruda

eliminate vt (remove) díbir, cuir as; (destroy) díothaigh, cuir deireadh le

elm n leamhán m1

eloquent adj deaslabhartha, soilbhir; **an ~ person** duine a bhfuil deis a labhartha aige

else adv eile; **something ~** rud éigin eile; **somewhere ~** áit éigin eile; **everywhere ~** gach aon áit eile; **nobody ~ came** níor tháinig aon duine eile; **where ~?** cén áit eile?; **elsewhere** adv (be) in áit eile; (go) go háit eile

elusive adj doiligh a cheapadh, do-aimsithe; (evasive) seachantach; (transitory) díomuan

email (Comput) n r-phost m1, ríomhphost m1 ▷ vt: **to ~ sb** ríomhphost a chur chuig duine; **to ~ sth** rud a chur leis an ríomhphost; **~ address** seoladh m ríomhphoist

embankment n (of road, railway) claífort m1; (of river) port m1

embargo n lánchosc m1

embark vi téigh ar bord; **to ~ on**

(*journey*) tabhair faoi, tosaigh ar; (*fig*) tosaigh ar

embarrass *vt* cuir aiféaltas *or* cotadh ar; (*make blush*) bain lasadh as; (*confuse*) cuir trína chéile; **embarrassed** *adj*: **I'm embarrassed** tá aiféaltas *or* cotadh orm; **embarrassing** *adj*: **sth embarrassing** rud a chuireann aiféaltas ort; **embarrassment** *n* aiféaltas *m1*, cotadh *m1*

embassy *n* ambasáid *f2*

embrace *vt*: **to ~ sb** duine a theannadh le do chroí, barróg a bhreith ar dhuine; (*include*) cuir san áireamh ▷ *vi*: **they ~d** shnaidhm siad iad féin ina chéile ▷ *n* barróg *f2*

embroider *vt* bróidnigh; (*story*) cuir craiceann ar, dathaigh; **embroidery** *n* bróidnéireacht *f3*

embryo *n* suth *m3*, gin *f2*

emerald *n* (*stone*) smaragaid *f2*; **~ green** glas *m1* smaragaide; **the E~ Isle** Oileán *m1* lathghlas na hÉireann

emerge *vi* (*surface*) tar as, éirigh as, éirigh ó; (*from room, car*) éirigh amach as; (*problem etc*) éirigh chun cinn; (*transpire*) dealraigh, tar chun solais

emergency *n* éigeandáil *f3*, géarchéim *f2*; **in an ~** ar uair na práinne; **~ exit** doras éalaithe; **emergency services** *npl*: **the emergency services** (*fire, police, ambulance*) na seirbhísí *fpl2* éigeandála

emigrate *vi* téigh ar imirce

eminent *adj* (*distinguished*) céimiúil, cáiliúil

emissions *npl* astúcháin *mph1*

emit *vt* (*heat, light*) cuir as; (*shout, roar*) lig asat; (*fumes*) déan; (*wind*) séid

emoticon *n* straoiseog *f2*

emotion *n* mothúchán *m1*, mothú *m*; **emotional** *adj* corraitheach, tochtmhar, maoithneach

emperor *n* impire *m4*

emphasis *n* béim *f2*, treise *f4*; **emphasize** *vt* cuir béim ar; **emphatic** *adj* (*strong*) láidir; (*unambiguous, clear*) glan, soiléir, cinnte

empire *n* impireacht *f3*

employ *vt* fostaigh; (*use*) bain feidhm as; **employee** *n* fostaí *m4*; **employer** *n* fostóir *m3*; **employment** *n* fostaíocht *f3*; **in employment** ag obair

empress *n* banimpire *m4*

emptiness *n* (*of area, region*) loime *f4*; (*of life*) díomhaointeas *m1*; (*vacuum*) folús *m1*

empty *adj* folamh; (*threat, promise*) gan cur leis ▷ *vt* folmhaigh; (*cup, glass*) diúg; (*barrel*) taosc ▷ *vi* folmhaigh; **empty-handed** *adj* de lámha folmha; **to leave empty-handed** imeacht mar a tháinig tú

EMU *n* = **European Monetary Union**

emulsion *n* eibhleacht *f3*

enable *vt*: **to ~ sb to do sth** cur ar chumas duine rud a dhéanamh

enamel *n* cruan *m1*; (*also*: **~ paint**) péint chruain

enchanting *adj* draíochtach, mealltach

encl. *abbr* = **enclosed**

enclose *vt* (*land*) fálaigh, cuir fál timpeall ar; (*sheep*) loc; (*confine: in prison*) coinnigh; (*letter etc*): **to ~ (with)** cuir isteach (le), cuir faoi iamh (le); **cheque ~d** seic faoi iamh

enclosure *n* fál *m1*, clós *m1*

encore *excl* arís ▷ *n* (*Theat*) athghairm *f2*

encounter n teagmháil f3 ▷ vt cas ar, teagmhaigh le; **we ~ed difficulties** bhí deacrachtaí againn, tháinig deacrachtaí sa bhealach orainn

encourage vt (*embolden*) tabhair misneach *or* uchtach do; (*inspire, stimulate*) spreag

encouraging adj spreagúil

encyclopaedia, encyclopedia n ciclipéid f2

end n deireadh m1, críoch f2; (*of street, rope etc*) ceann m1; (*of course, journey*) ceann m1, bun m1 ▷ vt críochnaigh; (*also:* **bring to an ~, put an ~ to**) cuir deireadh le ▷ vi críochnaigh; **in the ~** sa deireadh; **for hours on ~** uair i ndiaidh na huaire eile; **end up** vi (*wind up*): **he ~ed up in jail** ba é an príosún a dheireadh

endanger vt cuir i mbaol *or* i gcontúirt

endearing adj tarraingteach, grámhar

endeavour (*US* **endeavor**) n iarracht f3 ▷ vi: **to ~ to do sth** iarracht a thabhairt ar rud a dhéanamh

ending n críoch f2, deireadh m1; (*Ling*) foirceann m1

endless adj síoraí; (*plain*) éigríochta

endorse vt (*cheque*) droimscríobh; (*approve*) aontaigh le; **endorsement** n (*approval*) aontú m; (*on driving licence*) smachtbhanna m4

endure vt fulaing, cuir suas le ▷ vi mair

enemy n namhaid m

energetic adj fuinniúil; (*activity*) bríomhar

energy n fuinneamh m1

enforce vt feidhmigh, cuir i bhfeidhm

engaged adj (*busy, in use*) in úsáid, in áirithe; (*betrothed*) luaite le chéile, geallta; **to get ~** lámh is focal a thabhairt dá chéile, fáil geallta

engagement n coinne f4; (*to marry*) gealltanas m1 pósta; **engagement ring** n fáinne m4 gealltanais

engaging adj mealltach

engine n inneall m1; **~ trouble** (*Aut*) fadhbanna leis an inneall

engineer n innealtóir m3; (*repairer*) deisitheoir m3; **engineering** n innealtóireacht f3

England n Sasana m4

English adj Sasanach ▷ n (*Ling*) Béarla m4; **the English** npl (*people*) na Sasanaigh mph; **the ~ Channel** Muir f3 nIocht; **Englishman** n Sasanach m1; **Englishwoman** n Sasanach m1 mná

engrave vt grean

engraving n greanadóireacht f3

enhance vt méadaigh

enjoy vt bain sult as; (*have: health, fortune*): **she ~s wealth** tá rachmas aici; **to ~ o.s.** bheith ag déanamh suilt, cuideachta a dhéanamh; **enjoyable** adj pléisiúrtha, sultmhar; **enjoyment** n pléisiúr m1, sult m1

enlarge vt méadaigh; **enlargement** n (*Phot*) méadú m

enlist vt, vi liostáil

enormous adj ábhalmhór

enough adj, pron go leor, sáith, dóthain; **~ time/books** go leor ama/leabhar ▷ adv: **big ~** mór go leor; **have you got ~?** an bhfuil go leor *or* do sháith agat?; **he has not worked ~** níl a sháith oibre déanta aige; **~ to eat** go leor le hithe, do sháith le hithe; **(that's) ~!** is leor sin!; **that's ~, thanks** is leor sin, go raibh maith agat; **I've had ~ of this work** tá mo sháith agam den obair seo; **funnily** or **oddly ~** aisteach go leor

enquire vt, vi = **inquire**

enrich vt saibhrigh

enrol (US **enroll**) vt, vi cláraigh; **enrolment** (US **enrollment**) n clárú m

en route adv ar an mbealach

ensure vt cinntigh

entail vt: **what does this ~?** cad é atá i gceist anseo?

enter vt (room) téigh isteach i, tar isteach i; (club, army) téigh i; (competition) glac páirt i; (examination) cuir isteach ar, iontráil ar; (sb for a competition) cuir duine isteach ar; (write down) cuir isteach, iontráil; (Comput) iontráil ▷ vi téigh isteach i, tar isteach i; **enter for** vt cuir isteach ar; **enter into** vt fus (discussion, negotiations) glac páirt i; (agreement) déan

enterprise n fiontar m1; (initiative) fiontraíocht f3; **free ~** saorfhiontraíocht f3; **private ~** fiontar príobháideach; **business ~** fiontar gnó; **enterprising** adj fiontrach; (resourceful) treallúsach, gustalach; (go-ahead) borrúil

entertain vt déan sult or siamsa do; (guest) tabhair aíocht do; **entertainer** n fuirseoir m3; (of guests) óstach m1; **entertaining** adj siamsúil, sultmhar; **entertainment** n siamsa m4

enthusiasm n fonn m1, fonnmhaireacht f3; (fervour) díograis f2; **full of ~** lán croí agus aigne, lán de chroí is d'aigne

enthusiast n díograiseoir m3; **enthusiastic** adj fonnmhar, díograiseach; **to be enthusiastic about sth** bheith tógtha le rud

entire adj iomlán, uile; **entirely** adv go hiomlán, go léir, go huile is go hiomlán

entitled adj: **a story ~ "The Islandman"** scéal dar teideal "An tOileánach"; **to be ~ to sth** bheith i dteideal ruda

entrance n bealach m1 isteach; (entering) teacht m3 isteach; **to gain ~ to** (university etc) áit a fháil i; **entrance exam** n scrúdú m iontrála; **entrance fee** n táille f4 iontrála; **entrant** n iontrálaí m4; (in exam) iarrthóir m3, iontrálaí

entrepreneur n fiontraí m4

entrust vt: **to ~ sth to sb** rud a thabhairt do dhuine ar iontaoibh

entry n dul m3 isteach; (in register) iontráil f3; **'no ~'** 'ná téitear isteach'; **entry phone** n idirghuthán m1

envelope n clúdach m1

envious adj éadmhar; **to be ~ of sb** bheith ag éad or in éad le duine

environment n imshaol m1, timpeallacht f3; (social, moral, economic) timpeallacht; **environmental** adj imshaolach, imshaoil n gen, timpeallachta n gen

envisage vt samhlaigh

envoy n (diplomat) toscaire m4

envy n éad m3, formad m1, tnúth m3 ▷ vt: **to ~ sb** bheith ag éad le duine; **to ~ sb sth** bheith ag éad le duine faoi rud, éad a bheith ort le duine faoi rud, tnúth a bheith agat le duine faoi rud

epic n eipic f2 ▷ adj eipiciúil

epidemic n eipidéim f2

epilepsy n an tinneas m1

beannaithe, tinneas talún,
titimeas *m1*; **epileptic** *adj*: **to be
epileptic** an tinneas beannaithe
etc a bheith ort
episode *n* eipeasóid *f2*
equal *adj* cothrom, ionann,
comhionann ▷ *n* cómhaith *f2*,
macasamhail *f3* ▷ *vt*: **to ~ sth**
bheith cothrom le rud; **she is ~ to
the work** tá sí in ann ag an obair;
two times two ~s four a dó faoina
dó sin a ceathair; **equality** *n*
ionannas *m1*, comhionannas *m1*;
equalize *vi* (*Sport*) cothromaigh;
equally *adv* go cothrom; (*just as*):
equally good lán chomh maith
equation *n* (*Math*) cothromóid *f2*
equator *n* meánchiorcal *m1*, crios
m3 na cruinne
equip *vt*: **to ~ (with)** (*boat*)
trealmhú (le); (*house, person*) feistiú
(le); **to be well ~ped** (*office etc*)
bheith deisiúil; **equipment** *n*
trealamh *m1*
equivalent *adj*: **~ (to)** ar comhbhrí
(le), cothrom (le) ▷ *n* comhbhrí *f4*;
(*Math etc, in money*) coibhéis *f2*
era *n* ré *f4*
erase *vt* scrios; **eraser** *n* scriosán *m1*
e-reader *n* ríomhléitheoir *m3*
erect *adj* díreach ▷ *vt* cuir suas;
(*monument*) tóg; **erection** *n* tógáil
f3; (*Anat*) adharc *f2*
erode *vt* creim
erosion *n* creimeadh *m*
erotic *adj* anghrách
errand *n* teachtaireacht *f3*
erratic *adj* neamhrialta, guagach,
mearbhlach
error *n* earráid *f2*
erupt *vi* brúcht; (*fig*) pléasc;
eruption *n* brúchtadh *m*
escalator *n* staighre *m4* beo *or*
creasa

escape *n* éalú *m* ▷ *vt*, *vi* éalaigh;
(*fig*) tar slán; (*leak*) éalaigh; **to ~
from** éalú ó; (*fig*) teacht slán ó
escort *n* duine *m4* comórtha;
(*guard*) garda *m4* ▷ *vt* comóir,
tionlaic
especially *adv* go háirithe
espionage *n* spiaireacht *f3*
essay *n* aiste *f4*
essence *n* (*core*) croí *m4*, smior *m3*;
(*basic meaning*) bunbhrí *f4*; (*extract*)
úscra *m4*; (*Phil*) eisint *f2*
essential *adj* (*necessary*)
riachtanach; (*basic*) bunúsach ▷ *n*:
~s riachtanais *mph*; **essentially**
adv go bunúsach
establish *vt* bunaigh; (*prove*)
cruthaigh; **establishment** *n*
bunaíocht *f3*; (*founding*) bunú *m*;
the Establishment Na hÚdaráis
mph
estate *n* (*land*) eastát *m1*; (*also:
housing ~*) eastát tithíochta;
estate agent *n* gníomhaire *m4*
eastáit
estimate *n* meastachán *m1* ▷ *vt*
meas
Estonia *n* an Eastóin *f2*
estuary *n* inbhear *m1*
etc *abbr* (*= et cetera*) etc, srl, agus
araile
eternal *adj* síoraí, síor-
eternity *n* síoraíocht *f3*
ethical *adj* eiticiúil; **ethics** *n* eitic *f2*
Ethiopia *n* an Aetóip *f2*
ethnic *adj* ciníoch, eitneach; (*music
etc*) eitneach; **ethnic minority** *n*
mionlach *m1* eitneach
e-ticket *n* ríomhthicéad *m1*
etiquette *n* dea-bhéasa *mpl4*
EU *n abbr* = **European Union**
euro *n* (*currency*) euro *m4*
Europe *n* an Eoraip *f3*; **European**
adj Eorpach ▷ *n* Eorpach *m1*;

European Union n Aontas m1 na hEorpa

evacuate vt (place) bánaigh; (people) aslonnaigh

evade vt seachain; **to ~ tax** cáin a imghabháil

evaluate vt luacháil, meas

evaporate vi galaigh

eve n: **on the ~ of** an lá roimh; **Christmas E~** Oíche f4 Nollag; **New Year's E~** Oíche Chinn Bliana, Oíche na Seanbhliana, Oíche Chaille

even adj (level, smooth) cothrom, réidh; (equal) cothrom ▷ adv (go) fiú; **~ if** fiú (amháin) má; **~ though** cé go...; **~ now** anois féin; **~ so** mar sin féin; **not ~** ní hé amháin; **to get ~ with sb** cúiteamh a bhaint as duine; **~ number** ré-uimhir f; **~ score** comhscór m1; **~ you** gan fiú tusa; **even up** vt cothromaigh

evening n tráthnóna m4; (after dark) oíche f4; **in the ~** tráthnóna, um thráthnóna; **this ~** (after dark) anocht; **evening class** n rang m3 oíche; **evening dress** n (for man) culaith f2 thráthnóna; (for woman) gúna m4 tráthnóna

event n (adventure) eachtra f4; (affair) imeachtaí mpl3, cúrsaí mpl4; (Sport) babhta m4, cluiche m4, comórtas m1; **in the ~ of** sa chás go; **eventful** adj (decisive) cinniúnach; (remarkable) suntasach

eventual adj (final) deiridh n gen

eventually adv sa deireadh, faoi dheireadh

ever adv (past) riamh; (future) choíche; (at all times) i gcónaí; **have you ~ seen it?** an bhfaca tú riamh é?; **~ since** adv as sin amach ▷ conj ón uair; **evergreen** adj

síorghlas, bithghlas ▷ n crann m1 síorghlas

every adj gach; **~ day** gach lá; **~ other day** gach re lá, gach dara lá; **everybody** pron cách, gach duine; **everyday** adj (daily) laethúil; (commonplace) coitianta; **everyone** pron = **everybody**; **everything** pron gach (aon or uile) rud; **everywhere** adv i ngach (aon or uile) áit

evict vt díshealbhaigh, cuir amach (as)

evidence n (proof) cruthú m; (of witness) fianaise f4; **to give ~** fianaise a thabhairt

evident adj follasach; **evidently** adv go follasach; (apparently) de réir dealraimh

evil adj olc, droch- ▷ n olc m1, olcas m1

evoke vt dúisigh

evolution n forás m1; (of life) éabhlóid f2

evolve vt (develop) forbair ▷ vi déan forbairt

ewe n caora f; (yearling) fóisc f2

ex- prefix iar, ath-

exact adj beacht, cruinn; **~ same** ceannann céanna; **exactly** adv go beacht, go cruinn, go baileach; **exactly!** go díreach!

exaggerate vi déan áibhéil ▷ vt déan áibhéil ar; **exaggeration** n áibhéil f2

exam n abbr (Scol) = **examination**

examination n (Scol, Med) scrúdú m; (by customs) cuardach m1

examine vt scrúdaigh; **examiner** n scrúdaitheoir m3

example n sampla m4; **for ~** mar shampla

exceed vt (excel) beir barr ar; (overstep) téigh thar; **exceedingly**

adv as cuimse, thar a bheith, an-, thar barr

excel *vt* beir barr ar, cinn ar, sáraigh ▷ *vi* bheith ar fheabhas Éireann

excellent *adj* ar fheabhas, thar barr, ar dóigh

except *prep* (*also:* **~ for, ~ing**) ach, diomaite de, cé is moite de ▷ *vt* fág as, déan eisceacht de; **~ if/when** ach amháin má/nuair a; **~ that** ach amháin go; **exception** *n* eisceacht *f3*; **to take exception to sth** col a ghlacadh le rud; **exceptional** *adj* eisceachtúil; **exceptionally** *adv* (*unusually*) go heisceachtúil; (*extremely*) thar a bheith

excerpt *n* sliocht *m3*

excess *n* farasbarr *m1*, barraíocht *f3*; (*overindulgence*) ainmheasarthacht *f3*; **in ~ (of)** de bharraíocht (ar); **excess baggage** *n* bagáiste *m4* breise; **excessive** *adj* iomarcach

exchange *n* malairt *f2*, malartú *m*; (*Fin*) malairt; (*also:* **telephone ~**) malartán teileafóin ▷ *vt* (*goods*) malartaigh; (*greetings*) beannaigh dá chéile; (*money, blows*) malartaigh; **exchange rate** *n* ráta *m4* malairte

excite *vt* corraigh, oibrigh, tóg; **to get ~d** éirí tógtha, oibriú a theacht ort; **excited** *adj* corraithe, oibrithe, tógtha; **to be excited** bheith corraithe *or* oibrithe *or* tógtha, sceitimíní a bheith ort; **excitement** *n* (*commotion*) fuadar *m1*; (*elation*) sceitimíní *pl*, scleondar *m1*; **exciting** *adj* corraitheach

exclaim *vi* gáir, abair os ard; **exclamation** *n* agall *f2*; **exclamation mark** *n* comhartha *m4* uaillbhreasa

exclude *vt* fág as

exclusive *adj* (*right*) eisiach, amháin; (*club*) príobháideach, leithliseach; (*district*) saibhir; **exclusively** *adv* (*solely*) amháin

excruciating *adj* céasta, cráite

excursion *n* turas *m1*, aistear *m1*

excuse *n* leithscéal *m1* ▷ *vt* maith do; **to ~ sb from sth** (*activity*) duine a scaoileadh ó rud; **~ me!** gabh mo leithscéal

ex-directory *adj*: **to be ~** gan bheith san eolaí teileafóin

execute *vt* (*carry out*) cuir i gcrích; (*kill*) cuir chun báis; **execution** *n* bású *m*

executive *n* (*of organization, political party*) coiste *m4* feidhmiúcháin; (*Comm*) feidhmeannach *m1* ▷ *adj* feidhmithe

exempt *adj*: **~ from** saor ó ▷ *vt*: **to ~ sb from sth** duine a shaoradh ó rud

exercise *n* cleachtadh *m1*; (*physical*) aclaíocht *f3* ▷ *vt* aclaigh ▷ *vi* déan aclaíocht; **exercise book** *n* cóipleabhar *m1*

exert *vt* (*influence*) téigh i bhfeidhm ar; **to ~ o.s.** saothar a chur ort féin; **exertion** *n* saothar *m1*

exhaust *n* (*also:* **~ fumes**) gás *m1* sceite; (*also:* **~ pipe**) sceithphíopa *m4* ▷ *vt* (*tire out*) traoch, spíon; (*resources*) ídigh; (*subj*) pléigh ina iomláine; **exhausted** *adj* traochta, spíonta *or* ídithe; **exhaustion** *n* traochadh *m*; **nervous exhaustion** traochadh néarach

exhibit *n* (*Art*) taispeántas *m1*; (*Law*) foilseán *m1* ▷ *vt* taispeáin; **exhibition** *n* taispeántas *m1*

exhilarating *adj* spreagúil; **it was ~** chuir sé drithlíní *or* sceitimíní áthais orm

exile n deoraíocht f3; (person) deoraí m4 ▷ vt díbir; **to be in ~** bheith ar deoraíocht

exist vi bheith ann; **existence** n beith f2, bheith ann; (Phil) eiseadh m1; **existing** adj atá ann, atá ar fáil anois

exit n bealach m1 amach ▷ vi (Theat) amach le, astéigh; (Comput) astéigh

exotic adj coimhthíoch

expand vt leathnaigh ▷ vi (trade etc) fairsingigh; (gas, metal) borr

expansion n leathnú m, fairsingiú m

expect vt (anticipate) bheith ag súil le; (count on) bheith ag brath ar; (suppose) bheith ag meas ▷ vi bheith ag dúil le duine clainne; **I'm ~ing him** tá mé ag súil leis; **expectation** n dóchas m1, súilíocht f3

expedition n (journey) turas m1; (exploration) eachtra f4; (Mil) sluaíocht f3

expel vt díbir; (Scol) cuir as an scoil

expenditure n caiteachas m1

expense n costas m1; **expenses** npl (Comm) speansais mpl; **at the ~ of** ar chostas + gen; **expense account** n cuntas m1 speansas

expensive adj costasach, daor

experience n (practice) taithí f4; (incident) eachtra f4 ▷ vt (feel) mothaigh; (go through) téigh trí; (endure) fulaing; **experienced** adj cleachta; (wise) seanchríonna; **to be experienced in sth** taithí or seanchleachtadh a bheith agat ar rud

experiment n turgnamh m1 ▷ vi triail; **to ~ with** triail a bhaint as; **experimental** adj trialach

expert adj saineolach ▷ n saineolaí m4; **expertise** n saineolas m1

expire vi téigh in éag, síothlaigh; (passport etc) téigh as feidhm; **expiry** n deireadh m1, éag m3; **expiry date** dáta éaga

explain vt mínigh; **explanation** n míniú m

explicit adj (clear) follasach; (definite) cinnte

explode vi pléasc

exploit n éacht m3 ▷ vt bain sochar as; (person) tar i dtír ar; **exploitation** n (abuse) drochíde f4

explore vt taiscéal; (possibilities) scrúdaigh; **explorer** n taiscéalaí m4

explosion n pléascadh m; **explosive** adj pléascach ▷ n pléascán m1

export vt easpórtáil, onnmhairigh ▷ n easpórtáil f3, onnmhaire f4; **exporter** n easpórtálaí m4, onnmhaireoir m3

expose vt (to danger) cuir i gcontúirt; (unmask) nocht, foilsigh; **exposed** adj (position, house): **exposed (to)** rite (le); **exposure** n (Med) fuacht m3, aimliú m; (Phot) nochtadh m; **to die from exposure** (Med) bás a fháil le fuacht

express adj (definite) cinnte; (letter etc) luais n gen, luas- ▷ n (train) luastraein f; (bus) luasbhus m4 ▷ vt cuir in iúl; **to ~ o.s.** tú féin a chur in iúl; **expression** n (phrase) leagan m1 cainte; (look) dreach m3; (Math) slonn m1; **expressway** (US) n (urban motorway) mótarbhealach m1

exquisite adj fíorálainn

extend vt (visit) cuir fad le; (building, street) cuir le; (welcome) cuir roimh; (hand, arm) sín amach ▷ vi sín;

e

extension *n* síneadh *m1*; (*building*) fortheach *m*; (*to wire, table*) fadú *m*; (*telephone*) folíne *f4*; **extensive** *adj* leathan, fairsing

extent *n* fairsinge *f4*; **to some ~** go pointe áirithe; **to that ~** sa mhéid sin; **to the ~ that ...** sa mhéid go ...

exterior *adj* amuigh ▷ *n* taobh *m1* amuigh

external *adj* seachtrach

extinct *adj* díobhaí

extinguish *vt* múch, cuir as

extra *adj* breise, sa bhreis ▷ *adv* (*in addition*) de bhreis ▷ *n* breis *f2*, tuilleadh *m1*; (*Theat*) aisteoir *m3* breise ▷ *prefix* sár-

extract *vt* bain as; (*tooth*) stoith; (*money, promise*) meall, bain de ▷ *n* sliocht *m3*

extradite *vt* eiseachaid

extraordinary *adj* neamhchoitianta; (*amazing*) iontach

extravagance *n* doscaí *f4*, rabairne *f4*; **extravagant** *adj* míchuimseach, rabairneach; (*in spending: person*) doscaí, rabairneach

extreme *adj* antoisceach, fíor- ▷ *n* ceann *m1*; **extremely** *adv* fíor-

extremist *n* antoisceach *m1*

extrovert *adj, n* eisdíritheach *m1*

eye *n* súil *f2*; (*of needle*) cró *m4* ▷ *vt* breathnaigh ar; **to keep an ~ on sb/sth** súil a choinneáil ar dhuine/rud; **eyebrow** *n* mala *f4*, braoi *f4*; **eyelash** *n* fabhra *m4*; **eyelid** *n* caipín *m4* na súile; **eye shadow** *n* cosmaid *f2* súile; **eyesight** *n* radharc *m1* na súl; **eyesore** *n* smál *m1*

F *n* (*Mus*) F *m4*

fabric *n* éadach *m1*, fabraic *f2*, uige *f4*

fabulous *adj* fabhlach; (*inf: super*) iontach

face *n* aghaidh *f2*; (*expression*) dreach *m3* ▷ *vt* tabhair aghaidh ar; **~ down** béal faoi; **to lose/save ~** d'oineach a chailleadh/a theasargan; **to make** *or* **pull a ~** strainc a chur ort féin; **in the ~ of** (*difficulties etc*) in aghaidh + *gen*; **on the ~ of it** de réir cosúlachta; **~ to ~** aghaidh ar aghaidh; **face up to** *vt fus* tabhair aghaidh ar, glac le; **face cloth** *n* ceirt *f2* aghaidhe

facilities *npl* áiseanna *fpl2*, saoráidí *fpl2*; **credit ~** áiseanna creidmheasa; **shopping ~** saoráidí siopadóireachta

fact *n* fíric *f2*, fíoras *m1*; **in ~** is amhlaidh (atá)

factor *n* fachtóir *m3*, toisc *f2*, cúis *f2*

factory n monarcha f
factual adj fírinneach, fíorasach
faculty n bua m4; (Univ) dámh f2; (US: teaching staff) foireann f2 teagaisc
fad n (craze) teidhe m4
fade vi tréig; (light, sound) meath; (flower) sleabhac
fag (inf) n (cigarette) toitín m4
fail vt (candidate) bris; (subj: courage, memory) cliseann ar; **I ~ed the exam** theip an scrúdú orm; **his memory ~ed him** chlis an chuimhne air ▷ vi cliseann ar; (brakes) clis; (eyesight, health, light) meath; **the scheme ~ed** theip ar an scéim; **to ~ to do sth** (neglect) faillí a dhéanamh i rud; (be unable) sáraíonn ort rud a dhéanamh; **he ~ed to make the jump** sháraigh an léim air; **without ~** gan teip, go cinnte; **failing** n locht m3 ▷ prep in éagmais + gen; **failure** n loiceadh m, teip f2; (person) cúl m1 le rath; (mechanical etc) cliseadh m
faint adj lag ▷ n fanntais f2, laige f4 ▷ vi: **to ~** titim i bhfanntais or i laige; **to feel ~** brath go lag; **~ recollection** mearchuimhne
fair adj cóir, cothrom, réasúnta; (hair, skin) fionn; (weather) soineanta; (good enough, sizeable) measartha ▷ adv: **to play ~** an cothrom a dhéanamh ▷ n aonach m1; (funfair) aonach seó; **~ play** cothrom na Féinne; **~ weather** soineann f2; **fairly** adv go macánta, go cothrom; (quite) cuibheasach, measartha, réasúnta
fairy n síóg f2; **fairy tale** n síscéal m1
faith n creideamh m1; (trust) muinín f2; **faithful** adj dílis; **faithfully** adv: **yours faithfully** is mise le meas

fake n (person) caimiléir m3, séitéir m3 ▷ adj bréige n gen ▷ vt falsaigh, cuir bréagriocht ar; **a ~ picture** pictiúr bréige
falcon n fabhcún m1
fall n titim f2; (US: autumn) fómhar m1 ▷ vi tit; (price, temperature, dollar) tit, íslígh; **falls** npl (waterfall) eas msg3; **to ~ flat** (on one's face) titim ar do bhéal; (joke) imeacht gan éifeacht, dul ar lár; (plan) teipeann ar; **fall back** vi tit siar; **fall back on** vt fus téigh i muinín; **fall behind** vi tit chun deiridh; **fall down** vi tit; **fall for** vt fus (trick, story etc) mealltar le; (person) tit i ngrá le; **I fell for the trick** mealladh leis an chleas mé; **fall in** vi tit isteach; (Mil) luigh isteach; **fall off** vi tit de; (diminish) téigh i laghad; **fall out** vi (hair, teeth) tit (amach); (Mil) luigh amach; (friends etc) tit amach (le); **they fell out** thit siad amach le chéile, d'éirigh eatarthu; **fall through** vi (plan, project) teipeann ar
fallout n astitim f2
false adj bréagach; **false alarm** n gáir f2 bhréige; **false teeth** npl fiacla fpl2 bréige
fame n cáil f2
familiar adj aithnidiúil; **to be ~ with** (subject) cur amach a bheith agat ar
family n teaghlach m1; **has she any ~?** (children) an bhfuil clann ar bith aici?, an bhfuil cúram or muirín uirthi?; (relatives) an bhfuil aon ghaolta aici?
famine n gorta m4
famished (inf) adj caillte or stiúgtha leis an ocras
famous adj cáiliúil
fan n (folding) fean m4; (Elec) geolán

m1; (*follower*) móidín *m4* ▷ *vt* gaothraigh; (*fire, quarrel*) séid

fanatic *n* fanaiceach *m1*

fan belt *n* beilt *f2* tiomána

fancy *n* nóisean *m1*, samhlaíocht *f3* ▷ *adj* maisiúil ▷ *vt*: **to ~ sth** (*feel like, want*) fonn ruda a bheith ort; (*imagine, think*) rud a shamhlú; **to take a ~ to** taitneamh a thabhairt do; **he fancies her** (*inf*) tá nóisean aige di; **fancy dress** *n* éide *f4* bréige

fantastic *adj* fantaiseach, iontach

fantasy *n* fantaisíocht *f3*; (*dream*) aisling *f2*, taibhreamh *m1*

FAQ *n abbr* (= *frequently asked questions*) CCanna, ceisteanna coitianta

far *adj* fada ▷ *adv* i bhfad; **~ away** *or* **off** i gcéin, i bhfad ar shiúl; **at the ~ side/end** ag an taobh/ cheann thall de; **~ behind** i bhfad ar gcúl; **~ better** i bhfad níos fearr; **~ from** i bhfad ó; **by ~** go mór fada; **go as ~ as the farm** téigh a fhad leis an fheirm; **as ~ as I know** go bhfios dom, ar feadh m'eolais; **how ~ is it to ...?** cá fhad atá sé go ...?; **how ~ have you got?** an fada chun cinn atá tú?; **faraway** *adj* imigéiniúil; (*look*) brionglóideach

farce *n* fronsa *m4*

fare *n* táille *f4*; (*passenger: in taxi*) paisinéir *m3*; (*food*) beatha *f4*; **half ~** leath-tháille *f4*; **full ~** lántáille *f4*

Far East *n*: **the ~** an Cianoirthear *m1*

farewell *excl* slán ▷ *n* slán *m1*

farm *n* feirm *f2* ▷ *vt* saothraigh; **farmer** *n* feirmeoir *m3*; **farmhouse** *n* teach *m* feirme; **farming** *n* feirmeoireacht *f3*; (*of animals*) tógáil *f3*; **farmland** *n* talamh *m1* *or* f curaíochta;

farmyard *n* clós *m1* feirme

far-reaching *adj* forleathan, leitheadach

fart (*inf!*) *vi* lig broim ▷ *n* broim *m3*

farther *adv* níos faide ▷ *adj* níos faide ar shiúl

fascinate *vt* cuir draíocht ar, cuir faoi dhraíocht

fascinating *adj* draíochtach; (*captivating*) fíorspéisiúil

fashion *n* faisean *m1*; (*manner*) dóigh *f2*, nós *m1*, déanamh *m1* ▷ *vt* múnlaigh; **in/out of ~** san fhaisean/as faisean; **fashionable** *adj* faiseanta; **fashion show** *n* seó *m4* faisin

fast *adj* gasta, sciobtha, tapa; (*clock*) chun tosaigh, mear; (*dye, colour*) buan, marthanach ▷ *adv* go gasta, go sciobtha, go tapa; (*stuck, held*) go daingean ▷ *n* troscadh *m1* ▷ *vi* troisc, déan troscadh; **to be ~ asleep** bheith i do chnap codlata

fasten *vt* greamaigh, ceangail; (*coat*) dún ▷ *vi* greamaigh do

fat *adj* ramhar ▷ *n* blonag *f2*; (*on meat*) saill *f2*; (*for cooking*) geir *f2*

fatal *adj* marfach; **fatality** *n* (*road death etc*) bás *m1*

fate *n* cinniúint *f3*

father *n* athair *m*; **father-in-law** *n* athair *m* céile

fatigue *n* tuirse *f4*

fatty *adj* (*food*) sailleach ▷ *n* (*inf*) feolamán *m1*

faucet (*US*) *n* sconna *m4*, buacaire *m4*

fault *n* locht *m3*; (*defect*) fabht *m4*; (*Geol*) éasc *m1* ▷ *vt* lochtaigh; **it's my ~** ormsa an locht, is mise is ciontach leis; **to find ~ with** locht a fháil ar; **at ~** ciontach; **faulty** *adj* lochtach, fabhtach

fauna *n* ainmhithe *mpl4*

favour (US **favor**) n fabhar m1; (help) gar m1 ▷ vt (proposition) bheith i bhfabhar + gen; (pupil etc) bheith fabhrach do; (team, horse) taobhú le; **to do sb a ~** gar a dhéanamh do dhuine; **in ~ of** i bhfabhar le, i bhfách le; **favourable** adj fabhrach; (advantageous) buntáisteach; (comment etc) moltach; (omen etc) maith; **favourite** adj muirneach; **my favourite book** an leabhar is fearr liom

fawn adj (also: **~-coloured**) buíbhonn

fax n (document) facs m4; (machine) gléas m1 faics ▷ vt facsáil

fear n eagla f4, faitíos m1 ▷ vt: **to ~ sth** eagla or faitíos a bheith ort roimh rud; **for ~ of** ar eagla + gen, ar fhaitíos + gen; **fearful** adj eaglach, faiteach; (sight, noise) uafásach, scanrúil; **fearless** adj neamheaglach, neamhfhaitíosach

feasible adj indéanta

feast n féasta m4; (Rel: also: **~ day**) féile f4

feat n éacht m3

feather n cleite m4

feature n gné f4; (article) gné-alt m1; (programme) gnéchlár m1 ▷ vi: **to ~ in** bheith páirteach i; (in film) páirt a bheith agat i; **features** npl (of face) ceannaithe fpl2; **a film featuring ...** scannán a bhfuil ... ann; **feature film** n príomhscannán m1

February n Feabhra f4

federal adj cónascach, cónaidhme n gen

fed up adj: **to be ~ with sb/sth** bheith dubh dóite or dubhthuirseach or bréan de dhuine/rud

fee n táille f4

feeble adj fann; (excuse, joke) lag

feed n (of baby) bia m4, cothú m; (of animal) fodar m1 ▷ vt beathaigh, cothaigh; **feedback** n (information) aiseolas m1; (Elec) aisfhotha m4

feel n mothú m ▷ vt mothaigh; (explore) bheith ag smúrthacht or ag paidhceáil romhat; (think, believe) ceap, mothaigh; **to ~ hungry/cold** ocras/fuacht a bheith ort; **to ~ lonely/better** uaigneas/biseach a bheith ort; **I don't ~ well** ní bhraithim mé féin go maith; **it ~s soft** tá mothú boige ann; **I ~ like a walk** (want) tá fonn siúil orm; **feeling** n (physical) mothú m; (opinion) barúil f3, tuairim f2

fell vt leag

fellow n diúlach m1; (comrade) compánach m1, comrádaí m4, comhghleacaí m4; (of learned society) comhalta m4 ▷ cpd: **their ~ countrymen/-women** a gcomhthírigh, fir/mná a dtíre; **fellow citizen** n comhshaoránach m1; **fellow countryman** n comhthíreach m1; **fellow men** npl comhdhaoine mpl4; **fellowship** n (society) cuallacht f3, cumann m1; (Scol) comhaltacht f3; (comradeship) muintearas m1, comrádaíocht f3

felony n feileonacht f3

felt n feilt f2; **felt-tip pen** n peann m1 feilte

female n (Zool) baineannach m1 ▷ adj (Biol) baineann; (sex, character) ban-

feminine adj banda

feminist n feiminí m4

fence n fál m1, sconsa m4 ▷ vt (also: **~ in**) cuir fál ar ▷ vi (Sport) déan pionsóireacht; **fencing** n fál m1; (*Sport*) pionsóireacht f3

fend vi: **to ~ for o.s.** déanamh as duit féin; **fend off** vt (*attack*) cosain, cosc, cur ar gcúl; (*blow*) cosain, cosc

fender n fiondar m1; (*US: of car*) pludgharda m4

Fenian adj (*Pol*) Fíníneach; (*cycle*) fiannaíochta n gen ▷ n Fínín m4

Fermanagh n Fear m Manach

ferment vt, vi coip ▷ n coipeadh m

fern n raithneach f2

ferocious adj fíochmhar

ferret n firéad m1

ferry n bád m1 farantóireachta

fertile adj torthúil, síolmhar; **fertilizer** n leasachán m1, aoileach m1

festival n (*Rel*) féile f4; (*Mus*) fleá f4 cheoil

festive adj féiltiúil; (*mood etc*) meidhreach; **the ~ season** (*Christmas*) an Nollaig f

fetch vt téigh faoi choinne or i gcomhair or faoi dhéin + gen; (*sell for*): **the car ~ed a high price** chuaigh an carr ar luach maith

feud n fíoch m1

fever n fiabhras m1; **feverish** adj fiabhrasach

few adj (*not many*): **~ people believe it** is beag duine a chreideann é; **a ~** beagán, roinnt; **a ~ years** roinnt blianta; **in a ~ words** i mbeagán focal; **fewer** adj: **he has fewer coins than me** tá níos lú bonn aige ná atá agamsa; **fewest** adj is lú, is gainne

fiancé, fiancée n fiancé m4

fib n caimseog f2

fibre (*US* **fiber**) n snáithín m4; **fibreglass** n gloine f4 shnáithíneach

fickle adj guagach, luathintinneach

fiction n ficsean m1, finscéalaíocht f3; **fictional** adj cumtha, finscéalach, samhailteach

fiddle n (*Mus*) fidil f2; (*cheating*) cleas m1, caimiléireacht f3, calaois f2 ▷ vt (*accounts*) falsaigh, cúbláil; **fiddle with** vt fus: **to ~ with** bheith ag fútráil or ag méaraíocht le

fidget vi déan fútráil

field n (*Sport, ground*) páirc f2, gort m1; (*fig*) ábhar m1, réimse m4; (*Sport, ground*) páirc f2, faiche f4; (*Comput*) réimse; **field marshal** n marascal m1 machaire

fierce adj fíochmhar; (*look*) fiata

fifteen num cúig (cinn) déag; **~ bottles** cúig bhuidéal déag; **~ people** cúig dhuine dhéag

fifth num cúigiú; **the ~ woman** an cúigiú bean

fifty num caoga + sg

fig n fige f4

fight n troid f3; (*brawl*) griolsa m4, racán m1 ▷ vt troid; **fighter** n trodaí m4; **fighting** n comhrac m1, troid f3

figure n déanamh m1, pearsa f, cruth m3; (*number, cipher*) uimhir f, figiúr m1 ▷ vt (*think: esp US*) meas ▷ vi (*appear*) bheith ar, bheith i; **figure out** vt (*work out*) oibrigh amach

file n (*also Comput*) comhad m1; (*row*) líne f4; (*tool*) líomhán m1, oighe f4 ▷ vt (*nails, wood*) líomh; (*papers, claim*) comhdaigh ▷ vi: **to ~ in/out** dul isteach/amach duine i ndiaidh duine; **filing cabinet** n comhadchaibinéad m1

fill vt líon ▷ n: **to eat one's ~** do dhóthain or do sháith a ithe; **to ~ with** líonadh le or de; **fill in** vt (*hole, form*) líon (isteach); **fill up** vt líon; **~ it up, please** (*Aut*) líon í, le do thoil

fillet n filléad m1; **fillet steak** n stéig f2 filléid

filling n (Culin) líonadh m; (for tooth) líonadh m, táthán m1; **filling station** n stáisiún m1 peitril

film n scannán m1; (of powder, liquid) screamh f2 ▷ vt (scene) scannánaigh; **film star** n réaltóg f2 scannán

filter n scagaire m4 ▷ vt scag

filth n salachar m1; (obscenity) gáirsiúlacht f3; **filthy** adj cáidheach, bréan; (language) gáirsiúil, graosta, madrúil

fin n (of fish) eite f4, colg m1

final adj deiridh n gen, deireanach ▷ n (Sport) cluiche m4 ceannais; **finals** npl (Univ) scrúduithe mpl4 deiridh; **finale** n críoch-cheol m1; (inf) críoch f2, deireadh m1; **finalize** vt tabhair chun críche, cuir an dlaoi mhullaigh ar; **finally** adv faoi dheireadh, i ndeireadh na dála; (lastly) ar deireadh

finance n airgeadas m1 ▷ vt maoinigh; **finances** npl acmhainn fsg2; **financial** adj airgeadais n gen

find vt faigh; (lost object) faigh, tar ar, aimsigh ▷ n fionnachtain f3; **to ~ sb guilty** (Law) duine a fháil ciontach; **find out** vt (truth, secret, person) faigh amach ▷ vi (by chance) faigh amach, téigh amach ar; **to ~ out sth about sth** (make enquiries) fáisnéis a chur faoi rud; **findings** npl (Law) cinneadh m1, breithiúnas m1

fine adj (excellent) breá; (thin, subtle) mion, caol ▷ adv (well) maith ▷ n (Law) cáin f, fíneáil f3 ▷ vt (Law) cáin, fíneáil; **to be ~** (person, weather) bheith go breá; **fine arts** npl ealaíona fpl2 uaisle

finger n méar f2 ▷ vt méaraigh; **little/index ~** lúidín m4 / corrmhéar f2; **fingernail** n ionga f méire; **fingerprint** n méarlorg m1; **fingertip** n barr m1 méire

finish n críoch f2; (Sport) críoch f2, ceann m1 sprice; (polish etc) slacht m3 ▷ vt, vi críochnaigh; **to ~ doing sth** rud a chur i gcrích; **to ~ third** críochnú ar an tríú duine, teacht isteach sa tríú háit; **finish off** vt críochnaigh; (kill) maraigh, cuir cos i bpoll le; **finishing line** n ceann m1 sprice

Finland n an Fhionlainn f2; **Finn** n Fionlannach m1; **Finnish** adj Fionlannach ▷ n (Ling) Fionlainnis f2

fir n giúis f2

fire n tine f4 ▷ vt (discharge) scaoil; **to ~ a gun** gunna a scaoileadh or a lámhach; (fig: enthuse) gríosaigh, spreag; (dismiss) bris, tabhair an bóthar do ▷ vi (shoot) scaoil; **on ~** ar thine, le thine, trí thine; **fire alarm** n aláram m1 dóiteáin; **firearm** n arm m1 tine; **fire brigade** (US **fire department**) n briogáid f2 dóiteáin; **fire engine** n (vehicle) inneall m1 dóiteáin; **fire escape** n staighre m4 éalaithe; **fire extinguisher** n múchtóir m3 dóiteáin; **fireman** n fear m1 dóiteáin; **fireplace** n iarta m4, teallach m1, tinteán m1; **fire station** n stáisiún m1 dóiteáin; **firewall** n balla m4 dóiteáin; **firewood** n brosna m4, connadh m1; **fireworks** npl tinte fpl4 ealaíne

firm adj daingean ▷ n gnólacht m3

first adj céad ▷ adv ar an gcéad duine; (when listing reasons etc) ar an gcéad dul síos; **the ~ woman** an chéad bhean ▷ n (person: in race)

buaiteoir *m3*, (an) chéad duine;
(*Univ*) chéad onóracha *fpl3*; (*Aut*)
(an) chéad ghiar *m1*; **at ~** ar dtús;
~ of all i dtús báire; **first aid** *n*
garchabhair *f*; **first-aid kit** *n*
fearas *m1* garchabhrach; **first class**
adj den chéad scoth, thar barr;
first lady (*US*) *n* bean *f* an
Uachtaráin; **firstly** *adv* ar dtús;
first name *n* ainm *m4* baiste;
first-rate *adj* ar fheabhas, den
chéad scoth

fish *n* iasc *m1* ▷ *vt*, *vi* iasc;
fisherman *n* iascaire *m4*; **fish
farm** *n* feirm *f2* éisc; **fishing** *n*
iascaireacht *f3*; **to go fishing** dul
ag iascaireacht *or* ag iascach;
fishing boat *n* bád *m1* iascaigh *or*
iascaireachta; **fishing line** *n* dorú
m4; **fishing rod** *n* slat *f2* iascaigh *or*
iascaireachta; **fishmonger's,
fishmonger's shop** *n* siopa *m4*
éisc; **fishy** (*inf*) *adj* amhrasach

fist *n* dorn *m1*

fit *adj* (*healthy*) fiteáilte, aclaí,
folláin; (*proper*) oiriúnach, cuí ▷ *vt*
(*subj: clothes*) oir do, fóir do; (*put in,
attach*) cuir le; (*equip*) feistigh,
gléasaigh; (*suit*) oir do, luigh le, cuir
le ▷ *vi* (*clothes*) oir do, fóir do;
(*parts*) freagair dá chéile; (*in space,
gap*) toill i, téigh (*isteach*) i ▷ *n* (*of
anger*) spadhar *m1*, tallann *f2*, racht
m3; **~ for** réidh le; **a ~
of giggles** racht sciotíola; **that
dress is a good ~** is deas a luíonn
an gúna sin leat; **by ~s and starts**
ina threallanna; **fit in** *vi* réitigh le;
he ~s in well is breá a réitíonn sé
leis an chuideachta; **fitness** *n*
(*suitability*) feiliúnacht *f3*; (*Med*)
folláine *f4*; **fitted kitchen** *n* cistin
f2 fheistithe; **fitting** *adj* cuí ▷ *n* (*of
dress*) tástáil *f3*; (*of piece of*

equipment) feistiú *m*; **fittings** *npl*
(*in building*) feisteas *msg1*; **fitting
room** *n* seomra *m4* gléasta

five *num* cúig; **~ bottles** cúig
bhuidéal; **~ people** cúigear *m1*;
fiver *n* (*Brit*) (páipéar *m*) cúig
phunt; (*US*) (páipéar) cúig dhollar

fix *vt* (*date, amount etc*) socraigh;
(*mend*) deisigh, cóirigh; (*meal*)
réitigh; (*drink*) ullmhaigh,
giollaigh; **fix up** *vt* (*meeting*)
socraigh; **to ~ sb up with sth** rud a
sheiftiú do dhuine; **fixed** *adj* (*prices
etc*) seasta; **fixture** *n* fearas *m1*,
daingneán *m1*; (*Sport*) cluiche *m4*,
coinne *f4*

fizzy *adj* coipeach

flag *n* brat *m1*, bratach *f2*; (*also:
~stone*) leac *f2* phábhála ▷ *vi*
sleabhac, lagaigh, meathlaigh;
flagpole *n* crann *m1* brait

flair *n* bua *m4*

flak *n* (*Mil*) tine *f4* bharáiste; (*inf:
criticism*) cáineadh *m*, beachtaíocht
f3 láidir

flake *n* (*of rust, paint*) screamhóg *f2*;
(*of snow, soap powder*) lubhóg *f2*,
calóg *f2*, cáithnín *m4* ▷ *vi* (*also: ~
off*) scil, scealp

flamboyant *adj* gáifeach, péacach,
taibhseach

flame *n* bladhm *f3*, bladhaire *m4*,
lasair *f*

flamingo *n* lasairéan *m1*

flammable *adj* inlasta

flan *n* toirtín *m4* oscailte

flannel *n* (*fabric*) flainín *m4*; (*also:
face ~*) éadach *m1* aghaidhe

flap *n* (*of pocket, envelope*) liopa *m4*
▷ *vt* (*wings*) buail ▷ *vi*: **to ~ (about)**
(*sail, flag*) bheith ag brataíl *or* ag
clupaideach; (*inf: also: be in a ~*)
bheith trí chéile, driopás a bheith
ort

flare n (signal) tóirse m4; (in skirt etc) spré m; **flare up** vi las, bladhm; (fig: person) bladhm, splanc, pléasc; (: strife etc) éirigh

flash n laom m3, splanc f2, scal f2; (Phot) splanc ▷ vt (light) caith ▷ vi (light) splanc; **a ~ of lightning** saighneán m1, splanc thintrí; **in a ~** ar luas lasrach; **to ~ one's headlights** do cheannsoilse a chaitheamh; **to ~ by** or **past** (person) scinneadh thart; **flashlight** n laomlampa m4, tóirse m4

flask n fleasc m3; (also: **vacuum ~**) folúsfhlaigín m4

flat adj cothrom; (beer) leamh; (denial) lom, neamhbhalbh; (Mus) maol; (voice) leamh ▷ n (apartment) árasán m1; (Mus) maol m1; **on the ~** (Aut) ar an réidh; **to be working ~ out** bheith ag obair ar theann do dhíchill; **flatten** vt (also: **flatten out**) leacaigh; (crop, building(s)) treascair, leag

flatter vt déan plámás le, déan béal bán le; **flattering** adj plámásach; **that dress is very flattering** is deas atá an gúna sin ag teacht duit

flaunt vt déan gaisce de

flavour (US **flavor**) n blas m1 ▷ vt blaistigh; **flavouring** n blastán m1

flaw n cáim f2, éalang f2, locht m3, máchail f2; **flawless** adj gan cháim, gan éalang

flea n dreancaid f2

flee vi teith

fleece n lomra m4 ▷ vt (inf) feann

fleet n cabhlach m1, loingeas m1

fleeting adj duthain; (visit) reatha n gen

Flemish adj Pléimeannach ▷ n (Ling) Pléimeannais f2

flesh n feoil f3

flex n fleisc f2 ▷ vt (knee, muscles) aclaigh; **flexible** adj solúbtha; (person): **to be flexible** ligean chugat is uait a bheith agat

flick n smeach m3, smalóg f2 ▷ vt tabhair smeach do

flicker vi (light) preab

flight n eitilt f2; (escape) teitheadh m; (also: **~ of steps**) staighre m4; **flight attendant** (US) n aeróstach m1

flimsy adj tanaí

fling vt caith, teilg

flint n breochloch f2, cloch f2 thine

flip vt (throw) caith; **to ~ a coin** bonn a chaitheamh in airde

flirt vi: **to ~ with** bheith ag cliúsaíocht le ▷ n cliúsaí m4

float n snámhán m1; (Fishing) bolbóir m3; (in procession) flóta m4; (money) cúlchnap m1 ▷ vi snámh

flock n (also Rel) tréad m3; (of birds) ealta f4

flood n tuile f4, rabharta m4 ▷ vt báigh; **flooding** n bá m4; **floodlight** n tuilsolas m1

floor n urlár m1; (of sea) grinneall m1 ▷ vt (subj: question) déan stangaire de; (: punch) leag; **ground ~, first ~** (US) urlár m1 na talún; **first ~, second ~** (US) chéad urlár; **floorboard** n clár m1 urláir

flop n teip f2 ▷ vi teipeann ar; (fall) tit; **floppy** adj liobarnach ▷ n (Comput: also: **floppy disk**) diosca m4 flapach

flora n flóra m4

floral adj bláthach; (dress) bláthbhreac

florist n bláthadóir m3

flour n plúr m1

flourish vi tar chun cineáil; **they are ~ing** tá rath (agus bláth) orthu ▷ n (gesture) croitheadh m

flow n sruth m3; (of cash) sreabhadh m ▷ vi sruthaigh; (traffic) gluais; (robes, hair) slaod, bheith ag titim ina slaodanna

flower n bláth m3 ▷ vi bláthaigh; **flower bed** n ceapach f2 bláthanna; **flowerpot** n próca m4 bláthanna

flu n fliú m4, ulpóg f2

fluctuate vi luainigh; (Math) iomlaoidigh

fluent adj (speech) líofa; **he speaks ~ Irish, he's ~ in Irish** tá Gaeilge líofa aige

fluff n clúmhach m1; **fluffy** adj clúmhach

fluid adj sreabhach ▷ n sreabhán m1

fluke (inf) n taisme f4, beangán m1 den ádh

fluoride n fluairíd f2

flurry n (of wind) cuaifeach m1; (of snow) cith m3; (of activity) flústar m1

flush n (on face) lasadh m ▷ vt sruthlaigh ▷ vi scaird

flute n feadóg f2 mhór, fliúit f2

flutter n (of panic, excitement) sceitimíní pl; (of wings) cleitearnach f2 ▷ vi: **to ~ about** (bird) bheith ag cleitearnach thart; (person) bheith ag geidimíneacht thart

fly n (insect) cuileog f2; (on trousers: also: **flies**) cailpís f2 ▷ vt píolótaigh; (passengers, cargo) iompair (in eitleán); (flag) cuir ar foluain ▷ vi eitil; (passengers) taistil in eitleán; (escape) teith; (flag: also: **to be ~ing**) bheith ar foluain; **with ~ing colours** thar barr go geal; **fly away, fly off** vi imigh ar eitleog; **flying** n eitilt f2 ▷ adj: **a flying visit** cuairt reatha; **flyover** n (bridge) uasbhealach m1

foal n searrach m1

foam n cúr m1, coipeadh m, sobal m1 ▷ vi (liquid) coip

focus n fócas m1; (of interest): **it is the ~ of public interest** tá aird an phobail air ▷ vi: **to ~ on** díriú ar; **out of/in ~** (picture) as fócas/i bhfócas

fog n ceo m4; **foggy** adj ceomhar; **it's foggy** tá ceo ann; **fog lamp** n (Aut) lampa m4 ceo

foil vt sáraigh ▷ n scragall m1; (contrast) codarsnacht f3

fold n (bend, crease) filleadh m1; (Agr) loca m4; (fig) tréad m3 ▷ vt fill; **folder** n fillteán m1; (file) comhad m1; **folding** adj (chair, bed) infhillte

foliage n duilliúr m1

folk npl daoine mpl; **folks** npl (family) muintir fsg2; **folklore** n béaloideas m1; **folk music** n ceol m1 tíre

follow vt, vi lean; (ensue): **there ~ed a discussion** bhí plé ann ina dhiaidh sin; **follower** n leanúnaí m4, leantóir m3; **following** adj a leanann, a leanas; (day) ina dhiaidh sin ▷ n lucht m3 leanúna

fond adj ceanúil; (hopes, dreams) baoth; **she is ~ of him** tá sí ceanúil air, tá sí geal dó

food n bia m4; **food mixer** n meascthóir m3 bia; **food poisoning** n nimhiú m bia; **food processor** n próiseálaí m4 bia; **foodstuffs** npl bia-ábhair mph

fool n amadán m1; (woman) óinseach f2 ▷ vt meall, cuir dallamullóg ar ▷ vi déan pleidhcíocht; **foolish** adj amaideach

foot n cos f2; (measure) troigh f2 ▷ vt (bill) íoc; **on ~** de chois; **football** n peil f2, caid f2; **footballer** n peileadóir m3; **football match** n cluiche m4 peile; **football player** n peileadóir *m3*; **footbridge** n droichead *m1* coisithe; **foothills** npl bunchnoic *mpl1*; **foothold** n greim *m3* coise, áit *f2* do choise; **footing** n (fig) bonn *m1*; **he lost his footing** bhain tuisle dó; **footnote** n fonóta *m4*; **footpath** n cosán *m1*; **footprint** n lorg *m1* coise; **footstep** n coiscéim *f2*; **footwear** n coisbheart *m1*

🔵 KEYWORD

for prep do, ar; faoi choinne + *gen*; i gcomhair + *gen*; le haghaidh + *gen* **1** (*indicating destination, intention, purpose*): **the train for London** traein Londan, an traein go Londain; **he went for the paper** chuaigh sé faoi choinne an pháipéir or i gcomhair an pháipéir; **it's time for lunch** tá am lóin ann; **what's it for?** céard lena aghaidh é?; **what for?** (*why*) cad chuige?, cén fáth? **2** (*on behalf of, representing*): **the MP for Hove** teachta parlaiminte Hove; **to work for sb** bheith ag obair ag duine; **to work for sth** bheith ag obair ar son ruda; **G for George** G mar i George **3** (*because of*): **for this reason** ar an ábhar seo, dá bhrí seo; **for fear of being criticized** ar eagla go gcáinfí é, ar eagla a cháinte **4** (*with regard to*): **it's cold for July** tá sé fuar do Mhí Iúil; **to have a gift for languages** bheith go maith i gceann teangacha or i mbun teangacha **5** (*in exchange for*): **I sold it for £5** dhíol mé ar chúig phunt é; **to pay 50 pence for a ticket** 50 pingin a dhíol ar thicéad **6** (*in favour of*): **are you for or against us?** an bhfuil tú inár leith nó inár n-éadan or ar ár son nó inár gcoinne? **7** (*referring to distance*): **there are roadworks for 5 miles** tá cúig mhíle de chóiriú bóthair ann; **we walked for miles** shiúlamar na mílte **8** (*referring to time*): **he was away for two years** bhí sé ar shiúl ar feadh dhá bhliain; **I have known her for years** tá aithne agam uirthi leis na blianta; **can you do it for tomorrow?** an féidir leat é a dhéanamh don lá amárach? **9** (*with infin clauses*): **it is not for me to decide** ní fúmsa atá sé cinneadh a dhéanamh; **it would be best for you to leave** b'fhearr duit imeacht; **there is still time for you to do it** tá am go leor agat fós le é a dhéanamh **10** (*in spite of*) (in) ainneoin, d'ainneoin; **for all his complaints, he's very fond of her** in ainneoin na ngearán uile aige tá sé an-ghealmhar uirthi ▷ *conj* (*since, as: rather formal*) óir, ós rud é go

forbid vt cros ar, coisc ar **force** n teann *m3*, fórsa *m4* ▷ vt tabhair ar; (*lock*) bris; (*door*) cuir isteach; **by ~** le treise lámh; **in ~** i bhfeidhm; **forceful** adj éifeachtach **ford** n áth *m3* **fore** n: **to come to the ~** teacht chun tosaigh; **forearm** n rí *f4*, bacán *m1* láimhe; **forecast** n réamhaisnéis *f2* ▷ vt tuar; **forefinger** n méar *f2* thosaigh, corrmhéar *f2*; **forefront** n: **in** or **at the forefront of** ar thús cadhnaíochta + *gen*; **foreground** n réamhionad *m1*; **forehead** *n* clár *m1* éadain

foreign *adj* coimhthíoch, eachtrannach; (*language*) iasachta *n gen*; **foreigner** *n* coimhthíoch *m1*, eachtrannach *m1*; **foreign exchange** *n* malairt *f2* eachtrach, airgead *m1* eachtrach; **Foreign Secretary** *n* (*Irl*) Aire *m4* Gnóthaí Eachtracha; (*Brit*) Rúnaí *m4* Gnóthaí Eachtracha

foreman *n* (*factory, building site*) saoiste *m4*; **foremost** *adj* (*position*) chéad; (*rank*) is tábhachtaí; (*time*) is túisce ▷ *adv*: **first and foremost** i dtús báire

foresee *vt* aithin, tuar; **foreseeable** *adj*: **in the foreseeable future** roimh i bhfad; **for the foreseeable future** go ceann i bhfad

forest *n* coill *f2*, foraois *f2*; **forestry** *n* foraoiseacht *f3*

forever *adv* go deo; (*fig: long time*) i gcónaí, i dtólamh

foreword *n* réamhfhocal *m1*

forfeit *vt* (*lose*) caill

forge *n* ceárta *f4* ▷ *vt* (*signature*) brionnaigh, falsaigh; (*wrought iron*) gaibhnigh; **to ~ money** airgead bréige a dhéanamh; **forger** *n* (*counterfeiter*) falsaitheoir *m3*; **forgery** *n* brionnú *m*

forget *vt, vi* dearmad; **to ~ about sb/sth** dearmad a dhéanamh ar dhuine/ar rud; **I forgot my pen** rinne mé dearmad de mo pheann; **forgetful** *adj* dearmadach

forgive *vt* maith do; **he forgave her for it** mhaith sé di é, thug sé maithiúnas di ann

fork *n* (*for eating*) forc *m1*; (*in road*) gabhal *m1* ▷ *vi* (*road*) gabhlaigh; **fork out** *vt* tabhair amach

forlorn *adj* (*deserted*) tréigthe, dearóil; (*attempt*) gan dóchas

form *n* cruth *m3*, déanamh *m1*, foirm *f2*; (*Scol*) rang *m3*; (*questionnaire*) foirm *f2* ▷ *vt* cruthaigh, foirmigh; **to ~ a habit** nós a dhéanamh; **in top ~** lán croí agus aigne

formal *adj* (*offer, receipt*) foirmiúil; (*person*) nósmhar

format *n* formáid *f2* ▷ *vt* (*Comput*) formáidigh

formation *n* foirmiú *m*

former *adj* iar-, sean-, ath-; **formerly** *adv* roimhe seo, seal den tsaol

formidable *adj* (*frightening*) scanrúil; (*powerful*) éifeachtach

formula *n* foirmle *f4*

fort *n* dún *m1*

forthcoming *adj* (*event*) le teacht; (*character*) garach; (*available*) ar fáil

fortify *vt* daingnigh, neartaigh

fortnight *n* coicís *f2*; **fortnightly** *adv* uair sa choicís

fortunate *adj* ádhúil, fortúnach; **you are ~** tá an t-ádh ort; **it is ~ that …** is mór an gar go …; **fortunately** *adv* go hádhúil; **fortunately for him** ar an dea-uair dó

fortune *n* (*luck*) ádh *m1*; (*fate*) cinniúint *f3*; (*wealth*) maoin *f2*, saibhreas *m1*; **to tell sb's ~** fios a dhéanamh do dhuine; **she had the good ~ to be there** bhí sé de rath uirthi bheith ann; **fortune-teller** *n* (*female*) bean *f* feasa; (*male*) fear *m1* feasa

forty *num* daichead + *sg*

forward *adj* (*ahead of schedule*) chun tosaigh; (*movement, position*) chun tosaigh, ar aghaidh; (*not shy*) dána, treallúsach ▷ *adv* ar aghaidh; **to move ~** bog chun tosaigh ▷ *n*

(Sport) tosaí m4 ▷ vt (letter) seol ar
aghaidh; (fig) cuir chun cinn
forwards adv =**forward**
fossil n iontaise f4
foster vt forbair, cuir chun cinn;
(child) altramaigh; **foster child** n
leanbh m1 altrama, dalta m4
foul adj (weather) doineanta;
(language) gáirsiúil; (smell) bréan
▷ n (Sport) feall m1 ▷ vt (dirty)
salaigh; **he has a ~ temper** tá sé
chomh colgach le gráinneog; ~
weather doineann f2
found vt (establish) bunaigh;
foundation n (act) bunú m; (base)
bonn m1, dúshraith f2; (institution)
fondúireacht f3; (also: **foundation
cream**) fochosmaid f2
founder n bunaitheoir m3
fountain n fuarán m1, foinse f4;
fountain pen n peann m1 tobair
four num ceathair; ~ **bottles**
ceithre bhuidéal; ~ **people**
ceathrar m1; **on all ~s** ar ceithre
boinn; **four-poster** n (also:
four-poster bed) leaba f ceithre
phost; **fourteen** num ceathair
déag; **fourteen bottles** ceithre
bhuidéal déag; **fourteen people**
ceithre dhuine dhéag; **fourth** num
ceathrú; **the fourth woman** an
ceathrú bean
fowl n éan m1 ▷ npl éanlaith fsg2
fox n sionnach m1, madra m4 rua
▷ vt buail bob ar
foyer n forhalla m4
fracking n scoilteadh m hiodrálach
fraction n codán m1
fracture n briseadh m
fragile adj sobhriste
fragment n blúire m4, stiall f2
frail adj anbhann, lag
frame n fráma m4; (body) cabhail f;
(figure) fíoraíocht f3 ▷ vt frámaigh;

~ **of mind** meon m1, staid f2 intinne;
to ~ sb duine a fhágáil in áit chos
an ghadaí; **framework** n
creatlach f2, plean m4
France n an Fhrainc f2
franchise n (Pol) ceart m1 votála;
(Comm) saincheadúnas m1
frank adj ionraic, neamhbhalbh
▷ vt (letter) fráinceáil; **frankly** adv
leis an fhírinne a dhéanamh,
déanta na fírinne
frantic adj (hectic) mear;
(distraught) i mbarr do chéille
fraud n calaois f2; (person) caimiléir
m3
fraught adj: ~ **with** lán + gen, lán de
freak n torathar m1, anchúinse m4
freckle n bricín m4 (gréine)
free adj saor; (gratis) in aisce ▷ vt
(prisoner etc) scaoil saor; (jammed
object, person) scaoil amach; ~ **of
charge** saor in aisce; **freedom** n
saoirse f4; **free kick** n cic m4 saor;
freelance adj neamhspleách;
freely adv go réidh; (liberally) go
fairsing; **Free State** n (also:
Irish Free State) Saorstát m1 na
hÉireann; **freeway** (US) n
≈ mótarbhealach m1; **free will** n
toil f3 shaor; **by her own free will**
dá deoin féin
freeze vt, vi sioc, reoigh; (person)
conáil; (prices, salaries) calc ▷ n sioc
m3; (on prices, salaries) calcadh m;
freezer n reoiteoir m3; **freezing**
adj: **freezing (cold)** (weather,
water) feanntach ▷ n: **three
degrees below freezing** trí chéim
faoin reophointe; **it is freezing** tá
sé ag sioc; (fig) chonálfadh sé na
corra; **I'm freezing** tá mé conáilte
or sioctha; **freezing point** n
reophointe m4
freight n (goods) lasta m4; (charge)

last-táille f4; **freight train** n traein f earraí

French adj Francach ▷ n (Ling) Fraincis f2; **the French** npl na Francaigh mph1; **French bean** n pónaire f4 fhrancach; **Frenchman** n Francach m1; **French window** n fuinneog f2 fhrancach; **Frenchwoman** n Francach m1 (mná)

frenzy n buile f4, mire f4

frequency n minicíocht f3

frequent adj minic ▷ vt taithigh, gnáthaigh; **frequently** adv go minic

fresh adj úr, nua, glan; (cheeky) soibealta; **freshen** vi (wind) géaraigh; **fresher** (US **freshman**) n (Scol) mac m1 léinn úr; **freshly** adv go húrnua; **freshwater** adj (fish) uisce abhann, uisce locha

fret vi: **to ~ about** or **over sb/sth** tú féin a bhuaireamh faoi dhuine/rud

friction n (lit) cuimilt f2; (fig) imreas m1

Friday n (An) Aoine f4; **on ~** Dé hAoine; **he comes on ~s** tagann sé ar an Aoine

fridge n cuisneoir m3

fried adj friochta

friend n cara m; **friendly** adj cairdiúil; **to be friendly with sb** bheith mór le duine; **friendship** n cairdeas m1

fries npl (esp US) sceallóga fpl2

fright n scanradh m1, scéin f2; **she took ~** scanraigh sí; **frighten** vt scanraigh, cuir scéin i; **frightened** adj: **he was frightened of it** bhí scanradh air roimhe; **frightening** adj scanrúil, scáfar; **frightful** adj scanrúil, scáfar

frill n rufa m4

fringe n (of hair) frainse m4; (edge: of forest etc) imeall m1

fritter n friochtóg f2

frivolous adj aerach, giodamach, éaganta

fro adv: **to go to and ~** dul anonn agus anall

frock n gúna m4

frog n frog m1, loscann m1; (in throat) sceach f2; **frogman** n frogaire m4

KEYWORD

from prep ó, as, de **1** (indicating starting place, origin etc) ó, as; **where do you come from?**, **where are you from?** cárb as tú or duit?; **from London to Paris** ó Londain go Páras; **a letter from my sister** litir ó mo dheirfiúr; **to drink from the bottle** ól as an mbuidéal

2 (indicating time) ó; **from one o'clock to** or **until** or **till two** óna haon a chlog go dtí a dó; **from January (on)** ó Mhí Eanáir amach

3 (indicating distance) ó; **the hotel is one kilometre from the beach** tá an t-óstlann ciliméadar ón trá

4 (indicating price, number etc) ó; **the interest rate was increased from 9% to 10%** ardaíodh an ráta úis ó 9% go 10%

5 (indicating difference) idir ... agus; **he can't tell red from green** ní aithníonn sé idir dath dearg agus dath glas

6 (because of, on the basis of): **from what he says** ón méid a deir sé; **weak from hunger** lag leis an ocras

front n (aspect) aghaidh f2; (section) tosach m1; (Mil) tosach catha; (fig: appearances) cur m1 i gcéill ▷ adj

tosaigh *n gen*; **in ~ (of)** (*ahead*)
roimh; (*opposite*) os comhair + *gen*;
front door *n* doras *m1* tosaigh;
frontier *n* teorainn *f*; **front page**
n leathanach *m1* tosaigh;
front-wheel drive *n* tiomáint *f3*
rotha tosaigh

frost *n* sioc *m3*; (*also*: **hoar~**) sioc
bán or geal; **frostbite** *n* dó *m4*
seaca; **frosty** *adj* (*weather*) siocúil,
seaca

froth *n* cúr *m1*, coipeadh *m*

frown *vi* cuir púic or gruig ort féin

fruit *n* toradh *m1*; **fruit juice** *n* sú
m4 torthaí; **fruit salad** *n* sailéad
m1 torthaí

frustrate *vt* (*person*) cuir
frustrachas ar; (*plan*) sáraigh, mill

fry *vt* frioch ▷ *n* friochadh *m*; **frying
pan** *n* friochtán *m1*

fudge *n* (*Culin*) faoiste *m4*

fuel *n* breosla *m4*; **fuel tank** *n* (*in
vehicle*) umar *m1* breosla

fulfil (*US* **fulfill**) *vt* (*function,
condition, order*) comhlíon, cuir i
gcrích; (*wish, desire*) sásaigh

full *adj* lán; (*details, information*)
iomlán, gach ▷ *adv*: **he knew ~
well that** is maith a bhí a fhios aige
go; **I'm ~ (up)** tá mé lán go béal; **a
~ two hours** dhá uair druidte; **at ~
speed** ar lánluas; **in ~** (*reproduce,
quote*) ar fad; **paid in ~** íoctha ina
iomlán, láníoctha; **full-length** *adj*
(*film, portrait, mirror*) lánfhada;
(*coat*) go colpaí; **full moon** *n*
iomlán *m1* gealaí; **full-scale** *adj*
(*attack, war*) oll-; (*model*)
cuimsitheach; **full stop** *n* lánstad
m4; **full-time** *adj* (*work*)
lánaimseartha ▷ *adv* go
lánaimseartha; **fully** *adv* ar fad, go
hiomlán, go lán-

fumble *vi*: **to ~ with sth** bheith ag
méiríntteacht or ag útamáil le rud

fumes *npl* múch *fsg2*

fun *n* spraoi *m4*, spórt *m1*, greann
m1; **to have ~** spraoi a dhéanamh;
for ~ le greann; **to make ~ of sb**
ceap magaidh a dhéanamh de
dhuine

function *n* feidhm *f2*; (*social
occasion*) féasta *m4*, oíche *f4*
chaidrimh ▷ *vi* feidhmigh

fund *n* ciste *m4*; (*source, store*) stór
m1; **funds** *npl* maoin *fsg2*,
acmhainn *fsg2*

fundamental *adj* bunúsach,
bunaidh *n gen*

funeral *n* tórramh *m1*, sochraid *f2*

funfair *n* aonach *m1* seó

fungus *n* fungas *m1*

funnel *n* fóiséad *m1*, tonnadóir *m3*;
(*of ship*) siméar *m1*

funny *adj* greannmhar; (*strange*)
aisteach, saoithiúil

fur *n* fionnadh *m1*; (*in kettle etc*) coirt
f2, screamh *f2*; **fur coat** *n* cóta *m4*
fionnaidh

furious *adj* fíochmhar, fraochta; **to
be ~ with sb** bheith ar an daoraí le
duine

furnish *vt*: **to ~ a house** troscán a
chur i dteach; (*supply*): **to ~ sb with
sth** rud a sholáthar do dhuine;
furnishings *npl* feisteas *msg1*

furniture *n* troscán *m1*, trealamh
m1, trioc *m4*; **piece of ~** ball *m1*
troscáin

furry *adj* (*animal*) clúmhach; (*toy*)
bog

further *adj* (*additional*) breise *n gen*
▷ *adv* de bhreis; (*more*) tuilleadh
+ *gen*; (*moreover*) a bharr sin ▷ *vt*
cuir chun cinn; **further education**
n oideachas *m1* tríú leibhéil;
furthermore *adv* a dhála sin,
thairis sin, chomh maith leis sin

f

fury *n* buile *f4*

fuse (*US* **fuze**) *n* fiús *m1*; (*for bomb etc*) aidhnín *m4*; **fuse box** *n* bosca *m4* fiúsanna

fuss *n* (*excitement*) fuadar *m1*, griothal *m1*; (*complaining*) gluaireán *m1* ▷ *vi* fuirsigh; **to make a ~** raic a thógáil; **to make a ~ of sb** adhnua a dhéanamh de dhuine, a mhór a dhéanamh de dhuine; **fussy** *adj* (*person*) gluaireánach; (*eater*) beadaí; (*dress, style*) cúirialta

future *adj* le teacht ▷ *n* todhchaí *f4*; (*Ling*) aimsir *f2* fháistineach; **in ~** as seo amach

fuze (*US*) *n, vt, vi* = **fuse**

fuzzy *adj* (*Phot*) doiléir; (*hair*) mionchatach

gadget *n* gaireas *m1*

Gaelic *adj* Gaelach ▷ *n* (*Ling: also:* **Irish ~**) Gaeilge *f4*; (*also:* **Scots or Scottish ~**) Gaeilge na hAlban; **~ football** peil *f2* ghaelach; **~ speaker** Gaeilgeoir *m3*

gag *n* (*on mouth*) gobán *m1*; (*joke*) scéal *m1* grinn

gain *vt* gnóthaigh ▷ *vi* (*watch*) bheith gasta *or* mear; **to ~ three lbs (in weight)** trí phunt meáchain a chur suas; **to ~ on sb** (*catch up*) teannadh le duine; **to ~ from/by** gnóthú ar/as

gale *n* gála *m4*

gall bladder *n* máilín *m4* domlais

gallery *n* áiléar *m1*, gailearaí *m4*; (*also:* **art ~**) dánlann *f2*

gallon *n* galún *m1*

gallop *n*: **at a ~** ar cosa in airde ▷ *vi* dul ar cosa in airde

gallstone *n* cloch *f2* dhomlais

Galway n Gaillimh f2

gamble n buille m4 faoi thuairim, amhantar m1 ▷ vi imirt, bheith ag cearrbhachas ▷ vt: **to ~ sth** rud a chur i ngeall; **to ~ on** (fig) dul sa seans (go); **gambler** n cearrbhach m1; **gambling** n cearrbhachas m1

game n cluiche m4; (Hunting) géim m4, seilg f2 ▷ adj (willing): **to be ~ (for)** bheith i bhfách (le); **big ~** seilg mhór

gammon n (bacon) ceathrú f dheataithe; (ham) liamhás m1 deataithe

gang n drong f2; (of workmen) meitheal f2; **gang up** vi: **to ~ up on sb** ceann corr a thógáil do dhuine

gangster n drongadóir m3

gap n bearna f4

gape vi: **to ~ at sb** bheith ag stánadh ar dhuine

garage n garáiste m4

garbage n (US: rubbish) bruscar m1; (inf: nonsense) seafóid f2; **garbage can** (US) n bosca m4 bruscair

Garda n (policeman) Garda m4; **the ~** (Police) na Gardaí mpl4

garden n gairdín m4, garraí m4; **gardener** n garraíodóir m3; **gardening** n garraíodóireacht f3

garlic n gairleog f2

garment n ball m1 éadaigh

garrison n garastún m1

gas n gás m1; (US: gasoline) peitreal m1, artola f4 ▷ vt gásaigh; **gas cooker** n cócaireán m1 gáis, gáschócaireán m1; **gas cylinder** n sorcóir m3 gáis; **gas fire** n tine f4 gháis

gasket n (Aut) gaiscéad m1

gasoline (US) n peitreal m1, artola f4

gasp vi lig cnead; **~ing for breath** d'anáil a bheith i mbarr do ghoib

agat, ga seá a bheith ionat

gas station (US) n stáisiún m1 peitril

gate n (of garden) geata m4

gateway n geata m4, bealach m1 isteach

gather vt cruinnigh, bailigh; (flowers, fruit) bain; (assemble) cruinnigh le chéile; (understand) tuig ▷ vi (assemble) cruinnigh; **to ~ speed** siúl a thógáil; **gathering** n cruinniú m

gauge n (instrument) tomhsaire m4 ▷ vt tomhais

gay adj (homosexual) aerach; (cheerful) aigeantach, meidhreach; (colour etc) péacach ▷ n homaighnéasach m1

gaze n amharc m1 ▷ vi: **to ~ at** stánadh ar

gear n (equipment) trealamh m1, gléasra m4; (Tech) fearas m1; (Aut) giar m1 ▷ vt (fig: adapt): **to ~ sth to** rud a chur in oiriúint do; **top ~**, **high ~** (US) ardghiar; **low ~** ísealghiar; **in ~** i ngiar; **gear box** n giarbhosca m4; **gear lever** (US **gear shift**) n luamhán m1 an ghiair

gel n glóthach f2

gem n seoid f2

Gemini n (Astrol) An Cúpla m4

gender n cineál m1; (Ling) inscne f4

general n ginearál m1 ▷ adj ginearálta, gnáth-; **in ~** i gcoitinne; **general election** n olltoghchán m1; **generally** adv de ghnáth, go hiondúil; **general practitioner** n gnáthdhochtúir m3

generate vt gin

generation n glúin f2; (of electricity etc) giniúint f3

generator n gineadóir m3

generosity n féile f4, flaithiúlacht f3

generous adj fial

genetic *adj* géiniteach; **~
engineering** innealtóireacht *f3*
ghéiniteach; **genetically** *adv*:
genetically modified
géinathraithe; **genetics** *n*
géineolaíocht *f3*
genitals *npl* baill *mpl* ghiniúna
genius *n* (*natural talent*) bua *m4*;
(*person*) sárintleachtach
genome *n* géanóm *m1*
gentle *adj* caoin, séimh, maránta
gentleman *n* duine *m4* uasal
gently *adv* go caoin, go réidh
gents *n* leithreas *m1* na bhfear;
"G~" (*on sign*) "Fir"; **where's the ~?**
cá bhfuil leithreas na bhfear?
genuine *adj* fíor-, dílis; (*person*)
ionraic, macánta
geography *n* tíreolaíocht *f3*
geology *n* geolaíocht *f3*
geometry *n* céimseata *f*
geranium *n* geiréiniam *m4*
geriatric *adj* seanliach, seanliachta
n gen
germ *n* (*Med*) frídín *m4*, geirm *f2*,
bitheog *f2*
German *adj*, *n* Gearmánach *m1*; (*Ling*)
Gearmáinis *f2*; **German measles** *n*
an bhruitíneach *f2* dhearg
Germany *n* an Ghearmáin *f2*
gesture *n* gotha *m4*, geistear *m1*;
(*sign*) comhartha *m4*

 KEYWORD

get *vi* **1** (*become, be*) éirigh; **to get
old/tired** éirí sean/tuirseach; **to
get drunk** dul ar meisce; **he got
killed** maraíodh é; **when do I get
paid?** cá huair a gheobhaidh mé
mo thuarastal?; **it's getting late**
tá sé ag éirí mall
2 (*go*): **to get to/from somewhere**
áit a bhaint amach/imeacht ó áit;

to get home an baile a bhaint
amach; **how did you get here?**
cén dóigh *or* cén chaoi ar tháinig tú
anseo?
3 (*begin*): **I'm getting to know him**
tá mé ag cur aithne air; **let's get
going** *or* **started** (*on journey*) bímis
or beidh muid ag imeacht, buailfidh
muid an bóthar
4 (*modal aux vb*): **you've got to do
it** caithfidh tú é a dhéanamh; **I've
got to tell the police** caithfidh mé
scéala a chur chuig na póilíní
▷ *vt* **1** : **to get sth done** rud a (chur
á) dhéanamh; **to get one's hair
cut** do chuid gruaige a bhearradh;
to get sb to do sth tabhairt ar
dhuine rud a dhéanamh; **to get sb
drunk** duine a chur ar meisce
2 (*obtain: money, permission, results*)
faigh; (*find: job, flat*) faigh; (*fetch:
person, doctor, object*) téigh faoi
dhéin + *gen or* faoi choinne + *gen*; **to
get sth for sb** rud a fháil do dhuine;
**get me Mr Jones on the phone,
please** faigh Mr. Jones ar an
nguthán *or* ar an teileafón dom,
le do thoil; **can I get you a drink?**
ar mhaith leat deoch?
3 (*receive: present, letter*) faigh;
(*acquire: reputation*) faigh,
tabhaigh; (*prize*) faigh, gnóthaigh;
**what did you get for your
birthday?** cad é a fuair tú cothrom
an lae *or* ar do lá breithe?
4 (*catch*) ceap, gabh, faigh greim ar;
(*hit: target etc*) aimsigh; **to get sb
by the arm/throat** greim
sciatháin/scornaí a fháil ar dhuine;
get him! beir air!, gabh é!
5 (*take, move*) tabhair; **do you
think we'll get it through the
door?** meas tú an rachaidh sé
isteach ar an doras?; **I'll get you**

there somehow fágfaidh mé thú ann ar dhóigh éigin
6 (*catch, take*: plane, bus etc) gabh ar, faigh; **he got the bus** chuaigh sé ar an mbus
7 (*understand*) tuig, cluin, clois; **I've got it!** tá sé agam!; (*hear*): **I didn't get your name** níor chuala mé d'ainm
8 (*have, possess*): **to have got sth** rud a bheith agat; **how many have you got?** cá mhéad atá agat?
get about vi (*be socially active*) bheith i gcónaí ar do chois; (*after illness*) bheith ar do bhoinn arís; (*news*) leath, scaip
get along vi (*agree*) tar or tarraing le chéile; (*depart*) imigh (leat); **they get along well together** tá siad ag tarraingt go maith le chéile; (*manage*) = **get by**
get at vt fus (*attack*) tabhair faoi; (*niggle*) bain as; (*facts*) tar ar; (*reach*) sroich, bain amach
get away vi imigh; (*escape*) éalaigh
get away with vt fus: **to get away with the money** an t-airgead a fháil leat; **he won't get away with it** ní ligfear leis é
get back vi (*return*) fill, tar ar ais
▷ vt faigh ar ais
get by vi (*pass*) gabh thar; (*manage*) tar le; **we had to get by with what we had** b'éigean dúinn teacht leis an méid a bhí againn
get down vi fus, vt fus téigh síos, tar anuas
▷ vt (*depress*) cuir gruaim ar; (*on paper*) breac síos
get down to vt fus (*work*) crom ar, dírigh ar, luigh isteach ar
get in vi (*train*) tar isteach; **the train got in at six o'clock** tháinig

an traein isteach ar a sé a chlog
get into vt fus (*car, train etc*) téigh isteach i; (*clothes*) cuir ort; **to get into bed** dul a luí
get off vi (*from train etc*) tuirling, tar anuas; (*depart*: person, car) imigh; (*escape*): **he got off** scaoileadh saor é
▷ vt (*remove*: clothes) bain díot; (: *stain*) bain amach
▷ vt fus (*train, bus*) tuirling de, tar anuas de
get on vi (*at exam etc*) éiríonn le; (*agree*): **to get on with each other** réiteach le chéile, tarraingt le chéile
▷ vt fus (*horse*) téigh in airde ar
get out vi (*of vehicle*) téigh amach as, éirigh amach as, tuirling
▷ vt (*take out*) tabhair amach
get out of vt fus éirigh as; (*duty etc*) éalaigh ó
get over vt fus (*illness*) tar slán ó, cuir tharat
get round vt fus téigh timpeall ar; (*fig*: person) meall; **to get round sb** duine a fháil le cabadh
get up vi (*rise*) éirigh
▷ vt fus cuir ina shuí
▷ vt fus téigh suas; **have you got up yet?** an bhfuil tú i do shuí go fóill?
get up to vt fus (*reach*) sroich, bain amach; (*prank etc*) déan; **he is getting up to his old tricks** tá an tseanchleasaíocht arís air

getaway n: **to make one's ~** do chosa a bhreith leat
Ghana n Gána m4
ghastly adj uafar, (*pale*) mílítheach, geal bán san aghaidh
ghost n taibhse f4
giant n fathach m1 ▷ adj ollmhór
gift n bronntanas m1, féirín m4;

(*ability*) bua *m4*; **gifted** *adj*
tréitheach, ábalta; **gift token** *n*
éarlais *f2* bhronntanais
gigantic *adj* ábhalmhór
giggle *vi* déan sciotaíl (gháire)
gills *npl* (*of fish*) geolbhach *msg1*
gilt *adj* órnite ▷ *n* órú *m*
gimmick *n* seift *f2*, ciúta *m4*
gin *n* jin *f2*
ginger *n* sinséar *m1*; **ginger beer** *n*
beoir *f* shinséir; **gingerbread** *n*
arán *m1* sinséir
gipsy *n* giofóg *f2*
giraffe *n* sioráf *m1*
girl *n* cailín *m4*, girseach *f2*;
(*daughter*) iníon *f2*; **girlfriend** *n*
(*of girl*) cara *m* mná, banchara *m4*;
(*of boy*) cailín *m4*, leannán *m1*
gist *n* éirim *f2*, bunbhrí *f4*
give *vt* tabhair ▷ *vi* (*break*) géill;
(*stretch: fabric*) sín; **to ~ sb sth,
~ sth to sb** rud a thabhairt do
dhuine; **to ~ a cry/sigh** scread/
osna a ligean; **give away** *vt*
tabhair uait (in aisce); (*betray*) feall
ar; (*disclose*) sceith, scil; (*bride*)
tionlaic (chun na haltóra); **give
back** *vt* tabhair ar ais; **give in** *vi*
géill ▷ *vt* tabhair isteach; **give off**
vt (*heat, smell*) cuir as; **give out** *vt*
roinn, tabhair amach; **give up** *vi*
géill ▷ *vt* éirigh as, tabhair suas;
to ~ up cigarettes éirí as na toitíní;
to ~ o.s. up tú féin a thabhairt
suas; **give way** (*Brit: collapse*) *vi*
tabhair (uaidh), bris; (*Aut*) géill slí;
**the ground gave way under my
feet** thug an fód faoi mo chos
glacier *n* oighearshruth *m3*
glad *adj* áthasach, sásta,
meidhreach; **to be ~ of sth** áthas a
bheith ort as rud; **gladly** *adv* le
fonn, go fonnmhar, faoi chroí mhór
mhaith; **I'll do it gladly** déanfaidh

mé (é) agus fáilte
glamorous *adj* luisiúil, maisiúil,
sciamhach
glamour *n* loise *f4*; (*fascination*)
draíocht *f3*
glance *n* sracfhéachaint *f3* ▷ *vi*:
to ~ at súil a chaitheamh ar
gland *n* faireog *f2*
glare *n* (*of anger*) súil *f2* fhiata;
(*of light*) dallrú *m* ▷ *vi* dallraigh;
to ~ at súil fhiata a thabhairt ar;
glaring *adj* (*mistake*) follasach
Glasgow *n* Glaschú *m4*
glass *n* gloine *f4*; **glasses** *npl*
(*spectacles*) spéaclaí *mpl4*
glaze *vt* (*door, window*) cuir gloine i,
gloinigh; (*Culin, pottery*) glónraigh
▷ *n* (*on pottery*) gléas *m1*
gleam *vi* dealraigh, drithligh
glide *vi* (*Aviat*) téigh ar foluain;
(*slide*) sleamhnaigh; **glider** *n*
(*Aviat*) faoileoir *m3*
glimmer *n* fannléas *m1*
glimpse *n* spléachadh *m1* ▷ *vt* faigh
spléachadh ar
glint *vi* drithligh, glinnigh
glisten *vi* bheith ag glioscarnach
glitter *vi* ruithnigh
global *adj* domhanda; **~ warming**
téamh *m1* domhanda
globe *n* cruinneog *f2*
gloom *n* (*darkness*) dorchacht *f3*;
(*sadness*) gruaim *f2*, duairceas *m1*,
smúit *f2*; **gloomy** *adj* gruama,
dubhach, duairc
glorious *adj* glórmhar; (*day*)
aoibhinn, álainn
glory *n* glóir *f2*; (*splendour*)
breáthacht *f3*
gloss *n* (*shine*) snas *m3*; (*also:*
~ paint) péint *f2* snasaithe
glossary *n* gluais *f2*
glossy *adj* snasta
glove *n* miotóg *f2*, lámhainn *f2*

glow *vi* lonraigh; **her cheeks were ~ing** bhí lasadh ina grua

glucose *n* glúcós *m1*

glue *n* gliú *m4* ▷ *vt* cuir gliú ar, gliúáil; **she was ~d to the screen** bhí a súile sáite sa scáileán

GM crop *n* barr *m1* GM

gnaw *vt* creim, cnaígh

go *vi* téigh, gabh; *(depart)* imigh; *(collapse etc)* tabhair; *(be sold)*: **to go for £10** imeacht ar £10; *(fit, suit)*: **to go with** teacht le; *(become)*: **to go pale** éirí geal bán san aghaidh; **it went mouldy** tháinig coincleach air ▷ *n*: **to have a go (at)** tabhairt faoi; **to be on the go** bheith ar do chois; **it's your go** do shealsa atá ann; **he's going to do ...** tá sé ag dul a dhéanamh ...; **to go for a walk** dul ag spaisteoireacht; **to go dancing** dul ag damhsa; **how did it go?** cad é mar a d'éirigh leis?; **to go round the back/by the shop** dul thart ar chúl/thart leis an siopa; **go about** *vi* *(rumour)* gabh thart ▷ *vt fus*: **how do I go about this?** cad é mar a thugaim faoi seo?; **go ahead** *vi* *(make progress)* téigh chun cinn; *(get going)* gabh ar aghaidh; **go along** *vi* siúil romhat ▷ *vt fus* téigh feadh + *gen*; **go away** *vi* imigh leat; **go back** *vi* fill; **go back on** *vt fus* *(promise)* séan, téigh siar ar; **go by** *vi* *(years, time)* téigh thart ▷ *vt fus* déanamh de réir + *gen*; **go down** *vi* téigh síos; *(ship)* téigh go grinneall; *(sun)* téigh faoi; **go for** *vt fus* *(fetch)* téigh ar lorg; *(attack)* tabhair fogha faoi; **go in** *vi* téigh isteach; **go in for** *vt fus* *(competition)* téigh san iomaíocht do; *(like)*: **he goes in for that sort of thing** tá dúil aige sa chineál sin ruda; **go into** *vt fus* *(discuss)* pléigh; *(investigate)*

fiosraigh; *(embark on)* crom ar; **go off** *vi* imigh; *(explode)* pléasc; *(food)*: **the milk has gone off** tá corr sa bhainne ▷ *vt fus* tabhair snamh do; **the gun went off** scaoil an gunna; **go on** *vi* lean ort; **to go on with sth** dul ar aghaidh le rud; **go out** *vi* téigh amach; *(fire, light)* téigh as; **go over** *vt fus* *(check)* téigh siar ar; **go through** *vt fus* *(town etc)* téigh tríd; **go up** *vi* téigh suas; *(price)* ardaigh ▷ *vt fus* *(ladder, mountain)* téigh suas; **go without** *vt fus* déan gan, téigh gan

go-ahead *adj* forásach; **to give sb the ~** ligean do dhuine dul ag aghaidh, cead a chinn a thabhairt do dhuine

goal *n* báire *m4*, cúl *m1*; **goalkeeper** *n* cúl *m1* báire; **goalpost** *n* cuaille *m4* báire

goat *n* gabhar *m1*

gobble *vt* *(also: ~ down, ~ up)* alp, plac

god *n* dia *m*; **My G~!** A Dhia dhílis!; **godchild** *n* leanbh *m1* baistí; **goddaughter** *n* iníon *f2* baistí; **goddess** *n* bandia *m*; **godfather** *n* athair *m* baistí; **godmother** *n* máthair *f* baistí; **godson** *n* mac *m1* baistí

goggles *npl* *(for skiing etc)* gloiní *fpl4* cosanta

going *n* *(conditions)* deis *f2* ▷ *adj*: **the ~ rate** an ráta reatha

gold *n* ór *m1* ▷ *adj* óir *n gen*; **golden** *adj* *(made of gold)* óir *n gen*; *(gold in colour)* órga; **goldfish** *n* iasc *m1* órga; **gold-plated** *adj* órphlátáilte

golf *n* galf *m1*; **golf ball** *n* liathróid *f2* ghailf; **golf club** *n* cumann *m1* gailf; *(stick)* maide *m4* gailf; **golf course** *n* galfchúrsa *m4*; **golfer** *n* galfaire *m4*

gong n gang m3

good adj maith ▷ n maith f2; **goods** npl (Comm) earraí mpl4; **~!** go maith!; **to be ~ at Irish** bheith go maith ag an Ghaeilge; **to be ~ at games** bheith go maith i gceann cluichí; **it did me ~** chuaigh sé go maith dom; **would you be ~ enough to ...?** ar mhiste leat ...?; a **~ deal (of)** roinnt mhaith + gen; **a ~ many** gearrchuid; **to make ~** vi (succeed) rath a dhéanamh ▷ vt (deficit, losses) tabhairt isteach; **it's no ~ complaining** níl maith (duit) a bheith ag gearán; **for ~** go deo, gan súil le filleadh; **~ morning!** Dia duit ar maidin!; **~ evening!** tráthnóna maith duit!; **~ night!** oíche mhaith duit!; (on going to bed) oíche mhaith agat!, slán codlata agat!, codladh sámh!; **goodbye** excl slán; **Good Friday** n Aoine f4 an Chéasta; **good-looking** adj dathúil, gnaíúil, dóighiúil; **good-natured** adj (person) lách, cineálta, deáthach; **goodness** n (of person) maitheas f3; **for goodness sake!** in ainm Dé!; **goodness gracious!** A Thiarna Dhia!; **goods train** n traein f earraí; **goodwill** n dea-mhéin f2, dea-thoil f3

goose n gé f4

gooseberry n spíonán m1

goose bumps npl cáithníní mpl4

gorge n altán m1

gorgeous adj sárálainn, fíorsciamhach

gorilla n goraille m4

gospel n soiscéal m1

gossip n cardáil f3, cadráil f3; (malicious) cúlchaint f2; (person) cardálaí m4, béadánaí m4; (malicious) cúlchainteoir m3 ▷ vi: **to**

~ (about) bheith ag béadán or ag cúlchaint (ar)

govern vt rialaigh; **government** n rialtas m1; **governor** n (of state, bank) gobharnóir m3

gown n gúna m4

GP n abbr = **general practitioner**

grab vt sciob, glám ▷ vi: **to ~ at** iarraidh or áladh a thabhairt ar

grace n grásta m4; (elegance) cuannacht f3 ▷ vt (adorn) maisigh; **five days' ~** cairde cúig lá; **~ before meals** altú roimh bhia; **graceful** adj mómhar; **gracious** adj grástúil

grade n (Comm) cáilíocht f3; (in hierarchy) aicme f4; (Scol) grád m1; (US: school class) rang m3 ▷ vt grádaigh, rangaigh; **grade school** (US) n bunscoil f2

gradient n grádán m1

gradual adj céimseach, dréimreach; **gradually** adv de réir a chéile, as a chéile

graduate n céimí m4 ▷ vi céim a bhaint amach; **graduation** n (Univ) bronnadh m céimeanna

graffiti npl graifítí mpl

graft n (Agr, Med) nódú m; (bribery) breabaireacht f3 ▷ vt nódaigh; **hard ~** obair f2 chrua

grain n gráinne m4; (corn) arbhar m1

gram n gram m1

grammar n gramadach f2; (book) graiméar m1; **grammar school** n scoil f2 ghramadaí

gramme n gram m1

grand adj breá, maorga; (superior) ardnósach; (gesture etc) mór ▷ n (inf): **a ~** míle punt or dollar; **that's ~!** tá sin go breá!; **grandchildren** npl clann f2 clainne; **granddad, grandpa** (inf) n daideo m4; **granddaughter** n gariníon f2;

grandfather n seanathair m; **grandma** (inf) n mamó f4; **grandmother** n seanmháthair f; **grandparents** npl an seanathair agus an tseanmháthair; **grand piano** n mórphianó m4; **grandson** n garmhac m1; **grandstand** n (Sport) seastán m1 mór

granite n eibhear m1

granny (inf) n mamó f4

grant vt deonaigh; (permission) tabhair; (admit) admhaigh ▷ n (Scol) deontas m1; (Admin) deonú m; **to take it for ~ed that** talamh slán a dhéanamh de go

grape n fíonchaor f2

grapefruit n seadóg f2

graph n graf m1; **graphic** adj grafach; (account, description) léir, glinn; **graphics** n graificí fpl2

grasp vt beir ar ▷ n (grip) greim m3; (understanding) tuiscint f3

grass n féar m1; **grasshopper** n dreoilín m4 teaspaigh

grate n gráta m4 ▷ vi díosc ▷ vt (Culin) grátáil

grateful adj buíoch

gratitude n buíochas m1

grave n uaigh f2 ▷ adj tromchúiseach

gravel n gairbhéal m1

gravestone n leac f2 uaighe, tuama m4

graveyard n reilig f2

gravity n (Phys) imtharraingt f; (seriousness) tromchúis f2

gravy n súlach m1

gray (US) adj = **grey**

graze vi bheith ag innilt ▷ vt (touch lightly) teagmhaigh le; (scrape) gránaigh ▷ n gránú m

grease n (fat) bealadh m1 ▷ vt bealaigh; **greasy** adj bealaithe

great adj mór; (inf) iontach; **it was**

~! bhí sé go hiontach!; **Great Britain** n an Bhreatain f2 Mhór; **great-grandfather** n sin-seanathair m; **great-grandmother** n sin-seanmháthair f; **greatly** adv go mór

Greece n an Ghréig f2

greed n (also: **~iness**) saint f2; (for food) cíocras m1, ampla m4; **greedy** adj santach; (for food) cíocrach, amplach

Greek adj, n Gréagach m1; (Ling) Gréigis f2

green adj, n glas m1; (vivid) uaine f4; (stretch of grass) faiche f4; **greens** npl (vegetables) glasraí mpl4; **The G~ Party** (Pol) An Páirtí m4 Glas; (Irl) An Comhaontas m1 Glas; **green card** n (Aut, also US) cárta m4 glas; **greengrocer** n grósaeir m3 glasraí; **greenhouse** n teach m gloine; **greenhouse effect** n iarmhairt f3 cheaptha teasa; **green tax** n glascháin f

Greenland n an Ghraonlainn f2

greet vt beannaigh do; **greeting** n beannacht f3; **greeting card, greetings card** n cárta m4 beannachta

grey (US **gray**) adj liath; (sheep, horse) glas; **grey-haired** adj liath, ceannliath; **greyhound** n cú m4

grid n greille f4; (Elec) eangach f2

grief n brón m1, dobrón m1, léan m1

grievance n cúis f2 ghearáin

grieve vi dobrón a dhéanamh ▷ vt dobrón a chur ar

grill n (on cooker) greille f4; (food) gríscín m4 ▷ vt gríosc; (inf: question) cuir ceastóireacht ar

grille n grátáil f3, greille f4

grim adj dúr

grime n smúr m1, ciobar m1

grin n draid f2, straois f2 ▷ vi cuir

draid or straois ort féin

grind vt meil ▷ n (work) obair f2 chortha, tiaráil f3

grip n (hold) greim m3; (control) smacht m3; (grasp) tuiscint f3; (handle) greamán m1 ▷ vt faigh greim ar, greamaigh; **to come to ~s with** dul i ngleic le, dul i ngreim i; **gripping** adj corraitheach, dúspéisiúil

grit n grean m1; (courage) gus m3, spriolladh m1 ▷ vt (road) cuir grean ar; **to ~ one's teeth** na fiacla a theannadh ar a chéile

groan n éagnach m1 ▷ vi éagnaigh, déan éagnach

grocer n grósaeir m3; **groceries** npl earraí mpl4 grósaera; **grocer's, grocer's shop** n siopa m4 grósaera

groin n bléin f2

groom n grúmaeir m3; (also: **bride~**) grúm m1 ▷ vt (horse) cuir cóir ar; **well-~ed** deachóirithe

groove n eitre f4

grope vi: **I ~d for a pen** rinne mé méarnáil ar lorg pinn

gross adj (serious) tromchúiseach; (vulgar) otair; **~ income** (Comm) ioncam m1 comhlán; **grossly** adv (greatly) go mór

ground n talamh m1 or f, fearann m1; (Sport) páirc f2; (US: also: **~ wire**) talmhú m; (reason: gen pl) cúis f2 ▷ vt (plane) cuir fuireacht poirt ar; (US: Elec) talmhaigh; **grounds** npl (gardens etc) fearann msg1; **to fall to the ~** titim go talamh; **to gain/lose ~** talamh a dhéanamh/a chailleadh; **groundsheet** n braillín f2 talún; **groundwork** n ullmhú m, obair f2 bhunaidh

group n gasra m4 ▷ vt (also: **~ together**) cuir i ngrúpaí ▷ vi cruinnigh

grouse n (bird) cearc f2 fhraoigh ▷ vi (complain) déan clamhsán

grovel vi lodair; (fig) lútáil, déan flústaireacht

grow vt, vi fás; (increase) méadaigh; (become): **to ~ rich/weak** éirí saibhir/lag; (develop): **he's ~n out of his jacket** tá a chasóg séanta aige; **he'll ~ out of it!** fágfaidh sé ina dhiaidh é leis an aimsir; **grow up** vi éirí mór, teacht i méadaíocht, fás aníos

growl vi drantaigh

grown-up n duine m4 fásta, duine mór

growth n fás m1; (expansion) forás m1, borradh m; (Med) siad m3

grub n cruimh f2; (inf: food) bia m4

grubby adj grabasta

grudge n fala f4, olc m1 ▷ vt: **to ~ sb sth** rud a mhaíomh ar dhuine, rud a thnúth do dhuine; **to bear sb a ~ (for)** fala a bheith agat le duine (as), olc a bheith agat do dhuine (as)

gruelling (US **grueling**) adj dian, maslach

gruesome adj urghránna, uafásach

grumble vi ceasnaigh, déan clamhsán or canrán

grumpy adj cantalach, cancrach

grunt vi déan gnúsacht

guarantee n ráthaíocht f3 ▷ vt ráthaigh, téigh in urra ar

guard n garda m4; (on machine) sciath f2; (also: **fire~**) sciath f2 tine ▷ vt gardáil; (protect): **to ~ (against or from)** gardáil (ar), tú féin a ghardáil or a fhaichill (ar); **guardian** n coimirceoir m3; (of minor) caomhnóir m3

guerrilla n guairille m4

guess vt tomhais; (estimate) meas; (esp US: suppose) creid ▷ vi tomhais

▷ *n* tomhas *m1*; **to take** *or* **have a ~** buille faoi thuairim a thabhairt; **~ what! I won** cad é do bharúil! bhain mé

guest *n* aoi *m4*; **guest-house** *n* teach *m* aíochta; **guest room** *n* seomra *m4* aíochta

guidance *n* treoir *f*

guide *n* (*person, book etc*) eolaí *m4*; (*also*: **girl ~**) brídín *f4* ▷ *vt* treoraigh, déan treoir do; **guidebook** *n* eolaí *m4*, leabhrán *m1* eolais; **guide dog** *n* madra *m4* treoraithe; **guidelines** *npl* (*fig*) treoirlínte *fpl4*

guild *n* gild *m4*, cuallacht *f3*

guilt *n* ciontacht *f3*; **guilty** *adj* ciontach

guinea pig *n* muc *f2* ghuine

guitar *n* giotár *m1*

gulf *n* murascaill *f2*; (*fig*) scoilt *f2*

gull *n* faoileán *m1*

gulp *vi* sclog ▷ *vt* (*also*: **~ down**) slog siar

gum *n* (*Anat*) drandal *m1*, carball *m1*; (*glue*) guma *m4*, gumroisín *m4*; (*sweet*: *also gumdrop*) póirín *m4* guma; (*also*: **chewing ~**) guma coganta ▷ *vt* cuir guma ar

gun *n* gunna *m4*; **gunfire** *n* lámhach *m1*; **gunman** *n* fear *m1* gunna; **gunpoint** *n*: **at gunpoint** faoi bhéal gunna; **gunpowder** *n* púdar *m1* gunna; **gunshot** *n* urchar *m1* gunna

gush *vi* scaird; (*fig*) téigh thar fóir

gust *n* (*of wind*) séideán *m1*

gut *n* putóg *f2*; **guts** (*courage*) spriolladh *msg1*

gutter *n* gáitéar *m1*

guy *n* (*inf*: *man*) diúlach *m1*, ógánach *m1*; (*also*: **~rope**) cuibhreach *m1*

gym *n* (*also*: **~nasium**) giomnáisiam *m4*; **gymnast** *n* gleacaí *m4*; **gymnastics** *npl* gleacaíocht *f3*

gynaecologist (*US* **gynecologist**) *n* lia *m4* ban

gypsy *n* giofóg *f2*

g

h

habit n nós m1, béas m3, gnás m1

hack vt coscair, ciorraigh, leadair

haddock n cadóg f2; **smoked ~** cadóg dheataithe

haemorrhage (US **hemorrhage**) n rith m3 fola, fuiliú m

haemorrhoids (US **hemorrhoids**) npl fíocas m1, daorghalar m1

Hague n: **the ~** an Háig f2

hail n cloch f2 shneachta ▷ vt (call) glaoigh ar, scairt le; (welcome) fáiltigh roimh; (address) cuir ceiliúr or forrán ar ▷ vi: **it's ~ing** tá sé ag cur cloch sneachta; **he was ~ed as a great writer** bhí clú agus cáil air mar scríbhneoir mór; **hailstone** n cloch f2 shneachta

hair n (on head) gruaig f2, folt m1 (gruaige); (on body, animal) fionnadh m1; (pubic hair) stothóg f2, caithir f; (single hair: on head) ribe m4 gruaige; (: on body, animal) ribe fionnaidh; **to do one's ~** do chuid gruaige a chóiriú; **hairbrush** n scuab f2 ghruaige; **haircut** n bearradh m gruaige; **hairdo** n cóiriú m gruaige; **hairdresser** n gruagaire m4; **hairdresser's** n siopa m4 gruagaire; **hair dryer** n triomadóir m3 gruaige; **hairpin** n (bend) coradh m géar; **hair spray** n laicear m1 gruaige; **hairstyle** n stíl f2 ghruaige; **hairy** adj gruagach, clúmhach

hake n colmóir m3

half n leath f2; (of beer: also: **~ pint**) leathphionta m4; (Irl: of whiskey) leathcheann m1; (train, bus: also: **~ fare**) leath-tháille f4 ▷ adj leath- ▷ adv leath-; **~ a dozen** leathdhosaen m4; **~ a pound** leathphunt m1; **two and a ~ days** dhá lá go leith; **to cut sth in ~** rud a ghearradh ina dhá leath; **the bottle was ~ empty** bhí an buidéal leathfholamh; **at ~ past two** ar leathuair i ndiaidh or tar éis a dó; **in ~ an hour** i gceann leathuaire; **half-hearted** adj fuarbhruite; **half-hour** n leathuair f2; **half-price** adj, adv: **(at) half-price** (ar) leathphraghas, (ar) leathluach; **half term** n (Scol) lár m1 téarma; **half-time** n leath-am m3; **halfway** adv leath f2 bealaigh

hall n halla m4; (entrance way) forhalla m

hallmark n sainmharc m1; (fig) lorg m1, comhartha m4

hallo excl = **hello**

hall of residence n halla m4 cónaithe

Hallowe'en n Oíche f4 Shamhna

hallucination n mearú m súl

hallway n halla m4

halo n fáinne m4; (of saint etc) luan m1

halt n stad m4, stop m4 ▷ vt, vi stad, stop

halve vt (expense) laghdaigh faoina leath; **he ~d the apple** rinne sé dhá leath den úll

ham n liamhás m1

hamburger n martbhorgaire m4

hamlet n gráig f2, sráidbhaile m4

hammer n casúr m1 ▷ vt (nail) orlaigh; (fig) gread ▷ vi (on door) buail tailm ar

hammock n ámóg f2

hamper vt cuir isteach ar, cuir as do, bac ▷ n amparán m1, cis f2, ciseán m1

hamster n hamstar m1

hand n lámh f2; (worker) oibrí m4; (at cards) lámh f2 ▷ vt tabhair do; **to give** or **lend sb a ~** lámh chuidithe a thabhairt do dhuine; **to have a ~ in sth** lámh a bheith agat i rud; **at ~** in aice láimhe; **in ~** (time) le spáráil, sa bhreis; (job, situation) idir lámha; **to be on ~** bheith in aice láimhe, bheith in áit na garaíochta; **to ~** (information etc) in aice láimhe, ag an láimh (agat); **on the one ~ ..., on the other ~** ar láimh amháin (de) ..., ar an láimh eile (de); **hand in** vt fág isteach, tabhair isteach; **hand out** vt dáil, tabhair amach; **hand over** vt tabhair (do), tabhair uait; **handbag** n mála m4 láimhe; **handbook** n lámhleabhar m1; **handbrake** n coscán m1 láimhe; **handcuffs** npl glais mph lámh, dornaisc mph1; **handful** n dornán m1, lán láimhe, glac f2; **he's a bit of a handful** (fig) ní haon dóithín é

handicap n (also Golf) cis f2 ▷ vt cis, cuir cis ar

handkerchief n ciarsúr m1

handle n (of door) murlán m1; (of saucepan etc) hanla m4; (of cup, jug, saw) cluas f2; (of knife etc) cos f2; (for winding) lámhchrann m1; (of bucket) lámh f2 ▷ vt láimhsigh; (deal with) láimhseáil, pléigh le; **"~ with care"** "láimhsigh go cúramach"; **to fly off the ~** dul ar steallaí mire, dul as do chrann cumhachta; **handlebars** npl cluasa fpl2 rothair

hand luggage n bagáiste m4 láimhe; **handmade** adj lámhdhéanta; **handout** n (document) bileog f2; (money) síneadh m1 láimhe

handsome adj dóighiúil, dathúil; (profit, return) maith

handwriting n lámhscríbhneoireacht f3, scríbhneoireacht f3, lámh f2

handy adj (person) deaslámhach, seiftiúil; (close at hand) in aice láimhe; (useful) áisiúil, sásta

hang vt, vi croch; **to get the ~ of (doing) sth** teacht isteach ar rud (a dhéanamh); **hang about, hang around** vi: **to ~ about the place** bheith ag máinneáil or ag fáinneáil thart faoin áit; **hang on** vi (wait) fan; **hang up** vi (Tel): **to ~ up (on sb)** an guthán a chur síos (ar dhuine) ▷ vt (coat, painting etc) croch

hanger n crochadán m1

hang-gliding n faoileoireacht f3 shaor

hangover n póit f2

hankie, hanky n abbr = **handkerchief**

happen vi tarlaigh, tit amach; **it so ~s that** tarlaíonn go; **as it ~s** mar a tharlaíonn, mar atá

happily adv go sona (sásta);

(*luckily*) go hádhúil
happiness n sonas m1, séan m1
happy adj sona, séanmhar; **~ with**
(*arrangements etc*) sásta le; **to be ~
to help with** bheith breá sásta
cuidiú le; **~ birthday!** go maire tú
an lá!
harass vt ciap, cráigh;
harassment n ciapadh m, crá m4
harbour (US **harbor**) n cuan m1,
port m1
hard adj (*physical object, facts,
evidence*) crua; (*question, problem*)
deacair, doiligh, crua; (*stubborn*)
cadránta ▷ adv (*work*) go crua, go
dian, go dícheallach; (*think*) go
dian, go domhain; **they tried ~**
rinne siad a ndícheall; **to look ~ at**
breathnú go grinn ar; **no ~
feelings!** níl dochar ar bith déanta!;
to be ~ of hearing moill éisteachta
a bheith ort; **hardback** n clúdach
m1 crua; **hard disk** n (*Comput*)
diosca m4 crua; **harden** vt, vi
cruaigh
hardly adv: **I had ~ come in** ar
éigean a bhí mé istigh; **she ~ ever
speaks** is ar éigean a labhraíonn sí
ar chor ar bith; **I ~ know the man**
níl ach breacaithne agam ar an
bhfear
hardship n cruatan m1, anró m4;
hardware n crua-earraí mpl4;
hardware shop n siopa m4 iarnra
or crua-earraí; **hard-working** adj
dícheallach, saothrach, dlúsúil
hardy adj crua, urrúnta; (*plant*) crua
hare n giorria m4
harm n dochar m1, díobháil f3,
urchóid f2 ▷ vt déan dochar or
díobháil do; **out of ~'s way** slán ó
chontúirt, ar láimh shábháilte;
harmful adj dochrach,
díobhálach, urchóideach;

harmless adj gan dochar, gan
urchóid, neamhurchóideach; **he's
harmless** níl dochar ar bith ann
harmony n comhcheol m1
harness n úim f3; (*safety harness*)
úim f3 shábháilteachta
harp n cláirseach f2; (*small*) cruit f2
harsh adj (*hard*) crua; (*severe*) dian;
(*unpleasant: sound*) borb; (: *light*)
scéiniúil; (*drink*) garg, borb; (*words*)
gairgeach, trom
harvest n fómhar m1 ▷ vt bain,
sábháil, déan
hashtag n (*on Twitter*) haischlib f2
hassle (*inf*) n cur m1 isteach, ciotaí f4
▷ vt: **to ~ sb** duine a chiapadh or a
chrá
haste n deifir f2, dithneas m1; **in ~**
faoi dheifir or dhithneas; **hasten**
vt, vi deifrigh, brostaigh; **hastily**
adv faoi dheifir or dhithneas; **hasty**
adj deifreach; (*rash*) tobann,
araiceach
hat n hata m4
hatch n haiste m4 ▷ vt, vi gor; **to ~
a plot** ceilg a chothú
hatchback n (*Aut*) carr m1 le haiste
cúil
hate vt fuathaigh, gráinigh; **to ~
sb/sth** fuath or gráin a bheith agat
ar dhuine/rud ▷ n fuath m3, gráin f;
hatred n fuath m3, gráin f
haul vt tarraing, tarlaigh ▷ n (*of
fish*) dol m3, cor m1; (*of stolen goods
etc*) creach f2, éadáil f3
haunt vt gnáthaigh, taithigh; **~ed
house** teach siúil ▷ n gnáthóg f2

 KEYWORD

have aux vb **1** (*past tense*): **he has
arrived/gone** tháinig/d'imigh sé;
he has eaten/slept d'ith/chodail
sé; **he has been promoted**

tugadh ardú céime dó
2 (*in tag questions*): **you've done it, haven't you?** rinne tú é, nach ndearna?, tá sé déanta agat, nach bhfuil?
3 (*in short answers and questions*): **you've made a mistake — so I have!/no I haven't** rinne tú meancóg — rinne maise *or* is fíor duit!/ní dhearna in aon chor; **I've been there before, have you?** bhí mise ann cheana, an raibh tusa?
▷ *modal aux vb* (*be obliged*): **to have (got) to do sth** fiacha a bheith ort rud a dhéanamh; **she has (got) to do it** ní mór di é a dhéanamh; **you haven't to tell her** caithfidh tú gan a rá léi *or* gan a insint di
▷ *vt* **1** (*possess, obtain: articles, goods etc*): **she has a car** tá carr aici; **he has plenty of money** tá airgead mór aige; (*parts of the body*): **she has long legs** tá cosa fada uirthi; **she has (got) blue eyes** tá súile gorma aici; **he has a moustache** tá croiméal air; (*illness*): **she has a cold** tá slaghdán uirthi; **he has the measles** tá an bhruitíneach air; (*innate ability*): **he has great strength** tá urra mór ann; (*obtain*): **may I have your address?** an dtabharfaidh tú do sheoladh dom, le do thoil?
2 (+ *noun: take, hold etc*): **to have breakfast/dinner/lunch** bricfeasta/dinnéar/lón a ithe; **to have a bath** folcadh a dhéanamh/a ghlacadh; **to have a swim** dul ag snámh; **to have a meeting/party** cruinniú/cóisir a bheith agat
3: **to have sth done** rud a chur á dhéanamh; **I had the room cleaned** thug mé an seomra a ghlanadh; **to have one's hair cut** do chuid gruaige a bhearradh; **to have sb do sth** tabhairt ar dhuine rud a dhéanamh
4 (*experience, suffer*): **to have a cold/flu** slaghdán/fliú *or* ulpóg a bheith ort; **to have an operation** dul faoi scian
5 (*inf: dupe*): **he's been had** buaileadh bob *or* port air, cuireadh dallamullóg air
have out *vt*: **to have it out with sb** (*settle a problem etc*) rud a chur de do chroí le duine

haven *n* cuan *m1*, port *m1*; (*fig*) tearmann *m1*
havoc *n* scrios *m*, slad *m3*
hawk *n* seabhac *m1*
hay *n* féar *m1*; **hay fever** *n* fiabhras *m1* léana, slaghdán *m1* teaspaigh; **haystack** *n* cruach *f2* fhéir
hazard *n* (*danger*) guais *f2*, contúirt *f2*, baol *m1*; **hazard warning lights** *npl* (*Aut*) soilse *mph* guaise
haze *n* ceo *m4*, dusma *m4*
hazelnut *n* cnó *m4* coill
hazy *adj* (*weather*) ceobhránach, smúránta; (*view*) doiléir
he *pron* sé, é; (*as subject*): **he came in** tháinig sé isteach; (*with copula*): **he is a man** is fear é; (*in passive, autonomous*): **he was injured** gortaíodh é; (*emphatic*) seisean, eisean; **he came and she stayed** tháinig seisean agus d'fhan sise; **it is he who ...** (is) eisean a ...
head *n* ceann *m1*, cloigeann *m1*; (*leader*) ceannaire *m4*; (*of school*) príomhoide *m4*; (*Comput*) cnoga *m4*
▷ *vt* (*list*) bheith ar bharr + *gen*; (*group*) bheith i do cheann (feadhna) ar; **~s or tails** aghaidh nó droim, ceann nó cláirseach; **~**

first i ndiaidh do chinn; **they are ~ over heels in love** tá siad splanctha i ndiaidh a chéile; **to ~ a ball** an cloigeann a chur le peil; **they ~ed home** thug siad aghaidh ar an bhaile; **head for** vt fus tabhair aghaidh ar; **they're ~ing for Derry** tá siad ag tarraingt ar Dhoire; **head up** vt fus (group, team) bheith i mbun + gen, bheith i gceannas ar; **headache** n tinneas m1 cinn; **heading** n ceannteideal m1; **headlamp, headlight** n ceannsolas m1; **headline** n ceannlíne f4; **head office** n ardoifig f2, príomhoifig f2; **head-on** adj gan chosnamh; **a head-on collision** bualadh díreach in éadan a chéile; **headphones** npl cluasáin mph; **headquarters** npl ceanncheathrú fsg; **headrest** n taca m4 cinn; **headroom** n fairsinge f4 cinn; **headscarf** n caifirín m4; **headteacher** n príomhoide m4; **head waiter** n príomhfhreastalaí m4

heal vt, vi leigheas, cneasaigh

health n sláinte f4; **to drink to sb's ~** sláinte duine a ól; **health centre** n ionad m1 sláinte; **health food** n bia m4 sláinte; **health food shop** n siopa m4 bia sláinte; **Health Service** n: **the Health Service** An tSeirbhís f2 Sláinte; **healthy** adj folláin, sláintiúil

heap n carn m1, moll m1, cnap m1 ▷ vt: **to ~ (up)** carnadh; **to fall in a ~** titim i do chnap

hear vt, vi cluin, clois, airigh, mothaigh; **to ~ about** cloisteáil faoi, scéala a fháil faoi; **to ~ from sb** scéala a fháil ó dhuine; **to ~ confession** faoistin a éisteacht

hearing n (also Law) éisteacht f3;

hearing aid n áis f2 éisteachta

hearse n cóiste m4 na marbh

heart n croí m4; (courage) misneach m1; **hearts** npl (Cards) hairt mph; **I lost ~** tháinig beaguchtach or lagmhisneach orm; **take ~!** bíodh uchtach or misneach agat!; **at ~** i do chroí istigh; **by ~** (learn) de ghlanmheabhair; **to know sth by ~** rud a bheith ar do theanga agat, rud a bheith de ghlanmheabhair agat; **heart attack** n taom m3 croí; **heartbeat** n bualadh m croí; **heartbroken** adj croíbhriste; **heartburn** n daigh f2 chroí; **heart failure** n cliseadh m croí, teip f2 croí

hearth n tinteán m1, teallach m1

hearty adj croíúil; (appetite) folláin, groí; (dislike) ó chroí

heat n teas m3, teocht f3; (of weather) brothall m1; (Sport: also: **qualifying ~**) dreas m3 cáilithe ▷ vt, vi téigh; **heated** adj téite; (fig: argument etc) teasaí, lasánta; **heater** n téitheoir m3

heather n fraoch m1

heating n teas m3, téamh m1; **central ~** téamh lárnach

heatwave n tonn f2 teasa, tonn teaspaigh

heaven n neamh f2, na flaithis mph; **good ~s!** a thiarcais!, aililiú!; **for ~'s sake!** in ainm Dé!; **heavenly** adj neamhaí; (fig) ar dóigh, aoibhinn

heavily adv go trom

heavy adj trom; (sea) ramhar; (rain) trom; (work) maslach

Hebrew adj, n Eabhrach m1 ▷ n (Ling) Eabhrais f2

Hebrides npl: **the ~** Inse fpl2 Ghall

hectic adj fuadrach, corrach

hedge n fál m1 ▷ vi téigh ar chúl scéithe le; **to ~ one's bets** (fig) tú féin a chumhdach

hedgehog n gráinneog f2

heel n sáil f2

hefty adj (person) téagartha; (profit) mór

height n airde f4; (high ground) ard m1; (fig: apex) buaic f2; **what ~ are you?** cén airde atá ionat?; **heighten** vt ardaigh; (fig) cuir le

heir n oidhre m4, comharba m4; **heiress** n banoidhre m4

helicopter n héileacaptar m1

hell n ifreann m1; (fig) céasadh m, ceas m3 croí; **~!** (inf!) damnú; **to ~ with you!, go to ~!** go hlfreann leat!, imigh sa diabhal!; **it was a** or **one ~ of a mess** bhí sé ina phrácás ceart; **what the ~ did you say that for?** cad chuige faoi Dhia an ndúirt tú sin?

hello excl Dia duit, Dia daoibh; (to attract attention) hóigh

helmet n clogad m1

help n cuidiú m, cúnamh m1, cabhair f; (charwoman) bean f oibre ▷ vt cuidigh le, tabhair cuidiú or cúnamh or cabhair do, cabhraigh le; **~!** tarrtháil!, fóir orm!; **~ yourself** ith leat; **he can't ~ it** níl neart aige air; **helper** n cuiditheoir m3, cúntóir m3; **helpful** adj cuidiúil, cúntach, cabhrach; (obliging) garach; (useful) áisiúil, úsáideach; **helping** n riar m4 ▷ adj: **to give sb a helping hand** lámh chuidithe or chúnta a thabhairt do dhuine; **helpless** adj anbhann

hem n fáithim f2; **hem in** vt sáinnigh

hemorrhage (US) n = **haemorrhage**

hemorrhoids (US) npl = **haemorrhoids**

hen n cearc f2

hence adv (therefore) dá bhrí sin, mar sin de; **two years ~** i gceann dhá bhliain

her pron í; (emphatic) ise ▷ adj a; **I saw ~** chonaic mé í; **without ~** gan í; **I saw him but not ~** chonaic mé eisean ach ní fhaca mé ise; **after ~** ina diaidh; **~ coat** a cóta; **~ father** a hathair; **~ work** a cuid oibre

herb n luibh f2, lus m3

herd n tréad m3

here adv anseo; **~!** seo!; **~ is, ~ are** seo; **~ she comes!, ~ she is!** seo chugainn anois é!; **~ you are** seo dhuit; **~ and there** thall is abhus; **~'s to your new job!** go maire tú do phost nua!, seo sláinte do phoist nua!

hereditary adj dúchasach, oidhreachtúil

heritage n (of country) dúchas m1, oidhreacht f3

hernia n maidhm f2 sheicne

hero n laoch m1, gaiscíoch m1

heroin n hearóin f2

heroine n banlaoch m1

heron n corr f2 éisc, corr mhóna, Máire f4 fhada

herring n scadán m1

hers adj (single article) a ceannsa; (share of) a cuidse; **it's ~** is léi é; (emphatic) is léise é; **this one is ~** léi an ceann seo, seo é a ceannsa; **this is ~** (her share) seo a cuidse; **this book of ~** an leabhar seo aici

herself pron (reflexive) sí féin; (object) í féin; (emphatic) sise féin, ise féin

hesitant adj moilliteach; **he was ~** bhí sé idir dhá chomhairle

hesitate vi: **he ~d** baineadh stad as, bhain stad dó, bhí sé idir dhá chomhairle; **hesitation** n

h

braiteoireacht *f3*; **without hesitation** gan leisce ar bith, gan amhras ar bith

heyday *n*: **in his ~** i mbuaic a réime, in ard a réime, i mbláth a réime

hi *excl* hóigh

hibernate *vi* geimhrigh

hiccups *npl*: **he has** *or* **he's got the ~** tá snag air

hide *n* seithe *f4*, craiceann *m1* ⊳ *vt* folaigh, ceil ⊳ *vi*: **to ~ (from sb)** téigh i bhfolach (ar dhuine)

hideous *adj* míofar, uafar, urghránna

hiding *n* (*beating*) leadhbairt *f3*, léasadh *m*, greasáil *f3*; **to be in ~** bheith i bhfolach

hi-fi *n, adj* hi-fi *m4*

high *adj* ard; **20 m ~** 20 m ar airde; **highchair** *n* (*child's*) cathaoir *f* ard; **higher education** *n* oideachas *m1* ardleibhéil; **high jump** *n* (*Sport*) léim *f2* ard; **highlands** *npl* garbhchríocha *fpl2*; **the Scottish Highlands** Garbhchríocha na hAlban, na Garbhchríocha; **highlight** *n* (*fig: of event*) buaic *f2* ⊳ *vt* aibhsigh, tabhair chun suntais; **highlights** *npl* (*in hair*) gealáin *mpl1*; **highly** *adv* go hard; **to speak/think highly of sb** duine a mholadh go hard na spéir/ ardmheas a bheith agat ar dhuine; **highness** *n*: **Her** (*or* **His**) **Highness** A M(h)órgacht *f3*; **high-rise** *adj*: **high-rise block, high-rise flats** bloc *m1* árasán ardéirí, árasáin *mpl1* ardéirí; **high school** *n* scoil *f2* ghramadaí; (*US*) ardscoil *f2*; **high season** *n* lár *m1* an tséasúir; **high street** *n* príomhshráid *f2*, sráid *f2* mhór; **highway** *n* bealach *m1* mór, bóthar *m1* mór; **Highway Code** *n* cód *m1*

an bhealaigh mhóir

hijack *vt* (*plane*) fuadaigh; **hijacker** *n* fuadaitheoir *m3*

hike *vi* siúil de chois, bheith ag fánaíocht ⊳ *n* siúlóid *f2*; **hiker** *n* siúlóir *m3*

hilarious *adj* an-ghreannmhar

hill *n* cnoc *m1*; (*on road*) mala *f4*, fánán *m1*, fána *f4*; **hillside** *n* mala *f4* cnoic; **hilly** *adj* cnocach, sléibhtiúil

him *pron* é; (*emphatic*) eisean; **I saw ~** chonaic mé é; **without ~** gan é; **I saw ~ but not her** chonaic mé eisean ach ní fhaca mé ise; **after ~** ina dhiaidh; **himself** *pron* (*reflexive*) sé féin; (*object*) é féin; (*emphatic*) seisean féin, eisean féin

hind *adj* deiridh *n gen*; **~ legs** cosa deiridh

hinder *vt* bac, cuir as do, coisc; (*delay*) cuir moill ar

hindsight *n* iarchonn *m1*, iarghaois *f2*; **with the benefit of ~** le bua an iarchoinn

Hindu *n, adj* Hiondúch *m1*

hinge *n* inse *m4*, lúdrach *f2*

hint *n* leid *f2*, nod *m1* ⊳ *vt, vi*: **to ~ that** tabhairt le fios go, leid *or* nod a thabhairt go

hip *n* cromán *m1*, corróg *f2*

hippopotamus *n* dobhareach *m1*

hire *n* fostú *m* ⊳ *vt* (*worker*) fostaigh; **for ~** le ligean; (*taxi*) ar fáil; **to ~ sth** rud a fháil ar cíos; **to ~ sth out** rud a ligean (ar cíos); **hire purchase** *n* fruilcheannach *m1*

his *adj* a; **~ coat** a chóta, **~ father** a athair; **~ work** a chuid oibre; **it's ~** is leis é; (*emphatic*) is leis-sean é; **this one is ~** is leis an ceann seo, seo é a cheannsan; **~ share** a chuidsean; **this book of ~** an leabhar seo aige

hiss vi sios

historian n staraí m4

historic adj stairiúil

history n stair f2

hit vt buail; (reach: target) aimsigh; (fig: affect) téigh i bhfeidhm ar ▷ n buille m4; (Comput) amas m1; (success): **it was a great ~** d'éirigh go geal leis

hitch vt (fasten) ceangail; (also: ~ **up**) tarraing aníos ▷ n (difficulty) constaic f2; **to ~ a lift** dul ar an ordóg, síob a fháil

hitch-hike vi bheith ag síobaireacht; **hitch-hiker** n síobaire m4

hi-tech adj ardteicneolaíochta n gen

HIV n HIV, VED; **HIV-negative/ HIV-positive** VED-dhiúltach/ VED-dhearfach

hive n coirceog f2

hoard n (of food) stór m1; (of money) ceallóg f2, taisce f4, folachán m1 ▷ vt cuir i dtaisce or i bhfolach

hoarse adj piachánach; **I'm ~** tá piachán ionam

hoax n bob m4, cleas m1

hob n iarta m4

hobble vi bheith ag bacadradh

hobby n caitheamh m1 aimsire

hobo (US) n ráigí m4, fear m1 siúil

hockey n haca m4

hog n collach m1 (coillte) ▷ vt (fig): **to ~ the television** an teilifís a ghlacadh chugat féin; **to go the whole ~** an t-orlach a loisceadh

hoist n (apparatus) ardaitheoir m3 ▷ vt ardaigh

hold vt coinnigh, coimeád; (meeting) coinnigh, tionóil; (believe) creid, maígh, bheith den bharúil; (possess): **to ~ a licence/degree** ceadúnas/céim a bheith agat ▷ vi (remain firm) seas ▷ n (also fig) greim m3; (Naut) broinn f2; **~ the line!** (Tel) fan bomaite or nóiméad!; **to catch** or **get (a) ~ of** greim a bhreith ar; **get ~ of yourself!** (fig) beir ar do chiall!; **hold back** vt coinnigh cúl ar, coinnigh or coimeád siar; (truth) ceil; **hold down** vt (person) coinnigh faoi smacht; (job) coinnigh; **hold on** vi coinnigh ort; (wait) fan; **~ on!** (Tel) fan bomaite or nóiméad!; **~ on a minute!** fan ort go fóill!; **hold onto** vt fus beir or coinnigh greim ar; (keep) coinnigh; **hold out** vt sín amach ▷ vi (resist) seas an fód; **hold up** vt (raise) ardaigh; (support) tacaigh le, neartaigh le; (delay) cuir moill ar; (rob) robáil, creach; **holdall** n mála m4 iompair; **holder** n sealbhóir m3; (container) gabhdán m1; **holdup** n (robbery) robáil f3; (delay) moill f2

hole n poll m1; **~ in the wall** (cash dispenser) poll m1 sa bhalla, meaisín m4 bainc

holiday n saoire f4; (day off) lá m saor; **on ~** ar saoire; **holiday camp** n (also: **holiday centre**) campa m4 saoire; **holiday job** n post m1 i rith na laethanta saoire; **holidaymakers** npl lucht msg3 saoire; **holiday resort** n ionad m1 saoire

Holland n an Ollainn f2

hollow adj cuasach, folamh; (sound) toll; (tube) folamh ▷ n cuas m1, log m1, logán m1

holly n cuileann m1

holocaust n uileloscadh m

holy adj naofa; (water) coisricthe; (ground) beannaithe

home n baile m4 ▷ adj baile n gen ▷ adv abhaile; **at ~** sa bhaile; **make**

yourself at ~ déan tú féin sa bhaile; **to bring it ~ to sb that** é a chur ina luí ar dhuine go; **home address** n seoladh m baile; **homeland** n tír f2 dhúchais; **homeless** adj gan dídean ▷ npl: **the homeless** na díthreabhaigh mph; **homely** adj tíriúil, nádúrtha; **home-made** adj baile n gen, déanta sa bhaile, de dhéantús baile; **Home Office** (Brit) n An Roinn f2 Gnóthaí Baile; **home page** n (Comput) leathanach m1 baile; **Home Secretary** (Brit) n An Rúnaí m4 Gnóthaí Baile; **homesick** adj: **to be homesick** cumha a bheith ort (i ndiaidh an bhaile); **home town** n: **my home town** mo bhaile m4 dúchais; **homework** n obair f2 bhaile

homosexual adj, n homaighnéasach m1

honest adj ionraic; (sincere) macánta, cóir; **honestly** adv go hionraic; (sincerely) go macánta; **honesty** n ionracas m1; (sincerity) macántacht f3

honey n mil f3; **honeymoon** n mí f na meala; **honeysuckle** (Bot) n féithleann m1

honorary adj onórach; (duty, title) oinigh

honour (US honor) vt onóraigh ▷ n onóir f3, urraim f2; **one's word of ~** d'fhocal; **honourable** (US honorable) adj onórach; **honours degree** n (Scol) céim f2 onórach

hood n cochall m1; (of machine) cumhdach m1

hoof n crúb f2

hook n crúca m4; (for fishing) duán m1 ▷ vt crúcáil, cuir crúca i; (fish) cuir duán i; **by ~ or by crook** ar ais nó ar éigean

hooligan n maistín m4

hoop n fonsa m4

hooray excl hurá, abú, go deo

hoot vi (Aut) séid an bonnán; (siren) séid; (owl) scréach

Hoover® n folúsghlantóir m3; **hoover** vt folúsghlan

hop vi (on one foot) tabhair truslóg, imigh ar leathchos, bheith ag preabarnach

hope vt, vi: **I ~ (that)** tá dóchas or súil or dúil agam (go) ▷ n dóchas m1, súil f2, dúil f2; **hopeful** adj (person) dóchasach; **the situation is hopeful** tá cuma mhaith ar an scéal; **to be hopeful that …** bheith dóchasach go …; **hopefully** adv le cuidiú Dé, go dóchasach; **hopeless** adj gan dóchas, doleigheasta; **it's a hopeless situation** tá sé ó mhaith mar scéal

hops npl (plant) leannlus msg3; (fruit) hopa msg4

horizon n bun m1 na spéire; **horizontal** adj cothrománach

horn n adharc f2; (Mus) corn m1; (Aut) bonnán m1

horoscope n tuismeá f4

horrendous adj millteanach, uafásach

horrible adj uafásach

horrid adj gránna, déistineach

horror n uafás m1, déistin f2

horse n capall m1; **horseback** n: **on horseback** ar mhuin f2 or ar dhroim m3 capaill; **horse chestnut** n cnó m4 capaill; **horsepower** n each-chumhacht f3; **horse-racing** n rásaíocht f3 chapall; **horseradish** n raidis f2 fhiáin; **horseshoe** n crú m4 capaill

hose n (also: **~pipe**) píobán m1; (also: **garden ~**) píobán m1 gairdín

hospital n ospidéal m1, otharlann

f2; **in ~** san ospidéal

hospitality n féile f4, flaithiúlacht f3

host n óstach m1

hostage n giall m1

hostel n teach m ósta; (also: **youth ~**) brú m4 óige

hostess n banóstach m1

hostile adj naimhdeach; **to be ~ to** bheith (go dubh) in éadan + gen

hostility n naimhdeas m1

hot adj te; (contest etc) géar; (temper) tintrí, teasaí

hotel n óstán m1, óstlann f2

hotspot n (for Wi-Fi) ball m1 te

hot-water bottle n buidéal m1 te

hound vt ciap, céas, cráigh ▷ n cú m4

hour n uair f2 an chloig; **on the ~** ar bhuille na huaire; **he walked for ~s** shiúil sé ar feadh na n-uaireanta; **till all ~s, till the small ~s** go maidin, go ham luí domhain; **hourly** adj, adv san uair, in aghaidh na huaire

house n teach m ▷ vt (person) tabhair dídean do; (objects) coinnigh; **on the ~** (fig) in aisce; **household** n teaghlach m1, líon m1 tí; **housekeeper** n (female) bean f tí; (male) fear m1 tí; **housekeeping** n (work) tíos m1; (money) airgead m1 tís; **house-warming, house-warming party** n infear m1; **housewife** n bean f tí; **housework** n obair f2 tí

housing n tithíocht f3; **housing estate** n eastát m1 títhíochta

hover vi bheith ar foluain; **hovercraft** n árthach m1 foluaineach

how adv cad é mar, conas, **~ are you?** cad é mar atá tú, conas atá tú?, cén chaoi a bhfuil tú?; **~ do you**

do? Dia duit; **~ far is it to?** cá fhad atá sé go?; **~ long have you been here?** cá fhad atá tú anseo?; **~ lovely!** nach álainn é!, chomh hálainn leis!; **~ many?** cá mhéad + nom sg; **~ much?** cá mhéad + gen; **~ old are you?** cén aois atá agat?, cá haois tú?; **~ should I know?** cá bhfuil mar a bheadh a fhios agamsa?

however adv áfach, ámh, dá; (in questions) cá ▷ conj ach; **~ good it is, it's not good enough** dá fheabhas é, níl sé maith go leor

howl vi lig glam agat, bheith ag uallfartach

HQ abbr = **headquarters**

HTML abbr (Comput: = hypertext markup language) HTML

hubcap n molchaidhp f2

huddle vi: **to ~ together** cuachadh or teannadh isteach le chéile

huff n: **she's in a ~** tá stuaic uirthi

hug n barróg f2 ▷ vt beir barróg ar, cuach (le do chroí); (shore, kerb) coinnigh le

huge adj ollmhór; **a ~ amount of money** an t-uafás airgid

hull n cabhail f

hum n crónán m1 ▷ vt (tune) bheith ag drantán ▷ vi bheith ag crónán

human adj daonna ▷ n: **~ being** duine m4 daonna

humane adj daonnachtúil

humanitarian adj daonchairdiúil

humanity n an cine m4 daonna

humble adj umhal, uiríseal ▷ vt umhlaigh, uirísligh, bain béim as

humid adj tais

humiliate vt náirigh, uirísligh

humiliation n náire f4, uirísliú m

humorous adj greannmhar

humour (US **humor**) n greann m1; (mood) fonn m1, aoibh f2, giúmar m1

▷ *vt*: **to ~ sb** duine a ghiúmaráil, moladh le duine; **to be in good ~** giúmar maith *or* aoibh mhaith a bheith ort

hump *n* cruit *f2*; (*on road*) dronn *f2*

hunch *n* (*on person*) cruit *f2*; (*idea*) tuaileas *m1*, barúil *f3*

hundred *num* céad an + *sg*; **~s of** na céadta + *sg*; **hundredweight** *n* céad *m1* meáchain

Hungarian *adj*, *n* Ungárach *m1* ▷ *n* (*Ling*) Ungáiris *f2*

Hungary *n* an Ungáir *f2*

hunger *n* ocras *m1*; **hungry** *adj* ocrach; **to be hungry** ocras a bheith ort

hunt *vt*, *vi* seilg ▷ *n* seilg *f2*, fiach *m1*; **to ~ for sb** duine a fhiach; **hunter** *n* sealgaire *m4*, fiagaí *m4*; **hunting** *n* seilg *f2*, fiach *m1*

hurdle *n* (*Sport*) cliath *f2*; (*fig*) bac *m1*, constaic *f2*

hurl *vt* teilg, caith ▷ *n* (*Sport*) camán *m1*; **he ~ed abuse at me** thug sé aghaidh a chraois orm

hurler *n* (*Sport*) iománaí *m4*

hurley *n* (*also*: **~ stick**) camán *m1*; = **hurling**

hurling *n* (*Sport*) iomáint *f3*, iománaíocht *f3* ▷ *adj*: **~ ball** sliotar *m1*, cnag *m1*; **~ stick** camán *m1*

hurrah, hurray *excl* = **hooray**

hurricane *n* hairicín *m4*, stoirm *f2* ghaoithe

hurry *n* deifir *f2*, dithneas *m1* ▷ *vt*, *vi* (*also*: **~ up**) brostaigh, déan deifir; **I am in a ~** tá deifir orm; **to do sth in a ~** rud a dhéanamh faoi dheifir; **what's your ~?** cén deifir atá ort?; **I'm in no ~, I'm not in any ~** níl deifir ar bith orm

hurt *vt* (*cause pain to*) gortaigh ▷ *vi*: **it ~s** tá sé nimhneach ▷ *adj* gortaithe

husband *n* fear *m1* céile

hush *n* ciúnas *m1* ▷ *vt* ciúnaigh; **~!** fuist!

husky *adj* piachánach ▷ *n* huscaí *m4*

hut *n* both *f3*; (*shed*) bothán *m1*

hyacinth *n* bú *m4*

hydroelectric *adj* hidrileictreach

hydrogen *n* hidrigin *f2*

hygiene *n* sláinteachas *m1*

hymn *n* iomann *m1*, caintic *f2*

hype (*inf*) *n* poiblíocht *f3*, bolscaireacht *f3*

hypermarket *n* ollmhargadh *m1*

hyphen *n* fleiscín *m4*

hypnotize *vt* hiopnóisigh

hypocrite *n* fimíneach *m1*

hypocritical *adj* fimíneach, béalchráifeach

hypothesis *n* hipitéis *f2*

hysterical *adj* histéireach

I *pron* mé; (*emphatic*) mise; (*as subject*): **I came in** tháinig mé isteach; (*with copula*): **I am a person** is duine mé; (*in passive, autonomous*): **I was injured** gortaíodh mé

ice *n* oighear *m1*, leac *f2* oighir; (*on road*) siocán *m1*, sioc *m3* ▷ *vi* (*also:* ~ **over,** ~ **up**) oighrigh; **iceberg** *n* cnoc *m1* oighir; **ice cream** *n* uachtar *m1* reoite; **ice cube** *n* ciúb *m1* oighir; **ice hockey** *n* haca *m4* oighir

Iceland *n* an Íoslainn *f2*

ice lolly *n* líreacán *m1* reoite; **ice rink** *n* rinc *f2* oighir, oighear-rinc *f2*; **ice skating** *n* scátáil *f3* oighir

icing *n* reoán *m1*; **icing sugar** *n* siúcra *m4* reoáin

icon *n* (*Comput*) deilbhín *m4*, íocón *m1*

icy *adj* oighreata, sioctha

idea *n* smaoineamh *m1*, barúil *f3*, idé *f4*; **I've no ~** níl barúil agam; **it's a good ~** smaoineamh maith atá ann; **do you get the ~?** an dtuigeann tú?

ideal *n* idéal *m1*, barrshamhail *f3* ▷ *adj* idéalach; (*perfect*) ar fheabhas (Éireann)

identical *adj* ionann, mar a chéile, comhionann

identify *vt* aithin, sainaithin

identity *n* céannacht *f3*, comhionannas *m1*, ionannas *m1*; (*of person*) aithne *f4*; (*separate*) féiniúlacht *f3*; **mistaken ~** an aithne chontráilte; **to reveal one's ~ to sb** d'aithne a ligean le duine; **identity card** *n* cárta *m4* aitheantais

ideology *n* idé-eolaíocht *f3*

idiom *n* cor *m1* cainte

idiot *n* (*man*) amadán *m1*; (*woman*) óinseach *f2*

idle *adj* díomhaoin; (*lazy*) falsa; (*unemployed*) dífhostaithe, díomhaoin; (*words, thoughts*) díomhaoin, fánach ▷ *vi* (*engine*) bheith ag réchasadh; **to lie ~** (*machine*) bheith ar stad; ~ **talk** baothchaint, caint gan éifeacht; **to ~ away the time** an t-am a chaitheamh go díomhaoin

idol *n* íol *m1*; (*pop star etc*) dia *m* beag

i.e. *adv abbr* (= *id est*) i.e., is é sin

if *conj* má + *present, past,* dá + *conditional, imperfect*; **if so** más amhlaidh atá; **if not** murab amhlaidh atá; **if only** mura mbeadh ann ach; **if I were you ...** dá mba mise tusa ...

ignite *vt, vi* las

ignition *n* (*Aut*) adhaint *f2*

ignorant *adj* aineolach, ainbhiosach; **to be ~ of** (*subject*) bheith aineolach or dall ar

ignore vt déan neamhiontas de, lig thar do chluas, scaoil tharat; **to ~ sb's advice** dul thar chomhairle duine; **I completely ~d him** níor lig mé orm go raibh sé ann nó as, níor thug mé lá airde air

ill adj (sick) tinn, breoite; (bad) droch- ▷ n olc m1 ▷ adv: **to speak ~ of sb** duine a cháineadh; **ills** npl (misfortunes) anró msg4, cruatan msg1, gátar msg1; **she took ~** buaileadh tinn í

illegal adj mídhleathach, in éadan an dlí; (contract, competition) neamhdhlíthiúil

illegible adj doléite

illegitimate adj mídhlisteanach; **~ child** leanbh m1 díomhaointis, páiste m4 gréine

illiterate adj neamhliteartha

illness n tinneas m1, breoiteacht f3

illuminate vt (room, street) soilsigh; (for special effect) maisigh

illusion n seachmall m1, léaspáin mph, dul m3 amú; **to shatter sb's ~s** a bharúil a mhilleadh ar dhuine; **don't be under any ~s about it** ná bíodh aon dul amú ort faoi, ná bíodh dada dá sheachmall ort

illustrate vt léirigh; (book) maisigh

illustration n léiriú m, léiriúchán m1; (in book) léaráid f2

image n íomhá f4, samhail f3; **he's the ~ of his father** is é pictiúr a athar é, is é a athair ar athphrátaí é

imaginary adj samhailteach

imagination n samhlaíocht f3; **it's all in your ~** ar do shúile atá sé

imaginative adj samhlaíoch, samhlaíochta n gen; **an ~ person** duine a bhfuil bua na samhlaíochta aige

imagine vt samhlaigh; (suppose):

I ~ so cheapfainn or déarfainn gur mar sin atá

imam n iomám m4

imbalance n éagothroime f4; (Comm) neamhchomhardú m

imitate vt déan aithris ar; **imitation** n aithris f2 ▷ adj bréige n gen

immaculate adj gan smál

immature adj neamhaibí, anabaí

immediate adj láithreach; (superior) go díreach os do cheann; **in the ~ vicinity** in aice láimhe, ar na gaobhair; **immediately** adv (at once) láithreach bonn, ar an toirt, ar an bpointe; **immediately next to** go díreach in aice le

immense adj ollmhór, ábhalmhór, aibhseach

immerse vt tum; **to be ~d in one's work** bheith sáite i do chuid oibre

immigrant n inimirceach m1; **immigration** n inimirce f4

imminent adj ar tí titim amach; **to be in ~ danger** contúirt a bheith i ngar duit or a bheith ag bagairt ort; **war was ~** bhí cogadh ag bagairt, bhí baol cogaidh ann

immoral adj mímhorálta

immortal adj bithbheo, neamhbhásmhar, síoraí, buan

immune adj: **~ (to)** imdhíonach (ar); (fig) saor (ar)

impact n imbhualadh m; (fig) tionchar m1, éifeacht f3, feidhm f2

impair vt loit, déan dochar do, lagaigh

impartial adj neamhchlaon, cothrom

impatience n mífhoighne f4

impatient adj mífhoighneach; **to get** or **grow ~** foighne a chailleadh

impeccable adj gan cháim, gan smál

impending adj: **~ danger** contúirt

atá ag bagairt *or* atá as do cheann

imperative *adj* práinneach ▷ *n*
(*Ling*) (modh *m3*) ordaitheach *m1*;
it's absolutely ~ you go ní mór
duit dul ann

imperfect *adj* neamhfhoirfe; (*goods
etc*) lochtach ▷ *n* (*Ling*) aimsir *f2*
ghnáthchaite

imperial *adj* impiriúil

impersonal *adj* neamhphearsanta

impersonate *vt* pearsanaigh, téigh
i riocht + *gen*; (*do impression of*) déan
aithris ar

impetus *n* fuinneamh *m1*,
spreagadh *m*

implement *n* uirlis *f2* ▷ *vt* cuir i
bhfeidhm *or* i gcrích *or* i ngníomh,
comhlíon

implicit *adj* intuigthe; (*belief*)
diongbháilte

imply *vt* (*suggest*) tabhair le fios *or* le
tuiscint; (*mean, entail*) ciallaigh,
leanann as

impolite *adj* mímhúinte

import *vt* allmhairigh, iompórtáil
▷ *n* allmhaire *f4*, iompórtáil *f3*;
(*meaning*) brí *f4*, ciall *f2*

importance *n* tábhacht *f3*

important *adj* tábhachtach

importer *n* allmhaireoir *m3*,
iompórtálaí *m4*

impose *vt* cuir ar; (*fine, penalty*)
gearr ar, cuir ar ▷ *vi*: **to ~ on sb** suí i
mbun duine, bheith ag gabháil ar
dhuine; **imposing** *adj* maorga,
iontach

impossible *adj* dodhéanta; (*person*)
dochomhairleach

impotent *adj* éagumasach

impoverished *adj* bocht,
bochtaithe

impractical *adj* neamhphraiticiúil

impress *vt* téigh i bhfeidhm ar;
(*mark*) cuir ar; **to ~ sth on sb** rud a

chur ina luí ar dhuine

impression *n* (*thoughts on*) tuairim
f2; (*of stamp, seal*) lorg *m1*;
(*imitation*) aithris *f2*; **to be under
the ~ that** bheith den bharúil go;
to create a good ~ (on) dul i gcion
or i bhfeidhm (ar)

impressive *adj* suntasach, iontach,
mórthaibhseach, corraitheach

imprison *vt* cuir i bpríosún;
imprisonment *n* príosúnacht *f3*

improbable *adj* neamhdhóchúil,
neamhchosúil, éadóigh; (*excuse*)
gan dealramh; **it's most ~** níl aon
dealramh air; **it is ~ that …** ní
dócha go …; **I think it ~** ní dóigh
liom é

improper *adj* (*unsuitable*) míchuí,
mí-oiriúnach; (*dishonest*)
mí-ionraic

improve *vt* feabhsaigh, cuir
feabhas ar ▷ *vi* feabhsaigh, tagann
feabhas ar; (*health*) bisigh, tagann
biseach ar; (*pupil etc*) déan dul chun
cinn; **improvement** *n* feabhas *m1*,
feabhsú *m*; (*in health*) biseach *m1*

improvise *vt, vi* seiftigh, bain seiftiú
as

impulse *n* (*impulse*) spreagadh *m*;
(*fig: urge*) tallann *f2*, spadhar *m1*,
ríog *f2*; **impulsive** *adj* tallannach,
taghdach, ríogach,
luathintinneach; **to be impulsive
by nature** an deoir thaghdach a
bheith ionat

 KEYWORD

in *prep* i; sa; sna **1** (*indicating place,
position*): **in the house/the fridge**
sa teach/sa chuisneoir; **in the
garden** sa ghairdín; **in town** sa
bhaile mór, ar an mbaile mór, sa
chathair; **in the country** faoin

tuath; **in school** ar scoil; **in here/ there** istigh anseo/ansin
2 (*with place names: of town, region, country*): **in London** i Londain; **in England** i Sasana; **in Japan** sa tSeapáin; **in the United States** sna Stáit Aontaithe; **in Dingle** ar an Daingean; **in Killybegs** ar na Cealla Beaga
3 (*indicating time: during*): **in spring** san earrach; **in summer** sa samhradh; **in May 2010** i Mí na Bealtaine, 2010; **in the afternoon** tráthnóna *or* um thráthnóna; **at 4 o'clock in the afternoon** ar a ceathair a chlog tráthnóna
4 (*indicating time: in the space of*): **I did it in 3 hours/days** rinne mé i dtrí huaire an chloig é/i dtrí lá é; (*: future*): **I'll see you in 2 weeks** *or* **in 2 weeks' time** feicfidh mé i gceann *or* faoi cheann coicíse thú
5 (*indicating manner etc*): **in a loud/ soft voice** de ghlór ard/íseal; **in pencil** le peann luaidhe; **in French** as Fraincis *or* i bhFraincis; **the boy in the blue shirt** an buachaill a bhfuil an léine ghorm air, buachaill na léine goirme
6 (*indicating circumstances*): **in the sun** faoin ngrian; **in the shade** ar scáth na gréine; **in the rain** faoin mbáisteach
7 (*indicating mood, state*): **in tears** agus na deora leat; **in despair** in éadóchas; **it is in good condition** tá caoi mhaith air; **to live in luxury** sócúl an tsaoil a bheith agat, bheith i do shuí go te, bheith i do sháith den saol
8 (*with ratios, numbers*): **1 in 10 (households), 1 (household) in 10** teaghlach as gach deichniúr; **20 pence in the pound** fiche

pingin sa phunt; **they lined up in twos** sheas siad beirt ar chúl beirte; **in hundreds** ina gcéadta
9 (*referring to people, works*): **the disease is common in children** tá an galar coitianta i measc páistí; **in (the works of) Dickens** i gcuid scríbhinní Dickens, i saothar Dickens
10 (*indicating profession etc*): **to be in teaching** bheith i do mhúinteoir, bheith ag múinteoireacht
11 (*after superlative*): **the best pupil in the class** an dalta is fearr sa rang
12 (*with present participle*): **in saying this** agus sin á rá agam
▷ *adv*: **to be in** (*person: at home, work*) bheith ann *or* istigh; (*train, ship, plane*) bheith istigh; (*in fashion*) san fhaisean; **to ask sb in** iarraidh ar dhuine teacht isteach; **to run/limp in** rith/bacadaíl isteach
▷ *n*: **the ins and outs (of)** (*of proposal, situation etc*) bun agus barr (*+ gen*)

inability *n* néamhábaltacht *f3*, míchumas *m1*
inaccurate *adj* míchruinn, neamhbheacht
inadequate *adj* uireasach, easpach, easnamhach
inadvertently *adv* (*by accident*) de thaisme, de thimpiste; (*unthinkingly*) gan cuimhneamh; **he ~ let it slip** d'imigh sé air dá ainneoin
inappropriate *adj* mí-oiriúnach, míchuí
incapable *adj* éagumasach, neamhábalta; **to be ~ of doing sth** gan a bheith ábalta (ar) rud a dhéanamh

incense n túis f2 ▷ vt (*anger*) cuir le buile

incentive n spreagadh m, dreasacht f3, dreasú m; (*at work*) dreasú chun oibre, obairdhreasú m

inch n orlach m1; **within an ~ of** faoi orlach de; **he didn't give an ~** (*fig*) níor ghéill sé orlach

incident n eachtra f4, teagmhas m1, tarlú m

incidentally adv (*by the way*) dála an scéil

inclination n (*fig*) claonadh m

incline n fána f4 ▷ vt claon; (*head*) claon, crom ▷ vi (*surface*) claon; **to be ~d (to do sth)** claonadh a bheith ionat or agat (rud a dhéanamh); (*feel like*) fonn a bheith ort (rud a dhéanamh)

include vt cuir san áireamh; (*comprise*) cumsigh; **including** prep mar aon le, san áireamh; **inclusive** adj cuimsitheach; **inclusive of tax** cáin san áireamh

income n ioncam m1, teacht m3 isteach; **income tax** n cáin f ioncaim

incoming adj (*mail*) isteach; **~ tide** líonadh m

incompetent adj neamhinniúil

incomplete adj neamhiomlán, uireasach, easpach, easnamhach

inconsiderate adj neamhthuisceanach, neamhchásmhar, neamhmhothálach

inconsistent adj contrártha, neamhfhreagrach, neamhréireach; **~ with** gan a bheith ag teacht or ag cur le

inconvenience n míchaoithiúlacht f3, mí-oiriúnacht f3 ▷ vt cuir as do, cuir isteach ar

inconvenient adj mí-oiriúnach,

ciotach, mí-áisiúil, míchaoithiúlacht

incorporate vt corpraigh, ionchorpraigh

incorrect adj mícheart

increase n (*in prices etc*) ardú m; (*in population etc*) méadú m ▷ vi, vt méadaigh, ardaigh, cuir le; **on the ~** ag méadú; **increasingly** adv: **it's increasingly difficult** tá sé ag éirí níos deacra in aghaidh an lae

incredible adj dochreidte

incur vt: **to ~ sb's anger** fearg duine a tharraingt ort féin

indecent adj mígheanasach

indeed adv go deimhin, go dearfa; **yes ~!** cinnte!

indefinitely adv go deo

independence n neamhspleáchas m1

independent adj neamhspleách, saor-

index n treoir f, innéacs m4; (*in book*) innéacs; (*in library etc*) catalóg f2 ▷ vt, vi innéacsaigh, cláraigh

India n an India f4; **Indian** adj, n Indiach m1; **(American) Indian** Indiach m1 Dearg

indicate vt léirigh, tabhair le fios, cuir in iúl (le comhartha); **indication** n comhartha m4; **to give an indication that** tabhairt le fios go, cur in iúl go; **indicative** adj: **indicative of** ina chomhartha ar ▷ n (*Ling*) táscach m1; **indicator** n treoir f; (*economic, social*) táscaire m4

indict vt: **to ~ sb for an offence** duine a dhíotáil i gcoir; **indictment** n díotáil f3

indifference n neamhshuim f2, fuarchúis f2

indifferent adj neamhshuimiúil, fuarchúiseach, ar nós cuma liom;

(*poor*) leathmheasartha; **to be ~ to sb** bheith fuar i nduine; **to be ~ to sth** bheith neamhshuimiúil i rud

indigenous *adj* dúchasach, dúchais *n gen*

indigestion *n* mídhíleá *m4*, tinneas *m1* bhéal an ghoile

indignant *adj*: **~ (at sth/with sb)** fearg fhíréin a bheith ort (faoi rud/ le duine)

indirect *adj* indíreach

indispensable *adj* riachtanach, éigeantach

individual *n* duine *m4* aonair; (*Phil*) indibhid *f2* ▷ *adj* aonair *n gen*; indibhidiúil

Indonesia *n* an Indinéis *f2*

indoor *adj* (*work*) istigh; (*swimming pool, sport etc*) faoi dhíon; **indoors** *adv* istigh, laistigh, taobh istigh; **to go indoors** dul isteach (i dteach), dul faoi theach

induce *vt* (*persuade*) cuir ina luí ar; (*bring about*) spreag, meall, aslaigh

indulge *vt* (*whim*) sásaigh; (*child*) déan peataireacht ar ▷ *vi*: **to ~ in sth** bheith tugtha do rud, luí isteach ar rud, rud a chleachtadh; **indulgent** *adj* bog, boigéiseach

industrial *adj* tionsclaíoch, tionsclaíochta *n gen*; **industrial estate** *n* eastát *m1* tionsclaíoch(ta); **industrialist** *n* tionsclaí *m4*; **industrial park** (*US*) *n* = **industrial estate**

industry *n* tionscal *m1*; (*diligence*) dícheall *m1*

inefficient *adj* neamhéifeachtach

inequality *n* éagothroime *f4*

inevitable *adj* dosheachanta, gan dul as, sa chinniúint; **inevitably** *adv* gan dul as *or* uaidh, go cinnte, go cinniúnach

inexpensive *adj* neamhchostasach, saor

inexperienced *adj* gan taithí, neamhchleachtach, aineolach, neamhoilte

infallible *adj* do-earráide

infamous *adj* míchlúiteach, mí-iomráiteach; (*shocking*) uafásach, uafáis *n gen*, millteanach; (*disgraceful*) náireach

infant *n* (*baby*) naíonán *m1*, páiste *m4*

infant school *n* naíscoil *f2*

infect *vt* galraigh, ionfhabhtaigh; **infection** *n* galrú *m*, ionfhabhtú *m*; **infectious** *adj* tógálach

infer *vt* tuig as; (*imply*) cuir i gcéill

inferior *adj* íochtarach ▷ *n* mionduine *m4*; (*in rank*) íochtarán *m1*; **~ goods** dramhaíl *fsg3*

inferiority complex *n* coimpléasc *m1* íochtaránachta, meon *m1* táirísleachta

infertile *adj* neamhthorthúil

infinite *adj* éigríochta

infinitive *n* (*Ling*) infinideach *m1*

infirmary *n* otharlann *f2*

inflamed *adj* séidte, lasta; (*Med*) athlasta

inflammation *n* gríosú *m*, lasadh *m*; athlasadh *m*

inflatable *adj* inséidte

inflate *vt* (*tyre, balloon*) séid, cuir aer i, teann; (*Comm*) boilsigh; **inflation** *n* (*Econ*) boilsciú *m*

inflict *vt*: **to ~ on** (*fine*) gearradh ar; (*damage*) déanamh ar

influence *n* tionchar *m1* ▷ *vt* téigh i bhfeidhm or i gcion ar; **to have ~ over sb** tionchar *or* comhairle a bheith agat ar dhuine; **to be under sb's ~** bheith ar chomhairle duine; **influential** *adj* tábhachtach, éifeachtach; **an influential**

person duine mór le rá, duine tábhachtach

influenza n ulpóg f2, fliú m4

influx n sní f4 isteach; (of people) plódú m isteach

inform vt: **to ~ sb of sth** rud a insint do dhuine, rud a chur in iúl do dhuine ▷ vi: **to ~ on sb** sceitheadh ar dhuine, scéala a dhéanamh ar dhuine

informal adj neamhfhoirmiúil

information n faisnéis f2, eolas m1; **information office** n oifig f2 eolais

informative adj faisnéiseach; (instructive) oiliúnach

infrastructure n bonneagar m1

infuriating adj mearaitheach; **sth ~** rud a chuireann duine le báiní or i mbarr a chéille or ar an daoraí

ingenious adj intleachtach, seiftiúil, an-chliste go deo

ingredient n comhábhar m1

inhabit vt áitigh, bheith i do chónaí i; **inhabitant** n áitritheoir m3

inhale vi tarraing isteach d'anáil ▷ vt ionanálaigh

inherent adj nádúrtha; **~ (in or to)** ó dhúchas (i)

inherit vt faigh le hoidhreacht, faigh mar oidhreacht, tar in oidhreacht + gen, tit le; **the whole family ~ed that illness** leanann an tinneas sin den teaghlach uile; **inheritance** n oidhreacht f3

inhibit vt cuir cosc or cúl ar; (Psych) urchoill; **inhibition** n cosc m1; (Psych) urchoilleadh m

initial adj tosaigh n gen, tionscantach ▷ n túslitir f, iniseal m1 ▷ vt cuir do cheannlitreacha le; **initials** npl (as signature) inisealacha mpl; **~ letters** mórlitreacha fpl bloic; **initially** adv

ar dtús, ó thosach, an chéad uair

initiate vt (start) tionscain, tosaigh, cuir tús le; **to ~ proceedings against sb** an dlí a chur ar dhuine

initiative n tionscnamh m1; **to do sth on one's own ~** rud a dhéanamh as do stuaim féin or ar do chonlán féin

inject vt insteall, cuir isteach i; (person): **to ~ sb with sth** instealladh ruda a thabhairt do dhuine; **injection** n instealladh m

injure vt gortaigh, déan díobháil or dochar do; **injured** adj gortaithe; **injury** n gortú m; **injury time** n (Sport) am m3 cúitimh

injustice n éagóir f3

ink n dúch m1

inland adj intíre n gen ▷ adv faoin tír

in-laws npl gaolta mpl cleamhnais

inmate n (in prison) cime m4; (in asylum) cónaitheoir m3

inn n teach m ósta, teach iostais

inner adj inmheánach, istigh

innocent adj neamhchiontach, gan choir; (harmless) neamhurchóideach; (naive) soineanta

in-patient n othar m1 cónaitheach

input n (also Comput) ionchur m1

inquest n ionchoisne m4; **(coroner's) ~** coiste m4 cróinéara

inquire vi, vt fiafraigh, fiosraigh; **to ~ about sb/sth** fiafraí a dhéanamh faoi dhuine/rud; **to ~ after sb** tuairisc duine a chur, duine a fhiafraí; **inquiry** n fiafraí m, ceist f2; (investigation) fiosrúchán m1

insane adj: **to be ~** bheith as do mheabhair, mearadh a bheith ort

insanity n mire f4, gealtacht f3

insect n feithid f2

insecure adj neamhdhaingean, éadaingean

insensitive adj neamh-
mhothálach, dúr, fuarchroíoch; **to
be ~ to** gan beann a bheith agat ar
insert vt (also Typ, Comput) ionsáigh,
cuir isteach
inside n taobh m1 istigh ▷ adj istigh,
laistigh ▷ adv (be) istigh; (go)
isteach ▷ prep istigh i; (of time):
~ 10 minutes taobh istigh de 10
nóiméad; **insides** npl (inf)
ionathar msg1, inní mpl4; **inside
lane** n (Aut) lána m4 istigh; **inside
out** adv droim ar ais; **he knows it
inside out** tá sé ar bharr a theanga
aige
insight n géarchúis f2, léirstean f2;
(glimpse, idea) léargas m1, léaró m4,
léas m1
insignificant adj
neamhthábhachtach,
neamhshuimiúil, gan tábhacht;
(paltry) suarach
insincere adj éigneasta, nach bhfuil
ar do chroí; (lying) bréagach, bréige
n gen; (dishonest) mí-ionraic
insist vi: **to ~ on sth** seasamh ar
rud; **to ~ that** dearbhú go,
maíomh go; **insistent** adj
seasmhach, teann, ceartaiseach;
(dogged) dígeanta
insomnia n neamhchodladh m,
easuan m1
inspect vt iniúch, scrúdaigh, déan
cigireacht ar; **inspection** n
iniúchadh m, scrúdú m, cigireacht
f3; **inspector** n cigire m4
inspiration n inspioráid f2; **inspire**
vt spreag
install vt cuir isteach; (instate)
insealbhaigh; (fit) suiteáil;
installation n (fitting) suiteáil f3;
(military, industrial) bunáit f2; (of
bishop) insealbhú m
instalment (US **installment**) n

glasíoc m3, glasíocaíocht f3; (Comm,
credit) tráthchuid f3; **in ~s** (pay) ina
ghálaí, ina ghlasíocaí
instance n cás m1, sampla m4; **for ~**
cuir i gcás, mar shampla; **in the
first ~** ar an gcéad dul síos
instant n meandar m1, nóiméad m1
▷ adj láithreach; (coffee, food)
gasta, ar an toirt; **instantly** adv
láithreach bonn, ar an toirt, lom
láithreach
instead adv ina áit; **~ of** in áit + gen,
i leaba + gen, in ionad + gen
instinct n dúchas m1, instinn f2;
instinctive adj dúchasach,
instinneach
institute n institiúid f2 ▷ vt
bunaigh; (inquiry) tionscain
institution n institiúid f2
instruct vt múin, teagasc,
foghlaim; **to ~ sb in sth** rud a
mhúineadh do dhuine; **to ~ sb to
do sth** ordú a thabhairt do dhuine
rud a dhéanamh; **instruction** n
múineadh m, teagasc m1, foghlaim
f3; **instructions** npl (orders)
orduithe mpl; **instructions (for
use)** treoracha fpl (úsáide);
instructor n teagascóir m3,
múinteoir m3
instrument n uirlis f2, gléas m1,
ionstraim f2; **instrumental** adj
(music) uirlise n gen; **to be
instrumental in** bheith ina chúis
le
insufficient adj easpach,
easnamhach, neamhleor
insulate vt inslaigh; (against heat)
teasdíon; (against sound)
fuaimdhíon; **insulation** n insliú m;
(against heat) teasdíonadh m;
(against sound) fuaimdhíonadh m
insulin n inslin f2
insult n masla m4, tarcaisne f4 ▷ vt

maslaigh, tabhair masla do
insurance n árachas m1; **fire/life ~**
árachas tine or dóiteáin/saoil;
insurance policy n polasaí m4
árachais
insure vt cuir árachas ar, cuir faoi
árachas; **to ~ (o.s.) against** (fig) tú
féin a chosaint ar
intact adj slán, iomlán
intake n tógáil f3 isteach; (of food,
fluid) ionghabháil f3; (of oxygen)
iontógáil f3; (Scol) **an ~ of 200 a
year** glacadh m isteach de 200 sa
bhliain
integral adj (part) riachtanach;
(Math) suimeálach
integrate vi, vt comhtháthaigh,
iomlánaigh; (Math) suimeáil
intellect n intleacht f3, éirim f2
(aigne); **intellectual** adj, n
intleachtach m1
intelligence n intleacht f3; (Mil etc)
faisnéis f2
intelligent adj intleachtúil, cliste,
éirimiúil
intend vt (gift etc): **the parcel was
~ed for her** is chuicse a bhí an
beartán ceaptha; **to ~ to do sth**
bheith ag brath rud a dhéanamh, é
a bheith ar intinn or ar aigne agat
rud a dhéanamh
intense adj dian, díochra, tréan,
fíor-; (look) géar; (person)
díocasach, díograiseach
intensive adj dian, dian-, tréan;
intensive care unit n aonad m1
dianchúraim
intent n intinn f2, aigne f4, rún m1;
to all ~s and purposes ach sa
bheag, nach beag, ionann is; **to be
~ on doing sth** bheith meáite ar
rud a dhéanamh, rún daingean a
bheith agat rud a dhéanamh
intention n rún m1, intinn f2, aigne

f4; **she had no ~ of doing it** ní
raibh lá rúin aici é a dhéanamh; **it
is my ~ to ...** is rún dom ..., tá sé ar
intinn agam; **intentional** adj
d'aon turas, d'aon ghnó
interact vi imoibrigh; **interactive**
adj (also Comput) idirghníomhach
interchange n (exchange) malartú
m; (on motorway) crosbhealach m1
intercom n idirchum m4, gléas m1
idirchumarsáide
intercourse n caidreamh m1; (also:
sexual ~) caidreamh collaí,
comhriachtain f3
interest n spéis f2, suim f2;
(pastime): **my main ~** an caitheamh
m1 aimsire is mó agam; (Comm) ús
m1 ▷ vt: **music doesn't ~ her** níl
aon spéis sa cheol aici; **to be ~ed in
sth** spéis a bheith agat i rud; **I am
~ed in going** ba mhaith liom dul;
interesting adj spéisiúil, suimiúil;
interest rate n ráta m4 úis
interface n (Comput) comhéadan
m1
interfere vi: **to ~ in** (other people's
business) do ladar a chur i; **to ~
with** (object) baint do; (plans) cur
isteach ar; **interference** n cur m1
isteach; (Radio, TV) trasnaíocht f3
interim adj eatramhach ▷ n: **in the
~** idir an dá linn, san eatramh, san
idirlinn
interior n taobh m1 istigh ▷ adj
inmheánach, intíre n gen
intermediate adj idirmheánach;
(Scol, course, level) meán-
intermission n sos m3
intern vt cuir i gcampa géibhinn,
imtheorannaigh ▷ n (US) ábhar m1
dochtúra
internal adj inmheánach
international adj idirnáisiúnta
internet n: **the ~** an tIdirlíon m1, an

tIdirghréasán m1; **internet café** n caife m4 idirlín

interpret vt bain ciall as, ciallaigh, mínigh; (Tech) léirléigh; (Comput) léirmhínigh ▷ vi bheith ag teangaireacht, teangaireacht a dhéanamh; **interpreter** n teangaire m4, ateangaire m4; **to act as interpreter (for)** teanga a dhéanamh (do)

interrogate vt ceistigh, cuir ceastóireacht ar; **interrogation** n ceistiú m, ceastóireacht f3

interrupt vt, vi trasnaigh; (in conversation) téigh roimh, cuir isteach ar, bris isteach ar; (work) cuir isteach ar; (Comput) idirbhris; **interruption** n cur m1 isteach, briseadh m isteach

intersection n (of roads) crosbhealach m1; (Tech) trasnú m

interval n aga m4, sos m3, spás m1; (Theat) eadarlúid f2; (Sport) sos; (Mus) idirchéim f2; **at ~s** ó am go ham, ó am go chéile

intervene vi (person) déan idirghabháil; (event) tar idir; (time): **two months ~d** bhí dhá mhí d'achar eatarthu

interview n agallamh m1 ▷ vt cuir agallamh ar, cuir faoi agallamh; **interviewer** n agallóir m3

intimate adj dlúth, dlúth-; (knowledge) mion- ▷ vt (hint) tabhair le fios; **to be on ~ terms with sb** bheith mór le duine

into prep isteach i, i; **the vase broke ~ pieces** bhris an vása ina phíosaí; **translate the poem ~ Irish** cuir Gaeilge ar an dán; **a study ~ cancer** grinnstaidéar ar an ailse; **she's ~ astrology** tá dúil aici san astralaíocht; **he's well ~ his fifties** tá sé anonn go maith sna

caogaidí; **four ~ seven won't go** níl seacht inroinnte ar a ceathair; **the cost will run ~ millions** beidh costas na milliún euro air

intolerant adj **~ (of)** éadulangach (ar)

intransitive (Ling) adj neamhaistreach

intricate adj casta, imchasta, achrannach

intrigue n cealg f2, uisce m4 faoi thalamh ▷ vt múscail spéis ag; **intriguing** adj an-spéisiúil, inspéise

introduce vt tionscain, tabhair isteach; (TV show) cuir i láthair; (people to each other) cuir in aithne dá chéile; **to ~ sb to** (pastime, technique) eolas + gen a thabhairt do dhuine, duine a chur ar an eolas faoi; **introduction** n tionscnamh m1; (to person) cur m1 in aithne; (in book) réamhrá m4, intreoir f; **introductory** adj réamh-

intrude vi: **to ~ on** (conversation etc) cur isteach ar; **intruder** n foghlaí m4; (gatecrasher) stocaire m4

intuition n iomas m1

invade vt déan ionradh ar

invalid n easlán m1 ▷ adj (not valid) neamhbhailí

invaluable adj fíorluachmhar

invariably adv de shíor, i gcónaí, go buan

invent vt cum, ceap, airg; (discover) fionn; **invention** n aireagán m1, fionnachtain f3; **inventor** n aireagóir m3, cumadóir m3; (discoverer) fionnachtaí m4

inventory n liosta m4, fardal m1

inverted commas npl uaschamóga fpl2, camóga fpl2 inbhéartaithe

invest vt infheistigh ▷ vi: **to ~ in**

sth infheistiú i

investigate vt (*crime etc*) fiosraigh; **investigation** n (*of crime*) fiosrú m

investment n infheistíocht f3

investor n infheisteoir m3

invisible adj dofheicthe

invitation n cuireadh m

invite vt tabhair cuireadh do, cuir cuireadh ar; (*opinions etc*) iarr; **were you ~d?** an ndeachaigh cuireadh ort?, an bhfuair tú cuireadh?; **inviting** adj tarraingteach

invoice n sonrasc m1

involve vt (*concern*) bain le; (*associate*): **to ~ sb (in)** duine a tharraingt isteach (i); **it would ~ money** bheidh airgead i gceist; **involved** adj (*complicated*) casta; **to be involved in** bheith gafa i, baint a bheith agat le; **involvement** n: **involvement (in)** baint f2 (le); (*enthusiasm*) bá f4 (le)

inward adj (*thought, feeling*) inmheánach; (*movement*) isteach (i)

inward, inwards adv isteach

iPod® n iPod® m

Iran n an Iaráin f2

Iraq n an Iaráic f2

Ireland n Éire f; **she went to ~** chuaigh sí go hÉirinn; **in ~** in Éirinn; **the people of ~** pobal na hÉireann

iris n (*eye*) imreasc m1; (*plant*) feileastram m1

Irish adj Éireannach, Gaelach ▷ n (*Ling*) Gaeilge f4 ▷ npl: **the ~** na hÉireannaigh mpl, na Gaeil mpl; **~ speaker** Gaeilgeoir m3; **Irish-American** adj, n Gael-Mheiriceánach m1; **Irish coffee** n caife m4 gaelach; **Irishman** n Éireannach m1, Gael

m1; **Irish Republic** n: **the Irish Republic** Poblacht f3 na hÉireann; **Irish Sea** n: **the Irish Sea** Muir f3 Éireann; **Irishwoman** n Éireannach m1 (mná), Gael m1

iron n iarann m1 ▷ cpd iarainn n gen; (*fig*) crua ▷ vt (*clothes*) iarnáil; **iron out** vt (*fig*) réitigh

ironic, ironical adj íorónta

ironing n iarnáil f3; **ironing board** n bord m1 iarnála

irony n íoróin f2

irrational adj neamhréasúnach

irregular adj mírialta, neamhrialta; (*surface*) éagothrom

irrelevant adj neamhábhartha; **it's completely ~** ní bhaineann sé le hábhar ar chor ar bith

irresistible adj (*temptation*) dochloíte; (*alluring*) meallacach, draíochtach

irresponsible adj (*act*) meargánta; (*person*) gan stuaim, ar bharr na gaoithe; (*talk*) ráscánta

irrigation n uisciú m

irritable adj gairgeach, colgach; **to become ~ with** éirí feargach or colgach le

irritate vt cuir tochas i, cuir fearg or colg ar, greannaigh; (*goad*) griog; (*Med*) greannach; **irritating** adj bearránach, bambairneach; **irritation** n fearg f2, mothú m feirge; (*irritant*) crá m4, ciapadh m; (*minor*) griogadh m

Islam n Ioslamachas m1; **Islamic** adj Ioslamach

island n oileán m1, inis f2; **islander** n oileánach m1

isle n inis f2; **Isle of Man** n Oileán m Mhanann

isolated adj aonarach, aonraithe; (*Med*) leithliseach; (*place*) iargúlta, cúlriascúil, scoite (amach)

isolation n uaigneas m1, aonrú m; (Med) leithlis f2
ISP n abbr (Comput: = internet service provider) ISP
Israel n Iosrael m4; **Israeli** adj, n Iosraelach m1
issue n ceist f2; (of book) foilsiú m; (of banknotes etc) eisiúint f3; (of newspaper etc) eagrán m1; (offspring) sliocht m3 ▷ vt (books) foilsigh; (rations) tabhair amach; (statement, notes) eisigh; **at ~** i gceist, faoi chaibidil; **to take ~ with sb (over)** dul i ngleic le duine (faoi), easaontú le duine (faoi)
IT abbr (= information technology) teicneolaíocht f3 an eolais

 KEYWORD

it pron **1** (specific: subject) sé, sí; (with copula) é, í; (: direct object) é, í; (: indirect object) dó, di etc; **it's on the table** tá sé ar an mbord; **about/from/out of it** faoi/uaidh/as; **I spoke to him about it** labhair mé leis faoi; **what did you learn from it?** céard a d'fhoghlaim tú uaidh?; **I'm proud of it** tá bród orm as; **in/towards it** ann, chuige; **put the book in it** cuir an leabhar ann; **he agreed to it** d'aontaigh sé leis; **did you go to it?** (party, concert etc) an ndeachaigh tú air or uirthi?; **after it** (masculine) ina dhiaidh
2 (impersonal) sé; **it's raining** tá sé ag cur; **it's Friday tomorrow** amárach an Aoine; **it's 6 o'clock** tá sé a sé a chlog; **it's half past six** tá sé leath i ndiaidh or tar éis a sé; **who is it? — it's me** cé atá ann? — mise

Italian adj, n Iodálach m1; (Ling) Iodáilis f2
italics npl cló m4 iodálach
Italy n an Iodáil f2
itch n tochas m1 ▷ vi (person) tochas a bheith i; **I'm ~ing to go** táim ar bís le dul; **itchy** adj tochasach; **to be itchy** tochas a bheith ionat
item n mír f2; (also: **news ~**) mír f2 nuachta
itinerary n cúrsa m4 taistil, plean m4 turais or aistir
its adj a; (masculine) a chuid + gen; (feminine) a cuid + gen
itself pron (reflexive: masculine) sé/é féin; (: feminine) sí/í féin; **it's washing ~** tá sé á ní féin
ivory n eabhar m1
ivy n eidhneán m1

J

jab vt: **to ~ sth into** rud a shá isteach i ▷ n (inf: injection) instealladh m

jack n (Aut) seac m1, crann m1 ardaithe; (Cards) cuireata m4; **jack up** vt: **to ~ up a car** carr a chrochadh le seac

jacket n casóg f2, seaicéad m1; (of book) clúdach m1

jackpot n an pota m4 óir, an duais f2 mhór

jagged adj eangach; (blade, mountain) mantach; (stone) spiacánach

jail n príosún m1, carcair f ▷ vt cuir i bpríosún

jam n subh f2; (also: **traffic ~**) plódú m tráchta ▷ vt brúigh, sac, pulc, ding ▷ vi téigh i bhfostú, greamaigh; **to be in a ~** (inf) bheith i sáinn or i bponc

jammed adj stoptha, greamaithe, i bhfostú, pulctha

janitor n doirseoir m3

January n Eanáir m4

Japan n an tSeapáin f2; **Japanese** adj, n Seapánach m1; (Ling) Seapáinis f2

jar n crúsca m4, próca m4, searróg f2; (small) crúiscín m4

jargon n béarlagair m4

javelin n ga m4, bonsach f2

jaw n giall m1

jazz n snagcheol m1

jealous adj éadmhar; **to be ~ (of sb)** bheith in éad (le duine), éad a bheith ort (le duine); **jealousy** n éad m3, formad m1

jeans npl bríste msg4 géine or deinim

jeep® n jíp m4

jelly n glóthach f2; **jellyfish** n smugairle m4 róin

jerk n sracadh m1, tarraingt f thobann; (inf: idiot) prioll f2 ▷ vt (pull) srac, tarraing go tobann ▷ vi (vehicles) preab, léim

jersey n (pullover) geansaí m4

Jesus n Íosa m4

jet n (gas, liquid) scaird f2; (Aviat) scairdeitleán m1; **jet lag** n tuirse f4 aerthaistil

jetty n lamairne m4, caladh m1 cuain

Jew n Giúdach m1

jewel n seoid f2; **jeweller** (US **jeweler**) n seodóir m3; **jeweller's, jeweller's shop** n siopa m4 seodóra; **jewellery** (US **jewelry**) n seodra m4; (business) seodóireacht f3

Jewish adj Giúdach

jig n (Dance, Mus) port m1

jigsaw n (saw) preabshábh m1; (also: **~ puzzle**) (tomhas) míreanna fpl2 mearaí

jingle n (for advert) deilín m4
job n jab m4, tasc m1, post m1; **it's a good ~ that ...** is mór an gar go ...; **that's just the ~!** sin é díreach atá ag teastáil!; **job centre** n malartán m1 fostaíochta; **jobless** adj dífhostaithe, díomhaoin
jockey n jacaí m4, marcach m1
jog vt (nudge) tabhair broideadh do ▷ vi (Sport) bheith ar bogshodar; **to ~ sb's memory** cuimhne duine a spreagadh, rud a chur i gcuimhne do dhuine; **jogging** n bogshodar m1
join vt (become member of) téigh i, cláraigh le; (queue, army, police) téigh sa; (person) tar le, téigh i gcomhar le; (put together): **to ~ sth to sth** rud a cheangal de rud; **to ~ things together** rudaí a cheangal or a nascadh or a shnaidhmeadh le chéile ▷ vi (roads, rivers) tar le chéile ▷ n ceangal m1, nasc m1; **join in** vi, vt glac páirt i
joiner n siúinéir m3
joint n alt m1, siúnta m4; (Culin) spóla m4; (of cannabis) rífear m1 ▷ adj comh-, comhpháirteach; **out of ~** as alt; **joint account** n comhchuntas m1
joke n magadh m1, cúis f2 gháire, scéal m1 grinn; (also: **practical ~**) cleas m1, bob m4, grealltóireacht f3 ▷ vi: **you're joking!** ag magadh atá tú!; **to play a ~ on** cleas a imirt ar, bob a bhualadh ar; **to ~ about sb/sth** magadh a dhéanamh faoi rud/dhuine; **what a ~!** cúis gháire chugainn!; **joker** n áilteoir m3; (Cards) fear m1 na gcrúb
jolly adj aigeanta, meidhreach; (pleasant) pléisiúrtha, suairc, suáilceach; **~ good** maith go leor, tá go maith

jolt n stangadh m, croitheadh m, preab f2 ▷ vt croith, preab
Jordan n an Iordáin f2
journal n iris f2, nuachtán m1; **journalism** n iriseoireacht f3, nuachtóireacht f3; **journalist** n iriseoir m3, nuachtóir m3
journey n turas m1, aistear m1
joy n gliondar m1, áthas m1, lúcháir f2; **joystick** n (Aviat, Comput) luamhán m1 stiúrtha
judge n (Law) breitheamh m1; (Sport etc) moltóir m3 ▷ vt meas; (Law) tabhair breith ar; (Sport etc) meas, déan moltóireacht ar
judgement, judgment n breithiúnas m1, breith f2
judo n júdó m4
jug n crúsca m4, crúiscín m4
juggle vi déan lámhchleasaíocht; **juggler** n lámhchleasaí m4
juice n sú f4; **juicy** adj súmhar
July n Iúil m4
jumble n manglam m1, meascán m1 ▷ vt (also: **~ up**) measc, cuir trí chéile; **jumble sale** n reic m3 manglaim
jumbo, jumbo jet n (scairdeitleán) jumbó m4
jump vt, vi léim, éirigh, téigh in airde de gheit ▷ n léim f2
jumper n (Brit: pullover) geansaí m4; (US: dress) gúna m4
jump leads npl sreanga fpl2 dúisithe
junction n (of roads) gabhal m1
June n Meitheamh m1
jungle n mothar m1, dufair f2
junior n sóisear m1 ▷ adj sóisearach; **he's 2 years my ~, he's my ~ by 2 years** tá dhá bhliain agam air; **he's my ~** (in rank) tá sé níos sóisearaí ná mé; **junior school** n scoil f2 shóisearach

junk n (rubbish) bruscar m1; (cheap goods) mangarae m4, mangaisíní fpl4

junkie (inf) n andúileach m1 drugaí

junk mail n dramhphost m1

Jupiter n (planet) lúpatar m1

jury n giúiré m4

just adj cóir ▷ adv: **he had ~ done it** ní mó ná go raibh sé déanta aige; **~ right** go díreach, i gceart; **she's ~ as clever as you** tá sí lán chomh cliste leatsa; **it's ~ as well!** ní fearr ar bith é!; **it's ~ as well that ...** is maith an rud é go ...; **~ as he was leaving** go díreach agus é ag imeacht; **~ before it** go díreach roimhe; **it's ~ me** níl ann ach mé féin; **it's ~ a mistake** níl ann ach meancóg; **~ listen to this!** éist leis seo anois!

justice n ceart m1, cóir f3; (also: **J~ of the Peace**) breitheamh m1, giúistís m4

justify vt (Comput) comhfhadaigh; **to ~ an action** gníomh a chosaint

jut vi (also: **~ out**) gob amach

juvenile adj óigeanta, óg-; (court, books) don aos óg ▷ n ógánach m1, aosánach m1

kangaroo n cangarú m4

karate n karaté m4

Kazakhstan n an Chasacstáin f2

kebab n kebab m4

keel n cíle f4; **on an even ~** (fig) seasmhach, socair; (business etc) ar snámh

keen adj díograiseach, díocasach; (intellect, competition) géar; (eye) géar, grinn; (interest, desire) mór, ard-, an-; (wind) géar, feanntach; **to be ~ on sth** dúil mhór a bheith agat i rud; **~ edge** faobhar m1

keep vt (retain, preserve, detain) coinnigh, coimeád; (rules) comhlíon; (promise, word) cuir le ▷ vi (remain: quiet etc) fan; (food) seas ▷ n (of castle) daingean m1; (food etc): **enough for his ~** riar m4 a cháis; (inf): **for ~s** go buan, ar buanchoinneáil; **to ~ doing sth** leanúint de rud; **to ~ sb from**

doing sth duine a bhacadh ar rud a dhéanamh; **to ~ sb happy/a place tidy** duine a shásamh/slacht a choinneáil ar áit; **to ~ sth to o.s.** rud a choinneáil agat féin; **to ~ sth (back) from sb** rud a cheilt ar dhuine; **to ~ time** (clock) bheith ar an am; **well kept** slachtmhar, néata; **keep on** vi coinnigh le; **he kept on walking** shiúl sé leis; **don't ~ on about it!** lig dúinn leis!; **keep out** vt coinnigh amach; **keep up** vt coinnigh suas, coinnigh in airde; (continue with) lean le ▷ vi: **to ~ up with sb** coinneáil suas le duine, cos a choinneáil le duine, bheith céim ar chéim le duine; (in work etc) **~ up the good work** lean ort leis an dea-obair!; **~ it up!** coinnigh leis!; **keeper** n coimeádaí m4; **keep-fit** n aclaíocht f3; **keeping** n: **in keeping with** ag cur le, ag teacht le, de réir + gen; **in safe keeping** ar lámh shábhála
kennel n conchró m4
Kenya n an Chéinia f4
kerb n colbha m4 cosáin
Kerry n Ciarraí f4
ketchup n citseap m1
kettle n citeal m1
key n (gen) eochair; (Mus) gléas m1 ▷ cpd eochair- ▷ vt (also: **~ in**) eochraigh isteach, buail isteach; **keyboard** n eochairchlár m1, méarchlár m1; **keyhole** n poll m1 eochrach; **keyring** n fáinne m4 eochracha; **keystroke** n (Comput) eochairbhuille m4
kick vt, vi ciceáil, speach ▷ n cic m4, speach f2; (thrill) **he does it for ~s** mar mhaithe leis an spórt a dhéanann sé é; **to ~ the habit** (inf) éirí as an nós; **kick off** vi (Sport) tosaigh

kid n (inf: child) páiste m4, leanbh m1, tachrán m1; (goat) meannán m1; (leather) meannleathar m1 ▷ vi (inf) bheith ag magadh; **to ~ o.s. that** samhlú chugat féin go
kidnap vt fuadaigh; **kidnapping** n fuadach m1
kidney n (Anat) duán m1
Kildare n Cill f Dara
Kilkenny n Cill f Chainnigh
kill vt maraigh ▷ n (act) marú m; **killer** n marfóir m3; **killing** n marú m; **to make a killing** (inf) brabús maith a dhéanamh
kiln n áith f2
kilo n cileagram m1; **kilobyte** n (Comput) cilibheart m1; **kilogram, kilogramme** n cileagram m1; **kilometre** (US **kilometer**) n ciliméadar m1; **kilowatt** n cileavata m4
kilt n filleadh m1 beag
kin n see **next-of-kin**
kind adj cineálta, lách, caoin ▷ n cineál m1, sórt m1, saghas m1; (race) cine m4; **they are two of a ~** alt d'aon mhuinéal an dís; **to pay sb back in ~** comaoin or tomhas a láimhe féin a thabhairt do dhuine
kindergarten n naíscoil f2
kindly adj cineálta, lách, nádúrtha ▷ adv go cineálta; **will you ~ ...!** ar mhiste leat ...!
kindness n cineáltas m1; **to do sb a ~** cineál a dhéanamh ar dhuine, gar a dhéanamh do dhuine
king n rí m4; **kingdom** n ríocht f3, flaitheas m1; **kingfisher** n cruidín m4
kiosk n both f3
kipper n scadán m1 leasaithe
kiss n póg f2 ▷ vt póg; **to ~ (each other)** póg a thabhairt (dá chéile); **to blow (sb) a ~** póg a chaitheamh

(chuig duine); **kiss of life** n análú m tarrthála

kit n trealamh m1, fearas m1, feisteas m1

kitchen n cistin f2

kite n (toy) eitleog f2

kitten n puisín m4, piscín m4

kitty n (money) leac f2, carnán m1

knack n: **to have the ~ of doing sth** sás a dhéanta a bheith agat

knee n glúin f2; **kneecap** n capán m1 glúine, pláitín m4 glúine

kneel vi (also: **~ down**) dul ar do ghlúine, sléacht

knickers npl brístín msg4

knife n scian f2

knight n ridire m4

knit vt cniotáil; **knitting** n cniotáil f3; **knitting needle** n biorán m1 cniotála, dealgán m1; **knitwear** n éide f4 chniotáilte

knob n cnap m1; (on door) murlán m1; (of butter) meall m1

knock vt cnag, buail; (bump into) buail in éadan + gen, buail faoi ▷ vi (at door etc): **to ~ at** or **on** cnagadh ar, bualadh ar, cnag a bhualadh ar ▷ n cnag m1, buille m4; **knock down** vt leag; **knock off** vi (inf: finish) scoir den obair ▷ vt (from price) bain de; (inf: steal) sciob; **knock out** vt leag amach, sín, cnag, cuir néal i; (Boxing): **to ~ sb out** duine a leagan amach or a shíneadh; (of competition) cuir as or amach; **knock over** vt leag

knot n snaidhm f2 ▷ vt snaidhm

know vt (information): **I ~ that** tá a fhios sin agam, tá sin ar eolas agam; (person): **I ~ her** tá aithne agam uirthi; (place): **I ~ Belfast** tá mé eolach ar Bhéal Feirste; **I ~ how to drive/swim** tá tiomáint/ snámh agam; **she ~s about** or **of**

tá sí ar an eolas faoi; **I ~ about** or **of him** tá a fhios agam é; **do you ~ the way?** an bhfuil fios or eolas an bhealaigh agat?; **to ~ sb by sight** aithne shúil a bheith agat ar dhuine; **to ~ what's what** fios do ghnóthaí a bheith agat; **as far as I ~** ar feadh m'eolais, go bhfios dom; **how do you ~?** cá bhfios duit?; **God only ~s!** ag Dia atá a fhios; **know-all** (pej) n saoithín m4; **know-how** n saineolas m1, fios m3 gnóthaí; **knowing** adj (look etc) eolach ▷ n: **there's no knowing** níl a fhios, ní fios; **knowingly** adv (intentionally) d'aon turas; (look) go heolach

knowledge n eolas m1, fios m3; **it's common ~ that ...** tá a fhios ag an saol (mór) go ...; **knowledgeable** adj eolach

knuckle n alt m1

Koran n Córan m4

Korea n an Chóiré f4; **North/South ~** an Chóiré Thuaidh/Theas

kosher adj: **~ food** bia coisir

Kosovo n an Chosaiv f2

label n lipéad m1 ▷ vt cuir lipéad ar, lipéadaigh

labor (US) n = **labour**

laboratory n saotharlann f2

labour (US **labor**) n (work) saothar m1, obair f2; (workforce) lucht m3 oibre ▷ vi: **to ~ (at)** bheith ag obair go dian (ar) ▷ vt: **to ~ the point** seanbhailéad a dhéanamh den scéal; **in ~** (Med) i luí seoil, i dtinneas clainne; **L~, the L~ party** Páirtí an Lucht Oibre; **labourer** n oibrí m4, saothraí m4; **farm labourer** oibrí feirme

lace n lása m4; (of shoe etc) iall f2, barraill f2 ▷ vt (shoe: also: **~ up**) ceangail

lack n easnamh m1, easpa f4 ▷ vt: **he ~s experience** tá easpa taithí air; **through** or **for ~ of** (de) cheal + gen; **to be ~ing** bheith easnamhach; **to be ~ing in sth** easpa ruda a bheith ort, bheith in easnamh ruda, rud a bheith in easnamh ort

lacquer n laicear m1

lad n buachaill m3, leaid m4, stócach m1

ladder n dréimire m4; (in tights) roiseadh m

ladle n ladar m1, liach f2

lady n bean f uasal; (in address): **ladies and gentlemen** a dhaoine uaisle; **young ~** ógbhean f; (married) bean f phósta; (title) bantiarna f4; **the ladies' (room)** leithreas m1 na mban; **ladybird** (US **ladybug**) n bóín f4 Dé

lag n moill f2, moilliú m, aga m4 moille ▷ vi (also: **~ behind**) moilligh; (fig) bheith chun deiridh ▷ vt (pipes) fálaigh

Lagan n: **the (river) ~** Abhainn f an Lagáin

lager n lágar m1

lagoon n murlach m1

laid-back (inf) adj luite siar

lake n loch m3

lamb n (animal) uan m1; (meat) uaineoil f3; **lamb chop** n gríscín m4 uaineola

lame adj bacach

lament n caoineadh m, marbhna m4 ▷ vt caoin

lamp n lampa m4, lóchrann m1; **lamppost** n lóchrann m1 sráide; **lampshade** n scáthlán m1 lampa

land n talamh m1 or f; (country) tír f2; (estate) fearann m1 ▷ vi landáil; (Aviat) landáil, luigh, tuirling, téigh or tar i dtír ▷ vt (passengers, goods) cuir i dtír; **to ~ sb with sth** (inf) rud a chur ar dhuine; **land up** vi: **we eventually ~ed up in Cork** casadh faoi dheireadh muid i gCorcaigh; **landing** n (Aviat) tuirlingt f2; (of *staircase*) léibheann *m1*, ceann *m1* staighre; (*of troops*) teacht *m3* i dtír; **landlady** *n* (*of house*) bean f lóistín, bean tí; (*of pub*) bean ósta, bean tí; **landline** *n* líne *f4* thalún; **landlord** *n* tiarna *m4* talaimh *or* talún; (*of pub etc*) fear *m1* tábhairne; **landmark** *n* sprioc *f2*; (*fig*) rud a bhfuil tábhacht ar leith ag baint leis; **landowner** *n* úinéir *m3* talaimh; **landscape** *n* tírdhreach *m3*; **landslide** *n* (*Geog*) maidhm *f2* thalún; **landslide victory** (*fig, Pol*) bua *m4* caoch, bua maidhme

lane *n* (*in country*) bóithrín *m4*, cabhsa *m4*; (*Aut, in race*) lána *m4*

language *n* teanga *f4*; **bad ~** droch-chaint *f2*; **language laboratory** *n* teanglann *f2*, saotharlann *f2* teanga

lantern *n* lóchrann *m1*

Laois *n* Laois *f2*

Laos *n* Laos *m4*

lap *n* (*of track*) cuairt *f2*; (*of body*): **in** *or* **on one's ~** i d'ucht *m3* ▷ *vt* (*also:* **~ up**) leadhb siar ▷ *vi* (*waves*) bheith ag lapadaíl *or* ag slaparnach; **lap up** *vt* (*fig*) slog siar

lapel *n* bóna *m4*, lipéad *m1*

lapse *n* earráid *f2*; (*in behaviour*) dearmad *m1* ▷ *vi* (*Law*) téigh i ndímrí; (*contract*) téigh as feidhm, téigh i léig; **to ~ into bad habits** titim chun drochnósanna; **~ of time** imeacht aimsire

laptop, laptop computer *n* (*Comput*) ríomhaire *m4* glúine

lard *n* blonag *f2*

larder *n* lardrús *m1*

large *adj* mór, toirtiúil; **at ~** (*free*) saor; *see also* **by**; **largely** *adv* den chuid is mó, ar an mórchóir; **large-scale** *adj* mór, ar mhórscála; (*production*) ar an mórchóir

lark *n* (*bird*) fuiseog *f2*; (*joke*) cleas

m1, spórt *m1*; **to ~ about** *vi* bheith ag pleidhcíocht

laryngitis *n* laraingíteas *m1*

laser *n* léasar *m1*; **laser printer** *n* léasarphrintéir *m3*

lash *n* lasc *f2*; (*also:* **eye~**) fabhra *m4* ▷ *vt* (*whip*) lasc, stiall; (*tie*) ceangail; **lash out** *vi*: **to ~ out at** *or* **against** iarraidh de bhuille a thabhairt ar

lass *n* cailín *m4*

last *adj* deireanach, déanach ▷ *adv* ar deireadh; (*finally*) faoi dheireadh ▷ *vi* mair; **~ week** an tseachtain seo caite; **~ night** (*evening*) tráthnóna aréir; (*night*) aréir; **~ year** anuraidh; **at ~** faoi dheireadh; **~ but one** leathdheiridh, leathdheireanach; **and ~ but not least** agus an meall is mó ar deireadh; **to make sth ~** fad a bhaint as rud; **lastly** *adv* (*in list*) ar deireadh thiar; (*talk, oration*) mar fhocal scoir; **last-minute** *adj* ar an nóiméad deireanach

latch *n* laiste *m4*

late *adj* (*not on time*) mall, déanach; (*former*) iar-; (*dead*) nach maireann ▷ *adv* (*go*) déanach, (*go*) mall; **of ~** ar na mallaibh, le déanaí; **in ~ May** i ndeireadh na Bealtaine; **the ~ Mr O'Donnell** an tUasal Ó Dónaill nach maireann; **latecomer** *n* straigléir *m3*, leastar *m1*; **lately** *adv* le déanaí, ar na mallaibh, ó chianaibh; **later** *adj* (*date etc*) níos moille; (*version etc*) níos déanaí ▷ *adv* níos moille; **later on** idir sin is tráthas, ar ball; **latest** *adj* is déanaí; **at the latest** ar a dhéanaí

lather *n* sobal *m1* ▷ *vt* cuir sobal ar

Latin *n* Laidin *f2* ▷ *adj* Laidineach; **Latin America** *n* Meiriceá *m4* Laidineach; **Latin American** *adj* Meiriceánach Laidineach

latitude n domhanleithead m1; (*freedom*) saoirse f4, scóip f2

latter adj deireanach ▷ n: **the ~** an ceann deireanach a luaidh

laugh n gáire m4 ▷ vi déan gáire; **to make sb ~** gáire a bhaint as duine; **to stop o.s. from ~ing** cluain a chur ar na gáirí; **to ~ sth off** cuid ghrinn a dhéanamh de rud; **laugh at** vt fus bheith ag gáire faoi; **laughter** n gáire m4

launch n lainse f4; (*motorboat*) mótarbhád m1 ▷ vt (*boat*) lainseáil; (*missile*) scaoil, teilg; (*book*) seol, lainseáil

Launderette® n neachtlainnín f4

Laundromat® (*US*) n neachtlainnín f4

laundry n (*clothes*) níochán m1; (*business*) neachtlann f2; (*room*) seomra m4 níocháin

lava n laibhe f4

lavatory n leithreas m1

lavender n labhandar m1

lavish adj (*amount*) fial ▷ vt: **to ~ sth on sb** rud a thabhairt go fial do dhuine

law n dlí m4; **lawful** adj dlíthiúil, dleathach; **lawless** adj (*action*) aindlíthiúil

lawn n faiche f4, léana m4; **lawnmower** n lomaire m4 faiche or léana

lawsuit n cúis f2 dlí

lawyer n dlíodóir m3

lax adj (*loose*) scaoilte; (*negligent*) faillitheach

laxative n purgóid f2

lay adj tuata ▷ vt (*hand, carpet*) leag; (*bet*) cuir; **to ~ eggs** uibheacha a bhreith; **to ~ the table** an bord a leagan; **lay aside, lay by** vt fág i leataobh; **lay down** vt fág uait, leag uait; **to ~ down the law** na

rialacha a fhógairt; **to ~ down your life** d'anam a thabhairt; **lay off** vt (*workers*) leag as; **lay on** vt (*provide*) cuir ar fáil; **lay out** vt (*display*) leag amach; **lay-by** n leataobh m1

layer n (*of paint*) brat m1; (*Geol*) sraith f2

layman n tuata m4

layout n leagan m1 amach

lazy adj falsa, leisciúil, scraisteach

lead¹ n (*distance, time ahead*) tosach m1; (*clue*) leid f2; (*Theat*) príomhpháirt f2; (*Elec*) seolán m1; (*for dog*) iall f2 ▷ vt treoraigh; (*be leader of*) bheith i gceannas ar ▷ vi (*street etc*) téigh go; (*Sport*) bheith chun tosaigh; **in the ~** chun tosaigh; **to ~ the way** an t-eolas a dhéanamh; **lead on** vt (*tease*) meall leat; **lead to** vt fus (*road*) téigh go

lead² n (*metal*) luaidhe f4

leader n ceannaire m4, ceann m1 feadhna; (*Sport, in league, race*) tosaí m4; **leadership** n ceannasaíocht f3; (*quality*) cumas m1 ceannasaíochta

lead-free adj (*petrol*) saor ar luaidhe

leading adj príomh-, ceann-; (*in race*) tosaigh n gen

lead singer n (*in pop group*) príomhamhránaí m4

leaf n duille m4, duilleog f2; (*of book*) bileog f2, duilleog f2 ▷ vi: **to ~ through** na leathanaigh a thiontú; **to turn over a new ~** béasa a athrú

leaflet n bileog f2 eolais, duilleachán m1

league n (*Pol*) conradh m; (*Sport*) sraith f2, sraithchomórtas m1; **to be in ~ with** bheith i bpáirt le

leak n ligean m1 (isteach or amach),

deoir f2 isteach; (in roof) deoir f2 anuas ▷ vi (pipe) lig; (liquid etc) sceith; (shoes) lig isteach (uisce); (ship) déan uisce ▷ vt (information) scil, sceith

lean adj caol; (meat) trua ▷ vt: **to ~ sth on sth** rud a chur le rud ▷ vi (slope) claon; (rest) lig; **to ~ against** do thaca a ligean le; **to ~ on** taca a bhaint as; **to ~ back/forward** cromadh siar/chun tosaigh; **lean out** vi cromadh amach

leap n léim f2 ▷ vi léim

leap year n bliain f3 bhisigh

learn vt, vi foghlaim; **to ~ to do sth** an dóigh a fhoghlaim le rud a dhéanamh; **to ~ about** or **of sth** (hear, read) fáil amach faoi rud; **learner** n foghlaimeoir m3; (also: **learner driver**) foghlaimeoir tiomána; **learning** n foghlaim f3; (knowledge) léann m1

lease n léas m3 ▷ vt léasaigh

leash n iall f2

least adj: **the ~** (+ noun) … dá laghad, an … is lú; (: smallest amount of) an méid is lú ▷ adv (+ verb) is lú; (+ adj): **the ~ powerful country** an tír is lú cumhacht; **at ~** ar a laghad; **he wasn't in the ~ perturbed by the news** níor chuir an nuacht buaireamh dá laghad air; **that is the ~ I can do** sin an saothar is lú liom

leather n leathar m1

leave vt fág; (forget) déan dearmad de ▷ vi imigh ▷ n (time off) saoire f4; (also Mil, consent) cead m3 scoir; **to be left** bheith fágtha; **there's some milk left over** tá braon bainne fágtha; **on ~** ar scor; (Mil) ar cead; **leave behind** vt (person, object) fág i do dhiaidh; (forget) déan dearmad de; **leave out** vt

fág ar lár, fág as

Lebanon n an Liobáin f2

lecture n léacht f3 ▷ vi tabhair léacht ▷ vt (scold) tabhair fios a bhéasa do; **to give a ~ on literature** léacht a thabhairt ar an litríocht; **lecturer** n léachtóir m3

ledge n (of window, on wall) leac f2; (of mountain) fargán m1

Lee n: **the (River) ~** an Laoi f4

leek n cainneann f2

left adj (not right) clé ▷ n ciotóg f2, clé f4 ▷ adv clé; **on the ~, to the ~** ar clé, ar thaobh na láimhe clé; **the L~** (Pol) an eite chlé; **left-handed** adj ciotógach; **left-luggage, left-luggage office** n oifig f2 an bhagáiste; **leftovers** npl fuílleach msg1; **left-wing** adj (Pol) na heite n gen clé

leg n cos f2; (of journey) scríob f2; **1st/2nd ~** (Sport) an chéad/gheábh/an dara geábh m3; **~ of chicken/lamb** cos f2 sicín/ceathrú f uaineola

legacy n oidhreacht f3

legal adj dlíthiúil, dleathach; **legal holiday** (US) n lá m saoire poiblí

legend n finscéal m1

legible adj inléite, soléite

legislation n reachtaíocht f3

legitimate adj dlisteanach

Leinster n Laighin mpl, Cúige m4 Laighean ▷ adj Laighneach

leisure n fóillíocht f3; **at one's ~** ar do shocairshuaimhneas; **leisure centre** n ionad m1 fóillíochta; **leisurely** adj go socair, go réidh, ar do shocairshuaimhneas

Leitrim n Liatroim m3

lemon n líomóid f2; **lemonade** n líomanáid f2; **lemon tea** n tae m4 líomóide

lend vt: **to ~ sth (to sb)** rud a

thabhairt ar iasacht (do dhuine)
length n fad m1; (section: of road, pipe etc) píosa m4; (of time) tamall m1; **at ~** (at last) faoi dheireadh; (for a time) ar feadh tamaill fhada;
lengthen vi, vt fadaigh, cuir fad le;
lengthways adv ar (a) fhad;
lengthy adj fada; (long-winded) fadálach, strambánach
lens n lionsa m4
Lent n An Carghas m1
lentil n lintile f4; **~s** piseánach msg1; **~ soup** anraith m4 piseánaigh
Leo n (Astrol) An Leon m1
leotard n léatard m1
leprosy n lobhra f4
lesbian n leispiach m1
less adj, pron, adv níos lú, is lú ▷ prep lúide; **~ 50%** lúide 50%; **~ than that/you** níos lú ná sin/tusa; **~ than half** níos lú ná (a) leath, faoi bhun (a) leath; **~ than ever** níos lú ná riamh; **~ and ~** níos lú agus níos lú; **the ~ he works ...** dá laghad a oibríonn sé ...; **lessen** vi laghdaigh, síothlaigh ▷ vt maolaigh; **lesser** adj níos lú, is lú, beag; **to a lesser extent** ar bhonn is lú
lesson n ceacht m3; **to teach sb a ~** (fig) ceacht a mhúineadh do dhuine; **that taught me a ~** rinne sin mo shúile dom
let vt lig, ceadaigh; (lease) lig ar cíos; **to ~ sb do sth** ligean do dhuine rud a dhéanamh; **to ~ sb know sth** rud a chur in iúl do dhuine; **~'s go!** chugainn!, ar aghaidh linn!; **~ him come** a chead aige teacht; **"to ~"** "le ligean (ar cíos)"; **let down** vt (tyre) lig an t-aer as; (person) loic ar; **let go** vi lig amach do ghreim ▷ vt scaoil le; **~ me go** lig amach mé; **let in** vt lig isteach; **let off** vt (culprit) lig a cheann leis; (gun etc)

scaoil; **let on** (inf) vi sceith, lig ort (go); **don't ~ on** ná lig a dhath or dada ort; **let out** vt lig amach, scaoil amach; (scream) lig asat; **let up** vi maolaigh; (cease) staon; **is it ~ting up?** an bhfuil maolú ag teacht air?
lethal adj marfach
letter n litir f; **letterbox** n bosca m4 litreacha
lettuce n leitís f2
leukaemia (US **leukemia**) n leoicéime f4
level adj cothrom ▷ n cothrom m1; (standard) leibhéal m1, caighdeán m1; (floor) urlár m1 ▷ vt cothromaigh; **to be ~ with** bheith cothrom le; **to draw ~ with** (person, vehicle) teacht gob ar ghob le; **"A" ~s** (Brit) Ardleibhéil mph, A-leibhéil, ≈ Ardteistiméireacht f3, ≈ Ardteist f2; **on the ~** (fig: honest) ionraic, macánta; **level off** vi (prices etc) cothromaigh; **level crossing** n crosaire m4 comhréidh
lever n luamhán m1; **leverage** n luamhánacht f3; **leverage (on** or **with)** (fig) tionchar m1 (ar)
levy n tobhach m1, cáin f ▷ vt toibhigh; **to ~ a tax on sth** cáin a ghearradh ar rud
liability n (responsibility) freagracht f3; (Comm) fiachas m1; (Law) dliteanas m1; (handicap) cis f2; **liabilities** npl (on balance sheet) fiachais mph
liable adj (responsible): **~ (for)** freagrach (as); (likely): **he's ~ to cause a quarrel** b'fhurasta dó achrann a thógáil
liaise vi: **to ~ (with)** comhoibriú (le)
liar n bréagadóir m3
libel n leabhal m1 ▷ vt leabhlaigh
liberal adj liobrálach; (generous):

~ with fairsing le, fial le; **the L~ Democrats** (*Brit*) na Daonlathaithe Liobrálacha

liberation n saoradh m, fuascailt f2

liberty n saoirse f4; **to be at ~ to do sth** cead a bheith agat rud a dhéanamh

Libra n (*Astrol*) An Mheá f4

librarian n leabharlannaí m4

library n leabharlann f2

Libya n an Libia f4

licence (*US* **license**) n ceadúnas m1; **licence number** n uimhir f cheadúnais

license n (*US*) = **licence** ▷ vt ceadúnaigh; **~d to sell alcohol** ceadúnaithe chun deochanna meisciúla a dhíol; **licensed** adj (*car*) ceadúnaithe, faoi cheadúnas; **license plate** n (*US*) uimhirchlár m1

lick vt ligh; (*inf: defeat*) buail, tabhair léasadh do; **to ~ one's lips** (*fig*) bheith ag blasachtach

lid n claibín m4, clár m1; (*eyelid*) caipín m4 súile, duille m4

lie vi (*rest*) luigh; (*in grave*) bheith sínte; (*be situated*) bheith suite; (*be untruthful*) inis bréag ▷ n bréag f2; **to tell a ~** bréag a dhéanamh or a inse; **without a word of a ~** gan bhréag gan áibhéil; **to ~ low** (*fig*) do cheann a choinneáil thíos; **lie about** or **around** vi bheith ag leadaíocht (thart)

lie-in n: **to have a ~** codladh go headra

lieutenant n leifteanant m1

life n beatha f4, saol m1; (*vitality*) beocht f3; **to come to ~** (*fig*) éirí beoga; **how's ~?** cad é mar atá an saol agat?; **for ~** (*for good*) feadh do shaoil, le do sholas; **that's ~!** is iomaí cor sa saol!, sin an saol agat!;

throughout his ~ fad a mhair sé, ar feadh a shaoil; **to run for one's ~** teicheadh le d'anam; **life assurance** n árachas m1 saoil; **lifebelt** n crios m3 tarrthála; **lifeboat** n bád m1 tarrthála; **lifeguard** n garda m4 tarrthála, maor m1 snámha; **life insurance** n árachas m1 saoil; **life jacket** n seaicéad m1 tarrthála; **lifelike** adj a bhfuil dealramh na beatha air; **life preserver** (*US*) n = **lifebelt** or **life jacket**; **life sentence** n príosúnacht f3 saoil; **lifestyle** n stíl f2 bheatha, béascna f4; **lifetime** n saol m1; **in his lifetime** lena linn, lena sholas the

Liffey n: **the ~** an Life f4

lift vt tóg, ardaigh ▷ vi (*fog*) scaip ▷ n (*elevator*) ardaitheoir m3; **to give sb a ~** (*Aut*) síob f2 or marcaíocht f3 a thabhairt do dhuine; **lift-off** n scaoileadh m, éirí m4 de thalamh

light n solas m1; (*lamp*) lóchrann m1; (*Aut: headlight*) ceannsolas m1; (*for cigarette etc*): **have you got a ~?** an bhfuil lasán agat? ▷ vt las ▷ adj (*bright*) geal; (*not heavy/strenuous*) éadrom; **lights** npl (*Aut: traffic lights*) soilse mphl; **to come to ~** teacht chun solais; **light up** vi (*face*) geal ▷ vt (*illuminate*) caith solas ar, soilsigh; **light bulb** n bolgán m1 solais; **lighten** vt (*make less heavy*) éadromaigh; (*burden*) laghdaigh; **lighter** n (*also:* **cigarette lighter**) lastóir m3 (*toitíní*); **light-headed** adj (*giddy*) éaganta; **light-hearted** adj éadromchroíoch, aerach, meidhreach, aigeanta; **lighthouse** n teach m solais; **lighting** n (*on road, in theatre*) soilsiú m; **lightly**

adv go héadrom; **to get off lightly** teacht as saor go maith

lightning *n* tintreach *f2*, splancacha *fpl2*; **flash of ~** splanc *f2* thintrí, saighneán *m1*

lightweight *adj* (*suit*) éadrom ▷ *n* (*Boxing*) éadrom-mheáchan *m1*

like *vt*: **I ~** is maith liom ▷ *prep* amhail ▷ *adj* den chineál céanna ▷ *n*: **and the ~** agus a leithéid; **his ~s and dislikes** na rudaí is maith leis agus na rudaí nach maith leis; **I would ~, I'd ~** ba mhaith liom; **would you ~ a coffee?** ar mhaith leat caife?; **to be ~ sb** bheith cosúil le duine; **to look ~ sb** dealramh a bheith agat le duine; **what does it look ~?** cad é an chuma atá air?; **what does it taste ~?** cad é an blas atá air?; **that's just ~ him** a leithéid féin a dhéanfadh é; **do it ~ this** déan mar seo é; **it's nothing ~ ...** níl sé ar dhóigh ar bith cosúil le ...; **likeable** *adj* taitneamhach; (*person*) geanúil, pléisiúrtha, groí

likelihood *n* dóchúlacht *f3*; **there's every ~ that ...** tá an uile chosúlacht go ...

likely *adj* dóchúil; **he's ~ to leave** tá gach cosúlacht ann go bhfágfaidh sé; **not ~!** (*inf*) beag an baol!; **as ~ as not** chomh dócha lena athrach; **it's hardly ~ that** ní móide go

likewise *adv* mar an gcéanna; **to do ~** déanamh amhlaidh, an cleas céanna a dhéanamh

liking *n* dúil *f2*; **to have a ~ for sth** dúil a bheith agat i rud; **to take a ~ to sth** taitneamh a thabhairt do rud; **to one's ~** in aice le do thoil

lilac *adj* liathchorcra ▷ *n* craobh *f2* liathchorcra

lily *n* lile *f4*

limb *n* géag *f2*

limbo *n*: **to be in ~** (*fig*) bheith ligthe i ndearmad

lime *n* (*tree*) crann *m1* líomaí; (*fruit*) líoma *m4*; (*Geog*) aol *m1*

limelight *n*: **in the ~** (*fig*) os comhair an phobail

Limerick *n* Luimneach *m1*

limestone *n* aolchloch *f2*

limit *n* teorainn *f* ▷ *vt* teorannaigh, cuir srian le; **over the ~** thar an cheart; **limited** *adj* teoranta

limp *n*: **he has a ~** tá céim bhacaí ann ▷ *vi* bheith ag bacadradh ▷ *adj* bacach

line *n* líne *f4*; (*stroke*) stríoc *f2*; (*wrinkle*) roc *m1*; (*rope*) téad *f2*; (*Fishing*) dorú *m4*; (*wire*) sreang *f2*; (*row, series*) sraith *f2*; (*of poetry*) líne; (*of people*) scuaine *f4*; (*railway track*) líne; (*Comm, series of goods*) rang *m3*; (*work*) brainse *m4*; (*attitude, policy*) mana *m4* ▷ *vt*: **to ~ sth (with)** rud a líneáil (le); **to ~ a road with trees** crainn a chur feadh an bhóthair; **in a ~** líne; **in ~ with** de réir + *gen*, faoi réir + *gen*; **along those ~s** ar an téad sin; **line up** *vi* déan scuaine, téigh i líne ▷ *vt* déan líne de, cuir i líne; (*event*) eagraigh

linen *n* líon *m1*, línéadach *m1*; (*sheets etc*) éadaí *mph*

liner *n* líneár *m1*; (*for bin*) mála *m4* bruscair

linesman *n* maor *m1* líne

line-up *n* (*US: queue*) scuaine *f4*; (*Sport*) foireann *f2*, liosta *m4* foirne

linger *vi* moilligh, bheith ag moilleadóireacht; (*smell, tradition*) mair

linguist *n* teangeolaí *m4*

lining *n* líneáil *f3*

link *n* ceangal *m1*, nasc *m1*; (*of a chain*) lúb *f2*; (*also: **hyper~***) nasc *m1*

▷ vt ceangail; **links** npl (Golf) machaire m4 gailf (cois na farraige); **link up** vi tar le chéile ▷ vt ceangail

lion n leon m1; **lioness** n leon m1 baineann

lip n liopa m4; **to wet one's ~s** do bhéal a fhliuchadh; **I heard it from his own ~s** óna bhéal féin a chuala mé é; **lip salve** n íoc f2 liopaí; **lipstick** n béaldath m3

liqueur n licéar m1

liquid adj leachtach ▷ n leacht m3; **liquidizer** n leachtaitheoir m3

liquor (US) n biotáille f4; **liquor store** (US) n siopa m4 biotáillí

Lisbon n Liospóin f4

lisp n gliscín m4 ▷ vi labhair go briotach

list n liosta m4 ▷ vt (write down) déan liosta de, liostaigh; (mention) luaigh

listen vi éist; **to ~ to** éisteacht le, éisteacht a thabhairt do; **to ~ closely** cluas le héisteacht a chur ort féin; **listener** n éisteoir m3

liter (US) n lítear m1

literacy n litearthacht f3

literal adj litriúil; (sense) liteartha; **literally** adv go litriúil, go liteartha

literary adj liteartha

literate adj liteartha

literature n litríocht f3; (brochures etc) leabhráin mph eolais

Lithuania n an Liotuáin f2

litre (US **liter**) n lítear m1

litter n (rubbish) bruscar m1; (young animals) ál m1; **litter bin** n bosca m4 bruscair

little adj (small) beag ▷ adv: **I ~ thought ...** is beag a shíl mé ...; **a ~** beagán; **a ~ milk** braon m1 bainne; **a ~ bit** píosa beag; **there's ~ time left** is beag am atá fágtha, tá an t-am ag éirí gearreireaballach;

~ by ~ beagán ar bheagán

live¹ adj beo

live² vi (exist, last) mair; (reside) bheith i do chónaí (i); **live down** vt: **he'll never ~ it down** ní bheidh tógáil a chinn choíche aige; **live on** vt fus (food, salary) bheith beo ar; **live together** vi bheith in aontíos; **live up to** vt fus: **she ~s up to her reputation** is bean mar a tuairisc í, tá sí inchurtha lena cáil

livelihood n slí f4 bheatha, slí mhaireachtála

lively adj anamúil, bríomhar, beoga

liven up vt, vi beoigh, cuir anam i, cuir spleodar i

liver n ae m4

livestock n beostoc m1

living adj beo ▷ n maireachtáil f3; **cost of ~** costas m1 maireachtála; **to earn** or **make a ~** do chuid a shaothrú, do bheatha a thabhairt i dtír; **living room** n seomra m4 teaghlaigh

lizard n laghairt f2

load n (weight) ualach m1, lód m1; (thing carried) lasta m4, lód ▷ vt (also: **~ up**): **to ~ (with)** lódáil (le), ualach a chur ar; (gun) stangadh; (Comput) lódáil; **a ~ of, ~s of** (fig) an dúrud + gen; **to talk a ~ of rubbish** bheith ag seafóid or ag caint seafóide, raiméis a bheith ort; **loaded** adj (question) cealgach; (inf: rich) an-saibhir; **they're loaded** tá na múrtha acu

loaf n builín m4, bollóg f2

loan n iasacht f3 ▷ vt tabhair ar iasacht; **on ~** ar iasacht

loathe vt: **she ~s her husband** is fuath léi a fear céile

lobby n forsheomra m4; (Pol) brúghrúpa m4 ▷ vt cuir brú ar

lobster n gliomach m1

local adj áitiúil, logánta ▷ n (pub) teach m tábhairne áitiúil; **the locals** npl (inhabitants) muintir fsg2 na háite; **local anaesthetic** n ainéistéiseach m1 logánta; **local government** n rialtas m1 áitiúil

locate vt (find) aimsigh; (situate): **to be ~d in** bheith suite i

location n láthair f; **on ~** (Cine) ar láthair amuigh

loch n loch m3

lock n (of door, box) glas m1; (of canal) loc m1; (of hair) dlaoi f4 ▷ vt (with key) cuir glas ar ▷ vi (door etc) téigh i nglas; (wheels) téigh i ngreim; **lock in** vt cuir faoi ghlas; **lock up** vt (person) cuir faoi ghlas; (house) cuir an glas ar ▷ vi: **I'll ~ up** cuirfidh mise an glas ar an doras

locker n taisceadán m1

locksmith n glasadóir m3

locum n (Med) ionadaí m4, fear m1 ionaid

lodge n lóiste m4; (hunting lodge) grianán m1 seilge ▷ vi (person): **to ~ (with)** bheith ar lóistín (ag); (bullet) lonnaigh ▷ vt: **to ~ a complaint** gearán a chur isteach; **lodger** n lóisteoir m3

loft n lochta m4

log n (of wood) lomán m1, sail f2; (Naut) leabhar m1 loinge ▷ vt (record) breac síos, coinnigh tuairisc ar; **log in, log on** vi (Comput) log ann; **log off, log out** vi (Comput) log as; **logbook** n (of car) leabhar m1 cláraithe

logic n loighic f2; **logical** adj loighciúil

login n (Comput) logáil f3 isteach

lollipop n líreacán m1

London n Londain f; **Londoner** n Londanach m1

lone adj aonarach

loneliness n uaigneas m1, cumha m4

lonely adj uaigneach, aonarach

long adj fada ▷ adv i bhfad ▷ vi: **to ~ for sth** bheith ag tnúth le rud, bheith ag feitheamh go crua le rud; **so** or **as ~ as** a fhad agus; **don't be ~!** ná bí i bhfad!; **how ~ is this river/course?** cá fhad atá an abhainn/cúrsa seo?; **six metres ~** sé mhéadar ar fad; **six months ~** (ar) feadh sé mhí; **all night ~** i rith na hoíche; **he no ~er comes** ní thagann sé a thuilleadh; **~ before** i bhfad roimh; **~ after** i ndiaidh; **before ~** roimh i bhfad; **at ~ last** faoi dheireadh thiar; **long-distance** adj (call) cian-

Longford n an Longfort m1

longing n tnúth m3, dúil f2

longitude n domhanfhad m1

long jump n léim f2 fhada

long-life adj saolach, fadsaolach; (milk) marthanach; **long-range** adj (forecast) fadtréimhseach; (gun) fadraoin n gen; **long-sighted** adj (Med) fadradharcach; **long-standing** adj seanbhunaithe; **long-term** adj fadtréimhseach, fadtéarmach

loo (inf) n teach m beag

look vi amharc, féach; (seem) dealraigh, cuma a bheith ar; (building etc): **it ~s south** tá a aghaidh ó dheas; **it ~s (out) onto the sea** tá a aghaidh leis an fharraige ▷ n amharc m1, féachaint f3; (appearance) dealramh m1, cuma f4, cló m4; **looks** npl (good looks) dathúlacht fsg3, gnaíúlacht fsg3, scéimh fsg2; **to have a ~** spléachadh a thabhairt; **~!** féach!; **~ (here)!** (annoyance) éist!; **look after** vt fus (care for, deal with) tabhair aire do; **look at** vt fus féach ar, amharc ar; (consider) smaoinigh ar; **look back** vi: **to ~ back on** (event etc) súil siar a chaitheamh ar; **look down on** vt fus (fig) drochmheas a bheith agat ar; **look for** vt fus lorg, cuardaigh, bheith ar lorg; **look forward to** vt fus bheith ag feitheamh go crua le, bheith ag tnúth le; **we ~ forward to hearing from you** (in letter) táimid ag dréim go mór le scéala uait; **look into** vt fus iniúch, fiosraigh; **look on** vi breathnaigh ar, féach ar, amharc ar; **look out** vi (beware): **to ~ out (for)** bheith ar d'aire (roimh); **~ out!** faichill!, seachain!, coimhéad!; **look out for** vt fus coinnigh súil in airde le; **look round** vi breathnaigh thart; **look to** vt fus (rely on) bheith ag brath ar, bheith i dtuilleamaí + gen; **look up** vi féach suas; (improve) bisigh, feabhas a bheith ag teacht ar ▷ vt (word, name) cuardaigh; **look up to** vt fus tabhair urraim do, meas a bheith agat ar; **lookout** n faire f4; (person) fear m faire; **to be on the lookout (for)** súil a choinneáil in airde le)

loom vi (also: **~ up**) nocht; (approach: event etc) bheith ag teacht in aicearracht; (threaten) bheith ag bagairt ▷ n (for weaving) seol m1

loony (inf) adj craiceáilte ▷ n gealt f2

loop n lúb f2, dol m3; **loophole** n (fig) lúb f2 ar lár

loose adj bog; (clothes) scaoilte, liobarnach; (woman's hair) síos léi; (morals, discipline) drabhlásach, ainrianta ▷ n: **on the ~** ag imeacht le scód; **loosely** adv go scaoilte; (imprecisely) go neamhchruinn;

loosen vt scaoil

loot n (inf: money) creach f2 ▷ vt creach

lord n tiarna m4; **L~ Smith** An Tiarna m4 Mac Gabhann; **the L~** An Tiarna m4; **good L~!** a Thiarna!; **the (House of) L~s** (Brit) Teach m na dTiarnaí

lorry n leoraí m4; **lorry driver** n tiománaí m4 leoraí

lose vt, vi caill; **to ~ time** (clock) bheith ag cailleadh ama; **get lost!** gread leat!, croch leat!, bain as!; **loser** n cailliúnaí m4

loss n caill f2, caillteanas m1; **I was at a ~ as to what her name was** ní raibh barúil agam cad é an t-ainm a bhí uirthi

lost adj caillte; **lost and found** n (US), **lost property (office)** n oifig f2 na mbeart caillte

lot n (fate) cinniúint f3, dán m1; (at auction) luchtóg f2; **the ~** an t-iomlán; **a ~ (of)** a lán; **~s of** cuid mhór, raidhse; **to draw ~s (for sth)** crainn a chaitheamh (ar rud)

lotion n lóis f2, ionlach m1

lottery n crannchur m1, lottó m4; **to do the ~** an lottó a dhéanamh

loud adj ard, callánach; (support, condemnation) láidir; (gaudy) gáifeach ▷ adv (speak etc) go hard; **out ~** os ard; **loudly** adv go hard; **loudspeaker** n callaire m4

lough n loch m3; **L~ Derg** Loch Dearg or Deirgeirt; **L~ Erne** Loch Éirne; **L~ Neagh** Loch nEathach; **Belfast L~** Loch Lao

lounge n seomra m4 suí or caidrimh; (at airport) tolglann f2; (also: **~ bar**) tolglann ▷ vi: **to ~ (about/around)** bheith ag leadaíocht or ag sínteoireacht

louse n míol m1 cnis

lousy (*inf*) *adj* ainnis, míofar;
a ~ pound punt scallta
Louth *n* Lú *m4*
love *n* grá *m4* ▷ *vt* bheith i ngrá le;
I ~ her tá mo chroí istigh inti;
(*caringly, kindly*) tá mé go maith di;
"~ (from) Anne" "le grá (ó) Áine";
I ~ chocolate tá dúil m'anama
agam i seacláid; **to be/fall in ~
with** bheith/titim i ngrá le; **to
make ~** luí le chéile; **"15 ~"** (*Tennis*)
"cúig déag, náid"; **love affair** *n*
caidreamh *m1* suirí, cumann *m1*;
love life *n* cúrsaí *mpl4* grá
lovely *adj* álainn; (*delightful: person*)
gleoite; (*holiday etc*) aoibhinn,
galánta
lover *n* leannán *m1*; (*person in love*)
suiríoch *m1*; (*amateur*): **a ~ of music**
duine *m4* mór ceoil
loving *adj* geanúil, ceanúil,
grámhar
low *adj* íseal; (*person: depressed*) in
ísle brí, lagmhisneach ▷ *adv* go
híseal ▷ *n* (*Meteor*) lagbhrú *m4*;
to be ~ on bheith gann i; **to feel ~**
bheith in ísle brí; **to reach an
all-time ~** bheith in umar na
haiméise; **low-alcohol** *adj* ar
bheagán alcóil
lower *adj* íochtarach, íochtair
▷ *vt* íslígh
low-fat *adj* tanaithe, ar bheagán
saille; **loyalty** *n* dílse *f4*,
dílseacht *f3*
L-plates *npl* L-phlátaí *mpl4*
Ltd *abbr* (= *limited*) Tta
luck *n* ádh *m1*; **bad ~** mí-ádh *m1*;
good ~! ádh mór ort!; **luckily** *adv*
go hámharach, go hádhúil, ar an
dea-uair; **lucky** *adj* (*person*)
ámharach, ádhúil; (*coincidence,
event*) sona, séanmhar; (*object*)
sonais *n gen*, áidh *n gen*

ludicrous *adj* áiféiseach
luggage *n* bagáiste *m4*; **luggage
rack** *n* (*on car*) raca *m4* bagáiste
lukewarm *adj* bogthe, alabhog;
(*person*) patuar
lull *n* eatramh *m1*; (*in conversation*)
tost *m3* ▷ *vt*: **to ~ sb to sleep** duine
a chealgadh chun suain
lullaby *n* suantraí *f4*
lumber *n* (*wood*) crainn *mph*
leagtha, lomáin *mph*; (*junk*)
manglam *m1*
luminous *adj* lonrach
lump *n* cnap *m1*; (*of sugar*) cnapán
m1; (*of wood*) smután *m1*; (*of butter*)
meall *m1*; (*swelling*) meall *m1* ▷ *vt*:
to ~ things together rudaí a
charnadh le chéile; **lump sum** *n*
cnapshuim *f2*; **lumpy** *adj* cnapach;
(*wood etc*) cnapánach; (*porridge etc*)
stolptha
lunatic *adj* gealltach, mire, buile
lunch *n* lón *m1*
lung *n* scamhóg *f2*
lure *n* (*attraction*) mealladh *m*,
cluain *f3* ▷ *vt* meall
lurk *vi* bheith ag guairdeall go
formhothaithe
lush *adj* méith
lust *n* (*sexual*) ainmhian *f2*, drúis *f2*;
(*for money*) saint *f2*
Luxembourg *n* Lucsamburg *m4*
luxurious *adj* macnasach, sóúil
luxury *n* ollmhaitheas *m3*, só *m4*
lying *n* bréagadóireacht *f3*
lyrics *npl* (*of song*) lirící *fpl2*

mac n cóta m4 báistí
macaroni n macarón m1
Macedonia n an Mhacadóin f2
machine n meaisín m4, inneall m1;
  machine gun n meaisínghunna
  m4; **machinery** n innealra m4,
  meaisínre m4; (fig) gléas m1
mackerel n ronnach m1, murlas m1,
  maicréal m1
mackintosh n cóta m4 báistí
mad adj mire n gen, buile n gen; (dog)
  oilc n gen, mire; (fond of): **to be ~**
  about bheith splanctha i ndiaidh;
  (infuriated): **to be ~ (with sb)**
  bheith ar mire or ar buile (le duine);
  to get ~ dul le báiní; **to drive sb ~**
  duine a chur ar mire or le báiní
madam n (address) a bhean f uasal
madly adv (crazily) mar a bheadh
  duine buile ann; (frenziedly) go
  dásachtach; **~ in love (with)**
  amach as do stuaim (faoi)

madman n fear m1 buile or mire
madness n mire f4, buile f4; (fury)
  dásacht f3
Madrid n Maidrid f4
magazine n (Press) iris f2; (Radio,
  TV: also: **~ programme**)
  irischlár m1
maggot n cruimh f2
magic n draíocht f3 ▷ adj draíochta
  n gen; (inf: excellent) ar fheabhas, ar
  dóigh, thar cinn; **magical** adj
  draíochta n gen; (experience,
  evening) ar dóigh, aoibhinn;
  magician n (conjurer) asarlaí m4
magistrate n giúistís m4
magnet n maighnéad m1,
  adhmaint f2; **magnetic** adj
  maighnéadach, adhmainteach
magnificent adj thar barr, thar
  cinn, ar fheabhas Éireann,
  ollásach; (robe, building) galánta
magnify vt formhéadaigh; (sound)
  méadaigh; **magnifying glass** n
  gloine f4 formhéadúcháin
magpie n meaig f2, snag m3 breac
mahogany n mahagaine m4
maid n cailín m4 (aimsire)
maiden name n: **her ~ was Walsh**
  ba de mhuintir Bhreatnach í
mail n post m1; (letters) litreacha fpl
  ▷ vt postáil, cuir sa phost; (Comput)
  seachaid leis an ríomhphost;
  mailbox (US) n bosca m4 poist;
  mail-order n postdíol m3
main adj príomh-, ceann- ▷ n: **the ~**
  (gas, water) príomhphíopa msg4;
  the mains npl (Elec) príomhlínte
  fpl4, príomhlíonra m4; (gas, water)
  príomhphíopa msg4; **in the ~** den
  chuid is mó, tríd is tríd; **mainland**
  n mórthír f2, tír f2 mór, míntír f2;
  mainly adv den chuid is mó, ar an
  mórchóir, go príomha; **main road**
  n bóthar m1 mór, bealach m1 mór,

príomhbhóthar *m1*; **mainstream** *n* cuilithe *f4*

maintain *vt* coinnigh, coimeád; (*sustain: growth*) cothaigh; (*affirm*) dearbhaigh; **maintenance** *n* cothabháil *f3*, cothú *m*; (*alimony*) liúntas *m1* cothabhála, ailiúnas *m1*

maize *n* min *f2* bhuí, arbhar *m1* Indiach

majesty *n* mórgacht *f3*

major *n* (*Mil*) maor *m1* ▷ *adj* (*important*) tábhachtach, mór-; (*most important*) príomh-; (*Mus*) mór-; **~ key** mórghléas

Majorca *n* Mallarca *m4*

majority *n* móramh *m1*, tromlach *m1*, formhór *m1*, bunáite *f2*

make *vt* déan; (*earn*) saothraigh; (*cause to be*): **to ~ sb sad** brón a chur ar duine; (*force*): **to ~ sb do sth** iachall a chur ar dhuine rud a dhéanamh, tabhairt ar dhuine rud a dhéanamh; (*equal*): **2 and 2 ~ 4** 2 agus 2 sin 4 ▷ *n* déanamh *m1*; (*brand*) marc *m1*, cineál *m1*; (*Comm*) déantús *m1*; **to ~ sb laugh** gáire a bhaint as duine; **to ~ sth known to sb** rud a chur in iúl do dhuine; **to ~ a fool of sb** amadán a dhéanamh de dhuine; (*trick*) cúig a dhéanamh or a fháil; **to ~ a profit** brabach a dhéanamh; **to ~ a loss** cailleadh; **to ~ up one's losses** do bhris a thabhairt isteach; **he made it** (*succeeded*) d'éirigh leis; **what time do you ~ it?** cén t-am atá agat?; **to ~ do with** teacht le; **make for** *vt fus* (*place*) tabhair aghaidh ar, déan ar; **make off** *vi* bain as, bain na cosa as; **make out** *vt* (*write out: cheque*) scríobh; (*decipher*) déan amach, bain ciall as; (*understand*) déan amach, tuig; (*see*) feic; **make up** *vt* (*constitute*) comhdhéan;

(*invent*) cum, déan suas; (*parcel*) déan, réitigh; (*bed*) cóirigh; (*one's mind*) déan suas ▷ *vi* (*with cosmetics*) tú féin a smideadh; **make up for** *vt fus* cúitigh le; **make up to** *vt* déan suas le; **maker** *n* (*male*) fear *m1* déanta + *gen*; (*female*) bean *f* déanta + *gen*; **makeshift** *adj* leithscéal + *gen*, ionad *m1*; **a makeshift bed** leithscéal leapa; **make-up** *n* smideadh *m1*

making *n* (*fig*): **artist in the ~** ábhar *m1* ealaíontóra; **he has the ~s of an actor** tá mianach aisteora ann

malaria *n* maláire *f4*

Malaysia *n* an Mhalaeisia *f4*

male *n* (*Biol*) fireannach *m1* ▷ *adj* fireann; **~ child** páiste *m4* fir

malicious *adj* mailíseach, mioscaiseach

malignant *adj* (*Med*) urchóideach

mall *n* (*also:* **shopping ~**) malla *m4* or lárionad *m1* siopadóireachta

mallet *n* máilléad *m1*

malpractice *n* míchleachtas *m1*

malt *n* braich *f2*; (*also:* **~ whisky**) uisce *m4* beatha braiche

Malta *n* Málta *m4*

mam *see* **mammy**

mammal *n* mamach *m1*, sineach *f2*

mammoth *n* mamat *m1* ▷ *adj* ollmhór

mammy *n* mam *f2*, mamaí *f4*

man *n* fear *m1* ▷ *vt* (*Naut*) cuir foireann ar; (*Mil, gun*) cuir i bhfearas; (*machine*) téigh i bhfeighil + *gen*; **an old ~** seanfhear *m1*; **~ and wife** lánúin *f2* (*pósta*)

manage *vi*: **she ~d** d'éirigh léi, chuaigh aici ▷ *vt* stiúir; (*business etc*) stiúir, riar; (*ship*) láimhsigh; (*problem, task*) ionramháil; **manageable** *adj* (*task*)

soláimhsithe; **management** n
bainistíocht f3; **manager** n
bainisteoir m3; **manageress** n
bainistreás f3; **managerial** adj
bainistíochta n gen, bainistiúil;
managing director n stiúrthóir
m3 bainistíochta

mandarin n (also: **~ orange**)
mandairín m4; (person)
Mandairíneach m1

mandatory adj riachtanach,
sainordaitheach

mane n moing f2

maneuver (US) vt, vi, n
= **manoeuvre**

mango n mangó m4

manhole n dúnpholl m1

manhood n (adulthood) aois f2 fir;
(virility) feargacht f3; **to reach ~**
teacht i méadaíocht

mania n (Med) máine f4; (lunacy)
gealtacht f3; (fig: craze) dúil f2
mhire; **maniac** n (Med) máineach
m1; (lunatic) gealt f2, duine m4 buile

manic adj (Med) máineach; (fig:
crazy) buile n gen, mire n gen

manicure n lámh-mhaisiú m

manifest vt taispeáin, nocht,
léirigh ▷ adj follasach, soiléir,
sofheicthe

manifesto n forógra m4

manipulate vt láimhsigh,
ionramháil; (Fin) mí-ionramháil

mankind n an cine m4 daonna, an
duine m4; **manly** adj fearúil;
man-made adj de dhéantús an
duine, saorga

manner n caoi f4, dóigh f2, cineál
m1; (behaviour) béasa mpl3; (sort):
all ~ of gach cineál + gen; **manners**
npl (behaviour) múineadh m

manoeuvre (US **maneuver**) vt
(move) bog; (manipulate: person)
ionramháil; (: situation) láimhsigh

▷ n beart m1; (Mil) inlíocht f3

manpower n daonchumhacht f3

mansion n mainteach m, teach m
mór; **the M~ House** Teach an
Ard-Mhéara

manslaughter n dúnorgain f3

mantelpiece n matal m1

manual adj láimhe n gen ▷ n
lámhleabhar m1

manufacture vt déan, monaraigh
▷ n déantús m1, déantúsaíocht f3,
monarú m; **manufacturer** n
déantóir m3, monaróir m3

manure n leasú m, aoileach m1 ▷ vt
leasaigh

manuscript n lámhscríbhinn f2

many adj a lán + gen, go leor ▷ pron
mórán; **a great ~** cuid mhór;
there is ~ a ... (number) is iomaí ...;
(frequency) is minic ..., is iomaí uair
...; **how ~ times?** cá mhéad uair?;
too ~ an iomarca + gen, barraíocht
+ gen; **as ~ as** suas le

map n léarscáil f2, mapa m4; **map
out** vt leag amach

maple n mailp f2

mar vt loit, mill, déan dochar or
díobháil do

marathon n maratón m1

marble n marmar m1; (toy) mirlín
m4

March n Márta m4

march vi máirseáil ▷ n máirseáil f3;
(demonstration) mórshiúl m1

mare n láir f, capall m1

margarine n margairín m4

margin n imeall m1, teorainn f,
ciumhais f2; (of profit) corrlach m1;
(of error, safety) lamháil f3;
marginal adj imeallach,
teorannach

marigold n ór m1 Muire

marijuana n marachuan m1

marina n muiríne m4

marine adj mara n gen ▷ n muirí m4
marital adj: **~ status** stádas m1 pósta
mark n (stain) smál m1; (of skid etc) rian m1; (Scol) marc m1; (sign) comhartha m4 ▷ vt (also Scol) marcáil, cuir marc ar; (stain) smálaigh; **to ~ time** an t-am a chur thart, lá a bhaint as; **marker** n marcálaí m4; (bookmark) leabharmharc m1; (ink marker) marcóir m3
market n margadh m1 ▷ vt (Comm) cuir ar an margadh, margaigh; **marketing** n margaíocht f3; **market research** n taighde m4 margaidh
marmalade n marmaláid f2
maroon vt: **to be ~ed** bheith fágtha i bponc or i sáinn or ar an mblár fholamh ▷ adj marún
marquee n ollphuball m1
marriage n pósadh m; **marriage certificate** n teastas m1 pósta
married adj pósta
marrow n smior m3; (vegetable) mearóg f2
marry vt pós ▷ vi (also: **get married**) pós
Mars n (planet) Mars m3
marsh n seascann m1, riasc m1
marshal n marascal m1; (Sport, US: fire, police) maor m1 ▷ vt eagraigh, cuir eagar ar
martyr n mairtíreach m1
marvel n iontas m1 ▷ vi: **to ~ (at)** iontas a dhéanamh (de); **marvellous** (US **marvelous**) adj iontach
Marxist adj, n Marxach m1
marzipan n prásóg f2
mascara n mascára m4
masculine adj fireann; (Ling) firinscneach

mash vt brúigh; **mashed potatoes** npl brúitín msg4
mask n masc m1 ▷ vt masc, folaigh
mason n (also: **stone~**) saor m1 cloiche; (also: **free~**) máisiún m1; **masonry** n saoirseacht f3 chloiche
mass n toirt f2; (Rel) aifreann m1 ▷ cpd (meeting, production) oll- ▷ vi cruinnigh (le chéile), dlúthaigh; **the masses** an pobal m1, an coiteann m1, an choitiantacht f3; **~es of** an dúrud + gen, cuid mhór + gen; **~es of people** na sluaite mpl4; **to go to ~** (Rel) dul ar aifreann
massacre n ár m1
massage n suathaireacht f3 ▷ vt suaith
massive adj oll-, as cuimse
mass media n na meáin mpl1 chumarsáide
mast n crann m1 (seoil); (Radio) crann
master n máistir m4; (in school) múinteoir m3, máistir; (title for boys): **M~ John** Seán Óg ▷ vt máistrigh; (overcome) sáraigh; (learn): **to have ~ed sth** rud a bheith ar do chomhairle féin agat; **to be one's own ~** bheith ar do chomhairle féin; **M~ of Arts/ Science** máistir m4 ealaíne/ eolaíochta; **~ of ceremonies** fear m1 an tí; **masterpiece** n sárshaothar m1
mat n mata m4; (also: **door~**) mata tairsí; (also: **table~**) mata boird ▷ adj neamhlonrach
match n (for lighting) lasán m1; (equivalent) macasamhail f3, leathbhreac m1, leithéid f2; (game) cluiche m4; (marriage) cleamhnas m1 ▷ vt (also: **~ up**) meaitseáil, cuir in oiriúint; (equal) bheith inchurtha le ▷ vi (suit) tar or cuir le chéile, oir

dá chéile; **to be a good ~** bheith ag oiriúint or ag fóirstean go maith dá chéile, bheith ag teacht or ag cur go maith le chéile; **he'll meet his ~** (fig) casfar fear a dhiongbhála air; **matchbox** n bosca m4 lasán, bosca meaitseanna; **matching** adj ag teacht or ag cur le chéile, ag freagairt dá chéile

mate n (inf) comrádaí m4; (for bird) leathéan m1; (partner) céile m4; (in merchant navy) máta m4 ▷ vi (animals) cúpláil

material n (substance) ábhar m1; (cloth) éadach m1; (data) sonraí mpl4 ▷ adj ábhartha; (important) tábhachtach; (relevant): **it's not ~** ní bhaineann sé le hábhar; **materials** npl (equipment) ábhar msg1

maternal adj máthartha; (aunt, uncle etc) ar thaobh na máthar

maternity n máithreachas m1 ▷ adj máithreachais n gen; **maternity hospital** n ospidéal m1 máithreachais

mathematical adj matamaiticiúil

mathematics, maths (US **math**) n matamaitic fsg2

matinée n nóinléiriú m

matriculation n máithreánach m1

matron n (in hospital) mátrún m1

matt adj neamhlonrach

matter n ábhar m1; (Phys) damhna m4; (Med, pus) angadh m1 ▷ vi: **it ~s that ...** tá sé tábhachtach go ...; **matters** npl (affairs, situation) cúrsaí mpl4; **it doesn't ~ (about)** is cuma (faoi); (I don't mind) ní miste liom, is cuma liom; **what's the ~?** céard or cad é tá cearr?; **no ~ what** cá bith, cibé; **as a ~ of fact** déanta na fírinne, dáiríre píre; **for that ~** maidir leis sin, i dtaca leis sin de

mattress n tocht m3

mature adj aibí ▷ vi (person) tar in inmhe or i méadaíocht; (wine, cheese) aibigh

maul vt clamhair, basc

mauve adj bánchorcra

maximum adj uas- ▷ n uasmhéid f2

May n Bealtaine f4; **~ Day** Lá m Bealtaine

may (conditional **might**) vi (indicating possibility): **he ~ come** d'fhéadfadh sé teacht; (be allowed to): **~ I smoke?** an bhfuil cead agam caitheamh?; (wishes): **~ God bless you!** go mbeannaí Dia thú!; **you ~ as well go** féadann tú imeacht or dul

maybe adv seans; **~ he'll come** b'fhéidir go dtiocfadh sé

mayhem n cíor f2 thuathail

Mayo n Maigh f Eo

mayonnaise n maonáis f2

mayor n méara m4; **mayoress** n banmhéara m4

maze n lúbra m4

me pron mé; (emphatic) mise; **he heard me** chuala sé mé; **give me a book** tabhair leabhar dom; **after me** i mo dhiaidh; **tormenting me** do mo chrá

meadow n móinéar m1

meagre (US **meager**) adj gortach

meal n béile m4; (flour) min f2; **mealtime** n am m3 béile

mean adj (with money) sprionlaithe, ceachartha, gortach; (unkind) suarach; (shabby) ainnis; (average) meán- ▷ vt ciallaigh; (understand): **what she ~t was** is é a bhí i gceist aici ná; (intend): **to ~ to do sth** é a bheith de rún agat rud a dhéanamh ▷ n meán m1; **means** npl (way, money) caoi fsg4, dóigh fsg2, acmhainn fsg2, gléas msg1; **by ~s of** le, trí; **by some ~s or other** ar dhóigh (amháin) nó ar dhóigh eile; **by all ~s!** ar ndóigh!, cinnte!; **to be ~t for sb/sth** bheith i ndán do dhuine/rud; **do you ~ it?** an i ndáiríre atá tú?; **what do you ~?** cad é atá tú a rá *or* a mhaíomh?; **you don't ~ it!** ag magadh atá tú!

meaning *n* ciall *f2*, brí *f4*; **meaningful** *adj* a bhfuil brí *or* éifeacht leis; *(significant)* tábhachtach, fiúntach; **meaningless** *adj* gan chiall, gan bhrí; *(worthless)* gan mhaith, gan fiúntas

meantime, meanwhile *adv* *(also:* **in the ~)** idir an dá linn, san idirlinn

measles *n* bruitíneach *f2*

measure *vt* tomhais ▷ *vi*: **it ~d two metres wide** bhí sé dhá mhéadar ar leithead ▷ *n* tomhas *m1*, miosúr *m1*; *(action)* beart *m1*

measurements *npl* toisí *mpl4*

meat *n* feoil *f3*

Meath *n* an Mhí *f4*

Mecca *n* Meice *f4*

mechanic *n* meicneoir *m3*; **mechanical** *adj* meicniúil

mechanism *n* meicníocht *f3*

medal *n* bonn *m1*; **medallist** *(US* **medalist)** *n* *(Sport)* bonnbhuaiteoir *m3*

meddle *vi*: **to ~ in** do ladar a chur (isteach) i; **to ~ with** baint le

media *npl* *(na)* meáin *mph* chumarsáide

mediaeval *adj* = **medieval**

mediate *vi* déan eadráin, déan idirghabháil

medical *adj* leighis *n gen*, míochaine *n gen* ▷ *n* scrúdú *m* leighis

medication *n* míochnú *m*; *(drugs)* cógas *m1*

medicine *n* míochaine *f4*, leigheas *m1*; *(drug)* cógas *m1*

medieval *adj* meánaoiseach

mediocre *adj* lagmheasartha

meditate *vi* machnaigh, meabhraigh

Mediterranean *adj* Meánmhuirí; **the ~ (Sea)** an Mheánmhuir *f*

medium *adj* meán-, meánach ▷ *n* *(means)* meán *m1*; *(person)* bean *f* feasa, meán *m1*; **a happy ~** cothrom cirt; **medium wave** *n* an mheántonn *f2*

meek *adj* ceansa

meet *vt* cas le, buail le; *(for the first time)* cuir aithne ar; **I met him** casadh orm é; *(go and fetch)* téigh in araicis + *gen*; *(opponent, danger)* tabhair aghaidh ar; *(obligations)* comhlíon ▷ *vi* *(friends)* buail le chéile; *(join: lines, roads)* tar le chéile; **meet with** *vt fus* buail le; **meeting** *n* cruinniú *m*

megabyte *n* *(Comput)* meigibheart *m1*

megaphone *n* callaire *m4*

melancholy *n* gruaim *f2*, droim *m3* dubhach, lionn *m* dubh ▷ *adj* gruama, duairc

melody *n* fonn *m1*

melon *n* mealbhacán *m1*

melt *vi*, *vt* leáigh; **melt away** *vi* leáigh; *(thaw)* bheith ag leá *or* ag coscairt

member *n* ball *m1*; **M~ of Parliament** *(Brit)* Feisire *m4* Parlaiminte; **M~ of the European Parliament** Feisire Eorpach; **membership** *n* ballraíocht *f3*, comhaltas *m1*; **membership card** *n* cárta *m4* ballraíochta

memento *n* cuimhneachán *m1*

memo *n* = **memorandum**

memorandum *n* meamram *m1*; *(legal etc)* meabhrán *m1*

memorial n leacht m3 cuimhneacháin ▷ adj cuimhneacháin n gen

memorize vt cuir de ghlanmheabhair, meabhraigh

memory n meabhair f; (recollection) cuimhne f4; **to the best of my ~** ar feadh mo chuimhne; **in ~ of** i gcuimhne ar; **memory card** n cárta m4 cuimhne; **memory stick** n méaróg f2 chuimhne

menace n bagairt f3; (nuisance) crá m4 croí ▷ vt bagair ar

mend vt deisigh, cóirigh, cuir caoi or bail ar; (darn) cuir cliath ar ▷ n: **on the ~** ar aghaidh bisigh; **to ~ one's ways** do bheatha a leasú; **if you don't ~ your ways** mura n-athraíonn tú béasa

meningitis n meiningíteas m1

menopause n sos m3 míostraithe; (male) athrú m saoil

menstruation n míostrú m, fuil f mhíosta

mental adj intinne n gen; (Med) meabhair-; **mentality** n meon m1

mention n tagairt f3 ▷ vt luaigh, tagair do, déan trácht ar; **don't ~ it!** ná habair é!, níl a bhuíochas ort!; **not to ~ ...** gan trácht ar ...

menu n (Culin) biachlár m1; (Comput) roghchlár m1

MEP n abbr = **Member of the European Parliament**

mercenary adj santach ▷ n saighdiúir m3 tuarastail, amhas m1

merchandise n earraí mpl4, marsantacht f3

merchant n ceannaí m4; **merchant bank** n banc m1 marsantach; **merchant navy** (US **merchant marine**) n loingeas m1 trádála

merciless adj gan trua, gan trócaire

mercury n mearcair m4

mercy n trócaire f4; **to have ~ on sb** trócaire a dhéanamh ar dhuine; **may God have ~ on him!** go ndéana Dia trócaire air!

mere adj lom-; **by ~ chance** le barr áidh; **a ~ two minutes** dhá nóiméad scallta; **he's a ~ ...** níl ann ach ...; **merely** adv: **it's merely a warning** níl ann ach rabhadh; **she merely sighed** ní dhearna sí ach osna a ligean

merge vt cónaisc ▷ vi (colours, shapes, sounds) cumaisc; (roads) tar le chéile; (Comm) cumaisc, déan cumasc le; **merger** n (Comm) cumasc m1

meringue n meireang m4

merit n fiúntas m1, luaíocht f3; (of case) tuillteanas m1

mermaid n maighdean f2 mhara

merry adj suairc, súgach; **M~ Christmas!** Nollaig Shona!; **merry-go-round** n áilleagán m1 intreach

mesh n mogall m1

mess n prácás m1; (muddle: of situation) praiseach f2; (dirt) salachar m1; (Mil) cuibhreann m1; **mess about** or **around (with)** (inf) vi bheith ag únfairt (le); **mess up** vt (dirty) salaigh; (spoil) mill; (bungle, disarrange) déan praiseach de

message n teachtaireacht f3, scéala m4

messenger n teachtaire m4

messy adj salach, cáidheach, ina phraiseach, trína chéile

metal n miotal m1; **metallic** adj miotalach

metaphor n meafar m1

meteorology n meitéareolaíocht f3

meter n (instrument) méadar m1;

(*also*: **parking ~**) méadar *m1*
páirceála; (*US*: *unit*) = **metre**
method *n* modh *m3*; **methodical**
adj rianúil, críochnúil, slachtmhar
metre (*US* **meter**) *n* méadar *m1*
metric *adj* méadrach
Mexican *adj, n* Meicsiceach *m1*
Mexico *n* Meicsiceo *m4*
microchip *n* micrishlis *f2*;
microphone *n* micreafón *m1*;
microscope *n* micreascóp *m1*;
microwave *n* (*also*: **microwave
oven**) oigheann *m1* micreathoinne
mid *adj* lár-; **in ~ May** i lár Mhí na
Bealtaine; **in ~ air** idir spéir is
talamh, eadarbhuas; **midday** *n*
meán *m1* lae
middle *n* lár *m1* ▷ *adj* lár-; (*average*)
meán-; **in the ~ of the night** i lár
na hoíche; **middle-aged** *adj*
meánaosta; **Middle Ages** *npl*: **the
Middle Ages** na Meánaoiseanna
fpl2, an Mheánaois *fsg2*;
middle-class *adj* meánaicmeach;
middle class(es) *n(pl)*: **the
middle class(es)** an mheánaicme
fsg4; **Middle East** *n* an
Meánoirthear *m1*; **middle name** *n*
ainm *m4* láir
midge *n* míoltóg *f2*
midget *n* (*inf!*) abhac *m1*
midnight *n* meán *m1* oíche
midst *n*: **in the ~ of** i lár + *gen*,
i measc + *gen*
midsummer *n* lár *m1* an
tsamhraidh; **M~('s) Day** Lá Fhéile
Eoin
midway *adj, adv*: **~ (between)**
leath bealaigh (idir), leath slí (idir);
~ through ... leath bealaigh tríd ...
midweek *n* lár *m1* na seachtaine
midwife *n* bean *f* ghlúine, bean
chabhrach
might *n* neart *m1* ▷ *vb see* **may**;

mighty *adj* neartmhar, láidir
migraine *n* mígréin *f2*
migrant *adj* imirceach; **~ worker**
spailpín *m4*
migrate *vi* téigh ar imirce
mike *n abbr* = **microphone**
mild *adj* séimh; (*person*) séimh,
cneasta; (*weather*) cineálta, séimh;
(*reproach*) gan ghoimh; **mildly** *adv*
go séimh; **to put it mildly** gan ach
an ceann caol a lua
mile *n* míle *m4*; **~s away** na mílte ar
shiúl; **mileage** *n* míleáiste *m4*;
milestone *n* cloch *f2* mhíle
military *adj* míleata
militia *n* mílíste *m4*
milk *n* bainne *m4* ▷ *vt* (*cow*) bligh,
crúigh; (*fig: person*) tar i dtír ar;
(: *situation*) beir buntáiste ar; **milk
chocolate** *n* seacláid *f2* bhainne;
milkman *n* fear *m1* bainne; **milk
shake** *n* creathán *m1* bainne;
milky *adj* (*drink*) bainniúil; (*colour*)
lachtmhar
mill *n* muileann *m1*; (*steel mill*)
muileann *m1* iarainn; (*spinning mill*)
muileann *m1* sníomhacháin; (*flour
mill*) muileann *m1* plúir ▷ *vt* meil
▷ *vi* (*also*: **~ about**) bheith ag
ruatharach thart
milligram, milligramme *n*
milleagram *m1*
millimetre (*US* **millimeter**) *n*
milliméadar *m1*
million *n* milliún *m1* + *sg*;
millionaire *n* milliúnaí *m4*
mime *n* mím *f2* ▷ *vt, vi* mím
mimic *n* aithriseoir *m3* ▷ *vt* déan
aithris ar
min. *abbr* = **minute(s)**; **minimum**
mince *vt* mionaigh ▷ *n* (*Culin*) feoil
f3 mhionaithe; **he didn't ~ his
words** níor chuir sé fiacail ann;
mincemeat *n* (*fruit*) mionra *m4*

torthaí; (US: *meat*) feoil *f3*
mhíonaithe; **mince pie** *n* (*sweet*)
píóg *f2* mionra

mind *n* intinn *f2*, meabhair *f*,
cuimhne *f4* ▷ *vt* (*attend to, look after*) tabhair aire do; (*be careful*)
seachain, fainic; (*object to*): **I don't ~ the noise** ní miste liom an callán;
I don't ~ is cuma liom, ní miste
liom; **on my ~** ar m'intinn; **to my ~**
dar liom, de mo dhóighse, i mo
bharúil *or* thuairimse; **to be out of one's ~** bheith as do mheabhair,
bheith ar mire; **he changed his ~**
d'athraigh sé a intinn, rinne sé
athchomhairle; **to have sth in ~**
rud a bheith ar intinn agat; **to keep** *or* **bear sth in ~** rud a
choinneáil i gcuimhne,
cuimhneamh ar rud; **to make up one's ~** cinneadh ar (chomhairle);
to put sth out of one's ~ rud a
ligean chun dearmaid, rud a chur as
do cheann; **to read sb's ~** léamh ar
intinn duine; **to be in two ~s**
bheith idir dhá chomhairle; **~ you, ...** mar sin féin, ...; **never ~** (*don't bother*) ná bac leis; (*don't worry*) ná
bí buartha; **"~ the step"** "seachain
an chéim"

mine[1] *adj* (*single article*) mo
cheannsa; (*share of*) mo chuidse
▷ *adj*: **this book is ~** is liom an
leabhar seo; **this book of ~** an
leabhar seo agam

mine[2] *n* (*coal*) mianach *m1* guail;
(*landmine*) mianach talún ▷ *vt*
(*coal*) bain; (*ship, beach*) cuir
mianach faoi; **miner** *n* mianadóir
m3

mineral *adj* mianrach ▷ *n* mianra
m4; **minerals** *npl* (*soft drinks*)
mianraí *mpl4*; **mineral water** *n*
uisce *m4* mianraí

mingle *vi*: **to ~ with** dul i measc,
meascadh le

miniature *adj* mion- ▷ *n*
mionsamhail *f3*

minibar *n* mionbhéar *m1*

minibus *n* mionbhus *m4*

minimal *adj* íos-

minimize *vt* (*reduce*) íosmhéadaigh,
íoslaghdaigh; (*play down*) déan a
bheag de

minimum *adj* íos- ▷ *n* íosmhéid *f2*

mining *n* mianadóireacht *f3*

miniskirt *n* mionsciorta *m4*

minister *n* (*Pol*) aire *m4*; (*Rel*)
ministir *m4* ▷ *vi*: **to ~ to sb** riar ar
dhuine

ministry *n* (*Pol*) aireacht *f3*

minor *adj* fo-; (*Mus, poet, problem*)
mion- ▷ *n* (*Law*) mionaoiseach *m1*;
(*Sport*) mionúr *m1*

minority *n* mionlach *m1*

mint *n* (*plant*) miontas *m1*; (*sweet*)
milseán *m1* miontais ▷ *vt* (*coins*)
buail; **in ~ condition** úrnua

minus *n* (*also:* **~ sign**) míneas *m1*
▷ *prep* lúide

minute[1] *adj* beag bídeach; (*detail, search*) mion-

minute[2] *n* nóiméad *m1*, bomaite
m4; **minutes** *npl* (*official record*)
miontuairiscí *fpl2*; **wait a ~, just a ~** fan nóiméad *or* bomaite; **do it this ~!** déan láithreach bonn é

miracle *n* míorúilt *f2*

mirage *n* mearú *m* súl

mirror *n* scáthán *m1*

misbehave *vi* bheith dána *or* crosta

miscarriage *n* (*Med*) breith *f2*
anabaí; (*Law*) iomrall *m1* ceartais;
she had a ~ scar sí le duine clainne

miscellaneous *adj* il-, éagsúil,
ilchineálach, ilghnéitheach

mischief *n* (*naughtiness*)
diabhlaíocht *f3*; (*playfulness*)

ábhaillí *f4*; (*maliciousness*)
drochobair *f2*; **mischievous** *adj*
iomlatach, dalba, dána, diabhalta
misconception *n* míthuiscint *f3*
misconduct *n* mí-iompar *m1*
miser *n* sprionlóir *m3*
miserable *adj* ainnis, dearóil,
anróiteach; (*stingy*) gortach,
sprionlaithe; (*failure*) dona
misery *n* (*wretchedness*) ainnise *f4*,
dearóile *f4*, anró *m4*
misfortune *n* mí-ádh *m1*,
tubaiste *f4*
misgiving *n* (*apprehension*) amhras
m1, drochamhras *m1*; **to have ~s
about sth** (droch) amhras a bheith
ort faoi rud
misguided *adj* ar míthreoir,
seachránach
mishap *n* taisme *f4*, míthapa *m4*
misinterpret *vt* bain míchiall as,
bain an chiall chontráilte as
misjudge *vt*: **to ~ sb** an aithne
chontráilte a bheith agat ar dhuine,
bheith san éagóir a dhuine
mislead *vt*: **to ~ sb** míchomhairle a
chur ar dhuine; **misleading** *adj*
míthreorach; (*information*,
statement) a chuireann (duine) ar
seachrán *or* amú
misplace *vt*: **to ~ sth** rud a ligean
amú, rud a chur san áit chontráilte
misprint *n* dearmad *m1* cló
Miss *n* Iníon *f2*; **~ O'Donnell** Iníon
Uí Dhónaill
miss *vt* caill; (*regret the absence of*):
I ~ him/it cronaím é; **I ~ed the
train** chaill mé an traein, d'imigh
an traein orm ▷ *vi* téigh amú ▷ *n*
(*shot*) urchar *m1* iomraill; **miss out**
vt caill
missile *n* (Mil) diúracán *m1*; (*object
thrown*) diúracán *m1*
missing *adj* in easnamh, ar iarraidh

mission *n* misean *m1*; **missionary**
n misinéir *m3*
mist *n* ceo *m4*; (*light*) dusma *m4* ▷ *vi*
(*also*: **~ over**): **her eyes ~ed (over)**
tháinig deoir ar an tsúil aici
mistake *n* meancóg *f2*, dearmad
m1, botún *m1*; **to make a ~**
meancóg *or* botún *or* dearmad a
dhéanamh; **by ~ de dhearmad, i
ndearmad ▷ *vt* (*meaning*, *remark*)
bain míchiall as; **to ~ sb for sb else**
duine a thógáil ar son duine eile; **to
be ~n about sth** dul amú a bheith
ort faoi rud; **unless I am ~n** mura
bhfuil dul amú *or* seachrán orm;
mistaken *adj* earráideach,
mícheart, amú
mister *n*: **M~ McLaughlin** An
tUasal Mac Lochlainn; *see also* **Mr**
mistletoe *n* drualus *m3*
mistress *n* bean *f* luí; (*in school*)
máistreás *f3*
mistrust *vt*: **to ~ sb** bheith in
amhras ar *or* faoi dhuine,
drochiontaoibh a bheith agat as
duine
misty *adj* ceobhránach, smúitiúil
misunderstand *vt* bain
míthuiscint as, bain an chiall
chontráilte as; **she
misunderstood me** níor thuig sí (i
gceart) mé; **if I don't ~** mura bhfuil
seachrán *or* dul amú orm;
misunderstanding *n* míthuiscint
f3
misuse *n* mí-úsáid *f2*; (*of power*)
mí-úsáid *f2* cumhachta ▷ *vt* bain
mí-úsáid as; **~ of funds** míriar
acmhainní
mitt, mitten *n* miotóg *f2*, mitín *m4*
mix *vt*, *vi* measc, cumaisc; (*drink etc*)
cumaisc; (*cement*) suaith;
(*socialize*): **to ~ with people**
comhluadar a dhéanamh le daoine;

he doesn't ~ well ní fear mór cuideachta é ▷ n meascán m1, cumasc m1; (people) éagsúlacht f3; **mix up** vt measc; (confuse) cuir trí chéile; **mixed** adj measctha; (salad) ilchineálach; **mixed grill** n griolladh m measctha; **mixed-up** adj (confused) trí chéile; **mixer** n (for food) meascthóir m3; (person): **he is a good mixer** tá sé sochaideartha; **mixture** n meascán m1, cumasc m1; **mix-up** n meascán m1 mearaí

mm abbr (= millimeter) mm

moan n éagaoin f2 ▷ vi bheith ag éagaoin, cnead a ligean asat

moat n móta m4

mob n gramaisc f2; (disorderly) gráscar m1 ▷ vt plódaigh

mobile adj soghluaiste, gluaisteach ▷ n soghluaisteog f2; (also: ~ **phone**) fón m1 or guthán m1 póca; **mobile home** n teach m gluaisteach; **mobile phone** n fón m1 or guthán m1 póca

mock vt déan magadh or fonóid faoi ▷ adj breag-, bréige n gen; **mockery** n magadh m1; **to make a mockery of sb/sth** ceap magaidh a dhéanamh de dhuine/rud

mode n modh m3

model n samhail f3, eiseamláir f2; (make) déanamh m1; (person: for fashion) mainicín m4; (: for artist) cuspa m4 ▷ vt (with clay etc) múnlaigh ▷ vi (clothes) bheith ag mainicíneacht ▷ adj (railway: toy) mion-; **to ~ o.s. on** tú féin a mhúnlú ar

modem n (Comput) móideim m4

moderate adj cuibheasach, measartha, réasúnta ▷ vi maolaigh ▷ vt maolaigh; (supervise) stiúir; (regulate) rialaigh

moderation n measarthacht f3

modern adj nua-aimseartha, nua-; **~ languages** nuatheangacha fpl4; **modernize** vt nuachóirigh, tabhair suas chun dáta, cuir in oiriúint don lá inniu

modest adj modhúil, cúthail; (middling) cuibheasach, measartha; **modesty** n modhúlacht f3

modify vt modhnaigh; (demands) maolaigh

module n modúl m1

mohair n móihéar m1

moist adj tais; **moisture** n taisleach m1, fliuchán m1; **moisturizer** n taisritheoir m3

mold (US) n, vt = **mould**

mole n (animal) caochán m1; (fig: spy) spiaire m4; (on body) ball m1 dobhráin

molest vt (harass) cuir isteach ar, déan díobháil do; (sexually) déan ionsaí gnéis ar

molten adj leáite

mom (US) n = **mum**

moment n nóiméad m1, bomaite m4; **at the ~** i láthair na huaire; **at that ~** ag an nóiméad sin, leis sin; **I'll be there in a ~** beidh mé ann i gceann nóiméid; **I'm OK for the ~** beidh mé ceart go leor go fóill beag; **momentary** adj gearrshaolach; **momentous** adj an-tábhachtach, cinniúnach

momentum n móiminteam m1; (fig) fuinneamh m1; **to gather ~** dul i neart

mommy (US) n mamaí f4

Monaco n Monacó m4

Monaghan n Muineachán m1

monarch n monarc m4; **monarchy** n monarcacht f3

monastery n mainistir f

m

Monday n (An) Luan m1; **on ~** Dé
Luain; **he comes on ~s** tagann sé
ar an Luan

monetary adj airgeadúil,
airgeadaíochta n gen

money n airgead m1; **to make ~**
airgead a dhéanamh; **money
order** n ordú m airgid

mongrel n (dog) bodmhadra m4

monitor n (TV, Comput) monatóir
m3 ▷ vt: **to ~ sth** monatóireacht a
dhéanamh ar rud, súil a choinneáil
ar rud

monk n manach m1

monkey n moncaí m4

monopoly n monaplacht f3

monotonous adj aontonach;
(boring) leadránach, liosta, leamh

monsoon n monsún m1

monster n arracht m3, ollphéist f2

month n mí f; **monthly** adj míosúil
▷ adv in aghaidh na míosa

monument n séadchomhartha
m4; (memorial) leacht m3
cuimhneacháin

mood n aoibh f2, fonn m1; **to be in a
good/bad ~** dea-/drochaoibh a
bheith ort; **moody** adj (variable)
taghdach; (sullen) dúr

moon n gealach f2; **moonlight** n
solas m1 na gealaí

moor n móinteán m1, caorán m1 ▷ vt
(ship) feistigh, cuir ar ancaire ▷ vi
téigh ar feistiú

moose n mús m1

mop n (of hair) mothall m1, grágán
m1, mapa m4; (for dishes) mapa
(soithí) ▷ vt mapáil; **mop up** vt
glan suas

mope vi bheith i ndroim dubhach

moped n móipéid f2

moral adj morálta ▷ n (of story) brí
f4; **morals** npl (attitude, behaviour)
moráltacht fsg3

morale n meanma f, misneach m1

morality n moráltacht f3

 KEYWORD

more adj níos mó; breis; tuilleadh
1 (greater in number etc) níos mó;
more people/work (than) níos
mó daoine/oibre ná
2 (additional) a thuilleadh + gen; **do
you want (some) more tea?** ar
mhaith leat tuilleadh tae?; **I have
no** or **I don't have any more
money** níl níos mó or a thuilleadh
airgid agam; **it'll take a few more
weeks** tógfaidh sé cúpla seachtain
eile
▷ pron breis agus, corradh le; **more
than ten** corradh le deich; **it cost
more than we expected** chosain
sé níos mó ná a shíleamar; **I want
more** ba mhaith liom tuilleadh; **is
there any more?** an bhfuil
tuilleadh ann?; **there's no more**
níl a thuilleadh ann; **a little more**
beagáinín eile, dornán eile, braon
beag eile; **many/much more** i
bhfad níos mó
▷ adv: **more dangerous/easily
(than)** níos contúirtí/fusa (ná);
more and more expensive ag éirí
níos daoire, ag dul i ndaoire; **more
or less** a bheag nó a mhór; **more
than ever** níos mó ná riamh

moreover adv ar a bharr sin, ina
theannta sin

morning n maidin f2; **in the ~** ar
maidin; **7 o'clock in the ~** 7 a chlog
ar maidin; **morning sickness** n
tinneas m1 maidne

Morocco n Maracó m4

moron (inf!) n leathdhuine m4,
uascán m1

mortar n (Mil) moirtéar m1; (Constr) moirtéal m1

mortgage n morgáiste m4 ▷ vt morgáistigh

mortuary n marbhlann f2

mosaic n mósáic f2

Moscow n Moscó m4

Moslem adj, n = **Muslim**

mosque n mosc m1

mosquito n muiscít f2, corrmhíol m1

moss n caonach m1; (Irish) carraigín m4

most adj bunáite + gen, bunús + gen, formhór + gen ▷ pron an mhórchuid f ▷ adv is (+ superl); (very) an-; ~ **of** formhór + gen, bunús + gen; ~ **of them** a mbunús, a bhformhór; **at the (very)** ~ ar a mhéad; **to make the** ~ **of sth** a mhór a dhéanamh de rud; **mostly** adv (chiefly) go príomha, den chuid is mó; (usually) de ghnáth, go hiondúil

motel n carróstlann f2

moth n féileacán m1 oíche, leamhan m1; **mothballs** npl millíní mpl4 leamhan

mother n máthair f ▷ vt (pamper, protect) déan peataireacht ar; ~ **country** tír dhúchais; **motherhood** n máithreachas m1; **mother-in-law** n máthair f chéile; **mother tongue** n teanga f4 dhúchais

motif n móitíf f2

motion n gluaiseacht f3; (gesture) geáitse m4; (at meeting) rún m1; **in** ~ (moving) faoi shiúl; (functioning) ar siúl, ar obair ▷ vt, vi: **to** ~ **(to) sb to do** sméideadh ar dhuine rud a dhéanamh; **to set sth in** ~ rud a chur sa siúl, siúl a chur faoi or ar rud; **motionless** adj gan bhogadh, gan chorraí; **motion picture** n scannán m1

motive n cúis f2, bunchúis f2, réasún m1

motor n inneall m1; (inf: vehicle) mótar m1, gluaisteán m1, carr m1 ▷ cpd (industry, vehicle) mótar-, gluais-; **motorbike** n gluaisrothar m1; **motorboat** n mótarbhád m1; **motorcar** n mótar m1, gluaisteán m1, carr m1; **motorcycle** n gluaisrothar m1; **motorcyclist** n gluaisrothaí m4; **motor racing** n rásaíocht f3 ghluaisteán; **motorway** n mótarbhealach m1

motto n mana m4

mould (US **mold**) n múnla m4; (mildew) coincleach f2 ▷ vt múnlaigh; (fig) fuin; **mouldy** adj clúmhúil; (smell) dreoite

mound n meall m1; (heap) carn m1; (hill) tulach m1

mount n cnoc m1, sliabh m ▷ vt gabh suas ar, téigh in airde ar; (horse) téigh ar mhuin + gen ▷ vi (inflation, tension) méadaigh; (also: ~ **up**: problems etc) carnaigh

mountain n sliabh m, cnoc m1 ▷ cpd sléibhe n gen; **mountain bike** n rothar m1 sléibhe; **mountaineer** n sléibhteoir m3; **mountaineering** n sléibhteoireacht f3; **mountainous** adj sléibhtiúil; **mountain range** n sliabhraon m1

mourn vi, vt caoin; **mourner** n sochraideach m1; **mourning** n brón m1, dobrón m1

mouse n luchóg f2; (Comput) luch f2; **mouse mat, mouse pad** n (Comput) mata m4 luchóige, ceap m3 luiche

mousse n mousse m4

moustache (US **mustache**) n croiméal m1

mouth n béal m1; **mouthful** n bolgam m1; **mouth organ** n orgán *m*1 béil; **mouthpiece** n (*of musical instrument*) béalóg *f*2; (*spokesman*) urlabhraí *m*4; **mouthwash** n folcadh *m* béil

move n (*movement*) bogadh *m*; (*in game*) cor *m*1; (*: turn to play*) seal *m*3; (*change: of house, job*) aistriú *m* ▷ vt bog, corraigh; (*emotionally*): **the music ~d her to tears** bhain an ceol na deora aisti; (*Pol, resolution etc*) mol; (*in game*) bog ▷ vi (*gen*) bog; (*traffic*) gluais; (*also: ~ house*) aistrigh; (*situation*) athraigh; **that was a good ~** is maith a rinne tú é; **to ~ sb to do sth** duine a spreagadh le rud a dhéanamh; **to get a ~ on** brostú; **move about** vi (*fidget*) bheith ag tónacán, bheith corrthónach; (*travel*) bog thart; (*change residence, job*) aistrigh; **move along** vi bog leat; **move away** vi bog ar shiúl; **move back** vi bog ar ais, bog siar; **move forward** vi bog chun tosaigh; **move in** vi (*to a house*) bog isteach i; (*police, soldiers*) druid isteach le; **move on** vi bog ar aghaidh; **move out** vi (*of house*) bog amach as; **move over** vi bog anonn; **move up** vi (*pupil*) aistrigh suas; (*employee*) faigh ardú céime; **movement** n bogadh *m*, cor *m*1; (*campaign*) gluaiseacht *f*3

movie n scannán *m*1; **to go to the ~s** dul chuig na pictiúir

moving adj beo; (*emotional*) corraitheach

mow vt bain; (*lawn*) lom, bain; **mow down** vt treascair

MP n abbr = **Member of Parliament**

MP3 n: **~ player** seinnteoir *m*3 MP3

Mr (US **Mr.**) n: **Mr Smith** An tUasal Smith

Mrs (US **Mrs.**) n: **~ Smith** Bean Smith

Ms (US **Ms.**) n (= *Miss or Mrs*): **Ms Smith** Iníon Smith

much adj mórán + gen ▷ adv, n, pron a lán + gen; **how ~ is it?** cá mhéad atá air?; **too ~** an iomarca + gen, barraíocht + gen; **as ~ as (he has)** a oiread agus (atá aige)

muck n (*dirt*) salachar *m*1; **muck up** (*inf*) vt (*exam, interview*) déan praiseach de; **mucky** adj cáidheach, draoibeach; (*book, film*) graosta, gáirsiúil

mud n clábar *m*1, lábán *m*1

muddle n (*mess*) cíor *f*2 thuathail; (*mix-up*) meascán *m*1 mearaí ▷ vt (*also: ~ up*) cuir trí chéile

muddy adj lábánach, draoibeach

mudguard n pludgharda *m*4

muffin n muifín *m*4, bocaire *m*4

muffled adj (*sound*) múchta; (*person*) clutharaithe

muffler (US) n (*Aut*) ciúnadóir *m*3

mug n (*cup*) muga *m*4; (*inf: face*) pus *m*1; (*: fool*) bómán *m*1 ▷ vt (*assault*) ionsaigh; **mugging** n ionsaí *m*

muggy adj meirbh

mule n miúil *f*2

multiple adj iomadúil, il- ▷ n iolraí *m*4; **multiple sclerosis** n ilscléaróis *f*2

multiplication n iolrú *m*

multiply vt, vi iolraigh

multistorey adj ilstórach

mum (*inf*) n mam *f*2 ▷ adj: **to keep ~ about sth** rud a choinneáil faoin duilleog

mumble vt, vi mungail; **to ~ sth** rud a rá trí d'fhiacla

mummy n (*mother*) mamaí *f*4; (*embalmed*) seargán *m*1

mumps n an plucamas *m*1, an leicneach *f*2

munch *vt, vi* mungail

municipal *adj* cathrach *n gen*

Munster *n* an Mhumhain *f*, Cúige *m4* Mumhan ▷ *adj* Muimhneach

murder *n* dúnmharú *m* ▷ *vt* dúnmharaigh; **murderer** *n* dúnmharfóir *m3*

murky *adj* amhrasach; (*water*) modartha

murmur *n* monabhar *m1* ▷ *vi* bheith ag monabhar ▷ *vt*: **to ~ sth** rud a rá de mhonabhar

muscle *n* matán *m1*; (*fig*) cumhacht *f3*; **muscle in** *vi*: **to ~ in** tú féin a bhrú chun cinn; **muscular** *adj* matánach; (*person, arm*) féitheogach

museum *n* músaem *m1*

mushroom *n* muisiriún *m1*, beacán *m1* ▷ *vi* borr

music *n* ceol *m1*; **musical** *adj* binn; (*person*) ceolmhar; (*show*) ceoil *n gen*; **musical instrument** *n* gléas *m1* ceoil, uirlis *f2*; **musician** *n* ceoltóir *m3*

Muslim *adj, n* Moslamach *m1*

muslin *n* muislín *m4*

mussel *n* diúilicín *m4*

must *aux vb* (*obligation*): **I ~ do it** ní mór dom é a dhéanamh, tá orm é a dhéanamh, caithfidh mé é a dhéanamh; (*probability*): **he ~ be there by now** caithfidh sé go bhfuil sé ann faoi seo; (*suggestion, invitation*): **you ~ come and see me** caithfidh tú teacht ar cuairt chugam; **why ~ he behave so badly?** cad chuige a gcaithfidh sé bheith chomh crosta sin? ▷ *n* riachtanas *m1*

mustache (*US*) *n* = **moustache**

mustard *n* mustard *m1*

mute *adj* balbh

mutiny *n* ceannairc *f2* ▷ *vi* éirigh amach

mutter *vi* bheith ag monabhar ▷ *vt*: **to ~ sth** a rá trí d'fhiacla

mutton *n* caoireoil *f3*

mutual *adj* díbhlíonach; (*benefit, interest*) comhchomaoineach

muzzle *n* soc *m1*; (*protective device*) féasrach *m1*, puslach *m1*; (*of gun*) béal *m1* ▷ *vt* cuir féasrach *or* puslach ar

my *adj* mo; **my house/car/gloves** mo theach/ghluaistean/ mhiotóga, an teach/an gluaisteán/na miotóga agam; **my hair** mo chuid gruaige

myself *pron* (*reflexive*) mé féin; (*emphatic*) mise féin; *see also* **oneself**

mysterious *adj* rúndiamhair, mistéireach

mystery *n* rúndiamhair *f2*, mistéir *f2*

mystify *vt* mearaigh

myth *n* miotas *m1*; **mythology** *n* miotaseolaíocht *f3*

m

n

nag vt tabhair amach do ▷ vi: **to be ~ging at sb** bheith sáite as duine; **it was ~ging at him** bhí sé ag dó na geirbe aige

nail n (human) ionga f; (metal) tairne m4 ▷ vt cuir tairne i, tairneáil; **to ~ sb down to a date/price** dáta/praghas a chinntiú le duine or a fháscadh as duine; **nailbrush** n scuab f2 ingne; **nailfile** n raspa m4 ingne; **nail polish, nail varnish** n snas m3 or vearnais f2 iongan; **nail polish remover** n díobhach m1 vearnais iongan; **nail scissors** npl siosúr msg1 ingne

naïve adj saonta, soineanta

naked adj (person) lomnocht; (light etc) nocht; (hatred, truth) lom

name n ainm m4 ▷ vt ainmnigh; **by his ~** ina ainm; **in the ~ of** in ainm + gen; **what's your ~?** cén t-ainm atá ort?, cad is ainm duit?; **in God's ~** in ainm Dé; **~ a date or place** luaigh dáta nó áit; **namely** adv eadhon, is é sin, mar atá

nanny n buime f4

nap n: **to take a ~** néal m1 a chodladh, dreas codlata a dhéanamh ▷ vi: **he was caught ~ping** rugadh maol air, thángthas aniar aduaidh air, rugadh gairid air

napkin n naipcín m4

nappy n clúidín m4

narcotic n (drug) támhshuanach m1

narrative n scéal m1

narrow adj cúng; (mind) cúng, caol ▷ vt, vi cúngaigh, caolaigh; **I had a ~ escape** ní mó ná gur éalaigh mé, is ar éigean a d'éalaigh mé; **to ~ sth down to** rud a laghdú go; **narrowly** adv: **he narrowly missed injury** is ar éigean a d'éalaigh sé gan gortú, is ar éigean a tháinig sé slán as; **narrow-minded** adj caolaigeanta, cúngaigeanta

nasty adj (person) urchóideach, mailíseach; (attack) mailíseach; (accident, disease) droch-; (blow, injury) trom, droch-; (smell) bréan

nation n náisiún m1, cine m4, pobal m1

national adj náisiúnta ▷ n náisiúnach m1; **national dress** n éide f4 náisiúnta; **National Health Service** (Brit) n An tSeirbhís f2 Náisiúnta Sláinte; **National Insurance** n Árachas m1 Náisiúnta; **nationalist** adj náisiúnach ▷ n náisiúnaí m4; **nationality** n náisiúntacht f3; **nationalize** vt náisiúnaigh

nationwide adj ar fud na tíre; (problem) náisiúnta ▷ adv ar fud na tíre

native n dúchasach m1 ▷ adj

dúchasach; (country) dúchais n gen; (ability) ó dhúchas; **he's a ~ of Russia** is as an Rúis ó dhúchas é; **a ~ speaker of French** cainteoir dúchais Fraincise

natural adj nádúrtha, aiceanta; **natural gas** n gás m1 nádúrtha; **naturally** adv (obviously) ar ndóigh cinnte; (logically) ar ndóigh; (behave) go nádúrtha; **naturally!** (of course) ar ndóigh!, cinnte!

nature n nádúr m1, dúchas m1; (the elements) dúlra m4; **by ~** ó nádúr, ó dhúchas; **she's shy by ~** is dual di a bheith cúthail; **it's in his ~** tá sé san fhuil ann or sa smior aige

naughty adj (child) crosta, dána, dalba; (book etc) graosta

nausea n masmas m1, samhnas m1, múisc f2, déistin f2

naval adj cabhlaigh n gen; (maritime, marine) muirí

navel n imleacán m1

navigate vt (steer) stiúir, piólótaigh ▷ vi stiúir, déan loingseoireacht; **navigation** n loingseoireacht f3

navy n cabhlach m1, loingeas m1 ▷ adj dúghorm

navy-blue adj dúghorm

Nazi n Naitsí m4 ▷ adj Naitsíoch

near adj: **~ (to)** cóngarach (do), gar (do) ▷ prep (also: **~ to**) in aice + gen ▷ vt druid le, tar i ngar do; **it's ~ing completion** tá sé beagnach críochnaithe, tá sé (de) chóir a bheith críochnaithe; **he was very ~ to tears** bhí sé faoi aon dhul a chaoineadh; **nearby** adj in aice láimhe, gaobhardach ▷ adv ar na gaobhair; **nearly** adv beagnach, (de) chóir a bheith; **I nearly fell** dóbair dom titim; **he was nearly dead** bhí sé beagnach marbh; **it's not nearly as good** níl sé baol ar a

bheith chomh maith; **near-sighted** adj gearr-radharcach

neat adj (work) slachtmhar; (house) slachtmhar, glanordúil; (dress) néata; (figure) comair; (action, movement) críochnúil, deismir; **neatly** adv go slachtmhar, go néata, go comair, go deismir

necessarily adv: **that doesn't ~ mean ...** ní gá go gciallódh sin ...

necessary adj riachtanach; **it is ~ to ...** ní mór ..., ní foláir ..., is gá ...

necessity n riachtanas m1, gá m4

neck n muineál m1; (of bottle) scóig f2, scrogall m1 ▷ vi (inf) póg; **~ and ~** gob ar ghob; **necklace** n muince f4 (brád); **necktie** n carbhat m1

need n riachtanas m1, gá m4 ▷ vt: **I ~ money** tá airgead uaim, tá airgead de dhíth or de dhíobháil orm; **I ~ to leave** ní mór dom, tá orm, caithfidh mé, tá agam le; **you don't ~ that** níl sin de dhíth ort, níl sin uait; **you don't ~ to ...** ní gá duit ...

needle n snáthaid f2; (Knitting) dealgán m1, biorán m1 cniotála

needless adj neamhriachtanach; **~ to say** ar ndóigh

needlework n obair f2 shnáthaide

needy adj bocht, dearóil, gátarach; **to be ~** bheith ar an ngannchuid

negative n (Phot) claonchló m4; (Ling) diúltach m1 ▷ adj diúltach

neglect vt: **to ~ sth** faillí or neamart a dhéanamh i rud ▷ n neamhchúram m1, faillí f4; (of duty) neamart m1

negotiate vt (difficulty) sáraigh; (price) socraigh; (treaty) déan idirbheartaíocht; **to ~ an agreement** tar ar chomhréiteach ▷ vi: **to ~ with sb** (bargain) dul chun margaidh *or* chun réitigh le duine; (*Pol*) bheith i gcomhchainteanna le duine

neighbour (*US* **neighbor**) *n* comharsa *f*; **neighbourhood** *n* (*place*) comharsanacht *f3*; **neighbouring** *adj* lámh le; **the neighbouring villages** na sráidbhailte in aice láimhe

neither *adj, pron*: **~ of the two was there** ní raibh ceachtar den bheirt ann ▷ *conj*: **I didn't move and ~ did Seán** níor chorraigh mise ná Seán ach oiread *or* ná Seán ach chomh beag ▷ *adv*: **~ good nor bad** maith ná olc; **..., ~ did I refuse** ..., agus níor dhiúltaigh mé ach oiread; **I didn't see her — N~ did I** Ní fhaca mé í — Ní fhaca ná mise

neon *n* neon *m1*

nephew *n* nia *m4*

nerve *n* néaróg *f2*; (*fig: courage*) misneach *m1*, uchtach *m1*; (: *cheek*) sotal *m1*, éadan *m1*

nervous *adj* (*tense*) neirbhíseach; (*anxious*) imníoch; (*Med*) néarógach; **nervous breakdown** *n* cliseadh *m* néarógach

nest *n* nead *f2* ▷ *vi* neadaigh

Net (*Comput: inf*) *n*: **the ~ = internet**

net *n* (*Fishing*) líon *m1*, eangach *f2*; (*for hair*) líontán *m1*; (*Sport*) líontán, eangach ▷ *adj* (*price, weight*) glan ▷ *vt* (*fish etc*) gabh, ceap; (*profit*) déan; **netball** *n* líonpheil *f2*

Netherlands *npl*: **the ~** an Ísiltír *f2*

nett *adj* = **net**

nettles *npl* neantóga *fpl2*, cál *msg1* faiche

network *n* gréasán *m1*, mogalra *m4*; (*Comput*) líonra *m4*

neurotic *adj, n* néaróiseach *m1*

neuter *adj* (*Biol*) seasc, neodrach;

(*Ling*) neodrach ▷ *vt* (*cat etc*) coill, neodraigh

neutral *adj* neodrach

never *adv* (*past*) riamh; (*present*) in am ar bith, riamh; (*future*) go deo, choíche; **it ~ happened** níor tharla sé riamh; **he's ~ on time** ní bhíonn sé riamh in am; **she'll ~ return** ní fhillfidh sí choíche; **~ in my life** le mo shaol *or* sholas *or* ré; *see also* **mind**; **never-ending** *adj* síor-; (*story etc*) gan chríoch; (*noise etc*) síoraí; **nevertheless** *adv* mar sin féin, fós, ina dhiaidh sin, ar a shon sin

new *adj* nua, úr; **brand ~** úrnua; **newborn** *adj* nuabheirthe; **newcomer** *n* núíosach *m1*; **newly** *adv* go húr, nua-

news *n* scéala *m4*; (*Radio, TV*) nuacht *f3*; **news agency** *n* nuachtghníomhaireacht *f3*; **newsagent** *n* nuachtánaí *m4*; **newscaster** *n* léitheoir *m3* nuachta; **newsdealer** (*US*) *n* = **newsagent**; **newsletter** *n* nuachtlitir *f*; **newspaper** *n* nuachtán *m1*; **newsreader** *n* = **newscaster**

newt *n* earc *m1* luachra

New Year *n*: **The ~** An AthBhliain *f3*, An Bhliain Úr; **New Year's Day** *n* Lá *m* Nollag Beag, Lá Caille; **New Year's Eve** *n* Oíche *f4* Chinn Bliana, Oíche na Seanbhliana, Oíche Chaille

New York *n* Nua-Eabhrac *m4*

New Zealand *n* an Nua-Shéalainn *f2*; **New Zealander** *n* Nua-Shéalannach *m1*

next *adj*: **the ~ person** an chéad duine eile; (*in time*): **~ week** an tseachtain seo chugainn ▷ *adv* (*after*) ina dhiaidh sin; (*afterwards*) ansin; **the ~ day** an lá dar gcionn, an lá arna mhárach; **~ year** an bhliain seo chugainn; **~ time** an chéad uair eile; **~ to** taobh le, cois + *gen*, in aice + *gen*, lámh le, le hais + *gen*; **we knew ~ to nothing** is ar éigean a bhí aon rud ar eolas againn; **~, please!** (*at doctor's*) an chéad duine eile, le do thoil!; **next door** *adv, adj* béal dorais; **next door neighbour** comharsa béal dorais; **next-of-kin** *n* neasghaol *m1*

nibble *vt* gráinseáil, creimseáil

nice *adj* deas, álainn; (*person*) deas, cineálta; (*journey*) pléisiúrtha; (*weather*) breá, deas; **nicely** *adv* go sásta

nick *n* (*indentation*) eang *f3*; (*wound*) gránú *m* ⊳ *vt* (*inf*) cuir eang i; **in the ~ of time** go díreach in am

nickel *n* nicil *f2*; (*US*) bonn *m1* nicile, ≈ réal *m1*

nickname *n* leasainm *m4* ⊳ *vt* tabhair (de) leasainm ar; **he was ~d Judas** baisteadh *or* tugadh Iúdás mar leasainm air

niece *n* neacht *f3*

Nigeria *n* an Nigéir *f2*

night *n* oíche *f4*; (*evening*) tráthnóna *m4*; **at ~** san oíche, istoíche; **by ~** d'oíche; **last ~** aréir; **the ~ before last** arú aréir; **it kept me up all ~** chuir sé ó chodladh na hoíche mé; **night club** *n* club *m4* oíche; **nightdress, nightgown, nightie** *n* léine *f4* oíche; **nightlife** *n* siamsaíocht *f3* oíche; **nightly** *adj* oíche; (*show etc*) gach oíche; (*by night*) de shiúl oíche, istoíche ⊳ *adv* gach oíche; **nightmare** *n* tromluí *m4*; **night school** *n* scoil *f2* oíche; **night shift** *n* (*people*) meitheal *f2* na hoíche; (*work*) seal *m3* na

hoíche; **night-time** *n* = **night**

nil *n* náid *f2*, neamhní *m4*

nine *num* naoi; **~ bottles** naoi mbuidéal; **~ people** naonúr *m1*; **nineteen** *num* naoi (gcinn) déag; **nineteen bottles** naoi mbuidéal déag; **nineteen people** naoi nduine dhéag; **ninety** *num* nócha + *nom sg*

ninth *num* naoú; **the ~ woman** an naoú bean

nip *n* liomóg *f2* ⊳ *vt*: **to ~ sb** liomóg a bhaint as duine

nipple *n* (*Anat*) dide *f4*, sine *f4*

nitrogen *n* nítrigin *f2*

no *adv* (*opposite of "yes"*): **are you coming? — no (I'm not)** an bhfuil tú ag teacht? — níl; **would you like some more? — no thank you** ar mhaith leat tuilleadh? — níor mhaith, go raibh maith agat ⊳ *adj* (*not any*) aon, ar bith; **I have no money** níl aon airgead agam; **I have no books** níl leabhair ar bith agam; **no players turned up** níor tháinig imreoir ar bith; **"no smoking"** "ná caitear tobac"; **"no dogs"** "cros ar mhadraí"

nobility *n* uaisle *f4*, uaisleacht *f3*

noble *adj* uasal

nobody, no one *pron*: **~ spoke** níor labhair aon duine/duine ar bith; **there was ~ home** ní raibh duine ar bith *or* aon duine sa bhaile; **I saw ~ else all day** ní fhaca mé aon duine eile i rith an lae; **~ knows** níl a fhios ag aon duine ⊳ *n*: **he's a ~** níl ann ach neamhdhuine

nod *vi* (*sleep*) néal a chodladh ⊳ *vt*: **to ~ one's head** do cheann a sméideadh ⊳ *n* sméideadh *m* cinn; **nod off** *vi*: **she ~ded off** thit a codladh uirthi

noise *n* gleo *m4*, tormán *m1*, callán

n

m1; **noisy** adj glórach, callánach
nominal adj (leader) ainmiúil; **~ rent** cíos ainmiúil
nominate vt (propose) mol; (appoint) ceap, ainmnigh
non-alcoholic adj neamh-mheisciúil
none pron ceann ar bith, aon cheann; (of people) duine ar bith, aon duine; **~ of you** duine ar bith agaibh; **I've ~ left** níl ceann ar bith fágtha agam, níl aon cheann fágtha agam; **he's ~ the worse for it** ní dhearna sé lá dochair dó, ní measaide (dó) é
nonetheless adv mar sin féin, dá ainneoin sin
non-fiction n neamhfhicsean m1
nonsense n seafóid f2, amaidí f4; **don't talk ~!** bíodh ciall agat!
non-smoker n duine m4 nach gcaitheann, neamhchaiteoir m3
non-stick adj neamhghreamaitheach
noodles npl núdail mpl1
noon n nóin f3, meán m1 lae
no one pron = **nobody**
nor conj, adv see **neither**
norm n gnás m1; (standard) caighdeán m1
normal adj (life) gnáth-, gnách, nádúrtha; (person) gnáth-; **he's perfectly ~** níl aon rud neamhghnách faoi; **as (is) ~** mar is gnách; **normally** adv de ghnáth
Normandy n an Normainn f2
north n tuaisceart m1 ▷ adj tuaisceartach; (wind) aduaidh ▷ adv (in) thuaidh; (to) ó thuaidh; (from) aduaidh; **the N~** an Tuaisceart m1; **~ of** taobh thuaidh de; **North America** n Meiriceá m4 Thuaidh; **north east** n oirthuaisceart m1 ▷ adj

oirthuaisceartach; (wind) anoir aduaidh; (side) thoir thuaidh ▷ adv (in) thoir thuaidh; (towards) soir ó thuaidh; (from) anoir aduaidh; **the North East** an tOirthuaisceart m1; **north east of** taobh thoir thuaidh de; **northern** adj tuaisceartach, thuaidh; **the Northern Lights** na Saighneáin mpl1; **Northern Ireland** n Tuaisceart m1 (na h) Éireann; **North Pole** n: **the North Pole** an Pol m1 Thuaidh; **North Sea** n: **the North Sea** an Mhuir f3 Thuaidh; **north west** n iarthuaisceart m1 ▷ adj iarthuaisceartach; (wind) aniar aduaidh; (side) thiar thuaidh ▷ adv (in) thiar thuaidh; (to) siar ó thuaidh; (from) aniar aduaidh; **the North West** an tIarthuaisceart m1; **north west of** taobh thiar thuaidh de
Norway n an Iorua f4; **Norwegian** adj, n Ioruach m1; (Ling) Ioruais f2
nose n srón f2, gaosán m1; **nosebleed** n fuil f shróine; **nosey** (inf) adj = **nosy**
nostalgia n cumha m4, uaigneas m1
nostril n pollaire m4, poll m1 sróine
nosy (inf) adj fiosrach, caidéiseach
not adv ní; nach; nár; níor; ná; níor(bh); nár(bh); chan; **he is ~** or **isn't here** níl sé abhus; **you must ~** or **you mustn't do that** níor chóir duit sin a dhéanamh; **it's too late, isn't it** or **is it ~?** tá sé rómhall (nó) nach bhfuil?; **~ yet/now** chan go fóill/anois; **did you see her? — ~ at all!** an bhfaca tú í? — ní fhaca ar chor ar bith; see also **all**; **only**; **notably** adv (particularly) go háirithe; (markedly) go sonrach
notch n eang f3
note n nóta m4 ▷ vt (also: **~ down**)

breac síos; (observe) tabhair faoi deara; **notebook** n leabhar m1 nótaí; **notepad** n ceap m1 nótaí; **notepaper** n páipéar m1 litreacha

nothing n faic f4, dada m4, rud m3 ar bith, aon rud; **he does ~** ní dhéanann sé faic; **~ new** dada or faic úr; **for ~** (saor) in aisce; **it's ~ of the sort!** ní hea, ná baol air

notice n (announcement) fógra m4; (of court) ardú m; (warning) foláireamh m1 ▷ vt tabhair faoi deara; **to bring sth to sb's ~** aird duine a tharraingt ar rud; **at short ~** gan chairde; **until further ~** go bhfógrófar a mhalairt; **to hand in one's ~** éirí as; **take no ~ of him** ná tabhair aon aird air; **noticeable** adj suntasach, sonraíoch

notice board n clár m1 fógraí

notify vt: **to ~ sb of sth** duine a chur ar an eolas faoi rud, rud a chur in iúl do dhuine

notion n nóisean m1; (concept) tuairim f2; (clue, idea) barúil f3; (whim) spadhar m1

notorious adj míchlúiteach

notwithstanding adv in ainneoin + gen, ar son + gen

nought n neamhní m4, náid f2

noun n ainmfhocal m1, ainm m4

nourish vt beathaigh, cothaigh; **nourishment** n scamhard m1, cothú m

novel n úrscéal m1 ▷ adj úr, nua; **novelist** n úrscéalaí m4; **novelty** n nuacht f3, úire f4

November n Samhain f3

now adv anois ▷ conj: **~ (that)** anois agus, anois go; **right ~** láithreach bonn; **by ~** faoi seo; **that's the fashion just ~** sin an faisean faoi láthair; **~ and then, ~ and again** anois agus arís, ó am go

ham; **from ~ on** as seo amach; **nowadays** adv sa lá atá inniu ann

nowhere adv in áit ar bith, in aon áit, in aon bhall; **she's ~ near as old as Seán** níl sí baol ar chomh sean le Seán

nozzle n soc m1

nuclear adj núicléach, eithneach

nucleus n núicléas m1, eithne f4

nude adj lomnocht ▷ n nochtach m1

nudge vt broid

nudist n nochtach m1

nuisance n: **it's a ~** is cur isteach mór é; **what a ~!** a leithéid de chrá croí!

numb adj bodhar; **~ with fear** sioctha le heagla

number n uimhir f ▷ vt uimhir a chur ar; **a ~ of** roinnt + gen; **to be ~ed among** bheith i measc + gen; **they were seven in ~** bhí siad seachtar ann; **number plate** n (Aut) uimhirphláta m4

numerical adj uimhriúil

numerous adj líonmhar, iomadúil

nun n bean f rialta

nurse n banaltra f4 ▷ vt (patient) banaltracht a dhéanamh ar; **she ~d him back to health** thug sí chun bisigh é

nursery n naíolann f2; (for plants) plandlann f2; **nursery rhyme** n rann m1 páistí; **nursery school** n naíscoil f2; **nursery slope** n (Ski) fánán m1 tosaitheoirí

nursing n banaltracht f3; **nursing home** n teach m banaltrachta

nut n cnó m4

nutmeg n noitmig f2

nutritious adj scamhardach, cothaitheach

nuts (inf) adj ar mire, le broim

nylon n níolón m1 ▷ adj níolóin

n

O

oak n dair f ▷ adj darach
OAP n abbr = **old age pensioner**
oar n maide m4 rámha
oasis n ósais f2
oath n mionn m3
oatmeal n min f2 choirce
oats n coirce msg4
obedience n umhlaíocht f3
obedient adj umhal
obey vt géill do, bheith umhal do; (*instructions*) lean, déan de réir + gen
obituary n fógra m4 báis
object n rud m3, réad m3; (*purpose*) cuspóir m3; (*Ling*) oibiacht f3, cuspóir ▷ vi: **to ~ to** (*attitude*) col a ghlacadh le; (*proposal*) cur i gcoinne + gen; **expense is no ~** is cuma faoin chostas; **he ~ed that ...** dúirt sé ina choinne go ...; **objection** n agóid f2; **I have no objection to that** níl rud ar bith agam ina choinne sin; **objective** n cuspóir

m3, aidhm f2 ▷ adj oibiachtúil
obligation n oibleagáid f2, dualgas m1; **you're under no ~ to ...** níl tú faoi oibleagáid ar bith chun ...
oblige vt (*force*): **to ~ sb to do sth** rud a chur ina oibleagáid ar dhuine, iachall a chur ar dhuine rud a dhéanamh; **to ~ sb** (*do a favour*) oibleagáid or gar a dhéanamh do dhuine; **to be ~d to sb for sth** bheith faoi chomaoin ag duine as rud
oblique adj fiar, claon-, sceamhach
obliterate vt díothaigh, scrios ar fad
oblivious adj: **to be ~ of** (*fact*) bheith dall ar; (*person*) gan aird a bheith agat ar
oblong adj leathfhada ▷ n dronuilleog f2
obnoxious adj gráiniúil, déistineach; (*smell*) bréan
oboe n óbó m4
obscene adj gáirsiúil, graosta, madrúil
obscure adj (*dim*) doiléir; (*unknown*) gan iomrá ▷ vt doiléirigh, dorchaigh; (*hide: sun*) folaigh, déan níos doiléire
observant adj grinnsúileach, airdeallach, braiteach
observation n (*remark*) focal m1, tuairim f2; (*watching*) breathnóireacht f3, grinniú m, scrúdú m
observatory n réadlann f2
observe vt coimhéad; (*orders*) comhlíon; (*remark*) abair; **observer** n féachadóir m3, coimhéadaí m4, breathnóir m3
obsess vt lean do; **~ed by** i ngreim ag, ciaptha ag; **he became ~ed by it** chuaigh sé ina cheann dó; **obsessive** adj galrach

obsolete adj as feidhm
obstacle n constaic f2, bac m1
obstinate adj dáigh, dígeanta, ceanntréan
obstruct vt (block) coisc, stop; (hinder) cuir bac ar
obtain vt faigh
obvious adj soiléir, follasach; **obviously** adv go follasach; **is he here? — obviously not!** an bhfuil sé anseo? — is léir nach bhfuil!
occasion n ócáid f2; (opportunity) deis f2, faill f2; **occasional** adj corr-, fánach; **occasionally** adv corruair, anois is arís
occupation n (job) gairm f2 (bheatha); (pastime) caitheamh m1 aimsire
occupy vt (house) bheith i do chónaí i, áitigh; (space): **the picture occupied most of the wall** bhí bunús an bhalla faoin bpictiúr; **to ~ o.s. in** or **with** do chuid am a chaitheamh ar
occur vi tarlaigh, tit amach; **occurrence** n tarlú m, teagmhas m1
ocean n aigéan m1, farraige f4 mhór
o'clock adv: **it is 5 ~** tá sé a cúig a chlog
October n Deireadh m1 Fómhair
octopus n ochtapas m1
odd adj (strange) aisteach, ait; (number, not of a set) corr; **60-~** tuairim is 60, timpeall 60; **the ~ one out** an ceann corr; **the ~ man out** an t-éan corr; **oddly** adv go haisteach; **oddly enough** aisteach go leor; **odds** npl (in betting) corrlach m1; **it makes no odds** is cuma; **at odds** ag achrann; **odds and ends** giúirléidí fpl2
odour (US **odor**) n boladh m1, mos m1

KEYWORD

of prep **1** (gen): **a friend of ours** cara dúinn or linn or dár gcuid; **a boy of 10** gasúr deich mbliana; **that was kind of you** ba dheas uait sin
2 (expressing quantity, amount, dates etc): **a kilo of flour** cileagram plúir; **how much of this do you need?** cá mhéad de seo atá de dhíth ort?; **there were 2 of them** (people) bhí siad beirt ann; (objects) bhí dhá cheann acu or díobh ann; **3 of us went** chuaigh triúr againn or dínn ann; **the 5th of July** an cúigiú lá de Mhí Iúil
3 (from, out of) déanta as; **a statue of marble** dealbh déanta as marmar; **made of wood** déanta as adhmad

off adj, adv (engine) as; (light) as, múchta; (bad: food) lofa; (: milk) iompaithe, cor a bheith ann; (absent) as láthair; (cancelled) ar ceal ▷ prep de, ó; **to be ~** (to leave) bheith ag imeacht; **to be ~ sick** bheith tinn, gan a bheith ann de bharr tinnis; **a day ~** lá saoire; **to have an ~ day** drochlá a bheith agat; **he had his coat ~** bhí a chóta de aige; **10% ~** (Comm) lascaine 10%; **I'm ~ meat** táim ag staonadh den fheoil; **on the ~ chance (that)** ar an gcaolseans (go)
Offaly n Uíbh mpl Fhailí
offence (US **offense**) n (crime) coir f2; **she took ~ at the joke** chuir an scéal stuaic uirthi
offend vt (person) cuir stuaic or olc ar; **offender** n ciontóir m3, coireach m1
offense (US) n = **offence**

O

offensive adj (smell etc)
déistineach, bréan; (weapon)
ionsaitheach ▷ n (Mil) ionsaí m
offer n tairiscint f3 ▷ vt tairg, ofráil;
"on ~" (Comm) ar reic
offhand adj (abrupt) giorraisc;
(uninterested) neamhshuimiúil
▷ adv gan ullmhú
office n (place, room) oifig f2;
(position) post m1; (responsibility)
dualgas m1, cúram m1; **to take ~**
dul i mbun dualgais; **office block**
(US **office building**) n ceap m1
oifigí; **office hours** npl uaireanta
fpl2 oifige; (US: Med) uaireanta
comhairle
officer n (Mil etc) oifigeach m1; (also:
police ~) garda m4; (Brit) péas m4
official adj oifigiúil ▷ n
feidhmeannach m1
off-licence n (shop) eischeadúnas
m1; **off-line** adj (Comput) as líne;
off-peak adj ag uaireanta,
neamhghnóthacha
offset vt (counteract) déan cothrom,
cúitigh
offshore adj amach ón gcósta
offside adj (Sport) as an imirt
offspring n inv sliocht m3, clann f2
often adv go minic; **how ~ do you
go?** cá mhinice a théann tú ann?;
every so ~ anois is arís
oh excl ó
oil n ola f4; (petroleum) peitriliam m4
▷ vt (machine) bealaigh; **oil filter** n
(Aut) scagaire m4 ola; **oil rig** n rige
m4 ola; **oil well** n tobar m1 ola; **oily**
adj olúil; (food) bealaithe
ointment n ungadh m
O.K., okay excl ceart go leor, tá go
maith ▷ adj (average) go measartha
▷ vt ceadaigh
old adj sean; (person) aosta, sean-;
(former) sean-, ath-; **how ~ are**

you? cén aois thú?, cá haois thú?;
he's 10 years ~ tá sé 10 mbliana
d'aois; **~er brother/sister**
deartháir mór/deirfiúr mhór;
old age n seanaois f2; **old age
pensioner** n pinsinéir m3;
old-fashioned adj
seanfhaiseanta; (person)
seanaimseartha
olive n (fruit) ológ f2; (tree) crann m1
ólóg ▷ adj (also: **~-green**) glas
ólóige; **olive oil** n ola f4 ólóige
Olympic adj Oilimpeach; **the ~
Games, the ~s** na Cluichí mpl4
Oilimpeacha
omelette n uibheagán m1
omen n tuar m1, mana m4
ominous adj tuarúil
omit vt fág ar lár; **to ~ to do sth**
gan rud a dhéanamh; **he ~ted to
say whether ...** ní duirt sé cé acu ...

 KEYWORD

on prep **1** (indicating position) ar;
on the table ar an mbord; **on the
wall** ar an mballa; **on the left** ar
clé, ar thaobh na láimhe clé
2 (indicating means, method,
condition etc): **on foot** de chois;
on the train/plane sa traein/san
eitleán; **on the telephone/radio/
television** ar an nguthán or
teileafón/raidió/teilifís; **to be on
drugs** bheith ag caitheamh drugaí;
on holiday ar (laethanta) saoire
3 (referring to time): **on Friday** Dé
hAoine; **on Fridays** ar an Aoine;
on June 20th ar an bhfichiú lá de
Mhí an Mheithimh; **a week on
Friday** seachtain ón Aoine seo; **on
his arrival** ar theacht (isteach) dó
4 (about, concerning): **a book on
Yeats/physics** leabhar faoi Yeats/

faoin bhfisic
▷ adv 1 (referring to dress, covering):
to have one's coat on do chóta a
bheith ort; **to put one's coat on**
do chóta a chur ort; **what's she
got on?** céard atá sí a chaitheamh?,
cén t-éadach atá uirthi?; **put the
lid on tightly** fáisc an clár go docht
air
2 (further, continuously): **to walk** etc
on siúl etc leat; **on and off** anois is
arís, ó am go chéile
▷ adj 1 (in operation: machine) ag
gabháil, ar obair; (: radio, TV) ag
gabháil; (: light) lasta; (: tap) ag
gabháil; (: brakes) teannta; (in
progress) ar siúl; **is the meeting
still on?** (not cancelled) an bhfuil an
cruinniú le bheith ann go fóill?;
when is this film on? cá huair a
bheas an scannán seo ann?
2 (inf): **that's not on!** (not
acceptable, not possible) níl sé sin
indéanta!

once adv (one time) uair (amháin);
(formerly) tráth, in am amháin, lá
den saol ▷ conj a luaithe (is) a; **~ he
had left/it was done** a luaithe a
bhí sé ar shiúl/a bhí sé déanta; **at ~**
láithreach bonn; (simultaneously) in
éineacht; **~ a week** uair sa
tseachtain; **~ more** uair amháin
eile; **~ upon a time** fadó, fadó

 KEYWORD

one num aon; **one hundred and
fifty** céad go leith; **one day** lá,
(aon) lá amháin
▷ adj 1 (sole, unique) aon; **the one
book which ...** an t-aon leabhar
(amháin) a ...; **the one man who
...** an t-aon fhear (amháin) a ...

2 (same) aon, céanna; **they came
in the one car** tháinig siad san aon
charr (amháin)
▷ pron 1: **this/that one** an ceann
seo/sin; **I've already got one/a
red one** tá ceann/ceann dearg
agam cheana féin; **one by one**
(articles) ceann i ndiaidh an chinn
eile; (people) duine i ndiaidh an
duine eile, ina nduine is ina nduine
2: **one another** a chéile; **to speak
to one another** labhairt lena
chéile
3 (impersonal): **one never knows** ní
bhíonn a fhios agat/ag aon duine;
to cut one's finger do mhéar a
ghearradh

one-off (inf) adj ar leith, aonuaire
oneself pron: **to keep sth for ~** rud
a choinneáil agat féin; **to talk to ~**
bheith ag caint leat féin
one-sided adj leataobhach,
leatromach, claon; **one-to-one**
adj (relationship) duine le duine;
one-way adj (street, traffic) aontreo
ongoing adj: **the ~ investigation**
an fiosrúchán atá ag dul ar aghaidh
faoi láthair
onion n oinniún m1
on-line adj (Comput) ar líne
onlooker n féachadóir m3,
breathnóir m3
only adv amháin ▷ adj aon-, aonair
▷ conj ach, murach; **an ~ child**
páiste aonair; **not ~ X but also Y** ní
amháin X ach Y chomh maith; **I ~
have ...** níl agam ach ...; **if ~ for**
mura mbeadh ann ach
onset n tús m1, tosach m1
onto prep = **on to**
onward, onwards adv (move) ar
aghaidh; **from that time ~(s)** as
sin amach

o

ooze vi úsc

opaque adj teimhneach; (fig) dothuigthe

open adj oscailte; (view) fairsing; (meeting) poiblí; (admiration) gan cheilt ▷ vi, vt oscail; (debate etc: commence) cuir tús le; (letter) bris, oscail; **in the ~ (air)** amuigh faoin aer; **open on to** vt fus (subj: room, door): **that door ~s on to the garden** tabharfaidh an doras sin amach chun an ghairdín tú; **open up** vi, vt oscail; **opening** n oscailt f2; (hole) bearna f4; (opportunity) deis f2 ▷ adj céad, tosaigh; **openly** adv go hoscailte, os ard; **open-minded** adj: **an open-minded person** duine a bhfuil intinn oscailte aige

opera n ceoldráma m4

operate vt, vi oibrigh; (Med): **to ~ on sb** duine a chur faoi scian, obráid a dhéanamh ar dhuine

operating theatre n obrádlann f2

operation n feidhmiú m; (of machine) oibriú m; (Med) obráid f2; **to be in ~** (system, law) bheith i bhfeidhm; **to have an ~** (Med) dul faoi scian, obráid a bheith agat

operative adj i bhfeidhm, feidhmiúil

operator n (of machine) oibreoir m3

opinion n barúil f3, tuairim f2; **in my ~, he's of the ~ (that)** tá sé den bharúil (go); **opinion poll** n pobalbhreith f2

opponent n céile m4 comhraic, teagmhálaí m4

opportunity n deis f2, faill f2; **to take the ~** an deis a thapú

oppose vt cuir i gcoinne + gen, cuir in aghaidh + gen; **~d to** i gcoinne + gen, in aghaidh + gen, in éadan + gen; **as ~d to** i gcomórtas le

opposite adj (facing) os comhair + gen; (opposing) a mhalairt (de) ▷ adv os comhair + gen ▷ prep os comhair + gen, os coinne + gen ▷ n malairt f2; **the house ~** an teach sin thall, an teach os ár gcomhair amach

opposition n (Pol) freasúra m4, cur m1 in éadan, naimhdeas m1; (Sport) an fhoireann f2 eile

opt vi: **to ~ for sth** rud a roghnú, taobhú le rud; **to ~ to do sth** cinneadh le rud a dhéanamh; **opt out** vi: **to ~ out of** tarraingt siar as

optician n radharceolaí m4

optimist n duine m4 dóchasach, soirbhíoch m1; **optimistic** adj dóchasach, soirbh

option n rogha f4; **your only ~ is to ...** níl (de rogha) agat ach ...; **optional** adj roghnach

or conj nó; (with negative) ná; **or else** nó

oral adj cainte n gen, béil n gen ▷ n scrúdú m cainte; **~ tradition** béaloideas m1

orange n (fruit) oráiste m4 ▷ adj oráiste, flannbhuí

Orangeman n Fear m1 Buí, Oráisteach m1

orbit n fithis f2 ▷ vt fithisigh, téigh thart ar

orchard n úllord m1

orchestra n ceolfhoireann f2

orchid n magairlín m4

ordeal n triail f, féachaint f3, crá m4

order n eagar m1; (command) ordú m; (Rel) ord m1 ▷ vt ordaigh; **in ~** in ord; **in (working) ~** ar deil; **out of ~** (not in correct order) as ord; (not working) as gléas; **in ~ to do** le or chun rud a dhéanamh; **in ~ that** le go, chun go, ionas go; **to ~ sb to do sth** ordú a thabhairt do dhuine rud a dhéanamh; **to put sth in ~** (rectify) deis a chur ar rud; **order form** n foirm f2 ordaithe; **orderly** n (Mil) giolla m4; (Med) giolla ospidéil ▷ adj (room) (glan) ordúil; (person) a bhfuil eagar air

ordinary adj coitianta, gnáth-; (pej) comónta; **out of the ~** neamhghnách, as an gcoitianacht

ore n mianach m1

organ n orgán m1, ball m1 (beatha); (Mus) orgán; **organic** adj orgánach

organization n (arrangement) eagrú m; (political etc) eagraíocht f3

organize vt eagraigh

orgasm n orgásam m1

oriental adj oirthearach

origin n bun m1, bunús m1, údar m1; (of river) foinse f4; **what's the ~ of it?** cad is bun de?

original adj bun-, bunúsach ▷ n (book, picture) bunchóip f2; **originally** adv (at first) ó thús, ar dtús

originate vi: **to ~ from** teacht as or ó; **to ~ in** tosú i

ornament n maisiú m; (trinket) ornáid f2; **ornamental** adj maisiúil, ornáideach

ornate adj ornáideach

orphan n dílleachta m4

orthopaedic (US **orthopedic**) adj ortaipéideach

ostrich n ostrais f2

other adj eile ▷ pron: **the ~ one** an ceann m1 eile; (person) an fear/bhean eile; **~s** (other people) daoine eile; **~ than** seachas; **every ~** gach dara; **the ~ day** an lá faoi dheireadh; **I have no ~ choice** níl an dara rogha agam; **otherwise**
adv ar chuma eile, ar dhóigh eile ▷ conj nó

otter n dobharchú m4, madra m4 uisce

ouch excl áigh

ought aux vb: **I ~ to do it** ba chóir dom é a dhéanamh; **he ~ to win** ba chóir or cheart go mbainfeadh sé

ounce n unsa m4

our adj ár; **~ house/car/gloves** ár dteach/ngluaisteán/miotóga, an teach/an gluaisteán/na miotóga againn; **~ hair** ár gcuid gruaige; see also **my**; **ours** adj (single article) ár gceann-na; (share of) ár gcuidne; **this book is ours** is linn an leabhar seo; **this book of ours** an leabhar seo againn; see also **mine**; **ourselves** pron pl (reflexive) muid féin, sinn féin; (emphatic) sinne féin, muidne féin

oust vt cuir amach

out adv (go, come) amach; (be, stay) amuigh; (published) amuigh, ar fáil; (not at home) as baile; (light, fire) as; **~ here/there** amuigh anseo/ansin; **he's ~** (absent) níl sé anseo; (unconscious) leagtha amach; **~ loud** os ard; **~ of** (outside) taobh amuigh de; (because of: anger etc) as; (from among): **~ of 10** as deichniúr; (without): **~ of petrol** (rite) as peitreal; **~ of order** (machine) as gléas; **outbreak** n briseadh m amach; **outburst** n (of anger) racht m3; (of shots) rois f2; **outcast** n díbeartach m1; (socially) éan m1 scoite; **outcome** n toradh m1; **outcry** n casaoid f2 challánach, agóid f2; **outdated** adj seanaimseartha, seandéanta; **outdoor** adj lasmuigh; **outdoors** adv taobh amuigh (de dhoras), amuigh faoin aer

outer adj lasmuigh, seachtrach, amuigh; **outer space** n imspás m1
outfit n (clothes) feisteas m1
outgoing adj (character) cuideachtúil
outhouse n bothán m1, cró m4
outing n turas m1 aeraíochta
outlaw n coirpeach m1, meirleach m1 ▷ vt déan mídhleathach, eisreachtaigh; **outlay** n eisíoc m3, caiteachas m1; **outlet** n (for liquid etc) poll m1 éalaithe; (US: Elec) soicéad m1; (also: **retail outlet**) cóir f3 dhíolacháin, asraon m1 miondíola; **outline** n (shape) fíor f, cruthaíocht f3, imlíne f4; (summary) achoimre f4, cnámha f2 (scéil) ▷ vt (fig: theory, plan) tabhair achoimre ar; **outlook** n dearcadh m1;
outnumber vt bheith níos líonmhaire ná; **out-of-date** adj (passport) as dáta; (clothes etc) seanaimseartha, seanfhaiseanta; **out-of-the-way** adj (place) cúlráideach, scoite; **outpatient** n othar m1 seachtrach; **outpost** n urphost m1; **output** n táirgeacht f3; (Comput) aschur m1
outrage n (anger) fearg f2; (violent act) gníomh m1 uafásach, éigneach m1; (scandal) scannal m1 ▷ vt cuir colg ar; **outrageous** adj ainspianta, scannalach
outright adv ar fad; (refuse) glan; (ask) go neamhbhalbh; (kill) in áit na mbonn ▷ adj iomlán
outset n tús m1; **from the ~** ó thús, an chéad lá in Éirinn
outside n an taobh m1 amuigh ▷ adj amuigh, seachtrach ▷ adv taobh amuigh, lasmuigh; (go, put) amach ▷ prep taobh amuigh de, lasmuigh de; **at the ~** (at most) ar a mhéad; (latest) ar a mhoille; **outsider** n

(stranger) coimhthíoch m1
outskirts npl (of city) imeall msg1;
outspoken adj díreach, neamhbhalbh; **outstanding** adj (noticeable) suntasach; (excellent) thar barr, ar fheabhas; (unsettled) gan réiteach; (debt) gan íoc
outward adj (sign, appearances) ón taobh amuigh; (journey) amach
outweigh vt bheith níos troime or níos tábhachtaí ná
oval adj ubhchruthach ▷ n ubhchruth m3
ovary n ubhagán m1
oven n oigheann m1
over adv (across) thar, trasna; (towards) anonn go; (finished) thart; (left) fágtha; (again) arís ▷ adj (finished) thart ▷ prep thar; (above) os cionn + gen; (on the other side of) ar an taobh thall de; (more than) os cionn + gen, níos mó ná; **~ here** abhus anseo; **~ there** thall ansin; **all ~** (everywhere) i ngach áit, ar fud na háite; **~ and ~ (again)** arís is arís (eile); **~ and above** le cois + gen, ar bharr + gen; **to ask sb ~** cuireadh chun tí a thabhairt do dhuine
overall adj (length, cost etc) iomlán; (study) ginearálta ▷ n (also: **~s**) rabhlaer m1, forbhríste m4 ▷ adv ar an iomlán, san iomlán
overboard adv (Naut) thar bord
overcast adj gruama
overcharge vt: **to ~ sb for sth** barraíocht a ghearradh ar dhuine as rud
overcoat n cóta m4 mór
overcome vt sáraigh
overcrowded adj róphlódaithe
overdo vt téigh thar fóir le; (overcook) déan cócaireacht rófhada ar; **to ~ it** (work etc) tú féin

a chur thar d'acmhainn

overdose n ródháileog f2, anlucht m3

overdraft n rótharraingt f2

overdrawn adj (account) rótharraingthe

overdue adj mall, dlite thar téarma

overestimate vt déan meastachán iomarcach ar; (exaggerate) déan áibhéil ar

overflow vi sceith; (container) bheith ag cur thar maoil

overgrown adj (garden) mothrach, fiáin

overhaul vt cóirigh, ollchóirigh ▷ n cóiriú m, ollchóiriú m

overhead adj, adv thuas, lastuas ▷ n (US) = **overheads**; **overheads** npl (expenses) costais mpl1 riartha, forchostais mpl1

overhear vt cluin, clois

overland adj, adv thar tír

overlap vi téigh thar a chéile, forluigh, rádal

overleaf adv thall, an taobh eile

overload vt anluchtaigh

overlook vt (have view of) féach síos ar, bheith suite os cionn; (miss: by mistake) caill, lig thar do shúile

overnight adj, adv thar oíche; (fig) go tobann; **he stayed ~** d'fhan sé thar oíche

overpower vt cloígh; **they ~ed him** ba treise leo air; **overpowering** adj (heat) marfach; (stench) dofhulaingthe

overrule vt (decision) cuir ar neamhní; (person) rialaigh in aghaidh + gen

overrun vt (country) gabh de ruathar; (time limit) téigh thar

overseas adv (abroad) thar lear, thar sáile ▷ adj (trade) thar lear; (visitor) ón choigríoch

overshadow vt (fig) bain an barr de

oversight n dearmad m1, faillí f4

overt adj follasach, oscailte

overtake vt (Aut) téigh thar

overthrow vt (government) bris

overtime n ragobair f2, obair f2 bhreise

overturn vi, vt iompaigh, caith (rud) thar a chorp

overweight adj (person) ramhar

overwhelm vt (enemy, opponent) cloígh, treascair; **overwhelming** adj (victory, defeat) caoch, treascrach; (desire) marfach

owe vt: **I ~ her £10** tá £10 aici orm; **she ~s him a favour** tá sí faoi chomaoin aige; **owing to** prep mar gheall ar, de thairbhe + gen, as siocair + gen

owl n ulchabhán m1

own vt: **I ~ the book** is liomsa an leabhar ▷ adj féin; **my ~ car** mo charr féin; **a room of my ~** seomra dom féin; **to get one's ~ back on sb** do chuid féin a bhaint amach as duine; **on his ~** leis féin, ina aonar; **own up** vi ciontaigh thú féin; **owner** n úinéir m3; **ownership** n úinéireacht f3

ox n damh m1

oxygen n ocsaigin f2

oyster n oisre m4

oz. abbr = **ounce(s)**

ozone layer n brat m1 ózóin

o

P

n abbr = **personal assistant**; **public address system**

p.a. *abbr* = **per annum**; *see* **per**

pace *n* coiscéim *f2*; (*speed*) luas *m1* ▷ *vi*: **to ~ up and down** siúl suas agus anuas; **to keep ~ with** coinneáil (suas) le; **pacemaker** *n* (*Med, Sport*) séadaire *m4*

Pacific *n*: **the ~ (Ocean)** an tAigéan *m1* Ciúin

pack *n* (*packet: US: of cigarettes*) paca *m4*; (*of lies*) moll *m1*; (*of thieves etc*) drong *f2* ▷ *vt* (*goods*) pacáil; (*cram*) sac; **to ~ sb off to** duine a chur go *or* chuig; **~ it in!** stad de!, éirigh as!; **the hall was ~ed** bhí an halla plódaithe, bhí an halla lán ó chúl go doras

package *n* pacáiste *m4*; (*also*: **~ holiday**) saoire *f4* láneagraithe; **package tour** *n* turas *m1* láneagraithe

packed lunch *n* lón *m1* pacáilte

packet *n* paca *m4*

packing *n* (*act of*) pacáil *f3*; (*material*) stuáil *f3*

pact *n* comhaontú *m*

pad *n* ceap *m1*; (*for helicopter*) ardán *m1*; (*for knee etc*) pillín *m4*; (*inf: flat*) árasán *m1* ▷ *vt* stuáil

paddle *n* (*oar*) céasla *m4*; (*US: for table tennis*) slacán *m1* ▷ *vt* céaslaigh ▷ *vi* bheith ag lapadaíl; **paddling pool** *n* linn *f2* lapadaíola

paddock *n* banrach *f2*

padlock *n* glas *m1* fraincín

page *n* (*of book*) leathanach *m1*; (*also*: **~ boy**) péitse *m4*, buachaill *m3* freastail ▷ *vt* (*in hotel etc*) glaoigh ar

pager *n* (*Tel*) glaoire *m4*

paid *adj* (*work, official*) íoctha, díolta; **to put ~ to** deireadh a chur le

pail *n* stópa *m4*

pain *n* pian *f2*; **to be in ~** pian a bheith ort, bheith i bpian; **to take ~s with sth** strá a chur ort féin le rud, dua a chaitheamh le rud; **painful** *adj* pianmhar, nimhneach; (*distasteful*) míthaitneamhach; (*fig*) goilliúnach; **painkiller** *n* pianmhúchán *m1*; **painstaking** *adj* (*person*) dícheallach; (*work*) mionchúiseach

paint *n* péint *f2* ▷ *vt, vi* péinteáil; **to ~ the door blue** dath gorm a chur ar an doras; **paintbrush** *n* scuab *f2* phéinte *or* phéinteála; **painter** *n* péintéir *m3*; **painting** *n* péinteáil *f3*; (*art*) péintéireacht *f3*; (*picture*) pictiúr *m1*

pair *n* (*of shoes, gloves etc*) péire *m4*; **~ of scissors** siosúr *msg1*; **~ of trousers** bríste *m4*

pajamas (*US*) *npl* pitseámaí *mpl4*

Pakistan *n* an Phacastáin *f2*; **Pakistani** *adj*, *n* Pacastánach *m1*

pal (*inf*) *n* comrádaí *m4*; **to be/ become ~s with sb** bheith mór le duine/mór a dhéanamh le duine

palace *n* pálás *m1*

pale *adj* (*complexion*) mílítheach; (*light*) báiteach ▷ *n*: **the P~** (*Irl: Hist*) an Pháil *f2*; **to grow ~** éirí bán san aghaidh

Palestine *n* an Phalaistín *f2*; **Palestinian** *adj*, *n* Palaistíneach *m1*

palm *n* (*of hand*) bos *f2*, dearna *f*; (*also:* **~ tree**) pailm *f2*, crann *m1* pailme ▷ *vt*: **to ~ sth off on sb** (*inf*) rud a chur *or* a bhualadh ar dhuine; **to have sth in the ~ of one's hand** rud a bheith i gcúl do dhoirn agat

pamper *vt*: **to ~ sb** peata a dhéanamh de dhuine, duine a mhilleadh

pamphlet *n* paimfléad *m1*

pan *n* (*also:* **sauce~**) scilléad *m1*, sáspan *m1*; (*also:* **frying ~**) friochtán *m1*

pancake *n* pancóg *f2*; (*also:* **P~ Tuesday**) Máirt *f4* Inide

panda *n* panda *m4*

pane *n* pána *m4*, gloine *f4* fuinneoige

panel *n* painéal *m1*

panic *n* scaoll *m1*, driopás *m1* ▷ *vi*: **they ~ked** tháinig scaoll fúthu, chuaigh siad i scaoll, bhuail driopás iad

pansy *n* (*Bot*) goirmín *m4*; (*inf!: pej*) piteog *f2*

pant *vi* cnead, d'anáil a bheith i mbarr go ghoib agat, ga seá a bheith ionat, saothar a bheith ort

panther *n* pantar *m1*

panties *npl* brístín *msg4*

pantomime *n* geamaireacht *f3*

pants *npl* (*Brit: woman's*) brístín *msg4*; (: *man's*) fobhríste *msg4*; (*US: trousers*) bríste *msg4*

pantyhose (*US*) *npl* riteoga *fpl2*

paper *n* páipéar *m1*; (*also:* **wall~**) páipéar *m1* balla; (*also:* **news~**) nuachtán *m1* ▷ *adj* páipéir *n gen* ▷ *vt*: **to ~ the wall** páipéar a chur ar an mballa; **papers** *npl* (*also:* **identity ~s**) páipéir *mph* aitheantais; **paperback** *n* bogchlúdach *m1*; (*also:* **paperback book**) leabhar *m* bogchlúdaigh, leabhar faoi chlúdach bog; **paper bag** *n* mála *m4* páipéir; **paper clip** *n* fáiscín *m4* páipéir; **paperwork** *n* obair *f2* pháipéir

par *n* cothrom *m1*; **on a ~ with** ar chomhchéim le, cothrom le

parachute *n* paraisiút *m1*

parade *n* paráid *f2* ▷ *vt* (*fig*) taispeáin ▷ *vi* máirseáil

paradise *n* parthas *m1*

paradox *n* paradacsa *m4*, frithchosúlacht *f3*

paraffin *n* pairifín *m4*

paragraph *n* paragraf *m1*

parallel *adj* comhthreomhar; (*fig*): **that is ~ to ...** tá sin ar aon dul ..., tá sin cosúil le ... ▷ *n* (*line*) líne *f4* chomhthreomhar; (*Geog*) líne *f* dhomhanleithid; (*fig*): **it has no ~ in English** níl a chómhaith i mBéarla

paralyse *vt*: **the accident ~d him** d'fhág an taisme pairilis air

paralysis *n* pairilis *f2*

paralyze (*US*) *vt* = **paralyse**

paranoid *adj* (*Psych*) paranóiach

parcel *n* beart *m1*, beartán *m1* ▷ *vt* (*also:* **~ up**) cuir i mbeart, déan beart de *or* as

pardon *n* pardún *m1*, maithiúnas *m1* ▷ *vt*: **they were ~ed** tugadh pardún dóibh; **~ me!, I beg your ~!** gabhaim pardún agat!, mo phardún!; **(I beg your) ~?,** (US) **~ me?** cad é sin arís?

parent n tuismitheoir m3; **parents** npl tuismitheoirí mpl3

Paris n Páras m4

parish n paróiste m4

Parisian adj, n Párasach m1

park n páirc f2 ▷ vt, vi páirceáil

parking n páirceáil f3; **"no ~"** "ná páirceáiltear anseo"; **parking lot** (US) n carrchlós m1, áit f2 pháirceála; **parking meter** n méadar m1 páirceála; **parking ticket** n ticéad m1 páirceála

parliament n parlaimint f2; **parliamentary** adj parlaiminteach, parlaiminte n gen

parole n: **on ~** ar parúl m1

parrot n pearóid f2

parsley n peirsil f2

parsnip n meacan m1 bán

parson n ministir m4

part n cuid f3, páirt f2; (Theat, of serial) páirt; (of machine) ball m1; (US: in hair) stríoc f2; **~ of** cuid or páirt de ▷ adv = **partly** ▷ vt, vi scar; **to take ~ in** páirt a ghlacadh i; **to take sth in good ~** rud a ghlacadh i bpáirt mhaitheasa; **to take sb's ~** taobhú le duine; **for my ~** i dtaca liomsa de, ó mo thaobhsa de; **for the most ~** den chuid is mó; **part with** vt fus scaradh le

partial adj (not complete) leath-, neamhiomlán; **she is ~ to drink** tá dúil sa deoch aici

participate vi: **to ~ (in)** bheith páirteach (i), páirt a ghlacadh (i)

particle n cáithnín m4; (Gram) mír f2

particular adj áirithe, ar leith, faoi leith; (special) ar leith, speisialta;

(precise) beacht; (fussy) mionchúiseach, beadaí; (about food) beadaí, éisealach, nósúil; **particulars** npl (details) mionsonraí mpl4; **in ~** go mór mór, go háirithe; **particularly** adv go háirithe, go sonrach

parting n (of people) scaradh m; (in hair) stríoc f2 ▷ adj deireanach, scoir n gen

partition n (wall) spiara m4; (Pol) deighilt f2, críochdheighilt f2 ▷ vt (Pol) deighil

partly adv breac-, leath-

partner n páirtí m4; (in marriage) céile m4; **partnership** n páirtíocht f3, comhar m1

partridge n patraisc f2

part-time adj, adv páirtaimseartha

party n (Pol) páirtí m4; (celebration) cóisir f2, fleá f4; (Law): **to be a ~ to** bheith i do pháirtí i ▷ cpd (Pol) páirtí n gen

pass vt téigh thar, gabh thar; (overtake) scoith, téigh thar; (exam): **he ~ed the exam** d'éirigh an scrúdú leis; (approve) ceadaigh; (Sport) pasáil, seachaid; (time) caith, cuir thart; (day) cuir isteach ▷ vi téigh thart, gabh thart ▷ n (permit) pas m4, cead m3 (isteach); (in mountains) bearnas m1, mám f3; (Sport) seachadadh m, pas; (Scol: also: ~ **mark**) pasmharc m1; **to get a ~** pas a fháil; **to make a ~ at sb** (inf) (é) a chur chun tosaigh ar dhuine, ceiliúr a chur ar dhuine; **pass away** vi síothlaigh, faigh bás; **pass by** vi téigh thart, gabh thart; (time) caith ▷ vt téigh thar; **pass on** vt seachaid; **pass out** vi titim i laige; **pass up** vt (opportunity) lig tharat; **passable** adj (road) oscailte; (work) cuibheasach, measartha, inghlactha, maith go leor

passage n (also: **~way**) pasáiste m4, dorchla m4; (gen, in book) sliocht m3; (by boat) pasáiste m4

passenger n paisinéir m3

passer-by n duine m4 ag dul an bealach, duine ag dul thar bráid

passing place n (Aut) áit f2 scoite

passion n paisean m1; (Rel) páis f2; **passionate** adj paiseanta

passive adj síochánta; (Ling: also: **the ~ voice**) an fhaí f4 chéasta

passport n pas m4; **passport control** n rialú m na bpas; **passport office** n oifig f2 pasanna

password n focal m1 faire; (Comput) pasfhocal m1

past prep (in front of) thar, i ndiaidh + gen; (later than) i ndiaidh + gen, tar éis + gen ▷ adj caite; (Ling: also: **the ~ tense**) an aimsir f2 chaite; (president etc) iar-, sean- ▷ n an t-am m3 atá thart; **in the ~** roimhe seo, sa seanam; **he's ~ forty** tá sé os cionn daichead, tá sé thar an daichead; **for the ~ few years** le blianta beaga anuas, le cúpla bliain anois; **quarter ~ eight** ceathrú i ndiaidh a hocht, ceathrú tar éis a hocht; **to go ~ sb** dul thar duine éigin

pasta n pasta m4

paste n taos m1, leafaos m1; (glue) gliú m4, glae m4 ▷ vt greamaigh

pasteurized adj paistéartha

pastime n caitheamh m1 aimsire

pastry n (dough) taosrán m1; (cake) cáca m4 milis, císte m4 milis

pasture n féarach m1, talamh m1 or f féaraigh

pasty n pastae m4 ▷ adj (complexion) mílítheach

pat vt slíoc; (animal) bán bán a dhéanamh le; **to ~ sb on the back** comhghairdeas a dhéanamh le dhuine

patch n (of material) paiste m4; (eye patch) bileog f2 shúile; (spot) ball m1; (on animal) scead f2 ▷ vt (clothes) paisteáil; **to go through a bad ~** drocham a chaitheamh, am crua a chaitheamh; **patch up** vt deisigh, cóirigh; **to ~ up a quarrel** síocháin a dhéanamh; **patchy** adj sceadach; (irregular) treallach

pâté n páté m4

patent n paitinn f2 ▷ vt paitinnigh ▷ adj paiteanta

paternal adj athartha

path n cosán m1; (trajectory) ruthag m1

pathetic adj (pitiful) truamhéalach, truacánta; (very bad) ainnis

pathway n cosán m1

patience n foighne f4; (Cards) cluiche m4 aonair; **have ~** bíodh foighne agat; **he lost his ~ (with her)** bhris (sí) ar a fhoighne

patient n othar m1 ▷ adj foighneach; **to be ~** foighne a dhéanamh, bheith foighneach

patriotic adj tírghrách

patrol n patról m1 ▷ vt bheith ar patról i; **patrol car** n patrólcharr m1

patron n pátrún m1; (in shop) custaiméir m3; **~ saint** éarlamh m1

pattern n patrún m1, gréasán m1

pause n sos m3, moill f2 (bheag) ▷ vi déan moill

pave vt pábháil; **he ~d the way for us** réitigh sé an bealach dúinn

pavement n cosán m1

pavilion n pailliún m1

paving n (material) pábháil f3

paw n lapa m4, crobh m1

pawn n (Chess) ceithearnach m1;

P

(*fig*) fichillín *m4* ▷ *vt* cuir i ngeall;
pawnbroker *n* geallearbóir *m3*

pay *n* pá *m4*, tuarastal *m1* ▷ *vt* díol,
íoc ▷ *vi* íoc; (*be profitable*): **it ~s ...** is
fiú ...; **to ~ attention (to)** aird a
thabhairt (ar); **to ~ sb a visit**
cuairt a thabhairt ar dhuine; **to ~
one's respects to sb** do
dhea-mhéin a chur in iúl do dhuine;
you'll ~ dearly for it beidh daor
ort; **pay back** *vt* aisíoc; **pay for** *vt
fus* íoc as, íoc ar son, díol as, díol ar
son; **pay in** *vt* íoc isteach, díol
isteach; **pay off** *vt*: **to ~ off a debt**
fiach a ghlanadh; (*person*) bris ▷ *vi*
(*scheme, decision*): **it paid off** b'fhiú
é; **pay up** *vt* (*money*) íoc, díol;
payable *adj*: **payable to (sb)**
(*cheque*) iníoctha le (duine); **pay
envelope** (*US*) *n* fáltas *m1* pá;
payment *n* íoc *m3*, íocaíocht *f3*;
payment by the hour íocaíocht
san uair, íocaíocht de réir na huaire;
pay packet *n* fáltas *m1* pá; **pay
phone** *n* táillefón *m1*; **payroll** *n*
párolla *m4*; **pay slip** *n* duillín *m4* pá
PC *n abbr* = **personal computer**
PDA *n abbr* = *personal digital
assistant*) PDA, cúntóir digiteach
pearsanta
pea *n* pis *f2*, piseán *m1*
peace *n* síocháin *f3*; (*calm*)
suaimhneas *m1*, ciúnas *m1*;
peaceful *adj* suaimhneach,
síochánta; **peace process** *n*
próiseas *m1* síochána
peach *n* péitseog *f2*
peacock *n* péacóg *f2*; (*male*)
coileach *m1* péacóige; (*female*)
cearc *f2* phéacóige
peak *n* (*mountain*) binn *f2*, stuaic *f2*;
(*of cap*) speic *f2*; (*fig: highest point*)
buaic *f2*, barr *m1*; **peak hours** *npl*
buaicuaireanta *fpl2*

peanut *n* pis *f2* talún
pear *n* piorra *m4*
pearl *n* péarla *m4*
peasant *n* tuathánach *m1*
peat *n* móin *f3*
pebble *n* méaróg *f2*, púróg *f2*; (*on
beach*) cloch *f2* dhuirlinge
peck *vt* (*also*: **~ at**) gob ▷ *n* priocadh
m; (*kiss*) póigín *m4*; **peckish** (*inf*)
adj: **to feel peckish** ré-ocras a
bheith ort
peculiar *adj* (*strange*) corr, aisteach,
ait; (*particular*) sainiúil, leithleach
pedal *n* troitheán *m1* ▷ *vi* na
troitheáin a oibriú
pedestal *n* seastán *m1*
pedestrian *n* coisí *m4*; **pedestrian
crossing** *n* trasrian *m1* coisithe
pedigree *n* ginealach *m1*; (*of animal*)
pórtheastas *m1* ▷ *cpd* (*animal*)
ginealaigh *n gen*
pee (*inf*) *vi* mún
peek *vi*: **to ~ (at)** bheith ag
gliúcaíocht (ar)
peel *n* craiceann *m1* ▷ *vt, vi* scamh;
to ~ an orange an craiceann a
bhaint d'oráiste
peep *n* (*look*) spléachadh *m1*; (*sound*)
bíog *f2*, gíog *f2* ▷ *vi*: **to ~ (at)**
spléachadh a thabhairt (ar)
peer *vi* (*also*: **~ at**) stán (ar) ▷ *n*
(*noble*) tiarna *m4*; (*equal*): **his ~** fear
a dhiongbhála; (*age group*): **my ~s**
lucht *m3* mo chomhaoise
peg *n* (*for coat etc*) pionna *m4*; (*also*:
clothes ~) pionna éadaigh
pelican *n* peileacán *m1*; **pelican
crossing** *n* (*Aut*) trasrian *m1* le
soilse lámhrialaithe
pelt *vt*: **to ~ sb with stones** duine a
rúscadh le clocha ▷ *vi* (*rain*): **it is
~ing down** tá sé ag doirteadh ▷ *n*
craiceann *m1*, seithe *f4*
pelvis *n* peilbheas *m1*

pen n (for writing) peann m1; (for sheep) cró m4

penalty n pionós m1; (fine) cáin f; (Football) cic m4 éirice or phionóis

pencil n peann m1 luaidhe; **pencil case** n cás m1 peann luaidhe; **pencil sharpener** n bioróir m3

pendant n siogairlín m4

pending prep ag feitheamh le ▷ adj ar feitheamh

penetrate vt poll, treáigh; (organisation) téigh or gabh isteach i

penfriend n cara m pinn

penguin n piongain f2

penicillin n peinicillin f2

peninsula n leithinis f2

penis n bod m1, péineas m1

penitentiary n príosún m1

penknife n scian f2 phóca

penniless adj (skint) ar phócaí folmha, briste; (poor) bocht dearóil

penny n pingin f2; (US) = **cent**

penpal n cara m pinn

pension n pinsean m1; **pensioner** n pinsinéir m3

penthouse n díonteach m

penultimate adj leathdhéanach

people npl daoine mpl4; (inhabitants) bunadh msg1, muintir fsg2; (Pol) pobal msg1; (nation, race) cine msg4; **my ~ come from Donegal** as Dún na nGall mo mhuintir or mo bhunadh; **several ~ came** tháinig roinnt daoine; **~ say that ...** deirtear go ..., táthar ag rá go ..., tá daoine ag rá go ...

pepper n piobar m1; **peppermint** n (sweet) milseán m1 miontais

per prep de réir + gen, in aghaidh + gen; **~ hour** san uair, de réir na huaire; **~ kilo** an cileagram; **~ annum** sa bhliain, in aghaidh na bliana

perceive vt airigh; (notice) sonraigh

per cent adv faoin gcéad

percentage n céatadán m1

perception n aireachtáil f3; (insight) tabhairt f3 faoi deara, léargas m1

perch n (for bird) fara m4; (fish) péirse f4 ▷ vi: **to ~ on** suigh ar

perennial adj síoraí; (Bot) ilbhliantúil ▷ n ilbhliantóg f2

perfect adj foirfe, iomlán, slán ▷ n foirfe m4; (also: **~ tense**) aimsir f2 chaite or fhoirfe ▷ vt foirfigh, cuir i gcrích, tabhair chun críche or chun foirfeachta; **perfectly** adv go foirfe, go hiomlán

perform vt (duties) comhlíon; (task) déan; (music) seinn; (drama) cuir i láthair; **performance** n léiriú m; (of an artist) cur m1 i láthair; (Sport) taispeántas m1; (of car, engine) oibriú m; (of company, economy) feidhmiú m; **performer** n (drama) aisteoir m3; (music) ceoltóir m3

perfume n cumhrán m1

perhaps adv b'fhéidir, seans

perimeter n imlíne f4

period n tréimhse f4; (Scol) rang m3; (full stop) lánstad m4; (Med: also: **~s**) fuil fsg mhíosta, cúrsaí mpl4 ▷ adj (costume, furniture) tréimhse n gen; **periodical** n tréimhseachán m1 ▷ adj tréimhsiúil

perish vi éag; (decay) meath

perjury n mionnú m éithigh

perm n (for hair) buantonn f2

permanent adj buan, seasmhach

permission n cead m3

permit n ceadúnas m1, cead m3 ▷ vt ceadaigh

perplex vt mearaigh, cuir mearbhall ar; **to be ~ed** mearú or mearbhall a bheith ort

persecute vt céas, cráigh

P

persevere vi: **to ~ (with)** coinneáil ort (le)

Persian adj Peirseach ▷ n Peirseach m1; (Ling) Peirsis f2; **the ~ Gulf** Murascaill f2 na Peirse

persist vi: **to ~ with sb** coinneáil le duine; **to ~ in arguing** leanúint ort or coinneáil ort ag argóint; **persistent** adj (person) dígeanta, righin, dáigh

person n (human) duine m4; (Law, Ling) pearsa f; **personal** adj pearsanta; **personal assistant** n cúntóir m3 pearsanta; **personal computer** n ríomhaire m4 pearsanta; **personality** n pearsanacht f3; **personally** adv go pearsanta; **to take sth personally** rud a ghlacadh chugat féin; **personal stereo** n steirió m4 pearsanta

personnel n foireann f2

perspective n peirspictíocht f3, dearcadh m1; **to get things into ~** rudaí a chur i gcomhthéacs

perspiration n allas m1

persuade vt: **to ~ sb to do sth** cur ina luí ar dhuine rud a dhéanamh, áitiú ar dhuine rud a dhéanamh

persuasion n áitiú m; (creed) creideamh m1

perverse adj saobh, claon; (contrary) contrártha

pervert n saofóir m3 ▷ vt (person) saobh; (words) cuir as riocht, claon

pessimist n duarcán m1; **pessimistic** adj duairc; **I am pessimistic about it** níl dóchas ar bith agam as

pest n plá f4; (fig) crá m4 croí

pester vt cráigh

pet n peata m4 ▷ vt (stroke) slíoc, cuimil; (animal) déan bán bán le ▷ vi (inf): **to ~** bheith ag pógadh

agus ag diurnú a chéile; **teacher's ~** peata an mhúinteora; **~ hate** púca m4 na n-adharc

petal n peiteal m1

petite adj beag, comair

petition n achainí f4, iarratas m1

petrified adj (fig) stiúgtha le heagla, faoi uafás, faoi uamhan

petrol n peitreal m1, artola f4

petroleum n peitriliam m4

petrol pump n caidéal m1 peitril; **petrol station** n stáisiún m1 peitril; **petrol tank** n umar m1 peitril

petticoat n fo-ghúna m4, cóta m4 beag

petty adj (mean) suarach; (unimportant) mion-

pew n suíochán m1

pewter n péatar m1

phantom n taibhse f4

pharmacy n (shop) cógaslann f2

phase n céim f2 ▷ vt: **to ~ sth in** rud a thabhairt isteach de réir a chéile, rud a thabhairt isteach céim ar chéim

pheasant n piasún m1

phenomenon n feiniméan m1

Philippines n: **the ~** na hOileáin mph Filipíneacha

philosophical adj fealsúnach

philosophy n fealsúnacht f3

phobia n fóibe f4

phone n fón m1, guthán m1 ▷ vt: **to ~ sb** scairt (ghutháin) a chur ar dhuine; **to be on the ~** bheith ar an nguthán or bhfón, bheith ag fónáil; **phone back** vt, vi scairt a chur ar ais (ar), glaoch ar ais (ar); **phone up** vt, vi glaoigh ar an nguthán (ar), fónáil; **phone bill** n bille m4 gutháin or teileafóin; **phone book** n leabhar m1 gutháin; **phone box, phone booth** n bosca

m4 gutháin; **phone call** *n* scairt *f2* ghutháin, glao *m4* gutháin;
phonecard *n* cárta *m4* gutháin
phonetics *n* foghraíocht *fsg3*
phoney *adj* bréagach
photo *n* grianghraf *m1*;
photocopier *n* (*machine*) fótachóipire *m4*; **photocopy** *n* fótachóip *f2* ▷ *vt* fótachóipeáil
photograph *n* grianghraf *m1* ▷ *vt* glac grianghraf de; **photographer** *n* grianghrafadóir *m3*;
photography *n* grianghrafadóireacht *f3*
phrase *n* abairt *f2*; (*expression*) leagan *m1* cainte; (*Ling*) frása *m4* ▷ *vt* cuir (i bhfocail); **phrase book** *n* leabhar *m1* ráite *or* frásaí
physical *adj* fisiceach; **physical education** *n* corpoideachas *m1*; **physically** *adv* go fisiceach; **physically handicapped** corpéislinneach
physician *n* lia *m4*, dochtúir *m3*
physicist *n* fisiceoir *m3*
physics *n* fisic *fsg2*
physiotherapy *n* fisiteiripe *f4*
physique *n* déanamh *m1* coirp
pianist *n* pianódóir *m3*
piano *n* pianó *m4*
pick *n* (*tool: also:* **~axe**) piocóid *f2* ▷ *vt* roghnaigh; (*fruit etc, lock*) pioc; **take your ~** déan *or* pioc do rogha; **the ~ of** togha + *gen*; **to ~ one's nose** do shrón a phiocadh; **to ~ a quarrel with sb** iaróg a thógáil le duine, troid a chur ar dhuine; **pick at** *vt fus*: **to ~ at one's food** blaisínteacht a dhéanamh ar do chuid bia; **pick on** *vt fus* (*person*): **they are always ~ing on me** bíonn siad i gcónaí ag gabháil dom, bíonn siad i gcónaí ag spochadh asam; **pick out** *vt* togh, pioc

(amach); (*distinguish*) aimsigh;
pick up *vi* (*improve*) téigh i bhfeabhas, bisigh, feabhsaigh ▷ *vt* tóg; (*collect*) bailigh, cruinnigh; (*give lift to*) tabhair síob do; (*learn*) foghlaim; (*Radio*) faigh; **to ~ up speed** luas a ghéarú; **to ~ o.s. up** teacht chugat féin
pickle *n* (*also:* **~s**: *as condiment*) picilí *fpl2* ▷ *vt* picil; **to be in a ~** (*mess*) bheith san fhaopach, bheith i gcruachás
pickpocket *n* peasghadaí *m4*
pick-up *n* (*small truck*) truiclín *m4*
picnic *n* picnic *f2*
picture *n* pictiúr *m1* ▷ *vt* samhail; **the ~s** (*inf*) an phictiúrlann *f2*, na pictiúir *mph*; **picture messaging** *n* cur *m1* teachtaireachtaí pictiúr
picturesque *adj* pictiúrtha
pie *n* píóg *f2*
piece *n* píosa *m4*, giota *m4*; (*item: of furniture*) ball *m1* ▷ *vt*: **~ together** cuir le chéile; **take to ~s** bain ó chéile, bain as a chéile; **to smash sth to ~s** smionagar a dhéanamh de rud
pie chart *n* píchairt *f2*
pier *n* cé *f4*
pierce *vt* poll, treáigh
pig *n* muc *f2*
pigeon *n* colúr *m1*, colmán *m1*
piggy bank *n* bosca *m4* coigilte
pigsty *n* cró *m4* muc
pigtail *n* trilseán *m1*
pike *n* (*fish*) liús *m1*
pilchard *n* pilséar *m1*
pile *n* (*pillar, of books*) carn *m1*, carnán *m1*; (*of carpet*) caitín *m4* ▷ *vt*, *vi* (*also:* **~ up**) carn; **~ into** (*car*) plódaigh isteach i; **piles** *npl* fíocas *msg1*, daorghalar *msg1*; **pile-up** *n* (*Aut*) dul *m3* i mullach a chéile
pilgrim *n* oilithreach *m1*

P

pill n piollaire m4

pillar n colún m1, gallán m1

pillow n piliúr m1, ceannadhairt f2; **pillowcase** n clúdach m1 piliúir

pilot n píolóta m4 ▷ cpd (scheme etc) píolótach ▷ vt píolótaigh; **pilot light** n solas m1 treorach

pimple n goirín m4

PIN n (= personal identification number) Uimhir f Aitheantais Phearsanta

pin n biorán m1, pionna m4 ▷ vt: **to ~ a note to the door** nóta a chur ar an doras le biorán; **to have ~s and needles in one's foot** codladh gliúragáin a bheith ar do chos; **to ~ sb down** (fig) duine a sháinniú; **to ~ sth on sb** (fig) rud a chur i leith duine

pinafore n pilirín m4

pinch n liomóg f2; (of salt etc) gráinnín m4 ▷ vt: **to ~ sb** liomóg a bhaint as duine; (inf: steal) sciob; **at a ~** más gá

pine n péine m4, giúis f2; (also: **~ tree**) crann m1 giúise ▷ vi: **to ~ for** caitheamh i ndiaidh

pineapple n anann m1

ping n (noise) cling f2; **ping-pong®** n leadóg f2 bhoird

pink adj bándearg ▷ n (colour) bándearg m1; (Bot) caoróg f2 léana

pinpoint vt aimsigh

pint n pionta m4; **to go for a ~** dul faoi choinne pionta

pioneer n ceannródaí m4

pious adj cráifeach, diaganta, naofa

pip n (seed) síol m1; **the pips** npl (time signal) na gíoga fpl2

pipe n píopa m4; (Mus) píb f2; **~s** (bagpipes) píobaí fpl2 mála; (also: **uilleann ~s**) píobaí uilleann ▷ vt cuir trí phíopaí; **pipeline** n píblíne f4; **in the pipeline** ar a bhealach,

ar na bacáin; **piper** n píobaire m4

pirate n foghlaí m4 mara

Pisces n (Astrol) Na hÉisc mpl1

piss (inf!) vi mún m1; **~ off!** bain as!, imigh leat!; **pissed** adj (Brit: inf!: drunk) ar deargmheisce, ar na cannaí; (US: inf: angry) ar buile

pistol n piostal m1

piston n loine f4

pit n poll m1, clais f2; (also: **coal ~**) gualpholl m1 ▷ vt: **to ~ one's wits against sb** dul i gcoimhlint le duine; **pits** npl (Aut) láthair fsg seirbhísithe; **this place is the ~s!** (inf) deireadh gach díogha an áit seo!

pitch n (Mus) airde f4; (Sport) páirc f2 (imeartha); (tar) pic f2 ▷ vt (throw) caith ▷ vi (fall) tit; **to ~ a tent** puball a chur suas; **pitch-black** adj dubh dorcha

pitfall n gaiste m4

pith n (of orange etc) fochraiceann m1

pitiful adj (touching) truacánta, truamhéalach

pity n trua f4 ▷ vt: **I ~ him** is trua liom é, tá trua agam dó; **what a ~!** nach mór an trua!, is mór an trua!

pizza n pizza m4

placard n fógra m4

place n áit f2 ▷ vt (object) cuir; (identify) cur ainm air, aithin; **to take ~** titim amach; **out of ~** (not suitable) neamhoiriúnach, mífhóirsteanach, as áit; **to change ~s with sb** áit a mhalartú le duine; **in the first ~** sa chéad dul síos, ar an gcéad dul síos

plague n plá f4 ▷ vt (fig) ciap, cráigh

plaice n leathóg f2 bhallach

plain adj (in one colour) d'aon dath, ar aon dath (amháin); (simple) simplí; (clear) soiléir; (not *handsome*) mísciamhach ▷ *adv* go soiléir ▷ *n* machaire *m4*, má *f4*; **plain chocolate** *n* seacláid *f2* phléineáilte; **plainly** *adv* go soiléir; (*frankly*) gan fiacail a chur ann, go lom

plaintiff *n* éilitheoir *m3*, gearánaí *m4*

plait *n* trilseán *m1*

plan *n* plean *m4*; (*scheme*) beart *m1*, scéim *f2* ▷ *vt, vi* (*think in advance*) pleanáil; **he ~s to go** tá rún aige dul

plane *n* (*Aviat*) eitleán *m1*; (*Art, Math etc, tool*) plána *m4*; (*also:* ~ **tree**) crann *m1* plána ▷ *vt* plánáil

planet *n* pláinéad *m1*

plank *n* planc *m1*

planning *n* pleanáil *f3*; **family ~** pleanáil *f3* chlainne

plant *n* planda *m4*; (*machinery*) gléasra *m4*; (*factory*) monarcha *f* ▷ *vt* cuir, plandáil

plaster *n* plástar *m1*; (*also:* ~ **of Paris**) plástar Pháras; (*also:* **sticking ~**) greimlín *m4* ▷ *vt* plástráil; (*cover*): ~ **with** clúdaigh le

plastic *adj, n* plaisteach *m1*; **plastic bag** *n* mála *m4* plaisteach; **plastic surgery** *n* máinliacht *f3* athdheilbhithe

plate *n* (*dish*) pláta *m4*

plateau *n* ardchlár *m1*

platform *n* (*in station*) ardán *m1*; (*stage*) stáitse *m4*

platinum *n* platanam *m1*

platter *n* (*dish*) trinsiúr *m1*; (*as part of meal*) mias *f2*

plausible *adj* inchreidte, dealraitheach

play *n* (*Theat*) dráma *m4* ▷ *vt* (*game*) imir; (*team, opponent*) imir in éadan + *gen*; (*instrument*) seinn ar ▷ *vi*: **to ~** bheith ag spraoi *or* ag súgradh;

go out to ~ téigh *or* gabh amach ag spraoi *or* ag súgradh; **~ it safe!** bí ar d'fhaichill!, bí faichilleach *or* cúramach!; **play down** *vt* bain de thábhacht + *gen*, ná tabhair aird ar; **play up** *vi*: **to ~ up** (*cause trouble*) racán a thógáil, trioblóid a tharraingt; **player** *n* imreoir *m3*; (*Theat*) aisteoir *m3*; (*Mus*) seinnteoir *m3*, ceoltóir *m3*; **playful** *adj* spraíúil, spórtúil; **playground** *n* (*in school*) clós *m1* scoile; (*in park*) áit *f2* spraoi *or* súgartha; **playgroup** *n* naíolann *f2*; **playing card** *n* cárta *m4* imeartha; **playing field** *n* páirc *f2* imeartha; **playtime** *n* am *m3* spraoi *or* súgartha; **playwright** *n* drámadóir *m3*

plea *n* (*request*) achainí *f4*; (*Law*) pléadáil *f3*

plead *vt, vi* pléadáil; (*beg*): **to ~ with sb** achainí ar dhuine

pleasant *adj* pléisiúrtha, taitneamhach, suáilceach

please *excl* le do thoil, más é do thoil é ▷ *vt*: **it ~d me** thaitin sé liom, shásaigh sé mé; (*satisfy*) sásaigh ▷ *vi* sásaigh; (*think fit*): **do as you ~** déan do rogha rud, déan cibé rud *or* pé ar bith rud is mian leat; ~ **yourself!** bí ar do chomhairle féin!, déan do chomhairle féin!; **pleased** *adj*: **pleased (with)** sásta (le); **pleased to meet you** go mbeannaí Dia duit

pleasure *n* pléisiúr *m1*, sásamh *m1*, taitneamh *m1*; **it's a ~** fáilte romhat, níl a bhuíochas ort; **I'll do it with ~** déanfaidh mé é agus fáilte

pleat *n* filleadh *m1*

pledge *n* (*promise*) geall *m1*, gealltanas *m1* ▷ *vt* geall; **to ~ sth** rud a chur i ngeall

plentiful *adj* flúirseach, fairsing

plenty n: **~ of** flúirse + gen, neart + gen, tréan + gen, go leor + gen

pliers npl greamaire msg4

plight n cor m1, anchaoi f4

plod vi fairsigh; (fig): **she ~ded on** threabh or shraon sí lei

plonk (inf) n (wine) fíon m3 saor ▷ vt: **to ~ sth down** rud a phlabadh síos

plot n comhcheilg f2; (of story, play) plota m4; (of land) gabháltas m1, plásóg f2; (grave) uaigh f2 ▷ vt (sb's downfall) beartaigh; (mark out) déan plean de, mapáil ▷ vi bheith ag ceilg, bheith i mbun comhcheilge

plough (US **plow**) n céachta m4, seisreach f2 ▷ vt (earth) treabh; **to ~ money into** airgead a chur isteach i

ploy n cleas m1

pluck vt pioc; (fruit) bain; (flower) stoith ▷ n sracadh m1; **to ~ up courage** misneach a ghlacadh

plug n (Elec) plocóid f2; (stopper) stopallán m1; (Aut: also: **spark(ing) ~**) spréachphlocóid f2 ▷ vt (hole) calc, cuir stopallán i; (inf: advertise) fógair; **plug in** vt (Elec) plugáil isteach

plum n (fruit) pluma m4

plumber n pluiméir m3

plumbing n (trade) pluiméireacht f3; (piping) píopaí mpl4

plummet vi tit go tobann

plump adj ramhar ▷ vi: **~ for** (inf: choose) roghnaigh, pioc

plunge n tumadh m ▷ vt báigh ▷ vi (dive) tum; (fall) tit i ndiaidh do chinn, tit ar mhullach do chinn; **to take the ~** dul sa seans

pluperfect adj, n (Gram) ollfhoirfe m4

plural adj, n iolra m4

plus n (also: **~ sign**) plus m4 ▷ prep

móide; **ten ~** os cionn an deich, sna déaga

ply vt (a trade) cleacht ▷ vi (ship) téigh idir ▷ n (of wool, rope) dual m1; **to ~ sb with drink** deoch a choinneáil le duine; **to ~ sb with questions** ceisteanna a radadh le duine, bheith ag caitheamh ceisteanna le duine; **plywood** n sraithadhmad m1

PM abbr = **Prime Minister**

p.m. adv abbr (= post meridiem) i.

pneumatic drill n druilire m4 aeroibrithe

pneumonia n niúmóine m4

poach vt (cook) scall; (steal) póitseáil ▷ vi póitseáil

P.O. Box n abbr = **Post Office Box**

pocket n póca m4 ▷ vt: **to ~ sth** a chur i do phóca; **to be out of ~ (with)** bheith thíos (le); **pocketbook** (US) n (wallet) tiachóg f2; **pocket money** n airgead m1 póca

pod n cochall m1

podcast n podchraoladh m

podiatrist (US) n coislia m4

poem n dán m1

poet n file m4; **poetic** adj fileata; **poetry** n filíocht f3

poignant adj coscrach; (sharp) géar

point n pointe m4, ponc m1; (tip) bior m3, rinn f2; (in time) am m3; (of pen) gob m1; (Sport) pointe, cúilín m4; (sense) ciall f2; (location) ball m1; (also: **decimal ~**): **2 ~ 3 (2.3)** (a) dó pointe or ponc a trí ▷ vt (show) taispeáin; (gun etc): **to ~ sth at** rud a dhíriú ar ▷ vi: **to ~ at** do mhéar a dhíriú ar; **points** npl (Aut) pointí mpl4; (Rail) ladhróg fsg2; **to be on the ~ of doing sth** bheith ar tí or ar bhéal(a) rud a dhéanamh; **to make a ~ of** déanamh cinnte de;

I get the ~ tuigim, tá mé leat;
she misses the ~ tá sé ag dul amú
uirthi, ní thuigeann sí rudaí i
gceart; **come to the ~!** cruinnigh
do chuid cainte!; **the whole ~ is ...**
is é bun agus barr an scéil ...;
there's no ~ (in going) ní fiú (dul);
point out *vt*: **to ~ sth out to sb**
aird duine a tharraingt ar rud;
point to *vt fus* (*fig*) léirigh;
point-blank *adv* (*fig*) glan; (*also:*
at point-blank range) faoi bhéal
an ghunna; **pointed** *adj* (*shape*)
biorach; (*remark*) pointeáilte;
pointer *n* (*needle*) snáthaid *f2*;
(*piece of advice*) comhairle *f4*; (*clue*)
leid *f2*; **pointless** *adj* gan tairbhe;
it's pointless talking to him níl
gar *or* maith bheith leis; **point of
view** *n* dearcadh *m1*
poison *n* nimh *f2* ▷ *vt* nimhigh;
poisonous *adj* nimhiúil;
poisonous snake nathair *f* nimhe
poke *vt* (*fire*) rúisc; (*jab with finger,
stick etc*) prioc; (*hole*) poll; (*put*):
to ~ sth in(to) rud a dhingeadh
isteach (i); **to ~ fun at sb** ceap
magaidh a dhéanamh de dhuine;
poke about *vi* ransaigh, rúisc
poker *n* (*for fire*) priocaire *m4*;
(*Cards*) pócar *m1*
Poland *n* an Pholainn *f2*
polar *adj* polach; **polar bear** *n* béar
m1 bán
Pole *n* Polannach *m1*
pole *n* cuaille *m4*; (*of wood*) maide
m4; (*Geog*) pol *m1*; **pole bean** (*US*) *n*
pónaire *f4* cuaille; **pole vault** *n*
léim *f2* chuaille
police *npl* póilíní *mpl4*, gardaí *mpl4*
(síochána), péas *m4*; **police car** *n*
carr *m1* póilíní, carr péas;
policeman *n* póilín *m4*, garda *m4*,
péas *m4*; **police station** *n* stáisiún

m1 na bpóilíní *or* na ngardaí;
policewoman *n* banphóilín *m4*,
bangharda *m4*, banphéas *m4*
policy *n* polasaí *m4*
polio *n* polaimiailíteas *m1*
Polish *adj* Polannach ▷ *n* (*Ling*)
Polainnis *f2*
polish *n* (*for shoes*) snas *m3*, snasán
m1; (*shine*) loinnir *f*; (*also:* **nail ~**)
vearnais *f2* iongan ▷ *vt* (*put polish
on shoes, wood*) cuir snas i *or* ar;
(*make shiny*) cuir loinnir ar; **polish
off** *vt* (*work*) cuir i gcrích; (*food*) ith
deireadh + *gen*; **polished** *adj* (*fig*)
snasta, líofa
polite *adj* múinte, béasach;
politeness *n* múineadh *m*,
dea-bhéasa *mpl4*
political *adj* polaitiúil, polaitíochta
n gen
politician *n* polaiteoir *m3*
politics *npl* polaitíocht *f3*
poll *n* vótáil *f3*; (*also:* **opinion ~**)
pobalbhreith *f2* ▷ *vt* (*votes*) faigh
pollen *n* pailin *f2*
polling station *n* stáisiún *m1* vótála
pollute *vt* truailligh
pollution *n* truailliú *m*
polo *n* póló *m4*; **polo shirt** *n* léine
f4 phóló
polythene *n* polaitéin *f2*;
polythene bag *n* mála *m4*
plaistigh
pomegranate *n* pomagránait *f2*
pompous *adj* mustrach, stáidiúil,
mórchúiseach
pond *n* linn *f2*, lochán *m1*
ponder *vt* meabhraigh, machnaigh
(ar), meáigh
pony *n* pónaí *m4*, capaillín *m4*;
ponytail *n* eireaball *m1* capaill;
pony trekking *n* fálróid *f2* ar
chapaillíní
poodle *n* púdal *m1*

P

pool n (of rain) slodán m1; (pond) linn f2; (also: **swimming ~**) linn snámha; (billiards) púl m4 ▷ vt cuir i gcomhchiste; **pools** npl (also: **football ~s**) linnte fpl2 peile

poor adj bocht ▷ npl: **the ~** na boicht mph, na bochtáin mph; **poorly** adj, adv go dona, go holc

pop n (Mus) popcheol m1; (drink) deoch f choipeach; (US: inf: father) daid m4 ▷ excl pop ▷ vt (put) sac ▷ vi pléasc; (cork) bain; **to ~ in** do cheann a chur isteach, buaileadh isteach; **to ~ out** rúid a thabhairt amach; **to ~ up** preab aníos

pope n pápa m4

poplar n poibleog f2

poppy n poipín m4

Popsicle® (US) n líreacán m1 reoite

popular adj (common) coitianta; (fashionable) faiseanta, san fhaisean; (well liked): **he's ~** tá tóir air, tá aghaidh na ndaoine air

population n (number of people) daonra m4; (community) pobal m1

porcelain n poirceallán m1

porch n póirse m4; (US) vearanda m4

pore n piochán m1, póir f2 ▷ vi: **to ~ over a book** bheith sáite i leabhar

pork n muiceoil f3

pornography n pornagrafaíocht f3

porridge n brachán m1, leite f

port n (harbour) port m1, calafort m1, cuan m1; (Naut: left side) clébhord m1; (wine) portfhíon m3; **~ of call** stad m4 cuairte

portable adj iniompartha

porter n (for luggage) póirtéir m3; (doorkeeper) doirseoir m3

portfolio n mála m4 cáipéise; (of artist) cnuasach m1; (Pol) cúram m1 aire

portion n (share) roinn f2; (part, helping) cuid f3

portrait n portráid f2

portray vt léirigh

Portugal n an Phortaingéil f2

Portuguese adj, n Portaingéalach m1; (Ling) Portaingéilis f2

pose n (posture) gothaí mpl3; (act) staidiúir f2 ▷ vi (pretend): **he ~d as a policeman** lig sé air or chuir sé i gcéill gur péas a bhí ann ▷ vt (question) cuir; **she was posing** bhí sí ag cur gothaí uirthi féin

posh adj galánta

position n áit f2, láthair f; (location) suíomh m1; (for purpose) ionad m1; (job) post m1; (opinion) dearcadh m1 ▷ vt suigh

positive adj dearfach, deimhneach; (Elec) deimhneach

possess vt: **to ~ sth** rud a bheith agat, rud a bheith i do sheilbh; **what ~ed him?** cad é an diabhal a tháinig air?, cad é na ciapóga a cuireadh air?; **possession** n seilbh f2; **possessions** sealúchas msg1

possibility n féidearthacht f3; **it is a ~** is féidir é, thig a dhéanamh

possible adj: **it is ~ that** is féidir go, thiocfadh dó go, d'fhéadfadh sé go; **as big as ~** chomh mór agus is féidir; **possibly** adv (perhaps) (gach) seans; **if you possibly can** más féidir leat (in aon chor), má thig leat (ar chor ar bith); **I cannot possibly come** níl aon dóigh ar féidir liom teacht, ní thig liom teacht

post n (letters, delivery): **the ~** an post m1; (job, situation) post m1; (Mil) ionad m1; (pole) cuaille m4 ▷ vt (send by post) postáil, cuir (sa phost); **postage** n postas m1; **postal order** n ordú m poist; **postbox** n bosca m4 litreach;

postcard n cárta m4 poist;
postcode n cód m1 poist
poster n póstaer m1
postgraduate n iarchéimí m4
▷ adj iarchéime
postman n fear m1 poist
postmark n postmharc m1
post office n (building) oifig f2 an
phoist; (organization): **the Post
Office** An Post m1
postpone vt cuir ar athlá
posture n (stance) staidiúir f2;
(attitude) dearcadh m1
pot n pota m4; (teapot) taephota
m4; (coffeepot) pota m4 caife; (inf:
marijuana) pot m4 ▷ vt (plant) cuir
(i bpota); **to go to ~** (inf: work,
performance) dul chun siobarnaí
potato n práta m4; **potato peeler**
n scamhaire m4 prátaí
poteen n poitín m4
potent adj cumhachtach; (drink)
láidir; (man) cumasach
potential adj: **a ~ doctor** ábhar
dochtúra ▷ n acmhainn f2,
mianach m1
pothole n (in road) linntreog f2,
sclaig f2; (in cave) uaimh f2
potter n potaire m4 ▷ vi: **to ~
around, ~ about** bheith ag
útamáil thart; **pottery** n
potaireacht f3
potty adj (inf: mad) ar mire, le broim
▷ n (child's) pota m4
pouch n (Zool) póca m4; (for tobacco,
money) spaga m4, púitse m4
poultry n éanlaith f2 chlóis
pound n (money, weight) punt m1;
(for animals) gabhann m1 ▷ vt (beat)
buail, gread; (crush) creim ▷ vi
(heart) preab, léim; **a ~ coin** bonn
m1 puint
pour vt, vi doirt; **it is ~ing (with
rain)** tá sé ag stealladh báistí, tá sé

ag cur de dhíon is de dheora; **to ~
sb a drink** deoch a chur amach do
dhuine; **pour in** vi (people)
plódaigh isteach, cruinnigh
isteach; (news, letters etc) tar
isteach as gach cearn; **pour out** vi
(people) plódaigh amach ▷ vt
scaird, doirt amach; (serve: a drink)
cuir amach
pout n pus m1, smut m1 ▷ vi cuir pus
ort féin
poverty n bochtaineacht f3, anás
m1
powder n púdar m1 ▷ vt: **to ~ one's
face** púdar a chur ar d'aghaidh;
powdered milk n bainne m4
púdrach
power n cumhacht f3; (force) brí f4,
neart m1; **to be in ~** (Pol etc) bheith i
réim or i gcumhacht; **power cut** n
gearradh m cumhachta; **power
failure** n cliseadh m cumhachta;
powerful adj cumhachtach;
powerless adj
neamhchumhachtach, gan bhrí;
power point n pointe m4
cumhachta; **power station** n
stáisiún m cumhachta
PR n abbr = **public relations**
practical adj praiticiúil; **practical
joke** n cleas m1, bob m4;
practically adv (virtually) geall le,
ionann is
practice n cleachtadh m1;
(professional) cleachtas m1 ▷ vt, vi
(US) = **practise**; **in ~** (in reality) le
fírinne; **out of ~** as cleachtadh
practise (US **practice**) vt, vi cleacht;
practising adj cleachtach
practitioner n cleachtóir m3;
(medical) lia m4
prairies npl féarthailte mpl or fpl
praise n moladh m ▷ vt mol
pram n pram m4

prank n cleas m1, bob m4

prawn n cloicheán m1

pray vi guigh, bí ag urnaí; **prayer** n paidir f2, urnaí f4, guí f4

preach vi tabhair seanmóir, bheith ag seanmóireacht ▷ vt (gospel) craobhscaoil

precaution n réamhchúram m1, faichill f2

precede vt téigh roimh, gabh roimh, tar roimh; **precedent** n fasach m1, réamhshampla m4

precinct n (US) ceantar m1, líomatáiste m4; **precincts** npl (neighbourhood) comharsanacht fsg3; **pedestrian/shopping ~** (Brit) ceantar coisithe/líomatáiste siopadóireachta

precious adj luachmhar

precise adj beacht, cruinn; **precisely** adv go beacht, go cruinn

predecessor n réamhtheachtaí m4

predicament n cruachás m1; **to be in a ~** bheith i gcruachás or i sáinn or i bponc

predict vt réamhaithris, tuar; **predictable** adj sothuartha; **predictive text, predictive texting** n téacsáil f3 réamhaisnéise

predominantly adv go mór mór, ar an mórchuid, ar an mórchóir

preface n réamhrá m4, brollach m1

prefect n (in school) maor m1

prefer vt: **I ~ milk** is fearr liom bainne; **preferably** adv de rogha (ar); **preference** n tosaíocht f3; **in preference to** de rogha ar

prefix n réimír f2

pregnancy n toircheas m1, iompar m1 clainne

pregnant adj torrach, ag iompar clainne

prehistoric adj réamhstairiúil

prejudice n réamhchlaonadh m; **prejudiced** adj claonta, leataobhach

premature adj anabaí, roimh am

premier adj príomha, príomh- ▷ n (Pol) príomh-aire m4, ≈ Taoiseach m1

premiere n an chéad taispeáint f3; (Theat) an chéad léiriú m

premium n (Ins) préimh f2; **to be at a ~** bheith gann, bheith doiligh a fháil

premonition n mana m4

preoccupied adj gafa (le), sáite (i)

prepaid adj réamhíoctha

preparation n ullmhúchán m1, réiteach m1; **preparations** npl (for trip, war) stócáil fsg3

preparatory school n scoil f2 ullmhúcháin

prepare vt ullmhaigh ▷ vi: **to ~ for** ullmhú faoi choinne + gen, déanamh réidh le haghaidh + gen; **~d to** réidh le, ullamh chun; (willing) sásta

preposition n réamhfhocal m1

prep school n = **preparatory school**

prerequisite n réamhriachtanas m1, réamhchoinníoll m1

prescribe vt ordaigh

prescription n (Med) oideas m1

presence n láithreacht f3; **~ of mind** stuaim f2; **in the ~ of sb** i láthair or i bhfianaise duine

present adj láithreach, i láthair ▷ n (gift) bronntanas m1; (actuality): **the ~** an t-am m3 i láthair ▷ vt tabhair; (give): **to ~ sb with sth** or **sth to sb** rud a bhronnadh ar dhuine; **to give sb a ~** bronntanas a thabhairt do dhuine; **at ~** faoi láthair, i láthair na huaire; **presentation** n bronnadh m;

present-day adj
comhaimseartha; **presenter** n
(Radio, TV) láithreoir m3; **presently**
adv ar ball, gan mhoill; (at present)
faoi láthair
preservative n leasaitheach m1
preserve vt (keep safe) caomhnaigh,
coinnigh slán; (food) leasaigh ▷ n
(jam) subh f2; (sanctuary) tearmann
m1; **God ~ us!** Dia ár gcumhdach!
president n uachtarán m1; **the P~
of Ireland** Uachtarán na hÉireann;
presidential adj (an) uachtaráin n
gen
press n (newspapers) preas m3;
(machine) fáisceán m1; (for wine)
cantaoir f2; (cupboard) prios m3 ▷ vt
(squeeze) fáisc; (push) brúigh;
(clothes: iron) preasáil, iarnáil;
(insist): **to ~ sth on sb** rud a
thathant ar dhuine; **to ~ sb to do
sth** tathant ar dhuine rud a
dhéanamh ▷ vi brúigh; **to ~ for
sth** rud a éileamh or a iarraidh; **we
are ~ed for time** tá an t-am ag
teannadh orainn; **if you are hard
~ed** má thagann crua ort; **press
on** vi lean ar (aghaidh), coinnigh
ort or leat; **press conference** n
preasagallamh m1; **pressing** adj
práinneach; **press-up** n brú m4
aníos
pressure n brú m4; (stress) brú,
teannas m1; **to put ~ on sb (to do
sth)** teannadh ar dhuine (rud a
dhéanamh), brú or crua a chur ar
dhuine (rud a dhéanamh);
pressure cooker n bruthaire m4
brú; **pressure group** n brúghrúpa
m4
prestige n gradam m1
presumably adv is cosúil, is dócha
presume vt síl, meas; (dare) leomh
pretence (US **pretense**) n (claim)

cur m1 i gcéill; (Law) dúmas m1;
under false ~s le dúmas bréige
pretend vt, vi (feign) lig ort, cuir i
gcéill
pretext n leithscéal m1
pretty adj gleoite deas ▷ adv
cuibheasach, measartha, cineál
prevail vi (win) buaigh ar, bain;
prevailing adj coitianta;
prevailing wind gnáthghaoth f2
prevalent adj (widespread)
leitheadach; (dominant)
ceannasach
prevent vt coisc, stad, cuir stad le
preview n (of film etc)
réamhthaispeántas m1
previous adj roimh ré; **previously**
adv roimhe sin
prey n seilg f2, creach f2 ▷ vi: **it was
~ing on his mind** bhí sé ag
déanamh buartha dó
price n praghas m1, luach m3 ▷ vt
(goods) cuir praghas or luach ar;
(Comm) costáil; **priceless** adj
domheasta; **price list** n
praghasliosta m4
prick n priocadh m ▷ vt prioc; **to ~
up one's ears** do chluasa a bhíorú
prickly adj deilgneach
pride n uabhar m1, bród m1, mórtas
m1 ▷ vt: **to ~ o.s. on sth** mórtas or
bród a bheith ort as rud
priest n sagart m1
primarily adv go príomha, den
chuid is mó
primary adj (first in importance)
príomha ▷ n (US: election)
réamhthoghchán m1; **primary
school** n bunscoil f2
prime adj bun-, príomh-; (excellent)
den chéad scoth ▷ n: **to be in
one's ~** bheith i mbláth do shaoil
▷ vt (wood) príméáil; (with
information) cuir ar an eolas;

P

Prime Minister n Príomh-Aire m4; (Irl) ≈ Taoiseach m1

primitive adj (tool etc) seanársa; (person) bunaíoch

primrose n sabhaircín m4

prince n prionsa m4

princess n banphrionsa m4

principal adj príomh-, bun- ▷ n (headmaster) príomhoide m4

principle n prionsabal m1

print n (mark) lorg m1; (letters) cló m4; (Art) prionta m4; (photograph) dearbhchló m4 ▷ vt clóigh, clóbhuail; (publish) cuir i gcló; (write in block letters) scríobh i gceannlitreacha; **out of ~** as cló; **printer** n clódóir m3; (machine) clóire m4, printéir m3

prior adj roimh ré ▷ adv: **~ to my doing it** sula ndearna mé é

priority n tosaíocht f3

prison n príosún m1; **prisoner** n príosúnach m1

pristine adj gan teimheal

privacy n príobháid f2

private adj príobháideach ▷ n (soldier) saighdiúir m3 singil; **to speak in ~** labhairt faoi rún, labhairt i leataobh; **private property** n maoin f2 phríobháideach

privatize vt príobháidigh

privilege n pribhléid f2

prize n duais f2 ▷ adj (example) foirfe; (idiot) fíor- ▷ vt: **to ~ sth** rud a bheith luachmhar agat; **prize-giving** n bronnadh m duaiseanna; **prizewinner** n duaiseoir m3

pro n (Sport) gairmí m4; **the ~s and cons** an dá thaobh

probability n dóchúlacht f3; **in all ~** is é is dóichí

probable adj dócha, dóchúil

probably adv de réir dealraimh, is dócha (go); **~ not** ní dócha é

probation n: **on ~** (Law) ar promhadh m1; (employee) ar tástáil f3

probe n (Med, Space) tóireadóir m3; (enquiry) fiosrúchán m1 ▷ vt braith; (investigate) fiosraigh

problem n fadhb f2, deacracht f3; **no ~!** fadhb ar bith!

procedure n nós m1 imeachta, gnáthamh m1, gnás m1

proceed vi lean ort; (go forward) téigh or gabh ar aghaidh; **to ~ (with)** dul ar aghaidh (le); **she ~ed to work/to write** chuaigh sí i mbun oibre/i mbun pinn; **proceedings** npl (Law, meeting) imeachtaí mpl3; **proceeds** npl fáltais mph

process n próiseas m1; (method) modh m3 ▷ vt próiseáil

procession n mórshiúl m1; **funeral ~** tórramh m1, sochraid f2

proclaim vt fógair

prod vt prioc, broid

produce n (Agr) toradh m1 ▷ vt táirg; (to show) taispeáin; (cause) gin; (Theat) léirigh; **producer** n táirgeoir m3; (Theat) léiritheoir m3

product n (outcome) toradh m1; (goods) táirge m4; **production** n táirgeadh m; (Theat) léiriúchán m1; **productivity** n táirgiúlacht f3

profession n gairm f2, slí f4 bheatha; **professional** n (Sport) gairmí m4 ▷ adj gairmiúil

professor n ollamh m1

profile n próifíl f2; (picture etc) leathaghaidh f2

profit n brabús m1, sochar m1 ▷ vi: **to ~ by** or **from** tairbhe a bhaint as, brabús a dhéanamh ar; **profitable** adj brabúsach

profound adj domhain

program (Comput) n ríomhchlár m1; (US) = **programme** ▷ vt (Comput) ríomhchláraigh

programme (US **program**) n ríomhchlár m1; (Radio, TV, schedule) clár m1 ▷ vt (also Comput) ríomhchláraigh; **programmer** (US **programer**) n ríomhchláraitheoir m3

progress n dul m3 chun cinn ▷ vi téigh or gabh chun cinn; **in ~** ar siúl, ar bun; **progressive** adj forásach

prohibit vt cros, coisc

project n (plan) scéim f2; (Scol, research) tionscadal m1 ▷ vt teilg; **to ~ a picture on a screen** pictiúr a theilgean ar scáileán ▷ vi (stick out) gob amach; **projection** n teilgean m1; (overhang) starr f3; (estimate) réamh-mheastachán m1; **projector** n teilgeoir m3

prolong vt fadaigh, bain fad as

promenade n (by sea) promanád m1

prominent adj (standing out) suntasach, feiceálach; (important) oirirc, mór le rá

promiscuous adj ilchaidreamhach

promise n gealltanas m1 ▷ vt, vi geall; **promising** adj dóchúil

promote vt (person) tabhair ardú céime do; (new product) cuir chun cinn; **promotion** n ardú m céime; (of sales etc) tionscnamh m1

prompt adj pras ▷ adv (punctually) go pras, láithreach ▷ n (Comput) leid f2 ▷ vt spreag; (Theat) tabhair leid; **promptly** adv go pras, láithreach (bonn)

prone adj (lying) béal faoi, ar a bhéal faoi; **~ to** tugtha do

prong n (of fork) beangán m1

pronoun n forainm m4

pronounce vt (word) fuaimnigh; (declare) fógair

pronunciation n fuaimniú m, foghraíocht f3

proof n cruthú m, cruthúnas m1; (Typ) profa m4; (test) promhadh m1 ▷ adj: **~ against** díonach ar

prop n taca m4; (fig) cúl m1 taca ▷ vt (also: **~ up**) tacaigh le; (lean): **to ~ sth against** rud a chur ina sheasamh le

propaganda n bolscaireacht f3

propeller n lián m1

proper adj (suited, right) cóir, ceart; (seemly) cuibhiúil; (authentic) dílis; **properly** adv go ceart, mar is ceart, mar is cóir, i gceart; **proper noun** n ainm m4 dílis

property n sealúchas m1; (things owned) maoin f2; (of chemical etc) airí m4

prophecy n tairngreacht f3, fáistine f4

prophet n fáidh m4

proportion n comhréir f2, coibhneas m1; (share) cionmhaireacht f3; **proportional, proportionate** adj comhréireach, cionmhar; **proportional to** i gcoibhneas le

proposal n moladh m; (plan) scéim f2; (of marriage) ceiliúr m1 pósta

propose vt mol ▷ vi: **to ~ to sb** ceiliúr pósta a chur ar dhuine; **I ~ to go there** tá rún or súil agam dul ann, tá sé ar intinn agam dul ann

proposition n moladh m, tairiscint f3

prose n (not poetry) prós m1

prosecute vt ionchúisigh; **prosecution** n ionchúiseamh m1; (accusing side): **the prosecution** na hionchúisitheoirí mpl3; **prosecutor** n (also: **public prosecutor**) ionchúisitheoir m3 an stáit; (US: plaintiff) gearánaí m4

P

prospect n ionchas m1 ▷ vt, vi cuardaigh; **prospects** npl (for work etc) ionchais mpl1; **prospective** adj (future) ionchasach; **a prospective priest** ábhar sagairt

prospectus n réamheolaire m4

prosperity n (wealth) rathúnas m1; (success) rath m3

prostitute n striapach f2, meirdreach f2

protect vt cosain, sábháil (ar); **protection** n cosaint f3, scáth m3; **protective** adj cosantach; (clothing, notice) cosanta n gen

protein n próitéin f2

protest n agóid f2; (complaint) casaoid f2 ▷ vi, vt dearbhaigh; **to ~ (that)** gearán (go)

Protestant adj, n Protastúnach m1

protester n agóideoir m3; **~s** lucht m3 agóide

proud adj bródúil, uaibhreach; (pej) leitheadach

prove vt, vi cruthaigh; (test) promh

proverb n seanfhocal m1

provide vt soláthair, cuir ar fáil; **to ~ sb with sth** rud a chur ar fáil or a sholáthar do dhuine; **provide for** vt fus (person) riar ar; (future event) réitigh i gcomhair + gen; **provided** conj: **provided (that)** ar choinníoll (go); **providing** conj: **providing (that)** ar choinníoll (go)

province n cúige m4; **the P~** (Northern Ireland) An Tuaisceart m1, na Sé Chontae; **provincial** adj cúigeach

provision n (supplying) soláthar m1, riar m4; (stipulation) cuntar m1, foráil f3; **provisions** npl (food) lón m1; **provisional** adj sealadach

provocative adj gríosaitheach

provoke vt (incite) saighid; (inspire) spreag

prowl vi (also: **~ about, ~ around**): **to ~ about** or **around** bheith ag smúrthacht thart ▷ n: **on the ~** sa tseilg

proxy n ionadaí m4

prudent adj críonna

prune n prúna m4 ▷ vt bearr

pry vi: **to ~** bheith ag srónaíl

pseudonym n ainm m4 cleite or bréige

psychiatrist n síciatraí m4

psychic adj (also: **~al**) síceach; (person) a bhfuil fios aige/aici

psychological adj síceolaíoch

psychologist n síceolaí m4

psychology n síceolaíocht f3

PTO abbr = **please turn over**

pub n (= public house) teach m tábhairne, pub m4, teach (an) óil

public adj poiblí ▷ n: **the ~** an pobal m1; **in ~** os comhair an phobail, go poiblí, os ard; **to make sth ~** rud a phoibliú; **public company** n cuideachta f4 phoiblí; **public convenience** n leithreas m1 poiblí; **public holiday** n lá m saoire poiblí; **public house** n teach m tábhairne

publicity n poiblíocht f3

publicize vt poiblígh

public opinion n dearcadh m1 an phobail; **public relations** n caidreamh m1 poiblí; **public school** n (Brit) scoil f2 phríobháideach; (US) scoil f2 phoiblí; **public transport** n córas m1 iompair poiblí

publish vt foilsigh; **publisher** n foilsitheoir m3; **publishing** n foilsitheoireacht f3

pudding n maróg f2; (sweet) milseog f2; (sausage) putóg f2; **black ~, (US) blood ~** putóg dhubh

puddle n slodán m1, lochán m1 uisce

puff n puth f2 ▷ vi (pant) séid; **puff**

pastry (*US* **puff paste**) *n* taosrán *m1* blaoscach

pull *n* (*tug*) tarraingt *f*, sracadh *m1*; **to give a ~** tarraingt a thabhairt ▷ *vt* tarraing, bain ▷ *vi* tarraing; **to ~ to pieces** stróiceadh *or* sracadh as a chéile; **to ~ one's weight** do chion féin a dhéanamh; **to ~ o.s. together** misneach a ghlacadh; **to ~ sb's leg** (*fig*) bob a bhualadh ar dhuine; **pull apart** *vt* (*break*) tarraing *or* stróic as a chéile; **pull down** *vt* (*house*) leag; **pull in** *vi* (*Aut, Rail*) tarraing isteach ar leataobh; **pull off** *vt*: **he ~ed of his clothes** bhain *or* chaith sé de a chuid éadaigh; (*deal etc*): **we ~ed it off** d'éirigh linn; **pull out** *vi* (*in car*) tarraing amach; (*of race, job*) éirigh as ▷ *vt* tarraing amach; **pull over** *vi* (*Aut*) tarraing *or* druid isteach i leataobh; **pull through** *vi* tar slán as; **pull up** *vt, vi* (*stop*) stad; (*uproot*) stoith

pulley *n* ulóg *f2*

pullover *n* geansaí *m4*

pulp *n* laíon *m1*

pulpit *n* crannóg *f2*, puilpid *f2*

pulse *n* (*of blood*) cuisle *f4*; (*of heart*) frithbhualadh *m*; (*of music*) buille *m4*; (*Bot, Culin*) piseánach *m1*; (*of engine*) bíog *f2*

pump *n* caidéal *m1*; (*shoe*) buimpéis *f2*; (*for tyres*) teannaire *m4* ▷ *vt* caidéalaigh; **pump up** *vt* teann, cuir aer i

pumpkin *n* puimcín *m4*

pun *n* imeartas *m1* focal

punch *n* (*with fist*) dorn *m1*; (*tool*) pritil *f2*; (*drink*) puins *m4* ▷ *vt* (*hit*): **to ~ sb** dorn a thabhairt do dhuine, dorn a bhualadh ar dhuine; **punch-up** (*inf*) *n* troid *f3*, maicín *m4*

punctual *adj* poncúil

punctuation *n* poncaíocht *f3*

puncture *n* poll *m1*

punish *vt* cuir pionós ar; **punishment** *n* pionós *m1*

punk *n* (*also*: **~ rocker**) punc *m4*; (*also*: **~ rock**) an punc; (*US: inf: hoodlum*) maistín *m4*

pup *n* coileán *m1*

pupil *n* (*Scol*) dalta *m4*; (*of eye*) mac *m1* imrisc

puppet *n* puipéad *m1*

puppy *n* coileáinín *m4*

purchase *n* ceannach *m1* ▷ *vt* ceannaigh

pure *adj* íon, fíor-, glan-; **purely** *adv*: **it is purely ...** níl ann ach ...

purple *adj* corcra

purpose *n* aidhm *f2*, cuspóir *m3*; **on ~** d'aon turas, d'aon ghnó

purr *vi* déan crónán

purse *n* (*Brit: for money*) sparán *m1*; (*US: handbag*) mála *m4* láimhe ▷ *vt* crap

pursue *vt* tóraigh, téigh sa tóir ar, lean

pursuit *n* tóir *f3*; (*pastime*) caitheamh *m1* aimsire

push *n* brú *m4*; (*shove*) sonc *m4*; (*drive*) treallús *m1* ▷ *vt* brúigh, sáigh; (*thrust*): **to ~ sth (into)** rud a shá *or* bhrú (isteach i); (*product*) cuir chun cinn ▷ *vi* brúigh; (*demand*) éiligh; **push aside** *vt* brúigh ar leataobh; **push off** (*inf*) *vi*: **~ off!** gread leat!, bain as!; **push on** *vi* (*continue*) téigh ar aghaidh, lean ort; **push through** *vi*: **he ~ed through the crowd** brúigh sé a bhealach tríd an slua ▷ *vt* (*measure*) cuir á vótáil; **push up** *vt* (*total, prices*) ardaigh, cuir suas; **pushchair** *n* bugaí *m4* linbh; **pusher** *n* (*also*: **drug pusher**)

díoltóir *m3* drugaí; **push-up** (*US*) *n*
= **press-up**
put *vt* cuir; (*say*) abair; **he ~ a
question to me** chuir sé ceist orm;
(*case, view*) mínigh; (*estimate*)
meas, scaip; **they ~ about bad
rumours** chuir siad drochráflaí
thart; **put across** *vt* (*ideas etc*) cuir
in iúl, mínigh; **put away** *vt* (*store*)
cuir i dtaisce; **put back** *vt* (*replace*)
cuir ar ais; (*postpone*) cuir siar;
(*delay*) cuir moill ar; **put by** *vt*
(*money*) cuir i dtaisce; **put down** *vt*
(*parcel etc*) cuir síos; (*suppress: revolt
etc*) cuir faoi chois; (*animal*)
maraigh; **put down to** *vt*
(*attribute*) cuir síos do; **put
forward** *vt* (*ideas*) mol, cuir chun
cinn; **put in** *vt* (*gas, electricity,
application etc*) cuir isteach; (*time,
effort*) caith; **put off** *vt* (*light etc*)
cuir as; (*postpone*) cuir ar an méar
fhada; (*discourage*): **it ~ me off
going** d'áitigh sé orm gan dul; **put
on** *vt* (*record, light etc*) cuir ar, siúl;
(*clothes*) cuir ort; (*play etc*) léirigh;
(*cook: food*) cuir síos; (*gain*): **to ~ on
weight** titim chun meáchain,
meáchan a chur suas; **to ~ the
brakes on** teannadh ar na coscáin;
to ~ the kettle on an citeal a chur
síos; **put out** *vt* (*cat, one's hand etc*)
cuir amach; (*light etc*) cuir as;
(*inconvenience: person*) cuir as do;
put through *vt* (*Tel: person*): **they
~ me through to John** chuir siad i
dteagmháil le Seán mé; (*plan*) cuir i
gcrích; **put up** *vt* (*raise*) ardaigh,
cuir suas; (*pin up*) cuir in airde;
(*hang*) croch (suas); (*build*) tóg;
(*tent*) cuir suas; (*increase*) ardaigh;
(*accommodate*) tabhair lóistín do;
put up with *vt fus* cuir suas le
putt *n* amas *m1*; **putting green** *n*

plásóg *f2* amais
puzzle *n* dúcheist *f2*; (*jigsaw*)
míreanna *fpl2* mearaí ▷ *vt*: **the
problem ~d the doctor** chuaigh
an fhadhb sa mhuileann ar an
dochtúir, bhí an fhadhb ag
déanamh meadhráin don dochtúir
▷ *vi*: **the scientists ~d over the
information** chuir na heolaithe an
t-eolas trí chéile ina n-intinn;
puzzling *adj* mearbhlach
pyjamas *npl* pitseámaí *mpl4*
pyramid *n* pirimid *f2*
Pyrenees *npl*: **the ~** na Piréiní *mpl*

q

quack *n* (*of duck*) vác *m4*; (*pej: doctor*) potrálaí *m4*

quadruple *vt, vi* méadaigh faoi cheathair

quail *n* (*Zool*) gearg *f2* ▷ *vi*: **to ~ at** *or* **before** scanrú roimh

quaint *adj* aisteach; (*house, village*) den seandéanamh

quake *vi* creathnaigh ▷ *n* (*also*: **earth~**) crith *m3* talún; **to be quaking with fear** an croí a bheith ar crith i do chliabh

qualification *n* (*degree etc*) cáilíocht *f3*; (*limitation*) agús *m1*, coinníoll *m1*, maolú *m*

qualified *adj* (*trained*) oilte; (*professionally*) cáilithe; (*fit, competent*) in inmhe; (*limited*) maolaithe

qualify *vt* cáiligh; (*modify*) maolaigh ▷ *vi* (*Sport*) fáigh tríd; **she qualified as a doctor** tháinig sí amach ina dochtúir; **he**

qualified for a pension bhain sé aois an phinsin amach

quality *n* cáilíocht *f3*

qualm *n* scrupall *m1*

quantity *n* méid *m4*

quarantine *n* coraintín *m4*

quarrel *n* troid *f3*, geamhthroid *f3* ▷ *vi* troid; **they began to ~** d'éirigh eatarthu

quarry *n* (*for stone*) cairéal *m1*; (*animal*) creach *f2*, seilg *f2*

quart *n* cárt *m1*

quarter *n* ceathrú *f*; (*US: coin: 25 cents*) ceathrú dollair; (*of year*) ráithe *f4*; (*district*) ceantar *m1* ▷ *vt* (*divide*) roinn ina cheathrúna; **a ~ of an hour** ceathrú fuaire; **quarters** *npl* (*living quarters*) áit *f2* chónaithe; (*Mil*) ceathrú *fsg*; **quarter final** *n* cluiche *m4* ceathrúcheannais; **quarterly** *adj* ráithiúil ▷ *adv* go ráithiúil

quartet, quartette *n* ceathairéad *m1*

quartz *n* grianchloch *f2*

quay *n* (*also*: **~side**) cé *f4*

queasy *adj*: **to feel ~** masmas *or* samhnas a bheith ort

queen *n* banríon *f3*

queer *adj* aisteach; (*eccentric*) corr ▷ *n* (*inf!*) piteog *f2*

quench *vt*: **to ~ one's thirst** do thart a chosc

query *n* ceist *f2* ▷ *vt* ceistigh

quest *n* cuardach *m1*

question *n* ceist *f2* ▷ *vt* (*person*) ceistigh; (*doubt*) cuir amhras ar; **beyond ~** gan aon agó; **it is out of the ~** níl sé sin ar dhíslí, níl sé sin indéanta; **to pop the ~** an focal a rá; **questionable** *adj* amhrasach; **question mark** *n* comhartha *m4* ceiste; **questionnaire** *n* ceistiúchán *m1*

queue n scuaine f4, ciú m4 ▷ vi
(also: **~ up**) téigh i scuaine, ciúáil

quick adj tapa, gasta, mear;
(intelligent) aibí ▷ n: **that cut her
to the ~** (fig) ghoill sin go dtí an croí
uirthi; **be ~!** déan deifir!; **as ~ as a
flash** chomh gasta le splanc;
quickly adv go tapa, go gasta

quid (inf) n punt m1

quiet adj (peaceful) suaimhneach;
(silent) ciúin ▷ n suaimhneas m1;
ciúnas m1; **keep ~!** bí i do thost!;
to keep ~ about sth rún a
dhéanamh ar rud; **quietly** adv
go suaimhneach, go ciúin

quilt n cuilt f2

quit vt fág; (smoking, grumbling)
éirigh as ▷ vi (give up, resign) éirigh
as

quite adv (rather) go maith;
(entirely) ar fad; **I don't ~ know**
níl a fhios agam (go) baileach;
I ~ understand tuigim go maith;
~ a few of them cuid mhaith acu;
~ (so)! sin é go díreach!

quits adj: **~ (with)** cúiteach (le);
let's call it ~ abraimis go
bhfuilimid cúiteach le chéile

quiver vi crith, bheith ar crith

quiz n (game) tráth m3 na gceist
▷ vt ceistigh

quota n cuóta m4, cion m4

quotation n athfhriotal m1, sliocht
m3; (estimate) praghas m1 luaite;
quotation marks npl comharthaí
mpl4 athfhriotail

quote n sliocht m3; (estimate)
praghas m1 luaite; (statement) caint
f2 dhíreach ▷ vt luaigh; **quotes** npl
comharthaí mpl4 athfhriotail

rabbi n raibí m4

rabbit n coinín m4

rabies n confadh m1

raccoon n racún m1

race n (species) cine m4;
(competition, rush) rás m3 ▷ vt
(horse) rith ▷ vi (compete) rith;
(hurry) deifrigh; (engine) rásáil; **his
pulse was racing** bhí gal reatha
faoina chuisle; **race car** (US) n carr
m1 rása; **racecourse** n ráschúrsa
m4; **racehorse** n capall m1 rása;
racetrack n raon m1 rásaí

racial adj ciníoch

racing n rásaíocht f3; **racing car** n
carr m1 rása; **racing driver** n
tiománaí m4 rása

racism n ciníochas m1; **racist** adj
ciníoch ▷ n ciníochaí m4

rack n (for guns, tools) raca m4; (also:
luggage ~) raca bagáiste; (also:
roof ~) raca dín; (dish rack) raca

gréithre ▷ vt ciap; **to ~ one's brains** do chuimhne a chíoradh

racket n (for tennis) raicéad m1; (noise) callán m1, racán m1, raic f2; (swindle) camastaíl f3

racquet n raicéad m1

radar n radar m1

radiation n radaíocht f3

radiator n radaitheoir m3

radical adj radacach

radio n raidió m4 ▷ vt craol; **on the ~** ar an raidió; **radioactive** adj radaighníomhach; **radio station** n stáisiún m1 raidió

radish n raidis f2

raffle n crannchur m1

raft n (craft: also: **life ~**) rafta m4

rag n giobal m1, ceirt f2; (pej: newspaper) liarlóg f2; (student rag) cifleog f2 mac léinn; **to be in ~s** bheith sna bratóga

rage n cuthach m1, fraoch m1 ▷ vi (person) bheith ar buile or ar mire; (storm) bheith ina ghála or ina stoirm; **it's all the ~** tá sé an-fhaiseanta, tá sé go mór san fhaisean

ragged adj (edge) spiacánach; (clothes) bratógach, gioblach; (appearance) sraoilleach, gioblach

raid n (attack, also Mil, Police) ruathar m1, ionsaí m; (criminal) ruaig f2 chreiche ▷ vt déan ruathar ar

rail n ráille m4, slat f2; **rails** npl (track) ráillí mpl4; **by ~** leis or ar an traein; **railing** n, **railings** npl ráillí mpl4; **railroad** (US) n, **railway** n (track) iarnród m1, bóthar m1 iarainn; **railway line** (Brit) n iarnród m1, bóthar m1 iarainn; **railway station** (Brit) n stáisiún m1 traenach

rain n fearthainn f2, báisteach f2 ▷ vi bheith ag cur fearthainne or báistí, bheith ag báisteach; **in the ~** faoin bhfearthainn, san fhearthainn; **it's ~ing** tá sé ag cur fearthainne or báistí, tá sé ag báisteach; **rainbow** n bogha m4 báistí, tuar m1 ceatha; **raincoat** n cóta m4 báistí; **raindrop** n deoir f2 fhearthainne; **rainfall** n báisteach f2; (measurement) fliuchras m1; **rainforest** n foraois f2 bháistí; **rainy** adj báistiúil, fliuch

raise n ardú m ▷ vt (lift) ardaigh, tóg; (increase) méadaigh; (morale, standards) ardaigh; (question, doubt) tarraing anuas; (cattle, family) tóg; (crop) saothraigh; (army, funds, loan) bailigh, cruinnigh; **to ~ one's voice** do ghlór a ardú

raisin n rísín m4

rake n (tool) ráca m4 ▷ vt (garden, leaves) rácáil; (with machine gun) déan scuablámhach ar, criathraigh

rally n (Aut) railí m4; (Pol etc) slógadh m1, cruinniú m; (Tennis) railí m4 ▷ vt (support) cruinnigh ▷ vi (sick person) tar chugat féin; (stock exchange) tar aniar; **rally round** vt fus cruinnigh thart ar

RAM n abbr (Comput: = random access memory) cuimhne f4 randamrochtana

ram n reithe m4 ▷ vt pulc; (crash into) tuairteáil, sáinnigh

ramble n spaisteoireacht f3 ▷ vi (walk) bheith ag spaisteoireacht; (talk: also: **~ on**) bheith ag rámhaille; **rambler** n fánaí m4, cóstóir m3; (Bot) planda m4 dreaptha; **rambling** adj (speech) scaipthe; (Bot) dreaptha

ramp n (incline) fánán m1; **on/off ~** (Aut) sliosbhóthar m1 isteach/amach

rampage n: **they went on the ~**
rinne siad scrios agus slad

ranch n rainse m4

random adj fánach, corr; (Tech)
randamach ▷ n: **at ~** go fánach;
(Tech) go randamach

range n (of mountains) sliabhraon
m1; (of missile, voice) raon m1; (of
products) réimse m4; (Mil: also:
shooting ~) raon lámhaigh; (also:
kitchen ~) sorn m1 ▷ vt (place in a
line) rangaigh ▷ vi: **to ~ over**
(extend) síneadh (thar); **to ~ from
... to** bheith sa réimse ó ... go

ranger n maor m1 páirce

rank n céimíocht f3; (Mil) rang m3;
(also: **taxi ~**) stad m4 tacsaí ▷ vi: **to
~ among** bheith ar ▷ adj (stinking)
bréan; **the ~ and file** (fig) an
gnáthbhallra

ransom n fuascailt f2; **to hold sb to
~** duine a chur ar fuascailt

rant vi bheith ag callaireacht

rap vt buail smitín ar; (door) cnag ar,
buail cnag ar ▷ n: **~ music** rapcheol
m1

rape n éigniú m; (Bot) ráib f2 ▷ vt
éignigh

rapid adj tapa, gasta; **rapids** npl
(Geog) fánsruth msg3

rapist n éigneoir m3

rapport n comhthuiscint f3

rare adj annamh; (Culin, steak)
tearcbhruite

rash adj tobann ▷ n (Med) gríos m1;
(spate: of events) ráig f2

rasher n slisín m4

raspberry n sú f4 craobh

rat n francach m1, luch f2 or luchóg f2
mhór

rate n ráta m4; (speed) luas m1;
(price) táille f4, ráta ▷ vt meas;
rates npl (on property) rátaí mpl4,
gearrthacha mpl; (fees) táillí fpl4;

to ~ sb/sth as duine/rud a
áireamh mar

rather adv beagán, pas (beag), rud
beag; **it's ~ expensive** tá sé daor
go leor, tá sé cineál daor; (too much)
tá sé pas daor; **there's ~ a lot** tá
measarthacht ann, tá cuid mhaith
ann; **I would** or **I'd ~ go** b'fhearr
liom imeacht

rating n (assessment) meastachán
m1; (score) grádú m; (Naut: sailor)
grád m1 (mairnéalaigh); (Comm)
rátáil; **ratings** npl (Radio, TV) scór
m1 féachana

ratio n coibhneas m1

ration n ciondáil f3

rational adj réasúnach; (solution,
reasoning) céillí, ciallmhar

rat race n: **the ~** coimhlint f2 an fhill

rattle n (of door, window) bualadh m;
(of coins, chain) gliogar m1; (of train,
engine) cleatar m1; (object: for baby)
gligín m4 ▷ vi bheith ag
gliogarnach; (car, bus): **to ~ along**
bheith ag cleatráil leis ▷ vt bain
gliogarnach as; (unnerve) bain
croitheadh as, cuir trína chéile

rave vi bheith ag cur i dtíortha;
(Med) bheith ag rámhaille, bheith
as do mheabhair ▷ n (also: **~
music**) rámhcheol m1

raven n fiach m1 dubh

ravine n cumar m1, altán m1, ailt f2

raw adj (uncooked) amh; (not
processed) amh-, bun-; (sore) dearg;
(inexperienced) neamhoilte;
(weather, day) feanntach

ray n ga m4; **~ of hope** léaró m4
dóchais

razor n rásúr m1; **razor blade** n
lann f2 rásúir

re prep maidir le, i dtaca le, i dtaobh
+ gen

reach n fad m1 láimhe; (of river etc)

réimse m4 ▷ vt sroich, bain amach; (conclusion, decision) tar ar ▷ vi sín; **out of his ~** as a aice; **within his ~** faoi fhad láimhe de; **within ~ of the shops** i gcóngar na siopaí, faoi fhad siúil de na siopaí; **reach out** vt, vi sín amach

react vi freagair; **reaction** n freagairt f3; (Phys etc) imoibriú m; **reactor** n freasaitheoir m3

read vi léigh ▷ vt léigh; (understand) tuig (as); (study) déan staidéar ar; **read out** vt léigh os ard or amach; **reader** n léitheoir m3

readily adv go toilteanach, go réidh; (easily) gan stró, go furasta, go héasca, go sásta

reading n léamh m1; (understanding) tuiscint f3

ready adj réidh; (willing) toilteanach; (available) éasca, ar fáil ▷ n: **at the ~** (Mil) ar tinneall; **get ~** ullmhaigh ▷ vt ullmhaigh; **ready-made** adj réamhdhéanta; (convenient) áisiúil

real adj fíor, ceart; (Comm) nithiúil; **in ~ terms** i dtéarmaí réadacha; **real estate** n eastát m1 réadach; **realistic** adj réadúil; **reality** n réaltacht f3; **in reality** dáiríre, i ndáiríre

realization n (awareness) tuiscint f3; (fulfilment, also: of asset) réadú m

realize vt (understand) tuig, aithin; (a project, Comm: asset) réadaigh

really adv go fírinneach, dáiríre, i ndáiríre; (very) an-; **~ sad** an-bhrónach; **~?** dáiríre?, i ndáiríre?

realm n ríocht f3; (fig) cúrsaí mpl4

realtor® (US) n gníomhaire m4 eastáit

reappear vi nocht arís

rear adj cúil n gen, deiridh n gen; (Aut, wheel etc) deiridh ▷ n cúl m1 ▷ vt (cattle, family) tóg ▷ vi (also: **~ up**: animal) éirigh ar na cosa deiridh; **rear-view mirror** n (Aut) scáthán m1 cúlradhairc

reason n (sense) ciall f2, réasún m1; (cause) cúis f2, fáth m3, údar m1 ▷ vi: **to ~ with sb** dul chun réasúin le duine; **to have ~ to think sth** cúis or ábhar a bheith agat rud a shíleadh; **it stands to ~ that ...** luíonn sé le ciall go ..., tig sé le réasún go; **reasonable** adj ciallmhar; (not bad) réasúnta, measartha; **reasonably** adv (go) réasúnta; **reasoning** n réasúnaíocht f3

reassurance n sólás m1, faoiseamh m1; (factual) athdhearbhú m

reassure vt cuir ar a shuaimhneas; (factual) athdhearbhaigh

rebate n lacáiste m4

rebel n ceannairceach m1 ▷ vi téigh chun ceannairce, éirigh amach; **rebellious** adj ceannairceach, reibiliúnach

recall vt athghair, tabhair chun cuimhne; (remember) cuimhnigh ar, smaoinigh ar; (horses, book) tarraing siar ▷ n athghairm f2; (ability to remember) cuimhne f4

receipt n (for parcel etc) admháil f3; (amount received) fáltas m1; (act of receiving) glacadh m; **receipts** npl (Comm) fáltais mph

receive vt faigh, glac; (visitor) fáiltigh roimh; **receiver** n glacadóir m3

recent adj deireanach; **recently** adv ar na mallaibh, le déanaí, le deireanas, go deireanach

reception n (on radio) glacadh m; (welcome) fáiltiú m; **reception desk** n deasc f2 fáiltithe; **receptionist** n fáilteoir m3

r

recession n meathlú m, cúlú m, lag m1 trá

recipe n oideas m1

recipient n faighteoir m3

recital n (of poetry etc) aithris f2, aithriseoireacht f3; (Mus) ceadal m1

recite vt (poem) aithris

reckless adj (driver etc) meargánta

reckon vt (count) áirigh, cuntais, comhairigh; (think): **I ~ that ...** ceapaim or measaim or sílim go ..., tá mé ag déanamh (amach) go ...

reclaim vt (demand back) faigh or iarr ar ais; (land: from sea) tabhair chun míntíreachais; (waste materials) athchúrsáil

recline vi luigh siar, bheith ar do leasluí

recognition n aitheantas m1; **to gain ~** aitheantas a fháil; **beyond ~** as aithne

recognize vt aithin

recollection n cuimhne f4

recommend vt mol

reconcile vt (two people) déan athmhuintearas idir; (two facts) déan réiteach idir; **to ~ o.s. to** do thoil a chur le

reconstruct vt (building) atóg, tóg arís; (crime, policy, system) athchum, cum arís

record n taifead m1; (of meeting etc) cuntas m1; (register) rolla m4; (file) cáipéis f2; (also: **criminal ~**) teist f2 choiriúil; (Mus) ceirnín m4; (Sport) curiarracht f3 ▷ vt (set down) cláraigh, scríobh síos; (Mus, song etc) taifead; **in ~ time** i gcuriarracht ama; **off the ~** i modh rúin; **recorder** n (Mus) fliúit f2 Shasanach; **recording** n (Mus) taifeadadh m; **record player** n seinnteoir m3 ceirníní

recount vt inis, aithris

recover vt faigh ar ais or arís ▷ vi: **to ~ (from)** (illness) biseach a fháil (ó), teacht (as), teacht chugat féin; (shock) teacht chugat féin (i ndiaidh + gen); **recovery** n (retrieval) athghabháil f3; (recuperation) biseach m1; (Econ) téarnamh m1

recreation n caitheamh m1 aimsire

recruit n earcach m1 ▷ vt earcaigh

rectangle n dronuilleog f2; **rectangular** adj dronuilleogach

rectify vt (error) ceartaigh, cuir ina cheart

rector n (Rel) reachtaire m4

recur vi atarlaigh; (symptoms) fill, athfhill

recycle vt athchúrsáil

red n dearg m1; (Pol: pej) Cumannaí m4 ▷ adj dearg; (hair) rua; **in the ~** (account) i bhfiacha; **Red Cross** n an Chros f2 Dhearg; **redcurrant** n cuirín m4 dearg

redeem vt (debt) fuascail; (fig, also Rel) slánaigh

red-haired adj rua; **redhead** n ruafholtach m1; **red-hot** adj dearg te; **red light** n (Aut) solas m1 dearg

reduce vt laghdaigh, maolaigh, moilligh; (lower) ísligh; **"~ speed now"** (Aut) "go mall"; **reduction** n laghdú m; (discount) lascaine f4

redundancy n iomarcaíocht f3

redundant adj (worker) iomarcach, as obair, dífhostaithe; (detail, object) díomhaoin, gan feidhm; **to be made ~** do phost a chailleadh

reed n giolcach f2

reef n (at sea) sceir f2

reel n (of thread) ceirtlín m4; (Fishing) roithleán m1, crann m1 tochrais; (Cine) ríl f2; (dance) cor m1, ríl f2 ▷ vi (sway) bheith ag stámhailleach

ref (inf) n abbr = **referee**

refectory n proinnteach m

refer vt: **to ~ sb to** duine a sheoladh chuig, duine a chur faoi bhráid + gen; (dispute, decision): **to ~ sth to** rud a chur faoi bhráid + gen ▷ vi: **to ~ to** (allude to) tagair do, luaigh; (consult) ceadaigh le, téigh or gabh i gcomhairle le

referee n réiteoir m3; (for job application) teistiméir m3

reference n (remittal) tarchur m1; (mention) tagairt f3; (for job application: letter) teastas m1, teistiméireacht f3; **with ~ to** (Comm, in letter) maidir le, i dtaca le

refill vt athlíon ▷ n (for pen etc) athlíonadh m

refine vt (sugar, oil) scag, athscag; (taste) tabhair chun míneadais; (theory, idea) foirfigh, tabhair chun foirfeachta; **refined** adj (person, taste) deismíneach

reflect vt (light, image) frithchaith; (fig) cuir in iúl, léirigh ▷ vi (think) smaoinigh (ar), meabhraigh (ar), machnaigh (ar); **it ~s badly on him** is olc an mhaise air é; **reflection** n (contemplation) athmhachnamh m1; (image) scáil f2; (criticism) míchlú m4; **on reflection** ar athmhachnamh

reflex adj athfhillteach; (Physiol) frithluaileach ▷ n athfhilleadh m; (Physiol) frithluail f2

reform n leasú m ▷ vt leasaigh

refrain vi: **to ~ from doing sth** staonadh ó rud a dhéanamh ▷ n loinneog f2, curfá m4

refresh vt úraigh; (subj: sleep) cuir athbhrí i; **refreshing** adj (drink) íocshláinteach; (sleep) uaimhneach, athbhríoch; **refreshments** npl sólaistí pl; **refreshments available** bia agus deoch ar fáil

refrigerator n cuisneoir m3

refuel vi athbhreoslaigh

refuge n tearmann m1, dídean f2; **to take ~ in** dul ar do chaomhnú i, dul ar tearmann i; **refugee** n dídeanaí m4

refund n aisíoc m3, athchistiú m ▷ vt aisíoc, athchistigh

refurbish vt athchóirigh, athdheisigh

refusal n diúltú m, eiteach m1; **to have first ~ on** an chéad eiteach or diúltú a bheith agat ar

refuse¹ vt, vi diúltaigh

refuse² n bruscar m1, dramhaíl f3

regain vt faigh ar ais, athghnóthaigh

regard n aird f2; (respect) meas m3, ómós m1 ▷ vt breathnaigh, amharc, féach ar; (heed) tabhair aird ar; **to give one's ~s to** do dhea-mhéin a chur in iúl do; **"with kindest ~s"** "le gach dea-mhéin", "le gach beannacht"; **give him my ~s** tabhair mo bheannacht dó; **as ~s, with ~ to** = **regarding**; **regarding** prep maidir le, i dtaca le; **regardless** adv ar aon chaoi, ina ainneoin sin; **regardless of** beag beann ar, ar neamhchead do

regiment n reisimint f2

region n réigiún m1, ceantar m1, dúiche f4; **in the ~ of** (fig) timpeall + gen, thart ar, tuairim is; **regional** adj réigiúnach

register n clár m1, rolla m4; (also: **electoral ~**) rolla m4 toghcháin; (Ling) réim f2 ▷ vt cláraigh ▷ vi cláraigh; (make impression) téigh or gabh i bhfeidhm ar; **registered** adj (letter, parcel) cláraithe; **registered trademark** n trádmharc m1 cláraithe

registrar n cláraitheoir m3

registration n clárú m; (Aut: also: ~ **number**) uimhir f chláraithe

registry office n clárlann f2; **to get married in a ~** pósadh i gclárlann

regret n aithreachas m1, aiféala m4 ▷ vt: **I deeply ~ it** tá aithreachas orm faoi, is oth liom é

regular adj rialta, féiltiúil; (usual) gnáth-; (soldier) seasta ▷ n (client etc) gnáthóir m3, gnáthchustaiméir m3; **regularly** adv go rialta, go tomhaiste

regulate vt rialaigh; **regulation** n (rule) riail f, rialachán m1; (adjustment) rialú m

rehabilitation n (of offender) athoiliúint f; (of addict) athshlánú m

rehearsal n cleachtadh m1

rehearse vt cleacht

reign n réimeas m1 ▷ vi rialaigh, bheith i réim

reimburse vt aisíoc, cúitigh (le)

rein n (for horse) srian m1

reindeer n réinfhia m4

reinforce vt treisigh, neartaigh; **reinforcements** npl (Mil) trúpaí mpl4 athneartaithe

reinstate vt cuir ar ais

reject n (Comm) colfairt f2 ▷ vt cuileáil; (idea) diúltaigh do, cuir suas de; **rejection** n diúltú m

rejoice vi: **to ~ (at or over)** ollghairdeas a dhéanamh (faoi)

relate vt (tell) aithris, inis; (connect) nasc, ceangail ▷ vi: **this ~s to** baineann seo le; **to ~ to sb** dáimh a bheith agat le duine; **related** adj gaolmhar, muinteartha; **relating to** prep ag baint le

relation n (person) gaol m1, duine m4 muinteartha; (link) nasc m1; **public ~s** caidreamh m1 poiblí; **relationship** n baint f2, ceangal m1; (personal ties) caidreamh m1; (also: **family relationship**) gaol m1

relative n gaol m1, duine m4 muinteartha ▷ adj coibhneasta; (by comparison) réasúnta; **all her ~s** a gaolta uile, iomlán a muintire; **relatively** adv: **relatively easy** measartha or réasúnta furasta, éasca go leor

relax vi (muscle) bog; (person: unwind) glac do shuaimhneas, lig do scíth, tabhair faoiseamh duit féin ▷ vt bog, scaoil; (mind, person) socraigh (síos); **the music ~es him** cuireann an ceol ar a shuaimhneas é; **relaxation** n scíth f2; (of mind) faoiseamh m1; (recreation) caitheamh m1 aimsire; **relaxed** adj suaimhneach, réidh, ar do shocairshuaimhneas; **relaxing** adj suaimhnitheach

relay n (Sport) sealaíocht f3 ▷ vt (message) leaschraol

release n (from prison, obligation) fuascailt f2, scaoileadh m; (of gas etc) scaoileadh; (of film etc) eisiúint f3 ▷ vt (prisoner) fuascail, scaoil or lig amach; (gas etc) scaoil; (free: from wreckage etc) saor; (Tech, catch, spring etc) scaoil; (book, film) cuir amach; (report, news) scaoil

relegate vt tabhair céim síos do, tabhair ísliú céime do; (Sport): **they were ~d** cuireadh síos iad

relent vi maolaigh; **relentless** adj neamhthrócaireach; (unceasing) gan staonadh, gan stad

relevant adj (question) ag baint le hábhar, ábhartha; **~ to** bainteach le

reliable adj (person, firm) iontaofa, muiníneach; (method, machine) buanseasmhach; (news, information) údarásach

relic n (Rel) taisí fpl4; (of the past) iarsma m4

relief n (from pain, anxiety etc) faoiseamh m1; (help, supplies) fóirithint f2; (Art, Geog) rilíf f2

relieve vt (pain, fear, worry) maolaigh; (patient) tabhair faoiseamh do; (bring help) fóir ar; (take over from: gen) glac áit + gen; (: guard) déan uainíocht ar; **to ~ sb of sth** rud a bhaint de dhuine; **to ~ o.s.** cnaipe a scaoileadh

religion n creideamh m1, reiligiún m1

religious adj reiligiúnda; (order) rialta; (book, person) cráifeach

relish n (Culin) anlann m1; (enjoyment) díogras f2 ▷ vt (food etc) faigh blas ar; **to ~ doing sth** rud a dhéanamh le fonn

relocate vt athaimsigh ▷ vi athlonnaigh

reluctance n drogall m1, leisce f4

reluctant adj drogallach; **to be ~ to do sth** leisce or drogall a bheith ort rud a dhéanamh; **reluctantly** adv go drogallach, go leisciúil

rely on vt fus (be dependent) braith ar; (trust): **to ~ sb** muinín or iontaoibh a bheith agat as duine

remain vi fan, mair; **remainder** n fuílleach m1; **remaining** adj: **the remaining pictures** an chuid eile de na pictiúir, fuílleach na bpictiúr; **remains** npl fuílleach msg1; (body) corp msg1; (of animal etc) conablach m1

remand n: **on ~** ar coimeád ▷ vt: **he was ~ed (in custody)** athchuireadh faoi choimeád é

remark n focal m1; **to pass ~s on** caidéis a fháil do ▷ vt sonraigh, tabhair faoi deara; **to ~ on** tagair do; **remarkable** adj sonraíoch; (wonderful) iontach

remedy n: **~ (for)** leigheas m1 (ar) ▷ vt leigheas

remember vt cuimhnigh (ar); (send greetings): **~ me to him** beir mo bheannacht chuige, abair leis go raibh mé ag cur a thuairisce; **she ~s** is cuimhin léi, tá cuimhne aici ar

remind vt: **to ~ sb of sth** rud a chur i gcuimhne do dhuine; **to ~ sb to do sth** meabhrú do dhuine rud a dhéanamh, cur i gcuimhne do dhuine rud a dhéanamh; **reminder** n (souvenir) cuimhneachán m1; (letter) litir f mheabhrúcháin

reminiscent adj: **it was ~ of old times** chuirfeadh sé an seanam i gcuimhne do dhuine

remnant n fuílleach m1; (of cloth) luideog f2; **remnants** npl (Comm) fuílleach msg1

remorse n doilíos m1, aiféala m4

remote adj iargúlta, scoite; (person) coimhthíoch; (possibility) fánach; **remote control** n cianrialú m; **remotely** adv go hiargúlta

removal n (taking away) baint f2 amach, tógáil f3 ar shiúl; (from house) aistriú m; (from office: dismissal) briseadh m; (of stain) glanadh m; (Med) gearradh m; **removal van** n veain f4 aistrithe troscáin

remove vt bain amach, tóg amach; (employee) bris; (stain) glan; (abuse, doubt) cealaigh

render vt: **to ~ sth useless** rud a chur ó mhaith

rendezvous n coinne f4

renew vt athnuaigh; (negotiations) atosaigh; **renewable** adj (energy) in-athnuaite

renovate vt athchóirigh

renowned adj clúiteach, cáiliúil

rent n cíos m3 ▷ vt (landlord) lig ar cíos; (tenant) tóg or faigh ar cíos; **rental** n cíos m3

rep n abbr = **representative**

repair n deisiú m, cóiriú m ▷ vt deisigh, cóirigh; **it's in good/bad ~** tá cóir mhaith ar, tá droch-chóir ar; **repair kit** n fearas m1 deisiúcháin

repay vt (money, creditor) aisíoc, íoc ar ais; (sb's efforts) cúitigh; **repayment** n aisíoc m3, aisíocaíocht f3

repeat n (Radio, TV) athchraoladh m ▷ vt abair arís; (Radio, TV) athchraol; (Comm: order): **to ~ the order** tabhair an t-ordú céanna arís; (Scol: a class) athdhéan ▷ vi (food) brúcht aníos; **repeatedly** adv arís agus arís eile

repellent adj éartach ▷ n: **insect ~** éartach m1 feithidí

repetition n (of words) athrá m4; (Mus, of action) athdhéanamh m

repetitive adj (movement, work) timthriallach; (speech) athráiteach

replace vt (put back) cuir or fág ar ais; (take the place of) glac áit + gen, ionad + gen; **replacement** n (substitution) malartú m; (person) ionadaí m4, ionadaíocht f3

replay n (of match) athimirt f3; (of tape) athsheinm f3

replica n macasamhail f3

reply n freagra m4 ▷ vi, vt freagair

report n tuarascáil f3; (Press etc) tuairisc f2; (also: **school ~**) tuairisc f2 scoile; (of gun) blosc m1 ▷ vt tuairiscigh; (bring to notice: occurrence) cuir in iúl ▷ vi (make a report) tabhair tuairisc, scríobh tuairisc; (present o.s.): **to ~ (to sb)** dul i láthair (+ gen); (be responsible to): **to ~ to sb** bheith faoi cheannas + gen, bheith freagrach do; **report card** n tuairisc f2 scoile; **reportedly** adv: **she is reportedly living in ...** tá sé amuigh uirthi go bhfuil sí ina cónaí i ..., tá sí in ainm is a bheith ina cónaí i ...; **he reportedly told them to ...** táthar á rá go ndúirt sé leo ..., d'inis sé dóibh más fíor ...; **reporter** n tuairisceoir m3

represent vt seas do; (as proxy) déan ionadaíocht ar son + gen; (view, belief) léirigh; (describe): **to ~ sth as** rud a chur i láthair mar; **representation** n samhail f3; (Pol) ionadaíocht f3; **proportional representation** ionadaíocht chionmhar; **representative** n ionadaí m4

repress vt cloígh; (feelings) cuir srian le, cuir cluain ar; **repression** n smachtú m; (political) géarleanúint f3, cos f2 ar bolg

reproduce vi, vt atáirg; **reproduction** n atáirgeadh m

reptile n péist f2, reiptíl f2

republic n poblacht f3; **the R~ (of Ireland)** Poblacht na hÉireann; **republican** adj, n poblachtach m1

reputable adj creidiúnach; (occupation) measúil

reputation n clú m4, cáil f2

request n iarratas m1; (formal) éileamh m1 ▷ vt: **~ (of or from)** iarr ar

require vt (need): **she ~s more money** teastaíonn breis airgid uaithi, tá tuilleadh airgid de dhíth or de dhíobháil uirthi; (want): **what do you ~?** cad é atá uait?, cad é atá de dhíth ort?; (order): **to ~ sb to do sth/sth of sb** rud a éileamh ar dhuine; **the case ~s urgent attention** ní foláir cúram práinneach a dhéanamh den chás; **requirement** n iarratas m1; (necessity) riachtanas m1; (condition) coinníoll m1

rescue n sábháil f3, tarrtháil f3
▷ vt sábháil, tarrtháil, tabhair
tarrtháil ar
research n taighde m4 ▷ vt taighd,
déan taighde (ar)
resemblance n cosúlacht f3,
dealramh m1
resemble vt cosúlacht or dealramh
a bheith agat le
resent vt: **he ~s ...** cuireann ... olc
air, is fuath leis ..., is beag air ...;
resentful adj doicheallach;
resentment n doicheall m1,
faltanas m1
reservation n (booking) áirithint f2;
(doubt) agús m1; (for tribe)
tearmann m1; **to make a ~**
seomra/tábla/suíochán etc a chur
in áirithe
reserve n (Comm) cúlchiste m4;
(Sport) fear m1 ionaid, ionadaí m4;
(personality) dúnáras m1 ▷ vt taisc,
cuir i dtaisce; (seats etc) cuir in
áirithe; **reserves** npl (Mil) cúltaca
msg4; **in ~** i dtaisce; **reserved** adj
(seats etc) in áirithe; (personality)
dúnárasach; **all rights reserved**
gach ceart ar cosaint
reshuffle n athshuaitheadh m,
atheagar m1
residence n cónaí m, áit f2
chónaithe, teach m cónaithe;
residence permit n cead m3
cónaithe
resident n cónaitheoir m3 ▷ adj
cónaitheach; **residential** adj
(area) cónaithe; (course)
inchónaitheach
residue n fuílleach m1; (Chem etc)
iarmhar m1
resign vt, vi éirigh as; **to ~ o.s. to**
sth do thoil a chur le rud;
resignation n (of post) éirí m4 as;
(state of mind) géilliúlacht f3

resist vt (oppose) cuir i gcoinne
+ gen; (abstain from) diúltaigh do,
cuir suas de; **resistance** n (gen)
frithbheart m1; (Elec etc) friotaíocht
f3
resolution n (of problem) fuascailt
f2, réiteach m1; (at meeting) rún m1;
(determination) diongbháilteacht f3
resolve n diongbháilteacht f3 ▷ vt
(problem) réitigh ▷ vi: **to ~ to do**
sth cinneadh ar rud a dhéanamh,
socrú rud a dhéanamh
resort n (town) ionad m1 saoire;
(recourse) seift f2 ▷ vi: **to ~ to** dul i
muinín + gen; **in the last ~** cheal
aon rogha eile, gan an dara suí sa
bhuaile; **do it only as a last ~** ná
déan é go sáróidh ort
resource n seift f2; **resources**
npl (supplies, wealth etc) acmhainn
fsg2; **resourceful** adj (person)
seiftiúil
respect n meas m3, urraim f2 ▷ vt:
to ~ sb meas a bheith agat ar
dhuine; **respects** npl
(compliments) dea-mhéin f2; **with ~**
to (as regards) maidir le, dóigh le; **in**
this ~ maidir le seo, ar an gcuma
seo; **with ~ (to you)** i gcead duit;
respectable adj measúil, fiúntach;
respectful adj urramach,
ómósach
respite n (reprieve) cairde m4;
(break) sos m3, briseadh m
respond vi freagair, tabhair freagra
ar; **response** n freagra m4;
(reaction) freagairt f3
responsibility n freagracht f3,
cúram m1
responsible adj (liable) freagrach;
(person) stuama; (job) le
freagrachtaí; **~ (for)** freagrach as
responsive adj freagrach; (person)
mothálach

r

rest n scíth f2; (stop) stad m4; (Mus) sos m3; (support) taca m4; (remainder): **the ~** an fuílleach m1, an chuid f3 eile ▷ vi glac or déan do scíth; (be supported): **to ~ on** luí ar; (remain) fan ▷ vt (lean): **to ~ sth on/against** rud a chur ina luí ar/i gcoinne + gen or in éadan + gen; **the ~ of them** an chuid eile acu; **it ~s with him to ...** is faoi atá sé ...

restaurant n bialann f2, proinnteach m; **restaurant car** n carráiste m4 bialainne

restless adj corrthónach, míshuaimhneach

restoration n athchóiriú m; (money etc) aiseag m1; (Pol) athbhunú m

restore vt (building) athchóirigh; (sth stolen, health) aisig; (peace) athbhunaigh

restrain vt srian, cuir srian ar; (person): **to ~ sb (from)** duine a chosc (ó); **to ~ o.s. from laughing** rún a dhéanamh ar na gáirí; **restraint** n (restriction) srian m1; (moderation) measarthacht f3

restrict vt cúngaigh, teorannaigh; **restriction** n srian m1, cúngú m, crapall m1

rest room (US) n leithreas m1

result n toradh m1 ▷ vi: **it ~ed in an agreement** tháinig comhaontú de or as; **as a ~ of** mar gheall ar, de thoradh + gen

resume vt, vi tosaigh arís, atosaigh, téigh i gceann + gen arís

résumé n achoimre f4; (US) curriculum m vitae

resuscitate vt (Med) athbheoigh

retail n miondíol m3 ▷ adj miondíola n gen; **retailer** n miondíoltóir m3

retain vt (keep) coinnigh, coimeád

retaliation n díoltas m1

retire vi (give up work) éirigh as; (withdraw) tarraing siar, fág, imigh; (go to bed) téigh or gabh a luí; **retired** adj (person) scortha, ath-, ar pinsean; **retirement** n (of person) scor m1

retort n aisfhreagra m4 ▷ vi aisfhreagair

retreat n cúlú m; (Rel) cúrsa m4 spioradálta; (hideaway) díseart m1 ▷ vi cúlaigh, tarraing siar

retrieve vt (sth lost) faigh ar ais; (situation, honour) tarrtháil; (error, loss) leigheas

retrospect n: **in ~** ag féachaint siar; **retrospective** adj aisbhreathnaitheach; (law) cúlghabhálach

return n (going or coming back) filleadh m1; (of sth stolen etc) aischur m1; (Fin: from land, shares) toradh m1, fáltas m1 ▷ cpd (journey) ar ais; (ticket) fillte ▷ vi (come back) fill, tar ar ais ▷ vt cuir ar ais; (bring back) tabhair ar ais; (send back) seol ar ais; (Pol: candidate) togh; **returns** npl (Comm, tax etc) tuairisceán m1; (Fin) sochar msg1; **in ~ (for)** mar mhalairt (ar); **by ~ (of post)** le casadh an phoist; **many happy ~s (of the day)!** go maire tú an lá!; **~ match** athchluiche m4

retweet vt (on Twitter) atvuíteáil

reunion n athaontú m, teacht m3 le chéile

reunite vt athaontaigh

revamp vt athchóirigh

reveal vt (make known) foilsigh; (display) nocht; **revealing** adj suimiúil, léiritheach

revel vi: **she ~s in ...** is breá léi ...

revenge n díoltas m1, éiric f2; **to take ~ on** (enemy) díoltas a imirt ar, díoltas a bhaint amach as

revenue n ioncam m1, teacht m3 isteach

Reverend adj: **the ~ John Smith** an tOirmhinneach m1 John Smith

reversal n (of opinion) malartú m tuairime; (of order) freaschur m1; (of direction) aisiompú m

reverse n malairt f2; (back, coin, of paper) cúl m1; (Aut: also: **~ gear**) giar m1 cúlaithe ▷ adj (order, direction) contrártha ▷ vt (order, position, direction) athraigh (ar fad); (roles) malartaigh; (decision) freaschuir; (car) cúlaigh ▷ vi (Aut) cúlaigh; **he ~d (the car) into a wall** chúlaigh sé (an carr) in éadan an bhalla; **reversing lights** npl (Aut) soilse mph cúlaithe

revert vi: **to ~ to** filleadh ar

review n iris f2; (of book, film) léirmheas m3; (of situation, policy) athbhreithniú m ▷ vt athbhreithnigh; (book, film) déan léirmheas ar

revise vt athbhreithnigh, téigh or gabh siar ar; (manuscript) athcheartaigh; (law) leasaigh ▷ vi (study) athbhreithnigh; **revision** n athbhreithniú m; (review) leasú m

revival n athbheochan f3; (recovery) athbhrí f4; (of faith) athbheochan f3

revive vt (person) athbheoigh; (custom) athbhunaigh, tabhair ar ais; (economy) cuir athbhrí i; (hope, courage) múscail; (play) athléirigh ▷ vi (person) tar chugat féin; (hope etc) múscail; (activity) tar i réim arís

revolt n ceannairc f2, éirí m4 amach ▷ vi éirigh amach ▷ vt cuir déistin ar; **revolting** adj déistineach, samhnasach

revolution n réabhlóid f2; (of wheel etc) imrothlú m, casadh m1; **revolutionary** adj réabhlóideach

▷ n réabhlóidí m4

revolve vi imrothlaigh, cas (thart), tiontaigh ▷ vt cas (thart), tiontaigh

revolver n gunnán m1

reward n luach m3 saothair, duais f2 ▷ vt: **to ~ sb for sth** rud a chúiteamh le duine, luach a shaothair a thabhairt do dhuine; **rewarding** adj (fig) sásúil

rewind vt cúlchas; (tape) athchas

rewritable adj (CD, DVD) in-athscríofa

rheumatism n daitheacha fpl2, pianta fpl2 cnámh, scoilteacha fpl2

rhinoceros n srónbheannach m1

rhubarb n biabhóg f2, rúbarb m4

rhyme n rím f2; (verse) rann m1

rhythm n rithim f2

rib n (Anat) easna f4

ribbon n ribín m4; **in ~s** (torn) stróicthe, stiallta

rice n rís f2; **rice pudding** n maróg f2 ríse

rich adj saibhir; (gift, clothes) costasach ▷ npl: **the ~** lucht m3 an airgid or an tsaibhris

rid vt: **to ~ sb of** duine a shaoradh ó; **to get ~ of sth** rud a chur díot, fáil réidh le rud

riddle n (puzzle) tomhas m1 ▷ vt criathraigh; **he was ~d with** (guilt etc) bhí sé cráite le or ag

ride n turas m1; (on horse) marcaíocht f3; (distance covered) geábh m3; (lift in car) síob f2 ▷ vi (on horse) téigh ag marcaíocht; (journey: on bicycle, motorcycle, bus) tabhair geábh ▷ vt marcaigh; **to take sb for a ~** (fig) bob a bhualadh ar dhuine, cluain a chur ar dhuine; **to ~ a horse/bicycle** capall/rothar a mharcaíocht; **rider** n marcach m1; (on bicycle) rothaí m4; (on motorcycle) gluaisrothaí m4

ridge n (of roof) cíor f2; (of hill) droim m3; (on object) iomaire m4

ridicule n fonóid f2, magadh m1; **ridiculous** adj seafóideach, amaideach, áiféiseach

riding n marcaíocht f3; **riding school** n scoil f2 mharcaíochta

rife adj forleathan, leitheadach; **~ with** breac le, lán le

rifle n raidhfil m4 ▷ vt creach; **rifle through** vt (belongings) ransaigh; (papers) siortaigh

rift n scoilt f2; (fig: disagreement) deighilt f2, scoilt f2

rig n (also: **oil ~**) rige m4 ▷ vt (election etc) cóirigh

right adj ceart; (true) fíor; (suitable) cuí, oiriúnach, fóirsteanach; (just) cóir; (not left) deas ▷ n (what is morally right) ceart m1; (title, claim) ceartas m1; (not left): **the ~** an taobh m1 deas ▷ adv (answer) (go) cruinn, (go) beacht; (treat) go cóir; (not on the left) ar dheis ▷ vt cuir i gceart, leigheas ▷ excl déanfaidh sin!; **to be ~** (person) an ceart a bheith agat; (answer) bheith ceart; (clock) bheith beacht or ceart; **by ~s** de or ó cheart; **on the ~** ar dheis; **to be in the ~** an ceart a bheith agat, bheith sa cheart; **~ now** láithreach bonn, anois díreach; **~ in the middle** i gceartlár, díreach i lár báire; **~ away** láithreach, ar an toirt; **right angle** n (Math) dronuillinn f2; **rightful** adj ceart; (heir, claim) dlisteanach; **right-handed** adj (person) deaslámhach, deasach; **right-hand side** n: **the right-hand side** taobh m1 na láimhe deise; **rightly** adv (with reason) ní gan ábhar; **right of way** n ceart m1 slí; (Aut) ceart m1

tosaíochta; (Law) bealach m1 achtaithe; **right-wing** n: **the right-wing** an eite f4 dheas ▷ adj (Pol): **right-wing politics** polaitíocht na heite deise

rigid adj dolúbtha, righin; (principle, control) docht

rigorous adj dian, géar

rim n fóir f, fonsa m4; (of spectacles) imeall m1; (of wheel) fleasc f2

rind n craiceann m1, crotal m1

ring n fáinne m4; (also: **wedding ~**) fáinne m4 pósta; (arena, for boxing) cró m4, fáinne m4; (sound of bell) cling f2 ▷ vi (telephone, bell) buail; (person: by telephone) déan glao, glaoigh; (also: **~ out**: voice, words) fuaimnigh; **my ears are ~ing** tá ceol i mo chluasa ▷ vt (Tel: also: **~ up**) glaoigh ar; **to ~ the bell** an clog a bhualadh; **to give sb a ~** (Tel) glao gutháin a chur ar dhuine; **ring back** vt, vi (Tel) glaoigh ar ais; **ring up** vt (Tel) glaoigh ar; **ringleader** n ceann m1 feadhna; **ring road** n cuarbhóthar m1; **ringtone** n clingthon m1

rink n (also: **ice ~**) rinc f2

rinse vt sruthlaigh, rinseáil

riot n círéib f2; (of flowers, colour) scléip f2 ▷ vi tóg círéib; **to run ~** dul i bhfiáin

rip n roiseadh m, stróiceadh m ▷ vi, vt rois, stróic

ripe adj (fruit) aibí

ripple n cuilithín m4; (of laughter) monabhar m1 ▷ vi bheith ag tonnaíl

rise n (slope) ard m1, mala f4; (increase) ardú m; (number) méadú m; (fig: to power etc) teacht m3 chun cinn, teacht i réim ▷ vi éirigh; (prices, waters) ardaigh; (numbers) méadaigh; (also: **~ up**: tower, *building*) téigh in airde; (*rebel*) éirigh amach; (*in rank*) faigh ardú céime; **give ~ to** tionscain; **to ~ to the occasion** bheith inchurtha leis an ócáid; **rising** *adj* (*increasing*: *number, prices*) ag ardú; (*sun, moon*) ag éirí; **the rising tide** an líonadh

risk *n* fiontar *m1*, baol *m1*, contúirt *f2* ▷ *vt* téigh sa seans le; **at ~** i mbaol, i gcontúirt; **at one's own ~** ar do phriacal féin; **risky** *adj* contúirteach, baolach, priaclach

rite *n* deasghnáth *m3*; **last ~s** ola agus aithrí, an ola dhéanach

ritual *adj* deasghnách ▷ *n* deasghnáth *m3*

rival *n* céile *m4* iomaíochta *or* comhraic ▷ *adj* (*meeting, movement*) iomaíochta *n gen*, freas- ▷ *vt* (*match*) bheith inchurtha le; **rivalry** *n* iomaíocht *f3*, coimhlint *f2*

river *n* abhainn *f*, sruth *m3* ▷ *cpd* (*port, traffic*) abhann *n gen*; **up/ down ~** síos/suas an abhainn; **riverbank** *n* bruach *m1* abhann

rivet *n* seam *m3* ▷ *vt* (*fig*): **the film was ~ing** bhí an scannán an-spéisiúil go deo

road *n* bealach *m1*, bóthar *m1*, slí *f4*; **major ~** príomhbhóthar *m1*, bealach mór; **minor ~** mionbhóthar, mionbhealach; **roadblock** *n* bacainn *f2* bhóthair; **road map** *n* léarscáil *f2* bhóithre; **road rage** *n* buile *f4* bóthair; **road safety** *n* sábháilteacht *f3* ar bhóithre; **roadside** *n* taobh *m1* bóthair *or* bealaigh; **roadsign** *n* comhartha *m4* bóthair *or* bealaigh; **road works** *npl* oibreacha *fpl2* bóthair

roam *vi* bheith ag fánaíocht *or* ag seachrán

roar *n* búir *f2*; (*of crowd*) gáir *f2*;

(*thunder*) plimp *f2* ▷ *vi* búir, déan búir, béic, lig béic as; **to ~ with laughter** do sheangháire a ligean; **to do a ~ing trade** trácht lasta a dhéanamh, bheith ag díol as éadan

roast *n* rósta *m4* ▷ *vt* róst; **roast beef** *n* mairteoil *f3* rósta

rob *vt* (*person*) robáil; (*bank*) robáil, creach; (*fig*): **to ~ sb of sth** rud a ghoid ó dhuine; (*deprive*) rud a bhaint de dhuine; **robber** *n* robálaí *m4*; **robbery** *n* slad *m3*, robáil *f3*

robe *n* (*for ceremony etc*) róba *m4*; (*also*: **bath~**) falaing *f2* fholctha; (*US*) pluid *f2*

robin *n* spideog *f2*

robust *adj* urrúnta; (*material*) acmhainneach, folláin; (*appetite*) groí, buanfasach

rock *n* (*substance, boulder*) carraig *f2*, creig *f2*; (*US: small stone*) méaróg *f2*; (*sweet*) gallán *m1* milis; (*also*: **~ music**) rac *m4* ▷ *vt* (*swing gently*: *cradle*) luasc; (*shake*) croith ▷ *vi* luasc, bheith ag longadán *or* ag luascadh, croith; **on the ~s** (*drink*) le hoighear; (*marriage etc*) ar an dé deiridh

rocket *n* roicéad *m1*

rocking chair *n* cathaoir *f* luascáin

rocky *adj* creagach, carraigeach; (*path*) clochach

rod *n* (*wooden*) slat *f2*, maide *m4*; (*metallic*) barra *m4*; (*Tech*) slat *f2*; (*also*: **fishing ~**) slat *f2* iascaireachta

rodent *n* creimire *m4*

rogue *n* rógaire *m4*, cneámhaire *m4*

role *n* ról *m1*; (*acting*) páirt *f2*

roll *n* rolla *m4*; (*of banknotes*) burla *m4*; (*also*: **bread ~**) rollóg *f2*; (*sound*: *of drums etc*) tormáil *f3* ▷ *vt* roll; (*also*: **~ up**: *string*) tochrais; (*sleeves*) corn (suas); (*also*: **~ out**: *pastry*) leath ▷ *vi* roll; **roll in** *vi* (*mail, cash*) tar isteach go flúirseach; **the money is ~ing in** tá na pinginí ar a gcorr againn; **roll up** vi (*inf: arrive*) bailigh thart ▷ vt corn; **roller** n rollóir m3; (*wheel*) roithleán m1; **roller coaster** n cóstóir m3 roithleáin; **roller skates** npl scátaí mpl4 rothacha; **rolling pin** n crann m1 fuinte

ROM n abbr (*Comput: = read only memory*) cuimhne f4 léimh amháin

Roman adj Rómhánach; **Roman Catholic** adj, n Caitliceach m1 Rómhánach

romance n (*love affair*) cumann m1; (*charm*) draíocht f3; (*novel*) scéal m1 grá

Romania n an Rómáin f2

Romanian adj, n Rómánach m1; (*Ling*) Rómáinis f2

Roman numeral n uimhir f Rómhánach

romantic adj rómánsach

Rome n an Róimh f2

roof n díon m1; (*of mouth*) carball m1, ceann m1 ▷ vt díon; **roof rack** n (*Aut*) raca m4 dín

rook n (*bird*) préachán m1; (*Chess*) caiseal m1

room n seomra m4; (*also*: **bed~**) seomra m4 leapa; (*space*) fairsinge f4, áit f2; **rooms** npl (*lodging*) seomraí mpl4; **single/double ~** seomra singil/dúbailte; **there is ~ for improvement** d'fhéadfadh sé bheith níos fearr, d'fhéadfaí feabhas a chur air; **roommate** n comrádaí m4 seomra; **room service** n seirbhís f2 seomraí; **roomy** adj fairsing

rooster n (*esp US*) coileach m1

root n (*Bot, Math*) fréamh f2, rúta m4; (*fig: of problem*) bunúdar m1, fréamh f2 ▷ vi (*plant*) fréamhaigh;

root out vt (*eliminate*) díothaigh

rope n téad f2, rópa m4 ▷ vt (*tie up or together*) ceangail; (*area: rope off*) cuir rópa ar; **to know the ~s** (*fig*) bheith oilte ar an gceird, bheith i do sheanlámh ar

Roscommon n Ros m Comáin

rose n rós m1

rosé n fíon m3 bándearg

rosemary n rós m1 Mhuire

rosy adj rósach; **a ~ future** todhchaí tarraingteach

rot n (*decay*) lobhadh m1, meath m3 ▷ vt, vi lobh, meath

rota n uainchlár m1, róta m4; **on a ~ basis** ar bhonn róta, ar a seal

rotate vt (*revolve*) rothlaigh, cas thart or timpeall; (*change round: jobs*) cuir thart ▷ vi (*revolve*) imchas, téigh thart

rotten adj (*decayed*) lofa, morgtha; (*mean*) suarach; (*inf: bad*) droch-, gránna; **to feel ~** (*ill*) bheith tinn, mothú go hainnis

rough adj garbh; (*terrain*) míchothrom; (*voice*) garg; (*person, manner: coarse*) gairgeach; (*plan etc*) garbh; **~ guess** buille faoi thuairim ▷ n (*Golf*) garbhlach m1; **to ~ it** maireachtáil i ndócúl; **to sleep ~** codladh faoin spéir or faoin aer; **roughly** adv (*handle, make*) go garbh; (*speak*) go garg; (*approximately*) timpeall, tuairim is

roulette n rúiléid f2

round adj cruinn ▷ n (*duty: of policeman, doctor etc*) cuairt f2; (*game: of cards: Boxing*) babhta m4; (*of talks*) dreas m3; (*of drinks, sandwiches*) cur m1 ▷ vt (*corner*) téigh thart or timpeall ar ▷ prep timpeall + gen, thart ar, thart faoi ▷ adv: **all ~** mórthimpeall, thart timpeall; **the long way ~** an bealach fada; **all the year ~** ó cheann ceann na bliana; **it's just ~ the corner** (fig) tá sé in aice láimhe; **~ the clock** lá agus oíche, ó dhubh go dubh; **to go ~ to John's (house)** dul tigh Sheáin; **go ~ the back (of the house)** téigh or gabh thart ar chúl (an tí); **to go ~ a house** dul timpeall tí, dul thart ar theach; **enough to go ~** riar an iomláin; **~ (of ammunition)** piléar m1; **~ of applause** bualadh bos; **round off** vt (speech etc) cuir clabhsúr ar, cuir deireadh le; **round up** vt cruinnigh, bailigh (isteach); **roundabout** n (Aut) timpeallán m1; (at fair) áilleagán m1 intreach ▷ adj (route, means) timpeallach; **to take a roundabout way** cor bealaigh a chur ort féin; **round trip** n turas m1 fillte; **roundup** n cruinniú m; (news summary) achoimre f4

rouse vt (wake up) dúisigh, múscail; (stir up) spreag, gríos

route n cúrsa m4, slí f4; (of bus) bealach m1; (also: **trade ~**) trádbhealach m1

router n (Comput) ródaire m4

routine adj gnáth- ▷ n (habits) gnáthamh m1; (Theat) mír f2

row¹ n (line) líne f4; (Knitting, of seats) sraith f2; (behind one another: of cars, people) scuaine f4 ▷ vi, vt iomair, rámhaigh; **in a ~** (fig) as a chéile, i ndiaidh a chéile

row² n (noise) racán m1, maicín m4; (dispute) achrann m1, aighneas m1; (scolding) íde f4 béil ▷ vi bheith ag achrann

rowboat (US) n bád m1 iomartha or rámhaíochta

rowing n iomramh m1, rámhaíocht f3; **rowing boat** n bád m1 iomartha or rámhaíochta

royal adj ríoga, ríúil; **Royal Irish Academy** n Acadamh m1 Ríoga na hÉireann; **royalty** n (royal persons) ríochas m1; (payment) dleacht f3

RTE n abbr = **Raidió Teilifís Éireann**

rub vt cuimil ▷ n (with cloth) cuimilt f2; **to give sth a ~** rud a chuimilt; **to ~ sb up** (Brit) or **to ~ sb** (US) **the wrong way** teacht in aghaidh an tsnáithe ar dhuine, teacht ar an taobh contráilte do dhuine; **rub off (on)** vi téigh i bhfeidhm (ar); **rub out** vt scrios (amach)

rubber n rubar m1; (eraser) scriosán m1; **rubber band** n banda m4 rubair

rubbish n (from household) bruscar m1; (fig: pej) truflais f2; (: nonsense) seafóid f2, ráiméis f2; **rubbish bin** n bosca m4 bruscair; **rubbish dump** n láithreán m1 bruscair

rubble n brablach m1; (smaller) spallaí mpl4

ruby n rúibín m4

rucksack n mála m4 droma

rudder n stiúir f

rude adj (impolite) mímhúinte, dímhúinte, drochbhéasach; (coarse) borb, graosta; (shocking) míchuibheasach

ruffle vt (hair) cuir in aimhréidh; (fig: person): **to ~ sb** duine a chur thar a shnáithe

rug n ruga m4, brat m1; (blanket) súsa m4

rugby n (also: **~ football**) rugbaí m4

rugged adj (landscape) garbh; (features) graifleach; (character) borb

ruin n scrios m, díothú m ▷ vt (spoil: clothes) scrios; (: event) mill; **ruins** npl (of building) ballóg fsg2, fothrach msg1

rule n riail f; (government) ceannas m1 ▷ vt (country) rialaigh; (person)

r

smacht a bheith agat ar ▷ vi bheith
i gceannas ar, rialaigh; **as a ~** de
ghnáth; **rule out** vt cuir as an
áireamh; **ruler** n (sovereign) rialtóir
m3; (for measuring) rialóir m3;
ruling adj (party) i réim, i gceannas
▷ n (Law) rialú m; **the ruling class**
an lucht ceannais

rum n rum m4

Rumania n = **Romania**

rumble vi bheith ag tormáil, bheith
ag déanamh tormáin; (stomach)
bheith ag geonaíl

rumour (US **rumor**) n ráfla m4,
luaidreán m1 ▷ vt: **it is ~ed that ...**
tá sé ina ráfla go ..., táthar ag rá
go ...

rump steak n stéig f2 gheadáin

run n (fast pace) rás m3; (outing)
turas m1; (distance travelled) geábh
m3; (Theat, series) sraith f2; (Ski)
fána f4; (Cricket, Baseball) rúid f2; (in
tights, stockings) roiseadh m ▷ vt
(operate: business) reáchtáil;
(: competition, course) eagraigh;
(: hotel, house) coinnigh; (race) rith;
(to pass: hand, finger) cuimil; (Press,
feature) foilsigh ▷ vi rith; (flee)
teith; (work: machine, factory)
oibrigh; (bus, train) bheith i
seirbhís; (continue: play) bheith ar
obair or ar siúl; (flow: nose) sil;
(: river) snigh; (colours, washing)
rith; (in election) téigh or gabh san
iomaíocht; **to go for a ~** dul amach
ag rith; **there was a ~ on ...** (meat,
tickets) bhí ráchairt ar ...; **on the ~**
ar do sheachaint; **I'll ~ you to the
station** tabharfaidh mé síob chun
an stáisiúin duit, caithfidh or
fágfaidh mé ag an stáisiún thú; **to
~ a risk** dul sa seans; **run about** vi
(children) rith thart; **run across** vt
fus (find) tar ar; **run around** vi
= **run about**; **run down** vt
(production) laghdaigh de réir a
chéile; (factory) scoir de réir a
chéile; (Aut) leag; (criticize) cáin; **to
be ~ down** (tired) bheith in ísle brí;
run in vt (car) rith isteach; **run
into** vt fus (meet: person) buail le,
cas le; (: trouble) téigh i; (collide
with) buail in éadan + gen; **run off**
vi teith ▷ vt (water) taom; (copies)
déan; **run out** vi (person) rith
amach; (liquid) doirt; **the lease
has ~ out** tá an léas caite; **run out
of** vt fus: **she ran out of money** ní
raibh airgead ar bith fágtha aici,
rith sí as airgead; **run over** vt (Aut)
téigh sa mhullach ar ▷ vt fus (revise)
athbhreithnigh; **run through** vt
fus (recapitulate) athchoimrigh;
(play) tabhair spleáchadh ar; **run
up** vt: **to ~ up against difficulties**
dul in abar; **to ~ up a debt** dul i
bhfiacha; **runaway** adj, n teifeach
m1

rung n (of ladder) runga m4

runner n (in race: person) reathaí m4;
(on sledge, for drawer etc) sleamhnán
m1; **runner bean** n pónaire f4
reatha; **runner-up** n: **the
runner-up was ...** sa dara háit,
bhí ...

running n rith m3; (of business,
organization) reáchtáil f3 ▷ adj
(water) reatha; **to be in/out of the
~ for sth** bheith san/as an
iomaíocht faoi choinne + gen; **6
days ~** 6 lá as a chéile, sé lá druidte

runny adj silteach

run-up n: **in the run up to** i mbéal +
gen, ag tarraingt ar

runway n (Aviat) rúidbhealach m1

rupture n (Med) maidhm f2 sheicne

rural adj tuathúil; (house, community
etc) tuaithe n gen

rush n (hurry) deifir f2, deabhadh m1;
(of crowd) rúid f2, brútam m1;
(Comm: sudden demand) broid f2; (of
air) siorradh m1; (of emotion) racht
m3; (Bot) feag f3 ▷ vt (hurry)
brostaigh, cuir dlús le ▷ vi deifrigh,
brostaigh; **rush hour** n broidtráth
m3
Russia n an Rúis f2; **Russian** adj, n
Rúiseach m1; (Ling) Rúisis f2
rust n meirg f2 ▷ vi meirgigh
rusty adj meirgeach; **it's ~** tá meirg
air
ruthless adj neamhthrócaireach
rye n seagal m1

S

Sabbath n sabóid f2
sabotage n sabaitéireacht f3 ▷ vt
déan sabaitéireacht ar
saccharin, saccharine n siúicrín
m4
sachet n saicín m4
sack n (bag) sac m1, mála m4 ▷ vt
(dismiss) bris, sacáil, tabhair an
bóthar do; (plunder) creach f2,
toghail f3
sacred adj beannaithe, naofa;
(oath) dobhriste
sacrifice n íobairt f3 ▷ vt íobair
sad adj brónach; **to be ~** brón a
bheith ort, bheith brónach
saddle n diallait f2 ▷ vt (horse) cuir
diallait ar; **to ~ sb with sth** rud a
bhualadh or a chur ar dhuine
sadistic adj sádach
sadly adv go brónach;
(unfortunately) ar an drochuair,
faraor

sadness n brón m1
safe adj (unharmed) slán, sábháilte; (cautious) cúramach ▷ n taisceadán m1; **~ from** slán ó or ar; **~ and sound** slán sábháilte, slán folláin; **(just) to be on the ~ side** ar eagla na heagla, le fios nó le hamhras; **safely** adv (arrive) slán; (drive) go cúramach; **I can safely say that ...** níl dochar dom a rá go ...
safety n sábháilteacht f3; **safety belt** n crios m3 sábhála; **safety pin** n biorán m1 dúnta
sag vi stang, tabhair uaidh; (hem) tit
sage n (herb) sáiste m4; (person) saoi m4, fáidh m4
Sagittarius n (Astrol) An Saighdeoir m3
Sahara n: **the ~ (Desert)** an Sahára m4
sail n (on boat) seol m1; (trip): **to go for a ~** dul ag seoltóireacht ▷ vt, vi (boat) seol; (set off) dul chun farraige; **they ~ed into Belfast** sheol siad isteach go Béal Feirste; **sailboat** (US) n bád m1 seoil; **sailing** n (Sport) seoltóireacht f3; **to go sailing** dul ag seoltóireacht; **sailing boat** n bád m1 seoil; **sailor** n mairnéalach m1
saint n naomh m1; **S~ Patrick** Naomh Pádraig
sake n: **for the ~ of** ar son + gen, mar mhaithe le
salad n sailéad m1; **salad cream** n uachtar m1 sailéid; **salad dressing** n anlann m1 sailéid
salary n tuarastal m1
sale n díol m3, díolachán m1; (at reduced prices) reic m3; **"for ~"** "le díol"; **on ~** ar lascaine, ar díol; **sales assistant** (US **sales clerk**) n freastalaí m4 siopa; **salesman** n

fear m1 díolacháin; **saleswoman** n bean f díolacháin
salmon n bradán m1
saloon n (US) tábhairne m4; (Brit: Aut) salún m1; (ship's lounge) beár m1
salt n salann m1 ▷ vt cuir salann ar; **saltwater** adj sáile m4; **salty** adj goirt
salute n cúirtéis f2; (greeting) beannú m ▷ vt déan cúirtéis do, beannaigh do
salvage n (act of) tarrtháil f3; (things saved) éadáil f3 ▷ vt tarrtháil
Salvation Army n Arm m1 an tSlánaithe
same adj céanna; ionann; (attrib): **the ~ man** an fear céanna; (non attrib with copula): **that is the ~ as ...** is ionann sin agus ... ▷ pron: **the ~** an rud céanna; **to do the ~** an cleas or rud céanna a dhéanamh; **the ~ book** an leabhar céanna; **at the ~ time** san am céanna; **all** or **just the ~** mar sin féin; **to do the ~ as sb** aithris a dhéanamh ar dhuine; **the ~ to you!** gurb amhlaidh duitse!; **they live in the ~ house** tá cónaí orthu sa teach céanna
sample n sampla m4 ▷ vt (food, wine) blais
sanction n (permission) cead m3; (embargo) smachtbhanna m4 ▷ vt ceadaigh
sanctuary n (Rel) tearmann m1; (refuge) cúl m1 dín
sand n gaineamh m1 ▷ vt (furniture; also: **~ down**) greanáil
sandal n cuarán m1
sandbox (US) n bosca m4 gainimh; **sandcastle** n caisleán m1 gainimh; **sandpaper** n greanpháipéar m1, páirín m4; **sandpit** n poll m1 gainimh; **sandstone** n

gaineamhchloch f2

sandwich n ceapaire m4

sandy adj gainmheach; (colour) fionnrua

sane adj (person) ina chiall, ina cheartmheabhair; (outlook) céillí

sanitary towel (US **sanitary napkin**) n tuáille m4 sláintíochta

sanity n ciall f2, sláinte or folláine intinne; (common sense) réasún m1

Santa n (also: ~ **Claus**) Daidí m4 na Nollag

sap n (of plants) súlach m1, seamhar m1 ▷ vt (strength) cloígh

sapphire n saifír f2

sarcasm n tarcaisne f4

sardine n sairdín m4

SARS n abbr (= severe acute respiratory syndrome) SARS

sash n sais f2

satchel n mála m4 scoile, tiachóg f2

satellite n satailít f2; (Pol) fostát m1; **satellite dish** n mias f2 satailíte; **satellite television** n teilifís f2 satailíte

satin n sról m1 ▷ adj sróil n gen

satire n aoir f2

satisfaction n (gratification, revenge) sásamh m1; (happiness) sástacht f3

satisfactory adj sásúil

satisfy vt (please) sásaigh; (convince) cinntigh do; (fulfil) comhlíon; (debts) glan

Saturday n (An) Satharn m1; **on ~** Dé Sathairn; **he comes on ~s** tagann sé ar an Satharn

sauce n anlann m1; **saucepan** n sáspan m1

saucer n fochupán m1

Saudi n (also: ~ **Arabia**) an Araib f2 Shádach ▷ adj, n (also: ~ **Arabian**) Arabach m1 Sádach

sauna n sauna m4

sausage n ispín m4; **sausage roll** n rollóg f2 ispíní

savage adj fiáin, fiánta; (cruel, fierce) barbartha ▷ n duine m4 fiáin or barbartha, brúid f2

save vt (person, belongings, also Comput) sábháil; (money) coigil, spáráil; (time) spáráil; (Sport) sábháil, stop ▷ vi (also: ~ **up**) spáráil ▷ n (Sport) sábháil f3 ▷ prep (except for) seachas

savings npl (money saved) airgead msg1 taisce; **savings account** n cuntas m1 taisce; **savings bank** n banc m1 taisce

savoury (US **savory**) adj blasta; (dish: not sweet) séasúrach, spíosrach ▷ n blastóg f2

saw vt sábh ▷ n (tool) sábh m1, toireasc m1; **sawdust** n min f2 sáibh

saxophone n sacsafón m1

say n: **to have one's ~** cead cainte a fháil ▷ vt abair; **could you ~ that again?** abair sin arís; **it goes without ~ing that ...** ní gá a rá go ...; **I must ~** ó chaithfidh mé a rá (leat); **to ~ nothing of** gan trácht ar; **you can ~ that again** abair sin, féadann tú sin a rá; **I have no ~ in it** níl neart agam air, ní ar mo chomhairle atá sé; **saying** n nath m3 cainte

scab n gearb f2; (pej) suarachán m1; (blackleg) neamhstaileoir m3

scaffolding n scafall m1

scald n scalladh m ▷ vt scall

scale n scála m4; (of fish) gainne m4, lann f2; (of map) buntomhas m1; (over eye) fachail f2 ▷ vt (mountain) dreap; (fish) lannaigh; **scales** npl (for weighing: also: **bathroom ~s**) scálaí (tomhais); **on a large ~** ar an mórchóir; **~ of charges** réim f2

phraghasanna; **scale down** vt
laghdaigh, scálaigh anuas
scallop n muirín m4, sliogán m1
mara; (small) cluaisín m4; (Sewing)
scolb m1
scalp n craiceann m1 an chinn, plait
f2 ▷ vt blaoscrúisc, bain craiceann
an chinn de
scampi npl scampi mpl
scan vt breathnaigh; (glance at
quickly) tabhair spléachadh ar;
(Med, Elec) scan ▷ n (Med) scanadh
m
scandal n scannal m1, náire f4
shaolta; (gossip) béadán m1
Scandinavia n Críoch f2 Lochlann;
Scandinavian adj, n
Lochlannach m1
scanner n (Comput, Elec) scanóir m3
scapegoat n ceap m1 milleáin
scar n colm m1 ▷ vt fág colm ar
scarce adj gann, tearc; **make
yourself ~!** gread leat!; **scarcely**
adv: **he had scarcely arrived** ní
mó ná go raibh sé ann
scare n scanradh m1 ▷ vt scanraigh;
to ~ sb stiff an t-anam a bhaint
amach as duine; **bomb ~**
foláireamh m1 buama; **scare off** vt
cuir scaoll i; **scarecrow** n babhdán
m1; **scared** adj: **I am scared (of)** tá
eagla orm (roimh); **I was scared
to death that ...** bhí eagla mo
bháis orm go ...; **he was too
scared to leave** ní ligfeadh an
faitíos dó imeacht
scarf n scaif f2, stoc m1
scarlet adj scarlóideach
scary (inf) adj scanrúil, scéiniúil
scatter vt, vi scaip, cuir scaipeadh i
scene n (of crime, accident) láthair f;
(sight, view, Theat) radharc m1;
scenery n (Theat) radharca m4;
(landscape) radharc m1 tíre, dreach

m3 na tíre; **scenic** adj álainn,
galánta, aoibhinn
scent n cumhracht f3, mos m1,
boladh m1; (track) lorg m1
sceptical (US **skeptical**) adj
amhrasach; **I am ~ (about) ...** tá
amhras orm (faoi) ..., tá mé in
amhras (faoi) ...
schedule n sceideal m1; (bus, train)
clár m1 ama ▷ vt leag amach; **on ~**
de réir an sceidil, in am, ar an
spriocuair; **ahead of ~** (train)
luath; (with work) chun tosaigh (ar
an obair); **behind ~** (train) mall;
(with work) ar gcúl (leis an obair);
scheduled flight n eitilt f2
sceidealta
scheme n scéim f2 ▷ vi beartaigh,
bheith ag scéiméireacht
scholar n scoláire m4; **scholarship**
n scoláireacht f3
school n scoil f2; (secondary school)
meánscoil f2; (US: university) ollscoil
f2 ▷ cpd scoile n gen; **~ uniform**
culaith f2 scoile; **to go to ~** dul ar
scoil; **schoolbook** n leabhar m1
scoile; **schoolboy** n gasúr m1
scoile; **schoolchildren** npl páistí
mpl4 scoile; **schoolgirl** n cailín m4
scoile; **schooling** n scolaíocht f3;
schoolteacher n múinteoir m3
scoile
science n eolaíocht f3; **science
fiction** n ficsean m1 eolaíochta;
scientific adj eolaíoch, eolaíochta
n gen; **scientist** n eolaí m4
scissors npl siosúr msg1
scold vt scioll, bheith ag
sciolladóireacht
scone n bonnóg f2, scóna m4, toirtín
m4
scoop n (gen, also Press) scúp m1;
scoop up vt (material) scaob;
(liquid) taosc

scooter n scútar m1

scope n (capacity: of plan, undertaking) scóip f2, réimse m4; (: of person) acmhainn f2; **to give sb ~** ligean a thabhairt do dhuine

score n (Sport, Mus, twenty) scór m1; (scratch) scríob f2, scór ▷ vt (goal) scóráil, fáigh; (scratch) cuir stríoc i, scóráil, scríob ▷ vi (Football: keep score) an scór a mharcáil; **~s of** (very many) na scórtha + gen; **on that ~** ar an séala sin, ar an scór sin; **to ~ 6 out of 10** sé mharc as deich a fháil; **score out** vt scrios (amach); **scoreboard** n clár m1 scóir

scorn n tarcaisne f4, drochmheas m3

Scorpio n (Astrol) An Scairp f2

Scot n Albanach m1

Scotch n (also: **~ whisky**) uisce m4 beatha na hAlban, Scotch m4 ▷ adj (Scot) Albanach, na hAlban n gen

Scotland n Albain f

Scots adj Albanach ▷ n (Ling) Béarla m4 na hAlban; **Scotsman** n Albanach m1; **Scotswoman** n Albanach m1 mná; **Scottish** adj Albanach

scout n (Mil) scabhta m4; (also: **boy ~**) gasóg f2

scowl vi gruig f2; **to ~ (at)** gruig a chur ort féin (le)

scramble n (rush) sciútam m1, sciolairt f, fuirseadh m ▷ vi streachail; **to ~ out/through** tú féin a streachailt amach/trí; **they ~d for it** bhí sí ina sciob sceab eatarthu; **scrambled eggs** npl uibheacha fpl2 scrofa

scrap n blúire m4; (of evidence) ruainne m4; (fight) racán m1, maicín m4; (also: **~ iron**) seaniarann m1 ▷ vt scartáil; (fig) caith i leataobh or i dtraipisí ▷ vi (fight) troid; **scraps** npl (waste) fuílleach msg1;

scrapbook n leabhar m1 gearrthán

scrape vt, vi scríob, scrabh ▷ n: **to be in a ~** bheith san fhaopach; **to ~ through** fáil tríd ar éigean

scrap paper n seanpháipéar m1

scratch n scríob f2, gránú m, scríobadh m ▷ vt, vi scríob; (itch) tochais; **to start from ~** tosú as an nua; **to be up to ~** bheith inchurtha leis an obair; **scratch card** n scríobchárta m4

scream n scread f3 ▷ vi lig scread, scread

screen n (partition) scáthlán m1; (Cine, Comput etc) scáileán m1 ▷ vt (conceal) folaigh; (from the wind etc) tabhair foscadh do; (film) taispeáin; (candidates etc) scag; **screening** n (Med) scrúdú m; **screenplay** n script f2; **screen saver** n (Comput) spárálaí m4 scáileáin; **screenshot** n (Comput) seat m4 den scáileán

screw n scriú m4 ▷ vt (also: **~ in**) scriúáil; **screw up** vt (paper etc) fáisc; (inf: ruin) déan praiseach de; **to ~ up one's eyes** do shúile a chruinniú; **screwdriver** n scriúire m4

scribble vt, vi déan scriobláil

script n (Cine etc) script f2; (system of writing) scríobh m3

scroll n scrolla m4 ▷ vt, vi (Comput) scrollaigh; **scroll down** vi (Comput) scrollaigh síos; **scroll up** vi (Comput) scrollaigh suas

scrub n (land) scrobarnach f2 (choille); (beard) coinleach m1 ▷ vt (floor, pots etc) sciúr, sciomair; (washing) sciúrsáil; (inf: cancel) cuir ar ceal

scruffy adj giobach

scrum, scrummage n (Rugby) clibirt f2

S

scrutiny n mionscrúdú m
sculptor n dealbhóir m3
sculpture n dealbhóireacht f3
scum n screamh f2; (pej: people) scroblach m1
scurry vi sciuird; **he scurried off** scinn sé leis
sea n farraige f4, muir f3; **by ~** (travel) bealach na farraige; **on the ~** (boat) ar an fharraige, i bhfarraige; (town) cois farraige; **I'm all at ~** (fig) tá mé ar seachrán ar fad (ann); **out to ~** domhain i bhfarraige; **(out) at ~** ar an bhfarraige; **seafood** n bia m4 farraige, bia mara; **sea front** n aghaidh f2 na farraige, promanád m1; **seagull** n faoileán m1
seal n (animal: male) rón m1; (: female) bainirseach f2; (stamp) séala m4 ▷ vt (envelope) dún, séalaigh; (: with seal) cuir séala ar
sea level n leibhéal m1 na farraige
seam n uaim f3; (of coal) féith f2
search n (for person, thing, Comput) cuardach m1 ▷ vt cuardaigh, ransaigh; (examine) scrúdaigh ▷ vi: **~ for** cuir cuardach ar, lorg; **in ~ of** ar lorg + gen, sa tóir ar; **search through** vt fus cuardaigh trí, ransaigh; **search party** n buíon f2 tarrthála
seashore n cladach m1; **seasick** adj: **I'm seasick** tá tinneas fairrge orm; **seaside** n cois f2 farraige; **seaside resort** n trábhaile m4
season n séasúr m1 ▷ vt blaistigh, leasaigh; (wood) stálaigh; **to be in/out of ~** bheith i/as séasúr; **seasonal** adj (work) séasúrach; **season ticket** n ticéad m1 séasúir
seat n (also in government: place) suíochán m1; (buttocks, of trousers) tóin f3 ▷ vt (have room for): **it ~s 100**

tá áit suí ann do chéad; **seat belt** n crios m3 tarrthála
sea water n sáile m4
seaweed n feamainn f2
sec. abbr = **second(s)**
secluded adj cúlráideach, scoite; **a ~ place** cúlráid f2
second adj dóú, dara; (date): **the ~ of January** an dóú or dara lá Eanáir ▷ adv (in race etc): **she came ~** fuair sí an dara háit ▷ n (unit of time) soicind f2; (Aut: second gear) an dara giar m1; (Comm: imperfect) earra m4 den dara grád; (Boxing) taca m4 ▷ vt (motion) tacaigh le; **the ~ woman** an dóú or dara bean; **secondary** adj tánaisteach, fo-; **secondary school** n meánscoil f2; **second-class** adj den dara grád; (pej) beag is fiú, lagmheasartha ▷ adv (travel) den dara haicme; **I sent it second class** chuir mé leis an dara grád í; **secondhand** adj athláimhe, athchaite, smolchaite; **secondhand coat** áthchóta; **secondly** adv sa dara cás; **second-rate** adj den dara grád, lagmheasartha; **second thoughts** npl athchomhairle f4; **to have second thoughts (on sth)** athchomhairle a dhéanamh (faoi rud); **on second thoughts** or (US) **thought** os a choinne sin
secrecy n rúndacht f3
secret adj rúnda ▷ n rún m1; **in ~** faoi rún
secretary n rúnaí m4; **S~ of State** (Pol) Rúnaí m4 Stáit
secretive adj rúnda
section n rannóg f2; (of document) mír f2, cuid f3; (cut) trasghearradh m; (Law) alt m1
sector n teascóg f2; (public, private) earnáil f3; (postal) rannóg f2

secular adj saolta, tuata
secure adj (safe) sábháilte; (firmly fixed) daingean ▷ vt (fix) feistigh; (fortify) daingnigh; (get) faigh
security n slándáil f3; (safety) sábháilteacht f3; (for loan) bannaí mpl4; (staff) lucht (na) slándála
sedan (US) n (Aut) salún m1
sedate adj stáúil, mómhar, stáidiúil ▷ vt (Med) cuir faoi shuaimhneasán
sedative n suaimhneasán m1
seduce vt meabhlaigh, cuir ó chrích; **seductive** adj meallacach
see vt feic; (accompany) bí le, comóir ▷ vi (understand) feic, tuig ▷ n cathaoir f easpaig; **to ~ that** (ensure) féachaint chuige go; **I'll ~ you to the door** beidh mé leat chuig an doras; **I'll ~ you to the station** déanfaidh mé do chomóradh chun an stáisiúin; **~ you (soon)!** slán go fóill!; **see about** vt fus fiosraigh faoi; **see off** vt cuir slán le; **see through** vt: **to ~ through to the end** dul go bun an angair le rud ▷ vt fus: **to ~ through sb** léamh ar intinn duine; **see to** vt fus féach chuige
seed n síol m1, pór m1; **gone to ~** (fig) rite as cineál
seeing conj: **~ (that)** ós rud é go
seek vt cuardaigh, lorg
seem vi: **he ~s big** tá cuma mhór air; **there ~s to be ...** is cosúil go bhfuil ...; **it ~s to me that ...** feictear dom go ...; **seemingly** adv is cosúil
seesaw n crandaí m4 bogadaí
segment n teascán m1
segregate vt deighil
seize vt gabh; (opportunity) glac
seizure n (Med) taom m3; (of power) gabháil f3

seldom adv annamh
select vt togh, roghnaigh; **selection** n toghadh m, rogha f4; (of poetry etc) díolaim f3
self n: **the ~** an duine m4 féin ▷ prefix féin-; **self-assured** adj dóchasach asat féin, féinmhuiníneach; **self-centred** (US **self-centered**) adj leithleach, cóngarach duit féin; **self-confidence** n féinmhuinín f2; **self-conscious** adj cotúil, cúthail; **self-conscious person** náireachán m1; **self-contained** adj (flat) glanscartha; **self-control** n féinsmacht m3; **self-defence** (US **self-defense**) n féinchosaint f3; (Law): **in self-defence** á chosaint féin; **self-employed** adj féinfhostaithe; **self-harm** vi féindochraigh; **self-indulgent** adj sáil, macnasach; **self-indulgent person** sácrálaí m4; **self-interest** n leithleachas m1, féinleas m3; **selfish** adj leithleach, cóngarach duit féin; **selfish person** súfartach m1; **self-pity** n féintrua f4; **self-respect** n féinmheas, meas m3 ort féin; **have some self-respect** bíodh meas agat ort féin; **self-service** adj féinseirbhíis f2
sell vt díol; **to ~ sth at** or **for £10** rud a dhíol ar dheich bpunt; **sell off** vt díol i saorchonradh; **sell out** vi: **the tickets are all sold out** tá deireadh na dticéad díolta; **seller** n díoltóir m3
Sellotape® n seilitéip f2
semester (esp US) n téarma m4, seimeastar m1
semi- prefix leath-; **semicircle** n leathchiorcal m1; **semidetached, semidetached house** n teach m leathscoite; **semi-final** n cluiche m4 leathcheannais

seminar *n* seimineár *m1*
senate *n* seanad *m1*; **the Irish S~** Seanad Éireann; **senator** *n* seanadóir *m3*
send *vt* cuir, seol; **send away** *vt* (*letter, goods*) cuir chun bealaigh, seol; (*unwelcome visitor*) tabhair an bóthar do, cuir ó dhoras; **send away for** *vt fus* ordaigh tríd an phost; **send back** *vt* cuir ar ais; **send for** *vt fus* cuir fios ar; **send off** *vt* (*goods*) cuir chun siúil; (*Sport: player*) cuir den pháirc; **send out** *vt* (*invitation, person*) cuir amach; (*signal*) craol; **send up** *vt* cuir suas or aníos; (*parody*) déan scigaithris ar; **sender** *n* seoltóir *m3*; **send-off** *n*: **he was given a good send-off** bhí comóradh mór leis
senior *adj* (*high-ranking*) sinsearach ▷ *n* (*older*): **she is 15 years his ~** tá 15 bliana aici air; **senior citizen** *n* pinsinéir *m3*
sensation *n* mothú *m*, céadfa *m4*, meabhair *f*; **it caused a ~** thóg sé an-charabuaic; **sensational** *adj* (*marvellous*) éachtach go deo
sense *n* (*meaning, wisdom*) ciall *f2*; (*feeling*) céadfa *m4* ▷ *vt* mothaigh; **it makes no ~** níl aon chiall leis; **senseless** *adj* gan chiall; (*unconscious*) gan mheabhair
sensible *adj* ciallmhar, céillí
sensitive *adj* (*touchy*) goilliúnach, tógálach; (*delicate*) mothálach; (*tender*) leochaileach
sensual *adj* macnasach, drúisiúil
sensuous *adj* collaí, macnasach
sentence *n* (*Ling*) abairt *f2*; (*Law, judgment*) breith *f2*; (*punishment*) pionós *m1* ▷ *vt* daor; **to ~ sb to 5 years in prison** príosún cúig bliana a ghearradh ar dhuine; **to ~ sb to death** duine a dhaoradh chun báis

sentiment *n* (*feeling*) mothú *m*; (*emotionalism*) maoithneachas *m1*; (*opinion*) meon *m1*, intinn *f2*; **sentimental** *adj* maoithneach, maothintinneach
separate *adj* scartha; (*room*) ar leith ▷ *vt* scar, deighil; (*make a distinction between*) dealaigh idir ▷ *vi* scar; **separately** *adv* (*people*) ina nduine agus ina nduine; (*things*) ina gceann agus ina gceann, ceann i ndiaidh an chinn eile; **separation** *n* scaradh *m*
September *n* Meán *m* Fómhair
septic *adj* (*wound*) seipteach, galrach; **septic tank** *n* dabhach *f2* séarachais or mhúnlaigh
sequel *n* (*programme*) clár *m1* leantach; (*of story*) an chéad chuid *f3* eile
sequence *n* (*order*) ord *m1*; (*series*) sraith *f2*; (*of film*) sraitheog *f2*
sequin *n* seacain *f2*
Serb *adj, n* Seirbiach *m1*
Serbia *n* an tSeirbia *f4*
Serbian *adj, n* Seirbiach *m1*
sergeant *n* sáirsint *m4*
serial *n* sraithchlár *m1*, sraithscéal *m1*; **serial number** *n* sraithuimhir *f*
series *n* sraith *f2*
serious *adj* (*in earnest*) dáiríre; (*matter*) tromchúiseach; (*injury*) trom; **be ~!** stad den amaidí!; **seriously** *adv* i ndáiríre; (*hurt*) go dona
sermon *n* seanmóir *f3*
servant *n* seirbhíseach *m1*
serve *vt* (*employer etc*) bheith i seirbhís ag; (*customer*) freastail ar; (*food*) riar (ar), leag chuig; (*mass*) friotháil; (*apprenticeship, prison term*) cuir isteach; (*writ*) seirbheáil ▷ *vi* (*Tennis*) tabhair; (*suffice*): **it will ~ its purpose** déanfaidh sé cúis ▷ *n*

(*Tennis*) tabhairt *f3*, seirbhís *f2*; **it ~s him right** gura mar sin dó, is maith an airí air é, tá sé ró-mhaith aige; **server** n (*Comput*) freastalaí *m4*

service n seirbhís *f2* ▷ vt (*car, washing machine*) seirbhísigh, athchóirigh; **the S~s** na Fórsaí *mpl4* Cosanta; **to be of ~ to sb** bheith fóinteach ag duine; **service charge** n táille *f4* sheirbhíse; **serviceman** n (*army*) saighdiúir *m3*; (*navy*) saighdiúir cabhlaigh; **service station** n stáisiún *m1* peitril

serviette n naipcín *m4* (boird)

session n seisiún *m1*

set n (*of tools etc*) foireann *f2*, cur *m1*; (*also:* **television ~**) teilifíseán *m1*; (*Radio*) gléas *m1* (craolacháin); (*Tennis*) sraith *f2*; (*group of people*) dream *m3*, aicme *f4*; (*Theat: stage*) láithreán *m1*; (: *scenery*) radharcra *m4*; (*Math*) tacar *m1*; (*Hairdressing*) feistiú *m* ▷ adj (*fixed*) daingean, suite; (*ready*) réidh ▷ vt (*place*) cuir; (*fix, establish*) leag amach, socraigh; (*clock*) socraigh; (*decide: rules etc*) leag síos; (*task*) cuir roimh; (*exam*) ceap, déan amach; (*bone*) cuir ina háit ▷ vi (*sun*) luigh; (*jam, jelly, concrete*) táthaigh, téacht, sioc; (*bone*) snaidhm, táthaigh; **to be ~ on** bheith meáite ar; **to ~ the table** an bord a leagan *or* a ghléasadh; **to ~ sth to music** a chur le ceol; **to ~ on fire** cur trí thine; **to ~ free** scaoileadh saor; **to ~ sth going** rud a chur sa siúl; **to ~ sail** cur chun farraige; **set about** vt *fus* (*task*) tabhair faoi; **set aside** vt cuir i leataobh; **set back** vt cuir ar gcúl; (*cost*) cosain; **it ~ us back a week** chuir sé seachtain ar gcúl muid; **it ~ me back £5** chosain sí

cúig phunt orm; **set off** vi imeacht ▷ vt (*bomb*) pléasc; (*cause to start*) dúisigh; (*show up well*) cuir le, bí de bhiseach ar; **set out** vi cuir chun bóthair ▷ vt (*arrange*) feistigh; (*arguments*) leag amach; **I ~ out to do sth** chuir mé romham rud a dhéanamh; **set up** vt (*organization*) bunaigh; **setback** n: **that was a setback to us** chuir sin cúl orainn; **set menu** n béile *m4* an lae

settee n tolg *m1*

setting n (*location*) suíomh *m1*; (*of jewel*) leaba *f*; (*position: of controls*) leagan *m1*

settle vt socraigh; (*argument*) réitigh; (*problem*) fuascail, réitigh; (*account*) glan, socraigh ▷ vi (*dust*) luigh; (*water*) socraigh, síothlaigh; **to ~ for sth** bheith sásta le rud; **to ~ on sth** cinneadh ar rud; **they ~d in Galway** bhain *or* chuir siad fúthu i nGaillimh; **settle in** vi seadaigh, socraigh isteach; **settle up** vi: **to ~ up with sb** réiteach le duine; **settlement** n (*Law*) socraíocht *f3*; (*payment*) socrú *m*, glanadh *m* (cuntais); (*village etc*) lonnaíocht *f2*

setup n (*situation*) dóigh *f2*; **that's the present ~** sin an dóigh a bhfuil cúrsaí faoi láthair

seven num seacht; **~ bottles** seacht mbuidéal; **~ people** seachtar *m1*; **seventeen** num seacht (gcinn) déag; **seventeen bottles** seacht mbuidéal déag; **seventeen people** seacht nduine dhéag; **seventh** num seachtú *m4*; **the seventh woman** an seachtú bean; **seventy** num seachtó

sever vt teasc, scoith, bain de; (*relations*) bris; **he ~ed his right foot** baineadh a chos dheas de; **he**

~ed his ties with them bhris sé a chumann leo

several adj roinnt + gen ▷ pron roinnt; **~ of us** cuid againn

severe adj dian, géar; (weather) crua, anróiteach; (criticism) feanntach

sew vt, vi fuaigh

sewage n múnlach m1

sewer n séarach m1

sewing n fuáil f3; **sewing machine** n inneall m1 fuála

sex n gnéas m1; **to have ~ with sb** luí le duine, caidreamh collaí a bheith agat le duine; **sexist** adj gnéaschlaonta ▷ n duine m4 gnéaschlaonta; **sexual** adj gnéasach, gnéis n gen; (sensual) collaí; **sexy** adj gnéasúil, meabhlach

shabby adj díblí, seanchaite, giobach; (behaviour) suarach

shack n bothán m1, seantán m1

shade n scáth m3 ▷ vt scáthaigh, cuir scáth ar; **in the ~ of the trees** faoi scáth na gcrann; **a ~ too large** pas beag ró-mhór; **a ~ more** beagáinín níos mó

shadow n scáth m3 ▷ vt (follow) coimhéad, coinnigh súil ar, lean; **shadow cabinet** n (Pol) comh-aireacht f3 (an) fhreasúra

shady adj scáthach, foscúil; (fig: dishonest) amhrasach, lochtach, míchneasta

shaft n (of arrow, spear) crann m1; (Aut, Tech) seafta m4; (of mine) sloc m1; (of lift) log m1; (of light) ga m4

shake vt, vi croith; **it shook me up** baineadh croitheadh or suaitheadh mór asam; **to ~ one's head** do cheann a chroitheadh; **to ~ hands with sb** lámh a chroitheadh le duine; **shake off** vt cuir díot; **to ~**

off the cold slaghdán a chur díot; **to ~ sb off** an cor gearr a chur ar dhuine; **shake up** vt bain stangadh as; **shaky** adj (hand, voice) creathach; (fearful) critheaglach

shall aux vb: **I ~ go** rachaidh mé; **~ I open the door?** an osclóidh mé an doras?

shallow adj (water) tanaí; (container) éadomhain; **a ~ person** éadromán

sham n cur m1 i gcéill ▷ adj bréige n gen

shambles n (mess) praiseach f2; (confusion) cíor f2 thuathail

shame n náire f4 ▷ vt náirigh, cuir náire ar; **it is a ~ that** is mór an trua go; **~ on you!** mo náire thú!; **shameful** adj náireach; **shameless** adj gan náire

shampoo n foltfholcadh m, seampú m4

shamrock n seamróg f2

shandy n seandaí m4

Shannon n: **the (River) ~** an tSionainn f2

shape n cruth m3, múnla m4 ▷ vt cruthaigh, múnlaigh; **to take ~** fabhraigh, teacht i gcruth; **shape up** vi (person) cruthaigh; (events): **it is shaping up to be a bad winter** tá an chuma air gur drochgheimhreadh a bheas ann; **they are shaping up well** tá cosúlacht mhaith orthu

share n cuid f3, sciar m4, cion m4; (Comm) scair f2 ▷ vt roinn; **shareholder** n scairshealbhóir m3

shark n siorc m3; (fig: person) caimiléir m3, plucálaí m4, lomaire m4

sharp adj (razor, knife, point) géar; (person) géarchúiseach; (incline)

rite ▷ n (Mus) géar m1 ▷ adv
(precisely): **at 2 o'clock ~** ar bhuille
a dó; **sharpen** vt cuir faobhar ar,
faobhraigh; (pencil) cuir bior ar,
bioraigh; **sharpener** n (also:
pencil sharpener) bioróir m3
(peann luaidhe); **sharply** adv go
géar; (turn, stop) go tobann; (stand
out) go soiléir; (reprimand) go
giorraisc

shatter vt: **to ~ sth** rud a fhágáil ina
smidiríní; (fig) bris, scrios ▷ vi pléasc

shave vt, vi bearr ▷ n bearradh m
(féasóige); **shaver** n (also: **electric
shaver**) rásúr m1 leictreach

shaving cream n ungadh m
bearrtha

shaving foam n cúr m1 bearrtha

shavings npl (of wood etc)
scamhadh msg, scamhacháin mph,
sliseogaí fpl2

shawl n seál m1

she pron sí, í; (as subject): **~ came in**
tháinig sí isteach; (with copula): **~ is
a woman** is bean í; (in passive,
autonomous): **~ was injured**
gortaíodh í; (emphatic) sise, ise; **~
came in and he stayed** tháinig
sise agus d'fhan seisean; **it is ~
who ...** (is) ise a ...

sheath n truaill f2; (contraceptive)
coiscín m4

shed n bothán m1 ▷ vt (leaves) caill;
(tears) sil; (animal: coat) cuir

sheep n (sg) caora f; (pl) caoirigh fpl;
sheepdog n madra m4 caorach;
sheepskin n craiceann m1 caorach

sheer adj (utter) lom, amach agus
amach; (steep) rite; (almost
transparent) sreabhnach ▷ adv glan

sheet n (on bed) braillín f2; (of paper)
leathanach m1; (: form) bileog f2; (of
glass, metal etc) leathán m1; (of ice)
leac f2

sheik, sheikh n síc m4

shelf n seilf f2; (Geog) laftán m1

shell n (on beach) sliogán m1; (of egg,
nut, crab) blaosc f2; (of peas) cochall
m1, faighneog f2; (of building, boat
etc) creatlach f2; (explosive)
pléascán m1, sliogán m1 ▷ vt (peas)
scamh; (Mil) scaoil pléascáin le,
bombardaigh

shellfish n (crab etc) iasc m1
blaoscach; (scallop etc) iasc
sliogánach ▷ npl (as food) bia msg4
sliogán

shelter n foscadh m1, dídean f2;
(building) scáthlán m1 ▷ vt tabhair
foscadh do; (to give lodging to)
tabhair dídean do ▷ vi téigh ar
foscadh

shepherd n aoire m4, tréadaí m4
▷ vt (guide) aoirigh, treoraigh;
shepherd's pie n píóg f2 an aoire

sheriff (US) n sirriam m4

sherry n seiris f2

Shetland n (also: **the ~s, the ~
Islands**) Sealtainn f4

shield n sciath f2; (protection) scáth
m3 ▷ vt cuir scáth ar, cumhdaigh,
cosain

shift n (change) athrú m; (work
period) seal m3 ▷ vt bog, aistrigh
▷ vi bog, corraigh

shin n lorga f4

shine n loinnir f, dealramh m1 ▷ vi
lonraigh, dealraigh; (sun) soilsigh
▷ vt (torch etc) dírigh (ar); **to ~ a
light on sth** solas a chaitheamh ar
rud

shingles n (Med) deir f2

shiny adj lonrach, dealraitheach;
(shoes) snasta

ship n long f2; (send) cuir (ar bhord
loinge); **shipment** n lastas m1;
shipping n (ships) loingeas m1;
(act) loingseoireacht f3; **shipwreck**

n (*ship*) long *f2* bhriste; (*event*) longbhriseadh *m*, longbhá *m* ▷ *vt*: **we were shipwrecked on the reef** briseadh an long ar an bhoilg ▷ *adj* longbhriste; **shipyard** n longcheárta *f4*, longchlós *m1*

shirt n léine *f4*; **in (one's) ~ sleeves** i gcabhail do léine, i do léine is i do bhríste

shit (*inf!*) n cac *m3* ▷ *excl* damnú air!

shiver n crith *m3* ▷ *vi* bí ar crith, creathnaigh

shock n geit *f2*, croitheadh *m*; (*Elec, Mech*) turraing *f2*; (*mental*) coscairt *f3*, suaitheadh *m* ▷ *vt* (*offend*) tabhair scannal do; (*startle*) bain croitheadh as; **I was ~ed when I saw it** baineadh croitheadh asam nuair a chonaic mé é; **I got a terrible ~** baineadh an anáil díom; **shocking** *adj* (*scandalizing*) scannalach; (*appalling*) creathnach, uafásach

shoe n bróg *f2*; (*also*: **horse~**) crú *m4* ▷ *vt* (*horse*) crúigh; **shoelace** n iall *f2* bróige, barriall *f2*; **shoe polish** n snas *m3* bróg; **shoeshop** n siopa *m4* bróg

shoot n (*on branch, seedling*) buinneán *m1*, péacán *m1* ▷ *vt* scaoil, caith; (*film*) déan, glac ▷ *vi* (*with gun, bow*): **to ~ (at)** scaoileadh (le); **shoot down** *vt* (*plane, bird*) tabhair anuas; **shoot in** *vi* scinn isteach; **shoot out** *vi* scinn amach; **shoot up** *vi* (*fig*) léim in airde, éirigh de léim; **shooting** n scaoileadh *m*, lámhach *m1*; (*Hunting*) foghlaeireacht *f3*

shop n siopa *m4*; (*workshop*) ceardlann *f2* ▷ *vi* (*also*: **go ~ping**) téigh ag siopadóireacht; **shop assistant** n freastalaí *m4* siopa; **shopkeeper** n siopadóir *m3*, fear

m1 siopa; **shoplifting** n gadaíocht *f3* siopa; **shopping** n siopadóireacht *f3*; **shopping bag** n mála *m4* siopadóireachta; **shopping centre** (*US* **shopping center**) n ionad *m1* siopadóireachta; **shop window** n fuinneog *f2* siopa

shore n (*of sea*) cladach *m1*; (*of lake*) bruach *m1* ▷ *vt*: **to ~ (up)** taca a chur le; **on ~** ar tír

short *adj* gearr *or* faoi, gairid; (*person*) beag, giortach; (*curt*) giorraisc; (*insufficient*) gann; **to be ~ of sth** bheith gann i rud; **in ~** in mbeagán focal; **everything ~ of** gach aon rud ach; **it is ~ for** is giorrúchán é ar; **to cut ~** (*speech, visit*) gearradh; **we are running ~ of food** tá an bia ag éirí gann orainn, tá muid ag éirí gann i mbia; **to stop ~** stopadh go tobann; **to stop ~ of** gan dul comh fada le; **shortage** n ganntanas *m1*, teirce *f4*; **shortbread** n arán *m1* briosc; **shortcoming** n locht *m3*; **shortcut** n aicearra *m4*, cóngar *m1*; **to take a shortcut** aicearra a ghearradh; **shorten** *vt* gearr, giorraigh; **shortfall** n easnamh *m1*, gannchion *m4*; **shorthand** n (*text*) gearrscríobh *m*; **shortlist** n (*for job*) gearrliosta *m4*; **short-lived** *adj* gearrshaolach; **shortly** *adv* gan mhoill, roimh i bhfad; **shorts** *npl*: **(a pair of) shorts** bríste *msg4* gairid; **short-sighted** *adj* gairid sa radharc, gearr-radharcach; **short story** n gearrscéal *m1*; **short-tempered** *adj* teasaí, tobann; **short-term** *adj* neamhbhuan, gearrshaolach, gearrthéarma n *gen*

shot n urchar m1; (try) iarraidh f; (injection) instealladh m; (Phot) pictiúr m1; **he's a good ~** tá urchar maith aige; **like a ~** mar a bheadh splanc ann; **shotgun** n gunna m4 gráin

should aux vb: **I ~ go now** ba cheart dom imeacht anois; **he ~ be there now** ba cheart dó bheith ann faoi seo; **I ~ like to** ba mhaith liom

shoulder n gualainn f2 ▷ vt (fig) glac ort féin, luigh faoi; **shoulder blade** n slinneán m1

shout n scairt f2, gáir f2, béic f2 ▷ vt, vi (also: **~ out**) scairt, lig béic asat

shove vt brúigh; (inf: put): **to ~ sth in** rud a bhrú isteach; **shove off** (inf) vi: **~ off!** gread leat!

shovel n sluasaid f2

show n (Theat, TV) seó m4; (exhibition) taispeántas m1; (semblance) mustar m1, cur m1 i gcéill ▷ vt taispeáin; (uncover) nocht ▷ vi bheith le feiceáil; **on ~** (exhibits etc) ar taispeáint; **show in** vt (person) tabhair or seol isteach; **show off** vi (pej) déan mustar, cuir gothaí ort féin ▷ vt (display): **to ~ sth off** gaisce a dhéanamh de rud; **show out** vt: **to ~ sb out** duine a chomóradh amach; **show up** vi (inf: turn up) tar ar bráid ▷ vt (reveal) léirigh, tabhair chun solais

shower n (rain) ráig f2, cith m3; (in bathroom) cithfholcadán m1; (act of) cithfholcadh m; (of stones etc) cith ▷ vi cithfholcadh a bheith agat ▷ vt: **to ~ sb with sth** (gifts etc) dalladh de rud a thabhairt do dhuine; **to have** or **take a ~** cithfholcadh a bheith agat; **shower gel** n glóthach f2 chithfholctha

showing n (of film) taispeáint f3

show-off (inf) n (person) uaiceálaí m4, siollaire m4

showroom n seomra m4 taispeántais

shred n ribeog f2, leadhbóg f2; (of evidence) dá laghad ▷ vt stiall, stoll; (Culin) scillig, mionghearraigh

shrewd adj críonna, glic, fadcheannach

shriek vi scréach

shrimp n sreabhlach m1, ribe m4 róibéis; (person) séacla m4, draoidín m4

shrine n scrín f2

shrink vi crap, giortaigh; (move: also: **~ away**) cúb, diúltaigh roimh, cúlaigh ▷ vt (wool) crap; **to ~ from (doing) sth** loiceadh or diúltú roimh rud (a dhéanamh)

shrivel vt, vi (also: **~ up**) searg, spall

shroud n taiséadach m1 ▷ vt: **to ~ sth in mystery** dúrún a dhéanamh de rud

Shrove Tuesday n Máirt f4 Inide

shrub n tor m1, tom m1

shrug vt, vi: **to ~ (one's shoulders)** (do ghuaillí) a chroitheadh; **shrug off** vt: **to ~ sth off** rud a chur díot, neamhshuim a dhéanamh de rud

shudder vi: **he ~ed** chuaigh creathán tríd

shuffle vt (cards) suaith, boscáil ▷ vt, vi: **to ~ one's feet** bheith ag scuabáil, bheith ag tarraingt na gcos

shun vt seachain

shut vt, vi druid, dún; **shut down** vt, vi druid, dún; **shut off** vt cuir as, múch; **shut up** vi (inf: keep quiet) éist do bhéal!, dún do chlab!, bí i do thost! ▷ vt (close) druid, dún; **shutter** n comhla f4

shuttle n spól m1; (also: **~ service**)

S

seirbhís f2 tointeála; **shuttlecock**
n (Badminton) eiteán m1

shy adj faiteach, cotúil

siblings n deartháireacha mpl agus
deirfiúracha fpl

Sicily n an tSicil f2

sick adj (ill) tinn, breoite; **I'm ~** tá
tinneas orm, tá mé breoite; **I feel ~**
(vomiting) tá masmas or orla orm;
to be ~ (fig) bheith tinn tuirseach
de; **sickening** adj (fig)
masmasach; (disgusting)
samhnasach; **sick leave** n saoire
f4 bhreoiteachta; **sickly** adj
coinbhreoite, meath-thinn;
(ill-looking) drochdhathach,
mílítheach; (causing nausea)
masmasach; **sickness** n tinneas
m1, breoiteacht f3; (vomiting) orla
m4

side n taobh m1; (of lake) bruach m1;
(team) foireann f2 ▷ adj (door,
entrance) taoibh n gen ▷ vi: **to ~
with sb** dul i leith duine; **by the ~
of** le hais + gen; **~ by ~** taobh le
taobh; **from ~ to ~** anonn agus
anall; **to take ~s (with)** dul i bpáirt
+ gen; **at the ~ of the road** i
leataobh an bhealaigh mhóir;
sideboard n cornchlár m1; **side
effect** n seachthoradh m1;
sidelight n (Aut) taobhsholas m1;
(Phot) fiarsholas m1; **sideline** n
(Sport) taobhlíne f4; **side order** n
taobhordú m; **side street** n
taobhshráid f2; **sidetrack** n (Rail)
taobhlach m1 ▷ vt: **to sidetrack sb**
iúl duine a thógáil (de rud), scéal
eile a tharraingt ort féin; **sidewalk**
(US) n cosán m1 (sráide); **sideways**
adv i leith an chliatháin, i leataobh

siege n léigear m1

sieve n criathar m1

sift vt (fig: also: **~ through**)

mionscag; (lit: flour etc) criathraigh

sigh n osna f4 ▷ vi osnaigh, lig osna

sight n (faculty) amharc m1, radharc
m1; (spectacle) amharc m1 súl, féic f2
saolta; (on gun) treoir f ▷ vt feic;
(gun) treoráil; **in ~** ar amharc, le
feiceáil; **out of ~** as amharc;
sightseeing n fámaireacht f3;
to go sightseeing dul ag
fámaireacht, dul ag amharc ar na
hiontais

sign n comhartha m4; (notice) fógra
m4, clár m1; (omen) tuar m1; (of the
cross) fíor f ▷ vt (document) cuir
d'ainm le, saighneáil, sínigh;
(indicate) déan comhartha; **sign on**
vi (Mil) téigh san arm; (as
unemployed) saighneáil; (for course)
cláraigh ▷ vt (Mil) earcaigh;
(employee) fostaigh; **sign up** vt
(Mil) earcaigh ▷ vi (Mil) téigh or
liostaigh san arm; (for course)
cláraigh; **there is no ~ of him** níl
iomrá ar bith air

signal n comhartha m4 ▷ vt:
to ~ sb comhartha a dhéanamh le
duine; (message) scéala a chur
chuig duine

signature n síniú m

significance n (meaning) ciall f2;
(importance) tábhacht f3

significant adj (important)
tábhachtach, trombhríoch,
tromchúiseach

signpost n cuaille m4 eolais

silence n ciúnas m1 ▷ vt (person):
to ~ sb duine a chur ina thost

silent adj ciúin; **to remain ~**
fanacht i do thost

silhouette n scáthchruth m3

silicon chip n slis f2 sileacain

silk n síoda m4 ▷ cpd síoda n gen

silly adj amaideach, breallánta,
bundúnach; **~ person** prioll f2;

~ talk breallaireacht f3, glagaireacht f3

silver n airgead m1; (also: **~ware**) gréithe pl airgid ▷ adj airgid n gen; **silver-plated** adj airgeadaithe

SIM card n cárta m4 SIM

similar adj: **~ (to)** cosúil (le); **similarly** adv a dhála sin, mar an gcéanna

simmer vi (Culin) bogfhiuch, suanbhruith, bain bogfhiuchadh as; (revolt etc) coip

simple adj simplí; **simplicity** n simplíocht f3; **simply** adv go simplí; **I simply said that ...** ní dúirt mé ach (go) ...; **you simply have to ...** (imperative) níl (le déanamh) agat ach ...

simultaneous adj comhuaineach

sin n peaca m4 ▷ vi déan peaca, peacaigh

since adv, prep ó + lenition ▷ conj ó (tharla); **~ then, ever ~** ó shin

sincere adj ionraic, fíréanta, amach ó do chroí; **sincerely** adv see **yours**

sing vt abair, can, cas (amhrán) ▷ vi: **she is ~ing** tá sí ag gabháil cheoil; **to begin to ~** drandán ceoil a chur suas

singer n amhránaí m4, ceoltóir m3, fonnadóir m3

singing n amhránaíocht f3, fonnadóireacht f3

single adj aonair n gen, aonarach; (unmarried) singil, díomhaoin ▷ n (also: **~ ticket**) ticéad m1 singil; (record) ceirnín m4 singil; **single out** vt pioc amach; **single file** n: **in single file** duine i ndiaidh duine; **single-handed** adv i d'aonar, gan chabhair; **single-minded** adj rúndaingean, diongbháilte; **single room** n seomra m4 singil

singular adj aonarach;

(outstanding) ar leith; (Ling) uatha n gen ▷ n uatha m4

sinister adj clé, claon-, droch-, urchóideach, cealgrúnach

sink n doirteal m1 ▷ vt (ship) suncáil, báigh; (foundations) cuir síos ▷ vi (ship) téigh go grinneall; (ground etc) suncáil, íslígh; **my heart sank** thit mo chroí; **sink in** vi (fig): **it finally sank in to me that ...** tuigeadh dom sa deireadh go ...

sinus n cuas m1

sip n súimín m4, snáthán m1 ▷ vt bain súimín as

sir n duine uasal; **S~ Maurice de Bracy** An Ridire m4 Muiris de Bracy

siren n bonnán m1

sirloin n (also: **~ steak**) stéig f2 chaoldroma

sister n deirfiúr f; (nun, Brit: nurse) siúr f; **sister-in-law** n deirfiúr f chleamhnais

sit vi suigh; (also: **to be ~ting**) bheith i do shuí; (assembly): **to ~ on** bheith ar ▷ vt (exam) déan; **sit down** vi suigh síos or fút; **~ down at the table!** suigh isteach ag an tábla!; **sit in on** vt fus suigh isteach ar; **sit up** vi suigh aniar; (not go to bed) fan i do shuí

site n ionad m1, láithreán m1; (also: **building ~**) áit f2 tógála; (also: **web~**) láithreán, suíomh m1 ▷ vt cuir, suigh, ionadaigh

sitting n cruinniú m, suí m4; **sitting room** n seomra m4 suí

situated adj suite

situation n (condition) staid f2; (locale) suíomh m1; **the ~ of sth** an luí atá ar rud

six num sé; **~ bottles** sé bhuidéal; **~ people** seisear m1; **Six Counties** n: **the Six Counties** na Sé Chontae; **sixteen** num sé (cinn) déag;

S

sixteen bottles sé bhuidéal déag; **sixteen people** sé dhuine dhéag; **sixth** *num* séú *m4*; **the sixth woman** an séú bean; **sixty** *num* seasca + *sg*

size *n* méid *f2*; **size up** *vt* braith, cuir sa mheá; **sizeable** *adj* toirtiúil, measartha mór

sizzle *vi* giosáil

skate *n* scáta *m4*; (*also*: **roller ~**) scáta rothacha; (*fish*) sciata *m4* ▷ *vi* scátáil; **skateboard** *n* clár *m1* scátála; **skater** *n* scátálaí *m4*; **skating** *n* scátáil *f3*; **skating rink** *n* rinc *f2* scátála

skeleton *n* cnámharlach *m1*; (*outline*) creatlach *f2*

skeptical (*US*) *adj* = **sceptical**

sketch *n* sceitse *m4* ▷ *vt* sceitseáil

skewer *n* briogún *m1*

ski *n* scí *m4* ▷ *vi* sciáil; **ski boot** *n* bróg *f2* sciála

skid *vi* sciorr

skier *n* sciálaí *m4*; **skiing** *n* sciáil *f3*

skilful (*US* **skillful**) *adj* sciliúil, cliste, oilte, deaslámhach; **to be ~ at sth** lámh mhaith a bheith agat ar rud

ski lift *n* ardaitheoir *m3* sciála

skill *n* scil *f2*; (*requiring training: gen pl*) ceird *f2*; **skilled** *adj* oilte; **to be skilled in a trade** ceird a bheith ar do lámh

skim *vt* (*milk*) scimeáil, bearr, bain an barr de; (*glide over*) sciorr, scinn; **skimmed milk** *n* sceidín *m4*, bainne *m4* bearrtha

skin *n* craiceann *m1*; **skinny** *adj* tanaí, creatlom; **skinny person** scáineachán *m1*

skip *n* léim *f2*, foléim *f2*; (*container*) gabhdán *m1* bruscair ▷ *vi* caith léim *or* foléim; (*with rope*) bheith ag scipeáil ▷ *vt* léim thar

skipper *n* (*of boat*) scipéir *m3*,

máistir *m4*, captaen *m1*; (*Sport*) captaen

skipping rope *n* téad *f2* léimní *or* scipeála

skirt *n* sciorta *m4* ▷ *vt* sciortáil, timpeallaigh

skirting board *n* clár *m1* sciorta

ski slope *n* fána *f4* sciála

ski suit *n* culaith *f2* sciála

skull *n* blaosc *f2* an chinn *or* chloiginn, cloigeann *m1*

skunk *n* scúnc *m1*

sky *n* spéir *f2*; **skyscraper** *n* teach *m* spéire, ilstórach *m1* (spéire)

slab *n* leac *f2*, slaba *m4*

slack *adj* (*loose*) scaoilte; (*neglectful*) siléigeach; (*business*) ciúin, neamhghnóthach ▷ *n* (*coal*) smúdar *m1* guail

slam *vt* (*door*) plab; (*criticize*) tabhair faoi, cáin ▷ *vi* dún de phlab

slander *n* clúmhilleadh *m*

slang *n* béarlagair *m4*

slant *n* claoine *f4*, fiaradh *m*, maig *f2*, fiar *m1*; **it is at a ~** tá leataobh air

slap *n* boiseog *f2*, bos *f2* ▷ *vt*: **to ~ sb** boiseog *or* bos a thabhairt do dhuine

slash *vt* scor, slaiseáil

slate *n* scláta *m4*, slinn *f2* ▷ *vt* (*house*) cuir sclátaí ar; (*fig: criticize*) feann

slaughter *n* ár *m1*, sléacht *m3* ▷ *vt* déan ár *or* sléacht ar; (*animal*) maraigh; **slaughterhouse** *n* seamlas *m1*

slave *n* sclábhaí *m4* ▷ *vi* (*also*: **~ away**) bheith ag sclábhaíocht (leat); **slavery** *n* daoirse *f4*; (*drudgery*) sclábhaíocht *f3*

slay *vt* maraigh

sleazy *adj* brocach

sledge *n* carr *m1* sleamhnáin

sleek *adj* sleamhain, slim; (*cunning*)

slíocach, glic

sleep n codladh m3 ▷ vi codail; **to
go to ~** dul a chodladh; **sleep in** vi
(oversleep) codail mall or amach;
sleeper n (Rail) cóiste m4 codlata;
(: berth) leaba f; **sleeping bag** n
mála m4 codlata; **sleeping car** n
(Rail) cóiste m4 codlata; **sleeping
pill** n piollaire m4 suain; **sleepover**
n codladh m3 thar oíche; **sleepy**
adj codlatach; **to be sleepy**
codladh a bheith ort

sleet n flichshneachta m4

sleeve n muinchille f4

sleigh n carr m1 sleamhnáin

slender adj seang, caol

slew vi (also: **~ round**) sciorr,
sleamhnaigh

slice n slis f2, sliseog f2, stiall f2;
(Sport) slisbhuille m4 ▷ vt gearr ina
shliseogaí; (ball) slis

slick adj (smooth) snasta, líofa,
creatúil; (slippery) sleamhain,
slíocach ▷ n (also: **oil ~**) leo m4 ola

slide n (in playground, Phot)
sleamhnán m1; (also: **hair ~**)
greamán m1; (in prices) titim f2,
sleamhnú m ▷ vt sleamhnaigh ▷ vi
sciorr, sleamhnaigh; **sliding** adj
sleamhnáin n gen; **sliding door**
comhla f4 shleamhnáin

slight adj (build) caol, seang; (small,
extent) beag, breac- ▷ n achasán
m1; **she is not in the ~est
interested in it** níl spéis dá laghad
aici ann; **slightly** adv beagán,
beagáinín, beagán beag

Sligo n Sligeach m1

slim adj tanaí, caol, seang ▷ vi
bheith do do thanú féin; **slimming**
adj (diet, pills) tanaithe

slimy adj (muddy) ramallach;
(person) sleamhain, snámhach;
a ~ individual sramaide m4

sling n (Med) iris f2 ghualainne;
(weapon) crann m1 tabhaill ▷ vt
teilg

slip n sleamhnú m, sciorradh m;
(mistake) botún m1, dearmad m1;
(underskirt) foghúna m4; (of paper)
slip f2, bileog f2; (for pay) duillín m4
▷ vt (slide) sleamhnaigh ▷ vi
sleamhnaigh; (decline) téigh síos;
(move smoothly): **to ~ into/out of**
sleamhnú isteach i/amach as; **to
give sb the ~** cor a chur ar dhuine;
a ~ of the tongue sciorradh m
focail; **slip away** vi éalaigh,
caolaigh leat, seangaigh as; **slip in**
vt scaoil isteach ▷ vi (errors) tar
isteach i ngan fhios; **slip out** vi
éalaigh, seangaigh as, caolaigh
leat; **I let it ~ out** (secret) d'imigh
an focal orm, sciorr an focal uaim;
slip up vi: **he ~ped up** rinne sé
botún, chuaigh sé amú

slipper n slipéar m1

slippery adj sleamhain, sciorrach

slip road n sliosbhóthar m1

slit n scoilt f2, gearradh m ▷ vt
scoilt, gearr

slog vi bheith ag úspaireacht leat,
bheith ag streachailt or ag
stróiceadh leat

slogan n mana m4

slope n fána f4 ▷ vi: **it ~s down** tá
fána leis; **sloping** adj claon

sloppy adj slapach,
sleamhchúiseach, leibideach,
liobarnach

slot n sliotán m1 ▷ vt: **to ~ sth into**
rud a chur isteach i

Slovakia n an tSlóvaic f2

Slovenia n an tSlóivéin f2

slow adj mall, fadálach; (watch):
to be five minutes ~ bheith cúig
noiméad mall ▷ adv go mall, go
fadálach ▷ vi (also: **~ down, ~ up**)

S

moilligh; **"~"** (road sign) "go mall";
slowly adv go mall, go fadálach

slug n seilide m4; **sluggish** adj
spadánta, torpánta, malltriallach

slum n (house) sluma m4

slump n meath m3; (Comm)
tobthitim f2, meathlú m ▷ vi
(person) tit i do chnap

slur n (fig: smear): **~ (on)** masla m4
(do) ▷ vt: **to ~ one's speech**
bachlóg a bheith ar do theanga

slush n greallach f2, lathach f2,
spútrach m1

sly adj slítheánta, slíocach,
sleamhain

smack n (slap) greadóg f2, boiseog
f2; (on face) leiceadar m1 ▷ vt
tabhair bos or boiseog do ▷ vi:
to ~ of sth blas ruda a bheith ar

small adj beag, mion-; **small
change** n airgead m1 mion,
sóinseáil f3 bheag, pinginí fpl2
(beaga) sóinseála

smart adj (neat) innealta, sciobalta;
(clever) cliste, géar; (quick) gasta
▷ vi: **her eyes were ~ing** bhí
greadfach ina súile; **smarten** vi:
to smarten o.s. up caoi or dóigh a
chur ort féin ▷ vt: **to smarten sth
up** caoi or dóigh a chur ar rud

smash n (also: **~-up**: accident)
tuairteáil f3, timpiste f4 taisme;
(also: **~ hit**): **it is a ~ hit** tá ráchairt
mhór air, tá an-tóir air ▷ vt
(opponent) tabhair greasáil do,
treascair; (Sport: record) sáraigh;
to ~ sth to pieces smidiríní a
dhéanamh de rud; **to ~ sth
against sth** rud a ghreadadh in
éadan ruda ▷ vi bris; **smashing**
(inf) adj ar fheabhas, thar barr,
thar cionn

smear n smearadh m1, smeadráil f3;
(Med) scrúdú m smearaidh ▷ vt

smear, smeadráil

smell n boladh m1, mos m1 ▷ vt
bolaigh ▷ vi (food etc): **it ~s of
smoke** tá boladh toite air; (pej): **it
~s (terrible)** tá boladh bréan as or
uaidh; **smelly** adj bréan

smile n miongháire m4, aoibh f2,
meangadh m (gáire) ▷ vi aoibh an
gháire a bheith ort, miongháire a
dhéanamh

smirk n seitgháire m4, streill f2

smog n toitcheo m4

smoke n toit f2, deatach m1 ▷ vt
(tobacco) caith; (fish, bacon)
deataigh; **he ~s 20 a day**
caitheann sé fiche sa lá; **smoked**
adj (bacon, fish) deataithe;
smoking n caitheamh m tobac;
"no smoking" (sign) "ná caitear
tobac"; **to give up smoking** éirí as
na toitíní; **smoky** adj deatúil,
smúitiúil

smooth adj mín, caoin, réidh,
séimh ▷ vt (clothes) smúdáil; **to ~
over sth** plána mín a chur ar rud

smother vt múch, plúch

SMS n abbr (= short message service)
SMS, seirbhís gearrtheachtaireachtaí

smudge n smál m1, smáileog f2,
smearadh m1 ▷ vt smálaigh, smear

smug adj bogásach

smuggle vt smuigleáil; **smuggling**
n smuigleáil f3, smuigléireacht f3

snack n sneaic f2, scroid f2, raisín
m4, smailc f2; **snack bar** n
sneaicbheár m4, scroidchuntar m1

snag n fadhb f2

snail n seilide m4

snake n nathair f (nimhe)

snap n (sound) snap m4, cnag m1; (of
finger) smeach m3; (photograph)
grianghraf m1 ▷ adj tobann ▷ vt
(break) snap, bris; (fingers) bain
smeach as ▷ vi snap, bris; **to ~ at**

sb glafadh a thabhairt ar dhuine, sclamh a bhaint as duine, bheith ag snapadh ar dhuine, snap a thabhairt ar dhuine; **to ~ shut** druidim de bhlosc *or* de phreab; **snap up** *vt* sciob (suas); **snapshot** *n* grianghraf *m1*

snarl *vi* drann, drantaigh

snatch *vt* sciob; (*kidnap*) fuadaigh

sneak *vi*: **to ~ in/out** sleamhnú isteach/amach go formhothaithe *or* go fáilí ▷ *n* (*inf, pej: informer*) sceithire *m4*; **to ~ up on sb** teacht go formhothaithe *or* go fáilí ar dhuine

sneer *vi*: **to ~ at sb** fonóid a dhéanamh faoi dhuine

sneeze *vi* lig sraoth, bheith ag sraothartach

sniff *vi, vt* smúr; **to ~ around** bheith ag smúrthacht thart

snigger *vi* déan seitgháire

snip *n* (*cut*) gearradh *m* ▷ *vt* gearr

sniper *n* naoscaire *m4*, snípéir *m3*

snob *n* duine *m4* ardnósach *or* mórluachach

snooker *n* snúcar *m1*

snoop *vi*: **to ~ about** bheith ag smúrthacht thart

snooze *n* néal *m1* codlata ▷ *vi* néal codlata a dhéanamh

snore *vi* srann, lig srann, bheith ag srannfach

snort *vi* srann

snow *n* sneachta *m4* ▷ *vi*: **it's ~ing** tá sé ag cur sneachta; **snowball** *n* meall *m1* sneachta; **snowdrift** *n* ráth *m3* sneachta, muc *f2* shneachta; **snowman** *n* fear *m1* sneachta; **snowplough** (*US* **snowplow**) *n* céachta *m4* sneachta; **snowstorm** *n* stoirm *f2* shneachta

snub *vt* déan beag is fiú de,

maslaigh, tabhair gonc do ▷ *n* aithis *f2*, gonc *m1*

snug *adj* cluthar, seascair, teolaí

 KEYWORD

so *adv* amhlaidh, chomh **1** (*thus, likewise*) mar sin, amhlaidh; **if so** más amhlaidh atá, más ea; **I have a car — so do** *or* **have I** tá carr agam — tá agus agamsa; **I went to the doctor — so did I** chuaigh mé chuig an dochtúir — chuaigh agus mise; **it's 5 o'clock — so it is!** tá sé a cúig a chlog — tá go deimhin!; **I hope so** tá súil agam sin; **I think so** is dóigh liom é; **so far** go dtí seo *or* go nuige seo *or* go sea

2 (*in comparisons etc: to such a degree*) chomh; **so big (that)** chomh mór (go); **she's not so clever as her brother** níl sí chomh cliste lena deartháir

3: **so much** *adj, adv* an oiread sin; **I've got so much work** tá an oiread sin oibre agam; **I love you so much** tá mé chomh mór sin i ngrá leat, tá mé chomh doirte sin duit; **so many** an oiread sin, an méid sin

4 (*phrases*): **10 or so** tuairim is deich; **so long!** (*inf*) slán go fóill! ▷ *conj* **1** (*expressing purpose*): **so as to, so (that)** chun go, le go, d'fhonn go

2 (*expressing result*) sa dóigh go, sa chaoi go, sa tslí go

soak *vt, vi* maothaigh; **to ~ sth in** rud a chur ar maos i; **~ed to the skin** fliuch go craiceann, fliuch báite, (bheith) i do líbín báite; **soak up** *vt* súigh

S

soap n gallúnach f2, sópa m4; **soap opera** n sobalchlár m1; **soap powder** n púdar m1 gallúnaí, púdar sópa

soar vi téigh in airde

sob n smeach m3, snag m3 ▷ vi bheith ag smeacharnach, bheith ag osnaíl

sober adj sóbráilte, stuama; **sober up** vt bain an mheisce de ▷ vi cuir an mheisce díot, tar as meisce

so-called adj: **a ~ expert** saineolaí mar dhea

soccer n sacar m1

sociable adj cuideachtúil, sochaideartha

social adj sóisialta; (sociable) cuideachtúil ▷ n (social evening) oíche f4 chaidrimh; **socialism** n sóisialachas m1; **socialist** adj sóisialach ▷ n sóisialaí m4; **socialize** vi: **to socialize (with)** cuideachta a choinneáil (le); **social media** n meáin mph shóisialta; **social networking** n líonrú m sóisialta; **social security** n leas m3 sóisialta; **social work** n obair f2 shóisialta; **social worker** n oibrí m4 sóisialta

society n sochaí f4; (club) cumann m1; (also: **high ~**) an ghalántacht f3, an uaisleacht f3

sociology n socheolaíocht f3

sock n stoca m4 gearr

socket n cró m4; (Anat) logall m1; (Elec: also: **wall ~**) soicéad m1

soda n (Chem) sóid f2; (also: **~ water**) uisce m4 sóide; (US: also: **~ pop**) uisce mianraí

sofa n tolg m1

soft adj bog; **soft drink** n mianra m4, deoch f neamh-mheisciúil; **soften** vt bog; (fig) maothaigh; (pain) maolaigh ▷ vi bog; (fig) maolaigh; **softly** adv go bog, go

réidh; **software** n (Comput) bogearraí mpl4

soggy adj maoth, líbíneach, maosta

soil n (earth) ithir f, úir f2 ▷ vt salaigh

solar adj grianda; **solar panel** n painéal m1 gréine; **solar power** n grianchumhacht f3

soldier n saighdiúir m3

sole n (of foot, shoe) bonn m1; (fish) sól msg1 ▷ adj aon-

solemn adj sollúnta; (person) stuama, staidéartha

solicitor n aturnae m4

solid adj (firm) daingean; (not hollow) cruánach; (entire): **3 ~ hours** 3 uair an chloig gan stad ▷ n solad m1

solitary adj aonair n gen, aonarach

solo n ceol m1 aonair ▷ adv (fly) i d'aonar; **soloist** n aonréadaí m4

soluble adj intuaslagtha; (fig) inréitithe

solution n réiteach m1; (chemical) tuaslagán m1

solve vt réitigh, fuascail

solvent adj (Comm) sócmhainneach ▷ n (Chem) tuaslagóir m3

 KEYWORD

some adj roinnt + gen; cuid (de); éigin **1** (a certain amount or number of): **some tea/water** braon tae/uisce; **some children/apples** roinnt páistí/úll; **some money** dornán airgid

2 (certain: in contrasts): **some people say that** deir cuid de na daoine go or deirtear go; **some films were excellent, but most …** bhí cuid de na scannáin ar fheabhas, ach bhí a mbunús …

3 (unspecified): **some woman was looking for you** bhí bean éigin ar do lorg; **he was asking about some book (or other)** bhí sé ag fiafraí faoi leabhar éigin; **some day** lá éigin; **some day next week** lá éigin an tseachtain seo chugainn ▷ pron **1** (*a certain number*) roinnt, cuid; **I've got some** (*books etc*) tá roinnt (leabhar etc) agam; **some (of them) have been sold** díoladh cuid acu *or* cuid díobh **2** (*a certain amount*) cuid, roinnt, méid áirithe; **I've got some** (*money, milk*) tá méid áirithe agam, níl mé folamh ar fad ▷ adv: **some 10 people** tuairim is deichniúr

somebody pron = **someone**; **somehow** adv ar dhóigh éigin, ar chaoi éigin; (*for some reason*) ar chúis éigin; **someone** pron duine m4 éigin; **someplace** (*US*) adv = **somewhere**; **something** pron rud m3 éigin, ní m4 éigin; **something interesting** rud éigin spéisiúil; **sometime** adv (*in future, past*) am éigin; **sometimes** adv in amanna, uaireanta; **somewhat** adv pas beag, ábhar, ábhairín; **somewhere** adv áit éigin

son n mac m1

song n amhrán m1; (*of bird*) ceiliúr m1

son-in-law n cliamhain m4

soon adv go mhoill; (*early*) go luath, go moch; **~ afterwards** gan mhoill ina dhiaidh sin; *see also* **as**; **sooner** adv (*time*) níos luaithe; (*preference*): **I would sooner do sth** b'fhearr liom rud a dhéanamh; **sooner or later** luath nó mall; **soothe** vt ciúnaigh, tabhair sólás do; (*pain, anger*) maolaigh

sophisticated adj sofaisticiúil

sophomore (*US*) n scoláire m4 den dara bliain

soprano n (*singer*) soprán m1

sore adj nimhneach, tinn, frithir; (*annoying*) goilliúnach ▷ n cneá f4

sorrow n brón m1, buairt f3

sorry adj brónach, buartha, aiféalach; (*excuse*) bacach; (*state, condition*) ainnis, bocht; **~!** gabh mo leithscéal!; **to feel ~ for sb** trua a bheith agat do dhuine

sort n cineál m1, saghas m1, sórt m1 ▷ vt (*also*: **~ out**) sórtáil; (*problems*) socraigh, réitigh; (*Comput*) sórtáil

so-so adv measartha, cuibheasach, réasúnta

soul n anam m3

sound adj (*healthy*) folláin; (*safe, not damaged*) slán; (*reliable, reputable*) iontaofa, fónta, fuaimintiúil; (*sensible*) céillí ▷ adv: **she is ~ asleep** tá sí ina chnap codlata ▷ n fuaim f2, glór m1, foghar m1; (*Geog*) caolas m1 ▷ vt (*vowels, consonants etc*) fuaimnigh ▷ vt, vi (*alarm*) buail; (*fig: seem*): **that ~s good** smaoineamh maith é sin, tá ciall leis sin, tá cuma mhaith ar sin; **sound card** n (*Comput*) fuaimchárta m4; **soundtrack** n (*of film*) fuaimrian m1

soup n anraith m4

sour adj searbh, géar; **it's ~ grapes** (*fig*) níl ann ach silíní searbha

source n foinse f4

south n deisceart m1 ▷ adj deisceartach; (*wind*) aneas; (*side*) theas ▷ adv (*in*) theas; (*to*) ó dheas; (*from*) aneas; **the S~** an Deisceart m1; **~ of** taobh theas de; **South Africa** n an Afraic f2 Theas; **South African** adj, n Afracach m1 Theas; **South America** n Meiriceá m4 Theas; **South American** adj, n

Meiriceánach m1 Theas; **south east** n oirdheisceart m1 ▷ adj oirdheisceartach; (wind) anoir aneas; (side) thoir theas ▷ adv (in) thoir theas; (to) soir ó dheas; (from) anoir aneas; **the South East** an tOirdheisceart m1; **south east of** taobh thoir theas de; **southern** adj deisceartach, theas; **the Southern Cross** Cros f2 an Deiscirt; **South Pole** n an Pol m1 Theas; **southward, southwards** adv ó dheas; **south west** n iardheisceart m1 ▷ adj iardheisceartach; (wind) aniar aneas; (side) thiar theas ▷ adv (in) thiar theas; (to) siar ó dheas; (from) aniar aneas; **the South West** an tIardheisceart m1; **south west of** taobh thiar theas de

souvenir n cuimhneachán m1
sovereign n tiarna m4
sow[1] n (pig) cráin f
sow[2] vt (seed) cuir
soya (US **soy**) n: **~ bean** pónaire f4 shoighe; **~ sauce** anlann m1 soighe
spa n (town) spá m4; (US: also: **health ~**) ionad m1 íocshláinte
space n spás m1; (room) fairsinge f4, áit f2; (length of time) achar m1 ▷ cpd spás- ▷ vt (also: **~ out**) spásáil; **spacecraft, spaceship** n spásárthach m1
spade n (tool) spád f2, rámhainn f2; **spades** npl (Cards) spéireataí mpl4
Spain n an Spáinn f2
spam n (Comput) turscar m1
span n (of bird, plane) réise f4 sciathán; (of arch) réise; (in time) tamall m1 ▷ vt (river etc) trasnaigh
Spaniard n Spáinneach m1
Spanish adj Spáinneach ▷ n (Ling) Spáinnis f2; **the Spanish** npl na Spáinnigh mpl1

spanner n castaire m4
spare adj (free, unoccupied) saor; (of person) lom, caol, lomghéagach; (surplus) breise n gen f2 (in (part) páirt f2 bhreise or spártha ▷ vt (afford to give: money, time) spáráil; (expense) coigil; (do without) déan gnó gan, tar gan; (refrain from hurting) lig le; **to ~** (surplus) le spáráil; **if I am ~d** má fhágann Dia an tsláinte agam, faoina bheith slán dom; **spare part** n páirt f2 bhreise or spártha; **spare time** n am m3 saor; **spare wheel** n (Aut) roth m3 breise
spark n drithle f4, spréach f2, aithinne f4; (of sense) splanc f2
sparkle n drithle f4, glioscarnach f2 ▷ vi drithligh, lonraigh; **sparkling** adj drithleach, lonrach; (wine) súilíneach; (fig) aigeanta, beoga, anamúil, spleodrach
spark plug n spréachphlocóid f2
sparrow n gealbhan m1
sparse adj gann, tearc
spasm n taom m3, racht m3; (Med) ríog f2, freanga f4
spate n (fig): **a ~ of** lear mór + gen
speak vt labhair; (truth) déan, inis, can ▷ vi labhair; **to ~ to sb** of or **about sth** labhairt le duine faoi rud; **~ up!** labhair amach!; **do you ~ Irish?** an bhfuil Gaeilge agat?; **so to ~** mar a déarfá; **speaker** n (in public) cainteoir m3; (also: **loudspeaker**) callaire m4; **the Speaker** (Pol) An Ceann m1 Comhairle
spear n sleá f4 ▷ vt sáigh (le sleá)
special adj speisialta, ar leith; **specialist** n saineolaí m4, speisialtóir m3; **speciality** n speisialtacht f3; **specialize** vi: **to specialize (in)** speisialtóireacht a dhéanamh (ar); **specially** adv go

speisialta; **specialty** (*esp US*) *n*
= **speciality**
species *n* (*gen*) gné *f4*; (*Bot, Biol*)
speiceas *m1*
specific *adj* sainiúil, sonrach; (*Bot,
Chem etc*) speiceasach; **specifically**
adv go sainiúil, go baileach
specimen *n* sampla *m4*
speck *n* (*particle*) ballóg *f2*, spota
m4, dúradán *m1*
specs (*inf*) *npl* gloiní *fpl4*
spectacle *n* seó *m4*, amharc *m1* súl,
feic *m4* saolta; **spectacles** *npl*
(*glasses*) spéaclaí *mpl4*, gloiní *fpl4*;
spectacular *adj* iontach,
mórthaibhseach
spectator *n* breathnóir *m3*; **~s**
lucht *m3* féachana
spectrum *n* speictream *m1*
speech *n* (*faculty*) urlabhra *f4*, caint
f2; (*talk*): **to make a ~** óráid *f2* a
thabhairt; **speechless** *adj*: **she
was left speechless** níor fágadh
focal aici, baineadh an chaint di
speed *n* luas *m1*, siúl *m1* ⊳ *vi*: **to ~
past** *etc* dul thart ar luas *or* ar de
rása; **at full** *or* **top ~** faoi lán *or*
iomlán siúil, faoi lán seoil, faoi
lánluas; **speed up** *vt*, *vi* géaraigh
an luas ⊳ *vi* bheith ag tógáil siúil,
géaraigh an luas; **speedboat** *n*
luasbhád *m1*; **speed camera** *n*
ceamara *m4* luais; **speeding** *n*
(*Aut*) tiomáint *f3* ar róluas; **speed
limit** *n* teorainn *f* luais;
speedometer *n* luasmhéadar *m1*;
speedy *adj* gasta, tapa, luath;
(*reply etc*) ar an bpointe, gan aon
mhoill a dhéanamh
spell *n* (*also*: **magic ~**) draíocht *f3*;
(*period of time*) tamall *m1*, seal *m3*
⊳ *vt* (*in writing*) litrigh; (*fig*)
ciallaigh; **to cast a ~ on sb** duine a
chur faoi dhraíocht; **he can't ~** níl

litriú aige; **spelling** *n* litriú *m*
spend *vt* caith; **spending** *n*
caitheamh *m1*, caiteachas *m1*
sperm *n* speirm *f2*
sphere *n* sféar *m1*
spice *n* spíosra *m4*
spicy *adj* spíosrach; (*fig*) te
spider *n* damhán *m1* alla
spike *n* spíce *m4*; (*Bot*) dias *f2*
spill *vi*, *vt* doirt
spin *n* (*revolution of wheel*) rothlú *m*;
(*Aviat*) casadh *m1*; (*trip in car*) geábh
m3, turas beag ⊳ *vt* (*wool etc*)
sníomh; (*wheel*) cas ⊳ *vi* cas, tar
thart *or* timpeall
spinach *n* spionáiste *m4*
spinal *adj* droma *n gen*
spinal cord *n* corda *m4* an dromlaigh
spin-dryer *n* triomadóir *m3* guairne
spine *n* dromlach *m1*; (*thorn*) dealg *f2*
spiral *n* bís *f2* ⊳ *vi* (*fig*) ardaigh go
gasta
spire *n* spuaic *f2*
spirit *n* spiorad *m1*; (*mood*) meon *m1*;
(*courage*) meanma *f*; **spirits** *npl*
(*drink*) biotáille *fsg4*; **in good ~s**
bheith lán de chroí is d'aigne, do
chroí a bheith agat; **the Holy S~**
An Spiorad Naomh
spiritual *adj* spioradálta
spit *n* (*for roasting*) bior *m3*; (*saliva*)
seile *f4* ⊳ *vi* caith seile; (*sound*)
smeach
spite *n* olc *m1*, mioscais *f2*, faltanas
m1 ⊳ *vt* cuir olc ar; **in ~ of** in
ainneoin (+ *gen*), gan bhuíochas de;
in ~ of o.s. de d'ainneoin; **spiteful**
adj mioscaiseach, nimheanta
splash *n* splais *f2*, steall *f2* ⊳ *vt* steall
⊳ *vi* (*also*: **~ about**) bheith ag
slaparnach *or* ag splaiseárnach
splendid *adj* taibhseach; **that's ~!**
tá sin ar fheabhas *or* thar barr *or*
thar cinn!

splinter n (wood) scealp f2 ▷ vi scealp

split n scoilt f2; (fig, Pol) deighilt f2 ▷ vt scoilt; (work, profits) roinn ▷ vi (divide) scoilt; **split up** vi (couple) scar ó chéile; (meeting) scaip

spoil vt (damage) mill; (child) mill, déan peata as

spoke n (of wheel) spóca m4

spokesman n urlabhraí m4

spokeswoman n urlabhraí m4

sponge n spúinse m4, múscán m1; (also: **~ cake**) císte m4 spúinse ▷ vt spúinseáil ▷ vi: **to ~ off** or **on** bheith ag stocaireacht ar

sponsor n (Radio, TV, Sport) urra m4; (Rel) cara m Críost ▷ vt téigh in urrús ar; **~ed by** faoi choimirce; **sponsorship** n urraíocht f3

spontaneous adj spontáineach

spooky (inf) adj uaigneach, aerach

spoon n spúnóg f2; **spoonful** n lán m1 spúnóige

sport n spórt m1, spraoi m4, scléip f2; (person): **he's a good ~** an-fhear é, duine galánta é é ▷ vt (clothes) caith; **sport jacket** (US) n = **sports jacket**; **sports jacket** n casóg f2; **sportsman** n fear m1 spóirt, duine m4 cóir, fear m1 cothrom or macánta; **sportswear** n éide f4 spóirt; **sportswoman** n bean f spóirt; **sporty** adj spórtúil

spot n ball m1; (dot: on pattern, Radio, TV: in programme) spota m4; (pimple) goirín m4; (place) áit f2, láthair f; (small amount): **a ~ of** ábhairín m4 or braon m1 or deoir f2 + gen, beagán m1 + gen ▷ vt (notice) tabhair faoi deara; **on the ~** ar an láthair; (immediately) láithreach bonn; **to be in a tight ~** bheith sa chúnglach or i bponc; **spotless** adj

gan smál; **spotlight** n spotsolas m1

spouse n céile m4

sprain n leonadh m ▷ vt: **to ~ one's ankle** do mhurnán a leonadh

sprawl vi sín, leath do ghéaga

spray n (of water) scaird f2; (from sea) cáitheadh m; (for garden) sprae m4; (aerosol) spraechanna m4; (of flowers) craobhóg f2 ▷ vt spraeáil, spréigh

spread n (distribution) forleathadh m; (Culin: paste) smearadh m1; (inf: meal) féasta m4 ▷ vt leath, spréigh; (wealth, workload) roinn ▷ vi (disease, news) leath; (also: **~ out**: stain) leath; **spread out** vi (people) scar amach

spree n spraoi m4, ragairne m4

spring n (leap) preab f2; (coiled metal) sprionga m4; (season) earrach m1; (of water) fuarán m1, tobar m1 ▷ vi preab; **to ~ to one's feet** léimnigh (de phreab) i do sheasamh, éirí de phreab; **to ~ from** fréamhú ó; **in ~** san earrach; **spring up** vi éirigh de phreab, tar ar an bhfód go tobann, nocht go tobann

sprinkle vt croith; **to ~ sugar on** siúcra a chroitheadh ar; **to ~ sth with sugar** rud a spré le siúcra

sprint n rúid f2, ráib f2 ▷ vi bheith ag rábáil

spuds npl (inf) prátaí mpl4

spur n spor m1, brod m1; (fig) spreagadh m ▷ vt (also: **~ on**) gríosaigh, spreag; **on the ~ of the moment** ar ala na huaire

spurt n (of blood) scaird f2; (of energy) ráig f2 ▷ vi tabhair rúchladh

spy n spiaire m4 ▷ vi: **to ~ on** déan ag spiaireacht ar; (see) feic

sq. abbr = **square**

squabble vi bheith ag achrann (le chéile)

squad n (Mil, Police) scuad m1; (Football) foireann f2

squadron n (Mil) scuadrún m1

squander vt diomail; **to ~ sth** rud a chur ora ligean (sa dul) amú

square n cearnóg f2 ▷ adj cearnógach; (inf: ideas, tastes) seanaimseartha ▷ vt (arrange) socraigh; (Math) cearnaigh; **all ~** cothrom; **a ~ meal** béile maith; **2 metres ~** dhá mhéadar cearnaithe; **2 metres ~** dhá mhéadar cearnach

squash n (drink): **lemon/orange ~** sú m4 líomóide/oráiste; (US: marrow) mearóg f2; (Sport) scuais f2 ▷ vt fáisc

squat adj dingthe ▷ vi (also: ~ down) suigh ar do ghogaide; **squatter** n lonnaitheoir m3

squeak vi bheith ag díoscán; (mouse) bheith ag gíogadh

squeal vi sceamh; (brakes) scréach

squeeze n fáscadh m1; (Econ) cúngach m1 ▷ vt fáisc

squid n máthair f shúigh

squint vi déan splinceáil ▷ n fiarshúil f2; **to have a ~** bheith fiarshúileach, bheith fiar sa tsúil

squirm vi bheith ag tónacán or ag lúbarnáil

squirrel n iora m4 rua; (grey squirrel) iora m4 glas

squirt vi steall, steanc

Sr abbr = **senior**

St abbr = **saint**; **street**

stab n (with knife etc) sá m4, ropadh m; (of pain) arraing f2, deann m3; (inf: try): **to have a ~ at (doing) sth** tabhair iarracht ar rud ▷ vt rop, sáigh

stable n stábla m4 ▷ adj seasmhach

stack n carn m1; (of hay, turf) cruach f2 ▷ vt (also: ~ up) carn

stadium n staid f2

staff n (workforce) foireann f2 ▷ vt cuir foireann i

stag n poc m1

stage n stáitse m4, ardán m1; (point) staid f2, pointe m4 ▷ vt (play) stáitsigh, cuir ar an stáitse; (demonstration) cuir ar bun; **in ~s** diaidh ar ndiaidh, de réir a chéile, céim ar chéim, ina chéimeanna

stagger vi tuisligh ▷ vt (person: amaze) cuir alltacht ar; (hours, holidays) scaip ó chéile; **staggering** adj (amazing) iontach

stain n smál m1; (colouring) ruaim f2 ▷ vt smálaigh; (wood) ruaimnigh; **stainless steel** n cruach f4 dhomheirgthe

staircase, stairway n staighre m4

stake n cuaille m4, stáca m4; (Betting) geall m1; (Comm, interest) suim f2 ▷ vt cuir i ngeall; **to be at ~** bheith i ngeall; **to ~ one's claim to the land** do chuid den talamh a éileamh

stale adj stálaithe; (beer) rodta; (smell, air) dreoite

stalk n gas m1 ▷ vt éalaigh ar, bí ag stalcaireacht ar ▷ vi: **to ~ out/off** imeacht go huaibhreach amach/as

stall n (in street, market etc) stainnín m4; (in stable) stalla m4 ▷ vt (Aut) stop; (delay) moilligh ▷ vi (Aut) loic; (fig) moilligh; **stalls** npl (in cinema, theatre) stallaí mpl4

stamina n teacht m3 aniar

stammer n stad m4 ▷ vi bheith ag stadaireacht

stamp n stampa m4; (rubber stamp) stampa rubair; (mark, also fig) lorg m1, rian m1 ▷ vi (also: ~ one's foot) buail do chos ▷ vt (letter) cuir

S

stampa ar; (with rubber stamp) stampáil

stampede n táinrith m3

stance n seasamh m1; (view) dearcadh m1

stand n (position) seasamh m1; (for taxis) stad m4; (music stand) seastán m1; (Comm) stainnín m4; (Sport) ardán m1 ▷ vi seas; (rise) éirigh, seas (suas); (be placed) bí; (remain: offer etc) seas; (in election) téigh san iomaíocht ▷ vt (place) cuir; (tolerate, withstand) fulaing, seas, cuir suas le; (drink) seas; **to make** or **take a ~** seasamh a ghlacadh; **to ~ for parliament** dul san iomaíocht i dtoghchán parlaiminte; **stand by** vi (be ready) bheith ar fuireachas or ar aire or ar tinneall ▷ vt fus (opinion) seas le; **stand down** vi (withdraw) éirigh as, tarraing siar; **stand for** vt fus (signify) ciallaigh; (tolerate) cuir suas le; **stand in for** vt fus glac ionad + gen; **stand out** vi (be prominent) seas amach, bí le sonrú; **stand up** vi (rise) seas, éirigh; **stand up for** vt fus seas ceart do; **stand up to** vt fus seas an fód in aghaidh + gen

standard n caighdeán m1; (criterion) slat f2 tomhais; (flag) meirge m4 ▷ adj (size etc) gnáth-, caighdeánach; (text) caighdeánach; **standards** npl (morals) caighdeáin mph1; **standard of living** n caighdeán m1 maireachtála

stand-by ticket n (Aviat) ticéad m1 fuireachais

standing adj seasta; (permanent) buan- ▷ n seasamh m1; **standing order** n buanordú m

standpoint n dearcadh m1, taobh m1

standstill n: **at a ~** ina stop, ina stad

staple n (for papers) stápla m4 ▷ adj (food etc) bun-, príomh- ▷ vt stápláil; **stapler** n stáplóir m3

star n réalta f4, réaltóg f2 ▷ vi: **to ~ (in)** an phríomhpháirt a bheith agat (i)

starboard n deasbhord m1

starch n stáirse m4

stare n stánadh m1 ▷ vi: **~ at** stán ar

stark adj (bleak) lom; (harsh) dian, géar ▷ adv: **~ naked** lomnocht

start n tús m1; (of race, advantage) tosach m1; (sudden movement) geit f2, cliseadh m ▷ vt tosaigh, cuir tús le; (establish) bunaigh; (engine) tosaigh, dúisigh ▷ vi tosaigh; (jump) geit, clis; **to ~ doing** or **to do sth** tosú ar rud a dhéanamh; **start off** vi tosaigh; (leave) imigh; **start up** vi tosaigh; (engine) tosaigh, dúisigh ▷ vt (business) cuir tús le; (engine) tosaigh, dúisigh; **starter** n (Aut) dúisire m4; (Sport, official) túsaire m4; (Culin) cúrsa m4 tosaigh; **starting point** n pointe m4 imeachta

startle vt: **he ~d me** bhain sé geit or léim asam; **startling** adj iontach; (scary) scanrúil

starvation n gorta m4, ocras m1

starve vi (to death) faigh bás den ocras; (be hungry): **to be starving** ocras an domhain a bheith ort, bheith stiúgtha leis an ocras

state n (condition) caoi f4, bail f2, riocht m3, staid f2; (Pol) stát m1 ▷ vt abair, maígh; **the States** npl (America) Stáit mph Aontaithe Mheiriceá; **the (Free) S~** (Irl) An Saorstát m1; **to be in a ~** bheith trína chéile; **statement** n ráiteas m1; **statesman** n státaire m4

static n (Radio, TV) statach m1 ▷ adj statach

station n stáisiún m1; (bus station) busáras m1 ▷ vt: **the army was ~ed there** bhí an t-arm ar stáisiún ann

stationary adj gan bhogadh, ina stad

stationery n páipéarachas m1, stáiseanóireacht f3

statistic n staitistic f2; **statistics** n staitistic f2, staidreamh m1

statue n dealbh f2, íomhá f4

status n stádas m1; (prestige) céimíocht f3, céim f2

statutory adj reachtúil

staunch adj diongbháilte, dílis, daingean

stay n (period of time) cónaí m; (visit) cuairt f2 ▷ vi fan; (reside) cuir fút, stopadh; **~ put!** fan mar a bhfuil tú!, ná bog!; **to ~ with friends** stopadh le cairde; **to ~ the night** fanacht thar oíche; **stay behind** vi fan siar; **stay in** vi (at home) fan istigh; **stay off** vt (school, work) fan ó; (food etc: stop taking) éirigh as; (avoid taking) staon ó; **stay on** vi fan (tamall eile); **stay out** vi (of house) fan amuigh; **stay up** vi (at night) fan i do shuí

steadily adv (regularly) go seasta; (firmly) go daingean; (walk) neamhchorrach

steady adj socair; (regular) seasta; (person) stuama ▷ vt daingnigh; (nerves) socraigh; **a ~ boyfriend** stócach seasta

steak n stéig f2

steal vt goid ▷ vi goid; (move secretly) éalaigh, téaltaigh

steam n gal f2 ▷ vt (Culin) galbhruith ▷ vi cuir gal; **steamy** adj galach

steel n cruach f4 ▷ adj cruach n gen

steep adj géar, rite, crochta; (price) daor ▷ vt cuir ar maos

steeple n spuaic f2

steer vt stiúir; **steering** n (Aut) stiúradh m; **steering wheel** n roth m3 stiúrtha

stem n (of plant) gas m1; (of a glass) cos f2 ▷ vt stop, coisc

step n céim f2, coiscéim f2; (action) céim, beart m1 ▷ vi: **to ~ forward/back** céim a thabhairt chun tosaigh/ar gcúl; **steps** npl (stepladder) dréimire msg4 taca; **to be in ~ (with)** (fig) bheith ar aon intinn or aigne (le); **step down** vi (fig) éirigh as; **step up** vt ardaigh, géaraigh; **stepbrother** n leasdearthair m; **stepdaughter** n leasiníon f2; **stepfather** n leasathair m; **stepladder** n dréimire m4 taca; **stepmother** n leasmháthair f; **stepsister** n leasdeirfiúr f; **stepson** n leasmhac m1

stereo n steirió m4 ▷ adj steirió; (stereophonic) steiréafónach

sterile adj (Biol) aimrid; (Med, dressing etc) steiriúil; **sterilize** vt aimridigh, steiriligh

sterling adj (work) den scoth ▷ n (Econ) steirling m4, airgead m1 Sasanach

stern adj dian, crua ▷ n (Naut) deireadh m1

steroid n stéaróideach m1

stew n stobhach m1 ▷ vt, vi stobh; **Irish ~** stobhach gaelach

steward n maor m1, stíobhard m1; (on plane) aeróstach m1; (bouncer) fear m1 dorais; **stewardess** n banmhaor m1; (on plane) aeróstach m1

stick n bata m4, maide m4; (walking

stick) bata *m4* siúil; (*firewood*) cipín *m4*; (*hurling stick*) camán *m1* ▷ *vt* (*glue*) greamaigh; (*inf: put*) cuir; (*: tolerate*) cuir suas le; (*thrust*): **to ~ sth into** rud a shacadh isteach i ▷ *vi* (*become attached*) greamaigh de; (*be unmoveable: wheels etc*) téigh i bhfostú; (*remain*) fan; **stick out** *vi* gob amach; **stick up** *vi* gob aníos; **stick up for** *vt fus* cosain; **he stuck up for her** sheas sé léi; **sticker** *n* greamaitheoir *m3*; **sticking plaster** *n* greimlín *m4*

sticky *adj* (*label*) greamaitheach; (*situation*) achrannach, deacair

stiff *adj* dolúbtha, righin; (*difficult*) deacair, crua, dian; (*wind*) láidir; (*competition*) dian; (*muscles*) stromptha ▷ *adv*: **to be frozen ~** bheith préachta *or* conáilte

stigma *n* aithis *f2*, náire *f4*; (*Bot*) stiogma *m4*

stiletto *n* (*also*: **~ heel**) sáil *f2* stiletto

still *adj* socair, ciúin ▷ *adv* (*up to this time*) go fóill, fós, ar fad, i gcónaí; **I've ~ got 3 days holiday** tá 3 lá saoire fágtha agam go fóill; **better ~ ...** níos fearr arís ...; **there were ~ more people to come** bhí tuilleadh daoine fós le teacht

stimulate *vt* gríosaigh, spreag

stimulus *n* spreagadh *m*; (*Bot*) goineog *f2*

sting *n* (*of wind, cold*) goimh *f2*; (*of bee*) cealg *f2*, ga *m4*, cailg *f2*; (*of nettle*) goineog *f2* ▷ *vt* cealg; (*nettle*) dóigh ▷ *vi*: **it's ~ing** tá greadfach ann

stink *n* bréantas *m1* ▷ *vi*: **the socks stank** bhí boladh bréan as na stocaí

stir *n* corraíl *f3*; (*movement*) bogadh *m*, cor *m1* ▷ *vt, vi* corraigh; **stir up** *vt* (*trouble*) tóg, cothaigh

stitch *n* (*Med, Sewing*) greim *m3*; (*Knitting*) lúb *f2*; (*pain*) arraing *f2* ▷ *vt* fuaigh; **he didn't have a ~ on** ní raibh snáithe *or* luid air

stock *n* stoc *m1*; (*of tree*) ceap *m1*; (*people: descent, origin*) sliocht *m3* ▷ *adj* (*fig: reply etc*) gnáth-, sean-; **~s and shares** stoic agus scaireanna; **in/out of ~** sa stoc/as stoc; **stockbroker** *n* stocbhróicéir *m3*; **stock cube** *n* ciúb *m1* stoic; **stock exchange** *n* stocmhalartán *m1*

stocking *n* stoca *m4*

stock market *n* stocmhargadh *m1*

stole *n* stoil *f2*

stomach *n* goile *m4*; (*abdomen*) bolg *m1* ▷ *vt* fulaing, cuir suas le; **stomachache** *n* tinneas *m1* goile

stone *n* cloch *f2*; (*pebble*) méaróg *f2*; (*in fruit*) cloch, croí *m4*; (*Med*) púróg *f2*; (*weight*) cloch ▷ *vt* (*person*) caith cloch a le

stool *n* stól *m1*

stoop *vi* (*also*: **have a ~**) bheith cromshlinneánach; (*also*: **~ down**) bend): crom

stop *n* stop *m4*, stad *m4*; (*in punctuation: also*: **full ~**) lánstad *m4* ▷ *vt* stop; (*also*: **put a ~ to**) cuir stad le ▷ *vi* stad; **to ~ doing sth** éirí as rud a dhéanamh; **stop off** *vi*: **~ off at/in** buail isteach i; **stop up** *vt* (*hole*) líon; **stopover** *n* stad *m4*; **stoppage** *n* stopadh *m*; (*strike*) stailc *f2*, stopadh oibre

storage *n* stóráil *f3*; (*Comput*) stóras *m1*

store *n* (*stock*) stór *m1*; (*depot*) stór *m1*; (*Brit: large shop*) siopa *m4* mór; (*US*) siopa *m4* ilranna ▷ *vt* taisc; (*information*) cnuasaigh; **stores** *npl* (*food*) soláthairtí *mph*, lón *msg1*; **what is in ~ for me?** cad é atá i ndán dom?; **store up** vt stóráil, cruinnigh

storey (US **story**) n stór m1

storm n stoirm f2, anfa m4; (also: **thunder~**) stoirm f2 thoirní ▷ vi (fig) abair go feargach ▷ vt (army) ionsaigh; **stormy** adj doineanta, stoirmeach

story n scéal m1; (US) = **storey**

stout adj calma, misniúil, cróga; (fat) ramhar, téagartha ▷ n (beverage) leann m3 dubh

stove n sorn m1, sornóg f2

straight adj díreach; (simple) simplí ▷ adv go díreach; (drink) ar a bhlas, as a neart; **to put things ~** (fig) na gnóthaí a réiteach; **~ away, ~ off** (at once) (lom) láithreach, ar an bpointe, caol díreach; **straighten** vt dírigh; (bed) cóirigh; **straightforward** adj simplí; (honest) díreach, ionraic

strain n teannas m1, straidhn f2; (physical) strus m1; (mental) strus, straidhn; (breed) pór m1, cineál m1 ▷ vt (stretch: resources etc) cuir brú ar; (hurt: back etc) bain stangadh as; (vegetables) sil; **strains** npl (Mus) streancáin mph; **back ~** stangadh m droma; **strained** adj (muscle) leonta; (laugh etc) doicheallach; (relations) eascairdiúil; **strainer** n síothlán m1, stráinín m4

strait n (Geog) caolas m1; **straits** npl: **to be in dire ~s** bheith i gcruachás, bheith in áit do charta

strand n (of thread) tointe m4; (of rope) dual m1; (of hair) dlaoi f4; (beach) trá f4; **stranded** adj (fig) ar an trá fholamh

strange adj (not known) anaithnid, coimhthíoch, strainséartha; (odd) aisteach, ait; **strangely** adv go

haisteach; see also **enough**; **stranger** n strainséir m3, coimhthíoch m1

strangle vt tacht

strap n iall f2, strapa m4; (of bag etc) iris f2

strategic adj straitéiseach

strategy n straitéis f2

straw n cochán m1, tuí f4; (for drinking) deochán m1; **that's the last ~!** sin buille na tubaiste!

strawberry n sú f4 talún

stray adj (animal) fáin, seachráin ▷ vi téigh ar seachrán

streak n stríoc f2; (in hair) síog f2; (characteristic) féith f2, tréith f2 ▷ vt síog ▷ vi: **to ~ past** scinn or sciurd thar

stream n sruth m3; (small river) sruthán m1; (of people) scuaine f4 ▷ vt (Scol) roinn de réir cumais ▷ vi sruthaigh; **to ~ in/out** plódú isteach/amach

street n sráid f2; **the man in the ~** Tadhg m1 an mhargaidh; **to be ~s ahead** (fig) bheith i bhfad chun tosaigh; **streetcar** (US) n tram m4; **street light** n lampa m4 sráide

strength n neart m1, treise f4; (force) cumhacht f3; **strengthen** vt neartaigh, daingnigh

strenuous adj crua, dian

stress n (force, pressure) strus m1; (mental strain) strus, stró m4; (emphasis) béim f2; (accent) aiceann m1 ▷ vt cuir béim ar

stretch n síneadh m1; (of land etc) réimse m4 ▷ vi (cloth) sín, tar as; (extend): **to ~ to** or **as far as** síneadh or dul a fhad le ▷ vt sín; **to ~ o.s.** tú féin a shearradh; **stretch out** vi sín (amach) ▷ vt (arm etc) sín amach; (spread) leath

stretcher n síneán m1

S

strict adj dian, docht

stride n céim f2 fhada ▷ vi bheith ag céimniú

strike n (industrial) stailc f2; (of oil etc) aimsiú m; (attack) buille m4, ionsaí m ▷ vt buail; (oil etc) aimsigh; (deal) déan ▷ vi téigh ar stailc; (attack) buail; (clock) buail; **on ~** (workers) ar stailc; **to ~ a match** cipín a lasadh; **striker** n stailceoir m3; (Sport) ionsaitheoir m3; **striking** adj sonraíoch; (attractive) tarraingteach

string n sreang f2; (row: of onions) trilseán m1; (Mus) téad f2 ▷ vt: **to ~ out** scaipeadh; **the strings** npl (Mus) na téada fpl2; **to be able to pull ~s** (fig) bheith ábalta na sreangáin a tharraingt

strip n stiall f2; (of land) stráice m4 ▷ vt scamh, bain de; **he ~ped the paint from the wall** bhain sé an phéint den mballa; (also: **~ down**: machine) bain anuas ▷ vi struipeáil, bain díot

stripe n riabh f2, stríoc f2; (Mil) straidhp f2; **striped** adj riabhach, stríoctha

stripper n struipear m1

strive vi streachail, srac

stroke n buille m4; (Swimming) bang m3; (Med) stróc m4 ▷ vt slíoc; **at a ~** d'aon iarraidh; **to take a ~** (Med) stróc a fháil

stroll n spaisteoireacht f3 ▷ vi bheith ag spaisteoireacht

strong adj tréan, láidir; (heart, nerves) daingean; **they are 50 ~** tá siad caoga ann; **stronghold** n daingean m1; **strongly** adv go láidir; go daingean

structure n struchtúr m1; (building) foirgneamh m1

struggle n streachailt f2, strácáil f3;

(conflict) gleic f2, coimhlint f2 ▷ vi streachail

stub n (of cigarette) bun m1, stupa m4; (of cheque etc) comhdhuille m4 ▷ vt: **to ~ one's toe** do ladhar a smiotadh

stubble n coinleach m1, bruth m3

stubborn adj dáigh, ceanndána, righin, stobarnáilte

stuck adj (jammed) greamaithe, gafa, mórchúiseach, i bhfostú; (fig: in difficulties) i bponc

stud n (on boots, collar etc, earring) stoda m4; (of horses: also: **~ farm**) graí f4; (also: **~ horse**) graíre m4 ▷ vt (fig): **~ded with** buailte le

student n mac m1 léinn, scoláire m4 ▷ adj (discount, loan) mac léinn; **student driver** (US) n foghlaimeoir m3 tiomána; **student loan** n iasacht f3 mac léinn; **students' union** n aontas m1 (na) mac léinn

studio n stiúideo m4

study n staidéar m1, léann m1; (place) seomra m4 staidéir ▷ vt déan staidéar ar; (examine) scrúdaigh ▷ vi déan staidéar or léann, bí ag staidéar

stuff n stuif m4; (substance) ábhar m1 ▷ vt stuáil, líon; (Culin) líon, le búiste; (inf: push) ding; **stuffing** n (padding) stuáil f3; (Culin) búiste m4; **stuffy** adj (room) plúchtach; (dull) tur, leadránach, leamh

stumble vi tuisligh; **to ~ across** or **on sth** (fig) teacht ar rud de thaisme

stump n stumpa m4; (of tooth) bun m1; (of tree) stacán m1 ▷ vt déan stacán de

stun vt (daze) cuir néal i; (amaze) cuir ionadh an domhain ar, déan staic de

stunning adj (news etc) treascrach, coscrach; (victory, feat) éachtach; (girl etc): **she was ~** bhí sí thar a bheith álainn

stunt n (Cine, TV) éacht m3; (publicity stunt) cleas m1 bolscaireachta ▷ vt crandaigh

stupid adj amaideach, díchéillí, bómánta; **stupidity** n easpa f4 céille, bómántacht f3

sturdy adj téagartha, daingean, tacúil

stutter vi: **to ~** labhairt go stadach, stad a bheith sa chaint agat

style n stíl f2; (clothes) faisean m1; **stylish** adj (clothes) faiseanta; (performer) snasta

sub- prefix fo-; **subconscious** adj fo-chomhfhiosach

subdued adj (manner, voice) ciúin; (light) fann, marbh

subject n (Scol) ábhar m1; (of country: citizen) saoránach m1; (philosophical) suibiacht f3; (Gram) ainmní m4, suibiacht ▷ vt: **he ~ed me to an examination** chuir sé scrúdú orm; **to be ~ to the law** bheith faoi réir an dlí; **to be ~ to** (disease) bheith tugtha do; **subjective** adj suibiachtúil; (Gram) ainmníoch; **subject matter** n (content) ábhar m1

submarine n fomhuireán m1

submission n géilleadh m; (in dispute) aighneas m1; (proposal) moladh m; (Law) aighniú

submit vt (argue) áitigh; (thesis etc) cuir isteach ▷ vi géill, tabhair isteach

subordinate adj íochtaránach ▷ n íochtarán m1

subscribe vi (to point of view) aontaigh le; (to newspaper) ceannaigh ar síntiús; (Comm) suibscríobh; **she ~d £5 to the** charity thug sí síntiús cúig phunt don charthanacht

subscription n (to magazine etc) síntiús m1; (on document) suibscríbhinn f2

subsequent adj ina dhiaidh sin, a lean(ann); **~ to** i ndiaidh + gen, tar éis + gen; **subsequently** adv ina dhiaidh sin, tar éis sin

subside vi (flood) tráigh; (wind, feelings) síothlaigh, maolaigh (ar); (ground) turn

subsidiary adj fo-, tánaisteach ▷ n (also: **~ company**) fochomhlacht m3, fochuideachta f4

subsidize vt fóirdheonaigh; (finance) maoinigh

subsidy n fóirdheontas m1

substance n substaint f2; (of book etc) éirim f2, brí f4; (importance) tábhacht f3

substantial adj (also damages) substaintiúil; (large) mór, nach beag; (important) tábhachtach

substitute n (person) ionadaí m4; (thing) ionad m1; (Sport) fear m1 ionaid, ionadaí; (Math) ionadán m1 ▷ vt: **to ~ sth for sth else** rud a chur in ionad ruda eile ▷ vi: **to ~ for sb** ionadaíocht a dhéanamh ar dhuine

subtitle n (Cine) fotheideal m1

subtle adj caolchúiseach; (fine) fíneálta; (cunning) glic

subtract vt dealaigh

suburb n bruachbhaile m4; **the suburbs** na bruachbhailte; **suburban** adj fo-uirbeach, bruachbhailteach

subway n (US: railway) traein f faoi thalamh; (Brit: underpass) íosbhealach m1

succeed vi: **she ~ed** d'éirigh léi; **they will ~ in doing it** éireoidh leo

s

or rachaidh acu (é) a dhéanamh
▷ *vt* (*follow*) lean; **he ~ed his father** tháinig sé in áit a athar

success *n* rath *m3*; (*victory*) bua *m4*; **the show was a ~** d'éirigh go maith leis an seó; **successful** *adj* (*venture*) rathúil; **they were very successful** d'éirigh go geal leo

succession *n* (*of people, to title etc*) comharbas; (*line*) sraith *f2*; **3 days in ~** trí lá i ndiaidh a chéile *or* as a chéile

successive *adj* i ndiaidh a chéile, leanúnach

such *adj* a leithéid de; (*of that kind*): **~ a book** leabhar dá leithéid *or* mar é; (*so much*): **~ courage** a leithéid de mhisneach ▷ *adv* a leithéid de; **~ books** leabhair den sórt sin; **~ a long trip** a leithéid de thuras fada; **~ a lot of** an oiread sin + *gen*; **~ as** (*like*) mar, ar nós, cosúil le; **he has nothing against teachers as ~** níl sé in aghaidh múinteoirí iontu féin; **such-and-such** *adj*: **at such-and-such a time** ag a leithéid seo d'am

suck *vt* súigh, diúl

Sudan *n* an tSúdáin *f2*

sudden *adj* tobann, grod; **all of a ~** gan choinne, go tobann; **suddenly** *adv* go tobann

sue *vt* agair, cuir an dlí ar

suede *n* svaeid *f2*

suffer *vt* fulaing; (*bear*) cuir suas le, seas ▷ *vi* fulaing; **suffering** *n* fulaingt *f*; (*pain*) pian *f2*

sufficient *adj*: **I consider it ~** is leor liom é; **~ money** go leor airgid, dóthain airgid

suffocate *vi* múch, plúch

sugar *n* siúcra *m4* ▷ *vt* cuir siúcra ar, siúcraigh

suggest *vt* comhairligh, mol; (*infer*) máigh; (*indicate*) comharthaigh, tabhair le fios, cuir in iúl; **suggestion** *n* moladh *m*, comhairle *f4*; (*indication*) leid *f2*

suicide *n* féinmharú *m*; *see also* **commit**

suit *n* (*clothing*) culaith *f2*; (*Law*) agra *m4* dlí; (*Cards*) dath *m3* ▷ *vt* oir do, fóir do, feil do, tar *or* gabh do; **aren't they well ~ed?** (*couple*) nach deas an lánúin iad?; **it ~s you well** is deas atá sé ag teacht duit; **suitable** *adj* oiriúnach, feiliúnach, fóirsteanach; **suitcase** *n* mála *m4* taistil

suite *n* (*of rooms, also Mus*) sraith *f2*; (*also*: **~ of furniture**) foireann *f2* troscáin

sulfur (*US*) *n* = **sulphur**

sulk *vi* téigh chun stuaice *or* chun stailce, pus *or* stuaic a bheith ort

sulphur (*US* **sulfur**) *n* ruibh *f2*, sulfar *m1*

sultana *n* sabhdánach *m1*

sum *n* suim *f2*; (*total*) iomlán *m1*; **sum up** *vt, vi* coimrigh

summarize *vt* achoimrigh, coimrigh

summary *n* achoimre *f4*, coimriú *m*

summer *n* samhradh *m1* ▷ *adj*: **~ weather** aimsir shamhraidh; **summertime** *n* an samhradh *m1*

summit *n* barr *m1*, mullach *m1*; (*meeting*) cruinniú *m* mullaigh

summon *vt* glaoigh *or* scairt ar, toghair; (*meeting*) tionóil; **summon up** *vt* múscail, cruinnigh

sun *n* grian *f2*; **in the ~** faoin ngrian; **sunbathe** *vi* tú féin a ghrianadh, bolg le gréin a dhéanamh; **sunburn** *n* dó *m4* gréine, griandó *m4*; **sunburned, sunburnt** *adj* griandóite

Sunday n (An) Domhnach m1; **on ~** Dé Domhnaigh; **he comes on ~s** tagann sé ar an Domhnach

sunflower n lus m3 na gréine; **sunglasses** npl gloiní fpl4 or spéaclaí gréine; **sunlight** n solas m1 (na) gréine; **sunny** adj grianmhar; **sunrise** n éirí m4 (na) gréine; **sunset** n luí m4 (na) gréine, dul m3 faoi na gréine; **sunshade** n (over table) scáth m3 gréine; **sunshine** n dealramh m1 or taitneamh m1 na gréine; **in the sunshine** faoin ngrian; **sunstroke** n béim f2 or goin f3 ghréine; **suntan** n dath m3 gréine; **suntan lotion** n ionlach m1 gréine; **suntan oil** n ola f4 ghréine

super adj sár, iontach, ar fheabhas, ar dóigh

superb adj iontach, éachtach, thar barr

superficial adj éadomhain, dromchlach; (knowledge etc) breac-

superintendent n (Police) ceannfort m1; (manager) maoirseoir m3

superior adj ard-, scoth-, den scoth, uachtarach; **X is ~ to Y** is fearr X ná Y, tá X ag breith bairr ar Y ▷ n uachtarán m1

superlative n (Ling) sárchéim f2

supermarket n ollmhargadh m1

supernatural adj osnádúrtha

superpower n (Pol) cumhacht f3 mhór, ollchumhacht f3

superstitious adj piseogach

supervise vt (exam) déan feitheoireacht ar; (work) déan maoirseacht ar; (watch) coinnigh súil ar; **supervision** n (of work) maoirseacht f3; (of exam) feitheoireacht f3; **supervisor** n feitheoir m3, maoirseoir m3, maor m1

supper n suipéar m1

supple adj aclaí, ligthe, scaoilte

supplement n (with magazine etc) forábhar m1, forlíonadh m1; (diet etc) forlíon ▷ vt cuir breis le, cuir le

supplier n soláthraí m4

supply vt (provide) soláthair; **to ~ sb with sth** rud a sholáthar do dhuine, rud a choinneáil le duine ▷ n riar m4, soláthar m1; **supplies** npl (food) soláthairtí mph1; (Mil) lón msg1

support n (moral etc) tacaíocht f3; (Tech) taca m4 ▷ vt tacaigh le, taobhaigh le, tabhair tacaíocht do; (family) riar do, cothaigh; (prop up) déan taca do; (bear) fulaing, cuir suas le; **supporter** n (Pol etc) cúl m1 taca; **supporters** npl (Sport) lucht m3 tacaíochta

suppose vt (assume) cuir i gcás, abair; (believe) samhlaigh, creid, síl; **I ~ he went home** is dócha go ndeachaigh sé abhaile; **let's ~ that ...** cuir i gcás go ...; **supposedly** adv in ainm; (allegedly) mar dhea

suppress vt (revolt) cuir faoi chois; (information) coinnigh faoi rún, buail cos ar; (yawn) brúigh fút, coinnigh cúl ar

supreme adj ard-, sár-

surcharge n formhuirear m1

sure adj cinnte, deimhin; **can I come? — ~!** an dtig liom teacht? — cinnte!; **~ enough** ceart go leor; **to make ~ of sth** deimhin a dhéanamh de rud, déanamh cinnte de rud; **make ~ that** tabhair do d'aire go; **surely** adv cinnte, go deimhin; **he is surely in danger** is cinnte go bhfuil sé i gcontúirt

surf n (waves) bruth m3 ▷ vt, vi (Comput) scimeáil

surface n (gen, Geol) dromchla m4,

S

craiceann *m1*; (*of water*) uachtar *m1*
▷ *vt* (*road*) cuir craiceann ar ▷ *vi* tar
i mbarr uisce
surfboard *n* clár *m1* toinne
surfing *n* marcaíocht *f3* toinne
surge *n* borradh *m*; (*of interest etc*)
méadú *m*; (*of jealousy etc*) racht *m3*
▷ *vi* borr, brúcht
surgeon *n* máinlia *m4*
surgery *n* máinliacht *f3*; (*room*)
clinic *m4* (dochtúra)
surname *n* sloinne *m4*
surplus *n* (*too much or many*)
barraíocht *f3*, iomarca *f4*; (*extra*)
barrachas *m1*, fuíoll *m1*, farasbarr *m1*
▷ *adj* breise, de bharraíocht,
iomarcach
surprise *n* ionadh *m1*, iontas *m1* ▷ *vt*
(*catch unawares*) tar aniar aduaidh
ar, beir gairid ar; (*astonish*) cuir
iontas *or* ionadh ar; **surprising** *adj*
iontach; **surprisingly** *adv*: **it's
surprisingly cold** is iontach a
fhuaire atá sé
surrender *n* géilleadh *m* ▷ *vi* géill,
tabhair isteach
surround *vt* timpeallaigh, tar
timpeall *or* thart ar; **surrounding**
adj máguaird, timpeall; **the
surrounding district** an ceantar
máguaird; **surroundings** *npl*
timpeallacht *fsg3*; (*neighbourhood*)
comharsanacht *fsg3*
surveillance *n* faire *f4*
survey *n* suirbhé *m4*; (*examination*)
iniúchadh *m*; (*of land*)
suirbhéireacht *f3* ▷ *vt* déan suirbhé
or suirbhéireacht ar; (*examine*)
scrúdaigh; (*look over*) caith súil
thar; **surveyor** *n* suirbhéir *m3*
survival *n* marthanas *m1*, teacht *m3*
slán; (*relic*) iarsma *m4*
survive *vi* mair ▷ *vt* (*illness etc*) tar
slán as; **survivor** *n* marthanóir *m3*

suspect *adj* amhrasach ▷ *n*: **he is a
~ in the crime** táthar in amhras air
faoin gcoir ▷ *vt* bheith san amhras ar
suspend *vt* (*hang*) croch; (*Law, Sport
etc*) cuir ar fionraí; **suspended
sentence** *n* breith *f2* fionraíochta;
suspenders *npl* (*Brit*) crochóga
fpl2; (*US*) gealasacha *mpl*
suspense *n* beophianadh *m*
suspension *n* (*Aut, Engineering*)
crochadh *m*; (*of driving licence*)
tarraingt *f* siar; (*Sport*) fionraíocht
f3; **suspension bridge** *n*
droichead *m1* crochta
suspicion *n* amhras *m1*; (*trace, hint*)
ábhairín *m4*, iarracht *f3*;
suspicious *adj* amhrasach; **to be
suspicious of** bheith in amhras ar
sustain *vt* lean de, coinnigh le;
(*food etc*) cothaigh, coinnigh an dé i;
(*suffer*): **he ~ed an injury** bhain
gortú dó
SUV *n abbr* (= *sport utility vehicle*)
SUV, feithicil *f2* áirge spóirt
swallow *n* slog *m1*; (*bird*) fáinleog *f2*
▷ *vt* slog; (*believe*) creid; **swallow
up** *vt* alp
swamp *n* seascann *m1*, corcach *f2*,
moing *f2* ▷ *vt* báigh; **she was ~ed
with work** bhí sí go dtí an dá shúil
in obair
swan *n* eala *f4*
swap *vt*: **to ~ sth (for)** rud a
mhalartú *or* a bhabhtáil (ar)
swarm *n* saithe *f4*, púir *f2*; (*of people*)
slua *m4* ▷ *vi* (*bees*) imigh i saithe;
~ing with people dubh le daoine
sway *vi* luasc, bí ag longadán *or* ag
gúngáil ▷ *vt* (*influence*) téigh i
bhfeidhm *or* i dtionchar ar
swear *vt* mionnaigh ▷ *vi*
eascainaigh, bí ag mallachtach;
swearword *n* mionn *m3* mór,
eascaine *f4*

sweat n allas m1 ▷ vi cuir allas
sweater n geansaí m4
sweaty adj allasúil
Swede n Sualannach m1
swede n svaeid m4
Sweden n an tSualainn f2; **Swedish** adj Sualannach ▷ n (Ling) Sualainnis f2; **the Swedish** na Sualannaigh mpl1
sweep n scuabadh m; (curve) cuar m1; (of wings) réim f2; (also: **chimney ~**) glantóir m3 simléar ▷ vt scuab; (subj: current) cart; (remove) glan ▷ vi (in rush) sciurd; **sweep away** vt scuab leat or chun siúil; **sweep up** vt scuab
sweet n (candy) milseán m1; (dessert) milseog f2 ▷ adj milis; (fig: kind) cneasta, cineálta, lách; (baby) gleoite; (voice) binn; (smell) cumhra; **sweetcorn** n arbhar m1 milis; **sweetheart** n muirnín m4, grá m4 geal, rúnsearc f2
swell n (of sea) mórtas m1, suaill f2 ▷ adj (US: inf: excellent) ar fheabhas ▷ vi borr; (Med) at; **swelling** n (Med) at m1; (lump) meall m1
swerve vi fiar, tabhair cor
swift n (bird) gabhlán m1 gaoithe ▷ adj mear, luath; (response) grod, pras
swim n snámh m3; **to go for a ~** dul ag snámh ▷ vi snámh; **my head was ~ming** bhí meadhrán i mo cheann ▷ vt snámh; **swimmer** n snámhóir m3; **swimming** n snámh m3; **swimming costume** n culaith f2 shnámha; **swimming pool** n linn f2 snámha; **swimming trunks** npl bríste m4 snámha; **swimsuit** n culaith f2 shnámha
swing n luascán m1; (movement) luascadh m; (Mus) luasc-cheol m1; (change: in opinion etc) athrú m;

(blow) iarraidh f de bhuille ▷ vt luasc; (also: **~ round**) cas, iompaigh, tiontaigh ▷ vi luasc; (also: **~ round**) cas thart, iompaigh, tiontaigh; **to be in full ~** bheith faoi lán seoil
swirl vi bí ag guairneáil
Swiss adj, n Eilvéiseach m1
switch n (for light, radio etc) lasc f2; (change) athrú m, aistriú m; (swap) malartú m ▷ vt aistrigh, athraigh, malartaigh; **switch off** vt (light) cuir as, múch; (engine) stop, múch; **switch on** vt (light) las, cuir air; (engine, machine) dúisigh, tosaigh; **switchboard** n (Tel) lasc-chlár m1, malartán m1
Switzerland n an Eilvéis f2
swivel vi (also: **~ round**) cas or tar thart; (Tech) cas ar sclóin
swoop n (by police) ruathar m1 ▷ vi (also: **~ down**) tabhair ruathar anuas
swop vt = **swap**
sword n claíomh m1; **swordfish** n colgán m1
sworn adj (statement, evidence) faoi mhionn
syllable n siolla m4
syllabus n siollabas m1
symbol n siombail f2, comhartha m4
symmetry n siméadracht f3
sympathetic adj (understanding) tuisceanach; (compassionate) atruach; (favourable): **~ to** báúil le, i bhfách le
sympathize vi: **to ~ with** (in grief) comhbhrón a dhéanamh le; (understand) tuiscint do; (approve) bheith i bhfách le, bheith báúil le
sympathy n (pity) trua f4, comhbhrón m1; (affinity) bá f4, dáimh f2; **in ~ with** (strike) ag taobhú le

S

symphony *n* siansa *m4*
symptom *n* airí *m4*, siomptóm *m1*,
  comhartha *m4*
syndicate *n* sindeacáit *f2*
synonym *n* comhchiallach *m1*
synthetic *adj* sintéiseach, tacair;
  (*Gram*) táite
Syria *n* an tSiria *f4*
syringe *n* steallaire *m4*
syrup *n* síoróip *f2*; (*also:* **golden ~**)
  órshúlach *m1*
system *n* córas *m1*; (*method*) modh
  m3; **systematic** *adj* córasach,
  rianúil; **systems analyst** *n*
  anailísí *m4* córas

ta (*inf*) *excl* sonas ort
tab *n* (*label*) lipéad *m1*; (*on drinks can
  etc*) cluaisín *m4*; (*US: bill*) dola *m4*;
  (*Typ, Comput*) táb *m1* ⊳ *vt* (*Typ,
  Comput*) tábáil; **to keep ~s on** (*fig*)
  súil ghéar a choinneáil ar
table *n* tábla *m4*, bord *m1* ⊳ *vt* (*motion
  etc*) cláraigh; **to lay** *or* **set the ~**
  an tábla a ullmhú; **tablecloth** *n*
  éadach *m1* boird, scaraoid *f2*; **table
  lamp** *n* lampa *m4* boird; **tablemat**
  n mata *m4* boird; **tablespoon** *n*
  (*also:* **tablespoonful:** *as
  measurement*) spúnóg *f2* bhoird
tablet *n* táibléad *m1*; (*Comput*)
  táibléad *m4*; (*for writing*) tabhall *m1*;
  (*stone*) leac *f2*
table tennis *n* leadóg *f2* bhoird
tabloid *n* tablóid *f2*
tack *n* (*nail*) tacóid *f2*; (*stitch*) greim
  m3 gúshnátha ⊳ *vt* daingnigh le
  tacóidí; (*fig*) greamaigh ⊳ *vi* (*Naut*)

leathbhord a chaitheamh

tackle n trealamh m1, fearas m1; (for lifting) tácla m4; (Rugby) greamú m ▷ vt (difficulty, animal, burglar etc) tabhair faoi; (Rugby) greamaigh

tacky adj greamaitheach; (pej: of poor quality) suarach

tact n cáiréis f2; **tactful** adj cáiréiseach

tactics npl oirbheartaíocht fsg3, taicticí fpl2

tactless adj neamhchairéiseach

tadpole n torbán m1

tag n lipéad m1; (on ear) clib f2; **tag along** vi lean

tail n eireaball m1 ▷ vt (follow) lean; **tails** npl (clothing) casóg fsg2 eireaball

tailor n táilliúir m3

take vt glac; (lift) tóg; (gain: prize) gnóthaigh; (require: effort, courage) tóg; (tolerate) fulaing; (hold: passengers etc) iompair; (accompany) tionlaic; (bring, carry) tabhair; (exam) déan; **to ~ sth from** (drawer etc) rud a thógáil ó or as; (person) rud a bhaint de; **I ~ it that …** glacaim leis go …; **take after** vt fus bheith cosúil le; **take apart** vt bain as a chéile; **take away** vt: **~ it away!** tabhair leat é!; **to ~ sth away from sb** rud a bhaint de dhuine; **take back** vt (return) tabhair ar ais; (accept) glac ar ais; (one's words) tarraing siar; **take down** vt (building) leag; (from shelf etc) tóg anuas; (letter etc) breac síos; **take in** vt (deceive) cuir cluain ar; (understand) tuig; (include) cuir san áireamh; (lodger) glac; **take off** vi (Aviat) éirigh de thalamh; (go away) imigh leat ▷ vt: **she took off her coat** bhain sí di a cóta; **take on** vt (work) glac

chugat; (employee) fostaigh; (opponent) téigh i ngleic le; **take out** vt (invite) tabhair amach; (remove) tóg amach; **take over** vt (business) téigh i gceannas (ar); **he took over the factory** chuaigh sé i mbun na monarchan ▷ vi: **to ~ over from sb** áit duine a ghlacadh; **take up** vt (activity) tosaigh ar; (dress) tóg; (occupy: time, space) tóg; **to ~ sb up on an offer** glacadh le tairiscint ó dhuine; **takeoff** n (Aviat) éirí m4 de thalamh; **takeover** n (Comm) táthcheangal m1; **takings** npl (Comm) fáltas msg1

talc n (also: **~um powder**) talcam m1

tale n (story) scéal m1, eachtra f4; (account) tuairisc f2; **to tell ~s (on)** (fig) sceitheadh (ar)

talent n bua m4, tréith f2, tallann f2; **talented** adj tréitheach, talannach, éirimiúil; **he is a talented musician** tá féith an cheoil ann

talk n (a speech) caint f2; (conversation) comhrá m4; (gossip) béadán m1 ▷ vi labhair; **talks** npl (Pol etc) comhchainteanna fpl2; **to ~ sb out of doing sth** a áitiú ar dhuine gan rud a dhéanamh; **to ~ shop** labhairt ar chúrsaí oibre; **talk over** vt pléigh; **talk show** n seó m4 agallaimh

tall adj ard; **to be six feet ~** bheith sé throigh ar airde

tame adj ceansa, umhal; (fig: story, style) leamh

tamper vi: **to ~ with** bheith ag gabháil de

tampon n súitín m4

tan n (also: **sun~**) dath m3 na gréine ▷ vt, vi crónaigh ▷ adj (colour) crón

tangerine n táinséirín m4

tangle n achrann m1, aimhréidh f2; **to get in(to) a ~** dul in aimhréidh

tank n (*water tank*) umar m1; (*for fish*) dabhach f2; (*Mil*) tanc m4

tanker n tancaer m1

tantrum n spadhar m1, taghd m1

tap n (*on sink etc*) sconna m4, buacaire m4; (*gentle blow*) cniogóg f2 ▷ vt: **to ~ sth** cniogóg a bhualadh ar rud; (*knock*): **to ~ on the door** cnagadh ar an doras; (*resources*) tarraing ar; (*telephone*): **to ~ a telephone** cúléisteacht ar ghuthán duine; **on ~** (*fig: resources*) ar fáil

tape n téip f2; (*Sport*) ribín m4; (*also:* **magnetic ~**) téip mhaighnéadach; (*cassette*) téip; (*sticky*) téip ghreamaitheach ▷ vt (*record*) taifead, cuir ar téip; (*stick with tape*) greamaigh; **tape measure** n ribín m4 tomhais, miosúr m1; **tape recorder** n téipthaifeadán m1

tapestry n taipéis f2

tar n tarra m4

target n sprioc f2; (*fig*) cuspóir m3

tariff n (*Comm*) taraif f2, táille f4; (*taxes*) cáin f

tarmac n tarramhacadam m1

tarpaulin n tarpól m1

tarragon n dragan m1

tart n (*Culin*) toirtín m4; (*infl: slut*) raiteog f2 ▷ adj (*flavour*) géar

tartan n breacán m1 ▷ adj breacáin

task n cúram m1, tasc m1; **to take sb to ~** duine a cháineadh

taste n blas m1; (*fig: glimpse, idea*) réamhbhlas m1 ▷ vt blais ▷ vi: **it ~s of** *or* **like fish** tá blas éisc air; **can I have a ~ of this wine?** an féidir liom an fíon seo a bhlaiseadh?; **to be in bad ~** bheith míchuí; **tasteful** adj (*food etc*) blasta; (*dress etc*) cuibhiúil; **tasteless** adj (*food*) leamh; (*remark*) míchuibheasach; **tasty** adj blasta

tatters npl: **in ~** stiallta

tattoo n tatú m4 ▷ vt tatuáil

taunt n achasán m1 ▷ vt tarcaisnigh; **to ~ sb** duine a tharcaisniú

Taurus n (*Astrol*) An Tarbh m1

taut adj teann, rite

tax n cáin f ▷ vt cáin a ghearradh ar; (*fig*): **they are ~ing my patience** tá siad ag caitheamh na foighne agam; **tax disc** n (*Aut*) diosca m4 cánach; **tax-free** adj saor ó cháin

taxi n tacsaí m4 ▷ vi (*Aviat*) gluais ar talamh; **taxi driver** n tiománaí m4 tacsaí; **taxi rank, taxi stand** n stad m4 tacsaí

tax payer n íocóir m3 cánach

tax return n tuairisceán m1 cánach

tea n tae m4; **to make a cup of ~** cupán tae a dhéanamh; **tea bag** n mála m4 tae; **tea break** n sos m3 tae

teach vt, vi teagasc, múin; **to ~ sb sth, ~ sth to sb** rud a mhúineadh do dhuine; **teacher** n múinteoir m3, oide m4; **teaching** n múinteoireacht f3, teagasc m1

teacup n cupán m1

team n foireann f2; (*of workers*) meitheal f2

teapot n taephota m4

tear¹ n stróiceadh m ▷ vt, vi stróic, réab; **tear along** vi (*rush*): **she was ~ing along the road** bhí sí ag stróiceadh léi feadh an bhóthair; **tear up** vt (*sheet of paper etc*) stróic

tear² n deoir f2; **she burst into ~s** bhris a gol uirthi

tearful adj deorach; **a ~ voice** glór caointe

tear gas n deoirghás m1

tearoom n seomra m4 tae

tease vt spoch as; (*unkindly*) ciap
teaspoon n taespúnóg f2; (*also:*
~**ful**: *as measurement*) lán m1
taespúnóige; **teatime** n am m3
tae; **tea towel** n ceirt f2 soithí
technical adj teicniúil
technician n teicneoir m3
technique n teicníocht f3, teicníc f2
technology n teicneolaíocht f3
teddy (bear) n béirín m4
tedious adj leadránach,
strambánach
tee n (*Golf*) tí m4
teenage adj (*fashions etc*) déagóra n
gen; **teenager** n déagóir m3
teens npl déaga pl; **to be in one's ~**
bheith sna déaga
teetotal adj (*person*) staontach
telegram n sreangscéal m1,
teileagram m1
telegraph pole n cuaille m4
teileagraif
telephone n teileafón m1, guthán
m1 ▷ vt (*person*): **to ~ sb** glaoch
gutháin a chur ar dhuine; **I'm on**
the ~ (*speaking*) tá mé ag caint ar an
teileafón; **telephone booth,**
telephone box n bosca m4
teileafóin *or* gutháin; **telephone**
call n scairt f2 gutháin, glao m4
gutháin; **telephone directory** n
eolaí m4 teileafóin; **telephone**
number n uimhir f theileafóin *or*
ghutháin
telesales n teilidhíol m1,
teilidhíolachán m1
telescope n teileascóp m1
television n teilifís f2; (*also:* ~ **set**)
teilifíseán m1; **on ~** ar an teilifís
tell vt abair, inis; (*distinguish*): **to ~**
sth from rud a idirdhealú ó ▷ vi
(*talk*): **to ~ (of)** inis (faoi); (*have*
effect) dul i bhfeidhm (ar); **to ~ sb**
to go a rá le duine imeacht; **tell off**

vt: **to ~ sb off** leadhbairt den
teanga a thabhairt do dhuine;
teller n (*in bank*) áiritheoir m3
telly (*Brit inf*) n abbr (= *television*): **on**
the ~ ar an bhosca
temp n abbr = **temporary worker**
temper n (*nature*) meon m1; (*mood*)
aoibh f2; (*fit of anger*) colg m1, taghd
m1 ▷ vt (*moderate*) maolaigh; **he is**
in a ~ tá colg air; **he lost his ~**
baineadh a mhíthapa as
temperament n (*nature*) meon m1,
cáilíocht f3; **temperamental** adj
taghdach, spadhrúil
temperature n teocht f3; **he has a**
~ tá fiabhras air
temple n (*building*) teampall m1;
(*Anat*) uisinn f2
temporary adj sealadach;
(*ephemeral*) neamhbhuan
tempt vt meall; **to ~ sb** cathú a
chur ar dhuine; **I was ~ed** tháinig
cathuithe orm; **temptation** n
cathú m
ten num deich; **~ bottles** deich
mbuidéal; **~ people** deichniúr m1
tenant n tionónta m4
tend vt: **to ~ sb** aire a thabhairt do
dhuine ▷ vi: **I ~ to agree** tá
claonadh agam aontú; **tendency**
n: **tendency to** claonadh m chun,
luí m4 le
tender adj bog, maoth; (*delicate*)
leochaileach; (*bruise etc*) frithir ▷ n
(*Comm, offer*) tairiscint f3 ▷ vt tairg
tennis n leadóg f2; **tennis ball** n
liathróid f2 leadóige; **tennis court**
n cúirt f2 leadóige; **tennis player** n
imreoir m3 leadóige; **tennis racket**
n raicéad m1 leadóige
tenor n (*Mus*) teanór m1
tenpin bowling n bollaí mpl4 deich
mbiorán
tense adj rite; (*nervous*) ar tinneall;

t

(*finish*) corraitheach ▷ *n* (*Ling*)
aimsir *f2*

tension *n* teannas *m1*

tent *n* puball *m1*

tentative *adj* trialach; (*cautious*)
faichilleach

tenth *num* deichiú *m4*; **the ~
woman** an deichiú bean

tent pole *n* cuaille *m4* pubaill

tepid *adj* alabhog; (*person*) leamh

term *n* téarma *m4*, tréimhse *f4*;
(*condition*) coinníoll *m1* ▷ *vt*: **to ~
sth/sb** ainm a thabhairt ar rud/
dhuine; **in the long ~** go
fadtéarmach; **to come to ~s with**
(*problem*) teacht chun réitigh le

terminal *adj* téarmach ▷ *n* (*Elec*)
teirminéal *m1*; (*also*: **air, coach ~**)
críochfort *m1*

terminate *vt* deireadh a chur le;
(*pregnancy*) ginmhilleadh a fháil

terminus *n* stáisiún *m1* cinn aistir

terrace *n* lochtán *m1*; (*row of houses*)
sraith *f2*; (*in street names*) ardán *m1*;
the terraces *npl* (*Sport*) na
lochtáin *mpl*; **terraced** *adj*
(*garden*) lochtánach

terrain *n* tír-raon *m1*

terrible *adj* uafásach, millteanach,
creathnach; **terribly** *adv*
millteanach, uafásach

terrier *n* brocaire *m4*

terrific *adj* iontach, éachtach

terrify *vt* scanraigh, sceimhligh; **he
terrified them** chuir sé scéin iontu

territory *n* dúiche *f4*, críoch *f2*,
líomatáiste *m4*

terror *n* scéin *f2*, sceimhle *m4*,
scanradh *m1*; **terrorism** *n*
sceimhlitheoireacht *f3*; **terrorist** *n*
sceimhlitheoir *m3*

test *n* triail *f*, teist *f2*, promhadh *m1*;
(*Med*, *Scol*) scrúdú *m*; (*Chem*) triail;
(*also*: **driving ~**) scrúdú tiomána

▷ *vt* triail; scrúdaigh; promh;
tástáil

testicle *n* magairle *m4*

testify *vi* (*Law*) fianaise a thabhairt;
to ~ to sth dearbhú le rud

testimony *n* fianaise *f4*

test match *n* (*Cricket*, *Rugby*)
teistchluiche *m4*

test tube *n* promhadán *m1*

tetanus *n* teiteanas *m1*

text *n* téacs *m4* ▷ *vt*, *vi* téacsáil;
textbook *n* téacsleabhar *m1*

textile *n* teicstíl *f2*

text message *n* téacs *m4*,
téacs-scéal *m1*,
téacsteachtaireacht *f3*

texture *n* uigeacht *f3*

Thailand *n* an Téalainn *f2*

Thames *n*: **the ~** an Tamais *f2*

than *conj* ná; (*with numerals*): **more
~ 10/once** níos mó ná deichniúr/
uair amháin; **I have more/less ~
you** tá níos mó/níos lú agam ná atá
agatsa; **she has more apples ~
pears** is mó úll ná piorra atá aici;
I'd rather go ~ stay b'fhearr liom
imeacht ná fanacht

thank *vt*: **to ~ sb (for)** buíochas a
ghabháil le duine (as); **thanks** *npl*
(*gratitude*) buíochas *msg1* ▷ *excl* go
raibh maith agat; **~ you (very
much)** go raibh míle maith agat;
~s to a bhuí le; **~ God!** buíochas le
Dia!

 KEYWORD

that *adj* (*demonstrative*: *pl* **those**) sin;
that man/woman/book an fear/
an bhean/an leabhar sin; (*not
"this"*) an fear/an bhean/an leabhar
úd; **that one** an ceann sin *or* úd
▷ *pron* **1** (*demonstrative*: *pl* **those**: *not
"this one"*) é sin, í sin, iad sin; **who's**

that? cé hé sin; **what's that?** céard *or* cad é sin; **is that you?** an tú atá ann?, an tusa atá ansin?; **I prefer this to that** is fearr liom (é) seo ná (é) sin; **that's what he said** sin an rud a dúirt sé; **that is (to say)** is é sin le rá *or* is ionann sin is a rá
2 (*relative: subject*) a + *lenition*; (*: object*) a + *lenition*, a + *nas*; (*: in past tenses*) a + *nas/ar* + *lenition*; (*: indirect*) a + *nas*; (*: past tenses*) a + *lenition*; **the book that I read** an leabhar a léigh mé; **the books that are in the library** na leabhair atá sa leabharlann; **all that I have** (gach) a bhfuil agam; **the box that I put it in** an bosca ar chuir mé ann é/inar chuir mé é; **the people that I spoke to** na daoine ar labhair mé leo *or* lenar labhair mé
3 (*relative: of time*): **the day that he came** an lá a *or* ar tháinig sé
▷ *conj*: **he thought that I was ill** shíl sé go raibh mé tinn
▷ *adv* (*demonstrative*): **I can't work that much** ní thig liom an oiread sin oibre a dhéanamh; **I didn't know it was that bad** ní raibh a fhios agam go raibh sé chomh dona sin; **it's about that high** tá sé faoin méid/airde sin

thatched *adj* (*roof*) tuí; **~ cottage** teach ceann tuí
thaw *n* coscairt *f3* ▷ *vi*: **it's ~ing** tá coscairt ann ▷ *vt* coscair, leáigh

KEYWORD

the *def art* **1** (*all sg except gsf*) an; (*gsf*) na; (*all plurals*) na; **the man/woman** an fear/bhean; **the summer/street** an samhradh/ tsráid; **the time** an t-am; **the weather** an aimsir; **the children** na páistí; **the songs** na hamhráin; **the history of the world** stair an domhain; **the top of the window** barr na fuinneoige; **give it to the postman** tabhair d'fhear an phoist é; **to play the piano/flute** an pianó/fheadóg mhór a sheinm; **the rich and the poor** an saibhir agus an daibhir
2 (*in titles*): **Elizabeth the First** Eilís a hAon; **Peter the Great** Peadar Mór
3 (*in comparisons*): **the more he works, the more he earns** dá mhéad a oibríonn sé is amhlaidh is mó a shaothraíonn sé, dá mhéad dá n-oibríonn sé is ea is mó a shaothraíonn sé

theatre *n* amharclann *f2*; (*also:* **lecture ~**) léachtlann *f2*; (*Med: also:* **operating ~**) obrádlann *f2*
theft *n* gadaíocht *f3*, goid *f3*
their *adj* a; **~ house/car/gloves** a dteach/ngluaisteán/miotóga, an teach/an gluaisteán/na miotóga acu; **~ hair** a gcuid gruaige; *see also* **my**; **theirs** *adj* (*single article*) a gceannsa; (*share of*) a gcuidsean; **this book is theirs** is leo an leabhar seo; **this book of theirs** an leabhar seo acu; *see also* **mine**
them *pron* (*direct*) iad; (*emphatic*) iadsan; **I saw ~** chonaic mé iad; **without ~** gan iad; **after ~** ina ndiaidh; *see also* **me**
theme *n* téama *m4*, ábhar *m1*; **theme park** *n* páirc *f2* théama
themselves *pl pron* (*reflexive*) iad féin; (*emphatic*) iadsan; *see also* **oneself**
then *adv* (*at that time*) san am sin;

t

(*at that moment*) ansin; (*next*) ansin, ina dhiaidh sin ▷ *conj* (*therefore*) ansin, mar sin, más ea ▷ *adj*: **the ~ president** uachtarán na linne sin; **by ~** faoi sin; **from ~ on** as sin amach

theology *n* diagacht *f3*

theory *n* teoiric *f2*

therapy *n* teiripe *f4*

🔵 **KEYWORD**

there *adv* 1: **there is, there are** tá ... ann; **there are 3 of them** (*people*) tá triúr díobh ann; (*things*) tá trí cinn díobh ann; **there has been an accident** bhí taisme ann 2 (*referring to place*) ansin, ansiúd; **it's there** tá sé ansin; **in/up/ down there** istigh/thuas/thíos ansin; **he went there on Friday** chuaigh sé ann Dé hAoine; **I want that book there** an leabhar sin ba mhaith liom; **there he is!** sin *or* siúd ansin é 3: **there, there** (*esp to child*) seo, seo, seo anois

thereabouts *adv* (*place*) sa chóngar sin; (*amount*) thart faoi sin, a bheag nó a mhór; **thereafter** *adv* as sin amach; (*up to present*) ó shin i leith; **thereby** *adv* ar an dóigh sin, sa tslí sin, dá bharr sin; **therefore** *adv* dá bhrí sin, ar an ábhar sin, mar sin de **thermal** *adj* teirmeach; (*springs*) te **thermometer** *n* teirmiméadar *m1* **thermostat** *n* teirmeastat *m1* **these** *pl adj* (*not* "those"): **~ books** na leabhair seo ▷ *pl pron* (*subj*) siad seo; (*obj*) iad seo **thesis** *n* (*dissertation*) tráchtas *m1*; (*theory*) téis *f2* **they** *pl pron* siad, iad; (*emphatic*)

siadsan; (*as subject*): **~ came in** tháinig siad isteach; (*with copula*): **~ are people** is daoine iad; (*in passive, autonomous*): **~ were injured** gortaíodh iad; **~ came and she stayed** tháinig siadsan agus d'fhan sise; **it is ~ who ...** is iadsan a ...; **~ say that ...** (*it is said that*) deirtear ...

thick *adj* tiubh, dlúth; (*liquid*) ramhar; (*stupid*) bómánta ▷ *n*: **in the ~ of** i lár + *gen*; **it's 20 cm ~** 20 cm ar tiús; **thicken** *vt, vi* tiubhaigh, ramhraigh; (*plot*) éirigh níos casta; **thickness** *n* tiús *m1*, raimhre *f4*

thief *n* gadaí *m4*

thigh *n* ceathrú *f*, leis *f2*

thin *adj* tanaí, caol; (*hair, crowd*) scáinte ▷ *vt, vi* tanaigh, caolaigh

thing *n* rud *m3*, ní *m4*; **things** *npl* (*belongings*) giúirléidí *fpl2*; **poor ~!** an créatúr!; **the best ~ would be to ...** ba é ab fhearr a dhéanamh (ná) ...; **how are ~s?** cad é mar atá cúrsaí?

think *vt, vi* smaoinigh; (*reflect*) machnaigh; (*presume*) síl, ceap, meas ▷ *vi*: **to ~ about** smaoinigh *or* machnaigh ar ▷ *vt* (*imagine*) samhail; **what did you ~ of them?** cad é do bharúil orthu?; **to ~ about sth/sb** smaoineamh ar rud/ dhuine; **I'll ~ about it** déanfaidh mé mo mhachnamh air; **to ~ of doing sth** smaoineamh ar rud a dhéanamh; **Is he here? — I ~ so** an bhfuil sé abhus? — sílim go bhfuil; **I ~ of her a lot** bíonn sí go minic ar m'intinn; **think over** *vt* smaoinigh ar; **think up** *vt* ceap, cum, faigh

third *num* tríú, trian; **the ~ woman** an tríú bean ▷ *n* (*fraction*) an tríú cuid; (*Aut*) an tríú giar; (*Univ*:

degree) na tríú honóracha; (*Mus*) tréach m1; **thirdly** *adv* ar an tríú dul síos; **third party insurance** *n* árachas m1 tríú páirtí; **Third World** *n*: **the Third World** an Tríú Domhan

thirst *n* tart m3; **thirsty** *adj* (*person*) tartmhar; (*work*) tartúil; **he is thirsty** tá tart air

thirteen *num* trí déag; **~ bottles** trí bhuidéal déag; **~ people** trí dhuine dhéag

thirty *num* tríocha + *sg*

 KEYWORD

this *adj* (*demonstrative: pl these*) seo; **this man/woman/book** an fear/ an bhean/an leabhar seo; **this one** an ceann seo
▷ *pron* (*demonstrative: pl these*) é seo, í seo, iad seo; **who's this?** cé hé seo?; **what's this?** céard or cad é seo?; **I prefer this to that** is fearr liom (é) seo ná (é) sin; **this is what he said** seo an rud a dúirt sé; **this is Mr Brown** (*in introductions*) is é seo an tUasal Brown; (*in photo*) seo an tUasal Brown; (*on telephone*) an tUasal Brown anseo
▷ *adv* (*demonstrative*): **it was about this big** bhí sé thart faoin méid seo; **I didn't know it was this bad** ní raibh a fhios agam go raibh sé chomh dona seo

thistle *n* feochadán m1
thorn *n* dealg f2
thorough *adj* cruinn, mion; (*work, person*) críochnúil; **thoroughly** *adv* (*go*) críochnúil; (*know*) (*go*) cruinn; (*very*) amach agus amach
those *pl adj* (*not "these"*): **~ books** na leabhair sin ▷ *pl pron* (*subj*) siad sin;

(*obj*) iad sin
though *conj* cé go, bíodh go ▷ *adv* mar sin féin
thought *n* machnamh m1; (*idea*) smaoineamh m1; (*opinion*) barúil f3; **thoughtful** *adj* (*deep in thought*) machnamhach, smaointeach; (*considerate*) tuisceanach; **thoughtless** *adj* místuama, éaganta; (*inconsiderate*) neamhthuisceanach
thousand *num* míle; **two ~ houses** dhá mhíle teach; **~s of houses** na mílte teach; **thousandth** *num* míliú
thrash *vt* léas, greasáil; (*defeat*) treascair; **thrash around, thrash about** *vi* iomlaisc
thread *n* snáth m3; (*of screw*) snáithe m4 ▷ *vt*: **to ~ a needle** snáithe a chur i snáthaid
threat *n* bagairt f3; **threaten** *vi* bagair ▷ *vt*: **to threaten sb with sth** rud a bhagairt ar dhuine
three *num* trí; **~ bottles** trí bhuidéal; **~ people** triúr m1; **three-dimensional** *adj* tríthoiseach; **three-piece suite** *n* foireann f2 troscáin trí bhall
threshold *n* tairseach f2
thrill *n* (*excitement*) corraíl f3; (*shudder*) drithlín m4, deann m3 ▷ *vt* (*audience*) corraigh; **to be ~ed** (*with gift etc*) eiteoga a bheith ar do chroí; **thriller** *n* (*book*) leabhar m1 corraitheach; (*TV, Cine*) scéinséir m3; **thrilling** *adj* corraitheach
thriving *adj* (*business, community*) rafar, bisiúil
throat *n* sceadamán m1, scornach f2; **I have a sore ~** tá tinneas sceadamáin or scornaí orm
throb *vi* (*heart*) preab; (*pain*) frithbhuail; **my finger is ~bing** tá

t

mo mhéar ag broidearnach; **my head is ~bing** tá mo cheann ag frithbhuaileadh

throne *n* ríchathaoir *f*

through *prep* trí; (*time*) i rith + *gen*, ar feadh + *gen*; (*by means of*) trí mheán + *gen*; (*owing to*) de bharr + *gen*, le teann + *gen* ▷ *adj* (*ticket, train, passage*) díreach ▷ *adv* tríd; **~ and ~** amach agus amach; **to put sb ~ to sb** (*Tel*) duine a chur i gcaoi cainte le duine; **to be ~** (*esp US: have finished*) bheith réidh (le); **"no ~ road"** "níl aon bhealach tríd"; **throughout** *prep* (*place*) ar fud + *gen*; (*time*) i rith + *gen* ▷ *adv* i rith an ama, ar fud na háite

throw *n* caitheamh *m1* ▷ *vt* caith, teilg; **throw away** *vt* caith uait; **throw off** *vt*: **he threw off his coat** chaith sé a chóta de; **throw out** *vt* caith amach; (*reject*) diúltaigh do; (*person*) díbir; (*heat*) tabhair uait; **throw up** *vi* caith amach, urlaic

thru (*US*) = **through**

thrush *n* (*bird*) smólach *m1*; (*disease*) truis *f2*

thrust *n* sá *m4*, ropadh *m* ▷ *vt* sáigh, sac, rop

thud *n* tuairt *f2*, trost *f2*

thug *n* maistín *m4*

thumb *n* (*Anat*) ordóg *f2* ▷ *vt*: **to ~ a lift** dul ar an ordóg; **thumb through** *vt* (*book*) méaraigh; **thumbtack** (*US*) *n* tacóid *f2* ordóige

thump *n* tailm *f2*, paltóg *f2*; (*sound*) trost *f2* ▷ *vt*, *vi* buail

thunder *n* toirneach *f2* ▷ *vi*: **it is ~ing** tá toirneach ann; **thunderstorm** *n* spéirling *f2*, stoirm *f2* thintrí

Thursday *n* (An) Déardaoin *m4*; **on ~ Déardaoin; he comes on ~s** tagann sé Déardaoin

thus *adv* (*like so*) mar seo, amhlaidh; (*hence*) mar sin de, dá bhrí sin

thwart *vt* sáraigh, bac

thyme *n* tím *f2*; (*also*: **wild ~**) lus *m3* na mbrat

tick *n* (*of clock, mark*) tic *m4*; (*Zool*) sceartán *m1*; (*inf*): **in a ~** (*straight away*) ar an toirt; (*in a moment*) i gceann meandair ▷ *vi* ticeáil ▷ *vt* (*item on list*) tic a chur le, ticeáil; **tick off** *vt* (*item on list*) tic a chur le, ticeáil; (*person*) íde béil a thabhairt do; **tick over** *vi* (*engine*) réchas; (*fig*): **to be ~ing over nicely** bheith ag gabháil leat

ticket *n* ticéad *m1*; **ticket collector** *n* bailitheoir *m3* ticéad; **ticket office** *n* oifig *f2* ticéad

tickle *vt*, *vi* cigil; **ticklish** *adj* (*person*) cigilteach; (*problem*) cáiréiseach

tide *n* taoide *f4*; (*fig: of events*) sruth *m3* ▷ *vt*: **to ~ sb over** cuidiú le duine; **high ~** lán mara; **low ~** lag trá

tidy *adj* slachtmhar, néata ▷ *vt* (*also*: **~ up**): **to ~ sth (up)** slacht a chur ar rud

tie *n* (*string etc*) ceangal *m1*; (*also*: **neck~**) carbhat *m1*; (*Mus*) nasc *m1*; (*Sport: draw*) comhscór *m1* ▷ *vt* ceangail, snaidhm; (*link*) nasc ▷ *vi* (*Sport*) críochnaigh ar comhscór; **to ~ a knot in sth** snaidhm a chur i rud; **tie down** *vt* (*fig*): **to ~ sb down to sth** rud a chur de chúram ar dhuine; **to be ~d down** (*by relationship*) bheith ar teaghrán; **tie up** *vt* (*parcel, dog*) ceangail; (*boat*) feistigh; (*arrangements*) socraigh; **to be ~d up (with)** (*busy*) bheith gafa (ag)

tier n sraith f2

tiger n tíogar m1

tight adj (rope) teann, rite; (clothes) dlúth; (budget) gann; (programme, control) dian; (bend) géar; (grip) docht, daingean; (inf: drunk) ólta ▷ adv (squeeze) go teann; (hold) go docht; **tighten** vt, vi teann, fáisc; **tightly** adv (grasp) go daingean, go docht; **tights** npl riteoga fpl2

tile n tíl f2, leacán m1

till n scipéad m1 ▷ vt (land) saothraigh ▷ prep, conj = **until**

tilt vt, vi claon, fiar

timber n (material) adhmad m1

time n am m3, tráth m3, aimsir f2; (epoch) ré f4; **the ~** (by clock) an t-am; (moment) nóiméad m1, meandar m1; (occasion) uair f2; (Mus) am ▷ vt (race) amaigh; (programme) socraigh fad + gen; (visit, remark etc) aimsigh an uain tráthúil do; **for a long ~** ar feadh tamaill fhada, ar feadh i bhfad; **for the ~ being** don am i láthair; **4 at a ~** ceathrar in éineacht; **from ~ to ~** ó am go ham; **at ~s** in amanna; **in ~** (soon enough) roimh i bhfad; (after some time) i ndiaidh tamaill; **in a week's ~** i gceann seachtaine; **in no ~** gan mhoill; **any ~** am ar bith; **on ~** in am; **5 ~s 5** cúig faoina cúig; **what ~ is it?** cén t-am é?; **have a good ~!** bíodh am maith agat!; **timely** adj tráthúil, caoithiúil; **timer** n amadóir m3; **time-share** n sealbhaíocht f3 thréimhsiúil; **timetable** n clár m1 ama, amchlár m1; **time zone** n crios m3 ama

timid adj faiteach; (easily scared) scáfar

timing n uainiú m; (Aut) comhrialú m; (Sport) crónaiméadrú m; **the ~ of his leaving** uain a imeachta

tin n stán m1; (also: **~ plate**) pláta m4 stáin; (tin can) canna m4 stáin; **tinfoil** n scragall m1 (stáin)

tingle vi (person): **my skin is tingling** tá griofadach i mo chraiceann agam

tinker: **tinker with** vt fus bheith ag útamáil le

tinned adj (food) stánaithe

tin opener n stánosclóir m3

tinsel n tinsil m4

tint n imir f2; (for hair) fordhath m3 gruaige; **tinted** adj fordhaite

tiny adj bídeach

tip n (end) barr m1, ceann m1, rinn f2; (of pen) gob m1; (gratuity) séisín m4; (for rubbish) láithreán m1 fuílligh; (advice) nod m1, leid f2 ▷ vt (waiter) séisín a thabhairt do; (tilt) claon; (overturn: also: **~ over**) iompaigh béal faoi; (empty: also: **~ out**) folmhaigh

tiptoe n: **on ~** ar na barraicíní

tire n (US) = **tyre** ▷ vt, vi tuirsigh, traoch; **tired** adj tuirseach; **I am tired** tá tuirse orm; **to be tired of sth** bheith bréan de rud; **tiring** adj tuirsiúil

tissue n (Biol) uige f4, fíochán m1; (paper handkerchief) ciarsúr m1 páipéir; **tissue paper** n páipéar m1 síoda

tit n (bird) meantán m1; (teat) sine f4; (breast) cíoch f2; **she will give him ~ for tat** tabharfaidh sí tomhas a láimhe féin dó

title n teideal m1

 KEYWORD

to prep **1** (direction) go, chuig, chun + gen, go dtí; **to go to Coleraine/ Dublin/Ireland** dul go Cúil Raithin/go Baile Átha Cliath/go hÉirinn; **to go to Spiddal/Rome/ France** dul chun an Spidéil/chun na Róimhe/chun na Fraince; **to go to the United States** dul chun na Stát Aontaithe; **to go to school** dul ar scoil or chun na scoile; **to go to John's/the doctor's** dul tigh Sheáin/chuig an dochtúir; **the road to Belfast** an bóthar go Béal Feirste

2 (*as far as*) go, go dtí; **to count to 10** comhaireamh go dtí a deich; **from 40 to 50 people** ó dhaichead go caoga duine

3 (*with expressions of time*) chun, do, go dtí; **it's twenty to 3** tá sé fiche don or go dtí or chun a trí

4 (*for, of*): **the key to the front door** eochair an dorais tosaigh; **a letter to his wife** litir chuig a bhean chéile

5 (*expressing indirect object*): **to give sth to sb** rud a thabhairt do dhuine; **to talk to sb** labhairt le duine

6 (*in relation to*): **3 goals to 2** 3 chúl in aghaidh a 2; **30 miles to the gallon** 30 míle an galún or don ghalún

7 (*purpose, result*): **to come to sb's aid** teacht i gcabhair ar dhuine, teacht ag cuidiú le duine; **to sentence sb to death** duine a dhaoradh chun báis; **to my surprise** rud a chuir iontas orm ▷ *with vb* **1** (*simple infin*): **to go/eat** imeacht/ithe

2 (*following another vb*): **to want to do sth** fonn a bheith ort rud a dhéanamh; **to try to do sth** iarraidh a thabhairt (ar) rud a dhéanamh; **to start to do sth** tosú ag déanamh ruda or dul i gceann ruda

3 (*with vb omitted*): **I don't want to** níl fonn orm

4 (*purpose, result*): **I did it to help you** rinne mé é chun cabhrú leat or le cuidiú leat

5 (*equivalent to relative clause*): **I have things to do** tá rudaí le déanamh agam; **the main thing is to try** is é is tábhachtaí (ná) tabhairt faoi

6 (*after adjective etc*): **ready to go** réidh le himeacht; **too old/young to ...** róshean/ró-óg le or chun ▷ *adv*: **push/pull the door to** dún an doras

toad *n* buaf *f2*; **toadstool** *n* beacán *m1* bearaigh

toast *n* (*Culin*) tósta *m4*; (*drink, speech*) sláinte *f4* ▷ *vt* (*Culin*) tóstáil; (*drink to*): **we ~ed him** d'ólamar a shláinte; **toaster** *n* tóstaer *m1*

tobacco *n* tobac *m4*

toboggan *n* sleamhnán *m1*

today *adv, n* inniu

toddler *n* tachrán *m1*

toe *n* ladhar *f2*, méar *f2* coise; (*of shoe*) barraicín *m4* ▷ *vt*: **to ~ the line** (*fig*) géilleadh do na rialacha; **toenail** *n* ionga *f* coise

toffee *n* taifí *m4*

together *adv* le chéile, in éineacht; **~ with** in éineacht le

toilet *n* (*lavatory*) leithreas *m1* ▷ *cpd* (*accessories etc*) ionnalta; **toilet paper** *n* páipéar *m1* leithris; **toiletries** *npl* cóir *fsg3* ionnalta; **toilet roll** *n* rolla *m4* leithris

token *n* (*coupon*) éarlais *f2*; (*sign*) comhartha *m4* ▷ *adj* (*strike, payment etc*) comharthach; **book ~** éarlais leabhar

tolerant *adj*: **~ (of)** caoinfhulangach (maidir le)

tolerate vt fulaing, cuir suas le

toll n dola m4 ▷ vi (bell) buail; **the accident ~ on the roads** an líon a maraíodh ar na bóithre

tomato n tráta m4

tomb n tuama m4; **tombstone** n leac f2 uaighe

tomorrow adv amárach ▷ n amárach; **the day after ~** arú amárach; **~ morning** maidin amárach

ton n tonna m4; **~s of** (inf) dalladh m + gen

tone n (of voice) tuin f2; (Ling, Mus, colour) ton m1; (of muscles) teannas m1 ▷ vi (also: **~ in**) tar le; **tone down** vt maolaigh; (sound) bog; **tone up** vt (muscles) teann

tongs npl (for coal) tlú msg4, maide msg4 briste; (for hair) tlú gruaige

tongue n teanga f4; **~ in cheek** go híorónta

tonic n íocshláinte f4; (Med) athbhríoch m1; (also: **~ water**) uisce m4 íocshláinteach

tonight adv, n anocht

tonsil n céislín m4; **tonsillitis** n céislínteas m1

too adv (excessively) ró-; (also) fosta, freisin, chomh maith; **~ much food** barraíocht or an iomarca bia; **~ many people** barraíocht daoine

tool n uirlis f2, gléas m1, acra m4; **tool box** n bosca m4 uirlisí

tooth n (Anat, Tech) fiacail f2; **toothache** n tinneas m fiacaile, déideadh m1; **toothbrush** n scuab f2 fiacla; **toothpaste** n taos m1 fiacla; **toothpick** n bior m3 fiacla

top n uachtar m1, barr m1; (of mountain, head) mullach m1; (lid: of box, jar) clár m1; (toy) caiseal m1; (garment) barrchóir f3 ▷ adj uachtarach; (in rank) príomh-;

(best) is fearr ▷ vt (exceed) sáraigh; (be first in) bheith ar cheann + gen; **on ~ of** ar bharr + gen, sa mhullach ar; (in addition to) ar bharr + gen; **from ~ to bottom** ó bhun go barr; **top up** (US **top off**) vt (bottle) líon go béal; (salary) cuir breis le; (mobile phone) breis a fháil; **top floor** n urlár m1 uachtarach; **top hat** n hata m4 ard

topic n ábhar m1; **topical** adj ábhartha; (current) reatha

topless adj (bather etc) uchtnocht

topple vt (building) leag; (government) treascair ▷ vi tit

top-up n (for mobile phone) breis f2; **top-up card** n (for mobile phone) cárta m4 breisithe

torch n tóirse m4, trilseán m1; (electric) lóchrann m1 póca

torment n crá m4, céasadh m ▷ vt céas, cráigh; (fig: annoy) ciap

tornado n tornádó m4

torpedo n toirpéad m1

torrent n tuile f4, díle f

tortoise n toirtís f2

torture n céasadh m ▷ vt céas; (fig) ciap, cráigh

Tory (Brit: Pol) n Tóraí m4 ▷ adj Tóraíoch

toss vt caith; **she ~ed her head** bhain sí croitheadh as a ceann; **to ~ a coin** pingin a chaitheamh in airde; **to ~ up for sth** crainn a chaitheamh ar rud; **to ~ and turn** bheith d'únfairt féin sa leaba

total adj iomlán, ar fad, go léir ▷ n iomlán m1, suim f2 ▷ vt (add up) suimigh; **it ~s thirty euros** tá tríocha euro ann

totally adv go hiomlán, go huile

touch n tadhall m1, teagmháil f3; (skill: of artist etc) lámh f2; (sense) tadhall ▷ vt teagmhaigh le, bain

t

do; **don't ~ that paint** ná bain don phéint sin; **a ~ of humour** (*fig*) iarracht den ghreann; **to get in ~ with** scéala a chur chuig; **he lost ~ with her** d'imigh sí ó chaidreamh air; **touch on** vt fus (*topic*) bain do; **touch up** vt (*paint*) cuir barr maise ar; **touchdown** n talmhú m; **touched** adj (*moved*) corraithe, tógtha; (*batty*) ar mire; **touching** adj corraitheach; **touchline** n (*Sport*) taobhlíne f4; **touch-sensitive** adj (*Comput*) tadhall-íogair

tough adj crua; (*resistant, meat*) righin; (*firm*) láidir; (*task*) doiligh, deacair

tour n turas m1, camchuairt f2; (*also*: **package ~**) turas m1 láneagraithe; (*of town, museum*) cuairt f2 ⊳ vt: **she ~ed the country** thug sí camchuairt na tíre

tourism n turasóireacht f3

tourist n turasóir m3; **tourist office** n oifig f2 thurasóireachta

tournament n comórtas m1

tow vt tarraing; (*caravan, trailer*) tarraing ar cheann téide; **"on ~"**, **"in ~"** (*US*) ar cheann téide

toward, towards prep chuig, chun, go dtí; (*of attitude*) maidir le; (*of purpose*) chun + gen, le haghaidh + gen; (*direction*) i dtreo + gen

towel n tuáille m4; **towelling** n (*fabric*) éadach m1 tuáillí

tower n túr m1; **tower block** n áraslann f2

town n baile m4 (mór); **to go to ~** dul chun na cathrach; **town centre** n lár m1 an bhaile; (*in road signs*) An Lár; **town hall** n halla m4 baile

tow truck (*US*) n trucail f2 tarraingthe

toy n bréagán m1, áilleagán m1; **toy with** vt fus bí ag súgradh le

trace n lorg m1, rian m1 ⊳ vt (*draw*) rianaigh; (*follow*) lorg; (*locate*) aimsigh

tracing paper n rianpháipéar m1

track n (*of bullet etc, on record*) rian m1; (*mark, of suspect, animal*) lorg m1; (*path*) cosán m1; (*Rail*) rian; (*Sport*) raon m1 ⊳ vt lorg; **he kept ~ of her** níor chaill sé tuairisc uirthi; **track down** vt (*prey*) lorg agus ceap; (*sth lost*) aimsigh; **tracksuit** n raonchulaith f2

tractor n tarracóir m3

trade n trádáil f3, tráchtáil f3; (*skill, job*) ceird f2 ⊳ vi trádáil a dhéanamh ⊳ vt (*exchange*): **to ~ sth (for sth)** rud a bhabhtáil (ar rud); **trade in** vt (*old car etc*) tabhair mar pháirtíocaíocht; **trademark** n trádmharc m1; **trader** n trádálaí m4, tráchtálaí m4; **tradesman** n (*shopkeeper*) fear m1 siopa; **trade union** n ceardchumann m1

tradition n traidisiún m1; **traditional** adj traidisiúnta

traffic n trácht m3 ⊳ vi: **to ~ in** (*pej*: *liquor, drugs*) déileáil; **traffic circle** (*US*) n timpeallán m1; **traffic jam** n plódú m tráchta; **traffic lights** npl soilse fpl4 tráchta; **traffic warden** n maor m1 tráchta

tragedy n traigéide f4, tubaiste f4

tragic adj taismeach, tubaisteach, traigéideach

trail n (*tracks*) lorg m1; (*path*) cosán m1; (*of smoke etc*) sraoill f2 ⊳ vt sraoill; (*follow*) lorg, lean ⊳ vi sraoill; (*in game, contest*) bí chun deiridh; **trailer** n (*Aut*) leantóir m3; (*US*) carbhán m1; (*Cine, TV*) réamhbhlaiseadh m

train n traein f; (*of dress*) triopall m1

▷ vt oil; (sportsman) traenáil; (point: gun etc) aimsigh ▷ vi traenáil; **~ of thought** snáithe smaointe; **trainee** n foghlaimeoir m3; (in trade) printíseach m1; **trainer** n (Sport: coach) traenálaí m4; (of dogs etc) oiliúnóir m3; **trainers** (shoes) bróga fpl2 traenála; **training** n (at work etc) oiliúint f3; (Sport) traenáil f3; **in training** (Sport) ag traenáil; (fit) scafánta; **training shoes** npl bróga fpl2 traenála

trait n tréith f2

traitor n fealltóir m3

tram n (also: **~car**) tram m4

tramp n (person) bacach m1, fear m1 siúil; (inf: pej: woman) scubaid f2 ▷ vi siúil go trom

trample vt: **to ~ (underfoot)** satail ar, gabh de chosa i

trampoline n trampailín m4

tranquil adj ciúin, suaimhneach; **tranquillizer** (US **tranquilizer**) n (Med) suaimhneasán m1

transaction n idirbheart m1, beart m1

transatlantic adj trasatlantach

transfer n (gen, also Sport) aistriú m; (picture, design) aistreog f2; (: stick-on) aistreog ghreamaitheach ▷ vt aistrigh; **to ~ the charges** (Tel) na táillí a aistriú

transform vt claochlaigh

transfusion n (also: **blood ~**) fuilaistriú m

transit n idirthuras m1; **in ~** faoi bhealach

transitive adj (Ling) aistreach

translate vt aistrigh; **translation** n aistriúchán m1; **translator** n aistritheoir m3

transmission n seachadadh m, iompar m1; (Tel) tarchur m1

transmit vt seachaid; (Radio, TV) tarchuir

transparent adj trédhearcach

transplant vt aistrigh; (seedlings) athphlandáil; (Med) nódaigh ▷ n (Med) nódú m

transport n iompar m1; (car) gléas m1 iompair ▷ vt iompair;

transportation n iompar m1; (means of transportation) cóir f3 iompair

trap n (snare, trick) dol m3, gaiste m4; (carriage) trap m4 ▷ vt gaistigh, sáinnigh

trash (pej) n (goods) truflais f2, dramháil f3; (nonsense) seafóid f2, ráiméis f2; **trash can** (US) n bosca m4 bruscair

trauma n sceimhle m4; **traumatic** adj coscrach

travel n taisteal m1 ▷ vi taistil; (news, sound) leath ▷ vt (distance) taistil; **travel agency** n gníomhaireacht f3 taistil; **travel agent** n gníomhaire m4 taistil; **traveller** (US **traveler**) n taistealaí m4; **travellers** lucht msg3 siúil; **traveller's cheque** (US **traveler's check**) n seic m4 taistil; **travelling** (US **traveling**) n taisteal m1; **travel sickness** n tinneas m1 taistil

trawler n trálaer m1

tray n (for carrying) tráidire m4

treacherous adj (person, look) fealltach; (ground, tide) fabhtach

treacle n triacla m4

tread n (of shoe) bonn m1; (sound) coiscéim f2; (of tyre) trácht m3 ▷ vi siúil; **tread on** vt fus satail ar

treasure n stór m1, ciste m4, taisce f4 ▷ vt (value) luachmhar leis a leabhair; **he ~s his books** is luachmhar leis a leabhair; **treasurer** n cisteoir m3

treasury n: **the T~, the T~**

t

Department (*US*) an Roinn *f2* Airgeadais

treat *n* féirín *m4* ▷ *vt* caith le; (*machine*) cóireáil; **to ~ sb to a drink** deoch a sheasamh do dhuine; **treatment** *n* cóir *f3*; (*Med, machine*) cóireáil *f3*; (*Comm*) socraíocht *f3*

treaty *n* conradh *m*; (*Comm*) gnóthaíocht *f3*

treble *adj* faoi thrí ▷ *vt, vi* méadaigh faoi thrí

tree *n* crann *m1*

trek *n* (*long*) aistear *m1*; (*on foot*) siúl *m1*

tremble *vi* bheith ar crith

tremendous *adj* (*enormous*) ollmhór; (*excellent*) thar barr, iontach

trench *n* díog *f2*, trinse *m4*

trend *n* (*tendency*) claonadh *m*; (*of events*) treocht *f3*; (*fashion*) nós *m1*; **trendy** *adj* (*idea, person, clothes*) faiseanta

trespass *vi*: **to ~ on** treaspás a dhéanamh ar; **"no ~ing"** "ná déantar treaspás"

trial *n* (*Law*) triail *f*; (*test: of machine etc*) tástáil *f3*, promhadh *m1*; **trials** *npl* (*unpleasant experiences*) cruatan *msg1*; **to be on ~** (*Law*) bheith do do thriail; **by ~ and error** le tástáil agus le hearráid; **trial period** *n* tréimhse *f4* trialach

triangle *n* (*Math, Mus*) triantán *m1*

tribe *n* treibh *f2*

tribunal *n* binse *m4* breithimh

tribute *n* ómós *m1*; **to pay ~ to sb** duine a mholadh

trick *n* (*magic trick*) cleas *m1*; (*joke, prank*) bob *m4*; (*skill, knack*) ciúta *m4*; (*Cards*) cleas *m1* cártaí ▷ *vt* cuir cluain ar; **to play a ~ on sb** bob a bhualadh ar dhuine; **that should**

do the ~ ba chóir go ndéanfadh sin cúis

trickle *n* (*of water etc*) silín *m4* ▷ *vi* sil

tricky *adj* cleasach; (*problem*) cáiréiseach

tricycle *n* trírothach *m1*

trifle *n* mionrud *m3*; (*Culin*) traidhfil *f4* ▷ *adv*: **a ~ long** ábhairín fada

trigger *n* truicear *m1*; **trigger off** *vt* cuir tús le

trim *adj* (*house, garden*) slachtmhar; (*figure*) comair ▷ *n* (*haircut etc*) diogáil *f3*; (*on car*) feistiú *m* ▷ *vt* (*cut*) diogáil; (*Naut: a sail*) athraigh; (*decorate*): **to ~ (with)** feistigh (le)

trip *n* turas *m1*, aistear *m1*; (*excursion*) geábh *m3*; (*stumble*) tuisle *m4*, cor *m1* coise ▷ *vi* tuisligh; **on a ~** ar turas; **trip up** *vi* tuisligh ▷ *vt* bain tuisle as

triple *adj* triarach

triplets *npl* trírín *msg4*

tripod *n* tríchosach *m1*

triumph *n* bua *m4*, caithréim *f2* ▷ *vi*: **to ~ (over)** beir bua (ar)

trivial *adj* fánach; (*commonplace*) coitianta

trolley *n* tralaí *m4*

trombone *n* trombón *m1*

troop *n* buíon *f2*, díorma *m4* ▷ *vi*: **~ in/out** cruinnigh isteach/bailigh leat amach; **troops** *npl* (*Mil*) trúpaí *mpl4*; (: *men*) saighdiúirí *mpl3*

trophy *n* trófaí *m4*, comhramh *m1*

tropical *adj* teochreasach

trot *n* sodar *m1* ▷ *vi* bheith ag sodar; **on the ~** (*fig*) as a chéile

trouble *n* trioblóid *f2*; (*worry*) buairt *f3*; (*bother, effort*) stró *m4*, dua *m4*; (*Pol*) achrann *m1*; (*Med*): **he has stomach ~** tá an goile ag cur air ▷ *vt* (*disturb*) cuir as do; (*worry*) buair ▷ *vi*: **to ~ to do sth** saothar a chur ort féin le rud a dhéanamh;

troubles npl (Pol etc) trioblóidí fpl2; (personal) deacrachtaí fpl3; **to be in ~** deacrachtaí a bheith agat; (ship, climber etc) bheith i dtrioblóid; **what's the ~?** cad é atá cearr?; **troubled** adj (person) buartha; (epoch, life) corrach; **troublemaker** n clampróir m3; **troublesome** adj (child) crosta; (cough etc) cráite

trough n umar m1; (also: **drinking ~**) trach m4 uisce; (low point) log m1

trousers npl bríste msg4; **short ~** bríste gairid

trout n breac m1

trowel n lián m1

truant n múitseálaí m4; **to play ~** lá a chaitheamh faoin tor

truce n sos m3 cogaidh

truck n trucail f2; **truck driver** n tiománaí m4 trucaile

true adj fíor; (accurate) cruinn; (faithful) dílis; **to come ~** fíorú

truly adv dáiríre; (truthfully) go fírinneach; see also **yours**

trumpet n stoc m1, trumpa m4

trunk n (of tree) ceap m1, stoc m1; (of person) cabhail f; (of elephant) trunc m3; (case) cófra m4; (US: Aut) cófra m4 bagáiste; **trunks** npl (also: **swimming ~s**) bríste msg4 snámha

trust n muinín f2, iontaoibh f2; (responsibility) cúram m1; (Law) iontaobhas m1 ▷ vt (rely on) bíodh iontaoibh agat as; (hope) bíodh súil agat; (entrust): **to ~ sth to sb** rud a chur faoi chúram + gen; **to take sth on ~** rud a ghlacadh ar cairde; **trusted** adj muiníneach, iontaofa; **trustworthy** adj iontaofa

truth n fírinne f4; **to tell the ~** déanta na fírinne; **truthful** adj (person) ionraic; (answer) fírinneach

try n iarracht f3, triail f; (Rugby) úd m1 ▷ vt (attempt) déan iarracht ar, triail; (test: sth new: also: **~ out**) tástáil, promh; (Law: person) triail; (strain) cuir stró ar ▷ vi déan iarracht; **to have a ~** tabhairt faoi; **to ~ to do sth** triail rud a dhéanamh; **try on** vt (clothes) féach ort; **trying** adj duaisiúil

T-shirt n T-léine f4

tub n tobán m1; (for washing clothes) tobán níocháin; (bath) folcadán m1

tube n feadán m1, píobán m1; (underground) traein f faoi thalamh; (for tyre) tiúb f2

tuck vt (put) sac; **tuck in** vt sac isteach; (child) soiprigh ▷ vi (eat) ith leat; **tuck shop** n siopa m4 milsíneachta

Tuesday n An Mháirt f2; **on ~** Dé Máirt; **he comes on ~s** tagann sé ar an Máirt

tug n (ship) tuga m4 ▷ vt tarraing

tuition n (Brit) teagasc m1; (private tuition) teagasc m1 príobháideach; (US: school fees) táillí fpl4 scoile

tulip n tiúilip f2

tumble n (fall) titim f2 ▷ vi tit; **to ~ to sth** (inf) tuig; **tumble dryer** n triomadóir m3 iomlasctha

tumbler n (glass) timbléar m1

tummy (inf) n goile m4, bolg m1

tumour (US tumor) n sceachaill f2, meall m1

tuna n (also: **~ fish**) tuinnín m4

tune n (melody) fonn m1; (traditional dance music) port m1 ▷ vt tiúin; **to be in/out of ~ (with)** (fig) bheith i dtiúin/as tiúin (le); **tune in** vi (Radio, TV): **to ~ in (to)** aimsigh; **tune up** vi (musician) tiúin

tunic n tuineach f2

Tunisia n an Túinéis f2

tunnel n tollán m1; (in mine) tollán mianaigh ▷ vi tochail tollán

turbulence n (Aviat) suaiteacht f3

t

turf n scraith f2; (peat) móin f3; (clod) fód m1 ▷ vt cuir scraith ar; **turf out** (inf) vt (person) tabhair bata agus bóthar do

Turk n Turcach m1

Turkey n an Tuirc f2

turkey n turcaí m4

Turkish adj Turcach ▷ n (Ling) Tuircis f2

turmoil n clampar m1, suaitheadh m; **the city is in ~** tá an chathair ina cíor thuathail

turn n casadh m1, iompú m; (in road, of mind, of events) cor m1; (performance) dreas m3; (Med) taom m3 ▷ vt cas; (collar, steak) iompaigh; (change): **to ~ sth into** rud a chlaochlú go ▷ vi (object, wind, milk) iompaigh; (person: look back) cas; (reverse direction) fill; (become) éirigh; (age) slánaigh; **to ~ into** athrú go, dul i riocht + gen; **a good ~** gar; **it gave me quite a ~** bhain sé geit asam; **"no left ~"** (Aut) "ná castar ar chlé"; **it's your ~** do shealsa atá ann; **they spoke in ~** labhair siad ar a seal; **to take ~s (at)** uainíocht a dhéanamh (ar); **turn away** vi tabhair do dhroim (le) ▷ vt (applicants) cuir ó dhoras; **turn back** vi fill ▷ vt (person, vehicle) cas ar ais; (clock) cuir siar; **turn down** vt (refuse: person) diúltaigh do; (radio etc) íslaigh; (bed etc) fill anuas; **turn in** vi (inf: go to bed) téigh a luí ▷ vt (fold) cas isteach; **turn off** vi (from road) cas ó ▷ vt (light, radio etc) múch; (tap) stop; (engine) múch; **turn on** vt (light) las; (tap, radio etc) cuir ar siúl; (engine) dúisigh; **turn out** vt (light, gas) múch; (produce) táirg ▷ vi (voters, troops etc) tar amach; **he ~ed out to be an actor** tharla gurbh aisteoir é; **turn over**

vi (person) iompaigh ▷ vt iompaigh; **turn round** vi cas thart; (rotate) cas; **turn up** vi (person) nocht ▷ vt (collar) croch; (radio, heater) ardaigh; **turning** n (in road) cor m1, casadh m1; **turning point** n (fig) cor m1 cinniúnach

turnip n tornapa m4

turnout n: **there was a large ~** bhí cuid mhór i láthair; **turnover** n (Comm: amount of money) láimhdeachas m1; (: of goods) imeacht m3; (of staff) ráta m4 athraithe; **turnstile** n geata m4 casta; **turn-up** n (on trousers) filleadh m1 osáin

turquoise n (stone) turcaid f2 ▷ adj turcaidghorm

turtle n turtar m1

tusk n starrfhiacail f2

tutor n teagascóir m3; (in college) oide m4; (private teacher) múinteoir m3 príobháideach; **tutorial** n (Scol) rang m3 teagaisc

tuxedo (US) n casóg f2 dinnéir

TV n abbr (= television) TV

tweed n bréidín m4

tweet vt (on Twitter) tvuíteáil

tweezers npl pionsúirín msg4

twelfth num dóú déag, dara déag; **the ~ woman** an dara bean déag; **the T~** an Dóú Lá Déag (de Mhí Iúil); **the ~ day of December** an dóú lá déag de Nollaig; **the ~ day of Christmas** an dara lá déag den Nollaig

twelve num dó dhéag; **~ bottles** dhá bhuidéal déag; **~ people** dháréag m4; **the ~ days of Christmas** achar an dá lá dhéag; **the ~** an dáréag; **at ~ (o'clock)** (midday) ag meán lae; (midnight) ag meán oíche

twentieth num fichiú; **the ~**

woman an fichiú bean
twenty *num* fiche *m* + *sg*
twice *adv* faoi dhó; **~ as much** dhá oiread
twig *n* craobhóg *f2*, cipín *m4* ▷ *vi* (*inf*) tuig
twilight *n* clapsholas *m1*, coineascar *m1*
twin *adj* cúplach ▷ *n* leathchúpla *m4* ▷ *vt* nasc; **~s** cúpla *msg4*; **twin-bedded room** *n* seomra *m4* dhá leaba
twinkle *vi* drithligh; (*eyes*) lonraigh
twin room *n* seomra *m4* dhá leaba
twist *n* casadh *m1*; (*in road, story*) cor *m1*; (*in wire, flex*) caisirnín *m4* ▷ *vt* cas; (*weave*) figh; (*roll around*) cas thart ar ▷ *vi* (*road, river*) cas, lúb
twit (*inf*) *n* bómán *m1*
twitch *n* (*pull*) tarraingt *f*; (*nervous*) freanga *f4* ▷ *vi* preab
two *num* dó; (*persons*): **~ people** beirt *f2*; **~ men/women** beirt fhear/bhan; **a day or ~** lá nó dhó; **~ or three years** a dó nó a trí de bhlianta; **to put ~ and ~ together** (*fig*) tuiscint as; **~ things** dhá rud
type *n* (*category*) cineál *m1*, saghas *m1*, sórt *m1*; (*example*) sampla *m4*; (*Typ*) cló *m4* ▷ *vt* (*letter etc*) clóscríobh; **typewriter** *n* clóscríobhán *m1*
typhoid *n* fiabhras *m1* breac
typical *adj* samplach, tipiciúil
typing *n* clóscríbhneoireacht *f3*
typist *n* clóscríobhaí *m4*
tyre (*US* **tire**) *n* bonn *m1*
Tyrone *n* Tír *f* Eoghain

ugly *adj* gránna, míofar, gráiciúil
UK *n abbr* = **United Kingdom**
ulcer *n* othras *m1*
Ulster *n* Cúige *m4* Uladh ▷ *adj* Ultach
ultimate *adj* deireanach, deiridh *n gen*; (*authority*) is airde; **ultimately** *adv* ar deireadh, faoi dheireadh, as deireadh an scéil
ultrasound *n* ultrafhuaim *f2*
umbrella *n* scáth *m3* fearthainne, scáth báistí; (*for sun*) scáth gréine, parasól *m1*
umpire *n* moltóir *m3*
UN *n abbr* = **United Nations**
unable *adj*: **I am ~ to ...** níl mé ábalta *or* in ann ...; (*incapable*) níl ar mo chumas
unanimous *adj* d'aon ghuth
unarmed *adj* (*combat*) gan arm; (*person*) neamharmtha
unattended *adj* (*car, child, luggage*)

gan feighil

unattractive adj
mhíthaitneamhach, mísciamhach

unavoidable adj dosheachanta;
it was ~ ní raibh dul taobh anonn
de, ní raibh neart air

unaware adj: **~ of** aineolach ar;
I was ~ of that ní raibh a fhios
agam sin; **unawares** adv i ngan
fhios (do); **to catch** or **take sb**
unawares breith gairid ar dhuine,
teacht aniar aduaidh ar dhuine

unbearable adj dofhulaingthe;
it's ~ níl fulaingt le déanamh air

unbeatable adj dosháraithe;
he's ~ níl a bhualadh le fáil

unbelievable adj dochreidthe

unborn adj gan bhreith, nár rugadh
go fóill

unbutton vt scaoil

uncalled-for adj
neamhriachtanach

uncanny adj (eerie) diamhair;
(extraordinary) iontach, dochreidte

uncertain adj éiginnte,
neamhchinnte; (hesitant) idir dhá
chomhairle; (vague) doiléir; **in no ~**
terms gan fiacail a chur ann;
uncertainty n éiginnteacht f3,
neamhchinnteacht f3

uncle n uncail m4

uncomfortable adj
míchompordach; (uneasy)
míshuaimhneach; (situation)
bearránach, ciotach

uncommon adj neamhchoitianta,
neamhghnách

unconditional adj
neamhchoinníollach, gan
choinníoll

unconscious adj gan mheabhair;
(Med) neamhaireachtálach;
(unaware): **~ of** gan eolas ar ▷ n:
the ~ an fo-chomhfhios m3

uncontrollable adj
dosmachtaithe; (temper, laughter)
doshrianta; **they're ~** níl smacht le
cur orthu

unconventional adj as an ngnáth,
neamhchoinbhinsiúnach

uncover vt nocht, tabhair chun
solais

undecided adj éiginnte,
neamhchinnte; (person) idir dhá
chomhairle

under prep faoi; (less than) faoi, faoi
bhun + gen; (according to) de réir
▷ adv thíos (faoi); (movement) síos
(faoi); **~ there** thíos faoi sin; **~**
repair á dheisiú; **undercover** adv
faoi rún, ar foscadh; **underdone**
adj (Culin) cnagbhruite;
underestimate vt meas faoina
luach; **he underestimated its**
importance níor thuig sé a
thábhacht; **undergo** vt téigh trí,
fulaing; **to undergo an operation**
obráid a bheith agat;
undergraduate n fochéimí m4;
underground n (railway) iarnród
m1 faoi thalamh ▷ adj faoi thalamh;
(fig) faoi cheilt, rúnda ▷ adv faoi
thalamh; **undergrowth** n
scrobarnach f2, casarnach f2,
fáschoill f2; **underline** vt (write)
cuir líne faoi; (emphasise) cuir béim
ar; **undermine** vt toll faoi, bain an
dúshraith de; **underneath** adv
thíos ▷ prep faoi, faoi bhun + gen;
underpants npl fobhríste msg4;
underpass n íosbhealach m1;
underprivileged adj faoi
mhíbhuntáiste; **undershirt** (US) n
foléine f4; **underskirt** n foscíorta
m4

understand vt, vi tuig; **I ~ that ...**
cluinim go ...; **am I to ~ that ...?** an
bhfuil tú á rá liom go ...?; **what do**

you ~ **by that?** cén chiall a bhaineann tú as sin?; **I was given to ~ that ...** tugadh le fios dom go ...; **understandable** adj intuigthe, le tuiscint; **it's understandable that ...** ní hionadh ar bith é go ...; **understanding** adj tuisceanach ▷ n tuiscint f3; (agreement) comhréiteach m1, comhaontú m

understatement n maolaisnéis f2

understood adj tuigthe; (implied) intuigthe

undertake vt tabhair faoi, glac as láimh; **to ~ to do sth** glacadh ort féin rud a dhéanamh

undertaker n adhlacóir m3

undertaking n (enterprise) gnóthas m1; (promise) gealltanas m1

underwater adv, adj faoi uisce; **to swim ~** snámh idir dhá uisce, dúshnámh a dhéanamh;

underwear n fo-éadaí mpl;

underworld n (criminals) lucht m3 meirleachais

undo vt (damage) leigheas, leasaigh; (buttons etc) scaoil

undoubtedly adv gan aon amhras, go dearfa

undress vi bain díot

unearth vt (dig up) tochail as an talamh; (fig) nocht, tabhair chun solais

uneasy adj míshuaimhneach, míshocair, corrabhuaiseach; (worried) imníoch; (sleep) corrach; (peace, truce) sobhriste

unemployed adj dífhostaithe ▷ n: **the ~** lucht m3 dífhostaíochta

unemployment n dífhostaíocht f3

uneven adj éagothrom, míchothrom

unexpected adj gan choinne, gan súil leis

unfair adj éagórach, leatromach

unfaithful adj mídhílis

unfamiliar adj coimhthíoch, neamhaithnid

unfashionable adj neamhfhaiseanta

unfasten vt (open) oscail; **to ~ sth** rud a scaoileadh

unfavourable (US **unfavorable**) adj mífhabhrach, neamhfhabhrach; (weather) míchóiriúil, contráilte; (conditions) míbhuntáisteach

unfinished adj neamhchríochnaithe, gan chríochnú

unfit adj neamhaclaí; **~ (for)** (incompetent) neamhoiriúnach (do); (military service) neamhinfheidhme (do); **he's ~ for the work** níl sé ábalta ag an obair

unfold vt (paper) oscail amach; (clothes) scar ▷ vi tar chun solais; (idea) fabhair

unforgettable adj dodhearmadta

unfortunate adj (person) mífhortúnach, mí-ámharach; (event) tubaisteach; **isn't it ~ that ...** nach mór an trua go ...; **unfortunately** adv ar an drochuair

unfriendly adj míchairdiúil, doicheallach

unhappiness n míshonas m1, brón m1; (dissatisfaction) míshásamh m1

unhappy adj brónach, míshona; **~ about** or **with** (arrangements etc) míshásta le

unhealthy adj mífholláin; (person) easláinteach

unheard-of adj (unknown) gan iomrá; (without precedent) gan insint, nár chualathas a leithéid riamh

unhurt adj slán, gan díobháil, gan dochar

u

unidentified adj gan aithint
uniform n éide f4, culaith f2 ▷ adj comhionann, aonfhoirmeach; **in ~** faoi éide
uninhabited adj neamháitrithe
unintentional adj neamhbheartaithe
union n aontas m1; (action of) comhcheangal m1; (also: **trade ~**) ceardchumann m1; **the Act of U~** (Hist) Acht na hAondachta
Unionist adj, n Aontachtaí m4
unique adj sainiúil, uathúil; **a ~ opportunity** seans iontach
unit n aonad m1
unite vt aontaigh ▷ vi táthaigh (le chéile), téigh i gcomhar; **united** adj aontaithe, comhcheangailte; **United Kingdom** n an Ríocht f3 Aontaithe; **United Nations** n na Náisiúin mph Aontaithe; **United States** n na Stáit mph Aontaithe
unity n aonad m1; (agreement) aontacht f3 cur le chéile
universal adj uilíoch, comhchoitianta
universe n cruinne f4
university n ollscoil f2
unjust adj éagórach
unkind adj míchineálta, neamhcharthanach
unknown adj gan aithne, anaithnid; **~ to me** gan fhios dom
unlawful adj mídhleathach, in éadan an dlí
unleaded adj (petrol, fuel) gan luadh ▷ n peitreal m1 gan luadh
unleash vt scaoil, lig amach; (fig): **he ~ed his pent up emotions** lig sé amach a racht
unless conj mura, murar; **~ he leaves** mura or murar n-imeoidh sé, ach é imeacht
unlike adj neamhchosúil, éagsúil

▷ prep murab ionann agus
unlikely adj neamhdhóchúil; **it is ~ that she will come** ní dócha go dtiocfaidh sí
unlimited adj neamhtheoranta, gan teorainn
unlisted (US) adj = **ex-directory**
unload vt díluchtaigh, dílódáil
unlock vt oscail
unlucky adj (person) mí-ámharach, míshéanmhar; (object, number) tubaisteach, teiriúil; **to be ~** an mí-ádh a bheith ag siúl leat
unmarried adj neamhphósta, singil, díomhaoin, gan phósadh
unmistakable, unmistakeable adj do-amhrais, follasach
unnatural adj mínádúrtha
unnecessary adj neamhriachtanach
unofficial adj neamhoifigiúil
unpack vt folmhaigh, díphacáil
unpleasant adj míthaitneamhach
unplug vt bain an phlocóid amach as
unpopular adj míghnaíúil; **an ~ individual/decision** duine/ cinneadh nach bhfuil dúil na ndaoine ann
unprecedented adj gan macasamhail, gan réamhshampla
unpredictable adj taghdach, guagach, luathintinneach
unqualified adj (teacher) neamhcháilithe; (unmitigated) iomlán, fíor-
unravel vt (knitting) rois; (problem) réitigh
unreal adj bréagach, neamhréadúil; (extraordinary) iontach
unrealistic adj neamhréadúil
unreasonable adj míréasúnta; (demand) ainmheasartha
unrelated adj neamhghaolmhar;

they are ~ (*people*) níl gaol acu le chéile; (*things*) níl baint acu le chéile

unreliable *adj* neamhiontaofa

unrest *n* anbhuain *f2*, neamhshocracht *f3*

unroll *vt* leath amach

unruly *adj* gan riail, ainrianta, mírialta

unsafe *adj* (*in danger*) i mbaol; (*car, journey*) contúirteach

unsatisfactory *adj* míshásúil

unscrew *vt* díscriúáil

unsettled *adj* míshocair, corrach; (*weather*) claochlaitheach; (*matter*) gan réiteach

unsightly *adj* gan slacht, míshlachtmhar, mímhaiseach

unstable *adj* éagobhsaí; (*person*) taghdach; (*rock*) ar forbhás

unsteady *adj* éadaingean, corrach; (*growth*) treallach

unsuccessful *adj* mírathúil; gan rath; (*attempt*) in aisce; (*writer*) teipthe, nach bhfuil rath air; **I was ~** (*in trying sth*) níor éirigh liom

unsuitable *adj* mífhóirsteanach, mífheiliúnach, mí-oiriúnach

unsure *adj* éiginnte; **to be ~ of sth/o.s.** bheith éiginnte de rud/ bheith gan dóchas asat féin

untidy *adj* (*room*) trína chéile; (*appearance, person*) amscaí, giobach

untie *vt* (*knot*) scaoil; (*parcel*) oscail; (*dog*) scaoil amach

until *prep* go, go dtí ▷ *conj* go dtí; **~ he comes** go dtiocfaidh sé; **~ now/then** go dtí seo/sin

unused¹ *adj* (*clothes*) úr nua

unused² *adj*: **to be ~ to sth** gan a bheith cleachta le rud

unusual *adj* neamhghnách, neamhchoitianta

unveil *vt* nocht

unwanted *adj* (*child, pregnancy*) gan iarraidh; (*clothes etc*) athchaite, séanta

unwell *adj* tinn; **to feel ~** gan a bheith ar do chóir féin, aireachtáil rud beag tinn

unwilling *adj*: **to be ~ to do sth** gan a bheith toilteanach ar rud a dhéanamh

unwind *vt* díchorn ▷ *vi* (*relax*) lig do scíth

unwise *adj* díchéillí, gan chríonnacht

unwrap *vt* bain an clúdach de, oscail

unzip *vt* (*file*) dízipeáil

 KEYWORD

up *prep*: **he went up the stairs/the hill** chuaigh sé suas an staighre/an cnoc; **the cat was up a tree** bhí an cat thuas/in airde i gcrann; **they live further up the street** tá siad ina gcónaí (níos faide) suas an tsráid

▷ *adv* **1** (*upwards, higher*): **up in the sky/the mountains** thuas sa spéir/sna sléibhte; **put it a bit higher up** cuir giota níos airde é; **up there** thuas ansin; **up above** thuas (ansin)

2: **to be up** (*out of bed*) bheith i do shuí; (*prices*) ardú a bheith ar + *noun*

3: **up to** (*as far as*) go dtí; **up to now** go dtí seo, go nuige seo, go sea

4: **to be up to** (*depending on*): **it's up to you** ar do chomhairle féin atá sé, fút féin atá sé; (*equal to*): **he's not up to it** (*job, task etc*) níl sé inchurtha leis, níl sé in ann aige; (*inf: be doing*): **what is he up to?**

cad é atá ar siúl aige?, cad é atá faoi?
▷ n: **ups and downs** (of life) cora mph an tsaoil

up-and-coming adj a bhfuil gealladh faoi
upbringing n oiliúint f3, tógáil f3
update vt leasaigh, coigeartaigh, tabhair suas chun dáta; (Comput etc) nuashonraigh ▷ n leagan m1 úr
upgrade vt (house) athchóirigh; (job) cuir ar leibhéal níos airde; (employee) tabhair ardú céime do
upheaval n (political, social) mórathrú m
uphill adj (path) i gcoinne an aird, crochta; (fig: task) duaisiúil; **to go ~** dul suas in éadan na mala
upholstery n cumhdach m1
upload vt, vi (Comput) uaslódáil, lódáil suas
upon prep ar
upper adj uachtarach ▷ n (of shoe) uachtar m1; **upper-class** adj uasaicmeach
upright adj ina sheasamh, ingearach; (fig) ionraic
uprising n éirí m4 amach
uproar n racán m1, círéib f2
upset n suaitheadh m; (stomach upset) múisiam m4 boilg, taom m3 goile, tiontú m goile ▷ vt (glass etc) leag; (plan) cuir trína chéile; (person) corraigh, cuir as do, goill ar ▷ adj suaite, trí chéile; **my stomach is ~** tá mo ghoile ag cur isteach orm
upside down adv bunoscionn, béal faoi; (fig) gan chuma gan déanamh, ina chíor thuathail
upstairs adv (going) suas an staighre; (being there) thuas an staighre ▷ adj (room) thuas an

staighre ▷ n: **the ~** thuas staighre, uachtar m tí
up-to-date adj nua-aimseartha, faiseanta; **~ news** an scéala is nua or is déanaí
upward adj suas, in airde; (from below) aníos ▷ adv suas, in airde, aníos; **~ of 200** breis agus dhá chéad
upwards adv = **upward**
Uranus n (planet) Úránas m1
urban adj uirbeach, cathrach n gen
urge n fonn m1, dúil f2 ▷ vt: **to ~ sb to do sth** duine a ghríosú or a spreagadh chun rud a dhéanamh
urgency n práinn f2, dithneas m1
urgent adj práinneach, dithneasach; (tone) dian-
urinal n fualán m1, úirinéal m1
urine n fual m1, mún m1
URL n abbr (= uniform resource locator) URL, aimsitheoir m3 aonfhoirmeach acmhainne
US n abbr = **United States**
us pron muid, sinn; (emphatic) muidne, sinne; **after us** inár ndiaidh; see also **me**
USA n abbr (= United States of America) SAM
USB stick n méaróg f2 USB
use n úsáid f2, feidhm f2 ▷ vt bain úsáid or feidhm as; **in/out of ~** in/as úsáid, i bhfeidhm/as feidhm; **to be of ~** bheith úsáideach; **it's no ~** níl maith ar bith ann; **she ~d to do it** ba ghnách léi é a dhéanamh; **to be ~d to** bheith cleachta le; **use up** vt caith, ídigh; **used** adj (car) athláimhe; **useful** adj úsáideach; **useless** adj gan mhaith, ó mhaith; (person: hopeless) beagmhaitheasach, gan feidhm; **user** n úsáideoir m3; **user-friendly** adj (computer etc) cúntach; **username** n (Comput) ainm m4 úsáideora

usual *adj* coitianta, gnáth-; **as ~** mar is gnách; **usually** *adv* de ghnáth, go hiondúil

utensil *n* acra *m4*, uirlis *f2*; **kitchen ~s** gréithe *pl* cistine

utility *n* (*also:* **public ~**) fóntas *m1* poiblí

utmost *adj* as cuimse, thar na bearta; **it is of the ~ importance** tá tábhacht as cuimse ag baint leis ▷ *n*: **to do one's ~** do sheacht ndícheall a dhéanamh

utter *adj* iomlán, fíor-, lán- ▷ *vt* (*words*) abair, labhair; (*sounds*) lig (asat); **an ~ fool** deargamadán; **utterly** *adv* go hiomlán, ar fad

U-turn *n* iompú *m* (iomlán) thart

vacancy *n* (*job*) folúntas *m1*

vacant *adj* (*seat etc*) folamh; (*room*) saor; (*expression*) bómánta

vacate *vt* (*post*) éirigh as; (*room*) fág

vacation *n* saoire *f4*; **to be/go on ~** bheith/dul ar (laethanta) saoire

vacuum *n* folús *m1*; **vacuum cleaner** *n* folúsghlantóir *m3*

vagina *n* faighin *f2*

vague *adj* éiginnte; (*blurred: photo, outline*) doiléir

vain *adj* (*useless*) díomhaoin; (*conceited*) uallach, giodalach; **in ~** in aisce

valentine *n* (*also:* **~ card**) vailintín *m4*; **St V~'s Day** Lá Fhéile Vailintín

valid *adj* (*argument*) a bhfuil bunús nó éifeacht leis; (*document*) bailí

valley *n* gleann *m3*

valuable *adj* (*jewel*) luachmhar; (*help*) tairbheach; **valuables** *npl*

V

iarmhais *fsg2*, airgí *fpl4* luachmhara

value *n* luach *m3*; (*usefulness*)
fiúntas *m1* ▷ *vt* (*fix price*) cuir luach
ar, luacháil; **to ~ sth** (*cherish*) rud a
bheith luachmhar agat

valve *n* (*also Med*) comhla *f4*

van *n* (*Aut*) veain *f4*

vandal *n* loitiméir *m3*, sladaí *m4*,
creachadóir *m3*; **vandalism** *n*
loitiméireacht *f3*, slad *m3*,
creachadóireacht *f3*; **vandalize** *vt*:
to vandalize sth loitiméireacht a
dhéanamh ar rud

vanilla *n* fanaile *m4*

vanish *vi* téigh as radharc, ceiliúir;
(*die out*) téigh ar ceal; **she ~ed
completely** d'imigh sí mar a
shlogfadh an talamh í

vanity *n* díomhaointeas *m1*,
baothántacht *f3*

vapour (*US* **vapor**) *n* gal *f2*; (*on
window*) ceo *m4*

variable *adj* claochlaitheach,
luaineach; (*speed, height*)
inathraithe

varied *adj* éagsúil, ilghnéitheach,
ilchineálach

variety *n* cineál *m1*, saghas *m1*;
(*quantity*) éagsúlacht *f3*

various *adj* difriúil; (*several*) éagsúla

varnish *n* vearnais *f2* ▷ *vt* cuir
vearnais ar

vary *vi* athraigh ▷ *vt* éagsúlaigh;
they ~ considerably tá éagsúlacht
mhór iontu

vase *n* vása *m4*, bláthchuach *m4*

Vaseline® *n* veasailín *m4*

vast *adj* mór as cuimse, ollmhór

VAT *n abbr* (= *value added tax*) cáin
bhreisluacha

vault *n* (*of roof*) boghta *m4*; (*tomb*)
tuama *m4*; (*in bank*) daingean *m1*
(faoi thalamh) ▷ *vt* (*also*: **~ over**)
caith de léim láimhe

VCR *n abbr* = **video cassette
recorder**

VDU *n abbr* (*Comput*: = *visual display
unit*) aonad *m1* amharcthaispeána

veal *n* laofheoil *f3*

veer *vi* claon, fiar

vegetable *n* glasra *m4* ▷ *adj*
plandúil, glasrúil; **~ garden** garraí
glasraí

vegetarian *adj* feoilséantach ▷ *n*
feoilséantóir *m3*

vehicle *n* feithicil *f2*

veil *n* fial *m1*, caille *f4*

vein *n* féith *f2*; (*in wood*) snáithe *m4*

velvet *n* veilbhit *f2*

vending machine *n* meaisín *m4*
díola

Venetian blind *n* dallóg *f2* lataí

vengeance *n* díoltas *m1*; **with a ~**
(*fig*) go díbhirceach

venison *n* fiafheoil *f3*

venom *n* nimh *f2*, goimh *f2*

vent *n* poll *m1* gaoithe, gaothaire
m4; (*in dress, jacket*) scoilt *f2* ▷ *vt*
(*fig*: *one's feelings*) lig amach

venture *n* fiontar *m1* ▷ *vt* cuir i
bhfiontar ▷ *vi* téigh i bhfiontar
ruda; **to ~ a guess** buille faoi
thuairim a thabhairt

venue *n* láthair *f*, ionad *m1*

Venus *n* (*planet*) Véineas *f4*

verb *n* briathar *m1*; **verbal** *adj*
briathartha

verdict *n* breith *f2*, breithiúnas *m1*

verge *n* imeall *m1*, ciumhais *f2*,
bruach *m1*; **on the ~ of tears** i
riocht caointe; **verge on** *vt fus*
bheith ag bordáil ar

verify *vt* fíoraigh, deimhnigh

versatile *adj* ildánach, iltréitheach;
(*machine*) ilúsáidte

verse *n* (*poetry*) filíocht *f3*,
véarsaíocht *f3*; (*stanza*) ceathrú *f*,
rann *m1*; (*in Bible*) véarsa *m4*

version n leagan m1; **there are two ~s of the story** tá dhá insint ar an scéal

versus prep in aghaidh + gen, i gcoinne + gen, in éadan + gen

vertical adj ingearach, ceartingearach ▷ n ingear m1

very adv an-, iontach, fíor- ▷ adj: **the ~ book which** go díreach an leabhar a, an leabhar (ceanann) céanna a; **the ~ last one** an ceann deireanach ar fad; **at the ~ least** ar a laghad ar bith; **she likes it ~ much** tá an-dúil aici ann

vessel n (Naut) soitheach m1, árthach m1; (Anat, container) soitheach; **blood ~** fuileadán m1, soitheach fola

vest n (Brit) veist f2; (US: waistcoat) veist, bástchóta m4

vet n abbr = **veterinary surgeon**

veteran n seanfhondúir m3; (also: **war ~**) seansaighdiúir m3

veterinary surgeon (US **veterinarian**) n tréidlia m4

veto n cros f2 ▷ vt cros

via prep trí, bealach + gen

viable adj inmharthana, indéanta; inchurtha i gcrích

vibrate vi crith, tonnchrith

vicar n biocáire m4

vice n (evil) duáilce f4, drochbhéas m3; (Tech) bís f2

vice versa adv a mhalairt de dhóigh

vicinity n comharsanacht f3, timpeallacht f3; **in the ~** in aice láithreach, ar na gaobhair; **in the ~ of the school** cóngarach don scoil, i gcóngaracht na scoile

vicious adj (remark) gangaideach; (blow) fíochmhar; (dog) drochmhúinte

victim n íobartach m1, an duine atá thíos leis

victor n buaiteoir m3

Victorian adj Victeoiriach

victory n bua m4

video cpd fís- ▷ n (video film) físeán m1; (also: **~ cassette**) físchaiséad m1; (also: **~ cassette recorder**) taifeadán m1 físchaiséad; **video tape** n fístéip f2

vie vi: **to ~ with** bheith ag iomaíocht le

Vienna n Vín f4

Vietnam n Vítneam m4; **Vietnamese** adj, n Vítneamach m1; (Ling) Vítneamais f2

view n radharc m1, amharc m1; (opinion) dearcadh m1 ▷ vt breathnaigh, amharc ar; **to have sth in ~** rud a bheith faoi do shúil; **with a ~ to** de gheall ar; **from another point of ~** de thaobh eile; **in ~ of the fact that he is late** ó tharla go bhfuil sé mall; **in my ~** i mo thuairimse, dar liomsa; **viewer** n (TV) breathnóir m3, féachadóir m3; **viewers** lucht msg3 féachana; **viewpoint** n dearcadh m1

vigorous adj bríomhar, fuinniúil, spreacúil

vile adj (action) suarach; (smell) bréan; (food) samhnasach

villa n vile m4

village n sráidbhaile m4; **villager** n duine m4 de mhuintir an tsráidbhaile; **the villagers** muintir fsg2 an tsráidbhaile

villain n (scoundrel) bithiúnach m1, cladhaire m4; (criminal) coirpeach m1; (in novel etc) bithiúnach m1

vine n fíniúin f3; (climbing plant) féithleog f2

vinegar n fínéagar m1

vineyard n fíonghort m1

vintage n (of wine) bliain f3; **~ wine** fíon m3 den scoth

V

viola n (Mus) vióla f4

violate vt sáraigh

violence n lámh f2 láidir, foréigean m1, forneart m1

violent adj foréigneach, forneartach; (person) ainscianta; (wind) tolgach; **~ death** anbhás

violet adj corcairghorm ▷ n (colour) corcairghorm m1; (plant) sailchuach f2

violin n veidhlín m4

VIP n abbr (= very important person) duine mór le rá

viral adj (Comput) mearscaipthe

virgin n maighdean f2, ógh f2 ▷ adj maighdeanúil

Virgo n (Astrol) An Mhaighdean f2

virtually adv (almost) chóir a bheith, geall le bheith

virtual reality n (Comput) réaltacht f3 fhíorúil

virtue n suáilce f4; (advantage) bua m4; **by ~** de thairbhe + gen, as los + gen

virus n (also Comput) víreas m1

visa n víosa f4

visibility n léargas m1, infheictheacht f3; **~ was good** bhí solas maith ann

visible adj le feiceáil, ris, infheicthe

vision n (sight) radharc m1, amharc m1; (foresight) dearcadh m1; (in dream) aisling f2, taibhreamh m1, fís f2; **field of ~** réim f2 radhairc

visit n cuairt f2 ▷ vt tabhair cuairt ar; **visiting hours** npl (in hospital etc) uaireanta fpl2 cuartaíochta; **visitor** n cuairteoir m3

visual adj radharcach, radhairc n gen, amhairc n gen; **~ defect** éalang f2 radhairc; **visualize** vt samhlaigh; **try to visualize it** samhlaigh duit féin é

vital adj riachtanach; (organs)

beatha n gen; (person) a bhfuil spreacadh ann

vitamin n vitimín m4

vivid adj (account) beoga; (light) glinn; (imagination) beo

V-neck n V-mhuineál m1

vocabulary n (of individual) stór m1 focal; (of discipline) réimse m4 focal; (glossary) foclóir m3, gluais f2

vocal adj guthach; (fig) ardghlórach, callánach

vocational adj gairmiúil, gairm-

vodka n vodca m4

vogue n faisean m1; **in ~** san fhaisean

voice n guth m3, glór m1; (Ling) faí f4 ▷ vt (opinion) cuir in iúl; **at the top of his ~** in ard a chinn; **voice mail** n glórphost m1

void n folús m1, folúntas m1 ▷ adj folamh; (invalid) neamhbhailí, neamhnítheach; (Law) ar neamhní; **~ of** ar díth + gen, gan aon

volatile adj (substance) so-ghalaithe; (person) taghdach

volcano n bolcán m1

volleyball n eitpheil f2

volt n volta m4; **voltage** n voltas m1

volume n (size) toirt f2, méid m4; (of book) imleabhar m1; (sound) láine f4

voluntarily adv go toilteanach, go deonach

voluntary adj toilteanach, saorálach; (unpaid) deonach

volunteer n saorálaí m4; (soldier) óglach m1 ▷ vt (information) tabhair de do chonlán féin ▷ vi (Mil) liostáil de do dheoin féin; **to ~ to do sth** tairiscint rud a dhéanamh; **he ~ed to help me** thairg sé cuidiú liom

vomit n urlacan m1, aiseag m1 ▷ vt, vi cuir amach, aisig

vote n vótáil f3; (cast) vóta m4;

(*franchise*) ceart *m1* vótála ▷ *vt*
(*elect*) togh; (*propose*): **to ~ that**
moladh go ▷ *vi* vótáil, caith vóta;
~ of thanks rún buíochais; **to put
sth to a ~** rud a chur ar vóta; **he
was ~d chairman** toghadh ina
chathaoirleach é; **voter** *n* vótálaí
m4; **voting** *n* vótáil *f3*
voucher *n* (*for meal, petrol, gift*)
dearbhán *m1*
vow *n* móid *f2* ▷ *vi* móidigh, tabhair
móid
vowel *n* guta *m4*
voyage *n* aistear *m1* or turas *m1*
farraige
vulgar *adj* gráisciúil, madrúil,
lodartha
vulnerable *adj* gan chosaint, ar
lagchuidiú, soghonta
vulture *n* badhbh *f2*, bultúr *m1*

W

waddle *vi* bheith ag lapadán
wade *vi*: **to ~ through** siúl trí; (*fig:
book*) treabhadh trí
wafer *n* (*Culin*) abhlann *f2*
waffle *n* (*Culin*) vaiféal *m1*; (*inf*)
seafóid *f2*, glagaireacht *f3* ▷ *vi*
bheith ag seafóid or ag glagaireacht
wag *vt*, *vi* croith
wage *n* (*also*: **~s**) pá *m4*, tuarastal *m1*
▷ *vt*: **to ~ war** cogadh a chur
wail *vi* déan olagón
waist *n* coim *f2*, básta *m4*;
waistcoat *n* bástcóta *m4*, veist *f2*
wait *n* fanacht *m3*, feitheamh *m1*
▷ *vi* fan; **to keep sb ~ing** duine a
choinneáil ag fanacht; **to ~ for**
fanacht le; **I can't ~ to ...** (*fig*) is
fada liom nó go ...; **wait on** *vt fus*
déan freastal ar; **waiter** *n*
freastalaí *m4*; **waiting list** *n* liosta
m4 feithimh; **waiting room** *n*
feithealann *f2*, seomra *m4* feithimh;

waitress n freastalaí m4, banfhreastalaí m4

waive vt (claim) tarscaoil

wake vt, vi (also: ~ **up**) múscail, dúisigh ▷ n (for dead person) faire f4; (Naut) marbhshruth f3

Wales n an Bhreatain f2 Bheag; **the Prince of ~** Prionsa m4 na Breataine Bige

walk n siúl m1; (short) geábh m3 spaisteoireachta; (gait) leagan m1 siúil; (path) cosán m1 ▷ vi siúil; (for pleasure, exercise) déan spaisteoireacht ▷ vt (distance) siúil; (horse) cinnir; **10 minutes' ~ from** deich nóiméad siúil ó; **from all ~s of life** ó gach gairm bheatha; **walk out** vi (audience) siúil amach; (workers) téigh ar stailc; **walk out on** (inf) vt fus fág ansin; **walker** n (person) siúlóir m3, coisí m4; **walking** n siúl m1, coisíocht f3; **walking shoes** npl bróga siúil; **walking stick** n bata m4 siúil; **walkway** n siúlbhealach m1

wall n balla m4

wallet n vallait f2, tiachóg f2

wallpaper n páipéar m1 balla ▷ vt páipéar balla a chur suas

walnut n gallchnó m4; ~ **tree** crann m1 gallchnó

walrus n rosualt m1

waltz n válsa m4 ▷ vi válsáil

wand n (also: **magic ~**) slat f2 draíochta

wander vi (person) bheith ag falróid; (mind) bheith ar seachrán

want vt: **I ~ a biscuit** ba mhaith liom briosca; (need): **he ~s money** tá airgead de dhíth air ▷ n: **for ~ of** de cheal + gen; **wants** npl (needs) riachtanais mpl; **she ~s to do that** is mian léi sin a dhéanamh; **she ~s him to buy it** ba mhaith léi go gceannódh sé é; **wanted** adj (criminal): **they are wanted by the police** tá na péas sa tóir orthu; **"cook wanted"** "cócaire ag teastáil"

war n cogadh m1; **to make ~ (on)** cogadh a chur (ar)

ward n (in hospital) barda m4; (Pol) barda m4; (Law, child) coimircí m4; **ward off** vt (attack, enemy) cosain

warden n bardach m1; (of institution) maor m1; (also: **traffic ~**) maor m1 tráchta

wardrobe n (cupboard) vardrús m1; (clothes) feisteas m1 éadaigh; (Theat) culaithirt f2

warehouse n stór m1, stóras m1

warfare n cogadh m1

warhead n (Mil) pléasc-cheann m1

warm adj te; (thanks, welcome, applause, person) croíúil; **it's ~** tá sé te; **warm up** vi téigh ▷ vt (food) atéigh, téigh suas; (engine) téigh; **warmly** adv go te, go croíúil; **warmth** n teas m3

warn vt: **he ~ed me** thug sé rabhadh dom; **to ~ sb (not) to do sth** rabhadh a thabhairt do dhuine (gan) rud a dhéanamh; **warning** n rabhadh m1; (signal) rabhchán m1; **warning light** n solas m1 rabhaidh; **warning triangle** n (Aut) triantán m1 rabhaidh

warrant n barántas m1

warranty n barántas m1

warrior n gaiscíoch m1, laoch m1

Warsaw n Vársá m4

warship n long f2 chogaidh

wart n faithne m4

wartime n aimsir f2 chogaidh

wary adj airdeallach, faichilleach; **be ~ of him!** bí ar d'fhaichill air!

wash vt, vi nigh; (sea): **to ~ over sth/against sth** bheith ag slaparnach thar rud/in éadan ruda

▷ n (clothes) níochán m1; (of ship) maistreadh m1; **wash away** vt (stain) bain amach; (subj: river etc): **the bridge was ~ed away** scuabadh an droichead le sruth; **wash off** vi: **it will ~ off** imeoidh sé sa níochán; **wash up** vi (Brit: dishes) nigh na soithí; (US: clean o.s.) nigh d'aghaidh agus do lámha; **washbasin** (US **washbowl**) n doirteal m1; **washer** n (Tech) leicneán m1; **washing** n níochán m1; **washing machine** n inneall m1 níocháin; **washing powder** n púdar m1 níocháin; **washing-up** n na soithí mph; **washing-up liquid** n leacht m3 níocháin; **washroom** (US) n leithreas m1, seomra m4 folctha

wasp n foiche f4

waste n fuíoll m1; (of time) cur m1 amú; (rubbish) bruscar m1; (also: **household ~**) bruscar tí ▷ adj (leftover): **~ material** dramháil; (land, ground: in city) folamh ▷ vt (time, opportunity) diomail, cuir amú; **wastes** npl (area) fásach msg1; **waste away** vi: **he is wasting away** tá sé á ghoid as; **waste ground** n talamh m1 or f fásaigh; **wastepaper basket** n ciseán m1 dramhpháipéir

watch n uaireadóir m3; (act of watching) amharc m1, féachaint f3; (Mil, Naut) faire f4 ▷ vt (look at) amharc ar, féach ar; (spy on, guard, be careful of) coimhéad ▷ vi déan faire; **watch out** vi coimhéad, seachain; **watchdog** n gadhar m1 faire

water n uisce m4 ▷ vt (plant, garden) cuir uisce ar; (horses) tabhair uisce do ▷ vi (eyes): **my eyes are ~ing** tá uisce le mo shúile; (mouth): **it**

makes my mouth ~ cuireann sé uisce le mo chuid fiacla; **to ~ sth** uisce a chur ar rud; **in Irish ~s** i bhfarraigí na hÉireann; **water down** vt: **to ~ down whiskey** uisce beatha a chaoladh (le huisce); (fig: story) maolaigh; **watercolour** (US **watercolor**) n uiscedhath m3; **watercress** n biolar m1; **waterfall** n eas m3

Waterford n Port Láirge m; **~ crystal** criostal Phort Láirge

watering can n fraschanna m4; **watermelon** n mealbhacán m1 uisce; **waterproof** adj uiscedhíonach, díon a bheith ann; **is that coat waterproof?** an bhfuil díon sa chóta sin?; **water-skiing** n sciáil f3 ar uisce; **watertight** adj uiscedhíonach

watt n vata m4

wave n (also Radio) tonn f2; (of hand) croitheadh m; (in hair) casadh m1 ▷ vi croith; (flag): **the flag is waving** tá an bhratach ar foluain; (grass) luasc ▷ vt (handkerchief) croith; (stick) bagair; **wavelength** n tonnfhad m1

waver vi preab; (voice): **his voice ~ed** tháinig creathán ina ghuth; (person): **he is ~ing** tá sé idir dhá chomhairle

wavy adj iomaireach; (hair) camarsach, dréimreach

wax n céir f; (also: **ear ~**) sail f2 chluaise ▷ vt: **to ~ sth** céir a chur ar rud, rud a chiaradh ▷ vi (moon) líon

way n bealach m1, slí f4; (manner) dóigh f2, caoi f4; (habit) dóigh; **which ~? — this ~** cén bealach? — an bealach seo; **do you know the ~?** an bhfuil fios an bhealaigh agat?; **on the ~** (en route) ar an mbealach; **to be on one's ~** bheith

W

ar shiúl; **to go out of one's ~ to do sth** (*fig*) stró a chur ort féin le rud a dhéanamh; **to be in the ~ (of)** bheith sa chosán (ag); **to lose one's ~** dul amú, dul ar seachrán; **under ~** ar shiúl; **in a ~** ar bhealach; **will you see him? — no ~!** (*inf*) an mbuailfidh tú leis? — ní bhuailfidh nó a shaothar orm!; **by the ~ ...** dála an scéil ...; **"~ in"** "isteach"; **"~ out"** "amach"; **the ~ back** an bealach ar ais; **"give ~"** (*Aut*) "géill slí"

we *pl pron* muid, sinn; (*emphatic*) muidne, sinne; (*as subject*): **we came in** thángamar isteach; (*with copula*): **we are people** is daoine sinn *or* muid; (*in passive, autonomous*): **we were injured** gortaíodh sinn *or* muid; **we came and they stayed** thángamarna agus d'fhan siadsan; **it is we who ... is** sinne *or* muidne a ...

weak *adj* lag; **weaken** *vi* téigh i laige ▷ *vt* lagaigh; **weakness** *n* laige *f4*; (*fault*) fabht *m4*; **to have a weakness for** bheith tugtha do

wealth *n* (*money, resources*) saibhreas *m1*, maoin *f2*; (*of details*) flúirse *f4*; **wealthy** *adj* saibhir

weapon *n* arm *m1*, gléas *m1* troda

wear *n* (*use*) caitheamh *m1* ▷ *vt* caith; **wear away** *vt* ídigh ▷ *vi* caith; **wear down** *vt* snoigh; (*strength, person*) traoch; **wear off** *vi*: **it soon wore off** ba ghairid a mhair sé; **wear out** *vt* ídigh; (*person, strength*) spíon

weary *adj* (*tired*) tuirseach; (*dispirited*): **I am ~ of it** táim bréan de ▷ *vi*: **to ~ of** éirí bréan de

weasel *n* (*Zool*) easóg *f2*

weather *n* aimsir *f2* ▷ *vt*: **to ~ the storm** an stoirm a chur díot; **to be**

under the **~** (*fig*: *ill*) bheith meath-thinn, gan a bheith ar fónamh; **weather forecast** *n* réamhaisnéis *f2* na haimsire

weave *vt* figh

web *n* (*of spider*) líon *m1* damháin alla; (*Comput*: *also*: **(World Wide) W~**) gréasán *m1*; (*on foot*) scamall *m1*; (*fabric*) uige *f4*; (*fig*): **a ~ of deceit** gréasán *m1* bréag; **web address** *n* seoladh *m* gréasáin; **webcam** *n* (*Comput*) ceamara *m4* gréasáin; **webpage** *n* (*Comput*) leathanach *m1* gréasáin; **website** *n* (*Comput*) líonláithreán *m1*

wed *vt*, *vi* pós

wedding *n* (*ceremony*) pósadh *m*; (*feast*) bainis *f2*; **wedding day** *n* lá *m* pósta; **wedding dress** *n* gúna *m4* pósta; **wedding ring** *n* fáinne *m4* pósta

wedge *n* (*of wood etc*) ding *f2*; (*of cake*) canta *m4* ▷ *vt* (*fix*) ding; (*pack tightly*) brúigh (síos)

Wednesday *n* An Chéadaoin *f4*; **on ~** Dé Céadaoin; **he comes on ~s** tagann sé ar an gCéadaoin

wee *adj* (*Scot, Irl*) beag

weed *n* fiaile *f4*; **weeds** *npl* lustan *msg1*, luifearnach *msg1* ▷ *vt* déan gortghlanadh, bain lustan; **weedkiller** *n* fiailnimh *f2*

week *n* seachtain *f2*; **a ~ today** seachtain is an lá inniu; **weekday** *n* lá *m* den tseachtain; **on weekdays and Sundays** Domhnach is dálach; **weekend** *n* deireadh *m1* seachtaine; **weekly** *adv* in aghaidh na seachtaine ▷ *adj* seachtainiúil ▷ *n* seachtanán *m1*

weep *vt*, *vi* (*person*) caoin, goil

weigh *vt*, *vi* meáigh; **to ~ anchor** an t-ancaire a thógáil; **weigh up** *vt* meas

weight n meáchan m1; **to lose ~** meáchan a chailleadh; **to put on ~** meáchan a chur suas

weir n cora f4

weird adj diamhair; (odd) corr, aisteach

welcome adj: **a ~ guest** aoi a bhfuil fáilte roimhe ▷ n fáilte f4 ▷ vt: **to ~ sb** fáilte a chur roimh dhuine; **thank you — you're ~!** go raibh maith agat — níl a bhuíochas ort or tá fáilte romhat

weld vt táthaigh

welfare n (wellbeing) leas m3, sochar m1; (social aid) leas sóisialta; **welfare state** n stát m1 leasa (shóisialaigh)

well n tobar m1 ▷ adv go maith ▷ adj: **to be ~** bheith go maith ▷ excl bhuel; **as ~** chomh maith; **as ~ as** (in addition to) chomh maith le; **~ done!** (gen) maith thú!, Dia leat!; (to man) maith an fear!, maith an buachaill!, bullaí fir!; (to woman) maith an bhean!, maith an cailín!; **she is ~ again** tá sí ar ais ar a seanléim; **to do ~** déanamh go maith; **to wish sb ~** rath a ghuí le duine; **well up** vi brúcht aníos; **well-behaved** adj dea-mhúinte; **well-built** adj (person) tathagach; **well-dressed** adj dea-éadaigh, feistithe go maith

wellingtons npl (also: **wellington boots**) buataisí fpl2 rubair

well-known adj (person) clúiteach, iomráiteach, aithnidiúil

well-off adj go maith as, leacanta

Welsh adj Breatnach ▷ n (Ling) Breatnais f2; **the Welsh** npl (people) na Breatnaigh mph; **Welshman** n Breatnach m1; **Welshwoman** n Breatnach m1 (mná)

west n iarthar m1 ▷ adj iartharach; (wind) aniar; (side) thiar ▷ adv (in) thiar; (to) siar; (from) aniar; **the W~** an tIarthar m1; **~ of** taobh thiar de; **western** adj iartharach, thiar ▷ n (Cine) scannán m1 buachaillí bó; **West Indian** adj, n Iar-Indiach m1; **West Indies** npl na hIndiacha fpl Thiar

Westmeath n an Iarmhí f4

wet adj fliuch; (damp) tais; (soaked) fliuch báite; **"~ paint"** "péint úr"; **wetsuit** n culaith f2 tumtha

Wexford n Loch m Garman

whack vt leadair, tabhair faic do

whale n (Zool) míol m1 mór

wharf n cé f4

 KEYWORD

what adj: **what size is he?** cad é an saghas atá aige?, cad é an mhéid a chaitheann sé?; **what colour is it?** cén dath atá air?; **what books do you need?** cé na leabhair atá uait?; **what a mess!** a leithéid de phrácás! ▷ pron **1** (interrogative) céard, cad (é), cén rud; **what are you doing?** céard atá ar bun agat?; **what happened to you?** cad (é) a tharla or a bhain duit?; **what are you talking about?** céard faoi a bhfuil tú ag caint?; **what is it called?** cén t-ainm atá air, cad is ainm dó?; **what about me?** céard fúmsa?, cár fhág tú mise?; **what about doing ...?** cad é do bharúil dá ndéanaimis ...?
2 (relative): **I saw what you did/ was on the table** chonaic mé an rud a rinne tú/an rud a bhí ar an mbord; **tell me what you know about it** inis dom a bhfuil ar eolas agat faoi

W

▷ *excl* (*disbelieving*) cad é sin!; **what! no tea?** cad é seo! nach bhfuil tae ar bith ann?

whatever, whatsoever *adj*: **~ book** cibé leabhar ▷ *pron*: **do ~ is necessary** déan cibé rud is gá; **~ happens** cibé rud a tharlóidh; **with no reason ~** gan fáth ar bith; **nothing ~** a dhath ar bith

wheat *n* cruithneacht *f3*

wheel *n* roth *m3*; (*also*: **steering ~**) roth stiúrtha; (*Naut*) stiúir *f* ▷ *vt* (*pram etc*) brúigh romhat, faoileáil ▷ *vi* (*birds*) cas; (*also*: **~ round**: *person*) tiontaigh; **wheelbarrow** *n* bara *m4* (rotha); **wheelchair** *n* cathaoir *f* rothaí; **wheel clamp** *n* (*Aut*) glas *m1* rotha

wheeze *vi*: **to ~** cársán a bheith ionat

KEYWORD

when *adv* cén uair, cá huair, cathain; **when did it happen?** cén uair *or* cá huair *or* cathain a tharla sé?
▷ *conj* **1** (*at, during, after the time that*): **she was reading when I came in** bhí sí ag léamh nuair a tháinig mé isteach *or* ag teacht isteach dom
2 (*on, at which*): **on the day when I met him** an lá a casadh orm é
3 (*whereas*) is amhlaidh, is é rud, is éard; **I thought I was wrong when in fact I was right** shíl mé go raibh mé contráilte ach is amhlaidh a bhí an ceart agam

whenever *adv* an uair ▷ *conj* nuair; (*every time that*) gach uair

where *adv, conj* an áit, mar; **this is ~** seo an áit; **whereabouts** *adv* cá ▷ *n*: **he has told no one his whereabouts** ní dúirt sé le duine ar bith cá bhfuil sé; **whereas** *conj* cé go; (*in legal documents*) de bhrí go; **whereby** *adv* trína; **a system whereby time is saved** modh oibre trína sábháiltear am; **wherever** *adv, conj* cibé áit

whether *conj* cé acu; **I don't know ~ to accept or not** níl a fhios agam cé acu ba chóir dom glacadh leis nó nár chóir; **it's doubtful ~ she will come** tá mé in amhras an dtiocfaidh sí; **~ you go or not** cé acu a rachaidh tú nó nach rachaidh

KEYWORD

which *adj* (*interrogative*: *direct, indirect*) cé, cé acu; **which picture do you want?** cén pictiúr atá de dhíth ort?; **which one?** cé acu ceann?; **in which case** agus má tá amhlaidh atá, agus an scéal a bheith amhlaidh
▷ *pron* **1** (*interrogative*): **I don't mind which** is cuma liom cé acu; **which (of these) are yours?** cé acu díobh seo is leat?; **tell me which you want** inis dom cé acu is mian leat *or* a theastaíonn uait
2 (*relative*: *subject*) a; (: *object*) a, ar; **the apple which you ate/which is on the table** an t-úll a d'ith tú/ atá ar an mbord; **the chair on which you are sitting** an chathaoir a bhfuil tú i do shuí uirthi; **the book of which you spoke** an leabhar ar labhair tú faoi/ ina thaobh; **he said he saw her, which is true** dúirt sé go bhfaca sé í, rud atá fíor/agus is fíor dó; **after which** agus ina dhiaidh sin

whichever adj: **take ~ book you prefer** tabhair leat cibé leabhar is fearr leat

while n tamall m1, scaitheamh m1 ▷ conj: **~ I was there** agus mé ann, fad is a bhí mé ann; **for a ~** ar feadh scathaimh; **while away** vt: **to ~ away the hours** an t-am a chur thart

whim n tallann f2; (foolish) baothmhian f2

whine vi bheith ag cnáimhseáil; (dog) bheith ag geonaíl

whip n fuip f2, lasc f2; (Pol: person) aoire m4 ▷ vt fuipeáil, lasc; (eggs) buail, coip; **whipped cream** n uachtar m1 coipthe

whirl n guairneán m1, cuilithe f4 ▷ vi rothlaigh, bheith ag guairneáil

whisk n (Culin) greadtóir m3; (of tail etc) flíp f2 ▷ vi scinn ▷ vt (eggs) gread; **to ~ sb away** or **off** duine a sciobadh leat

whiskers npl (of cat) guairí mpl4; (of man) féasóg fsg2 leicinn

whisky (Irl, US **whiskey**) n uisce m4 beatha, fuisce m4

whisper vt: **to ~ sth (to)** rud a rá i gcogar (le) ▷ vi bheith ag cogarnach

whistle n (sound) fead f2; (object) feadóg f2 ▷ vi bheith ag feadaíl; **to ~ (at sb)** fead a ligean (le duine)

white adj bán ▷ n an dath m3 bán; (person) duine m4 geal; **whitewash** vt cuir aoldath ar; (fig) cuir plán mín ar ▷ n (paint) aoldath m3

whiting n (fish) faoitín m4

Whitsun n An Chincís f2

whizz vi: **to ~ past** or **by** scinneadh thart, dul thart ar nós na gaoithe

who pron (interr) cé; (relative) a; (negative) nach, nár; **~ is it?** cé (hé) sin?, cé atá ann?; **the man ~ was here** an fear a bhí anseo; **the man ~ went** an fear a d'imigh; **the man ~ was not here** an fear nach raibh anseo; **the man ~ did not go** an fear nár imigh

whoever pron: **~ finds it** an té a thiocfaidh air; **ask ~ you like** cuir ceist ar cibé duine is mian leat; **~ he marries** an bhean a phósfaidh sé; **~ told you that?** cé a d'inis sin duit?

whole adj (complete) iomlán; (not broken) slán ▷ n (all): **the ~ of** iomlán m1 + gen; **the ~ of the town** an baile uile ar fad; **on the ~** den chuid is mó; **as a ~** ina iomláine; **wholehearted** adj ó chroí; **wholemeal** adj: **wholemeal bread** caiscín m4; **wholesale** n mórdhíol m3 ▷ adj (price) mórdhíola n gen; (destruction) ar fad ▷ adv ar fad; **wholewheat** adj = **wholemeal**; **wholly** adv ar fad

whom pron (interrogative): **~ did you see?** cé a chonaic tú?; (relative): **the man ~ I saw/to ~ I spoke** an fear a chonaic mé/ar labhair mé leis; **to ~ did you give it?** cé dó ar thug tú é?

whore (inf: pej) n striapach f2

 KEYWORD

whose adj **1** (possessive: interrogative): **whose book is this?** cé leis an leabhar seo?; **whose pencil have you taken?** cé leis an peann luaidhe a thug tú leat?; **whose daughter/son are you?** cé leis tú?

2 (possessive: relative): **the man whose son you rescued** an fear ar thug tú tarrtháil ar a mhac; **the girl whose sister you were speaking to** an cailín a raibh tú ag

W

caint lena deirfiúr; **the woman whose car was stolen** an bhean ar goideadh a carr
▷ *pron*: **whose is this?** cé leis seo?; **I know whose it is** tá a fhios agam cé leis é

why *adv* cén fáth, cad chuige, cad ina thaobh; **the reason ~** an fáth; **tell me ~** abair liom cad chuige; **will we go out? — ~ not?** an rachaimid amach? — cén fáth nach rachadh!

wicked *adj* (*person*) droch-, urchóideach; (*animal*) mallaithe, drochmhúinte; (*mischievous*) mioscaiseach

wicket *n* (*Cricket*) geaitín *m4*

Wicklow *n* Cill f Mhantáin

wide *adj* leathan; (*area, knowledge*) fairsing ▷ *adv*: **to open ~** oscailt amach; **to shoot ~** urchar iomrallach a scaoileadh; (*Football*) buaileadh ar fóraoil; **widely** *adv* (*differing*): **they had widely different stories** ba mhór idir an dá scéal acu; (*spaced*) go fairsing; (*believed*) go coitianta; (*travel*) i bhfad agus i gcéin; **widen** *vt, vi* leathnaigh, fairsingigh; **wide open** *adj* oscailte amach, ar leathadh; **widespread** *adj* (*belief etc*) coitianta

widow *n* baintreach f2; **widower** *n* baintreach f2 fir

width *n* leithead *m1*, fairsinge f4

wield *vt* (*sword*) beartaigh; (*power*) bain feidhm as

wife *n* bean f (chéile)

Wi-Fi *n* Wi-Fi, dílseacht f3 gan sreang

wig *n* bréagfholt *m1*, peiriúic f2

wild *adj* (*animals*) allta, fiáin; (*places, people, behaviour*) fiáin; (*sea*) garbh;

to make a ~ guess buille faoi thuairim a thabhairt; **to run ~** dul i bhfiáin; **wilderness** *n* fásach *m1*; **wildlife** *n* ainmhithe *mpl4* allta, fiabheatha f4; **wildly** *adv* (*behave*) go fiáin; (*happy*) go scléipeach

 KEYWORD

will *aux vb* **1** (*forming future tense*): **I will finish it tomorrow** críochnóidh mé amárach é; **I will have finished it by tomorrow** beidh sé críochnaithe agam amárach; **will you do it? — yes I will/no I won't** an ndéanfaidh tú é? — déanfaidh/ní dhéanfaidh
2 (*in conjectures, predictions*): **he will** or **he'll be there by now** ba chóir é a bheith ann faoi seo or beidh sé ann faoi seo; **that will be the postman** is dócha gur fear an phoist atá ann, fear an phoist a bheas ann
3 (*in commands, requests, offers*): **will you be quiet!** bí ciúin!, nár chóir go dtostfá?; **will you help me?** an bhféadfá cuidiú a thabhairt dom?; **will you have a cup of tea?** ar mhaith leat cupán tae?; **I won't put up with it!** ní chuirfidh mé suas leis!
▷ *vt*: **I willed him to do it** bhí dúil as Dia agam go ndéanfadh sé é; **he willed himself to go on** thug sé air féin streachailt ar aghaidh
▷ *n* (*desire*) toil f3, togradh *m*, réir f2; (*testament*) uacht f3

willing *adj* toilteanach; **he's ~ to do it** tá sé sásta é a dhéanamh; **willingly** *adv* go toilteanach

willow *n* saileach f2

willpower *n* neart *m1* tola

wilt vi searg, sleabhac, feoigh

win n (in sports etc) bua m4 ▷ vt, vi buaigh, bain; **win over, win round** vt: **he won her over** fuair sé le casadh í, mheall sé í

wince vi: **I ~d** baineadh freanga asam

wind¹ n (also Med) gaoth f2 ▷ vt (take breath): **to ~ sb** an anáil a bhaint de dhuine

wind² vt (clock, toy) tochrais, cas ▷ vi (road, river) cas; **wind up** vt (clock) tochrais, cas; (debate): **to ~ up** deireadh a chur le

windfall n amhantar m1

wind farm n feirm f2 ghaoithe

windmill n muileann m1 gaoithe

window n fuinneog f2; **window box** n ceapach f2 fuinneoige; **window cleaner** n (person) glantóir m3 fuinneog; **window pane** n pána m4 fuinneoige; **windowsill** n leac f2 fuinneoige

windscreen (US **windshield**) n gaothscáth m3; **windscreen wiper** n cuimilteoir m3 gaothscátha

windy adj gaofar; **it's very ~** tá gaoth mhór ann

wine n fíon m3; **wine bar** n beár m1 fíona; **wine glass** n gloine f4 fíona; **wine list** n liosta m4 fíona

wing n sciathán m1, eiteog f2; (Pol) eite f4; (Sport) cliathán m1; **wings** npl (Theat) cliatháin mph1

wink n caochadh m, sméideadh m ▷ vt, vi caoch, sméid

winner n buaiteoir m3

winning adj buach, caithréimeach, buaite; **the ~ team** an fhoireann a bhuaigh

winter n geimhreadh m1; **in ~** sa gheimhreadh

wipe n cuimilt f2; **to give sth a ~** cuimilt a thabhairt do rud ▷ vt cuimil; (erase: tape) glan; **wipe off** vt glan de; **wipe out** vt (debt) glan; (destroy) scrios, treascair

wire n sreang f2 ▷ vt (house) sreangaigh; (also: **~ up**) sreangaigh; (person: send telegram to) cuir sreangscéal chuig; **wireless** adj gan sreang

wiring n sreangú m

wisdom n críonnacht f3; (of action) ciall f2; **wisdom tooth** n fiacail f2 forais

wise adj críonna; (remark) céillí ▷ suffix: **he is street~** tá ciall na sráide aige

wish n (desire) mian f2 ▷ vt: **I ~** is mian liom; **best ~es** (on birthday etc) go maire tú an lá!; **with best ~es** (in letter) le dea-mhéin; **to ~ sb goodbye** (if leaving) slán a fhágáil ag duine; (if staying) slán a chur le duine; **I ~ to go** is mian liom dul ann; **to ~ for money** do bhinid a chur in airgead

wistful adj tnúthánach, cumhach

wit n meabhair f, ciall f2; (wittiness) dea-chaint f2; (person) nathaí m4

witch n cailleach f2, bandraoi m4, draíodóir m3 mná

 KEYWORD

with prep **1** (in the company of) in éineacht le; (at the home of) ag, tigh + gen; **we stayed with friends** d'fhan muid ag cairde; **I'll be with you in a minute** beidh mé agat faoi cheann nóiméid

2 (descriptive): **a room with a view** seomra a bhfuil radharc uaidh; **the man with the grey hat/blue eyes** an fear a bhfuil an hata liath

W

air/na súile gorma aige, fear an hata léith/na súl gorm
3 (*indicating manner, means, cause*): **with tears in her eyes** agus na deora lena súile; **to walk with a stick** siúl le bata; **red with anger** dearg le fearg, ar deargbhuile; **to shake with fear** bheith ar crith le heagla; **to fill sth with water** rud a líonadh le huisce *or* d'uisce
4: **I'm with you** (*I understand*) tuigim thú; **with it** (*inf: up-to-date*) san fhaisean

withdraw *vt* tarraing siar; (*money*) déan aistarraingt ▷ *vi* tarraing siar, cúlaigh; **withdrawal** *n* tarraingt *f* siar, cúlú *m*; (*of money*) aistarraingt *f*; **withdrawn** *adj* (*person*) deoranta

wither *vi* (*plant*) searg, dreoigh, feoigh

withhold *vt* (*money*) coinnigh siar

within *prep* istigh i, laistigh de ▷ *adv* istigh, laistigh; **it is ~ his reach** tá sé faoi fhad láimhe de; **~ sight of** ar amharc + *gen*; **~ a kilometre of** faoi chiliméadar de; **~ the/a week** faoi dheireadh na seachtaine/faoi cheann seachtaine

without *prep* taobh amuigh de, lasmuigh de; **~ a coat** gan chóta; **~ speaking** gan labhairt; **to go ~ sth** teacht gan rud

withstand *vt* seas in aghaidh + *gen*

witness *n* (*person*) finné *m4* ▷ *vt* (*event*) feic; (*document*) fianaigh; **to bear ~ (to)** (*fig*) fianaise a dhéanamh (le)

witty *adj* dea-chainteach, deisbhéalach, greannmhar

wizard *n* draíodóir *m3*, asarlaí *m4*

wobble *vi* bheith ag guagadh; (*chair*): **it is wobbling** tá sí corrach

woe *n*: **~ is me** mo léan géar

wok *n* voc *m4*

wolf *n* mac *m1* tíre, faolchú *m4*

woman *n* bean *f*

womb *n* (*Anat*) broinn *f2*

wonder *n* ionadh *m1*, iontas *m1* ▷ *vi*: **I ~ whether** níl a fhios agam cé acu, ní fheadar cé acu; **to ~ at sth** (*marvel*) ionadh a dhéanamh de rud; **to ~ about** bheith amhrasach faoi; **it's no ~ (that)** ní hionadh ar bith é (go); **it's little ~ (that)** is beag an t-iontas (go); **wonderful** *adj* iontach

wood *n* (*timber*) adhmad *m1*; (*forest*) coill *f2*; **wooden** *adj* adhmaid *n gen*, maide *n gen*; (*fig*) maide *n gen*; **woodwind** *n* (*Mus*) gaothuirlis *f2* adhmaid; **woodwork** *n* adhmadóireacht *f3*

wool *n* olann *f*; **to pull the ~ over sb's eyes** (*fig*) dallamullóg a chur ar dhuine; **woollen** (*US* **woollen**) *adj* olla; **woollens** *npl* (*clothes*) éadaí *mph* olla; **woolly** (*US* **wooly**) *adj* olanda; (*fig: ideas*) scaipthe

word *n* focal *m1*; (*news*) scéala *m4* ▷ *vt* cuir i bhfocail; **in other ~s** i bhfocail eile; **to break your ~** dul ar gcúl i d'fhocal; **to keep your ~** cur le d'fhocal; **wording** *n* leagan *m1* na bhfocal; **word processing** *n* próiseáil *f3* focal; **word processor** *n* próiseálaí *m4* focal

work *n* obair *f2*; (*Art, Liter*) saothar *m1* ▷ *vi* bheith ag obair; (*plan etc*): **it ~ed** d'éirigh leis ▷ *vt* (*land, mine etc*) saothraigh; (*clay*) múnlaigh; (*miracles, wonders etc*) déan; **to be out of ~** bheith as obair; **to ~ loose** éirí scaoilte; **work on** *vt fus*: **to ~ on** leanúint (leat) ag obair; (*person*): **to ~ on sb** bheith ag gabháil do dhuine; **work out** *vi* (*plans etc*): **it ~ed out well for me** d'éirigh go maith liom ▷ *vt* (*problem*) fuascail; (*plan*) beartaigh, oibrigh amach; **it ~s out at 100 euros** céad euro an t-iomlán; **work up** *vt*: **to get ~ed up** éirí tógtha; **worker** *n* oibrí *m4*; **workforce** *n* meitheal *f2* oibre; **working class** *n* lucht *m3* oibre ▷ *adj*: **a working-class family** teaghlach de chuid an lucht oibre; **workman** *n* oibrí *m4*; **workplace** *n* ionad *m1* oibre, áit *f2* oibre; **worksheet** *n* bileog *f2* oibre; **workshop** *n* ceardlann *f2*; **work station** *n* stáisiún *m1* oibre

world *n* domhan *m1* ▷ *adj* (*champion*) domhain *n gen*; (*power, war*) domhain; **to think the ~ of sb** (*fig*) an dúrud a shíleadh de dhuine; **world-wide** *adj* ar fud an domhain, domhanda; **World Wide Web** *n*: **the World Wide Web** Líon *m1* Domhanda, Gréasán *m1* Domhanda

worm *n* péist *f2*, cruimh *f2*, cuiteog *f2*

worn *adj* caite; **worn-out** *adj* (*object*) ídithe, athchaite; (*person*) spíonta

worried *adj* imníoch, buartha; **I'm ~** tá imní orm

worry *n* imní *f4*, buairt *f3* ▷ *vt*: **to ~ sb** imní a chur ar dhuine ▷ *vi*: **she worries a lot** bíonn rud éigin i gcónaí ag cur as di; **what's ~ing you?** cad é atá ag déanamh buartha duit?

worse *adj* níos measa, is measa; **a ~ footballer than John** peileadóir níos measa ná Seán; **a footballer ~ than John** peileadóir is measa ná Seán ▷ *adv*: **to get ~** dul in olcas ▷ *n*: **the ~** an ceann *m1*

is measa; **a change for the ~** athrú chun donachta; **worsen** *vi* téigh in olcas; **worse off** *adj*: **you'll be worse off this way** is measaide duit an dóigh seo, beidh tú níos measa as an dóigh seo

worship *n* adhradh *m* ▷ *vt* (*God*) adhair; **Your W~** (*to mayor*) A Onóir

worst *adj* is measa; (*in the past*) ba mheasa ▷ *adv*: **the musician who performs ~** an ceoltóir is measa a sheinneann ▷ *n*: **the ~** (*singular*) an ceann *m1* is measa; (*plural*) an chuid is measa

worth *n* fiúntas *m1*, luach *m3* ▷ *adj*: **it is ~ a pound** is fiú punt é; **it's ~ it** is fiú é; **it would be ~ your while to go** b'fhiú duit dul ann; **worthless** *adj* beagmhaitheasach, neamhfhiúntach; **it is worthless talking to him** ní fiú a bheith leis; **a worthless person** scraiste, duine gan mhaith; **worthwhile** *adj* (*activity, cause*) fiúntach

worthy *adj* (*person*) fiúntach; (*motive*) uasal; **he is ~ of the reward** is maith an airí air an duais; **the labourer is ~ of his hire** is fiú an t-oibrí a thuarastal

 KEYWORD

would *aux vb* **1** (*conditional tense*): **if you asked him he would do it, if you had asked him he would have done it** dá n-iarrfá air dhéanfadh sé é

2 (*in offers, invitations, requests*): **would you like a biscuit?** ar mhaith leat briosca?; **would you close the door please?** an ndruidfeá an doras, le do thoil

3 (*in indirect speech*): **I said I would do it** dúirt mé go ndéanfainn é

4 (*emphatic*): **it WOULD have to snow today!** inniu féin a chuirfeadh sé sneachta!
5 (*insistence*): **she wouldn't do it** ní dhéanfadh sí é
6 (*conjecture*): **it would have been midnight** an meán oíche a bhí ann is dócha
7 (*indicating habit*): **he would go there on Mondays** théadh sé ann ar an Luan

wound *n* cneá *f4*, lot *m1* ▷ *vt* cneáigh, loit
wrap *vt* (*also*: **~ up**) corn, fill (i bpáipéar); (*wind*) corn; **wrapper** *n* (*of book*) forchlúdach *m1*; (*on chocolate*) cumhdach *m1*; **wrapping paper** *n* páipéar *m1* fillte
wreath *n* fleasc *f2* (bláthanna)
wreck *n* (*ship*) long *f2* bhriste; (*vehicle*) carr *m1* scriosta ▷ *vt* scrios, raiceáil; **wreckage** *n* raic *f2*
wren *n* (*Zool*) dreoilín *m4*
wrench *n* (*Tech*) rinse *m4*; (*tug*) sracadh *m1*; (*fig*) freanga *f4* ▷ *vt*: **to ~ sth from sb** rud a shracadh ó dhuine
wrestle *vi*: **to ~ (with sb)** bheith ag coraíocht *or* ag iomrascáil (le duine); **wrestler** *n* coraí *m4*, iomrascálaí *m4*; **wrestling** *n* coraíocht *f3*, iomrascáil *f3*; (*also*: **all-in wrestling**) iliomrascáil *f3*
wretched *adj* dearóil, díblí
wriggle *vi* (*also*: **to ~ about**) bheith ag lúbarnaíl
wring *vt* fáisc; (*fig*): **to ~ sth out of sb** rud a bhaint de dhuine ina ainneoin
wrinkle *n* roc *m1* ▷ *vt*, *vi* roc
wrist *n* caol *m1* na láimhe
write *vt*, *vi* scríobh; **write down** *vt* scríobh síos; **write off** *vt* (*debt*) díscríobh; **write out** *vt*: **to ~ sth out** rud a scríobh ina iomláine; **write up** *vt*: **to ~ sth up** cuntas a thabhairt ar rud; **write-off** *n*: **it was a write-off** scriosadh ar fad é; **writer** *n* scríbhneoir *m3*
writing *n* (*act of*) scríobh *m3*; (*of author*) scríbhneoireacht *f3*; (*document*) scríbhinn *f2*; **in ~** scríofa; **the ~s of Séamus Ó Grianna** scríbhinní Shéamuis Uí Ghrianna; **writing paper** *n* páipéar *m1* scríofa
wrong *adj* (*incorrect: answer, information*) contráilte, mícheart; (*inappropriate: choice, action etc*) contráilte, mícheart; (*wicked*) olc; (*amiss*) contráilte, cearr; (*unfair*) éagórach ▷ *adv* go héagórach ▷ *n* olc *m1*, éagóir *f3* ▷ *vt*: **to ~ sb** bheith san éagóir do dhuine; **you are ~ to do it** ní ceart duit é a dhéanamh; **you are ~ about that, you've got it ~** tá sin contráilte agat; **what's ~?** cad é atá cearr?; **to go ~** dul amú; (*machine*): **it went ~** tháinig fabht air; **to be in the ~** bheith san éagóir; **the ~ side** an taobh *m1* contráilte; **wrongly** *adv* (*unjustly*) go héagórach
WWW (*Comput*) *n abbr* = **World Wide Web**

X y

Xmas *n abbr* = **Christmas**
X-ray *n* (*ray*) x-gha *m4*; (*photo*)
x-ghathú *m* ▷ *vt* x-ghathaigh
xylophone *n* xileafón *m1*

yacht *n* luamh *m1*; **yachting** *n*
luamhaireacht *f3*
yard *n* (*of house etc*) clós *m1*;
(*measure*) slat *f2*
yarn *n* snáth *m3*, abhras *m1*; (*tale*)
scéal *m1*, staróg *f2*
yawn *n* méanfach *f2* ▷ *vi* déan
méanfach
yd. *abbr* = **yard(s)**
yeah (*inf*) *adv* sea
year *n* bliain *f3*; **last ~** anuraidh;
this ~ i mbliana; **The New Y~** An
Bhliain Úr, An AthBhliain; **to be 8
~s old** bheith 8 mbliana d'aois; **an
eight-~-old child** páiste atá ocht
mbliana d'aois; **yearly** *adj*
bliantúil ▷ *adv* uair sa bhliain, uair
in aghaidh na bliana
yearn *vi*: **to ~ for sth** bheith ag
tnúth le rud; **to ~ to do sth** dúil
chráite a bheith agat chun rud a
dhéanamh

yeast n giosta m4, gabháil f3
yell n béic f2, liú m4 ▷ vi lig béic
or liú
yellow adj buí
yes adv (repeat vb from question):
did you sleep well? — ~ (I did) ar
chodail tú go maith? — chodail;
**will you take me there? — ~ (I
will)** an dtabharfaidh tú ansin mé?
— tabharfaidh; **more wine? — ~,
please** an mbeidh tuilleadh fíona
agat? — beidh, go raibh maith
agat; **you're married? — ~, that's
right** tá tú pósta? — tá, tá sin ceart;
~, can I help you? is ea anois, an
bhféadaim cúnamh leat?; **~, I
remember it well** is ea, is cuimhin
liom go maith é; **say ~ or no** abair
is ea nó ní hea
yesterday adv inné ▷ n an lá m
inné; **~ morning/evening**
maidin/tráthnóna inné; **all day ~**
i rith an lae inné
yet adv go fóill, fós ▷ conj mar sin
féin, ina dhiaidh sin; **it is not
finished ~** níl sé réidh go fóill;
the best one ~ an ceann is fearr
fós; **as ~** go dtí seo, fós
yew n iúr m1
yield n toradh m1, táirgeacht f3, barr
m1; (of milk) tál m1, crúthach m1,
bleán m1, táirgeacht ▷ vt táirg,
tabhair; (surrender) tabhair suas,
géill ▷ vi géill; (US: Aut) géill slí
yoghurt, yogurt n iógart m1
yolk n buíocán m1

KEYWORD

you pron **1** (subject) tú; (emphatic)
tusa; (plural) sibh; (emphatic)
sibhse; **you French enjoy your
food** tá dúil agaibh i bhur gcuid
mar Fhrancaigh; **you and I will go**
rachaidh mise agus tusa
2 (object: direct, indirect): **I know
you** aithním thú or sibh; **I gave
it to you** thug mé duit or
daoibh é
3 (stressed): **I gave it to YOU**
duitse a thug mé é; **I told YOU
to do it** leatsa a dúirt mé é a
dhéanamh
4 (after prep, in comparisons): **it's for
you** duitse or daoibhse atá sé;
she's younger than you is óige ise
ná tusa or sibhse
5 (impersonal: one): **you never
know** ní bheadh a fhios agat

young adj óg ▷ npl (of animal) óga
mpl; (people): **the ~** an t-aos m3 óg;
youngster n (boy) malrach m1,
buachaill m3; (girl) gearrchaile m4,
girseach f2; (child) páiste m4
your adj (sg) do; (pl) bhur; **~ car/
bag/father** (sg) do charr/do
mhála/d'athair; **~ car/bag/father**
(pl) bhur gcarr/mála/n-athair; see
also **my**
yours adj (single article: sg) do
cheannsa; (: pl) bhur gceannsa;
(share of: sg) do chuidse; (: pl) bhur
gcuidse; **that's ~** (sg) is leat sin;
(pl) is libh sin; **this book of ~** (sg) an
leabhar seo agat; (pl) an leabhar
seo agaibh; **~ sincerely/
faithfully/truly** is mise le meas;
see also **mine¹**
yourself pron (reflexive) tú féin;
(object) thú féin; (emphatic) tusa
féin; see also **oneself**; **yourselves**
pl pron (reflexive) sibh féin;
(emphatic) sibhse féin
youth n aos m3 óg, óige f4; (young
man) óganach m1, stócach m1;
youth club n club m4 óige;
youthful adj óigeanta; **youth**

hostel *n* brú *m4* óige
Yugoslav *adj, n (formerly)*
  Iúgslavach *m1*
Yugoslavia *n (formerly)* an
  Iúgslaiv *f2*

Z

zap *vt (Comput)* scrios
zeal *n* díograis *f2*, dúthracht *f3*
zebra *n* séabra *m4*; **zebra crossing**
  n trasrian *m1* síogach
zero *n* nialas *m1*
zest *n* flosc *m3*, spionnadh *m1*, fonn
  m1; *(flavour)* goinbhlastacht *f3*
zigzag *n* fiarlán *m1*
Zimbabwe *n* an tSiombáib *f2*
zinc *n* sinc *f2*
zip *(US* **zipper)** *n (also:* **~ fastener)**
  sip *f2* ▷ *vt (also:* **~ up)** dún an tsip;
  (file) zipeáil; **zip code** *(US) n* cód *m1*
  poist; **zip file** *n* zipchomhad *m1*
zodiac *n* stoidiaca *m4*
zone *n* crios *m3*
zoo *n* zú *m4*
zoom *vi:* **to ~ past** stróiceadh thart
zucchini *(US) n, npl* cúirséid *mph1*

Grammar
Gramadach

PREPOSITIONAL PRONOUNS

FORAINMNEACHA RÉAMHFHOCLACHA

AG	AR	AS	CHUN	DE
agam	orm	asam	chugam	díom
agat	ort	asat	chugat	díot
aige	air	as	chuige	de
aici	uirthi	aisti	chuici	di
againn	orainn	asainn	chugainn	dínn
agaibh	oraibh	asaibh	chugaibh	díbh
acu	orthu	astu	chucu	díobh

DO	FAOI	I	IDIR	LE
dom	fúm	ionam	-	liom
duit	fút	ionat	-	leat
dó	faoi	ann	-	leis
di	fúithi	inti	-	léi
dúinn	fúinn	ionainn	eadrainn	linn
daoibh	fúibh	ionaibh	eadraibh	libh
dóibh	fúthu	iontu	eatarthu	leo

Ó	ROIMH	THAR	TRÍ	UM
uaim	romham	tharam	tríom	umam
uait	romhat	tharat	tríot	umat
uaidh	roimhe	thairis	tríd	uime
uaithi	roimpi	thairsti	tríthi	uimpi
uainn	romhainn	tharainn	trínn	umainn
uaibh	romhaibh	tharaibh	tríbh	umaibh
uathu	rompu	tharstu	tríothu	umpu

ADJECTIVES   AIDIACHTAí

In Irish, adjectives can be singular or plural, or in the genitive case,
depending on the noun they describe. They may also be subject to lenition.

NOM	SING GEN MASC	SING GEN FEM	STRONG PLURAL

1st declension

dubh	duibh	duibhe	dubha
géar	géir	géire	géara
greannmhar	greannmhair	greannmhaire	greannmhara
tábhachtach	tábhachtaigh	tábhachtaí	tábhachtacha
tuirseach	tuirsigh	tuirsí	tuirseacha
imníoch	imníoch	imníche	imníocha
spleách	spleách	spleáiche	spleácha
glic	glic	glice	glice

2nd declension

spreagúil	spreagúil	spreagúla	spreagúla

3rd declension

crua	crua	crua	crua

Plural adjectives preceded by weak plural nouns lose accreted final vowel
(a/e) in genitive plural.

COMPARISON OF ADJECTIVES

CÉIMEANNA COMPARÁIDE NA hAIDIACHTA

Equative

chomh mór le	as big as
chomh hard le	as tall as

Comparative/Superlative

glic	níos glice	is glice
ard	níos airde	is airde
álainn	níos áille	is áille
spleách	níos spleáiche	is spleáiche
tábhachtach	níos tábhachtaí	is tábhachtaí
cóir	níos córa	is córa
spreagúil	níos spreagúla	is spreagúla
crua	níos crua	is crua

Irregular comparison

mór	níos mó	is mó
beag	níos lú	is lú
maith	níos fearr	is fearr
olc	níos measa	is measa
furasta	níos fusa	is fusa
breá	níos breátha	is breátha
dócha	níos dóichí	is dóichí
dóigh	níos dóiche	is dóiche
te	níos teo	is teo
gearr	níos giorra	is giorra
iomaí	níos lia	is lia
fada	níos faide/sia	is faide/sia
ionúin	níos ionúine/ansa	is ionúine/ansa
tréan	níos tréine/treise	is tréine/treise

All Irish nouns are either masculine or feminine.

There are four major groups of nouns. All regular Irish nouns are assigned a number (1, 2, 3 or 4) in this dictionary, and their gender is indicated by the abbreviations *m* for masculine and *f* for feminine. The tables below show examples of the various grammatical forms in each group.

There are a few other nouns which are not completely regular and their irregular forms are given in the entry in the Irish side. Such nouns have no number in the dictionary.

| SING | | PLUR | |
NOM	GEN	NOM	GEN

1st declension (all masculine)

cat	cait	cait	cat
breac	bric	bric	breac
leabhar	leabhair	leabhair	leabhar
buidéal	buidéil	buidéil	buidéal
milseán	milseáin	milseáin	milseán
marcach	marcaigh	marcaigh	marcach
scéal	scéil	scéalta	scéalta
glór	glóir	glórtha	glórtha
briathar	briathair	briathra	briathra
bealach	bealaigh	bealaí	bealaí
cogadh	cogaidh	cogaí	cogaí
rós	róis	rósanna	rósanna

2nd declension (feminine with one or two exceptions)

clann	clainne	clanna	clann
sceach	sceiche	sceacha	sceach
fuinneog	fuinneoige	fuinneoga	fuinneog
leabharlann	leabharlainne	leabharlanna	leabharlann
eangach	eangaí	eangacha	eangach
glúin	glúine	glúine	glún

| SING | | PLUR | |
NOM	GEN	NOM	GEN
áit	áite	áiteanna	áiteanna
aisling	aislinge	aislingí	aislingí
craobh	craoibhe	craobhacha	craobhacha
pian	péine	pianta	pianta

3rd declension

masculine

custaiméir	custaiméara	custaiméirí	custaiméirí
rinceoir	rinceora	rinceoirí	rinceoirí
saighdiúir	saighdiúra	saighdiúirí	saighdiúirí
rud	ruda	rudaí	rudaí
droim	droma	dromanna	dromanna

feminine

iasacht	iasachta	iasachtaí	iasachtaí
canúint	canúna	canúintí	canúintí
forbairt	forbartha	forbairtí	forbairtí
troid	troda	troideanna	troideanna
barúil	barúla	barúlacha	barúlacha

4th declension (mostly masculine)

coinín	coinín	coiníní	coiníní
dalta	dalta	daltaí	daltaí
oráiste	oráiste	oráistí	oráistí
rúnaí	rúnaí	rúnaithe	rúnaithe
baile	baile	bailte	bailte

feminine

íomhá	íomhá	íomhánna	íomhánna
bearna	bearna	bearnaí	bearnaí

Irregular nouns

cabhair f	cabhrach	cabhracha	cabhracha
draein f	draenach	draenacha	draenacha
litir f	litreach	litreacha	litreacha
comharsa f	comharsan	comharsana	comharsan
athair m	athar	aithreacha	aithreacha
namhaid m	namhad	naimhde	naimhde
bean f	mná	mná	ban
caora f	caorach	caoirigh	caorach
deoch f	dí	deochanna	deochanna
dia m	dé	déithe	déithe
lá m	lae	laethanta	laethanta
leaba f	leapa	leapacha	leapacha
mí f	míosa	míonna	míonna
talamh m	talaimh	tailte	tailte
talamh f	talún	tailte	tailte
teach m	tí	tithe	tithe

Multiples of 10: from 20 to 90 excluding 40 have same form

fiche	fichead	fichidí	fichidí
seasca	seascad	seascaidí	seascaidí
seachtó	seachtód	seachtóidí	seachtóidí
daichead	daichid	daichidí	daichidí

REGULAR VERBS
FIRST CONJUGATION

BRIATHRA RIALTA
AN CHÉAD RÉIMNIÚ

BOG

SING	PLURAL	SING	PLURAL

IMPERATIVE

SING	PLURAL
bogaim	bogaimis
bog	bogaigí
bogadh sé	bogaidís
bogadh sí	

AUTONOMOUS	bogtar

PRESENT

SING	PLURAL
bogaim	bogaimid
bogann tú	bogann sibh
bogann sé	bogann siad
bogann sí	

AUTONOMOUS	bogtar

PAST

SING	PLURAL
bhog mé	bhogamar
bhog tú	bhog sibh
bhog sé	bhog siad
bhog sí	

AUTONOMOUS	bogadh

FUTURE

SING	PLURAL
bogfaidh mé	bogfaimid
bogfaidh tú	bogfaidh sibh
bogfaidh sé	bogfaidh siad
bogfaidh sí	

AUTONOMOUS	bogfar

CONDITIONAL

SING	PLURAL
bhogfainn	bhogfaimis
bhogfá	bhogfadh sibh
bhogfadh sé	bhogfaidís
bhogfadh sí	

AUTONOMOUS	bhogfaí

PAST HABITUAL

SING	PLURAL
bhogainn	bhogaimis
bhogtá	bhogadh sibh
bhogadh sé	bhogaidís
bhogadh sí	

AUTONOMOUS	bhogtaí

PRESENT SUBJUNCTIVE

SING	PLURAL
boga mé	bogaimid
boga tú	boga sibh
boga sé	boga siad
boga sí	

AUTONOMOUS	bogtar

VERBAL NOUN bogadh

VERBAL ADJECTIVE bogtha

ix

CEILIÚIR

	SING	PLURAL		SING	PLURAL

IMPERATIVE

SING	PLURAL
ceiliúraim	ceiliúraimis
ceiliúir	ceiliúraigí
ceiliúradh sé	ceiliúraidís
ceiliúradh sí	

AUTONOMOUS	ceiliúrtar

CONDITIONAL

SING	PLURAL
cheiliúrfainn	cheiliúrfaimis
cheiliúrfá	cheiliúrfadh sibh
cheiliúrfadh sé	cheiliúrfaidís
cheiliúrfadh sí	

AUTONOMOUS	cheiliúrfaí

PRESENT

SING	PLURAL
ceiliúraim	ceiliúraimid
ceiliúrann tú	ceiliúrann siad
ceiliúrann sé	ceiliúrann siad
ceiliúrann sí	

AUTONOMOUS	ceiliúrtar

PAST HABITUAL

SING	PLURAL
cheiliúrainn	cheiliúraimis
cheiliúrtá	cheiliúradh sibh
cheiliúradh sé	cheiliúraidís
cheiliúradh sí	

AUTONOMOUS	cheiliúrtaí

PAST

SING	PLURAL
cheiliúir mé	cheiliúramar
cheiliúir tú	cheiliúir sibh
cheiliúir sé	cheiliúir siad
cheiliúir sí	

AUTONOMOUS	ceiliúradh

PRESENT SUBJUNCTIVE

SING	PLURAL
ceiliúra mé	ceiliúraimid
ceiliúra tú	ceiliúra sibh
ceiliúra sé	ceiliúra siad
ceiliúra sí	

AUTONOMOUS	ceiliúrtar

FUTURE

SING	PLURAL
ceiliúrfaidh mé	ceiliúrfaimid
ceiliúrfaidh tú	ceiliúrfaidh sibh
ceiliúrfaidh sé	ceiliúrfaidh siad
ceiliúrfaidh sí	

AUTONOMOUS	ceiliúrfar

VERBAL NOUN	ceiliúradh
VERBAL ADJECTIVE	ceiliúrtha

CLOÍGH

| SING | PLURAL | | SING | PLURAL |

IMPERATIVE

cloím	cloímis
cloígh	cloígí
cloíodh sé	cloídís
cloíodh sí	

| AUTONOMOUS | cloítear |

PRESENT

cloím	cloímid
cloíonn tú	cloíonn sibh
cloíonn sé	cloíonn siad
cloíonn sí	

| AUTONOMOUS | cloítear |

PAST

chloígh mé	chloíomar
chloígh tú	chloígh sibh
chloígh sé	chloígh siad
chloígh sí	

| AUTONOMOUS | cloíodh |

FUTURE

cloífidh mé	cloífimid
cloífidh tú	cloífidh sibh
cloífidh sé	cloífidh siad
cloífidh sí	

| AUTONOMOUS | cloífear |

CONDITIONAL

chloífinn	chloífimis
chloífeá	chloífeadh sibh
chloífeadh sé	chloífidís
chloífeadh sí	

| AUTONOMOUS | chloífí |

PAST HABITUAL

chloínn	chloímis
chloíteá	chloíodh sibh
chloíodh sé	chloídís
chloíodh sí	

| AUTONOMOUS | chloítí |

PRESENT SUBJUNCTIVE

cloí mé	cloímid
cloí tú	cloí sibh
cloí sé	cloí siad
cloí sí	

| AUTONOMOUS | cloítear |

VERBAL NOUN cloí

VERBAL ADJECTIVE cloíte

CUIR

| SING | PLURAL | | SING | PLURAL |

IMPERATIVE

cuirim	cuirimis
cuir	cuirigí
cuireadh sé	cuiridís
cuireadh sí	

| AUTONOMOUS | cuirtear |

CONDITIONAL

chuirfinn	chuirfimis
chuirfeá	chuirfeadh sibh
chuirfeadh sé	chuirfidís
chuireadh sí	

| AUTONOMOUS | chuirfí |

PRESENT

cuirim	cuirimid
cuireann tú	cuireann sibh
cuireann sé	cuireann siad
cuireann sí	

| AUTONOMOUS | cuirtear |

PAST HABITUAL

chuirinn	chuirimis
chuirteá	chuireadh sibh
chuireadh sé	chuiridís
chuireadh sí	

| AUTONOMOUS | chuirtí |

PAST

chuir mé	chuireamar
chuir tú	chuir sibh
chuir sé	chuir siad
chuir sí	

| AUTONOMOUS | cuireadh |

PRESENT SUBJUNCTIVE

cuire mé	cuirimid
cuire tú	cuire sibh
cuire sé	cuire siad
cuire sí	

| AUTONOMOUS | cuirtear |

FUTURE

cuirfidh mé	cuirimid
cuirfidh tú .	cuirfidh sibh
cuirfidh sé	cuirfidh siad
cuirfidh sí	

| AUTONOMOUS | cuirfear |

VERBAL NOUN cur

VERBAL ADJECTIVE curtha

FEOIGH

| SING | PLURAL | | SING | PLURAL |

IMPERATIVE

feoim	feoimis
feoigh	feoigí
feodh sé	feoidís
feodh sí	

| AUTONOMOUS | feoitear |

CONDITIONAL

d'fheofainn	d'fheofaimis
d'fheofá	d'fheofadh sibh
d'fheofadh sé	d'fheofaidís
d'fheofadh sí	

| AUTONOMOUS | d'fheofaí |

PRESENT

feoim	feoimid
feonn tú	feonn sibh
feonn sé	feonn siad
feonn sí	

| AUTONOMOUS | feoitear |

PAST HABITUAL

d'fheoinn	d'fheoimis
d'fheoiteá	d'fheodh sibh
d'fheodh sé	d'fheoidís
d'fheodh sí	

| AUTONOMOUS | d'fheoití |

PAST

d'fheoigh mé	d'fheomar
d'fheoigh tú	d'fheoigh sibh
d'fheoigh sé	d'fheoigh siad
d'fheoigh sí	

| AUTONOMOUS | feodh |

PRESENT SUBJUNCTIVE

feo mé	feoimid
feo tú	feo sibh
feo sé	feo siad
feo sí	

| AUTONOMOUS | feoitear |

FUTURE

feofaidh mé	feofaimid
feofaidh tú	feofaidh sibh
feofaidh sé	feofaidh siad
feofaidh sí	

| AUTONOMOUS | feofar |

VERBAL NOUN feo

VERBAL ADJECTIVE feoite

LUIGH

| SING | PLURAL | | SING | PLURAL |

IMPERATIVE

luím	luímis
luigh	luígí
luíodh sé	luídís
luíodh sí	

| AUTONOMOUS | luitear |

CONDITIONAL

luífinn	luífimis
luífeá	luífeadh sibh
luífeadh sé	luífidís
luífeadh sí	

| AUTONOMOUS | luífí |

PRESENT

luím	luímid
luíonn tú	luíonn sibh
luíonn sé	luíonn siad
luíonn sí	

| AUTONOMOUS | luitear |

PAST HABITUAL

luínn	luímis
luíteá	luíodh sibh
luíodh sé	luídís
luíodh sí	

| AUTONOMOUS | luití |

PAST

luigh mé	luíomar
luigh tú	luigh sibh
luigh sé	luigh siad
luigh sí	

| AUTONOMOUS | luíodh |

PRESENT SUBJUNCTIVE

luí mé	luímid
luí tú	luí sibh
luí sé	luí siad
luí sí	

| AUTONOMOUS | luitear |

FUTURE

luífidh mé	luífimid
luífidh tú	luífidh sibh
luífidh sé	luífidh siad
luífidh sí	

| AUTONOMOUS | luífear |

VERBAL NOUN luí

VERBAL ADJECTIVE luite

SÁIGH

| SING | PLURAL | SING | PLURAL |

IMPERATIVE

sáim	sáimis
sáigh	sáigí
sádh sé	sáidís
sádh sí	

| AUTONOMOUS | sáitear |

CONDITIONAL

sháfainn	sháfaimis
sháfá	sháfadh sibh
sháfadh sé	sháfaidís
sháfadh sí	

| AUTONOMOUS | sháfaí |

PRESENT

sáim	sáimid
sánn tú	sánn sibh
sánn sé	sánn siad
sánn sí	

| AUTONOMOUS | sáitear |

PAST HABITUAL

sháinn	sháimis
sháiteá	shádh sibh
shádh sé	sháidís
shádh sí	

| AUTONOMOUS | sháití |

PAST

sháigh mé	shámar
sháigh tú	sháigh sibh
sháigh sé	sháigh siad
sháigh sí	

| AUTONOMOUS | sádh |

PRESENT SUBJUNCTIVE

sá mé	sáimid
sá tú	sá sibh
sá sé	sá siad
sá sí	

| AUTONOMOUS | sáitear |

FUTURE

sáfaidh mé	sáfaimid
sáfaidh tú	sáfaidh sibh
sáfaidh sé	sáfaidh siad
sáfaidh sí	

| AUTONOMOUS | sáfar |

VERBAL NOUN sá

VERBAL ADJECTIVE sáite

SÓINSEÁIL

| SING | PLURAL | SING | PLURAL |

IMPERATIVE

sóinseálaim	sóinseálaimis
sóinseáil	sóinseálaigí
sóinseáladh sé	sóinseáilidís
sóinseáladh sí	

| AUTONOMOUS | sóinseáiltear |

CONDITIONAL

shóinseálfainn	shóinseálfaimis
shóinseálfá	shóinseálfadh sibh
shóinseálfadh sé	shóinseálfaidís
shóinseálfadh sí	

| AUTONOMOUS | shóinseálfaí |

PRESENT

sóinseálaim	sóinseálaimid
sóinseálann tú	sóinseálann sibh
sóinseálann sé	sóinseálann siad
sóinseálann sí	

| AUTONOMOUS | sóinseáiltear |

PAST HABITUAL

shóinseálainn	shóinseálaimis
shóinseáilteá	shóinseáladh sibh
shóinseáladh sé	shóinseálaidís
shóinseáladh sí	

| AUTONOMOUS | shóinseáiltí |

PAST

shóinseáil mé	shóinseálamar
shóinseáil tú	shóinseáil sibh
shóinseáil sé	shóinseáil siad
shóinseáil sí	

| AUTONOMOUS | sóinseáladh |

PRESENT SUBJUNCTIVE

sóinseála mé	sóinseálaimid
sóinseála tú	sóinseála sibh
sóinseála sé	sóinseála siad
sóinseála sí	

| AUTONOMOUS | sóinseáiltear |

FUTURE

sóinseálfaidh mé	sóinseálfaimid
sóinseálfaidh tú	sóinseálfaidh sibh
sóinseálfaidh sé	sóinseálfaidh siad
sóinseálfaidh sí	

| AUTONOMOUS | sóinseálfar |

VERBAL NOUN sóinseáil

VERBAL ADJECTIVE sóinseáilte

REGULAR VERBS
SECOND CONJUGATION

BRIATHRA RIALTA
AN DARA RÉIMNIÚ

BAILIGH

SING	PLURAL	SING	PLURAL

IMPERATIVE

bailím	bailímis
bailigh	bailígí
bailíodh sé	bailídís
bailíodh sí	

AUTONOMOUS	bailítear

CONDITIONAL

bhaileoinn	bhaileoimis
bhaileofá	bhaileodh sibh
bhaileodh sé	bhaileoidís
bhaileodh sí	

AUTONOMOUS	bhaileofaí

PRESENT

bailím	bailímid
bailíonn tú	bailíonn sibh
bailíonn sé	bailíonn siad
bailíonn sí	

AUTONOMOUS	bailítear

PAST HABITUAL

bhailínn	bhailímis
bhailíteá	bhailíodh sibh
bhailíodh sé	bhailídís
bhailíodh sí	

AUTONOMOUS	bhailítí

PAST

bhailigh mé	bhailíomar
bhailigh tú	bhailigh sibh
bhailigh sé	bhailigh siad
bhailigh sí	

AUTONOMOUS	bailíodh

PRESENT SUBJUNCTIVE

bailí mé	bailímid
bailí tú	bailí sibh
bailí sé	bailí siad
bailí sí	

AUTONOMOUS	bailítear

FUTURE

baileoidh mé	baileoimid
baileoidh tú	baileoidh sibh
baileoidh sé	baileoidh siad
baileoidh sí	

AUTONOMOUS	baileofar

VERBAL NOUN	bailiú
VERBAL ADJECTIVE	bailithe

CEANNAIGH

| SING | PLURAL | SING | PLURAL |

IMPERATIVE

ceannaím	ceannaímis
ceannaigh	ceannaígí
ceannaíodh sé	ceannaídís
ceannaíodh sí	

| AUTONOMOUS | ceannaítear |

PRESENT

ceannaím	ceannaímid
ceannaíonn tú	ceannaíonn sibh
ceannaíonn sé	ceannaíonn siad
ceannaíonn sí	

| AUTONOMOUS | ceannaítear |

PAST

cheannaigh mé	cheannaíomar
cheannaigh tú	cheannaigh sibh
cheannaigh sé	cheannaigh siad
cheannaigh sí	

| AUTONOMOUS | ceannaíodh |

FUTURE

ceannóidh mé	ceannóimid
ceannóidh tú	ceannóidh sibh
ceannóidh sé	ceannóidh siad
ceannóidh sí	

| AUTONOMOUS | ceannófar |

CONDITIONAL

cheannóinn	cheannóimis
cheannófá	cheannódh sibh
cheannódh sé	cheannóidís
cheannódh sí	

| AUTONOMOUS | cheannófaí |

PAST HABITUAL

cheannaínn	cheannaímis
cheannaíteá	cheannaíodh sibh
cheannaíodh sé	cheannaídís
cheannaíodh sí	

| AUTONOMOUS | cheannaítí |

PRESENT SUBJUNCTIVE

ceannaí mé	ceannaímid
ceannaí tú	ceannaí sibh
ceannaí sé	ceannaí siad
ceannaí sí	

| AUTONOMOUS | ceannaítear |

VERBAL NOUN ceannach

VERBAL ADJECTIVE ceannaithe

COSAIN

SING	PLURAL		SING	PLURAL

IMPERATIVE

cosnaím	cosnaímis
cosain	cosnaígí
cosnaíodh sé	cosnaídís
cosnaíodh sí	

AUTONOMOUS	cosnaítear

CONDITIONAL

chosnóinn	chosnóimis
chosnófá	chosnódh sibh
chosnódh sé	chosnóidís
chosnódh sí	

AUTONOMOUS	chosnófaí

PRESENT

cosnaím	cosnaímid
cosnaíonn tú	cosnaíonn sibh
cosnaíonn sé	cosnaíonn siad
cosnaíonn sí	

AUTONOMOUS	cosnaítear

PAST HABITUAL

chosnaínn	chosnaímís
chosnaíteá	chosnaíodh sibh
chosnaíodh sé	chosnaídís
chosnaíodh sí	

AUTONOMOUS	chosnaítí

PAST

chosain mé	chosnaíomar
chosain tú	chosain sibh
chosain sé	chosain siad
chosain sí	

AUTONOMOUS	cosnaíodh

PRESENT SUBJUNCTIVE

cosnaí mé	cosnaímid
cosnaí tú	cosnaí sibh
cosnaí sé	cosnaí siad
cosnaí sí	

AUTONOMOUS	cosnaítear

FUTURE

cosnóidh mé	cosnóimid
cosnóidh tú	cosnóidh sibh
cosnóidh sé	cosnóidh siad
cosnóidh sí	

AUTONOMOUS	cosnófar

VERBAL NOUN cosaint

VERBAL ADJECTIVE cosanta

IMIR

SING | PLURAL | SING | PLURAL

IMPERATIVE

SING	PLURAL
imrím	imrímis
imir	imrígí
imríodh sé	imrídís
imríodh sí	

AUTONOMOUS	imrítear

CONDITIONAL

SING	PLURAL
d'imreoinn	d'imreoimis
d'imreofá	d'imreodh sibh
d'imreodh sé	d'imreoidís
d'imreodh sí	

AUTONOMOUS	d'imreofaí

PRESENT

SING	PLURAL
imrím	imrímid
imríonn tú	imríonn sibh
imríonn sé	imríonn siad
imríonn sí	

AUTONOMOUS	imrítear

PAST HABITUAL

SING	PLURAL
d'imrínn	d'imrímis
d'imríteá	d'imríodh sibh
d'imríodh sé	d'imrídís
d'imríodh sí	

AUTONOMOUS	d'imrítí

PAST

SING	PLURAL
d'imir mé	d'imríomar
d'imir tú	d'imir sibh
d'imir sé	d'imir siad
d'imir sí	

AUTONOMOUS	imríodh

PRESENT SUBJUNCTIVE

SING	PLURAL
imrí mé	imrímid
imrí tú	imrí sibh
imrí sé	imrí siad
imrí sí	

AUTONOMOUS	imrítear

FUTURE

SING	PLURAL
imreoidh mé	imreoimid
imreoidh tú	imreoidh sibh
imreoidh sé	imreoidh siad
imreoidh sí	

AUTONOMOUS	imreofar

VERBAL NOUN	imirt
VERBAL ADJECTIVE	imeartha

IRREGULAR VERBS
ABAIR

BRIATHRA MÍRIALTA

SING	PLURAL	SING	PLURAL

IMPERATIVE

abraim	abraimis
abair	abraigí
abradh sé	abraidís
abradh sí	

AUTONOMOUS	abairtear

PRESENT

deirim	deirimid
deir tú	deir sibh
deir sé	deir siad
deir sí	

AUTONOMOUS	deirtear

PAST

dúirt mé	dúramar
dúirt tú	dúirt sibh
dúirt sé	dúirt siad
dúirt sí	

AUTONOMOUS	dúradh

FUTURE

déarfaidh mé	déarfaimid
déarfaidh tú	déarfaidh sibh
déarfaidh sé	déarfaidh siad
déarfaidh sí	

AUTONOMOUS	déarfar

CONDITIONAL

déarfainn	déarfaimis
déarfá	déarfadh sibh
déarfadh sé	déarfaidís
déarfadh sí	

AUTONOMOUS	déarfaí

PAST HABITUAL

deirinn	deirimis
deirteá	deireadh sibh
deireadh sé	deiridís
deireadh sí	

AUTONOMOUS	deirtí

PRESENT SUBJUNCTIVE

deire mé	deirimid
deire tú	deire sibh
deire sé	deire siad
deire sí	

AUTONOMOUS	deirtear

VERBAL NOUN rá

VERBAL ADJECTIVE ráite

BEIR

| SING | | PLURAL | | SING | | PLURAL | |

IMPERATIVE

beirim	beirimis
beir	beirigí
beireadh sé	beiridís
beireadh sí	

AUTONOMOUS	beirtear

PRESENT

beirim	beirimid
beireann tú	beireann sibh
beireann sé	beireann siad
beireann sí	

AUTONOMOUS	beirtear

PAST

rug mé	rugamar
rug tú	rug sibh
rug sé	rug siad
rug sí	

AUTONOMOUS	rugadh

FUTURE

béarfaidh mé	béarfaimid
béarfaidh tú	béarfaidh sibh
béarfaidh sé	béarfaidh siad
béarfaidh sí	

AUTONOMOUS	béarfar

CONDITIONAL

bhéarfainn	bhéarfaimis
bhéarfá	bhéarfadh sibh
bhéarfadh sé	bhéarfaidís
bhéarfadh sí	

AUTONOMOUS	bhéarfaí

PAST HABITUAL

bheirinn	bheirimis
bheirteá	bheireadh sibh
bheireadh sé	bheiridís
bheireadh sí	

AUTONOMOUS	bheirtí

PRESENT SUBJUNCTIVE

beire mé	beirimid
beire tú	beire sibh
beire sé	beire siad
beire sí	

AUTONOMOUS	beirtear

VERBAL NOUN breith

VERBAL ADJECTIVE beirthe

CLUIN/CLOIS (irregular in past only)

PAST

chuala mé	chualamar
chuala tú	chuala sibh
chuala sé	chuala siad
chuala sí	

AUTONOMOUS	chualathas

VERBAL NOUN OF CLUIN cluinstin
VERBAL NOUN OF CLOIS cloisteáil
VERBAL ADJECTIVE OF CLUIN cluinte
VERBAL ADJECTIVE OF CLOIS cloiste

DÉAN

| SING | PLURAL | | SING | PLURAL |

IMPERATIVE

déanaim	déanaimis
déan	déanaigí
déanadh sé	déanaidís
déanadh sí	

| AUTONOMOUS | déantar |

FUTURE

déanfaidh mé	déanfaimid
déanfaidh tú	déanfaidh sibh
déanfaidh sé	déanfaidh siad
déanfaidh sí	

| AUTONOMOUS | déanfar |

PRESENT

déanaim	déanaimid
déanann tú	déanann sibh
déanann sé	déanann siad
déanann sí	

| AUTONOMOUS | déantar |

CONDITIONAL

dhéanfainn	dhéanfaimis
dhéanfá	dhéanfadh sibh
dhéanfadh sé	dhéanfaidís
dhéanfadh sí	

| AUTONOMOUS | dhéanfaí |

PAST (INDEPENDENT)

rinne mé	rinneamar
rinne tú	rinne sibh
rinne sé	rinne siad
rinne sí	

| AUTONOMOUS | rinneadh |

PAST HABITUAL

dhéanainn	dhéanaimis
dhéantá	dhéanadh sibh
dhéanadh sé	dhéanaidís
dhéanadh sí	

| AUTONOMOUS | dhéantaí |

PAST (DEPENDENT)

ní dhearna mé	ní dhearnamar
go ndearna mé	go ndearnamar
ní dhearna tú	ní dhearna sibh
go ndearna tú	go ndearna sibh
ní dhearna sé	ní dhearna siad
go ndearna sé	go ndearna siad
ní dhearna sí	
go ndearna sí	

| AUTONOMOUS | ní dhearnadh |
| | go ndearnadh |

PRESENT SUBJUNCTIVE

déana mé	déanaimid
déana tú	déana sibh
déana sé	déana siad
déana sí	

| AUTONOMOUS | déantar |

| VERBAL NOUN | déanamh |

| VERBAL ADJECTIVE | déanta |

FAIGH

SING	PLURAL	SING	PLURAL

IMPERATIVE

		CONDITIONAL (INDEPENDENT)	
faighim	faighimis	gheobhainn	gheobhaimis
faigh	faighigí	gheofá	gheobhadh sibh
faigheadh sé	faighidís	gheobhadh sé	gheobhaidís
faigheadh sí		gheobhadh sí	

AUTONOMOUS	faightear	AUTONOMOUS	gheofaí

PRESENT

		CONDITIONAL (DEPENDENT)	
faighim	faighimid	ní bhfaighinn	ní bhfaighimis
faigheann tú	faigheann sibh	ní bhfaighfeá	ní bhfaigheadh sibh
faigheann sé	faigheann siad	ní bhfaigheadh sé	ní bhfaighidís
faigheann sí		ní bhfaigheadh sí	

AUTONOMOUS	faightear	AUTONOMOUS	ní bhfaighfí

PAST

		PAST HABITUAL	
fuair mé	fuaireamar	d'fhaighinn	d'fhaighimis
fuair tú	fuair sibh	d'fhaighteá	d'fhaigheadh sibh
fuair sé	fuair siad	d'fhaigheadh sé	d'fhaighidís
fuair sí		d'fhaigheadh sí	

AUTONOMOUS	fuarthas	AUTONOMOUS	d'fhaightí

FUTURE (INDEPENDENT)

		PRESENT SUBJUNCTIVE	
gheobhaidh mé	gheobhaimid	faighe mé	faighimid
gheobhaidh tú	gheobhaidh siad	faighe tú	faighe sibh
gheobhaidh sé	gheobhaidh siad	faighe sé	faighe siad
gheobhaidh sí		faighe sí	

AUTONOMOUS	gheofar	AUTONOMOUS	faightear

FUTURE (DEPENDENT)

		VERBAL NOUN	fáil
ní bhfaighidh mé	ní bhfaighimid	**VERBAL ADJECTIVE**	faighte
ní bhfaighidh tú	ní bhfaighidh sibh		
ní bhfaighidh sé	ní bhfaighidh siad		
ni bhfaighidh sí			

AUTONOMOUS	ní bhfaighfear

FEIC

SING	PLURAL	SING	PLURAL

IMPERATIVE

feicim	feicimis
feic	feicigí
feiceadh sé	feicidís
feiceadh sí	

AUTONOMOUS	feictear

PRESENT

feicim	feicimid
feiceann tú	feiceann sibh
feiceann sé	feiceann siad
feiceann sí	

AUTONOMOUS	feictear

PAST (INDEPENDENT)

chonaic mé	chonaiceamar
chonaic tú	chonaic sibh
chonaic sé	chonaic siad
chonaic sí	

AUTONOMOUS	chonacthas

PAST (DEPENDENT)

ní fhaca mé	ní fhacamar
ní fhaca tú	ní fhaca sibh
ní fhaca sé	ní fhaca siad
ní fhaca sí	

AUTONOMOUS	ní fhacthas

FUTURE

feicfidh mé	feicimid
feicfidh tú	feicfidh sibh
feicfidh sé	feicfidh siad
feicfidh sí	

AUTONOMOUS	feicfear

CONDITIONAL

d'fheicfinn	d'fheicfimis
d'fheicfeá	d'fheicfeadh sibh
d'fheicfeadh sé	d'fheicfidís
d'fheicfeadh sí	

AUTONOMOUS	d'fheicfí

PAST HABITUAL

d'fheicinn	d'fheicimis
d'fheicteá	d'fheiceadh sibh
d'fheiceadh sé	d'fheicidís
d'fheiceadh sí	

AUTONOMOUS	d'fheictí

PRESENT SUBJUNCTIVE

feice mé	feicimid
feice tú	feice sibh
feice sé	feice siad
feice sí	

AUTONOMOUS	feictear

VERBAL NOUN feiceáil

VERBAL ADJECTIVE feicthe

ITH

SING	PLURAL		SING	PLURAL

IMPERATIVE

ithim	ithimis
ith	ithigí
itheadh sé	ithidís
itheadh sí	

AUTONOMOUS	itear

CONDITIONAL

d'íosfainn	d'íosfaimis
d'íosfá	d'íosfadh sibh
d'íosfadh sé	d'íosfaidís
d'íosfadh sí	

AUTONOMOUS	d'íosfaí

PRESENT

ithim	ithimid
itheann tú	itheann sibh
itheann sé	itheann siad
itheann sí	

AUTONOMOUS	itear

PAST HABITUAL

d'ithinn	d'ithimis
d'iteá	d'itheadh sibh
d'itheadh sé	d'ithidís
d'itheadh sí	

AUTONOMOUS	d'ití

PAST

d'ith mé	d'itheamar
d'ith tú	d'ith sibh
d'ith sé	d'ith siad
d'ith siad	

AUTONOMOUS	itheadh

PRESENT SUBJUNCTIVE

ithe mé	ithimid
ithe tú	ithe sibh
ithe sé	ithe siad
ithe sí	

AUTONOMOUS	itear

FUTURE

íosfaidh mé	íosfaimid
íosfaidh tú	íosfaidh sibh
íosfaidh sé	íosfaidh siad
íosfaidh sí	

AUTONOMOUS	íosfar

VERBAL NOUN ithe

VERBAL ADJECTIVE ite

TABHAIR

SING	PLURAL	SING	PLURAL

IMPERATIVE

tugaim	tugaimis
tabhair	tugaigí
tugadh sé	tugaidís
tugadh sí	

AUTONOMOUS	tugtar

CONDITIONAL

thabharfainn	thabharfaimis
thabharfá	thabharfadh sibh
thabharfadh sé	thabharfaidís
thabharfadh sí	

AUTONOMOUS	thabharfaí

PRESENT

tugaim	tugaimid
tugann tú	tugann sibh
tugann sé	tugann siad
tugann sí	

AUTONOMOUS	tugtar

PAST HABITUAL

thugainn	thugaimis
thugtá	thugadh sibh
thugadh sé	thugaidís
thugadh sí	

AUTONOMOUS	thugtaí

PAST

thug mé	thugamar
thug tú	thug sibh
thug sé	thug siad
thug sí	

AUTONOMOUS	tugadh

PRESENT SUBJUNCTIVE

tuga mé	tugaimid
tuga tú	tuga sibh
tuga sé	tuga siad
tuga sí	

AUTONOMOUS	tugtar

FUTURE

tabharfaidh mé	tabharfaimid
tabharfaidh tú	tabharfaidh sibh
tabharfaidh sé	tabharfaidh siad
tabharfaidh sí	

AUTONOMOUS	tabharfar

VERBAL NOUN tabhairt

VERBAL ADJECTIVE tugtha

TAR

| SING | PLURAL | | SING | PLURAL |

IMPERATIVE

SING	PLURAL
tagaim	tagaimis
tar	tagaigí
tagadh sé	tagaidís
tagadh sí	

AUTONOMOUS	tagtar

CONDITIONAL

SING	PLURAL
thiocfainn	thiocfaimis
thiocfá	thiocfadh sibh
thiocfadh sé	thiocfaidís
thiocfadh sí	

AUTONOMOUS	thiocfaí

PRESENT

SING	PLURAL
tagaim	tagaimid
tagann tú	tagann sibh
tagann sé	tagann siad
tagann sí	

AUTONOMOUS	tagtar

PAST HABITUAL

SING	PLURAL
thagainn	thagaimis
thagtá	thagadh sibh
thagadh sé	thagaidís
thagadh sí	

AUTONOMOUS	thagtaí

PAST

SING	PLURAL
tháinig mé	thángamar
tháinig tú	tháinig sibh
tháinig sé	tháinig siad
tháinig sí	

AUTONOMOUS	thángthas

PRESENT SUBJUNCTIVE

SING	PLURAL
taga mé	tagaimid
taga tú	taga sibh
taga sé	taga siad
taga sí	

AUTONOMOUS	tagtar

FUTURE

SING	PLURAL
tiocfaidh mé	tiocfaimid
tiocfaidh tú	tiocfaidh sibh
tiocfaidh sé	tiocfaidh siad
tiocfaidh sí	

AUTONOMOUS	tiocfar

VERBAL NOUN teacht

VERBAL ADJECTIVE tagtha

TÉIGH

| SING | PLURAL | SING | PLURAL |

IMPERATIVE

téim
téigh
téadh sé
téadh sí

téimis
téigí
téidís

| AUTONOMOUS | téitear |

FUTURE

rachaidh mé
rachaidh tú
rachaidh sé
rachaidh sí

rachaimid
rachaidh sibh
rachaidh siad

| AUTONOMOUS | rachfar |

PRESENT

téim
téann tú
téann sé
téann sí

téimid
téann sibh
téann siad

| AUTONOMOUS | téitear |

CONDITIONAL

rachainn
rachfá
rachadh sé
rachadh sí

rachaimis
rachadh sibh
rachaidís

| AUTONOMOUS | rachfaí |

PAST (INDEPENDENT)

chuaigh mé
chuaigh tú
chuaigh sé
chuaigh sí

chuamar
chuaigh sibh
chuaigh siad

| AUTONOMOUS | chuathas |

PAST HABITUAL

théinn
théiteá
théadh sé
théadh sí

théimis
théadh sibh
théidís

| AUTONOMOUS | théití |

PAST (DEPENDENT)

ní dheachaigh mé
go ndeachaigh mé
ní dheachaigh tú
go ndeachaigh tú
ní dheachaigh sé
go ndeachaigh sé
ní dheachaigh sí
go ndeachaigh sí

ní dheachamar
go ndeachamar
ní dheachaigh sibh
go ndeachaigh sibh
ní dheachaigh siad
go ndeachaigh siad

| AUTONOMOUS | ní dheachthas
go ndeachthas |

PRESENT SUBJUNCTIVE

té mé
té tú
té sé
té sí

téimid
té sibh
té siad

| AUTONOMOUS | téitear |

| VERBAL NOUN | dul |

| VERBAL ADJECTIVE | dulta |

BÍ

SING	PLURAL	SING	PLURAL

IMPERATIVE

		PAST (DEPENDENT) (ní/ an/ go)	
bím	bímis	raibh mé	rabhamar
bí	bígí	raibh tú	raibh sibh
bíodh sé	bídís	raibh sé	raibh siad
bíodh sí		raibh sí	

AUTONOMOUS	bítear	AUTONOMOUS	rabhthas

PRESENT (INDEPENDENT)

		FUTURE	
táim (tá mé)	táimid	beidh mé	beimid
tá tú	tá sibh	beidh tú	beidh sibh
tá sé	tá siad	beidh sé	beidh siad
tá sí		beidh sí	

AUTONOMOUS	táthar	AUTONOMOUS	beifear

PRESENT (DEPENDENT)

		CONDITIONAL	
nílim (níl mé)	nílimid	bheinn	bheimis
go bhfuil mé	go bhfuilimid	bheifeá	bheadh sibh
níl tú	níl sibh	bheadh sé	bheidís
go bhfuil tú	go bhfuil sibh	bheadh sí	
níl sé	níl siad		
go bhfuil sé	go bhfuil siad		
níl sí			
go bhfuil sí			

AUTONOMOUS	níltear	AUTONOMOUS	bheifí
	go bhfuiltear		

PRESENT HABITUAL

		PRESENT SUBJUNCTIVE	
bím	bímid	raibh mé	rabhaimid
bíonn tú	bíonn sibh	raibh tú	raibh sibh
bíonn sé	bíonn siad	raibh sé	raibh siad
bíonn sí		raibh sí	

AUTONOMOUS	bítear	AUTONOMOUS	rabhthar

PAST (INDEPENDENT)

		VERBAL NOUN	bheith
bhí mé	bhíomar	**VERBAL OF**	
bhí tú	bhí sibh	**NECESSITY**	beite
bhí sé	bhí siad		
bhí sí			

AUTONOMOUS	bhíothas

THE COPULA   AN CHOPAIL

Present/Future (no lenition)

	POSITIVE	NEGATIVE
INDEPENDENT	is	ní
DEPENDENT	gur(b)	nach
INTERROGATIVE	an?	nach?
RELATIVE DIRECT	is	nach
INDIRECT	ar(b)	nach

Forms combined with the copula

cé: cé(rb)	cá: cár(b)	cha(=ní): chan	sula: sular(b)
ó:ós	má: más	mura: mura(b)	de/do: dar(b)
faoi: faoinar(b)	i: inar(b)	le: lenar(b)	ó: ónar(b)
trí: trínar(b)			

Past/Conditional (followed by lenition)

	POSITIVE	NEGATIVE
INDEPENDENT	ba/b'	níor(bh)
DEPENDENT	gur(bh)	nár(bh)
INTERROGATIVE	ar(bh)?	nár(bh)?
RELATIVE DIRECT	ba/ab	nár(bh)
INDIRECT	ar(bh)	nár(bh)

Forms combined with the copula

cé: cér(bh)	cá: cár(bh)	cha: char(bh)	sula: sular(bh)
ó: ó ba	má: má ba	dá: dá mba	mura: murar(bh)
de/do: dar(bh)	faoi: faoinar(bh)	i: inar(bh)	le: lenar(bh)
ó: ónar(bh)	trína: trínar(bh)		

Present Subjunctive (no lenition)

POSITIVE gura(b)
NEGATIVE nára(b)

GAEILGE–BÉARLA
IRISH–ENGLISH

a

who comes with me every day;
an fear a chaill a chóta the man
who lost his coat; **an fhoireann a
imreoidh Dé Sathairn** the team
which will play on Saturday; **an
fear a cheannóidh an teach** the
man who is going to buy the house
2 (*eclipses in indir rels and adds* **n-** *to
vowel; is followed by dependent form of
verb*): **an bord a bhfuil leabhar air**
the table on which there is a book;
an bhean a dtagaim léi gach lá
the woman whom I come with
every day; **an fear a bhfuil a
chóta caillte** the man whose coat
has been lost; **an fhoireann a
n-imreoidh mé leo Dé Sathairn**
the team I'm going to play with on
Saturday; **an fear a gceannóidh
mé an teach uaidh** the man from
whom I am going to buy the house
▷ *rel pron* (*eclipses*): **sin a bhfuil
agam** that's all I have

A *nm4* (*Mus*) A
a¹ *voc part*: **a Sheáin, a chara** Dear
John
a² *part* (*with nums*): **a haon, a dó, a
trí** one, two, three
a³ *prep* (*in vn phrase*): **fear a fheiceáil**
to see a man
a⁴ *poss adj* his; her; its; their;
a bhagáiste his luggage;
a bagáiste her luggage;
a mbagáiste their luggage;
a athair his father; **a hathair** her
father; **a n-athair** their father

⭕ EOCHAIRFHOCAL

a⁵ *rel part* (*lenites in dir rels, except past
autonomous; is followed by
independent form of verb*) **1**: **an bord
atá sa choirnéal** the table which is
in the corner; **an bhean a
thagann liom gach lá** the woman

a⁶ *part* (*with abstract noun*) how;
a fheabhas atá sé how good it is
á¹ *poss adj* (*as object of vn*) him; her; it;
them; **á bualadh** hitting her;
á bhualadh hitting him;
á mbualadh hitting them
á² *excl* ah
ab¹ *nm3* abbot
ab² *see* **is**
abair (*vn* **rá**, *vadj* **ráite**, *pres* **deir**, *past*
dúirt, *fut* **déarfaidh**) *vt, vi* say;
speak; sing; **~ le** tell; **~ sin** you can
say that again
abairt *nf2* sentence
ábalta *adj* able, capable;
able-bodied; **bheith ~ (ar) rud a
dhéanamh** to be able to do sth
ábaltacht *nf3* ability
abar *nm1* soft boggy ground; **dul in
~** to get into difficulties

abhac *nm1* dwarf (!)

abhaile *adv* home(wards); **rud a chur ~ ar dhuine** to impress sth on sb

abhainn (*gs* **abhann**, *pl* **aibhneacha**) *nf* river

ábhalmhór *adj* enormous, gigantic

abhann *n gen as adj* river; *see also* **abhainn**

ábhar *nm1* matter; material; cause; (*of book etc*) subject (matter), topic; (*Scol*) subject; (*Med*) pus; **ní bhaineann sé le h~** it is irrelevant; **~ sagairt** a student priest; **ar an ~ seo** for this reason; **~ imní** cause for concern; **~ a dhéanamh** (*wound*) to fester

ábhartha *adj* material; relevant

abhcóide *nm4* advocate, barrister

abhlann *nf2* (*Rel*) wafer, host

abhóg *nf2* leap, bound

abhras *nm1* handiwork; useful work; (*wool*) yarn

abhus *adv, adj* here; on this side; **~ anseo** over here; **thall agus ~** here and there

absalóideach *adj* (*Phil*) absolute

acadamh *nm1* academy; **A~ Ríoga na hÉireann** Royal Irish Academy

acadúil *adj* academic

acastóir *nm3* axle

EOCHAIRFHOCAL

ach¹ *conj* **1** (*when distinguishing between things*) but, but rather; **ní Tomás a bhí tinn ach Pádraig** it wasn't Thomas who was sick but Patrick

2 (*linking clauses*) but; however; **tá sé mór ach níl sé láidir** he's big but he's not strong

3 (*referring to time*) when; as soon as; **marófar thú ach tú dul**

abhaile you'll be killed when you get home

4 (*with* **go, gur**) except that; but for the fact that; **tá mé i gceart ach go bhfuil pian i mo cheann** I'm alright except that I have a headache; **ach go bhfaca mé féin é ní chreidfinn é** but for the fact that I saw it myself I wouldn't have believed it; **ach gur chailleamar uair an chloig** except that we lost an hour

5 (*with neg + vn*) but simply; just; **níor labhair sí focal ach imeacht léi** she didn't say a word but simply left; **ní dhearna siad ach dul ag gáire faoi** they just laughed at him; **ní dhéanann sé a dhath ach ithe agus codladh** he does nothing but eat and sleep

6 (*with vn*) if; provided that, as long as; **tiocfaidh sí ach tú glaoch uirthi** she'll come if you call her; **gheobhaidh tú suíochán ach teacht in am** you'll get a seat as long as you come in time

7 (*showing surprise, disagreement etc*): **ach níl ciall ar bith leis sin!** but that's ridiculous!

▷ *prep* **1** (*with neg*) only; apart from; nothing but; **níor tháinig ach Mícheál** only Michael came; **níl ann ach trioblóid** it's nothing but trouble

2 (*with forms of copula*) but for; **ach ab é tusa ní bheinn anseo ar chor ar bith** but for you I wouldn't be here at all; **ach gurb é an fuacht** but for the cold

▷ *adv* (*with neg*) just, only; **níl mé ach ag magadh** I'm only joking; **níl sé ach go lagmheasartha** it's just middling

ach² *excl* ugh

achainí (*pl* **achainíocha**) *nf4* petition, request; plea

achainigh *vt, vi*: **~ (ar dhuine)** implore (sb)

achar *nm1* distance; duration; (*Math*) area

achasán *nm1* insult; **~ a thabhairt do dhuine** to reprimand sb

achoimre *nf4* summary; synopsis; (*news summary*) roundup

achoimrigh *vt* summarize

achomair (*gsf, pl, compar* **achoimre**) *adj* concise, short; **go h~** neatly; in short

achomharc *nm1, vt* (*Law*) appeal

achrann *nm1* strife; dispute; tangle; difficulty; **bheith in ~** to be entangled, be in difficulties; **~ a réiteach** to solve a problem

achrannach *adj* (*terrain*) rugged; (*person*) quarrelsome; (*problem*) complicated, knotty, difficult

acht (*pl* **achtanna**) *nm3* condition; (*Law*) act; **ar ~ go** on condition that

aclaí *adj* agile; fit; dexterous

aclaigh *vt* flex ▷ *vi* limber up

aclaíocht *nf3* keep-fit, exercise

acmhainn *nf2* capacity; potential; (*money*) resource, means; **~ grinn** sense of humour; **~ fuaicht a bheith agat** to be able to stand the cold; **~ oibre a bheith agat** to have a capacity for hard work; **níl ~ agam air** I can't stand it; **é a bheith d'~ agat rud a cheannach** to be able to afford to buy sth

acmhainneach *adj* resilient; (*boat*) seaworthy; (*rich*) well-off

acra¹ *nm4* acre

acra² *nm4* utensil, tool

acu *see* **ag**

adamh *nm1* atom

adamhach *adj* atomic; **buama/**

cumhacht ~ atomic bomb/power

adanóidí *nfpl2* adenoids

ádh *nm1* luck; fortune; **an t-~ a bheith ort** to be lucky *or* fortunate; **~ mór ort!** good luck!; **le barr áidh** by mere chance

adhain (*pres* **adhnann**) *vt, vi* ignite; kindle

adhaint *nf2* (*Aut*) ignition; (*Med*) inflammation

adhair (*pres* **adhrann**, *vn* **adhradh**) *vt* (*Rel*) worship; idolize

adhairt (*pl* **adhairteanna**) *nf2* pillow

adhaltranas *nm1* adultery

adharc *nf2* horn; (*Anat*) erection; **in ~a a chéile** at loggerheads

adharcach *adj* (*animal*) horned; randy, horny

adharcáil *vt* gore

adhartha *see* **adhradh**

adhlacadh (*gs* **adhlactha**, *pl* **adhlacthaí**) *nm* burial

adhlacóir *nm3* undertaker

adhlaic (*pres* **adhlacann**) *vt* bury

adhmad *nm1* wood, timber; **déanta as ~** made of wood; **~ a bhaint as rud** to make sense of sth

adhmadóireacht *nf3* woodwork

adhmaid *n gen as adj* wooden; *see also* **adhmad**

adhnann *see* **adhain**

adhnua *nm4*: **~ a dhéanamh de dhuine** to make a fuss of sb

adhradh (*gs* **adhartha**) *nm* worship; *see also* **adhair**

ádhúil *adj* lucky; fortunate

admhaigh *vt, vi* acknowledge; confess, admit; (*at customs etc*) declare

admháil *nf3* admission; acknowledgement; (*for parcel etc*) receipt; **admhálacha** (*in book etc*) acknowledgements

aduaidh adv, prep, adj (from the) north; northerly; **an ghaoth ~** the north wind

aduain adj eerie, creepy; strange

ae (pl **aenna**) nm4 liver

aeistéitiúil adj aesthetic

aer nm1 (also Mus) air; **~ úr** fresh air; **faoin ~** outdoors

aer- prefix aerial, air-

aerach adj carefree; light-hearted; frivolous; (homosexual) gay

aeráid nf2 climate

aeráil nf3 airing; ventilation ▷ vt (room etc) air; ventilate

aerálaí nm4 ventilator

aerárthach (pl **aerárthaí**) nm1 aircraft

aerasól nm1 aerosol

aerdhíonach adj airtight

aerfhórsa nm4 air force

aerfort nm1 airport

aerga adj aerial; ethereal

aerlíne nf4 airline

aerobach adj airtight

aeróbaíocht nf3 aerobics

aeróg nf2 aerial

aeroiriúnaithe adj air-conditioned

aeroiriúnú nm air conditioning

aeróstach nm1 flight attendant, air hostess

aerphíobán nm1 snorkel

aerphost nm1 airmail

aer-ruathar nm1 air raid

Aetóip nf2: **an ~** Ethiopia

áfach adv however

Afracach adj, nm1 African; **~ Theas** South African

Afraic nf2: **an ~** Africa; **an ~ Theas** South Africa

 EOCHAIRFHOCAL

ag (prep prons = **agam, agat, aige, aici, againn, agaibh, acu**) prep

1 (position) at; **ag baile** at home; **ag an scoil** at school

2 (time) at; **ag a trí a chlog** at three o'clock; **ag an Nollaig** at Christmas

3 (symbol @) at

4 (plus vn indicating activity) engaged in; **ag obair** working; **ag caint** talking

5 (possession): **tá deich euro agam** I have ten euros; **níl ciall ar bith aici** she has no sense; **an teach s'againne** our house

6 (with parts of the body): **tá súile gorma ag Caitríona** Catherine has blue eyes; **tá fiacla geala aici** she has shiny teeth

7 (capability) be able to, can; **tá tiomáint ag Deirdre** Deirdre is able to drive; **tá snámh ag Sinéad** Sinéad can swim

8 (knowledge) know; **tá Fraincis agam** I can speak French; **níl an t-amhrán sin agam** I don't know that song; **níl aithne agam air** I don't know him

9 (expressing feelings etc): **tá cion/fuath agam air** I like/hate him; **tá grá/trua agam di** I love/pity her

10 (obligation) have to, must; **tá agam leis an dinnéar a dhéanamh réidh** I have to make the dinner; **níl agat ach iarraidh a thabhairt air** all you have to do is try

11 (expressing advantage over) be owed; **tá cúig euro agam air** he owes me five euros; **tá dhá orlach agam ar Bhríd** I'm two inches taller than Brigit; **tá bliain agam ar Áine** I'm a year older than Ann

12 (referring to agent) by; **dóite ag an ngrian** burned by the sun; **tá sé déanta agam** I have done it; **tá**

mé cloíte caite agaibh you have
me exhausted
13 (*one of a number*) of; **gach duine
acu** every one of them

aga *nm4* period, interval;
~ rochtana (*Comput*) access time
agair (*pres* **agraíonn**) *vt* plead;
entreat; avenge; (*Law*) sue
agall *nf2* (*Ling*) exclamation;
argument
agallaí *nm4* interviewee
agallamh *nm1* interview
agallóir *nm3* interviewer
agam, agat *see* **ag**
aghaidh (*pl* **aghaidheanna**) *nf2*
face; front; aspect; **las sí san ~** she
blushed; **ar ~ libh!** go on!; **cur in ~
duine** to oppose sb; **~ ar ~** face to
face; **in ~** + *gen* against, per; **ar ~**
+ *gen* facing; **le h~** + *gen* for; **in ~ na
bliana** per annum; **dul ar ~ (le)**
to proceed (with); **3 chúl in ~ a 2**
3 goals to 2; **~ a thabhairt ar rud**
to face (up to) sth
agó *nm4* condition; doubt; **gan aon
~** beyond question
agóid *nf2* protest; objection; **~ a
dhéanamh (in aghaidh** + *gen*) to
protest (against)
agóideoir *nm3* protester; objector
agra *nm4* (*Law*) suit
agraíonn *see* **agair**
agúid *nf2* acute (accent)
aguisín *nm4* (*in book*) appendix

EOCHAIRFHOCAL

agus *conj* (*sometimes written* **is**)
1 (*linking*) and; **tá Seán agus Áine
ag an doras** John and Ann are at
the door; **tháinig sé isteach agus
shuigh sé síos** he came in and sat
down

2 (*referring to time*) when; as;
**chonaic mé é agus mé ag teacht
abhaile** I saw him as I was coming
home; **ba shona a saol agus í ina
cailín óg** she was happy when she
was young
3 (*referring to manner, way*): **bhí sé
ina sheasamh ansin agus a
dhroim leis an mballa** he stood
there with his back to the wall; **bhí
sí ina suí ar stól agus í ag cniotáil**
she was sitting on a stool knitting;
**tháinig mé abhaile agus mé
tuirseach cloíte** I came home
exhausted
4 (*in conditional clauses*) even if, even
though; **ní dhéanfainn é agus
míle euro a fháil i mo dhorn** I
wouldn't do it even if I got a
thousand euros in my hand; **ina
sheanduine agus mar atá sé**
even though he is an old man
5 (*taking into account*) considering,
since, when; **ní hiontas ar bith é
agus gur tusa a athair** it's no
wonder considering you're his
father; **níor chóir duit bagairt air
agus chomh maith agus a
d'oibrigh sé** you shouldn't scold
him when he has worked so well
6 (*with* **amhail**) as if; **bhí sé ag
caint amhail agus dá mbíodh sé
ólta** he was talking as if he were
drunk; **bhí drochdhath uirthi
amhail is dá mbeadh sí tinn** she
was pale as if she were sick
7 (*with* **chomh, ar mhéad**) so that;
**bhí an ghaoth chomh láidir agus
nach raibh sé in ann siúl** the wind
was so strong that he couldn't
walk; **ní thiocfadh leis siúl ar
mhéad is a bhí sé tuirseach** he
was so tired that he couldn't walk
8 (*directly following verb: moreover*)

also, as well; **tá tuirse orm — tá agus ormsa** I'm tired — so am I; **bhí Seán ann, bhí agus Tomás** John was there, and so was Thomas **9** (in phrases): **a fhad agus** as long as; **a luaithe agus** as soon as; **breis agus** more than; **tuairim agus** about

agús nm1 qualification; reservation

áibhéalach adj (story, claim) exaggerated; (person) given to exaggeration

áibhéil nf2 exaggeration; **~ a dhéanamh (ar)** to exaggerate

aibhinne nm4 avenue

aibhleoga nfpl2 embers

aibhneacha see **abhainn**

aibhsigh vt highlight

aibí adj mature; (fruit) ripe; clever; **mac léinn ~** mature student

aibíd (pl **aibídeacha**) nf2 (Rel) habit

aibigh vt, vi mature, ripen

aibítir (gs **aibítre**, pl **aibítrí**) nf2 alphabet; **in ord aibítre** in alphabetical order

Aibreán nm1 April

aibreog nf2 apricot

aice nf4 nearness; **in ~** + gen near; **tá sé in ~ láimhe** it's near to hand; **go díreach in ~ le** immediately next to; **an teach in ~ leis an scoil** the house by the school; **as a ~** out of his reach

aiceann nm1 (Ling, Mus, Typ) accent

aiceanta adj natural

aicearra nm4 shortcut; **~ a ghearradh/dhéanamh/ghabháil** to take a shortcut

aici see **ag**

aicíd nf2 disease

aicme nf4 (of society) group, class; (Math) denomination

aicmigh vt classify

aicne nf4 acne

aicsean nm1 action

Aidbhint nf2: **an ~** Advent

aidhleanna npl oilskins

aidhm (pl **aidhmeanna**) nf2 aim, purpose

aidiacht nf3 adjective

aidréanailín nm4 adrenaline

Aidriad adj: **Muir ~** Adriatic Sea

aiféala nm4 regret; shame; **beidh ~ ort faoi** you'll regret it

aiféalach adj sorry; shameful

aiféaltas nm1 embarrassment; **~ a chur ar dhuine** to shame or embarrass sb

áiféiseach adj ridiculous, ludicrous, absurd

aifir (pres **aifríonn**) vt rebuke; punish; **nár aifrí Dia orm é** God forgive me

Aifreann nm1 (Rel) Mass; **an t~ éisteacht** to attend Mass

aige see **ag**

aigéad nm1 acid

aigéadach adj acid(ic)

aigéadacht nf3 acidity

aigéan nm1 ocean; **an tA~ Antartach** the Antarctic Ocean; **an tA~ Artach** the Arctic Ocean; **an tA~ Atlantach** the Atlantic Ocean; **an tA~ Ciúin** the Pacific (Ocean)

aigeanta adj spirited; cheerful

aigeantach adj cheerful; lively; **sa chéill is aigeantaí (ag)** madly in love (with)

áigh excl ouch

aighneas nm1 dispute, argument

aigne nf4 mind; disposition; spirit; **cad é atá ar d'~?** what's on your mind?; **bheith lán d'~** to be full of life; **~ a chur i nduine** to cheer sb up

áil n: **cad ab ~ leat?** what would

you like?; **mar is ~ leat** as you wish

áiléar *nm1* attic; (*in theatre*) gallery

ailgéabar *nm1* algebra

Ailgéir *nf2*: **an ~** Algeria

ailibí (*pl* **ailibíonna**) *nm4* alibi

ailigéadar *nm1* alligator

ailínigh *vt* align

ailiúnas *nm1* alimony

aill (*pl* **aillte**) *nf2* cliff

áille *nf4* beauty; *see also* **álainn**

áilleacht *nf3* beauty

áilleagán *nm1* toy; trinket; (*inf: woman*) bimbo; **~ intreach** merry-go-round

ailléirge *nf4* allergy

ailléirgeach *adj* allergic

aillte *see* **aill**

ailp (*pl* **ailpeanna**) *nf2* (*of meat, bread*) lump

ailse *nf4* cancer; **~ chraicinn** skin cancer

ailseach *adj* cancerous

ailt *nf2* ravine

áilteoir *nm3* clown

ailtire *nm4* architect

ailtireacht *nf3* architecture

áiméar *nm1* chance; opportunity; **an t-~ a fhreastal** to seize the opportunity

aimhleas *nm3* harm

aimhréidh *adj* entangled; confused; dishevelled ▷ *nf2* tangle

aimhrialta *adj* irregular; anomalous

aimhrialtacht *nf3* anomaly

aimiréal *nm1* admiral

aimitis *nf2* amethyst

aimléis *nf2* despondency; **bheith in umar na h~e** to be down in the dumps

aimlithe *adj* wretched

aimliú *nm* (*from rain*) a drenching

aimnéise *nf4* amnesia

aimpéar *nm1* amp(ere)

aimplitheoir *nm3* amplifier

aimrid *adj* sterile, barren

aimridigh *vt* sterilize

aimseartha *adj* temporal

aimsigh *vt* find; pinpoint; (*oil etc*) strike; (*target etc*) hit; (*gun etc*) aim

aimsir *nf2* time; weather; (*Ling*) tense; **fear léite na h~e** the weather man; **caitheamh ~e** hobby, pastime; **an ~ chaite** the past tense

aimsitheoir *nm3* marksman; (*Tech*) finder

aimsiú *nm* find; hit; aim; (*of oil etc*) strike

ainbhios (*gs* **ainbheasa**) *nm3* ignorance

ainbhiosach *adj* ignorant

ainbhiosán *nm1* ignoramus

aincheist *nf2* quandary, predicament, dilemma

aindiachaí *nm4* atheist

aineamh *see* **ainimh**

áineas *nm3* pleasure, sport

ainéistéiseach *adj, nm1* anaesthetic

ainéistéisí *nm4* anaesthetist

aineolach *adj* ignorant; **bheith ~ ar** to be unaware of

aineolas *nm1* ignorance; **bheith ar an ~** to be in the dark

aingeal *nm1* angel

ainghléas *nm1* (*Tech*) disorder; **~ innill** engine trouble; **in ~** out of order

ainghníomh (*pl* **ainghníomhartha**) *nm1* atrocity

aingíne *nf4* angina

ainimh (*gs, pl* **ainimhe**, *gpl* **aineamh**) *nf2* disfigurement

ainligh *vt* (*car etc*) manoeuvre; (*delicate situation*) handle

ainm (*pl* **ainmneacha**) *nm4* name; first name; reputation; (*Ling*) noun; **in ~ Dé!** for goodness sake!; **cén t~ atá ort?** what's your name?; **~ a thabhairt ar rud/dhuine** to give sth/sb a name; **~ baiste** Christian name; **~ briathartha** verbal noun; **duine gan ~** anonymous person; **~ úsáideora** (*Comput*) username

ainmfhocal *nm1* (*Ling*) noun

ainmheasartha *adj* excessive

ainmheasarthacht *nf3* excess

ainmhí *nm4* animal; beast

ainmhian *nf2* lust

ainmneach *adj, nm1* (*Ling*) nominative

ainmnigh *vt* name; nominate

ainmnitheach *nm1* nominee

ainmniúchán *nm1* nomination

ainneoin n: **d'~ +** *gen* in spite of; **d'~ a dhíchill** for all his efforts

ainneonach *adj* involuntary

ainnir (*pl* **ainnireacha**) *nf2* beautiful young woman

ainnis *adj* mean; miserable

ainnise *nf4* misery; meanness

ainriail (*gs* **ainrialach**) *nf* anarchy, disorder

ainrialaí *nm4* anarchist

ainrianta *adj* unruly; licentious

ainriochtach *adj* dilapidated

ainseabhaí *nm4* anchovy

ainseal *nm1* (*in phrase*): **dul chun ainsil** to become chronic

ainsealach *adj* (*illness*) chronic

ainspianta *adj* grotesque; bizarre, outrageous

aint *nf2* aunt

aintín *nf4* auntie, aunty

aintiún *nm1* anthem

aíonna *see* **aoi**

aip *nf2* (*Comput*) app

aipindic *nf2* (*Anat*) appendix

aipindicíteas *nm1* appendicitis

air *see* **ar¹**

airc *nf2* want; hunger

áirc *nf2* ark

aird¹ *nf2* attention; **tá ~ an phobail air** it is the focus of public interest; **~ duine a tharraingt ar rud** to bring sth to sb's notice; **~ a thabhairt (ar)** to pay attention (to); **níl a dhath eile ar a ~ he** thinks of nothing else

aird² *nf2* direction; point of compass; **as gach ~** from all directions

airde *nf4* height; altitude; (*Mus*) pitch; **ar cosa in ~** at a gallop; **20m ar ~** 20m high

airdeall *nm1* alertness; wariness; **bheith san ~** to be on the alert

airdeallach *adj* alert; cautious; wary

aire¹ *nf4* care, attention; **~ a thabhairt do rud** to take care of sth, mind sth; **bheith ar d'~ (roimh)** to look out (for); **A~!** Danger!

aire² *nm4* (*Pol*) minister

aireach *adj* attentive, careful; watchful, mindful

aireacht *nf3* (*Pol*) ministry

aireachtáil *nf3* perception; *see also* **airigh**

aireagán *nm1* invention

aireagóir *nm3* inventor

áireamh *nm1* counting, calculation; reckoning; **rud a chur san ~** to take account of sth, include sth; **cáin san ~** inclusive of tax; *see also* **áirigh**

áireamhán *nm1* calculator

airéine *nf4* arena

airgead (*gs, pl* **airgid**) *nm1* money, cash; silver; **mo chuid airgid** my money; **~ tirim a íoc** to pay (in) cash; **lucht an airgid** the rich; **~ póca** pocket money; **~ tirim** (ready) cash; **~ reatha** currency

airgeadaíochta *n gen as adj* monetary

airgeadaithe adj silver-plated

airgeadas nm1 finance; **an Roinn Airgeadais** the Treasury, the Treasury Department (US); **bliain airgeadais** financial year

airgeadóir nm3 cashier

airgeadra nm4 currency

airgeadúil adj silvery

airgid n gen as adj silver; see also **airgead**

Airgintín nf2: **an ~** Argentina

Airgintíneach adj, nm1 Argentinian

airgtheach adj inventive

airí¹ (pl **airíonna**) nm4 (Phys) property; (of sickness) symptom

airí² nf4 (merit) desert, just reward or punishment; **is maith an ~ ort é** it serves you right; you well deserve it

airigh (vn **aireachtáil**) vt sense; feel; hear; **duine a aireachtáil uait** to miss sb

áirigh (vn **áireamh**) vt count, calculate; work out; include

airíoch nm1 caretaker

airíonna see **airí¹**

áirithe adj certain, particular ▷ nf4 certainty, surety; allotment; **seomra/tábla a chur in ~** to reserve or book a room/table; **méid ~** a certain amount; **daoine ~** certain people

airitheach adj perceptive

áiritheoir nm3 (Tech, Math) counter

áirithint nf2 reservation, booking

airneán nm1 visiting at night

airnéis nf2 property; cattle; lice

áirse nf4 arch

airteagal nm1 (of faith, law) article, tenet

airtríteas nm1 arthritis

ais¹ (pl **aiseanna**) nf2 axis

ais² nf2 (in adv phrases): **ar ~** back; again; **le h~** + gen next to;

compared to; **an bealach ar ~** the way back; **droim ar ~** back to front; **scríobhfaidh mé ar ~ chugat** I will write back to you

ais³ nf2: **ar ~ nó ar éigean** at all costs

ais- prefix back-

áis (pl **áiseanna**) nf2 facility; convenience; device; aid; **is mór an ~ é** it's very handy; **ar d'~** at your convenience; **~ éisteachta** hearing aid; **~eanna** amenities, facilities

aisbhreathnaitheach adj retrospective

aisce nf4 favour; gift; **(saor) in ~** free of charge; **turas in ~** a fruitless journey

aischothú nm (Biol) feedback

Áise nf4: **an ~** Asia

Áiseach adj, nm1 Asian; Asiatic

aiseag¹ nm1 vomit; (money etc) restitution; (Comm) return

aiséirí nm4 resurrection; resurgence

aiseolas nm1 (information) feedback

aisfháil nf3 retrieval

aisfhreagra nm4 retort; cheeky reply

aisfhuaimnigh vi reverberate

aisghabh vt (Comput) retrieve

aisghabháil nf3 (Comput) retrieval

aisghair vt repeal

aisghairm (pl **aisghairmeacha**) nf2 repeal

aisig (pres **aiseagann**, vn **aiseag**) vt vomit; (sth stolen) restore

aisíoc nm3 refund, repayment ▷ vt repay, reimburse

aisíocaíocht nf3 repayment

aisiompaigh vt, vi reverse; invert

aisiompú nm reversal; inversion

áisiúil adj helpful, useful, convenient

áisiúlacht nf3 convenience, handiness

aisling nf2 dream; vision

aispeist nf2 asbestos

aistarraingt nf (from bank) withdrawal

aiste nf4 (Liter, Scol) essay; quirk; pattern; **~ bia** diet

aisteach adj bizarre, odd; outlandish, quaint, eccentric; **~ go leor** oddly enough

aistear nm1 journey; trek; **~ farraige** voyage

aisteoir nm3 actor; performer; **~ breise** (Theat) extra

aisteoireacht nf3 (Theat etc) acting

aisti see **as**

aistreach adj (Ling) transitive

aistrigh vt, vi move (house); move about; transfer, shift; (population) transplant; translate

aistritheoir nm3 translator

aistriú nm (gen, also Sport) transfer; translation

aistriúchán nm1 translation

ait adj comic; odd, eccentric

áit (pl **áiteanna**) nf2 place; room; locality; **fuair sí an dara h~** she came (in) second; **in ~** + gen instead of; **~ ar bith** anywhere; (with neg) nowhere; **gach ~** everywhere; **tá ~ suí ann le haghaidh caoga** it seats 50; **~ éigin** somewhere; **muintir na h~e** the locals; **bheith in ~ do charta** to be in a perilous situation; **in ~ na mbonn** immediately

aiteann nm1 furze, gorse, whin

aiteas nm1 fun, pleasure

áith (pl **áiteanna**) nf2 kiln

aitheanta see **aithne**

aitheantas nm1 recognition; identification; **~ a fháil** to gain recognition; **páipéir aitheantais**

ID papers; **lucht aitheantais** acquaintances

aitheasc nm1 homily; speech

Aithin (gs **Aithne**) nf: **an ~** Athens

aithin (pres **aithníonn**, vn **aithint**) vt identify, recognize; foresee; realize; **glór duine a ~t** to recognize sb's voice; **~t idir rudaí** to tell (the difference) between things

aithinne nf4 spark

aithint see **aithin**

aithis nf2 (scandal) disgrace; slur

aithiseach adj defamatory; denigrating

aithisigh vt slur

aithne¹ nf4 recognition; acquaintance; **~ (shúl) a bheith agat ar dhuine** to know sb (to see); **duine a chur in ~** to introduce sb; **rud a chur as ~** to change sth beyond recognition; **lucht m'~ agus mo ghaoil** my kith and kin; **d'~ a ligean le duine** to introduce o.s. to sb

aithne² (pl **aitheanta**) nf4 commandment; **na Deich nA~** the Ten Commandments

aithnidiúil adj: **~ (ar)** familiar (with)

aithníonn see **aithin**

aithreacha see **athair**

aithreachas nm1 regret; **~ a bheith ort faoi rud** to regret sth

aithrí nf4 (Rel) penance; **~ a dhéanamh (i)** to repent (of); **breithiúnas ~** (in confessional) penance

aithris nf2 imitation; (of poetry etc) recital ▷ vt (pres **aithrisíonn**) recite; relate; **~ a dhéanamh ar dhuine** to imitate sb; **dán a ~** to recite a poem

aithriseoir nm3 mimic; reciter

aithriúil *adj* fatherly, paternal

áitigh *vt, vi* (*premises*) occupy; settle down; argue; **~ ar** persuade; **d'~ sé go ...** he argued that ...; **áitiú ar dhuine fanacht** to persuade sb to stay

áitiú *nm* occupation; argument; persuasion

áitiúil *adj* local

áitreabh *nm1* domicile, abode; premises

áitreabhach *nm1* inhabitant; (*Ling*) locative

áitrigh *vt* inhabit

áitritheoir *nm3* inhabitant

ál (*pl* **álta**) *nm1* (*of animals*) litter, brood

ala *n*: **ar ~ na huaire** on the spur of the moment

áladh *nm1* lunge; grab; snap; **~ a thabhairt ar rud** to lunge or grab at sth

álainn (*gsf, pl, compar* **áille**) *adj* beautiful, gorgeous

aláram *nm1* alarm; **~ dóiteáin** fire alarm; **clog aláraim** alarm clock

Albain *nf* Scotland

Albáin *nf2*: **an ~** Albania

albam *nm1* album; **~ stampaí** stamp album

Albanach *nm1* Scot, Scottish person ▷ *adj* Scottish; Scotch; Scots

alcaile *nf4* alkali

alcól *nm1* alcohol; **~ máinliach** surgical spirit; **faoi thionchar an alcóil** under the influence of alcohol

alcólach *adj, nm1* alcoholic

alcólacht *nf3* alcoholism

allas *nm1* perspiration, sweat; **bheith ag cur allais** to sweat; **bheith ag bárcadh allais** to sweat profusely; **tháinig ~ fuar leis** he broke into a cold sweat

allasúil *adj* sweaty

allmhaire *nf4* (*Comm*) import

allmhaireoir *nm3* importer

allmhairigh *vt* import

allta *adj* (*animals etc*) wild

alltacht *nf3* wildness; astonishment; **~ a chur ar dhuine** to astonish or astound sb

allúrach *nm1* foreigner ▷ *adj* foreign

almóinn *nf2* almond

almóir *nm3* alcove; cupboard

alp *vt, vi* devour; swallow

Alpa (*gpl* **Alp**) *npl*: **na h~** the Alps

Alpach *adj* Alpine

alpaire *nm4* glutton

alpán *nm1* (*of food*) chunk, lump

alsáiseach *nm1* (*dog*) Alsatian

alt *nm1* (*Biol*) joint; knuckle; (*Ling*) article; (*Law*) section; (*Mus*) alto; **as ~** (*Med*) dislocated

álta *see* **ál**

altaigh *vt, vi* (*Rel*) give thanks; **altú le bia** to say grace (before meals)

altán *nm1* gorge, gully, ravine

altóir *nf3* altar

altram *nm3* fostering; **athair ~a** foster father; **leanbh a thógáil ar ~** to foster a child

altramaigh *vt* foster

altú *nm* grace (before meals)

alúmanam *nm1* aluminium

am (*pl* **amanna**) *nm3* (*also Mus*) time; **an t-am** the time; **cén t-am é?** what time is it?; **am tae** tea time; **am luí** bedtime; **ó am go ham** occasionally; **thar am** overdue; **am cúitimh** injury-time; **am crua a thabhairt do dhuine** to give sb a hard time; **in am** on time; **an t-am** + *indir rel* when; **in am ar bith** at any time; **san am céanna** nonetheless

amach adv (motion) out; forth; aloud ▷ adj outward; utter, sheer; **as seo ~** from now on; **~ anseo** in the future; **~ agus ~** through and through; **"A~"** "Way Out"; **áit a bhaint ~** to reach a place; **~ leat!** get out!; **~ ó** apart from; **~ agus isteach le** approximately

amadán nm1 fool, idiot; sucker; **~ Aibreáin** April Fool

amadóir nm3 (device) timer

amaideach adj foolish, idiotic

amaidí nf4 nonsense; **níl ann ach ~** it's nothing but nonsense; **cén ~ atá ort?** what are you up to?

amaitéarach adj, nm1 amateur

amanna see **am**

amárach adv, n tomorrow; **maidin ~** tomorrow morning; **~ an Aoine** it's Friday tomorrow

amas nm1 attack; (of gun etc) aim; (Comput) hit; (Golf) putt

ambaiste excl really; indeed

ambasadóir nm3 ambassador

ambasáid nf2 embassy

amchlár nm1 timetable; schedule

amh (gsm **amh**) adj uncooked, raw

amh- prefix raw

ámh adv however

amhábhar nm1 raw material

amhail prep, conj like; **cur in ~ rud a rá** to go to say sth; **~ Pól** like Paul; **~ is** as if, as though

amháin adj sole, exclusive ▷ adv solely, exclusively, only; **ní hé ~ go raibh sé ...** not alone was he ...; **ag Seán ~ a bhí a fhios** John alone knew; **uair ~ eile** once more; **d'aon iarracht ~** in one go, at one attempt; **ní hé sin ~ é ach** what is more

amhairc n gen as adj visual

amhantar nm1 chance; windfall; **dul san ~ (le)** to take a chance (on)

amhantraíocht nf3 (Comm) speculation

ámharach adj lucky

amharc nm1 look; sight, view; watch ▷ vt, vi watch, look; **as ~** out of sight; **ar ~ +** gen within sight of; **dul as ~** to disappear; **~ thart** to look around; **~ a fháil ar rud** to catch a glimpse of sth; **~ ar** to look at, watch

amharclann nf2 theatre

amhas nm1 gangster, hooligan

amhastrach nf2 barking

amhlachas nm1 semblance; (Art) figure; **duine a thógáil in ~ +** gen to mistake sb for

amhlaidh adv so; thus; the same; **más ~** if so; **bíodh ~** so be it; **déanamh ~** to follow suit; **gurb ~ duitse!** the same to you!; **is ~ is mó/is fearr** all the more/the better

amhrán nm1 song; **an tA~ Náisiúnta** the national anthem

amhránaí nm4 singer

amhránaíocht nf3 singing

amhras nm1 doubt, suspicion; **gan ~** without doubt; **~ a chaitheamh ar dhuine** to cast suspicion on sb; **bheith in ~ (faoi)** to have doubts (about)

amhrasach adj doubtful; sceptical; suspicious; **bheith ~ faoi** to be dubious about

ámóg nf2 hammock

amóinia nf4 ammonia

amparán nm1 hamper

ampla nm4 hunger; greed

amplach adj hungry; greedy

amscaí adj slipshod; unkempt; awkward

amú adv wasted; in vain; **dul ~** to go astray; **am a chur ~** to waste time; **rud a ligean ~** to let sth go to waste

amuigh *adj, prep* out, outside; exterior, outward, outer; **taobh ~** (on the) outside; **tá sé ~ air go bhfuil sé saibhir** he's said to be rich; **~ faoin aer** in the open (air)

○ EOCHAIRFHOCAL

an¹ *def art* (*gsf, gpl, nom pl* **na**) (lenites *nom fsg* and *gsm*; adds **t-** to vowel of *nom msg* and to **s** + vowel or **l,n,r** in *nom fsg* and *gsm*; **na** eclipses *gpl*, adds **h-** to vowels in *gs* and *nom pl* and adds **n-** to vowels in *gpl*) **1** : **an buachaill** the boy; **an ghirseach** the girl; **an sagart** the priest; **an tsráid** the street; **an t-am** the time; **an aimsir** the weather **2** (*in expressing ratios etc*): **cúig euro an ceann** five euros each; **céad euro an tonna** one hundred euros per ton; **scilling an dosaen** a dozen for a shilling; **úll an duine** an apple each **3** (*time etc*): **an Domhnach** Sunday; **ar an Aoine** on Friday; **an Cháisc** Easter; **an samhradh** summer; **óstaíocht na hoíche** a night's lodgings; **i gceann na gcúpla lá** in a couple of days; **ag druidim leis na trí scór** approaching sixty **4** (*with abstract nouns*): **an bás** death; **an t-éad** jealousy; **an eagla** fear; **an t-olc agus an mhaith** good and evil **5** (*+ adj to form noun*): **an mór is an mion** great and small; **an saibhir agus an daibhir** rich and poor **6** (*in titles*): **an tUasal Ó Laoire** Mr. O'Leary; **an Dochtúir de Brún** Dr. Brown **7** (*in names*): **an Céitinneach** Keating; **na Baomethod** the O'Boyles **8** (*in places*): **an Daingean** Dingle;

an Spidéal Spiddle; **an Mhumhain** the province of Munster; **an Ghearmáin** Germany; **an Eoraip** Europe **9** (*with languages*): **an Ghearmáinis** German; **an Iodáilis** Italian; **an Bhreatnais** Welsh **10** (*with illnesses*): **an fliú** flu; **an déideadh** toothache; **an triuch** whooping cough; **an galar breac** smallpox **11** (*possession*): **tá an chos briste agam** my leg is broken; **tharraing sí an chluas aige** she pulled his ear; **tá an lámh nimhneach aici** her hand is sore **12** (*+ demonstrative*): **an ceann seo** this one; **an ceann sin** that one; **an teach s'againne** our house **13** (*in classifications*): **is maith an cailín í** she's a good girl; **is bocht an scéal é** it's a sad state of affairs; **is é scoth na bhfear é** he's a top-class fellow **14** (*indicating suddenness etc*): **labhair an duine taobh thiar díom** (suddenly) someone behind me spoke; **chuala mé an ghlam** at that moment I heard a bark **15** (*for emphasis*): **bhí na mílte acu ann** there were thousands of them; **chaith sé na blianta ann** he spent years there; **ba é sin an t-am** those were the days; **is aige atá an eagna chinn** he is really intelligent; **nach ort atá an dóigh bhreá!** haven't you a great time of it!

an² *interr part*: **an bhfeiceann tú?** do you see?
an-¹ *prefix* very, most, really; **~mhaith** very good; **~deacair** really hard; **~fhear** great man

an-² *prefix* in-, un-, not-; bad, evil;
anduine evil person; **anrud**
wicked thing

anabaí *adj* unripe; (*person*)
immature; (*death*) premature,
untimely

anacair *nf3* (*gs* **anacra**, *gpl* **anacraí**)
distress; **~ leapa** bedsore ▷ *adj* (*gsf,
pl, compar* **anacra**) distressing,
difficult

anachain (*pl* **anachana**) *nf2*
calamity; loss; harm

anacrach *adj* distressed;
distressing

anaemach *adj* anaemic

anáil *nf3* breath; influence; **as ~**
out of breath; **an ~ a bhaint de
dhuine** to wind sb; **~ a tharraingt**
to draw breath, breathe; **chuaigh
an bia lena ~** the food went down
the wrong way; **faoi d'~** under
one's breath

anailgéiseach *adj, nm1* analgesic

anailís *nf2* analysis

anailíseach *adj* analytic

anailíseoir *nm3* analyser

anáilíseoir *nm3* Breathalyser®

anailísí *nm4* analyst; **~ córas**
systems analyst

anailísigh *vt, vi* analyze

anaithnid *adj* strange; unknown

análaigh *vt, vi* breathe

anall *adv* across (from); **anonn
agus ~** from side to side; over and
back; **riamh ~** from time
immemorial

anallód *adv* in ancient times

analóg *nf2* analog(ue)

analógach *adj* analogous

análú *nm* respiration; **~ tarrthála**
kiss of life

anam (*pl* **anamacha**) *nm3* soul; life;
liveliness; **m'~!** dear me!; **do ~ a
thabhairt (ar son** + *gen*) to lay
down one's life (for)

anamchara (*gs* **anamcharad**, *pl*
anamchairde) *nm* spiritual
advisor; confessor

anamóine *nf4* anemone

anamúil *adj* animated, spirited

anann *nm1* pineapple

anarac *nm1* anorak

anás *nm1* wretchedness; poverty;
bheith ar an ~ to be living in
hardship

anásta *adj* awkward; clumsy

anatamaíocht *nf3* anatomy

anbhá *nm4* dismay; panic

anbhann *adj* frail; feeble

anbhuain *nf2* (*of mind*) unease,
unrest

ancaire *nm4* anchor; **an t-~ a
thógáil** to weigh anchor

ancaireacht *nf3* anchorage

anchaoi *nf4* plight

anchúinse *nm4* freak, monster

anchumtha *adj* misshapen

andúil *nf2* addiction

andúileach *nm1* addict ▷ *adj*
addictive; **~ drugaí** drug addict

aneas *adv, prep, adj* (from the)
south, south(ern); (*wind*) southerly

anfa *nm4* storm

angadh *nm1* (*Med*) pus; **~ a
dhéanamh** to fester

anghrách *adj* erotic

Angla- *prefix* Anglo-

Anglacánach *adj, nm1* Anglican

Angla-Éireannach *adj* Anglo-Irish

aniar *adv, prep, adj* (from the) west;
(*wind*) westerly; **~ aduaidh** (from
the) north west; **teacht ~ a
bheith ionat** to be resilient;
teacht ~ aduaidh ar dhuine to
catch sb unawares; **~ is siar** to
and fro

aníos *adv, prep, adj* up; upward(s);
from below

anlann *nm1* (*Culin*) dressing, relish, sauce; trimmings; **~ sailéid** salad dressing

anlathas *nm1* anarchy

anlucht *nm3* (*of food*) surfeit, glut

anluchtaigh *vt* overload; glut

ann[1] *adv* there; **bhí sé ~** he was there

ann[2] *n*: **bheith in ~** to be able

ann[3] *prep see* **i**

annamh *adj* rare, seldom

anocht *adv, n* tonight ▷ *adj* tonight's; **cruinniú na hoíche ~** tonight's meeting; **tiocfaidh sé ~** he will come tonight

anoir *adv, prep, adj* (from the) east; eastern; **~ aduaidh** north east

anoireicse *nf4* anorexia

anóirthear *n, adv* the day after tomorrow

anois *adv* now; **~ díreach** right now; **~ agus arís** now and then

anonn *adv* across (to); **dul ~ agus anall** to go back and forth; **~ sa lá** late in the day

anord *nm1* chaos

anordúil *adj* chaotic

anraith *nm4* soup; broth; **~ glasraí** vegetable soup

anró *nm4* hardship; misery

anróiteach *adj* inclement; distressing; wretched

ansa *see* **ionúin**

anseo *adv* here; **cá fhad atá tú ~?** how long have you been here?; **istigh ~** in here; **abhus ~** over here; **~ is ansiúd** here and there, about

ansin *adv* there; then; **thall ~** over there; **istigh ~** in there; **tá sé ~** it's there

ansiúd *adv* beyond; yonder

ansmacht *nm3* tyranny

antaibheathach *adj, nm1* antibiotic

antaiseipteach *adj* antiseptic

antaiseipteán *nm1* antiseptic

antalóp *nm1* antelope

Antartach *adj, nm1*: **an t~** the Antarctic; **an tAigéan ~** the Antarctic Ocean

antashubstaint *nf2* antibody

antoisceach *adj* extreme ▷ *nm1* extremist

antraipeolaíocht *nf3* anthropology

antráthach *adj* late; untimely; inconvenient

anuas *adv* (from above) down; **teacht ~** to come down; **le blianta beaga ~** for the past few years

anuraidh *adv, n* last year ▷ *adj* last year's; **obair na bliana ~** last year's work; **pósadh ~ iad** they were married last year

aoi (*pl* **aíonna**) *nm4* guest; lodger

aoibh *nf2* smile; mood; pleasant expression; **tháinig ~ air** his face brightened up; **~ mhaith a bheith ort** to be in good spirits; **tá ~ an gháire air** he's smiling

aoibhinn (*gsf, pl, compar* **aoibhne**) *adj* charming; delightful

aoibhneas *nm1* bliss, delight; happiness

aoileach *nm1* manure, dung

Aoine (*pl* **Aointe**) *nf4* Friday; **Dé h~** on Friday; **ar an ~** on Fridays; **~ an Chéasta** Good Friday

aoir (*pl* **aortha**) *nf2* satire

aoire *nm4* shepherd; (*Pol*) whip

aois (*pl* **aoiseanna**) *nf2* age; old age; era; century; **cén ~ thú?**; **cén ~ atá agat?**; **cá h~ tú?** how old are you?; **tá sé 10 mbliana d'~** he's 10 years old; **an 21 ú h~** the 21st century

aoisghrúpa nm4 age group
aol (pl **aolta**) nm1 (Geog) lime
aolchloch nf2 limestone
aoldath nm3 whitewash; **~ a chur ar** (house) to whitewash

 EOCHAIRFHOCAL

aon num (lenites **b, c, f, g, m, p**) one;
aon phunt (amháin) one pound;
aon chileagram déag eleven
kilos; **aon uair amháin** once
(upon a time)
▷ adj 1 (no matter which) any; **aon
neach beo** anyone; **tabhair leat
aon leabhar is mian leat** take any
book you wish
2 (with neg) any; anything; at all;
no; **níl aon airgead agam** I
haven't any money; **níor ól sé aon
deoch** he didn't take any drink;
**níor tugadh aon ainm air ach
Bullaí** he was never called anything
but Bullaí; **níl aon mhaith ann** he
is no good
3: **gach aon** (for emphasis and
intensification) every single; **gach
aon ribe ar a ceann** every hair on
her head; **gach aon choiscéim
den bhealach** every step of the
way; **bhí gach aon ghlam as** it
kept on barking and barking
4 (with def art) only; **an t-aon locht
atá air** its only fault; **an t-aon
deacracht atá leis** the only
difficulty with it
5 (identical) same, one; **san aon
teach** in the same house; **ar aon
intinn** of like mind; **ar aon dul le**
in agreement with; **d'aon ghuth**
with one voice
▷ nm1 1: **a haon** one; **a haon déag**
eleven; **fiche (is) a haon** twenty
one; **a haon is a cúig sin a sé** one

and five are six; **a haon a chlog**
one o'clock; **a trí in aghaidh a
haon** three to one
2 (pron) one; **gach aon acu** every
one of them; **aon bocht scoite** a
loner
3 (Cards) ace; **an t-aon spéireata**
the ace of spades; **faoi aon de**
within an ace of
4 (in phrases): **mar aon le** along
with; **d'aon turas** deliberately;
ar aon acht under no condition

aon- prefix only, sole, one-, mono-,
uni-
aonach (pl **aontaí**) nm1 fair; **ar an ~**
at the fair
aonad nm1 unit; **~
amharcthaispeána** visual display
unit
aonair n gen as adj only, solitary,
individual; one-man; **páiste ~** an
only child
aonar nm1: **bheith i d'~** to be alone
or on one's own
aonarach adj lone(ly); isolated;
single
aonarán nm1 loner, recluse
aonchineálach adj homogeneous
aonocsaíd nf2 monoxide; **~
charbóin** carbon monoxide
aonraigh vt isolate
aonréadaí nm4 soloist
aonta see **aon**
aontacht nf3 unity; union;
unanimity
Aontachtaí nm4 (Pol) Unionist
aontaí see **aonach**
aontaigh vt, vi unite; bind; **aontú
le** to agree, approve; endorse
aontaithe adj united; **na Stáit A~**
the United States; **Éire A~** United
Ireland
aontas nm1 union; **A~ na hEorpa**

the European Union; **A~ na Sóivéadach** (*formerly*) the Soviet Union

aontíos *nm1* cohabitation; **bheith in ~** (*couple*) to live together

aonton *nm1* monotone

aontonach *adj* monotonous

Aontroim *nm3* Antrim

aontú *nm* agreement, assent

aontumha *nf4* celibacy ▷ *adj* celibate

aonú *num, adj* (*in dates*) first; **an t-~ lá** the first

aor *vt* satirize

aortha *see* **aoir**

aos *nm3* people, folk; **an t-~ óg** the young; **~ dána/ceoil** poets/ musicians

aosach *nm1* (*in education etc*) adult

aosánach *nm1* juvenile

aosta *adj* old, aged

aothú *nm* (*Med*) crisis; turning point

ápa *nm4* ape

apaipléis *nf2* apoplexy

 EOCHAIRFHOCAL

ar¹ (*prep prons* = **orm, ort, air, uirthi, orainn, oraibh, orthu**) (*normally lenites except: in general locative expressions*): **ar muir agus ar tír** on land and sea; **ar deireadh** behind; (: *indicating states*): **ar mire** mad; **ar crochadh** hanging; (: *in some set phrases*): **ar ball** soon; **ar fad** completely; (*eclipses in a few phrases*): **ar ndóigh** indeed; **ar gcúl** behind *prep* **1** (*position*) on; in; at; **ar talamh** on earth; **ar thalamh na hÉireann** on Irish soil; **ar tosach** in front; **ar thosach an tslua** at the front of the crowd; **ar muir agus ar tír** on land and sea; **ar an Chlochán Liath** in Dungloe

2 (*indicating presence*) at; **ar bainis** at a wedding; **ar bhainis Mháire** at Mary's wedding; **ar scoil** at school

3 (*manner, state*): **ar crochadh** hanging; **ar crith** shaking; **ar meisce** drunk

4 (*time*) at; **ar a trí a chlog** at 3 o'clock; **ar maidin** this morning; **ar ball** soon

5 (*in classifications*) one of; **tá sé ar na fir is saibhre sa tír** he is one of the richest men in the country; **tá sé ar an bhfear is saibhre sa tír** he is the richest man in the country

6 (*in prices etc*) at, for; **dhíol mé ar euro an ceann iad** I sold them at a euro each; **cheannaigh mé ar dhá euro é** I bought it for two euros

7 (*in measurements*) in; **méadar ar airde** a metre in height, a metre high; **dhá mhéadar ar fad** two metres long; **trí mhéadar ar leithead** three metres wide

8 (*with substantive vb: indicating illnesses, complaints etc*): **tá slaghdán/tinneas cinn orm** I have a cold/headache; **tá moill éisteachta uirthi** she is hard of hearing; **tá tart/ocras orm** I am thirsty/hungry; **cad é atá ort?** what's wrong with you?

9 (*with substantive vb: expressing emotions*): **tá bród mór orm as** I am really proud of him; **bhí lúcháir uirthi** she was delighted; **bhí driopás agus cearthaí orm** I was really nervous

10 (*with substantive vb: indicating obligation*): **beidh ort fanacht** you will have to wait; **tá orm buíochas a thabhairt dó** I must thank him

11 (*indicating disadvantage*) to, on;

féach mar a rinne tú orm look what you have done to me; **bhris siad an fhuinneog orm** they have broken the window on me; **tá cúig euro ag Tomás orm** I owe Thomas five euros

12 (*with substantive vb: in reference to weather*): **tá báisteach air** it's going to rain; **tá toirneach air** it looks like thunder; **tá athrach aimsire air** the weather is going to change

13 (*with vn*) when, after; **ar theacht abhaile dom** when I came *or* had come home

14 (*with substantive vb: with parts of the body*): **tá ceann iontach gruaige uirthi** she has a great head of hair; **tá cosa móra fada air** he has long legs

15 (*in appearances*) to judge by; **fear oibre é ar a chuid éadaigh** he is a working man to judge by his clothes

16 (*with substantive vb: indicating possibility etc*): **tá foghlaim mhór air** it can only be learned with practice; **níl teacht air** it cannot be found

17 (*in the opinion of*): **is beag orm a leithéid** I don't like it; **ní lú orm an donas ná é** there is nothing I hate worse

ar² *interr part*: **ar labhair tú?** did you speak?

ar³ *rel part*: **an fear ar labhair a mhac** the man whose son spoke; **an duine ar cheannaigh mé na bláthanna uaidh** the person from whom I bought the flowers

ar⁴ *see* **is¹**

ar⁵ *irreg vb* (*in direct speech*) said; says; **sea, ar sé** yes, he said

ár¹ *poss adj* our; us; **Ár nAthair** Our Father; **tá sé ár mbualadh** he's hitting us

ár² *nm1* massacre, slaughter

ár³ *nm1* (*measurement*) are

ara *nm4* (*Anat*) temple

Arabach *adj* Arab(ian), Arabic ▷ *nm1* Arab(ic); **~ Sádach** Saudi (Arabian)

árachas *nm1* insurance; **~ a chur ar rud** to insure sth; **~ tine/saoil** fire/life insurance; **~ tríú páirtí** third party insurance; **Á~ Náisiúnta** National Insurance

araí (*gs* **araíon**, *pl* **araíonacha**) *nf* bridle

Araib *nf2*: **an ~** Arabia; **an ~ Shádach** Saudi Arabia

Araibis *nf2* (*Ling*) Arabic

araicis *nf2*: **dul in ~ duine** to go to meet sb

araid *nf2* bin; chest

araile *pron*: **agus ~** et cetera

Árainn *nf* Aran; **Oileáin Árann** the Aran Islands

araltas *nm1* heraldry

arán *nm1* bread; **~ seagail/sinséir** rye bread/gingerbread; **bheith in ~ crua** to be in dire straits

araon *adj, adv* both; **sibh ~** both of you

áras *nm1* habitation; abode; building

árasán *nm1* flat; apartment

arb *see* **is¹**

arbhar *nm1* corn, cereal; **~ Indiach** maize, corn (*US*)

ard (*pl* **arda**) *nm1* height; rise; high ground; **in ~ an lae** at high noon ▷ *adj* high; tall; loud; **os ~** out loud; **de ghlór ~** in a loud voice

ard- *prefix* chief, main; arch-

ardaigh *vt* raise; lift, increase; elevate; heighten; step up; (*volume*) turn up; (*object*) hoist ▷ *vi* increase; go up; **do ghlór a ardú** to raise one's voice

Ard-Aighne *nm4* Attorney General

ardaitheoir *nm3* lift, elevator (*US*); hoist

ardán *nm1* platform, rostrum; stage; (*Sport*) stand; (*in street names*) terrace; (*Rail*) platform

ardchlár *nm1* (*Geog*) plateau

ardeaglais *nf2* cathedral

ardeaspag *nm1* archbishop

Ard-Fheis (*pl* **Ard-Fheiseanna**) *nf2* (*Pol*) national convention

Ardleibhéil *nmph* (*Scol*) "A" levels

Ard Mhacha *nm* Armagh

ardmháistir (*pl* **ardmháistrí**) *nm4* headmaster

ardmháistreás *nf3* headmistress

ardmhéara *nm4* Lord Mayor

ardmheas *nm3* admiration, esteem; **~ a bheith agat ar dhuine** to admire sb

ardnósach *adj* haughty, lofty; snobbish

ardoifig *nf2* head office

ardscoil *nf2* high school

ardteicneolaíochta *n gen as adj* hi-tech

ardteistiméireacht *nf3* (*Scol*) leaving certificate

ardú *nm* rise, increase; raise; (*Comm*) appreciation; **~ céime** promotion

aréir *adv*, *n* last night; **arú ~** the night before last

argóint *nf2* argument; dispute

arís *adv* again; **~ eile** once again; **ar ais ~** back again; **anois agus ~** now and then, now and again; **choíche ~** never again; **~ is ~ (eile)** over and over (again); **níos measa ~** worse still; **faoin am seo ~** by this time next year

arm *nm1* arm, weapon; army; **~ tine** firearm; **A~ an tSlánaithe** Salvation Army; **dul san ~** to join the army

armáil *vt* arm

armas *nm1* coat of arms

armlann *nf2* arsenal; (*of gun*) magazine

armlón *nm1* ammunition

armúr *nm1* armour

armúrtha *adj* armoured

arracht *nm3* monster; (*lorry*) juggernaut

arraing (*pl* **arraingeacha**) *nf2* (*of pain*) stab, twinge; (*in side*) stitch; **~ a bheith ionat** to have a stitch (in one's side)

arsa *irreg vb* (*in direct speech*) said; says; **amach leat, ~ Seán** get out, said John

ársa *adj* ancient; archaic

ársaitheoir *nm3* antiquarian

arsanaic *nf2* arsenic

art *nm1* stone

Artach *adj*, *nm1* Arctic; **an t~** the Arctic; **an tAigéan ~** the Arctic Ocean

artaire *nm4* artery

árthach (*pl* **árthaí**) *nm1* boat, vessel; craft; dish; container

arú *adv*: **~ aréir** the night before last

arúil *adj* arable; (*land*) fertile

as (*prep prons* = **asam, asat, as, aisti, asainn, asaibh, astu**) *prep* out of; from; off; **is as Baile Átha Cliath é** he is from Dublin; **as Gaeilge/ Béarla** in Irish/English; **go raibh maith agat as ...** thank you for ...; **tá muinín agam as** I have trust in him; **as baile** away from home; **go maith as** well off; **as a chéile** gradually; **rud a bhaint as a chéile** to take sth apart; **bain as!** get lost!; **as obair** out of work; **triúr as a chéile** three in a row; **as éisteacht**

out of earshot; **as an gcosán** out of the way

asal *nm1* ass, donkey

asam *see* **as**

asarlaí *nm4* sorcerer, wizard; conjurer, magician

asarlaíocht *nf3* magic, witchcraft

asat *see* **as**

ascaill *nf2* armpit; recess; (*in street names*) avenue; **póca ~e** inside pocket; **faoi d'~** under one's arm

aschur *nm1* (*also Comput*) output

asfalt *nm1* asphalt

aslonnaigh *vt* evacuate

asma *nm4* asthma

aspairín *nm4* aspirin

aspal *nm1* apostle

aspalóid *nf2* absolution; **~ a thabhairt do dhuine** to absolve sb

Astráil *nf2*: **an ~** Australia

Astrálach *adj, nm1* Australian

astralaíocht *nf3* astrology

astu *see* **as**

at (*pl* **atanna**) *nm1* (*Med*) swelling ▷ *vi* (*Med*) swell; (*sea*) heave

atá *vb see* **bí**

atáirg *vt* reproduce

atáirgeach *adj* reproductive

atáirgeadh *nm* reproduction

atarlaigh *vi* recur

atarlú *nm* recurrence

ateangaire *nm4* interpreter

atéigh *vt* warm up, reheat

ath- *prefix* re-; former; rejected; old; retired

áth (*pl* **áthanna**) *nm3* ford

athair (*gs* **athar**, *pl* **aithreacha**) *nm* father; **~ baiste** godfather; **~ céile** father-in-law; **~ mór** grandfather; **an tA~ Mícheál** (*priest*) Father Michael

athaontaigh *vt* reunite

athaontú *nm* reunion

athar *see* **athair**

athartha *adj* fatherly, paternal

áthas *nm1* happiness; **tá ~ air** he is happy

áthasach *adj* happy; jolly

athbheochan *nf3* revival, renaissance

athbheoigh *vt* (*Med*) resuscitate, revive

athbhliain *nf3*: **an A~** the New Year

athbhreithnigh *vt* review, revise

athbhreithniú *nm* review, revision

athbhrí *nf4* recovery, revival; ambiguity

athbhríoch *adj* (*food, drink*) invigorating; (*meaning*) ambiguous ▷ *nm1* (*Med*) tonic

athbhunaigh *vt* restore; reestablish

athbhunú *nm* restoration; reestablishment

athchaite *adj* secondhand; worn out; cast off

athcheartaigh *vt* revise; amend; **profaí a athcheartú** to revise proofs

athchluiche *nm4* (*Sport*) return match

athchóirigh *vt* readjust; (*house*) renovate; restore; recondition

athchóiriú *nm* refurbishment, renovation; restoration

athchomhaireamh *nm1* (*Pol*) re-count

athchomhairle *nf4* second thoughts, change of mind; **~ a dhéanamh (faoi rud)** to have second thoughts (on sth)

athchraiceann *nm1* veneer

athchraoladh *nm* (*Radio, TV*) repeat

athchum *vt* reconstruct; (*Phys*) deform

athchur *nm1* replacement; (*Law*) remand

athchúrsáil vt recycle; reclaim

athdhéan vt redo; remake

athdhéanamh nm reconstruction; revision; remake; repetition

athdhearbhú nm reaffirmation

athfhill vi recur; reflect

athfhillteach adj recurrent; reflex; (*Ling*) reflexive

athfhriotal nm1 quotation

athfhuaimnigh vi resound

athghabháil nf3 recovery; recapture

athghair vt recall

athghairm (*pl* **athghairmeacha**) nf2 (*Theat*) encore; recall

athimirt nf3 (*Sport*) replay

athiompú nm (*Med*) relapse

athiomrá nm4 backbiting

athlá nm another day; **rud a chur ar ~** to postpone sth

athlasadh (*gs* **athlasta**) nm (*Med*) inflammation

athlasta adj inflamed; *see also* **athlasadh**

athléim nf2 rebound

athlonnaigh vt, vi relocate

athmhachnamh nm1 reflection; **ar ~** on reflection

athmhúscailt nf2: **~ anála** artificial respiration

athneartú nm reinforcement

athnuachan nf3 renewal; rejuvenation

athnuaigh (*vn* **athnuachan**) vt renew

athoil vt (*worker etc*) retrain

athphlandáil vt replant, plant out

athphreab vi, nf2 rebound

athrá (*pl* **athráite**) nm4 repetition

athrach nm1 change, alteration; alternative; **~ aeráide** change of climate; **chomh dócha lena ~** as likely as not; **tá a ~ le déanamh agam** I have better things to do

athraigh vt, vi change, alter; vary; (*Naut: sail*) shift; **treo/éadach a athrú** to change direction/clothes

athráiteach adj repetitive

athraithe adj changed; transformed

athraitheach adj changeable; variable

athrú nm change, alteration; **tá ~ mór ort** you've changed a lot

athscag vt (*oil etc*) refine

athsheinm nf3 (*Mus*) repetition, replay

athshlánú nm (*Med*) rehabilitation

athsmaoineamh (*pl* **athsmaointe**) nm1 afterthought; second thought

athuair adv: **in ~** again

atitim nf2 relapse

Atlantach adj, nm1 Atlantic; **an tAigeán ~** the Atlantic (Ocean)

atlas nm1 atlas

atmaisféar nm1 (*also inf*) atmosphere

atóg (*vn* **atógáil**) vt reconstruct; rebuild

atosaigh vt resume; restart; (*Comput*) reboot

atosú nm resumption; restart; (*Comput*) reboot

atráth nm3 (*in phrase*): **rud a chur ar ~** to postpone sth

atreorú nm diversion

atuirse nf4 weariness; blues

aturnae nm4 solicitor, attorney (*US*)

atvuíteáil vt (*on Twitter*) to retweet

b

B *nm4* (*Mus*) B
b' *see* **is¹**
ba¹ *see* **is¹**
ba² *see* **bó**
bá¹ (*pl* **bánna**) *nf4* (*of sea*) bay
bá² *nf4* (*for person*) sympathy; liking; **bá a bheith agat le duine** to like sb
bá³ *nm4* flooding; immersion; drowning
báb *nf2* baby; (*inf: woman*) babe
babaí *nm4* baby
babhdán *nm1* bogeyman
babhla *nm4* bowl
babhta *nm4* bout, spell; (*Sport*) round
babhtáil *nf3* exchange
bábhún *nm1* enclosure, compound
bábóg *nf2* doll; **babóg éadaigh** rag doll
bac *nm1* barrier; obstacle; hindrance; (*fig*) hurdle ▷ *vt* (*also*

Sport) block, obstruct; foil; **ná ~ leis** don't bother with it
bacach *nm1* beggar; tramp ▷ *adj* lame; **bheith ~** to have a limp
bacadaíl *nf4*: **bheith ag ~** to limp
bácáil *vt* bake ▷ *nf3* baking
bacainn *nf2* barrier, obstacle; **~ bhóthair** roadblock
bacán *nm1* peg; (*of arm*) crook
bachall *nf2* ringlet; crozier; (*of shepherd*) crook
bachlóg *nf2* bud, sprout; **~a Bruiséile** Brussels sprouts; **~ a bheith ar do theanga** to slur one's speech
bácús *nm1* bakery
badhró *nm4* ballpoint (pen), Biro®
badmantan *nm1* badminton
bádóireacht *nf3* boating
bagair (*pres* **bagraíonn**) *vt, vi* threaten; (*stick etc*) wave; **~t ar dhuine** to threaten sb
bagairt (*pl* **bagairtí**, *gs* **bagartha**) *nf3* threat, menace
bagáiste *nm4* baggage, luggage; **~ láimhe** hand-luggage; **~ breise** excess baggage
baghcat *nm1* boycott
baghcatáil *vt* boycott
bagrach *adj* threatening, menacing
bagraíonn *see* **bagair**
bagún *nm1* bacon
baic *nf2*: **~ an mhuiníl** back *or* nape of the neck
báicéir *nm3* baker
báicéireacht *nf3* baking
baicle *nf4* group of people; clique
baictéar *nm1* bacterium
báigh *vt* drown; soak; (*ship*) sink
bail *nf2* (proper) order; condition, state; **~ a chur ar rud** to mend sth; to put sth in proper order; **tá ~ mhaith air** it's in good nick
bailc *nf2* downpour

baile *nm4* home; town ▷ *adj* (*trade, situation etc*) domestic, home; home-made; **as ~** away from home; **sa bhaile** at home; **de chóir ~** near at hand; **~ fearainn** townland; **duine as ~ isteach** a blow-in, outsider

bailé (*pl* **bailéanna**) *nm4* ballet

baileach *adj* exact; **ní cuimhin liom go ~** I don't remember exactly

bailéad *nm1* ballad

Baile Átha Cliath *nm4* Dublin

bailí *adj* valid

bailigh *vt* assemble, collect, gather; pick up ▷ *vi* assemble; **airgead/ stampaí a bhailiú** to collect money/stamps

bailitheoir *nm3* collector

bailiú *nm* collection; **~ bruscair** refuse collection

bailiúchán *nm1* collection; **~ stampaí** stamp collection

báille *nm4* bailiff

Bailt *n*: **Muir Bhailt** the Baltic (Sea)

bain *vt* extract; (*flowers, turf, hay*) pick, cut, reap; (*game, war, prize*) win; **ná ~ don phéint sin** don't touch that paint; **~ taca as** lean on; **an ghoimh a bhaint as rud** to render sth harmless; **ciall a bhaint as rud** to interpret *or* make sense of sth; **cluiche a bhaint** to win a game; **bhain sí fúithi i Londain** she settled down in London; **ní bhaineann sé leat** it doesn't concern you; **bhain taisme dó** he met with an accident; **bain amach** *vt* extract; (*stain*) wash away; (*destination*) reach; **bain anuas** *vt* take down, dismantle; **bain as** *vt* take from; get from; extract ▷ *vi* go, take off; **bain de** *vt* (*clothes*) remove; **bain do** *vt* touch ▷ *vi* (*accident*) happen to; **bain faoi** *vi* settle; pacify; undermine; **bain le** *vt* touch; interfere with; (*matter etc*) concern; relate to; **bain ó** *vt* subtract from

baincéir *nm3* banker

baincéireacht *nf3* banking

baineann *adj* (*Biol*) female; (*man*) effeminate; **cat ~** she-cat

baineannach *nm1* female

báiní *nf4* fury; **dul le ~** to fly into a rage

báinín *nm4* flannel; homespun cloth

baininscneach *adj* (*Ling*) feminine

bainis (*pl* **bainiseacha**) *nf2* wedding; wedding banquet

bainisteoir *nm3* manager

bainisteoireacht *adj* managerial

bainisteoireacht *nf3* management

bainistíocht *nf3* thriftiness; (good) management

bainistíochta *n gen as adj* (*skills*) managerial

bainistreás *nf3* manageress

bainne *nm4* milk; **~ géar** sour milk; **~ milis** fresh milk

báinseach *nf2* lawn, green

bainseó (*pl* **bainseonna**) *nm4* banjo

baint *nf2* connection; relevance; **níl aon bhaint agam leo** I have nothing to do with them

bainteach *adj*: **~ le** relevant to

baintreach *nf2* widow; **~ fir** widower

bairdéir *nm3* warder

báire *nm4* goal; (*of fish*) shoal; (*game*) hurling; (*Sport*) goal; **an ~ a bhaint** to triumph; **na fola** the crucial test; **~ a chur** (*Sport*) to score a goal; **cúl ~** goalkeeper; **i lár ~** in the middle; **i dtús ~** first of all

bairéad *nm1* beret

bairille *nm4* barrel

bairín nm4 loaf; **~ breac** barn-brack
bairneach nm1 limpet
báirse nm4 barge
báisín nm4 (wash)basin
baist vt baptise; name
báisteach nf2 rain; shower
baisteadh (gs **baiste**, pl **baistí**) nm baptism, christening; **ainm baiste** Christian name
baistí adj baptismal; **athair ~** godfather; **máthair bhaistí** godmother
báistiúil adj rainy
báite adj sodden, soaked
baithis nf2 (of head) crown; forehead; **ó bhaithis go bonn** from top to toe
baitín nm4 (Mus) baton
baitsiléir nm3 bachelor
bál nm1 (also dance) ball
balastair nmph banister(s)
balbh adj dumb, mute; (letter) silent
balbhán nm1 dumb person
balcais nf2 rag; garment
balcóin nf2 balcony
ball nm1 (of organization) member; (of body) limb; organ; (of machine) part; patch, spot; **ar ~** later; not long ago; **baill bheatha** vitals; **~ broinne** birthmark; **~ dobhráin** (on skin) mole; **~ éadaigh** article of clothing; **~ te** (for Wi-Fi) hotspot; **~ troscáin** piece of furniture
balla nm4 wall
ballach adj spotted, speckled
ballán nm1 teat
ballasta nm4 ballast
ballóg nf2 (of building) ruin
ballraíocht nf3 membership
balsam nm1 balsam, balm
balscóid nf2 blotch, smudge
balún nm1 balloon
bambú (pl **bambúnna**) nm4 bamboo

ban vb see **bean**
ban- prefix (sex, character) female
bán adj white; (page etc) blank; (field) fallow; (place) empty ▷ nm1 white; (Geog) grassland; **béal ~** flattery, sweet talk
bán- prefix pale
ban-ab nf3 abbess
bánaigh vt whiten, bleach; (hall etc) empty; (country) devastate
banaisteoir nm3 actress
banaltra nf4 nurse; **~ fir** male nurse
banaltracht nf3 (profession) nursing
banana nm4 banana
banbh nm1 piglet
banbharún nm1 baroness
bánbhuí adj (colour) cream
banc nm1 bank; **~ taisce** savings bank; **~ trádála** commercial bank
banchara nm4 girlfriend
banchliamhain (pl **banchliamhaineacha**) nm4 daughter-in-law
bánchorcra adj mauve
banda¹ nm4 band; **~ leathan** (Comput) broadband; **~ rubair** rubber band
banda² adj feminine, womanly
bandé see **bandia**
bándearg adj, nm1 pink
bandia (gs **bandé**, pl **bandéithe**) nm goddess
bandiúc nm1 duchess
bandochtúir nm3 woman doctor
bandraoi nm4 witch
banéigean nm1 rape
bang (pl **banganna**) nm3 (Swimming) stroke
bangharda nm4 (Irl) policewoman
bánghlóthach nf2 blancmange
bánghnéitheach adj pale, pallid
banimpire nm4 empress
banmhaor nm1 stewardess

banmhéara nm4 mayoress

banna nm4 guarantee, warranty, surety; (musical) band; **~ bisigh** premium bond; **~ ceoil** (at a dance) band; **~ práis** brass band; **dul i m~í ar dhuine** to go bail for sb

bánna see **bá¹**

banoidhre nm4 heiress

banóstach nm1 hostess

banphóilín nm4 policewoman

banphrionsa nm4 princess

banrach nf2 paddock

banríon (pl **banríonacha**) nf3 (also Cards etc) queen

banstiúrthóir nm3 conductress

bantiarna nf4 (title) lady

bantracht nf3 womenfolk

bánú nm brightening; clearance; **le ~ an lae** at daybreak

banúil adj ladylike; womanly

baoi (pl **baoithe**) nm4 buoy; (Fishing) float

baois nf2 folly

baoite nm4 bait

baol nm1 danger, risk; **beag an ~!** not likely!; **níl sé ~ ar ...** he's not nearly ...

baolach adj dangerous, unsafe; **is ~ é** I'm afraid so

baoth adj vain; (boat) unsteady; (behaviour) foolish

baothmhian nf2 whim

bara nm4: **~ rotha** wheelbarrow

baracáid nf2, vt barricade

baraiméadar nm1 barometer

barántas nm1 guarantee; (Law: to arrest, search) warrant; **~ cuardaigh** search warrant

barántúil adj authentic

baratón nm1 baritone

barbaiciú nm4 barbecue

barbartha adj barbaric, savage; (fig: behaviour etc) uncivilized

barbarthacht nf3 barbarity

barbatúráit nf2 barbiturate

bárcadh n: **ag ~ allais** sweating profusely

bard nm1 bard

barda nm4 (in hospital, Pol) ward

bardach nm1 warden; **~ eaglaise** church warden

bardas nm1 (of town) corporation, municipal authority

barócach adj baroque

barr (pl **barra**) nm1 (fig: apex) tip; summit, top; (Agr) crop; superiority; **thar ~** excellent; **le ~ áidh** by mere chance; **ó bhun go ~** from top to bottom; **bun agus ~** the sum total (of); the ins and outs (of); **~ GM** GM crop; **~ maise a chur ar rud** to put the finishing touches to sth; **an ~ a bhaint de** to skim; **~ méire** fingertip; **de bharr ar an iomlán** into the bargain; **de bharr** + gen due to; **ar bharr** + gen on top of; **ag an m~** at the top; **dá bharr sin** consequently; **ar a bharr sin** furthermore

barra¹ nm4 (also Mus, Law) bar; rod; ingot; **~ uirlisí** (Comput) toolbar

barra² see **barr**

barrachód nm1 bar code

barraicín nm4 tip of the toe

barraíocht nf3 excess; **~ +** gen too much; **~ a ghearradh ar dhuine** to overcharge sb; **de bharraíocht ar** in excess of; over and above

barrchaolaigh vt taper

barrchóir nf3 (garment) top

barriall (gs **barréille**, pl **barriallacha**) nf2 shoelace

barrloisc vt, vi singe

barróg nf2 hug; **~ a bhreith ar dhuine** to hug sb

barrshamhail (gs **barrshamhla**, pl **barrshamhlacha**) nf3 ideal

barrúil adj amusing, comic; strange

barúil (*pl* **barúlacha**) *nf3* idea; opinion, thought; **bheith den bharúil go** to be of the opinion that; **cad é do bharúil orthu?** what do you think of them?; **níl ~ agam** I haven't a clue; **tá ~ mhaith agam** I have a fair idea

barún *nm1* baron

bás (*pl* **básanna**) *nm1* death; **~ a fháil** to die; **bheith idir ~ agus beatha** to be battling for one's life

básaigh *vt* kill, execute ▷ *vi* die

basal *nm4* basil

basár *nm1* bazaar

basc *vt* mangle; crush

Bascach *adj, nm1* Basque; **Tír na m~** the Basque Country

bascaed *nm1* basket

Bascais *nf2* (*Ling*) Basque

básmhar *adj* mortal

básta *nm4* waist

bastard *nm1* bastard

bástchóta *nm4* vest

bású *nm* killing, execution

basún *nm1* (*Mus*) bassoon

bata *nm4* baton; stick; **~ siúil** walking stick; **~ is bóthar a thabhairt do dhuine** to dismiss *or* sack sb

bataire *nm4* (*Elec*) battery

batráil *vt* batter

báúil *adj* sympathetic

BCE *n abbr* (= *Banc Ceannais na hEorpa*) ECB

béabhar *nm1* beaver

beacán *nm1* mushroom; **~ bearaigh** toadstool

beach *nf2* bee; **~ chapaill** wasp

beacht *adj* accurate, exact, precise

beachtaigh *vt* correct

beachtas *nm1* accuracy

beadaí *adj* (*eater*) fussy, particular

béadán *nm1* gossip, scandal; **~ a dhéanamh ar dhuine** to cast aspersions on sb

béadánaí *nm4* (*person*) gossip

béadchaint *nf2* (*Law*) slander

beag *nm1* (*pl* **beaganna**) small amount ▷ *adj* (*compar* **lú**) little, small; slight; (*brother etc*) younger, little, wee; **a bheag nó a mhór** more or less; **is ~ a shíl mé ...** little did I think ...; **is ~ orm í** I despise her; **is ~ duine a chreideann é** few people believe it; **~ an baol!** not likely!, some chance!; **is ~ nár thit mé** I nearly fell; **a bheag a dhéanamh de rud** to belittle *or* make light of sth; **le blianta ~a anuas** in the last few years

beagán *nm1* little, small amount; pittance ▷ *adv* rather; **is buí le bocht an ~** beggars can't be choosers; **~ ar bheagán** little by little; **ar bheagán airgid** on a shoestring; **i m~ focal** in a few words

beagmhaitheasach *adj* worthless

beagnach *adv* almost, nearly; all but

beaguchtach *nm1* lack of courage; **~ a chur ar dhuine** to discourage sb

beaichte *nf4* accuracy, exactness

beairic *nf2* barracks

béal *nm1* mouth; (*of cave, hole etc*) opening; (*of gun*) muzzle; (*of boat*) gunwale; (*of cup etc*) rim; (*of blade, spade etc*) sharp edge; (*of shoe*) edge of upper; (*of cliff etc*) face; (*part of sea*) sound, strait; **~ an ghoile/an chléibh** the pit of the stomach; **i m~ na trá/na toinne** at the water's edge; **i m~ an dorais** next door, in near proximity; **ar ~ maidine** first thing in the morning; **lán go ~** full to the brim; **~ faoi** upside down; **ó do bhéal féin** from one's own lips; **ar do bhéal is ar do shrón** flat on one's face; **as ~ a chéile** with one voice; all at once; **ar bhéala** about to; **teacht chun béil** to get going properly, find one's rhythm; **~ bán** cajolery, flattery; **~ nach bréagach** a truthful person; **~ gan smid** a taciturn, unsociable person; **bheith i m~ an phobail/ na ndaoine** to be on everyone's lips; **bheith gan bhéal gan teanga** to be unable to talk; **imeacht i m~ do chinn** to leave home and take to the road; **~ a leagan ar rud** to talk about sth; **rud a rá le duine suas lena bhéal** to say sth to sb's face; **baineadh oscailt as a bhéal** his mouth dropped open; **bhain tú as mo bhéal é** you took the words right out of my mouth; **níl as a bhéal ach é** he talks about nothing else; **tá sé mar a d'iarrfadh do bhéal a bheith** you couldn't ask for better

bealach (*pl* **bealaí**) *nm1* road, thoroughfare; pathway; way; (*of bus*) route; (*TV*) channel; (*trajectory*) path; method, process; **~ caoch** cul-de-sac; **~ Dhoire** via Derry; **cén ~? — an ~ seo** which way? — this way; **duine a chur chun bealaigh** to sack sb; **fios an bhealaigh a bheith agat** to know the way; **an ~ a fhágáil ag duine** to get out of sb's way; **an ~ ar ais** the way back; **~ amach** exit; **~ mór** main road; (*part of road*) carriageway; **~ trádála** trade route; **~ uisce** waterway; **ar bhealach** in a way; **bheith sa bhealach ag duine** to be in sb's way

bealadh *nm1* grease, lubricant

bealaí *see* **bealach**

bealaigh *vt* grease, lubricate, oil

bealaithe *adj* greasy

Bealarúis *nf2*: **an Bhealarúis** Belarus

béalastán *nm1* (*inf: person*) slobber

béalbhach *nf2* (*of bridle*) bit

béalchráifeach *adj* hypocritical; sanctimonious

béalchráifeacht *nf3* sanctimoniousness

béaldath (*pl* **béaldathanna**) *nm3* lipstick

Béal Feirste *nm* Belfast

béalghrá *nm4* lip service; **~ a thabhairt do rud** to pay lip service to sth

béal-leathan *adj* (*gap*) yawning

béalmhír *nf2* (*tool*) bit

béalóg *nf2* (*Mus, of instrument*) mouthpiece; (*for animal*) muzzle

béaloideas *nm1* folklore

béaloscailte *adj* gaping, open-mouthed

béalscaoilte *adj* indiscreet

Bealtaine *nf4* May; **i Mí na ~, 2010** in May 2010; **idir dhá thine Bhealtaine** in a quandary

bean (*gs, npl* **mná**, *gpl* **ban**) *nf* woman; (*also:* **~ chéile**) wife; **B~ Mhic Gabhann** Mrs Smith; **~ lóistín** (*of house*) landlady; **~ ghlúine** midwife; **~ luí** (*lover*) mistress; **~ rialta** nun; **~ an tí** the lady of the house; **a bhean chóir** madam; **Seán agus a bhean** John and his wife; **"Mná"** (*sign*) "Ladies"

beangán *nm1* shoot; (*fork*) prong

beann¹ *nf2* regard; **beag ~ ar** impervious to; regardless of

beann² *nf2* antler, horn; prong

beann³, beanna *see* **binn¹**

beannacht *nf3* blessing; greeting; (*Rel*) benediction; **~ Dé ort** God bless you; **~ Dé lena anam** God rest his soul

beannaigh vt bless; ▷ vi **beannú
do** to greet, salute
beannaithe adj holy, sacred
beannú nm greeting, salute
beár nm1 (in pub) bar
béar nm1 bear; **~ bán** polar bear
beara see **bior**
bearach nm1 heifer
bearbóir nm3 barber
béarfaidh etc vb see **beir**
Béarla nm4 (Ling) English
béarlachas nm1 anglicism
béarlagair nm4 jargon, slang
Béarlóir nm3 English speaker
bearna nf4 break, gap; hiatus;
~ ghiorria harelip
bearnach adj gappy; incomplete
bearnaigh vt breach; (barrel) tap
bearnas nm1 (in mountains) pass
bearr vt (hair, nails) clip; prune;
shave
bearradh nm shave; shaving;
~ gruaige haircut
bearránach adj irritating,
annoying; uncomfortable
beart¹ (pl **bearta**) nm1 bundle;
parcel
beart² (pl **bearta**) nm1 plan; action;
i m~a crua in dire straits
beart³ (pl **bearta**) nm1 (Comput)
byte
beart⁴ (pl **beartanna**) nm3 berth
beartaigh vt, vi plot, scheme;
decide upon; (sword) wield;
bheartaigh sí imeacht she
decided to go; **rud a bheartú** to
plan sth
beartaíocht nf3 tactics
beartaithe adj planned, decided
beartán nm1 parcel
béas¹ (gs, pl **béasa**, gpl **béas**) nm3
habit; **~ a athrú** to turn over a
new leaf; **béasa** nmpl3 behaviour,
manners; **fios a bhéasa a**

thabhairt do dhuine (inf) to teach
sb manners
béas² nm3 beige
béasach adj polite, civil,
well-mannered
béascna nf4 habit, custom;
lifestyle
beatha nf4 life; livelihood; food; **do
bheatha a bhaint den fharraige**
to earn one's living from the sea;
~ dhuine a thoil each to his own;
slí bheatha livelihood
beathaigh vt (person) feed, nourish
beathaisnéis nf2 biography
beathaisnéiseach adj biographic
beathaithe adj well-fed; (person)
fat
beathaitheach adj nourishing;
fattening
beathú nm nourishment
béic (pl **béiceacha**) nf2, vi yell, roar;
~ a ligean to yell
béicíl nf3 yelling
beidh etc vb see **bí**
beifear vb see **bí**
béil n gen as adj oral; verbal; **an
traidisiún ~** the oral tradition
béile nm4 meal
Beilg nf2: **an Bheilg** Belgium
Beilgeach adj, nm1 Belgian
beilt (pl **beilteanna**) nf2 belt
béim (pl **béimeanna**) nf2 stress,
emphasis; blow; **~ ghréine**
sunstroke; **buille sa bhéim** felling
blow; **~ a chur ar rud** (syllable,
word, point) to emphasize sth,
stress sth; **~ a bhaint as duine** to
bring sb down a peg or two
beir (vn **breith**, vadj **beirthe**, past
rug, fut **béarfaidh**) vt, vi give birth
to; (egg) lay; bring, take; **~ ar**
catch; **breith maol ar dhuine** to
catch sb red-handed; **bua a
bhreith (ar)** to triumph (over),

gain a victory (over); **~ air!** get him!; **buntáiste a bhreith ar** (*situation*) to take advantage of; **breith gairid ar dhuine** to catch sb unawares; **~ ar do chiall** wise up

beirigh *vt, vi* boil; bake
béirín *nm4* teddy (bear)
beiriste *nm4* (*Cards*) bridge
Béiriút *nm4* Beirut
Beirlín *nf4* Berlin
beirt (*pl* **beirteanna**) *nf2* two people, pair, couple; **~ fhear/bhan** two men/women; **ina m~eanna** in twos; **bhí siad ~ ann** they were both there; **an bheirt agaibh** both of you
beirthe *vadj see* **beir**
Béising *nf4* Beijing
beith¹ *nf2* (*Phil*) being, entity
beith² (*pl* **beitheanna**) *nf2* birch
beithíoch *nm1* animal; beast; **~ allta** wild beast
beo *nm4* living being; life; livelihood ▷ *adj* alive, live, living; animated; (*colour, person*) lively; **a bheo a ligean le duine** to spare sb's life; **bhí an baile ~ de daoine** the town was full of people; **~ beathach** alive and well; **sreang bheo** (*Elec*) live wire; **bolcán ~** active volcano
beocht *nf3* liveliness
beoga *adj* lively; vivid; brisk
beoigh *vt, vi* enliven, animate
beoir (*gs* **beorach**, *pl* **beoracha**) *nf* beer
beola *npl* lips
beophianadh *nm* suspense
beostoc *nm1* livestock
b'fhéidir *adv* perhaps
bh (*remove* "h") *see also* **b**...
bheadh *vb see* **bí**
bhéarfadh, bhéarfainn *etc vb see* **beir**

bheas, bheifí, bheinn *etc vb see* **bí**
bheireadh, bheiridís *etc vb see* **beir**
bheith *vn see* **bí**
bhfaighidh *etc vb see* **faigh**
bhfuil *vb see* **bí**
bhí *etc vb see* **bí**
bhuel *excl* well
bhur *poss adj* your
bí (*vn* **bheith**, *pres* **tá**, *pres neg* **níl**, *past* **bhí**, *fut* **beidh**, *subj* **raibh**) *vt, vi* be; exist; **bheith mór/beag** to be big/small; **bheith go maith/go dona** to be good/bad; **bheith buailte/críochnaithe/sáraithe** to be beaten/finished/exhausted; **bíodh is go** even though; **tinn is mar atá sé** even though he is sick; **tá breoite!** sick my foot; **(ach) má tá** indeed; **bhí mé ann tá bliain ó shin** I was there a year ago; **bí ag** be at; **bheith ag an doras/ damhsa** to be at the door/dance; **bheith ag siúl/caint/snámh** to be walking/talking/swimming; **tá carr agam** I have a car; **tá Fraincís agam** I can speak French; **tá snámh agam** I know how to swim; **níl scaradh aice leis** she cannot part with it; **tá agat** you have succeeded; **bíodh aige** let it be; **cé atá agam (ann)?** who is it?; **tá agam le himeacht** I have to leave; **bí ar** be on; **tá sé ar an mbord** it is on the table; **tá cosa fada air** he has long legs; **bhí geansaí deas air** he was wearing a nice jersey; **bhí dath bán air** it was white; **tá brón/áthas/fearg air** he is sad/ glad/angry; **tá ocras/tart/tuirse air** he is hungry/thirsty/tired; **cad é atá ort?** what is the matter with you?; **tá báisteach/gaoth/**

toirneach air it is going to rain/ get windy/become thundery; **tá athrach aimsire air** the weather is going to change; **níl riail/teacht/ tabhairt ar ais air** it cannot be controlled/found/brought back; **níl bogadh air** he cannot be moved; **cad é an chaint atá ort?** what are you talking about?; **cad é an amaidí atá ort?** what nonsense are you up to?; **tá orm imeacht** I must leave; **bí as** be from; **bheith as Corcaigh** to be from Cork; **bheith as obair/ cleachtadh** to be out of work/ practice; **bheith as** (*light etc*) to be out; **tá sé míle as seo** it is a mile from here; **níl bogadh as** he is not making a move; **bí chun** be towards; **tá sé chugainn** he is coming towards us; **tá solas an lae chugainn** morning is approaching; **an Nollaig a bhí chugainn** the following Christmas; **ní chugatsa a bhí mé** I was not referring to you; **tá mé chun imeacht** I intend to leave; **bí de** be from, of; **níl de airgead agam ach é** it is the only money I have; **níl de chiall aige** he hasn't enough sense (to); **sin a raibh de** *or* **ní raibh de sin ach sin** that was the end of that; **is é mar a bhí sé de** actually; **tá sin díobh le chéile** that runs in the family; **tá sin díom anois** I have that behind me now; **bí do** be to, be at; **tá sé do mo bhualadh** he is beating me; **rud duit féin a bheith agat** to have sth all to o.s.; **tá déanamh dó féin aige** it has its own particular shape; **duine dó féin atá ann** he's an oddball; **cad chuige a bhfuil tú dom?** why do you want me?;

bí faoi be under; **bheith faoi thalamh/uisce** to be underground/underwater; **bheith faoi bhrón/chian/eagla/ualach** to be sad/depressed/afraid/ burdened; **bheith faoi shiúl** *or* **ghluaiseacht** to be moving; **siúl/ fás/fuadar a bheith fút** to be moving/growing/in a hurry; **cad é atá faoi sin agat?** what do you mean by that?; **rud a bheith fút féin** to have sth to o.s.; **níl faoi nó thairis ach é** it is all he wants to do; **tá fúm sin a dhéanamh** I intend to do that; **bí i** be in; **tá Dia ann** God exists; **tá lá deas ann** it is a nice day; **am bricfeasta atá ann** it is time for breakfast; **tá gaoth agus fearthainn ann** it is windy and raining; **seachtar atá siad ann** there are seven of them; **tá urra as cuimse ann** he is very strong; **níl maith ann** he is no good; **tá céad cileagram meáchain ann** he weighs a hundred kilograms; **tá a chosaint féin ann** he is able to defend himself; **níl bogadh ann** he is unable to move; **múinteoir atá inti** she is a teacher; **tá sí ina múinteoir** she is a teacher; **tá sí ina suí/seasamh/codladh** she is sitting/standing/sleeping; **tá sí ina sláinte** she is healthy; **tá sí mar a bheadh tachrán girsí ann** she is like a child; **níl ann ach imeacht** there is nothing else for it but to leave; **níl ann aige ach** he says nothing but; **a bhfuil ann go** the only thing is that; **bí le** be with; **bheith le duine** to accompany sb; to act as best man *or* bridesmaid for sb; **beidh mé leat síos** I'll go down with you; **bhí mo pheann leat** you took my pen with you; **cé leis thú?** whose child are you?; **duine atá leis féin** a person who lives alone; **tá leat** you have succeeded; **tá sé leat anois** you have it now; **tá mé le himeacht inniu** I am to leave today; **tá obair le déanamh** there is work to be done; **bí ó** be from; **céard atá uait?** what do you want?; **tá peann uaim** I want a pen; **tá uaim sin a dhéanamh** I want to do that; **tá sé ó mhaith/ó leigheas** it is useless/irreparable; **bí roimh** be before; **tá sé romhat** it is all in front of you; **tá romham sin a dhéanamh** I intend to do that; **bí thíos** be down; **bheith thíos le rud** to suffer as a result of sth

bia (*pl* **bianna**) *nm4* food; meal; **~ agus leaba** board and lodging; **~ coisir** kosher food; **~ farraige** seafood; **~ folláin** health food; **~ míoltóg a dhéanamh de dhuine** (*inf*) to make mincemeat out of sb

bia-ábhair *nmph* foodstuffs

biabhóg *nf2* rhubarb

biachlár *nm1* menu; **~ socraithe** set menu

bialann *nf2* restaurant; canteen

biatas *nm1* beetroot; **~ siúcra** sugar beet

bícéips *nf2* biceps

bicíní *nm4* bikini

bídeach *adj* minute, tiny

bileog *nf2* (*form*) sheet; (*of paper*) slip; handout, flier; **~ nuachta** (*newsletter*) bulletin; **~ oibre** worksheet; **~ shúile** (eye) patch

bille *nm4* (*Comm, Pol*) bill; **~ parlaiminte** parliamentary bill

billéad *nm1* billet

billéardaí *npl* billiards

billiún *nm1* billion

bím *etc vb see* **bí**

binbeach *adj* (*voice*) sharp

bindealán *nm1* bandage; **~ a chur ar chneá** to bandage a wound

binn¹ (*pl* **beanna**, *gpl* **beann**) *nf2* cliff; (*of house*) gable; (*of dress etc*) lap; **~ sléibhe** mountain peak; **titim le ~** to fall down a cliff

binn² *adj* sweet, melodious; **glór ~** a sweet voice

binneas *nm1* (*of sound*) sweetness

binse *nm4* bench; **~ breithimh** tribunal; **~ oibre** workbench

Bíobla *nm4* Bible

biocáire *nm4* vicar

bíog *vi* start; jump; (*muscle*) twitch ⊳ *nf2* (*sound*) peep; (*of engine*) pulse; **~ a ligean** to peep

bíogach *adj* cheerful; perky; (*muscle*) twitching

biogamach *nm1* bigamist

biogamacht *nf3* bigamy

biogóid *nm4* bigot

biogóideacht *nf3* bigotry

biolar *nm1* watercress

biongó *nm4* bingo

bior (*gs* **beara**, *pl* **bioranna**) *nm3* point; (*of record player*) stylus; (*for roasting*) spit; **~ fiacla** toothpick; **~ seaca** icicle; **~ a chur ar rud** to sharpen sth; **bheith ar ~ le rud a dhéanamh** to be dying to do sth

biorach *adj* pointed; (*tongue*) sharp

bioraigh *vt* sharpen

biorán *nm1* (*knitting*) needle; pin; **~ cniotála** knitting needle; **~ dúnta** safety pin; **~ gruaige** hairpin; **rud a bheith ar na bioráin agat** to have sth in hand

bioróir *nm3*: **~ peann luaidhe** (pencil) sharpener

biotáille nf4 liquor, spirits;
~ **mheitileach** methylated spirit

bís nf2 spiral; (*Tech*) vice; **staighre**
~**e** a spiral staircase; **ar** ~ on
tenterhooks

biseach nm1 (*in health*) improvement;
recovery; (*in luck, also Comm*) upturn;
tá ~ **orm** I'm better; **ar aghaidh**
bisigh on the mend; **bheith ar** ~ to
be improving; ~ **a fháil** (*from illness*)
to recover; **bliain bhisigh** leap year

bisigh vi (*health*) improve; (*person*)
recuperate

biteicneolaíocht nf3 biotechnology

bith nm3 world; existence; **ar** ~ any;
(*with neg*) no; **ar scor ar** ~, **cibé ar**
~ anyway; **ar chor ar** ~ at all; **áit**
ar ~ anywhere; nowhere; **duine ar**
~ anybody; nobody; **rud ar** ~
anything; nothing

bithbheo adj immortal; everlasting

bithbhreosla nm4 biofuel

bithcheimic nf2 biochemistry

bitheolaí nm4 biologist

bitheolaíoch adj biological

bitheolaíocht nf3 biology

bithiúnach nm1 scoundrel; thug;
villain

bithiúntas nm1 (*Law*) foul play;
thuggery

bitseach nf2 bitch; ~ **(mná)** (*pej*)
bitch (!)

biúró nm4 bureau

bladar nm1 flattery

bladhaire nm4 flame; flare

bladhm (*pl* **bladhmanna**) nf3 flame
▷ vi (*fig: person*) flare up

bladhmannach adj boastful

bláfar adj (*work*) neat; (*girl*) prim

blag nm4 blog

blagadach adj bald

blagaid nf2 bald head; bald patch

blagálaí nm4 blogger

blaincéad nm1 blanket; ~

leictreach electric blanket

blais vt, vi taste; (*food, wine*) sample

blaisínteacht nf3: ~ **a dhéanamh**
ar do chuid bia to pick at one's food

blaistigh vt flavour; (*food*) season

blaistiú nm flavouring; seasoning

blaosc nf2 skull; (*of egg, nut, crab etc*)
shell

blár nm1 open space; field; ~ **catha**
battlefield; **bheith ar an m**~
folamh to be down and out

blas (*pl* **blasanna**) nm1 taste,
flavour; (*speech*) accent; **cad é an** ~
atá air? what does it taste like?; **tá**
~ **éisc air** it tastes of or like fish; **tá**
~ **coimhthíoch ar a chuid cainte**
he has a foreign accent

blasta adj appetizing, tasty

blastán nm1 seasoning

bláth (*pl* **bláthanna**) nm3 bloom,
flower, blossom; **bheith i m**~
d'óige to be in the flower of youth

bláthach nf2 buttermilk

bláthadóir nm3 florist

bláthaigh vi blossom, flower

bláthcheapach nf2 flower bed

bláthfhleasc nf2 wreath; garland

bleachtaire nm4 detective

bleachtaireacht nf3 detecting;
úrscéal ~**a** detective novel

bleán *see* **bligh**

bléasar nm1 blazer

bleib (*pl* **bleibeanna**) nf2 (*Bot*) bulb

bleid nf2: ~ **a bhualadh ar dhuine**
to accost sb

bléin nf2 groin

bléitse nm4 (*household*) bleach

bliain (*pl* **blianta**, *with numbers*
bliana) nf3 year; **an bhliain seo**
chugainn next year; **An Bhliain**
Úr the New Year; ~ **bhisigh** leap
year; **in aghaidh na bliana** per
annum

bliainiris nf2 yearbook, annual

bliantóg *nf2* (*Bot*) annual

bliantúil *adj* annual, yearly

bligeard *nm1* blackguard

bligh (*vn* **bleán**) *vt* (*also fig*) milk

blíóg *nf2* (*pej: man*) effeminate man

bliosán *nm1* artichoke

blípire *nm4* bleeper

bloc *nm1* block

blocáil *vt* (*also Sport*) block

bloclitreacha *nfpl* block capitals

blogh *nf3* fragment

bloicín *nm4* (*toy*) block

blonag *nf2* fat; lard; blubber

blosc[1] *nm1* (*of gun*) report; **~ toirní** thunderclap; **~ a bhaint as do mhéara** to crack one's fingers; **~ a bhaint as do theanga** to click one's tongue

blosc[2] *vt, vi* crack; explode

bloscadh *nm1* (*noise*) crack

blúire *nm4* bit, fragment, scrap, snippet; **~ fianaise** scrap of evidence

blús (*pl* **blúsanna**) *nm1* blouse

bó (*gs, gpl* **bó**, *pl* **ba**) *nf* cow

bob (*pl* **bobanna**) *nm4* hoax, trick; **~ a bhualadh ar dhuine** to trick sb

bobailín *nm4* tassel

bobaireacht *nf3* tricks, pranks; **ag ~ ar dhuine** playing pranks on sb

bobghaiste *nm4* booby trap

boc *nm1* buck; **~ mór** big shot; **an ~ mór** the big fellow

bocáil *vi* toss; bounce

bocaire *nm4* (*Culin*) muffin

bocht *adj* needy, poor; (*condition, excuse*) sorry; grotty ⊳ *nm1* pauper; **tá oíche bhocht ann** it's an awful night; **chomh ~ leis an deoir** as poor as a church mouse

bochtaineacht *nf3* poverty

bochtán *nm1* pauper

bod *nm1* penis

bodach *nm1* lout; **~ mór** (*inf*: *VIP*) hobnob, bigwig

bodbheart *nm1* (*contraceptive*) sheath, condom

bodhaire *nf4* deafness; **tháinig ~ Uí Laoire air** he pretended not to hear

bodhar (*pl* **bodhra**) *adj* deaf; (*with pain*) numb

bodhraigh *vt* deafen; annoy; (*pain*) deaden

bodhrán[1] *nm1* deaf person

bodhrán[2] *nm1* (*traditional music*) bodhrán, hand drum

bodhránaí *nm4* (*Mus*) bodhrán player

bodmhadra *nm4* mongrel

bodóg *nf2* heifer; hefty young woman

bog *vt, vi* move; stir; soften; loosen; agitate; (*milk*) warm ⊳ *adj* soft; tender; (*life, work*) easy; (*person*) lenient; (*tooth*) loose; indulgent; (*toy*) fluffy; **feoil bhog** tender meat; **bheith ~ le duine** to go easy on sb; **~ leat** move along; **~ amach as** move out or off; **~ anonn** move over; **~ ar aghaidh** move on; **~ ar ais** move back; **~ ar shiúl** move away; **~ chun tosaigh** move forward; **~ isteach i** move into; **~ thart** move about

bogadh (*gs* **bogtha**) *nm* move; movement; shift; **níl ~ as** he's making no movement; **níl ~ ann** he can't move; **gan ~** still

bogás *nm1* complacency

bogásach *adj* smug; complacent

bogearraí *nmpl4* (*Comput*) software; **~ frithvíreasacha** antivirus software

bogha (*pl* **boghanna**) *nm4* (*weapon, Mus*) bow; **~ báistí** rainbow

boghta *nm4* vault

bogshodar nm1 jogging; **~ a dhéanamh** (horse) to canter

bogtha see **bogadh**

bogthe adj lukewarm

boidín nm4 (inf) penis

boige nf4 softness; leniency

boigéiseach adj gullible

boilg nf2 submerged reef

boilgearnach nf2 bubbling

boilgeog nf2 bubble

boilsc nf2 bulge

boilscitheach adj inflationary

boilsciú nm (Econ) inflation

bóín nf4: **~ Dé** ladybird

boinéad nm1 bonnet

boirbe nf4 fierceness; coarseness

boiseog nf2 slap; **~ a thabhairt do dhuine** to slap sb

Boisnia nf4 Bosnia

bóitheach nm1 byre, cow shed

bóithre see **bóthar**

bóithrín nm4 lane, boreen

boladh (pl **bolaithe**) nm1 odour, smell, whiff; **~ bréan** pong; **tá ~ as** it smells

bólaí npl: **na ~ seo** these parts, this area

bolaigh vt smell

Bolaiv nf2: **an Bholaiv** Bolivia

bolb nm1 caterpillar

bolcán nm1 volcano; **~ beo/suanach** active/dormant volcano

bolg nm1 abdomen, stomach, belly; (of ship) hold ▷ vt, vi bulge, swell out; (paint) blister; **~ le gréin a dhéanamh** to sunbathe

bolgach nf2 smallpox; **~ fhrancach** syphilis

bolgam nm1 mouthful; **~ tae** a sip of tea; **~ cainte** (of speech) mouthful

bolgán nm1 bubble; (Elec) bulb; **~ solais** light bulb

bolgchainteoir nm3 ventriloquist

bolgóid nf2 bubble

bollaí nmpl4: **cluiche ~** bowls

bollán nm1 boulder

bollóg nf2 loaf

bológ nf2 bullock

bolscaire nm4 announcer; publicist

bolscaireacht nf3 (TV, Radio) commercial; propaganda, publicity

bolta nm4 (rod: of metal etc) bar; bolt

boltáil vt bolt

bomaite nm4 minute; moment; **fan ~!** wait a minute!

bómán nm1 fool, twit

bómánta adj stupid, dumb, thick; (expression) vacant

bómántacht nf3 stupidity

bóna nm4 collar; lapel

bónas nm1 bonus

bonn¹ nm1 (of shoe, foot) sole; foundation, base, basis; tyre; **láithreach ~** at once; **~ athmhúnlaithe** (tyre) remould, retread; **~ istigh** insole; **dul ar do cheithre boinn** to go on all fours; **léim as ~** standing jump; **ar aon bhonn** on equal footing

bonn² nm1 medal; coin; **~ deich bpingine** ten-pence piece; **gan phingin gan bhonn** penniless

bonnán¹ nm1 (Aut) horn; siren; **an ~ a shéideadh** to toot the horn

bonnán² nm1 bittern

bonnóg nf2 bannock; scone

bonsach nf2 javelin

bord nm1 table; (also in firm) board; deck; **~ iarnála** ironing board; **ar ~ loinge** on board (a) ship; **thar ~** overboard; **dul ar ~** + gen to board; **an ~ a leagan/a ghlanadh** to lay/clear the table; **suí chun boird** to sit at table; **tá braon ar ~ aige** he has been drinking; **fíon boird** table wine

borr vi swell; (*plants*) spring up

borradh (*gs* **borrtha**) *nm* (*Elec*) surge; (*Tech*) expansion; **~ (trádála)** boom

borróg *nf2* bun

borrtha *adj* swollen, bloated; (*Med*): **féitheacha ~** varicose veins

bos *nf2* palm; (*of oar*) blade; **bualadh ~** round of applause; **~ go cos** (*Gaelic Football*) hand-to-toe; **airgead boise** ready cash; **ar iompú boise** instantly

bósan *nm1* bosun

bosca *nm4* (*also Theat*) box; case; pigeonhole; **~ cairtchláir** cardboard box; **~ seacláidí** a box of chocolates; **~ bruscair** bin, dustbin; **~ ceoil** accordion, melodeon; **~ fiúsanna** fuse box; **~ guth. in** call box, phone box; **~ litreach** pillar box, postbox; **~ poist** mailbox, Post Office Box; **seinm ar an m~** to play the accordion

boscadóir *nm3* (*Mus*) accordion player, box player

Bostún *nm1* Boston

both (*pl* **bothanna**) *nf3* hut; kiosk

bothán *nm1* cabin; hut, shed

bóthar (*pl* **bóithre**) *nm1* road; **~ den dara grád** secondary road; **cur chun bóthair** to set off (on a trip); **an ~ a thabhairt do dhuine** to dismiss *or* sack sb

bothóg *nf2* cabin

botún *nm1* blunder, slip, slip-up; **~ a dhéanamh** to slip up, blunder

brabach *nm1* gain, profit; spin-off; (*fig*: *profits*) spoils; **~ a dhéanamh (ar)** to make a profit (on)

brabús *nm1* profit; advantage

brabúsach *adj* profitable, lucrative

brac *nm1* (*on wall etc*) bracket

brach *nm3* pus

brách *n*: **go ~** ever; (*with neg*) never; **as go ~ léi** away she went; **is fearr go mall ná go ~** better late than never

brachán *nm1* porridge; **~ a dhéanamh de rud** to make a mess of sth

brád *see* **bráid**

bradach *adj* thieving; (*money*) stolen

bradán *nm1* salmon

brádán *nm1* drizzle

braich *nf2* malt

bráid (*gs* **brád**, *pl* **bráide**) *nf* neck; bust; **teacht ar ~** to come on the scene; **rud a chur faoi bhráid duine** to submit sth to sb; **~ na coise** instep

bráidín *nm4* bib

braighdeanach *nm1* captive

braighdeanas *nm1* captivity; internment

braillín *nf2* (*on bed*) sheet; **~ talún** groundsheet

brainse *nm4* branch

bráisléad *nm1* bracelet

braiteach *adj* (*person, mind*) perceptive, alert, sensitive

braiteoireacht *nf3* hesitation

braith (*vn* **brath**) *vt* feel; betray; detect; intend; size up; **brath ar** to depend on; **pian/cuisle a bhrath** to feel pain/a pulse; **tá mé ag brath fanacht** I intend to stay; **duine a bhrath** inform on sb; **ná bí ag brath air** don't depend on him

bráithre *see* **bráthair**

bráithreachas *nm1* fraternity

bran *nm4* bran

branar *nm1* fallow ground

branda[1] *nm4* brand

branda[2] *nm4* brandy

brandáil vt (cattle) brand

branra nm4 tripod; gridiron; **~ brád** collarbone

braon (pl **braonta**) nm1 drop; **~ tae/uisce** a drop of tea/water; **~ beag eile** a little more

Brasaíl nf2: **an Bhrasaíl** Brazil

Brasaíleach adj, nm1 Brazilian

brat nm1 cloak; coating; (Theat) curtain; (of paint) coat, layer; **~ deataigh** smoke screen; **~ ózóin** ozone layer; **~ urláir** carpet

bratach nf2 banner, flag

brath see **braith**

bráth nm3: **Lá an Bhrátha** Day of Judgement

brathadóir nm3 (police) informer; (device) detector

bráthair (gs **bráthar**, pl **bráithre**) nm (Rel) brother; friar; fellow man

bratóg nf2 rag; (of snow) flake

bratógach adj (clothes) ragged

breá (gsm **breá**, gsf, pl, compar **breátha**) adj excellent; grand; magnificent; (weather) fine; **lá ~** fine day; **fear ~** sound man; **~ mór** good and big; **ba bhreá liom dul** I'd love to go; **is ~ liom seacláid** I love chocolate; **tá sé go ~ anois** he's or it's fine now

breab nf2 (pl **breabanna**) bribe ▷ vt bribe

breabaireacht nf3 bribery

breabhsánta adj sprightly; spruce

breac[1] nm1 trout; fish

breac[2] vt jot down; log ▷ adj speckled; tortoiseshell; (weather, work) reasonable; **~ le** rife with, dotted with; **rud a bhreacadh síos** to jot sth down

breac- prefix mild, middling; semi-

breacadh nm1 scribbling; (of colour) lightening; (of weather) clearing; **le ~ an lae** at daybreak

breacáin n gen as adj tartan

breacán nm1 plaid, tartan

Breac-Ghaeltacht nf3 areas of the Gaeltacht where only some of the population speak Irish

bréad nm1 braid

bréag nf2 deception; lie; **gréasán ~** a web of deceit; **~ a insint** to (tell a) lie; **ainm bréige** false name; **deora bréige** crocodile tears

bréag- prefix dummy, pseudo-

bréagach adj bogus, false, phoney, spurious

bréagadóir nm3 liar

bréagadóireacht nf3 lying, deceit

bréagán nm1 toy; (woman) doll

bréagéide nf4 fancy dress

bréagfholt nm1 wig, toupee

bréagnaigh vt contradict, negate, rebut, repudiate

bréagnaitheach adj invalidating, contradictory

bréagriocht (gs **bréagreachta**) nm3 disguise

breall nf2 blubber lip; blemish; **tá ~ ort** you are (badly) mistaken

breallach nm1 clam

breallán nm1 fool, blunderer

bréan adj smelly, foul; rancid; rank; **anáil bhréan** foul breath; **tá boladh ~ as** it smells (terrible); **bheith ~ de rud** to be tired of sth

bréantas nm1 stench, stink; squalor

Breatain nf2: **an Bhreatain (Mhór)** (Great) Britain; **an Bhreatain Bheag** Wales

breátha see **breá**

breáthacht nf3 excellence; beauty; glory

breathnaigh vt, vi view; (case etc) examine; **~ ar** eye, look at; **~ thart** look round

breathnóir nm3 spectator; (TV) viewer

Breatnach *adj* Welsh ▷ *nm1* Welsh, Welshman; **~ mná** Welshwoman

Breatnais *nf2* (*Ling*) Welsh

breicne *nf4* freckle

breicneach *adj* freckled

bréid *nm4* (*pl* **bréideanna**) bandage; canvas; cloth; **~ a chur ar chneá** to bandage a wound

bréidín *nm4* tweed

bréifin *nf2* perforation

bréige *nf4* falseness ▷ *n gen as adj* false, fake; mock, sham

breis (*pl* **breiseanna**) *nf2* addition, extra; increase; (*on salary*) increment; **~ agus 200** upward(s) of 200; **~ a chur le rud** to supplement sth; (*salary*) to top up; **~ a fháil** (*mobile phone*) to top up; **lá ~e** extra day; **am ~e** (*Sport*) extra time; **~ agus** over, more than

breischéim (*pl* **breischéimeanna**) *nf2* (*Ling*) comparative degree

breise *n gen as adj* extra, additional, further; spare; **roth ~** spare wheel

breiseán *nm1* additive

breith[1] *vn see* **beir**; **ní raibh ann ach ~ nó fág** it was do or die

breith[2] (*pl* **breitheanna**) *nf2* (*Law*) sentence; verdict; **~ an bháis** the death sentence; **~ a thabhairt ar chás** (*Law*) to judge a case

breith[3] (*pl* **breitheanna**) *nf2* birth; **lá ~e (sona)** (happy) birthday

breitheamh (*pl* **breithiúna**) *nm1* (*Law*) judge

breitheanna *see* **breith**[2,3]

breithiúnas *nm1* judg(e)ment, verdict; **fágfaidh mé ar do bhreithiúnas féin é** I shall leave it up to you to decide; **~ aithrí** (*Rel*) penance

breithlá *nm* birthday

breithmheas *nm3* appraisal

breochloch *nf2* flint

breoite *adj* ill, sick, laid up

breoiteacht *nf3* illness, sickness

breosla *nm4* fuel

brí (*pl* **bríonna**) *nf4* strength, energy; force; significance, sense, meaning; **~ ruda a thuiscint** to understand the meaning of sth; **bheith in ísle ~** to be run down; **de bhrí go** because; **dá bhrí sin** therefore

briathar (*pl* **briathra**) *nm1* (*Ling*) verb; word; **an B~** (*Rel*) the Word; **dar mo bhriathar** upon my word

briathartha *adj* (*Ling*) verbal

bríce *nm4* brick

bríceadóir *nm3* bricklayer

bricfeasta *nm4* breakfast

bricín[1] *nm4* freckle

bricín[2] *nm4* minnow

bricíneach *adj* freckled

brídeach *nf2* bride

Brídíní *nfpl4* (*Irl*) ≈ Brownies

brilléis *nf2* gibberish

brillín *nm4* clitoris

briocht *nm3* charm; amulet; spell

briogáid *nf2* brigade; **~ dóiteáin** fire brigade

briogún *nm1* skewer

bríomhar *adj* dynamic; snappy; vigorous

brionglóid *nf2* dream

brionglóideach *nf2* dreaming; **bheith ag ~ ar rud** to dream of sth

bríonna *see* **brí**

brionnaigh *vt* forge, counterfeit

brionnú *nm* forgery

briosc *adj* breakable, brittle; crisp

briosca *nm4* biscuit

brioscáin *nmph:* **~ phrátaí** crisps

brioscán *nm1* (potato) crisp

brioscarán *nm1* shortbread

briotach *adj* lisping

Briotáin *nf2:* **an Bhriotáin** Brittany

Briotanach *adj* British ▷ *nm1* Briton

Briotánach adj, nm1 Breton
bris vt (also promise) break; smash;
(ship) wreck; (cheque) cash; (person)
dismiss, pay off; (fig) upset, shatter
▷ nf2 loss; **ní maith liom do
bhris** I'm sorry for your trouble;
~ isteach barge in; (burglar) break
in; **~eadh as a phost é** he got the
sack; **do chos a bhriseadh** to
break one's leg; **do shláinte a
bhriseadh** to ruin one's health;
d'fhocal a bhriseadh to break
one's word; **seic a bhriseadh** to
cash a cheque; **bhris ar
m'fhoighne** I lost my patience;
**~eadh isteach ar chuid cainte
duine** to interrupt sb
briseadh (gs **briste**, pl **bristeacha**)
nm battle; disruption; defeat;
breakage; fracture; (money) (loose)
change; dismissal, sacking;
bristeacha nmpl (in sea) breakers
briste adj broken; broke; (from job)
dismissed; (army) defeated; **tá a
croí ~** she is heartbroken; **~ brúite**
battered; **Gaeilge bhriste** broken
Irish; see also **briseadh**
bríste nm4 (pair of) trousers, pants
(US); **~ deinim** denims; **~ géine**
jeans; **~ snámha** swimming
trunks; **má tá sé i do bhríste** (inf)
if you've got the guts
bristeacha see **briseadh**
brístín nm4 panties; pants
bró nf4 (also fig) millstone
brobh nm1 (of grass) blade, wisp
broc nm1 badger; junk, refuse
brocach¹ adj (place) filthy; (talk)
dirty
brocach² nf2 burrow
brocailí nm4 broccoli
brocaire nm4 terrier
brocais nf2 filthy place
brocamas nm1 dirt; refuse

brod nm1 spur
bród nm1 pride; **tá ~ orm as** I'm
proud of it; **ceileann ~
bochtaineacht** pride conceals
poverty
bródúil adj proud, stuck-up
bróg nf2 shoe; **~a gleacaíochta**
gym shoes; **~a móra** boots; **~a
peile** football boots; **~a siúil**
walking shoes; **~a sneachta**
snowshoes; **~a traenála** trainers
broghach adj dirty
broic vt: **~ le rud** to tolerate sth
bróicéir nm3 broker
broid¹ nf2 distress; (Comm: sudden
demand) rush; **bheith i m~** to be on
tenterhooks; **~ oibre** rush of work
broid² vt goad; nudge
broideadh (gs **broidte**) nm (Fishing)
bite; **~ coinsiasa** a twinge of
conscience
broidearnach nf2 throbbing
broidiúil adj busy, under pressure
bróidnéireacht nf3 embroidery
bróidnigh vt embroider
broidtráth nm3 rush hour
broim nm3 (pl **bromanna**) fart ▷ vi
fart; **~ a ligean** to fart; **bheith le ~**
to be crazy
broincíteas nm1 bronchitis
broinn (pl **broinnte**) nf2 (Anat)
womb; (Naut) hold; **rud a bheith
as ~ leat** to be born with sth; **galar
~e** congenital disease
bróisiúr nm1 brochure
bróiste nm4 brooch
brollach nm1 breast, bosom
bromach nm1 colt
brón nm1 grief; sadness; **tá ~ uirthi**
she is sad
brónach adj sad, poignant
bronn vt donate; bestow; (degree)
confer
bronnadh (gs **bronnta**, pl

bronntaí *nm* presentation; bestowal; **~ na gcéimeanna** graduation; **~ duaiseanna** prizegiving

bronntanas *nm1* gift, present

bronntóir *nm3* donor

brosna *nm4* firewood

brostaigh *vt, vi* hurry, rush; **~ ort!** hurry up!

brothall *nm1* (*of day*) (*intense*) heat

brothallach *adj* close, sultry; sweltering

brú¹ *nm4* crush; (*Med*) bruise; pressure; push; **~ fola** blood pressure; **~ boinn** tyre pressure; **bheith faoi bhrú** to be under pressure

brú² *nm4* hostel; **B~ Óige** Youth Hostel

bruach *nm1* (*of river, lake*) bank; shore; side; **~ abhann** riverbank; **cur thar ~** (*river etc*) to overflow

bruachbhaile (*pl* **bruachbhailte**) *nm4* suburb

bruachshoilse *nmpl* footlights

brúcht (*pl* **brúchtanna**) *nm3* belch; eruption ▷ *vi* belch; erupt; **~anna** emissions; **~adh aníos** to well up

brúchtadh (*gs* **brúchta**) *nm* eruption

brúghrúpa *nm4* (*Pol*) lobby, pressure group

brúid *nf2* beast, brute

brúidiúil *adj* brutal

brúidiúlacht *nf3* brutality

brúigh *vt* press; push; crush; bruise; mash; (*pram etc*) wheel ▷ *vi* jam; **~ faoi** (*yawn*) suppress; **~ i leataobh** push aside; **~ isteach ar** (*on territory*) muscle in on; **cnaipe a bhrú** to press a button; **bheith ag brú romhat** (*in crowd*) to push and shove; **prátaí a bhrú** to mash potatoes

bruíon (*pl* **bruíonta**) *nf2* fight, scrap; quarrel

bruíonach *adj* quarrelsome

Bruiséil *nf2*: **an Bhruiséil** Brussels

bruite *adj* boiled; cooked; (*person*) roasted; burned

brúite *adj* (*potatoes*) mashed; crushed; (*heart*) sad

bruith *vt, vi* bake; burn; boil

brúitín *nm4* mashed potatoes; **~ a dhéanamh de rud** to crush or pulp sth

bruitíneach *nf2* measles; **~ dhearg** German measles

bruscar *nm1* rubbish, waste, garbage (*US*); litter; **~ tí** household waste

bruscarnach *nf2* debris

bruth *nm3* heat; (*Med*) rash; **~ goiríní** a rash of pimples

bruthaire *nm4* cooker

bú *nm4* hyacinth

bua (*pl* **buanna**) *nm4* victory, triumph; talent; virtue, special quality; **~ a bhreith (ar)** to triumph (over); **an ~ a fháil (i gcluiche)** to win (a game); **~ an cheoil a bheith agat** to have a talent for music; **de bhua** + *gen* by virtue (of)

buabhall *nm1* buffalo; bugle

buacach *adj* (*person*) cheerful, high-spirited

buacaire *nm4* tap, faucet (*US*)

buach *adj* winning, victorious

buachaill *nm3* boy, lad; boyfriend; (*shop*) assistant; **~ bó** cowboy; **~ báire** playboy

buachan *vb see* **buaigh**

buaf *nf2* toad

buaic *nf2* climax; (*fig: of event*) highlight; (*highest level*) peak

buaicphointe *nm4* (*Theat*) climax

buaicuaireanta *nfpl2* peak hours

buaigh (*vn* **buachan**) *vt, vi* win; **~ ar** defeat, conquer; prevail

buail (*vn* **bualadh**) *vt, vi* hit, strike; beat; bump; defeat; (*Agr*) thresh; (*coins*) mint; (*bell*) ring; toll; (*clock*) strike; (*eggs*) whip; **do chos a bhualadh** to stamp one's foot; **bualadh in éadan** + *gen* to collide with, run into; **bualadh amach ar feadh nóiméid** to pop out for a minute; **~ isteach** (*Comput*) key in; (*visit*) pop in; **bualadh le duine** to meet sb; **ceol a bhualadh** to play music; **tá mé ~te** I'm beat *or* shattered; **duine a bhualadh** to hit sb; **bhuail smaoineamh mé go ...** it occurred to me that ...; **~ ar an doras** knock on the door; **craiceann a bhualadh (le duine)** to have sex (with sb); **~te ar** adjoining; **~ fút ansin** sit (yourself) down there; **~ cic air** give it a kick

buaile (*pl* **buailte**) *nf4*: **níl an dara suí sa bhuaile agat** you've no alternative

buaileam *nm4*: **~ sciath** show-off; bravado

buailte *adj* defeated; exhausted; *see also* **bualadh**

buailteoir *nm3* beater

buaine *nf4* permanence

buair (*vn* **buaireamh**) *vt, vi* annoy; worry, trouble; **tá mé buartha faoi** I'm sorry/worried about it; **ná bí buartha** don't worry

buaircín *nm4* pine cone

buairt (*gs* **buartha**, *pl* **buarthaí**) *nf3* bother; care; sorrow; worry; **~ an tsaoil** the worries of life; **duine gan bhuairt** carefree person; **tá sé ag déanamh buartha di** it's worrying her

buaiteach *adj* (*ticket*) winning

buaiteoir *nm3* victor, winner

bualadh (*gs, pl* **buailte**) *nm* beating; striking; (*of door, window*) rattle; **~ bos** (round of) applause; *see also* **buail**

bualtrach *nf2* cow dung

buama *nm4* bomb; **~ adamhach** atomic bomb

buamadóir *nm3* bomber

buamáil *vt* bomb ▷ *nf3* bombing

buan *adj* lasting, permanent, constant

buan- *prefix* permanent, standing

buanaí *nm4* reaper

buanfas *nm1* durability

buanfasach *adj* hard-wearing, durable, long-lasting

buanna *see* **bua**

buannaíocht *nf3* presumption; **~ a dhéanamh ar dhuine** to be an imposition on sb

buannúil *adj* presumptuous

buanordú *nm* standing order

buanseasmhach *adj* reliable; steadfast

buanseasmhacht *nf3* perseverance

buartha¹ *adj* disturbing; sorry; (*person*) troubled, worried

buartha², buarthaí *see* **buairt**

buatais *nf2* boot; **~í rubair** wellingtons, rubber boots

búcla *nm4* buckle; (*in hair*) ringlet

búcláil *vt* buckle

Búdachas *nm1* Buddhism

Búdaí *nm4* Buddhist

budragár *nm1* budgerigar

buí¹ *nm4, adj* yellow; **Fear B~** (*Pol, inf*) Orangeman

buí² *nm*: **is ~ le bocht an beagán** beggars can't be choosers

buicéad *nm1* bucket

buidéal *nm1* bottle

buidéalaigh *vt* bottle

buifé *nm4* buffet

buígh (*vn* **buíochan**) *vt, vi* tan

buile *nf4* outrage, fury; frenzy; **dul ar ~** to go mad; **bheith ar ~ le duine** to be furious with sb; **fear ~** madman; **~ bóthair** road rage

builín *nm4* loaf

buille *nm4* blow; hit; strike; pulse; (*of engine*) stroke; **~ faoi thuairim** guess; **~ na tubaiste!** the last straw!; **~ luath/mall** a little early/late; **~ scoir** (*Boxing*) knockout; **ar bhuille a trí** on the stroke of three

buillean *nm1* bullion

buime *nf4* nanny, nurse

buimpéis *nf2* (*shoe*) pump

buinneach *nf2* diarrhoea

buinneán¹ *nm1* shoot; sapling

buinneán² *nm1* bunion

buíocán *nm1* yolk; primrose

buíoch *adj* grateful; **~ (as)** thankful (for)

buíochan *see* **buígh**

buíochán *nm1* jaundice; **na buíocháin** jaundice

buíochas *nm1* thanks, gratitude; acknowledgement; **~ a ghabháil le duine (as)** to thank sb (for); **~ le Dia!** thank God!; **níl a bhuíochas ort!** (*answer for thanks*) don't mention it!; **gan ~ do** in spite of; **dá mhíle ~** despite all his efforts

buíon (*pl* **buíonta**) *nf2* band; (*of workmen*) gang; **~ cheoil** (*Mus*) band

búir *vi* roar ▷ *nf2* (*pl* **búireanna**) (*of animal*) call; roar

búireach *nf2* bellowing

buirg *nf2* borough

buirgléir *nm3* burglar

buirgléireacht *nf3* burglary

buiséad *nm1* budget

buiséadaigh *vt, vi* budget

búiste *nm4* (*Culin*) stuffing; poultice; bulge

búistéir *nm3* butcher

búit *nm4* (*of car*) boot, trunk

buitléir *nm3* butler

bulaí *nm4* bully; **~ fir!** good man!

bulba *nm4* bulb

bulc *nm1* bulk; cargo; (*on ship*) hold

Bulgáir *nf2*: **an Bhulgáir** Bulgaria

Bulgáiris *nf2* (*Ling*) Bulgarian

Bulgárach *adj, nm1* Bulgarian

bulla¹ *nm4* buoy

bulla² *nm4* (*Rel, Fin*) bull

bulladóir *nm3* bulldog

bullán *nm1* bullock

bultúr *nm1* vulture

bumbóg *nf2* bumble bee

bun (*pl* **bunanna**) *nm1* base; basis; (*of container, sea etc*) bottom; **ag ~** + *gen* at the bottom of; **titim i m~ do chos** (*person*) to collapse; **scoil a chur ar ~** to found a school; **dul i m~ oibre** to set to work; **suí i m~ duine** to take advantage of sb; **~ agus barr** the ins and outs; **céard atá ar ~ agat?** what are you doing?; **~ toitín** cigarette butt; **bheith i m~ do mhéide** to be fully grown; **níl ~ ná barr air** it has neither rhyme nor reason; **fanacht i m~ duine** to remain in sb's company; **tá ~ ar an aimsir** the weather is settled

bun- *prefix* basic; original; raw; (*school, education*) elementary

bunachar *nm1* base, foundation; **~ sonraí** (*Comput*) database

bunadh *nm1* people; inhabitants; **~ an tí** the household; **~ na háite** the locals

bunaidh *n gen as adj* basic, fundamental; original; first-hand

bunaigh *vt* establish, found, institute, set (up), start

bunaíocht *nf3* establishment

bunáit (pl **bunáiteanna**) nf2 (Mil)
base, installation
bunáite nf2 majority; most
bunaitheoir nm3 founder
bunanna see **bun**
bunbhrí nf4 essence, gist
bunc nm4 bunk
buncar nm1 bunker
bunchóip nf2 (book, picture) original
bunchúis nf2 motive; root cause
bundath nm3 primary colour
bundúchasach adj aboriginal
  ▷ nm1 aborigine
bundún nm1 (of person) backside,
  ass; silly talk
buneolas nm1 (in education) basic
  knowledge, grounding
bungaló (pl **bungalónna**) nm4
  bungalow
bunóc nf2 infant
bunoideachas nm1 primary
  education
bunoscionn adj upside-down,
  disorderly; (things, facts) confused
bunreacht nm3 constitution
bunreachtúil adj constitutional
bunriachtanas nm1 bare necessity;
  specification
bunscoil (pl **bunscoileanna**) nf2
  primary school, grade school (US)
bunsmaoineamh nm1 (of theory
  etc) original idea, basic idea
buntáiste nm4 (also Tennis)
  advantage; (Golf) handicap;
  ~ a bhreith ar dhuine to take
  advantage of sb
buntáisteach adj advantageous
buntoisí nmpl4 (fig) vital statistics
buntús nm1 rudiments, basics
bunú nm foundation, setting up
bunúdar nm1 (fig) root, cause
bunús nm1 basis, origin; most; **bhí
  a m~ ann** most of them were
  there; **is Ciarraíoch ó bhunús é**

he's originally from Kerry; **scéal
gan bhunús** a story without
foundation; **~ an ama** most of the
time
bunúsach adj basic, essential,
  elementary; grass-roots
burla nm4 bundle; (of banknotes etc)
  roll, wad
burláil vt bundle; (Agr) bale
burlaire nm4 baler
bus (pl **busanna**) nm4 bus; **~ dhá
  urlár** double-decker
busáras nm1 bus station
busta nm4 (Art) bust

C

○ **EOCHAIRFHOCAL**

cá *interr pron* **1** (*with verb; eclipses*) where?; **cá gceannaíonn tú iad?** where do you buy them?; **cá dtéann tú ar laethanta saoire?** where do you go on holidays?; **cá n-éiríonn an ghrian?** where does the sun rise?; **cá bhfuil tú i do chónaí?** where do you live?; **cá raibh tú inné?** where were you yesterday?; **cá ndearna siad an praiseach?** where did they mess up?; **cá bhfuair tú é?** where did you get it?; **cá bhfaca tú í?** where did you see her?; **cá ndeachaigh sibh anuraidh?** where did you go last year?

2 (*with past tense of reg vbs* = **cár**; *lenites following word, except with initial vowel and autonomous forms*) where?; **cár chuir tú é?** where did you put it?; **cár fhág tú an carr?** where did you leave the car?; **cár imigh an saol a bhí anallód ann?** where did the old way of life go?; **cár ceannaíodh iad?** where were they bought?

3 (*with copula* = **cár, cárb, cárbh**) where?; what?; **cár mhaith duit é?** what good was it to you?; **cárb as duit/tú?** where do you come from?; **cárbh as dó/é?** where was he from?

4 (*with nouns and adjs; prefixes* **h** *to following vowel*) what?; where?; when?; **ní raibh a fhios agam cá conair ar ghabh siad** I did not know what path they took; **cá háit a raibh tú?** where were you?; **cá huair a tháinig sí?** when did she come?; **cá haois tú?** what age are you?; **cá beag duit a bhfuil déanta agat?** haven't you done enough?; **cá beag sin?** is that not enough?; **cá hiontas duit a bheith tuirseach!** no wonder you're tired!

5 (*with prep prons*) what?; where?; **cá leis ar bhris tú é?** what did you break it with?; **cá air a bhfuil tú ag caint?** what are you talking about?; **cá has duit/tú?** where are you from?

6 (*with abstract nouns of degree; lenites*) how?; **cá mhinice a thagann sé?** how often does he come?; **cá mhéad atá air?** how much does it cost?; **cá fhad atá tú anseo?** how long have you been here?

7 (*with fios; eclipses*) how?; **cá bhfios duit?** how do you know?

8: **cá bhfuil mar (a)** how?; **cá bhfuil mar a bheadh a fhios**

agatsa? how would YOU know?
9: **cár bith** whatever; **cár bith is maith leat** whatever you like

cába nm4 (*garment*) cape; collar
cabaire nm4 (*person*) chatterbox, blabber
cabaireacht nf3 chatter; chatting; blabbing; blabbering; **bheith ag ~** to chatter
cabáiste nm4 cabbage
cábán nm1 cabin; (*of lorry*) cab; **~ píolóta** cockpit
cabhail (*gs* **cabhlach**, *pl* **cabhlacha**) nf body; (*of person*) torso, frame, trunk; (*of vehicle*) frame; (*of ship*) hull
cabhair (*gs* **cabhrach**) nf help; **~ a chur chuig duine** to send help to sb; **~ a thabhairt do dhuine** to give help to sb; **~ a fháil ó dhuine** to get help from sb; **teacht i g~ ar dhuine** to come to sb's assistance; **gan chabhair** unaided; **is deise ~ Dé ná an doras** God's help is always at hand; **~ airgid** subsidy
cabhalra nm4 bodywork
Cabhán nm1: **an ~** Cavan
cabhlach nm1 navy; fleet; **~ trádála** merchant navy; *see also* **cabhail**
cabhóg nf2 hollow; ruin, destruction; **bhí mo chabhóg déanta** I was ruined
cabhrach adj helpful
cabhraigh vi help; **~ le** help, assist
cabhróir nm3 assistant, helper
cabhsa nm4 lane, path
cábla nm4 cable
cac (*pl* **cacanna**) nm3 excrement, shit; droppings
cáca nm4 cake; **~í milse** pastries
cacamas nm1 nonsense
cách nm4 everyone, everybody

cachtas nm1 cactus

 EOCHAIRFHOCAL

cad interr pron **1** (*with pers pron*) what; **cad é?** what?
2 (*with dem pron*) what; **cad seo/sin?, cad é seo/sin?** what is this/that?; **cad iad seo/sin?** what are these/those?
3 (*with pers pron plus* **rud, an rud**) what; **cad é (an) rud?** what?; **cad é (an) rud é seo/sin/siúd** what is this/that?
4 (*with pers pron plus art and noun*) what; which; **cad (é) an t-am é?** what time is it?; **cad é an mhaith é?** what good is it?
5 (*with forms of the copula*) what; which; **cad** or **cad é** or **cad é an rud is dán ann?** what is a poem?; **cad (é) is cúis leis?** what is the reason for it?; **cad is ainm duit?** what is your name?; **cad (é) is fearr leat, tae nó caife?** which do you prefer, tea or coffee?; **cad (é) ba mhaith leat?** what would you like?
6 (*with other verbs*) what; **cad (é) tá ort?** what's the matter with you?; **cad é an dath atá air?** what colour is it?; **cad é an t-ainm atá ort?** what is your name?; **cad (é) a rinne tú?** what did you do?; **cad (é) a dhéanfaimid** what will we do?
7 (*with prep pron*) why; with what; what about; where from; **cad chuige ar bhris tú é?** why did you break it?; **cad leis ar bhuail tú é?** what did you hit him with?; **cad air a bhfuil sibh ag caint?** what are you talking about?; **cad fúmsa?** what about me?; **cad as duit?** where are you from?

8 (with compound preps) why; what about; where from; **cad ina thaobh ar tháinig tú?** why did you come?; **cad mar gheall ormsa?** what about me?

9 (with **mar**) how; **cad é mar tháinig tú?** how did you come?; **cad é mar atá tú?** how are you?

10 (with **eile**) who else; what else; **Seán a bhí ann, cad eile?** it was Sean, who else?; **cad eile céard a déarfá?** what else would you say?

cadás nm1 cotton
cadhan nm1 wild goose, barnacle goose; **bheith i do chadhan aonair** to be a lone wolf
cadhnaíocht nf3: **bheith ar thús ~a** to lead the way; to be in the vanguard
cadhnra nm4 (Elec) battery
cadóg nf2 haddock; **~ dheataithe** smoked haddock
cadráil nf3 gossip
cadránta adj stubborn
Caerdydd nm4 Cardiff
cág nm1 jackdaw
cagúl nm1 cagoule
caibheár nm1 caviar(e)
caibidil (gs **caibidle**, pl **caibidlí**) nf2 chapter; debate, discussion; **faoi chaibidil** under discussion, being discussed
caibinéad nm1 cabinet; **~ comhad** filing cabinet; **~ taispeántais** display cabinet
caibléir nm3 cobbler
caicí nm4 khaki
caid (pl **caideanna**) nf2 football
caidéal nm1 pump; **~ peitril** petrol pump
caidéalaigh vt pump
caidéis nf2 inquisitiveness; **~ a fháil de** to pass remarks on; **~ a**

fháil do dhuine to pass remarks on sb
caidéiseach adj inquisitive
cáidheach adj dirty; messy; filthy
caidhp (pl **caidhpeanna**) nf2 cap; bonnet
caidreamh nm1 (with people) association; relationship; liaison; **~ a dhéanamh le duine** to associate with sb; **~ poiblí** public relations; **~ collaí** (Law) sexual intercourse; **oíche chaidrimh** social evening
caife nm4 coffee; café; coffee bar; **~ bán** white coffee; **~ idirlín** internet café; **~ lucht iompair** transport café
caiféin nf2 caffeine
caifirín nm4 headscarf
caifitéire nm4 cafeteria
caighdeán nm1 standard; **~ maireachtála** standard of living; living standards; **caighdeáin** (moral) standards
caighdeánach adj standard
caighdeánaigh vt standardize
cáil (pl **cáileanna**) nf2 fame, renown; reputation; quality; **sa cháil sin** in that respect
cailc nf2 chalk; (inf) limit
cailciam nm4 calcium
caileann nf2 Calends; **Lá Caille** New Year's Day
cailg nf2 (of insect etc) bite, sting; **chuir sé cealg ionam** it stung me
cáiligh vt, vi qualify
cailín nm4 girl; girlfriend; **~ aimsire** maid, chambermaid; au pair (girl); **~ coimhdeachta** bridesmaid; **~ donn** brunette; **~ freastail** waitress; **~ óg** bride
cáilíocht nf3 quality, attribute; disposition; (degree etc) qualification

cailís nf2 chalice

cáilithe adj qualified

cáilitheach adj (exam etc) qualifying

cáiliúil adj famous; celebrated; renowned

caill nf2 (pl **cailleanna**) loss ▷ vt lose; miss, miss out; shed; make a loss; **níl ~ air** it's not bad; **do phost a chailleadh** to be made redundant; **an scéimh a chailleadh** to lose one's good looks; to grow ugly; **meáchan a chailleadh** to lose weight

caille nf4 veil

cailleach nf2 witch; hag; **~ feasa** fortune teller; **~ na luatha** couch potato

cailliúnaí nm4 loser; spendthrift

caillte adj lost; perished

caillteanas nm1 loss

cailpís nf2 (on trousers) fly

cáim nf2 flaw, blemish

caimiléir nm3 crook, rogue

caimiléireacht nf3 dishonesty, crookedness, trickery; cheating; fiddle

caimseog nf2 fib

cáin (gs **cánach**, pl **cánacha**) nf tax; (Law) fine, penalty ▷ vt, vi fine; criticize; condemn; censure; **~ san áireamh** inclusive of tax; **~ a ghearradh ar** to tax; **~ bhreisluacha** value added tax; **~ fhoirne** service charge; **~ ioncaim** income tax; **saor ó cháin** tax-free

cáinaisnéis nf2 (Pol) budget

cáineadh (gs **cáinte**) nm condemnation

cainéal¹ nm1 (TV) channel

cainéal² nm1 cinnamon

caingean (gs, pl **caingne**) nf2 dispute

cáinmheas nm3 tax assessment

cainneann nf2 leek

cainníocht nf3 quantity; **~ éigríochta** infinite quantity; **~ anaithnid** unknown quantity

caint (pl **cainteanna**) nf2 speech; talk; language; address, discourse; **rud a chur i g~** to express sth; **~ na ndaoine** everyday speech, common parlance; **leagan ~e** turn of phrase, expression, locution; **mórán ~e ar bheagán cúise** much ado about nothing; **~ a chur ar** to accost, address; **bheith ag ~ seafóide** to talk nonsense or bunkum; **cur le do chuid ~e** to live up to one's word; **cruinnigh do chuid ~e** come to the point!; **cead ~e a fháil** to have one's say; **droch-chaint** bad language; **~ dhíreach** (statement) quote; **baineadh an chaint díom** I was left speechless; **bí ag ~ ar ...** talk about ...!; **cad é an chaint atá ort?** what are you talking about?, what nonsense is this?; **fuair sé a chaint** or **tháinig a chaint leis** he found his tongue

cainte n gen as adj (exam etc) oral; **scrúdú ~** oral examination

cáinte see **cáineadh**

cainteach adj talkative

cáinteach adj disparaging; reproachful

cainteanna see **caint**

cainteoir nm3 speaker; **~ dúchais (Fraincise)** a native speaker (of French)

cáinteoir nm3 fault finder

caintic nf2 canticle

caíonna see **caoi**

cáipéis nf2 document

cáipéiseach adj documentary

caipín nm4 cap; **~ glúine** kneecap; **~ súile** eyelid; **~ snámha** swimming cap

caipiteal *nm1* (*money*) capital
caipitleachas *nm1* capitalism
caipitlí *nm4* capitalist
caipitlíoch *adj* capitalist
cairde *nm4* respite; (*Comm*) credit; **ar ~** on credit; **gan chairde** at short notice; *see also* **cara**
cairdeagan *nm1* cardigan
cairdeas *nm1* friendship; **~ a dhéanamh le duine** to make friends with sb; **~ a athsnaidhmeadh** to make up
cairdiach *adj* cardiac
cairdín *nm4* accordion
cairdinéal *nm1* cardinal
cairdiúil *adj* friendly; (*computer etc*) user-friendly
cairéad *nm1* carrot
cairéal *nm1* (*for stone*) quarry
cáiréis *nf2* care
cáiréiseach *adj* fastidious; careful; tactful, diplomatic
Cairib *nf4*: **Muir Chairib** Caribbean Sea
Cairibeach *adj* Caribbean
cairpéad *nm1* carpet
cairt¹ (*pl* **cairteacha**) *nf2* cart
cairt² (*pl* **cairteacha**) *nf2* (*Naut*) map, chart; parchment
cairtchlár *nm1* cardboard; **bosca cairtchláir** cardboard box
cairteacha *see* **cairt**
cáis (*pl* **cáiseanna**) *nf2* cheese
Cáisc *nf3* Easter; **Domhnach Cásca** Easter Sunday; **~ na nGiúdach** Passover
caiscín *nm4* wholemeal; wholemeal bread; **tá mo chaiscín meilte** I'm done for
caiséad *nm1* cassette
caiseal *nm1* stone fort; (*Chess*) rook; (*toy*) (spinning) top
caisealta *adj* walled
caisearbhán *nm1* dandelion

caisirnín *nm4* (*in wire, flex etc*) kink; twist
caisleán *nm1* castle; **~ gainimh** sandcastle
caismír *nf2* cashmere
caismirt *nf2* commotion; disorder; conflict; fray
caite¹ *adj* worn; past; spent, exhausted, consumed; **seanduine ~** a worn-out old person; **an tseachtain seo ~** last week; **an aimsir chaite** (*Gram*) the past tense; **tá an léas ~** the lease has run out; **tá an t-airgead ~** the money is spent; *see also* **caitheamh**
caiteachas *nm1* (*Comm*) expenditure
caiteoir *nm3* consumer; spender; wearer; **~ tobac** smoker
caith¹ *vt, vi* (*missile*) throw; (*clothes, shoes*) wear; wear out; (*Pol, Fishing*) cast; (*money, time*) spend; (*food, Med*) take; (*cigarettes*) smoke; (*gun, shot*) fire; **cloch a chaitheamh** to throw a stone; **bríste/gúna/ buataisí a chaitheamh** to wear trousers/a dress/boots; **tá sála mo chuid bróg ag ~eamh** the heels of my shoes are wearing out; **vóta a chaitheamh** to cast one's vote; **dorú a chaitheamh** to cast a fishing line; **euro a chaitheamh** to spend a euro; **an lá/oíche a chaitheamh** to spend the day/ night; **an g~eann tú siúcra?** do you take sugar?; **cógas a chaitheamh** to take medicine; **toitíní a chaitheamh** to smoke cigarettes; **an g~eann tú?** do you smoke?; **"ná caitear tobac"** "no smoking"; **urchar** or **piléar a chaitheamh** to fire a shot; **caith amach** throw out; **chaith sé**

amach an t-uisce he threw out the water; **caith aníos** throw up (from below); vomit; **~ aníos chugam é** throw it up to me; **caith anuas** throw down (from above); **~ anuas chugam é** throw it down to me; **caith anuas ar** belittle, disparage; **bíonn sé i gcónaí ag ~eamh anuas orm** he is forever running me down; **caith ar** throw on; **~ ar an urlár é** throw it on the floor; **súil a chaitheamh ar** to cast a glance at; **cad é atá ag ~eamh ort?** what's the matter with you?; **caith ar leataobh** throw away; **caith (amach) as** throw out of; **chaith mé (amach) as mo lámha é** I threw it out of my hands; **caith chuig** throw to or towards; **~ chugam an liathróid** throw the ball to me; **caith de** throw from; **chaith sé an fear den chapall** he threw the man from the horse; **caith i** throw into; **~ sa phota é** throw it into the pot; **caith in aghaidh** cast up against; **rud a chaitheamh in aghaidh duine** to cast sth up to sb; **caith le** throw at; (*care*) take; (*energy*) expend; (*diligence*) exercise; (*behave towards*) treat; **chaith sé cloch léi** he threw a stone at her; **cúram or dua a chaitheamh le rud** to take trouble with sth; **dúthracht a chaitheamh le rud** to expend energy in doing sth; to exercise diligence in doing sth; **~eamh go maith/go dona le duine** to treat sb well/badly; **caith ó** throw from; **rud a chaitheamh uait** to throw sth away; to desist from doing sth; **caith suas** throw up; **~ suas é** throw it up; **caith suas le** deride; cast up to; **chaith**

sé suas liom é he derided me because of it; he cast it up to me
caith² *aux vb* (*obligation, necessity*): **~fidh tú é a dhéanamh** you've got to do it; **~fidh mé scéala a chur chuig na póilíní** I've got to notify the police; (*use*) wear; **~fidh tú gan a rá léi** you mustn't tell her; **~fimid teacht leis** we'll have to make do with it; **~fidh sé go bhfuil sé ann faoi seo** he must be there by now; **chaithfeá ceist a chur ar dtús** you would have to ask first
cáitheadh (*gs* **cáite**) *nm* (*from sea*) spray
caitheamh *nm1* throw; spending; consumption; (*use*) wear; **~ a bheith ort rud a dhéanamh** to be compelled to do sth; **~ i ndiaidh** + *gen* to hanker after; **i g~ na seachtaine** during the week; **~ aimsire** pastime(s); **le ~ na haimsire** with the passing of time; **cad é atá ag cur caite ort?** what's troubling you?
caithfidh *see* **caith²**
caithis *nf2* charm, attraction; fondness
caithiseach *adj* delicious
cáithnín *nm4* fleck, particle, small flake; speck; mote; **tháinig ~í ar mo chraiceann** my flesh began to creep; **~ sneachta** snowflake
caithréim *nf2* triumph
caithréimeach *adj* triumphant
Caitliceach *adj, nm1* Catholic; **~ Rómhánach** Roman Catholic
Caitliceachas *nm1* Catholicism
cál *nm1* cabbage; **~ faiche** nettles
caladh (*pl* **calaí**) *nm1* harbour
calafort *nm1* port, harbour
calaois *nf2* fraud, swindle; deceit; (*Sport*) foul; **~ a dhéanamh ar dhuine** to defraud sb; to

short-change sb; (*Sport*) to foul sb

calaoiseach *adj* underhand(ed); deceitful; dishonest; fraudulent

calc *vt* (*pipe*) choke; (*hole*) plug

calcadh *nm* (*on wages*) freeze

call *nm4* need

callaire *nm4* (*person*) loud talker; (*appliance*) loudspeaker, megaphone

callán *nm1* noise, racket, row; **~ a thógáil** to create a noise, cause a disturbance

callánach *adj* noisy, loud; rowdy

calm *nm1* calm

calma *adj* brave, stalwart, stout

calmacht *nf3* bravery

calóg *nf2* flake; **~a arbhair** cornflakes; **~ shneachta** snowflake

calra *nm4* calorie

cálslá *nm4* coleslaw

cam *adj* bent, crooked; dishonest

camall *nm1* camel

camán¹ *nm1* (*Sport*) hurling stick; (*Mus*) quaver; **idir chamáin** at issue, under discussion

camán² *nm1*: **~ meall** camomile

camas *nm1* cove, river bend

camastaíl *nf3* deceit; swindle, fraud

camchosach *adj* bandy-legged

camchuairt *nf2* tour

camhaoir *nf2* dawn, daybreak

camóg *nf2* comma; (*Sport*) camogie stick; **~a inbhéartaithe** inverted commas

camógaíocht *nf3* camogie

campa *nm4* camp; **~ saoire** holiday camp; **~ géibhinn** concentration camp

campáil *vi* camp; **dul ag ~** to go camping

campálaí *nm4* camper

campas *nm1* campus

can *vt, vi* speak; sing

cána *nm4* cane; **~ siúcra** sugar cane

cánach, cánacha *see* **cáin**

cánachas *nm1* (*of tax etc*) imposition; taxation

canáil *nf3* canal

canárai *nm4* canary

canbhás *nm1* canvas

canbhasáil *vt, vi*: **~ (ar son)** canvass (for)

cancrán *nm1* (*person*) crank, bad-tempered person

candaí *nm4* candy; **~ cadáis** candy floss, cotton candy (*US*)

cangarú *nm4* kangaroo

canna *nm4* can; tin (*can*); **~ peitril** petrol can; **bheith ar na ~í** to be in your cups

cannabas *nm1* cannabis

cannaigh *vt* can

canóin (*pl* **canónacha**) *nf3* cannon; (*Rel, Mus*) canon

canónach *nm1* (*clergyman*) canon

canta *nm4* (*of bread etc*) chunk; (*of cake*) wedge, slice

cantaireacht *nf3* chant(ing)

cantalach *adj* grumpy; petulant; peevish

canú (*pl* **canúnna**) *nm4* canoe

canúint (*gs* **canúna**) *nf3* dialect; vernacular; accent; **~ a chur ar rud** to express sth in words

caoch *nm1* (*pl* **caocha**) blind person ▷ *adj* (*gsm* **caoch**) blind; (*cartridge*) blank ▷ *vt* blind; dazzle ▷ *vt, vi* blink; wink; **chomh ~ le cloch** as blind as a bat; **bheith ~ ar rud** to be blind to sth; **súil a chaochadh ar dhuine** to wink at sb

caochadh (*gs* **caochta**) *nm* wink; **bheith caochta** to be very drunk

caochán *nm1* (*animal, fig*) mole

caochóg *nf2* cubbyhole; **~ na cóisire** (*fig*) wallflower

caochspota nm4 (Aut etc) blind spot

caoga (gs **caogad**, pl **caogaidí**, ds, pl with numbers **caogaid**) num, nm fifty

caogadú num, adj, nm4 fiftieth

caoi (pl **caíonna**) nf4 way; manner; means; opportunity; condition; **tá ~ mhaith air** it is in good condition; **i g~ go, sa chaoi (is)** so that; **ar chaoi éigin** somehow; **cén chaoi a bhfuil tú?** how are you?; **ar chaoi ar bith, ar aon chaoi** anyway, in any event; **~ a chur ar rud** to fix sth, repair sth; to tidy sth up

caoile nf4 thinness; narrowness

caoimhe nf4 gentleness; loveliness

caoin adj gentle, refined; delicate; kind; soft; (weather) mild ▷ vi, vt lament, mourn; weep, cry

caoineadh (gs, pl **caointe**) nm lament; elegy

caoineas nm1 gentleness; smoothness

caointeach adj plaintive; mournful

caoireoil nf3 mutton

caoirigh see **caora**

caoithiúil adj convenient

caoithiúlacht nf3 convenience

caol adj thin; lean, slender; (insight etc) subtle; tenuous; narrow; (Ling) palatal ▷ nm (pl **caolta**); **~ na láimhe** wrist; **~ na sróine** bridge of the nose; **~ na coise** ankle; **~ an droma** small of the back; **bhí ceangal na gcúig g~ air** he was bound hand and foot; **~ díreach** directly, straightaway

caolaigeanta adj narrow-minded

caolaigh vt, vi narrow; dilute; (Ling) palatalize; **~ ar** whittle away; reduce

caolas nm1 bottleneck; (Geog) sound; strait

caolchuid nf3: **ar an g~** in need, in want

caolchúiseach adj subtle

caolsráid (pl **caolsráideanna**) nf2 alley

caolta see **caol**

caomh adj gentle; lovely

caomhnaigh vt preserve, keep safe; protect, guard; **teanga/ cultúr a chaomhnú** to preserve a language/culture

caomhnóir nm3 patron, protector; (of minor) guardian

caomhnú nm conservation; protection, preservation

caonach nm1 moss; **~ móna** peat moss

caor nf2 berry; **~ fíniúna** grape; **~ thine** thunderbolt; meteor, fireball; **~ thine ort!** damn you!

caora (gs, gpl **caorach**, pl **caoirigh**) nf sheep; ewe

caorán nm1 bog

caoróg nf2 (Bot: also: **~ léana**) pink

capaillín nm4 pony

capall nm1 horse; mare; **ar mhuin capaill** on horseback; **~ rása/ luascáin** racehorse/rocking horse; **~ maide** vaulting horse, wooden horse; hobby-horse

capán nm1: **~ glúine** kneecap

capsúl nm1 capsule

captaen nm1 captain; skipper

cár nm1 (set of) teeth; grimace; **~ a chur ort féin** to grimace, pull a face; see also **cá**

cara (gs, gpl **carad**, pl **cairde**) nm friend; buddy; **~ Críost** godparent; **a Chara** Dear Sir/Madam; **~ sa chúirt** a friend in high places

caracatúr nm1 caricature

carachtar nm1 character

carad see **cara**

caraf *nm4* carafe

caramal *nm1* caramel

carat *nm1* carat

cárb *see* **cá**

carbad *nm1* chariot

carbaihiodráit *nf2* carbohydrate

carball *nm1* roof of the mouth; (hard) palate; (*of mouth*) gum

carbán *nm1* carp

cárbh *see* **cá**

carbhán *nm1* caravan, trailer (*US*)

carbhat *nm1* tie; cravat; scarf; necktie; **~ cuachóige** bow tie

carbón *nm1* carbon

carbradóir *nm3* carburettor

carcair (*gs* **carcrach**, *pl* **carcracha**) *nf* jail, prison

cargáil *nf3* jostling; **~ a thabhairt do dhuine** to manhandle sb

Carghas *nm1*: **an ~** Lent; **rinne mé an ~ ar an ól** I abstained from drinking during Lent

carn *nm1* heap; mound; stack, pile; cairn ▷ *vt, vi* heap (up), pile (up); save; mount (up), stack (up); **~ fuíligh** dump; **~ aoiligh** dunghill; **~ slaige** slag heap; **airgead a charnadh** to make piles of money; **ar an g~ aoiligh** on the scrapheap

carnabhal *nm1* carnival; funfair

carnán *nm1* (*of earth*) bank; (*of money*) kitty

carr (*pl* **carranna**) *nm1* car; **~ cábla** cable car; **~ campála** (*vehicle*) camper; **~ péas/rása/spóirt** police/racing/sports car; **~ sleamhnáin** sledge, sleigh; bobsleigh; **i g~** or **sa charr** by car

carrach *adj* scabby, mangy; (*hill*) rocky

carraig (*pl* **carraigeacha**) *nf2* rock, boulder

carraigín *nm4* (carrageen) moss

carráiste *nm4* carriage; **~ caite tobac** (*Rail*) smoker

carrbhealach *nm1* carriageway; **~ dúbailte** dual carriageway

carrchlós *nm1* car park, parking lot (*US*)

carrfón *nm1* car phone

carrghlanadh (*gs* **carrghlanta**) *nm* car wash

carria *nm4* deer, stag

carróstlann *nf2* motel

cársán *nm1* wheeze; **~ a bheith ionat** to be wheezy

cársánach *adj* wheezy

cart *vt, vi* scrape clean; clear out; (*boat*) discharge; (*current*) sweep away; (*leather*) tan

cárt *nm1* quart

cárta *nm4* card; **~ airgid** cash card; **~ aitheantais/bainc** identity/bank card; **~ ballraíochta** membership card; **~ beannachta** greeting(s) card; **~ bordála** (*Aviat, Naut*) boarding pass; **~ breisithe** (*for mobile phone*) top-up card; **~ creidmheasa** credit card; **~ cuimhne** (*Comput*) memory card; **~ glas** green card; **~ gnó** business or calling card; **~ gutháin** phonecard; **~ imeartha** playing card; **~ innéacsa** record card; **~ muirir** charge card; **~ Nollag** Christmas card; **~ poist** postcard; **~ SIM** SIM card; **~ tuairisce** record card; **rud a chaitheamh i g~í** to give up (on); discard; **ag imirt ~í** playing cards

cártafón *nm1* cardphone

cártán *nm1* carton

carthanach *adj* charitable; kind

carthanacht *nf3* friendship; charity; **cumann ~a** a benevolent society

cartlann *nf2* archive(s)

cartún *nm1* cartoon

cartús *nm1* cartridge; **~ beo/caoch** live/blank cartridge

carúl *nm1* (Christmas) carol

cas *vt, vi* twist, turn (around); return; (*clock*) wind; switch; flick; spin, twirl, swing; (*song*) sing; **~ ar/le/do** encounter, meet; **~ ar ais** (*person, vehicle*) turn back; **~adh orm/liom/dom é** I met *or* happened to meet him; **~ isteach** (*fold*) turn in; **~ ó** (*from road*) turn off; **~ thart** swing round, turn round; **"ná ~tar ar clé"** "no left turn"

cás¹ (*pl* **cásanna**) *nm1* (*also Law*) case; eventuality; instance; concern; **cuir i g~** for instance; **cuir i g~ (go)** suppose (that); **i g~ ar bith** in any case; **sa chás sin** in that case; **sa chás go** in the event of; **~ dlí/cúirte** law/court case; **ní ~ liom é** it's no concern of mine; **is trua liom do chás** I'm sorry for your trouble; **nach bocht an ~ é?** aren't things in a bad way?

cás² (*pl* **cásanna**) *nm1* case; cage; **~ pacála** packing case; **~ toitíní** cigarette case

casacht *nf3* cough; **~ a dhéanamh** to cough

casachtach *nf2* coughing; **racht casachtaí** fit of coughing

Casacstáin *nf2*: **an Chasacstáin** Kazakhstan

casadh (*pl* **castaí**) *nm1* turn, twist; turning; (*Aviat*) spin; coil; **le ~ an phoist** by return (of post); **~ na taoide** the turn of the tide; **~ an chorcáin leis an gciteal** the pot calling the kettle black

cásáil *nf3* casing

casaíne *nm4* casino

casaoid *nf2* grievance; complaint; **~ a dhéanamh le duine** to take sb to task, make a complaint to sb

casaoideach *adj* querulous

casaról *nm1* casserole

casla *nf4* small harbour

cásmhar *adj* sympathetic

casóg *nf2* jacket; cassock; **~ dinnéir** dinner jacket, tuxedo; **~ spóirt** sports jacket

casta *adj* elaborate, intricate, complicated; (*argument*) convoluted, involved; (*fig*) knotty; (*road, river*) winding; **rud a dhéanamh ~** to complicate sth

castacht *nf3* complexity

castaí *see* **casadh**

castaire *nm4* spanner

castán *nm1* (sweet) chestnut

casúr *nm1* hammer

cat *nm1* cat; **~ baineann/riabhach** she-cat/tabby; **~ breac** (*fig*) turncoat

catach *adj* (*head, hair*) curly; (*page*) dog-eared

catalaíoch *nm1* catalyst

catalóg *nf2* catalogue

cath (*pl* **cathanna**) *nm3* battle

cathaigh *vt* tempt

cathain *interr* when; **~ a tháinig sé?** when did he come?

cathair (*gs* **cathrach**, *pl* **cathracha**) *nf* city; **~ ghríobháin** maze, labyrinth; **comhairle/halla cathrach** city council/hall; **C~ na Vatacáine** Vatican City

cathaoir (*gs* **cathaoireach**, *pl* **cathaoireacha**) *nf* chair; throne, seat; (*Rel*) see; **~ deice/rothaí/uilleach** deckchair/wheelchair/armchair; **~ luascáin** rocking chair; **dul sa chathaoir** (*at meeting*) to take the chair, preside

cathaoirleach *nm1* chairperson

cathaoirleacht *nf3* (*position of chairperson*) chair

cathartha adj civil; civic

cathéide nf4 armour

cathlong nf2 battleship

cathrach n gen as adj town, municipal; **Póilíní C~ Londan** the Metropolitan Police; see also **cathair**

cathracha see **cathair**

cathróir nm3 citizen

cathróireacht nf3 citizenship

cathú nm temptation; regret; **tá ~ orm faoi sin** I'm sorry about that; **~ a chur ar dhuine** to tempt sb

CCanna n abbr (= ceisteanna coitianta) FAQ

⬤ **EOCHAIRFHOCAL**

cé¹ interr pron **1** (with pers pron; prefixes **h** to **é, í, iad**) who; **cé hé/cé hí?** who is he/she?; **cé hiad?** who are they?

2 (with pers pron; normally takes emphatic forms of **tú, sibh**) who; **cé tusa?** who are you?; **cé sibhse?** (plural) who are you?

3 (with dem pron) who; **cé seo?, cé hé seo?** who is this?; **cé sin?, cé hé sin?** who is that?

4 (with dem adj) who; **cé hé an fear seo?** who is this man?

5 (with verbs) who, whom; **cé atá ann?** who is it?; **cé a rinne é?** who did it?; **cé a chonaic sé?** whom did he see?

6 (with prep prons) with whom; to whom; from whom; **cé leis a raibh tú ag caint?** with whom were you talking?; **cé aige a bhfuil an t-airgead?** who has the money?; **cé dó ar thug tú é?** to whom did you give it?; **cé uaidh a bhfuair tú é?** from whom did you get it?

7 (becomes **cén, cé na** with art and noun) what; **cén t-am é?** what time is it?; **cén aois tú?** what age are you?; **cé na daoine a chonaic tú?** what people did you see?

8 (becomes **cén** with **uair, fáth, áit, caoi, dóigh**): **cén uair?** when?; **cén uair a tháinig sí?** when did she come?; **cén fáth?** why?; **cén fáth ar tháinig sí?** why did she come?; **cén áit?** where?; **cén áit a bhfuil tú?** where are you?; **cén chaoi?, cén dóigh?** how?; **cén chaoi** or **dóigh a bhfuil tú?** how are you?

9 (with prep **le** indicating ownership) whose; **cé leis an leabhar seo?** whose is this book?

10 (becomes **cér, cérb, cérbh** with some forms of the copula) who; whose; **cér díobh tú?** who are your people?; **cér díobh JFK?** who were JFK's people?; **cérb iad?** who are they?; **cérbh iad na fir sin?** who were those men?; **cér leis an sean-rud caite seo?** whose was this old thing?

11 (with prep prons **againn, agaibh, acu** to indicate choice among things) which; whether; **cé agaibh is óige, tusa nó Máire?** which of you is the younger, you or Mary?; **cé acu peann a thóg sé?** which pen did he take?; **cé acu (ceann) is fearr leat?** which do you prefer?; **níl a fhios agam cé acu atá sí ann nó nach bhfuil** I don't know whether she is there or not

12 (with **mar a**) how; **cé mar a tháinig sé?** how did he come?

cé² conj: **cé go** although, though; whereas

cé³ (pl **céanna**) nf4 quay

ceachartha adj mean, tightfisted

ceacht (pl **ceachtanna**) nm3 lesson; (Scol) exercise; **~ a mhúineadh do dhuine** to teach sb a lesson; **~ tiomána** driving lesson

céachta nm4 plough; **~ sneachta** snowplough

ceachtar pron either; (in negative) neither; **~ acu** either (of them); **ní raibh ~ den bheirt ann** neither of the two were there

cead nm3 leave, permission; approval; go-ahead; (also: **~ isteach**) pass; **~ go maidin** all-night pass; **ar ~** on leave; **~ a fháil** to get permission; **~ a bheith agat rud a dhéanamh** to be at liberty to do sth; **~ do chinn a bheith agat** to be free to do as one pleases; **~ a thabhairt do dhuine** to give sb permission; **~ a chinn a thabhairt do dhuine** or **a ligean le duine** to let sb have their own way; **rud a chur i g~ duine** to ask sb's permission; **le do chead** with your permission; **~ cainte a fháil** to have one's say; **(a) chead aige teacht** let him come; **i g~ duit** with respect (to you); **~ cónaithe** residence permit; **~ isteach** admission, admittance; **~ pleanála** planning permission; **~ scoir** leave of absence; **bíonn ~ cainte ag fear caillte na himeartha** the loser of a contest may talk as much as he pleases

céad[1] (pl **céadta**) nm1 hundred; century; **ina g~ta** in hundreds; **~ euro** a hundred euros; **~ go leith** one hundred and fifty; **~ meáchain** hundredweight; **na ~ta** + nom sg hundreds of; **an t-aonú ~ is fiche** the twenty-first century

céad[2] adj first; **an chéad duine** the first person; **na chéad daoine** the first people; **an chéad cheann** the first one; **an chéad ghiar** (Aut) first gear; **an chéad duine eile** the next person

céad- prefix first

ceadaigh vt, vi permit, grant; pass, approve; consult; **ceadú do dhuine rud a dhéanamh** to allow sb to do sth

ceadaithe adj permitted, allowed; permissible

ceadaitheach adj permissive

Céadaoin (pl **Céadaoineacha**) nf4: **An Chéadaoin** Wednesday; **~ an Luaithrigh** Ash Wednesday; **Dé ~** on °Wednesday

céadar[1] nm1 (tree) cedar

céadar[2] nm1 cheddar (cheese)

céadchosach nm1 centipede

céadfa nm4 (bodily) sense, feeling

céadfach adj sensory

ceadmhach adj permissible

céadta see **céad**[1]

céadú num, adj, nm4 hundredth

céaduair: **a/de chéaduair** adv (in phrases) first, at first, initially; **shíl mé a chéaduair gur ag magadh a bhí tú** I thought at first you were joking

ceadúnaigh vt license

ceadúnaithe adj licensed

ceadúnas nm1 licence; permit; **~ tiomána** driving licence, driver's license (US)

ceaintín nm4 canteen

ceal nm4 want, lack; extinction; **de cheal** + gen for lack of, for want of; **cuir ar ~** abolish, cancel; abrogate; **dul ar ~** to disappear; **thar ~** overdue

céalacan nm1 morning fast; **bheith ar ~** to be fasting; **do chéalacan a bhriseadh** to break one's fast

cealaigh vt cancel; annul; remove

cealg vt deceive; allure; (child) lull to sleep; (insect) sting ▷ nf2 deceit, treachery; (of bee) sting

cealgach adj deceitful; (question) loaded

ceall, cealla see **cill**[1]

ceallach adj cellular

ceallafán nm1 cellophane

cealú nm cancellation

cealúchán nm1 cancellation

ceamach adj (appearance) sloppy, slovenly ▷ nf2 (gs **ceamaí**, pl **ceama**, gpl **ceamach**) (pej) slut (!)

ceamara nm4 camera; **~ digiteach** digital camera; **~ gréasáin** (Comput) webcam; **~ luais** speed camera

ceamaradóir nm3 camera(wo)man

ceamthaifeadán nm1 camcorder

ceana see **cion**[1]

Ceanada nm4 Canada

Ceanadach adj, nm1 Canadian

ceanastar nm1 canister

ceangail (pres **ceanglaíonn**) vt bind, tie (up); fasten; hitch; join; to attach; lace (up); tether; **iallacha a cheangal** to tie one's shoelaces; **leabhar a cheangal** to bind a book; **bád a cheangal** to secure a boat; **rud a cheangal de r-phost** to attach something to an email; **~ de** tie to; **~ le** tie with

ceangailte adj tied (up); united; fastened

ceangal nm1 connection; (string etc) tie; link (up); binding; bond; obligation; **~ a bheith ort rud a dhéanamh** to be obliged to do sth; **~ na gcúig gcaol a chur ar dhuine** to bind sb's hands, feet and neck; to ensnare sb

ceangaltán nm1 (Comput) attachment

ceangaltas nm1 commitment

ceann (gs, npl **cinn**, npl also **ceanna**, gpl **ceann**, ds **cionn**) nm1 head; extreme; end; one; roof; **tá pian i mo cheann** I have a pain in my head; **a cheann a ligean le duine** to leave sb to their own devices; **~ faoi a bheith ort** to be dejected; **~ maith a bheith ort** to be sensible, be smart; **má thagann sé ina cheann** if it ever occurs to him; **~ teaghlaigh/roinne** head of family/department; **~ ar aghaidh** headlong; **ar an g~ is lú de** at the very least; **gan ach an ~ caol a lua** to put it mildly; **thíos ag ~ an bhealaigh** down at the end of the road; **~ cúrsa** or **scríbe** journey's end; **ó cheann ~ na bliana** all the year round; **bheith idir dhá cheann na meá** to hang in the balance; **amháin (acu)** one (of them); **an chéad cheann** the first one; **do rogha ~** whichever one you wish; **~ ar cheann, ina g~ is ina g~** one by one; **níl ~ ar bith fágtha agam** I've none left; **an ~ eile** the other one; **an ~ is deireanaí ar fad** the very last one; **an ~ is fearr fós** the best one yet; **an ~ seo/sin** this/that one; **cé acu ~?** which one?; **ar cheann** + gen at the head of; **ar cheann an liosta** first on the list; **teach ~ tuí** thatched cottage; **de cheann** + gen for the sake of; **faoi cheann** + gen by or at the end of; **faoi cheann seachtaine** in a week's time; **go ceann** + gen to the end of; for the duration of; **ní bheidh sé réidh go ~ míosa** it won't be ready for a month; **i gceann** + gen at the end of; engaged in; **i g~ seachtaine** in a week's time; **bheith i g~ do chuid oibre** to be at your work;

dul i g~ an tsaoil to make a start in life; **os cionn** + *gen* above, over; beyond; **os cionn na fuinneoige** above the window; **os cionn fiche** more than twenty; **os cionn comórtais** beyond comparison; **thar ceann** + *gen* on behalf of, for the sake of; in return for; **thar ~ an aire** on behalf of the minister; **an ~ corr** the odd one out; **~ baineann** female; **C~ Comhairle** (*Irl*: *Pol*) the Speaker; **~ cúrsa** terminal; **~ feadhna** leader, ringleader; **~ scríbe** destination; **~ tíre** (*Geog*) cape; **~ urra** chief; **"ar cheann téide"** "on tow", "in tow" (*US*); **cionn is go** because; **thar cionn** excellent; **an lá dár gcionn** the next day; **dul chun cinn** progress; **an ~ is fearr a fháil ar dhuine** to get the better of sb; **~ a chur ar rud** to start sth (off); **do cheann a leagan thart** to lay one's head to rest; **do cheann a bheith sa spéir agat** to have one's head in the clouds; **do cheann a bheith sa talamh agat** to be stooped towards the ground; **dul i g~ ruda** to commence sth; **rud a chur isteach i g~ duine** to convince sb of sth; **rud a thabhairt chun cinn** to produce *or* bring forward sth; to promote sth; to bring sth to a successful conclusion; **rud a thabhairt i g~ duine** to remind sb of sth; **gan do cheann a bhuaireamh le rud** not to bother about sth; **rudaí a chur** *or* **thabhairt i gceann a chéile** to put together *or* assemble things; **chuir sé ina cheann é ...** he took it into his head to/that ...; **do cheann a chur isteach in áit** to pop in somewhere

ceann- *prefix* chief, leading, main
céanna *nm4, adj* same; **an leabhar ~ (le)** the same book (as); **san am ~** at the same time; **mar an g~** in the same way
ceannach *nm1* purchase; **tá ~ maith ar an leabhar** the book is selling well
ceannachán *nm1* (*thing bought*) purchase
céannacht *nf3* identity
ceannadhairt (*pl* **ceannadhairteanna**) *nf2* pillow
ceannaghaidh (*gs, pl* **ceannaithe**) *nf* face; **ceannaithe** (*of face*) features
ceannaí *nm4* merchant
ceannaigh *vt* buy, purchase; bribe
ceannairc *nf2* mutiny, revolt; **dul chun ~e** to mutiny
ceannairceach *nm1* rebel ▷ *adj* mutinous, rebellious
ceannaire *nm4* leader; (*Mil*) corporal
ceannaitheoir *nm3* buyer, purchaser
ceannann *adj*: **an fear ~ céanna** the very same man
ceannáras *nm1* headquarters
ceannas *nm1* command; authority; rule; sovereignty; **dul i g~** + *gen* to assume command of, take charge of; **bheith i g~ ar** to be in charge of
ceannasach *adj* commanding; ruling; assertive; (*Mus*) dominant
ceannasaí *nm4* commander; controller
ceannasaíocht *nf3* leadership, command; assertiveness
ceannbheart *nm1* headgear
ceannbhrat *nm1* canopy
ceannchathair *nf* metropolis
ceannchathartha *adj* metropolitan

ceanncheathrú (*gs* **ceanncheathrún**, *pl* **ceanncheathrúna**) *nf* headquarters

ceanndána *adj* headstrong, stubborn; wilful

ceannfhocal *nm1* headword

ceannfort *nm1* commander; (*Mil*) commandant; (*Police*) superintendent

ceannlíne (*pl* **ceannlínte**) *nf4* headline

ceannlitir (*gs* **ceannlitreach**, *pl* **ceannlitreacha**) *nf* capital (letter)

ceannródaí *nm4* pioneer; leader

ceannsolas *nm1* headlight

ceannteideal *nm1* heading; caption

ceanntréan *adj* dogged, obstinate; headstrong

ceansa *adj* meek, tame

ceansaigh *vt* tame; pacify

ceant (*pl* **ceantanna**) *nm4* auction; **rud a chur ar ~** to auction sth

ceantáil *nf3* auction

ceantálaí *nm4* auctioneer

ceantar *nm1* district; region; locality; **an ~ máguaird** the surrounding area

ceanúil *adj* loving, affectionate; **~ ar** fond of

ceap[1] (*pl* **ceapa**) *nm1* block; (*of tree*) trunk; pad; **~ luiche** (*Comput*) mouse mat, mouse pad; **~ magaidh** laughing stock; **~ milleáin** scapegoat; **~ nótaí** notepad; **~ oifigí** office block

ceap[2] *vt* think, reckon; catch; invent, think up; nominate, appoint; **~aim go ...** I reckon that ...

ceapach *nf2* (*for flowers, seeds etc*) bed

ceapachán *nm1* (*to post etc*) appointment; (*art etc*) composition

ceapadh (*gs* **ceaptha**) *nm* (*to job etc*) appointment; (*Sport*) catch

ceapadóir *nm3* composer; inventor

ceapaire *nm4* sandwich

céarach, céaracha *see* **céir**

cearbhas *nm1* caraway

cearc (*gs* **circe**) *nf2* hen; female bird; **~ fhraoigh** grouse; **~ cholgach** shuttlecock

cearchaill *nf2* girder

céard *interr pron* what; **~ atá ar siúl agat** what are you doing?; **~ fúmsa?** what about me?

ceardaí *nm4* craftsman; artisan

ceardaíocht *nf3* craft; craftwork

ceardchumann *nm1* trade union

ceardchumannaí *nm4* trade unionist

ceardlann *nf2* workshop

ceardscoil (*pl* **ceardscoileanna**) *nf2* technical school

cearn *nf3* corner; (*Geog*) quarter; **gach ~ is clúid** every nook and cranny; **as gach ~** from all quarters

cearnach *adj* square; angular; **dhá mhéadar chearnacha** 2 square metres; **fréamh chearnach** square root

cearnaigh *vt* (*Math*) square

cearnaithe *adj* square; **dhá mhéadar ~** 2 metres square

cearnamhán *nm1* hornet

cearnóg *nf2* square

cearpantóir *nm3* carpenter

cearpantóireacht *nf3* carpentry

cearr[1] *adj* wrong; **cad é atá ~?** what's the trouble?, what's wrong?

cearr[2] (*pl* **cearranna**) *nf3* (*mental*) derangement

cearrbhach *nm1* gambler

cearrbhachas *nm1* gambling

ceart (*pl* **cearta**) *nm1* right; just claim; justice; fair play; due; correct interpretation ▷ *adj* right, rightful, proper; real; fully-fledged; **~ agus éigeart** right and wrong; **tabhair a cheart dó** give him his due; **de cheart** by right; originally; **i g~** right; **ó cheart** rightfully; originally; **an ~ a choíche** let's be fair; **gach ~ ar cosaint** all rights reserved; **an ~ a bheith agat** to be right; to be in the right; **~ a sheasamh do dhuine** to stand up for sb; **~a sibhialta** civil rights; **~ slí** right of way; **~ vótála** (Pol) franchise; **~ go leor** OK, alright; sure enough; **ba cheart go mbainfeadh sé** he ought to win; **ba cheart dom imeacht** I should go

ceárta nf4 forge; (fig) hotbed

ceartaigh vt correct, amend; adjust; rectify; redress; chastise

ceartaiseach adj insistent; self-righteous

ceartas nm1 claim; right

ceartingearach adj vertical, plumb

ceartlár nm1 exact centre; **i g~** + gen right in the middle of

ceartú nm (act) correction

ceartúchán nm1 correction

céas vt torture; torment; (Rel) crucify

ceasacht nf3 complaining

céasadh (gs, pl **céasta**) nm pain; torture; **an C~** the Crucifixion

ceasaí nf: **dul thar an cheasaí** to overstep the mark; to go astray

céasla nm4 paddle

céaslaigh vt, vi paddle

céasta adj tormented; excruciating; distressing; (Ling) passive; **an fhaí chéasta** the passive voice; see also **céasadh**

ceastóireacht nf3 interrogation

céatadán nm1 percentage

ceatha see **cith**

ceathair (pl **ceathaireanna**) num, nm4 four; **~ déag** fourteen

ceathairéad nm1 quartet(te)

ceathanna see **cith**

Ceatharlach nm1 Carlow

ceathracha (gs **ceathrachad**, pl **ceathrachaidí**) num, nm forty

ceathrar nm1 (+ gen pl: people) four; **~ ban/sagart** four women/priests

ceathrú¹ (gs **ceathrún**, pl **ceathrúna**, ds **ceathrúin**) nf quarter; stanza, verse; (Anat) thigh; **~ uaineola** leg of lamb; **~ uaire** a quarter of an hour; **~ i ndiaidh a hocht** quarter past eight; **~ don** or **go dtí a cúig** a quarter to five; **~ dollair** (25 cents) quarter (US); **~ pionta** (measure) gill

ceathrú² num, adj fourth; **an ~ fear** the fourth man; **an ~ capall déag** the fourteenth horse

ceibeab nm4 kebab

ceil vt hide, conceal; disguise; (fig) whitewash; **ní raibh sin ~te air** he was well aware of that

céile nm4 partner; companion; spouse; **fear ~** husband; **bean chéile** wife; **~ comhraic** or **iomaíochta** rival, opponent; adversary; **a chéile** each other; **is fuath leo a chéile** they hate each other; **le** or **lena chéile** together; **mar a chéile** alike, the same; **as a chéile** gradually; progressively; **i ndiaidh a chéile** in succession, one after the other; in one piece, together; **cur le chéile** to unite, join; **rud a chur le chéile** to assemble sth, put sth together; **tá siad cosúil le chéile** they are alike; **rud(aí) a chur ó chéile** to dismantle sth; (people etc) to separate; **(seasca míle) ó chéile** (sixty miles) apart; **thit sé as a chéile** it fell apart; **de réir a chéile** by degrees, bit by bit; **trí** or **trína chéile** confused; **ó am go chéile** from time to time; **teacht le chéile** to meet; to agree; to join together; to tally; **labhairt le chéile** to speak to one another

céileachas *nm1* companionship; cohabitation

céilí *nm4* Irish dancing evening, ceilidh

ceiliúir *vt, vi* celebrate; vanish; fade

ceiliúr *nm1* greeting; (*of bird*) song; **~ a chur ar dhuine** to hail or address sb; **~ pósta a chur ar dhuine** to propose to sb

ceiliúradh (*gs* **ceiliúrtha**) *nm* celebration; **~ céad bliain** centenary celebration

céill, céille *see* **ciall**

céillí *adj* sensible; wise; rational; **ba chéillí an cor é sin** that was a wise move

ceilt *nf2* concealment; denial; cover-up; **faoi cheilt** secretly; **cad é an cheilt a bhí aici air?** why was she concealing it?

Ceilteach *adj* Celtic ▷ *nm1* Celt

Ceiltis *nf2* (*Ling*) Celtic

céim (*pl* **céimeanna**) *nf2* step; stair; degree; (*Scol*) grade; phase; rank; status; (*fig*) milestone; **~ ar chéim** step by step; **~eanna na gealaí** the phases of the moon; **deich g~** 10 degrees; **~ síos** demotion; humiliation; **ardú ~e** promotion; **"seachain an chéim"** "mind the step"; **ina chéimeanna** in stages; **~ a thabhairt chun tosaigh/ar gcúl** to step forward/back; **ísliú ~e a fháil** (*Sport*) to be relegated; **~ a**

ghnóthú to graduate; **~ onóracha** (*Scol*) hono(u)rs degree

céimí *nm4* graduate

ceimic *nf2* chemistry

ceimiceach *adj* chemical

ceimiceán *nm1* chemical

ceimiceoir *nm3* (*scientist*) chemist

ceimiteiripe *nf4* chemotherapy

céimiúil *adj* eminent, renowned

céimiúlacht *nf3* eminence, distinction

céimseach *adj* gradual

céimseata (*gs* **céimseatan**) *nf* geometry

céin, céine *see* **cian¹**

Céinia *nf4*: **an Chéinia** Kenya

ceint *nm4* (*coin*) cent (*US etc*)

ceinteagrád *nm1* centigrade

ceinteagrádach *adj* centigrade

ceintiméadar *nm1* centimetre

céir (*gs* **céarach**, *pl* **céaracha**) *nf* wax; **~ a chur ar rud** to wax sth; *see also* **ciar**

ceirbheacs *nm4* cervix

ceird *nf2* trade; line; skill; **dul le ~** to take up a trade or profession; **duine a chur le ~** to apprentice sb to a trade; **gach aon fhear is a cheird féin aige** every man to his own trade

céire *see* **ciar**

ceirín *nm4* poultice

ceirneoir *nm3* disc jockey

ceirnín *nm4* (*Mus*) record; **~ singil** single; **éarlais ~í** record token

céirseach *nf2* (*hen*) blackbird

ceirt (*pl* **ceirteacha**) *nf2* cloth; tea cloth; rag; **~ deannaigh** duster

ceirtlín *nm4* (*of wool, thread*) ball; **ag tochras ar a cheirtlín féin** working in his own interest

ceirtlis *nf2* cider

céislín *nm4* tonsil

céislínteas *nm1* tonsillitis

ceist (*pl* **ceisteanna**) *nf2* question, query; inquiry; issue; **chuir sé ~ orm** he asked me a question; **rud a chur i g~** to draw attention to sth; **i g~** at issue, in question; **is é a bhí i g~ aici** what she meant was; **croí na ~e** the crux of the question; **~ agam ort** answer me this; **ná bíodh ~ ort faoi seo** you may be sure of that; **~eanna coitianta** frequently asked questions, FAQ

ceistigh *vt* interrogate, question, quiz

ceistiú *nm* interrogation

ceistiúchán *nm1* questionnaire

ceistneoir *nm3* questionnaire

ceithearnach *nm1* (*Chess, fig*) pawn

ceithre *num, adj* four; **~ bhó/charr/úll** four cows/cars/apples

cén = **cé¹**

ceo *nm4* fog; mist; haze; (*of dust*) cloud; (*on window*) vapour; **tá ~ ann** it's foggy; **chomh sean leis an g~** as old as the hills

ceobhrán *nm1* drizzle

ceobhránach *adj* misty

ceol (*pl* **ceolta**) *nm1* music; (*in ears*) ringing; **~ a sheinm** to play music; **~ a bhaint as rud** to enjoy sth; to go on a spree; **bheith ag gabháil cheoil** to be singing; **níl ~ agam** I can't sing; **~ tíre** folk music; **~ aireagail** chamber music; **gléas ceoil** musical instrument

ceoláras *nm1* concert hall

ceolchoirm (*pl* **ceolchoirmeacha**) *nf2* concert

ceoldráma *nm4* opera

ceolfhoireann (*gs, pl* **ceolfhoirne**) *nf2* orchestra

ceolmhar *adj* musical

ceoltóir *nm3* musician; singer

ceomhar *adj* foggy

cér, cérb, cérbh *see* **cé¹**

ch (*remove "h"*) *see also* **c...**

cha (*before vowel or* f + *vowel* = **chan**; + *past of reg vbs* = **char**) *neg part* not; **an mbuailfidh tú leis?** — **~ bhuailim!** will you see him? — no way!; **~n go fóill/anois** not yet/ now; **~n gan ábhar** rightly, with reason

cheana *adv* (*also*: **~ féin**) already, beforehand

chluinfinn *etc vb see* **cluin**

choíche *adv* ever; forever; never

chomh *adv* as; so; **~ fada siar le** as far back as; **~ cliste (le)** as clever (as); **~ hálainn le** as beautiful as; **ná Seán ach ~ beag** nor John either; **~ maith** as well; **~ maith le** as well as; **~ mór (go)** so big (that); **an bhfuil sé ~ dona sin?** is it that bad? **chomh beag léi!** how small she is!

chonacthas, chonaic *vb see* **feic**

Chorcaí *see* **Corcaigh**

Chosaiv *nf2*: **An ~** Kosovo

Chróit *see* **Cróit**

chuaigh *etc vb see* **téigh**

chuala *etc vb see* **clois, cluin**

chuathas *vb see* **téigh**

chuig (*prep prons* = **chugam, chugat, chuige, chuici, chugainn, chugaibh, chucu**) *prep* towards, to; **rud a chur ~ duine** to send sth to sb; **chuaigh mé ~ an dochtúir** I went to the doctor; **teacht chugat féin** to recover; **duine a thabhairt ~e féin** to bring sb round; **~e sin** for that purpose, to that end; **ní ~e sin atá mé** I'm not referring to that; **an tseachtain/bhliain seo chugainn** next week/year; **cad ~e?** why?, what for?

chun (*prep prons* = **chugam, chugat, chuige, chuici, chugainn, chugaibh, chucu**) (+ *gen*) *prep* to, towards; in order to; for; **~ na scoile** to (the) school; **cur ~ farraige** to put to sea; **duine a chur ~ báis** to kill sb; to execute sb; **deifriú ~ bheith in am** to hurry (in order) to be in time; **ullamh ~ foilsithe** ready for publication; **lá maith ~ siúlóide** a fine day for a walk; **cúig ~ a hocht** five (minutes) to eight; **dul ~ donais** to deteriorate; **chuaigh sé ~ sochair dom** it benefitted me; **teacht ~ tosaigh** to come to the fore; **dul ~ cinn a dhéanamh** to make headway; **~ tosaigh** in the lead; **~ go** in order that; **téigh ~ réasúin le** to reason with; **is maith ~ a chéile Seán agus Máire** John and Mary are well matched; **teacht ~ réitigh le** to come to terms with; **dul ~ na Róimhe/~ na Fraince** to go to Rome/France

ciainíd nf2 cyanide

ciall (gs **céille**, ds **céill**) nf2 sense; common sense; meaning; interpretation; perception; appreciation; **bheith i do chiall, do chiall a bheith agat** to be in one's senses; to be sober; **bheith as do chiall** to have taken leave of one's senses, be demented; **breith ar do chiall** to regain one's senses; to control oneself; **bheith ar chiall na bpáistí** to have no more sense than a child; **gan an chuid is troime den chiall a bheith agat** to have little sense; **gan aon chiall a bheith agat** to have no sense; **teacht ar do chiall, teacht chun céille** to begin to see sense, come to one's senses; **~ a chur i nduine** to bring sb to his senses; to soothe or pacify sb; **dul as do chiall** to take leave of one's senses; **duine a**

chur as a chiall to dement sb, drive sb crazy; **~ a bhaint as rud** to make sense of sth; to interpret sth; **~ a bheith agat do rud** to have an understanding or appreciation of sth; **beag i g~** foolish, naive; **tá ~ leis sin** that makes sense; (ironically) such nonsense!; **tá sé le ~ go ..., luíonn sé le ~ go ...** it stands to reason that ...; **~ cheannaithe** hard-won experience; **níl ~ duit ann** it is senseless for you to do so; **rud a chur i gcéill do dhuine** to give sb to understand sth; **cur i gcéill** make-believe

ciallaigh vt mean; signify; stand for; imply; (fig) spell

ciallmhar adj sensible; reasonable

cian¹ (pl **cianta**, ds **céin**, dpl **cianaibh**) nf: **na ~ta ó shin** ages ago; **leis na ~ta** for ages; in ages; **i gcéin** far away, in the distance; **i gcéin is i gcóngar** far and near; **ó chianaibh** recently ▷ adj (gsm **céin**, gsf, compar **céine**) long; distant; far

cian² nm4 sadness; **faoi chian** sad, downhearted; **~ a thógáil de dhuine** to cheer sb up; to lift sb's spirits

cian- prefix long-distance

cianaosta adj primeval

cianghlao nm4 long-distance call

Cianoirthear nm1: **an ~** the Far East

cianrialaithe adj remote-controlled

cianrialú nm remote control

cianta see **cian**

ciap vt annoy; harass; (fig) torment

ciapadh (gs **ciaptha**) nm harassment; torment

ciar (gsm **céir**, gsf, compar **céire**) adj (hair) dark; (complexion) dark, swarthy

ciardhuán *nm1* (*inf*) Negro (!)
ciaróg *nf2* beetle; **~ dhubh**
cockroach; **~ lín** earwig;
aithníonn ~ ~ eile birds of a
feather flock together
Ciarraí *nf4* Kerry
ciarsúr *nm1* handkerchief;
~ páipéir paper hankie
cibé *pron* whoever; whatever;
whichever; **~ áit** wherever ▷ *adj*
any; no matter what; **~ (ar bith)**
leabhar whatever book; **déan ~ is**
gá do whatever is necessary; **~ a**
tharlóidh whatever happens;
tabhair leat ~ leabhar is fearr
leat take whichever book you
prefer; **cuir ceist ar ~ duine is**
mian leat ask whoever you like;
~ acu a d'fhan sé nó a d'imigh sé
whether he stayed or he left; **~ ar**
bith anyhow; **~ scéal é** anyhow
cic (*pl* **ciceanna**) *nf2* kick; **~ shaor**
free kick
ciceáil *vt, vi* kick
ciclipéid *nf2* encyclop(a)edia
cifleog *nf2* rag, tatter
cigil (*pres* **ciglíonn**) *vt, vi* tickle
cigilt *nf2* tickle; **~ a bheith ionat**
to be ticklish
cigilteach *adj* (*person*) ticklish;
(*question*) delicate, touchy
cigire *nm4* inspector
cigireacht *nf3* inspection
cíle *nf4* keel
cileagram *nm1* kilogram(me);
30 pingin an ~ 30p a kilo; **~ plúir**
a kilo of flour
cileavata *nm4* kilowatt
cilibheart (*pl* **cilibhearta**) *nm1*
kilobyte
ciliméadar *nm1* kilometre;
10 g~ san uair 10 km an hour;
faoi chiliméadar de within a
kilometre of

cill[1] (*pl* **cealla**, *gpl* **ceall**) *nf2* (*also Biol*,
Elec) cell
cill[2] *nf2* church; graveyard,
cemetery; **~ agus tuath** Church
and State
Cill Chainnigh *nf* Kilkenny
Cill Dara *nf* Kildare
cillí *nm4* chil(l)i
cillín *nm4* (*in prison*) cell
Cill Mhantáin *nf* Wicklow
cime *nm4* captive; prisoner, inmate
Cincís *nf2*: **an Chincís** Pentecost
cine (*pl* **ciníocha**) *nm4* race; people;
an ~ daonna humanity, mankind
cineál *nm1* (*pl* **cineálacha**) kind;
variety; sex, gender; species ▷ *adv*
somewhat; **an ~ sin amhráin** that
kind of song; **a chineál féin** his
own kind; **an dá chineál** both
sexes; **an ~ ainmhíoch** the animal
world; **~ mall/trom** somewhat
late/heavy; **~ a dhéanamh ar**
dhuine to do sb a kindness; to give
sb a treat; **teacht chun cineáil** to
develop to maturity; to flourish;
rud a thabhairt chun cineáil to
make sth fruitful *or* prosperous;
(*land*) to make productive
cineálta *adj* kind; mild
cineáltas *nm1* kindness
cinedheighilt *nf2* apartheid
cinéiteach *adj* kinetic
cinicí *nm4* cynic
ciniciúil *adj* cynical
ciníoch (*gsm* **ciníoch**) *adj* racial;
ethnic; racist
ciníocha *see* **cine**
ciníochaí *nm4* racist
ciníochas *nm1* racism
cinn *vt, vi*: **~ (ar)** decide (to);
determine (that); **tá sé ag**
cinneadh orm sin a dhéanamh
I am unable to do that
cinneadh *nm1* decision; (*Law*)

findings; **ní fúmsa atá sé ~ a dhéanamh** it is not for me to decide

cinniúint (*gs* **cinniúna**) *nf3* destiny; fate; chance; **chuir sé cor i mo chinniúint** it changed my life

cinniúnach *adj* fateful; fatal; momentous

cinnte *adj* certain, sure; positive; definite; decided; **tá sí ~ de** she is certain of (it); **~!** certainly!; **~ le Dia** surely to God; **chomh ~ is atá tú beo** as sure as you're alive; **is ~ (féin) go** there is no doubt that; **déanamh ~ go** to make sure that

cinnteacht *nf3* certainty

cinntigh *vt* ensure; make certain; ascertain; confirm; **dáta a chinntiú le duine** to confirm a date with sb

cinntitheach *adj* decisive

cinntiú (*gs* **cinntithe**) *nm* confirmation

cinsire *nm4* censor

cinsireacht *nf3* censorship

cíoch *nf2* breast; **an chíoch a thabhairt do (leanbh)** to breastfeed

cíochbheart (*pl* **cíochbhearta**) *nm1* bra, brassiere

cíocrach *adj* eager; hungry; **léitheoir ~** voracious reader

cíocras *nm1* craving; greed; eagerness; hunger; **~ ruda a bheith ort** to have a craving for sth; **~ tobac** craving for tobacco; **~ fola** bloodthirstiness

ciolar *nf*: **~ chiot a dhéanamh de rud** to make a shambles of sth; **~ chiot a dhéanamh de dhuine** to knock the stuffing out of sb; to make sb look foolish

ciombal *nm1* cymbal

cion¹ (*gs* **ceana**) *nm3* love; affection;

effect; **ainm ceana** pet name; **~ a bheith agat ar dhuine** to care about sb; **dul i g~** to take effect; **focal a chur i g~** to drive home a statement; **~ croí a dhéanamh le duine** to embrace sb

cion² *nm4* share; **do chion féin a dhéanamh** to pull one's weight

cion³ (*gs* **ciona**, *pl* **cionta**) *nm3* offence

ciondáil *nf3, vt* ration

cionmhar *adj* proportional; **ionadaíocht chionmhar** proportional representation

cionn *see* **ceann**

cionsiocair (*gs* **cionsiocrach**, *pl* **cionsiocracha**) *nf* genesis; root cause

cionta *see* **cion³**

ciontach *nm1* offender, culprit ▷ *adj* guilty; **bheith ~ i** to be guilty of

ciontacht *nf3* guilt

ciontaí *n*: **eisean is ~** he is to blame

ciontaigh *vt, vi* blame, accuse; convict; transgress; **~ thú féin** own up

ciontóir *nm3* offender

ciontú (*gs* **ciontaithe**) *nm* (*Law*) conviction

cíor *nf2* comb ▷ *vt* comb; examine closely; discuss; **~ mheala** honeycomb; **~ thuathail** mayhem, turmoil; **tá an chathair ina ~ thuathail** the city is in turmoil; **do chuimhne a chíoradh** to rack one's brains

cíorach *adj* serrated

cíoradh (*gs* **cíortha**) *nm* combing; discussion; examination; hair pulling; **bhí siad ag ~ a chéile** they were pulling each other's hair out

ciorcad *nm1* (*Elec*) circuit

ciorcal *nm1* circle

ciorclach *adj* circular

ciorclaigh *vt* circle, encircle; surround

ciorclán *nm1* circular

ciorraigh *vt* cut; hack; maim

ciorrú *nm* cutback

cíos (*pl* **cíosanna**) *nm3* rent, rental; hire; **carr a fháil ar ~** to hire a car; **teach a ligean ar ~** to let a house; **~ dubh** extortion

ciotach *adj* left-handed; awkward, clumsy; inconvenient

ciotaí *nf4* hassle, inconvenience

ciotóg *nf2* left hand; (*person*) left-hander

ciotógach *adj* left-handed

ciotrúnta *adj* clumsy; obstinate

cipín *nm4* twig; match; **~ a lasadh** to strike a match; **ar ~í** in suspense; **~í itheacháin** chopsticks

Cipir *nf2*: **an Chipir** Cyprus

Cipireach *adj, nm1* Cypriot

circe *see* **cearc**

circeoil *nf3* (*food*) chicken

círéib (*pl* **círéibeacha**) *nf2* riot; uproar

círéibeach *adj* riotous

círíneach *adj* (*face*) flushed

cis *nf2* basket; crate; handicap; **~ a chur ar dhuine** to handicap sb; (*Sport*) to penalize sb

ciseach *nf2*: **~ a dhéanamh de rud** to make a mess of sth

ciseán *nm1* basket

cispheil *nf2* basketball

cist *nf2* cyst

ciste *nm4* fund; kitty; treasure; treasury; **~ pinsean/rúnda** pension/slush fund

císte *nm4* cake

cisteoir *nm3* treasurer

cistin (*pl* **cistineacha**) *nf2* kitchen; **aonad ~e** kitchen unit

citeal *nm1* kettle; **an ~ a chur síos** to put the kettle on

cith (*gs* **ceatha**, *pl* **ceathanna**) *nm3* shower; **~ fearthainne** a shower of rain

cithfholcadán *nm1* (*in bathroom*) shower

cithfholcadh (*gs* **cithfholctha**, *pl* **cithfholcthaí**) *nm* shower(ing); **~ a bheith agat** to have *or* take a shower

cithréim *nf2* deformity; **~ a bheith ort** to be deformed *or* maimed

citseap *nm1* ketchup

citreas *nm1* citrus; **toradh citris** citrus fruit

ciú (*pl* **ciúnna**) *nm4* queue

ciúb (*pl* **ciúbanna**) *nm1* cube; **~ oighir/stoic** ice/stock cube

ciúbach *adj* cubic; **troigh chiúbach** cubic foot

ciúbaigh *vt, vi* (*Math*) cube

ciúin *adj* calm, tranquil; quiet, silent

ciumhais (*pl* **ciumhaiseanna**) *nf2* border, edge; (*of page*) margin; (*of road*) kerb

ciúnadóir *nm3* (*Aut, on gun*) silencer

ciúnaigh *vt, vi* calm (down); die down

ciúnas *nm1* silence, hush; calm, quiet

ciúta *nm4* turn of phrase; wisecrack

clábar *nm1* mud

clabhstra *nm4* cloister

clabhsúr *nm1* closure; **an ~ a chur ar rud** to bring sth to a close, complete sth

cladach (*pl* **cladaí**) *nm1* shore, seashore

cladaigh *n gen as adj* inshore

cladhaire *nm4* coward; villain

cladhartha *adj* spineless, cowardly

clag *vt, vi* (*rain*) clatter, pelt

clagarnach *nf2* clattering; clatter

claí (*pl* **claíocha**) *nm4* wall; fence, barrier; **~ teorann** boundary wall; **~ cloch** stone wall

claibín *nm4* lid; (*of bottle etc*) top, cap

claidhreacht *nf3* cowardice

claíomh (*pl* **claimhte**) *nm1* sword; **~ cosanta** champion, defender

cláiréad *nm1* claret

cláiríneach *adj, nm1* cripple (!)

cláirnéid *nf2* clarinet

cláirseach *nf2* harp

clais (*pl* **claiseanna**) *nf2* channel; ditch; pit; furrow

claisceadal *nm1* choral singing; choir

clamhach *adj* mangy

clamhán *nm1* buzzard

clamhsán *nm1* complaint, grumble; **ag ~** complaining

clamhsánach *adj* querulous; grumbling

clampa *nm4* clamp

clampaigh *vt* clamp

clampar *nm1* commotion, uproar

clamprach *adj* noisy; disorderly, rowdy

clampróir *nm3* troublemaker

clann *nf2* children; offspring; family; **triúr clainne** three of a family; **bheith ag súil le duine clainne** to be expecting; **tá sí ag iompar clainne** she is pregnant; **pleanáil chlainne** family planning; **~ clainne** grandchildren

claochladán *nm1* transformer

claochlaigh *vt, vi* change; deteriorate; transform

claochlaitheach *adj* variable

claochlú *nm* change

claon *nm1* (*pl* **claonta**) slope, incline; tendency, inclination; perversity ▷ *adj* inclined; reclining; perverse ▷ *vt, vi* incline; decline; **~ or ~adh a bheith agat le rud** to have a partiality for sth; **tá an ~ ann** he is perverse by nature; **~ ar** prone to, tending to; **breithiúnas ~** perverse judgement; **do cheann a chlaonadh** to bow one's head; **chlaon a neart** his strength declined; **an fhírinne a chlaonadh** to pervert the truth; **~ le** take to, incline to; **~ ó** deviate from

claon- *prefix* oblique

claonadh (*gs* **claonta**) *nm* inclination; tendency, trend; perversion; prejudice, bias; **~ a bheith agat le rud a dhéanamh** to be inclined to do sth

claonchló *nm4* (*Phot*) negative

claonta *adj* bias(s)ed, prejudiced

clapsholas *nm1* twilight; dusk

Clár *nm1*: **an ~** Clare

clár *nm1* board; plank; table (*of contents*); menu; programme; (*Radio, TV, for interview, exams*) panel, register; lid ▷ *vt* table; **~ ábhair** table of contents; **~ ama** timetable; **~ comhardaithe** balance sheet; **~ dubh** *or* **cailce** blackboard; **~ éadain** forehead; **~ faisnéise** documentary; **~ fichille** chessboard; **~ fógraí** notice board; **~ fónála isteach** phone-in; **~ leantach** (*programme*) sequel; **~ na mionn** witness box; **~ oibre** agenda; **~ sciorta** skirting board; **~ urláir** floorboard; **~ ionstraimí** instrument panel; **~ scátála/toinne** skateboard/surfboard; **ar an chlár** in the game; **rinneadh cláir den bhád** the boat was smashed to pieces; **an ~ is an fhoireann a fhágáil ag duine** to leave sb to it; to clear off completely

cláraigh *vt, vi* register, record; enrol

cláraithe *adj* (*letter, parcel*) registered

cláraitheoir nm3 registrar

clárlann nf2 registry (office)

clárú nm registration

clasaiceach adj classic(al)

clásal nm1 clause

claspa nm4 clasp

clástrafóibe nf4 claustrophobia

clé nf4 left hand ▷ adj, adv left; **ar ~, faoi chlé** on the left; **an eite chlé** (Pol) the Left; **"ná castar ar ~"** "no left turn"

cleacht vt make a habit of; practise; frequent; (Theat) rehearse

cleachta adj: **bheith ~ le** to be used to

cleachtadh (pl **cleachtaí**) nm1 habit; (work) experience; exercise; practice, rehearsal; **as ~** out of practice; **~ deiridh** dress rehearsal; **cleachtaí leasúcháin** remedial exercises

cleachtas nm1 practice

cleachtóir nm3 practitioner

cleamhnas nm1 match; relationship by marriage; **~ a dhéanamh le/idir** to arrange a marriage with/between; **bheith i g~ le duine** to be related to sb by marriage

cleas (pl **cleasa**) nm1 trick; joke, prank; (in film) stunt; ploy; **~ a imirt ar** to play a joke on; **~ cártaí** (Cards) trick; **~ magaidh** (practical) joke; **~a lúith** athletics

cleasach adj artful, tricky; crafty, cunning

cleasaí nm4 trickster

cleasaíocht nf3 trickery

cleasghleacaí nm4 acrobat

cleatar nm1 clatter, rattle

cleathóg nf2 (snooker) cue

cléibh see **cliabh**

cléir nf2 clergy

cléireach nm1 clerk; altar boy;

~ siopa sales clerk

cléiriúil adj clerical

cleite nm4 feather; **bhí a chleití síos le Seán** John was crestfallen; **níor baineadh ~ as** he emerged completely unscathed; **chluinfeá ~ ag titim** you could have heard a pin drop

cleiteán nm1 (for painting) brush

cleitearnach nf2 (of wings) flutter; **~ a dhéanamh** (bird) to flutter

cleith nf2 wattle; stave, pole; **d'imigh sé idir ~ is ursain** he had a narrow escape

cléithe see **cliath**

cléithín nm4 splint

cleithiúnach adj dependent

cleithiúnaí nm4 dependant

cleithiúnas nm1 dependence; **i g~ duine** depending on sb

cliabh (gs, pl **cléibh**) nm1 chest; bosom; pannier basket; **cara cléibh** bosom friend

cliabhán nm1 cradle; **~ iompair** carrycot

cliabhrach nm1 chest

cliamhain (pl **cliamhaineacha**) nm4 son-in-law

cliant nm1 client

cliantacht nf3 clientele

cliarlathas nm1 hierarchy

cliarscoil nf2 seminary

cliath (gs **cléithe**) nf2 (Sport) hurdle; (in sock) darning; (Mus) stave, staff; **~ a chur ar rud** to darn sth

cliathán nm1 flank, side; (Sport) wing; **cliatháin** (Theat) wings; **teacht le ~** + gen to come alongside

cliathánaí nm4 (Sport) winger

cliathbhosca nm4 crate

clib nf2 tag

clibirt nf2 (Rugby) scrum(mage)

cliceáil (Comput) vi click; **~ ar** click on;

~ faoi dhó ar double-click on

cling nf2 (pl **clingeacha**) (noise) ping; clink; ring; jingle ▷ vi ping; clink; ring; jingle

clingthon nm1 (on mobile phone) ringtone

clinic nm4 clinic; **~ réamhbhreithe** antenatal clinic

cliobóg nf2 filly; **~a a chaitheamh** to play leapfrog

clíoma nm4 climate

clis vi jump; fail; **~eadh as do shuan** to wake up with a start; **chlis an carr** the car broke down; **~eadh ar dhuine** to let sb down; **chlis an chuimhne orm** my memory failed me; **chlis uirthi sa scrúdú** she failed the exam

cliseadh (gs **cliste**) nm jump, start; collapse; (Aut, Med, fig) breakdown; (mechanical etc) failure; **~ cumhachta** power failure; **~ néarógach** nervous breakdown

cliste adj clever, smart, intelligent

clisteacht nf3 intelligence

cló (pl **clónna**) nm4 form, shape; appearance, look; (letters) print; (Typ) type; **as ~** out of print; **~ iodálach** italics; **i g~ duine** in human form; **rud a chur i g~ to** print sth

clóbh nm1 (Culin: spice) clove

clóbhuail vt print

clóca nm4 cloak

cloch nf2 stone; **~ chora** stepping stone; **~ dhomlais** gallstone; **~ duirlinge** cobble; **~ mhíle** milestone; **~ thine** flint; **~a sneachta** hail(stones); **croí cloiche** heart of stone; **cúig chloch prátaí** five stone of potatoes

clochán nm1 causeway

clochar nm1 convent

clódóir nm3 printer

clódóireacht nf3 printing

clog nm1 clock; bell; (in kitchen etc) timer; **~ rabhaidh** alarm clock; **~ gréine** sundial; **7 a chlog ar maidin** 7 o'clock in the morning

clogad nm1 helmet; **~ cosanta** crash helmet

clogáil vi: **~ isteach/amach** to clock in/out

clogás nm1 belfry

cloicheán nm1 prawn; **cloicheáin fhriochta** scampi

cloigeann (pl **cloigne**) nm1 head; **bheith éadrom sa chloigeann** to be impetuous; **an ~ a chur le peil** to head a ball

cloígh[1] vt overpower, overwhelm; subdue; defeat; (thirst) quench

cloígh[2] vi: **~ le** adhere to; stay by

cloígh[1] vt print; **~ le stionsal** stencil

cloígh[2] vt: **~ le** adapt to; adjust to; accustom to

cloigín nm4 bell; **~ dorais** doorbell

cloigne see **cloigeann**

cloigtheach (gs **cloigthí**, pl **cloigthithe**) nm belfry

clóire nm4 printer

clóirín nm4 chlorine

clois (past **chuala**, vn **cloisteáil**) vt, vi hear; **ní chloisim thú** I can't hear you; **torann a chloisteáil to** hear a noise

clóis n gen as adj (animal) domestic

clóiséad nm1 cabinet, closet

cloíte adj exhausted; feeble; defeated; (deed) base

clónna see **cló**

clord nm1 gangway

clós nm1 (of house etc) yard

clóscríbhinn nf2 typescript

clóscríbhneoireacht nf3 typing, typewriting

clóscríobh vt type

clóscríobhaí nm4 typist

clóscríobhán nm1 typewriter

clóscríofa adj typewritten

clú nm4 reputation; fame; credit; **an ~ a bheith amuigh ort go** to be reputed to be; **~ a thabhú duit/do rud** to gain a reputation for o.s./ sth; **~ na tíre a sheasamh** to uphold the honour of one's country; **droch-chlú a chur ar dhuine** to defame sb; **bhí sé de chlú air go ...** he was reputed to be ...; **is maith** or **mór an ~ duit é** it is great credit to you

cluain nf3 deception; persuasion; **~ a chur ar dhuine** to deceive sb; to seduce sb

cluaisín nm4 tag, tab; **~ cait** (on page) dog-ear

cluanaire nm4 deceiver; flatterer

cluas nf2 ear; (of cup etc) handle; (Cycling) handlebar; **~ ghéar a thabhairt do rud** to listen attentively to sth; **~ le héisteacht a chur ort féin** to prick up one's ears; to listen attentively; **rud a ligean thar do chluasa** to disregard sth

cluasáin nmpl1 earphones, headphones

club (pl **clubanna**) nm4 club; **~ oíche/óige/sóisialta** night/ youth/social club

clubtheach nm clubhouse

clúdach nm1 cover; envelope; (of book) jacket; **~ crua/páipéir** hardback/paperback; **~ piliúir** pillowcase

clúdaigh vt cover, wrap

cluiche nm4 game; match; **~ a imirt** to play a game; **~ a bhaint** to win a game; **~ peile** game of football; **~ cártaí** game of cards; **~ ceannais** (Sport) final; **~**

ceannais na hÉireann the All-Ireland (Final); **~ ceathrúcheannais/ leathcheannais** quarter final/ semifinal; **na Cluichí Oilimpeacha** the Olympic Games, the Olympics

clúid (pl **clúideacha**) nf2 nook; corner; chimney-corner; **do chlúid féin** one's own home

clúidín nm4 nappy

cluimhreach nf2 feathers

cluimhrigh vt (feathers) pluck; preen

cluin (vn **cluinstin**, vadj **cluinte**, past **chuala**) vt, vi hear; **níor chuala mé é** I didn't hear him; **chluin Dia sinn!** Lord preserve us!

clúiteach adj well-known; celebrated, renowned

clúmh nm1 feathers; down; (of animal) coat; (on body) hair

clúmhach nm1 (on jacket, carpet) fluff ▷ adj fluffy; (animal etc) furry; **éirí ~** to go mouldy

clúmhilleadh (gs **clúmhillte**) nm slander

clúmhúil adj mildewed; mo(u)ldy

clupaid nf2 (in fabric) fold

cluthar adj snug

clutharaigh vt make comfortable; (news) hush up; **tú féin a chlutharú** to wrap up well

clutharaithe adj well wrapped up

cnádánach adj (person) disagreeable

cnag nm1 knock, blow; (sound) crack, crunch ▷ vt knock, strike; thump; crunch; **~ a bhualadh ar dhoras** to knock on a door

cnagadh (gs **cnagtha**) nm knocking; striking; crunching; cracking

cnagaosta adj elderly

cnagarnach *nf2* crunch; crackle, rattle; **bheith ag ~** to crackle

cnagbhruite *adj* (*Culin*) parboiled

cnaígh *vt, vi* gnaw; corrode

cnáimhseach *nf2* midwife

cnáimhseáil *nf3*: **bheith ag ~** to grumble, complain

cnaipe *nm4* button; bead; **~ a scaoileadh** to relieve o.s.; **tá a chnaipe déanta** he is done for *or* kaput

cnámh *nf2* bone; **duine a fheannadh go dtí na ~a** to flay sb to the bone; to severely castigate sb; **nuair a théann an chúis go ~ na huillinne** when it comes to the crunch; **~ droma/grua/ smiolgadáin** backbone/ cheekbone/collarbone; **lomchnámh na fírinne** the plain truth; **~a scéil** (*of story*) bare bones

cnámhach *adj* bony

cnámharlach *nm1* skeleton

cnap (*pl* **cnapanna**) *nm1* lump; heap; (dense) mass; (*of butter*) knob; **~ airgid** heap of money; **~ scamall** mass of clouds; **thit sé ina chnap codlata** he fell fast asleep

cnapach *adj* lumpy, bumpy

cnapán *nm1* lump, bump

cnapsac *nm1* knapsack

cnapshuim *nf2* lump sum

cneá (*pl* **cneácha**) *nf4* sore, wound

cnead (*pl* **cneadanna**) *nf3, vi* pant; gasp; groan

cneáigh *vt* wound

cneámhaire *nm4* rogue, crook

cneas (*pl* **cneasa**) *nm1* skin

cneasaigh *vt, vi* heal

cneasta *adj* mild; sincere; decent; (*weather*) calm

cneastacht *nf3* sincerity; mildness, gentleness; decency

cniog *nm4* rap, tap; blow

cniotáil *vt, vi* knit ▷ *nf3* knitting

cnó (*pl* **cnónna**) *nm4* nut; **~ capaill** (horse) chestnut

cnoc *nm1* hill; mountain; **~ ailse** malignant tumour; **~ oighir** iceberg

cnocach *adj* hilly

cnocadóireacht *nf3* hillwalking

cnuasach *nm1* collection; (*of artist*) portfolio

cnuasaigh *vt* collect; store

cnuasainm (*pl* **cnuasainmneacha**) *nm4* (*Ling*) collective noun

Cóc *nm4* Coke®

cóc *nm1* coke

cocáil *vt* cock; **gunna a chocáil** to cock a gun

cocaire *nm4* cocky *or* cheeky person

cócaire *nm4* cook

cócaireacht *nf3* cooking; **an chócaireacht a dhéanamh** to do the cooking

cócaireán *nm1* cooker

cócaon *nm1* cocaine

cócaráil *nf3* cooking

cóch *nm1* squall

cochall *nm1* hood; cowl; (*of plant*) pod

cochán *nm1* straw

cocnaí *nm4* cockney

cócó *nm4* cocoa; **cnó ~** coconut

cód *nm1* code; **~ diailithe** dialling code; **~ poist** postcode, zip code (*US*)

coda *see* **cuid**

codail (*pres* **codlaíonn**) *vi* sleep; **codladh go headra** to sleep in, oversleep

codán *nm1* fraction

codanna *see* **cuid**

codarsnach *adj* opposite, contrary

codarsnacht *nf3* antithesis; opposite

codladh (*gs* **codlata**) *nm3* sleep;
bheith i do chodladh to be asleep;
dul a chodladh to go to sleep; **~ a
bheith ort** to be sleepy; **dul thar
do chodladh** to go past one's
sleep; **bheith idir ~ is dúiseacht**
to be half asleep; **an ~ a bhaint
díot féin** to dispel one's tiredness;
thit a ~ uirthi she nodded off;
~ gliúragáin pins and needles;
~ faoin spéir to sleep rough;
~ thar oíche sleepover

codlaidín *nm4* opium

codlaíonn *see* **codail**

codlata *see* **codladh**

codlatach *adj* sleepy; drowsy;
dormant

cófra *nm4* press; chest;
~ tarraiceán chest of drawers

cogadh (*pl* **cogaí**) *nm1* war;
warfare; **~ a chur (ar)** to make war
(on); **~ cathartha** civil war; **Cogaí
na Croise** (*Hist*) The Crusades

cogain (*pres* **cognaíonn**) *vt, vi*
chew; gnaw; grind; **na fiacla a
chogaint** to grind one's teeth

cógaiseoir *nm3* pharmacist

cogar *nm1* whisper; **rud a rá i g~
(le)** to whisper sth (to); **~ an
philiúir** pillow talk; **~ mé seo
(leat)** tell me now confidentially

cogarnach *nf2*: **bheith ag ~**
whispering

cógas *nm1* medication; medicine

cógaslann *nf2* pharmacy

cognaíonn *see* **cogain**

coguas *nm1* soft palate; cavity

coibhéis *nf2* equivalent

coibhéiseach *adj* equivalent

coibhneas (*pl* **coibhneasa**) *nm1*
relationship; ratio; proportion

coibhneasta *adj* (*also Ling*) relative;
comparative

coicís *nf2* fortnight

coicísiúil *adj* fortnightly

coigeartaigh *vt* adjust

coigeartú *nm* adjustment

coigil (*pres* **coiglíonn**) *vi* save (up),
economize ▷ *vt* save (up); (*fire*)
bank up

coigilteach *adj* economical

coigistigh *vt* confiscate

coigríoch *nf2* foreign parts; **ar an
g~** abroad

coileach *nm1* (*rooster*) cock, rooster;
male bird; **~ gaoithe** weathercock

coileán *nm1* pup

coiléar *nm1* collar

coilí *nm4* collie

coiliceam *nm1* colic

coilíneach *adj* colonial ▷ *nm1*
colonist

coilíneacht *nf3* colony

cóilis *nf2* cauliflower

coill[1] (*pl* **coillte**) *nf2* forest; wood

coill[2] *vt* (*cat etc*) neuter; (*sanctuary,
law*) violate

coillteach *adj* wooded

coim *nf2* waist; middle; cover; **faoi
choim** under cover, in secret; **faoi
choim na hoíche** under cover of
darkness

coimeád *nm* (*gs* **coimeádta**)
observance, adherence;
maintenance; detention ▷ *vt* keep;
observe, adhere to; maintain;
detain; **na rialacha a choimeád**
to keep the rules; **do ghealltanas
a choimeád** to keep one's promise;
príosúnach a choimeád to guard
a prisoner; **rud a choimeád duit
féin** to keep possession of sth;
cuntas a choimeád to keep an
account; **páistí a choimeád i
ndiaidh am scoile** to detain
children after school; **páistí a
choimeád ón scoil** to keep
children back from school

cóiméad *nm1* comet

coimeádach *adj*, *nm1* conservative; **C~** (*Pol*) Conservative

coimeádaí *nm4* keeper

coimeádán *nm1* container, holder

cóimeáil *nf3* (*fitting together*) assembly ▷ *vt* (*parts*) assemble

coiméide *nf4* comedy

cóimheá *nf4* balance

coimhéad (*gs* **coimhéadta**) *nm* guard, watch; observation ▷ *vt*, *vi* (*match, TV etc*) watch; observe, spy on; guard; be careful (of), watch out (for)

coimhéadaí *nm4* observer

coimheascar *nm1* combat

cóimhiotal *nm1* alloy

coimhlint *nf2* competition, contest; rivalry; **bheith ag ~ le duine (le haghaidh** + *gen*) to compete with sb (for)

coimhlinteach *adj* competitive

coimhthíoch *nm1* foreigner; alien; stranger, outsider ▷ *adj* alien; foreign; strange, unfamiliar; (*food*) exotic; (*person*) distant

coimhthíos *nm1* shyness; alienation; **~ a dhéanamh le duine** to make strange with sb

coimín *nm4* common (land)

coimirce *nf4* protection; patronage

coimirceoir *nm3* guardian; patron; sponsor

coimisinéir *nm3* commissioner

coimisiún *nm1* commission

coimisiúnaigh *vt* commission

coimpléasc *nm1* complex, fixation; constitution

coimre *see* **comair**

coimrigh *vt* sum up, summarize

coimrithe *adj* abbreviated, shortened

coinbhinsiún *nm1* convention

coinbhinsiúnach *adj* conventional

coincheap (*gs, pl* **coincheapa**) *nm3* concept

coincleach *nf2* mildew; (blue) mould

coincréit *nf2* concrete; **~ threisithe** reinforced concrete

coincréiteach *adj* (*floor etc*) concrete

cóineartaigh *vt* (*Rel*) confirm

cóineartú *nm* (*Rel*) confirmation

coineascar *nm1* twilight, dusk

coinfití *nm4* confetti

coinicéar *nm1* (*of rabbits*) warren

coinín *nm4* rabbit

coinleach *nm1*: **~ féasóige** (*beard*) stubble

coinlín *nm4*: **~ reo** icicle

coinne *nf4* appointment; date; **faoi choinne** + *gen* for; **i g~** + *gen* opposed to; **cur i g~** + *gen* to object to; **os ~** + *gen* in front of; **gan choinne** unexpectedly; **os a choinne sin** on the other hand

coinneáil *nf3* retention; (*Scol*) detention; (*rule*) observance; **le ~** for keeps

coinneal (*gs, pl* **coinnle**) *nf2* candle; **solas coinnle** candlelight; **coinnle corra** bluebells

coinneálach *adj* retentive; **cuimhne choinneálach** retentive memory

coinnealbhá *nm4* excommunication

coinnigh *vt* keep, maintain; hold (onto); retain; detain; (*hotel, house*) run; (*holiday*) observe; **deoch a choinneáil le duine** to ply sb with drink; **~ greim ar an téad** hold onto the rope; **cuntas a choinneáil (ar)** to keep an account (of); **cúl a choinneáil ar dhuine** to hold sb back; **do fhocal a choinneáil** to keep one's word;

súil a choinneáil ar to watch, observe, monitor; **~ ort (ag caint)** keep on (talking); **coinneáil le rud** to keep at sth; **coinneáil ó** to refrain from; **rud a choinneáil siar** to withhold sth

coinníoll (pl **coinníollacha**) nm1 condition, requirement; pledge, honour; (Comm) term; **ar choinníoll (go)** provided (that); on condition (that)

coinníollach adj conditional

coinnle see **coinneal**

coinnleoir nm3 candlestick; **~ craobhach** chandelier

coinscríofach nm1 conscript

coinséartó nm4 concerto

coinsias nm3 conscience; **broideadh ~a** a twinge of conscience

coinsiasach adj conscientious

coinsíneacht nf3 consignment

coinsínigh vt consign

cointinn nf2 contention

cointinneach adj quarrelsome

coip vt, vi ferment; foam; (Culin) whip; **bhí a chuid fola ag ~eadh** his blood was boiling

cóip (pl **cóipeanna**) nf2 copy; **~ a dhéanamh de rud** to make a copy of sth; **~ Xéireacs** photocopy

cóipcheart (pl **cóipchearta**) nm1 copyright

coipeach adj frothy, foamy

coipeadh (gs **coipthe**) nm foam; froth; (of soap etc) lather

cóipeáil nf3 copying

cóipleabhar nm1 copybook; jotter, exercise book

coipthe adj (sea) choppy; see also **coipeadh**

coir (pl **coireanna**) nf2 crime, offence; (on person) harm; **~ a dhéanamh** to commit a crime;

duine gan choir a harmless person; **níl ~ inti** she is harmless

cóir nf3 (pl **córacha**) justice; due, share; accommodation; gear, equipment; favourable wind ▷ adj (gsm **cóir**, gsf, pl, compar **córa**) just; proper; honest; **an ~ a dhéanamh** to do what is just; **~ mhaith a chur ar aoi** to treat a guest well; **~ chodlata** sleeping accommodation; **tá an chóir leo** the wind is with them; **(de or a) chóir an dorais** near the door; **(de) chóir a bheith réidh** nearly ready; **an chóir** the wherewithal; **praghas ~** fair price; **mar is ~** properly; **thar an chóir** over the limit; **ba chóir dom dul** I should go/have gone; **~ a chur ar rud** to fix sth

coirce nm4 oats

coirceog nf2 beehive; hive; cone

coire nm4 cauldron; boiler; pit; **~ guairneáin** whirlpool

Cóiré nf4: **an Chóiré** Korea; **an Chóiré Thuaidh/Theas** North/South Korea

cóireáil nf3 (Med) treatment; **~ mhíochaine** medical treatment

coiréal nm1 coral

coireanna see **coir**

coiriandar nm1 coriander

cóirigh vt, vi fix, mend; (music) arrange; (wound) dress; (food) prepare; (hair) do; (person) dress (up); **tú féin a chóiriú** to dress up; **leaba a chóiriú** to make a bed

cóiríocht nf3 accommodation; equipment, facilities

cóirithe adj tidy; fixed; (person) done up; see also **cóiriú**

cóiriú (gs **cóirithe**) nm repair; (Med) dressing; (Mus) arrangement; **~ bróg** shoe repairs

cóiriúil *adj* favourable; suitable

coirloscadh (*gs* **coirloiscthe**) *nm* arson

coirm (*pl* **coirmeacha**) *nf2* party; **~ cheoil** concert

coirnéad *nm1* (*Mus*) cornet

coirnéal[1] *nm1* corner; **~ caoch** blind corner

coirnéal[2] *nm1* colonel

coirnín *nm4* (*in hair*) curl; (*decorative*) bead; **~í a chur i gcuid gruaige duine** to curl sb's hair

coirníneach *adj* curly

coirpeach *nm1* criminal; villain

coirt (*pl* **coirteacha**) *nf2* coating, scum; (*of tree*) bark; (*in kettle etc*) fur

cois *see* **cos**

coisbheart (*pl* **coisbhearta**) *nm1* footwear

coisc (*vn* **cosc**) *vt, vi* prevent; prohibit; stop; (*emotion*) restrain; (*tide*) stem; (*Fin*) freeze; (*Aut*) brake; **rud a chosc** to prohibit sth; **duine a chosc ar rud a dhéanamh** to prevent sb from doing sth

coiscéim (*pl* **coiscéimeanna**) *nf2* (foot)step, pace; **ar do choiscéim** while passing; **~ ar choiscéim le** step for step with; **do choiscéim a ghéarú** to quicken one's step; **filleadh ar do choiscéim** to retrace one's steps

coiscín *nm4* contraceptive

coiscriú *nm* disturbance; alarm; **~ a chur faoi dhuine** to disturb sb

coisctheach *adj* preventive; deterrent

coisear *nm1* kosher; **bia coisir** kosher food

coisí *nm4* pedestrian; (*Mil*) infantryman

coisíocht *nf3* walking

cóisir *nf2* party; banquet; **gorta nó ~** feast or famine; **~ mhanglaim** cocktail party

coisreacan *nm1* blessing; consecration

coisric *vt* bless; consecrate; **tú féin a choisreacan** to bless yourself

coisricthe *adj* holy; blessed; **uisce ~** holy water

coiste *nm4* committee, board; jury; **~ cróinéara** (coroner's) inquest

cóiste *nm4* coach, carriage; pram; stagecoach; **~ na marbh** hearse; **~ codlata** sleeping car

coiteann *adj* common; **dlí ~** common law

coitianta *adj* common(place), usual, ordinary; popular; widespread; **nós ~** widespread custom; **go ~** generally; commonly

coitiantacht *nf3* ordinary people, common people; normal practice; **ar mhaithe leis an g~** for the common good

coitinne *nf4* generality; **i g~** in general

col (*pl* **colanna**) *nm1* aversion, dislike; degree of kinship; **a chol agus a bhá** his likes and dislikes; **ciorrú coil** incest; **~ ceathar** or **ceathrair/seisir** first/second cousin; **tá ~ aige leis an obair** he dislikes the work

colainn (*pl* **colainneacha**) *nf2* (*living*) body, torso; (*Rel*) flesh; **peacaí na ~e** sins of the flesh; **i g~ dhaonna** incarnate; **~ gan cheann** headless body

coláiste *nm4* college; **~ oiliúna** training college

colaistéaról *nm1* cholesterol

colbha *nm4* edge, side; **shuigh sí ag ~ na leapa** she sat by the bed; **~ an bhealaigh** edge of the road

colg nm1 anger; blade; (of sword) point; (Biol) dorsal fin; **~ a chur ar dhuine** to annoy sb; **tá ~ air** he is raging

colgach adj angry

colgán nm1 swordfish

coll nm1 hazel; **crann/cnó coill** hazel tree/hazelnut

collach nm1 boar

collaí adj carnal, sexual; sensual

colm¹ nm1 dove

colm² nm1 scar; **~ a fhágáil ar** to scar

colmán nm1 dove

colmóir nm3 hake

Colóim nf2: **an Cholóim** Colombia

colpa nm4 (Anat) calf

colscaradh (gs **colscartha**, pl **colscarthaí**) nm divorce

colún nm1 column; pillar; **~ pearsanta** personal column

colúnaí nm4 columnist

colúnáid nf2 colonnade

colúr nm1 pigeon; **~ frithinge** homing pigeon

cóma nm4 coma

comair (gsf, pl, compar **coimre**) adj neat; trim; (style) concise, laconic

comaitéir nm3 commuter

comaoin¹ (pl **comaoineacha**) nf2 favour; obligation, debt; compliment; return of favour; **bheith faoi chomaoin ag duine as rud** be indebted or obliged to sb for sth; **gan chomaoin** without obligation; **~ a láimhe féin a thabhairt do dhuine** to pay sb back in kind

comaoin² (pl **comaoineacha**) nf2 (spiritual etc) communion

comaoineach nf4 communion; **An Chomaoineach Naofa** Holy Communion

comh- prefix joint, common; fellow; equal

comha nf4 safeguard; indemnity

comhábhar nm1 ingredient; component part

comhad nm1 (also Comput) file; **~ cúltaca** backup file

comhadchaibinéad nm1 filing cabinet

comhaimseartha adj modern; topical

comhaimsir nf2: **lucht a ~e** her contemporaries

comhainmneoir nm3 (Math) common denominator

comhair in prep phrases: **os ~** + gen in front of, opposite; **os ~ an tsaoil** openly, publicly; **faoi chomhair** + gen, **i g~** + gen for, intended for; **i g~ an lóin** for lunch; **i g~ na hoíche** for the night; **plean a chur os ~ an phobail** to unveil a scheme

comh-aireacht nf3 (Pol) cabinet; **~ fhreasúra** shadow cabinet

comhaireamh nm1 count; calculation

comhairle nf4 advice; council; **~ a chur ar dhuine** to advise sb; **~ duine a dhéanamh** or **a ghlacadh** to follow sb's advice; **dul i g~ le duine** to consult sb; **bheith ar do chomhairle féin** (person) to be independent; **idir dhá chomhairle (faoi)** undecided (about); **déan do chomhairle féin** please yourself!; **níl ~ air** he will not listen to reason; **~ baile** town council; **Ceann C~** (Irl: Pol) the Speaker

comhairleach adj, nm1 consultant

comhairleoir nm3 councillor; consultant; counsellor

comhairligh vt advise; **rud a chomhairliú do dhuine** to advise sb to do sth

cómhaith *nf2* equal; parallel; **níl a chómhaith i mBéarla** it has no parallel in English

cómhalartach *adj* reciprocal

cómhalartaigh *vt* reciprocate

comhalta *nm4* fellow, member

comhaltacht *nf3* fellowship

comhaltas *nm1* membership; association

comhaois *nf2* equal *or* similar age; **lucht mo chomhaoise** my peers, my own age group; **tá mé ar ~ leis** I am the same age as him

comhaontas *nm1* alliance, concord; **An C~ Glas** The Green Party

comhaontú *nm* agreement, accord; pact; unification; **C~ Angla-Éireannach** Anglo-Irish agreement

comhar *nm1* cooperation, collaboration; teamwork; **dul i g~ le duine (i rud)** to cooperate *or* combine with sb (in sth); **tá teach i g~ acu** they have a house between them; **an ~ a chúiteamh le duine** to return a favour *or* compliment to sb; **~ na g~san** *system of cooperation among neighbours*

comharba *nm4* successor

comharbas *nm1* succession

comharchumann *nm1* cooperative (society)

comhardaigh *vt* equalize; (*account etc*) balance

comhardú *nm* balance; **~ na trádála** balance of trade

Cómhargadh *nm1*: **An ~** the Common Market

comharsa (*gs, gpl* **comharsan**, *pl* **comharsana**) *nf* neighbour

comharsanacht *nf3* (*place*) neighbourhood; vicinity; (*of person*) neighbourliness

comhartha *nm4* sign, signal; gesture, symbol; mark; emblem; omen; **ina chomhartha ar** indicative of; **~ bóthair** road sign; **~ ceiste** question mark; **~ cille** birthmark; **~ guaise** distress signal; **~í sóirt** (*of person*) features; description; **~í athfhriotail** quotation marks, quotes; **~ a dhéanamh** to signal

comharthaigh *vt* indicate; signify; designate

comhbhá *nf4* sympathy

comhbhrí *nf4*: **ar ~ (le)** (*meaning*) equivalent (to)

comhbhrón *nm1* condolence; sympathy; **~ a dhéanamh le duine** to give one's condolences to sb

comhbhrúigh *vt* compress

comhbhrúiteán *nm1* compress

comhbhruith *vt* concoct ▷ *nf* (*gs* **comhbhruite**) concoction

comhbhuainteoir *nm3* combine (harvester)

comhchaidreamh *nm1* association

comhcheangail *vt, vi* join, combine

comhcheangailte *adj* joined, united; (*Sport*) muscle-bound

comhcheangal *nm1* combination, association; **~ smaointe** association of ideas

comhcheilg (*pl* **comhchealga**, *gpl* **comhchealg**) *nf2* plot, conspiracy

comhchéim *nf2* matching step; **ar ~ le** on a par with, on equal terms with

comhchiallach *nm1* synonym

comhchoirí *nm4* accomplice

comhchoiteann *adj* communal; collective; general

comhchosúil *adj* matching, identical; similar

comhchuntas *nm1* joint account
comhdháil *nf3* conference; (*gathering*) convention, congress
comhdhéan *vt* constitute, make up
comhdhéanamh *nm1* composition, structure, make up
comhdheas *adj* ambidextrous
comhdhlúthaigh *vt, vi* condense; compact
comhdhlúthú *nm* condensation
comhdhúil *nf2* (*Chem*) compound
comhdhuille *nm4* counterfoil
comhéadan *nm1* (*Comput*) interface
comhfhiontar *nm1* (*Comm*) joint venture
comhfhios *nm3* (*Phil*) consciousness
comhfhiosach *adj* (*Phil*) conscious
comhfhocal *nm1* (*Ling*) compound (word)
comhfhreagracht *nf3* correspondence; joint responsibility
comhfhreagraí *nm4* correspondent
comhfhreagras *nm1* correspondence; **cúrsa comhfhreagrais** correspondence course
comhghairdeas *nm1* congratulation; **~ a dhéanamh le duine (faoi** *or* **as)** to congratulate sb (on)
comhghlasáil *vt, vi* interlock
comhghleacaí *nm4* colleague; fellow; equal, peer
comhghnás *nm1* convention; protocol
comhghnásach *adj* conventional
comhghuaillí *nm4* ally; **na Comhghuaillithe** the Allies
comhiomlán *adj, nm1* aggregate

comhionann *adj* identical; uniform
comhionannas *nm1* equality
comhla *nf4* door leaf; shutter; valve; **~ bheag** service hatch, hatch; **~ thógála** trap door; **~ sceite** safety valve
comhlach *adj, nm1* associate
comhlachas *nm1* (*Comm*) association
comhlacht *nm3* firm, company; **~ corpraithe/poiblí** incorporated/ public company; **~ teoranta** limited (liability) company
comhlánaigh *vt* complete; complement
comhlann *nf2* contest; fight
comhlathas *nm1* commonwealth; **an C~** the Commonwealth
comhlíon *vt* fulfil; carry out; (*rules etc*) observe, comply with; (*duties*) perform; (*purpose*) serve; **dualgas a chomhlíonadh** to fulfil an obligation; **riail a chomhlíonadh** to observe a rule
comhlíonadh (*gs* **comhlíonta**) *nm* fulfilment; completion
comhluadar *nm1* company; family, household
comhoibrí *nm4* workmate
comhoibrigh *vi*: **~ (le)** cooperate (with); collaborate (with)
comhoibritheach *adj* cooperative
comhoibriú *nm* cooperation
comhoideachais *n gen as adj* coeducational
comhoiriúnach *adj* compatible; matching
comhordaigh *vt* coordinate
comhordanáidí *nfpl2* coordinates
comhordanáidigh *vt* (*Math*) coordinate
comhpháirt *nf2* component, part; **i g~ (le)** jointly, in partnership (with)

comhpháirtí nm4 associate; colleague

comhphobal nm1 community; **An C~ Eorpach** The European Community, EC

comhrá (pl **comhráite**) nm4 conversation, talk; chat; **~ a dhéanamh** to have a conversation; (on the internet) to chat; **~ a chur ar dhuine** to begin talking to sb; **~ cailleach** old wives' tales; **~ite** negotiations

comhrac nm1 fight; fighting; combat

comhraic vt, vi encounter

comhráite see **comhrá**

comhráiteach adj colloquial; conversational ▷ nm1 conversationalist

comhramh nm1 trophy

comhréir nf2 proportion; syntax; **i g~ (le)** proportional (with)

comhréireach adj proportional; syntactic(al)

comhréiteach nm1 compromise; settlement; agreement

comhréitigh vt, vi compromise; settle; agree

comhriachtain nf3 (sexual) intercourse; copulation

comhrialtas nm1 (Pol) coalition

comhrian nm1 (on map) contour

comhscór nm1 (Sport) draw

comhshamhlaigh vt assimilate

comhsheasmhacht nf3 consistency

comhshuaitheadh (gs **comhshuaite**) nm (Med) concussion

comhshuíomh nm1 (atmosphere etc) composition; **briathar comhshuite** (Ling) compound verb

comhtharlaigh vi coincide

comhtharlú nm coincidence

comhtháthaigh vt, vi integrate; fuse; merge

comhthéacs nm4 context; **rud a ghlacadh as a chomhthéacs** to take sth out of context

comhthionól nm1 congress; assembly; (Rel) community; cluster

comhthíreach nm1 compatriot

comhtholgadh (gs **comhtholgtha**) nm concussion

comhthreomhar adj parallel

comhthuiscint nf3 understanding; rapport

comóir vt, vi celebrate; escort, accompany; **duine a chomóradh amach** to show sb out

comónta adj common, ordinary

comóradh nm1 celebration; escort

comórtais n gen as adj competitive; **cluiche ~** competitive game

comórtas nm1 competition; contest; comparison; **~ iascaireachta/ceoil** fishing/music competition; **dul i g~ le** to compete with; **rud a chur i g~ (le)** to compare sth (with); **i g~ le** in comparison with

compánach nm1 companion, chum; comrade

compánachas nm1 companionship

comparáid nf2 comparison; likeness; **capall a chur i g~ le hasal** to compare a horse to a donkey

comparáideach adj (also Ling) comparative

compás nm1 compass; circumference; **as ~** out of order; (boat) off course

complacht nm3 (Mil) company

compord nm1 comfort

compordach adj comfortable

comrádaí nm4 comrade; pal, mate

comrádaíocht nf3 comradeship;
bheith ag ~ le duine to pal or hang
about with sb
común nm1 commune
con see **cú**
cón nm1 cone; (ice cream) cornet
conablach nm1 remains; carcass
conách nm1 success; wealth; **a
chonách sin ort!** (ironic) it serves
you right!
cónaí (gs, pl **cónaithe**) nm
residence, dwelling; repose, peace;
scoil chónaithe boarding school;
ceantar cónaithe residential area;
dul a chónaí (i) to go to live (in);
bheith i do chónaí (i) to reside
(in); **dul faoi chónaí** to go to rest;
i g~ always, constantly; still
cónaidhm (pl **cónaidhmeanna**) nf2
federation
cónaidhme n gen as adj (state etc)
federal
cónaigh vi live; reside; settle
conáil vt, vi freeze; perish;
chonálfadh sé na corra it is
freezing
conáilte adj freezing; **bheith ~** to
be frozen stiff
conairt (pl **conairteacha**) nf2 pack
(of hounds); (people) rabble
cónaisc vt merge; amalgamate;
federate
cónaithe see **cónaí**
cónaitheach adj resident;
constant, permanent; **post ~**
permanent post
cónaitheoir nm3 resident; (in
asylum etc) inmate
conamar nm1 fragments
conartha, conarthaí see **conradh**
conas adv how; **~ tá tú?** how are
you?; **~ a d'éirigh leat?** how did
you manage?
cónasc nm1 link, connection;

(Ling) conjunction
concas nm1 conquest
conchró (pl **conchróite**) nm4
kennel
conduchtaire nm4 conductor;
~ tintrí lightning conductor
confach adj bad-tempered; (dog)
rabid; vicious
confadh nm1 rabies; bad temper,
rage
cóngar nm1 proximity; shortcut;
i g~ na siopaí within reach of the
shops; **dul an ~** to take the
shortcut
cóngarach adj near; convenient;
approximate; **~ (do)** near (to);
bheith ~ duit féin to be egocentric
or selfish
conlaigh vt gather; scrape
together; glean
conlán nm1 collection; **rud a rá as
maoil do chonláin** to say sth on
the spur of the moment; **bheith ar
do chonlán féin** to be
independent, be providing for o.s.
Connachta (gpl **Connacht**) nmpl
(also: **Cúige Chonnacht**)
Connacht
Connachtach adj Connacht ▷ nm1
Connacht man/woman
connadh nm1 firewood; fuel
cónra nf4 coffin, casket (US)
conradh (gs **conartha**, pl
conarthaí) nm contract; treaty;
bargain; (association) league;
~ síochána peace treaty; **C~ na
Gaeilge/Talún** The Gaelic/Land
League; **C~ na Náisiún** League of
Nations; **fuair tú ~ maith** you got
a good bargain
conraitheoir nm3 contractor
consal nm1 consul
consalacht nf3 consulate
consan nm1 consonant

consól nm1 (Comput) console

conspóid nf2 controversy; argument, dispute

conspóideach adj controversial

constábla nm4 constable

constáblacht nf3 constabulary

constaic nf2 obstacle, barrier; impediment

contae (pl **contaetha**) nm4 county

contrabhanna nm4 contraband

contráilte adj wrong; incorrect; contrary; **tá sin ~ agat** you've got it wrong; **an taobh ~** the wrong side

contralt nm1 contralto

contrártha adj contrary; opposite

contrárthacht nf3 contrast; **i g~ le** in contrast with

contráth nm3 dusk

contúirt nf2 danger, peril; **i g~** in danger; **slán ó chontúirt** out of harm's way

contúirteach adj dangerous, risky; unsafe

cor (pl **cora**) nm1 turn; (Fishing) haul; (dance, Mus) reel; **~ bealaigh a chur ort féin** to take a detour, go out of one's way; **~ cainte** idiom, turn of phrase; **~ poist** mailshot; **~ coise a thabhairt do dhuine** to trip sb; **~ a chur i scéal** to distort a story; **~ a thabhairt do duine** to give sb the slip; **~ a chur i saol duine** to change the course of sb's life; **~a crua an tsaoil** the hardships of life; **is oth liom do chor** I am sorry for your predicament; **tá ~ san fheoil** the meat is off; **ar aon chor** at any rate, anyway; **ar chor ar bith, in aon chor** at all

cór¹ nm1 choir; chorus

cór² nm1 corps; **~ taidhleoireachta** diplomatic corps

cora nf4 weir; see also **cor**

coradh (gs **cortha**, pl **corthaí**) nm (in road, river) bend, turn

coraí nm4 wrestler

coraintín nm4 quarantine

coraíocht nf3 wrestling; **bheith ag ~ (le duine)** to wrestle or struggle (with sb)

córam nm1 quorum

Córan nm4: **An Córán** the Koran

córas nm1 system; setup; (Pol) régime; **~ deachúlach** decimal system

córasach adj systematic

corc nm1 cork

Corcaigh (gs **Chorcaí**) nf2 Cork

corcairdhearg adj, nm1 crimson

corcairghorm adj, nm1 (colour) violet

corcán nm1 pot

corcra adj, nm4 purple

corcscriú nm4 corkscrew

corda nm4 cord, string; (Mus) chord; (fabric) cord, corduroy

Corn nm1: **~ na Breataine** Cornwall

corn¹ vt roll (up), coil; wrap

corn² nm1 (Mus) horn; beaker; (Sport) cup; (Racing) plate

corna nm4 coil, roll; bale; (contraceptive): **an ~** the coil

cornchlár nm1 sideboard

cornphíopa nm4 hornpipe

coróin (gs **corónach**, pl **corónacha**) nf crown; **C~ Mhuire** rosary beads; **bheith i g~** to reign; **teacht i g~** to accede to the throne

coróineach nf2 carnation

corónaigh vt crown

corónú nm coronation

corp nm1 body; corpse, remains; **~ agus anam** body and soul; **~ na fírinne** the very truth; **~ eaglaise** nave

corpán nm1 corpse, body

corparáid *nf2* corporation

corparáideach *adj* corporate

corpartha *adj* bodily

corpoideachas *nm1* physical education, PE

corr¹ (*gsm* **corr**) *adj* odd; eccentric; kinky; **an ceann ~** the odd one out; **an t-éan ~** the odd man out

corr² *nf2* heron; **~ bhán** stork; **~ mhóna** crane

corr- *prefix* odd-, occasional

corrabhuais *nf2* confusion

corrabhuaiseach *adj* confused

corrach *adj* unsettled; restless; unsteady; (*times*) troubled, uncertain

corradh *nm*: **~ le** *or* **agus** more than

corraí *nm* excitement

corraigh *vt, vi* move, shift, stir; agitate; disturb; excite, thrill

corrail *nf3* stir; excitement, thrill; hype

corraithe *adj* excited; (*sea*) choppy

corraitheach *adj* exciting, thrilling; touching, moving

corrán *nm1* sickle; crescent; (*Geog*) hook; **~ gealaí** crescent moon

corrlach *nm1* (*in betting*) odds

corrmhéar *nf2* index finger, forefinger

corrmhíol (*pl* **corrmhíolta**) *nm1* midge

corróg *nf2* (*Anat*) hip

corrthónach *adj* restless, fidgety

corruair *adv* occasionally; sometimes

Corsaic *nf2*: **an Chorsaic** Corsica

cortha *adj* exhausted; *see also* **coradh**

corthaí *see* **coradh**

córúil *adj* choral

cos (*ds* **cois**) *nf2* leg; foot; (*of knife etc*) handle; (*of a glass*) stem; **de chois** on foot; **~ sicín** leg of

chicken; **do chosa a bhreith leat** to make one's getaway; **ar ~a in airde** at a gallop; **de shiúl na g~** on foot; **bheith ag tarraingt na g~** to shuffle one's feet; **rud a dhéanamh in éadan do chos** to do sth unwillingly; **rud a chur faoi chois** to suppress sth; **buail ~ air** keep it quiet; **cois +** *gen*, **de chois +** *gen*, **i gcois +** *gen* beside, along; **siúl cois na farraige** to walk along the shore; **le cois +** *gen* as well as, in addition to; **lena chois sin** besides; **ar cois** afoot; **cad é atá ar cois?** what's up?

cosain (*pres* **cosnaíonn**) *vt* defend, protect; vindicate; cost; **duine a chosaint** to defend sb; **chosain sé í** he stuck up for her; **chosain an leabhar 10 euro** the book cost 10 euros

cosaint (*gs* **cosanta**) *nf3* defence, protection; safeguard; **Aire Cosanta** Minister of Defence; **dul ar do chosaint** to go on the defensive

cosán *nm1* path, footpath; pavement, sidewalk (*US*); track, trail

cosanta *n gen as adj* (*clothing etc*) protective

cosantach *adj* defensive, protective

cosantóir *nm3* protector; (*Sport*) defender; (*Law*) defendant; (*Aut*) bumper

cosc *nm1* prohibition; prevention; deterrent; ban; **~ a chur ar rud** to ban sth, prohibit sth; *see also* **coisc**

coscair (*pres* **coscraíonn**) *vt, vi* thaw; disintegrate; shatter; hack; mangle; (*person*) distress, shock

coscairt (*gs* **coscartha**) *nf3* thaw; defeat, overthrow; slaughter;

tháinig an choscairt it thawed

coscán *nm1* brake; **~ láimhe/coise** handbrake/footbrake; **na coscáin a theannadh** to put the brakes on

coscrach *adj* harrowing, distressing; (*victory, defeat*) overwhelming

coslia (*pl* **coslianna**) *nm4* chiropodist

cosmaid *nf2* cosmetic

cosnaíonn *see* **cosain**

cosnochta *adj* barefoot

cósta *nm4* coast

costas *nm1* cost; expense; **cuid is ~** food and expenses

costasach *adj* costly, expensive

cóstóir *nm3* rambler; (*vehicle*) coaster; **~ roithleáin** roller coaster

cosúil *adj* like; alike; **~ (le)** similar (to); **is ~ go ...** it appears that ...; **tá siad ~ le chéile** they are alike

cosúlacht *nf3* likeness; resemblance; appearance; semblance; **i g~** in appearance, seemingly; it seemed that; **de réir ~a** on the face of it, apparently; **tá an uile chosúlacht go ...** there is every likelihood that ...; **tá ~ na fírinne air** it appears to be the truth, it seems likely

cóta *nm4* coat; kilt; **~ báistí** raincoat; **~ fionnaidh** fur coat; **~ mór/seomra** overcoat/housecoat

cotadh *nm1* shyness

cothabháil *nf3* maintenance

cothaigh *vt* feed; sustain; (*financially etc*) support; (*trouble etc*) stir up

cothroime *nf4* evenness

cothrom *adj* equal, even; (*surface*) flat, level; (*decision etc*) fair, just ▷ *nm1* level; balance; equal(ity); fairness; **baineadh dá ~ í** she lost her balance; **~ na féinne** fair play;

i g~ le on a par with; **bheith ~ le** to be even with; **cluiche ~** (*Sport*) a draw

cothromaigh *vt* even (up), level (off); balance; (*Sport*) equalize

cothromaíocht *nf3* evenness; balance; equilibrium

cothrománach *adj* horizontal

cothromóid *nf2* (*Math*) equation

cothú *nm* nourishment, sustenance; maintenance; promotion; **~ cothrom** balanced diet; **~ ealaíon** promotion of arts

cothúil *adj* nourishing, sustaining

cotúil *adj* bashful, shy; self-conscious

crá *nm4* anguish, distress; torment; bother; **~ croí** (*inf*) nuisance, pain in the neck

craein (*gs* **craenach**) *nf* (*machine*) crane

crág *nf2* large paw *or* hand; (*Aut*) clutch; **~ airgid** a handful of money

craic (*pl* **craiceanna**) *nf2* (*fun*) crack; company; **tá ~ mhaith leis** he's good crack; he's a good sport

craiceann (*pl* **craicne**) *nm1* skin; hide, pelt; (*of bacon, cheese*) rind; (*of fruit, potato*) peel; (*fig*) veneer; **~ caorach** sheepskin; **~ istigh** inside out; **an ~ a bhaint d'oráiste** to peel an orange; **~ a bhualadh le duine** to have sex with sb; **~ a chur ar scéal** to embroider a story; (*road*) surface; **tá ~ na fírinne ar an scéal** the story rings true

craicear *nm1* (*biscuit*) cracker

cráifeach *adj* religious, devout

cráifeacht *nf3* piety

cráifisc *nf2* crayfish

cráigh *vt* torment, distress; annoy; **ná bí do mo chrá** don't annoy me

cráin (*gs* **cránach**, *pl* **cránacha**) *nf* sow

cráite adj tormented, tortured; annoying, exasperating; **saol ~** miserable life

crampa nm4 cramp

cranda adj stunted

crandaí nm4 hammock; **~ bogadaí** seesaw

crangaid nf2 winch, crank

crann nm1 tree; (Radio etc) mast; pole; handle, shaft; **~ gallchnó/ castán** walnut/chestnut (tree); **~ ológ/plána** olive/plane (tree); **~ síorghlas** evergreen (tree); **~ teile/úll** lime/apple (tree); **~ brataí** flagpole; **~ cosanta** defender, champion; **~ fuinte** rolling pin; **~ seoil** mast; **~ tabhaill** sling; **~ taca** mainstay; **~ tógála** crane; **crainn a chaitheamh (ar rud)** draw lots (for sth), toss up (for sth); **teacht i g~** to reach maturity, develop fully; **dul as do chrann cumhachta** to lose control of o.s., fly off the handle; **é a thitim ar do chrann rud a dhéanamh** to have it fall to one's lot to do sth

crannchur nm1 lottery; raffle

crannóg nf2 pulpit, rostrum; (Hist) crannog, wooden lake fort; (Naut) crow's nest

craobh (pl **craobhacha**, gpl **craobh**) nf2 branch; bough; (Sport) championship; **~ ghinealaigh** genealogical tree; **dul le ~acha** to go mad; **~ an chontae** the county championship

craobhchomórtas nm1 championship

craobhóg nf2 twig; sprig

craobhscaoil vt, vi broadcast; propagate

craobhscaoileadh (gs **craobhscaoilte**) nm propagation

craol vt announce ▷ vt, vi broadcast; (signal) send out

craolachán nm1 broadcasting; **stáisiún craolacháin** broadcasting station

craoladh (gs **craolta**, pl **craoltaí**) nm broadcast

craoltóir nm3 broadcaster

craos nm1, nm1 gullet; greed, gluttony; **~ a dhéanamh (ar)** to gorge o.s. (on)

craosach adj ravenous; gluttonous

craosaire nm4 glutton

craosfholc vt, vi gargle

crap vt, vi contract; shrink

crapadh nm contraction; shrinkage

crapall nm1 restriction; fetter

craplaigh vt cripple

craptha adj stilted; cramped

cráta nm4 crate

cré¹ (pl **créanna**) nf4 clay; earth, soil; ash; **~ bhruite** terracotta; **earraí ~** earthenware

cré² (pl **créanna**) nf4 creed

creach vt; vi loot, plunder; ransack, rifle; prey on; assault, mug ▷ nf2 (of stolen goods etc) haul; loot; spoils; (animal) prey, quarry; **ainmhí creiche** beast of prey

creachadh (gs **creachtha**, pl **creachthaí**) nm plunder; ruin(ation)

creachadóir nm3 plunderer; looter

creachadóireacht nf3 plundering; looting

créacht nf3 wound, gash

créafóg nf2 clay

creagach adj rocky

créam vt cremate

créamatóiriam nm4 crematorium

créanna see **cré**

creasa see **crios**

creat nm3 frame; shape; chassis; **~ a chur ar rud** to get sth into shape

creatach *adj* emaciated, gaunt

creatha *see* **crith**

creathach *adj* (*hand*) shaky; shivering; (*voice*) trembling; vibrating

creathán *nm1* tremor; **tháinig ~ ina ghuth** his voice wavered

creathánach *adj* trembling

creathanna *see* **crith**

creathnaigh *vi* (*with fear*) tremble, flinch; **creathnú roimh dhuine** to cower before sb

creatlach *nf2* framework; skeleton; (*empty*) shell; **~ scéil** outline of story

créatúr *nm1* creature; **an ~!** poor thing!

creid *vt* believe; suppose, guess; **~im i míorúiltí** I believe in miracles; **~eann sé go bhfuil sí tinn** he believes that she is sick; **~ mise (ann), ~ mé duit ann** believe me

creideamh *nm1* belief; faith; religion

creidiúint (*gs* **creidiúna**) *nf3* credit

creidiúnach *adj* reputable; creditable

creidiúnaí *nm4* creditor

creidmheach *nm1* believer

creidmheas *nm3* credit; **áiseanna ~a** credit facilities

creig *nf2* rock; crag

creim *vt* erode; gnaw

creimeadh (*gs* **creimthe**) *nm* erosion; inroads

creimire *nm4* rodent

créip *nf2* crepe

cré-umha *nm4* bronze

crián *nm1* crayon

criathar *nm1* sieve; quagmire

criathraigh *vt* sieve, sift; (*bullets*) riddle; **ceist a chriathrú** to examine a question closely

críoch (*ds* **crích**) *nf2* limit; boundary; end, finish; territory; completion; fulfilment; **C~ Lochlann** Scandinavia; **teacht chun críche** to come to an end; **mar chríoch** in conclusion; **rud a chur i gcrích** to finish *or* complete sth

críochantacht *nf3*: **ag ~ le** (*land etc*) bordering on

críoch-cheol *nm1* finale

críochdheighilt *nf2* (*Pol*) partition

críochfort *nm1* terminal

críochnaigh *vt, vi* complete, finish (off), end

críochnaithe *adj* finished; (*absolute*) utter, complete

críochnaitheach *adj* final

críochnú *nm* completion

críochnúil *adj* thorough; methodical

críochú *nm* demarcation

criogar *nm1* (*insect*) cricket

críonna *adj* prudent; wise; cunning; (*person*) mature; (*option*) advisable

críonnacht *nf3* wisdom; maturity; shrewdness

crios (*gs* **creasa**, *pl* **criosanna**) *nm3* belt; strap; (*Geog*) zone; **~ ama** time zone; **~ iompair** conveyor belt; **~ leaisteach** elastic band; **~ tarrthála** lifebelt; safety belt, seat belt

Críost *nm4* Christ

Críostaí *adj, nm4* Christian

Críostaíocht *nf3*: **An Chríostaíocht** Christianity

criostal *nm1* crystal

Críostúil *adj* Christian

critéar *nm1* criterion

crith (*gs* **creatha**, *pl* **creathanna**) *nm3* tremble, shiver; quiver ▷ *vi* shiver; tremble; **bheith ar ~ le heagla** to shake with fear; **~ talún** earthquake, (earth) tremor

critheagla nf4 fear, trepidation
critheaglach adj terrified; fearful; timorous
crithlonraigh vi shimmer
critic nf2 (Liter) critique, criticism
criticeoir nm3 (reviewer) critic
criticiúil adj critical
criú nm4 crew
cró¹ (pl **cróite**) nm4 hovel; (Phot) aperture; (for sheep) pen; (arena, for boxing) ring; (Anat) socket; (of needle) eye; **~ folaigh** hideaway; **~ muice** pigsty, sty
cró² nm4 blood
crobh nm1 paw; claw, talon
crobhaing nf2 cluster
croch nf2 cross; gallows ▷ vt, vi hang (up), put up; raise up; carry; **an Chroch Chéasta** the Cross of the Crucifixion; **pictiúr a chrochadh an bhalla** to hang a picture on a wall; **amhrán a chrochadh (suas)** to strike up a song; **~ leat!** get lost!
crochadán nm1 hanger
crochadh nm hanging
crochaille nm4 spittle; phlegm
crochóga nfpl2 suspenders
crochta adj sloping; steep; hanging; raised
cróga adj brave; hardy
crógacht nf3 bravery, valour
crogall nm1 crocodile
croí nm4 heart; centre; (of fruit etc) core; **a chroí** my dear; **a dhuine/ bhean chroí** my dear man/ woman; **a stór mo chroí** my beloved; **~ na ceiste** the heart of the matter; **~ na féile** the epitome of generosity; **~ na fírinne** the real or absolute truth; **i do chroí istigh** in one's heart of hearts; **do chroí a bheith istigh i rud/nduine** to be completely devoted to sth/sb;

~ duine a thógáil to cheer sb up; **~ duine a bhriseadh** to break sb's heart; **rud atá ar do chroí** one's most sincere feelings and thoughts; **rud a thig ó do chroí (amach)** sth sincerely felt and thought; **is fada sin óna chroí** that is far from what he really thinks or feels; **an ~ a bhaint as duine** to terrify sb; **an ~ a bhaint de dhuine** to dishearten sb; **tá a chroí ina bhéal aige, tá a chroí amuigh** or **ag dul amach ar a bhéal le heagla** he is terrified; **rud a chur de do chroí** to get sth off one's chest; **fuair sé de chroí ...** he was bold or audacious enough to ...; **thit mo chroí** my heart sank; **rud a dhéanamh faoi chroí mhór mhaith** to do sth gladly; **le ~ mór** heartily
croíbhriste adj broken-hearted
croílár nm1 dead centre; hub
cróilí adj disabled; infirm ▷ nm4 disablement; infirmity; **i g~ an bháis** in the throes of death
croim- see **crom-**
croiméal nm1 moustache
cróimiam nm4 chromium
cróinéir nm3 coroner; **coiste cróinéara** (coroner's) inquest
cróineolaíoch adj chronological
croinic nf2 chronicle
cróise nf4 crochet
croit nf2 croft
Cróit nf2: **an Chróit** Croatia
cróite see **cró**
croith vt, vi shake; rattle; (tail) wag; (hand, flag) wave; (salt etc) sprinkle; **lámh a chroitheadh (le)** to shake hands (with); **do cheann a chroitheadh** to shake one's head
croitheadh nm shake; sprinkling; **~ láimhe** handshake; **bhain an**

taisme ~ aisti she was shaken by the accident

croíúil adj hearty; cheerful; (song) rousing; (welcome) warm

crom adj bent, stooped ▷ vt, vi bend; stoop; lean (over); **~ siar/chun tosaigh** lean back/forward; **~ ar** start to; (tune, song) strike up; (work) get down to

cróm nm1 chrome

cromán nm1 (Anat) hip; (Tech) crank

crómasóm nm1 chromosome

cromleac (gs **cromleice**, pl **cromleaca**) nf cromlech

crompán nm1 creek

crompóg nf2 crumpet

crón adj swarthy

cronaigh vt miss; **cronaím an chraic** I miss the crack

crónán nm1 hum; drone, murmur; **tá an cat ag ~** the cat's purring

cros nf2 cross; prohibition; veto ▷ vt forbid; ban; prohibit; **~ ar** ban; forbid; **comhartha na croise** the sign of the cross; **~ chéasta** crucifix; **C~ an Deiscirt** the Southern Cross; **an Chros Dhearg** the Red Cross; **Turas na Croise** (Rel) the Stations of the Cross; **tá ~ ar an leabhar sin** that book is banned; **~aim ort dul amach** I forbid you to go out; **tá sin ~ta** that is not permitted

crosach adj crosswise

crosáid nf2 crusade

crosáil vt cross

crosaire nm4 crossing; crossroads; **~ comhréidh** level crossing

crosbhealach nm1 crossroad; (on motorway) interchange; (of roads) intersection

crosbhóthar (pl **crosbhóithre**) nm1 crossroad

croscheistigh vt, vi (Law) cross-examine

crosfhocal nm1 crossword

croslámhach nm1 crossfire

crosóg nf2 small cross; **~ mhara** starfish; **~ Bhríde** (Rel) St Brigid's cross

crosta adj (child) bold; troublesome

crostagairt nf3 cross-reference

crotal nm1 (of lemon etc) rind; (of wheat) husk

crothán nm1 sprinkling; (quantity) little; **~ + gen** a smattering of

crú nm4 horseshoe; **nuair a thagann an ~ ar an tairne** when it comes to the test

crua adj hard; difficult; harsh; hardy; (drink) neat ▷ nm4 hard; **saol/buille/fear ~** hard life/blow/man; **ólann sé ~ é** he drinks it neat; **tá sé ag cur ~ orm dearmad a dhéanamh air** I find it hard to forget

cruach¹ nf2 pile; (of hay, turf) stack ▷ vt stack; **~ fhéir** haystack

cruach² nf4 steel; **~ dhosmálta** stainless steel

cruachás nm1 predicament; difficulty; dilemma; **bheith i g~** to be in dire straits

cruachroíoch adj callous

cruadhiosca nm4 (Comput) hard disk

crua-earraí nmpl4 hardware

cruaigh vt, vi harden; toughen

cruálach adj cruel

cruálacht nf3 cruelty

cruan nm1, vt enamel

cruatan nm1 hardship; want; **~ an tsaoil** the rigours or trials of life

crúb nf2 claw; hoof; **bheith i g~a duine** to be in sb's clutches

crúbáil vt, vi claw, paw; **ag ~ le peann** scrawling with a pen

crúca nm4 hook; crook; claw

crúcáil *vt* hook; **bheith ag ~ ar** to claw at; to clutch at

cruib (*pl* **cruibeanna**) *nf2* crib; **~ shúgartha** playpen

cruicéad *nm1* (*game*) cricket

cruidín *nm4* kingfisher

crúigh[1] *vt* (*horse*) shoe

crúigh[2] *vt* milk

cruimh *nf2* grub; maggot

cruinn *adj* round; exact; accurate; assembled; **tábla ~** round table; **cur síos ~** accurate description; **tá na daltaí ~ sa leabharlann** the pupils are assembled in the library; **éist go ~** listen closely

cruinne *nf4* universe; orb, globe; roundness

cruinneachán *nm1* dome

cruinneas *nm1* accuracy, exactness, precision; clarity

cruinneog *nf2* (*in class*) globe

cruinnigh *vt, vi* assemble; gather, collect; **airgead/stampaí a chruinniú** to collect money/ stamps; **chruinnigh siad le chéile** they got together; **~ do chuid cainte** come to the point!; **do mheabhair a chruinniú** to gather one's thoughts

cruinniú *nm* gathering, meeting; collection; **tá sí ar chruinniú** she's at a meeting; **~ mullaigh** summit (meeting)

crúiscín *nm4* small jar or jug

cruit (*pl* **cruiteanna**) *nf2* hump, hunch; (*Mus*) small harp

cruiteach *adj* humpbacked, hunchbacked

cruiteachán *nm1* hunchback

cruithneacht *nf3* wheat

cruóg *nf2* urgent need; rush; **tá ~ air** he's in a rush

cruógach *adj* busy; urgent, pressing

crúsca *nm4* jar, jug

crústa *nm4* crust

cruth (*pl* **cruthanna**) *nm3* appearance, shape; state, condition; **teacht i g~** to take shape; **cuir ~ ort féin** tidy yourself up; **bhí sí i g~ titim leis an tuirse** she was fit to drop with exhaustion

cruthaigh *vt; vi* create, shape, form; prove; establish; **cás a chruthú** to prove a case; **cruthú go maith** to turn out well

cruthaíocht *nf3* (*shape*) outline

cruthaitheach *adj* creative

cruthaitheoir *nm3* creator

cruthanta *adj* lifelike; exact; (*fool etc*) complete

cruthú *nm* creation; proof; **níl aon chruthú agam (go)** I've no proof (that); **gan chruthú** unsubstantiated

cruthúnas *nm1* proof

cú (*pl* **cúnna**) *nm4* greyhound; hound

cuach[1] (*pl* **cuacha**, *gpl* **cuach**) *nm4* bowl

cuach[2] *nf2* cuckoo; bow-knot; (*in hair*) curl, tress; hug ▷ *vt* wrap; bundle; hug; **~ta isteach le chéile** huddled together; **bheith ~ta istigh** to be cooped up

cuachóg *nf2* bow-knot

cuaifeach *nm1* whirlwind

cuaille *nm4* pole; stake; post; **~ báire** goalpost; **~ lampa** lamppost

cuairín *nm4* circumflex

cuairt (*pl* **cuairteanna**, *with pl nums* **cuarta**) *nf2* visit, call; (*of doctor*) round; (*of town, museum*) tour; (*of track*) circuit, lap; **~ a thabhairt ar dhuine** to pay sb a visit

cuairteoir *nm3* visitor; tourist

cual *nm1* bundle

cuallacht *nf3* guild; corporation; fellowship

cuan (*pl* **cuanta**) *nm1* harbour, marina; haven; **C~ Bhaile Átha Cliath** Dublin Bay

cuar *nm1* curve; circle

cuarán *nm1* sandal

cuarbhóthar *nm1* ring road, beltway (*US*)

cuardach *nm1* search

cuardaigh *vt* search (for)

cuarta *see* **cuairt**

cuartaíocht *nf3* visiting; **dul ag ~ tigh** + *gen* to call round to sb's (house)

cuas (*pl* **cuasa**) *nm1* hollow, cavity; (*Anat*) sinus

cuasach *adj* hollow, concave

cúb *nf2* coop ▷ *vt, vi* bend; cower, shrink; **~adh (ó)** to recoil (from)

Cúba *nm4* Cuba

cubhachail *nm4* cubicle

cúbláil *vt* misappropriate; wrangle; manipulate

cúcamar *nm1* cucumber

cufa *nm4* cuff

cuí *adj* fitting

cuibheasach *adj* fair, reasonable, middling

cuibhiúil *adj* proper; seemly; decent

cuibhiúlacht *nf3* seemliness, decorum; decency

cuibhreach *nm1* binding, fetter; **níl ceangal ná ~ air** he has no ties

cuibhreann *nm1* field; (*Mil*) mess

cuid (*gs* **coda**, *pl* **codanna**) *nf3* some; part; share; portion; means of subsistence; **an chéad chuid** the first part; **an chuid is mó** the greater part; **~ de** some of; **~ acu** some of them; **~ mhaith** + *gen* a lot (of); **roinnte ina chodanna** divided in parts; **bhí a chuid den chuideachta aige** he enjoyed himself as much as anyone; **tá mo**

chuid gruaige fliuch my hair is wet; **tá meath ar a chuid Gaeilge** his Irish has deteriorated; **iníon de chuid Sheáin** one of John's daughters; **do chuid a shaothrú** to earn your keep; **ná tréig do chara ar do chuid** don't lose a friend for gain; **déan do chuid** eat (your meal); **tá lorg a coda uirthi** (*inf*) she looks well-fed

cuideachta *nf4* company; amusement; **is fear mór ~ é** he's very outgoing; **~ a choinneáil le duine** to keep sb company; **i g~ a chéile** together; **i g~ na ~** along with the rest; **bhí ~ mhaith ann aréir** it was good crack last night

cuideachtúil *adj* sociable; outgoing

cuidigh *vi* help ▷ *vt*: **~ le** help, assist; (*motion*) second; **cuidiú le duine** to help sb; **chuidigh sí liom an t-airgead a chuntas** she helped me to count the money

cuiditheoir *nm3* helper; (*at meeting*) seconder

cuidiú (*gs* **cuidithe**) *nm* help; assistance; **lámh chuidithe** helping hand

cuidiúil *adj* helpful

cúig *num, nm4* five; **a ~ déag** fifteen; **dhíol mé ar chúig euro é** I sold it for five euros; **~ charr/mhí/phointe** five cars/months/points

cúige *nm4* province; **C~ Chonnacht** Connacht; **C~ Laighean** Leinster; **C~ Mumhan** Munster; **C~ Uladh** Ulster

cúigeach *adj* provincial

cúigear *nm1* five; five people

cúigiú *num, adj, nm4* fifth

cuil[1] *nf2* fly; **~ ghorm** bluebottle

cuil[2] *nf2* angry mood; **tá ~ air** he's angry

cúil nf (gs **cúlach**, pl **cúlacha**) corner; nook

cuilceach nm1 rascal; playboy

cuileann nm1 holly

cúileann adj, nf2 blond(e)

cuileog nf2 (insect) fly

cúilín nm4 (Sport) point

cuilithe nf4 vortex; centre, core; (fig) mainstream

cuilt (pl **cuilteanna**) nf2 quilt

cuimhin n (with copula + le): **is ~ léi (an tseanscoil)** she remembers (the old school); **ní ~ liom a hainm** I can't remember her name

cuimhne nf4 memory; recollection; **cuimhní cinn** memoirs; **le ~ na ndaoine** within living memory; **más buan mo chuimhne** if I remember correctly; **ar feadh mo chuimhne, de réir mo chuimhne** as far as I remember; **rud a chur i g~ do dhuine** to remind sb of sth

cuimhneacháin n gen as adj memorial

cuimhneachán nm1 commemoration; memento, souvenir

cuimhneamh nm1 remembrance; thought; **~ míosa** (Rel) month's mind

cuimhnigh vt, vi: **~ (ar)** remember; recall; keep or bear in mind

cuimil (pres **cuimlíonn**) vt, vi rub; wipe; stroke; fondle

cuimilt nf2 rubbing; wiping; stroking; friction; (with cloth) rub, wipe; **~ a thabhairt do rud** to give sth a rub or wipe

cuimilteoir nm3 wiper; **~ gaothscátha** windscreen wiper

cuimleoir nm3 wiper; rubber

cuimse nf4: **dul thar ~** to go too far; **as ~** extreme, exceedingly

cuimsigh vt, vi comprehend; connote; comprise

cuimsitheach adj comprehensive; inclusive; full-scale

cuing (pl **cuingeacha**) nf2 yoke; bond, obligation; **~ an phósta** wedlock

cúinne nm4 corner; angle; nook; (in road) bend

cúinneach nm1 (Football) corner (kick)

cuinneog nf2 (for butter) churn

cúinse nm4 circumstance; pretext; condition; **ar aon chúinse** under no circumstances; **gan chúinse** unconditionally; **bhí sí ann ar an gcúinse go ...** she was there on the pretext that ...

cuir (vn **cur**) vt, vi put, place; (body) bury; (seed) sow, plant; set, lay; send; (hair, leaves) shed; rain; **cár chuir tú an peann?** where did you put the pen?; **crann a chur** to plant a tree; **dol a chur** to set a trap; **ceist a chur (ar)** to ask a question (to); **geall a chur** to place a bet; **páiste a chur a luí** to send a child to bed; **scéala a chur chuig duine** to send word to; **bheith ag cur allais** to be sweating; **tá sé ag cur sneachta** it is snowing; **cuir amach** put out; eject; (drink) pour; vomit; (warrant, statement) issue; **do cheann a chur an fhuinneog amach** to put your head out of the window; **duine a chur amach** (eject) to put sb out; **bhí sí ag cur amach** she was vomiting; **cuir aníos** send up (from below); **cuir anuas** send down (from above); **cuir ar** put on; place; send to; turn on; cause; impose; (sugar) add; colour; ascribe; bring on; translate; trouble; **~ ort do chóta** put your coat on; **stampa a chur ar litir** to put a stamp on a letter; **rud a chur ar aghaidh/ar gcúl** to put sth forward/back; **an raidió a chur air** to switch on the radio; **chuir an boladh ocras air** the smell made him hungry; **dualgas a chur ar dhuine** to place an obligation on; **níor chuir mé siúcra ar an gcaife** I didn't put any sugar in the coffee; **mallacht a chur ar dhuine** to curse sb; **~ Gaeilge ar sin** put that into Irish; **tá an déideadh ag cur air** the toothache is troubling him; **cuir as** put out of; put out, turn off; bother; **duine a chur as obair** to put sb out of work; **chuir sí an solas as** she put out the light; **tá na scrúduithe ag cur as di** she is worried about the exams; **cuir chuig** or **chun** send to; put to; disturb; embark on; set to; **bille a chur chuig duine** to send a bill to; **chuir sé an mhoill chun tairbhe dó féin** he used the delay for his own benefit; **is fearr gan cur chuige** it's better not to disturb him; **cur chun bóthair** to set off; **cur chun oibre** to set to work; **duine a chur chun báis** to execute sb; **cuir de** put, send off; finish; get rid of; **imreoir a chur den pháirc** (Sport) to send a player off; **slaghdán a chur díot** to get over a cold; **rud a chur díot** to get sth over and done with; **cuir faoi** put under, place under; (reside) settle; **~ an stól faoin mbord** place the stool under the table; **tír a chur faoi smacht** to conquer a country; **cuir i** put in; thrust into; bring upon; **chuir sé a lámh ina phóca** he put his hand in his pocket; **chuir sí an scian ann** she stuck the knife in him; **poll a chur i rud** to make a

hole in sth; **duine a chur i gcontúirt** to put sb in danger; **sonrú/dúil a chur i nduine** to notice/get to like sb; **cuir isteach** put in; insert; (time) pass, spend; **~ isteach ar** (job) apply for; (person) interrupt, annoy; **~ isteach an diosca** insert the disk; **chuir mé lá fada isteach** I put in a long day; **cuir le** send with, send by; add to; drive to; **teachtaireacht a chur le duine** to send a message with; **orlach a chur le rud** to add an inch to sth; **d'ainm a chur le rud** to add your name to sth; **duine a chur le báiní** to infuriate sb; **cuir ó** put off; prevent; put away; **an casúr a chuir sé ó cheol mé** it put me off singing; **chuir sé uaidh an casúr** he set the hammer aside; **cuir roimh** put before; **deoch a chur roimh dhuine** to set a drink before sb; **cuspóir a chur romhat** to set yourself an aim; **cuir siar** put back; postpone; **cuir síos** lay, put down; **~ síos ar** describe; **~ síos do** attribute to; **brat urláir a chur síos** to lay a carpet; **an citeal a chur síos** to put the kettle on; **~eadh neamhshuim síos dom** I was said to be uninterested; **cuir suas** put up; **cuir suas de** refuse; **~ suas le** tolerate; **póstaer a chur suas** to put a poster up; **ní féidir liom cur suas leis níos faide** I can't tolerate it any longer; **cuir thar** put over, across; (time) pass; **cuilt a chur tharat** to put a quilt around you; **cuir thart** send round; pass; **an clár oibre a chur thart** to pass round the agenda; **cuir trí** put through; **~ trí chéile** mix up, confuse; discuss; **chuir sé an liathróid trí fhuinneog na**

scoile he put the ball through the school window; **chuir an scéala trí chéile í** the news confused her; **cás a chur trí chéile** to discuss a case

cuircín nm4 (feathers) crest

cuireadh nm1 invitation; guest; **~ a thabhairt do dhuine** to invite sb; **~ gan iarraidh** uninvited guest

cuireata nm4 (Cards) jack

cúiréir nm3 courier

cuirfiú nm4 curfew

cuirín nm4 currant; **~ dearg** redcurrant

cúirt (pl **cúirteanna**) nf2 court; **~ airm** court martial; **~ dlí** law court; **~ éigse** bardic court; **~ leadóige** tennis court

cúirtéis nf2 courtesy; (Mil) salute

cúirteoir nm3 courtier

cuirtín nm4 curtain; **~í** drapes

cúis (pl **cúiseanna**) nf2 cause, reason, grounds; case; charge; **~ gháire** laughing matter; **~ ghearáin** cause for complaint; **is í an aimsir is ~ leis** the weather is the cause of it; **bhí ~ mhaith aige (le)** he had good reason (to); **déanfaidh sin ~** that'll do; **~ dlí** lawsuit

cúiseamh nm1 accusation, charge; prosecution

cúisí nm4 accused

cúisigh vt accuse; prosecute; charge; **duine a chúiseamh (as)** to charge sb (with)

cúisín nm4 cushion

cúisitheoir nm3 prosecutor; **~ an stáit** public prosecutor

cuisle nf4 vein; (of blood) pulse; (inf) darling; **~ mhór** artery; **~ a bhrath** to feel a pulse; **a chuisle mo chroí!** dearest!

cuisneoir nm3 fridge, refrigerator

cúiteach adj compensating; (fig)

rewarding; redeeming; **~ (le)** quits (with)

cúiteamh nm1 (Law) damages, compensation, indemnity; redress; retribution; **~ a dhéanamh** to make amends; **rud a chúiteamh le duine** to reward sb for sth

cuiteog nf2 worm

cúitigh vt repay; compensate; recoup; **gar a chúiteamh le duine** to return a favour to sb; **éagóir a chúiteamh** to make amends for an injustice; **duine a chúiteamh** to reward sb

cuitléireacht nf3 cutlery

cúl (pl **cúla**) nm1 back; rear; (of coin) reverse; (Sport) goal; **~ tí** the back of the house; **i g~ an bhus** in the back of the bus; **ar chúl** +gen behind; **doras/seomra cúil** back door/room; **do chúl a thabhairt le rud** to give sth up, turn one's back on sth; **titim i ndiaidh do chúil** to fall backwards; **dul ar g~** to recede, go back; **~ a chur ar dhuine** to delay sb; **ar ~a** (riding) pillion; **ar chúla téarmaí** secretly; **~ a scóráil** to score a goal; **~ báire** goalkeeper; **~ taca** support, backing; (person) backer

cúlach, cúlacha see **cúl**

cúlaí nm4 (Sport) back, defender

cúlaigh vt, vi back; retreat; (car) reverse

culaith (pl **cultacha**) nf2 suit; dress; uniform; **~ shnámha** swimming or bathing costume, swimsuit; **~ thráthnóna** evening dress; **~ trí bhall** three-piece suit

culaithirt nf2 (Theat) wardrobe

cúlánta adj backward; shy

cúlbhinseoir nm3 (Pol) backbencher

cúlbhuille nm4 backhand (stroke)

cúlchaint nf2 backbiting; gossip

cúlchainteoir nm3 (person) gossip

cúlcheadaigh vt connive at

cúlchiste nm4 (Comm) reserve, fund

cúléisteacht nf3: **~ (le)** eavesdropping (on)

cúlfhiacail nf2 molar

cúlgharda nm4 rearguard

cúlpháirtí nm4 (to crime) accessory

cúlra nm4 background; backdrop

cúlráid nf2 seclusion; secluded place; **ar an g~** in seclusion; **fanacht ar an g~** to lie low

cúlráideach adj secluded; backward

cúlspás nm1 backspace

cúltaca adj backup ▷ nm4 (Mil) reserve; (Comput) backup; **cóip chúltaca** backup copy

cultacha see **culaith**

cultas nm1 cult

cúltort vi backfire

cultúr nm1 culture

cultúrtha adj cultural; cultured

cúlú nm backing; retreat; withdrawal

cum vt invent; make up; (music, poem) compose; (plan) devise

cuma[1] nf4 shape, form; appearance; **tá ~ mhaith/droch-chuma ar Sheán** John is looking well/bad; **tá ~ air go ...** it seems that ...; **tá an chuma sin air** so it seems; **ar chuma éigin** somehow; **ar aon chuma** anyway

cuma[2] nf4 (with copula): **is ~ (faoi)** it doesn't matter (about); **is ~ liom** I don't care or mind; **is ~ duit (má)** it doesn't matter to you (if); it doesn't concern you (if); **is ~ cad é dúirt mé inné** no matter what I said yesterday; **ar nós ~ liom (faoi)** indifferent (to)

cumadóir nm3 inventor; composer

cumadóireacht nf3 invention; fabrication; fiction; composition; simulation

cumaisc (pres **cumascann**, vn **cumasc**) vt, vi mix together; blend; combine

cumann[1] nm1 club; association, society; fellowship; **~ carthanachta** charity; **~ foirgníochta** building society; **~ gailf** golf club; **~ lucht tráchtála** chamber of commerce; **C~ Lúthchleas Gael** the Gaelic Athletic Association

cumann[2] nm1 relationship, love affair

cumannach adj communist

cumannachas nm1 communism

cumannaí nm4 communist

cumar nm1 ravine

cumarsáid nf2 communication; **~ a dhéanamh** to communicate

cumas nm1 capability, ability; capacity; **níl ar mo chumas siúl fós** I'm not able to walk yet; **tá an-chumas inti** she is very capable

cumasach adj capable; able; powerful; effective; **bleachtaire ~** an able detective

cumasc nm1 mixture, blend; (Comm) merger; see also **cumaisc**

cumascann see **cumaisc**

cumha nm4 loneliness; homesickness; nostalgia

cumhacht nf3 power; (fig) authority; influence; **teacht i g~** to come into power; **~ aturnae** power of attorney

cumhachtach adj powerful; potent; (person) influential

cumhdach nm1 cover; wrapper

cumhdaigh vt cover, protect; preserve; **go gcumhdaí Dia thú** may God preserve you

cumhra *adj* fragrant
cumhracht *nf3* fragrance; scent; aroma; (*of wine*) bouquet
cumhrán *nm1* perfume
cumtha *adj* fictitious, invented; (*girl*) comely
cúnaigh *vi*: **~ le** help
cúnamh *nm1* help; aid; **~ a thabhairt do dhuine** to help sb
cúnant *nm1* covenant
cúng *adj* narrow; tight
cúngaigeanta *adj* narrow-minded
cúngaigh *vt, vi* narrow, restrict; **cúngú ar** to encroach on
cúngú *nm* restriction
cúnna *see* **cú**
cunta *nm4* (*nobleman*) count
cúntach *adj* helpful; auxiliary
cuntanós *nm1* countenance
cuntaois *nf2* countess
cuntar *nm1* (*shop*) counter; condition; stipulation; **ar chuntar go** provided that, on condition that
cuntas *nm1* count; account; record; **~ a thabhairt ar rud** to give an account of sth; **~ a oscailt** to open an account; **~ béil** oral account; **~ bainc/taisce** bank/deposit or savings account; **~ reatha** current account
cuntasaíocht *nf3* (*subject*) accountancy
cuntasóir *nm3* accountant; book-keeper
cuntasóireacht *nf3* (*profession*) accountancy; book-keeping
cúntóir *nm3* assistant; helper; **~ pearsanta** personal assistant
cuóta *nm4* quota
cupán *nm1* cup; **~ tae** a cup of tea
cúpla *nm4* couple; twins; **An C~** (*Astrol*) Gemini; **~ + nom sg** a couple of, a few
cúplach *adj* twin

cúpón *nm1* coupon; **~ freagartha** reply coupon
cur *nm1* sowing; laying; burial; round; **~ dí/ceapairí** round of drinks/sandwiches; **~ amach** vomit; **~ siar** postponement; **~ i gcéill** pretence, make-believe; **~ ar aghaidh** advancement; **~ ar ceal** cancellation; **~ chun báis** execution; **~ faoi chois** suppression; **~ le chéile** cooperation; unity; **~ i gcás** supposition; **~ teachtaireachtaí pictiúr** picture messaging; **tá ~ amach maith aige ar an ábhar sin** he is quite knowledgeable in that subject; *see also* **cuir**
cúr *nm1* foam, froth; **~ bearrtha** shaving foam
curach *nf2* currach; canoe; coracle
curachóireacht *nf3* canoeing
curaclam *nm1* curriculum
curadh *nm1* champion
curadhmhír *nf2* (*winner's*) prize; showpiece
curaí *nm4* curry
curáideach *nm1* curate
curaíocht *nf3* tillage
curaíochta *n gen as adj* arable
cúram (*pl* **cúraimí**) *nm1* care; responsibility; family, children; matter, business; keeping; position, office; trust; upkeep; **faoi chúram** + *gen* in sb's care; **rud a chur faoi chúram duine** to commit sth to sb's care; **ní foláir ~ práinneach a dhéanamh den chás** the case requires urgent attention; **an bhfuil ~ ar bith ort?** have you any children?
cúramach *adj* careful; cautious; attentive; **"láimhsigh go ~"** "handle with care"
curata *adj* brave; valiant

curfá *nm4* refrain, chorus

curiarracht *nf3* (*Sport*) record; **i g~ama** in record time

curiarrachtaí *nm4* (*Sport*) record holder

curra *nm4* holster

curriculum *nm*: **~ vitae** curriculum vitae

cúrsa *nm4* course; round; circuit; **~ na gréine** the sun's course; **~ taistil** itinerary; **~ a leagan** to set a course; **ceann ~** destination; **~ ollscoile** university course; **~ spioradálta** (*Rel*) retreat; **~ tosaigh** (*Culin*) starter; **~í** affairs, matters; circumstances; (*Med*) periods; **~í reatha** current affairs; **~í dlí/airgid** legal/money matters; **sin mar atá ~í faoi láthair** that's how matters stand at the moment

cúrsáil *nf3* cruise; coursing; **long chúrsála** cruise ship ▷ *vt, vi* cruise; course; chase

cúrsaíocht *nf3* circulation; currency

cúrsóir *nm3* cruiser

cuspa *nm4* (*for artist*) model

cuspóir *nm3* (*aim*) object; objective; purpose; **~ folaithe** ulterior motive, hidden agenda

cuspóireach *nm1* (*Ling*) accusative, objective

custaiméir *nm3* customer; patron

custam *nm1* customs; **oifigeach custaim** customs officer

custard *nm1* custard

cuthach *nm1* rage, fury; **dul le ~** to get into a rage

cúthail *adj* shy, bashful

d

D *nm4* D

d' *see* **de**; **do¹**

 EOCHAIRFHOCAL

dá¹ *conj* (*with dependent conditional or past sub; eclipses*) if **1** (*with verbs*): **cad é a dhéanfá dá mbeadh míle euro agat?** what would you do if you had a thousand euros?; **dá gcuirfeá an t-airgead sa bhanc bheifeá saibhir** if you had put the money in the bank you would have been rich, if you were to put the money in the bank you would be rich; **dá rachainn** *or* **dá dtéinn ann d'fheicfinn í** if I had gone there I would have seen her, were I to go there I would see her; **dá dtiocfadh leat** if you could; **dá mbeadh ciall agat** if you had any sense; **dá mbeadh a fhios agat!** if

you only knew!
2 (*with more than one condition*): **dá mbínn** *or* **mbeinn ar shiúl céad bliain agus mná na cruinne le fáil agam, thiocfainn ar ais chugatsa** if I were away for a hundred years and could have all the women in the world, I would come back to you; **dá dtiocfadh sé agus dá bhfeicfeadh sé anseo thú** if he should come and see you here; **dá mbeadh beirt fhear ag troid agus go bhfeicfidís ag teacht í stadfaidís** if two men were fighting and they should see her coming they would stop
3 (*with past tense of verb* **tá** *in main clause indicating conditional*): **dá ndéanfadh sé sin bhí deireadh leis** if he had done that he would have been ruined
4 (*with copula*): **dá mba mhúinteoir cáilithe í** if she were a qualified teacher; **cad a dhéanfá dá mba rud é go bhfeicfí ann thú?** what would you do if you were to be seen there?; **dá mba agatsa a bheadh an t-airgead** if YOU had the money; **dá mba mhaith leat** if you (would) like; **dá mb'fhearr leat** if you (would) prefer; **dá mb'fhéidir é** if it were possible; **dá mba leat féin é** if it were your own
5: **dá ... gan** if ... not; **dá mbeadh** *or* **mbíodh sé gan sin a dhéanamh** if he had not done that, if he were not to do that; **cad a dhéanfá dá mbeadh gan airgead a bheith agat?** what would you do if you had no money?

dá² = **do** + *poss adj* **a** to his/her/its/their; for his/her/its/their; **thug**

mé an cárta dá mháthair I gave the card to his mother; **thug sí aire mhaith dá cuid gruaige** she looked after her hair; **fuair siad bronntanas dá dtuismitheoirí** they got a present for their parents
dá³ = **de** + *poss adj* **a** of his/her/its/their; from his/her/its/their; off his/her/its/their; **duine dá chairde** one of his friends; **bhain sí an fáinne dá méar** she took the ring off her finger
dá⁴ = **do** *or* **de** + *rel part* **a** to whom; to which; for whom; for which; of whom; of which; **an bhean dá dtug mé an t-airgead** the woman to whom I gave the money; **gach pingin dá bhfuil agaibh** every penny you have
dá⁵ = **de** + *part* **a**; (*followed by abstract noun*) however; **dá mhéad é** however big he/it is; **dá fhuaire an mhaidin** however cold the morning; **dá fheabhas é** excellent as it is; **níl fear, dá láidre, a bhuailfeadh é** there's no man however strong would defeat him
dá⁶ *see* **dhá**

daba *nm4* dab; blob; **mac an ~** ring finger
dabhach (*gs* **daibhche**, *pl* **dabhcha**) *nf2* tank, tub; vat; **~ mhúnlaigh** septic tank
dabht (*pl* **dabhtanna**) *nm4* doubt
dada *nm4* anything; nothing; **má bhíonn ~ uait** if you need anything; **níl ~ le feiceáil ann** there is nothing to see there
daibhir (*gsf, pl, compar* **daibhre**) *nm4* poor person ▷ *adj* poor; **an saibhir agus an ~** the rich and the poor
daichead (*pl* **daichidí**) *num, nm1* forty; **sna daichidí** in the forties; **~ bliain/fear/euro** (*with nom sg*)

forty years/men/euros

daicheadú *num, adj, nm4* fortieth

daid (*pl* **daideanna**) *nm4* dad

daideo *nm4* grandad

daidí *nm4* daddy; **D~ na Nollag** Father Christmas, Santa (Claus)

daigh (*pl* **daitheacha**) *nf2* pang; twinge; **~ aithreachais** a twinge of regret; **~ chroí** heartburn; *see also* **daitheacha**

dáigh *adj* obstinate; adamant

dáil *nf3* (*pl* **dálaí, dála**) meeting; encounter; assembly, convention; (*Pol*) parliament; circumstance, condition ▷ *vt* distribute, give out; bestow; (*food etc*) serve; **dálaí** data; **dul i n~** + *gen* to go to meet; **dálaí oibre** working conditions; **dála Sheáin** like Seán; **dála an scéil** by the way; **a dhála sin** moreover, similarly; **idir ~ agus pósadh** engaged (to be married); **D~ Éireann** The Dáil, the Irish Parliament

dáilcheantar *nm1* (*Pol*) constituency

dáileadh (*gs* **dáilte**, *pl* **dáiltí**) *nm* distribution

dáileog *nf2* dose

dáileoir *nm3* distributor; dispenser; **~ airgid** cash dispenser

dáilia (*pl* **dáilianna**) *nf4* dahlia

daille *nf4* blindness

dailtín *nm4* brat, imp

dáimh *nf2* fraternity; affinity; affection, fondness

daingean *adj* (*gsf, pl, compar* **daingne**) solid, secure, firm; fixed; staunch; strong, determined ▷ *nm1* fortress, stronghold; fort; **baile ~** fortified town; **rún ~** firm intention; **balla ~** solid wall; **~ faoi thalamh** (*in bank*) vault; **chomh ~ le carraig** as steady as a rock

daingnigh *vt* fortify, secure, steady; strengthen; (*friendship*) cement

dainséar *nm1* danger

dair (*gs*, *gpl* **darach**, *pl* **daracha**) *nf* oak

dáiríre *adj* serious; earnest ▷ *adv* really, truly; **~?** really?; **bheith ~ (faoi)** to be in earnest/be serious (about); **caint dháiríre** serious talk; **i n~** in earnest

dairt *nf2* dart; clod

dais *nf2* (*Math, Typ*) dash

daite *adj* coloured, dyed; fated; allotted

daitheacha *nfpl2* rheumatism; *see also* **daigh**

dála *see* **dáil**

dálach *nm1*: **Domhnach agus ~** (*work*) seven days a week, without a break

dálaí *see* **dáil**

dalba *adj* bold, cheeky; (*child*) naughty; headstrong

dall *adj* blind, blinded ▷ *nm1* blind person ▷ *vt* blind; dazzle; mesmerize; (*door*) darken; **bheith ~ ar rud** to be ignorant of sth; to be unable to understand sth; **idir ~ is dorchadas** at twilight

dalladh (*gs* **dallta**) *nm* plenty; **~ airgid** plenty of money

dallamullóg *nm4* deception; confusion; **~ a chur ar dhuine** to fool sb

dallarán *nm1* dunce, idiot

dallóg *nf2* (*for window*) blind; blind creature; **~ Veinéiseach** Venetian blind; **~ fhéir** dormouse

dallraigh *vt* blind; dazzle ▷ *vi* glare

dallrú *nm* (*of light*) glare

dallta *see* **dalladh**

dalta *nm4* disciple; (*Scol*) pupil, student; ex-student; (*Mil*) cadet

damáiste *nm4* damage

damanta *adj* damned; terrible

damba *nm4* dam

damh *nm1* ox

dámh *nf2* (*Univ*) faculty

damhán *nm1*: **~ alla** spider

damhna *nm4* matter, substance

damhsa *nm4* dance; dancing

damhsaigh *vt, vi* dance

damhsóir *nm3* dancer

damnaigh *vt* damn

damnaithe *adj* damned, hellish

damnú *nm* damnation; **~ hell!**, shit!; **~ air!** damn (it/him)!

dán (*pl* **dánta**) *nm1* poem; destiny, fate; faculty; art

dána *adj* bold; daring; brazen, forward

dánacht *nf3* boldness; cheek; **~ a dhéanamh ar rud** to make bold with sth

Danar *nm1* Dane; (*fig*) barbarian

danartha *adj* cruel, heartless, callous

danarthacht *nf3* cruelty; barbarity

dánlann *nf2* art gallery

Danmhairg *nf2*: **an ~** Denmark

Danmhairgis *nf2* (*Ling*) Danish

Danmhargach *adj* Danish ▷ *nm1* Dane

dánta *see* **dán**²

daoibh *see* **do**²

daoine *see* **duine**

daoire *nf4* costliness

daoirse *nf4* slavery; oppression

daol *nm1* beetle

daoldubh *adj* jet-black

daonáireamh *nm1* census

daonchairdiúil *adj* humanitarian

daonchumhacht *nf3* manpower

daonlathach *adj* democratic

daonlathaí *nm4* democrat; **na Daonlathaithe Liobrálacha** Liberal Democrats

daonlathas *nm1* democracy

daonna *adj* human; humane; **an cine ~** the human race; **neach ~** human being

daonnacht *nf3* humanity; human nature

daonnachtúil *adj* humane

daonnaí *nm4* human being

daonra *nm4* population

daonuair *nf2* man-hour

daor *adj* dear; expensive; captive; severe ▷ *nm1* slave; condemned person ▷ *vt* enslave; convict; condemn; **duine a dhaoradh chun báis** to condemn sb to death; **duine a dhaoradh i gcoir** to convict sb of an offence; **beidh ~ ort** you will pay dearly for it

daoraí *n*: **bheith ar an ~ (le duine)** to be furious (with sb)

daorghalar *nm1* haemorrhoids, piles

daorobair *nf2* hard labour

daoscarshlua *nm4* rabble, riffraff

dar¹ *prep* by; **~ Dia!** by God!; **~ m'fhocal** upon my word

dar² *vb*: **~ le** it seems to, in the opinion of; **~ liom go bhfuil tú san éagóir** it seems to me that you are in the wrong; **bhí deifir uirthi, ~ leis** she was in a hurry, he thought; **~ leo féin** in their own opinion

dar³ = **de** *or* **do** + *indir rel of copula* **ar**⁴; **an té ~ mhiste é** the person to whom it mattered

dár¹ = **do** *or* **de** + *poss adj* **ár**; **duine ~ ngaolta** one of our relations; **tabhair ~ gcairde iad** give them to our friends

dár² = **do** *or* **de** + *rel part* **ar**; **an ceannaire ~ ghéill sé** the leader to whom he surrendered; **an cóta ~ thit an cnaipe** the coat which the button fell off

dár³ *prep*: **an lá/bhliain ~ gcionn** the following day/year

dara *num* second; **an ~ bean/háit/ doras** the second woman/place/ door; **an ~ lá déag** the twelfth day; **gach ~** every other

darach *n gen as adj* oak; *see also* **dair**

daracha *see* **dair**

darb, darbh *see* **dar³**

dásacht *nf3* audacity; bravery; madness

dásachtach *adj* furious

dáta *nm4* date

dátaigh *vt* date

dath *nm3* colour; dye; (*Cards*) suit; **~ na fírinne a chur ar rud** to give sth a semblance of truth; **scéal gan ~** unlikely story; **a dhath** anything; (*with neg*) nothing; **níl a dhath aige** he has nothing; **an bhfuil a dhath eile le déanamh?** is there anything else to do?; **a dhath ar bith** nothing whatever

dathaigh *vt* colour; dye; paint

dathannach *adj* colourful; multicoloured

dathdhall *adj* colour-blind

dátheangach *adj* bilingual

dátheangachas *nm1* bilingualism

dathú *nm* colouring

dathúil *adj* colourful; good-looking, pretty

dathúlacht *nf3* good looks, beauty

 EOCHAIRFHOCAL

de (*prep prons* = **díom, díot, de, di, dínn, díbh, díobh**) (*lenites*; = **d'** *before vowel or* **fh** + *vowel*; = **den** *before def art*) *prep* **1** (*indicating amount etc*) of; **cuid den fheoil** some of the meat; **a lán de na milseáin** a lot of the sweets; **lán de dhóchas** full of hope; **punt de**

phlúr bán a pound of white flour; **ceann de na capaill** one of the horses; **duine de na fir** one of the men; **cúig cinn de phiontaí** five pints; **lá de na laethanta** once upon a time

2 (*indicating position*) of; **taobh thiar** *or* **laistiar den teach** at the back of the house; **an taobh seo den tsráid** this side of the street

3 (*kind*) like; of; **carr den saghas** *or* **sórt** *or* **chineál seo** a car like this; **fágálach de dhuine** a weak helpless person

4 (*provenance, instrument*) of; **déanta d'adhmad** made of wood; **duine den seandéanamh** an old-timer; **builleadh de dhorn** a thump of a fist

5 (*indicating time*) of; by; **faoin am seo d'oíche** at this time of night; **de ló is d'oíche** by day and by night; **de ghnáth** usually

6 (*because of, on the basis of*) of; with; **bréan de rud** fed up with sth; **tuirseach de rud** tired of sth

7 (*after* **a leithéid, a mhalairt, a athrach** *etc*) of; **a leithéid de dhuine** such a person; **ar a athrach** *or* **mhalairt de dhóigh** in another way

8 (*manner*) by; **de shiúl na gcos** by foot; **ag cur de dhíon is de dheora** pouring rain; **teacht isteach de rása** *or* **rúid** to come rushing in; **cur de ghlanmheabhair** to learn (off) by heart; **éirí de phreab** *or* **léim** to jump up

9 (*in comparisons*) by; of; **níos sine de bhliain ná** a year older than

10 (*in phrasal verbs*): **scor** *or* **stad de rud** to stop (doing) sth; **leanúint de rud** to continue (doing) sth;

baint de rud to take from sth
11 (in phrases): **de bhrí** or **bharr**
because; **d'ainneoin** despite,
notwithstanding; **dá ainneoin sin**
in spite of that; **de réir** according
to; **dá réir sin** accordingly; **de mo
dhóigh se** in my opinion; **i dtaca
liomsa de** as far as I'm concerned;
rud eile de moreover; **d'aon
ghuth** unanimously; **bhí de
mhisneach/chiall/chroí aige** he
had the courage/sense/heart; **ní
raibh de sin ach sin** that's all there
was to it

Dé n: **Dé Luain/Céadaoin** (on)
Monday/Wednesday

dé[1] (gs, pl **déithe**) nf breath; **dé
ghaoithe** breath of wind; **bheith
ar an dé deiridh** to be on one's last
legs; **an dé a choinneáil i nduine**
to keep sb alive, sustain sb

dé[2] see **dia**

dé- prefix two-, twin-, bi-

dea- prefix good-, well-; **~scéal**
good news; **ar an ~uair**
fortunately; **~mhúinte** polite,
well-mannered

deabhadh nm1 rush, hurry

dea-bhéasa nmpl4 etiquette; good
manners

deabhóid nf2 devotion

dea-bholadh nm1 aroma

deacair nf (gs, gpl **deacra**) difficulty
▷ adj (gsf, pl, compar **deacra**)
difficult, hard

déach (gsm **déach**) adj dual

deachaigh vb see **téigh**

dea-chaint nf2 (humour) wit

dea-chlú nm4 good name;
honour

deachmaíocht nf3 wastage

dea-chroíoch adj kind-hearted

deachtafón nm1 dictaphone

deachtaigh vt dictate; instruct;
compose

deachthas vb see **téigh**

deachtóir nm3 dictator

deachtóireacht nf3 dictatorship

deachtú nm dictation; composition

deachúil nf3 decimal

deachúlach adj decimal

dea-chumtha adj shapely;
well-formed

deacra see **deacair**

deacracht nf3 difficulty; distress

déad (pl **déada**) nm1 tooth; set of
teeth

déadach adj dental

déag num -teen; **aon ~** eleven; **dó
dhéag** twelve; **seacht mbuidéal ~**
seventeen bottles; **~a** tens, teens

déagóir nm3 teenager

déagóra n gen as adj (fashion etc)
teenage

dealaigh vt, vi separate, part;
distinguish, differentiate; **~ le** part
from; separate with; **~ ó** subtract
from

dealbh[1] (gsm **dealbh**) adj destitute;
(house) bare, bleak

dealbh[2] nf2 statue

dealbhóir nm3 sculptor

dealbhóireacht nf3 sculpture

dealg nf2 thorn; prickle; brooch

dealgán nm1 knitting needle

dealrachán nm1 collarbone

dealraigh vt, vi shine; appear;
dealraíonn sé go ... it seems that ...

dealraitheach adj shiny; radiant;
handsome; plausible; apparent

dealramh nm1 shine; radiance;
hue; resemblance; look,
appearance; **~ a bheith agat le** to
be or look like sb; **~ na gréine**
sunshine; **tá ~ na fírinne ar do
scéal** your story seems plausible;
rud a chur ó dhealramh to

disfigure sth; **de réir dealraimh** apparently

dealú *nm* subtraction

dealús *nm1* destitution

dealúsach *adj* destitute

deamhan *nm1* demon

dea-mhéin *nf2* goodwill; **le ~** with kind regards, with compliments

dea-mhéineach *adj* benevolent; well-wishing

dea-mhiotail *adj* silver; sterling

dea-mhúinte *adj* well-behaved; well-mannered

déan¹ *nm1* dean

déan² (*vn* **déanamh**, *vadj* **déanta**, *past* **rinne**, *fut* **déanfaidh**) *vt, vi* do; make; perform; carry out; commit; turn out; reach; establish; **maith/ do dhícheall/cúrsa a dhéanamh** to do good/your best/a course; **culaith/ciorcal a dhéanamh** to make a suit/circle; **airgead/an dinnéar a dhéanamh** to make money/the dinner; **dualgas a dhéanamh** to perform a duty; **peaca/coir a dhéanamh** to commit a sin/crime; **an fhírinne a dhéanamh** to speak the truth; **~ do rogha rud** do as you wish; **~faidh sé múinteoir maith** he'll make a good teacher; **an talamh a dhéanamh** to reach land; **riail/ nós a dhéanamh** to establish a rule/habit; **déan amach** make out; distinguish; determine; conclude; **déan ar** do unto; proceed towards; **machnamh a dhéanamh ar rud** to think about sth; **scéala a dhéanamh ar dhuine** to inform on sb; **~amh ar an mbaile** to make for home; **déan as** make from; **gúna a dhéanamh as éadach** to make a dress from cloth; **~amh as duit féin** to fend for yourself; **déan de** make

of; change into; **praiseach a dhéanamh de rud** to make a mess of sth; **rinneadh uachtarán de** he was made president; **a mhór a dhéanamh de rud** to make the most of sth; **smionagar a dhéanamh do rud** to reduce sth to bits; **amadán a dhéanamh díot féin** to make a fool of yourself; **déan do** make for, do for; **gar a dhéanamh do dhuine** to do sb a favour; **gearán/gáire a dhéanamh faoi dhuine** to complain/laugh about sb

déanach *adj* last; late; **bheith ag obair moch ~** to work all hours

déanaí *nf4* lateness; **le ~** lately; **ar a dhéanaí** at the latest

déanamh *nm1* doing; making; manufacture; make; (*of clothes*) style

déanfaidh *etc vb see* **déan**

déan-féin-é *nm4* do-it-yourself, DIY

deann (*gs, pl* **deanna**) *nm3* twinge; pang; sting

deannach *nm1* dust

déanta *adj* complete; (*teacher, barrister etc*) fully-qualified, fully-fledged; (*liar, thief etc*) out-and-out; **~ na fírinne** as a matter of fact

déantóir *nm3* maker; manufacturer

déantús *nm1* make; manufacture; **de dhéantús na hÉireann** made in Ireland

dear *vt* draw, design

deara *n*: **rud a thabhairt faoi ~** to notice sth

dearadh (*pl* **dearaí**) *nm1* design; sketch; drawing

dearbhaigh *vt* declare; confirm; assert; assure; attest

dearbhán *nm1* voucher; **~ lóin** luncheon voucher

dearbhchló (*pl* **dearbhchlónna**)
nm4 (*Phot*) positive, print

dearbhú nm declaration;
affirmation; confirmation;
assurance

dearc vt, vi look

dearcach adj considerate; **bheith
~ le duine** to be considerate to sb

dearcadh nm1 look; outlook;
opinion, point of view; vision

dearcán nm1 acorn

Déardaoin nm4 Thursday; **ar an ~**
on Thursdays

dearfa adj certain; definite; proved;
decided; attested; **go ~** certainly

dearfach adj affirmative, positive

déarfaidh, déarfaimid, déarfar
vb see **abair**

dearg vt, vi blush; light; glow;
redden ▷ nm1 (*pl* **dearga**) red ▷ adj
red; lit; glowing; (*wound*) raw;
intense; (*luck*) raw; **~ te** red-hot

dearg- prefix red; utter; real

dearmad vt, vi forget; overlook
▷ nm1 forgetfulness; omission;
mistake; lapse; **de dhearmad** by
mistake; **~ a dhéanamh ar** or **de
dhuine/rud** to forget about sb/sth

dearmadach adj forgetful;
absent-minded

dearna¹ vb see **déan**

dearna² nf palm (of the hand)

dearnáil nf3 darn(ing) ▷ vt darn

dearóil adj wretched; miserable;
(*weather*) chilly; bleak; frail, puny;
poor; needy

deartháir (*gs* **dearthár**, *pl*
deartháireacha) nm brother;
~ céile brother-in-law; **~eacha
agus deirfiúracha** siblings

dearthóir nm3 designer

deas¹ n: **ó dheas** south(wards)

deas² n: **de dheas do, i n~ do** near
to, close to; **an baile is deise duit**

the town nearest to you

deas³ (*gsm* **deas**) adj nice; kind

deas⁴ adj (*position*) right; **an chos
dheas** the right leg; **an taobh ~**
the right-hand side

deasaigh vt, vi dress; arrange

deasbhord nm1 starboard

deasc nf2 desk

deasca¹ nm4 dregs, sediment; yeast

deasca² nm4 consequence; (ill)
effects

deascán nm1 deposit, sediment

deasghnách adj formal;
ceremonial; ritual

deasghnáth (*gsf, pl* **deasghnátha**)
nm3 formality; ceremony; rite;
ritual

deaslabhartha adj eloquent,
articulate; witty

deaslabhra nf4 elocution

deaslámhach adj right-handed;
handy; skilful, deft

deastógáil nf3 assumption; **D~ na
Maighdine Muire** the Assumption
of the Virgin Mary

deatach nm1 smoke

deataigh vt (*fish etc*) smoke

deataithe adj smoked

dea-thoil nf3 goodwill

débhríoch (*gsm* **débhríoch**) adj
ambiguous

débhríocht nf3 ambiguity

décharbónáit nf2 bicarbonate

déchéileachas nm1 bigamy

déchiallach adj equivocal,
ambiguous

déchliceáil vi: **~ ar** (*Comput*)
double-click on

défhócasaigh nmph1 bifocals

défhoghar nm1 diphthong

déghloiniú nm double glazing

deic nf2 (*Naut*) deck; **~ caiséad**
cassette deck; **~ eitilte** flight deck

deich num, nm4 ten; **a ~ a chlog** ten

o'clock; **céad is a ~** a hundred and ten; **~ gcapall/euro/n-acra** ten horses/euros/acres

deichiú num, adj, nm4 tenth

deichniúr nm1 ten (people); (Rel: of rosary) decade; **tuairim is ~** some ten people

déideadh nm1 toothache

deifir (gs **deifre**) nf2 hurry, rush; haste; **rud a dhéanamh faoi dheifir** to do sth in a hurry; **tá ~ orm** I am in a hurry; **déan ~!** hurry up!; **tá ~ leis** it's urgent

deifreach adj hasty, hurried

deifrigh vt, vi hurry, rush; hasten

deighil (pres **deighleann**) vt divide; separate; (Pol) partition

deighilt nf2 division; separation; (Pol) partition; (fig) rift; split

deil (pl **deileanna**) nf2 lathe; **ar ~** in (working) order

deilbh (pl **deilbheacha**) nf2 appearance, shape; (of body) figure

deilbhín nm4 (Comput) icon

deilbhíocht nf3 (Ling) accidence

déileáil nf3 dealing ▷ vi deal

déileálaí nm4 dealer

deilf (pl **deilfeanna**) nf2 dolphin

deilgneach nf2 chickenpox ▷ adj prickly, thorny; barbed

deili nm4 (delicatessen) deli

deilín nm4 rigmarole; (for advert) jingle

deimheas nm1 shears

deimhin (gsf, pl, compar **deimhne**) adj sure, certain, definite; **~ a dhéanamh de rud** to make sure of sth; **go ~** indeed

deimhneach adj certain; (also Elec) positive

deimhneacht nf3 certainty

deimhnigh vt, vi assure; certify; confirm; verify

deimhniú nm certificate; confirmation; assurance

deimhniúil adj affirmative

déin¹ n: **faoi dhéin** to meet; to fetch; **dul faoi dhéin an dochtúra** to go to fetch the doctor

déin² see **dian**

déine nf4 severity; hardness; intensity; see also **dian**

deinim nm4 denim

deir¹ vb see **abair**

deir² nf2 shingles

déirc nf2 charity

déirceach adj charitable

deire vb see **abair**

deireadh¹ (pl **deirí**) nm1 end; conclusion; termination; rear, back; stern; ending; all; **~ an leabhair/na míosa/an lae** the end of the book/the month/the day; **~ a chur le rud** to finish sth; **tús agus ~** beginning and end; **tá ~ leis an tsraith sin** that series is over; **tá ~ réidh** everything is ready; **d'ith siad ~** they ate the whole lot; **bheith ar ~ le rud** to be behind with sth; **faoi dheireadh thiar thall** at long last; **i n~ an lae** at the end of the day, finally; **an oíche faoi dheireadh** the other night; **~ loinge** stern of ship; **roth/suíochán deiridh** back wheel/seat; **cosa deiridh** hind legs; **solas deiridh** taillight

deireadh² vb see **abair**

Deireadh Fómhair nm October

deireanach adj last; final; late; recent; **go ~ aréir** late last night; **an chóip is deireanaí** the latest copy

deireanaí nf4 lateness; **le ~** recently

deireanas nm1: **le ~** recently

deirfiúr (gs **deirféar**, pl **deirfiúracha**) nf sister; **~ céile** sister-in-law

deirí see **deireadh¹**

déirí nm4 dairy

deiridh adj see **deireadh¹**

deiridís, deirimid etc vb see **abair**

déiríocht nf3 dairying

deirmitíteas nm1 dermatitis

deirteá, deirtear, deirtí vb see **abair**

deis nf2 right, right hand (side); opportunity; means; good condition; **casadh ar** or **faoi dheis** to turn right; **ar dheis Dé** at God's right hand; **~ a fháil ar rud** to get an opportunity to do sth; **~ a thapú** to grasp an opportunity; **~ iompair** means of transport; **~ cócaireachta** cooking facilities; **~ a chur ar rud** to repair sth; **tá ~ mhaith ar mhuintir Sheáin** John's people are well off; **~ istigh** innings; **~ a labhartha** way with words

deisbhéalach adj witty

deisceabal nm1 disciple

deisceart nm1 south; southern part; **an D~** (Geog) the South

deisceartach adj southern

déise see **dias**

deiseal adv clockwise

deisigh vt mend, repair; renovate

deisitheoir nm3 repairer, mender

deisiú nm repair; renovation

deismíneach adj refined; prim

deismíneachtaí nfpl3 niceties

deismir adj neat, tidy; refined; exemplary

deismireacht nf3 neatness; neat illustration

déistin nf2 distaste; disgust; **~ a chur ar dhuine** to disgust sb

déistineach adj disgusting; distasteful; revolting

déithe see **dé¹**; see **dia**

den = **de** + def art **an**

dénártha adj binary

deo n: **go ~** for ever, always; (in negative) never; **níl deireadh go ~ leis** it is never-ending

deoch (gs **dí**, pl **deochanna**) nf drink; beverage

dé-ocsaíd nf2: **~ charbóin** carbon dioxide

deoin (pl **deonta**) nf3 consent; will; **dá ~ féin** of her own free will

deoir (pl **deora**, gpl **deor**) nf2 tear; drop; **~ anuas** (in roof) leak; **~ fhearthainne** raindrop; **tháinig na deora leis** he began to weep; **~ ar dheoir** drop by drop; **bhain an ceol na deora aisti** the music moved her to tears

deoirghás nm1 tear gas

deonach adj voluntary; willing

deonaigh vt grant; consent; **rud a dheonú (do dhuine)** to grant sth (to sb)

deonta see **deoin**

deontas nm1 grant

deontóir nm3 donor; **~ fola** blood donor

deor, deora see **deoir**

deorach adj tearful

deoraí nm4 exile

deoraíocht nf3 exile

deoranta adj strange, unusual; alien; withdrawn

dépholach adj bipolar

déshúiligh nmph binoculars

déthaobhach adj bilateral

déthreo adj two-way

d'fhaighinn etc vb see **faigh**

d'fheicinn etc vb see **feic**

dh (remove "h") see also **d...**

dhá (after article, aon or céad = **dá**) num two; **~ chloch mhóra** two large stones; **an dá dhoras ghorma** the two blue doors; **mo ~ lámh** my two hands

dháréag nm4 twelve people

dheachaigh etc vb see **téigh**

dhéanfainn, dhearna, dhein vb see **déan**

di see **de**; **do²**

dí see **deoch**

dia (gs **dé**, pl **déithe**), **Dia** nm god; God; ~ **beag** (pop star etc) idol; **D~ duit!** good day!, hello!; **D~ linn!** (after sneeze) bless you!; **D~ ár sábháil!** God save us!; **buíochas le D~!** thank God!

diabhal nm1 devil; fiend; **an D~** the Devil

diabhalta adj mischievous

diabhlaíocht nf3 mischief; witchcraft

diaga adj divine; theological

diagacht nf3 divinity; divine nature; piety; theology

diaganta adj pious

diagram nm1 diagram

diaibéiteach adj, nm1 diabetic

diaibéiteas nm1 diabetes

diaidh n: **i n~** + gen following, after; **i n~ na nuachta** following the news; **i n~ an chluiche** after the match; **seachtain ina dhiaidh sin** a week later; **trí lá i n~ a chéile** three days in a row; **tá cumha air i n~ an bhaile** he is homesick; **tháinig an madra i mo dhiaidh** the dog came after me; **níl mé ina dhiaidh air** I don't blame him, I don't hold it against him; **fiche i n~ a trí** twenty past three; **ina dhiaidh seo** after this, from now on; **ina dhiaidh sin** afterwards; nevertheless; **~ ar n~** gradually; **ina dhiaidh sin is uile** despite all that

diail (pl **diaileanna**) nf2 dial

diailigh vt dial

dí-áirithe adj innumerable, countless

dialann nf2 diary; personal organizer

diallait nf2 saddle; **~ a chur ar** (horse) to saddle; **dul sa ~** to mount; **an ~ a chur ar an each cóir** to place the blame where it belongs

diamant nm1 diamond

diamhair (pl **diamhra**) adj dark, obscure; eerie, creepy; mysterious; weird

diamhasla nm4 blasphemy

diamhracht nf3 mysteriousness, mystique

dian (gsm **déin**, gsf, compar **déine**) adj intense, intensive; severe, gruelling; difficult

dian- prefix intensive, intense; hard, severe

dianchúrsa nm4 intensive course

dianmhachnamh nm1 concentration; **~ a dhéanamh ar rud** to think long and hard about sth

dí-armáil vt, vi disarm

dias (gs **déise**) nf2 ear of corn; (Bot) spike; (of weapon) point; (Tennis) deuce

díbeartach nm1 outcast

díbh see **de**

dibheán nm1 divan

díbheirg nf2 wrath, vengeance

díbheo adj lifeless, listless

díbhinn nf2 dividend

díbhirce nf4 zeal

díbhirceach adj eager; zealous

díbhoilsciú nm (Fin) deflation

díbholaíoch nm1 deodorant

díbir (pres **díbríonn**) vt expel, drive out; banish; deport

díbirt (gs **díbeartha**) nf3 expulsion; banishment; deportation

díblí adj decrepit; dilapidated; worn out

dícháiligh vt disqualify

dícheall nm1 best effort; **do dhícheall a dhéanamh** to do one's best; **bheith ar do dhícheall ag déanamh ruda** to be working flat out at sth

dícheallach adj hard-working, industrious; earnest

díchéillí adj senseless

díchódaigh vt decode

díchóimeáil vt dismantle

díchorda nm4 (Mus) discord

díchreideamh nm1 disbelief; lack of faith

díchuimhne nf4 oblivion

dide nf4 (Anat) nipple; (on bottle) teat

dídean nf2 shelter; refuge; asylum; (fig) haven; **~ a thabhairt do dhuine** to give shelter to sb

dídeanaí nm4 refugee

difear nm1 difference; **is beag an ~ é** it matters little

dífhabhtaigh vt (Comput) debug

dífhostaíocht nf3 unemployment; **lucht ~a** the unemployed

dífhostaithe adj unemployed

dífhostú nm dismissal

difríocht nf3 difference

difriúil adj different; various

diftéire nf4 diphtheria

dígeanta adj obdurate

díghalraigh vt disinfect

díghalrán nm1 disinfectant

digit nf2 digit

dil adj dear, beloved

díláraithe adj decentralised

dílárú nm decentralization, devolution

díle (gs **díleann**, pl **dílí**) nf flood, deluge, torrent; **~ bháistí** downpour

díleá nm4 digestion; dissolution

díleáigh vt digest; dissolve

dílis (gsf, pl, compar **dílse**) adj loyal; dear; genuine; proper; **bheith ~ do dhuine** to be faithful to sb; **a mháthair dhílis** dear mother; **cóip dhílis** genuine copy; **ainm ~** proper name

dílleachta nm4 orphan

dílleachtlann nf2 orphanage

dílse nf4 loyalty; allegiance; pledge; see also **dílis**

dílseacht nf3 allegiance, loyalty

dílseoir nm3 loyalist

díluacháil vt devalue ▷ nf3 devaluation

díluchtaigh vt unload; discharge

dímheabhrach adj forgetful; **~ (ar)** oblivious (of)

dímheas nm3 contempt; disrespect

dímheasúil adj contemptuous; disrespectful; derogatory

ding (pl **dingeacha**) nf2 wedge; dent ▷ vt wedge; pack; ram

dinimiciúil adj dynamic

dinimít nf2 dynamite

dínit nf2 dignity

dínn see **de**

dinnéar nm1 dinner

dinnireacht nf3 dysentery

dinnseanchas nm1 topography

dintiúir nmpl (references) credentials; **tá a ~ aici** she's fully qualified

díobh see **de**

díobhach nm1 remover; **~ vearnais iongan** nail polish remover

díobháil nf3 damage; harm; want; loss; **de dhíobháil airgid** for want of money; **tá saoire de ~ orm** I need a holiday; **~ a dhéanamh do rud/do dhuine** to harm sth/sb

díobhálach adj harmful; spiteful

díocasach adj (keen) eager

díochlaon vt (Ling) decline

díochlaonadh (gs **díochlaonta**, pl

díochlaontaí) nm declension

díochra adj passionate, fervent; intense

díog nf2 ditch; trench; drain

diogáil vt trim, cut

díogha nm4 worst; **~ na bhfear** the worst of men; **rogha an dá dhíogha** a choice of two evils; **~ agus deireadh** the worst thing possible

díograis nf2 zeal; fervour; kindred bond

díograiseach adj enthusiastic; keen; zealous

díograiseoir nm3 enthusiast

dí-oighreoir nm3 de-icer

díol nm3 sale; payment; (of emotion) object; enough ▷ vt, vi sell; pay; **"le ~"** "for sale"; **~ agus ceannach** buying and selling; **i n~ ruda** in payment for sth; **~ trua** pitiful case; **~ beirte** enough for two

díolachán nm1 sale

díolaim (pl **díolamaí**) nf3 collection; compilation

díolaíocht nf3 payment

díoltas nm1 revenge, vengeance; **~ a imirt ar** to take revenge on

díoltasach adj vindictive, vengeful

díoltóir nm3 seller; dealer

díolúine (pl **díolúinti**) nf4 exemption, immunity; (Comm) franchise; licence

díom see **de**

díomá nf4 disappointment; **~ a chur ar dhuine** to disappoint sb

díomách (gsm **díomách**) adj disappointed; disappointing; sorry

diomail vt squander, waste

diomailt nf2 waste, extravagance

diomailteach adj wasteful, extravagant

diomaíoch (gsm **diomaíoch**) adj ungrateful

diomaite adv: **~ de** apart from; besides

díomas nm1 arrogance, pride; contempt

díomasach adj arrogant; contemptuous

díomhaoin adj idle; redundant; unmarried, single; vain; worthless

díomhaointeas nm1 vanity; idleness

díomua nm4 defeat

díon (pl **díonta**) nm1 roof; shelter ▷ vt protect; shelter; make watertight; **~ gréine** (Aut) sunroof

díonach adj protective; impermeable; **~ ar** proof against

díonbhrollach nm1 preface

diongbháilte adj firm, staunch; determined; positive; decided; secure, fixed; steadfast

diongbháilteacht nf3 resolve; firmness; decisiveness; staunchness

díonmhar adj waterproof

díonteach (gs **díontí**, pl **díontithe**) nm penthouse

dioplóma nm4 diploma

díorma nm4 troop; band; posse

díorthach nm1 derivative

díosal nm1 (also vehicle) diesel

díosc vi creak; grate, grind

diosca nm4 disk; **~ bog** (Comput) floppy (disk); **~ córais** (Comput) system disk

dioscaireacht nf3 household chores

díoscán nm1 creaking; grating; grinding

dioscó nm4 disco

dioscólann nf2 discotheque

dioscthiomáint nf3 disk drive

d'íosfainn etc vb see **ith**

díospóid nf2 dispute; **~ thionsclaíoch** dispute

díospóireacht nf3 debate; discussion

díot see **de**

díotáil nf3 indictment ▷ vt indict

díoth, díotha see **díth**

díothaigh vt exterminate, eliminate, eradicate; annihilate

díothóir nm3 eliminator; destroyer

díothú nm destruction, elimination, extermination, annihilation

dip nf2 dip

dírbheathaisnéis nf2 autobiography

díreach adj; straight, erect; direct ▷ adv just; exact(ly); **caint/ceist/ líne dhíreach** straight talk/ question/line; **~ anonn** straight across; **anois ~** just now; **~ ansin** right there; **a dó go ~** exactly two; **go ~ mar a d'iarr tú** just as you asked; **go ~!** exactly!

díréireach adj disproportionate

dírigh vt straighten; **rud a dhíriú ar** to direct sth towards; **d'aire a dhíriú ar fhadbh** to direct one's attention to a problem; **dhírigh sí ar an obair** she set to work

dís nf2 pair; two people

dísc nf2 dryness; barrenness; **dul i n~** to run dry, run out

discéad nm1 (Comput) diskette

disciplín nm4 discipline

díscithe adj dried up; consumed; spent; eliminated

discréid nf2 discretion

discréideach adj discreet; reserved

díscríobh vt (Comm, Ins) write off

díséad nm1 duet

díseart nm1 retreat; hermitage; hideaway

díshealbhaigh vt evict; dispossess

díshealbhú nm eviction; dispossession

díshioc vt defrost

dísle nm4 die; **díslí** dice

díspeag vt belittle

díspeagadh (gs **díspeagtha**) nm belittlement; (Ling) diminutive; **~ cúirte** contempt of court

dispeipse nf4 dyspepsia

díth (pl **díotha**, gpl **díoth**) nf2 loss; deprivation; lack; need; **dul ar ~** to go to loss; **rud a bheith de dhíth ort** to need sth; **~ céille** foolishness; **de dhíth a mhalairte** for want of anything else

dithneas nm1 haste, hurry, urgency

dithneasach adj urgent

díthocsainiú nm detox

díthreabh nf2 wilderness

díthreabhach nm1 hermit, recluse; homeless person

díthruailligh vt decontaminate

diúc nm1 duke

diúg vt drink; drain; sponge on

diúgaire nm4 leech, sponger

diúgaireacht nf3 drinking; draining; sponging, cadging

diúilicín nm4 mussel

diúité (pl **diúitéithe**) nm4 duty; **bheith ar ~** to be on duty

diúl vt, vi suck

diúlach nm1 guy, fellow; lad, chap

diúltach adj, nm1 (also Elec, Ling) negative

diúltaigh vt deny; refuse, turn down; **diúltú do** renounce, reject; **diúltú rud a dhéanamh** to refuse to do sth

diúltú nm refusal; denial; rejection; renunciation

diúnas nm1 stubbornness

diúracán nm1 missile; projectile

diúraic vt cast, throw; launch

diurnaigh vt drain; swallow; hug

diúscairt nf3 disposal

dízipeáil vt (file) unzip

dlaíóg nf2 wisp; lock; **an ~**

mhullaigh a chur ar rud to crown sth, put the finishing touches to sth

dlaoi (pl **dlaoithe**) nf4 (of hair) lock, strand; tuft, wisp

dleacht (pl **dleachtanna**) nf3 (lawful) right; tax, duty; (on books etc) royalty

dleachtach adj lawful; due; proper

dleathach adj lawful, legal; genuine; valid

dlí (pl **dlíthe**) nm4 law; **~ na tíre/Dé/an nádúir** the law of the land/God/nature; **~ canónta/míleata** canon/martial law; **an ~ a chur ar dhuine** to bring legal action against sb

dlí-eolaí nm4 jurist

dlíodóir nm3 lawyer

dlisteanach adj lawful; legitimate; rightful; faithful

dliteanas nm1 liability

dlíthe see **dlí**

dlíthiúil adj legal, lawful; judicial

dlús nm1 density; compactness; speed; **~ a chur le rud** to speed sth up

dlúsúil adj industrious

dlúth adj dense; compact; close; tight; **bearrtha go ~** closely shaven

dlúthchaidreamh nm1 close relations; intimacy

dlúthdhiosca nm4 CD, compact disc

do¹ (before vowel or **fh** + vowel = **d'**) poss adj (singular) your

EOCHAIRFHOCAL

do² (prep prons = **dom, duit, dó, di, dúinn, daoibh, dóibh**) (lenites; when followed by vowel or **fh** + vowel = **d'**; when followed by def art **an** = **don**;

when followed by **a, ár = dá, dár**) prep to; for **1** (indicating indirect object) to; for; **rud a ofráil/thabhairt do dhuine** to offer/give sth to sb; **rud a dhéanamh do dhuine** to do sth for sb; **bheith maith/dílis do dhuine** to be good/loyal to sb; **gar a dhéanamh do dhuine** to do sb a favour; **trua a bheith agat do dhuine** to have pity on sb **2** (relation): **is aintín dom í** she is an aunt of mine; **bheith gaolmhar do dhuine** to be related to sb **3** (proximity): **bheith gar** or **cóngarach do rud** to be close to sth **4** (with greetings): **Nollaig shona daoibh** Merry Christmas to you **5** (with verbal noun phrases): **ag imeacht dó** as he was leaving; **ar imeacht dó** when he had left **6** (existence, condition): **is ann dóibh** they exist; **is fíor duit** you're right; **nach méanar di** isn't she lucky; **is amhlaidh dom féin** I'm in the same boat **7** (signifying effect): **tá an t-aer úr maith duit** the fresh air is good for you; **is cuma dóibh anois** it doesn't matter to them now **8** (with questions): **cad is ainm duit?** what's your name?; **cárb as di?** where's she from?

do³ vb part: **d'iarr sé pionta** he asked for a pint; **d'ólfadh sí bainne** she would drink milk

do- prefix very difficult to; impossible to; evil-, ill-

dó¹ see **do²**

dó² (pl **dónna**) num, nm4 two; **a dó dhéag** twelve

Dobhar nm1 Dover

dobharcheantar *nm1* (*of river*) catchment area

dobharchú *nm4* otter

dobhareach *nm1* hippopotamus

dobhrán *nm1* otter; (*person*) idiot, imbecile

dobhréagnaithe *adj* (*facts, evidence*) undeniable, indisputable

dobhriathar (*pl* **dobhriathra**) *nm1* adverb

dobhriste *adj* unbreakable

dobrón *nm1* grief, sorrow; affliction

dócha (*compar* **dóichí**) *adj* likely, probable; **is ~ (go)** it is likely (that); **ní ~ go dtiocfaidh sí** it is unlikely that she will come; **chomh ~ lena athrach** as likely as not

dochar *nm1* harm, hurt; damage; debit; **~ a dhéanamh do dhuine/ do rud** to harm sb/sth; **níl ~ déanta** there's no harm done; **sochar agus ~** profit and loss

dóchas *nm1* hope; expectation; trust; **tá ~ agam (go)** I hope (that); **~ a bheith agat asat féin** to be self-confident

dóchasach *adj* hopeful; optimistic; confident

docheansaithe *adj* untameable; uncontrollable

dochloíte *adj* invincible; tireless; irresistible

dochorraithe *adj* impassive, imperturbable

dochrach *adj* harmful; damaging

dochreidte *adj* incredible; unbelievable

docht (*gsm* **docht**) *adj* close; tight; rigid; strict

dochtúir *nm3* doctor

dóchúil *adj* likely, probable; promising

dóchúlacht *nf3* likelihood, probability

dócmhainneach *adj* insolvent

dócúl *nm1* discomfort

dodach *adj* sullen; furious; (*animal*) restive, obstinate

dodhéanta *adj* impossible

dodhearmadta *adj* unforgettable

do-earráide *n gen as adj* infallible

dofhaighte *adj* unobtainable; (*book etc*) rare

dofheicthe *adj* invisible

dofhulaingthe *adj* unbearable; intolerable

doghafa *adj* impregnable

doghrainn *nf2* distress

dóibh *see* **do²**

doicheall *nm1* reluctance; inhospitality

doicheallach *adj* unwelcoming; reluctant; grudging; stand-offish

dóichí *see* **dócha**

doiciméad *nm1* document

do-ídithe *adj* inexhaustible

dóigh¹ *nf2* way, manner; method; state, condition; **~ oibre** method of working; **sa ~ go** in such a way that; **ar dhóigh nó ar dhóigh eile** (in) one way or another; **níl an dara ~ air** there is no alternative; **tá a dhóigh féin aige** he's his own man; **tá ~ mhaith orthu** they are well off; **cén ~ atá ort?** how are you keeping?; **bheith gan ~** to be in a bad way; **~ a chur ar rud** to fix sth; **ar ~** excellent, wonderful

dóigh² *nf2* probability; **is ~ liom (go)** I think (that); **de mo dhóigh féin** in my own opinion

dóigh³ *vt, vi* burn; scorch; cremate

dóighiúil *adj* handsome; good-looking

doiléir *adj* dim; obscure, vague; ambiguous

doiléirigh *vt* blur, obscure; darken

doiligh (*gsf, pl, compar* **doilí**) *adj* difficult, hard; tough

doilíos *nm1* remorse; melancholy; sorrow

doilíosach *adj* remorseful, contrite; sorrowful

doimhne, doimhneacha *see* **domhain**

doimhneacht *nf3* depth

doineann *nf2* bad weather; storm

doineanta *adj* (*weather*) foul, terrible; stormy

doinsiún *nm1* dungeon

do-inste *adj* untold; indescribable

Doire *nm4* Derry

dóire *nm4* burner; **~ CDanna** CD burner; **~ DVD** DVD burner

doirne *see* **dorn**

doirse *see* **doras**

doirseoir *nm3* doorkeeper; porter; **~ oíche** night porter

doirt *vt* pour; spill; (*tears*) shed; (*colour*) run; **~ amach** pour out; **tá siad ~e dá chéile** they are head over heels in love

doirteadh *nm* spilling; pouring; effusion; **~ ola** oil slick; **~ fola** bloodshed

doirteal *nm1* (*kitchen*) sink; washbasin

dóite *adj* burned, scorched; withered; dry; bitter; **seanduine ~** decrepit old man; **gáire ~** dry laugh; **bheith dubh ~** to be fed up

dóiteán *nm1* blaze, fire; **inneall dóiteáin** fire engine

dol (*gs, pl* **dola**) *nm3* snare, trap; noose; loop; batch; (*Fishing*) cast; haul

dól *nm1* dole

dola *nm4* charge, expense; toll, tax; **an ~ a dhíol** to pay the bill; (*fig*) to suffer the consequences

dolabhartha *adj* unspeakable

dólás *nm1* sorrow; contrition; **gníomh dóláis** act of contrition

doléite *adj* illegible

dollar *nm1* dollar

dolúbtha *adj* inflexible; unbending; rigid

dom *see* **do²**

domhain *nf2* (*gs* **doimhne**, *pl* **doimhneacha**) depth ▷ *adj* (*gsf, pl, compar* **doimhne**) deep; profound; serious

domhan *nm1* world; earth; **ar fud an domhain** all over the world; **an Tríú D~** the Third World; **an D~** (*planet*) the Earth; **an D~ Thoir** the Orient; **bhí fearg an domhain air** he was extremely angry

domhanda *adj* worldwide; global; worldly; terrestrial

domhanfhad *nm1* longitude

domhanleithead *nm1* latitude

domhantarraingt *nf* (*Phys*) gravity

domheanma (*gs* **domheanman**) *nf* low spirits, despondency, depression

domheanmnach *adj* downhearted; dejected; despondent, depressed

Domhnach (*pl* **Domhnachaí**) *nm1* Sunday; **ar an ~** on Sundays; **Dé Domhnaigh** on Sunday

domlas *nm1* bitterness

domlasta *adj* unpalatable, unsavoury, bitter

domplagán *nm1* dumpling

don = **do²** + *def art* **an**

dona *adj* bad; miserable; unfortunate; **is ~ an scéal é** it's a bad state of affairs; **tá sí go ~ le seachtain** she has been very sick this last week; **loite go ~** badly wounded

donacht *nf3* badness; **dá dhonacht iad** however bad they are; **athrú chun ~a** a change for the worse

donas nm1 bad luck, misfortune; misery; mischief; **dul chun donais** to get worse; **is é ~ an scéil (go)** the worst of it is (that); **tá an ~ air le falsacht** he's the world's worst for laziness

donn adj brown

donnbhuí adj buff

do-oibrithe adj unworkable

dó-ola nf4 fuel oil

doras (pl **doirse**) nm1 door; doorway; **~ cúil** back door; **~ éalaithe** emergency exit; **duine a chur ó dhoras** to put sb off with an excuse

dorcha adj dark; (water) murky, shadowy; (meaning) obscure

dorchacht nf3 darkness

dorchadas nm1 dark, darkness; **bheith sa ~ faoi rud** to be in the dark about sth

dorchaigh vt, vi darken

dorchla nm4 passage, passageway

dord nm1 drone; buzz; hum; (Mus) bass ▷ vi drone; buzz; hum

dordán nm1 drone; buzz; hum

dordánaí nm4 buzzer

dordghuth nm3 bass (voice)

dordveidhil nf2 cello

doréitithe adj (of problem) insoluble

doriartha adj unruly; intractable; uncontrollable

dorn (pl **doirne**) nm1 fist; punch; handle, grip; **~ a thabhairt do dhuine** to punch sb; **~ a tharraingt ar rud** to thump sth; **dul sna doirne le duine** to come to blows with sb

dornaisc nmph handcuffs

dornálaí nm4 boxer

dornálaíocht nf3 boxing

dornán nm1 handful; **~ airgid** some

money; **~ daoine** a few people

dórtúr nm1 dormitory

dorú nm4 (fishing) line; **~ pluma** plumb line; **as ~** out of alignment

dos (pl **dosanna**) nm1 tuft; bush; (of flowers) bunch; (of trees) cluster; (of bagpipes) drone

dosaen (pl **dosaenacha**) nm4 dozen

doscaí adj extravagant

doshamhlaithe adj unthinkable; inconceivable, unimaginable

dosháraithe adj unbeatable; unmatched; inviolable

dosháraitheacht nf3 (of life) sanctity

dosheachanta adj inescapable; inevitable, unavoidable

doshéanta adj irrefutable, undoubted; undisputed

doshrianta adj uncontrollable, unmanageable

dosmachtaithe adj uncontrollable; ungovernable

dóthain nf4 enough, sufficiency; **do dhóthain a ithe** to eat one's fill; **ní mór a dhóthain** he's easily satisfied

dothuigthe adj unintelligible, incomprehensible; inscrutable

dóú num, adj second; **an ~ duine/ háit/rogha** the second person/ place/choice

drabhlás nm1 debauchery; **bheith ar an ~** to be on the tear or the binge; **dul chun drabhlais** to go to the bad

drabhlásach adj wild; dissipated; prodigal

drabhlásaí nm4 waster; boozer; reprobate

draein (gs **draenach**, pl **draenacha**) nf drain

draenáil nf3 drainage ▷ vt drain

dragan *nm1* dragon; tarragon

draid (*pl* **draideanna**) *nf2* mouth; grin; grimace; set of teeth

draidgháire *nm4* grin; **~ a dhéanamh** to grin

draighneán *nm1* blackthorn

draíocht (*gs, pl* **draíochta**) *nf3* (magic) spell; witchcraft; charm; romance; **~ a chur ar** to enchant; **duine a chur faoi dhraíocht** to cast a spell on sb

draíochta *n gen as adj* magic(al)

draíodóir *nm3* magician, wizard; **~ mná** witch

dram (*pl* **dramanna**) *nm3* dram

dráma *nm4* drama; play; **~ grinn** comedy

drámadóir *nm3* dramatist, playwright

drámaíocht *nf3* drama; dramatic act

drámata *adj* dramatic

dramháil *nf3* refuse, trash; waste

dramhphost *nm1* junk mail

drandal *nm1* (*Anat*) gum(s)

drann *vi* snarl; **~adh le rud** to go near sth, touch sth

drantaigh *vi* growl

draoi (*pl* **draoithe**) *nm4* magician; sorcerer; druid

draothadh *n*: **~ gáire** faint smile

drár *nm1* drawer

dreach (*gs, pl* **dreacha**) *nm3* face, expression; appearance, aspect, look

dréacht *nm3* draft; tract; composition; **~ ceoil** piece of music; **~ conartha** draft of contract

dréachtaigh *vt* draft

dream *nm3* group (of people); crowd; **an ~ óg** the young people; **seachain an ~ sin** avoid that crowd; **an ~ a tháinig** those who came

dreancaid *nf2* flea

dreap *vt, vi* climb, scale

dreapa *nm4* stile; (*of cliff*) edge

dreapadh (*gs* **dreaptha**) *nm* climb

dreapadóir *nm3* climber

dreapadóireacht *nf3* climbing

dreas (*gs, pl* **dreasa**) *nm3* spell, while; turn; (*of talks*) round; (*Sport*) round, heat; (*Tennis*) rally; **~ oibre** stint of work; **~ a chodladh** to sleep a while

dreasacht *nf3* incentive

dréim *nf2* aspiration; expectation; contention ▷ *vi* aspire to; strive after; expect; **bheith ag ~ le rud** to expect sth; to strive for sth

dréimire *nm4* ladder; **~ taca** stepladder

dreoigh *vi* decompose; rot, decay

dreoilín *nm4* (*Zool*) wren; **~ teaspaigh** grasshopper

dreoite *adj* decayed, withered; mo(u)ldy; stale

dríodar *nm1* dregs, slops; sediment

driog *vt* distil

drioglann *nf2* distillery

driopás *nm1* hurry; **~ a bheith ort** to be in a fluster

dris (*pl* **driseacha**) *nf2*: **~ chosáin** stumbling block

drisiúr *nm1* dresser

drithle *nf4* sparkle

drithleach *adj* sparkling

drithleog *nf2* spark

drithligh *vi* sparkle, gleam, glint; glow; twinkle

drithlín *nm4* bead; shudder, thrill

droch- *prefix* bad, poor, evil, un-; **~chaint** bad language; **~chlú** slur; bad name

drochamhras *nm1* distrust; misgivings; **~ a bheith agat ar dhuine** to distrust sb

drochaoibh nf2: **~ a bheith ort** to be in a bad mood

drochbhail nf2 poor condition; **~ a thabhairt ar dhuine** to ill-treat sb

drochbharúil nf3 poor opinion

drochbhéas nm3 vice, bad habit; **~a** bad manners

drochbhéasach adj rude, ill-mannered

drochbhlas nm1 distaste; bad taste

droch-chroí nm4 ill will, malice

drochfhéachaint (gs **drochfhéachana**) nf3 evil look; glare, glower

drochiarraidh (gs **drochiarrata**, pl **drochiarrataí**) nf indecent assault

drochíde nf4 abuse; **~ a thabhairt do dhuine** to abuse or ill-treat sb; **~ do pháistí** child abuse

drochiontaoibh nf2 distrust

drochmheas nm3 disdain, contempt; **~ a bheith agat ar** to look down on

drochmheasúil adj disparaging, contemptuous

drochmhisneach adj discouragement; **~ a chur ar dhuine** to dishearten sb

drochmhuinín nf2 distrust

drochmhúinte adj rude, ill-mannered; (animal) vicious

drochobair (gs **drochoibre**) nf2 mischief

drochshaol nm1 hard times; **An D~** (Hist) the (Great) Famine

drochuair nf2 crisis; **an ~ a chur tharat** to pull through, survive an ordeal; **ar an ~** unfortunately

drogall nm1 reluctance

drogallach adj reluctant

droichead nm1 bridge; **~ coisithe** footbridge; **~ crochta** suspension bridge; **~ tógála** drawbridge

droim (pl **dromanna**) nm3 back; (of hill) ridge; (of coin) tail; **~ dubhach** (mood) depression; **rud a iompar ar do dhroim** to carry sth on your back; **bheith ar dhroim duine** to be out to get sb; **bheith sa ~ ar dhuine** to nag at sb; **~ ar ais** back to front; **~ coise** instep; **ar dhroim an domhain** on the face of the earth; **ar dhroim na mara** on the surface of the sea; **ligean le do dhroim** to take a rest

droimneach adj rolling, undulating

droimscríobh (vn **droimscríobh**) vt (cheque) endorse

drólann nf2 (Med) colon

droma n gen as adj spinal

dromchla nm4 surface

dromlach nm1 spine, spinal column

drong nf2 group; gang; mob; pack

dronn nf2 hump; **~ a chur ort féin** to arch one's back

dronuilleog nf2 rectangle; oblong

dronuilleogach adj rectangular; oblong

dronuillinn (pl **dronuillinneacha**) nf2 (Math) right angle

drualus nm3 mistletoe

drúcht nm3 dew

druga nm4 drug; **bheith ag caitheamh ~í** to be on drugs

drugadóir nm3 pharmacist, druggist

drugáil vt drug; (horse etc) dope

druglann nf2 chemist's, drugstore

druid¹ (vn **druidim**) vt, vi close, shut; shut (down); **~ le** approach, move close to; **doras/cuntas a dhruidim** to close a door/an account; **~ do bhéal!** shut up!; **~im leis an tine** to move close to the fire; **dhruid sí uaim** she moved away from me; **~im i leataobh** to move aside

druid² (pl **druideanna**) nf2 starling

druidte adj closed, shut

druil (pl **druileanna**) nf2 drill;
~ aeroibrithe pneumatic drill

druileáil vt, vi drill

druilire nm4 (tool) drill

drúis nf2 lust

drúisiúil adj lustful, lecherous;
randy

druma nm4 drum

drumadóir nm3 drummer

druncaeir nm3 drunk

drúthlann nf2 brothel

dt (remove "d") see **t...**

dtí adv: **go ~** to, until; **go ~ seo** so
far, up to now, as yet; **go ~ an
siopa** as far as the shop; **go ~ gur
imigh sé** until he left;
comhaireamh go ~ a deich to
count to 10; **níor chaoineadh go ~
é** you never heard such crying

dua nm4 toil, labour, effort; trouble,
difficulty

duáilce nf4 vice, evil

duairc adj dismal; gloomy; grim

duairceas nm1 gloominess

duais nf2 (pl **duaiseanna**) prize;
reward; gift

duaiseoir nm3 prizewinner

duaisiúil adj difficult, trying,
troublesome

duaithnigh vt camouflage

duaithníocht nf3 camouflage

dual[1] nm1 lock; tuft; wisp; strand;
dowel; (in wood) knot; **~ gruaige**
lock of hair; **an ~ is faide siar ar
do choigeal** the least of your
worries

dual[2] nm1: **is ~ dó beith tostach**
it's in his nature to be quiet; **ní ~ di
an tsaint** it's not like her to be
greedy; **is ~ athar duit é** you took
after your father in that respect;
an chéim is ~ dó his proper
standing

dualgas nm1 duty, obligation; onus;
ar ~ on duty; **~ a bheith ort le rud**
to be bound by duty to do sth, be
lumbered with sth

duan (pl **duanta**) nm1 poem; song;
~ Nollag carol

duán[1] nm1 hook

duán[2] nm1 (Anat) kidney

duánaí nm4 angler

duanaire nm4 anthology (of
poems)

duanta see **duan**

duántacht nf3 angling

duarcán nm1 dour person

duartan nm1 downpour

dúbail (pres **dúblaíonn**) vt double

dúbailte adj double; dual; **seomra
~** double room

dubh adj black; dark; black-haired;
dismal; (with people) swarming
▷ nm1 black; darkness; **bheith ~
dóite** to be fed up; **~ dorcha**
pitch-black; **an Mhuir Dhubh** the
Black Sea; **tá an baile ~ le
turasóirí** the town is full of
tourists; **an ~ a chur ina gheal ar
dhuine** to pull the wool over sb's
eyes; **bheith ag obair ó dhubh
go ~** to work from dawn till dusk

dubhach adj downcast;
melancholic; dismal; gloomy,
sombre

dubhachas nm1 gloom

dubhaigh vt blacken, darken;
sadden

dubhfhocal nm1 enigma;
conundrum

dúblach adj, nm1 duplicate

dúblaíonn see **dúbail**

dúch nm1 ink

dúchais n gen as adj native;
cainteoir ~ Fraincise a native
speaker of French; **tír dhúchais**
mother country

dúchas *nm1* heritage; instinct; **rud a bheith sa ~ agat** to have sth in the blood; **is Éireannach ó dhúchas é** he is Irish by birth

dúchasach *adj* hereditary; ancestral; native; innate ▷ *nm1* native, inhabitant

dúcheist (*pl* **dúcheisteanna**) *nf2* puzzle, riddle

Dúchrónach *nm1* Black and Tan

dufair *nf2* jungle

duga *nm4* dock

dúghorm *adj* navy(-blue)

duibheagán *nm1* depth(s); abyss; **~ an éadóchais** depths of despair; **poll duibheagáin** bottomless pit; quicksand

duibheagánach *adj* deep

dúiche *nf4* (native) land; district; region; area; **an Chúirt D~** the District Court

dúil *nf2* desire; expectation; (*for thing*) liking, urge; **tá ~ aici ann** she is fond of him; **~ a bheith agat i nduine** to have a soft spot for sb; **tá an-~ aici ann** she likes it very much; **tá mé ag ~ le ...** I can't wait to ...; **~ dhóite a bheith agat rud a dhéanamh** to yearn to do sth; **bhí ~ as Dia agam go ndéanfadh sé é** I willed him to do it; **tá ~ sa bhia agaibh** you enjoy your food; **~ gan fháil** pipe dream; **mar dhúil (go)** on the off chance (that)

duileasc *nm1* dulse

duille *nm4* leaf, lid

duilleog *nf2* leaf; **~ bháite** water lily

duillín *nm4* docket

duilliúr *nm1* foliage; greenery

duine (*pl* **daoine**) *nm4* man; mankind; person; (*of persons*) one; **daoine** people, ordinary people, folk; **~ óg/tinn/saibhir** a young/ sick/rich person; **cearta/nádúr an ~** human rights/nature; **~ fásta** adult; **~ uasal** gentleman; **fiche ~** twenty people; **caint na ndaoine** ordinary speech; **le cuimhne na ndaoine** in living memory; **~ de na banaltraí** one of the nurses; **d'imigh siad ina n~ is ina n~** they left one by one; **fuair siad deich euro an ~** they got ten euros each; **~ éigin** someone; **mo dhuine (thall úd)** your man (over there); **~ ar bith** anybody; nobody; **gach ~** everybody

dúinn *see* **do²**

dúirt *etc vb see* **abair**

dúiseacht *nf3* awakening; **bheith i do dhúiseacht** to be awake or wakened

dúisigh *vt, vi* wake (up), awake; rouse; (*memories*) evoke; set off; (*engine*) start (up)

dúisire *nm4* (*Aut*) starter

duit *see* **do²**

dul *vn see* **téigh** ▷ *nm3* departure; going; method, way; arrangement, style; **níl ~ agam air** I can't manage it; **níl ~ aici bheith ann** she is unable to be there; **tá ~ Muimhneach air** it is in a Munster idiom; **tá ~ eile ar an scéal** there is another version of the story; **~ chun cinn** progress; **~ ar ceal** disappearance; **~ i léig** decline; **níl aon ~ as** there is no way of avoiding it; **~ síos/suas** descent/ ascent; **ar an gcéad ~ síos** in the first instance; **~ ar bord** embarkation

dúlra *nm4* nature; the elements

dulta *vadj see* **téigh**

dúmhál *nm1, vt* blackmail

dumpáil *vt* dump

Dún *nm1*: **an ~** Down

dún¹ (*pl* **dúnta**) *nm1* fort, fortress
dún² *vt* close, shut; shut down; shut up; (*coat*) fasten; **~ an doras** close the door; **~ do chlab!** shut up!
dúnadh (*gs* **dúnta**) *nm* closure
dúnáras *nm1* reserve; reticence
dúnárasach *adj* reserved, tight-lipped; aloof
Dún Éideann *nm* Edinburgh
dúnmharaigh *vt* murder
dúnmharfóir *nm3* murderer
dúnmharú *nm* murder
Dún na nGall *nm* Donegal
dúnorgain *nf3* manslaughter
dúnpholl *nm1* manhole
dúnta *adj* closed, shut; *see also* **dún¹**
dúr *adj* dour; stupid; grim, sullen, moody
dúradán *nm1* speck, mote; domino
dúradh, dúramar *vb see* **abair**
durdáil *vi* coo
dúrud *nm3* a lot, loads; **an ~ airgid** loads of money
dúshlán *nm1* challenge; defiance; **~ duine a thabhairt** to defy sb, challenge sb
dúshlánach *adj* challenging
dúshraith (*pl* **dúshraitheanna**) *nf2* base, foundation; basis
dusta *nm4* dust
dustáil *vt, vi* dust
dúthracht *nf3* diligence; commitment; zeal; earnestness
dúthrachtach *adj* diligent; devoted; zealous; earnest

e

E *nm4* E

○ **EOCHAIRFHOCAL**

é *3rd person msg pron* he; him; it **1** (*as direct object*): **tóg é** lift him/it; **chonaic mé inné é** I saw him yesterday
2 (*with copula*): **nach iontach é!** isn't it great!; **is maith an rud é** it's a good thing; **buachaill breá is ea é** he's a fine boy; **is é an fear is ábalta é** he's the most able man; **cé hé féin?** who is he?; (*with fem noun*): **áit ghalánta (is ea) é** it's a lovely place; **ní hé an dea-cháil a bhí air** he did not have a good reputation; **sin é an uair ..** that's when ...; (*ironical*): **is deas an chaoi é!** that's a fine way for things to be!
3 (*with autonomous of verbs*): **déantar go minic ar an gcaoi**

sin é it's often done like that;
cailleadh inné é it was lost
yesterday; he died yesterday
4 (with **agus** indicating manner,
way): **tháinig sé abhaile agus é
fliuch báite** he came home
soaking wet; **bhí mise agus é féin
ann go minic** he and I were there
often
5 (with **ach**): **ní raibh sa teach ach
é** he was the only one in the house;
ní raibh acu ach é that's all they
had
6 (with **ná**): **tá Seán bliain níos
sine ná é** John is a year older than
him
7 (with certain preps): **gan é** without
him/it; **mar é** like him/it
8 (with preps and conjs + vn): **i
ndiaidh** or **tar éis é imeacht** after
he left; **le hé a fheiceáil** to see
him; **mar gheall ar é a bheith
tinn** because he's sick; **ainneoin é
a bheith anseo** although he's here
9 (referring to previous or subsequent
clause): **cad é a dúirt sé?** what did
he say?; **is é a dúirt sé ...** what he
said was ...; **is é rud a shiúil sé
amach an doras** what he did was
to walk out the door; **is é mo
bharúil go** it is my opinion that;
an é nach bhfuil a fhios agat? do
you mean to say that you don't
know?
10 (in phrases): **pé scéal é, pé acu
sin é** in any case; **is é sin** that is;
namely

EOCHAIRFHOCAL

ea 3rd person sg neuter pron (with
copula only) **1** (noun, pron as indefinite
predicate): **dlíódóir is ea Tomás/é**

Thomas/he is a lawyer;
múinteoirí ba ea iad they were
teachers; **is dóigh liom gur
dliódóir (gurb ea) é** I think he is a
lawyer; **dúirt sé gur mhúinteoirí
(gurbh ea) iad** he said they were
teachers
2 (adj as predicate): **an tuirseach
atá tú? — is ea** are you tired? — yes
3 (adv, adv phrase or clause as
predicate): **nach inné a tháinig sé?
— is ea** wasn't it yesterday he
came? — yes (it was); **an ar an
mbord a chuir sí an bainne? — is
ea** did she put the milk on the
table? — yes (she did); **an ag ól atá
siad? — ní hea, ach ag ithe** are
they drinking? — no, they're eating
4 (referring to sth subsequent): **an ea
nach dtuigeann tú céard a dúirt
sí?** do you mean to say you do not
understand what she said?
5 (in reply to classification questions):
**an madra maith é sin? — is ea/ní
hea?** isn't that a good dog? — yes (it
is)/no (it isn't); **is madra maith é
sin, nach ea?** that's a good dog,
isn't it?; **ar bhád mór í? — ba ea/
níorbh ea?** was it a big boat? — yes
(it was)/no (it wasn't); **ba bhád
mór í, nárbh ea?** it was a big boat,
wasn't it?
6 (in fuller negative corrective): **an
capall é sin? — ní hea ach bó** or **ní
hea, bó is ea í** is that a horse? —
no, it's a cow; **creidim, ní hea,
táim cinnte de go ...** I believe, no,
I am certain that ...
7 (conciliatory): **is ea (anois), a
Ghearóid, céard seo a bhíomar a
rá?** now, Gerard, what is it we were
saying?
8 (in phrase **más ea**) even so;
tháinig sé go luath, ach más ea

(féin) níor fhan sé i bhfad he came early, but even so, he did not stay long

éabann *nm1* ebony
eabhar *nm1* ivory
éabhlóid *nf2* evolution
Eabhrais *nf2* (Ling) Hebrew
each *nm1* horse, steed
each-chumhacht *nf3* horsepower
eachma *nf4* eczema
éacht *nm3* feat; achievement; stunt
éachtach *adj* sensational, extraordinary; (blow) powerful
eachtra *nf4* adventure; expedition; event; experience
eachtrach *adj* external
eachtrán *nm1* (sci-fi) alien
eachtránaí *nm4* adventurer
eachtrannach *adj* foreign, alien
  ▷ *nm1* foreigner
eachtrúil *adj* adventurous; eventful
eacnamaí *nm4* economist
eacnamaíoch *adj* economic(al)
eacnamaíocht *nf3* economy; economics
eacnamúil *adj* economic
eacstais *nf2* ecstasy
Eacuadór *nm4* Ecuador
éacúiméineach *adj* ecumenical
éad *nm3* envy; jealousy; **~ a bheith ort (le duine)** to be jealous (of sb)
éadach (pl **éadaí**) *nm1* cloth, fabric; clothing, clothes; (Naut) sail; **~ soithí** dishcloth; **~ boird** tablecloth; **~ leapa** bedclothes; **éadaí olla** woollens; **do chuid éadaigh a chur ort** to put on one's clothes
éadáil *nf3* gain; wealth; (fig) bonus
éadaingean (gsf, pl, compar **éadaingne**) *adj* insecure, unsteady
éadan *nm1* face; front; nerve,

impudence; **in ~** + gen against; **bualadh in ~ ruda** to bump into sth; **as ~** indiscriminately; **cur in ~ duine** to contradict sb; object to sb; oppose sb; **clár éadain** forehead; **nach dána an t~ atá uirthi!** the cheek of her!; **in ~ mo thola** against my wishes
eadarlúid *nf2* interlude
eadhon *adv* namely
éadlúth *adj* (air) rare
éadmhar *adj* envious; jealous
éadóchas *nm1* despair; **dul in ~** to fall into despair
éadóchasach *adj* despairing, hopeless
éadóigh *adj* unlikely; **is ~ go** it's unlikely that
éadóirsigh *vt* naturalize
éadomhain *adj* shallow
eadra *nm4* late morning; **codladh go h~** to sleep in until late in the day
eadraibh see **idir**
eadráin *nf3* arbitration; intervention; **~ a dhéanamh** (in dispute) to mediate, intervene; **talamh eadrána** no-man's-land
eadrainn see **idir**
eadránaí *nm4* mediator; arbitrator
éadrócaireach *adj* merciless
éadroime *nf4* lightness; levity
éadrom *adj* light; lightweight
éadromaigh *vt, vi* lighten
éadromán *nm1* balloon; float
éadromchroíoch *adj* light-hearted
éadruach *adj* pitiless
éadulangach *adj* intolerant
éag *nm3* death ▷ *vi* die, perish; **go h~** till death; **dul in ~** to expire, die out
eagal *adj*: **is ~ liom go** I am afraid that; **ní h~ duit** you're in no danger
éaganta *adj* giddy; scatterbrained

éagaoin nf2 moan; **~ a ligean asat** to moan ▷ vi moan

eagar nm1 arrangement, order; condition, state; **in ~ ceart** properly arranged; **rudaí a chur in ~ ceart** to arrange things; **~ a chur ar leabhar** to edit a book

eagarfhocal nm1 editorial

eagarthóir nm3 editor

eagarthóireacht nf3 editing; **foireann ~a** editorial staff

eagla nf4 fear; **~ a bheith ort (roimh rud)** to be afraid (of sth); **~ a theacht ort** to get afraid; **~ a chur ar dhuine** to scare sb; **ní ligfeadh an ~ dó léim** he was afraid to jump; **ar ~ na h~** just in case, (just) to be on the safe side

eaglach adj fearful; apprehensive

eaglais nf2 church; **an E~** the Church; **seirbhís ~e** church service

eaglaiseach nm1 clergyman

eaglasta adj ecclesiastical

éagmais nf2 lack; absence; **déanamh in ~ ruda** to do without sth

eagna nf4 wisdom; **~ chinn** intellect, intelligence

éagnach nm1 groan, moan

eagnaí adj wise; intelligent

éagóir (pl **éagóracha**) nf3 injustice; wrong; **~ a dhéanamh ar dhuine** to wrong sb; **bheith san ~ (ar dhuine)** to be in the wrong (about sb)

éagórach adj unjust, unfair

éagothroime nf4 imbalance; inequality

éagothrom adj uneven; unfair, unjust

eagraí nm4 organizer

eagraigh vt organize; arrange

eagraíocht nf3 (political etc) organization

eagrán nm1 edition; number, issue

eagras nm1 (political etc) organization

eagrú nm (layout etc) organization

éagruthach adj shapeless; deformed

éagsamhalta adj inconceivable; extraordinary

éagsúil adj different; various; diverse

éagsúlacht nf3 dissimilarity; difference; (of things) variety

éagsúlaigh vt vary; diversify

éagumas nm1 incapacity; impotence

éagumasach adj incapable; impotent

eala nf4 swan

éalaigh vi escape; slip away or out; abscond; elope

ealaín (pl **ealaíona**, gpl **ealaíon**) nf2 art; skill; antics, caper; **na healaíona uaisle** the fine arts; **tá siad ar an ~ chéanna arís** they are at the same carry-on again

ealaíonta adj artistic; skilful

ealaíontacht nf3 artistry

ealaíontóir nm3 artist

éalaitheach adj elusive ▷ nm1 fugitive; survivor

éalang nf2 flaw; weakness; **gan ~** flawless; **~ a fháil ar dhuine** to catch sb at a disadvantage

éalangach adj flawed, defective; (person) debilitated

eallach (pl **eallaí**) nm1 cattle; livestock

ealta nf4 (of birds) flock

éalú nm escape; elopement

éalúchas nm1 escapism

éamh (pl **éamha**) nm1 cry, scream

éan nm1 bird; fowl; **~ corr** odd man out; **~ creiche** bird of prey; **éin tí** domestic fowl

éanadán *nm1* (bird) cage

Eanáir *nm4* January

éaneolaí *nm4* ornithologist

éanfhairtheoir *nm3* bird-watcher

eang *nf3* nick, notch; trace; gusset;
~ **a chur i rud** to nick sth

eangach[1] *nf2* net, netting; grid;
network

eangach[2] *adj* jagged; indented

eanglach *nm1* numbness; pins and
needles

éanlaith *nf2* birds, fowl

éanlann *nf2* aviary

earc (*pl* **earca**) *nm1* lizard;
~ **luachra** newt

earcach *nm1* recruit

earcaigh *vt, vi* recruit

éard = **é + rud**; **is ~ a bhí uaidh
(ná)** ... what he wanted was ...

éarlais *nf2* deposit, part payment;
token; ~ **a chur ar rud** put down a
deposit on sth

éarlamh *nm1* patron (saint)

earnáil *nf3* category; (*Comm*) sector

earra *nm4* commodity;
merchandise, goods; ~**í** *npl* goods;
wares; ~**í gloine** glassware; ~**í
tomhaltais** consumer goods

earrach *nm1* spring, springtime;
san ~ in spring

earráid *nf2* error, mistake; lapse;
~ **cló** typing error; ~ **a dhéanamh**
to make a mistake

earráideach *adj* erroneous,
incorrect

éarthach *nm1, adj* repellent

eas (*pl* **easanna**) *nm3* waterfall,
cascade

easaontaigh *vt, vi* disagree;
easaontú le duine to disagree
with sb

easaontas *nm1* disagreement;
discord

éasc *nm1* (*Geol*) fault

éasca *adj* easy; nimble; ready

eascaine *nf4* swearword, curse

eascainigh (*vn* **eascaíní**) *vi* curse,
swear

eascair (*pres* **eascraíonn**) *vi* sprout
(up), spring; ~ **ó rud** to derive
from sth

eascairdeas *nm1* antagonism,
enmity

eascairdiúil *adj* unfriendly; hostile

eascann *nf2* eel

eascrach *etc see* **eiscir**

easláinte *nf4* ill health

easlán *nm1* invalid ▷ *adj* sickly,
infirm

easna (*pl* **easnacha**) *nf4* rib

easnamh *nm1* shortage; lack;
~ **ruda a bheith ort** to lack sth;
in ~ missing

easnamhach *adj* deficient;
incomplete

easóg *nf2* (*Zool*) stoat; weasel

easonóir *nf3* dishonour, indignity

easpa[1] *nf4* lack; absence;
deficiency; shortfall; **tá ~ taithí air**
he lacks experience

easpa[2] *nf4* (*Med*) abscess

easpach *adj* lacking; deficient;
missing

easpag *nm1* bishop; **dul faoi lámh
easpaig** (*Rel*) to be confirmed

easpórtáil *vt* export ▷ *nf3*
exportation

easpórtálaí *nm4* exporter

eastát *nm1* estate; ~ **réadach** real
estate; ~ **tionsclaíoch** industrial
estate; ~ **tithíochta** housing
estate

Eastóin *nf2*: **an ~** Estonia

easumhal (*pl* **easumhla**) *adj*
disobedient; insubordinate

easumhlaíocht *nf3* disobedience,
insubordination

easurraim *nf2* disrespect

easurramach *adj* irreverent, disrespectful

easurrúsach *adj* presumptuous

eatarthu *see* **idir**

eatramh *nm1* (*between showers*) interval, lull; cessation

eatramhach *adj* intermittent; interim

eibhear *nm1* granite

éiceachóras *nm1* ecosystem

éiceolaíoch *adj* ecological

éiceolaíocht *nf3* ecology

éide *nf4* clothes; uniform; **faoi ~** uniformed; **~ spóirt** sportswear

éideimhin *adj* uncertain, unsure

éideimhne *nf4* uncertainty

eidhneán *nm1* ivy

éidreorach *adj* feeble, puny; helpless

éifeacht *nf3* effectiveness; effect; significance; **~ a dhéanamh le rud** to do well at sth, do sth with great effect; **teacht in ~** to become successful (in life etc)

éifeachtach *adj* effective; efficient; telling; (*person*) capable

éifeachtacht *nf3* efficiency

éigean *nm1* force, violence; outrage; rape; necessity; distress; **ar ~** hardly, barely; **in am an éigin** in time of need; **b'~ dom imeacht** I had to leave

éigeandáil *nf3* emergency; crisis

éigeantach *adj* compulsory

éigeart *nm1* injustice, wrong

éigeas *nm1* poet; scholar

éigh *vi* cry, scream

éigiallta *adj* irrational

éigin *adj* some; approximately; **duine ~** someone; **lá ~** some day; **ar dhóigh ~** somehow; **míle ~ euro** about a thousand euros

éiginnte *adj* uncertain; vague; undecided; (*also Gram*) indefinite

éiginnteacht *nf3* uncertainty; indecision; vagueness

Éigipt *nf2*: **an ~** Egypt

Éigipteach *adj, nm1* Egyptian

éigneasta *adj* insincere

éigneoir *nm3* violator, rapist

éignigh *vt* rape; violate; (*Mil*) storm

éigniú *nm* rape

éigríoch *nf2* infinity

éigríochta *adj* endless; infinite

éigríonna *adj* unwise; ill-advised

éigse *nf4* poetry; learning

eile *adj, adv, pron* other; another; different; else; **cé ~?** who else?: **duine amháin ~** one more person

éileamh *nm1* claim, demand; request; accusation; **tá ~ ar an leabhar** the book is in demand

eilifint *nf2* elephant

éiligh *vt, vi* claim, demand; complain; ail; **rud a éileamh** to demand sth; **bheith ag éileamh** to be ill

eilimint *nf2* (*Elec, Biol*) element

eilit *nf2* doe

éilitheach *adj* demanding

éilitheoir *nm3* plaintiff; claimant

éill, éille *see* **iall**

éillín *nm4* clutch, brood

Eilvéis *nf2*: **an ~** Switzerland

Eilvéiseach *adj, nm1* Swiss

Éimin *nf4* the Yemen

éindí *n*: **in ~ (le)** together (with)

éineacht *n* together; at the same time; **dul in ~ le duine** to go along with sb

eipeasóid *nf2* episode

eipic *nf2* epic

eipidéim *nf2* epidemic

Éire (*ds* **Éirinn**, *gs* **Éireann**) *nf* Ireland, Eire; **Muir ~ann** the Irish Sea; **in Éirinn** in Ireland; **muintir na h~ann** the Irish people;

Poblacht na h~ann the Republic of Ireland

eireaball *nm1* tail; tail end; **treabhadh as d'~ féin** to fend for oneself

Éireann *see* **Éire**

Éireannach *adj* Irish ▷ *nm1* Irish person

eireog *nf2* chicken

éirí *nm4* rising, rise; ascent; **~ amach** revolt, uprising; **~ na gréine** sunrise; **~ in airde** arrogance, snobbishness; *see also* **éirigh**

éiric *nf2* revenge; retribution; **~ a bhaint as duine** to get one's own back on sb; **cic ~e** (*Sport*) penalty(-kick)

eiriceach *nm1* heretic

eiriceacht *nf3* heresy

éirigh (*vn* **éirí**) *vi* rise, arise, get up; grow; become, get; **tá sé ag éirí fuar** it's getting cold; **éirí as rud** to resign from sth, quit sth; **d'~ leis** it or he succeeded; (*in exam etc*) he passed; **d'~ eatarthu** they fell out; **cad é mar atá ag éirí leat?** how are you getting on?; **éirí amach** to rise (in revolt); **cad é a d'~ dó?** what happened to him?

éirim *nf2* intellect, wit; talent, aptitude; (*of story*) gist, tenor

éirimiúil *adj* talented; intelligent, brainy

Éirinn *see* **Éire**

eirleach *nm1* slaughter, carnage

eirmín *nm4* ermine

éis *n*: **d'~ +** *gen*, **tar ~ +** *gen* after; **tar ~ an tsaoil** after all; **fiche tar ~ a trí** twenty past two

eisbheartach *adj* (*clothes*) skimpy, scant; (*person*) scantily clad

éisc *see* **iasc**

eisceacht *nf3* exception; **~ a**

dhéanamh (de rud) to make an exception (of sth)

eisceachtúil *adj* exceptional

eischeadúnas *nm1* off-licence

eiscir (*gs* **eascrach**, *pl* **eascracha**) *nf* (*terrain*) ridge, esker

eisdíritheach *adj*, *nm1* extrovert

eiseachadadh (*gs* **eiseachadta**) *nm* extradition

eiseachaid (*pres* **eiseachadann**) *vt* extradite

eiseamláir *nf2* example, model, paragon; **~ duine a leanúint** to follow sb's example

eiseamláireach *adj* exemplary

eisean *emphatic pron* he; him; himself; **~ a bhí ann** it was HIM

eisiach *adj* (*rights etc*) exclusive, sole

eisiaigh *vt* exclude

eisiatacht *nf3* exclusion

eisigh *vt* issue

eisilteach *nm1* effluent

eisimirce *nf4* emigration

eisimirceach *adj*, *nm1* emigrant

eisint *nf2* (*Phil*) essence

eisiúint (*gs* **eisiúna**) *nf3* (*of shares etc*) issue; (*of film etc*) release

eispéireas *nm1* (*Phil*) experience

eisreachtaí *nm4* outlaw

eisreachtaigh *vt* outlaw, proscribe

éist *vt*, *vi* listen; hear; heed; **~eacht le duine** to listen to sb; **~!** look (here)!; **~ do bhéal!** shut up!; **cás a ~eacht** to hear a case

éisteacht *nf3* hearing; **as ~** out of earshot; **lucht ~a** audience

éisteoir *nm3* (*Radio*) listener

eite *nf4* (*gen*, *Pol*) wing; (*of fish*) fin; **an ~ chlé** the Left (wing)

eiteach *nm1* refusal; **~ dearg** a flat refusal; *see also* **eitigh**

eiteán *nm1* spool, bobbin; (*Sport*) shuttlecock

eiteog *nf2* (*of bird*) wing

éitheach *nm1* lie; **mionn éithigh** false oath, perjury; **mionn éithigh a thabhairt** to perjure o.s.

eithne *nf4* kernel; nucleus

eithneach *adj* nuclear

eitic *nf2* ethics

eiticiúil *adj* ethical

eitigh (*vn* **eiteach**) *vt* refuse; **duine a eiteach faoi rud** to refuse sb sth

eitil (*pres* **eitlíonn**) *vi* fly

eitilt *nf2* flight; flying

eitinn *nf2* tuberculosis

eitleán *nm1* aeroplane, plane

eitleog *nf2* (*toy*) kite; (*Tennis etc*) volley

eitlíocht *nf3* aviation

eitneach *adj* ethnic

eitneolaí *nm4* ethnologist

eitpheil *nf2* volleyball

eitre *nf4* groove, furrow

eitseáil *nf3* etching

Elastoplast *nm4* Elastoplast

eochair (*gs* **eochrach**, *pl* **eochracha**) *nf* key; (*Mus*) clef

eochairbhuille *nm4* (*Comput, Typ*) keystroke

eochairchlár *nm1* keyboard

eochraí *nf4* (*fish*) roe

eol *nm1*: **is ~ dom (go)** ... I know (that) ...; **mar is ~ duit** as you know

eolach *adj* knowledgeable; learned; informed; **bheith ~ ar cheantar** to know an area

eolaí *nm4* (*gen*) expert; scientist; (*book*) directory, guidebook

eolaíoch *adj* scientific

eolaíocht *nf3* science

eolaire *nm4* directory

eolas *nm1* knowledge; information; **níl aon ~ agam faoi** I have no knowledge of it; **bheith ar an ~** to be in the know; **rud a bheith ar ~ agat** to know sth; **de réir m'eolais** as far as I know; **duine a chur ar an ~ faoi rud** to brief *or* inform sb about sth; **~ an bhealaigh a chur** to ask directions; **oifig eolais** information office

Eoraip *nf3*: **an ~** Europe

eorna *nf4* barley

eornóg *nf2* barley sugar

Eorpach *adj, nm1* European

eotanáis *nf2* euthanasia

euro *nm4* (*currency*) euro

f

F *nm4* F

fabhalscéal (*pl* **fabhalscéalta**) *nm1* fable

fabhar *nm1* favour; **bheith i bh~ le rud/duine** to be in favour of sth/sb

fabhcún *nm1* falcon

fabhra *nm4* (eye)lash; (eye)brow

fabhrach *adj* favourable; partial

fabhraigh *vi* form; develop

fabht *nm4* defect; fault; weakness; (*Comput*) bug; **an ~ san éide** the chink in the armour

fabhtach *adj* defective, faulty; treacherous

fabraic *nf2* fabric

fách *n*: **bheith i bh~ le rud/duine** to be in favour of sth/sb

fachtóir *nm3* (*Math*) factor; **~í coiteanna** common factors

facs *nm4* fax

facsáil *vt, vi* fax

fad *nm1* length; duration; distance; extent; **~ a bhaint as rud** to make sth last, draw sth out; **ar a fhad** lengthwise; **~ saoil duit!** bravo!; **~ is nach mbeidh tú mall** as long as you're not late; **ar ~** altogether; in full; **an lá ar ~** all day; **sé mhéadar ar ~** 6 metres long; **i bh~ ró-bheag** far too small; **i bh~ ó shin** long ago; **dul a fhad le duine** to approach sb; **cá fhad?** how far/long?; **faoi fhad láimhe** or **sciatháin de rud** within reach of sth

fada (*compar* **faide**) *adj* long, lengthy; **scéal/bóthar ~** a long story/road; **le ~ (an lá)** for a long time past; **is ~ ó ...** it's a long time since ...

fadaigh *vt, vi* (*fire*) kindle; (*anger*) incite; **fadú le rud** to add to sth

fadálach *adj* slow; tedious

fadbhreathnaitheach *adj* far-seeing

fadchainteach *adj* long-winded

fadcheannach *adj* astute, shrewd

fadcheirnín *nm4* LP, long-playing record

fadharcán *nm1* (*on foot*) corn

fadhb (*pl* **fadhbanna**) *nf2* problem; (*in timber*) knot; **~ a fhuascailt** or **a réiteach** to solve a problem

fadhbach *adj* problematical

fadlíne *nf4* (*Geog*) meridian

fadó *adv* long ago; once upon a time

fadradharcach *adj* long-sighted

fadraoin *n gen as adj* long-range

fadsaolach *adj* long-lived

fadtéarmach *adj* long-term

fadtonn *nf2* (*Radio*) long wave

fadú *nm* extension

fág (*vn* **fágáil**) *vt, vi* leave; depart; **rud a fhágáil ag duine** to leave sth to or with sb; **slán a fhágáil ag duine** to say goodbye to sb; **rud a**

fhágáil amach to leave sth out; **rud a fhágáil ar dhuine** to attribute sth to sb; **rud a fhágáil faoi dhuine** (*decision*) to leave sth up to sb; **rud a fhágáil uait** to leave sth aside; **d'fhág sé** he left

fágálach nm1 weakling; (*inf*) runt

faghairt (*gs* **faghartha**, *pl* **faghairtí**) nf3 mettle, spirit; (*in eyes*) look of anger *or* determination

faí (*pl* **faíthe**) nf4 voice; cry; (*Ling*) voice; **an fhaí chéasta/ ghníomhach** the passive/active (voice)

fáibhile nm4 beech (tree)

faic nf4 (*with neg*) nothing; **~ na fríde** nothing at all; **ní dhéanann sé ~** he does nothing

faiche nf4 green, lawn; (*Sport*) ground, (*playing*) field

faichill nf2 care, caution; **bheith ar d'fhaichill roimh** *or* **ar dhuine/ rud** to be wary of sb/sth; **~ a thóna féin ar gach fear** every man for himself

faichilleach adj careful, cautious; non-committal, wary

faide see **fada**

fáidh (*pl* **fáithe**) nm4 prophet

faigh (*vn* **fáil**, *vadj* **faighte**, *past* **fuair**, *fut* **gheobhaidh**) vt get; find; discover; receive; (*advantage etc*) gain; **rud a fháil ar ais** to get sth back; **duine a fháil ciontach** (*Law*) to find sb guilty; **rud a fháil déanta** to get sth done; **ní bhfuair mé labhairt leis** I didn't get to speak with him; **fáil amach faoi rud** to find out about sth; **locht a fháil ar rud** to find fault with sth; **ar fáil** available; **níl fáil air** he cannot be found; he is unavailable

faighin (*gs* **faighne**, *pl* **faighneacha**) nf2 vagina

faighneog nf2 pod; shell

faighteoir nm3 recipient; receiver

fáil see **faigh**

fáilí adj stealthy, sneaky; affable; **teacht go ~ ar dhuine** to sneak up on sb

faill (*pl* **failleanna**) nf2 chance, opportunity; time; **ag faire na ~e** waiting for an opportunity; **níl ~ suí agam** I don't have time to sit; **~ a bhreith ar dhuine** to take sb at a disadvantage; **an fhaill a fhreastal** to seize an opportunity; **~ a thabhairt do dhuine (rud a dhéanamh)** to give sb time (to do sth)

faillí (*pl* **faillíocha**) nf4 oversight; **~ a dhéanamh i rud** to neglect sth

faillitheach adj negligent, remiss

fáilte nf4 welcome; **~ romhat!** welcome!; **~ a chur roimh dhuine** to welcome sb

fáilteach adj welcoming, hospitable

fáilteoir nm3 receptionist

fáiltigh vi welcome; **fáiltiú roimh rud/dhuine** to welcome sth/sb

fáiltiú nm reception

fainic nf2 caution ▷ vt, vi take care, beware; **~ thú féin ar an madra** beware of the dog

fáinleog nf2 (*bird*) swallow

fáinne nm4 ring, circle; halo; (*hair*) ringlet; **~ lochtach** vicious circle

fáinneáil nf3: **ag ~** circling, loitering

fair vt, vi watch; observe; guard; (*corpse*) wake

fairche nf4 diocese; (*Hist*) parish, monastic territory

faire nf4 watch; lookout; surveillance; (*for dead*) wake; vigil; **fear ~** sentry; **focal ~** password

faíreach nf2 booing; **~ a dhéanamh faoi dhuine** to boo sb

faireog nf2 gland

faireogach adj glandular

fairis see **fara**

fairsing adj wide, extensive; spacious; plentiful; (measures etc) sweeping

fairsinge nf4 breadth; abundance; expanse; spaciousness

fairsingigh vt, vi broaden

fairsingiú nm expansion

fairtheoir nm3 sentry, watchman; **~ oíche** night watchman

fáisc (vn **fáscadh**) vt squeeze; squash; wring; press; tighten

fáisceán nm1 (Tech) press; (Med) bandage; (of zip) slider

fáiscín nm4 clip; fastener; **~ páipéir** paper clip; **~ gruaige** hair clip

faisean nm1 fashion; style; (custom) habit; **san fhaisean** or **i bh~** in fashion; **as ~** out of fashion

faiseanta adj fashionable; stylish; popular

faisisteach adj fascist

faisnéis nf2 information; (Mil etc) intelligence; (Gram) predicate; **~ duine a chur** to inquire about sb; **~ na haimsire** weather report

faisnéiseach adj informative, revealing; (Gram) predicative

faisnéiseoir nm3 informant; **~ aimsire** weatherman

fáistine nf4 prophecy

fáistineach adj prophetic; (Gram) future ▷ nm1 (Gram) future

faiteach adj timid, nervous, shy

faiteadh nm1: **i bh~ na súl** in the blink of an eye

fáithe see **fáidh**

fáithim nf2 hem

faithne nm4 wart

faitíos nm1 fear; shyness; **ar fhaitíos go** for fear that

fál (pl **fálta**) nm1 hedge; fence,

fencing; wall; enclosure; **~ a chur ar rud** to fence sth (in or off)

fala (pl **falta**) nf4 grudge; spite; **~ a bheith agat do dhuine** to bear a grudge against sb

fálaigh vt fence, enclose; (pipes) lag

fallaing (pl **fallaingeacha**) nf2 cloak; robe; **~ folctha** bathrobe; **~ sheomra** dressing gown

fálróid nf2 stroll(ing); **~ ar chapaillíní** pony trekking

falsa adj lazy; false

falsacht nf3 falseness; laziness

falsaigh vt falsify, fake

falsaitheoir nm3 forger

falsóir nm3 lazy person

falta see **fala**

fálta see **fál**

faltanas nm1 spite; vindictiveness; grudge

fáltas nm1 (Fin) receipt; return; **fáltais** (nom pl) proceeds; **~ pá** pay packet

fámaireacht nf3 sightseeing; strolling about

fan (vn **fanacht**) vi stay, remain, wait; **~acht le duine/rud** to wait for sb/sth; **~acht ag duine** to stay or lodge with sb; **~acht as an mbhealach** to stay out of the way; **~ go fóill!** hold on!; **~ nóiméad** or **bomaite!** wait a minute!

fán nm1: **ar ~** astray, wandering; **imeacht ar ~** to wander off; **lucht fáin** vagrants, wanderers

fána nf4 slope; incline; **dul le ~** (fig) to decline

fánach adj (attempt) futile, vain; (occurrence) occasional; (matter, cause) trivial; (meeting) chance; (sample, number) random; (person) wandering

fanacht nm3 wait, stay

fánaí nm4 rambler

fanaiceach *nm1* fanatic ▷ *adj*
fanatic(al)
fanaile *nm4* vanilla
fann *adj* faint, feeble; wan; limp
fannchlúmh *nm1* (eider)down
fanntais *nf2* faint, swoon; **dul i bh~**
to faint
fantaisíocht *nf3* fantasy
faobhar *nm1* (sharp) edge; **~ a chur
ar rud** to sharpen sth; **~ a bheith
ar do theanga** to have a sharp
tongue
faobhrach *adj* sharp-edged;
(*person*) eager
faobhraigh *vt* sharpen, whet

 EOCHAIRFHOCAL

faoi (*prep prons* = **fúm, fút, faoi,
fúithi, fúinn, fúibh, fúthu**: *lenites;
followed by def art* **an** = **faoin**;
followed by poss adj **a, ár** = **faoina,
faoinár**; *followed by rel part* **a, ar**
= **faoina, faoinar**) *prep* under,
below; about, around; by, near;
within **1** (*underneath*) below, under;
faoin tábla/ngrian under the
table/sun; **faoi aois** under-age
2 (*topic, matter*) about; **labhairt/
fiafraí faoi rud** to talk/ask about
sth; **bheith ar buile/míshásta/
imníoch faoi rud** to be furious/
annoyed/worried about sth; **is
cuma faoi** that doesn't matter
3 (*time*) within; by; at; **faoi choicís
den Nollaig** within a fortnight of
Christmas; **faoin am a bhfuair sé
amach** by the time he found out;
faoi láthair at the moment
4 (*distance, area*) within; around;
faoi mhíle den teach within a
mile of the house; **chuaigh sé faoi
orlach den sprioc** it went within
an inch of the target; **faoin teach**
about the house; **faoin tuath** in
the country(side)
5 (*with numbers*) by; under, less
than; **faoi dheich** by ten, ten
times; **fiche faoin gcéad** twenty
percent; **bhí faoi chaoga acu ann**
there were less than fifty of them
there
6 (*condition, state*): **faoi bhrú** under
pressure; **faoi ghruaim**
despondent; **faoi onóir** esteemed;
bheith faoi gheasa ag duine to
be under sb's spell
7 (*intention*): **cad (é) atá faoi a
dhéanamh anois?** what does he
intend to do now?; **tabhairt faoi
rud** to attempt sth
8 (*responsibility, charge*): **rud a
fhágáil faoi dhuine** to leave sth in
sb's care; **is fúithi féin atá sé** it's
up to herself; **tá an teach fúthu
féin** they have the house to
themselves
9 (*location*): **suigh fút** sit down;
**chuir siad fúthu cois an
chladaigh** they settled by the
shore
10 (*appearance*): **faoi éadaí
galánta** dressed in fine clothes;
faoi bhláth in flower; **faoi ainm
bréige** under a false name
11 (*encircling*) around; **chuir sé a
lámh faoina coim** he put his arm
around her waist
12 (*collision*) against; **do cheann a
bhualadh faoi rud** to bang one's
head against sth

faoileán *nm1* gull, seagull
faoileoir *nm3* glider
faoileoireacht *nf3* gliding
faoin = **faoi** + *def art* **an**
faoina = **faoi** + *poss adj* **a**; **faoi** + *rel
part* **a**

faoinar = **faoi** + rel part **ar**

faoinár = **faoi** + poss adj **ár**

faoiseamh nm1 relief; reprieve; **~ a thabhairt do dhuine (ó)** to relieve sb (from); **~ a fháil (ó)** to get relief (from)

faoiste nm4 (Culin) fudge

faoistin nf2 (Rel) confession; **~ a dhéanamh i rud** to confess sth

faoitín nm4 (fish) whiting

faolchú (pl **faolchúnna**) nm4 wolf; wild dog

faomh vt (decision etc) accept; consent to

faomhadh (gs **faofa**) nm acceptance; concession

faon adj limp; supine

faopach nm: **bheith san fhaopach** to be in a fix

fara (prep prons = **faram, farat, fairis, farae, farainn, faraibh, faru**) prep along with; as well as, besides

farae nm4 fodder

farantóireacht nf3 ferrying; **bád ~a** ferry

faraor excl alas

farasbarr nm1 excess, surplus

farat see **fara**

fargán nm1 ledge

farraige nf4 sea; **dul** or **cur chun ~** to set to sea

faru see **fara**

fás vt, vi grow ▷ nm1 growth; **~ aníos** to grow up

fasach nm1 (Law) precedent

fásach nm1 desert, wilderness; (of plants) wild growth

fáscadh (pl **fáscaí**) nm1 squeeze; clasp; see also **fáisc**

fáschoill nf2 (in forest etc) undergrowth

fásra nm4 vegetation

fásta vadj grown(up); **duine ~** adult

fáth (pl **fáthanna**) nm3 cause, reason; **cén ~?** why?

fathach nm1 giant

fáthmheas nm3 diagnosis ▷ vt diagnose

feá¹ (pl **feánna**) nf4 beech

feá² (pl **feánna**) nm4 fathom

feabhas nm1 improvement; excellence; **ar fheabhas** excellent; **~ a chur ar rud** to improve sth; **dul i bh~** or **~ a theacht ort** to improve

Feabhra nf4 February

feabhsaigh vt, vi improve, get better

feabhsaitheoir nm3 conditioner

feabhsú nm improvement

feac¹ nm4 (of spade) handle

feac² nm3: **do chos a chur i bh~** to put one's foot down

feac³ vt, vi (knee) bend

féach (vn **féachaint**) vt, vi look; see; observe; **~aint ar rud** to look at sth, watch sth; **~aint le rud** to attempt sth; **~ ar** look at, watch; **~ ort** (clothes) try on; **~ leis!** have a go!, try it!

féachadóir nm3 observer; onlooker

féachaint (gs **féachana**) nf3 look; test; **lucht féachana** spectators; onlookers; viewers

feachtas nm1 campaign

fead (pl **feadanna**) nf2 whistle; **~ ghlaice** finger-whistle; **~ a ligean (le duine)** to whistle (at sb)

féad (vn **féadachtáil**) aux vb be able to, can; should; **ní fhéadfaí é a dhéanamh** it couldn't be done; **~aim a rá go ...** I can safely say that ...; **~ann tú imeacht** you may go; **d'fhéad tú a rá leis** you should have told him

feadaíl nf3 whistling

feadair defective vb: **ní fheadar** I don't know; **an bhfeadraís?** do you know?

feadán nm1 tube; duct

feadh nm3 length; extent; duration; **~ an bhóthair** along the road; **ar ~ a ndearna sé de mhaith duit** for all the good it did you; **ar ~ sé mhí** for 6 months; **ar ~ scathaimh** for a while; **ar ~ a shaoil** all his life; **ar ~ m'eolais** as far as I know

feadóg nf2 whistle; **~ mhór** flute

feag (pl **feagacha**) nf3 (Bot) rush

feall nm1 deceit; failure; betrayal; (Sport) foul ▷ vi: **~adh ar dhuine** to let sb down; betray sb; **~ ar iontaoibh** betrayal of trust; **tá an ~ ann** he's treacherous by nature

feallmharaigh vt assassinate

feallmharú nm assassination

fealltach adj treacherous; deceitful

fealltóir nm3 traitor

fealsamh (pl **fealsúna**) nm1 philosopher

fealsúnach adj philosophical

fealsúnacht nf3 philosophy

feamainn nf2 seaweed

fean (pl **feananna**) nm4 fan

feann vt (also inf) skin; (criticise) slate; (rob) fleece

feánna see **feá**[1,2]

feannóg nf2 scald or grey crow

feannta adj sharp, severe

feanntach adj (wind) piercing; (cold) biting; (criticism) sharp

fear (gs, pl **fir**) nm1 man; husband; **F~ Buí** Orangeman; **~ céile** husband; **~ buile** madman; **~ dóiteáin** fireman; **~ ionaid** deputy; (Sport) substitute; **~ an phoist/bhainne** postman/milkman; **~ singil** bachelor; **~ sneachta** snowman; **fir** (Hist) race; **"Fir"** "Gents"

féar (pl **féara**) nm1 grass; hay

féarach nm1 pasture

fearacht prep (+ gen) as, like

fearadh nm: **~ na fáilte** a hearty welcome

féaráilte adj fair

fearann nm1 land, grounds; **baile fearainn** townland

fearas nm1 appliance, apparatus; equipment, kit; order; **rud a chur i bh~** to put sth in (working) order; **~ deisiúcháin/garchabhrach** repair/first-aid kit

fearchat nm1 tomcat

fearg (gs **feirge**, ds **feirg**) nf2 anger; (in wound etc) irritation; **~ a bheith ort** to be angry; **~ a chur ar dhuine** to make sb angry

fearga adj male; manly

feargach adj angry; irate; (wound etc) inflamed

feargacht nf3 manhood; masculinity; virility

Fear Manach nm Fermanagh

fearr see **maith**

fearsaid nf2 spindle, shaft; sand-ridge; **An Fhearsaid** (Astron) Orion's belt

feart nm3 miracle; **A Rí na bhF~!** Almighty God!

feartha, fearthaí see **fearadh**

féarthailte nmpl prairies

fearthainn nf2 rain; **ag cur ~e** raining

fearúil adj manly, manful

feasa see **fios**

feasach adj (well-)informed; knowledgeable

feasachán nm1 (TV, Radio) bulletin

féasóg nf2 beard

féasógach adj bearded

feasta adv from now on; henceforth; **lá ar bith ~** any day now

féasta nm4 feast; banquet; party

feic[1] vt, vi (vn **feiceáil**, vadj **feicthe**, past **chonaic**) see; seem; **le ~eáil**

visible; **~tear dom go ...** it appears to me that ...; **fan go bh~fidh mé** let me see

feic² nm4 (sorry) sight, spectacle

feiceálach adj noticeable; striking, eye-catching, attractive

féich see **fiach¹**

féichiúnaí nm4 debtor

féidearthacht nf3 possibility

feidhm (pl **feidhmeanna**) nf2 function; use; **dul i bh~ ar dhuine/rud** to influence sb/sth; **as ~** out of order, obsolete; **dlí a chur i bh~** to enforce a law; **níl ~ leis** it isn't necessary; **níl ~ orm** I don't have to, I don't need to; **~ a bhaint as rud** to use sth

feidhmeach adj applied

feidhmeannach nm1 official; agent; executive

feidhmeannas nm1 service, function; position; office

feidhmigh vt, vi function; (Rel) officiate; enforce; **feidhmiú mar mholtóir** to act as adjudicator or referee

feidhmitheach adj executive

feidhmiú nm operation; application

feidhmiúcháin n gen as adj (committee etc) executive

feidhmiúil adj functional; efficient

féidir n (with copula) **b'fhéidir** maybe; **is ~ é a fheiceáil** it is possible to see it; **an ~ liom** or **dom caitheamh?** may I smoke?; **chomh mór agus is ~** as big as possible; **más ~** if possible; **ní ~ liom teacht** I cannot come

feighil nf2 care; vigilance; **bheith i bh~ ruda/dhuine** to look after sth/sb, be in charge of sth/sb

feighlí nm4 watcher; overseer; (of building) caretaker; **~ páistí** baby-sitter

feil (vn **feiliúint**) vi suit, fit; **~iúint do dhuine/rud** to suit sb/sth

féil, féile see **fial³**

féile¹ (pl **féilte**) nf4 festival; (Rel) feast (day); **Lá Fhéile Pádraig** St Patrick's Day; **Lá Fhéile Vailintín** St Valentine's Day

féile² nf4 generosity; hospitality

féileacán nm1 butterfly

féileadh (pl **féilí**) nm1: **~ beag** kilt

feileastram nm1 (plant) iris

féilire nm4 calendar

feiliúint see **feil**

feiliúnach adj suitable; appropriate; (person) obliging

feiliúnacht nf3 suitability, fitness

feilt nf2 felt

féilte see **féile²**

féiltiúil adj festive; periodic; regular

féimheach nm1 bankrupt

feimineachas nm1 feminism

feiminí nm4 feminist

f

EOCHAIRFHOCAL

féin emphatic and reflexive pron, adv 1 (with pron) self; **mé féin** myself; **tú féin** yourself; **(s)é féin** himself; **(s)í féin** herself; **muid** or **sinn féin** ourselves; **sibh féin** yourselves; **(s)iad féin** themselves

2 (with prep pron) self; **tháinig sí léi féin** she came by herself; **coinnígí eadraibh féin é** keep it to yourselves

3 (with proper noun) self; **Bríd féin a d'inis dom é** Bridget herself told me

4 (with poss pron and noun) own; **mo leabhar féin** my own book; **do theach féin** your own house; **a bróga féin** her own shoes

5 (with copula and prep **le** denoting

ownership) own; **is leo féin an t-airgead** it's their own money
6 (*with verb*): **oscail an doras, a Sheáin — oscail féin é** open the door, John — open it yourself; **rinneamar féin é** we did it ourselves
7 (*emphatic pron referring to sth previous*): **cá bhfuil peann Mháire? — tá sé aici féin** where's Mary's pen? — she has it herself
8 (*referring to important member of group*): **tháinig sé féin isteach timpeall a naoi** himself or the husband or the man of the house came in about nine; **an bhfaca tú í féin sa siopa?** did you see herself or the wife in the shop?; **bhí mé ag fanacht léi féin teacht abhaile** I was waiting for herself or the wife to come home; **an tú féin atá ann?** is it yourself there?
9 (*as reflexive pron*): **ghortaigh sí í féin** she hurt herself; **bhí mé do mo bhearradh féin** I was shaving (myself); **nigh siad iad féin** they washed themselves
▷ *adv*: **mar sin féin** even so, nevertheless; **go deimhin féin** indeed; **cheana féin** already; **má tá sé fuar féin níl sé fliuch** even though it's cold it's not wet; **anois féin** even now; **ní hé sin féin é** that's not quite the whole story; to be more precise

féin- *prefix* auto-, self-
féinchaomhnú *nm* self-preservation
féinchosaint *nf3* self-defence
féinchúiseach *adj* self-interested, egocentric
féindochraigh *vi* to self-harm
féinfhostaithe *adj* self-employed
feiniméan *nm1* phenomenon

féiniúlacht *nf3* (separate) identity; individuality
féinmharú *nm* suicide
féinmhuinín *nf2* (self-)confidence
Féinne *see* **Fiann**
féinriail (*gs* **féinrialach**) *nf* autonomy
féinrialaitheach *adj* autonomous, self-governing
féinseirbhís *nf2* self-service
féinsmacht *nm3* self-control, self-discipline
féinspéisí *nm4* egoist
féintrua *nf4* self-pity
féir *see* **fiar**
feirc *nf2* tilt; (*of dagger etc*) hilt; (*cap*) peak
féire *see* **fiar**
feirg, feirge *see* **fearg**
féirín *nm4* present, gift
feirm (*pl* **feirmeacha**) *nf2* farm; **~ ghaoithe** a wind farm
feirmeoir *nm3* farmer
feirmeoireacht *nf3* farming
feis (*pl* **feiseanna**) *nf2* festival; feis; Irish language festival; **Ard-Fheis** (*Pol*) National Convention, National Conference
Feisire *nm4* (*in Britain: also:* **~ Parlaiminte**) MP, member of Parliament; **~ Eorpach** Member of the European Parliament, MEP
feisteas *nm1* furnishings, fittings; outfit, dress; (*Theat*) costume; **seomra feistis** changing-room
feisteoir *nm3* fitter; outfitter
feistigh (*vn* **feistiú**) *vt* arrange; equip, fit; dress; secure; (*ship*) moor, tie up; **tábla a fheistiú** to set a table
feistiú *nm* décor; (*on car*) trim; (*of jewel*) setting; (*Hairdressing*) set
feith *vt, vi*: **beith ag ~eamh le rud** to be waiting for sth, be expecting sth

féith (*pl* **féitheacha**) *nf2* vein; muscle; (*Geog*) seam; (*personality*) trait; talent; **~eacha borrtha** varicose veins; **~ na filíochta** poetic talent

feitheamh *nm1* wait; anticipation; **seomra feithimh** waiting-room

féitheog *nf2* sinew; muscle; vein

féitheogach *adj* sinewy; beefy; muscular

feitheoir *nm3* invigilator; supervisor

feitheoireacht *nf3* supervision

feithicil (*gs* **feithicle**, *pl* **feithiclí**) *nf2* vehicle

feithid *nf2* insect

feithidicíd *nf2* insecticide

féithleann *nm1* honeysuckle

feitis *nf2* fetish

feochadán *nm1* thistle

feoigh *vi* decay, wither

feoil (*pl* **feolta**, *gs* **feola**) *nf3* flesh; meat

feoilséantach *adj* vegetarian

feoilséantóir *nm3* vegetarian

feoite *vadj* withered, decayed

feola, feolta *see* **feoil**

feolamán *nm1* fat person, fatty

feolmhar *adj* flabby; fleshy

feothan *nm1* breeze; gust

fh (*remove* "h") *see* **f...**

fhaca *etc vb see* **feic**

fí *nf4* (*hair*) plait(ing)

fia (*pl* **fianna**) *nm4* (roe) deer; **~ rua** (red) deer ▷ *adj* wild

fiabheatha *nf4* wildlife

fiabhras *nm1* fever; **~ léana/dearg** hay/scarlet fever; **~ breac** typhoid

fiabhrasach *adj* feverish

fiacail (*pl* **fiacla**) *nf2* (*Anat, Tech*) tooth; **fiacla bréige** false teeth, dentures; **~ forais** wisdom tooth; **rud a rá faoi** or **trí d'fhiacla** to mutter sth; **rud a rá gan ~ a chur**

ann to say sth bluntly

fiach¹ (*gs* **féich**, *nom pl* **fiacha**, *gpl* **fiach**) *nm1* debt; obligation; offence; **~ a ghlanadh** to pay off a debt; **bheith i bh~a** to be in debt; **~a a bheith ag duine ort** to be in sb's debt; **~a a bheith ort rud a dhéanamh** to have to do sth

fiach² (*gs* **fiaigh**) *nm1* hunt(ing), chase ▷ *vt, vi* hunt, chase

fiach³ (*gs* **fiaigh**, *nom pl* **fiacha**, *gpl* **fiach**) *nm1* raven

fiachóir *nm3* debtor

fiacla *see* **fiacail**

fiaclach *adj* toothed; serrated

fiaclóir *nm3* dentist

fiaclóireacht *nf3* dentistry

fiadhúlra *nm4* wildlife

fiafheoil *nf3* venison

fiafraí (*gs, pl* **fiafraithe**) *nm* inquiry, question

fiafraigh (*vn* **fiafraí**) *vi, vt* inquire, ask; **rud a fhiafraí de dhuine** to ask sb sth; **fiafraí faoi rud** to inquire about sth

fiafraitheach *adj* inquisitive

fiagaí *nm4* hunter

fiaile *nf4* weed(s)

fiailnimh *nf2* weedkiller

fiáin *adj* wild; primitive, savage; (*behaviour*) riotous; (*land*) uncultivated

fial¹ *nm1* veil; screen; vial

fial² (*gsm* **féil**, *gsf, compar* **féile**) *adj* generous; lavish

fianaise *nf4* evidence, testimony; **~ a thabhairt** to testify; **i bh~ duine** in the presence of sb

fiancé *nm4* fiancé(e)

Fiann (*gs* **Féinne**, *gpl* **Fiann**, *pl* **Fianna**) *nf2* (*Hist, Mythology*) the Fianna; **cothrom na Féinne** fair play; **~a Fáil** Fianna Fáil political party

f

fiannaíocht *nf3*: **An Fhiannaíocht** (*Mythology*) The Fenian Cycle

fiannaíochta *n gen as adj* (*Mythology*) Fenian

fiánta *adj* wild; fierce, savage

fiántas *nm1* wildness; wilderness

fiar *adj* (*gsm* **féir**, *gsf, compar* **féire**) (*line etc*) diagonal, oblique; (*wood etc*) warped; perverse ▷ *nm1* (*pl* **fiara**) slant; tilt; bend; twist; (*in wood*) warp; **rud a chur ar ~** to slant sth; **~ a chur i scéal** to slant a story ▷ *vt, vi* slant; tilt; swerve; twist

fiarlán *nm1* zigzag

fiarshúil (*gs, pl* **fiarshúile**, *gpl* **fiarshúl**) *nf2* squint; **tá ~ ann** he has a squint

fiata *adj* fierce; wild

fia-úll *nm1* crab apple

fíbín *nm4* (sudden) notion; caprice

fích *see* **fíoch**

fiche (*gs* **fichead**, *pl* **fichidí**, *ds, pl with numbers* **fichid**) *num, nm* twenty

ficheall *nf2* chess; chessboard

fichiú *num, adj, nm4* twentieth

ficsean *nm1* fiction

fidil (*gs* **fidle**, *pl* **fidleacha**) *nf2* (*Mus*) fiddle

fidléir *nm3* fiddler

fif *nf2* fife

fige *nf4* fig

figh (*vadj* **fite**) *vt, vi* weave; intertwine; **fite fuaite** interwoven

figiúr (*pl* **figiúirí**) *nm1* figure; number, digit

file *nm4* poet

fileata *adj* poetic; lyrical

filiméala *nm4* nightingale

filíocht *nf3* poetry; verse

Filipíneach *adj*: **na hOileáin Fhilipíneacha** the Philippines

fill *vt, vi* turn (back), go back, return; fold (up); wrap (up); (*plans etc*) backfire

filléad *nm1* fillet

filleadh (*pl* **fillteacha**) *nm1* bend, fold; return; recoil; **~ beag** kilt; **~ osáin** (*on trousers*) turn-up

fillte *adj* (*ticket*) return

fillteach *adj* (*chair etc*) folding

fillteán *nm1* folder; wrapper

filltín *nm4* crease; crinkle

fimíneach *nm1* hypocrite ▷ *adj* hypocritical

fimíneacht *nf3* hypocrisy

fine *nf4* (*Hist*) race, clan; (*Hist: territory*) lordship; **F~ Gael** Fine Gael political party

fínéagar *nm1* vinegar

fíneáil *nf3* fine ▷ *vt* fine

fíneálta *adj* fine, delicate

fíneáltacht *nf3* delicacy

finideach *adj* finite

Fínín *nm4* (*Hist*) Fenian

fíniúin (*pl* **fíniúnacha**) *nf3* (grape-)vine; vineyard

finné (*pl* **finnéithe**) *nm4* witness; **~ fir** best man

finscéal (*pl* **finscéalta**) *nm1* fiction; legend

finscéalach *adj* fictional; legendary

finscéalaíocht *nf3* fiction

fíocas *nm1* haemorrhoids; piles

fíoch (*gs* **fích**, *pl* **fíocha**) *nm1* fury, angry; **~ fola** bloodlust

fíochán *nm1* (*Biol*) tissue

fíochmhar *adj* ferocious; furious

fíodóir *nm3* weaver

fioghual *nm1* charcoal

fíon (*pl* **fíonta**) *nm3* wine; **~ boird** table wine

fíonchaor *nf2* grape

fiondar *nm1* fender

fíonghort *nm1* vineyard

Fionlainn *nf2*: **an Fhionlainn** Finland

Fionlainnis *nf2* (*Ling*) Finnish
Fionlannach *nm1* Finn ▷ *adj*
Finnish
fionn[1] *adj* (*hair etc*) fair; blond(e)
fionn[2] *vt* discover; find out
fionnachrith *nm3* goose pimples,
goose bumps, goose flesh
fionnachtaí *nm4* discoverer
fionnachtain (*gs*, *pl* **fionnachtana**)
nf3 discovery; find; invention
fionnadh *nm1* hair; fur; coat
fionnrua *adj* (*hair*) sandy
fionnuar *adj* cool
fionraí *nf4* suspension; **duine a**
chur ar ~ to suspend sb
fíonta *see* **fíon**
fiontar *nm1* risk; enterprise,
venture; **dul i bh~ le rud** to
gamble on sth
fiontrach *adj* enterprising
fiontraí *nm4* entrepreneur
fiontraíocht *nf3* enterprise
fíor[1] *adj* true, real ▷ *nf2* truth; **más ~**
(nó) bréag é whether it is true or
not; **is ~ duit** you are right
fíor[2] (*gs* **fíorach**) *nf* figure; outline;
symbol; **~ na Croise** the sign of the
Cross
fíor- *prefix* true, real, actual;
extreme; genuine ▷ *adv* extremely;
prize; unqualified; very; **fíoruisce**
pure water; **fíorthús** very
beginning; **fíoríochtar** very
bottom
fíoraigh (*vn* **fíorú**) *vt* verify;
(*prediction etc*) fulfil
fíoraíocht *nf3* frame
fíorasach *adj* factual
fíorasc *nm1* (*Law*) verdict
fíorú *nm* verification; fulfilment
fíoruisce *nm4* pure *or* spring water
fios (*gs* **feasa**) *nm3* knowledge;
information; **tá a fhios agam**
(go) ... I know (that) ...; **~ do**

ghnóthaí a bheith agat to
know one's business; **rud a**
thabhairt le ~ do dhuine to let sb
know sth; **~ a chur ar dhuine** to
send for sb; **fear** *or* **bean feasa**
fortune-teller; **gan fhios**
unknowingly; secretly; **cá bh~**
duit? how do you know?
fiosrach *adj* nosy; inquisitive;
curious
fiosracht *nf3* curiosity
fiosraigh *vt* inquire (into); check
fiosrú *nm* (*of crime*) investigation;
inquiry
fiosrúchán *nm1* (*investigation*)
inquiry
fir *n gen as adj* male; *see also* **fear**
firéad *nm1* ferret
fíréan *nm1* just person; **na fíréin**
(*Rel*, *gen*) the just, the elect
fireann *adj* male; manly
fireannach *nm1* (*Biol*) male ▷ *adj*
male
fíréanta *adj* just, righteous
fíric *nf2* fact
fírinne *nf4* truth; **de dhéanta na ~**
as a matter of fact; **an fhírinne a**
insint to tell the truth
fírinneach *adj* truthful
firinscneach *adj* (*Gram*) masculine
firmimint *nf2* firmament
fís (*pl* **físeanna**) *nf2* vision, dream
fís- *prefix* video
físchaiséad *nm1* video (cassette)
físeán *nm1* video
fisic *nf2* physics
fisiceach *adj* (*Med etc*) physical
fisiceoir *nm3* physicist
fisiteiripe *nf4* physiotherapy
fís-scannán *nm1* video (film)
fístéip *nf2* video (tape)
fite *see* **figh**
fithis *nf2* orbit; path
fithisigh *vt*, *vi* orbit

fiú *n* worth; **is ~ céad euro é** it is worth a hundred euros; **~ amháin** even; **ní ~ labhairt leis** there's no point talking to him; **b'fhiú duit dul** it would be worth your while to go

fiuch (*vn* **fiuchadh**) *vt, vi* boil; **ar ~adh** (*water etc*) boiling

fiúntach *adj* worthy; worthwhile; (*person*) decent

fiúntas *nm1* worth, merit; decency; value

fiús (*pl* **fiúsanna**) *nm1* fuse

flaigín *nm4* flask

flainín *nm4* flannel

flaith (*gs, pl* **flatha**) *nm3*; prince, ruler; chief, lord

flaitheas *nm1* rule, sovereignty; kingdom, lordship; **na Flaithis** heaven

flaithiúil *adj* generous; princely

flaithiúlacht *nf3* generosity

flannbhuí *adj* (*colour*) orange

flas *nm3* floss; **~ candaí** candy-floss

flatha *see* **flaith**

fleá (*pl* **fleánna**) *nf4* (*Mus*) festival; party

fleáchas *nm1* festivities

fleasc¹ *nm3* flask

fleasc² *nf2* band, hoop; rod; (*of flowers*) garland, wreath; (*of wheel etc*) rim; (*Typ*) dash

fleisc (*pl* **fleisceanna**) *nf2* flex

fleiscín *nm4* hyphen

flichshneachta *nm4* sleet

flíp *nf2* whisk

fliú *nm4* flu; influenza; **~ a bheith ort** to have the flu

fliuch (*vn* **fliuchadh**) *vt, vi* wet ▷ *adj* (*gsm* **fliuch**) wet; **~ báite** soaking wet, soaked

fliuchadh (*gs* **fliuchta**) *nm* drenching

fliuchras *nm1* moisture; rainfall

fliúit (*pl* **fliúiteanna**) *nf2* flute; **~ Shasanach** (*Mus*) recorder

flocas *nm1*: **~ cadáis** cotton wool

flóra *nm4* flora

flosc *nm3* zest

flóta *nm4* float

fluairíd *nf2* fluoride

fluaraiseach *adj* fluorescent

flúirse *nf4* abundance, plenty

flúirseach *adj* abundant; plentiful

flústar *nm1* flurry

fo- *prefix* under-, sub-, minor, secondary; occasional

fobhríste *nm4* underpants, pants

focal *nm1* word; comment; remark; **dul ar gcúl i d'fhocal** to break your word; **cur le d'fhocal** to keep your word; **i mbeagán ~** in a nutshell; **~ faire** password

fócas *nm1* focus; **as ~/i bh~** out of/ in focus

fochair *n*: **i bh~** + *gen* along with, in the company of

fochéimí *nm4* undergraduate

fochlásal *nm1* (*Gram*) dependent *or* subordinate clause

fochoiste *nm4* subcommittee

fo-chomhfhios *nm3*: **an ~** the subconscious

fo-chomhfhiosach *adj* subconscious

fochostais *nmpl* incidental expenses

fochóta *nm4* undercoat

fochraobh *nf2* (*fig*) offshoot

fochuideachta *nf4* subsidiary

fochupán *nm1* saucer

foclóir *nm3* dictionary; vocabulary

foclóirín *nm4* word list, (small) vocabulary

fód *nm1* sod; turf; place; **an ~ a sheasamh** to make *or* take a stand; **teacht ar an bh~** to come on the scene; **~ dúchais** home patch

fodar *nm1* fodder

fodhlí *nm4* by(e)-law

fo-éadaí *nmpl* underwear

fógair (*pres* **fógraíonn**) *vt* announce; advertise; herald, proclaim

fógairt (*gs* **fógartha**) *nf3* declaration; announcement

fogas *n*: **i bh~ (do rud)** close (to sth)

fogha *nm4* attack; lunge; **~ a thabhairt faoi dhuine** to attack sb

foghail (*gs* **foghla**) *nf3* plunder(-ing); pillage; (*Law*) trespass

foghar *nm1* sound

foghlaeireacht *nf3* (*Hunting*) fowling

foghlaí *nm4* plunderer; intruder, trespasser; **~ mara** pirate

foghlaim *nf3* learning ▷ *vt, vi* (*pres* **foghlaimíonn**) learn

foghlaimeoir *nm3* learner; trainee; **~ tiomána** learner driver

foghlamtha *adj* learned, educated

foghraíocht *nf3* phonetics

fo-ghúna *nm4* slip, petticoat

fógra *nm4* advert, advertisement; announcement, notice, sign; placard

fógraíocht *nf3* advertising

fógrán *nm1* poster

fógróir *nm3* advertiser; announcer, herald

fóibe *nf4* phobia

foiche *nf4* wasp

foighne *nf4* patience; **~ a dhéanamh** to be patient

foighneach *adj* patient; long-suffering

fóill *adj*: **go ~** yet, still; **níl sé réidh go ~** it is not finished yet; **slán go ~!** so long!

fóillíocht *nf3* leisure; spare time

foilmhe *see* **folamh**

foilseachán *nm1* publication

foilsigh *vt* publish; disclose, divulge; reveal

foilsitheoir *nm3* publisher

foilsitheoireacht *nf3* publishing

foilsiú *nm* disclosure, issue

fóin (*pres* **fónann**, *vn* **fónamh**) *vi* serve; **fónamh do dhuine** to serve sb, benefit sb

foinse *nf4* source; fountain, spring

fóinteach *adj* of service; practical

fóir¹ (*gs* **fóireach**, *pl* **fóireacha**) *nf* boundary; rim; **dul thar ~ le rud** to overdo sth; **thar ~** over the top, excessive

fóir² (*vn* **fóirithint**) *vt, vi*: **~ ar** help; save; suit, become; **~ orm!** help!; **~ithint ar dhuine** to help sb, rescue sb; **~ithint do dhuine** (*clothes etc*) to suit sb

foirceann *nm1* end, extremity; term, limit

fóirdheontas *nm1* subsidy

foireann (*gs, pl* **foirne**) *nf2* staff, workforce; (*also Sport*) team; (*boat*) crew; (*Theat*) cast; (*chess etc*) set; **~ (chló)** (*Comput, Typ*) font

foirfe *adj* perfect

foirfeacht *nf3* perfection; **rud a thabhairt chun ~a** to bring sth to perfection

foirfigh *vt* perfect

foirgneamh *nm1* building

foirgneoir *nm3* builder

foirgníocht *nf3* building, construction

fóirithint *nf2* help; relief; **ciste ~e** relief fund; *see also* **fóir²**

foirm (*pl* **foirmeacha**) *nf2* form; **~ ordaithe** order form

foirmigh *vt, vi* (take) form

foirmiú *nm* formation

foirmiúil *adj* formal

foirmle nf4 formula

foirne see **foireann**

foirnéis nf2 furnace

fóirsteanach adj suitable, fitting

fóisc nf2 ewe

foisceacht nf3 proximity; **i bh~ míle den bhaile** within a mile of home

fola see **fuil**

folach nm1 hiding, concealment; **rud a chur i bh~** to hide sth; **i bh~** hidden, in hiding; **doras folaigh** hidden door

folachán nm1 hiding; **folacháin a dhéanamh** to play hide-and-seek

folachánaí nm4 stowaway

foladh nm1 (of subject etc) essence, substance

folaigh vt hide, conceal; obscure; include

folaíocht nf3 breeding; pedigree

foláir n: **ní ~** it is necessary; **ní ~ liom** I feel it is necessary; **ní ~ dom imeacht** I must go

foláireamh nm1 warning, caution; notice

folaithe vadj hidden, latent; **cuspóir ~** ulterior motive

folamh (gsf, compar **foilmhe**, pl **folmha**) adj empty; vacant; (page) blank; **fann ~** destitute

folc vt bathe; wash

folcadán nm1 bath, tub

folcadh (gs **folctha**, pl **folcthaí**) nm bath; wash; **~ a ghlacadh** to have a bath; **~ béil** mouthwash

foléim nf2 skip

foléine nf4 undershirt

folig vt sublet

folíne (pl **folínte**) nf4 (telephone) extension

folláin adj healthy, fit, sound; hearty; (food) wholesome

folláine nf4 (Med) healthiness,

wholesomeness

follasach adj clear, evident, obvious, unmistak(e)able;

folmha see **folamh**

folmhaigh vt empty

folt nm1 hair

foltfholcadh (gs **foltfholctha**, pl **foltfholcthaí**) nm shampoo(ing)

foluain nf3 flying; hovering; **bheith ar ~** (kite etc) to float in the air

folúil adj thoroughbred, full-bred

folúntas nm1 vacancy; void

folús nm1 vacuum; void

folúsfhlaigín nm4 (vacuum) flask

folúsghlantóir nm3 Hoover®, vacuum cleaner

fómhar nm1 autumn, fall (US); harvest(-time)

fomhuireán nm1 submarine

fón nm1 phone; **~ ceamara** camera phone; **~ póca** mobile (phone)

fónáil nf3: **~ isteach** (Radio, TV) phone-in

fónamh nm1 service; benefit; **ar ~** excellent; **bheith ar ~** to feel well or fine; see also **fóin**

fondúireacht nf3 (institution) foundation

fonn[1] nm1 urge; mood; frame of mind; humour; **~ a bheith ort rud a dhéanamh** to feel like doing sth; **le ~** with gusto or relish; **d'fhonn** in order to, (with a view) to

fonn[2] nm1 melody; tune

fonnadh nm1 chassis

fonnadóir nm3 lilter; singer

fonnadóireacht nf3 lilting; singing

fonnmhaireacht nf3 enthusiasm

fonnmhar adj eager; willing

fonóid nf2 ridicule, derision; **~ a dhéanamh faoi dhuine** to sneer or scoff at sb

fonóideach adj derisive, scornful

fonóta nm4 footnote

fonsa *nm4* hoop, band; weal, welt

fónta *adj* good; useful; adequate

fóntas *nm1* utility

foráil *nf3* provision

forainm (*pl* **forainmeacha**) *nm4* pronoun

fóram *nm1* forum

foraois *nf2* forest

foraoiseacht *nf3* forestry

foras *nm1* institute; institution; foundation; basis; (*Law*) ground(s)

forás *nm1* development; growth; progress

forásach *adj* progressive; developing; competent

forasta *adj* established; stable

forbair (*pres* **forbraíonn**) *vt, vi* develop; expand

forbairt (*gs* **forbartha**) *nf3* development; growth

forbhás *nm1*: **ar ~** (*rock etc*) unsteady, perched

forbhríste *nm4* overall(s)

forc *nm1* fork

forcháin (*gs* **forchánach**, *pl* **forchánacha**) *nf* surtax

forchéimniú *nm* progression

forchlúdach *nm1* dust jacket, wrapper

foréigean *nm1* violence

foréigneach *adv* violent; forcible

forghabh *vt* (*country*) seize, overrun

forhalla *nm4* hall; foyer

forimeallach *adj* peripheral

forléas *nm1* skylight

forleathadh (*gs* **forleata**) *nm* (*of disease etc*) spread

forleathan (*gsf, compar* **forleithne**) *adj* widespread; general; extensive

forlíonadh (*pl* **forlíontaí**) *nm1* (*in magazine etc*) supplement

formad *nm1* envy

formáid *nf2* format

formáidigh *vt* (*also Comput*) format

formhéadaigh *vt* magnify

formhór *nm1* most, majority

formhothaithe *adj* stealthy, unnoticed

formhuinigh *vt* (*cheque*) endorse

formhuirear *nm1* surcharge

forógra *nm4* proclamation; decree

forrán *nm1*: **~ a chur ar dhuine** to greet or address sb

fórsa *nm4* force

forscáth (*pl* **forscáthanna**) *nm3* canopy

forscript *nf2* superscript

forshuigh *vt* superimpose

fortacht *nf3* aid, relief; succour

fortheach (*gs* **forthí**, *pl* **forthithe**) *nm* annexe, extension

fortheideal *nm1* caption

fortún *nm1* fortune; fate

fós *adv* yet, still; moreover; nevertheless; **níos fearr ~** better still

foscadán *nm1* (*building*) shelter

foscadh (*pl* **foscaí**) *nm1* shelter

fosciorta *nm4* underskirt

foscript *nf2* subscript

foscúil *adj* sheltered; (*person*) discreet

foshuiteach *adj, nm1* (*Gram*) subjunctive

fosta *adv* also; too

fostaí *nm4* employee

fostaigh *vt, vi* catch, grip; employ, hire

fostaíocht *nf3* employment

fostóir *nm3* employer

fostú *nm* entanglement; employment; **dul i bh~ i rud** to get caught up in sth

fótachóip (*pl* **fótachóipeanna**) *nf2* photocopy

fótachóipire *nm4* (*machine*) photocopier

fótagraf *nm1* photograph

fotha nm4 (on printer) feed
fothaigh vt (Comput) feed
fothain nf3 shelter
fothainiúil adj sheltered
fotheideal nm1 (Cine) subtitle
fothoghchán nm1 by-election
fothrach nm1 (of building) ruin
fothraig (pres **fothragann**) vt
bathe, dip
fothram nm1 noise
Frainc nf2: **an Fhrainc** France
frainceáil vt (letter) frank
Fraincis nf2 (Ling) French
frainse nm4 (of hair) fringe
fráma nm4 frame; chassis
frámaigh vt frame
Francach adj French ▷ nm1
Frenchman; **~ mná**
Frenchwoman
francach nm1 rat
fraoch[1] (gs **fraoigh**) nm1 heather
fraoch[2] (gs **fraoich**) nm1 fury;
wrath; fierceness
fras adj abundant; profuse; **go ~**
copiously, abundantly
frása nm4 phrase
fraschanna nm4 watering can
freagair (pres **freagraíonn**, vn
freagairt) vt, vi answer, reply,
respond; react; **~t do rud** to
correspond to sth
freagairt nf3 answer, response;
reaction
freagra nm4 answer, reply,
response
freagrach adj responsible;
accountable; responsive; **bheith ~
as rud** to be responsible for sth
freagracht nf3 responsibility
fréamh (pl **fréamhacha**) nf2 root;
origin, source
fréamhaigh vt, vi (take) root;
fréamhú ó rud to derive from sth,
descend from sth

freang vt twist, contort; (Mech)
strain
freanga nf4 twitch; spasm;
contortion
freangach adj spasmodic
freas- prefix rival, counter-
freasaitheoir nm3 reactor
freaschur nm1 (of decision, order)
reversal
freastail (pres **freastalaíonn**) vt, vi
attend to; **freastal ar chruinniú**
to attend a meeting; **freastal ar
dhuine** to serve sb, cater for sb
freastal nm1 service; attendance
freastalaí nm4 attendant; waiter;
(Comput) server
freasúra nm4 (also Pol) opposition
freisin adv also, as well
fríd nf2 mite; **faic na ~e** nothing
at all
frídín nm4 germ
frioch vt, vi fry
friochadh (gs **friochta**) nm (meal) fry
friochta vadj fried
friochtán nm1 (frying) pan
friotaíocht nf3 (Elec) resistance
friotal nm1 speech; expression; **rud
a chur i bh~** to put sth into words
friotháil vt, vi attend to, serve
friothálaí nm4 attendant; server
friseáilte adj fresh
frisnéiseach adj contradictory
frith- (before "t" = **fri-**) prefix anti-,
counter-
frithbheathach nm1, adj antibiotic
frithbhuaic nf2 anticlimax
frithbhualadh (gs **frithbhuailte**)
nm backlash, repercussion
frithchaith (vn **frithchaitheamh**)
vt reflect
frith-chuaranfa nf4 anticyclone
frithdhúlagrán nm1
antidepressant
fritheithneach adj antinuclear

frithgheallaí nm4 underwriter
frithghiniúint (gs **frithghiniúna**)
nf3 contraception
frithghiniúnach adj, nm1
contraceptive
frith-Ghiúdachas nm1
anti-Semitism
frithghníomh (pl
frithghníomhartha) nm1
reaction, counteraction
frithghníomhaí nm4 reactionary
frith-hiostaimín nm4 antihistamine
frithir adj sore; tender
frithnimh (pl **frithnimheanna**) nf2
antidote
frithradadh (gs **frithradta**) nm
backlash
frithreo nm4 antifreeze
frithshóisialta adj antisocial
frithshuigh vt contrast
frithvíreasach adj antivirus;
bogearraí ~a antivirus software
frog (pl **froganna**) nm1 frog
frogaire nm4 diver
fronsa nm4 (Theat) farce
fronta nm4 (Mil, weather, gen) front
fruilcheannach nm1 hire purchase
fruiligh vt hire
fruiliú nm (Comm) hire; **~ carranna**
or **gluaisteán** car hire
fuacht nm3 cold; chill; exposure;
~ a bheith ort to feel cold
fuachtán nm1 chilblain
fuadach nm1 abduction,
kidnapping; hijacking
fuadaigh vt abduct; kidnap; hijack
fuadaitheoir nm3 abductor;
kidnapper; hijacker
fuadar nm1 rush; fuss; activity
fuadrach adj hurried; busy; hectic
fuafar adj hateful; hideous;
obnoxious
fuaidreamh nm1 wandering;
agitation

fuaigh (pres **fuann**, vn **fuáil**) vt, vi
sew; stitch; stick
fuáil nf3 needlework, sewing
fuaim (pl **fuaimeanna**) nf2 sound
fuaimdhíonach adj soundproof
fuaimdhíonadh (gs
fuaimdhíonta) nm
soundproofing
fuaimeolaíocht nf3 (science)
acoustics
fuaimíocht nf3 (of sound) acoustics
fuaimiúil adj acoustic
fuaimnigh vt, vi pronounce; sound
fuaimniú nm pronunciation
fuaimrian nm1 soundtrack
fuair etc vb see **faigh**
fuaire nf4 coldness; **dul i bh~**
(weather) to get cold
fual nm1 urine; **~ a bheith ort** to
need to go to the toilet
fualán nm1 urinal; chamber-pot;
pimp
fuann see **fuaigh**
fuar adj cold; **bheith ~ le duine** to
be cold with sb
fuaraigeanta adj (person) calm,
composed
fuaraigh vt, vi cool (down); (Culin)
chill
fuarthóir nm3 cooler
fuarán nm1 fountain; spring
fuarbholadh nm1 stale smell
fuarbhruite adj (person, effort)
indifferent; half-hearted,
lukewarm
fuarchroíoch adj cold-hearted;
callous
fuarchúis nf2 coolness; apathy;
indifference
fuarchúiseach adj (manner)
cool(-headed), calm; indifferent
fuarthas vb see **faigh**

fuascail (*pres* **fuasclaíonn**) *vt*
(*captive etc*) release; (*problem*) solve

fuascailt *nf2* release; ransom;
answer, solution

fuath (*pl* **fuathanna**) *nm3* hate,
hatred; **is ~ liom é, tá ~ agam air**
I take it; **~ a thabhairt do rud** to
take an intense dislike to sth

fud *n*: **ar ~ +** *gen* throughout, all
over; among

fúibh *see* **faoi**

fuil (*gs, pl* **fola**) *nf* blood; **~ a chur** to
bleed; **~ a bheith leat** to be
bleeding

fuilaistriú *nm* (blood) transfusion

fuileadán *nm1* blood vessel

fuilghrúpa *nm4* blood group

fuiliú *nm* bleeding; haemorrhage

fuílleach *nm1* remains, leftovers;
remnant; surplus; (*Comm*) balance;
~ ama a bheith agat to have
plenty of time

fuilteach *adj* bloody

fuin *vi, vt* knead; mould; **crann ~te**
rolling pin

fúinn *see* **faoi**

fuinneamh *nm1* energy, vigour;
impetus; (*fig*) momentum

fuinneog *nf2* window; **~ dhín**
skylight

fuinniúil *adj* energetic; vigorous

fuinseog *nf2* ash (tree)

fuíoll *nm1* remainder; surplus;
waste; after-effects; **níor fhág sé
~ molta air** he praised him highly

fuip (*pl* **fuipeanna**) *nf2* whip

fuipeáil *vt* whip

fuireach *nm1* wait, delay

fuireachair *adj* wary, vigilant, alert

fuireachas *nm1* anticipation;
vigilance, caution

fuirseoir *nm3* plodder; comedian

fuirsigh (*pres* **fuirseann**) *vi, vt*
harrow; plod, struggle; fuss

fuisc *excl* shoo

fuisce *nm4* whisk(e)y

fuiseog *nf2* (*bird*) lark

fuist *excl* hush

fúithi *see* **faoi**

fulacht *nf3* barbecue

fulaing *vt, vi* endure, suffer; bear,
tolerate; withstand; put up with

fulaingt (*gs* **fulaingthe**) *nf*
endurance, suffering; tolerance

fulangach *adj* suffering; enduring;
patient

fúm *see* **faoi**

fungas *nm1* fungus

furasta (*compar* **fusa**) *adj* easy;
níos fusa (ná) more easily (than)

fút, fúthu *see* **faoi**

fútan *nm4* futon

fútráil *nf3* fidgeting; **bheith ag ~ le
rud** to fidget with sth

g

the engine is running; **níl sé ag ~áil a fhanacht leat** he's not going to wait on you; **cad é atá ag ~áil (ar aghaidh)?** what is going on?; **gabh ag** *vt, vi* forgive; (*pardon*) ask of; **~aim pardún agat!** I beg your pardon!; **gabh ar** *vt, vi* go on or about; set about, undertake; **rud a ghabháil ort féin** to undertake to do sth; **gabh as** *vi* go out of; (*light etc*) go out; **gabh chuig** or **chun** *vi* go to; go about; **gabh de** *vi* set about with; **gabh do** *vi* go about, set to, work at; annoy; owe unto; suit; **bheith ag ~áil do dhuine** to annoy sb; **cá mhéad atá ag ~áil dóibh?** how much are they owed?; **bheith ag ~áil do rud** to be working at sth; **gabh faoi** *vt, vi* go under; undergo; go to; go about; **~áil faoi scian** to undergo an operation; **~áil faoi chónaí** to go to rest; **gabh i** *vt, vi* go into; take for; **gabh le** *vt, vi* go (along) with, accompany; go (out) with; agree with; side with; take to; (*thanks etc*) convey; **buíochas a ghabháil le duine** to thank sb; **bheith ag ~áil (amach) le duine** to be going (out) with sb; **gabh ó** *vt, vi* take from; accept from; go from; **gabh thar** *vi* go by or over; pass (by); go beyond; miss; **gabh trí** *vi* go through; pass through

gábh (*pl* **gábha**) *nm1* danger

gabha (*pl* **gaibhne**) *nm4* smith; **~ dubh/geal** blacksmith/silversmith

gabháil *nf3* conquest; arrest; (*drugs etc*) seizure; (*Sport*) catch; (*of song etc*) rendition; *see also* **gabh, téigh**

gabhal *nm1* fork, junction; crotch; **bheith ar scaradh gabhail ar rud** to be astride sth

ga (*pl* **gathanna**) *nm4* spear; dart; (*of light*) beam, ray; (*Math*) radius

gá *nm4* need, necessity; **ní gá duit sin a dhéanamh** you don't need to do that; **más gá** if necessary; **ní gá a rá (go)** it goes without saying (that)

gabh *vt, vi* take; accept; catch; seize, arrest; (*port*) make; (*song etc*) say, sing; (*also fig*) conceive ▷ *vi* proceed, go; come; **seilbh a ghabháil ar rud** to take possession of sth; **airm a ghabháil** to take arms; **leithscéal duine a ghabháil** to accept sb's excuse; **~ mo leithscéal!** excuse me!; **peil/slaghdán a ghabháil** to catch a football/cold; **duine a ghabháil** to arrest sb; **amhrán a ghabháil** to sing a song; **~áil abhaile** to go home; **~ isteach!** come in!; **tá an t-inneall ag ~áil**

gabhálach *adj* contagious, catching
gabhálas *nm1* accessory
gabháltas *nm1* (*of land*) holding; (*of country*) invasion, conquest; occupancy
gabhar *nm1* goat; **An G~** (*Astrol*) Capricorn
gabhdán *nm1* container; holder
gabhlaigh *vi* fork, branch (out)
gabhlán *nm1* (*bird*) martin; **~ gaoithe** (*bird*) swift
gabhlóg *nf2* fork
gach *adj* each, every ▷ *n* everything; all; **~ aon, ~ uile** each, every; **~ (aon) lá** every (single) day; **~ duine** everybody; **~ ceann acu** each one of them; **~ re, ~ dara** (*in series*) every second; **~ ar tharla** everything that happened
gad *nm1* willow rod; string, rope; **an ~ is deise don scornach** the most urgent problem; **~ ar ghaineamh** a futile enterprise
gadaí *nm4* thief
gadaíocht *nf3* theft
gadhar *nm1* dog
Gaeilge *nf4* (*Ling*) (the) Irish (language), Gaelic; **~ na hAlban** Scots Gaelic, Scottish Gaelic
Gaeilgeoir *nm3* Irish speaker; Irish-language enthusiast
Gael *nm1* Irishman/Irishwoman; person of Gaelic descent
Gaelach *adj* Irish, Gaelic
Gael-Mheiriceánach *adj, nm1* Irish-American
Gaeltacht *nf3* Irish-speaking district
gafa *vadj* caught; arrested; (*seat*) taken; **bheith ~ i rud** to be caught (up) in sth; **bheith ~ le rud** to be bothered with sth
gág *nf2* chink, crack; (*in skin*) crack, chap

gágach *adj* chapped; cracked
gaibhne *see* **gabha**
gáifeach *adj* loud; flamboyant; exaggerated, sensational
gaige *nm4* dandy, poser
gail *nf*: **bheith ar ~** (*water*) to be boiling; (*person*) to be fuming
gailearaí *nm4* gallery; **~ ealaíne** art gallery
gáilleach *nm1* (*of fish*) gills
gáilleog *nf2* mouthful, swig
Gaillimh *nf2* Galway
gailseach *nf2* earwig
Gaimbia *nf4*: **an Ghaimbia** (The) Gambia
gaimbín *nm4* interest; **fear ~** (*Irl: Hist*) gombeen-man, money-lender
gaineamh *nm1* sand
gaineamhchloch *nf2* sandstone
gaineamhlach *nm1* (sand-)desert
gainmheach *adj* sandy
gainne¹ *nm4* (*of fish etc*) scale
gainne² *nf4* scarcity; **dul i n~** to become scarce
gair (*vn* **gairm**, *vadj* **gairthe**) *vt, vi* call; shout; (*meeting*) summon; **rí a ghairm de dhuine** to proclaim sb king
gáir¹ (*pl* **gártha**) *nf2* shout; roar; rumour; fame; **~ bhréige** false alarm; **~ chatha** battle cry; **~ mholta** cheer; **chuaigh an gháir amach** the word spread; **bhí a gháir ar fud na tíre** the whole country was talking about him
gáir² (*vn* **gáire**) *vi* laugh; shout, cry; **bheith ag ~e faoi rud** to laugh at sth
gairbhe *nf4* roughness, coarseness; (*of speech*) crudeness
gairbhéal *nm1* gravel
gairbhseach *nf2* roughage
gairdeas *nm1* joy; **~ a dhéanamh** to rejoice

gairdian *nm1* (*Rel*) guardian

gairdín *nm4* garden; **~ na n-ainmhithe** zoo

gáire *nm4* laugh; laughter; **~ a dhéanamh (faoi rud)** to laugh (at sth); **~ a bhaint as duine** to make sb laugh; **scotbhach ~** guffaw; *see also* **gáir²**

gaireacht *nf3* nearness, proximity; **dul i n~ do rud** to come close to sth

gaireas *nm1* device; apparatus; gadget

gairgeach *adj* harsh; cross

gairid *adj* brief, short; (*relation*) near; **le ~** recently; **breith ~ ar dhuine** to take sb by surprise, take sb unawares

gairleog *nf2* garlic; **ionga gairleoige** clove of garlic

gairm (*pl* **gairmeacha**) *nf2* call; (*also:* **~ (bheatha)**) profession, occupation; vocation; *see also* **gair**

gairm- *prefix* vocational

gairmeach *adj, nm1* (*Ling*) vocative

gairmiúil *adj* professional; vocational

gairmoideachas *nm1* vocational education

gáirsiúil *adj* coarse, obscene; smutty; bawdy

gáirsiúlacht *nf3* obscenity

gairtéar *nm1* garter

gaisce *nm4* bravado, showing off; feat, achievement; **~ a dhéanamh (as rud)** to boast (about sth); (*fam*) to perform heroics

gaiscéad *nm1* (*Aut*) gasket

gaiscíoch *nm1* hero; warrior

gaisciúil *adj* heroic; boastful

gaisciúlacht *nf3* heroics; heroism; boastfulness

gaiste *nm4* snare, trap; pitfall

gáitéar *nm1* gutter; drainpipe

gal *nf2* steam; vapour; smoke;

inneall gaile steam-engine

gála *nm4* (*wind, payment*) gale; **rud a íoc ina ghálaí** to pay sth in instalments

galach *adj* steamy; **uisce ~** boiling water

galaigh *vt, vi* steam, vaporize; evaporate

galamaisíocht *nf3* carry on

galánta *adj* beautiful; elegant; posh; genteel; gallant

galántacht *nf3* elegance; gentility; gallantry; **an ghalántacht** high society

galar *nm1* sickness, disease; affliction; **~ a thógáil** to catch a disease; **bheith i n~ an ghrá** to be love-smitten; **~ breac** smallpox; **~ buí** jaundice; **~ croí** heart disease

galbhruith *vt* (*Culin*) steam

galf *nm1* golf

galfaire *nm4* golfer

galfchúrsa *nm4* golf course

galfholcadán *nm1* steam bath; sauna

galfholcadh (*gs* **galfholctha**) *nm* sauna

Gall *nm1* (*Hist*) foreigner; Englishman; Viking; Lowlander; **Inse Ghall** the Hebrides

gallán *nm1* standing stone, menhir

gallchnó (*pl* **gallchnónna**) *nm4* walnut

gallda *adj* foreign; anglicized, English

galldachas *nm1* foreign *or* anglicized ways

galldú *nm* anglicization

gallóglach *nm1* gallowglass

galltacht *nf3* anglicization; **G~** non-Irish-speaking area

gallúnach *nf2* soap

galraigh *vt, vi* infect

galrú (*gs* **galraithe**) *nm* infection

g

galtán nm1 (Naut) steamer
galún nm1 gallon; vessel
gamal nm1 dolt, idiot
gamhain (gs, pl **gamhna**) nm3 calf

 EOCHAIRFHOCAL

gan prep (lenites in general use except
d, f, s, t) **1** (with noun) without; **gan
chlann** childless; **gan amhras**
without doubt; **gan mhoill**
without delay; **gan rath** futile;
fruitless; **gan sreang** wireless;
rud gan mhaith/úsáid
worthless/useless thing
2 (with def art) without; **gan an
ceol** without the music; **tá an
teach ciúin gan na páistí** the
house is quiet without the children
3 (with vn): **rud a fhágáil gan
déanamh** to leave sth undone
4 (with dependent clause; does not
lenite): **b'fhearr liom gan fanacht**
I'd rather not stay; **ba mhaith
uaidh gan casaoid a dhéanamh**
it was good of him not to complain;
filleadh gan pingin a chaitheamh
to return without spending a penny
5: **gan ach** with only; **gan ach
triúr fágtha** with only three
remaining; **gan inti ach cailín óg**
though she's only a young girl

Gána nm4 Ghana
gandal nm1 gander
gang nm3 gong
gangaid nf2 spite, bitterness;
venom; **le ~** venomously
gangaideach adj bitter; venomous
gann adj scant; scarce; sparse;
bheith ~ i rud to be short of sth
gannchuid (gs **gannchoda**) nf3
scarcity; **bheith ar an n~** to live in
poverty

ganntanas nm1 scarcity, shortage
gaobhar nm1 proximity; **ar na
gaobhair** in the vicinity
gaofar adj windy
gaois nf2 wisdom; shrewdness
gaoiseach adj wise; shrewd
gaol (pl **gaolta**) nm1 relative,
relation; relationship; kinship; **~ a
bheith agat le duine** to be related
to sb; **cairde gaoil** friends and
relations; **~ fola** blood
relation(ship); **lucht gaoil**
relatives
gaolmhar adj related; **bheith ~ do
dhuine** to be related to sb
gaosán nm1 nose
gaoth[1] nf2 wind; **~ mhór** high wind;
in aghaidh na gaoithe against
the wind; **~ an fhocail** the
slightest hint; **ar bharr na
gaoithe** carefree; **ar nós na
gaoithe** like a flash
gaoth[2] nm1 estuary
gaothaire nm4 vent; ventilator
gaothraigh vt fan
gaothrán nm1 fan
gaothscáth (pl **gaothscáthanna**)
nm3 windscreen
gaothuirlis nf2 wind instrument;
~ adhmaid woodwind
gar (pl **garanna**) nm1 favour, good
turn; use, benefit; proximity ▷ adj
near; **~ a dhéanamh do dhuine** to
do sb a favour; **is mór an ~ (go)** it's
just as well (that); **níl ~ ann** it's
pointless; **níl ~ a bheith leis**
there's no use talking to him; **dul i
n~ do rud** to approach or go near
sth; **i n~ agus i gcéin** near and far;
bheith ~ do rud to be near sth
gar- prefix near-
garach adj helpful, obliging
garaíocht nf3 assistance; **in áit na
~a** in a position to oblige

garáiste nm4 garage

gar-amharc nm1 close-up

garastún nm1 garrison

garathair (gs **garathar**, pl **garaithreacha**) nm great-grandfather

garbh adj rough; (surface) uneven; (word etc) coarse; (draft, estimate) rough

garbhánach nm1 sea bream

garbhchríoch nf2: **G~a na hAlban** the Scottish Highlands

garchabhair (gs **garchabhrach**) nf first aid

garda nm4 guard; sentinel; (also: **~ síochána**) policeman; **bheith ar ~ (ar rud)** to be on guard (over sth); **~ cósta** coastguard

gardáil vt guard

garg adj harsh; bitter; rough

gariníon (pl **gariníonacha**) nf2 granddaughter

garlach nm1 child; urchin, brat

garmhac nm1 grandson

garmheastachán nm1 rough estimate

garneacht nf3 grandniece

garnia nm4 grandnephew

garraí (pl **garraithe**) nm4 garden; (of vegetables) patch; (enclosure) yard; **~ margaidh** market garden

garraíodóir nm3 gardener

garraíodóireacht nf3 gardening

garsún nm1 boy

gártha see **gáir¹**

garúil adj helpful, obliging

gas nm1 stalk; stem; (of grass) blade; sprig, shoot

gás nm1 gas

gásaigh vt gas

gásailín nm4 gasolene

gásmhéadar nm1 gas meter

gasóg nf2 boy scout

gásphúicín nm4 gas mask

gasra nm4 group

gasta adj fast, quick; clever, smart

gastrach adj gastric

gasúr nm1 boy; child

gátar nm1 distress; need; **in am an ghátair** in time of need

gathanna see **ga**

gc (remove "g") see **c...**

gé (pl **géanna**) nf4 goose; **na Géanna Fiáine** (Hist) the Wild Geese

geab nm4 chatter

geabach adj chatty, talkative

geabaire nm4 chatterbox

geabaireacht nf3 chattering

geábh (pl **geábhanna**) nm3 ride; trip; excursion

géag nf2 (of tree) branch, bough; limb; (Genealogy) branch; **~a ginealaigh** family tree

géagán nm1 appendage

geaitín nm4 (Cricket) wicket

geáitse nm4 affectation; gesture; **geáitsí** antics; **bheith ag ligean geáitsí ort féin** to show off

geáitsíocht nf3 gesturing; play-acting

geal nm1 white ▷ adj bright, white; (smile etc) happy ▷ vt, vi brighten; whiten; (day) dawn; **d'éirigh go ~ leis** it went well, it succeeded; **i lár an lae ghil** in broad daylight; **ba é an lá ~ dúinn é** it was a lucky day for us

geal- prefix light, bright; white; happy

gealacán nm1 (of eye, egg) white

gealach nf2 moon; **bliain ghealaí** a lunar year; **oíche ghealaí** moonlit night

gealán nm1 bright spell; **gealáin** (in hair) highlights

gealasacha nmph braces, suspenders (US)

gealbhan *nm1* sparrow
gealchroíoch *adj* light-hearted
gealgháireach *adj* pleasant, cheerful; radiant
geall (*pl* **geallta**) *nm1* bet, wager; stake; promise; pledge; vow ▷ *vt, vi* pledge, promise; **~aim duit (go)** I assure you (that); **bíodh ~ go** you can bet that; **~ a chur ar rud** to bet on sth; **teach gill** pawnshop; **~ le** virtually, practically; **de gheall ar** for the sake of; in order to; **i n~** *or* **mar gheall ar** because of, as a result of
geallchur *nm1* betting
geallearbóir *nm3* pawnbroker
geallghlacadóir *nm3* bookmaker
geallmhar *adj*: **~ ar** fond of
geallta *vadj*: **~ do** promised to; destined for; engaged to; *see also* **geall**
gealltanas *nm1* pledge, promise; commitment; **~ a thabhairt/a choinneáil** to make/keep a promise; **~ pósta** engagement
gealltóir *nm3* punter
gealt (*gs* **geilte**) *nf2* madman, lunatic; maniac; **teach na n~** mental asylum
gealtacht *nf3* (*Med*) insanity
gealtán *nm1* maniac; lunatic
gealtlann *nf2* mental asylum
geamaireacht *nf3* pantomime
gean *nm3* love, affection; **~ a bheith agat ar dhuine** to be fond of sb
geanc *nf2*: **~ a chur ort féin (le rud)** to turn one's nose up (at sth)
geancach *adj* snub-nosed
geanmnaí *adj* chaste, pure
geanmnaíocht *nf3* chastity
géanna *see* **gé**
géanóm *nm1* genome
geansaí *nm4* jersey, sweater, jumper

geanúil *adj* affectionate, loving; lovable
géar *adj* sharp; bitter; sour; steep; (*angle*) acute; intense; (*senses*) keen; (*pain*) severe; (*comment*) cutting; (*smell*) pungent ▷ *nm1* (*Mus*) sharp
géaraigh *vt, vi* sharpen; intensify; **luas a ghéarú** to speed up
gearán *nm1* complaint ▷ *vt, vi* complain; **~ a dhéanamh (faoi)** to complain (about); **bheith ag ~ faoi rud** to complain about sth
gearánaí *nm4* plaintiff
gearb (*gs* **geirbe**) *nf2* scab
géarchéim (*pl* **géarchéimeanna**) *nf2* emergency, crisis
géarchor *nm* crisis; **an ~ creidmheasa** the credit crunch
géarchúis *nf2* astuteness, shrewdness
géarchúiseach *adj* astute, shrewd
gearg (*gs* **geirge**) *nf2* (*Zool*) quail
géarghoileach *adj* hungry
géarleanúint (*gs* **géarleanúna**) *nf3* persecution; **~ a dhéanamh ar dhuine** to persecute sb
Gearmáin *nf2*: **an Ghearmáin** Germany
Gearmáinis *nf2* (*Ling*) German
Gearmánach *adj, nm1* German
gearr *adj* (*gsm* **gearr**, *gsf, compar* **giorra**) short; near ▷ *vt, vi* cut; (*meat*) carve; (*sentence*) impose; (*price*) charge; reduce; **~adh siar** to cut back; **céad euro a ghearradh ar dhuine** to charge sb a hundred euros; **léim a ghearradh** to take a jump; **i bhfad agus i n~** far and near
gearr- *prefix* short; moderate; **gearrscaifte** a fair crowd; **gearrleitheadach** fairly widespread

gearradh (gs **gearrtha**, pl **gearrthacha**) nm4 cut; slit, snip; (from wage etc) deduction; (Med) removal; **gearrthacha** (Comm) levy, rates; **~ Caesarach** Caesarean (section)

gearrán nm1 horse; **~ iarainn** (inf) bicycle

gearranáil nf3 shortness of breath

gearrcach nm1 fledgling; (inf: Scol) fresher

gearrchaile nm4 young girl

gearrchiorcad nm1 short-circuit

gearrliosta nm4 shortlist

gearr-radharcach adj short-sighted

gearrscéal (pl **gearrscéalta**) nm1 short story

gearrscríobh (gs **gearrscríofa**) nm shorthand

gearrscríobhaí nm4 stenographer

gearrshaolach adj short-lived

gearrshodar nm1 canter, trot

gearrtha vadj cut; see also **gearr, gearradh**

gearrthán nm1 (from newspaper) clipping; (cardboard) cutout

gearrthóg nf2 (Culin) cutlet; (from plant) cutting

gearrthóir nm3 cutter

géarshúileach adj observant

géarú nm sharpening; souring; heightening; **~ goile** appetizer

geas, geasa see **geis**

géasar nm1 geyser

geasróg nf2 (spell) charm

geata nm4 gate; gateway

géibheann nm1 captivity; distress

géibheannach nm1 captive ▷ adj urgent; critical

geilignít nf2 gelignite

géill¹ vt, vi surrender; yield, give in or up; "**~ slí**" "give way"; **~eadh do dhuine** to give in to sb

géill² see **giall¹,²**

géilleadh (gs **géillte**) nm submission; surrender

geilleagar nm1 economy

géilliúil adj submissive

géilliúlacht nf3 compliance

géillsine nf4 allegiance

géillsineach nm1 subject

geilte see **gealt**

géim¹ nm4 (Hunting) game

géim² nf2 (pl **géimeanna**) moo(ing); roar(ing) ▷ vi moo; roar

geimheal (gs, pl **geimhle**) nf2 shackle, chain

geimhleach nm1 captive

geimhreadh (pl **geimhrí**) nm1 winter

geimhrigh vi hibernate

geimhriúil adj wintry

géin¹ nf2 (Biol) gene

géin² nf2 (cloth) jean; **brístí ~e** jeans

géinathraithe adj genetically modified

géineasach adj generic

géineolaíocht nf3 genetics

géiniteach adj genetic

geir (pl **geireacha**) nf2 (for cooking) fat; suet

geirbe see **gearb**

géire nf4 severity; sharpness

geireach adj (food) fatty

geireannach nm1, adj (Gram) gerundive

geiréiniam nm4 geranium

geirm nf2 (Biol, Med) germ

geis (pl **geasa**, gpl **geas**) nf2 spell; curse; prohibition; **bheith faoi gheasa ag duine** to be under sb's spell

geit (pl **geiteanna**) vi jump, start ▷ nf2 shock; start, jump; **~ a bhaint as duine** to startle sb; **éirí de gheit** to rise suddenly

geiteach adj jumpy, nervous

g

geiteo nm4 ghetto

geocach nm1 tramp, bum (esp US)

geografach adj geographical

geografaíocht nf3 geography

geoiméadrach adj geometric(al)

geoiméadracht nf3 geometry

geoin nf2 drone, hum; (of animal etc) whimper

geolaíoch adj geological

geolaíocht nf3 geology

geolbhach nm1 (of fish) gills

geonaíl nf3 whimpering, whining

gh (remove "h") see also **g...**

gheobhadh, gheobhaidh, gheobhainn vb see **faigh**

gheofaí, gheofar vb see **faigh**

giall¹ (gs **géill**, pl **gialla**) nm1 jaw; chin; (of house) corner; (of door) jamb

giall² (gs **géill**, pl **gialla**) nm1 hostage

giar (pl **giaranna**) nm1 (Aut) gear

giarbhosca nm4 gear box

giarsa nm4 joist; girder

gibir (vn **gibreacht**) vt, vi (Sport) dribble

gibiris nf2 gibberish

gild (pl **gildeanna**) nm4 guild

gile nf4 whiteness; brightness; see also **geal**

gilitín nm4 guillotine

gin (pl **ginte**) nf2 embryo; offspring ▷ vt, vi procreate; (energy etc) generate, produce

gineadóir nm3 generator

ginealach nm1 pedigree; genealogy; **líne ghinealaigh** lineage

ginealas nm1 genealogy

ginearál nm1 general

ginearálta adj general; overall

ginearálú nm generalization

Ginéiv nf2: **an Ghinéiv** Geneva

ginias nm1 genius

ginideach adj, nm1 (Ling) genitive

giniúint (gs **giniúna**) nf3 conception; procreation; (of electricity etc) generation; **G~ Mhuire gan Smál** the Immaculate Conception; **stáisiún giniúna** generating station; **baill ghiniúna** reproductive organs, genitals

ginmhilleadh (gs **ginmhillte**) nm abortion; **~ a fháil** to terminate a pregnancy, have an abortion

ginte see **gin**

giobach adj scruffy; untidy; rough

giobal nm1 rag

gioblach adj ragged; unkempt

Giobráltar nm4 Gibraltar

giodal nm1 cheek; conceit; vanity

giodalach adj cheeky; conceited; vain

giodam nm1 friskiness

giodamach adj frisky; restless

giofóg nf2 gypsy

gíog nf2, vi (animal etc) squeak; (bird) chirp

giolamas nm1 fondling, petting

giolcach nf2 reed; (Bot) cane

giolla nm4 servant, attendant; boy, youth; (for luggage) porter; (fam) fellow; **~ an tseanchinn** the cheeky brat

giollacht nf3 service; **~ a dhéanamh ar dhuine** to attend to sb; **~ an daill ar an dall** the blind leading the blind

giollaigh vt wait upon; (food) prepare, cook

gíománach nm1 coachman; servant; (Hist) Yeoman

giomnáisiam nm4 gym(nasium)

giorra nf4 shortness; see also **gearr**

giorracht nf3 shortness; closeness; **dul i n~ do rud** to go near or come close to sth; **dul i n~** to get short

giorraigh vt, vi shorten

giorraisc adj (answer etc) abrupt, curt; (manner) gruff

giorria (pl **giorriacha**) nm4 hare

giorrúchán nm1 abbreviation

giortach adj short; (clothes etc) scanty, skimpy

giortaigh vt, vi shorten

giosáil vi sizzle, fizzle

giosán nm1 sock

giosta nm4 yeast

giota nm4 bit; piece

giotán nm1 (Comput) bit

giotár nm1 guitar

gircín nm4 gherkin

girseach nf2 girl

Giúdach nm1 Jew ▷ adj Jewish

giúiré (pl **giúiréithe**) nm4 jury

giuirléid nf2 implement; **~í** belongings, things

giúis (pl **giúiseanna**) nf2 fir, pine (tree)

giúistís nm4 justice, magistrate; **~í** judiciary

giúmar nm1 (mood) humour

giuncán nm1 junket

giúróir nm3 juror

glac¹ vt, vi accept; take; receive; (sickness) catch; **rud a ghlacadh** or **~adh le rud** to accept sth; **pictiúr/sos/nótaí a ghlacadh** to take a picture/a rest/notes; **~ d'am!** take your time!; **fearg a ghlacadh** to get angry; **ghlacfá é a dhéanamh** you would need to do it; **rud a ghlacadh chugat féin** to take sth personally

glac² nf2 hand; grasp; handful

glacadh (gs **glactha**) nm acceptance; (Radio etc) reception; **níl ~ acu ar sin** that is not acceptable to them

glacadóir nm3 receiver

glacadóireacht nf3 (Radio etc) reception

glaeúil adj slimy

glagaire nm4 fool, waffler

glagaireacht nf3 waffle

glaine nf4 cleanness

glaineacht nf3 cleanliness; purity

glam (pl **glamanna**) nf2 (of animal etc) bark, howl ▷ vi bark, howl; roar; **is measa a ghlam ná a ghreim** his bark is worse than his bite

glan adj clean, pure; clear; bright; net; exact; **fanacht ~ ar dhuine** to stay clear of sb ▷ adv absolutely, completely ▷ vt, vi clean, cleanse; clear; (dirt etc) remove; **fiacha a ghlanadh** to pay off debts; **an fhírinne ghlan** the whole truth; **~ leat!** go away!

glanadh (gs **glanta**, pl **glantaí**) nm cleaning, clearance; **~ an earraigh** spring-clean(ing)

glanmheabhair n: **rud a bheith de ghlanmheabhair agat** to know sth off by heart

glanscartha adj self-contained

glantach nm1 detergent

glantóir nm3 (also person) cleaner; cleanser

glantóireacht nf3 cleaning

glao (pl **glaonna**) nm4 call, shout; **~ gutháin a dhéanamh** to make a phone call; **~ áitiúil/idirnáisiúnta** local/international call

glaoch nm1 call, calling

glaoigh vt, vi call, shout; **glaoch ar dhuine** to call or ring sb (by telephone)

glaoire nm4 (Tel) pager

glár nm1 silt, alluvium

glas¹ nm1 lock; **an ~ a chur ar rud** to lock sth (up); **an ~ a bhaint de rud** to unlock sth; **~ fraincín** padlock; **faoi ghlas** locked up

glas² adj, nm1 green; grey; (person) inexperienced

glasadóir nm3 locksmith
glasáil vt lock
glascháin nf green tax
Glaschú nm4 Glasgow
glasíoc nm3 instalment
glasra nm4 vegetable; vegetation
glé adj clear; vivid, bright
gleaca see **gleic**
gleacaí nm4 gymnast; acrobat;
wrestler; fighter
gleacaíocht nf3 gymnastics;
acrobatics; wrestling
gleann (pl **gleannta**) nm3 glen;
valley
gleanntán nm1 little glen, dale
gléas (pl **gléasanna**) nm1
instrument; appliance; (working)
order; means; (Mus) key ▷ vt dress
(up); fit out; **tú féin a ghléasadh**
to dress o.s.; **~ ceoil** musical
instrument; **~ freagartha**
answering machine; **~ iompair**
(means of) transport; **i n~** ready
for use; **as ~** out of order
gléasadh (gs **gléasta**) nm attire
gléasra nm4 gear, equipment
gléasta adj dressed; see also
gléasadh
gléghlan adj crystal-clear
gleic (pl **gleaca**) nf2 struggle, tussle;
contest; **dul i n~ le duine** to
wrestle with sb
gléigeal adj pure white; limpid
gléineach adj clear; (light etc) bright
gleo (pl **gleonna**) nm4 din, racket;
fight, row; battle; **dul sa ghleo** to
join in (the fighting)
gleoiréiseach adj animated,
boisterous
gleoite adj charming, delightful;
lovely, pretty
gleoiteog nf2 (type of) sailing boat
gliaire nm4 gladiator
glic adj clever; shrewd; crafty, devious

gliceas nm1 shrewdness; cunning
gligín nm4 (for baby) rattle
gligleáil nf3 chink
glincín nm4 (of spirits) drop
glinn adj clear, distinct
glinne nf4 clarity
gliobach adj dishevelled
gliogar nm1 rattle, jangle; (of
weapons etc) clashing; (of bells)
ringing; (of verse) rhythm
gliograch adj rattling
gliomach nm1 lobster
gliondar nm1 glee, joy, delight
gliondrach adj cheerful, joyful
glioscarnach nf2 sparkle; **~ a
dhéanamh** to glisten
gliú nm4 glue, paste
gliúáil vt glue
gliúcaíocht nf3 peeping
gliúragán nm1: **codladh
gliúragáin** pins and needles
gliúrascnach nf2 creaking
glób nm1 globe
glógarsach nf2 (of hens) clucking
gloine nf4 glass; mirror; **~ fíona**
wine glass; glass of wine;
~ formhéadúcháin magnifying
glass; **gloiní** glasses, spectacles;
gloiní gréine sunglasses
gloineadóir nm3 glazier
gloinigh vt, vi glaze
gloiniú nm glazing; **~ dúbailte**
double glazing
glóir nf2 glory; bliss; **bheith sa
ghlóir** to be ecstatic
glóirigh vt glorify
glóirmhianach adj ambitious
glónra nm4 glaze
glónraigh vt glaze
glónraithe adj glazed
glór (pl **glórtha**) nm1 voice; sound;
de ghlór ard/íseal in a loud/soft
voice
glórach adj loud, vocal, vociferous

glórmhar *adj* glorious

glórphost *nm1* voice mail

glóthach *nf2* gel; (*also Culin*) jelly;
~ **chithfholctha** shower gel

glothar *nm1* gurgle; (*in throat*) rattle

gluaireán *nm1* fuss

gluais¹ *vt, vi* move; proceed

gluais² (*pl* **gluaiseanna**) *nf2*
glossary; vocabulary

gluaiseacht *nf3* motion;
movement

gluaisrothaí *nm4* motorcyclist;
biker

gluaisrothar *nm1* motorbike,
motorcycle

gluaisteán *nm1* car, motor (car)

gluaisteánaí *nm4* motorist

glúcós *nm1* glucose

glugarnach *nf2* gurgling,
squelching

glúin (*gs, pl* **glúine**, *gpl* **glún**) *nf2*
knee; generation; **dul ar do
ghlúine** to kneel; **ar leathghlúin**
on one knee; **bean ghlúine**
midwife

gnách *adj* habitual, normal, usual;
mar is ~ as usual; **ba ghnách léi é
a dhéanamh** she used to do it

gnaíúil *adj* friendly, pleasant;
handsome

gnaoi *nf4* beauty; fondness;
nochtann grá ~ beauty is in the
eye of the beholder; **bhí ~ na
ndaoine air** he was well thought
of

gnás (*pl* **gnásanna**) *nm1* norm,
procedure; usage, custom

gnásúil *adj* normal; conventional

gnáth (*pl* **gnátha**) *nm1* custom,
usage; **de ghnáth** normally,
usually; as a rule

gnáth- *prefix* everyday; ordinary,
usual; routine; (*size etc*) standard

gnáthaigh *vt, vi* haunt; frequent

gnáthamh *nm1* routine, habit;
procedure

gnáthchaint *nf2* ordinary speech

gnáthchaite *adj* (*Gram*) past
habitual

gnáthchléir *nf2* secular clergy

gnáthchulaith *nf2* lounge suit

gnáthdhochtúir *nm3* general
practitioner

gnáthdhuine (*pl* **gnáthdhaoine**)
nm4 ordinary person

gnáthéadach *nm1* plain clothes

gnáthóg *nf2* habitat; den, lair

gnáthóir *nm3* frequenter, regular;
~ **amharclainne** theatre-goer

gné (*pl* **gnéithe**) *nf4* aspect;
physical appearance; species; form

gné-alt *nm1* (*article*) feature

gnéas (*pl* **gnéasanna**) *nm1* sex

gnéasach *adj* sexual

gnéaschlaonta *adj* sexist

gnéchlár *nm1* (*programme*) feature

gníomh (*pl* **gníomhartha**) *nm1*
action, act; deed; (*also Theat*) act;
rud a chur i n~ to put sth into
effect; **fear gnímh** man of action

gníomhach *adj* (*also Gram*) active;
acting

gníomhachtaigh *vt* activate

gníomhaí *nm4* activist; (*Chem*)
agent

gníomhaigh *vt, vi* act; take action

gníomhaíoch *nm1* activist

gníomhaíocht *nf3* activity; action;
~ **thionsclaíoch** industrial action

gníomhaire *nm4* agent; ~ **eastáit**
estate agent, realtor (*US*); ~ **taistil**
travel agent

gníomhaireacht *nf3* agency

gníomhartha *see* **gníomh**

gníomhas *nm1* (*Law*) deed

gníomhú *nm* action

gnó (*pl* **gnóthaí**) *nm4* business;
concern, affair; (*Comm*) trading,

g

dealings; **ní de do ghnósa é** it is none of your concern; **déanfaidh sin ~** that will do; **fear ~** businessman; **fios do ghnó a bheith agat** to know one's business; **d'aon ghnó** deliberately

gnólacht nm3 firm, business

gnóthach adj busy, occupied

gnóthaigh vt earn; gain; get; (loss) recover; **gnóthú ar rud** to gain from/by sth; profit from sth; **duais a ghnóthú** to win a prize

gnóthas nm1 (Comm) enterprise; (business) undertaking

gnúis (pl **gnúiseanna**) nf2 face; facial expression

gnúsacht nf3 grunt; **~ a dhéanamh** to grunt

go¹ prep to, until, till; **go Corcaigh/hAlbain** to Cork/Scotland; **go maidin** until morning; **ó cheann go ceann** from end to end; **go brách, go deo** for ever; **go dtí** to, towards, up to; **go dtí go** until; **go fóill** still, yet; **fan go bhfeice mé** wait until I see

go² (+ past of reg vbs = **gur**) conj (so) that; **deirtear go ...** people say that ...; **b'fhéidir go dtiocfadh sé** he might come; **sílim** or **ceapaim** or **measaim go ...** I reckon that ...; **cionn is go, as siocair go, mar go** because, since, as; **chun go, le go** in order that

go³ vb part: **go maire tú an céad!** may you live to be a hundred!; **go raibh (míle) maith agat** thank you (very much)

go⁴ in adv phrases: **go maith** well; **go tapa** quickly; **go réidh** easily, gently; **go díreach** indeed, quite; just; **go háirithe** especially; **go léir, go huile** all, entirely; **go minic** frequently

go⁵ prep and, plus; **uair go leith** an hour and a half; **go bhfios dom** as far as I know

gó nf4 lie; **gan ghó** undoubtedly

gob (pl **goba**) nm1 (of bird) bill, beak; (pej) gob, mouth; (of jug etc) spout; (of knife, spear) tip; (of coast) point, headland ▷ vi stick out; **~ ar ghob** neck and neck; **~adh amach** to protrude, stick out

gobán nm1 (for baby) dummy, pacifier (US); (on mouth) gag; **~ a chur i nduine** (also fig) to gag sb

gobharnóir nm3 governor

goblach nm1 titbit; mouthful

gogaide nm4 hunkers; **ar do ghogaide** on one's hunkers

gogán nm1 (wooden) bowl

goic nf2 slant; stance

goid nf3 (gs **goda**) theft ▷ vt steal

goil (vn **gol**) vt, vi cry, weep; **ag gol in áit na maoiseoige** crying over spilt milk

goile nm4 stomach, tummy; appetite; **béal an ghoile** pit of the stomach; **tinneas bhéal an ghoile** indigestion

góilín nm4 gullet; inlet

goill vi distress, hurt; vex; **~eadh ar dhuine** to hurt sb

goilliúnach adj (person) sensitive; touchy; (comment) hurtful

goimh nf2 sting; venom; **an ghoimh a bhaint as rud** to take the sting out of sth; **~ a bheith ort (le duine)** to be annoyed (at sb)

goimhiúil adj venomous; stinging

goin (pl **gonta**) nf3 wound; injury ▷ vt (vadj **gonta**) wound, hurt

goineog nf2 hurtful remark, jibe; (of snake) fang

goirín nm4 pimple, spot; **~ dubh** blackhead

goiríneach adj spotty

goirmín *nm4* (*Bot*) pansy

goirt *adj* salty; bitter; (*fish*) salted

gol *nm1* crying, weeping; *see also* **goil**

gonc *nm1* rebuff, snub

gonta¹ *adj* (*remark*) pithy, terse

gonta² *vadj* wounded, hurt

gontacht *nf3* brevity

gor *vt, vi* heat; hatch

goradán *nm1* incubator

goradh (*gs* **gortha**) *nm* warmth, heat; **do ghoradh a dhéanamh** to warm o.s.

goraille *nm4* gorilla

gorm *adj, nm1* blue; (*skin*) black; **duine ~** Black; **na ~acha** the blues

Gormach *adj, nm1* Black

gort *nm1* field

gorta *nm4* hunger; famine

gortach *adj* hungry; mean; barren

gortaigh *vt* hurt; injure

gortaithe *vadj* hurt, injured

gortú *nm* injury; **bhain ~ do Sheán** John sustained an injury

gotha *nm4* appearance; pose; **bheith ag cur ~í ort féin** to pose or show off

gothach *adj* posing

gothaíocht *nf3* mannerism

grá *nm4* love; darling, sweetheart; **titim i n~ le duine** to fall in love with sb; **bheith i n~ le duine** to be in love with sb; **de ghrá** (*+ gen*)**, ar ghrá** (*+ gen*) for the love or sake of

grabaire *nm4* (*child*) brat; imp

grabhróg *nf2* crumb; **~ a aráin** breadcrumbs

grách *adj* loving

grád *nm1* grade; degree; (*travel*) class

grádach *adj* graded

grádaigh *vt* grade; rate

gradam *nm1* prestige; distinction; respect

gradamach *adj* estimable; prestigious; honourable

grádú *nm* rating; grading

graf *nm1* graph; chart

grafach *adj* graphic

grafaicí *nfpl2* graphics

grág¹ *nf2* croak, squawk; **~ a chur asat** to croak, squawk

grág² *nf2* (*of tree*) stump

grágach *adj* raucous

grágán *nm1* (*of tree*) stump; **~ gruaige** mop of hair; **chuaigh an deoch sa ghrágán aige** the drink went to his head

graí (*pl* **graíonna**) *nf4* (*of horses*) stud (farm)

gráiciúil *adj* ugly

graffiti *nmpl* graffiti

graifleach *adj* ugly; coarse

gráig (*pl* **gráigeanna**) *nf2* village, hamlet

gráigh *vt* love, adore

graiméar *nm1* grammar (book)

gráin (*gs* **gránach**) *nf* disgust; abhorrence; ugliness; **is ~ liom é** I hate *or* detest it; **folaíonn grá ~** love is blind

grainc (*pl* **grainceanna**) *nf2* grimace, frown

gráinigh *vt* hate, detest

gráiniúil *adj* hateful, loathsome; odious; ugly

gráinne *nm4* grain

gráinneog *nf2* hedgehog

gráinnín *nm4* (*of salt etc*) pinch; small amount

gráinseach *nf2* grange; granary

gráisciúil *adj* vulgar, obscene

gram *nm1* gram

gramadach *nf2* grammar

gramadúil *adj* grammatical

gramaisc *nf2* rabble; (*fig*) plebs

grámhar *adj* loving, tender; lovable

gramhas *nm1* grimace, grin

g

grán nm1 grain
gránach nm1, adj cereal
gránáid nf2 grenade
gránaigh vt, vi (wound) graze,
scrape; granulate
gránbhiorach adj ball-pointed;
peann ~ ball-point pen
gránna adj ugly; horrible;
disgusting, vile; nasty
gránphlúr nm1 cornflour
gránú nm (wound) graze, scrape,
scratch
Graonlainn nf2: **an Ghraonlainn**
Greenland
graosta adj obscene, lewd; smutty
graostacht nf3 obscenity
gráscar nm1 scuffle; mob
grásta (gs, pl **grásta**, gpl **grást**) nm4
grace; mercy; **faic na ngrást**
nothing whatsoever
grástúil adj gracious; merciful
gráta nm4 grate; grating
grátáil¹ vt (Culin) grate
grátáil² nf3 grille
gread vt, vi strike, beat (up); (fig)
hammer, pound; (wings) beat;
(teeth) chatter; (feet) stamp; (eggs)
whisk; **~ leat!** beat it!, shove off!
greadadh (gs **greadta**) nm beating;
(quantity etc) plenty
greadfach nf2 stinging; **bhí ~ ina
súile** her eyes were smarting
greadóg nf2 slap, smack; apéritif
greadtóir nm3 (Culin) whisk
Gréagach adj, nm1 Greek
greamachán nm1 adhesive;
~ gorm blue tack
greamaigh vt, vi stick, fasten;
attach, secure; (catch) hold; **rud a
ghreamú de rud** to stick sth to
sth; **greamú de rud** to stick to sth
greamaire nm4 pliers
greamaithe vadj stuck, glued
greamaitheach adj adhesive; sticky

greamaitheoir nm3 sticker
greamán nm1 (hair etc) clasp
greamú nm (in rugby etc) tackle
grean¹ vt carve; engrave
grean² nm1 gravel, grit; **~ a chur ar
bhóthar** to grit a road
greanadóireacht nf3 engraving
greann nm1 fun; humour; joking;
fear grinn comedian, clown; **scéal
grinn** funny story; **bheith ag
déanamh grinn** to joke; **rud a rá
le ~** to say sth as a joke
greannán nm1 (paper) comic
greannmhar adj humorous; funny
greanta adj graven; (work) polished
gréas nm3 design; web
gréasaí nm4 shoemaker
greasáil nf3 beating, thrashing ▷ vt
beat, thrash
gréasán nm1 web; network; tangle;
~ bréag web of deceit; **an G~
Domhanda** (Comput) World Wide
Web
Gréig nf2: **an Ghréig** Greece
Gréigis nf2 (Ling) Greek
greille nf4 grill; grid
greim (pl **greamanna**) nm3 grip,
grasp; hold; (of food) bite, morsel;
(Med, Sewing) stitch; **~ a fháil ar
rud** to get hold of sth, catch sth;
~ a choinneáil ar rud to hold on to
sth; **~ a bhaint as rud** to bite sth;
bheith i n~ ag rud to be obsessed
by sth; **ar ghreim láimhe** by the
hand; **~ an fhir bháite** a tight grip
greimlín nm4 (sticking) plaster
gréisc nf2 grease
gréiscdhíonach adj greaseproof
gréisceach adj greasy
gréithe npl crockery, ware; dishes;
~ airgid silverware
grian (gs **gréine**, pl **grianta**, ds
gréin) nf2 sun; **éirí/luí na gréine**
sunrise/sunset; **ga gréine**

sunbeam ▷ *vt* sun
grian- *prefix* solar, sun-
grianán *nm1* (*part of house*) solarium
grianchloch *nf2* quartz
grianchlog *nm1* sundial
grianchumhacht *nf3* solar power
griandaite *adj* suntanned
griandó *nm4* sunburn
griandóite *vadj* sunburned
grianghraf *nm1* photo(graph),
snap(shot); **~ a thógáil/ghlacadh
de rud** to photograph sth
grianghrafadóir *nm3*
photographer
grianghrafadóireacht *nf3*
photography
grianmhar *adj* sunny
grianta *see* **grian**
grinn *adj* observant, perceptive;
(*answer etc*) precise, clear
grinneall *nm1* (*of sea, valley*) floor,
bed, bottom
grinneas *nm1* perspicacity; (*of
sight*) sharpness
grinnigh *vt* scrutinize
grinniú *nm* (*watching*) observation
gríobhán *nm1*: **cathair ghríobháin**
maze
gríodán *nm1* dregs; remains
griofadach *nm1* tingle; tingling
griog *vt* excite, incite; provoke;
annoy, tease
griolladh (*gs* **griollta**) *nm* (*Culin*)
grill; **~ measctha** mixed grill
griolsa *nm4* fracas
gríos *nm1* embers; (*Med*) rash
gríosach *nf2* hot ashes
gríosaigh *vt* incite, rouse; stir up
gríosaitheach *adj* provocative;
rousing
gríosc *vt, vi* grill
gríosú *nm* incitement;
inflammation
griothal *nm1* fuss

gríscín *nm4* (*Culin*) chop;
~ uaineola lamb chop
gró *nm4* crowbar
grod *adj* prompt, abrupt
groí *adj* robust, strong; (*character*)
hearty
grósaeir *nm3* grocer
grua (*pl* **gruanna**) *nf4* facet; (*Anat*)
cheek; (*of hill*) brow; (*of road*) verge
gruagach *adj* hairy
gruagaire *nm4* hairdresser
gruagaireacht *nf3* hairdressing
gruaig *nf2* (*on head*) hair; **do chuid
~e a ní** to wash one's hair
gruaim *nf2* gloom; **bheith faoi
ghruaim** to be depressed
gruaimhín *nm4* (*of road*) verge
gruama *adj* sad; sombre; downcast
grúdaire *nm4* brewer
grúdlann *nf2* brewery
gruig (*pl* **gruigeanna**) *nf2* scowl,
frown
grúm *nm1* (*bride*)groom
grúpa *nm4* group
grúpáil *vt, vi* group
grusach *adj* surly, gruff; (*answer*)
terse
guagach *adj* restless; fickle,
unpredictable; volatile, wayward
guailleáil *vt, vi* shoulder; jostle
guailleán *nm1* shoulder strap;
guailleáin (*for trousers*) braces,
suspenders (*US*)
guaillí¹ *nm4* companion
guaillí² *see* **gualainn**
guaim *nf2* (self) control; **~ a
choinneáil ort féin** to stay calm
guairdeall *nm1* hanging about
guairille *nm4* guerrilla
guairilleach *adj* guerilla
guairneán *nm1* whirl; spin
guais (*pl* **guaiseacha**) *nf2* danger;
peril
guaiseach *adj* dangerous

g

gual *nm1* coal; charcoal; **tine ghuail** coal fire

gualach *nm1* charcoal

gualainn (*pl* **guaillí**) *nf2* shoulder; **~ ar ghualainn** shoulder to shoulder

gualchró *nm4* (*for coal*) bunker

gualéadan *nm1* coal face

guí (*pl* **guíonna**) *nf4* prayer

guigh (*vn* **guí**) *vt, vi* pray; **Dia a ghuí (go)** to pray to God (that); **rud a ghuí do dhuine** to wish sth for sb

guma *nm4* gum; **~ coganta** chewing gum

gúna *nm4* gown, dress; robe

gunna *nm4* gun; **~ mór** cannon; **faoi bhéal ~** at gunpoint

gunnán *nm1* revolver

gur¹ *see* **go²**

gur², **gura**, **gurab**, **gurb**, **gurbh** *see* **is¹**

gus *nm3* courage, grit; initiative; self-assurance; **an ~ a bhaint as duine** to take sb down a notch

gusta *nm4* gust

gustal *nm1* wealth; enterprise; **é a bheith de ghustal agat rud a dhéanamh** to be able to afford to do sth

gustalach *adj* well-off, wealthy; arrogant; enterprising

guta *nm4* vowel

gúta *nm4* gout

guth (*pl* **guthanna**) *nm3* voice; **d'aon ghuth** unanimously

guthán *nm1* phone, telephone; **~ póca** mobile phone

h

h... (*remove* "h") *see* **initial vowel**

haca *nm4* hockey; **~ oighir** ice hockey

haemaifiliach *adj, nm1* haemophiliac

Háig *nf2*: **an ~** The Hague

haingear *nm1* hangar

hairicín *nm4* hurricane

haischlib *nf2* (*on Twitter*) hashtag

haisis *nf2* hashish

haiste *nm4* (*Naut*) hatchway; hatch

halla *nm4* hall, hallway; **~í cónaithe** halls of residence

hamstar *nm1* hamster

hanla *nm4* handle

hart (*pl* **hairt**) *nm1* (*Cards*) heart

hata *nm4* hat

hearóin *nf2* heroin

héileacaptar *nm1* helicopter

hidrigin *nf2* hydrogen

hidrileictreach *adj* hydroelectric

hiéana *nm4* hyena

hi-fi *nm4* hi-fi

híleantóir *nm3* highlander
hiodrálach *adj* hydraulic
hiodrant *nm1* (fire) hydrant
Hiondúch *adj*, *nm1* Hindu
hiopnóisigh *vt* hypnotize
hipitéis *nf2* hypothesis
histéire *nf4* hysteria
histéireach *adj* hysterical
homaighnéasach *adj*, *nm1*
homosexual
hurlamaboc *nm4* commotion;
uproar; carry-on

i

 EOCHAIRFHOCAL

i (*prep prons* = **ionam, ionat, ann,
inti, ionainn, ionaibh, iontu**)
(*eclipses; with sg art* = **sa** *before
consonants and* **san** *before vowels or* **f**
plus vowel; **sa** *lenites* **b,c,g,m,p** *and
adds* **t** *to fsg nouns beginning with* **s**;
san *lenites* **f**; *with plural art* = **sna**)
prep in, into **1** (*place, position*) in; **i
bpríosún** in prison; **sa bhanc** in
the bank; **sa tsraith náisiúnta** in
the national league; **san arm** in the
army; **san fharraige** in the sea; **sna
bailte móra** in the larger towns
2 (*with verbs of movement*) into;
caith i bhfarraige é throw it into
the sea; **cuir sa bhanc é** put it into
the bank; **chuaigh sé isteach sa
charr** he got into the car
3 (*referring to time*) in, at; **i Mí**

Eanáir in January; **sa samhradh** in summer; **san oíche** at night; **i mbliana** this year

4 (*state, mood*): **i do shuí** sitting; **i do luí** lying; **i do chodladh** sleeping; **i bhfeirg** angry; **i ndroim dubhach** depressed

5 (*in classifications*): **tá sé ina mhúinteoir** he is a teacher; **bean mhaith tí atá inti** she's a good housewife; **níl ann ach leanbh** he's only a child

6 (*in ratios etc*) in the; per; **fiche ceint sa euro** twenty cents in the euro; **daichead euro sa lá** forty euros per day; **50 ciliméadar san uair** 50 kilometers per hour

7 (*manner*) in; **i nglór íseal** in a low voice; **i mBéarla** in English; **i dtobainne** suddenly; **i gceart** correctly

8 (*circumstances*) in; **i mbaol** in danger; **san fhearthainn** in the rain

9 (*quality, capability*): **tá an ghnaoi agus an t-urra ann** he is strong and handsome; **níl bogadh ionam** I can't move

10 (*with* **téigh** *indicating change of state*) become, get; **ag dul i bhfuaire/i bhfeabhas/in olcas** getting colder/better/worse

11 (*with substantive verb*) be; exist; **is deas an mhaidin atá ann** it's a nice morning; **cé atá ann?** who is it?; **beidh trioblóid ann** there will be trouble; **tá Dia ann** God exists

12 (*in measurements*): **tá punt meáchain ann** it is a pound weight; **tá measarthacht airde inti** she's fairly tall

í 3rd person fsg pron she; her; it; **is í a bhí ann** it was her; **ní fheicim í**

I can't see her; **is múinteoir í** she is a teacher; *see also* **é** *used similarly to* [é] *for categories 1-6. In category 2 used with fem and masc nouns like* cailín, bád, carr, árthach, leabhar *etc*

iad 3rd person pl pron they; them; **is ~ is gaiste** they're the fastest; **is gardaí ~** they're policemen; **cé h~?** who are they?; *see also* **é**; *used similarly to* **é** *for categories 1-6. In category 2 used with plural collective and abstract nouns*

iadsan pron (*emphatic*) them

iaidín nm4 iodine

iaigh vt, vi close

iall (*gs* **éille**, *pl* **iallacha**, *ds* **éill**) nf2 strap; (*of shoe etc*) lace; (*for dog*) lead, leash; **bheith ar éill ag duine** (*inf*) to be under sb's thumb; **d'~acha a cheangal** to tie one's laces

iallach nm1 compulsion; **~ a bheith ort rud a dhéanamh** to be obliged to do sth; **~ a chur ar dhuine rud a dhéanamh** to make sb do sth

ialtóg nf2 (*Zool*) bat

iamh nm1 closure; confinement; **faoi ~** enclosed

iar prep after; **~-Chríost** AD

iar- prefix ex-, former; post-; late; west

Iaráic nf2: **an ~** Iraq

Iaráin nf2: **an ~** Iran

iarainn n gen as adj iron; **bóthar ~** railway

iarann nm1 iron; **~ múnla/rocach** cast/corrugated iron

iarbháis n gen as adj posthumous; postmortem; **scrúdú ~** postmortem (examination)

iarchéim nf2 postgraduate degree

iarchéime n gen as adj postgraduate

iarchéimí nm4 postgraduate

iarchogaidh n gen as adj postwar
iardhearcadh nm1 (Cine) flashback
iardheisceart nm1 south-west
iarghaois nf2 hindsight
iargúil (gs **iargúlach**, pl **iargúlacha**) nf backwater
iargúlta adj isolated, remote; backward
iargúltacht nf3 isolation, remoteness; **cónaí ar an ~** to live at the back of beyond
Iar-Indiach adj, nm1 West Indian
iarla nm4 earl
iarlais nf2 (in folklore) changeling
iarmhairt (gs **iarmharta**) nf3 consequence, result; (Phys etc) effect
iarmhéid nm4 (Comm) balance; **~ bainc** bank balance
Iarmhí nf4: **an ~** Westmeath
iarmhír (pl **iarmhíreanna**) nf2 suffix
iarnáil vt iron ▷ nf3 ironing
iarnóin (gs **iarnónta**) nf3 afternoon; **a cúig ~** five pm
iarnród nm1 railway, railroad
iaróg nf2 quarrel, row
iarógach adj quarrelsome
iarr vt ask (for), request; invite, seek, want; look for; solicit; attempt; **rud a ~aidh ar dhuine** to ask sb for sth; **bhí sé ag ~aidh imeacht** he wanted or was trying to leave; **~aidh ar dhuine rud a dhéanamh** to ask sb to do sth; **cad é atá tú a ~aidh?** what do you want?, what are you looking for?
iarracht nf3 attempt; effort; time, turn; (a little) touch; **~ a thabhairt ar rud a dhéanamh** to make an effort to do sth; **~ a dhéanamh** to make an effort; **tá ~ den íoróin ann** it is a little ironic; **an-~!** good try!; **an ~ seo** this time

iarraidh (gs **iarrata**, pl **iarrataí**) nf attempt, bid; request; time, go; **d'aon ~** in one go, first time; **~ a thabhairt ar rud** to try sth; **~ a thabhairt ar dhuine** to attack sb; **tá ~ mhór ar an tseirbhís nua** the new service is in great demand; **gan ~** unwanted, uninvited; **bheith ar ~** to be missing; **an ~ seo** this time
iarratas nm1 application; request; demand; **~ a dhéanamh ar phost** to apply for a job; **foirm iarratais** application form
iarratasóir nm3 applicant
iarrthóir nm3 applicant; entrant; candidate; petitioner
iarscríbhinn nf2 postscript
iarsma nm4 relic; remains; (of disease etc) after-effects; mark
iarsmalann nf2 museum
iarthar nm1 west; **an tl~** (Pol) the West
iartharach adj western ▷ nm1 westerner
iarthuaisceart nm1 north west
iasacht nf3 loan; **rud a fháil ar ~** to borrow sth; **rud a thabhairt ar ~ (do dhuine)** to lend sth (to sb); **ón ~** from abroad
iasachta n gen as adj foreign; strange, unfamiliar
iasc (gs, pl **éisc**) nm1 fish ▷ vt, vi (vn **iascach**) fish; **~ sliogánach** shellfish; **~ órga** goldfish; **Na hÉisc** (Astrol) Pisces
iascach nm1 fishing
iascaire nm4 fisherman
iascaireacht nf3 fishing; fishery; **slat ~a** fishing-rod; **~ slaite** angling
iata adj closed; (Med) constipated; **i gcúirt ~** (Law) in camera
iatacht nf3 constipation

íceach *adj* healing

ící *nm4* healer

idé (*pl* **idéanna**) *nf4* idea

íde *nf4* abuse; **~ béil a thabhairt do dhuine** to give sb a rollicking; **~ a thabhairt ar dhuine** to abuse sb; **~ gach oilc** the root of all evil

idéal *nm1* ideal

idéalach *adj* ideal

idéalachas *nm1* idealism

idé-eolaíocht *nf3* ideology

ídigh *vt* use (up); consume; wear out; abuse

 EOCHAIRFHOCAL

idir (*pl prep prons* = **eadrainn, eadraibh, eatarthu**) *prep* between; among **1** (*space, time, separation, distinction; lenites following noun*) (in) between; **ithe idir bhéilí** to eat between meals; **an cheist atá idir chamáin** the question that is being discussed; **bheith idir dhá cheann na meá** (*result etc*) to hang in the balance; **idir chairde** between *or* among friends; **d'éirigh eatarthu** they fell out

2 (*in phrases with* **agus** *identifying opposite ends/extremes; does not affect noun*) between; **(taisteal áit éigin) idir Gaillimh agus Baile Átha Cliath** (to travel somewhere) between Galway and Dublin; **an difríocht idir buachan agus cailleadh** the difference between winning and losing

3 (*followed by def art; does not affect noun*) between; **idir an fhuinneog agus an doras** between the window and the door; **cluiche idir an Fhrainc agus Sasana** a match between France and England

4 (*exclusiveness, inclusion*) between; among; **idir mise agus tusa (agus an bac)** between me and you (and the wall); **rud a fháil/roinnt eadraibh** to get/share sth between you; **eadraibh féin atá sé** you may sort it out among yourselves; **níl ach cúpla euro againn eadrainn** we only have a few euros between us

5 (*used as adv*): **idir eatarthu** in between; betwixt and between

6: **idir agus** (*lenites following noun*) both ... and ...; **idir shaibhir agus dhaibhir** both young and old; **bhí idir bhuachaillí agus chailíní ann** there were both boys and girls there

7 (*partly*): **idir shúgradh is dáiríre** half joking, half in earnest

idirbheartaíocht *nf3* negotiation(s)

idirchum *nm4* intercom

idirdhealaigh *vt* differentiate; discriminate; separate

idirdhealú *nm* discrimination; differentiation; **~ a dhéanamh ar rudaí** to make a distinction between things

idiréadan *nm1* (*Comput*) interface

idireaglasta *adj* interdenominational

idirghabh *vi* mediate

idirghabháil *nf3* intervention; mediation

idirghabhálaí *nm4* go-between, mediator

idirghníomhach *adj* (*Comput etc*) interactive

idirghuí (*pl* **idirghuíonna**) *nf4* intercession

idirlinn (*pl* **idirlinnte**) *nf2* interval; intermission; time lag

idirlíon *nm1* (*Comput*) internet; **an tl~** the Net

idirmhalartaigh *vt* interchange

idirmhalartú *nm* interchange

idirmheánach *adj* intermediate

idirnáisiúnta *adj* international

idirscaradh (*gs* **idirscartha**, *pl* **idirscarthaí**) *nm* (*of couple*) separation

idirstad *nm4* (*Typ*) colon

ídithe *vadj* used (up); spent; worn-out

íditheoir *nm3* consumer; abuser

ídiú *nm* consumption; abuse

ifreanda *adj* infernal, hellish

ifreann *nm1* hell

il- *prefix* multi-, poly-; many; diverse

ilbhliantóg *nf2* perennial

ilbhliantúil *adj* (*Bot*) perennial

ilcheardach *adj* (*skilled worker*) versatile; (*school*) polytechnic(al)

il-cheardscoil *nf2* polytechnic

ilchineálach *adj* mixed; varied; miscellaneous

ilchomórtas *nm1* tournament

ilchríoch *nf2* continent

ilchríochach *adj* continental

ildánach *adj* versatile; (*worker*) accomplished

ildathach *adj* multicoloured

ilearraí *nmpl4* sundries

ilfheidhmeach *adj* multifunctional

ilghnéitheach *adj* diverse, various; multi-faceted

iliomad *n* many; a lot of; **bhí an ~ daoine ann** there was a vast number of people there

ilnáisiúnta *adj* multinational

ilnáisiúntach *nm1* multinational

ilnithe *nmpl4* sundries

ilrannach *adj*: **siopa ~** department store

ilscléaróis *nf2* multiple sclerosis

ilsiamsa *nm4* variety show

ilsleasach *adj* multilateral, many-sided

ilstórach *adj* multistorey(ed) ▷ *nm1* (*Constr*) skyscraper

iltaobhach *adj* multilateral, many-sided

ilteangach *adj*, *nm1* polyglot

iltíreach *adj*, *nm1* cosmopolitan

iltréitheach *adj* multi-talented, versatile

im (*gs* **ime**, *pl* **imeanna**) *nm* butter

im- *prefix* about, peri-, around; big; very

imbhualadh (*gs* **imbhuailte**, *pl* **imbhuailtí**) *nm* impact, collision

imchas *vt*, *vi* rotate, revolve

imdháileadh (*gs* **imdháilte**) *nm* distribution

imdhíonach *adj* immune

imdhíonacht *nf3* immunity

imeacht *nm3* going; departure, leaving; (*of goods*) turnover; passage of time; **~aí** events; proceedings; **in ~ na hoíche** during the course of the night; **l~ na nIarlaí** (*Hist*) Flight of the Earls

imeachtaí *nmpl3* event; proceedings

imeagla *nf4* fear; dread

imeaglach *adj* fearful; dreadful

imeaglaigh *vt* intimidate; terrorize

imeaglú *nm* intimidation

imeall *nm1* edge; border; fringe, margin; verge; outskirts; **in** *or* **ar ~ + gen** at *or* on the edge of

imeallach *adj* marginal; peripheral

imeallbhord *nm1* border, margin; coastline

imeartas *nm1* play; **~ focal** pun, play on words

imeartha *see* **imirt**

imeascadh (*gs* **imeasctha**) *nm* integration

imeasctha *vadj* (*Scol*) integrated

imghabháil nf3 evasion; **~ cánach** tax evasion

imghearradh (gs **imghearrtha**) nm circumcision

imigéin n: **in ~** far off, far away

imigéiniúil adj faraway, distant

imigh vi go (away), leave; depart; disappear; escape; (time) pass; **imeacht ar na péas** to escape from the police; **imeacht as amharc** to go out of sight, vanish; **d'~ sé (leis)** he went away; **d'~ an traein orm** I missed the train; **~ leat!** go away!, get lost!

imir (pres **imríonn**) vt, vi play; **peil/ snúcar a ~t** to play football/ snooker; **cleas a ~t ar dhuine** to play a trick on sb; **díoltas a ~t ar dhuine** to take revenge on sb

imirce nf4 migration; emigration; **~ a dhéanamh** to (e)migrate; **éan ~** migratory bird

imirceach adj migratory ▷ nm1 migrant; emigrant

imirt (gs **imeartha**) nf3 playing; **páirc imeartha** playing field

imleabhar nm1 (of book) volume

imleacán nm1 navel

imlíne (pl **imlínte**) nf4 circumference; perimeter; outline

imlínigh vt outline

imlitir (gs **imlitreach**, pl **imlitreacha**) nf circular

imní nf4 worry, anxiety; concern; **~ a bheith ort faoi rud** to be worried about sth; **tá sé ag déanamh ~ dom** it is worrying me

imníoch adj anxious, worried; nervous

impí nf4 entreaty, plea

impigh vt, vi beg, implore; **impí ar dhuine rud a dhéanamh** to beg sb to do sth

impire nm4 emperor

impireacht nf3 empire

impiriúil adj imperial

impleacht nf3 implication

imprisean nm1 impression

impriseanachas nm1 impressionism

impriseanaí nm4 (Art) impressionist

imreas nm1 quarrel; contention; **~ a dhéanamh** to cause mischief

imreasach adj quarrelsome; contentious

imreasc nm1 (eye) iris

imréiteach nm1 (customs, Comm) clearance, clearing

imreoir nm3 player

imríonn see **imir**

imrothlach adj revolving

imrothlaigh vi revolve

imrothlú nm (of wheel etc) revolution

imshaoil n gen as adj environmental

imshaol nm1 environment

imtharraingt (gs **imtharraingthe**) nf gravitation; attraction

imtheorannaigh vt intern

imtheorannú nm internment

in see **i**

in-¹ prefix capable of; fit to, fit for; equally

in-² prefix in-, il-, im-, ir-; endo-

ina = **i** + poss adj **a**; **i** + rel part **a**

ináirithe adj calculable; worthy of mention/inclusion

inaistir adj (car etc) roadworthy; (boat) seaworthy

inaistrithe adj movable, portable; removable; transferable; translatable

inaitheanta adj recognizable

inar = **i** + rel part **ar**

inár = **i** + poss adj **ár**

inathraithe adj changeable; adjustable

in-athscríofa *adj* rewritable; (CD, DVD)

inbhear *nm1* estuary; river mouth

inbhéartach *adj* inverse

inbhéartaigh *vt* invert

inbheirthe *adj* innate, inborn

inbhraite *adj* perceptible, palpable

incháinithe *adj* taxable

inchaite *adj* (*clothes*) presentable; (*food*) edible

inchinn *nf2* brain

inchloiste *adj* audible

inchluinte *adj* audible

inchomórtais *adj*: **~ le** comparable to *or* with

inchreidte *adj* plausible, credible

inchurtha *adj* comparable; equal; **bheith ~ le duine** to be a good match for sb; **bheith ~ leis an ócáid** to rise to the occasion

indéanta *adj* possible, feasible; practicable; **níl sé ~** it isn't possible

Ind-Eorpais *nf2* (*Ling*) Indo-European

India *nf4*: **an ~** India; **na h~cha Thiar** the West Indies

Indiach *adj*, *nm1* Indian; **~ Dearg** (American) Indian

indibhid *nf2* individual

indibhidiúil *adj* individual

indíleáite *adj* digestible

Indinéis *nf2*: **an ~** Indonesia

indíreach *adj* indirect

indiúscartha *adj* disposable

inearráide *adj* fallible

infhaighte *adj* available

infheicthe *adj* visible

infheictheacht *nf3* visibility

infheidhme *adj* (*for work etc*) fit; able-bodied

infheidhmeacht *nf3* (*Med*) fitness

infheisteoir *nm3* investor

infheistigh *vt* invest

infheistíocht *nf3* investment

infhilleadh *nm1* (*Gram*) inflexion

infhillte *adj* collapsible; folding

infinid *nf2* infinite

infinideach *adj*, *nm1* (*Ling*) infinitive

ingear *nm1* vertical, perpendicular

ingearach *adj* vertical, upright, perpendicular

ingearán *nm1* helicopter, chopper

inghlactha *adj* acceptable, admissible

ingne *see* **ionga**

iniata *vadj* (*letter etc*) enclosed

Inid *nf2* Shrovetide; **Máirt ~e** Shrove Tuesday

inimirce *nf4* immigration

inimirceach *adj*, *nm1* immigrant

iniompartha *adj* portable

Iníon *nf2* Miss; **~ Uí Cheallaigh** Miss Kelly

iníon (*pl* **iníonacha**) *nf2* daughter; girl; miss; **~ baistí** goddaughter

iníor *nm1* grazing

in-íoslódála *adj* downloadable

inis¹ (*gs* **inse**, *pl* **insí**) *nf2* island, isle

inis² (*pres* **insíonn**, *vn* **insint**) *vt*, *vi* tell, relate; reveal; **rud a insint do dhuine** to tell sb sth; **bréag a insint** to tell a lie

iniseal (*pl* **inisealacha**) *nm1* initial

inite *adj* edible

iniúch *vt* examine, inspect; audit

iniúchadh (*gs* **iniúchta**, *pl* **iniúchtaí**) *nm* examination, inspection; audit

iniúchóir *nm3* auditor

inlasta *adj* (in)flammable

inleighis *adj* rectifiable; curable

inléite *adj* legible

inleithscéil *n gen as adj* excusable; justifiable

inlíocht *nf3* manoeuvre

inmhaíthe *adj* enviable

inmhalartaithe *adj* interchangeable

inmharthana *adj* viable

inmhe *nf4* maturity; ability; **bheith in ~ rud a dhéanamh** to be able to do sth; **teacht in ~** (*person*) to grow up, attain maturity

inmheánach *adj* inner, internal, interior

inmhianaithe *adj* desirable

inmholta *adj* commendable, praiseworthy; advisable

inné *adv, n* yesterday

inneachar *nm1* content(s)

innéacs (*pl* **innéacsanna**) *nm4* index

inneall *nm1* machine; engine; motor; (*arrangement*) order; (*condition*) state; **~ dóiteáin** fire engine; **~ fuála/níocháin** sewing/ washing machine

innealra *nm4* machinery

innealta *adj* neat; stylish

inneeltóir *nm3* engineer

innealtóireacht *nf3* engineering; **~ shibhialta/ghéiniteach** civil/ genetic engineering

inneoin (*gs* **inneonach**, *pl* **inneonacha**) *nf* anvil

inní *nmpl4* bowels, guts

innilt *nf2* grazing

in-nite *adj* washable

inniu *adv, n* today; **seachtain agus an lá ~** a week today

inniúil *adj* able, capable; **bheith ~ ar rud** to be capable of sth

inniúlacht *nf3* ability; competence

inoibrithe *adj* workable

inólta *adj* drinkable

inráite *adj* (*comment*) appropriate, suitable

inroinnte *adj* divisible

insamhlaithe *adj* imaginable; **~ le** comparable with

inscne *nf4* (*Gram*) gender

inscortha *adj* detachable

inscríbhinn *nf2* inscription

inse[1] *nm4* hinge

inse[2] *nf3* small island

inse[3] *see* **inis**[1]

insealbhaigh *vt* install, induct

insealbhú *nm* induction, installation

Inse Ghall *nfpl2* the Hebrides

inséidte *adj* inflatable

Inse Orc *nfpl2* the Orkneys

insí *see* **inis**[1]

insint *nf2* narration; version; **bhí a ~ féin aige** he had his own version; *see also* **inis**[2]

insíonn *see* **inis**[2]

insligh *vt* insulate

inslin *nf2* insulin

insliú *nm* insulation

inspéise *adj* interesting, noteworthy

inspioráid *nf2* inspiration

insroichte *adj* (*place*) accessible

insteall *vt* inject

instealladh (*gs* **insteallta**, *pl* **instealltaí**) *nm* injection, jab, shot

instinn *nf2* instinct

instinneach *adj* instinctive

institiúid *nf2* institute; institution

insúl *n gen as adj* (*person*) attractive, good-looking

inti *see* **i**

intinn *nf2* mind; intention; **bheith ar aon ~ (le)** to be in agreement (with); **cad é atá ar d'~** what are you thinking about?; **d'~ a leagan ar rud** to turn one's mind to sth, concentrate on sth; **d'~ a athrú** to change one's mind; **rud a bheith ar ~ agat** (*intend*) to have sth in mind; **suaimhneas ~e** peace of mind

intinne *n gen as adj* mental

intinneach *adj* intentional

intíre *adj* inland; (*minister, department*) interior; domestic

intleacht *nf3* intellect, intelligence; **~ shaorga** artificial intelligence

intleachtach *adj* intellectual; intelligent; brainy ▷ *nm1* intellectual

intreoir (*gs* **introorach**) *nf* intro, introduction

intriacht *nf3* interjection

intuigthe *adj* understandable; implicit, implied

inveirteabrach *adj*, *nm1* invertebrate

íobair (*pres* **íobraíonn**, *vn* **íobairt**) *vt*, *vi* sacrifice

íobairt (*gs* **íobartha**) *nf3* sacrifice

íobartach *nm1* (sacrificial) victim

íoc¹ *nm3* payment; charge ▷ *vt*, *vi* pay (up); **~ as rud** (*also fig*) to pay for sth; **bille a ~** to pay a bill; **~ ar sheachadadh** cash on delivery

íoc² *nf2* cure, healing

íocaí *nm4* payee

íocaíocht *nf3* payment; **~ chomhchineáil** payment in kind; **~ in aghaidh na huaire** payment by the hour

locht *n*: **Muir n~** the English Channel

íochtar *nm1* lower part *or* region; bottom, base; (*Geog*) northern part

íochtarach *adj* bottom, lower; inferior

íochtarán *nm1* inferior, subordinate; underling; underdog

íochtaránach *adj* inferior; subordinate

íochtaránacht *nf3* inferiority

íoclann *nf2* dispensary; doctor's surgery *or* office

íocóir *nm3* payer; **~ cánach/rátaí** tax payer/ratepayer

íocón *nm1* (*also Comput*) icon

íocshláinte *nf4* balm; (*also fig*) tonic

Iodáil *nf2*: **an ~** Italy

Iodáilis *nf2* (*Ling*) Italian

Iodálach *adj*, *nm1* Italian

iodálach *adj*, *nm1* (*Typ*) italic; **in iodálaigh** in italics

íogair *adj* sensitive, delicate; (*person*) touchy; (*question*) ticklish

iógart *nm1* yog(h)urt

íol (*pl* **íola**) *nm1* idol

iolar *nm1* eagle

iolra *nm4*, *adj* (*Gram*) plural; **an uimhir ~** the plural

iolrachas *nm1* pluralism

iolraigh *vt* (*Math*) multiply; compound

iolraitheoir *nm3* (*Math*) multiplier

iolrú *nm* (*Math*) multiplication

iomad *n* (too) much, (too) many

iomadúil *adj* numerous; plentiful; excessive

iomadúlacht *nf3* abundance

iomaí *adj* many; **is ~ duine a shíl sin** many a person thought that; **is ~ uair a bhí mé mall** many a time I was late; **is ~ duine ag Dia** it takes all kinds (to make a world)

iomáin *nf3* (*Sport*) hurling ▷ *vi* play hurling

iomáint (*gs* **iomána**) *nf3* (*Sport*) hurling

iomaíoch *adj* competitive

iomaíocht *nf3* rivalry; competition; **bheith san/as an ~ do rud** to be in/out of the running for sth; **dul san ~ i dtoghchán** to stand for election

iomair (*pres* **iomraíonn**, *vn* **iomramh**) *vt*, *vi* row

iomaire *nm4* ridge; **d'~ féin a threabhadh** to paddle one's own canoe

iomaitheoir *nm3* competitor, contender; rival

iomám *nm4* imam

iománaí *nm4* (*Sport*) hurler

iománaíocht *nf3* hurling

iomann *nm1* hymn

iomarbhá *nf4* dispute, contention, controversy

iomarca *nf4* excess; **an ~** + *gen* too much (of)

iomarcach *adj* excessive; superfluous; redundant

iomarcaíocht *nf3* redundancy

iomas *nm1* intuition

iomasach *adj* intuitive

iomghaoth *nf2* whirlwind

íomhá (*pl* **íomhánna**) *nf4* image; statue

íomháineachas *nm1* imagery

iomláine *nf4* entirety, fullness; **ina ~** in its entirety

iomlaisc (*pres* **iomlascann**, *vn* **iomlasc**) *vt, vi* roll about; wallow

iomlán *adj* total, all, whole, complete; utter; overall ▷ *nm1* total, whole, all; **an t~** the lot; **an t~ léir** all and sundry; **mar bharr ar an ~** into the bargain; **~ na leabhar** all the books; **~ gealaí** full moon; **i ndiaidh an iomláin** after all

iomlánaigh *vt* complete; integrate

iomlánú *nm* completion

iomlat *nm1* (*of child*) mischief

iomlatach *adj* mischievous, playful

iompaigh *vt, vi* turn (over); invert; overturn; **iompú thart/ar ais** to turn round/back; **rud a iompú béal faoi** to turn sth upside down; **iompú i d'fheoilséantóir** to turn vegetarian

iompair (*pres* **iompraíonn**) *vt* carry, bear; take, transport; behave; **bheith ag iompar (clainne)** to be pregnant; **tú féin a iompar go stuama** to behave sensibly

iompaitheach *nm1* convert

iompar *nm1* transport(ation);

haulage, shipping; (*of sound*) transmission; behaviour; posture; **rud a bheith ar ~ agat** to carry sth; **crios iompair** conveyor belt; **~ clainne** pregnancy; **~ poiblí** public transport

iompórtálaí *nm4* importer

iompróir *nm3* (*also Med: person*) carrier

iompú *nm* turn; **ar ~ do bhoise** like a flash

iomrá *nm4* rumour; repute; mention; talk; **tá ~ na hintleachta air** he is said to be intelligent; **níl ~ ar bith air** there's no sign of it; **ar chuala tú ~ riamh ar ...?** did you ever hear of ...?

iomraíonn *see* **iomair**

iomráiteach *adj* famous, well-known, celebrated

iomrall *nm1* error, mistake; **~ aithne** mistaken identity

iomrallach *adj* mistaken; erroneous; random; (*shot etc*) wide

iomramh *nm1* rowing; **bád iomartha** rowing boat; *see also* **iomair**

iomrascáil *nf3* wrestling

iomrascálaí *nm4* wrestler

iomróir *nm3* rower

íon *adj* pure; sincere

íonacht *nf3* purity

ionad *nm1* position; place; site; (*in life*) rank, station; (*Mil*) post; **~ ruda/duine a dhéanamh** to substitute for sth/sb; **in ~** + *gen* instead of; **~ glaonna** call centre; **~ pobail** community centre; **~ saoire** holiday resort; **~ siopadóireachta** shopping centre; **fear ionaid** deputy; (*Sport*) substitute

ionadach *adj* substitute; vicarious

ionadaí *nm4* (*person*)

representative; stand-in; deputy; (*Med*) locum; (*Sport*) substitute, replacement

ionadaíocht *nf3* representation; replacement; **~ chionmhar** proportional representation

ionadh (*pl* **ionaí**) *nm1* surprise, wonder; **~ a chur ar dhuine** to surprise sb; **~ a dhéanamh de rud** to wonder at sth; **~ a bheith ort (faoi rud)** to be surprised (at sth); **ní nach ~** not surprisingly

ionaibh, ionainn, ionam *see* **i**

ionanálaigh *vi, vt* inhale, breathe in

ionann *adj* same; identical; equal; alike; **is ~ x agus y** x and y are the same *or* identical; **is ~ méid dóibh** they're the same size; **is ~ liom sin agus ...** that's the same to me as ...; **ní h~ agus ...** unlike ...; **~ is** virtually, almost; **is a rá** as if to say

ionannaigh *vt* equate

ionannas *nm1* equality; uniformity; identity

ionar *nm1* tunic; jacket

ionas *adv*: **~ go** in order that, so that

ionat *see* **i**

ionathar *nm1* bowels, entrails; intestines

ioncam *nm1* income, revenue

ionchas *nm1* prospect, expectation; expectancy

ionchoisne *nm4* inquest; inquisition

ionchollú *nm* incarnation

ionchorpraigh *vt* incorporate

ionchúiseamh *nm1* prosecution

ionchúisitheoir *nm3* prosecutor

ionchur *nm1* input, resources; (*Comput*) input

iondúil *adj* normal, customary, usual; **go h~** usually

ionfhabhtú *nm* infection

ionga (*gs* **iongan**, *pl* **ingne**) *nf* (finger-)nail; claw, talon; (*of garlic etc*) clove; **~ coise/méire** toenail/fingernail

iongabháil *nf3* handling

ionghabháil *nf3* intake

íonghlan *vt* purify

íonghlanadh (*gs* **íonghlanta**) *nm* purification

ionlach *nm1* lotion; **~ gréine** suntan lotion

ionnail (*pres* **ionlann**) *vt* wash, bathe

ionnús *nm1* wealth; resources; enterprise

ionnúsach *adj* wealthy; enterprising

ionracas *nm1* honesty, sincerity; integrity

ionradh (*pl* **ionraí**) *nm1* invasion

ionraic *adj* honest; candid; upright

ionramháil *vt* handle; manipulate, manoeuvre; humour

ionróir *nm3* invader

ionsá *nm4* insertion

ionsaí *nm* attack; assault; attempt; **~ a dhéanamh ar dhuine** to attack *or* assault sb

ionsaigh *vt, vi* attack; (*task, problem*) tackle

ionsáigh *vt* insert

ionsair *see* **ionsar**

ionsaitheach *adj* aggressive; offensive

ionsaitheoir *nm3* attacker; (*Sport*) striker, attacker

ionsar (*prep prons* = **ionsorm**, **ionsort**, **ionsair**, **ionsuirthi**, **ionsorainn**, **ionsoraibh**, **ionsorthu**) *prep* to, towards

ionstraim *nf2* instrument

ionstraimeach *adj* (*Mus*) instrumental

ionstraimí *nm4* instrumentalist

ionsú *nm4* absorption
ionsúigh *vt* absorb
ionsúiteach *adj* absorbent
iontach *adj* wonderful, marvellous;
astonishing; surprising;
exceptional, unusual ▷ *adv*
extremely, very; **~ mór** very big; **is
~ an radharc é** it's a wonderful
sight; **is ~ liom go ...** I find it
surprising that ...; **d'imir sé go h~**
he played brilliantly
iontaobhach *adj* trusting
iontaobhaí *nm4* trustee
iontaobhas *nm1* (*Law, Fin etc*) trust
iontaofa *adj* trustworthy, reliable
iontaoibh *nf2* trust; confidence;
~ a bheith agat as duine to have
confidence in sb
iontas *nm1* wonder; surprise;
astonishment; **~ a dhéanamh de
rud** to marvel at sth; **~ a bheith
ort (faoi rud)** to be surprised (at
sth); **iontais na cathrach** the
sights of the city
iontráil *vt* (*also Comput*) enter
▷ *nf3* entry; **foirm iontrála** entry
form
iontrálaí *nm4* entrant
iontu *see* **i**
ionú *nm4* opportunity; time; turn
ionúin *adj* dear, beloved
iora *nm4* squirrel; **~ glas/rua** grey/
red squirrel
Iordáin *nf2*: **an ~** Jordan
íoróin *nf2* irony
íorónta *adj* ironic(al); **go h~** tongue
in cheek
iorras *nm1* promontory
Iorua *nf4*: **an ~** Norway
Ioruach *adj, nm1* Norwegian
Ioruais *nf2* (*Ling*) Norwegian
íos- *prefix* minimal, minimum, least
Íosa *nm4* Jesus
Íosánach *adj, nm1* Jesuit

íosbhealach *nm1* subway,
underpass
ioscaid *nf2* back of the knee
íosfaidh *etc vb see* **ith**
íoslach *nm1* basement
íoslaghdaigh *vt* minimize
Íoslainn *nf2*: **an ~** Iceland
Ioslamach *adj* Islamic ▷ *nm1*
Islamite
Ioslamachas *nm1* Islam
íosmhéid *nf2* minimum
íospairt (*gs* **íospartha**) *nf3*
ill-treatment, abuse
Iosrael *nm4* Israel
Iosraelach *adj, nm1* Israeli
íosta *adj* minimum, minimal
iostas *nm1* accommodation;
lodging; hostel
íota *nf4* thirst; desire
iothlainn *nf2* grain store
iPod® *nm* iPod®
iris *nf2* (*Press*) magazine; journal;
review
iriseoir *nm3* journalist
iriseoireacht *nf3* journalism
irisleabhar *nm1* magazine, journal

 EOCHAIRFHOCAL

is¹ *copula see also* **grammar section.**
1 (*non-past affirmative*): **is dochtúir
é, dochtúir is ea é** he is a doctor;
is é an dochtúir é he is the doctor;
is annamh a théim ann I rarely go
there; **is maith sin** that's good; **is
breá liom an léitheoireacht** I love
reading; **an mac is sine** the eldest
son; **is do Sheán a thug mé é** I
gave it to John; **is as Corcaigh é/
dó** he's from Cork; **is inné a tharla
sé** it happened yesterday
2 (*non past neg = **ní***): **ní saineolaí é**
he isn't an expert; **ní minic a
tharlaíonn sin** that doesn't

happen often; **ní hé is fearr orthu** he's not the best of them; **ní hé an t-ardmháistir é** he isn't the principal; **ní ar Sheán a bhí mé ag caint** I wasn't talking about John
3 (*non past interr* = **an**): **an éan é?** is it a bird?; **an miste leat má imím?** do you mind if I leave?; **an é an múinteoir é?** is he the teacher?; **an ar an mbus a casadh ort é?** did you meet him on the bus?
4 (*non past dependent affirmative* = **gur(b)**): **ceapaim gur mac léinn é** I think he is a student; **is cosúil gurb é/í/iad amháin a chonaic é** it appears that he/she/they alone saw it
5 (*non past indir rel affirmative* = **ar(b)**): **na mic léinn ar féidir leo na ceisteanna ar fad a fhreagairt** the students who can answer all the questions
6 (*non past interr neg, dependent neg, rel neg* = **nach**): **nach múinteoir é?** isn't he a teacher?; **nach mór an trua gur imigh sé?** isn't it a great pity he left?; **deir sé nach maith leis tae** he says he doesn't like tea; **tá spéaclaí de dhíth ar dhuine ar bith nach féidir leis sin a fheiceáil** anyone who can't see that should get glasses
7 (*pres sub affirmative* = **gura(b)**): **gura fada buan iad** long may they live
8 (*pres sub neg* = **nára(b)**): **nára fada go bhfille siad** may it not be long until they return
9 (*past or conditional affirmative* = **ba** *or* **b'**): **ba dhochtúir í, dochtúir ba ea í** she was *or* would be a doctor; **b'ealaíontóir í** she was *or* would be an artist; **ba é/í/iad amháin a labhair leis** he/she/they alone

spoke to him; **ba í Máire ba shine** Mary was *or* would be the eldest; **ba bhreá liom dul ann** I would love *or* loved to go there; **b'fhíor di** she was *or* would be right; **b'as Londain í/di** she was from London; **ba chuma liom** I didn't *or* wouldn't mind
10 (*past or conditional neg* = **níor(bh)**): **níor cheoltóir í** she wasn't *or* wouldn't be a musician; **níorbh aisteoir í** she wasn't *or* wouldn't be an actress; **níorbh eol di sin** she wasn't aware of that
11 (*past or conditional interr, indir rel affirmative* = **ar(bh)**): **ar chuidiú ar bith é dá ...?** would it be any help if ...?; **an bhean arbh fhiaclóir a hathair** the woman whose father was *or* would be a dentist
12 (*past or conditional dependent affirmative* = **gur(bh)**): **cheap sí gur chigire é** she thought he was *or* would be an inspector
13 (*past or conditional dir rel affirmative* = **ba** *or* **ab**): **an léim ab fhaide** the longest jump
14 (*past or conditional dependent neg, interr rel, rel neg* = **nár(bh)**): **nár bhainistreás í?** wasn't she a manageress?; **nárbh fhile í?** wasn't she *or* wouldn't she be a poet?; **nárbh fhearr leat fanacht?** did *or* would you not rather stay?

is² *conj* and; *see also* **agus**
ise *pron* (*emphatic*) she; her; herself
íseal (*gsf, pl, compar* **ísle**) *adj* low; **os ~** quietly; **de ghlór ~** in a soft voice
ísealaicme *nf4* lower class
Ísiltír *nf2*: **an ~** the Netherlands
ísle *nf4* lowliness, lowness; **bheith in ~ brí** to be run down *or* in low spirits

ísleacht *nf3* low(li)ness; low ground; hollow

ísleán *nm1* low ground; hollow

ísligh *vt, vi* lower; (*sound etc*) turn down

ísliú *nm* lowering; reduction; **~ céime** (*Sport*) relegation

ispín *nm4* sausage

isteach *adj* incoming; inward ▷ *adv* in, into; inside; inward(s); **tar ~!** come in!; **~ leat!** get in!; **cead ~** admission

istigh *adj* indoor; inner; inside; (*time*) expired ▷ *adv* in, inside, indoors; within; **tá an t-am ~** time is up; **an bhfuil aon duine ~?** is there anyone in?; **an taobh ~** the inside; **taobh ~ de** within, inside

istoíche *adv* by night, at night

ith (*vn* **ithe**, *vadj* **ite**) *vt, vi* eat; feed (on); **~ leat!** dig in!

itheachán *nm1* eating; **seomra itheacháin** dining room

ithiomrá (*pl* **ithiomráite**) *nm4* backbiting

ithir (*gs* **ithreach**, *pl* **ithreacha**) *nf* earth, soil

iubhaile *nf4* jubilee

Iúgslaiv *nf2*: **an ~** (*formerly*) Yugoslavia

Iúil *nm4* July

iúl *nm1* knowledge; guidance; attention; **rud a chur in ~ do dhuine** to let sb know sth; to make sb aware of sth; to pretend sth to sb; **d'~ a bheith ar rud** to concentrate on sth; **tú féin a chur in ~** to express o.s.

Iúpatar *nm1* (*planet*) Jupiter

iúr *nm1* yew

j

jab (*pl* **jabanna**) *nm4* job

jacaí *nm4* jockey

jíp (*pl* **jípeanna**) *nm4* jeep

júdó *nm4* judo

k l

karaté *nm4* karate

lá (*gs* **lae**, *pl* **laethanta**) *nm* day; **tá sé ina lá** it is day; **bhí lá agus ...** there was a time when ...; **sa lá atá inniu ann** nowadays; **lá breithe** birthday; **lá saoire** holiday; **Lá an Altaithe** Thanksgiving (Day); **Lá Bealtaine** May Day; **Lá Fhéile Muire san Fhómhar** The Feast of the Assumption; **Lá Fhéile Pádraig** St Patrick's Day; **Lá Fhéile Stiofáin** Boxing Day; **Lá Nollag** Christmas Day; **Lá Nollag Beag** Epiphany, New Year's Day; **an lá a bheith leat** to win, succeed; **is fada an lá ó ...** it's a long time since ...; **níl lá eagla orm** I'm not the least bit afraid; **ní raibh lá rúin aige dul** he had no intention of going

lab *nm4* lump; (*of money*) large amount; (*Sport*) lob

lábán *nm1* mud, muck; soft roe

lábánach adj muddy, mucky

labhair (pres **labhraíonn**) vt, vi speak, talk; utter; **~t le duine (faoi rud)** to speak to sb (about sth); **Gaeilge a ~t** to speak Irish; **~t ar rud** to mention sth; **~ amach!** speak up!

labhairt (gs **labhartha**) nf3 speaking; speech

labhandar nm1 lavender

labhras nm1 laurel

lacáiste nm4 rebate; discount; **rud a fháil ar ~** to get sth at a discount; **~ mac léinn** student discount

lách (gsm **lách**) adj kind, affable; good-natured

lacha (gs, gpl **lachan**, nom pl **lachain**) nf duck

lachtach adj milky; lactic

ladar nm1 ladle; **do ~ a chur i rud** to interfere or meddle in sth

ladhar (gs **laidhre**, pl **ladhracha**) nf2 toe; claw; hand; fork, prong; **ladhracha** (of crab etc) pincers

ladrann nm1 (Zool) drone

ladús nm1 impertinence, cheek; nonsense

ladúsach adj cheeky; foolish

lae, laethanta see **lá**

laethúil adj daily

laftán nm1 (of rock) ledge

lag adj weak, slight; feeble; faint ▷ nm1 weak (person)

lagaigh vt, vi weaken; dilute; **nár lagaí Dia thú!** good on you!, more power to you!

Lagán n: **Abhainn an Lagáin** the (river) Lagan

lagar (pl **lagracha**) nm1 weakness; **~ a theacht ort** to become faint

lágar nm1 lager

lagbhríoch adj weak

lagbhrú nm4 (Meteor) low pressure, depression

laghad nm4 smallness; fewness; sparseness; **dá ~** however little; **gan eagla dá ~** without the least fear; **ar a ~** at least; **ní chreidfeá a ~ am a ghlacann sé** you wouldn't believe how little time it takes

laghairt nf2 lizard

laghdaigh vt, vi reduce; lessen, decrease

laghdú nm decrease, reduction

lagiolra nm4 (Gram) weak plural

lagmheasartha adj (quality) indifferent, unimpressive

lagmhisneach nm1 low spirits; **~ a chur ar dhuine** to demoralize sb

lagrach nm1 (Meteor) depression, low

lagú nm weakening; (of storm etc) abatement

láí (pl **lánta**) nf4 spade

láib nf2 mud, mire

laibhe nf4 lava

laicear nm1 lacquer

Laidin nf2 (Ling) Latin

Laidineach adj, nm1 Latin

láidir (gsf, pl, compar **láidre**) adj strong; powerful ▷ nm4 strong (person); **lámh ~** violence, force

láidreacht nf3 strength

láidrigh vt, vi strengthen

laige nf4 weakness; early childhood; faint; **titim i ~** to faint; **ó ~ go neart** from childhood to maturity

Laighin (gpl **Laighean**) nmpl: **Cúige Laighean** Leinster

Laighneach adj Leinster ▷ nm1 Leinster(wo)man

láimh see **lámh**

láimhdeachas nm1 handling, manipulation

láimhe n gen as adj manual, hand-

láimhseáil vt handle, manage ▷ nf3 handling, management

láimhsigh vt (physically) (man)handle; manipulate

láimhsiú nm handling; manipulation

laincis nf2 fetter; (fig) restriction; **níl ~í ar bith uirthi** she has no ties

laindéar nm1 lantern

láine nf4 fullness; (sound) volume

lainseáil vt (Naut) launch

láir (gs **lárach**, pl **láracha**) nf mare

láirig (pl **láirigeacha**) nf2 thigh

laiste nm4 latch

laisteas adv, prep (to the) south

laistiar adv, prep to the west of; behind

laistigh prep, adj, adv indoors, inside, within

laistíos adv, adj, prep below

láithreach adj present; immediate, prompt; instant ▷ adv presently; immediately, instantly ▷ nm1 (Gram) present (tense); **~ bonn** instantly; on the spot; see also **láthair**

láithreacht nf3 presence

láithreán nm1 site; (Comput) (web)site; (Theat) set; **~ fuíllligh** dumping site; **~ gréasáin** (Comput) website; **~ tógála** building site

láithreoir nm3 presenter

Laitvia nf4: **an ~** Latvia

lamairne nm4 jetty

lámh (ds **láimh**) nf2 hand; arm; handle; (skill) touch; handwriting; **~ chúnta** or **chuidithe** a helping hand; **tá ~ is focal eatarthu** they are engaged; **~ mhaith a bheith agat ar rud** to be handy at sth; **rud a ghlacadh as/i láimh** to undertake sth; **~ a chur i do bhás féin** to commit suicide; **rud a bheith idir ~a agat** to be occupied with sth; **droim/cúl láimhe a thabhairt le rud** to reject sth,

renounce sth; **an ~ in uachtar a fháil ar dhuine** to get the better of sb; **do ~ a chur le rud** to sign sth; **in aice láimhe** nearby; **ar láimh** at hand; **láimh le** beside, near

lámhacán nm1 crawling

lámhach nm1 gunfire; shooting ▷ vt, vi shoot; **sos lámhaigh** cease-fire

lamháil nf3 allowance; discount ▷ vt allow

lámhainn nf2 glove; **~í dornála** boxing gloves

lámháltas nm1 allowance, concession; (Tech) tolerance

lámhcheird nf2 handicraft

lámhchleasaí nm4 juggler

lámhchrann nm1 handle

lámhdhéanta vadj handmade

lámhleabhar nm1 handbook, manual

lámh-mhaisiú nm manicure

lámhscríbhinn nf2 manuscript

lámhscríbhneoireacht nf3 handwriting

lámhscríofa vadj handwritten

lampa nm4 lamp

lán adj full ▷ nm1 complement; fill; **~ go béal** full up; **~ chomh cliste le ...** every bit as clever as ...; **~ dóchais** full of hope; **~ mara** high or full tide; **~ doirn** a fistful; **a ~** (+ gen) a lot (of); **a ~ rudaí** many things; **a ~ acu** many of them

lán- prefix full, fully, total(ly)

lána nm4 lane

lánaimseartha adj full-time

lánchúlaí nm4 (Sport) full-back

landair nf2 (in room) partition

lándúiseacht nf3: **tá sí ina ~** she is wide-awake

lánfhada adj full-length

lánluas nm1 full speed; **ar ~** at full speed

lann nf2 blade; thin plate; (of fish) scale; **~ rásúir** razor blade
lannach adj laminated; (weapon) bladed
lannaigh vt laminate; scale
lanntrach nf2 (of fish) scales
lánoiread n: **bhí a ~ ag Áine** Ann had just as much or many
lansa nm4 lance(t); blade
lansaigh vt (Med) lance
lánscoir vt (parliament) dissolve
lánscor nm1 (of parliament) dissolution
lánseol n: **faoi ~** at full speed; (fig) in full swing
lánstad (pl **lánstadanna**) nm4 (Typ) full stop, period
lánstaonaire nm4 teetotaller
lántáille nf4 full fare
lántosaí nm4 (Sport) full forward
lánúin (pl **lánúineacha**) nf2 couple; **~ phósta** married couple; **~ nuaphósta** newly-weds
lánúnas nm1 matrimony; cohabitation
lao (pl **laonna**) nm4 calf
laoch (gs **laoich**, pl **laochra**) nm1 hero; warrior
laochas nm1 heroism, valour; bravado
laochra nm4 (band of) warriors
laochraiceann nm1 calf(skin)
laofheoil nf3 veal
Laoi nf4: **an ~** the (River) Lee
laoi (pl **laoithe**) nf4 poem; lay
Laois nf2 Laois
laomlampa nm4 flashlight
laomthacht nf3 (of light) brilliance
Laos nm4 Laos
lapa nm4 paw; flipper; (of birds etc) webbed foot
lapadáil nf3 (in water) paddling, wading; (of water) lapping
Laplainn nf2: **an ~** Lapland

lár nm1 centre, middle; ground, floor; (in road signs): **An L~** town centre; **~ na hÉireann** the centre of Ireland; **~ na hoíche** the middle of the night; **i ~ báire** in the middle; **rud a fhágáil ar ~** to omit sth; **~ na páirce** midfield; **bheith ar ~** to be missing; (knocked down) be on the ground/floor; **an lúb ar ~** the missing link
lárach, láracha see **láir**
laraing nf2 larynx
laraingíteas nm1 laryngitis
larbha nm4 larva
lardrús nm1 larder
lárionad nm1 centre
lárlíne (pl **lárlínte**) nf4 diameter; centre line
lárnach adj central; **téamh ~** central heating
lárphointe nm4 centre
lárthosaí nm4 (Sport) centre-forward
las vt, vi light; inflame, ignite; blush; **tine a ~adh** to light a fire
lása nm4 lace
lasadh (gs **lasta**) nm lighting; blush; inflammation; **~ a bhaint as duine** to make sb blush
lasair (gs **lasrach**, pl **lasracha**) nf flame; blaze
lasán nm1 flame; flash; (for lighting) match; **bosca ~** box of matches
lasánta adj flaming; fiery; (word) heated; (complexion) flushed; (character) quick-tempered, irritable
lasc nf2 whip, lash; (for light, radio etc) switch ▷ vt, vi whip, lash; (ball) kick; hurry, dash; **~ ama** time switch
lascadh (gs **lasctha**) nm whipping, flogging
lascaine nf4 discount; abatement;

~ 10% 10% off; **ar ~** at a reduced price

lasmuigh *adj, adv, prep* outdoors, outside; **~ de** apart from

lasnairde *adv, adj, prep* above, overhead

lasóg *nf2* small flame; **an ~ a chur sa bharrach** to spark off trouble

lasrach, lasracha *see* **lasair**

lasta¹ *nm4* freight, cargo, load

lasta² *vadj* lit; inflamed; flushed; *see also* **lasadh**

lastall *adj, adv, prep* beyond, on the far side

lastas *nm1* freightage; shipment; consignment

lastlong *nf2 (ship)* freighter

lastoir *adv, adj, prep* on the east side

lastóir *nm3* lighter

lastuaidh *adj, adv, prep* on the north side

lastuas *adj, adv* above, overhead

lata *nm4* slat

lathach *nf2* mud; muck; slime

láthair *(gs* **láithreach**, *pl* **láithreacha**) *nf* place; location, spot; **bheith as ~** to be absent; **bheith i ~** to be present; **faoi ~** at present; **ar an ~** on the spot; **ar ~ amuigh** *(Cine)* on location; **i ~ na huaire** at the moment

EOCHAIRFHOCAL

le *(prep prons =* **liom, leat, leis, léi, linn, libh, leo)** *(prefixes* **h** *to vowel; becomes* **leis** *before def art) prep* with; to; by; near **1** *(accompanying)* with; **suí/fanacht le duine** to sit/ wait with sb; **tabhair do leabhar leat** bring your book with you **2** *(aid, implement etc)* with; **duine a bhualadh le bata** to strike sb with a stick; **scríobhadh le peann**

luaidhe é it was written with a pencil

3 *(with emotion, feeling etc)* with; out of; due to; **bhí mé lag leis an ocras** I was weak with hunger; **is le teann feirge a rinne sé é** he did it out of sheer anger; **rud a dhéanamh le fonn** to do sth with relish; **bhí siad ar crith le heagla** they were trembling with fear

4 *(with copula: view, opinion, habit)*: **is maith liom tae** I like tea; **is dóigh léi go bhfuil sé sa bhaile** she thinks he's at home; **is cuma liom** I don't mind *or* care; **ba ghnách liom dul ann go minic** I used to go there often

5 *(ownership, relationship)* of; by; **is le Máire an sparán sin** that purse belongs to Mary; **is col ceathar leo é** he is a cousin of theirs; **leabhar le Camus** a book by Camus

6 *(comparison)* as; **bheith chomh hard le duine** to be as tall as sb; **bheith ar aon aois le duine** to be the same age as sb; **bheith cosúil le duine** to look like sb

7 *(favouring)* with, for; **an bhfuil tú linn nó inár n-éadan?** are you for us or against us?; **bhí an t-ádh leo** luck was with them; **bheith ar aon intinn le duine** to be of the same opinion as sb

8 *(time)* for; during; at; **táimid anseo le seachtain** we have been here for a week; **le mo sholas** as long as I live; **le bánú an lae** at daybreak; **leis sin, d'imigh sé** with that, he left

9 *(against, near)*: **taobh le taobh** side by side; **do chos a chur leis an doras** to put one's foot against the door

10 (*hanging*) from; **bhí a cuid gruaige síos léi** her hair was hanging down

11 (*pursuit, occupation*) with; **am a chaitheamh le rud** to spend time with sth; **dul le feirmeoireacht** to take up farming

12 (*denoting continuing action*): **tá sí ag obair léi** she's working away; **abair leat** carry on with what you're saying; **tá mé ag foghlaim liom** I'm learning all the time

13 (*in phrasal verbs*): **labhairt le duine** to speak with sb, talk to sb; **troid/déileáil le duine** to fight/ deal with sb; **cabhrú** or **cuidiú/ éisteacht le duine** to help/listen to sb; **cur le rud** to add to sth; **do chúl a thabhairt le rud** to turn one's back on sth; **titim le binn** to fall down a cliff

14 (*disposition towards*) to, with, towards; **bheith cairdiúil/ giorraisc le duine** to be friendly/ curt with sb

15 (*with verbal noun*): **chuaigh sé amach le toitín a chaitheamh** he went out to smoke a cigarette; **bhí rudaí le déanamh acu** they had things to do; **níl dada le rá aige** he has nothing to say; **níl sé le fáil in aon áit** it's nowhere to be found

leá *nm4* melting; dissolution

leaba (*gs* **leapa**, *pl* **leapacha**) *nf* bed; berth; **an ~ a chóiriú** to make the bed; **bia agus ~** board and lodging; **~ agus bricfeasta** bed and breakfast; **~ shingil/ dhúbailte** single/double bed; **i ~ + gen** instead of, in lieu of

leabaigh *vt* bed, embed

leabhal *nm1* libel

leabhar *nm1* book; **~ nótaí** notebook; **~ tagartha** reference book; **~ gearrthóg** scrapbook; **~ sceitseála** sketch book; **~ scoile** schoolbook; **dar an ~** upon my word

leabharchoimeád (*gs* **leabharchoimeádta**) *nm* book-keeping

leabharlann *nf2* library

leabharlannaí *nm4* librarian

leabharliosta *nm4* bibliography

leabharmharc *nm1* (*also Comput*) bookmark

leabhragán *nm1* bookcase

leabhrán *nm1* booklet; brochure

leac *nf2* flat stone; (*of stone*) slab, flagstone; (*on floor*) tile; (*Cards etc*) kitty; **~ an dorais** the threshold; **~ na fuinneoige** the windowsill; **~ oighir** ice; **~ uaighe/thuama** gravestone/tombstone

leaca (*gs, gpl* **leacan**, *nom pl* **leicne**) *nf* cheek; (*of mountain*) side, slope

leacaigh *vt* flatten (out); crush

leacán *nm1* flat stone, slab; tile; **díon ~** tiled roof

leacht¹ (*pl* **leachtanna**) *nm3* liquid

leacht² (*pl* **leachtanna**) *nm3* grave, cairn; memorial stone; **~ cuimhneacháin** monument

léacht *nf3* lecture; **~ a thabhairt** to give a lecture

leachtach *adj* liquid

leachtaigh *vt, vi* liquidize, liquefy; (*Comm*) liquidate

leachtaitheoir *nm3* liquidizer; (*Comm*) liquidator

léachtlann *nf2* (*Scol*) lecture theatre

léachtóir *nm3* lecturer

léachtóireacht *nf3* lectureship; lecturing

leadair (*pres* **leadraíonn**) *vt* thrash, beat; hack

leadhb (pl **leadhbanna**) nf2 strip;
rag; (of animal) hide; (of stick etc)
blow ▷ vt tear apart, cut up; beat,
trounce

leadhbairt nf3 beating, thrashing

leadhbóg nf2 small strip; blow,
slap; (Zool) flounder

leadóg nf2 slap; (Sport) tennis;
~ bhoird table tennis

leadradh (gs **leadartha**, pl
leadarthaí) nm beating,
trouncing, hammering

leadrán nm1 bore, drag; boredom,
tedium; **dul chun leadráin** to
become tedious, drag on

leadránach adj boring, tedious

leadránaí nm4 lingerer; bore

leafaos nm1 paste

leag (vn **leagan**) vt, vi knock down
or over; (house) demolish; lay; (car)
run down; (sail) lower; **dúshraith
a ~an** to lay a foundation; **rud a
~an amach** to lay out sth, arrange
sth; **duine a ~an amach** to knock
sb out; **d'intinn a ~an ar rud** to
apply o.s. to sth, concentrate on
sth; **súil a ~an ar rud** to lay eyes
on sth; **cuspóirí a ~an síos** to set
(out) objectives; **rud a ~an ar
dhuine** to attribute sth to sb;
lámh a ~an ar rud to lay a hand
on sth

leagáid nf2 legacy

leagan (pl **leaganacha**) nm1
version; knocking down; lowering;
laying; **~ cainte** phrase,
expression; **do ~ féin a chur ar
rud** to tell sth your (own) way;
~ amach lay-out

leaid (pl **leaidanna**) nm4 lad

leáigh (vn **leá**) vt, vi melt (down),
thaw; dissipate

leaisteach adj elastic

leaistic nf2 elastic

leamh (gsm **leamh**) adj weak; tepid;
boring, dull; stupid

léamh (pl **léamha**) nm1 reading; **níl
~ ná scríobh air** it's beyond
description; see also **léigh**

leamhachán nm1 (sweet)
marshmallow

leamhan nm1 moth

leamhán nm1 elm

leamhgháire nm4 sarcastic smile,
smirk

leamhnacht nf3 milk

leamhsháinn nf2 (Chess)
stalemate

leamhthuirse nf4 boredom

lean (vn **leanúint**) vt, vi follow,
pursue; proceed; continue; **mar a
~as** as follows; **treoracha a ~úint**
to follow instructions; **lean ar**
continue, persist in; **~ ort**; **~ ar
aghaidh** proceed, continue; **~úint
ort ag scríobh** to continue
writing; **lean de** continue (with),
adhere to; (name) stick; (note)
sustain; **~úint de rud** to keep at
sth; **lean le** continue (with)

léan (pl **léanta**) nm1 anguish; grief;
woe; **bheith faoi ~** to be
grief-stricken

léana nm4 lawn; meadow

leanaí see **leanbh**

leanbaí adj childlike, childish,
infantile; **bheith san aois ~** to be
doting

leanbaíocht nf3 childhood;
childishness, infantility; dotage

leanbán nm1 little child, baby

leanbh (pl **leanaí**) nm1 child; **ó liath
go ~** both young and old

léanmhar adj harrowing,
agonizing; woeful

leann (pl **leannta**) nm3 ale; beer;
~ dubh stout, porter; **~ úll** cider;
teach ~a pub, ale-house

léann *nm1* learning; education; **~ a bheith ort** *or* **agat** to be educated; **bheith ag déanamh léinn** to study

leanna *see* **lionn**

leannán *nm1* lover; sweetheart; chronic sickness

leannánta *adj* chronic

leannlus *nm3* hops

leannta *see* **leann**

léannta *adj* learned; scholarly

léanta *see* **léan**

leantach *adj* continuous; repeated; consecutive

leantóir *nm3* follower, fan; (*Aut*) trailer

leanúint (*gs* **leanúna**) *nf3* following; pursuit; **lucht leanúna** followers, supporters; **ar ~** to be continued; *see also* **lean**

leanúnach *adj* continuous; continuing; persistent, faithful; sustained

leanúnachas *nm1* continuity; faithfulness

leanúnaí *nm4* follower

leapa, leapacha *see* **leaba**

lear¹ *nm1* sea; ocean; **thar ~** overseas, foreign

lear² *nm4* large number *or* amount; **~ mór páistí** a lot of children

lear³ *nm4* defect, blemish; shortcoming

léaráid *nf2* diagram; illustration

learg *nf2* (*of hill etc*) slope, side

léargas *nm1* sight; insight; vision, visibility; discernment

léaró *nm4* glimmer; **~ dóchais** glimmer of hope

learóg *nf2* larch

Learpholl *nm1* Liverpool

léarscáil (*pl* **léarscáileanna**) *nf2* map; **~ bhóithre** road map

leas *nm3* welfare, interest, good, benefit; (*Agr*) manure, fertilizer; **~ a bhaint as rud** to benefit by *or* from sth; **rud a dhéanamh le do ~ féin** to do sth for your own benefit; **~ an phobail** the common good

leas- *prefix* vice-, deputy-, step-

léas¹ *nm3* lease; **rud a ligean ar ~** to lease sth out

léas² (*pl* **léasacha**) *nm1* (*of light*) ray, beam; weal, welt

léas³ *vt* thrash; spank

leasachán *nm1* fertilizer

léasadh (*gs* **léasta**, *pl* **léastaí**) *nm* thrashing; spanking, hiding

leasaigh (*vn* **leasú**) *vt* amend, reform; (*food etc*) preserve; season; (*Agr*) fertilize

leasainm (*pl* **leasainmneacha**) *nm4* nickname

leasaithe *vadj* reformed; improved; amended; (*food etc*) preserved, cured

leasaitheach *adj* amending, reforming; preservative

léasar *nm1* laser

leasathair (*gs* **leasathar**, *pl* **leasaithreacha**) *nm* stepfather

leasc (*gsm* **leasc**) *adj* slow; reluctant; **ba ~ liom dul** I was reluctant to go

leasdeartháir (*gs* **leasdeartháir**, *pl* **leasdeartháireacha**) *nm* stepbrother

leasdeirfiúr (*gs* **leasdeirféar**, *pl* **leasdeirfiúracha**) *nf* stepsister

leasiníon *nf2* stepdaughter

léaslíne (*pl* **léaslínte**) *nf4* horizon

leasmhac *nm1* stepson

leasmháthair (*gs* **leasmháthar**, *pl* **leasmháithreacha**) *nf* stepmother

léaspáin *nmpl*: **~ a bheith ar do shúile** to be seeing things

léaspairt *nf2* witticism
leas-phríomhoide *nm4* (*Scol*) vice principal, deputy head
leasrach *nm1* (*also Culin*) loin(s)
leasracha *see* **leis¹**
leasú *nm* amendment; reform; improvement; (*Agr*) manure, fertilizer
leasúchán *nm1* amendment
leat *see* **le**
leataobh *nm1* one-side; lay-by; **rud a chur i ~** to put sth aside
leataobhach *adj* one-sided; bias(s)ed; lopsided
léatard *nm1* leotard
leath¹ (*ds* **leith**) *nf2* half; **rud a ghearradh ina dhá ~** to cut sth in two; **go leith** and a half; **bliain go leith** a year and a half; **~ bealaigh** halfway; **~ chomh ...** half as ...; **céad go leith** one hundred and fifty; **níl agat ach a ~** the feelings are mutual
leath² (*ds* **leith**) *nf2* side, part; direction; **bheith d'aon leith** to be on (the) one side; **dul d'aon leith** to combine, unite; **ar leith**; **faoi leith** special, distinct, particular; separate, apart; **i leith** + *gen* towards, in favour of; **bheith i leith ruda** to be in favour of sth; **rud a chur i leith duine** to accuse sb of sth, attribute sth to sb; **ón lá sin i leith** since that day
leath³ (*vn* **leathadh**) *vt*, *vi* spread (out); sprawl; open wide; scatter
leath- *prefix* half-, semi-; one of two; partial; **leathlá** half day; **leathmhíle** half a mile; **leathshúil** one eye
leathadh (*gs* **leata**) *nm* spread(ing); diffusion; **ar ~** wide open
leathaghaidh *nf2* side of face, profile

leathair *n gen as adj* leather
leath-am *nm3* half-time
leathan (*gsf*, *compar* **leithne**) *adj* broad; wide; extensive
leathán *nm1* (*of glass, paper etc*) sheet
leathanach *nm1* page, sheet; **~ baile** (*Comput*) home page; **~ gréasáin** (*Comput*) web page; **~ tosaigh** front page
leathanaigeanta *adj* broadminded
leathar *nm1* leather
leathbhádóir *nm3* colleague; (*fig*) partner
leathbhreac *nm1* counterpart
leathchéad *nm1* half-century, fifty; half-hundredweight
leathcheann *nm1* (*of spirits*) half
leathchiorcal *nm1* semicircle
leathchruinne *nf4* hemisphere
leathchuid (*gs* **leathchoda**, *pl* **leathchodanna**) *nf3* half
leathchúlaí *nm4* half back
leathchúpla *nm4* (one) twin
leathdhosaen *nm4* half a dozen
leathdhuine (*pl* **leathdhaoine**) *nm4* (*inf*) idiot
leathfhada *adj* oblong
leathfhocal *nm1* catch phrase; hint
leathlá (*gs* **leathlae**, *pl* **leathlaethanta**) *nm* half-day
leathmhaig *nf2* tilt, slant; **bheith ar ~** to be tilted
leathmheasartha *adj* (*quality etc*) indifferent, poor
leathnaigh *vt*, *vi* widen
leathnú *nm* widening, expansion
leathóg *nf2* flatfish
leathphingin *nf2* halfpenny
leathphionta *nm4* (*of beer*) half-pint
leathphunt *nm1* half a pound
leathscoite *adj* semi-detached

leathstad (pl **leathstadanna**) nm4 semicolon

leath-thosaí nm4 (Sport) half forward

leathuair nf2 half-hour, half an hour

leatrom nm1 inequality; oppression; **~ a dhéanamh ar dhuine** to oppress or wrong sb

leatromach adj unbalanced, unfair; oppressive; one-sided

léi see **le**

leibhéal nm1 level

léibheann nm1 level area; platform, stage; (Geog) terrace; **~ cheann staighre** (in house) landing

leibide nf4 fool, idiot

leibideach adj silly, ridiculous, foolish; (work etc) slack, slovenly

leiceacht nf3 (of health) delicacy

leiceadar nm1 smack, slap

leiceann (pl **leicne**) nm1 cheek; (of mountain) side, slope

leicneach nf2 mumps

leictreach adj electric(al)

leictreachas nm1 electricity

leictreoid nf2 electrode

leictreoir nm3 electrician

leictreonach adj electronic

leictreonaic nf2 electronics

leid (pl **leideanna**) nf2 clue, hint; (Comput) prompt

leifteanant nm1 lieutenant

léig nf2 decay, neglect; **dul i ~** to decay, decline; **rud a ligean i ~** to neglect sth

léigh (vn **léamh**) vt, vi read; **~ amach** read out; **~ ar** make out; **~ as** interpret; **leabhar a léamh** to read a book; **aifreann a léamh** to say Mass

leigheas nm1 (pl **leigheasanna**) medicine; remedy; cure; retrieval ▷ vt heal; cure; right, rectify, remedy; **níl ~ air** it can't be helped

léigiún nm1 legion

léim nf2 (pl **léimeanna**) jump, leap ▷ vt, vi jump; leap; start; (word, page) miss, skip; **~ ard/fhada** (Sport) high/long jump; **~ chuaille** pole vault; **~ a bhaint as duine** to startle sb; **balla a ~** to jump over a wall

léimneach nf2 jumping

léine (pl **léinte**) nf4 shirt; **~ phóló** polo shirt; **~ oíche** nightdress

leipreachán nm1 leprechaun

léir adj clear; distinct; clear-headed; **is ~ go** it is evident that; **ba ~ dom (go)** it was clear to me (that); **ní ~ aon dul as** there doesn't seem to be any alternative; **(uile) go ~** altogether, whole, all; **an t-airgead go ~** all the money

leircín nm4: **~ a dhéanamh de rud** to squash or crush sth

léire nf4 clearness; accuracy; **rud a thabhairt chun ~** to highlight sth, draw attention to sth

léirigh (vn **léiriú**) vt, vi illustrate, show; indicate; (Cine) produce

léiritheoir nm3 (Cine, Theat etc) producer

léiriú nm clarification; illustration; (Theat) production

léirmheas nm3 review, critique; **rud a ~** (Liter etc) to review sth

léirmheastach adj critical

léirmheastóir nm3 critic, reviewer

léirmheastóireacht nf3 (profession) criticism

léirmhínigh vt interpret, explain

léirmhíniú nm interpretation

léirscrios (gs **léirscriosta**) nm destruction, devastation ▷ vt destroy, devastate

léirsigh vi (Pol) demonstrate

léirsitheoir nm3 (Pol) demonstrator

léirsiú *nm* (*rally*) demonstration

léirstean *nf2* insight, perception, understanding

léirsteanach *adj* perceptive

léirthuiscint *nf3* appreciation

leis¹ (*pl* **leasracha**) *nf2* thigh; (*Culin*) leg

leis² *adv* also; too; either

leis³ *see* **le**

leisce *nf4* laziness; reluctance; shyness; **~ a bheith ort rud a dhéanamh** to be reluctant *or* loath to do sth; **giolla na ~** lazybones, dosser

leisceoir *nm3* lazybones, dosser

leisciúil *adj* lazy; reluctant

leispiach *adj, nm1* lesbian

leite (*gs* **leitean**) *nf* porridge

leith *see* **leath¹,²**

léith *see* **liath**

leithcheal *nm3* discrimination; **~ a dhéanamh ar dhuine** to discriminate against sb, treat sb unfairly

léithe *see* **liath**

leithead *nm1* breadth, width; (*disposition*) conceit; **tá sé slat ar ~** it's a yard wide

leitheadach *adj* widespread; broad, wide

leithéid *nf2* such; like; equal; **a ~ de leabhar** such a book; **ní fhaca mé a ~ riamh** I never saw anything like it; **a ~ seo d'áit** such-and-such a place; **a ~ de phraiseach!** what a mess!; **~í Sheáin** the likes of John

léitheoir *nm3* reader

léitheoireacht *nf3* reading

leithinis (*gs* **leithinse**, *pl* **leithinsí**) *nf2* peninsula

leithleach *adj* (*place*) apart; (*style etc*) distinct; (*person etc*) selfish

leithleachas *nm1* selfishness; (*of style etc*) individuality, peculiarity

leithligh *n*: **ar ~** aside, apart; **rud a chur ~** to put sth aside

leithlis *nf2* isolation

leithlisigh *vt* isolate

leithne *nf4* breadth, width; *see also* **leathan**

leithreas *nm1* toilet; lavatory

leithscéal (*pl* **leithscéalta**) *nm1* excuse; apology; **(do) ~ a ghabháil le duine** to apologize to sb; **ní ~ ar bith sin** that's no excuse; **~ duine a ghabháil** to excuse sb

leithscéalach *adj* apologetic

leitís *nf2* lettuce

lena, lenár, leo *see* **le**

leochaileach *adj* fragile; (*to pain etc*) tender

leochaileacht *nf3* delicacy, fragility; (*to pain etc*) tenderness

leoga *excl* indeed

leoicéime *nf4* leukaemia

leoithne *nf4* breeze

leomh *vt, vi* dare; presume; allow

leon¹ *nm1* lion; **An L~** (*Astrol*) Leo

leon² *vt* sprain; wound, hurt

leonadh (*gs* **leonta**, *pl* **leontaí**) *nm* sprain; injury, wound

leonta *vadj* sprained; injured, hurt

leor *adj* enough, sufficient; plenty, ample; **is ~ é** it is sufficient; **is ~ liom é** I consider it sufficient; **is ~ sin/euro/beirt** that/a euro/two is enough; **go ~ airgid** enough money; **in am go ~** in sufficient time; **aisteach go ~** oddly enough; **ceart go ~, maith go ~** alright, all right

leoraí *nm4* lorry

leorghníomh *nm1* amends; **~ a dhéanamh i rud** to make up for sth

lí *nf4* complexion; colour

lia¹ (*pl* **lianna**) *nm4* physician; **~ ban** gynaecologist; **~ súl** optician

lia² adj more numerous

liach (gs **léiche**) nf2 ladle(ful)

liacht nf3 medicine

liamhás (pl **liamhása**) nm1 ham

lián nm1 trowel; propeller

liath (gsm **léith**, gsf, compar **léithe**) adj grey ▷ nm1 grey ▷ vi (become) grey

liathbhán adj pale, pallid; wan

liathbhuí adj sallow

liathchorcra adj lilac

liathróid nf2 ball; **~ láimhe** handball

Liatroim nm3 Leitrim

libh see **le**

Libia nf4: **an ~** Libya

líbín nm4: **bheith i do ~** to be soaked or dripping wet

licéar nm1 liqueur

licín nm4 (in game, gambling) counter

Life nf4: **an ~** the (river) Liffey

lig (vn **ligean**) vt, vi let, allow; emit; (house etc) let; (sound, sigh) emit, let out; (rest) have; **duine a ~ean saor** or **ar shiúl** to let sb go; **téad a ~ean** to pay out a rope; **~ do scíth seal** rest yourself a while; **fead a ~ean** to whistle; **lig amach** let out; (house, land) hire out; (information) reveal; (feelings etc) vent; (clothes) let out; **do racht a ~ean amach** (fig) to let off steam; **lig anuas** (hair etc) let down; (weight etc) lower; **lig ar** let on; pretend, feign; **níl sí ach ag ~ean uirthi (féin)** she's only pretending; **lig as** let out of, release from; (scream) emit, let out; (from work, drinking etc) ease off, lay off; **~ sé béic as** he yelled; **tine a ~ean as** to let a fire go out; **lig chuig** or **chun** let to; allow to; reveal to; **lig de** release from; (habit etc) give up; (load) lay down;

lig do allow, let, permit; (person) let be, leave alone; **níor ~ sí dó fanacht** she didn't let him stay; **~ dom!** leave me alone!, don't bother me!; **lig faoi** (storm, rage) settle down; **lig i** let into; **rud a ~ean i ndearmad** to let sth be forgotten; **lig isteach** let in; (boat, roof) leak; (clothes) take in; **~ isteach mé!** let me in!; **lig le** let go, allow to go; (secret identity) reveal to; **rud a ~ean le duine** to let sb get away with sth; **lig ó** let go; cede; (bucket etc) leak; **rud a ~ean uait** to let sth go; **lig siar** let back; swallow; **lig síos** (also fig) let down; **lig thar** let pass; **rud a ~ean tharat** (remark etc) to let sth pass; **lig trí** let through; leak

ligean nm1 letting; draining; scope; leakage; (in rope etc) give; **~ a thabhairt do dhuine** to give sb (some) leeway

ligh vt, vi lick; **do mhéara a lí** to lick one's fingers

ligthe vadj let; hired; (athlete etc) supple, lithe; **bheith ~ ar rud** to be addicted to sth

lile nf4 lily

limistéar nm1 area, sphere; territory; district; **~ faoi fhoirgnimh** built-up area; **~ liath** grey area

líne (pl **línte**) nf4 line; row; lineage; **~ cheannais** line of command; **~ chóimeála** assembly line; **línte dhá spás** double-spaced lines; **fear ~** linesman; **~ thalún** landline

líneach adj lined; linear

línéadach (pl **línéadaí**) nm1 linen

líneáil nf3 lining ▷ vt line

línéar nm1 (ship) liner

líníocht nf3 drawing

línithe adj lined, ruled

linn¹ (*pl* **linnte**) *nf2* pool, pond; sea, water; **~te peile** (football) pools

linn² *nf2* period; **le ~ a hóige** during her youth; **idir an dá ~** in the meantime; **lena ~** in his lifetime

linn³ *see* **le**

linntreog *nf2* pond; puddle; pothole

línte *see* **líne**

lintile *nf4* lentil

Liobáin *nf2*: **an ~** Lebanon

liobair *vt* tear; scold, slate

liobar *nm1* lip; pout; rag, tatter

liobarnach *adj* torn; awkward; clumsy; blubbering

liobrálach *adj* liberal

liobrálachas *nm1* liberalism

liobrálaí *nm4* liberal

liocras *nm1* liquorice

liodán *nm1* litany

líofa *adj* fluent; polished; (*knife etc*) sharp

líofacht *nf3* fluency; sharpness

liom *see* **le**

líoma *nm4* lime

líomanáid *nf2* lemonade

líomatáiste *nm4* district, area; limit; precinct, territory

líomh *vt* (*edge*) sharpen; file; polish

líomhain (*gs* **líomhna**, *pl* **líomhaintí**) *nf3* allegation ▷ *vt* (*pres* **líomhnaíonn**) allege

líomhán *nm1* (*tool*) file

liomóg *nf2* nip, pinch; **~ a bhaint as duine** nip *or* pinch sb

líomóid *nf2* lemon

líon¹ (*pl* **líonta**) *nm1* number; fill ▷ *vt*, *vi* fill (in *or* up); (*tide*) flood; **~ tí** household; **~ gnó** quorum

líon² *nm1* flax; linen

líon³ *nm1* web; net; **~ damháin alla** cobweb

líon⁴ *adj*: **~ lán** full; packed; crowded

líonadh (*gs* **líonta**) *nm* filling

líonmhaireacht *nf3* proliferation, abundance; **dul i ~** to become more numerous

líonmhar *adj* numerous; abundant; full, complete

líonn (*gs* **leanna**, *pl* **lionnta**) *nm* (*of body*) humour; **~ fuar** phlegm; **~ dubh** melancholy, depression; **~ dubh a bheith ort** to be depressed

líonóil *nf2* lino

líonpheil *nf2* netball

líonra *nm4* (*also Comput*) network, web

líonrith *nm4* excitement, agitation; panic

líonrú *nm* networking; **~ sóisialta** social networking

lionsa *nm4* lens; **~í tadhaill** contact lenses

líonta *see* **líon¹**

líontán *nm1* (small) netting; net

liopa *nm4* lip; flap

liopach *adj*, *nm1* (*also Ling*) labial

liopard *nm1* leopard; **~ fiaigh** cheetah

liopasta *adj* untidy; awkward, clumsy

lios (*gs* **leasa**, *pl* **liosanna**) *nm3* ring-fort; fairy mound; enclosed area

Liospóin *nf4* Lisbon

liosta¹ *adj* tedious; tiresome; persistent

liosta² *nm4* list; inventory

liostaigh *vt* list

liostáil *vt*, *vi* enlist

Liotuáin *nf2*: **an ~** Lithuania

liotúirge *nm4* liturgy

lipéad *nm1* label; **~ a chur ar rud** to label sth

líreacán *nm1* lollipop

liric *nf2* lyric

liriceach adj lyrical

lítear nm1 litre

liteartha adj literary; literate; literal

litearthacht nf3 literacy

litir (gs **litreach**, pl **litreacha**) nf letter; epistle; **bosca litreacha** letterbox; **~ mhínithe** covering letter

litrigh vt spell

litríocht nf3 literature

litriú nm spelling, orthography

litriúil adj literal

liú nm4 yell, shout; **~ a ligean asat** to yell

liúntas nm1 allowance; **~ cíosa/ leanaí/teaghlaigh** rent/ children's/family allowance

liús nm1 (fish) pike

lobh vt, vi rot, decay; decompose

lobhadh nm1 rot, decay

lobhar nm1 leper

lobhra nf4 leprosy

loc vt enclose; round up; (car etc) park ▷ nm1 (of canal) lock

loca nm4 (Agr) pen, fold; (of cotton wool, paper) wad; (of hair) lock; **~ carranna** car park

loch (pl **lochanna**) nm3 loch, lough, lake; pool; sea; **L~ Dearg** (in Ulster) Loch Derg; **L~ Deirgeirt** (on River Shannon) Loch Derg; **L~ Éirne** Lough Erne; **L~ nEathach** Lough Neagh; **L~ Lao** Belfast Lough

lochán nm1 pond; **~ uisce** puddle

Loch Garman nm Wexford

Lochlannach adj, nm1 Scandinavian; Norse; Viking

lóchrann nm1 lantern; light, lamp

locht (pl **lochtanna**) nm3 fault; blame; **is ort féin an ~** it's your own fault; **an ~ a chur ar dhuine faoi rud** to blame sb for sth; **~ a fháil ar rud** to find fault with sth

lochta nm4 loft

lochtach adj defective, faulty; false

lochtaigh (vn **lochtú**) vt fault; blame

lochtán nm1 terrace

lochtú nm fault-finding, criticism

lód nm1 load

lódáil vt, vi (also Comput) load ▷ nf3 load(ing), charge; **~ síos** (Comput) download; **~ suas** (Comput) upload

lofa vadj rotten, decayed

log[1] nm1 hollow; place; **~ an ghoile** pit of stomach; **~ súile** eye-socket

log[2] (Comput) vi log; **~ ann/as** log on/off

logáil nf3: **~ isteach** (Comput) login

logainm (pl **logainmneacha**) nm4 place name

logán nm1 (in ground) depression, hollow

logartam nm1 logarithm

logartamach adj logarithmic

logha nm4 (Rel) indulgence, concession; boon

loghadh (gs **loghtha**) nm remission, forgiveness

loic vt, vi flinch, shirk; falter, hesitate; fail; **~eadh ar dhuine** to let sb down; **tá mo shláinte ag ~eadh** my health is failing

loicéad nm1 locket

loiceadh (gs **loicthe**) nm failure; refusal; flinch(ing)

loighciúil adj logical

loighic (gs **loighce**) nf2 logic

loigín nm4 dimple

loime nf4 bareness; bleakness; emptiness; (of tongue) sharpness

loine nf4 piston; (for drain) plunger

loingseoir nm3 seaman, navigator

loingseoireacht nf3 navigation; seamanship

loinneog nf2 refrain, chorus

loinnir (*gs* **loinnreach**) *nf* shine, sparkle; brilliance, brightness

loinsiún *nm1* luncheon

loirgneán *nm1* shinguard

lóis (*pl* **lóiseanna**) *nf2* lotion; **~ iarghréine** aftersun

loisc (*vn* **loscadh**) *vt* burn, scorch; sting

loisceoir *nm3* incinerator

loiscneach *nm1* caustic ▷ *adj* burning, scorching; (*pain*) stinging; caustic

lóiste *nm4* lodge

lóisteáil *vt* (*Fin*) lodge

lóistéir *nm3* lodger

lóistín *nm4* lodgings, digs; accommodation

loit (*vn* **lot**) *vt* hurt; injure; spoil, destroy

loitiméir *nm3* vandal; destroyer

loitiméireacht *nf3* vandalism; destruction

lom *nm1* bareness; openness, opening ▷ *adj* bare; thin; close; (*denial*) flat ▷ *vt*, *vi* mow, shear; lay bare; denude; **~ láithreach** right now, immediately; **~ dáiríre** in earnest; **~ na fírinne** the plain truth; **an ~ a fháil ar dhuine** to get a chance at sb

lomadh *nm* baring; stripping; fleecing

lomaire *nm4* shearer; **~ faiche** lawnmower

lomeasna *nf4* (*Culin*) spare rib

lomlán *adj* full up *or* to capacity ▷ *nm1* full capacity

lomnocht (*gsm* **lomnocht**) *adj* nude; stark naked

lomra *nm4* fleece

lon (*pl* **lonta**) *nm1* (*also*: **~ dubh**) blackbird

lón (*pl* **lónta**) *nm1* lunch; provisions; (*of food etc*) supply; **~ cogaidh** munitions; **am lóin** lunchtime

lónadóir *nm3* caterer

lónadóireacht *nf3* catering

Londain (*gs* **Londan**) *nf* London

long *nf2* ship; vessel; **~ chogaidh** warship

longadán *nm1* swaying, rocking

longbhriseadh (*gs* **longbhriste**, *pl* **longbhriseacha**) *nm* shipwreck

longchlós *nm1* shipyard

Longfort *nm1*: **an ~** Longford

longfort *nm1* camp; fort

longlann *nf2* dockyard

lonnaigh *vt*, *vi* stay; settle (down); frequent

lonnaitheoir *nm3* squatter

lonnú *nm* stay; settlement

lonrach *adj* bright, shining; luminous

lonraigh *vt*, *vi* shine; light up

lonta *see* **lon**

lorg *nm1* mark, imprint; trace, track ▷ *vt*, *vi* seek, look for; track; ask for; **dul ar ~ ruda** to go looking for sth; **do ~** *or* **~ do láimhe a fhágáil ar rud** to leave one's mark on sth; **dul ar ~ do thaoibh/chúil** to go sideways/backwards; **bheith ag ~ oibre** to be looking for work; **~ carbóin** carbon footprint; **~ coise/ láimhe** footprint/handprint

lorga *nf4* shin; cudgel, club

lorgaire *nm4* detective; tracker; pursuer

lorgaireacht *nf3* detection

losaid *nf2* breadboard; wooden tray

losainn *nf2* lozenge

loscadh (*gs* **loiscthe**) *nm* burning; stinging; *see also* **loisc**

loscann *nm1* frog; tadpole

lot *nm1* injury; damage, harm; *see also* **loit**

L-phlátaí *nmpl4* L-plates

Lú *nm4* Louth

lú see **beag**

lua nm4 mention; reference

luach (pl **luachanna**) nm3 value; price; reward; **~ deich euro de pheitreal** ten euros' worth of petrol; **~ do chuid airgid a fháil** to get one's money's worth; **~ saothair** (for work etc) reward; **cén ~ atá ar sin?** what price is that?; **bainfidh mise a ~ asat** I'll make you pay for it

luacháil vt evaluate; value ▷ nf3 valuation; evaluation

luachair (gs **luachra**) nf rushes

luachmhar adj valuable; precious

luadar nm1 movement; energy

luadrach adj moving; active

luaidhe nf4 (metal) lead; **peann ~** pencil

luaidreán nm1 rumour, gossip

luaigh vt, vi mention; cite; **rud a lua le duine** to mention sth to sb

luail nf2 (of body) motion, power

luain nf2 hard graft; motion

luaineach adj changeable; variable; volatile; (prices etc) fluctuating

luaineacht nf3 (Fin etc) fluctuation; volatility; restlessness

luais n gen as adj express

luaith nf3 ash(es)

luaithe nf4 quickness; earliness; **a ~ a bhí sé ar shiúl** once or as soon as he had left; **ar a ~** at the earliest; see also **luath**

luaithreach nm1 ashes; dust

luaithreadán nm1 ashtray

luamh nm1 yacht

luamhaire nm4 yachtsman

luamhaireacht nf3 yachting

luamhán nm1 lever; leverage

luamhánacht nf3 leverage

Luan (pl **Luanta**) nm1 Monday; **Dé Luain** on Monday; **ar an ~** on Mondays

luan nm1 halo, aureole; (Culin) loin

luas (pl **luasanna**) nm1 speed, rapidity; velocity; earliness; **~ a bheith fút** to be moving at speed; **ar ~** at pace, quickly; **~ a ghéarú/ mhaolú** to increase/reduce speed

luasaire nm4 accelerator

luasbhád nm1 speedboat

luasbhus (pl **luasbhusanna**) nm4 express (bus)

luasc vt, vi swing; rock, sway; oscillate

luascach adj swinging

luascadán nm1 pendulum

luascadh (gs **luasctha**, pl **luasctha**) nm swing(ing), swaying; rocking

luascán nm1 (for children) swing; **cathaoir luascáin** rocking chair

luasghéaraigh vt, vi accelerate

luasmhéadar nm1 speedometer

luastraein (gs **luastraenach**, pl **luastraenacha**) nf express (train)

luath (compar **luaithe**) adj early, soon; quick; fickle; **go ~ ar maidin** early in the morning; **~ nó mall** sooner or later; **chomh ~ is is féidir leat** as soon as you can

luathaigh vt, vi quicken, speed up

luathchainteach adj quick-spoken; glib

luathintinneach adj hasty; impulsive; fickle

lúb vt, vi bend; loop ▷ nf2 bend, twist; (of a chain) link; loop; (in hair) ringlet; (Knitting) stitch; (trap) snare, net; craft, deceit; **~ ar lár** dropped stitch; (fig) flaw; **i ~ cuideachta** in company

lúbach adj coiled; winding; bending; crafty, cute

lúbadh (gs **lúbtha**) nm bend(ing)

lúbaire nm4 rogue, crook

lúbán nm1 loop, coil; hoop; hasp

lúbarnach adj twisting; wriggling; writhing

lúbarnaíl nf3 twisting; writhing; wriggling

lubhóg nf2 flake

lúbra nm4 maze

luch nf2 (also Comput) mouse; **~ chodlamáin** dormouse; **~ fhéir** field-mouse; **~ mhór** rat

lúcháir nf2 joy, delight; **~ a dhéanamh** to rejoice

lúcháireach adj joyous, glad

lucharachán nm1 (inf) dwarf (!); elf; toddler

luchóg nf2 mouse

lucht (pl **luchtanna**) nm3 content; capacity; cargo; category of people; **~ féachana/éisteachta** spectators/audience; **~ oibre** working class, labour (force); **~ siúil** travellers; **~ aitheantais** acquaintances

luchtaigh vt fill; load; (battery) charge

Lucsamburg nm4 Luxembourg

lúdrach nf2 hinge; pivot

lúfaireacht nf3 agility, athleticism; suppleness

lúfar adj athletic; agile; lithe

lug n: **thit an ~ ar an lag orm** I was devastated, I lost heart

luí nm4 lying down; lie; setting; tendency; **bheith i do ~** to be lying down or in bed; **bheith i do ~ le slaghdán** to be down with a cold; **~ na tíre** the lie of the land; **~ a bheith agat le rud** to be inclined towards sth; **rud a chur ina ~ ar dhuine** to impress sth on sb; **~ na gréine** sunset, sundown; **am ~** bedtime

luibh (pl **luibheanna**) nf2 herb

luibheolaí nm4 botanist

luibheolaíoch adj botanical

luibheolaíocht nf3 botany

luibhiteach adj herbivorous

luibhiteoir nm3 herbivore

lúibín nm4 buttonhole; (Typ) bracket; loop; ringlet; **idir ~í** in brackets

luid nf2 (of clothing) stitch; tatter

lúide (= **lú** + **de**) prep less, minus; **~ 50%** less 50%; see also **beag**

luideog nf2 (of cloth) scrap, tatter

lúidín nm4 little finger; little toe

luifearnach nm1 weeds; (fig) rabble

luigh (vn **luí**) vi lie; lean; settle; (sun) set; **luí síos** to lie down; **dul a luí** to go to bed; **páiste a chur a luí** to send or put a child to bed; **luí amach** or **isteach ar rud** to get into sth; (work etc) to go about sth (in earnest); **luí ar rud** to lie or lean on sth; to weigh on sth; **luí chun staidéir** to get down to studying; **luí le duine** to sleep with sb; **luíonn sé le réasún (go)** it stands to reason (that)

Luimneach nm1 (Geog) Limerick

luimneach nm1 (poem) limerick

luíochán nm1 ambush; **~ a dhéanamh ar dhuine** to ambush sb

lúireach nf2 breastplate, armour; protective prayer

luisiúil adj glowing; radiant

luisne nf4 blush, flush; glow

luisniúil adj blushing, flushed; glowing

luiteach adj (clothes) tight, well-cut; **bheith ~ le rud** to be fond of sth, inclined to sth

lúitéis nf2 fawning, toadyism

lúitheach nf2 ligament, tendon

lúithnire nm4 athlete

lumbágó nm4 lumbago

lumpa nm4 lump

Lúnasa *nm4* August
lus (*pl* **lusanna**) *nm3* plant; herb;
  ~ an bhalla wallflower; **~ an**
  choire coriander; **~ an**
  chromchinn daffodil; **~ na gréine**
  sunflower; **~ liath** lavender; **~ na**
  mbrat (wild) thyme
lusra *nm4* herbs
lustan *nm1* weed(s)
lústar *nm1* fawning; **bheith ag ~ le**
  duine to fawn on sb
lútáil *vi* fawn; **~ le duine** to fawn
  (up)on sb ▷ *nf3* fawning, toadyism
lúth *nm1* (*physical*) movement;
  agility, athleticism; suppleness
lúthchleas *nm1* athletic exercise;
  ~a athletics
lúthchleasach *adj* athletic
lúthchleasaí *nm4* athlete
lúthchleasaíocht *nf3* athletics

m' *see* **mo**

  EOCHAIRFHOCAL

má¹ *conj* (*normally used with*
  indicative; lenites following vb, except
  past autonomous of reg vbs; prefixes **d'**
  in past to words beginning with vowel
  or **fh** + *vowel*) if **1** (*with present tense*):
  má tá míle euro agat sa bhanc tá
  tú saibhir if you have a thousand
  euros in the bank you are rich; **má**
  fheiceann tú í abair léi go raibh
  mé ag cur a tuairisce if you see
  her tell her I was asking for her
  2 (*with present habitual indicating*
  future time): **má chuireann tú**
  chuige éireoidh leat if you apply
  yourself you will succeed;
  tiocfaidh mé amárach má
  bhíonn am agam I will come
  tomorrow if I have time

3 (*with present tense of verb* **tá** *in consequence clause indicating future time*): **má ghnóthaímid an corn tá linn** if we win the cup we will have succeeded
4 (*with past habitual*): **má bhíodh airgead aige thugadh sé uaidh go fial é** if he had money he gave it away generously
5 (*with past tense*): **má chuir sé an t-airgead sa bhanc tá an t-ádh air** if he (has) put the money in the bank he is lucky; **má d'ól sí an deoch sin beidh sí tinn** if she has taken that drink she will be sick; **má d'fhan sé sa bhaile feicfidh Máire é** if he stayed at home Máire will see him; **má fhreastail sé ar scoil gach lá gheobhaidh sé duais** if he has attended school every day he will get a prize; **má caitheadh an t-airgead beidh muid beo bocht** if the money has been spent we will be on the poverty line
6 (*with conditional, sometimes used instead of* **dá**): **dúirt sí go rachadh sí ann má in d'fhéadfadh sí** she said she would go if she could; **gheall sí dó má dhéanfadh sé gach aon ní a déarfadh sí leis go mbeadh saol maith acu** she promised him that if he did everything he said they would have a good life
7: **ach má (... féin)** nevertheless; even though; **b'aisteach an scéal é, ach má b'aisteach (féin), b'fhíor é** it was a strange story, but true nevertheless; **rinne sé go maith, ach má rinne féin** he did well, but even so
8 (*with copula =* **más**): **rachaidh mé ann más maith leat** I will go there

if you want; **más mian leat dul amach cuir ort do chóta** if you want to go out put on your coat; **más rud é go rachaidh seisean ní rachaidh mise** if he goes I won't; **más é** *or* **amhlaidh is fearr leat** if you prefer
9 (*in phrases*): **más olc maith leat** whether you like it or not; **más gá** if necessary; **más mar sin é** if so; even so; **más ea** if so; even so; **más fíor** it seems; according to reports; as they say; **más beo mé** if I live (that long); **más leat ...** if you are going to ..., if you intend to ...; **is beag má tá sé ábalta siúl** he can hardly walk; **tá sé daichead má tá sé bliain** he's forty if he's a day

má² (*pl* **mánna**) *nf4* plain
Mac *nm1* (*in surnames*): **~ Maoláin** McMullan; **~ Seáin** Johns(t)on; **~ Síomóin** Fitzsimon
mac *nm1* son; (*inf*) guy, fellow; **~ baistí** godson; **~ imrisc** (*of eye*) pupil; **~ léinn** student; **~ tíre** wolf; **is é ~ a athar é** he takes after his father; **gach aon mhac máthar acu** (*of people*) every last one of them
Macadóin *nf2*: **an Mhacadóin** Macedonia
macalla *nm4* echo; **~ a bhaint as rud** to make sth echo *or* ring
macánta *adj* sincere; honest; gentle
macántacht *nf3* sincerity; honesty; childhood
macarón *nm1* macaroni
macasamhail (*gs, pl* **macasamhla**) *nf3* like; equal; copy; **níl a mhacasamhail eile le fáil** there isn't another like it (to be found);

~ de rud a dhéanamh to reproduce sth

máchail nf2 blemish; injury

machaire nm4 plain; (of battle) field; **~ gailf** golf course, links; **~ ráis** race course

machnaigh vt, vi think, reflect; **machnamh ar rud** to ponder sth

machnamh nm1 thought, reflection; **~ a dhéanamh ar rud** to reflect on sth; to meditate on sth; **ábhar machnaimh** food for thought

macnas nm1 playfulness, exuberance; wantonness

macnasach adj playful; frisky; lascivious, wanton

madra nm4 dog; **~ rua** fox; **~ uisce** otter; **tá a fhios ag ~í an bhaile (go)** it is common knowledge (that)

madrúil adj coarse; obscene

magadh nm1 mocking, mockery, ridicule; **ceap magaidh a dhéanamh de dhuine** to make a laughing stock of sb; **bheith ag ~ ar** or **faoi dhuine** to mock sb; **níl mé ach ag ~** I'm only joking

magairle nm4 testicle

magairlín nm4 orchid

máguaird adv about, around; **an ceantar ~** the surrounding district

magúil adj mocking, derisive

mahagaine nm4 mahogany

maicín nm4 pet child, spoilt child

maicréal nm1 mackerel

maide nm4 stick; beam ▷ n gen as adj wooden; (fig) useless; **~ gailf** golf-club; **~ croise** crutch; **~ rámha** oar; **~ siúil** walking stick; **~ briste** (for fire) tongs; **do mhaidí a ligean le sruth** to let things go or drift; **~ as uisce a thógáil do dhuine** to take the blame off sb;

cos mhaide wooden leg; **múinteoir ~** useless teacher

maidhm nf2 break, eruption; defeat; explosion; detonation ▷ vt defeat; burst; detonate; **~ thalún** landslide; **~ shneachta** avalanche; **~ sheicne** hernia; **~ bháistí** cloudburst

maidhmitheoir nm3 detonator

maidin (pl **maidineacha**) nf2 morning; **ar ~** this morning, in the morning; **~ mhaith!** good morning!; **tá (sé) ina mhaidin** it's morning

maidir: **~ le** prep as regards; like; corresponding to; **~ le Seán** as for John; **~ le do litir** regarding your letter; **níl an dá chóip ~ le chéile** the two copies don't correspond

Maidrid nf4 Madrid

maígh (vn **maíomh**) vt, vi claim, state; boast; envy; **cad é atá tú a mhaíomh?** what do you mean?; **mhaígh sé gurbh é féin an rí ceart** he claimed that he was the proper king; **rud a mhaíomh ar dhuine** to begrudge sb sth; **maíomh as rud** to boast about sth

maighdean nf2 maiden, virgin; **~ mhara** mermaid; **An Mhaighdean** (Astrol) Virgo; **An Mhaighdean Mhuire** the Virgin Mary

maighdeanas nm1 virginity

Maigh Eo nf Mayo

maighnéad nm1 magnet

maighnéadach adj magnetic

mailís nf2 malice; (of disease) malignancy

mailíseach adj malicious; malignant

maille prep: **~ le** (along) with; together with

mailp (pl **mailpeanna**) nf2 maple;

crann ~e maple tree

maindilín *nm4* mandolin

máine *nf4* mania

mainicín *nm4* mannequin, model

mainicíneacht *nf3* (*of clothes*) modelling

mainistir (*gs* **mainistreach**, *pl* **mainistreacha**) *nf* monastery; abbey

máinlia (*pl* **máinlianna**) *nm4* surgeon

máinliach *adj* surgical

máinliacht *nf3* surgery

máinneáil *nf3* loitering; dawdling; **bheith ag ~ thart** to hang about

mainséar *nm1* manger; crib

maíomh *nm1* boast; **ábhar maíte** sth to be proud of; *see also* **maígh**

mair *vt, vi* live; last, survive; endure; linger; **~eachtáil ar an dól** to live on the dole; **níor mhair sé ach seachtain** it lasted only a week; **go ~e tú (do nuacht)** congratulations (on your news); **nach ~eann** deceased

mairbhleach *adj* numb

maireachtáil *nf3* living; livelihood; **caighdeán maireachtála** standard of living; *see also* **mair**

mairg *nf2* woe, sorrow; **is ~ don té nach n-éistfidh** woe to him who won't listen; **bheith faoi mhairg** to be saddened; **is ~ a tháinig riamh** I wish I'd never come

mairnéalach *nm1* sailor, seaman

máirseáil *vt, vi* march, parade ▷ *nf3* (*also Mus*) march; parade

máirseálaí *nm4* marcher

Máirt *nf4* Tuesday; **Dé ~** (on) Tuesday; **~ Inide** Pancake or Shrove Tuesday

mairteoil *nf3* beef; **~ rósta/ shaillte** roast/corned beef

mairtíneach *nm1* cripple (!)

mairtíreach *nm1* martyr

maise *nf4* adornment; beauty; **ba dheas an mhaise dó glaoch** it was nice of him to call; **barr ~ a chur ar rud** to crown sth; **cur le ~ ruda** to add to the beauty of sth

maisigh *vt* adorn, decorate; (*book*) illustrate; **tú féin a mhaisiú** to doll o.s. up

maisitheoir *nm3* decorator

maisiúchán *nm1* adornment, decoration; (*cosmetics etc*) toiletry; **maisiúcháin Nollag** Christmas decorations; **clár maisiúcháin** dressing table

maisiúil *adj* decorative, elegant; becoming

máisiún *nm1* Freemason, mason

maistín *nm4* bully; thug

maistíneacht *nf3* bullying; thuggery; **bheith ag ~ ar dhuine** to bully sb

máistir (*pl* **máistrí**) *nm4* master; employer; **~ scoile/stáisiúin** schoolmaster/stationmaster; **M~ Ealaíne/Eolaíochta** Master of Arts/Science

máistreacht *nf3* mastering, mastery; **~ a fháil ar rud** to master sth

maistreadh (*pl* **maistrí**) *nm1* (*of milk, sea*) churning

máistreás *nf3* mistress; governess; **~ scoile** schoolmistress

maistrigh *vt, vi* churn

máistriúil *adj* masterful, masterly

maiteach *adj* forgiving

maíteach *adj* boastful; begrudging

maith[1] (*gs, pl* **maithe**) *nf2* good; goodness; value; benefit ▷ *adj* (*compar* **fearr**) good; **go ~!** good!; **bheith go ~** to be well; **déanamh go ~** to do well; **chomh ~ le** as well as; **cuid mhaith acu** quite a few of

m

them; **is ~ an rud (go)** ... it's just as well (that) ...; **is ~ a bhí a fhios aige go** he knew full well that; **ba mhaith liom** I would like, I'd like; **tá sé ~ dom** it's good for me; **níl ~ (ar bith) ann** it's no use; **rud a chur ó mhaith** to render sth useless; **an mhaith choiteann** the common good; **go raibh ~ agat** thank you; **tá go ~!** OK!; **cuid mhaith airgid** a fair amount of money; **tá sé fuar go ~** it's quite cold; **más olc ~ linn é** whether we like it or not; **~ go leor** alright; **~ thú féin!** good on you!

maith² (vn **maitheamh**) vt forgive; pardon; **rud a mhaitheamh do dhuine** to forgive sb sth

maithe nf4 good, goodness; **ar mhaithe le** for the good or sake of; **ar mhaithe léi féin** in her own interest

maitheas nf3 good, goodness; **rachadh saoire chun ~a duit** a holiday would do you good; **bheith i mbláth do mhaitheasa** to be in the prime of life

maithiúnas nm1 forgiveness, pardon; **~ a iarraidh (ar dhuine)** to ask (sb's) forgiveness

máithreacha see **máthair**

máithreachais n gen as adj maternity

máithreachas nm1 maternity; motherhood

máithriúil adj motherly; tender

maitrís nf2 matrix

mál nm1 excise

mala nf4 eyebrow, brow; slope; hillside; **fágfaidh mise an mhala ar an tsúil aige** I'll soon sort him out; **muc a bheith ar gach ~ agat** to frown moodily; to be in a foul mood; **in éadan na ~** uphill

mála nm4 bag; sack; **~ aeir** airbag; **~ cáipéisí** briefcase; **~ codlata** sleeping bag; **~ droma** rucksack; **~ láimhe** handbag, purse (US); **~ scoile** schoolbag

Malaeisia nf4: **an Mhalaeisia** Malaysia

maláire nf4 malaria

malairt nf2 change; exchange; alternative; opposite, reverse; **is é a mhalairt a rinne sé** he did quite the opposite; **~ a dhéanamh** to swap; **~ éadaigh** change of clothes; **ní raibh fios a mhalairte agam san am** I didn't know any better at the time

malartach adj changing; changeable; fluctuating; fickle

malartaigh vt change, exchange; **rudaí a mhalartú** to barter things

malartán nm1 (Comm) exchange; changeling; **~ fostaíochta** job centre, employment exchange

malartú nm change; exchange

mall adj (gsm **mall**, gsf, compar **moille**) slow; late; **bheith fiche nóiméad ~** to be twenty minutes slow/late; **bheith ~ ag coinne** to be late for an appointment

mallacht nf3 curse; **do mhallacht a chur ar dhuine** to curse sb

mallaibh npl: **ar na ~** of late

mallaigh vt, vi curse

mallaithe vadj cursed; vicious; unholy; **rud ~** bloody or damned thing; **madra ~** vicious dog; **dúil mhallaithe** craving, burning desire

Mallarca nm4 Majorca

mallghluaiseacht nf3 slow motion

mallintinneach adj slow-witted

mallmhuir nf3 neap tide

malltriallach adj slow-moving, sluggish ▷ nm1 slowcoach

malrach *nm1* child, youngster

Málta *nm4* Malta

mam (*pl* **mamanna**) *nf2* mum, mummy

mám¹ *nf3* handful; **~ airgid** a handful of money

mám² (*pl* **mámanna**) *nm3* (mountain) pass

mamach *nm1* mammal ▷ *adj* mammary

mamaí *nf4* mum, mummy

mamó *nf4* granny, grandma

mana *nm4* attitude; portent; motto; **más é sin an ~ atá acu faoi/air/dó** if that's their attitude towards it

manach *nm1* monk

manachúil *adj* monastic

Manainn *nf*: **Oileán Mhanann** Isle of Man

Manainnis *nf2* (*Ling*) Manx

Manannach *adj* Manx ▷ *nm1* Manx(wo)man

Manchain *nf4* Manchester

mandairín *nm4* (*orange*) mandarin

mangaire *nm4* peddler; haggler; hawker

mangaireacht *nf3* peddling; haggling; hawking

mangarae *nm4* (*cheap goods*) junk

manglam *nm1* hotchpotch; (*drink*) cocktail

mangó *nm4* mango

mánla *adj* gentle, tender; demure

mant *nm3* (*in teeth, knife etc*) gap; **~ a bheith ionat** to have a gap in one's teeth

mantach *adj* gap-toothed; toothless; inarticulate; (*edge, blade etc*) chipped, jagged

mantóg *nf2* muzzle, gag; **~ a chur i nduine** to gag sb

maoil *nf2* rounded summit; hillock, bald patch; tip; **bhí an tábla faoi**

mhaoil le páipéir the table was heaped with papers; **ag cur thar ~** brimming over; **rud a rá as ~ do chonláin** to say sth off the top of one's head, say sth on the spur of the moment

maoin (*gs, pl* **maoine**) *nf2* property; wealth, fortune; **~ phearsanta** private property; **~ shaolta** worldly goods; **~ ghoidte** stolen property

maoinigh *vt* finance; endow

maoirseacht *nf3* stewardship; supervision

maoirseoir *nm3* supervisor

maoiseog *nf2* (*of potatoes etc*) heap; **gol in áit na maoiseoige** to cry over spilt milk

maoithneach *adj* emotional, sentimental; melancholy

maoithneachas *nm1* sentimentality

maol *adj* bald; bare; (*animal*) hornless; (*person*) dense; (*knife etc*) blunt; (*Mus*) flat ▷ *nm1* dense person; (*Mus*) flat; **tá sé ~ marbh** he is stone dead; **bheith ~** to be bald; **bheith ag éirí ~** to be going bald

maolaigh *vt, vi* (*force, intensity*) decrease; (*pain etc*) alleviate; (*pace etc*) slacken; (*view, reply*) moderate; subside; (*mind*) dull; **luas a mhaolú** to reduce speed; **maolaíonn barraíocht de an intinn** too much of it dulls the mind; **mhaolaigh ar m'fhearg** my anger subsided

maolaire *nm4* bumper; (*also Comput*) buffer; absorber

maolaitheach *adj* alleviating; extenuating

maolchluasach *adj* subdued; crestfallen

m

maolgháire nm4 chuckle; **~ a dhéanamh** to chuckle

maolintinneach adj (person) dense, obtuse

maolscríobach adj (work etc) sloppy, slipshod

maolú nm slackening; alleviation; mitigation; let-up

maonáis nf2 mayonnaise

maor nm1 steward; (of institution) warden; (Mil) major; (in school) prefect; (Sport) umpire; **~ géim** gamekeeper; **~ líne** linesman; **~ cúil** (Gaelic games) (goal) umpire; **~ tráchta** traffic warden; **~ uisce** water bailiff

maorga adj elegant; stately

maorlathach adj bureaucratic

maorlathas nm1 bureaucracy

maos nm1: **bheith ar ~ (le)** to be soaked or saturated (with); **rud a chur ar ~ (i)** to steep sth (in)

maoth adj soft; tender; moist; sentimental

maothaigh vt, vi soften; moisten, soak

mapa¹ nm4 mop

mapa² nm4 map

mapáil¹ vt mop

mapáil² vt map

 EOCHAIRFHOCAL

mar prep 1 (in comparisons) like; such; as; **cóta mar an cóta s'agatsa** a coat like yours; **bean mar an bhean sin** a woman such as that

2 (manner) like; **mar seo/sin** like this/that; **sin mar atá sé** that's the way of it

3 (in capacity of) as, for; **ag obair mar rúnaí** working as a secretary; **mar bhronntanas** as a present;

mar shampla for example

4 (referring to aforementioned): **fág é mar scéal** forget the matter; **tháinig sí inné mar Bhríd** Bríd came yesterday

5 (with substantive vb) namely, that is to say; **ní raibh ann ach aon duine amháin, mar atá, cailín as Doire** there was only one person there, that is a girl from Derry

▷ conj 1 (cause) since, because; **fan sa bhaile mar tá slaghdán ort** stay at home since you have a cold

2 (manner) as, how; **fan mar atá tú** stay as you are

3 (place: with dependent form of verb) where; **fan mar a bhfuil tú** stay where you are

4 (resembling) as, like; **tá cuma air mar a bheadh tinneas air** he looks as if he's sick; **bhí sé ag screadach mar a bheadh fear mire ann** he was screaming like a madman

▷ adv 1 as; **déan mar is mian leat** do as you like; **dá fheabhas mar atá sé** no matter how good it is

2 (in fixed phrases): **mar sin féin** all the same; **mar sin de** therefore; **agus mar sin de** and so forth; **mar an gcéanna** likewise; **mar siúd is mar seo** this way and that; **mar dheá** as if!, fat chance!; **gur mar sin duitse!** it serves you right!

mara see **muir**

marachuan nm1 marijuana

Maracó nm4 Morocco

maraigh vt kill; (fish) catch

marana nf4 contemplation; **do mharana a dhéanamh (ar rud)** to reflect (on sth)

maranach adj thoughtful

maránta adj gentle, placid; mild

marascal *nm1* marshal
maratón *nm1* marathon
marbh *adj* dead; (*feeling*) numb; exhausted; (*water*) stagnant; (*Comm, money*) unused; (*pain, colour*) dull ▷ *nm1* dead person; deceased; **~ tuirseach** dead tired; **tá mé ~ leis an déideadh** I'm dying with toothache; **éirí ó mhairbh** to rise from the dead; **Féile na M~** All Souls' Day; **cuimhnigh ar na mairbh** remember the dead
marbhán *nm1* corpse, body
marbhánta *adj* (*weather*) close, oppressive; (*person*) lifeless, lethargic; (*business*) slack, stagnant
marbhántacht *nf3* lethargy; inertia; stagnation
marbhghin *nf2* stillborn child
marbhlann *nf2* mortuary; morgue
marbhna *nm4* elegy
marbhsháinn *nf2* checkmate
marbhshruth *nf3* (*Naut*) wake; turn of the tide
marc (*pl* **marcanna**) *nm1* mark; target; set time; (*on clothes, sheep etc*) brand mark
marcach *nm1* rider; horseman
marcáil *vt* mark (out)
marcaíocht *nf3* riding; ride; drive; lift; **scoil mharcaíochta** riding school; **~ a fháil go Gaillimh** to get a lift to Galway
marcálaí *nm4* (*also Sport*) marker; sign
marcóir *nm3* (*pen*) marker
marcshlua *nm4* cavalry
marfach *adj* deadly, fatal, lethal
marfóir *nm3* killer
margadh (*pl* **margaí**) *nm1* market; agreement; bargain; **~ caorach** sheep market; **~ dubh** black market; **teacht ar an ~** (*product*) to come on to the market; **~ maith a**

fháil to get a good deal; **ní raibh sin sa mhargadh** that was not part of the deal
margáil *nf3* bargaining; haggling; negotiation; **bheith ag ~ (le duine)** to bargain or haggle (with sb)
margaíocht *nf3* marketing
margairín *nm4* margarine
marglann *nf2* mart
marla *nm4* Plasticine®; (*fig*) weakling
marmaláid *nf2* marmalade
marmar *nm1* marble
maróg *nf2* pudding; (*stomach*) paunch; (*inf*) beer belly; **~ríse** rice pudding; **dul chun maróige** to develop a paunch
Mars *nm3* (*planet*) Mars
mart *nm1* (*slaughtered*) cow; bullock; **ceathrú mhairt** quarter of beef
Márta *nm4* March
martbhorgaire *nm4* beefburger, hamburger
marthain *nf3* existence; **ar ~** alive; extant
marthanach *adj* lasting; everlasting; permanent; (*colour*) fast
marthanóir *nm3* survivor
marú *nm* killing; slaughter
marún *adj, nm1* maroon
más¹ *nm1* buttock; thigh
más² = **má** *conj* + **is¹**; **~ maith leat é** if you like it; **~ ea** if so, even so
másailéam *nm1* mausoleum
masc *nm1* mask
mascára *nm4* mascara
masla *nm4* insult, slur; strain; **~ a thabhairt do dhuine** to insult sb; **ná cuir ~ ort féin leis** don't overstrain yourself with it
maslach *adj* insulting, abusive; (*breathing*) laboured; (*work*) heavy

m

maslaigh vt insult, abuse; overstrain

masmas nm1 nausea; **~ a chur ar dhuine** to nauseate sb

masmasach adj nauseous, nauseating

mata nm4 mat; **~ boird** table mat; **~ luchóige** (Comput) mouse mat, mouse pad; **~ tairsí** doormat

máta nm4 (Naut) mate

matal nm1 mantelpiece

matamaitic nf2 mathematics, maths

matamaiticeoir nm3 mathematician

matán nm1 muscle; **~ a tharraingt** (Sport) to pull a muscle

matánach adj muscular

máthair (pl **máthar**, pl **máithreacha**) nf mother; **~ chéile** mother-in-law; **~ mhór** granny; **~ altrama** foster mother

máthairab nf3 abbess

máthartha adj maternal; **teanga mháthartha** mother tongue

mátrún nm1 matron

mb (remove "m") see **b...**

mé pron I, me

meá (pl **meánna**) nf4 scales, balance; measure; **~ ar mheá** on level terms; **idir dhá cheann na ~** hanging in the balance; **an Mheá** (Astrol) Libra

meabhair (gs **meabhrach**) nf mind; memory; (sense) reason; meaning; **bheith gan mheabhair** to be unconscious; **dul/bheith as do mheabhair** to go/be mad; **~ a bhaint as rud** to make sense of sth

meabhrach adj mindful; conscious; thoughtful; intelligent

meabhraigh vt, vi remember; remind; memorize; **meabhrú do dhuine rud a dhéanamh** to remind sb to do sth; **meabhrú ar rud** to reflect on sth

meabhraíocht nf3 awareness; intelligence

meabhrán nm1 memo, memorandum

meacan nm1 tuberous root; **~ bán/ biatais/dearg** parsnip/beetroot/ carrot

meáchan nm1 weight; **titim chun meáchain** to put on weight; **tógáil ~** (Sport) weight lifting

meáchanlár nm1 centre of gravity

méad n amount, number, quantity; **cá mhéad** + nom sg how many?; **cá mhéad** + gen how much?; **ar a mhéad** at the (very) most; **cá mhéad atá air?** how much is it?; **dá mhéad a oibríonn sé is amhlaidh is mó a shaothraíonn sé** the more he works, the more he earns; see also **méid**

méadaigh vt, vi increase; (person) grow; enlarge; magnify; **méadú ar rud** to add to sth

meadáille nm4 medallion

méadaíocht nf3 increase; self-importance; **teacht i ~** to grow up

méadaitheach adj increasing

méadar nm1 meter; metre

meadaracht nf3 (Poetry) metre

meadhrán nm1 vertigo, dizziness; exhilaration; bewilderment; **~ a bheith i do cheann** to be or feel giddy; **tá an cheist seo ag déanamh meadhráin dom** this question is baffling me

méadrach adj metric

méadú nm increase; multiplication; rise; (Phot) blow-up, enlargement

meafar nm1 metaphor

meafarach adj metaphorical

meaig nf2 magpie

meáigh vt, vi balance, weigh; (situation, options) consider; (words) measure

meáin shóisialta mph social media

meaisín nm4 machine

meaisíneoir nm3 machinist

meáite adj: **bheith ~ ar rud a dhéanamh** to be intent or set on doing sth

meala see **mil**

mealbhacán nm1 melon

mealbhóg nf2 pouch; leather bottle

meall[1] vt, vi charm; coax, entice; delude, deceive; disappoint

meall[2] (pl **meallta**) nm1 ball; lump; protuberance; **~ súile** eyeball; **~ sneachta** snowball; **~ ime** knob of butter; **~ mór** (inf) VIP, big shot; **agus an ~ mór ar deireadh** and last but not least

meallacach adj alluring; attractive; sexy

meallacacht nf3 attractiveness; allure

mealladh (gs **meallta**, pl **mealltaí**) nm attraction, lure; deception; **~ a bhaint as duine** to disappoint or deceive sb

meallta vadj disappointed

mealltach adj enticing; deceptive; disappointing

meamhlach nf2 miaow(ing)

meamram nm1 parchment; memorandum

meán nm1 middle; medium; average; **na meáin** nmph the media; **an ~ lae** midday; **ar ~** on average; **an mhéar mheáin** the middle finger

meán- prefix medium, middle; average, mean; (course, level) intermediate

meanach nm1 entrails

meánach adj average; medium, middle; intermediate

meánaicme nf4 middle class, bourgeoisie

meánaicmeach adj middle-class

meánaois nf2 middle age; **an Mheánaois** the Middle Ages

meánaoiseach adj medieval

meánaosta adj middle-aged

méanar adj: **is ~ duit** lucky you, it's well for you

meánchiorcal nm1 equator

meancóg nf2 mistake, blunder; **~ a dhéanamh** to make a mistake

meandar nm1 instant, moment

méanfach nf2 yawn(ing); **~ a dhéanamh** to yawn

Meán Fómhair nm September

meang nf2 deceit

meangadh (gs **meangtha**) nm: **~ (gáire)** smile; **~ a dhéanamh** to smile

meanma (gs **meanman**) nf morale, spirit; courage; **ardú ~n** (psychological) boost

meánmheáchan nm1 (Boxing) middleweight

Meánmhuir nf3: **an Mheánmhuir** the Mediterranean (Sea)

Meánmhuirí adj Mediterranean

meanmnach adj spirited; lively

meann adj: **Muir Mheann** the Irish Sea

meánna see **meá**

meannán nm1 (animal) kid

Meánoirthear nm1: **an ~** the Middle East

meánscoil (pl **meánscoileanna**) nf2 secondary school

meantán nm1 (bird) tit

meánteistiméireacht nf3 (Irl: Scol) intermediate certificate, ≈ GCSE

meántonn nf2 (Radio) medium wave

mear (gsm **mear**) adj quick, lively; (action) hasty

m

méar nf2 finger; digit; **rud a bheith ar bharr na ~ agat** to have sth at one's fingertips; **rud a chur ar an ~ fhada** to postpone sth indefinitely

méara nm4 mayor

méaracán nm1 thimble

mearadh nm1 insanity

mearaí nf4 bewilderment; **meascán ~ a bheith ort** to be bewildered or confused

mearaigh vt, vi derange; perplex, baffle

méaraigh vt finger; **leabhar a mhéarú** to thumb a book

mearbhall nm1 bewilderment; confusion; dizziness; error; **~ a bheith ort** to be confused or dizzy

mearbhlach adj bewildered; bewildering; erratic; incorrect

mearcair nm4 mercury; **M~** (planet) Mercury

méarchlár nm1 keyboard

meargánta adj foolhardy, reckless; stubborn

mearghrá nm4 infatuation

méarlorg nm1 fingerprint

méarnáil nf3 groping; **ag ~ sa dorchadas** groping in the dark

mearóg nf2 (vegetable) marrow, squash

méaróg nf2 pebble; **~ chuimhne** (Comput) memory stick; **~ éisc** (Culin) fish finger; **méaróg USB** USB stick

mearscaipthe adj viral

mearú nm bewilderment; distraction; mental aberration

meas nm3 opinion; respect ▷ vt, vi estimate; expect; think; assess; **cad é do mheas ar ...?** what do you think of ...?; **is é mo mheas go ...** my estimation is that ...; **~ a bheith agat at dhuine** to respect sb; **mise, le ~** (in letters) yours respectfully; **cás a mheas** to assess a case; **mheas sé go n-éireodh leis** he thought he'd succeed

measa see **olc**

measartha adj moderate; fair, average; middling ▷ adv (quite) fairly, reasonably

measarthacht nf3 moderation; fair amount

measc¹ vt, vi mix, mix up; (pot) stir; **pósadh ~tha** mixed marriage

measc²: i ~ + gen prep among; **dul i ~** + gen to mingle with

meascán nm1 mixture; muddle; **~ mearaí** confusion; jigsaw puzzle

meascra nm4 (Mus etc) medley; miscellany

measctha vadj assorted, mixed

meascthóir nm3 mixer

meastachán nm1 estimate

meastóireacht nf3 appraisal

measúil adj reputable, respectable; respectful

measúlacht nf3 respectability

measúnacht nf3 assessment

measúnaigh vt assess

measúnóir nm3 assessor

meata adj sickly; cowardly, spineless; **gníomh ~** cowardly deed

meatach adj declining; decadent

meatachán nm1 coward; weakling; sickly person

meatacht nf3 cowardice; decay

meath vi decline; decay; waste away; (eyesight, health, light etc) fail ▷ nm3 decay; decline; failure; **tá mo radharc ag ~** my eyesight is failing; **~ na Gaeilge** the decline of the Irish language; **mheath na barra** the crops failed

meathlaigh vi decline, deteriorate; fail; degenerate

meathlú nm decline; decay; degeneration

Meice nf4 Mecca

meicneoir nm3 mechanic

meicníocht nf3 mechanism

meicniúil adj mechanical

Meicsiceach adj, nm1 Mexican

Meicsiceo nm4 Mexico

méid[1] nm4 amount, number, quantity; **an ~ airgid atá aige** the amount of money he has; **an ~ sin leabhar** that number of books; **an ~ againn a d'fhan** those of us who stayed; **sa mhéid go** in so far as

méid[2] nf2 magnitude; size; **dul i ~** to grow bigger; **de réir ~e** according to size

meidhir nf2 merriment; fun; (high) spirits

meidhreach adj cheerful; frisky; lively

meidhréis nf2 mirth; friskiness

meigeall nm1 goatee; goat's beard

meigeallach nf2 (of goat) bleat(ing)

meigibheart nm1 (Comput) megabyte

meil vt, vi grind, crush; chew; waste; **am a mheilt** to kill time; (Sport) to waste time

méileach nf2 (of sheep) bleat(ing)

meilt nf2 crushing

meilteoir nm3 grinder; crusher

méin nf2 disposition, nature; mind

méine see **mian**

meiningíteas nm1 meningitis

méiniúil adj friendly

meirbh adj languid; (weather) close

meirdreach nf2 prostitute, whore

meireang nm4 meringue

meirg nf2 rust; **~ a thógáil** to rust; **seanscéal is ~ air** a familiar story

meirgdhíonach adj rustproof

meirge nm4 banner, standard

meirgeach adj rusty; irritable

Meiriceá nm4 America; **~ Laidineach** Latin America; **~ Láir** Central America; **~ Theas** South America; **~ Thuaidh** North America

Meiriceánach adj, nm1 American; **~ Laidineach** Latin American; **~ Theas** South American

méiríocht nf3 meddling; **bheith ag ~ ar** or **le rud** to fiddle with sth

meisce nf4 intoxication, drunkenness; **bheith ar ~** to be drunk; **teacht as ~** to sober up

meisceoir nm3 drunk, drunkard

meisciúil adj intoxicating; (addicted) alcoholic

méise see **mias**

méiseáil nf3 messing; **bheith ag ~ le rud** to mess about with sth

Meisias nm4 Messiah

meitéareolaíocht nf3 meteorology

méith adj (person etc) fat; (land) fertile, rich

meitheal nf2 (of workmen) gang; (Mil) party

Meitheamh nm1 June

meon (pl **meonta**) nm1 (of person) nature, disposition, temperament; (of movement etc) spirit

mh (remove "h") see **m...**

Mí nf4: **an Mhí** Meath

mí (gs **míosa**, pl **míonna**) nf month; **mí na meala** honeymoon; **ar an bhfichiú lá de Mhí an Mheithimh** on June 20th; **i Mí na Bealtaine, 2010** in May 2010

mí- prefix bad, evil, ill, mis-, un-

mí-ádh nm1 bad luck, misfortune; **~ a bheith ort** to be unlucky

mí-áisiúil adj inconvenient

mí-ámharach adj unlucky

mian (gs **méine**, pl **mianta**) nf2 desire, wish; **is ~ léi sin a dhéanamh** she wants to do that; **~ta na colainne** the desires of the flesh; **do mhian a fháil** to get what one wants

mianach nm1 ore; mine; (of person) potential; calibre; **~ guail** coal mine, colliery; **~ talún** landmine; **~ maith a bheith ionat** to have potential

mianadóir nm3 miner; **~ guail** coal miner

mianadóireacht nf3 mining

mianra nm4 mineral

mianrach adj mineral

mias (gs **méise**) nf2 dish; basin, bowl

miasniteoir nm3 dishwasher

míbhail nf2 bad condition; **~ a thabhairt ar rud** to abuse sth

míbhéas nm3 bad habit; **~a** bad manners

míbhéasach adj ill-mannered, rude

míbhuíoch adj ungrateful; displeased

míbhuntáiste nm4 disadvantage

míbhuntáisteach adj disadvantageous

mic see **mac**

míchairdiúil adj unfriendly

míchaoithiúil adj inconvenient

míchaoithiúlacht nf3 inconvenience

míchéadfa nf4 bad mood; rudeness

míchéadfach adj bad-tempered; rude

mícheart adj incorrect, wrong

míchiall (gs **míchéille**) nf2 misinterpretation; **~ a bhaint as rud** to misunderstand sth

míchineálta adj unkind

míchinniúint nf3 doom, ill fate

míchinniúnach adj ill-fated

míchleachtas nm1 malpractice

míchlú nm4 ill repute; **~ a tharraingt ar rud** to bring sth into disrepute

míchlúiteach adj disreputable; infamous

míchomhairle nf4 bad advice

míchompord nm1 discomfort

míchompordach adj uncomfortable

míchothrom adj unbalanced, uneven; (ground) rough; unfair

míchreidiúnach adj untrustworthy

míchruinn adj inaccurate, inexact

míchuí adj improper, undue

míchuibheasach adj immoderate

míchuibhiúil adj unfitting, unseemly

míchuimseach adj extravagant

míchumas nm1 inability; disability

míchumasach adj incapable; disabled

míchumtha adj deformed; ugly

míchúramach adj careless

micrea-, micri- prefix micro-

micreafón nm1 microphone

micreaphróiseálaí nm4 microprocessor

micreascannán nm1 microfilm

micreascóp nm1 microscope

micrifís nf2 microfiche

mídhaonna adj inhuman

mídhealraitheach adj (story) unlikely; implausible

mídhíle nm4 indigestion, dyspepsia

mídhílis adj disloyal, unfaithful

mídhílseacht nf3 infidelity

mídhleathach adj illegal

mídhlisteanach adj illegitimate; disloyal

mí-eagar *nm1* disorder; **i** *or* **ar ~** in disarray

mífhabhrach *adj* unfavourable

mífheiliúnach *adj* unsuitable

mífhoighne *nf4* impatience

mífhoighneach *adj* impatient

mífhóirsteanach *adj* unsuitable

mífholláin *adj* unhealthy

mífhortún *nm1* misfortune

mífhortúnach *adj* unfortunate

mígheanasach *adj* indecent; immodest

mígheanmnaí *adj* unchaste

míghléas *nm1* malfunction; **ar ~** out of order

míghnaíúil *adj* unpopular; mean

míghnaoi *nf4* ugliness; meanness; **~ a chur ar rud** to spoil the look of sth

míghníomh *nm1* misdemeanour

míghreann *nm1* mischief

mígréin *nf2* migraine

mí-iompar *nm1* misconduct; misbehaviour

mí-ionracas *nm1* dishonesty

mí-ionraic *adj* dishonest

mil *(gs* **meala)** *nf3* honey; **briathra meala** sweet words

míle *(pl* **mílte)** *nm4* thousand; mile; **~ punt/euro** a thousand pounds/euros; **na mílte bliain** thousands of years; **go raibh ~ maith agat** thanks a million

míleáiste *nm4* mileage

míleata *adj* military

míleatach *adj, nm1* militant

mílemhéadar *nm1* mileometer

milis *(gsf, pl, compar* **milse)** *adj* sweet; *(talk)* flattering

míliste *nm4* militia

mílítheach *adj* sickly, pale; pallid

míliú *num, adj, nm4* thousandth

mill *vt, vi* spoil; ruin; **an oíche a mhilleadh ar dhuine** to spoil the

night for sb; **páiste a mhilleadh** to spoil a child

milleadh *(gs* **millte)** *nm* destruction; spoiling; ruination

milleagram *nm1* milligram(me)

milleán *nm1* blame; **an ~ a chur ar dhuine (as/faoi)** to blame sb (for); **(is) air féin an ~** it's his own fault

milliméadar *nm1* millimetre

millín *nm4* pellet; bud; **~í leamhan** mothballs

milliún *nm1* million; **~ punt/euro** a million pounds/euros; **na milliúin bliain** millions of years

milliúnaí *nm4* millionaire

milliúnú *num, adj, nm4* millionth

millte *see* **milleadh**

millteach *adj* destructive; terrible

millteanach *adj* horrible, terrible; enormous; **tá sé ~ trom** it is extremely heavy

millteanas *nm1* destruction

milseacht *nf3* sweetness; flattery

milseán *nm1* sweet

milseog *nf2* dessert; sweet

milseogra *nm4* confectionery

milsigh *vt, vi* sweeten

milsíneacht *nf3* sweet things

mílte *see* **míle**

mím *nf2 (pl* **mímeanna)** mime ▷ *vt, vi* mime

mímhacánta *adj* dishonest

mímhacántacht *nf3* dishonesty

mímhaiseach *adj* unbecoming, unsightly

mímhodhúil *adj* immodest; graceless

mímhorálta *adj* immoral

mímhoráltacht *nf3* immorality

mímhuinín *nf2* distrust

mímhúinte *adj* impolite, ill-mannered, rude

min *nf2 (flour)* meal; **~ choirce** oatmeal; **~ sáibh** sawdust

m

mín adj soft, smooth; (manner) suave, courteous; (cloth) fine ▷ nf2 level land; (in hills) grassland

mínádúrtha adj unnatural

mínáireach adj shameless

minc (pl **minceanna**) nf2 mink

míneas nm1 minus (sign)

minic adj frequent ▷ adv often, frequently; **go ~** often; **níos ~e** more often; **~ go leor** often enough; **is ~ a fheictear iad** they are often seen

minicíocht nf3 (Radio, Elec) frequency

mínigh vt explain; smooth (out); **rud a mhíniú** to explain sth

mínineacht nf3 (of person) refinement; (food) delicacy; (of mind) subtlety

ministir nm4 (Rel) minister

ministreacht nf3 (Rel) ministry

mínitheach adj explanatory

míniú nm explanation; **nóta mínithe** explanatory note

míniúchán nm1 explanation

mínleach nm1 (Golf) fairway

míntír nf2 arable land; mainland

míntíreachas nm1 cultivation; (of land) reclamation; **talamh a thabhairt chun míntíreachais** to reclaim land

míochaine nf4 medicine ▷ n gen as adj medical

míochnú nm medication

miocrób nm1 microbe

miodamas nm1 offal; garbage

miodóg nf2 dagger

míodún nm1 meadow

míofar adj ugly

mí-oiriúnach adj unsuitable; inappropriate

míol (pl **míolta**) nm1 animal; insect; louse; **~ mór** (Zool) whale; **~ gorm** blue whale

míolach adj lousy, dirty; mean

míoltóg nf2 midge

mion adj fine; powdered; detailed; **rud a scrúdú go ~** to examine sth closely; **cuntas ~** detailed account

mion- prefix small; minor; micro-

mionaigh vt, vi mince; powder; crumble

mionairgead nm1 petty cash

mionairm nmph small arms

mionaoiseach nm1 (Law) minor

mionbhrístín nm4 (clothes) briefs

mionbhus nm4 minibus

mionchaint nf2 small talk

mionchatach adj (hair) frizzy

mionchóir n: **ar mhionchóir** on a small scale

mionchúiseach adj meticulous; trivial

mionda adj petite

miondíol nm3 retail ▷ vt retail

miondíola n gen as adj retail

miondíoltóir nm3 retailer

miondiosca nm4 MiniDisc®; minidisc

mionduine nm4 (person) inferior; nobody

mionéadach nm1 haberdashery; **mionéadaí** haberdashery

mionfheoil nf3 minced meat

mionghadaíocht nf3 pilfering

miongháire nm4 smile; **~ a dhéanamh** to smile

mionlach nm1 minority; **~ eitneach** ethnic minority

mionn nm3 oath; **~ mór** oath, swearword; **faoi mhionn** under oath, on oath; **~aí móra a stróiceadh** to curse and swear; **~ éithigh** false oath, perjury

míonna see **mí**

mionnaigh vt, vi swear (in)

mionnú nm swearing; **~ éithigh** perjury

mionoifigeach *nm1* petty officer
mionpháirt *nf2* secondary part; small detail
mionphointe *nm4* minor detail, small point
mionra *nm4* (*Culin*) mince, mincemeat (*US*)
mionrud *nm3* trifle, triviality; **~aí** sundries
mionsamhail *nf3* miniature; model
mionsciorta *nm4* miniskirt
mionscrúdaigh *vt* examine closely, scrutinize
mionscrúdú *nm* detailed examination
mionsonra *nm4* minor detail, particular
miontas *nm1* mint
miontóir *nm3* mincer
miontuairisc *nf2* detailed account; **~í** (*of meeting*) minutes
mionúr *adj*, *nm* (*Rel, Sport*) minor
mí-ordú (*gs* **mí-ordaithe**) *nm* disorder, disarray
míorúilt *nf2* miracle
míorúilteach *adj* miraculous
míosa *see* **mí**
mioscais *nf2* spite; malice; rancour; **~ a chothú** to stir trouble
mioscaiseach *adj* spiteful; malicious; mischievous
míostraigh *vi* to menstruate
míostrú (*gs* **míostraithe**) *nm* menstruation
míosúil *adj* monthly
miosúr *nm1* measure; measurement; **~ duine a thógáil** to measure sb; **as ~** exceeding, limitless
miotaigh *vt* nibble; whittle away
miotal *nm1* metal; (*of person*) mettle; **~ a bheith ionat** to be tough *or* hardy

miotalach *adj* metallic; (*fig*) wiry, hardy
miotas *nm1* myth
miotasach *adj* mythical
miotaseolaíocht *nf3* mythology
miotóg *nf2* glove; mitt(en); nip; punch; **~ a bhaint as duine** to pinch sb
mír (*pl* **míreanna**) *nf2* bit, portion; (*on agenda, programme*) item; (*of line*) segment; (*Mus*) phrase; (*Theat*) number, routine; (*of book*) section; (*Gram*) particle; **~ nuachta** item (of news); **~eanna mearaí** jigsaw (puzzle)
mire *nf4* speed; ardour; madness; **bheith/dul ar ~** to be/go mad
míréasúnta *adj* unreasonable
míréir *nf2* disobedience; **~ duine a dhéanamh** to disobey sb
mírialta *adj* unruly; (*Ling*) irregular
míriar *nm4* mismanagement ▷ *vt* mismanage
mirlín *nm4* (*toy*) marble
mírún *nm1* malice
mísc *nf2* mischief
mise *pron* (*emphatic*) I; me; **~ atá ann** it's me; **cé atá ann?** — **~** who is it? — it's me; **cé a bhris é?** — **~** who broke it? — I did
misean *nm1* mission
míshásamh *nm1* displeasure, dissatisfaction; **~ a chur ar dhuine** to displease sb
míshásta *adj* displeased; dissatisfied; awkward
míshástacht *nf3* displeasure, dissatisfaction
míshásúil *adj* unsatisfactory
míshibhialta *adj* rude
míshlachtmhar *adj* untidy; scrappy; (*work*) shabby; unsightly
míshocair *adj* uneasy; unsteady
míshona *adj* unhappy

míshuaimhneach adj restless, ill-at-ease

míshuaimhneas nm1 discomfort, disquiet

misinéir nm3 missionary

misneach nm1 courage; morale; **do mhisneach a chailleadh** to lose heart; **~ a thabhairt do dhuine** to give sb courage; **níor chaill fear an mhisnigh riamh** fortune favours the brave

misnigh vt encourage; cheer up; cheer on

misniúil adj courageous, brave; hopeful

miste adj = **measa** + **de**; **ní ~ liom** I don't mind; **ba mhiste dom é** it mattered to me; **is ~ léi faoin chúis seo** she cares about this cause; **an ~ leat?** do you mind?; **níor mhiste dul ann** it wouldn't do any harm to go

misteach adj, nm1 mystic

mistéir nf2 mystery

mistéireach adj mysterious

mistíc nf2 mystique

místuama adj clumsy; thoughtless

míthaitneamh nm1 dislike; **~ a thabhairt do dhuine/rud** to take a dislike to sb/sth

míthaitneamhach adj disagreeable; unattractive; unpleasant

míthapa nm4 mishap; rash action; inactivity; **a mhíthapa a bhaint as duine** to make sb lose their temper

mítharraingteach adj unattractive

mithid adj: **is ~ é** it is overdue; **is ~ di críochnú** it is time for her to finish

míthráthúil adj untimely; inopportune; ill-timed

míthreorach adj bewildered; misleading

míthrócaireach adj merciless

míthuairim nf2 misconception

míthuiscint (gs **míthuisceana**) nf3 misunderstanding

mitín nm4 glove, mitt(en)

miúil nf2 mule

mí-úsáid nf2 abuse; misuse; **~ a bhaint as rud** to misuse sth

mná gs, npl see **bean**

mo (before vowel or **fh** = **m'**) poss adj my; **mo bhlús** my blouse; **m'fhoclóir** my dictionary; **m'atlas** my atlas; **m'anam!** upon my soul!; **tá sí do mo phógadh** she is kissing me

mó¹ adj: **an mó ...?** how many ...?

mó² see **mór**

moch (gsm **moch**) adj early

modartha adj dark; (water) murky; (person) morose

modh (pl **modhanna**) nm3 mode, method; procedure; (Ling) mood; (Mus) mode; **an ~ díreach** (Scol) direct method; **i ~ rúin** in confidence; **~ íocaíochta** method of payment; **tá ~ ina mhire** there's method in his madness

Modhach adj, nm1 Methodist

modhnaigh vt modify

modhnóir nm3 moderator

modhúil adj modest; decent; mannerly

modhúlacht nf3 modesty; decency; politeness

modúl nm1 module

mogall nm1 mesh; pod; **~ súile** eyelid

moghlaeir nm3 boulder

móid (pl **móideanna**) nf2 vow; **~ a thabhairt** to make a vow

móide = compar of **mór** + **de** prep plus; more; **is ~ mo shonas sin a**

chluinstin I am all the happier for hearing that; **ní ~ go bhfuil siad ann** it's unlikely that they're there; **a seacht ~ a deich** seven plus ten

móideim *nm4* modem

móidigh *vt, vi* vow

moiglí *adj* soft; easy-going; placid

móihéar *nm1* mohair

móilín *nm4* molecule

moill (*pl* **moilleanna**) *nf2* delay; hindrance; **~ a bhaint as rud** to slow sth down *or* up; **~ a chur ar dhuine** to delay sb; **gan mhoill** soon; **~ éistigh a bheith ort** to be hard of hearing; **~ seachtaine** a week's delay

moille *see* **mall**

moilleadóireacht *nf3* delaying; dawdling; procrastination

moilligh *vt, vi* delay, linger, slow down, slow (up)

moillitheach *adj* delaying; hesitant

móimint *nf2* moment

móiminteam *nm1* momentum

móin (*pl* **móinte**) *nf3* peat, turf; bog land

móinéar *nm1* meadow

moing (*pl* **moingeanna**) *nf2* mane; hair; (*of vegetation*) cover

móinteach *nm1* heath, moorland

móinteán *nm1* moor; bog

móipéid *nf2* moped

móiréiseach *adj* haughty, pretentious; stuck-up

moirfín *nm4* morphine

moirt *nf2* dregs; mud

moirtéal *nm1* (*Constr*) mortar

moirtéar *nm1* (*Mil, vessel*) mortar

móitíf *nf2* motif

mol¹ *vt, vi* commend, praise; propose, recommend; **duine a mholadh as rud** to praise sb for sth; **rud a mholadh do dhuine** to recommend sth to sb

mol² *nm1* pivot; (*of wheel*) hub

moladh (*gs* **molta**, *pl* **moltaí**) *nm* praise, commendation; proposal, suggestion; **~ a thabhairt do dhuine** to praise sb

molás *nm1* molasses

molchaidhp *nf2* hubcap

Moldóiv *nf2*: **an Mholdóiv** Moldova

moll *nm1* heap; (*of things*) large number; (*of money etc*) large amount

moltach *adj* complimentary

moltóir *nm3* proposer, nominator; (*Sport*) umpire; (*in competition*) adjudicator

mómhar *adj* graceful; mannerly; self-content

monabhar *nm1* murmur(ing)

Monacó *nm4* Monaco

monagamach *adj* monogamous

monaplacht *nf3* monopoly

monarc (*pl* **monarcaí**) *nm4* monarch

monarcacht *nf3* monarchy

monarcha (*gs* **monarchan**, *pl* **monarchana**) *nf* factory

monaróir *nm3* manufacturer

monarú *nm* manufacture

monatóir *nm3* (*TV, Comput etc*) monitor

moncaí *nm4* monkey

mongach *adj* (*animal*) maned; (*person*) long-haired; (*terrain*) marshy

Mongóil *nf2*: **an Mhongóil** Mongolia

mónóg *nf2* bogberry; cranberry; bead; drop

monsún *nm1* monsoon

monuar *excl* alas

mór *nm1* much ▷ *adj* (*compar* **mó**) big, large; great ▷ *vt, vi* increase; exalt; celebrate; **a mhóra a**

dhéanamh de rud to make the most of sth; **athair ~** grandfather; **bhí an blús ~ aici** the blouse was too big for her; **an duine is mó clú** the most famous person; **fear ~ ceoil** a great man for music; **bheith ~ le duine** to be friendly with sb; **ba mhór agam an cuidiú** I appreciated the help; **go ~** greatly; **go ~ ~** especially; **ní ~ dom é a cheannach** I have to buy it; **céad euro nach ~** nearly a hundred euros; **cuid mhór** + *gen* a good deal (of), a lot (of); **Peadar M~** Peter the Great; **Seán M~** John Senior; **fear ~ le rá** famous man; **ní mó ná go raibh mé istigh** I had hardly come in; **ní mó ná sé déanta aige** he had just done it; **is mé is mó a chonaic** I saw (the) most; **den chuid is mó** for the most part; **ní chluinim níos mó é** I can't hear him any more; **níos mó daoine/oibre ná** more people/work (than)

mór- *prefix* great-, grand-; major; general

móráil *nf3* pride; vanity

mórálach *adj* proud; conceited; **bheith ~ as rud** to be proud of sth

morálta *adj* moral

moráltacht *nf3* morals; morality

móramh *nm1* majority

mórán *nm1* many; much; a lot of; **~ airgid** a lot of money; **an bhfuil ~ le déanamh agat?** have you much to do?; **níl sin ~ níos fearr** that's not much better

mórbhileog *nf2* broadsheet

mórchóir *n*: **ar an ~** on a large scale; (*Comm*) in bulk

mórchuid (*gs* **mórchoda**, *pl* **mórchodannna**) *nf3* large quantity; majority; **an mhórchuid**

den am most of the time; **an mhórchuid de na daltaí** most of the pupils

mórchúis *nf2* pride; pretentiousness; self-importance

mórchúiseach *adj* arrogant, proud; self-important; pretentious

mórdhíol *nm3* wholesale

mórdhíola *n gen as adj* wholesale

mórdhíoltóir *nm3* wholesaler

mórfhoclach *adj* oratorical; bombastic; pedantic

mórga *adj* great, exalted; majestic

mórgacht *nf3* greatness; majesty; **A M~** Her Majesty

morgáiste *nm4* mortgage

morgtha *vadj* rotten

mórleabhar *nm1* (*Comm*) ledger

mórlitreacha *nfpl*: **~ bloic** block capitals, block letters

mórluachach *adj* valuable; self-important

Mormannach *adj, nm1* Mormon

mórphianó *nm4* grand piano

mór-ranna *see* **mór-roinn**

mór-roinn (*pl* **mór-ranna**) *nf2* continent

mór-rón *nm1* sea lion

Morsach *adj* Morse; **an cód ~** the Morse code

mórscála *nm4* large scale

mórshiúl (*pl* **mórshiúlta**) *nm1* procession

mórtas *nm1* pride; boastfulness; (*of sea*) swell; **~ a dhéanamh** to boast; show off

mórthaibhseach *adj* spectacular

mórthimpeall *adv* (+ *gen*) all round ▷ *nm1* circuitous route; surroundings; **~ na páirce** all around the field

mórthír *nf2* mainland

mortlaíocht *nf3* (*death rate*) mortality

mos *nm1* odour, scent
mosach *adj* shaggy; grumpy
mósáic *nf2* mosaic
mosc *nm1* mosque
Moscó *nm4* Moscow
Moslamach *adj, nm1* Muslim
móta *nm4* moat
mótar *nm1* motor car
mótar- *prefix* motor-
mótarbhád *nm1* motorboat; launch
mótarbhealach *nm1* motorway
mothaigh *vt, vi* feel, sense; hear; smell; become aware (of); **rud a mhothú uait** to miss sth
mothaitheach *adj* perceptive
mothálach *adj* sensitive; responsive
mothall *nm1* (*of hair*) mop
mothallach *adj* (*hair*) bushy; (*person, animal*) shaggy
mothar *nm1* thicket; jungle
mothchat *nm1* tomcat
mothú *nm* feeling; perception; touch; sensation; consciousness; **gan mhothú** unconscious; **teacht gan mhothú ar dhuine** to catch sb unawares
mothúchán *nm1* emotion, feeling
mothúchánach *adj* emotional
muc *nf2* pig; (*of snow etc*) bank, drift; **~ ghuine** guinea pig; **~ mhara** porpoise; **~ shneachta** snowdrift; **~ i mála** a pig in a poke
múcas *nm1* mucus
múch *vt, vi* extinguish; muffle, smother; suffocate; (*light, engine etc*) switch off; **an raidió a mhúchadh** to turn the radio off ▷ *nf2* fumes
múchadh (*gs* **múchta**) *nm* asthma; smothering; suffocation
múchghlan *vt* fumigate
múchta *vadj* smothered;

extinguished; (switched) off; muffled
múchtóir *nm3* extinguisher; **~ tine** fire extinguisher
muclach *nm1* piggery; drove of pigs
muga *nm4* (*cup*) mug
muiceoil *nf3* pork; bacon
muid *pron* we; us
muidne *emphatic pron* we; us; ourselves
muifín *nm4* muffin
muileann (*pl* **muilte**) *nm1* mill; **~ gaoithe** windmill; **~ iarainn** ironworks; **bheith ag tarraingt uisce ar do mhuileann féin** to look after one's own interests
muileata (*pl* **muileataí**) *nm4* (*Cards*) diamond
muilleoir *nm3* miller
Muimhneach *adj* Munster ▷ *nm1* Munsterman/Munsterwoman
muin *nf2* back; **ar ~ capaill** on horseback; **bheith ar mhuin na muice** to be on the pig's back
múin *vt, vi* teach; educate, instruct; **Gaeilge a mhúineadh** to teach Irish
muince *nf4* necklace; collar
muinchille *nf4* sleeve
muine *nf4* thicket, scrub
Muineachán *nm1* Monaghan
múineadh (*gs* **múinte**) *nm* teaching; instruction; (*of story*) moral; manners, good behaviour; politeness; **~ a chur ar dhuine** to teach sb manners; **bíodh ~ ort!** have manners!
muineál *nm1* (*gs, pl* **muiníl**) neck; cervix
muinín *nf2* confidence, trust; dependence; **dul i ~** + *gen* to resort to; **~ a bheith agat as duine** to trust sb; **bheith i ~** + *gen* to depend on

muiníneach *adj* dependable;
trustworthy

múinte *vadj* polite, well-mannered

muintearas *nm1* friendship;
kinship; fellowship

muinteartha *adj* friendly; related;
familiar; **bheith ~ do dhuine** to be
related to sb; **daoine ~** relations

múinteoir *nm3* teacher

múinteoireacht *nf3* teaching

muintir (*pl* **muintireacha**) *nf2*
community; household; followers;
parents; people, folk; **~ an
tsráidbhaile** the villagers; **~ na
Fraince** the French; **~ na háite** the
locals; **iomlán a ~e** all her
relatives; **ba de mhuintir
Bhreatnach í** her maiden name
was Walsh

muir (*gs*, *pl* **mara**) *nf3* sea; **ar ~** at
sea; **de mhuir** by sea; **thar ~** over
or beyond the sea; **ainmhí mara**
marine animal; **M~ Aidriad**
Adriatic (Sea); **M~ Bhailt** the Baltic
Sea; **an Mhuir Cheilteach** Celtic
Sea; **an Mhuir Dhubh** the Black
Sea; **M~ Éireann** the Irish Sea;
M~ nIocht the (English) Channel;
an Mhuir Mharbh the Dead Sea;
an Mhuir Thuaidh/Rua North/
Red Sea

muirbhrúcht *nm3* tidal wave

muirchur *nm1* jetsom

Muire *nf4* (Virgin) Mary

muirear *nm1* burden, charge; family

muirghalar *nm1* sea sickness

muirí *adj*, *nm4* marine

muirín¹ *nm4* scallop

muirín² *nf4* family; **soláthar do
mhuirín** to provide for a family

muiríne *nm4* marina

muirneach *adj* affectionate;
beloved; caressing

muirnigh *vt* caress, fondle; cuddle

muirnín *nm4* darling, sweetheart,
beloved

muirniú *nm* caress

muirthéacht *nf3* (*Pol*) revolution

múisc *nf2* vomit; nausea; disgust

muiscít *nf2* mosquito

múisiam (*pl* **múisiamaí**) *nm4*
upset; huff; nausea; drowsiness;
bhí ~ air (leo) he was huffing (with
them)

múisiamach *adj* upset; annoyed

muisiriún *nm1* mushroom

muislín *nm4* muslin

múitseálaí *nm4* truant; idler

mullach (*pl* **mullaí**) *nm1* top;
summit; (*of head*) crown; high
ground; **i ~ a chéile** on top of one
another; **fágadh ag tochas a
mhullaigh é** he was left scratching
his head; **titim ar mhullach do
chinn** to fall head first

mullard *nm1* bollard

Mumhain (*gs* **Mumhan**) *nf*: **Cúige
Mumhan** Munster

mún *nm1* urine, piss ▷ *vt*, *vi* urinate,
piss

mungail (*pres* **munglaíonn**, *vn*
mungailt) *vt*, *vi* chew, munch;
mumble

múnla *nm4* mould; shape

múnlach *nm1* sewage; putrid water

múnlaigh *vt* mould; model; shape

múr (*pl* **múrtha**) *nm1* wall; rampart;
(*of rain*) shower; **~tha** *nmpl* loads,
abundance; **tá na ~tha airgid acu**
they are filthy rich

 EOCHAIRFHOCAL

mura *conj* (*eclipses*) if not; unless
1 (*with indicative*): **mura bhfuil
biseach ort fan sa bhaile** if you
are not better stay at home; **mura
dtéann tú abhaile beidh fearg ar**

do mháthair leat if you don't go home your mother will be angry with you; **mura n-éiríonn sé go luath ar maidin bíonn sé míshásta i rith an lae** if he doesn't get up early in the morning he's unhappy the rest of the day; **mura mbíodh sé go maith d'fhanadh sé sa bhaile** if he wasn't well he stayed at home; **mura raibh sí sa bhaile ní fhaca sí é** if she wasn't at home she didn't see him; **mura bhfuair sé scéala ní thiocfaidh sé** if he didn't get word he won't come

2 (with past tense of regular verbs = **murar**): **murar chuir sé ar an mbord é níl a fhios agam cár fhág sé é** if he didn't put it on the table I don't know where he left it; **murar shiúil sé rith sé** if he didn't walk he ran

3 (with present subjunctive or future): **mura dté** or **rachaidh tú ann ní fheicfidh tú é** if you don't go there you won't see him; **mura n-imí** or **n-imeoidh tú anois láithreach glaofaidh mé ar na péas** if you don't leave immediately I'll call the police; **mura dtaga** or **dtiocfaidh sé bíodh an t-iomlán ag Máire** if he doesn't come let Mary have the lot; **go dtuga Dia a luach duit mura mbí** or **mbeidh mise ábalta a thabhairt duit** may God reward you if I cannot

4 (with past subjunctive or conditional): **níl a fhios agam cad é a dhéanfainn mura dtagadh** or **dtiocfadh sí** I don't know what I would have done if she hadn't come, I don't know what I would do if she didn't come; **mura gcoinneoinn leis go n-ólfadh sé é, bheadh sé tinn fós** if I hadn't kept at him till he drank it, he would still be sick

5 although ... not; even though ... not; **murar thráchtamar ar an ábhar, tá daoine eile a thrácht air minic go leor** although we did not talk about the subject, others did so frequently; **murar chuir sé leis an moladh níor chuir sé ina aghaidh** although he didn't support the recommendation he didn't oppose it

6: **mura mbeadh** if not; except for; only for; **mura mbeadh mé féin** but for myself; **mura mbeadh Seán bhí muid san fhaopach** but for John we were in a fix; **ní inseodh sé bréag mura mbeadh gur mheas sé go gcreidfí uaidh é** he wouldn't have told a lie if he didn't think he would be believed

7 (with present of copula = **mura**): **mura mian leat** if you don't wish; **mura miste leat** if you don't mind; **mura rud é** if it is not so

8 (with present of copula before vowels = **murab**): **murab é sin** but for that; **murab é go raibh tusa anseo** but for the fact that you were here; **murab amhlaidh atá** if it is not so; **murab é Seán an duine a rinne é** if John is not the one who did it; **murab ionann agus tusa** unlike you; **murab agat atá an leabhar** if you haven't the book

9 (with past of copula = **murar**): **murar pheaca é** if it wasn't a sin

10 (with past of copula before vowels = **murarbh**): **murarbh onóir mhór dó é** if it wasn't a great honour for him

m

murab see **mura**

murach conj if not; only; **~ an fhearthainn** only for the rain; **~ an obair a bheith déanta aige** only that he had done the work; **~ iadsan** but for them; **~ go bhfaca mé iad** had I not seen them

múráil nf3 shower(s)

murar, murarbh see **mura**

murascaill nf2 gulf; **M~ na Peirse** the (Persian) Gulf

murlach nm1 lagoon

murlán nm1 knob; (of door) handle; knucklebone

murlas nm1 mackerel

murnán nm1 ankle

mursanta adj domineering

múrtha see **múr**

murúch nf2 mermaid

mús nm1 moose

músaem nm1 museum

múscail (pres **músclaíonn**) vt, vi wake (up), awake; rouse

múscailt nf2 awakening

múscailte vadj awake

múscán nm1 sponge; ooze; (of fungus) mould

mustar nm1 swagger; muster, assembly

mustard nm1 mustard

mustrach adj swaggering; vain; arrogant

n- (remove "n-") see **initial vowel**

nA (remove "n") see **A...**

na gsf, pl of **an**; **i lár na hoíche** in the middle of the night; **ar fud na háite** throughout the place; **Turas na Croise** the Stations of the Cross; **na boicht** the poor; **na leabhair seo** these books; **faoi scáth na gcrann** under the shade of the trees; **na hamhráin** the songs; **na Meánaoiseanna** the Middle Ages

-na emphatic suffix, 1st person pl: **ár dteachna** our house; **ár gcarrannana** our cars

ná¹ neg vb part (used with imperative): **ná rith** don't run; (with **bí**: in pres sub): **ná raibh sé tinn** may he never be sick; **ná hith é** don't eat it

ná² conj nor, or; **níl tús ná deireadh leis an scéal seo** there is neither a start nor a finish to this story; **níl**

Pól ná Seán ann neither Paul nor John is there; **níor chuala mé an clog — níor chuala ná mise** I didn't hear the bell — neither did I

ná³ conj than; **is ciúine na cailíní ná na buachaillí** the girls are quieter than the boys; **tá sé níos óige ná mise** he is younger than me

ná⁴ conj but; **cé a bhí roimpi sa seomra ná Seán?** who should she find in the room but John?; **ná go, ná gur** but that

ná⁵ conj (with copula): **is é a rinne sé sa deireadh ná neamhiontas ar fad a dhéanamh de** what he did in the end was to ignore him totally

nach neg vb part (in questions): **~ raibh a fhios agat?** didn't you know? ▷ conj that … not; (in adv phrases): **~ mór, ~ beag** almost, nearly; (in relative clause): **fuair sé rud ~ ndearna sé margadh air** he got sth he hadn't bargained for; **fear ~ luafar** a man who won't be named; **is cosúil ~ ann dó** it seems that it doesn't exist; **an bhfuil sé anseo? is léir ~ bhfuil!** is he here? it's clear that he's not!; **rinne tú é, ~ ndearna?** you've done it, haven't you?; see also **is**

nádúr nm1 nature; inherent character; **tá sé sa ~ aige** it's in his nature; **ó ~** by nature

nádúrtha adj natural; normal; (weather) mild; (person) good-natured; **fás/gáire ~** natural growth/laugh

naí (pl **naíonna**) nm4 infant

naíchóiste nm4 pram, baby carriage (US)

náid (pl **náideanna**) nf2 nil, nought, nothing; (number) zero

naimhde see **namhaid**

naimhdeach adj hostile, unfriendly

naimhdeas nm1 hostility; enmity; spite

naíolann nf2 nursery

naíonán nm1 infant

naipcín nm4 napkin, serviette

náire nf4 shame, disgrace; dishonour; **~ a bheith ort** to be ashamed; **mo ~ thú!** shame on you!; **~ duine a thabhairt** to disgrace sb; **is mór an ~ é** it's a disgrace; **nach bhfuil ~ ar bith ionat?** have you no shame?

náireach adj (action) shameful; (person) modest, bashful

náirigh vt shame, disgrace

naisc (vn **nascadh**, pp **naiscthe**) vt connect; link; tie

naíscoil (pl **naíscoileanna**) nf2 kindergarten, playschool

náisiún nm1 nation; **Na Náisiúin Aontaithe** the United Nations

náisiúnach nm1 national

náisiúnachas nm1 nationalism

náisiúnaigh vt nationalize

náisiúnta adj national; nationwide

náisiúntacht nf3 nationality

Naitsíoch adj (gsm **naitsíoch**) Nazi

namhaid (gs **namhad**, pl **naimhde**) nm enemy, foe; **fórsaí an namhad** the enemy forces; **~ a dhéanamh de do rún** to cut off your nose to spite your face

naofa adj holy, sacred; **an Talamh N~** the Holy Land

naofacht nf3 sanctity, holiness

naoi num, nm4 (pl **naonna**) nine; **uimhir a ~** number nine; **~ déag** nineteen; **~ gcapall déag** nineteen horses

naomh nm1 saint ▷ adj holy; **N~ Peadar** Saint Peter; **an Spiorad N~** the Holy Spirit

naomhóg nf2 (type of) currach

Naomhshacraimint *nf2* (*Rel*): **An ~** the Blessed Sacrament

naonúr *nm1* (*+ gen pl*) nine people

naoú *num, adj, nm4* ninth; **an ~ lá/háit/duine** the ninth day/place/person

naprún *nm1* apron

nár[1] *neg interr vb part* (*in questions*): **~ chuala tú mé?** did you not hear me?; **~ oscail tú é?** didn't you open it?, you opened it, didn't you?

nár[2] *conj* that ... not; *see also* **is**[1]; **chonacthas dom ~ thuig sé an cheist** it appeared to me that he didn't understand the question; **is beag ~ thit mé** I nearly fell

nár[3] *neg rel vb part* (*in relative clause*): **an bhean ~ chuala an scairt** the woman who didn't hear the shout; **an páiste ~ tógadh sa cheantar seo** the child who was not raised in this district; **níl a fhios agam cé acu ba chóir dom glacadh leis nó ~ chóir** I don't know whether or not I should accept it

nár[4] *neg vb part* (*with pres sub*): **~ chluine tú é** may you not hear it

nárbh *see* **is**[1]

nasc *nm1* link; clasp; bond; (*Comput*) link, hyperlink

nath *nm3* adage, saying; **~ cainte** figure of speech

nathair (*gs* **nathrach**, *pl* **nathracha**) *nf* snake, serpent; **~ nimhe** (poisonous) snake; **~ shligreach** rattlesnake

nd (*remove* "n") *see* **d...**

nE (*remove* "n") *see* **E...**

-ne *emphatic suffix, 1st person pl*: **ár máthairne** our mother; **inár dtithene** in our houses; **déanfaimidne é** *we* will do it; **is dúinne a thug sí é** she gave it to *us*

neach (*pl* **neacha**) *nm4* being; person; **~ daonna** human being; **ní raibh aon ~ ann** there wasn't a soul there

neacht *nf3* niece

neachtar *pron*: **nó ~ acu** or else

neachtlann *nf2* laundry

nead (*pl* **neadacha**) *nf2* nest; **~ seangán** anthill; **an ~ a fhágáil** to leave home

neadaigh *vt, vi* nest; nestle, lodge; set

neafais *nf2* triviality

neafaiseach *adj* trivial

néal (*pl* **néalta**) *nm1* cloud; depression; fit; nap; **~ a chodladh** to take a nap; **~ codlata** snooze, nap; **~ a chur i nduine** to daze sb, stun sb; **~ feirge** a fit of anger; **~ a theacht ort** to doze off; **dul i ~** to go into a trance

néaltach *adj* cloudy

neamart *nm1* neglect; negligence; oversight; **~ a dhéanamh i rud** to neglect sth

neamartach *adj* neglectful; remiss; negligent; **ba ~ an mhaise dó (rud a dhéanamh)** it was remiss of him (to do sth)

neamh (*gs* **neimhe**) *nf2* heaven; **dul ar ~** to go to heaven; **níl a fhios agam ó ~ anuas** I haven't the slightest idea

neamh- *prefix* in-, non-, un-

neamhábalta *adj* incapable, unable

neamhábaltacht *nf3* inability

neamhacra *adj*: **bheith ar an ~** to be independent *or* self-sufficient

neamhaibí *adj* immature; unripe

neamhaird *nf2* inattention; disregard; **~ a thabhairt ar rud** to disregard sth

neamh-aire *nf4* carelessness

neamh-aireach *adj* careless; inattentive

neamh-aistreach *adj* intransitive

néamhann *nm1* gem; mother-of-pearl

neamhbhailí *adj* invalid

neamhbhalbh *adj* candid; forthright, outspoken

neamhbheartaithe *adj* unintentional

neamhbheo *adj* inanimate, lifeless; (Art) still

neamhbhuan *adj* impermanent; fleeting, transient; short-term

neamhbhuartha *adj* carefree; unperturbed, unconcerned

neamhcháilithe *adj* unqualified

neamhchaiteoir *nm3* non-smoker

neamhchead *n*: **ar ~ do** regardless of; without the permission of

neamhcheadaithe *adj* unauthorized; not permitted; forbidden

neamhchinnte *adj* uncertain, undecided; indefinite

neamhchiontach *adj* innocent, not guilty

neamhchodladh (*gs* **neamhchodlata**) *nm* insomnia

neamhchoitianta *adj* uncommon

neamhchorrabhuais *nf2* (*calm*) cool; nonchalance

neamhchorraithe *adj* unruffled, unmoved

neamhchostasach *adj* inexpensive

neamhchosúil *adj* unlike, dissimilar; unlikely, improbable

neamhchreidmheach *adj* unbelieving ▷ *nm1* unbeliever

neamhchríochnaithe *adj* unfinished, incomplete

neamhchúis *nf2* coolness, composure; lack of concern

neamhchúiseach *adj* unconcerned; imperturbable

neamhdhíobhálach *adj* harmless

neamhdhóchúil *adj* unlikely

neamhdhuine *nm4* (*person*) nobody; nonentity

neamheagla *nf4* fearlessness

neamheaglach *adj* bold, fearless

neamheolach *adj* (*unaware*) ignorant

neamhfhaiseanta *adj* unfashionable

neamhfheiceálach *adj* inconspicuous

neamhfhicsean *nm1* non-fiction

neamhfhoirfe *adj* (*also Ling*) imperfect

neamhfhoirmiúil *adj* informal, casual

neamhfhoirmiúlacht *nf3* informality

neamhfhorbartha *adj* undeveloped

neamhfhreagrach *adj* irresponsible; inconsistent; incompatible

neamhfhreagracht *nf3* inconsistency

neamhghéilliúil *adj* uncompromising; insubordinate

neamhghlan *adj* impure, unclean

neamhghnách (*gsm* **neamhghnách**) *adj* uncommon; extraordinary

neamhghníomhach *adj* inactive

neamhghnóthach *adj* idle, slack

neamhghoilliúnach *adj* (*fig*) thick-skinned

neamhinniúil *adj* incompetent, incapable

neamhiomlán *adj* incomplete, partial

neamhionannas *nm1* inequality; disparity

neamhiontas *nm1*: **~ a dhéanamh de rud** to ignore sth
neamhleithleach *adj* selfless, unselfish
neamhleor *adj* insufficient
neamhliteartha *adj* illiterate
neamhlitearthacht *nf3* illiteracy
neamh-mheisciúil *adj* (*drink*) non-alcoholic, soft
neamh-mhothálach *adj* insensitive
neamh-mhuiníneach *adj* unreliable
neamhní (*pl* **neamhnithe**) *nm4* nothing, nought; nonentity; **dul ar ~** to come to nothing
neamhoifigiúil *adj* unofficial
neamhoilte *adj* raw, inexperienced
neamhord *nm1* disorder, confusion
neamhphearsanta *adj* impersonal
neamhphósta *adj* unmarried
neamhphraiticiúil *adj* impractical
neamhréir *nf2* inconsistency
neamhréireach *adj* inconsistent
neamhréiteach *nm1* discrepancy
neamhriachtanach *adj* unnecessary
neamhrialta *adj* irregular
neamhshaolta *adj* unearthly; unworldly
neamhshocracht *nf3* unrest; uneasiness
neamhshuim *nf2* disregard; indifference; **~ a dhéanamh de rud** to disregard sth
neamhshuimiúil *adj* insignificant, unimportant; **bheith ~ i rud** to be indifferent to sth, be uninterested in sth
neamhshuntasach *adj* inconspicuous; nondescript
neamhspéisiúil *adj* uninteresting
neamhspleách (*gsm*

neamhspleách) *adj* independent
neamhspleáchas *nm1* independence
neamhthaithí *nf4* inexperience
neamhthoil *nf3* unwillingness; reluctance; **ar mo ~** against my will
neamhthoiliúil *adj* involuntary
neamhthoilteanach *adj* unwilling, reluctant
neamhthuairimeach *adj* (*remark*) casual
neamhthuisceanach *adj* inconsiderate, thoughtless
neamhúdaraithe *adj* unauthorized
neamhurchóideach *adj* inoffensive; harmless
neantóg *nf2* nettle
néaróg *nf2* nerve
néaróiseach *adj, nm1* neurotic
neart *nm1* strength; might; plenty; **~ coirp** bodily strength; **níl ~ aige air** he can't help it; **dul i ~** to grow strong; **~ +** *gen* plenty; **~ tola** willpower; **tú féin a chur thar do ~** to overstrain o.s.; **vodca a ól as a ~** to drink vodka neat; **~ airgid/ ama** plenty of money/time; **níl ~ air** it can't be helped
neartaigh *vt, vi* strengthen; reinforce; **neartú le duine** to support sb
neartmhar *adj* strong; powerful
neas- *prefix* near-, close-
neascóid *nf2* (*Med*) boil
neasghaol (*pl* **neasghaolta**) *nm1* next-of-kin
néata *adj* tidy, neat; orderly
néatacht *nf3* neatness
neimhe *see* **neamh**
néimhe *see* **niamh**
Neiptiún *nm1* (*planet*) Neptune
neirbhís *nf2* nervousness; **~ a**

bheith ort to be nervous
neirbhíseach *adj* nervous
neodrach *adj* (*also Ling*) neuter; neutral; **~ ó thaobh carbóin de** carbon-neutral
neodracht *nf3* neutrality
neoid *adj* backward, shy
neon *nm1* neon; **comharthaí neoin** neon signs
ng (*remove "n"*) *see* **g...**
nl (*remove "n"*) *see* **l...**
Ní *nf4* (*in female surnames*): **Máire Ní Dhónaill** Mary O'Donnell
ní¹ *neg vb part*: **ní aithníonn sé é** he doesn't recognize it; **ní dhéanann sé faic** he does nothing; **ní thagann sé a thuilleadh** he no longer comes; **ní dhearna sí é** she did not do it; **ní fhaca mé í** I didn't see her; **ní bhfuair sé é** he did not find it; **ní raibh duine ar bith sa bhaile** there was nobody (at) home; **ní bhíonn a fhios agat** one never knows; **ní bheidh mé anseo amárach** I will not be here tomorrow; **ní chuirfidh mé suas leis!** I won't put up with it!; **ní raibh ceachtar den bheirt ann** neither of the two was there; **ní dhéanfadh sé croí duit** he wouldn't hold a candle to you; *see also* **is**
ní² *in phrase*: **ní mé** I wonder
ní³ (*gs* **nithe**) *nm4* thing, something; nothing; **an bhfuil aon ní uait?** do you need anything?; **níor tharla aon ní** nothing happened; **ós ní go** since, seeing as; **os cionn gach uile ní** above all; **ní nach ionadh** no wonder
ní⁴ *nf4* washing
nia (*pl* **nianna**) *nm4* nephew
nialas *nm1* zero
niamhrach *adj* bright; lustrous

Nic (*in Mac surnames*) *n*: **Nóra ~ Grianna** Nora Green; **Áine ~ Pháidín** Anne McFadden
nicil *nf2* nickel
nicitín *nm4* nicotine
Nigéir *nf2*: **an ~** Nigeria
nigh *vt, vi* wash; cleanse; **na soithí a ní** to wash the dishes
Níl *nf2*: **an ~** the Nile
níl *vb see* **bí**
nílim *etc vb see* **bí**
nimh (*pl* **nimheanna**) *nf2* poison, venom; **~ san fheoil a bheith agat do dhuine** to have it in for sb
nimheadas *nm1* antagonism, spitefulness
nimheanta *adj* poisonous; spiteful
nimhigh *vt* poison
nimhíoc *nf2* antidote
nimhiú *nm* poisoning; **~ bia/fola** food/blood poisoning
nimhiúil *adj* poisonous
nimhneach *adj* painful, sore; (*person*) touchy; spiteful
níochán *nm1* washing; wash; laundry; **tobán níocháin** wash tub; **meaisín níocháin** washing machine
níolón *nm1* nylon
níor¹ *neg vb part* (*with reg vbs in past*): **~ cheannaigh sé é** he did not buy it; **~ cáineadh é** he was not censured
níor², níorbh *see* **is¹**
níos *adv*: **tá sé ag éirí ~ fuaire** it is becoming colder; **i bhfad ~ fearr** far better; **i bhfad ~ mó** many/much more; **~ lú ná sin** less than that; **~ mó daoine (ná)** more people (than); **~ mó ná riamh** more than ever; **~ déanaí** later; **~ faide** farther; **~ luaithe** sooner; **~ measa** worse
niteoir *nm3* washer; **~ gaothscátha** windscreen washer

nithe see **ní**[3]

nítrigin nf2 nitrogen

niúmóine nm4 pneumonia

nO (remove "n") see **O...**

nó conj or; **luath nó mall** sooner or later; **a bheag nó a mhór** more or less

nócha (gs **nóchad**, pl **nóchaidí**) num, nm (+ nom sg) ninety

nóchadú num, adj, nm4 ninetieth

nocht adj naked, bare ▷ nm1 naked person; (Art) nude ▷ vt bare; disclose; uncover; reveal; (Phot) expose ▷ vi emerge; (plans) unfold; appear; **rún a ~adh** to reveal a secret; **do dhroim a ~adh** to bare your back; **~ sé ag cúl an tí** he appeared at the back of the house

nochtacht nf3 nudity

nochtadh (gs **nochta**) nm disclosure; revelation; (Phot) exposure; **~ mígheanasach** indecent exposure; **~ leachta** unveiling of a monument

nod nm1 abbreviation; hint

nódú (gs **nódaithe**, pl **nóduithe**) nm graft, transplant

nóiméad adv awhile ▷ nm1 minute; moment; **~ ar bith** at any moment

nóin nf3 noon; afternoon, evening; **um ~** at noon

nóinín nm4 daisy

nóinléiriú nm matinée

nóisean nm1 fancy, notion; **tá ~ aige do Mháire** he fancies Mary

noitmig nf2 nutmeg

Nollaig (gs **Nollag**, pl **Nollaigí**) nf Christmas; December; **Oíche Lae Nollag** Christmas Eve; **Oíche Lá Nollag** Christmas night; **um ~, faoi ~** at Christmas; **~ Shona!** Merry Christmas!

normálta adj normal

Normannach adj, nm1 Norman

nós (pl **nósanna**) nm1 habit; custom; trend; **~ a dhéanamh** to form a habit; **ar ~ na gaoithe** like the wind; **~ áitiúil** local custom; **~ imeachta** procedure; **ar ~** + gen like; **ar aon ~** anyway, at any rate; **is ~ leis bheith in am** he's usually on time

nósmhaireacht nf3 formality; customariness

nósmhar adj customary; usual; polite

nósúil adj formal; fastidious

nóta nm4 note; annotation; **~ a ghlacadh/chur** to take/send a note; **~ bainc/sochair** bank/credit note

nótáil vt note (down)

nótáilte adj noted; notable

nU (remove "n") see **U...**

nua adj (gsf, compar **nuaí**) new; new-found; fresh; recent ▷ nm4 new thing, novelty; **an sean agus an ~** the old and the new; **as an ~** all over again, afresh

nua- prefix new-, newly-

nua-aimseartha adj modern

nua-aimsithe adj new-found

nua-aoiseach adj modern

nuabheirthe adj newborn

nuachar nm1 spouse

nuachóirigh vt modernize

nuacht nf3 news; novelty; **bhí sé ar an ~** it was on the news

nuachtán nm1 newspaper, paper

nuachtánaí nm4 newsagent

nuachtghníomhaireacht nf3 news agency

nuachtlitir nf newsletter

nuachtóireacht nf3 journalism

Nua-Eabhrac nm4 New York

Nua-Ghaeilge nf4 Modern Irish

nuaí see **nua**

nuair *conj* (*+ dir rel*) when, whenever; since; **~ a rachaidh an chúis go cnámh na huillinne** when it comes to the crunch; **~ a chonaic sé seo** when he saw this; **bhí sí ag léamh ~ a tháinig mé isteach** she was reading when I came in

nuanósach *adj* newfangled

nuaphósta *adj* newly-wed

Nua-Shéalainn *nf2*: **an ~** New Zealand

nuatheanga (*pl* **nuatheangacha**) *nf4* modern language

núdail *nmph* noodles

núicléach *adj* (*gsm* **núicléach**) nuclear

nuige *adv*: **go ~** as far as; **go ~ seo** previously

núis *nf2* nuisance

O

ó¹ (*prep prons* = **uaim, uait, uaidh, uaithi, uainn, uaibh, uathu**) *prep, conj* from; since; **ó Dhoire go ...** from Derry to ...; **ó thús na bliana** since the beginning of the year; **uaidh féin** of its own accord; **ó tá sé abhus anois** since he is here now; **ó rugadh í** since she was born; **ó bhun go barr** from top to bottom; **míle ón stáisiún** a mile from the station; **rud a bheith uait** to want sth; **rud a fheiceáil uait** to see sth at a distance; **ba dheas uaithi glaoch** it was nice of her to call

ó² (*pl* **ói**, *gs* **uí**, *pl in some names* **uí**, *dpl in some place names* **uíbh**) *nm4* grandson; descendant; **is de lucht leanúna Uí Néill é** he is a follower of O'Neill; **cuid scríbhinní Shéamais Uí Ghrianna** the writings of Séamas Ó Grianna

ó | 520

ó³ *adv*: **ó dheas** southwards; **ó thuaidh** northwards

ó⁴ *excl* o, oh

obair (*gs* **oibre**, *pl* **oibreacha**) *nf2* work; labour; employment; difficulty; **bheith ag ~ (ar rud)** to work (at sth); **dul i gceann oibre** to set to work; **~ tí** housework; **~ bhaile** homework; **~ chloiche/láimhe** stonework/handiwork; **oibreacha poiblí/uisce** public/water works; **~ a bheith agat rud a dhéanamh** to have difficulty doing sth; **ar ~** in action, going on; **bheith as ~** to be out of work, be unemployed

óbó *nm4* oboe

obráid *nf2* operation

ócáid *nf2* occasion; **ar ~í** occasionally; **rugadh san ~ orainn** we were caught in the act

ócáideach *adj* occasional; (*work etc*) casual

ochón *excl* alas ▷ *n* lament

ochslaíoch *adj*, *nm1* (*Gram*) ablative

ocht *num*, *nm4* (*pl* **ochtanna**) eight; **~ gcapall/n-úll (mhóra)** eight (big) horses/apples; **caibidil a h~** chapter eight

ochtagán *nm1* octagon

ochtapas *nm1* octopus

ochtar *nm1* eight (people); **col ochtair** third cousin

ochtó (*gs* **ochtód**, *pl* **ochtóidí**) *num*, *nm* eighty

ochtódú (*pl* **ochtóduithe**) *num*, *adj*, *nm4* eightieth

ochtú *num*, *adj*, *nm4* eighth; **trí ~** three eighths; **an t-~ lá** the eighth day

ocrach *adj* hungry; (*period*) lean

ocras *nm1* hunger; **~ a bheith ort** to be hungry

ocsaigin *nf2* oxygen

ofráil *vt* offer ▷ *nf3* (*Rel*) offering

Óg *adj* (*in names*): **Séamas Óg** Master James; James Junior

óg *adj* young; junior ▷ *nm1* (*pl* **óga**) young person

óganach *adj* adolescent; juvenile ▷ *nm1* youth, adolescent; juvenile

ógbhean (*gs*, *pl* **ógmhná**, *gpl* **ógbhan**) *nf* young woman *or* lady

ógfhear *nm1* young man

ogham *nm1* (*script*) ogham

óglach *nm1* (*soldier*) volunteer; **Óglaigh na hÉireann** the Irish Volunteers

ógmhná *see* **ógbhean**

óí *see* **ó²**

oibiacht *nf3* (*Ling*, *Phil*) object

oibiachtúil *adj* objective

oibleagáid *nf2* obligation; **bheith faoi ~ do dhuine** to be under an obligation to sb

oibleagáideach *adj* obliging; obligatory

oibre, oibreacha *see* **obair**

oibreoir *nm3* (*of machine*) operator

oibrí *nm4* worker; labourer; **~ feirme/iarnróid** farmhand/railwayman; **~ neamhoilte** unskilled worker; **~ sóisialta** social worker; **~ bóna bháin** white-collar worker

oibrigh *vt*, *vi* work; operate, function, act; take effect; agitate, excite

oibriú (*gs* **oibrithe**) *nm* working; operation; agitation

oíche (*pl* **oícheanta**) *nf4* night; nightfall; (*of festival*) eve; **d'~/san ~** at/by night; **thar ~** overnight; **tá an ~ ann** it is night; **O~ Shamhna** Hallowe'en; **~ mhaith!** good night!; **O~ Chinn Bliana** New Year's Eve; **O~ Nollag** Christmas Eve

oide *nm4* tutor, teacher;
~ **spioradálta** spiritual director

oideachas *nm1* education;
~ **aosach** adult education; ~ **tríú leibhéal** further *or* higher education

oideachasúil *adj* educational

oideas *nm1* instruction; (*Culin*) recipe; (*Med*) prescription

oidhre *nm4* heir

oidhreacht *nf3* inheritance; heritage; legacy; **rud a fháil le h~** to inherit sth

oifig *nf2* office; ~ **an phoist** the post office; ~ **ticéad** ticket office, box office; ~ **turasóireachta/eolais** tourist/information office; **éirí as** ~ to retire from office

oifigeach *nm1* officer

oifigiúil *adj* official

óige *nf4* childhood; youth; young people; **ina** ~ in his youth; **dul in** ~ to get younger

óigeanta *adj* youthful

oighe *nf4* (*tool*) file

oigheann *nm1* oven;
~ **micreathoinne** microwave (oven)

oighear *nm1* ice

oighearaois *nf2* (*Hist, Geol*) ice-age

oighreata *adj* icy

oil *vt* rear; educate; train

oileán *nm1* island; **Oileáin Árann** Aran Islands; **Na hOileáin Bhriotanacha** the British Isles; **O~ Mhanann** Isle of Man; **Oileáin Mhuir nIocht** the Channel Islands

oileánach *nm1* islander ▷ *adj* insular

Oilimpeach *adj* Olympic; **na Cluichí ~a** the Olympic Games, the Olympics

oilithreach *nm1* pilgrim

oilithreacht *nf3* pilgrimage

oiliúint (*gs* **oiliúna**) *nf3* upbringing;
training, coaching

oilte *adj* trained; qualified

oilteacht *nf3* training; proficiency, skill

oineach *nm1* honour; reputation

oinigh *n gen as adj* (*secretary etc*) honorary

oinniún *nm1* onion

óinseach *nf2* (*woman*) fool, idiot

óinsiúil *adj* foolish

oir (*vn* **oiriúint**) *vi* fit; suit; ~ **do** go with, suit, become

óir¹ *conj* for

óir² *n gen as adj* gold, golden; *see also* **ór**

oirdheisceart *nm1* south-east

oireachas *nm1* precedence; sovereignty; status

oireachtas *nm1*: **an tO~** the Legislature; **O~ na Gaeilge** annual Gaelic festival, ≈ Eisteddfod, ≈ Mod

oiread *n* amount; quantity; ~ **agus** as much as; **tá a dhá ~ aici** she has twice as much; **tá a ~ sin airgid aige** he has so much money; **ach ~ (le)** no more (than); either; ~ **na fríde** the tiniest bit

oirfide *nm4* entertainment; music

oirfideach *nm1* musician; entertainer ▷ *adj* entertaining

oirirc *adj* eminent; distinguished

oiriúint (*gs* **oiriúna**) *nf3* suitability; **in** ~ ready, in order; **rud a chur in** ~ **do rud** to adapt sth to sth; **~í** accessories, fittings; *see also* **oir**

oiriúnach *adj* suitable; fit; tasteful

oiriúnaigh *vt* adapt, fit

oirmhinneach *nm1*: **an tO~ Seán Mac Gabhann** the Reverend John Smith ▷ *adj* reverend

oirnigh *vt* (*Rel*) ordain; inaugurate

oirniú *nm* ordination; inauguration

oirthear *nm1* east; **an tO~** the Orient

o

oirthearach *adj* eastern, oriental
oirthuaisceart *nm1* north east
oirthuaisceartach *adj* north-east(ern)
oiseoil *nf3* venison
oisín *nm4* fawn
oisre *nm4* oyster
oitir (*gs* **oitreach**, *pl* **oitreacha**) *nf* (sand)bank
ól *nm1* drink; booze ▷ *vt, vi* drink; **bheith ar an ól** to be on the booze; **éirí as an ól** to give up the drink; **teach (an) óil** pub
ola *nf4* oil; fuel oil; **~ agus aithrí** last rites (and penance); **~ olóige/ ricne/ráibe** olive/castor/ rape(seed) oil; **~ ghréine** suntan oil; **~ ae troisc** cod-liver oil
olach *adj* oily
ólachán *nm1* drink(ing)
olacheantar *nm1* oilfield
olagón *nm1* wail(ing); lament; **~ a dhéanamh** to wail; lament
olann (*gs* **olla**, *pl* **olanna**, *gpl* **olann**) *nf* wool; **~ chadáis** cotton wool
olc *nm1* evil; spite; harm ▷ *adj* (*compar* **measa**) bad; evil; **~ a bheith agat do dhuine** to bear sb a grudge; **~ a chur ar dhuine** to anger sb; **rud a dhéanamh le h~ (ar)** to do sth out of spite (for); **bheith go h~** to be in a bad way; **tá sé ~ agat** it is bad for you; **maith nó ~ leat é** like it or not
olcas *nm1* badness; evil; **dul in ~** to get worse; **dá ~ é** however bad it is
oll- *prefix* mass-, massive, gross, huge
olla *n gen as adj* woollen; *see* **olann**
Ollainn *nf2*: **an ~** Holland
Ollainnis *nf2* (*Ling*) Dutch
ollamh (*pl* **ollúna**) *nm1* professor; (*Hist*) master, expert
Ollannach *adj* Dutch ▷ *nm1* Dutchman
ollbhrathadóir *nm3* supergrass
olldord *nm1* double bass
ollghairdeas *nm1* jubilation
ollmhaitheas *nm3* wealth
ollmhargadh (*pl* **ollmhargaí**) *nm1* supermarket
ollmhór *adj* huge, immense
ollphéist (*pl* **ollphéisteanna**) *nf2* monster; serpent
ollscoil (*pl* **ollscoileanna**) *nf2* university
ollscolaíocht *nf3* university education
olltáirgeacht *nf3* gross *or* mass production
olltoghchán *nm1* general election
ollúna *see* **ollamh**
ológ *nf2* olive
ólta *vadj* drunk
óltach *adj* addicted to drink
olúil *adj* oily
Óman *nm4* Oman
ómós *nm1* tribute; homage; respect; **~ a thabhairt do dhuine** to pay respect to sb; **le h~ di** out of respect for her; **i gcead is in ~ do dhuine** with all due respect to sb; **in ~ na hócáide** to mark the occasion
ómósach *adj* respectful
ón = **ó¹** + *def art* **an**
óna = **ó¹** + *poss adj* **a**; **ó¹** + *rel pron* **a**
ónar = **ó¹** + *rel part* **ar**
ónár = **ó¹** + *poss adj* **ár**
onnmhaireoir *nm3* exporter
onnmhairigh *vt* export
onóir (*pl* **onóracha**) *nf3* honour; **a O~** Your Honour; **ar m'~** upon my honour; **in ~ duine** *or* **le h~ do dhuine** in sb's honour; **céim onóracha** (*Univ*) honours degree

onórach *adj* hono(u)rable; honorary

ór *nm1* gold; **ar ór ná ar airgead** not for any money; **is fiú ór í** she's as good as gold; **ór Muire** marigold

oraibh *see* **ar¹**

óráid *nf2* speech; talk, address; **~ a thabhairt** to make a speech

óráidí *nm4* orator, speaker

óraigh *vt* gild

orainn *see* **ar¹**

oráiste *nm4* (*fruit, colour*) orange ▷ *adj* orange

Oráisteach *nm1* Orangeman ▷ *adj* (*Pol*) Orange

Orc *n*: **Inse ~** the Orkneys

órcheardaí *nm4* goldsmith

órchloch *nf2* philosopher's stone

ord¹ *nm1* sledgehammer

ord² *nm1* order; sequence; (*Admin, Law*) procedure; **in/as ~** in/out of order; **~ aibítre** alphabetical order; **~ crábhaidh** religious order; **~ uimhreacha** numerical order; **rudaí a chur in ~** to put things in order

ordaigh *vt* order; prescribe; **ordú do dhuine rud a dhéanamh** to order sb to do sth

ordaitheach *adj, nm1* (*Gram*) imperative

ordanás *nm1* ordnance

órdhonn *adj* auburn

ordóg *nf2* thumb

ordú *nm* command; order; **~ cúirte/béil** court/verbal order; **~ poist** postal order; **pointe ordaithe** point of order

ordúil *adj* orderly, neat

orduimhir (*gs* **orduimhreach**, *pl* **orduimhreacha**) *nf* ordinal number

ordúlacht *nf3* tidiness, neatness;

orderliness

órga *adj* golden

orgán *nm1* (*Mus, Biol*) organ; **~ béil** mouth organ

orgánach *adj* organic ▷ *nm1* organism

orla *nm4* vomiting; vomit

orlach (*pl* **orlaí**) *nm1* inch

orm *see* **ar¹**

ornáid *nf2* ornament; trinket

ornáideach *adj* ornamental; ornate

ornáidigh *vt* embellish; ornament

órnite *vadj* gilt

órshnáithe *nm4* gold braid

ort *see* **ar¹**

ortaipéideach *adj* orthopaedic

ortha *nf4* charm; spell

orthu *see* **ar¹**

os *prep* over, above; **os ard/íseal** loud/low; **os cionn** + *gen* above, more than; in charge of; **os coinne, os comhair** + *gen* opposite, in front of

ós = **ó¹** + **is¹**

oscail (*pres* **osclaíonn**) *vt, vi* open (up); **doras/do shúile a ~t** to open a door/one's eyes

oscailt *nf2* opening; **~ súl** eye-opener; **bheith ar ~** (*door etc*) to be open

oscailte *vadj* open

oscailteacht *nf3* candour; openness

osclóir *nm3* opener

osna *nf4* sigh; **~ a ligean** to sigh

osnádúrtha *adj* supernatural

ospidéal *nm1* hospital

osréalach *adj* surreal, surrealist

ósta *nm4* lodging; **teach ~** inn, public house

óstach *nm1* host/hostess

Ostair *nf2*: **an ~** Austria

óstán *nm1* hotel
Ostarach *adj, nm1* Austrian
otair *adj* gross, vulgar; obese
oth *n*: **is ~ liom (go)** I regret (that),
I'm sorry (that)
othar *nm1* patient; invalid;
~ seachtrach/cónaitheach
outpatient/inpatient
otharcharr (*pl* **otharcharranna**)
nm1 ambulance
otharlann *nf2* hospital, infirmary
ózón *nm1* ozone

pá *nm4* pay; wages; wage; earnings
pábháil *vt* pave ▷ *nf3* paving,
pavement; **cloch phábhála**
paving stone
paca *nm4* pack; packet; **~ cártaí**
pack of cards; **do lámh a chur i b~**
to throw in one's hand
pacáil *vt, vi* pack ▷ *nf3* packing
pacáiste *nm4* package
Pacastáin *nf2*: **an Phacastáin**
Pakistan
Pacastánach *adj, nm1* Pakistani
págánach *nm1* pagan, heathen
págánta *adj* pagan, heathen
paicéad *nm1* packet
paidir (*gs* **paidre**, *pl* **paidreacha**)
nf2 prayer; **an Phaidir** the Lord's
Prayer; **~ chapaill a dhéanamh
de scéal** to drag a story out; to
make a hash of a story
paidrín *nm4* rosary; rosary beads;
an P~ the Rosary

Páil *nf2*: **an Pháil** (*Hist*) the Pale
pailin *nf2* pollen
pailm (*pl* **pailmeacha**) *nf2* palm (tree)
pailniú *nm* pollination
paimfléad *nm1* pamphlet; brochure
painéal *nm1* panel; (*Aut*) dashboard
páipéar *nm1* paper; **~ balla** wallpaper; **~ bán** (*Pol*) white paper; **~ carbóin** carbon paper; **~ leithris** toilet paper; **~ litreacha** notepaper; **~ nuachta** newspaper; **~ scríbhneoireachta** writing paper; **~ súite** blotting paper
páipéarachas *nm1* stationery
páipéir *n gen as adj* paper; **mála ~** paper bag
páirc (*pl* **páirceanna**) *nf2* park; field; **P~ an Chrócaigh** Croke Park (*national football/hurling stadium*); **P~ an Fhionnuisce** the Phoenix Park (*large park in Dublin*); **~ imeartha** pitch, playing field; **~ théama** theme park
páirceáil *vt, vi* park ▷ *nf3* parking
páircíneach *adj* (*material*) checked
pairifín *nm4* paraffin
páirt (*pl* **páirteanna**) *nf2* part; role; association; **~ a dhéanamh** to act a part; **~ a ghlacadh i rud** to take part in sth; **dul i b~ le duine** to join *or* side with sb; **níl baint ná ~ agam leo** I have nothing whatsoever to do with them; **~eanna spártha** spare parts
páirtaimseartha *adj* part-time
páirteach *adj* participating; sharing; sympathetic; **bheith ~ i rud** to be involved *or* participate in sth
páirtí *nm4* (*also Pol*) party; partner; **An P~ Glas** the Green Party; **P~ an Lucht Oibre** Labour, the Labour Party

páirtíocht *nf3* partnership
páis *nf2* (*Rel*) passion, suffering; **P~ Chríost** the Passion of Christ; **Seachtain na P~e** Passion Week, Holy Week
paisean *nm1* (*emotion*) passion
paiseanta *adj* passionate
paisinéir *nm3* passenger
paiste *nm4* patch; **~ a chur ar rud** to patch sth
páiste *nm4* child; youngster; infant; **~ aonair** only child
paisteáil *vt* patch
paistéartha *vadj* pasteurized
páistiúil *adj* childish, infantile
páistiúlacht *nf3* childishness
paiteanta *adj* patent; precise, correct; **rud a dhéanamh go ~** to do sth expertly
paiteolaí *nm4* pathologist
paiteolaíoch *adj* pathological
paitinn *nf2* patent; **cearta ~e** patent rights
Palaistín *nf2*: **an Phalaistín** Palestine
Palaistíneach *adj, nm1* Palestinian
pálás *nm1* palace
paltóg *nf2* blow, thump; **~ a bhualadh ar dhuine** to wallop sb
pána *nm4* pane; **~ fuinneoige** window pane
pancóg *nf2* pancake
panda *nm4* panda
panna *nm4* pan
pantaimím *nf2* pantomime
pantrach *nf2* pantry
pápa *nm4* pope
pápach *adj* papal
pár *nm1* parchment; **rud a chur ar ~** to record sth
paradacsa *nm4* paradox
paradacsúil *adj* paradoxical
paragraf *nm1* paragraph
Paragua *nm4* Paraguay

P1

paráid nf2 parade

parailéal nm1 parallel; **i b~ le** parallel with

parailéalach adj parallel

paraimíleatach adj, nm1 paramilitary

paraisiút nm1 parachute

Páras nm4 Paris

parasól nm1 parasol

paratrúipéir nm3 paratrooper

pardóg nf2 pad; pannier

pardún nm1 pardon; **tugadh ~ dóibh** they were pardoned; **gabhaim ~ agat!** pardon me!, I beg your pardon!

parlaimint nf2 parliament; **teachta ~e Hove** the MP for Hove; **P~ na hEorpa** European Parliament

parlaiminteach adj parliamentary

parlús nm1 parlour, sitting-room

paróiste nm4 parish

paróisteach nm1 parishioner ▷ adj parochial

parthas nm1 (Rel, also fig) paradise; **Gairdín Pharthais** the Garden of Eden

parúl nm1 parole; **ar ~** on parole

pas (pl **pasanna**) nm4 pass; permit; passport; **~ a fháil** (Scol) to pass; **~ a thabhairt do dhuine** (Sport) to pass to sb; **~ láimhe** hand-pass ▷ as adv rather, somewhat; **~ beag ró-mhór** a shade too large

pasáil vt, vi (Scol, Sport) pass

pasáiste nm4 passage; corridor; gangway

pasfhocal nm1 (Comput) password

pasleabhar nm1 passbook

pasta nm4 pasta

pastae nm4 pasty

pataire nm1 tot

páté nm4 pâté

patraisc nf2 partridge

patról nm1 patrol; **~ a dhéanamh** to patrol

patrólcharr nm1 patrol car

patrún nm1 pattern, design

pátrún nm1 patron; (Rel) pattern

patuar adj lukewarm, tepid; (person) apathetic

pé pron, adj, conj whoever; whatever; whichever; whether; **pé scéal é** anyhow; **pé hiad féin** whoever they are; **pé ann nó as é** whether he's there or not; **pé acu a rinne é** whichever of them did it; **pé ar bith duine** whatever person

péac vt, vi sprout, shoot; germinate; prod ▷ nf2 point, peak; prod; effort; **bheith i ndeireadh na péice** to be on one's last legs

peaca nm4 sin; **~ marfach/ solathach** mortal/venial sin; **~ an tsinsir** original sin; **~ a dhéanamh** to commit (a) sin; **is mór an ~ é** it's a crying shame

peacach nm1 sinner ▷ adj sinful

péacach adj colourful; gaudy, flashy

peacaigh vi sin

péacóg nf2 peacock

peann nm1 pen; **~ gránbhiorach/ tobair** ballpoint/fountain pen; **~ luaidhe** pencil

peannaid nf2 penance; pain

peannaideach adj penal; painful

péarla nm4 pearl

pearóid nf2 parrot

pearsa (gs, gpl **pearsan**, pl **pearsana**) nf person; (Liter, Theat) character

pearsanra nm4 personnel

pearsanta adj personal

pearsantacht nf3 personality

pearsantú nm personification

péas (pl **péas**) nm4 policeman; **na ~** the police

peasghadaí *nm4* pickpocket

peata *nm4* pet; **~ a dhéanamh de dhuine** to pamper sb; **~ an mhúinteora** teacher's pet

péicíneach *nm1* (*dog*) Pekin(g)ese

peil *nf2* football; **cluiche ~e** game of football; **~ mheiriceánach** American football

peilbheas *nm1* pelvis

peileadóir *nm3* footballer

péindlí (*pl* **péindlíthe**) *nm4* penal law; **Na P~the** (*Hist*) the Penal Laws

péine¹ *see* **pian**

péine² *nm4* (*tree*) pine

péineas *nm1* penis

peinicillin *nf2* penicillin

péint *nf2* paint; **"~ úr"** "wet paint"

peinteagán *nm1* pentagon

péinteáil *nf3* painting; paintwork ▷ *vt, vi* paint

péintéir *nm3* painter

péintéireacht *nf3* (*Art*) painting

péire *nm4* pair

peireacót *nm1* petticoat

peiriúic *nf2* wig

Peirs *nf2*: **an Pheirs** Persia; **Murascaill na ~e** the (Persian) Gulf

Peirseach *adj, nm1* Persian

peirsil *nf2* parsley

Peirsis *nf2* (*Ling*) Persian

peirspictíocht *nf3* perspective

péist (*pl* **péisteanna**) *nf2* worm; reptile; monster; **~ chapaill** *or* **chabáiste** caterpillar; **~ ribíneach/talún** tapeworm/ earthworm

peiteal *nm1* petal

peitreal *nm1* petrol; **~ gan luaidhe** unleaded petrol

peitriliam *nm4* petroleum

péitseog *nf2* peach

ph (*remove* "h") *see* **p...**

pí *nm4* (*Math*) pi

piachán *nm1* hoarseness; **tá ~ i mo sceadamán** I'm hoarse

piachánach *adj* hoarse; husky

pian (*gs* **péine**, *pl* **pianta**) *nf2* pain, ache; **~ a bheith ort** *or* **bheith i b~** to be in pain; **~ta fáis** growing pains; **duine a chur as ~** to put sb out of his/her misery

pianmhar *adj* painful

pianmhúchán *nm1* painkiller

pianó (*pl* **pianónna**) *nm4* piano

pianódóir *nm3* pianist

pianpháis *nf2* anguish; **i b~** in agony

pianúil *adj* penal; painful

piardán *nm1* prawn

piasún *nm1* pheasant

píb (*pl* **píoba**, *gpl* **píob**) *nf2* (*Mus*) pipe; (*throat*) windpipe; **~ mhála** bagpipes; **~ uilleann** uilleann pipe(s)

píblíne *nf4* pipeline

pic *nf2* (*tar*) pitch

píce *nm4* (*Mil*) pike; (*Agr*) fork; (*of cap*) peak; **~ féir** hayfork

picéad *nm1* picket

picéadaigh *vt, vi* picket

píchairt *nf2* pie-chart

picil *nf2, vt* pickle; **~í** pickles; (*as condiment*) pickle

picnic *nf2* picnic

pictiúr *nm1* picture; painting; scene; (*Phot*) picture, shot; (*Cine*) movie, show; **~ a thógáil** *or* **a ghlacadh de rud** to take a picture of sth; **dul chuig na pictiúir** to go to the cinema; **~ le Picasso** a painting by Picasso

pictiúrlann *nf2* cinema, movie house (*US*)

pictiúrtha *adj* picturesque

píléar *nm1* bullet; pillar; **~ a scaoileadh** to fire a bullet

píléar *nm1* cop

P

piléardhíonach *adj* bulletproof

pilirín *nm4* pinafore

piliúr *nm1* pillow

pinc *adj*, *nm4* pink

pingin (*pl* **pinginí**, *pl with numbers* **pingine**) *nf2* penny; **níl ~ rua agam** I'm totally skint; **ar an phingin is airde** at the highest price

pinniúr *nm1* gable end; (*Sport*) alley

pinse *nm4* (*of salt etc*) pinch

pinsean *nm1* pension; **dul ar ~** to retire; **bheith i dteideal pinsin** to be eligible for a pension

pinsinéir *nm3* pensioner; senior citizen

píob, píoba *see* **píb**

píobaire *nm4* piper

píobaireacht *nf3* piping; pipe music

píobán *nm1* (*Anat*) pipe; windpipe; throat; tube; hose; **~ gairdín** garden hose; **greim píobáin a fháil ar dhuine** to grab sb by the throat

piobar *nm1* pepper

pioc¹ *vt*, *vi* pick; select, choose; **~adh ar rud** (*food*) to nibble at sth; **~adh ar dhuine** to pick on sb; (*eyebrows, musical instrument, bird*) pluck ▷ *vi* pick; (*bird*) preen

pioc² *nm4* iota; bit; **tá sí gach ~ chomh cliste leis** she's every bit as clever as him

piocaire *nm4* picker; **~ pócaí** pick-pocket

Piocht *nm3* Pict

piocóid *nf2* (*tool*) pick, pickaxe

piocúil *adj* neat; smart; quick on the uptake

píóg *nf2* pie; **~ úll/mhionra** apple/mince pie

piollaire *nm4* pill; pellet; bung

piolón *nm1* pylon

píolóta *nm4* pilot

píolótach *adj* pilot

pioncás (*pl* **pioncásanna**) *nm1* pincushion

piongain *nf2* penguin

pionna *nm4* pin; peg; **~ éadaigh** clothes peg; **~ gruaige** hairpin

pionós *nm1* penalty; punishment; **~ a chur ar dhuine** to punish *or* penalize sb; **~ báis** death penalty, capital punishment; **~ corpartha** corporal punishment

pionósaigh *vt* punish; penalize

pionsúirín *nm4* tweezers

pionsúr *nm1* pincers

pionta *nm4* pint

píopa *nm4* pipe; **do phíopa a dheargadh** to light one's pipe; **~ sceite** (*in sink*) overflow

píoráid *nm4* pirate

píoráideacht *nf3* piracy

piorra *nm4* pear; **~ abhcóide** avocado

píosa *nm4* piece, bit; (*of rope etc*) length; (*packed*) lunch; **~ páipéir/talaimh** piece of paper/land; **~ den tráthnóna** part of the evening

piostal *nm1* pistol

Piréiní *nmpl*: **na ~** the Pyrenees

pirimid *nf2* pyramid

pis (*pl* **piseanna**) *nf2* pea; **~ talún** peanut; **~ chumhra** sweet pea

piscín *nm4* kitten

piseán *nm1* pea

piseánach *nm1* (*Culin, Agr*) pulse; chickpea

piseog *nf2* charm; superstition

piseogach *adj* superstitious

pit *nf2* vulva

piteog *nf2* sissy; effeminate man

piteogach *adj* effeminate

pitseámaí *nmpl4* pyjamas

piúratánach *adj*, *nm1* puritan(ical)

plá (*pl* **plánna**) *nf4* pest; plague

plab *nm4*, *vt*, *vi* bang; slam

plac *vt*, *vi* guzzle, devour

plaic (*pl* **plaiceanna**) *nf2* bite; (*trophy*) plaque; **~ a bhaint as rud** to take a bite out of sth

pláigh *vt* plague, pester

pláinéad *nm1* planet

pláinéadach *adj* planetary

plaisteach *adj*, *nm1* plastic

plait (*pl* **plaiteanna**) *nf2* bald patch; scalp

plaiteach *adj* bald; patchy

plámás *nm1* flattery, sweet-talk; **~ a dhéanamh le duine** to flatter sb

plámásach *adj* flattering; cajoling

plámásaí *nm4* flatterer

plána *nm4* (*Art, Math etc, tool*) plane; **~ mín a chur ar rud** to smooth *or* gloss over sth

plánach *adj* plane

plánáil *vt* plane

planc *nm1* plank ▷ *vt* beat; **rud a phlancadh síos** to plank sth down

plancstaí *nm4* planxty

planctón *nm1* plankton

planda *nm4* plant

plandaigh *vt* (*Agr*) plant

plandáil *nf3* plantation ▷ *vt* (*Hist*) plant, settle; **P~ Uladh** (*Hist*) the Ulster Plantation

plandóir *nm3* planter

plandúil *adj* vegetable, vegetal

plánna *see* **plá**

plás *nm1* level area; (*fish*) plaice; (*in street names*) place

plásaíocht *nf3* flattering, sweet-talk(ing)

plásánta *adj* smooth-talking

plásóg *nf2* lawn; green; **~ amais** putting green

plástar *nm1* plaster; **~ Pháras** plaster of Paris

plástráil *vt*, *vi* plaster

pláta *nm4* plate; **~ anraith** soup plate; plate of soup; **~ te** hotplate

plátáil *nf3* armour; plating ▷ *vt* plate; armour

plátáilte *adj* (*car, tank*) armoured

platanam *nm1* platinum

plé *nm4* discussion; dealings; **níl aon phlé agam leo** I don't have any dealings with them

pléadáil *vt*, *vi* plead; dispute ▷ *nf3* plea

plean (*pl* **pleananna**) *nm4* plan; design; **~ baile** town plan

pleanáil *vt*, *vi* plan ▷ *nf3* planning; **~ clainne** family planning; **~ baile** town planning

pleanálaí *nm4* (*urban etc*) planner

pléaráca *nm4* revelry, romp; reveller

pléasc *nf2* (*pl* **pléascanna**) bang, explosion ▷ *vt*, *vi* explode, blow up; set off; go off; burst

pléascach *adj*, *nm1* (*Ling*) plosive; explosive

pléascán *nm1* explosive; bomb

pléascóg *nf2* cracker; **~ Nollag** Christmas cracker

pléata *nm4* pleat

pléatach *adj* pleated

pléatáil *vt* pleat

pleidhce *nm4* fool, idiot

pleidhcíocht *nf3* clowning, fooling

pleidhciúil *adj* foolish, silly

pléigh *vt*, *vi* debate, discuss; **rud a phlé** to discuss sth; **plé le rud/ duine** to deal with sth/sb

Pléimeannach *adj* Flemish

Pléimeannais *nf2* (*Ling*) Flemish

pléineáilte *adj* plain

pléisiúr *nm1* pleasure; treat; **~ a bhaint as rud** to enjoy sth; **is mór an ~ dul ann** it's a pleasure to go there

P

pléisiúrtha *adj* pleasant, enjoyable, jolly; agreeable

pleota *nm4* fool, idiot

plimp (*pl* **plimpeanna**) *nf2* crash, bang; (*of thunder*) roar; **~ thoirní** thunder clap

plionta *nm4* plinth

plobaire *nm4* blubberer, babbler

plobaireacht *nf3* blubbering; babbling

plobarnach *nf2* splashing; bubbling; gurgling

plocóid *nf2* plug, bung; (*Elec*) plug

plódaigh *vt* crowd, mob ▷ *vi*: **plódú isteach** (*people*) to pour in, throng

plódaithe *adj* crowded, busy, packed

plódú (*gs* **plódaithe**) *nm* crush, jam; (*traffic etc*) congestion

plota *nm4* plot

pluais (*pl* **pluaiseanna**) *nf2* cave; den

pluc *nf2* cheek; bulge; pucker

plucach *adj* chubby; puckered

plucaireacht *nf3* cheek; impudence

plucamas *nm1* mumps

plúch *vt* suffocate, asphyxiate; smother, stifle ▷ *vi* (*snow*) fall heavily; **bhí sé ag ~adh sneachta** it was snowing heavily

plúchadh (*gs* **plúchta**) *nm* suffocation; asthma; **~ sneachta** heavy snowfall

plúchtach *adj* stifling; (*room*) stuffy

pluda *nm4* mud; slush

pludach *adj* muddy; slushy

pludgharda *nm4* mudguard, fender (*US*)

pluga *nm4* plug; **~ cluaise** earplug

pluid (*pl* **pluideanna**) *nf2* blanket

pluiméir *nm3* plumber

pluiméireacht *nf3* (*trade*) plumbing

plúirín *nm4* little flower; indigo; **~ sneachta** snowdrop

pluis *nf2* plush

pluma *nm4* plum; plumb

plúr¹ *nm1* flower; blossom; **~ na mban** the choicest of women

plúr² *nm1* flour

plus (*pl* **plusanna**) *nm4* plus (sign)

Plútón *nm4* (*planet*) Pluto

pobal *nm1* (*Pol*) people; population; community; (*congregation*) parish; **an ~** the public; **os comhair an phobail** in public; in the limelight

pobalbhreith (*pl* **pobalbhreitheanna**) *nf2* opinion poll; plebiscite

pobalscoil (*pl* **pobalscoileanna**) *nf2* community school

poblacht *nf3* republic; **P~ na hÉireann** the Republic of Ireland

poblachtach *adj, nm1* republican

poblachtachas *nm1* republicanism

poc *nm1* buck, stag; strike; butt; (*Sport*) puck; **~ saor** free puck; **~ amach** puck-out; **~ sleasa** side-line (*cut*)

póca *nm4* pocket

pocáil *vt* puck, strike

pocán *nm1* he-goat, (small) bag, basket

pócar *nm1* (*Cards*) poker

pocléimneach *nf2* frolicking

podchraoladh *nm* podcast

póg *nf2* kiss ▷ *vt, vi* kiss; **~ a thabhairt do dhuine** to kiss sb

poibleog *nf2* poplar

poiblí *adj* public; **go ~** publicly

poibligh *vt* publicize; make public

poiblíocht *nf3* publicity

póigín *nm4* (*kiss*) peck

póilín *nm4* policeman; **na ~í** the police

poimpéiseach *adj* pompous

pointe *nm4* point; dot; stage; **a dó**

~ a trí 2 point 3 (2.3); **~ fócasach** focal point; **~ cumhachta** power point; **~ fiuchta** boiling point; **~ imeachta** starting point; **~ teicniúil** technicality; **ar an b~ boise** immediately

pointeáil vt point, aim

pointeáilte adj fussy, particular; (place) tidy; (dress) smart

poipín nm4 poppy

póir nf2 (Biol) pore

póirín nm4 small potato; pebble

póirse nm4 porch

póirseáil nf3: **bheith ag ~ timpeall** to rummage or grope about

póirtéir nm3 porter

poistíneacht nf3 (doing) odd jobs

póit (pl **póiteanna**) nf2 excessive drink(ing); hangover; **~ a bheith ort** to have a hangover; **~ a dhéanamh** to drink too much; **leigheas na ~e a ól arís** the hair of the dog (that bit you)

póiteach adj (person) alcoholic, heavy-drinking

poitigéir nm3 pharmacist, chemist

poitín nm4 poteen

póitiúil adj intoxicating

póitseáil nf3 poaching

póitseálaí nm4 poacher

pol nm1 (Geog, Elec) pole; **an P~ Theas/Thuaidh** The South/North Pole

polagán nm1 polygon

polaimiailíteas nm1 polio

Polainn nf2: **an Pholainn** Poland

Polainnis nf2 (Ling) Polish

polaitéin nf2 polythene

polaiteoir nm3 politician

polaitíocht nf3 politics; **~ na heite deise** right-wing politics

polaitiúil adj political

Polannach adj Polish ▷ nm1 Pole

polasaí nm4 policy; **~ árachais** insurance policy; **~ uile-ghabhálach** (Ins) comprehensive policy

poll nm1 hole; pit; aperture; puddle; (in tyre etc) puncture; (in road) pothole ▷ vt hole; penetrate; puncture; **~ cnaipe** buttonhole; **~ eochrach/amhairc** keyhole/peephole; **~ gainimh** sandpit; **~ móna** boghole; **~ sróine** nostril; **~ a chur i** or **ar rud** to make a hole in sth; **dul/cur go tóin poill** to sink

polla nm4 pole, pillar

polladh (gs **pollta**) nm perforation

polláire nm4 (Anat) nostril; buttonhole

polltach adj piercing, penetrating

póló nm4 polo

pomagránait nf2 pomegranate

pónaí nm4 pony

pónaire nf4 bean(s); **~ fhrancach/leathan** French/broad bean; **~ reatha** runner bean; **~ shoighe** soya bean

ponc (pl **poncanna**) nm1 dot; point; full stop; **bheith i b~** to be in a fix

poncaíocht nf3 punctuation

Poncán nm1 Yank

poncúil adj punctual

poncúlacht nf3 punctuality

pop excl pop

popcheol nm1 (Mus) pop (music)

pór (pl **pórtha**) nm1 seed; breed

póraigh vt, vi breed; propagate

pórghlan adj purebred

pornagrafaíocht nf3 pornography

port[1] nm1 port, harbour; (Naut) station; bank, embankment; **~ a ghabháil** to make port

port[2] nm1 tune; (kind of tune) jig; **~ béil** lilt; **~ a sheinm** to play a tune; **do phort a athrú** to change one's tune; **tá mo phort seinnte** I'm done for

P

portach *nm1* bog
Portaingéalach *adj, nm1* Portuguese
Portaingéil *nf2*: **an Phortaingéil** Portugal
Portaingéilis *nf2* (*Ling*) Portuguese
portaireacht *nf3* (*Mus*) lilting
portán *nm1* crab; **An P~** (*Astrol*) Cancer
pórtar *nm1* (*drink*) porter
pórtfhíon *nm3* (*wine*) port
pórtha *see* **pór**
Port Láirge *nm* Waterford
portráid *nf2* portrait
pós *vt, vi* marry, get married (to), wed
pósadh (*gs* **pósta**, *pl* **póstaí**) *nm* marriage; (*ceremony*) wedding; **ceiliúr pósta a chur ar dhuine** to propose to sb
pósae (*pl* **pósaetha**) *nm4* posy
posóid *nf2* (*medicinal*) concoction
post¹ *nm1* post, mail; **An P~** the Irish Postal service; **~ saor** Freepost®; **le casadh an phoist** by return (of post); **fear an phoist** the postman; **oifig phoist** post office; **litir a chur sa phost** to post a letter
post² *nm1* post; appointment, job, position
pósta *adj* married; marital; **stádas ~** marital status; *see also* **pósadh**
póstaer *nm1* poster
póstaí *see* **pósadh**
postáil *vt* (*letter*) post
postas *nm1* postage
postoifig *nf2* post office
postúlacht *nf3* conceit, self-importance
pota *nm4* pot; (*child's*) potty; **~ caife** coffeepot
potaire *nm4* potter

pótaire *nm4* drunk(ard)
potaireacht *nf3* pottery
pótaireacht *nf3* drunkenness; heavy drinking
potbhiathaigh *vt* spoon-feed
potrálaí *nm4* potterer; (*pej: doctor*) quack
prácás *nm1* mess; **a leithéid de phrácás!** what a mess!
praghas (*pl* **praghsanna**) *nm1* price; **~ a chur ar rud** to price sth
práinn¹ (*pl* **práinneacha**) *nf2* urgency; hurry; rush; **tá ~ leis** it's urgent; **~ a bheith ort** to be in a rush
práinn² *nf2* liking, affection; delight; pride; **~ a bheith ort i** *or* **as rud** to be fond of sth, take pride in sth
práinneach¹ *adj* urgent; imperative; pressing
práinneach² *adj*: **bheith ~ as** *or* **i rud** to be fond of sth, be delighted with sth
práisc *nf2* mess
práiscín *nm4* apron
praiseach *nf2* mess, hash; thin porridge
praiticiúil *adj* practical
praiticiúlacht *nf3* practicality
pram (*pl* **pramanna**) *nm4* pram, baby carriage (*US*)
pramsáil *vi* prance (about)
pras *adj* prompt; rapid; (*slogan*) snappy
prás *nm1* brass
prásóg *nf2* marzipan
práta *nm4* potato
preab *vt, vi* bounce; (*light*) flicker, jolt; (*heart*) pound, pulsate; throb ▷ *nf2* bounce; jolt; spring, leap; **~ a bhaint as duine** to make sb jump; **liathróid a phreabadh** to bounce a ball; **éirí de phreab** to jump up;

bheith i ndeireadh na preibe to be on one's last legs

preabán nm1 patch

preabánach adj patched

preabanta adj lively

preabarnach nf2 throbbing; jumping

préachán nm1 (bird) rook, crow

préachta vadj freezing; perished

preas (pl **preasanna**) nm3 press

preasagallamh nm1 press conference

preasáil vt iron, press

Preispitéireach adj, nm1 Presbyterian

priacal nm1 risk, peril; **ar do phriacal féin** at one's own risk

priaclach adj risky; anxious

pribhéad nm1 privet

pribhléid nf2 privilege

pribhléideach adj privileged; articulate

printéir nm3 (machine) printer

printíseach nm1 trainee, apprentice

printíseacht nf3 apprenticeship

príobháid nf2 privacy

príobháideach adj private

príobháidiú nm privatization

prioc vt prick; prod, poke, goad

priocadh (gs **prioctha**) nm prick, prickle; prod

priocaire nm4 (tool) poker

príomh- prefix chief, leading, main, major, prime, principal; (food etc) staple; (in rank) top

príomha adj prime, primary; premier

príomh-aire nm4 (Pol) prime minister, premier

príomhaisteoir nm3 leading man/ lady

príomhalt nm1 editorial

príomhamhránaí nm4 lead singer

príomhbhean nf first lady

príomhbhóthar nm1 main road; major road

príomhchathair (gs **príomhchathrach**, pl **príomhchathracha**) nf capital (city)

príomhchonstábla nm4 chief constable

príomhoide nm4 head, headmaster, principal

príomhoifig nf2 head office

príomhshráid nf2 high street, main street

prionsa nm4 prince; **P~ na Breataine Bige** the Prince of Wales

prionsabal nm1 principle

prionta nm4 print; type

priontáil vt print

prios (pl **priosanna**) nm3 press, cupboard

príosún nm1 prison, jail, penitentiary; imprisonment; **~ a ghearradh ar dhuine** to sentence sb to prison; **~ saoil** life sentence

príosúnach nm1 prisoner

príosúnacht nf3 imprisonment

próca nm4 urn; jar; **~ tae** tea urn; **~ suibhe** jam jar

prochóg nf2 den; cave; hovel; recess

profa nm4 (Typ) proof

próifíl nf2 profile

proifisiúnta adj professional

proifisiúntacht nf3 professionalism

proinn nf2 meal

proinnseomra nm4 dining room

proinnteach (gs **proinntí**, pl **proinntithe**) nm canteen; refectory; restaurant

Proinsiasach adj, nm1 Franciscan

próiseáil vt process ▷ nf3 processing; **~ focal** word processing

P

próiseálaí nm4 processor; **~ bia** food processor; **~ focal** word processor

próiseas nm1 process

próitéin nf2 protein

promanád nm1 (by sea) promenade

promh vt prove; test; try

promhadán nm1 test tube

promhadh nm1 proof; test; (Law) probation; **bheith ar ~** to be on probation

prós nm1 prose

Protastúnach adj, nm1 Protestant

Protastúnachas nm1 Protestantism

prúna nm4 prune

pub nm4 pub

puball nm1 tent; **~ a chur suas** to pitch a tent

púca nm4 ghost

púdal nm1 poodle

púdar nm1 powder; dust; **~ bácála** baking powder; **~ gallúnaí/ níocháin** soap/washing powder; **~ gunna** gunpowder

púic (pl **púiceanna**) nf2 blindfold; covering; scowl; **~ tae** tea cosy

púicín nm4 blindfold; blinkers; scowl

puilpid nf2 pulpit

puimcín nm4 pumpkin

puinn n (with neg) not much; **níl ~ eolais aige** he hasn't a clue

puins (pl **puinseanna**) nm4 (drink) punch

puipéad nm1 puppet

púirín nm4 hovel; hutch

puirtleog nf2 fluff; **~ girsí** a chubby girl

puisín nm4 kitten, pussy cat

puiteach nm1 mud

puití nm4 putty

púitse nm4 pouch

púl nm4 (game) pool

pulc vt, vi gorge; crowd; (Scol) cram

pumpa nm4 pump

pumpáil vt, vi pump

punann nf2 sheaf; (Comm) portfolio

punc nm4 punk

punt nm1 (weight, money, enclosure) pound; **~ steirling** pound sterling; **~ milseán** a pound of sweets

purgadóir nf3 purgatory

purgóid nf2 laxative, purgative

púróg nf2 pebble; (Med) stone

pus (pl **pusa**) nm1 face; pout; snout; **~ a bheith ort** to sulk

pusach adj pouting; moody, huffy

puslach nm1 muzzle

puth nf2 puff

putóg nf2 gut, intestine; **~ dhubh** black pudding, blood pudding (US)

q r

Q, q no letter "q" in Irish

rá nm4 saying; *see also* **abair**
rábach *adj* dashing; (*money etc*)
  extravagant; (*growth*) rank;
  (*victory*) rampant
rabhadh nm1 warning; alarm;
  alert; **~ a thabhairt do dhuine**
  to warn sb; **clog rabhaidh** alarm
  clock
rabharta nm4 spring tide; flood
rabhchán nm1 (*signal*) warning,
  alarm; beacon
rabhlaer nm1 overall
rabhlóg nf2 tongue twister
rac nm4 rock (music)
raca nm4 (*for guns, tools*) rack
ráca nm4 (*tool*) rake
rácáil vt rake
racán nm1 racket, row; rumpus;
  pandemonium; **~ a thógáil** to
  cause trouble
rachadh, rachaidh, rachainn vb
  see **téigh**

ráchairt *nf2* demand; **bhí ~ ar ...**
there was a run on ...

rachmas *nm1* wealth; (*Fin*) capital

rachmasach *adj* wealthy, well-off

racht (*pl* **rachtanna**) *nm3* (*of anger*)
fit; (*of emotion*) rush; outburst;
~ casachtaí/sciotaíola fit of
coughing/giggles; **do ~ a ligean
(amach)** to let off steam

rachtúil *adj* impassioned;
vehement

radacach *adj* radical

radadh (*gs* **radta**) *nm1* showering;
(*of horse*) kick

radaighníomhach *adj* radioactive

radaíocht *nf3* radiation

radaitheoir *nm3* radiator

radar *nm1* radar

radharc *nm1* view, look; sight;
(*Theat*) scene, spectacle; **teacht i ~**
to come in sight; **dul as ~** to
disappear; **seomra a bhfuil ~
uaidh** a room with a view; **~ na súl**
eyesight; **~ a fháil ar rud** to get a
look at sth

radharcach *adj* visual, optical

radharceolaí *nm4* optician

radharcra *nm4* (*Theat*) scenery; set

rafar *adj* thriving, prosperous

ráfla *nm4* rumour

ragairne *nm4* spree; revelry; **dul
ar ~** to go on the tear

ragobair (*gs* **ragoibre**) *nf2* overtime

raibh *etc vb see* **bí**

raic¹ (*pl* **raiceanna**) *nf2* wreckage;
adhmad ~e driftwood

raic² *nf2* row, racket; uproar; **~ a
thógáil** to cause a row

raicéad *nm1* (*Sport*) racket, racquet;
~ leadóige tennis racket

raiceáil *vt* wreck

raiceáilte *adj* ramshackle,
run-down, dilapidated

raidhfil *nm4* rifle

raidhse *nf4* plenty, profusion

raidhsiúil *adj* plentiful, abundant

raidió *nm4* radio; wireless; **ar an ~**
on the radio

raidis *nf2* radish; **~ fhiáin**
horseradish

ráig (*pl* **ráigeanna**) *nf2* (*of disease
etc*) outbreak; spurt; (*of violence etc*)
spate

ráille *nm4* rail; railing; (*Rail*) track,
rail; **~ tuáillí** towel rail; **ráillí**
banisters

raiméis *nf2* nonsense; kidology;
rigmarole

raimhre *nf4* fatness, thickness; **dul
i ~** to become fat; *see also* **ramhar**

ráinigh *defective vb* reach; arrive;
happen; **~ liom** I succeeded

ráite *vadj* said; *see also* **abair**

ráiteachas *nm1* saying, expression

ráiteas *nm1* statement

ráithe *nf4* season; (*of year*) quarter

ráithiúil *adj* quarterly

raithneach *nf2* bracken; fern

rámh *nm3* oar

rámhaigh *vt*, *vi* row

rámhaille *nf4* raving; delirium;
fancies, notions; **~ na hóige**
youthful fancies; **bheith ag ~** to
rave

rámhainn *nf2* spade

rámhaíocht *nf3* rowing

ramhar (*gsf, compar* **raimhre**, *pl*
ramhra) *adj* fat, thick, plump;
cloigeann ~ hangover; **~ sa
réasún** unreasoning

rámhcheol *nm1* rave music

ramhraigh *vt*, *vi* fatten

rancás *nm1* frolicking

randamrochtain *nf3* random
access

rang (*pl* **ranganna**) *nm3* rank; (*Scol*)
class; (*line*) row

rangaigh *vt* classify; grade; sort

rangú *nm* category; classification; grading

rann¹, ranna *see* **roinn²**

rann² *nm1* verse, rhyme; **~ páistí** nursery rhymes

rannach *adj* departmental

rannán *nm1* sector; (*Mil*) division

ranníocaíocht *nf3* contribution

rannóg *nf2* section; (*postal*) sector

rannóir *nm3* container; dispenser; **~ airgid** cash dispenser

rannpháirt *nf2* participation, involvement

rannpháirteach *adj* partaking; involved; contributory; **bheith ~ i rud** to be involved in sth

rannta *see* **roinnt**

ransaigh *vt* ransack; rummage through; rifle through

raon (*pl* **raonta**) *nm1* range; path; (*Sport*) track; **~ faoi bhéal** point-blank range; **~ rásaí** race track; **~ cluas** earshot; **as ~** out of range

raonchulaith *nf2* tracksuit

rapcheol *nm1* rap music

rás *nm3* race

rásáil *vt, vi* (*engine*) race

rásaíocht *nf3* racing

ráschúrsa *nm4* racecourse

raspa *nm4* rasp, file; **~ ingne** nailfile

rásúr *nm1* razor

ráta *nm4* rate; **~ bainc/malairte/ úis** bank/exchange/interest rate; **~í** (*tax*) rates

rath *nm3* success; prosperity; good; **tá ~ ar an ngnó** the business is thriving; **~ a ghuí ar dhuine** to wish sb well; **de ~ Dé** by the grace of God; **rud a chur ó ~** to render sth useless

ráth *nm3* (*Irl: Hist*) ring fort, rath; **~ sneachta** snowdrift

rathaigh *vi* thrive, succeed ▷ *vt* bring success to

ráthaíocht *nf3* guarantee; **faoi ~** under guarantee

rathúil *adj* successful; thriving; prosperous

rathúnas *nm1* prosperity, fortune; abundance

ré (*pl* **réanna**) *nf4* (period of) time, age; life span; era; moon; **roimh ré** in advance; **an Ré Órga** the Golden Age; **le mo ré** in my lifetime; **uair sa ré** once a month; occasionally

réab *vt* tear, rip up; shatter; violate

réabhlóid *nf2* revolution

réabhlóideach *adj* revolutionary

reacaire *nm4* seller, vendor; gossip, scandalmonger

reacht (*pl* **reachtanna**) *nm3* statute; law; **an ~ diaga/scríofa** the divine/written law; **riail agus ~** law and order

reáchtáil *nf3* (*of business etc*) running ▷ *vt, vi* run; operate

reachtaíocht *nf3* legislation

reachtaire *nm4* steward; rector; administrator

reachtúil *adj* statutory

réadach *adj* real; **eastát ~** real estate

réadán *nm1* woodworm

réadlann *nf2* observatory

réadóir *nm3* teetotaller, Pioneer

réadúil *adj* real, realistic

réal *vt* (*Phot*) develop

réalachas *nm1* realism

réaladh *nm* (*Phot*) processing, development

réalaí *nm4* realist

réalaíoch *adj* realistic

réalt- *prefix* star-; astro-; stellar

réalta *nf4* star; (*Typ*) asterisk; (*celebrity*) star; **~ reatha** shooting

r

star; **~ scuaibe** comet; **an ~
thuaidh** the north star
réaltbhuíon *nf2* constellation
réalteolaíocht *nf3* astronomy
réaltóg *nf2* (small) star
réamh- *prefix* pre-, ante-, fore-, in
advance
réamhaisnéis *nf2* forecast; **~ na
haimsire** the weather forecast
réamhaithris *vt* predict
réamhbhlaiseadh (*gs*
réamhbhlaiste) *nm* (*Cine, TV*)
trailer
réamhcheol (*pl* **réamhcheolta**)
nm1 (*Mus*) overture
réamhchlaonadh (*gs*
réamhchlaonta) *nm* prejudice
réamhchlaonta *adj* prejudiced
réamhchoinníoll *nm1* precondition
réamhchúram (*pl*
réamhchúraimí) *nm1* precaution
réamhdhéanta *adj* prefabricated;
ready-made
réamhdhréacht *nm3* rough copy;
(*Mus*) prelude
réamhfhéachaint *nf3* foresight
réamhfhocal *nm1* preposition
réamhíocaíocht *nf3* advance
payment
réamhíoctha *adj* prepaid
réamhléiriú *nm* (*Theat*) rehearsal;
~ feistithe dress rehearsal
réamhordú *nm* advance booking
réamhrá (*pl* **réamhráite**) *nm4*
introduction; preface
réamhscoile *n gen as adj* pre-school
réamhstairiúil *adj* prehistoric
reann, reanna *see* **rinn**[1,2]
réanna *see* **ré**
réasún *nm1* reason; sense; cause;
tá *or* **luíonn sé le ~ (go)** it stands
to reason (that); **dul chun
réasúin le duine** to reason with
sb; **~ a thabhairt le rud** to give

a reason for sth
réasúnach *adj* rational
réasúnaigh *vt* reason; rationalize
réasúnta *adj* reasonable;
moderate; **~ mór** reasonably big
reatha *see* **rith**
reathaí *nm4* runner
reathaíocht *nf3* running
réchúiseach *adj* easy-going,
laid-back; unconcerned
réibhe *see* **riabh**
reibiliún *nm1* rebellion
reibiliúnach *adj* rebellious
reic (*pl* **reiceanna**) *nm3* sale; recital
▷ *vt, vi* sell; peddle; recite; betray
réidh *adj* smooth; level; easy; ready;
set; **bheith ~ i rud** to be indifferent
to sth; **is ~ agat a bheith ag caint**
it's easy for you to talk; **bheith ~ le
rud** to be finished with sth; **níl sé ~
go fóill** it is not finished yet; **~ le
himeacht** ready to go
réidhe *nf4* smoothness; levelness;
easiness; readiness
Reifirméisean *nm1*: **an ~** the
Reformation
reifreann *nm1* referendum
réigiún *nm1* region
réigiúnach *adj* regional
reilig *nf2* graveyard, cemetery
reiligiún *nm1* religion
reiligiúnach *adj* religious
réiltín *nm4* asterisk; (*Cine*) starlet
réim (*pl* **réimeanna**) *nf2* régime;
career; range; bracket; (*fig*) field;
teacht i ~ to take office; **bheith i ~**
to be in power; **gnás atá faoi ~** a
usage that prevails; **~ praghsanna**
scale of charges; **~ bia** diet; **bheith
i mbarr do ~e** to be at one's peak
réimeas *nm1* reign; regime
réimír (*pl* **réimíreanna**) *nf2* prefix
réimnigh *vt* sort, arrange; (*Gram*)
conjugate

réimniú (gs **réimnithe**) nm (Gram) conjugation

réimse nm4 range, scope; gamut; (of river etc) reach; (of sand etc) stretch; (Geog) tract; (Comput) field

Réin nf2: **an ~** the Rhine

réinfhia (pl **réinfhianna**) nm4 reindeer

reiptíl nf2 reptile

réir nf2 will; wish; **de ~ a chéile** gradually; **bheith faoi ~ duine** to be at sb's service; **de ~** + gen according to; **dá ~** accordingly; **agus dá ~ sin** and so on; **de ~ an sceidil** on schedule; **faoi ~** ready, available; **bheith faoi ~ an dlí** to be subject to the law

réisc see **riasc**

reisimint nf2 regiment

réiteach nm1 (of problem) solution, answer; (of dispute) settlement; clearance, clearing; preparation; **teacht chun réitigh le duine** to come to an agreement with sb; **vóta réitigh** casting vote

réiteoir nm3 referee; umpire; arbitrator

reithe nm4 ram; **an R~** (Astrol) Aries

réitigh vt, vi (problem, difficulty) solve, resolve; iron or straighten out; (dispute) settle; (path etc) clear; prepare; **ní réitíonn an bia sin liom** that food does not agree with me; **do scornach a réiteach** to clear one's throat; **réiteach le duine** get on with sb; make peace with sb; **tú féin a réiteach** to get ready

reo nm4 frost

reoán nm1 icing

reoánta adj (cake) iced

reoigh vt, vi freeze; congeal

reoiteog nf2 ice cream

reoiteoir nm3 freezer; icebox

reophointe nm4 freezing point; **trí chéim faoi bhun an ~** 3 degrees below freezing

rí¹ (pl **ríthe**) nm4 king, sovereign, ruler, lord; **rí rua** chaffinch

rí² (pl **rítheacha**) nf4 forearm

rí- prefix extremely, very; ultra-; royal

riabh (gs **réibhe**) nf2 stripe; streak

riabhach adj striped; streaked; dull, dismal

riachtanach adj necessary; essential; vital

riachtanas nm1 necessity; need; must; requirement; **in am an riachtanais** in time of need; **cuid an riachtanais** the bare essentials

riail (gs **rialach**, pl **rialacha**) nf rule; regulation; order, authority; **rialacha iompair** rules of conduct; **bheith faoi ~ duine** to be ruled by sb; **an ~ a chur ar rud** to run the rule over sth

rialaigh vt rule; reign, govern; regulate; control

rialaitheoir nm3 (Tech) controller

rialóir nm3 (for measuring) ruler

rialta adj regular; (order) religious; **bean ~** nun; **go ~** regularly

rialtacht nf3 regularity

rialtais n gen as adj (Pol) governmental

rialtas nm1 government; (Pol) administration; **~ áitiúil** local government

rialú (gs **rialaithe**) nm rule, regulation; (Law) ruling; control; **bord rialaithe** governing body

riamh adv ever; always; never; **níos lú ná ~** less than ever; **bhí sé ~ lag** he was always weak; **ní fhaca mé ~ í** I never saw her; **an chéad lá ~** the very first day

r

rian (pl **rianta**) nm1 mark; trace; track; (of bullet etc) trajectory; **~ fola** bloodstain; **dul ar ceann riain** to set the pace

rianaigh vt trace, draw

rianpháipéar nm1 tracing paper

riar vt, vi manage; give out, distribute; administer; (food etc) serve ▷ nm4 share, enough; administration; distribution; provision, supply; **~ ar** or **do** to provide for; **~ an iomláin** enough to go round; **~ cirt** administration of justice; **~ do cháis a fháil** to get enough for one's needs; **~ agus éileamh** supply and demand

riarachán nm1 administration

riaráiste nm4 arrears; backlog

riarthóir nm3 administrator

riasc (gs **réisc**, pl **riasca**) nm1 marsh

ribe nm4 (strand of) hair; (of grass) blade; (of beard) bristle; (Elec) filament; **~ róibéis** shrimp

ribeach adj hairy; bristly

ribeog nf2 shred; (small) hair; wisp

ribín nm4 ribbon; band, string; (Sport) tape; **~ tomhais** tape measure; **rud a stróiceadh ina ~í** to cut sth to shreds

ríchathaoir (gs **ríchathaoireach**, pl **ríchathaoireacha**) nf throne

rídhamhna nm4 crown prince; royal heir

ridire nm4 knight; (in titles) Sir

rige nm4 (also: **~ ola**) (oil) rig

righin (gsf, pl, compar **righne**) adj tough; stubborn; stiff; (walk) slow, sluggish

righneas nm1 toughness; stubbornness; slowness

righnigh vt, vi toughen; stiffen

rigín nm4 (Naut) rigging; (Knitting) rib

ríl (pl **ríleanna**) nf2 reel

rilleadh (gs **rillte**) nm flood; downpour

rím (pl **rímeanna**) nf2 rhyme

ríméad nm4 joy; jubilation

ríméadach adj overjoyed; jubilant

rinc¹ (pl **rinceanna**) nf2 (ice) rink; **~ scátála** skating rink

rinc² vt, vi dance

rince nm4 dance; dancing; **~ tuaithe** country dancing

rinceoir nm3 dancer

rinn¹ (pl **reanna**, gpl **reann**) nf2 point; tip; top, peak; **~ tíre** (Geog) cape

rinn² (gs, pl **reanna**, gpl **reann**) nm3 star; planet; **na reanna neimhe** the celestial bodies

rinne etc vb see **déan**

rinneach adj pointed

rinse nm4 (Tech) wrench; whorl

ríocht (gs **reachta**) nm3 shape, form; state, condition; **dul i ~** + gen to masquerade as; **an fhírinne a chur as a ~** to distort the truth; **bheith i ~ rud a dhéanamh** to be in a position to do sth; **bhí mé i ~ titim leis an ocras** I was fit to drop with hunger; **sa ~ ina bhfuil sé** in the state it's in; **i ~ go** in such a way that

ríocht nf3 kingdom; realm; **an R~ Aontaithe** the United Kingdom

ríochtaigh vt adapt; condition

ríochtán nm1 (for clothes) dummy

ríog nf2 impulse; spasm; fit

ríoga adj regal, royal

ríogach adj impulsive; spasmodic

ríomh vt count, calculate; (story) tell

ríomhaire nm4 computer;

calculator; **~ pearsanta** personal computer

ríomhaireacht nf3 computer science; calculation

ríomhchlár nm1 (*Comput*) program(me)

ríomhchláraitheoir nm3 (computer) programmer

ríomhchlárú nm computer programming

ríomhléitheoir nm3 e-reader

ríomhphost nm1 email; **scéala ríomhphoist a chur chuig duine** to email sb; **rud a chur leis an ~ to** email sth

ríomhthicéad nm1 e-ticket

ríomhthráchtáil nf3 e-commerce

ríon (*pl* **ríonacha**) nf3 queen

riosól nm1 rissole

riospráid nf2 respiration; **~ shaorga** artificial respiration

rírá nm4 uproar, commotion

ris adj exposed, uncovered; visible

rís nf2 rice

rísín nm4 raisin

rite¹ adj taut; tight; (*climb*) steep; (*cliff*) sheer; (*area*) exposed; **~ chun** eager for; **chuaigh sé ~ léi é a chríochnú** she barely managed to finish it

rite² adj used up, spent, run out; **~ anuas** or **síos** (*health*) run down

riteoga (*fpl, gpl* **riteog**) nfpl2 tights; pantihose

rith (*gs* **reatha**, *pl* **rití**) nm3 run(ning) ▷ vt, vi run; flow; **i ~ + gen** during; **i ~ na hoíche** all night long; **i ~ an ama** all the time; **is fearr ~ maith ná drochsheasamh** discretion is the better part of valour; **~ croí** (*Med*) palpitation; **cuntas reatha** current account; **cúrsaí reatha** current affairs; **uisce reatha** running water

ríthe *see* **rí¹**

rítheacha *see* **rí²**

rithim nf2 rhythm

Rivéara nm4: **~ na Fraince** the French Riviera

RnaG *n abbr* (= *Raidió na Gaeltachta*) Irish language radio

ró (*pl* **rónna**) nm4 row

ró- *prefix* too, excessively; **rómhór** too large; **róshean/ró-óg** too old/ young

róba nm4 robe; gown

robáil vt rob; hold up ▷ nf3 robbery; hold-up

robálaí nm4 robber

roc nm1 wrinkle; crease

rocach adj wrinkled, creased; (*iron*) corrugated

rochtain (*gs* **rochtana**) nf3 (*Comput*) access; **aga rochtana** access time

ród nm1 road; way

ródaire nm4 (*Comput*) router

ródháileog nf2 overdose

ródhóchas nm1 presumption

rodta adj (*drink*) flat, stale

rógaire nm4 rogue

rogha nf4 choice; option; selection; alternative; **cheal aon ~ eile** in the last resort; **bíodh do ~ leabhar agat** choose any book you like; **is ~ liom fanacht** I prefer to stay; **de ~ ar** in preference to, rather than; **níl an dara ~ againn** we have no alternative; **~ an fhíona** the best of wine; **déan do ~ rud** do whatever you want

roghchlár nm1 (*Comput*) menu

roghnach adj optional

roghnaigh vt choose, pick; select

roghnú nm choice; selection

roicéad nm1 rocket

roimh (*prep prons* = **romham, romhat, roimhe, roimpi, romhainn, romhaibh, rompu**) *prep* before, ahead of, in front of, in advance of; (*with time: not later than*) by; **~ ré** in advance; **~ i bhfad** before long; **tá fáilte romhat** you are welcome; **loic sé ~e** he shrank from it; **~ Chríost (R. Ch)** before Christ, B.C.; **~ Cháisc** before Easter; **siúl romhat** to walk along; **dul ~ rud** to anticipate sth

Róimh *nf2*: **an ~** Rome

roimhe *adv* before; **bhí mé ann ~** I've been there before; **~ sin** before then/that; **~ seo** formerly; *see also* **roimh**

roimpi *see* **roimh**

Róin *nf2*: **an ~** the Rhone

roinn¹ *vt* share; divide, distribute; (*cards*) deal

roinn² (*gs, pl* **ranna**, *gpl* **rann**) *nf* share, portion; distribution

roinn³ *nf2* department; part; area; **an R~ Airgeadais** the Treasury, the Treasury Department (*US*); **an R~ Gnóthaí Eachtracha** the Foreign Office; **ranna stáit** state departments; **ranna cainte** (*Ling*) parts of speech

roinnt (*pl* **rannta**) *nf2* (*Math, gen*) division; sharing; (*cards*) deal; some, a few; several; **~ mhaith** a good deal; **~ daoine** several people; **gan ~** undivided

rois¹ (*pl* **roiseanna**) *nf2* (*of gunfire, questions*) burst, volley; (*of wind*) blast

rois² *vt* unravel; rip

roiseadh (*gs* **roiste**, *pl* **roistí**) *nm* rip, tear; (*in tights*) ladder, run

roisín *nm4* resin; **~ cnáibe** cannabis resin

roithleán *nm1* pulley; wheel; (*Fishing*) reel; spool

ról *nm1* role

roll *vt, vi* roll

rolla *nm4* roll; register, record; **~ leithris** toilet roll

rolladh (*gs* **rollta**) *nm* roll

rollóg *nf2* (*bread*) roll

róluchtaigh *vt* overload

Rómáin *nf2*: **an ~** Romania

Rómáinis *nf2* (*Ling*) Romanian

Rómánach *adj, nm1* Romanian

rómánsach *adj* romantic

rómánsachas *nm1* romanticism

rómánsaíocht *nf3* (*Liter etc*) romanticism

romhaibh, romhainn, romham *see* **roimh**

rómhair (*pres* **rómhraíonn**, *vn* **rómhar**, *pp* **rómhartha**) *vt* (*field*) dig

Rómhánach *adj, nm1* Roman

romhat, rompu *see* **roimh**

rón (*pl* **rónta**) *nm1* (*animal*) seal; **~ mór** sea lion

ronnach *nm1* mackerel

rop *vt* stab; thrust ▷ *nm3* stab, thrust; **duine a ~adh** to stab sb

rópa *nm4* rope

ropadh (*gs* **roptha**) *nm* stab, stabbing

ros *nm1* linseed; **ola rois** linseed oil

rós (*pl* **rósanna**) *nm1* rose

rósach *adj* rosy

rosc¹ *nm1* eye

rosc² *nm* chant, anthem; **~ catha** war cry; **~ ceoil** (*Mus*) rhapsody

rosca *nm4* rusk

Ros Comáin *nm* Roscommon

róst *vt, vi* roast

rósta *adj, nm4* (*beef etc*) roast

rostram *nm1* rostrum

rosualt *nm1* walrus

róta *nm4* rota; **ar bhonn ~** on a rota basis

roth *nm3* wheel; **~ breise** spare wheel; **~ fiaclach** cog; **~ stiúrtha**

steering wheel

rothaí nm4 cyclist; rider

rothaíocht nf3 cycling

rothar nm1 bicycle, bike; **~ sléibhe** mountain bike

rótharraingt (gs **rótharraingthe**) nf overdraft

rótharraingthe adj overdrawn

rothlach adj rotating; rotary

rothlaigh vt, vi rotate; spin

rothlú nm rotation; spin

r-phost nm1 email

RTÉ n abbr = **Raidió Teilifís Éireann**

rua adj red; red-haired; (colour) rusty; wild; **an Mhuir R~** the Red Sea; **oíche ~** a wild night; **níl cianóg ~ agam** I haven't a bean

ruacan nm1 cockle

ruadhóigh vt scorch

ruagaire nm4 chaser; **~ reatha** wanderer; **~ feithidí** insect repellent

ruaig vt chase; drive away, repel ▷ nf2 (pl **ruaigeanna**) chase; rout; foray, expedition; flying visit; **an ~ a chur ar dhuine** to chase sb; **~ a thabhairt abhaile** to take a run home; **~ chreiche** plundering expedition

ruaigtheach adj repellent

ruaille nm4: **~ buaille** commotion

ruaim nf2 fishing line

ruaimneach adj (water) muddy

ruainne nm4 shred; morsel; scrap; **~ fianaise** scrap of evidence

ruathar nm1 charge, rush; raid, swoop

rubar nm1 rubber; **~ cúir** foam rubber

rúbarb nm4 rhubarb

rúchladh nm1 dash; **~ a thabhairt ar rud** to make a dash for sth

rud nm3 thing; object; **ós - é go** since it happens that; **~ eile de** furthermore; **~ beag fuar** a little bit cold; **tá ~aí le déanamh agam** I have things to do; **~ éigin** something; **~ eile ar fad** a different matter altogether; **~ gan úsáid** useless thing; **~ beag** + gen a little (of sth)

rufa nm4 frill

rug etc vb see **beir**

ruga nm4 rug

rugadh, rugamar vb see **beir**

rugbaí nm4 rugby

ruibh nf2 sulphur

ruibhchloch nf2 brimstone

rúibín nm4 ruby

rúid (pl **rúideanna**) nf2 run; rush; sprint

rúidbhealach (pl **rúidbhealaí**) nm1 runway

ruifíneach nm1 ruffian

rúiléid nf2 roulette

ruipleog nf2 (Culin) tripe

Rúis nf2: **an ~** Russia

rúisc (pl **rúisceanna**) nf2 discharge; volley

Rúiseach adj, nm1 Russian

Rúisis nf2 (Ling) Russian

rúitín nm4 ankle

rum nm4 rum

rún nm1 secret; intention; intent; (at meeting) motion, resolution; **faoi ~** in secret; **~ a bheith agat rud a dhéanamh** to intend to do sth; **le ~ urchóide** with a sinister purpose; **~ buíochais** vote of thanks; **do ~ a ligean le duine** to confide in sb

rúnaí nm4 secretary; **R~ Stáit** Secretary of State; **R~ Gnóthaí Baile** Home Secretary

rúnda adj secret; secretive; confidential

rúndacht nf3 secrecy

r

rúndaingean (*gsf, pl, compar* **rúndaingne**) *adj* determined, resolute

rúndiamhair (*pl* **rúndiamhra**) *adj* mysterious ▷ *nf2* mystery

runga *nm4* rung

rúnmhar *adj* discreet; secretive

rúnscríbhinn *nf2* cipher

rúnseirbhís *nf2* (*Pol*) secret service

Rúraíocht *nf3* (*Irl: Mythology*) Ulster epic cycle

rúsc *nm1* (*of tree*) bark

rúta *nm4* root

ruthag *nm1* run, sprint, dash; **léim ruthaig** running jump

S

sa = **i** + *def art* **an**

-sa *emphatic suffix* (*with broad consonants or vowels*): **mo leabharsa** my book; **ní fhanfása ann** you wouldn't stay there; **ní ormsa an locht** it's not my fault

sá (*pl* **sáite**) *nm4* thrust; (*with knife etc*) stab

sabaitéireacht *nf3* sabotage

sábh (*pl* **sábha**) *nm1* saw; **~ mara** sawfish

sábháil *nf3* saving; (*Sport*) save; (*from accident*) rescue ▷ *vt, vi* save; rescue

sábháilte *adj* safe; **slán ~** safe and sound

sábháilteacht *nf3* safety

sabhaircín *nm4* primrose

sabhdánach *nm1* sultana

sabóid *nf2* Sabbath

sac *nm1* sack ▷ *vt* cram; pack; thrust; shove

sacar nm1 soccer

sách adj sated ▷ adv sufficiently; fairly

sacraimint nf2 sacrament

sacsafón nm1 saxophone

sádach adj sadistic ▷ nm1 sadist

sadhlas nm1 silage

sádráil vt solder

sáfach nf2 (of spade, spear) shaft

sága nm4 saga

sagart nm1 priest

sagartacht nf3 priesthood

saghas (pl **saghsanna**) nm1 kind, sort ▷ adv: **~ ait** rather strange

Sahára nm4: **an ~** the Sahara (Desert)

saibhir (pl **saibhre**) nm4 rich person ▷ adj (gsf, pl, compar **saibhre**) rich, wealthy; **an ~ agus an daibhir** the rich and the poor

saibhreas nm1 wealth; fortune

saifír nf2 sapphire

sáigh (vn **sá**, vadj **sáite**) vt, vi stab, thrust; jab; **bheith sáite as duine** to nag sb; **bheith sáite i rud** to be engrossed in sth

saighdeadh (gs **saighdte**) nm incitement, provocation

saighdeoir nm3 archer; **An S~** (Astrol) Sagittarius

saighdiúir nm3 soldier

saighead (gs **saighde**) nf2 arrow; dart; pang; **~ reatha** (runner) stitch in side

saighid (pres **saighdeann**, vn **saighdeadh**) vt incite; provoke; **~ faoi** to tease

saighneáil vt, vi sign; (as unemployed) sign on

saighneán nm1 lightning; **Na Saighneáin** The Northern Lights

sail nf2 dirt; **~ chnis** dandruff

sáil (pl **sála**, gpl **sál**) nf2 heel; (of cheque etc) stub

sailchuach nf2 (plant) violet

sailchuachach adj violet

sáile nm4 sea water, brine; sea; **dul thar ~** to go overseas

saileach nf2 willow, sallow; **crann sailí** willow tree; **~ shilte** weeping willow

sailéad nm1 salad; **~ torthaí** fruit salad

saileog nf2 willow

saill¹ nf2 fat

saill² vt, vi (meat etc) cure; salt; **mairteoil shaillte** corned beef

sáiltéar nm1 salt cellar

Saimbia nf4: **an t~** Zambia

sáimhín nm4: **bheith ar do sháimhín só** to be completely at ease

sáimhríoch adj (person) drowsy; (evening) tranquil

sain- prefix specific; special; distinctive

sainaithin vt identify

saincheadúnas nm1 franchise

sainchomhartha nm4 characteristic; **~ tíre** landmark

sainchreideamh nm1 (Rel) denomination

saineolaí nm4 expert; specialist

saineolas nm1 expertise; **~ a bheith agat ar rud** to have expert knowledge of sth

sainfheidhme n gen as adj (work, tools) specialized

sainghné nf4 characteristic feature

sainiú nm specification; definition

sainiúil adj specific; distinctive

sainmhínigh vt define

sainmhíniú nm definition

sáinn nf2 trap; fix; (Chess) check; **duine a chur i ~** to corner sb

sáinnigh vt corner; trap; (Chess) check

sainráite adj (condition) express

saint nf2 greed; avarice

saintréith nf2 distinctive trait

saíocht nf3 erudition, learning

Sáír nf2: **an t~** Zaire

Sairdín nf2: **an t~** Sardinia

sairdín nm4 sardine

sáirsint nm4 sergeant

sais (pl **saiseanna**) nf2 sash

sáiste nm4 (herb) sage

sáite see **sáigh**

sáiteán nm1 stake; (insult) dig

sáith nf2 fill; enough; **do sháith (airgid) a bheith agat** to have enough (money); **do sháith a ól** to drink your fill

saithe nf4 swarm; multitude

sál, sála see **sáil**

salach adj dirty; grubby; (talk) foul; (weather) wet, drizzly; **teacht ~ ar dhuine** to cross sb

salachar nm1 dirt, filth; ordure

salaigh vt, vi dirty, soil; (reputation) smear

salann nm1 salt

sall adv over (to far side)

salm nm1 psalm

salún nm1 (Aut) saloon

sámh adj easy, serene; peaceful; calm

samhail (gs **samhla**, pl **samhlacha**) nf3 likeness, semblance; model; simile; ghost

samhailteach adj imaginary

Samhain (gs **Samhna**) nf3 November; **Oíche Shamhna** Hallowe'en

samhalta adj visionary; virtual

sámhán nm1 nap, doze

sámhasach adj voluptuous

samhlaigh vt, vi imagine; visualize; **samhlaítear dom (go)** it appears to me (that); **rud a shamhlú le rud eile** to liken sth to sth else; **rud a shamhlú le duine** to expect

sth of sb

samhlaíoch (gsm **samhlaíoch**) adj imaginative

samhlaíocht nf3 imagination

samhlaoid nf2 image, illustration

samhnas nm1 nausea; disgust; **~ a bheith ort** to feel disgusted or queasy

samhnasach adj disgusting, repulsive; squeamish

samhradh (pl **samhraí**) nm1 summer; **sa ~** in summer

sampla nm4 sample; specimen; example; wretch; **mar shampla** for example; **~ fola** blood specimen

samplach adj sample; specimen; (case) test

sampláil vt sample

San n Saint, St; **~ Proinsias** St Francis

san = **i** + def art **an**

-san emphatic suffix: **a leabharsan** his book; **tabhair dósan é** give it to him

sanasaíocht nf3 etymology

sanasán nm1 glossary

sann vt (Law) assign

sannadh nm (Law) assignment

Sanscrait nf2 (Ling) Sanskrit

santach adj greedy; covetous

santacht nf3 greediness

santaigh vt desire; covet; lust after

saobh vt pervert; derange; (word) twist ▷ adj perverse; crooked; slanted; askew

saobhghrá nm4 infatuation

saofóir nm3 pervert

saoi nm4 wise man; master, expert; **ní bhíonn ~ gan locht** even Homer sometimes nods, nobody's perfect

saoire nf4 holiday, vacation; leave; (Rel) Sabbath, holy day; **lá ~** a day off; **ar ~** on holidays

saoirse nf4 freedom; liberty

saoirseacht *nf3* craftsmanship;
~ **chloiche/adhmaid** masonry/
woodwork

saoiste *nm4* boss; foreman; (*wave*)
roller

saoistíocht *nf3* bossing; ~ **a
dhéanamh ar dhuine** to boss sb
(*around or about*)

saoithín *nm4* know-all

saoithíneach *adj* pedantic

saoithiúil *adj* learned, wise;
peculiar

saol (*pl* **saolta**) *nm1* life; lifetime;
world; **an ~ eile** the other world;
le mo shaol in my life; **an ~ mór**
the whole world; **tar éis an tsaoil**
after all; **teacht ar an ~** to be born;
ar na ~ta seo nowadays; **cúrsaí
an tsaoil** world(ly) affairs; **sin an ~
(agat)** such is life; **os comhair an
tsaoil** openly; **cad é an ~ atá agat**
how is life treating you?

saolach *adj* long-lived

saolaigh *vt* (*autonomous*):
saolaíodh mac di a son was born
to her

saolré *nf4* life cycle

saolta *adj* worldly; temporal;
earthly; **náire shaolta** absolute
disgrace

saonta *adj* gullible, naïve

saontacht *nf3* naivety

saor[1] *nm1* craftsman; ~ **cloiche**
stonemason; ~ **adhmaid**
carpenter

saor[2] *adj* free; cheap; (*room*) vacant;
(*not busy*) available; (*Gram*)
autonomous; **am ~** free time; ~ **ó
dhleacht** duty-free; ~ (**ó/ar**)
exempt or safe (from); ~ **in aisce**
free of charge; **duine a scaoileadh
~** to set sb free

saor[3] *vt* free; liberate; acquit; **duine
a shaoradh ar rud** to save or

exempt sb from sth

saor- *prefix* independent, free-

saoradh (*gs* **saortha**) *nm*
liberation; (*Law*) acquittal

saoráid *nf2* (*of style, motion*) fluidity;
(*device*) convenience

saoráideach *adj* easy; effortless;
(*style etc*) fluid

saorálach *adj* voluntary

saorálaí *nm4* volunteer

saoránach *nm1* citizen

saoránacht *nf3* citizenship

saorbhealach *nm1* freeway

saorbhriathar *nm1* (*Gram*)
autonomous verb

saorchic *nf2* (*Football*) free kick

saorga *adj* artificial, man-made

saorstát *nm1* free state; **S~ na
hÉireann** Irish Free State

saorthoil *nf3* free will

saorthrádáil *nf3* free trade

saorthuras *nm1* excursion (at
cheap rate)

saothar *nm1* work; labour;
exertion; (*literary etc*) works; **le ~**
laboriously; ~ **a chur ort féin le
rud a dhéanamh** to trouble o.s. to
do sth; ~ **in aisce** labour in vain;
~ **a bheith ort** to be out of breath

saotharlann *nf2* laboratory

saothrach *adj* (*person*) industrious;
(*breath*) laboured

saothraí *nm4* labourer;
bread-winner

saothraigh *vt*, *vi* labour, toil; (*land*)
till, work; earn; cultivate; **do chuid
a shaothrú** to earn or make a living

saothrú *nm* cultivation; earnings

sár- *prefix* super-, ultra-, excellent,
supreme

sáraigh *vt*, *vi* infringe, violate;
overcome; rape; (*record*) smash,
exceed; (*order, objection*) override;
sháraigh orm I failed

S

sárchéim nf2 (*Gram*) superlative
sármhaith adj excellent
sárshaothar nm1 masterpiece
sárú nm infringement; violation; rape; surpassing; **níl a shárú ann** it cannot be surpassed
sás (*pl* **sásanna**) nm1 device; trap; means
sásaigh vt please, satisfy; (*wish, desire*) fulfil; (*whim*) indulge
sásamh nm1 satisfaction; (*of wishes etc*) fulfilment; **~ a bhaint as duine** to get even with sb
Sasana nm4 England
Sasanach adj English ▷ nm1 Englishman/Englishwoman
sásar nm1 saucer
sáspan nm1 saucepan, pan
sásta adj satisfied; pleased; glad; willing; handy; convenient; **bheith ~ le rud** to be pleased with sth
sástacht nf3 satisfaction
sásúil adj satisfactory; satisfying
satail (*pres* **satlaíonn**, *vn* **satailt**) vt, vi trample, tread; **~t ar rud** to tramp on sth
satailít nf2 satellite
Satarn nm1 (*planet*) Saturn
Satharn nm1 Saturday; **Dé Sathairn** on Saturday; **ar an ~** on Saturdays
scabhta nm4 (*Mil*) scout
scabhtáil vi scout
scadán nm1 herring
scafa *see* **scamh**; **scamhadh**
scafall nm1 scaffold, scaffolding
scafánta adj fit; strapping
scáfar adj terrible, frightful; timid
scag vt, vi filter, strain, sift; (*sugar, oil*) refine; (*candidates etc*) screen
scagach adj (*clothes*) flimsy; sparse
scagadh (*gs* **scagtha**) nm (*oil*) refinement; (*of evidence etc*) examination

scagaire nm4 filter; **~ ola** (*Aut*) oil filter
scaglann nf2 refinery
scaif (*pl* **scaifeanna**) nf2 scarf
scáil (*pl* **scáileanna**) nf2 shade; shadow; image, reflection
scáileán nm1 (*TV, Cine etc*) screen
scailleagánta adj lanky; (*disposition*) lively
scailliún nm1 scallion
scailp (*pl* **scailpeanna**) nf2 (*in cliff, rock*) fissure; cave
scáin vt, vi (*wood etc*) split; (*crowd*) scatter; thin out; wear thin
scáineadh (*gs* **scáinte**) nm crack, split
scaineagán nm1 shingle; gravel
scáinte adj flimsy; (*hair*) thin; (*crowd, cloud*) scattered; (*clothes*) threadbare
scaip vt, vi spread; disperse; (*fog*) lift
scaipeadh (*gs* **scaipthe**) nm dissemination; dispersion; circulation
scaipthe vadj scattered; (*person*) scatterbrained; (*thoughts, words*) incoherent
scair (*pl* **scaireanna**) nf2 (*also Comm*) share; (*coal etc*) layer, bed
scairbh nf2 shoal; (*Geog*) shelf; shallow; **~ ilchríochach** continental shelf
scaird vt, vi squirt; gush ▷ nf2 (*pl* **scairdeanna**) squirt; jet; spurt
scairdeitleán nm1 (*Aviat*) jet
scairdinneall nm1 jet engine
scairp (*pl* **scairpeanna**) nf2 scorpion; **An S~** (*Astrol*) Scorpio
scairshealbhóir nm3 shareholder
scairt¹ nf2 (*pl* **scairteanna**) shout; call; **~ a ligean** to shout; **~ ghutháin** phone call ▷ vt, vi shout (out); yell
scairt² (*pl* **scairteacha**) nf2 midriff,

diaphragm; thicket; cave

scairteach *nf2* shouting

scairteoir *nm3* (*Tel*) caller

scaitheamh (*pl* **scaití**) *nm1* while; spell; **scaití** at times

scal *nf2, vi* (*sun etc*) burst; flash

scála[1] *nm4* (*also Math, Mus*) scale; **~í balance**

scála[2] *nm4* basin, bowl

scall *vt* scald; (*egg*) poach; scold

scalladh (*gs* **scallta**) *nm* scald

scallta *adj* measly, paltry; puny

scalltán *nm1* fledgling; runt; puny person

scamall *nm1* cloud; (*on foot*) web

scamallach *adj* cloudy

scamh (*pp* **scafa**) *vt, vi* peel, strip; (*peas*) shell; (*clothes*) fray; (*wood*) shave, plane

scamhadh (*gs* **scafa**) *nm* shavings, scrapings

scamhaire *nm4*: **~ prátaí** potato peeler

scamhóg *nf2* lung

scan *vt* scan

scannal *nm1* scandal; outrage

scannalach *adj* scandalous

scannán *nm1* film, movie; (*Biol*) membrane; **~ daite** colour film; **~ faisnéise** documentary; **~ uafáis** horror film; **~ a dhéanamh** (*TV, Cine*) to shoot

scannánaigh *vt, vi* film

scanóir *nm3* scanner

scanradh *nm1* fright, scare

scanraigh *vt, vi* frighten, scare; take fright

scanraithe *vadj* frightened

scanrúil *adj* frightening, scary; timorous

scaob *vt* scoop (up)

scaoil *vt, vi* loosen, release; slacken; (*gun*) fire; (*buttons, knot etc*) unfasten; (*Naut*) cast off; (*secret*)

reveal; decipher; disentangle; (*culprit*) let off; **~ (le)** shoot (at); **duine a ~eadh saor** to set sb free; **~eadh le duine** to let sb go, fire at sb; **rud a ~eadh tharat** to let sth pass

scaoileadh (*gs* **scaoilte**) *nm* release; (*of person*) shooting

scaoilte *adj* loose, slack

scaoilteán *nm1* (*Phot etc*) release

scaoilteoir *nm3* (*Sport: official*) starter

scaoll *nm1* panic, alarm; fright; **~ a theacht ort** to panic

scaollmhar *adj* panicky

scaoth *nf2* swarm

scaothaire *nm4* loudmouth, boaster

scaothaireacht *nf3* boasting; (*fam*) bullshit

scar *vt, vi* part; separate; diverge; spread; **~ ar** straddle ▷ *vi*: **~adh le rud/duine** to part from *or* separate from sth/sb

scaradh (*gs* **scartha**) *nm* separation; parting; (*Typ*) spacing

scaraoid *nf2* tablecloth

scarlóideach *adj* scarlet

scartha *adj* separate, disjointed; (*Gram*) analytic; (*Math*) disjoint; *see also* **scaradh**

scata *nm4* crowd; group

scáta *nm4* (*Sport*) skate; **~í rothacha** roller skates

scátáil *nf3* skating ▷ *vi* skate; **~ ar oighear** ice-skating

scátálaí *nm4* skater

scáth (*pl* **scáthanna**) *nm3* shade, shadow; (*of night*) cover; (*in mirror*) reflection; fright; bashfulness; **~ báistí** *or* **fearthainne** umbrella; **~ gréine** parasol; sunshade; **ar ~ a bhfuair sé** for all he got

scáthach *adj* shady

scáthán *nm1* mirror; **~ cúlradhairc** (*Aut*) rear-view mirror

scáthchruth (*pl* **scáthchruthanna**) *nm3* silhouette

scáthlán *nm1* screen; (*building*) shelter; **~ lampa** lampshade

sceabha *nm4*: **ar ~** askew; **rud a chur ar ~** to slant sth

sceabhach *adj* oblique, skew

sceach *nf2* thornbush; (*also:* **~ gheal**) hawthorn; (*also:* **~ thalún**) brier; **~ i mbéal bearna** (*measure etc*) stop-gap

scead *nf2* (*on animal, tree*) blaze; light *or* bald patch

sceadach *adj* (*hair*) balding; patchy

sceadamán *nm1* throat

scéal (*pl* **scéalta**) *nm1* story; tale; yarn; anecdote; **~ bleachtaireachta** detective story; **~ fada ar an anró** a tale of woe; **~ grá** romance; **~ nua** *or* **úr** (*piece of*) news; **~ práinneach** news flash; **~ scéil** hearsay

scéala *nm4* news; communication; message; **~ a chur chuig duine** to send word to sb; **~ a dhéanamh ar dhuine** to inform on sb

scéalaí *nm4* storyteller; **is maith an ~ an aimsir** time will tell

scéalaíocht *nf3* storytelling

sceallóg *nf2* (*of glass, stone*) chip; **~a** (*Culin*) chips, French fries

scealp *nf2* chip; (*of wood*) splinter ▷ *vt, vi* chip; flake; splinter

scealpóg *nf2* chip; pinch, nip

scéalta *see* **scéal**

sceamh *nf2, vi* squeal; (*dog*) yap, yelp

sceamhaíl *nf3* yelping

scean *vt, vi* stab, knife; (*meat*) cut up

sceana *see* **scian**

sceanra *nm4* cutlery

sceathrach *nf2* spawn; discharge

sceideal *nm1* schedule

sceilg *nf2* crag; steep rock

scéilín *nm4* anecdote

sceilp (*pl* **sceilpeanna**) *nf2* slap

sceilpín *nm4*: **~ gabhair** scapegoat

scéim (*pl* **scéimeanna**) *nf2* scheme; plan; plot

scéiméireacht *nf3* scheming

scéimh *nf2* (*physical*) beauty; appearance; **an ~ a chailleadh** to grow ugly

sceimheal *nf2* eaves; surrounding wall

sceimhle (*pl* **sceimhleacha**) *nm4* terror; ordeal; trauma; **~ a chur ar dhuine** to terrorize sb

sceimhligh *vt, vi* terrify; terrorize; become afraid

sceimhlitheoir *nm3* terrorist

sceimhlitheoireacht *nf3* terrorism

scéin *nf2* fright, terror; (*in eyes*) glare; **~ a chur i nduine** to terrorize sb

scéiniúil *adj* frightening; frightened; (*light*) garish, lurid; (*eyes*) glaring

scéinséir *nm3* (*TV, Cine*) thriller

sceipteach *nm1* sceptic

sceiptiúil *adj* sceptical

sceir (*pl* **sceireacha**) *nf2* reef; **~ choiréil** coral reef

sceirdiúil *adj* bleak

sceiteach *adj* brittle; powdery

sceith *vt, vi* overflow; (*divulge*) give away; (*wall etc*) crumble; (*skin etc*) peel; vomit; spawn; **~eadh ar dhuine** to inform on sb

scéithe *see* **sciath**

sceitheadh (*gs* **sceite**) *nm* overflow

sceithire *nm4* telltale; informer

sceithphíopa *nm4* exhaust (pipe); waste pipe

sceitimíneach *adj* (*very*) excited

sceitimíní npl excitement; **~ a bheith ort** to be very excited
sceitse nm4 sketch
sceitseáil vt, vi sketch
scí (pl **scíonna**) nm4 ski
sciáil vi ski ▷ nf3 ski; skiing; **~ ar uisce** water-skiing
sciaitíce nf4 sciatica
sciálaí nm4 skier
sciamhach adj beautiful
scian (gs **scine**, pl **sceana**) nf2 knife; **dul faoi ~** to undergo an operation; **~ phóca** penknife; **~ feola** carving knife
sciar (pl **sciartha**) nm4 share
sciata nm4 (fish) skate
sciath (gs **scéithe**) nf2 shield, screen; (on machine) guard; **dul ar chúl scéithe le rud** to hedge about sth
sciathán nm1 wing; side; (of person) arm; **~ leathair** (Zool) bat
scidil nf2 skittle
scigaithris nf2 parody
scigdhráma nm4 (Theat) farce
scigiúil adj mocking, derisive
scigmhagadh nm1 derision; jeering
scigphictiúr nm1 caricature
scil¹ vt, vi disclose, give away; (information) leak; (peas etc) shell
scil² (pl **scileanna**) nf2 skill
sciliúil adj skilful, skilled
scilléad nm1 saucepan, pan
scilling (pl **scillinge**) nf2 shilling
scim nf2 coating, film
scimeáil vt skim; (Comput) surf
scine see **scian**
scinn vi dart; rush; (animal) shy; **~eadh de rud** to glance off sth
sciob vt, vi grab, snatch; (inf: steal) pinch
scioból nm1 barn
sciobtha adj fast; prompt; **~ scuabtha** spick-and-span

scioll vt, vi scold
scíonna see **scí**
sciorr vi slip, slide; skid; **~ an focal uaidh** he let the word slip
sciorrach adj slippery
sciorradh (gs **sciorrtha**, pl **sciorrthaí**) nm slip; skid; **~ focail** a slip of the tongue
sciorta nm4 skirt; **~ den ádh** a touch of luck, the rub of the green
sciot vt snip; prune; clip
sciotaíl nf3 giggling
sciotán nm1 (of tail) stump; **de ~** suddenly, in a dash
scipéad nm1 till
scirmis nf2 skirmish
scíth nf2 relaxation, rest; break; **do ~ a dhéanamh** or **ligean** to take a rest
sciuird (pl **sciuirdeanna**) nf2 dash; short visit
sciúirse nm4 scourge; whip
sciúlán nm1 bib
sciúr vt, vi scour; sand (down); (floor, pots etc) scrub; (beat) lash
sciurd vi rush, dash; scurry
sclábhaí nm4 slave; (farm) labourer
sclábhaíocht nf3 slavery; heavy work
sclaig nf2 (in road) rut
sclamh nf2 (pl **sclamhanna**) bite ▷ vt, vi scold, nag; **~ a bhaint as duine** to snap at sb
scláta nm4 slate
scléip (pl **scléipeanna**) nf2 fun, crack; carry-on; rowdiness
scléipeach adj party-like; fun; sporty, enjoyable
scliúchas nm1 brawl; skirmish
sclog vt, vi gulp, gasp; choke
scód nm1 (Naut) sheet; (fig) liberty; **~ a ligean le duine** to give sb rope
scóig (pl **scóigeanna**) nf2 neck; (Aut) throttle

S

scoil (*pl* **scoileanna**) *nf2* school; (*of fish*) shoal; **ar ~** to or at school; **~ ullmhúcháin** preparatory school; **~ chónaithe/Domhnaigh** boarding/Sunday school; **~ ghramadaí/náisiúnta** grammar/national school; **~ oíche** night school; **~ phríobháideach/phoiblí** private/public school

scoilcheantar *nm1* (*Scol*) catchment area

scoile *n gen as adj* school

scoilt *vt, vi* split; crack; (*hair*) part ▷ *nf2* (*pl* **scoilteanna**) split; divide, rift; (*in dress, jacket*) slit; (*in hair*) parting

scoilteadh hiodrálach *nm* fracking

scóip *nf2* scope; ambition; joy, delight; **~ a bheith ort** to be delighted

scóipiúil *adj* wide, extensive; delighted

scoir (*vn* **scor**) *vt, vi* detach; (*Scol*) break up; (*contract*) end; (*meeting*) disperse; **scor de rud** (*habit etc*) to give sth up

scoite *adj* (*place*) remote; (*house*) detached; (*showers*) scattered; (*person*) lone

scoith *vt, vi* cut or snap off; separate, disconnect; (*flowers, weeds*) pull (out); (*grip*) release, break; (*button, horseshoe*) lose, shed; (*in race*) leave behind, outdistance; (*child*) wean

scól *vt, vi* torment; (*timber*) warp

scolaíocht *nf3* schooling

scoláire *nm4* scholar; academic

scoláireacht *nf3* scholarship; learning

scolártha *adj* scholarly

scolb *nm1* splinter; nick; chip; (*Sewing*) scallop

scolgháire *nm4* guffaw; **~ a dhéanamh** to guffaw

scológ *nf2* (*Hist*) (*small*) farmer; farmhand

sconna *nm4* (*of pipe*) spout; (*on sink etc*) tap

sconsa *nm4* fence; ditch

scor¹ *nm1* termination; retirement; (*of meeting*) end; **am scoir** quitting time; **focal scoir** final word

scor² *nm1*: **ar ~ ar bith** at any rate

scor³ *see* **scoir**

scór (*pl* **scórtha**) *nm1* twenty; (*also Sport, Mus*) score; notch; tally; **an ~ a choinneáil** to keep the score; **~ go leith** thirty; **~ féachana** (*Radio, TV*) ratings

scóráil *vt, vi* (*Sport*) score

scórchlár *nm1* scoreboard

scornach *nf2* throat; **do ~ a réiteach** to clear one's throat

scoth (*pl* **scothanna**) *nf3* (best) choice; pick; (*year*) vintage; **~ oibre** excellent work; **~ lae** a great day

scothbhruite *adj* (*steak*) medium; (*egg*) soft-boiled

scothóg *nf2* tassel

scrábach *adj* (*writing*) scrawling; (*work*) ragged; (*teeth*) scraggy

scrábáil *nf2* scrawl, scribble

scrabh *vt, vi* scratch; scrape; claw

scragall *nm1* foil; **~ stáin** tinfoil

scraiste *nm4* layabout

scraith (*pl* **scraitheanna**) *nf2* scraw; turf, sod; rash

scréach *nf2, vi* (*vn* **scréachach**) screech, shriek; (*owl*) hoot

scréachóg *nf2*: **~ choille** jay; **~ reilige** barn owl

scread *vi* scream ▷ *nf3* (*pl* **screadanna**) scream; **~ a ligean** to scream

screamh *nf2* coating, film; scum

screamhóg *nf2* (*of rust, paint etc*) crust, flake; speck

scríbhinn *nf2* writing; **rud a chur**

i ~ to set sth down in writing; **~í Descartes** Descartes' writings

scríbhneoir nm3 writer; **~ CDanna/DVD** CD/DVD writer

scríbhneoireacht nf3 (hand)writing; lettering

scrín (pl **scrínte**) nf2 shrine

scríob nf2 scratch, scrape; (of journey) leg; (of work etc) spell; **ceann scríbe** destination ▷ vt, vi scratch, score, scrape

scríobach adj abrasive

scríobadh (gs **scríobtha**) nm scratch

scríobh vt, vi write (out) ▷ nm3 (gs **scríofa**) writing, handwriting; **~ chuig duine** to write to sb

scríobhaí nm4 scribe

scrioptúr nm1 Scripture

scrios vt destroy; ruin; erase, delete ▷ nm (gs **scriosta**) destruction; ruin

scriosach adj destructive

scriosán nm1 rubber, eraser

scriostóir nm3 destroyer

script (pl **scripteanna**) nf2 script; screenplay

scriú (pl **scriúnna**) nm4 screw

scriúáil vt, vi screw

scriúire nm4 screwdriver

scrobarnach nf2 undergrowth; scrub

scrobh vt (eggs) beat; scramble

scroblachóir nm3 scavenger

scrofa vadj (eggs) scrambled

scrogall nm1 long thin neck; (traffic) bottleneck

scroid nf2 snack

scroidchuntar nm1 snack bar

scrolla nm4 scroll

scrollaigh vt (Comput) scroll; **scrollaigh síos** (Comput) scroll down; **scrollaigh suas** (Comput) scroll up

scrúdaigh vt examine

scrúdaitheoir nm3 examiner

scrúdú nm exam(ination); **~ bréige** mock exam; **~ cainte** oral exam; **~ iontrála** entrance exam

scrupall nm1 scruple; qualm

scrupallach adj scrupulous

scuab nf2 broom, brush; (inf) girl, girlfriend ▷ vt brush, sweep; **an clár a ~adh** to sweep the board; **rud a ~adh chun siúil** to sweep sth away; **~adh leat** to rush off; **~ éadaigh** clothes brush; **~ ghruaige** hairbrush

scuabadh (gs **scuabtha**) nm sweep

scuabadóir nm3: **~ cairpéad** carpet sweeper

scuad nm1 (Mil, Police) squad; (insects) swarm

scuadrún nm1 (Mil) squadron

scuaibín nm4 brush

scuaine nf4 queue; line; (crowd) drove

scuais nf2 (Sport) squash

scúnc nm1 skunk

scúp nm1 scoop

scútar nm1 scooter

sé¹ pron he; it; **cá fhad atá sé go ...?** how far is it to ...?; **cén t-am?** what time is it?

sé² (pl **séanna**) num, nm4: **a sé** six; **a sé déag** sixteen; **sé mhéadar ar fad** 6 metres long

sea as adv: **go ~** so far

seabhac nm1 hawk

seabhrán nm1 dizziness; whirr; **~ a dhéanamh** to whirr

séabra nm4 zebra

seac nm1 (Aut) jack

seaca n gen as adj (weather) frosty; see also **sioc**

seacál nm1 jackal

seach n: **faoi ~** in turn; **i nDoire agus i mBaile Átha Cliath faoi ~** in Derry and Dublin respectively

seachadadh (*gs* **seachadta**) *nm*
delivery; (*Sport*) pass; **íoc ar ~** cash
on delivery; **~ taifeadta** recorded
delivery

seachaid (*pres* **seachadann**) *vt*
deliver; pass; transmit

seachain (*pres* **seachnaíonn**) *vt*
avoid, evade; shun, sidestep

seachaint *nf3* avoidance; evasion;
bheith ar do sheachaint to be on
the run

seachantach *adj* evasive, elusive

seachas *prep* besides, as well as;
other than

seachbhóthar *nm1* ring road

seachfhocal *nm1* aside

seachmall *nm1* aberration;
abstraction; illusion

seachrán *nm1* straying; delusion;
derangement; **tá ~ air** he's
deranged; **chuaigh sé ar ~** he lost
his bearings, he got lost

seachránach *adj* misguided,
erroneous; (*mind*) deranged

seachránaí *nm4* wanderer

seachród *nm1* (*road*) bypass

seacht (*pl* **seachtanna**) *num, nm4*
seven; **a ~ déag** seventeen

seachtain (*pl* **seachtainí**, *pl with
numbers* **seachtaine**) *nf2* week;
~ agus an lá inniu a week today;
deireadh (na) ~e (the) weekend

seachtainiúil *adj* weekly

seachtanán *nm1* weekly (paper)

seachtar *nm1* seven; seven people

seachtó (*gs* **seachtód**, *pl*
seachtóidí) *num, nm* seventy

seachtódú *num, adj, nm4*
seventieth

seachtrach *adj* external, outside

seachtú *num, adj, nm4* seventh

seachvótáil *nf3* voting by proxy

seacláid *nf2* chocolate; **~ bhainne/
dhorcha** milk/dark chocolate

séad *nm3*: **~ fine** heirloom

séadaire *nm4* (*Sport, Med*)
pacemaker

seadán *nm1* parasite

séadchomhartha *nm4* monument

seadóg *nf2* grapefruit

seafóid *nf2* nonsense; waffle

seafóideach *adj* ridiculous,
nonsensical

seafta *nm4* (*Aut, Tech*) shaft

seagal *nm1* rye

seaicéad *nm1* jacket; **~ dinnéir**
dinner jacket; **~ tarrthála** life
jacket

seaimpéin *nm4* champagne

seaimpín *nm4* (*Sport*) champion

seal *nm3* turn, go; period, spell; (*of
work*) shift; **labhair siad ar a ~**
they spoke in turn; **do shealsa atá
ann** it's your go *or* turn

séal (*pl* **séalta**) *nm1* shawl

séala *nm4* seal; mark; **~ a chur ar
rud** to seal sth; **ar an ~ sin** on that
score; **faoi shéala** sealed; **ar
shéala** about to, with the
intention of; **~ do choda a bheith
ort** to look well-fed; **tá a shéala
orthu** they look it

sealadach *adj* provisional,
temporary

séalaigh *vt* seal

sealaíocht *nf3* taking turns,
alternation; (*Sport*) relay; **~ a
dhéanamh le duine (ag/ar/le
rud)** to take turns with sb (at sth)

sealbh, sealbha *see* **seilbh**

sealbhach *adj, nm1* (*Ling*)
possessive

sealbhaigh *vt, vi* possess; get
possession of

sealbhóir *nm3* possessor; occupier;
(*of ticket, deed*) holder; (*Rel*)
incumbent

sealgaire *nm4* hunter

sealgaireacht *nf3* hunting

sealla *nm4* chalet

Sealtainn *nf4* Shetland, the Shetlands, the Shetland Islands

sealúchas *nm1* possession(s), property, belongings

seam (*pl* **seamanna**) *nm3* rivet

seamaí *nm4* chamois (leather)

seamair (*gs* **seimre**, *pl* **seamra**, *gpl* **seamar**) *nf2* clover

seamlas *nm1* slaughterhouse

seampú (*pl* **seampúnna**) *nm4* shampoo

seamróg *nf2* shamrock; **an t~ a bhaisteadh** to drown the shamrock

sean (*gs*, *gpl* **sean**, *pl* **seana**) *nm4* ancestor; senior ▷ *adj* (*compar* **sine**) old, aged

sean- *prefix* old-, ancient-; long-established; exceeding

-sean *emphatic suffix*: **a mháthairsean** *his* mother; **dóibhsean** to *them*

séan¹ *nm1* happiness; good luck

séan² *vt* deny; disown; (*promise*) go back on, renounce

seanad *nm1* senate

séanadh (*gs* **séanta**) *nm* denial

seanadóir *nm3* senator

seanaimseartha *adj* old-fashioned, out-of-date; dated

seanaois *nf2* old age

seanársa *adj* primitive

seanathair (*gs* **seanathar**, *pl* **seanaithreacha**) *nm* grandfather

seanbhailéad *nm1*: **~ a dhéanamh de rud** to harp on about sth

seanbhean (*gs*, *nom pl* **seanmhná**, *gpl* **seanbhan**) *nf* old woman

seanbhunaithe *adj* (well-)established

seanchaí *nm4* (traditional) story-teller; historian

seanchailín *nm4* spinster

seanchaite *adj* worn out; antiquated; trite

seanchas *nm1* lore, tradition; story-telling; **~ a chur faoi rud** to enquire about sth

seanchríonna *adj* precocious

seanda *adj* old, ancient; archaic

seandacht *nf3* antiquity; **~aí** antiques

seandaí *nm4* shandy

seandálaí *nm4* archaeologist

seandálaíocht *nf3* archaeology

seanduine (*pl* **seandaoine**) *nm4* old person; old man; **na seandaoine** the elderly

seanfhaiseanta *adj* old-fashioned; out-of-date

seanfhear *nm1* old man

seanfhocal *nm1* proverb, old saying

seanfhondúir *nm3* veteran; old-timer

seang (*gsm* **seang**) *adj* slender, slim; meagre, lean

seangaigh *vt*, *vi* slim

seangán *nm1* ant

Sean-Ghall *nm1* (*Hist*) Anglo-Norman, Old English

Sean-Ghallda *adj* (*Hist*) Anglo-Norman, Old English

seaniarann *nm1* scrap metal

seanléim *nf2*: **bheith ar do sheanléim (arís)** to be fit and well (again)

seanliach *adj* geriatric

seanmháthair (*gs* **seanmháthar**, *pl* **seanmháithreacha**) *nf* grandmother

seanmóir *nf3* sermon

seanmóireacht *nf3* (*also fig*) preaching

seanmóirí *nm4* preacher

séanna *see* **sé²**

S

sean-nós (pl **sean-nósanna**) nm1
old custom; traditional singing
seanóir nm3 old person, elder; (Pol)
alderman
seanphinsean nm1 old-age
pension
seanphinsinéir nm3 old-age
pensioner
seans (pl **seansanna**) nm4 chance;
opportunity; luck ▷ adv maybe; **de
sheans** by chance; **dul sa ~** to take
a chance; run a risk
seansaighdiúir nm3 old soldier,
veteran
seansailéir nm3 chancellor; **S~ an
Státchiste** Chancellor of the
Exchequer
seantán nm1 shack, shanty
Sean-Tiomna nm4 Old Testament
séantóir nm3 apostate, renegade
seanuimhir (gs **seanuimhreach**, pl
seanuimhreacha) nf back
number
Seapáin nf2: **an t~** Japan
Seapáinis nf2 (Ling) Japanese
Seapánach adj, nm1 Japanese
séarach nm1 sewer
séarachas nm1 sewerage
searbh (gsm **searbh**) adj bitter,
sour; (truth) bitter, unpalatable;
(laugh) sardonic; (speech) biting,
caustic; **éirí ~ le chéile** to become
angry with one another
searbhaigh vt, vi embitter; become
bitter
searbhas nm1 bitterness, sourness;
sarcasm; **dul chun searbhais** to
get bitter or acrimonious
searbhasach adj bitter; sarcastic
searbhónta nm4 servant
searc nf2 love
searg vt, vi wilt, wither; shrivel;
decline
seargán nm1 withered person or

thing; (body) mummy
seargánach nm1 spoilsport
searmanas nm1 ceremony
searr vt (limbs etc) stretch, extend;
loosen up
searrach nm1 foal; **~ na
dea-lárach** thoroughbred;
top-notcher
searradh (gs **searrtha**) nm
stretching; **~ a bhaint asat féin** to
stretch, loosen up
searróg nf2 jar
seas vi stand; resist, hold out;
endure, suffer; bear; (food) keep;
pian a sheasamh to bear pain;
~amh siar ó rud to stand back
from sth; **~amh do rud** to stand
for sth, represent sth, benefit sth,
abide by sth; **~amh le duine** to
stand by sb; **an fód a sheasamh**
to make or take a stand; **deoch a
sheasamh do dhuine** to treat sb
to a drink
seasamh nm1 standing; status;
(point of view) stand, stance;
bheith i do sheasamh to be
standing; **titim as do sheasamh**
to collapse; **áit seasaimh**
standing-room
seasc (gsm **seasc**) adj barren,
infertile; dry; (Biol) neuter
seasca (gs **seascad**, pl **seascaidí**)
num, nm sixty
seascadú num, adj, nm4 sixtieth
seascair adj cosy, snug
seascann nm1 swamp, marsh
seasmhach adj (person) firm,
steadfast; staunch; (weather)
settled
seasmhacht nf3 firmness,
steadfastness
seasta adj standing; (work) steady;
(soldier etc) regular
seastán nm1 (Mus etc, also Sport)

stand; **~ nuachtán** news stand

séasúr nm1 season; (*in food*) relish, seasoning; **i/as ~** in/out of season

séasúrach adj seasonal; (*food*) savoury, seasoned

seat nm4: **~ den scáileán** (*Comput*) screenshot

seatnaí nm4 chutney

seic (*pl* **seiceanna**) nm4 cheque, check (*US*); (*pattern*) check; **íoc le ~** to pay by cheque

seic-chárta nm4 cheque card

Seiceach adj, nm1 Czech; **an Phoblacht Sheiceach** the Czech Republic

seiceáil vt, vi, nf3 check

seicheamh nm1 sequence; progression

Seicis nf2 (*Ling*) Czech

seicleabhar nm1 chequebook

seict (*pl* **seicteanna**) nf2 sect

seicteach adj sectarian

seicteachas nm1 sectarianism

séid vt, vi blow (up); **do shrón a shéideadh** to blow one's nose; **~eadh faoi dhuine** to needle sb, rile sb

séideadh (*gs* **séidte**) nm draught; (*of wound*) inflammation

séideán nm1 (*of wind*) gust; snort; **~ a bheith ionat** to be breathing hard

séideog nf2 (*also Culin*) puff

SEIF n abbr (= *Siondróm Easpa Imdhíonachta Faighte*) AIDS

seift (*pl* **seifteanna**) nf2 device, expedient; resource; gimmick; **an t~ dheireanach** the last resource

seiftigh vt, vi improvise; devise; procure; **seiftiú duit féin** to provide for o.s.

seiftiú nm improvisation

seiftiúil adj resourceful

seilbh (*pl* **sealbha**, *gpl* **sealbh**) nf2 occupancy; property; possession; **~ a ghabháil** or **a ghlacadh ar rud** to take possession of sth; **bheith i ~ ruda** to possess sth, be in possession of sth; **duine a chur as ~** to evict sb

seile nf4 spit; saliva, spittle; **~ a chaitheamh** to spit

seileog nf2 spit

seilf (*pl* **seilfeanna**) nf2 shelf

seilg vt, vi hunt, chase; prey on; seek out ▷ nf2 hunt, hunting; chase; game, quarry

seilide nm4 snail; slug

séimeantach adj semantic

séimeantaic nf2 semantics

seimeastar nm1 semester

séimh adj gentle, mild; smooth; fine; soft, mellow

séimhigh vt, vi soften, temper; (*Gram*) lenite

séimhiú nm (*Gram*) lenition

seimineár nm1 seminar

Seineagáil nf2: **an t~** Senegal

seinm nf3 (*Mus etc*) playing; (*of birds*) chatter

seinn (*vn* **seinm**) vt, vi (*Mus*) play; **seinm ar chláirseach** to play on a harp

seinnteoir nm3 (*Mus*) player; **~ dlúthdhioscaí/MP3** CD/MP3 player

séipéal nm1 chapel

séiplíneach nm1 chaplain; curate

seipteach adj septic

seirbhe nf4 (*of taste etc*) bitterness

seirbhís nf2 service; **~ phoist/uisce** postal/water service; **~ do chustaiméirí/iardhíola** customer/after-sales service; **~í poiblí/sláinte** public/health services; **na ~í éigeandála** the emergency services

seirbhíseach nm1 servant

Seirbia nf4: **an t~** Serbia

Seirbiach adj, nm1 Serb(ian)

seirfeach *nm1* (*Hist*) serf
seirfean *nm1* indignation
seiris *nf2* sherry
séiseach *adj* melodic, tuneful
seisean *pron* (*emphatic*) he; **níl ~ chomh lúfar** he is not as agile
seisear *nm1* six (people)
seisiún *nm1* session; **~ ceoil** (traditional) music session
seisreach *nf2* plough(-team); **an tS~** (*Astron*) the Plough, the Great Bear
seit *nm4* (dance) set
seitgháire *nm4* snigger; smirk
seithe *nf4* skin, hide; **~ dhlúth a bheith ort** to be thick-skinned
seitreach *nf2* neigh(ing); **~ a dhéanamh** to neigh
seo *dem pron, adj, adv* this; these; here is, here are; **an bhean ~** this woman; **faoi ~** by now; **as ~ amach** from now on; **go dtí ~** as yet; **roimhe ~** before this; **an tseachtain ~ chugainn** next week; **an mhí ~ caite** last month; **~ fear** this is a man; **~ é an fear** this is the man; **~ í an bhean** this is the woman; **~ chugainn an fear** here comes the man; **Séamus s'againne** our James
seó (*pl* **seónna**) *nm4* show; **~ cainte** chat show; **~ ilsiamsa** variety show
seobhaineach *adj, nm1* chauvinist
seobhaineachas *nm1* chauvinism
seodóir *nm3* jeweller
seodóireacht *nf3* (*business*) jewellery
seodra *nm4* jewellery
seoid (*pl* **seoda**, *gpl* **seod**) *nf2* jewel; gem
seoigh *adj* wonderful, excellent
seoinín *nm4* shoneen, lackey
Seoirseach *adj, nm1* Georgian

seoithín *nm4*: **~ seó** or **seothó** lullaby
seol¹ (*pl* **seolta**) *nm1* sail; trend, direction; flow; (*for weaving*) loom; **faoi lán seoil** under full sail; **~ smaointe** line of thought; **duine a chur de dhroim seoil** to hinder or frustrate sb
seol² *vt* sail; navigate; send, dispatch; launch; **litir a sheoladh (chuig duine)** to send a letter (to sb)
seol³ *nm1*: **i luí seoil** (*Med*) in labour
seoladh (*gs* **seolta**, *pl* **seoltaí**) *nm* address; sail(ing); (*of book*) launch; **~ a chur ar litir** to address a letter; **~ baile** home address; **~ ríomhphoist** email address
seolán *nm1* (*Elec*) lead
seoltóir *nm3* sailor; sender; (*Elec*) conductor
seoltóireacht *nf3* sailing; **dul ag ~** to go sailing
seomra *nm4* room; **~ bia/ teaghlaigh** dining/living room; **~ comhrá** (*Comput*) chat room; **~ dúbailte/singil** double/single room; **~ folctha** bathroom; **~ gléasta** fitting room; **~ leapa** bedroom; **~ suí** sitting room
seónna *see* **seó**
séú *num, adj, nm4* sixth
sféar *nm1* sphere
sh (*remove* "h") *see* **s...**
sí¹ *3rd person fsg pron* she; it; **tá sí ar saoire** she's on holidays
sí² *nm4* fairy mound; **bean sí** banshee; **an slua sí** the fairy host
sia *compar adj* longer, farther
siab *see* **síob**
siabhrán *nm1* delusion
siad *3rd person pl pron* they
siamsa *nm4* fun, entertainment, amusement; **~ a dhéanamh do**

dhuine to entertain sb

siamsaíocht *nf3* fun; **~ oíche** nightlife

sian *nf2* whistling sound; (*of bullet*) whine

siansa *nm4* strain, melody; symphony

siansach *adj* melodious

siar *adv* westward(s); west; (*not forward*) back; backwards; **chomh fada ~ le** as far back as; **i mbaile i bhfad ~** at the back of beyond; **tarraingt ~ as rud** to opt out of sth; **rud a chur ~** to postpone sth; **baineadh ~ asam** I was taken aback

sibh *2nd person pl pron* you

sibhialta *adj* civil; polite

sibhialtach *adj, nm1* civilian

sibhialtacht *nf3* civilization

sibhialtas *nm1* civility

sibhse *pl pron* (*emphatic*) you

sícé *nf4* psyche

síceach *adj* psychic(al)

síceolaí *nm4* psychologist

síceolaíoch *adj* psychological

síceolaíocht *nf3* psychology

síciatracht *nf3* psychiatry

síciatraí *nm4* psychiatrist

Sicil *nf2*: **an t~** Sicily

sicín *nm4* chicken

sifilis *nf2* syphilis

sil *vt, vi* drip, trickle; ooze, seep; (*nose*) run; (*tears*) shed; (*vegetables*) strain, drain; (*hair etc*) hang down

síl *vi* think; suppose; expect; intend; **a mhór a shíleadh de dhuine** to think a lot of sb

Síle *nf4*: **an t~** Chile

sileacan *nm1* silicon

sileadh *nm1* drip; (*Med*) pus, discharge

síleáil *nf3* ceiling

síléar *nm1* cellar; **~ fíona** wine cellar

siléig *nf2* slackness, neglect

siléigeach *adj* (*work*) lax, negligent

silín[1] *nm4* cherry

silín[2] *nm4* trickle, drop; pendant

sil-leagan *nm1* (*Geog*) deposit

silteach *adj* runny; dripping

siméadracht *nf3* symmetry

simléar *nm1* chimney; (*of ship*) funnel

simpeansaí *nm4* chimpanzee

simplí *adj* simple

simpligh *vt* simplify

simplíocht *nf3* simplicity

sin *dem pron, adj, adv* that; those; **ó shin** ago; since then, ever since; **bliain ó shin** a year ago; **ach ina dhiaidh ~** then again; **~ ~** that's that; **cé ~?** who's that?; **chomh maith le ~** as well as that; **~ fear** that's a man; **~ é an fear** that's the man; **~ í an bhean** that's the woman; **mar ~ féin, ...** mind you, ...

sin- *prefix* (*relatives*) great-

Sín *nf2*: **an t~** China

sín *vt, vi* stretch (out); extend, hold out; **rud a shíneadh chuig duine** to hand or pass sth to sb; **shín (muid) linn** off we went

sinc *nf2* zinc

sindeacáit *nf2* syndicate

sine[1] *nf4* nipple; teat

sine[2] *see* **sean**

sineach *nf2* mammal

Síneach *adj, nm1* Chinese

síneadh (*pl* **síntí**) *nm1* extension; stretching; (*Gram*) accent; **~ láimhe** tip, gratuity; **sa ~ fada** in the long run

singil *adj* single; unmarried; (*soldier*) private

sínigh *vt, vi* sign

Sínis *nf2* (*Ling*) Chinese

síniú *nm* signature; autograph

sinn *pron* we; us

sinne *pron (emphatic)* we; us

sin-seanathair (*gs* **sin-seanathar**, *pl* **sin-seanaithreacha**) *nm* great-grandfather

sin-seanmháthair (*gs* **sin-seanmháthar**, *pl* **sin-seanmháithreacha**) *nf* great-grandmother

sinsear *nm1* senior; ancestor, forefather; (*in family*) eldest

sinséar *nm1* ginger; **arán sinséir** gingerbread

sinsearach *nm1* senior; ancestor ▷ *adj* senior; ancestral

sinsearacht *nf3* seniority; ancestry

sinseartha *adj* ancestral

sínte *vadj* (*hand*) outstretched; supine; **~ le** adjoining; *see also* **sín**

sínteán *nm1* stretcher

sintéis *nf2* synthesis

sintéiseach *adj* synthetic

síntí *see* **síneadh**

síntiús *nm1* donation, subscription

síntiúsóir *nm3* subscriber

síob¹ *nf2* (*in car*) lift, ride

síob² *vt, vi* (*wind*) blow (away); (*snow*) drift; (*explosives*) blow up

síobadh (*gs* **síobtha**) *nm* blow; drift; **~ gainimh** sand drift; **~ sneachta** blizzard

síobaire *nm4* hitchhiker

síobarnach *nf2* confusion; **rud a chur chun siobarnaí** to throw sth into confusion

síobhas *nm1* chive

síobshiúil *vi* hitchhike, thumb a lift

síoc *vt, vi* freeze; (*glue*) set, solidify ▷ *nm3* (*gs* **seaca**) frost; **tá sé ag cur seaca** it's freezing

siocair *nf* cause; pretext; occasion; **(as) ~ go** because; **bheith i do shiocair le rud** to be the cause of sth; **gan fáth gan ~** for no reason

at all

siocaire *nm4* chicory

siocán *nm1* frost

síocanailís *nf2* psychoanalysis

síocanailísí *nm4* psychoanalyst

siocdhó *nm4* frostbite

síocháin *nf3* peace; **faoi shíocháin** in *or* at peace; **~ a dhéanamh** to make peace

síochánachas *nm1* pacifism

síochánaí *nm4* pacifist

síochánta *adj* peaceful, passive

sioctha *adj* frozen; hardened; **~ leis na gáirí** in stitches laughing

síoda *nm4* silk

síodúil *adj* silky; suave; courteous

siofón *nm1* siphon ▷ *vt, vi* siphon (off)

sióg *nf2* fairy

síog *vt* strike out; cancel ▷ *nf2* stripe, streak; (*of coal etc*) seam, vein

síogach *adj* striped, streaked

síogaí *nm4* fairy, elf

siogairlín *nm4* pendant

síol (*pl* **síolta**) *nm1* seed; pip; (*of coffee*) bean; (*Biol*) sperm, semen; (*Hist*) descendants, race; **~ Éabha** the human race; **~ ainíse** aniseed

síolchuir *vt, vi* sow, propagate

síolchur *nm1* propaganda; propagation

siolla *nm4* syllable; (*of music*) note; (*of luck*) stroke

siollabas *nm1* syllabus

siollach *adj* syllabic

síolmhar *adj* fertile, fruitful

síolraigh *vt, vi* breed; (*Biol*) reproduce; **síolrú ó dhuine** to be a descendant of sb

Siombáib *nf2*: **an t~** Zimbabwe

siombail *nf2* symbol

siombalach *adj* symbolic

síon (*pl* **síonta**) *nf2* (bad) weather;

oíche na seacht ~ a wild, stormy
night

sionagóg nf2 synagogue

Sionainn nf2: **an t~** the (River)
Shannon

síonbhuailte adj weather-beaten

sioncrónaigh vt synchronize

siondróm nm1 syndrome

sionnach nm1 fox

siopa nm4 shop; **~ bróg** shoe shop;
~ grósaera grocer's (shop);
~ leabhar bookshop;
~ seanéadaigh second-hand
clothes shop

siopadóir nm3 shopkeeper

siopadóireacht nf3 shopping

sioparnach see **siobarnach**

síor adj eternal; continual

síor- prefix ever-; perpetual;
incessant

sioráf nm1 giraffe

síoraí adj eternal; constant,
endless

síoraíocht nf3 eternity

siorc (pl **siorcanna**) nm3 shark

síorghlas adj evergreen

síoróip nf2 syrup

siorradh (pl **siorraí**) nm1 draught

siortaigh vt, vi ransack, search;
rummage (through)

sios vi hiss

síos adj, adv, prep down,
downward(s); **dul ~ i bpoll** to go
down into a hole; **~ leat/libh!**
down you go!; **do sciathán a
bheith ~ leat** to have lost the use
of one's arm

siosarnach nf2 hissing, rustling

siosmaid nf2 common sense

siosmaideach adj sensible

siosúr nm1 (pair of) scissors

siota nm4 (run) dash; (of wind) gust

síota nm4 cheetah

síothlaigh vt, vi strain, filter;

(turbulence etc) settle, subside;
(water) drain away; (noise) die
away; (person) expire

síothlán nm1 strainer, filter;
percolator

sip nf2 zip (fastener)

Siria nf4: **an t~** Syria

sirriam nm4 sheriff

síscéal nm1 fairy tale

sise emphatic pron she; her

siséal nm1 chisel

síth nf2 peace

sítheach adj peaceful

siúcra nm4 sugar; **~ reoáin** icing
sugar; **~ garbh/mín** granulated/
caster sugar

siúd dem pron that; those; **~ is go**
although; **~ ort!** cheers!

siúicrín nm4 saccharin(e)

siúil (pres **siúlann**) vt, vi walk; tread;
wander; travel; **an domhan a
shiúl** to travel the world; **siúl
amach le duine** to date sb; **~ leat**
come on

siúinéir nm3 joiner; carpenter

siúinéireacht nf3 joinery;
carpentry

siúl (pl **siúlta**) nm1 walk; walking;
gait; trek; speed; travel; **ar ~** under
way, going on; **ar shiúl** away,
gone; **~ a thógáil** to gather speed;
rud a chur ar ~ to get sth going;
an ~ atá ar/faoi/le rud the speed
at which sth is travelling; **an ~ atá i
rud** the speed sth is capable of;
lucht siúil itinerants

siúlóid nf2 walk, hike, stroll

siúlóir nm3 walker, hiker

siúnta nm4 joint

siúr (gs **siúrach**, pl **siúracha**) nf
(also Rel) sister; **An tS~ Máire**
Sister Mary

siúráilte adj sure, certain

slaba nm4 slob

slabhra nm4 chain; **duine a bheith ar ~ agat** to have sb at your beck and call; **bheith ar ~ ag an ól** to be hooked on drink

slacán nm1 (Sport) bat

slacht nm3 neatness, tidiness; (polish etc) finish; **~ a chur ar rud** to tidy sth up

slachtmhar adj neat, tidy; orderly

slad nm3 plunder; devastation; havoc ▷ vt plunder, loot; devastate; **~ a dhéanamh** to wreak havoc

sladaí nm4 plunderer, looter

sladchonradh (gs **sladchonartha**, pl **sladchonarthaí**) nm (good deal) bargain

sladmhargadh (pl **sladmhargaí**) nm1 bargain, snip

slaghdán nm1 (Med) cold; **~ a thógáil** or **tholgadh** to catch a cold; **~ a bheith ort** to have a cold

sláinte nf4 health; (drink, speech) toast; **~!** cheers!; **bheith i do shláinte** to be in good health; **mheath a shláinte** his health broke; **~ duine a ól** to toast sb; **An Roinn S~** Department of Health

sláinteach adj hygienic

sláinteachas nm1 hygiene

sláintíocht nf3 sanitation

sláintíochta n gen as adj sanitary

sláintiúil adj healthy

slám nm4 handful; pile; (of hair) lock

slán (pl **slána**) nm1 farewell; healthy person ▷ adj safe, secure; sound; intact; whole; (Mus) perfect; **~ a fhágáil ag duine/chur le duine** to say goodbye to sb; **teacht ~ as rud** to survive sth, pull through sth; **~ sábháilte** safe and sound; unscathed; **gura ~ don am sin** those were the days; **~ a bheas mé** if God spares me ▷ excl goodbye;

~ go fóill! so long!; **~ leat!, ~ agat!** cheerio; farewell; **~ codlata!** good night!

slánaigh vt, vi save; heal; indemnify; (fig, also Rel) redeem; (age) reach

slánaitheoir nm3 saviour, redeemer

slándáil nf3 security

slánú nm salvation; redemption

slánuimhir (gs **slánuimhreach**, pl **slánuimhreacha**) nf whole number

slapach adj sloppy

slaparnach nf2 splashing, lapping

slat nf2 rod, stick; (measure) yard; (Scol) cane; (on bridge etc) rail; **an t~ a thabhairt do dhuine** to cane sb; **bheith faoi shlat ag duine** to be dominated by sb; **ar shlat chúl do chinn** flat on one's back; **ó rinne ~ cóta dom** since I was a kid; **~ draíochta** (magic) wand; **~ iascaigh** fishing rod; **~ tomhais** criterion; (fig) yardstick

sláthach nm1 (mud) slime

sleá (pl **sleánna**) nf4 spear, javelin; splinter

sleabhac (pres **sleabhcann**) vi droop; fade, wilt

sléacht¹ nm3 slaughter

sléacht² vi kneel; genuflect; bow down

sleachta see **sliocht**

sleamchúiseach adj negligent, remiss

sleamhain (pl **sleamhna**) adj slippery; smooth, sleek

sleamhnaigh vi slide, slip, slither

sleamhnáin n gen as adj (door etc) sliding

sleamhnán¹ nm1 (for boat) slip; (on sledge, for drawer etc) runner; (in playground) slide; (Phot) slide; toboggan

sleamhnán² *nm1* (*Med*) sty(e)
sleamhnú *nm* slip, slide
sleán *nm1* turf spade
sleasa *see* **slios**
sleasach *adj* lateral; (*gem*) faceted
sléibhe *n gen as adj* mountain; *see also* **sliabh**
sléibhte *see* **sliabh**
sléibhteoir *nm3* mountaineer
sléibhteoireacht *nf3* mountaineering
sléibhtiúil *adj* mountainous
slí (*pl* **slite**) *nf4* way, road; path; means, manner; **~ isteach/ amach** way in/out; **ar shlí go, i ~ is go** in such a way that; **~ bheatha** livelihood; **ar shlí** in a way; **ar aon ~** in any event; **ar shlí a dhéanta** possible
sliabh (*gs* **sléibhe**, *pl* **sléibhte**) *nm* mountain; moor
sliabhraon *nm1* mountain range
sliasaid *nf2* thigh, side
Sligeach *nm1* Sligo
slim *adj* slender, slim; smooth, sleek; cunning, sly
slinn (*pl* **slinnte**) *nf2* slate, tile
slinneán *nm1* shoulder blade
slíoc *vt, vi* pat, pet, stroke
sliocht (*gs, pl* **sleachta**) *nm3* offspring; descendants; (*fig*) breed; passage; extract; **bhí a shliocht air** it showed (on him)
sliochtach *nm1* descendant
slíoctha *adj* sleek; (*pej: person*) smooth
sliogán *nm1* (*on beach, explosive*) shell
sliogéisc *nmpl* shellfish
slios (*gs, pl* **sleasa**) *nm3* side; slope; inclination
sliotán *nm1* slot
sliotar *nm1* hurling ball
slipéar *nm1* slipper

slis (*pl* **sliseanna**) *nf2* chip; slice; (*of glass, wood etc*) sliver
slisbhuille *nm4* (*Sport*) slice; cut
sliseog *nf2* chip; slice
slisín *nm4* rasher
slite *see* **slí**
slítheánta *adj* sly; sneaky
slócht *nm3* hoarseness; **~ a bheith ort** to be hoarse
slodán *nm1* (*of rain*) puddle
slog *vt* swallow; engulf; recant ▷ *vi* gulp, swallow; sink ▷ *nm1* (*pl* **sloganna**) gulp, swallow; swig; **do chuid cainte a shlogadh** to eat one's words; **rud a shlogadh siar** to gulp sth down
slógadh (*gs* **slógaí**) *nm1* (*Pol etc*) rally; mobilization
sloinne *nm4* surname, family name
Slóivéin *nf2*: **an t~** Slovenia
slonn *nm1* (*Math*) expression
Slóvaic *nf2*: **an t~** Slovakia
slua (*pl* **sluaite**) *nm4* crowd, multitude, throng; army; **ar cheann an t~** in the vanguard; **dul leis an ~** to follow the crowd; **bhí na ~ite síoraí ann** there was a huge crowd there; **~ na marbh** the dead
sluaisteáil *vt, vi* shovel; scoop
sluasaid (*gs* **sluaiste**, *pl* **sluaistí**) *nf2* shovel
sluma *nm4* slum
smacht (*pl* **smachta**) *nm3* control; rule; discipline; **bheith faoi ~ (ag) duine** to be ruled by sb; **~ a chur ar dhuine** to control sb; **dul ó ~** to go out of control
smachtaigh *vt* control; restrain; discipline
smachtbhanna *nm4* sanction; embargo
smachtín *nm4* baton; truncheon

s

smál *nm1* stain; smudge; blemish; disgrace

smálaigh *vt* stain; smudge; tarnish; cloud

smalóg *nf2* flick; **~ a thabhairt do bhonn** to flip a coin

smaoineamh (*pl* **smaointe**) *nm1* thought; idea; reflection

smaoinigh *vt, vi* think; reflect; envisage; **smaoineamh ar rud** to think sth over, consider sth; **b'fhada a bheinn ag smaoineamh air** I wouldn't dream of it

smaointeach *adj* thoughtful, pensive

smaointeoir *nm3* thinker

smaragaid *nf2* emerald

smeach (*pl* **smeachanna**) *nm3* flick; (*of finger*) snap; smack; sob; **druidim de ~** to snap shut; **bheith sa ~ deireanach** to be at one's last gasp ▷ *vt, vi*: **do theanga a ~adh** to click one's tongue

smeacharnach *nf2* sobbing

smear *vt* smear, smudge; grease

sméar *nf2* berry; **~ dhubh** blackberry

smeara *see* **smior**

smearadh (*pl* **smearthaí**) *nm1* smear, smudge; grease, polish; (*Culin: paste*) spread

sméaróid *nf2* ember; spark

sméid *vt, vi* nod; wink; beckon, signal; **~eadh ar dhuine** to wink *or* nod at sb; beckon towards sb

sméideadh (*gs, pl* **sméidte**) *nm* wink; nod

smid (*pl* **smideanna**) *nf2* breath; puff; sound; **níl ~ astu** there's not a sound from them

smideadh *nm1* make-up

smidiríní *npl* smithereens; **~ a dhéanamh de rud** to shatter sth

smig (*pl* **smigeanna**) *nf2* chin

smionagar *nm1* smithereens, bits; **~ a dhéanamh de rud** to smash sth to pieces

smior (*gs* **smeara**) *nm3* marrow; **chuaigh an ráiteas sin go ~ inti** that statement cut her to the bone *or* quick; **tá sé sa ~ aige** it is ingrained in him

smiot *vt* hit; smash; chop; chip; swat; **do ladhar a ~adh** to stub one's toe

smitín *nm4* blow, cuff

smólach *nm1* (*bird*) thrush

smolchaite *adj* threadbare; used

smúdáil *vt, vi* iron

smúdar *nm1* powder, dust; grit; **~ guail** slack

smuga *nm4* snot; mucus; **ní fiú ~ cait é** it's not worth a damn

smugairle *nm4* spittle; **~ róin** jellyfish

smuigleáil *vt, vi* smuggle

smuigléir *nm3* smuggler

smuigléireacht *nf3* smuggling

smúit *nf2* dust, grime; smoke; gloom; **bheith faoi ~** to be depressed

smúitiúil *adj* smoky; gloomy; overcast

smúitraon *nm1* dirt track

smúr¹ *nm1* ash, dust; soot; grime

smúr² *vt, vi* sniff

smúrthacht *nf3* snooping, sniffing (about); **bhí sé ag ~ thart** he was prowling around

smúsach *nm1* pith, pulp; marrow

smut *nm1* snout; pout; huff; sulk; **~ a bheith ort (le duine)** to huff (at sb); **~ a chur ort féin** to look sullen, take the hump

sna = **i** + *def art pl* **na**

snag¹ (*pl* **snaganna**) *nm3* gasp; sob; hiccup; lull; **~ a bheith ort**

to have a hiccup

snag² (pl **snaganna**) nm3: **~ breac** magpie; **~ darach** woodpecker

snagcheol nm1 jazz

snaidhm nf2 (pl **snaidhmeanna**) knot; bond; constriction ▷ vt, vi knot, tie; unite, join; (broken bones) knit, set; **tú féin a ~eadh i nduine** to embrace sb

snaidhmeach adj knotted

snáithe nm4 thread; (in wood) grain; **~ smaointe** thread of thoughts; **duine a chur thar a shnáithe** to get sb flustered

snáithín nm4 fibre, filament

snamh nm1 dislike; **~ a thabhairt do rud** to take a dislike to sth

snámh nm3 swim; swimming; bathing; **~ a bheith agat** to be able to swim; **~ uchta/droma** breaststroke/backstroke; **ar ~** afloat ▷ vi swim; float; crawl; (snake) slither; **dul a shnámh** to go for a swim; **~ in aghaidh easa** to struggle against the odds

snámhach adj buoyant, floating

snámhóir nm3 swimmer

snaois nf2 snuff

snaoisín nm4 snuff

snas nm3 polish, gloss; **~ a chur ar rud** to polish sth, shine sth

snasán nm1 (substance) polish; **~ bróg/iongan** shoe/nail polish

snasleathar nm1 patent leather

snasta adj polished; glossy; well-done

snáth (pl **snáthanna**) nm3 thread, yarn

snáthadán nm1 daddy-long-legs, crane-fly

snáthadh nm1 sip

snáthaid nf2 needle; pointer; (on clock) hand; **~ mhór** dragonfly

snáthaidpholladh (gs

snáthaidphollta) nm acupuncture

sneachta nm4 snow; **clocha ~** hailstones; **tá sé ag cur ~** it's snowing

sneachtúil adj snowy

sneaicbhéar nm4 snack bar

sní nf4 flow

snigh vi pour; flow; filter through; (snake etc) slither, crawl

sniodh (gs, pl **sneá**) nf nit

sníomh vt, vi (road, path) twist, meander; (wool etc) spin ▷ nm3 (of thread) spinning

snípéir nm3 sniper

snoigh vt, vi carve; wear down; chip; **snoí as** to waste away

snoíodóir nm3 carver, sculptor

snoíodóireacht nf3 carving; **~ adhmaid** wood carving

snua (pl **snuanna**) nm4 complexion; appearance; **~ an bháis** the colour of death

snuaphúdar nm1 face powder

snua-ungadh nm1 face cream

snúcar nm1 snooker

so- prefix easily; possible; good

só nm4 comfort, luxury; leisure

so-athraithe adj adjustable

sobal nm1 lather, suds

sobalchlár nm1 soap opera

so-bhlasta adj mouth-watering, palatable

sobhogtha adj elastic; movable

sobhriste adj fragile; brittle

sóbráilte adj sober

soc nm1 muzzle; pout; (of hose etc) nozzle; (of boat) nose; **~ spréite** (of hose etc) rose; **~ a chur ort féin** to pout

socadán nm1 busybody

socair (gsf, pl, compar **socra**) adj calm, still; steady; (pace) easy; (issue) settled

sócamais *nmpl* confectionery, delicacies

sóch *adj* comfortable; luxurious

sochaí *nf4* society; community

sochaideartha *adj* approachable; sociable

sochar *nm1* benefit; gain; profit; **~ a bhaint as rud** to benefit from sth; **chuaigh sé chun sochair dom** it benefited me; **~ an amhrais a thabhairt do dhuine** to give sb the benefit of the doubt

socheolaíocht *nf3* sociology

sochorraithe *adj* highly strung, excitable

sochrach *adj* beneficial, advantageous

sochraid *nf2* funeral (procession)

sochraideach *nm1* mourner

sochreidte *adj* credible

sócmhainn *nf2* asset

sócmhainneach *adj* (Comm) solvent

socra *see* **socair**

socracht *nf3* calmness; ease

socraigh *vt, vi* arrange; fix; calm; settle; **socrú síos (in áit)** to settle down (somewhere); **socrú isteach** to settle in; **coinne a shocrú** to arrange an appointment; **socrú ar rud a dhéanamh** to decide to do sth

socraithe *vadj* fixed; arranged; settled

socrú *nm* arrangement; settlement

sócúl *nm1* comfort

sócúlach *adj* comfortable

sócúlacht *nf3* composure, ease

sodar *nm1* trot, jog; **bheith ag ~** to jog

sodhéanta *adj* easily done

sofaisticiúil *adj* sophisticated

sofheicthe *adj* visible; obvious

sofhriotal *nm1* euphemism

sofhulaingthe *adj* bearable, tolerable

soghluaiste *adj* mobile; (*cash*) ready

soghonta *adj* vulnerable

soibealta *adj* impudent; cheeky

soibealtacht *nf3* impudence; cheek

soicéad *nm1* socket

soicind *nf2* (*unit of time*) second

sóid *nf2* soda

soighe *nm4* soya; **pónaire/anlann ~** soya bean/sauce

soilbhir *adj* cheerful; jovial

soiléir *adj* clear, distinct; obvious; apparent

soiléireacht *nf3* clarity

soiléirigh *vt* clarify; elucidate

soilíos *nm1* favour, good turn

soilíosach *adj* (*helpful*) obliging

soilire *nm4* celery

soilse *nf4* (flash of) lightning; (*title*) excellency; **A Shoilse** his/your Excellency; *see also* **solas**

soilsigh *vt, vi* shine; illuminate

soilsiú *nm* illumination; lighting

soineann *nf2* fair weather

soineanta *adj* (*weather*) calm; (*person*) innocent, naïve

soineantacht *nf3* innocence, naivety

sóinseáil *vt, nf3* (*money*) change

so-iompair *adj* portable

soiprigh *vt* nestle, snuggle; (*child*) tuck in

soir *adj, adv, prep* to the east, eastward; **dul ~** to go east; **scaipeadh ~ siar** to scatter in all directions

soirbhíoch *nm1* optimist

soiscéal *nm1* gospel

soiscéalach *adj* evangelical

soiscéalaí *nm4* preacher; evangelist

sóisear *nm1* junior

sóisearach *adj* junior

sóisialach *adj* socialist

sóisialachas *nm1* socialism

sóisialaí *nm4* socialist

sóisialta *adj* social

soith (*pl* **soitheanna**) *nf2* (*dog*) bitch

soitheach (*pl* **soithí**) *nm1* vessel, container; dish; ship; **~ siúcra** sugar bowl; **na soithí** the dishes; **na soithí a ní** to do the washing-up

sóivéadach *adj* soviet

sól *nm1* (*fish*) sole

solad *nm1* solid

soláimhsithe *adj* manageable

sólaisteoir *nm3* confectioner

sólaistí *nmpl4* (*food*) delicacies; refreshments

sólann *nf2* leisure centre

solas (*pl* **soilse**) *nm1* light; lighting; flame, beacon; **~ a chaitheamh ar rud** to illuminate sth; **an ~ a lasadh/mhúchadh** to put the light on/off; **soilse tráchta** traffic lights; **~ an lae** daylight; **tá sé ag dul ó sholas** it is getting dark; **~ a iarraidh ar dhuine** to ask sb for a light (*for a cigarette etc*); **rud a thabhairt chun solais** to bring sth to light

sólás *nm1* solace; reassurance; **~ a thabhairt do dhuine** to comfort sb

solasbhliain *nf3* lightyear

solasmhar *adj* bright, luminous

so-lasta *adj* inflammable

solathach *adj* (*sin*) venial

soláthair (*pres* **soláthraíonn**) *vt, vi* provide; procure; supply; **soláthar do dhuine** to provide for sb

soláthar (*pl* **soláthairtí**) *nm1* supply; provision

soláthraí *nm4* supplier

soléite *adj* legible

sollúnta *adj* solemn

solúbtha *adj* flexible, pliable

Somáil *nf2*: **an t~** Somalia

sómhar *adj* comfortable, luxurious

son *n*: **ar ~** + *gen* for the sake of, on behalf of; in return for; instead of; **ar ~ Dé** for God's sake; **labhairt ar ~ duine** to speak on sb's behalf; **ar a shon sin (is uile)** nevertheless, even so

sona *adj* lucky; happy; **Nollaig Shona!** Merry Christmas!

sonas *nm1* happiness; (good) luck; **~ ort!** best wishes; thank you

sonc *nm4* nudge, push, dig

sonra *nm4* detail; particular; **~í** data

sonrach *adj* specific, particular; **go ~** notably

sonraigh *vt* notice, observe; specify, define; (*Law*) state

sonraíoch (*gsm* **sonraíoch**) *adj* noticeable, remarkable, striking

sonrú *nm* (*observation*) notice; **~ a chur i rud** to take notice of sth

sonuachar *nm1* spouse

sop *nm1* wisp, (straw) bed; **dul chun soip** to go to bed; **~ in áit na scuaibe** poor substitute, makeshift

sópa *nm4* soap

soprán *nm1* soprano

sorcas *nm1* circus

sorcóir *nm3* cylinder; **~ gáis** gas cylinder

sorn *nm1* furnace; stove, (kitchen) range

sornóg *nf2* stove

sórt *nm1* sort; kind, type; **de shórt éigin** of some sort; **bhí ~ leisce air dul** he was somewhat reluctant to go

sórtáil *vt* sort (out)

S

sos (pl **sosanna**) nm3 pause, break, rest; interval; respite; **~ cogaidh** truce; armistice; **~ comhraic** ceasefire; **~ tae/caife** tea/coffee break

sotal nm1 cheek, impudence; arrogance; **~ a bheith ionat** to be arrogant or cheeky; **níor thug mé ~ ar bith dó** I stood up to him

sotalach adj arrogant; cheeky, impertinent, insolent

sothuigthe adj easily understood

spá (pl **spánna**) nm4 spa

spád nf2 spade

spadánta adj listless, sluggish

spadhar nm1 (of anger etc) fit

spadhrúil adj moody; wayward

spaga nm4 pouch, purse

spágáil vi trudge

spailpín nm4 (Hist, Irl) migrant farm labourer

Spáinn nf2: **an ~** Spain

Spáinneach nm1 Spaniard ▷ adj Spanish

spáinnéar nm1 spaniel

Spáinnis nf2 (Ling) Spanish

spairn nf2 fight, contention; **cnámh ~e** bone of contention

spaisteoireacht nf3 stroll; ramble; **bheith ag ~** to stroll about, ramble

spall vt, vi scorch, parch; shrivel

spallta vadj parched; **bheith ~ leis an tart** to be parched with thirst

spalp vt, vi (sun) beat down; **bréaga/mionnaí móra a ~adh** to lie/curse profusely

spáráil vt, vi spare; **le ~** to spare; in hand

spárálach adj sparing; (fam) tight

spárálaí nm4: **~ scáileáin** (Comput) screen saver

sparán nm1 purse, billfold (US)

sparra nm4 bar; spike

spartach adj spartan

spártha adj spare

spás (pl **spásanna**) nm1 space; (rent, debts) extra time to pay; **~ seachtaine** a week's grace

spás- prefix space-

spásáil vt space (out) ▷ nf3 spacing

spásaire nm4 astronaut

spásárthach nm1 spacecraft

speabhraídí nfpl2 hallucination, illusion

speach nf2, vt, vi kick; (gun) recoil

spéaclaí nmpl4 glasses, spectacles

speal nf2, vt scythe

speic nf2 (of cap) peak; slant

spéic nf2: **~ a chur ar dhuine** to accost sb

speiceas nm1 (Biol) species

speiceasach adj (Biol) specific

spéir (pl **spéartha**) nf2 sky; **codladh faoin ~** to sleep rough

spéirbhean (pl **spéirmhná**, gpl **spéirbhan**) nf beautiful woman

spéireata (pl **spéireataí**) nm4 (Cards) spade

spéiriúil adj striking, attractive

spéirling nf2 thunderstorm

speirm nf2 sperm

spéis nf2 interest; affection; **~ a bheith agat i rud** to be interested in sth; **~ a chur i rud** to take an interest in sth; **ní ~ liom é** I have no interest in it or him

speisialta adj special

speisialtacht nf3 speciality

speisialtóir nm3 specialist

speisialtóireacht nf3 specialization; **~ a dhéanamh ar rud** to specialize in sth

spéisiúil adj interesting

spiagaí adj flashy; gaudy

spiaire nm4 spy, mole; informer

spiaireacht nf3 spying, espionage; **bheith ag ~ ar dhuine** to spy on sb, inform against sb

spíce *nm4* spike

spíceach *adj* spiky

spíd *nf2* slander, aspersion; **~ a fháil ar dhuine** to disparage sb

spideog *nf2* robin

spídiúil *adj* disparaging; insulting

spíon¹ *nf2* thorn(s)

spíon² *vt, vi* exhaust, spend; (*argument*) examine thoroughly

spionáiste *nm4* spinach

spíonán *nm1* gooseberry

spionnadh *nm1* verve, vigour

spíonta *vadj* exhausted; worn-out

spiorad *nm1* spirit; **An S~ Naomh** Holy Spirit or Ghost

spioradálta *adj* spiritual; **cúrsa ~** (*Rel*) retreat

spioradáltacht *nf3* spirituality

spíosra *nm4* spice

spíosrach *adj* spicy; aromatic

splanc *vi* flash, spark; **~adh ar dhuine** to flare up on sb; **bheith ~tha i ndiaidh duine** (*in love*) to be crazy about sb ▷ *nf2* (*pl* **splancacha**) flash, spark; **~ thintrí** flash or bolt of lightning; **bíodh ~ chéille agat** have a bit of sense, wise up

spleách *adj* dependent

spléach *vi*: **~ ar** glance at; peek at

spléachadh *nm1* glance, glimpse; peep; **~ a thabhairt ar rud** to glance at sth; **~ a fháil ar rud** to get a glimpse of sth

spleáchas *nm1* dependence

spleodar *nm1* exuberance

spleodrach *adj* exuberant; cheerful; lively

splinceáil *nf3*: **bheith ag ~ to** squint

spóca *nm4* (*of wheel*) spoke

spoch *vt, vi* castrate; **~adh as duine** to tease or annoy sb

spól *nm1* spool

spóla *nm4* (*Culin*) joint

spor *nm1, vt, vi* spur

spórt *nm1* sport; fun; **~ a dhéanamh** to have fun

spórtaíocht *nf3* recreation, leisure

spórtúil *adj* sporty; sporting; playful

spota *nm4* spot; dot; speck

spotach *adj* spotty, speckled

sprae *nm4* spray

spraeáil *vt, vi* spray

spraeire *nm4* sprayer

spraíúil *adj* playful

spraoi (*pl* **spraíonna**) *nm4* fun, sport

spraoithiománaí *nm4* joyrider

spré¹ (*gs* **spréite**) *nm* (*in skirt etc*) flare

spré² *nf4* dowry; wealth

spréach *nf2* spark ▷ *vt, vi* spark; splutter; (*horse*) lash out; (*person*) crack up

spréacharnach *nf2* sparkling, sparkle

spreag *vt* inspire; encourage; incite, urge; prompt; **an chuimhne a ~adh** to jog the memory

spreagadh (*gs* **spreagtha**, *pl* **spreagthaí**) *nm* inspiration; encouragement; incitement; motivation; stimulus

spreagtha *vadj* motivated

spreagúil *adj* encouraging; rousing

spréigh *vt, vi* spread, disperse

spréire *nm4* (*for lawn*) sprinkler

spréite *see* **spré¹**

sprid (*pl* **sprideanna**) *nf2* ghost; spirit

sprioc (*pl* **spriocanna**) *nf2* target; objective; **an ~ a bhualadh** to hit the mark

spriocdháta *nm4* (*date*) deadline

sprionga nm4 (metal) spring
sprionlaithe adj mean, miserly, stingy
sprionlaitheacht nf3 meanness, stinginess
sprionlóir nm3 miser
sprochaille nf4 gill; baggy skin; **sprochaillí faoi na súile** bags under the eyes
sprús nm1 spruce
spuaic (pl **spuaiceanna**) nf2 blister; spire, steeple; huff
spúinse nm4 sponge
spúinseáil vt sponge
spúnóg nf2 spoon; **~ bhoird** tablespoon
srac vt, vi tear, pull; struggle; drag; **rud a shracadh ó dhuine** to wrench sth from sb
sracadh (pl **sracaí**) nm1 jerk, wrench, tug; mettle, spirit; (Law) extortion
sracfhéachaint nf3 glance; **~ a thabhairt ar rud** to take a quick look at sth
sracshúil nf2 glance; **~ a thabhairt ar rud** to glance at sth
sráid (pl **sráideanna**) nf2 street
sráidbhaile (pl **sráidbhailte**) nm4 village
sraith (pl **sraitheanna**) nf2 (succession) series; line, row; layer; (Sport) league; (Tennis) set; (Mus) progression
sraithchlár nm1 serial
sraithchomórtas nm1 (Sport) league
sraitheog nf2 (of film) sequence
srann nf2, vi snore; snort
srannfach nf2 snoring; snorting
sraoill (pl **sraoilleanna**) nf2 (of smoke etc) trail ▷ vt, vi tear apart; drag, trail
sraoilleach adj (appearance) ragged

sraoilleán nm1 streamer
sraoilleog nf2 (inf) slut (!)
sraon vt, vi pull, drag; plod; deflect
sraoth (pl **sraothanna**) nm3 sneeze; snort; **~ a ligean** to sneeze
sraothartach nf2 sneeze, sneezing
srapnal nm1 shrapnel
srathach adj layered; serial
srathair (gs **srathrach**, pl **srathracha**) nf straddle
srathnaigh vt, vi spread (out)
srathraigh vt straddle; harness
sreabhadh (gs **sreafa**) nm flow
sreang nf2 string; wire; cord; **~ dheilgneach** barbed wire; **~ bheo/thalmhaithe** live/earthed wire ▷ vt pull, wrench
sreangach adj stringed; stringy; bloodshot
sreangadh (gs **sreangtha**) nm pull, wrench; **~ a bhaint as rud** (injury) to wrench sth
sreangaigh vt wire (up)
sreangán nm1 cord, string; twine
sreangshiopa nm4 chain store
srian (pl **srianta**) nm1 bridle; rein; check, restraint; restriction ▷ vt check, restrain; **~ a chur le duine** to restrain sb; **~ a choinneáil ort féin** to control o.s.; **fearg a shrianadh** to check anger
srianta adj restrained
srincne nf4 umbilical cord
sroich vt, vi reach, attain; come up to
sróil n gen as adj satin
sról nm1 satin
srón nf2 nose; sense of smell; **do shrón a shéideadh** to blow one's nose; **tá an-~ air** he has a great sense of smell
srónach nm1, adj (Ling) nasal
srónbheannach nm1 rhinoceros
sruth (pl **sruthanna**) nm3 stream,

river; current; flow
sruthaigh vi stream, flow
sruthán nm1 stream
sruthlaigh vt flush, rinse
stábla nm4 stable
stáca nm4 stake, post; (of corn etc) stack
stad nm4 (pl **stadanna**) stop; halt; pause; stammer; (for taxis) stand, rank ▷ vt, vi stop; halt, pull up; **~ a chur le rud** to put a stop to sth; **~ bus** bus stop; **~ (cainte)** (speech) impediment; **~ tacsaí** taxi rank; **baineadh ~ aisti** she was taken aback; **~ a bheith ionat** to have a stammer; **gan ~** incessant, endless, continuous; **~ de rud** to stop (doing) sth
stadach adj stammering; faltering
stádas nm1 status
staic (pl **staiceanna**) nf2 stake; post; **~ a dhéanamh de dhuine** to astound or shock sb
staicín nm4 (of ridicule) butt
staid (pl **staideanna**) nf2 state; condition; situation
staidéar nm1 study; level-headedness, sense; **~ a dhéanamh (ar rud)** to study (sth)
staidéarach adj studious; sensible, level-headed
staidiúir nf2 posture, pose
staidreamh nm1 statistics
staighre nm4 stairs; staircase; flight of steps
stail (pl **staileanna**) nf2 stallion
stailc (pl **stailceanna**) nf2 (Ind) strike; (trait) stubbornness, sulkiness; **dul ar ~** to go on strike; **bhuail ~ í** she took a huff
stailceoir nm3 (Ind) striker
stainc nf2 pique; huff; **~ a bheith ort (le duine)** to be in a huff (with sb); **rud a dhéanamh le ~ ar**

dhuine to do sth to spite sb
stainceach adj huffy; petulant
stair (pl **startha**) nf2 history
staire n gen as adj historical
stairiúil adj historic(al)
stáirse nm4 starch
stáisiún nm1 station; **~ peitril** petrol or (US) gas station, service station, filling station; **~ cumhachta** power station; **~ póilíní** or **gardaí** police or garda station; **~ raidió** radio station; **~ traenach** railway station; **~ vótála** polling station; **~ dóiteáin** fire station
staitistic nf2 statistic
stáitse nm4 (platform) stage; **ar chúl ~** behind the scenes
stáitsigh vt (play) stage
stálaithe adj stale; (wood etc) seasoned
stalc vi stiffen, seize up; (glue) set
stalcach adj stubborn; sulky
stalla nm4 stall
stampa nm4 stamp; **~ poist** postage stamp
stampáil vt, vi stamp
stán¹ nm1 (metal, container) tin
stán² vi stare; **~adh ar dhuine/rud** to stare at sb/sth
stánadh nm1 stare
stánaithe adj (food) tinned, canned
stang vt, vi (land) stake out; (gun) load; (wood etc) warp
stangadh (gs **stangtha**) nm bend; wrench; strain; **~ a bhaint as rud** (injury) to twist or wrench sth; **~ a bhaint as duine** to shock sb
staon vi stop, cease; let up; abstain; **~adh ón ól** to abstain from drink
staonaire nm4 (Irl: abstainer) pioneer; teetotaller
stápla nm4 staple
stápláil vt staple

s

stáplóir *nm3* stapler

staraí *nm4* historian

starr *nf3* projection

starrfhiacail (*pl* **starrfhiacla**) *nf2* prominent tooth; fang; tusk

startha *see* **stair**

stát *nm1* (*Pol*) state; **na Stáit Aontaithe** the United States

statach *adj* static

státaire *nm4* statesman

státchiste *nm4* exchequer

státrúnaí *nm4* secretary of state

státseirbhís *nf2* Civil Service

státseirbhíseach *nm1* civil servant

státúil *adj* stately, dignified

steall (*pl* **steallta**) *nf2* splash; squirt; gush ▷ *vt, vi* splash; pour; bash, smash; (*lies etc*) spout; **~ tae** a drop of tea; **tá sé ag ~adh báistí** it is pouring (with rain)

stealladh (*pl* **steallaí**) *nm1* downpour; **ar ~ cosa in airde** at a full gallop; **ar steallaí meisce** raging drunk; **ar steallaí mire** boiling mad

steallaire *nm4* syringe

steanc *nm4, vt, vi* squirt, spurt; splash

stéaróideach *nm1* steroid

stéig[1] *nf2* intestine

stéig[2] (*pl* **stéigeacha**) *nf2* steak; **~ fhilléid/gheadáin** fillet/rump steak

stéille *see* **stiall**

steiréo *nm4* stereo; **~ pearsanta** personal stereo

steiréafónach *adj* stereophonic

steirling *nm4* sterling

stiall (*gs* **stéille**, *pl* **stiallacha**) *nf2* strip; piece; lash ▷ *vt* tear, cut (up); lash; criticize

stiallach *adj* tattered; torn

stiallaire *nm4* shredder

stiallchartún *nm1* strip cartoon

stiallta *vadj* in tatters

stíl (*pl* **stíleanna**) *nf2* style

stiléireacht *nf3* poteen making

stíobhard *nm1* steward; **~ ceardlainne** shop steward

stiogma *nm4* stigma; **~í** stigmata

stíoróip *nf2* stirrup

stiúg *vi* perish, expire

stiúgtha *vadj* perished; **bheith ~ leis an ocras** to be ravenous with hunger; **bheith ~ leis na gáirí** to be convulsed with laughter

stiúideo (*pl* **stiúideonna**) *nm4* studio

stiúir *vt, vi* steer; direct; manage; supervise; (*business etc*) conduct ▷ *nf* (*gs* **stiúrach**, *pl* **stiúracha**) (*Naut*) rudder, helm; wheel; control, direction

stiúradh (*gs* **stiúrtha**) *nm* (*Aut*) steering; direction; supervision; control; **roth stiúrtha** steering wheel; **bord stiúrtha** governing body

stiúrthóir *nm3* director; supervisor; conductor; controller

stobh *vt* stew

stobhach *nm1* stew

stoc *nm1* (*also Comm, Agr*) stock; scarf, muffler; (*of people*) race; (*Mus*) trumpet; bugle; (*Ling: of word*) stem

stoca *nm4* sock; stocking; **~ cabhlach** body stocking

stócach *nm1* boy, youth; boyfriend

stócáil *vt* (*fire, boiler*) stoke

stocaire *nm4* odd man out; sponger, hanger-on

stocaireacht *nf3*: **bheith ag ~ ar dhuine** to sponge off *or* on sb

stocbhróicéir *nm3* stockbroker

stocmhalartán *nm1* stock exchange

stocmhargadh *nm1* stock market

stocthiomsaigh vt, vi stockpile

stoda nm4 stud; **~ bóna** collar stud

stoidiaca nm4 zodiac

stoirm (pl **stoirmeacha**) nf2 storm; **~ shneachta/thoirní** snowstorm/thunderstorm

stoirmeach adj stormy

stoith vt pluck; uproot; (weeds etc) pull (out); **fiacail a ~eadh** to extract a tooth

stól (pl **stólta**) nm1 stool

stoll vt, vi shred, tear (up)

stop vt, vi stop; halt; block; lodge, stay; (flow) stem ▷ nm4 stop

stopadh nm stoppage, hold-up

stopallán nm1 plug, stopper

stór¹ (pl **stórtha**) nm1 store; stock; treasure; wealth; (of food) hoard; **~ a chruinniú** to amass a fortune; **a ~!** (term of endearment) darling!

stór² (pl **stórtha**) nm1 storey

stóráil nf3 storage ▷ vt store

stóras nm1 storehouse, storeroom; depot

stothóg nf2 pubic hair

strabhas nm1 grimace

strae nm4 straying; **ar ~** astray

stráice nm4 strip; **~ tuirlingthe** landing strip

straidhn nf2 fury; madness; **~ a bheith ionat** to be easily riled

straidhp nf2 (Mil) stripe

strainc nf2 grimace; **~ a chur ort féin** to grimace

stráinín nm4 strainer

strainséartha adj strange

strainséir nm3 stranger

straitéis nf2 strategy

straitéiseach adj strategic

strambán nm1 bore, drag

strambánach adj boring, tedious

straois nf2 grin; smirk; **~ a chur ort féin** to grin; smirk

straoiseog nf2 emoticon

strapa nm4 strap, strop

Strasburg nm4 Strasbourg

streachail (pres **streachlaíonn**) vt, vi struggle; drag

streachailt nf2 struggle

streancán nm (of music) tune, air; (of instrument) twang

streancánacht nf3 (on fiddle, guitar) scraping, twanging, strumming

striapach nf2 prostitute, whore

stríoc nf2 stripe; streak; (of pen etc) stroke, line; (in hair) parting, part (US) ▷ vi give in, submit

stró nm4 trouble; bother, effort; **~ a chur ort féin le rud** to take pains with sth; **gan ~** easily, effortlessly

stróc nm4 (Med) stroke

stróic (pl **stróiceacha**) nf2 tear ▷ vt, vi tear (up); wrench; continue; **mionnaí móra a ~eadh** to curse; **rud a ~eadh as a chéile** to tear sth apart; **~ leat** carry on, continue, tear away

stróiceadh nm tear

stroighin (gs **stroighne**) nf2 cement

stromptha vadj (muscles etc) stiff

struchtúr nm1 structure

struchtúrach adj structural; structured

struchtúrtha adj structured

strufal nm1 truffle

strus nm1 stress, strain; **~ a chur ort féin** to overtax o.s., put o.s. under pressure

stua (pl **stuanna**) nm4 arc; arch

stuacach adj peaked, pointed; (person) stubborn; sulky

stuaic (pl **stuaiceanna**) nf2 peak, tip; spire; sulk; **~ a bheith ort** to be in a huff, be disgruntled

stuáil nf3 padding; stuffing; packing ▷ vt, vi stuff; pack; pad; stow

S

stuaim nf2 sense, level-headedness; composure; ingenuity; **rud a dhéanamh as do ~ féin** to do sth off one's own bat

stuama adj sensible; sober; steady, calm

stuamaigh vt calm down

stuara nm4 arcade

stuif (pl **stuifeanna**) nm4 stuff, material

stumpa nm4 stump

sú¹ (pl **súnna**) nm4 juice; soup; **sú torthaí** fruit juice

sú² (pl **sútha**) nf4 berry; **sú craobh** raspberry; **sú talún** strawberry

sú³ (gs **súite**) nm suction

suáilce nf4 virtue; blessing; joy

suáilceach adj virtuous; pleasant; happy

suaill nf2 (of sea) swell

suaimhneach adj quiet; peaceful, tranquil; relaxed, calm

suaimhneas nm1 peace, calm, tranquillity; quietness; **duine a chur ar a shuaimhneas** to relax sb; **~ a thabhairt do dhuine** to leave sb in peace; **bheith ar do shuaimhneas** to feel at ease; **~ intinne** peace of mind

suaimhneasán nm1 (Med) tranquillizer, sedative

suaimhnigh vt, vi calm, placate, quieten (down); pacify

suairc adj merry; pleasant; cheerful

suaite vadj confused; in shock; in turmoil; exhausted

suaiteacht nf3 turbulence

suaith vt, vi mix; exhaust; agitate; confuse; (Cards) shuffle; (rub) massage; (problem) discuss

suaitheadh nm mix; (Med) shock; (Aviat) turbulence; turmoil

suaitheantas nm1 badge, emblem; decoration; (flag) standard; (of emblem) crest

suaithinseach adj remarkable; distinctive; unusual

suaithní adj remarkable; odd; extraordinary

Sualainn nf2: **an t~** Sweden

Sualainnis nf2 (Ling) Swedish

Sualannach adj Swedish ▷ nm1 Swede

suan nm1 sleep; slumber; **dul chun suain** to go to sleep

suanach adj lethargic; dormant

suanán nm1 sedative

suanbhruith vt, vi simmer

suanlann nf2: **~ chónaithe** bedsit(ter)

suanlios (gs **suanleasa**, pl **suanliosanna**) nm3 dormitory

suanmhar adj sleepy, drowsy

suansiúl nm1 sleepwalking

suansiúlaí nm4 sleepwalker

suantraí nf4 lullaby

suarach adj petty, mean; base; sordid; contemptible

suarachán nm1 lousy or mean person; scab

suarachas nm1 meanness; pettiness; sordidness

suas adj, adv, prep up; upward(s)

subh nf2 jam; preserve

subhach adj cheerful, merry

substaint nf2 substance; (in food) sustenance; (quality) depth

substainteach adj (Gram) substantive

substaintiúil adj substantial

Súdáin nf2: **an t~** Sudan

súgach adj merry, cheerful; tipsy

súgradh (gs **súgartha**) nm play(ing); **áit súgartha** playground; **bheith ag ~ le rud** to play or toy with sth

suí (pl **suíonna**) nm4 sitting; (court etc) session; **bheith i do shuí** to be

sitting or (not in bed) to be up; **bí i
do shuí** have a seat; **bheith i do
shuí go te** to be well-off; **seomra
~** sitting room
suibiacht nf3 subject
suibiachtúil adj subjective
súiche nm4 soot
suigh vt, vi sit; (in session) meet;
place; (house etc) let; (tent) pitch;
(scene) set; **suí síos/siar** to sit
down/back; **suí go mall** to sit up
late; **suí i mbun duine** to take
advantage of sb
súigh vt suck, absorb, soak up
súil (gs, pl **súile**, gpl **súl**) nf2 eye;
hope, expectation; anticipation;
~ sprice bull's-eye; **~ chait** (Aut)
Catseye®; **~ a bheith agat (go)** or
bheith ag ~ (go) to hope (that);
bheith ag ~ le duine/rud to
expect sth/sb; **~ a leagan ar rud**
to set eyes on sth; **rud a chur ar a
shúile do dhuine** to let sb know
sth; **do shúile a shá i nduine/rud**
to stare at sb/sth
súilaithne nf4: **tá ~ agam air**
I know him to see
súilfhéachaint (gs **súilfhéachana**,
pl **súilfhéachaintí**) nf3 glance
súilín nm4 eyelet; bubble, globule;
bead; viewfinder
súilíneach adj bubbly; beaded;
(wine) sparkling
suim (pl **suimeanna**) nf2 interest;
(of money) sum, amount; (Math)
sum; (of story etc) gist; **~ a bheith
agat i rud** to be interested in sth;
~ a chur i rud to take an interest in
sth; **ní ~ liom é** I have no interest in
it or him
suimigh vt add (up)
súimín nm4 sip; **~ a bhaint as
deoch** to sip from a drink
súimíneacht nf3 sipping

suimint nf2 cement
suimiú nm addition
suimiúchán nm1 (Math etc)
addition
suimiúil adj interesting;
considerable
suíochán nm1 seat; pew
suíomh nm1 site, location; position;
settlement, establishment;
(Comput) (web)site; **~ gréasáin**
(Comput) website
suíonna see **suí**
suipéar nm1 supper
suirbhé nm4 survey
suirbhéir nm3 surveyor;
~ cainníochta quantity surveyor
suirbhéireacht nf3 (of land) survey
suirí nf4 courting; **bheith ag ~ le
duine** to court sb
suiríoch nm1 lover; suitor
súisín nm4 bedspread
súiste nm4 flail
súisteáil vt, vi flail, thresh; thrash
suite vadj situated; located; fixed;
certain; **bheith ~ de rud** to be
convinced of sth
súiteach adj absorbent
suiteáil nf3 installation ▷ vt install
súiteoir nm3 sucker
súl see **súil**
sula (+ past of reg vbs = **sular**) conj
before; **~ ndearna mé é** prior to
my doing it; **~r imigh sí** before she
left
súlach nm1 gravy, sap, juice
sular see **sula**
sulfar nm1 sulphur
sult nm1 satisfaction, pleasure; fun,
enjoyment; **~ a bhaint as rud** to
enjoy sth
sultmhar adj enjoyable,
entertaining; (company) pleasant
súmaire nm4 scrounger; leech;
quagmire

s

súmaireacht *nf3* suction; scrounging

súmhar *adj* juicy; succulent

súmóg *nf2* sip

súnás *nm1* orgasm

suntas *nm1* attention, notice; **~ a thabhairt do rud** to notice sth

suntasach *adj* noticeable; remarkable; prominent

súp *nm1* soup

súraic *vt, vi* suck

súsa *nm4* rug, blanket

suth (*pl* **suthanna**) *nm3* embryo

sútha *see* **sú²**

svaeid¹ *nf2* suede

svaeid² (*pl* **svaeideanna**) *nm4* swede

svaistice *nf4* swastika

t- (*remove* "t-") *see* **initial vowel**

tA (*remove* "t") *see* **A...**

tá *vb see* **bí**

táb *nm1* (*Typ, Comput*) tab

tábhacht *nf3* importance; significance; (*of person*) industry; **gan ~** insignificant, negligible

tábhachtach *adj* important; significant; substantial; industrious

tabhair (*pres* **tugann**, *past* **thug**, *fut* **tabharfaidh**, *vn* **tabhairt**, *vadj* **tugtha**) *see also* **grammar section** *vt, vi* give; take; bring; (*war*) wage; (*time*) spend; (*crop*) yield; **tabhair amach** give out; bring out; scold; **~t amach do pháiste** to scold a child; **tabhair ar** exchange for; name; cause, compel; take to; **deich euro a thabhairt ar rud** to give ten euros for sth; **~t ar dhuine rud a dhéanamh** to make sb do sth; **amadán a thabhairt ar dhuine** to call sb a fool; **an leaba a thabhairt ort féin** to take to one's bed; **tabhair as** take or bring out of; **tabhair chuig/chun** take or bring to; **rud a thabhairt chun críche** to bring sth to an end; **duine a thabhairt chun céille** to bring sb to his senses; **tabhair do** give to; (embarrassment) bring on, cause; **náire a thabhairt do dhuine** to bring shame on sb; **tabhair faoi** bring under; attempt; attack; **~t faoi rud a dhéanamh** to attempt to do sth; **~t faoi dhuine** to attack sb; **tabhair i** take or bring into; **tugann sin i gcuimhne dom (go)** that reminds me (that); **tabhair isteach** give or bring in; introduce; (loss, time) make up for, retrieve; (surrender) give in; accept; **féar a thabhairt isteach** to bring in hay; **~t isteach do phointe** to accept a point; **tabhair le** take away; (gist) grasp; (time) devote to; (reason, explanation) give for; (back) turn on; **~ leat sin** bring or take that with you; **focal a thabhairt leat** to catch a word; **cúis a thabhairt le rud** to give a reason for sth; **do chúl a thabhairt le rud** (also fig) to turn one's back on sth; **tabhair ó** take or bring from; give away; (wall etc) give way; **rud a thabhairt uait** to give sth away; **thug an t-urlár uaidh** the floor gave way; **tabhair suas** give up, abandon

tábhairne nm4 pub, bar; tavern
tábhairneoir nm3 publican
tabhairt (gs **tabhartha**) nf3 grant; delivery; yield; (Cards) lead; (in cloth, rope etc) give; (Sport) service; **~ faoi deara** perspicacity; see also **tabhair**

tabharfaidh etc vb see **tabhair**
tabharthach adj, nm1 (Gram) dative
tabharthóir nm3 donor
tábla nm4 table; **~ a fheistiú** or a **chóiriú** to set or lay the table
taca nm4 prop, support, rest; (in time) point; **~ a bhaint as rud** to lean on sth; **~ a chur le rud** to shore sth (up); **i d~ le** as regards; **i d~ liomsa de** for my part; **i d~ le holc** at all things considered; **do chosa a chur i d~** to refuse to budge; (fig) to dig in; **faoin ~ seo** about this time
tacaí nm4 supporter
tacaigh vi: **~ le** to support, hold up; **~ le duine/rud** to support sb/sth
tacaíocht nf3 support; back-up; **~ a thabhairt do dhuine** to support sb, back sb (up)
tacar nm1 collection; (Math) set
tachrán nm1 child; kid; toddler
tacht vt, vi choke; strangle; (airwaves) jam
tacóid nf2 tack; clove; **~ ordóige** drawing pin, thumbtack
tacsaí nm4 taxi, cab
tadhall nm1 (sense of) touch; contact
Tadhg nm1: **~ an mhargaidh** the man in the street; **~ an dá thaobh** a two-faced person
tae nm4 tea; **~ líomóide** lemon tea; **~ beag** afternoon tea
taephota nm4 teapot
tafann nm1 bark(ing); **bheith ag ~** to bark
tagaim etc vb see **tar**
tagair (pres **tagraíonn**) vt, vi: **~t do rud** to refer to sth, mention sth
tagairt (gs **tagartha**, pl **tagairtí**) nf3 reference; mention; **leabhar tagartha** reference book

tagann *vb see* **tar**

taghdach *adj* moody, temperamental

tagtha *vadj see* **tar**

taibhse *nf4* ghost; phantom; manifestation; **~ thorainn** poltergeist

taibhseach *adj* flamboyant; magnificent; ostentatious; pretentious

táibléad *nm1* tablet; **~** *nm4* (*Comput*) tablet

taidhleoir *nm3* diplomat

taifead *nm1* record ▷ *vt* record; tape; **seachadadh ~ta** recorded delivery

taifeadadh (*gs* **taifeadta**, *pl* **taifeadtaí**) *nm* (*Mus etc*) recording

taifeadán *nm1* recorder; **~ caiséid** cassette recorder; **~ físchaiséad** video (cassette) recorder

taifí *nm4* toffee

taifigh (*vn* **taifeach**) *vt* analyse

taighde *nm4* research; **~ a dhéanamh ar rud** to research sth

táille *nf4* fare; fee; admission, entrance fee; tally; charge; **~ dochtúra** doctor's fee; **~ iompair** haulage (charge); **leath-tháille/lán~** half/full fare; **táillí** fees, rates; **na táillí a aistriú** to transfer the charges

táillefón *nm1* pay phone

táilliúir *nm3* tailor

táilliúireacht *nf3* tailoring

tailte *see* **talamh**

táim *etc vb see* **bí**

táin *nf3* herd; (*Hist*) cattle-raid; herd wealth

táinséirín *nm4* tangerine

taipéis *nf2* tapestry

táiplis *nf2*: **~ bheag** draughts, checkers (*US*); **~ mhór** backgammon

tairbhe *nf4* benefit; profit; **de thairbhe** + *gen* because of; by virtue of; **~ a bhaint as rud** to benefit from sth; **gan ~** useless; worthless

tairbheach *adj* beneficial; profitable

tairg *vt, vi* bid; offer

táirg *vt* produce; yield

táirge *nm4* product; **táirgí as bainne** milk products

táirgeadh (*gs* **táirgthe**) *nm* production; output

táirgeoir *nm3* producer

tairiscint (*gs* **tairisceana**, *gs* **tairiscintí**) *nf3* bid, offer; proposition; (*Comm, offer*) tender

tairne *nm4* (*metal*) nail

tairngir *vt, vi* prophesy; foretell

tairngreacht *nf3* prophecy; prediction

tairseach *nf2* threshold; (window) sill

tais *adj* damp; humid; moist; (*manner*) gentle, soft

taisc *vt, vi* store; hoard; (*Fin*) deposit

taisce *nf4* store, reserve; cache; (*Fin*) deposit; hoard; treasure; (*term of endearment*) darling; **i d~** in reserve; **rud a chur i d~** to put sth away for safe keeping; **cuntas ~** savings *or* deposit account; **a thaisce!** darling!

taisceadán *nm1* safe; locker; depository

taiscéal *vt, vi* explore; prospect; (*Mil*) reconnoitre

taiscéalaí *nm4* explorer; prospector

taise *nf4* damp(ness), humidity; (*disposition*) compassion

taisme *nf4* accident; mishap; **de** *or* **trí thaisme** by chance; **~ bhóthair** road accident

taismeach *adj* accidental; tragic
▷ *nm1* casualty
taispeáin (*pres* **taispeánann**, *vn*
taispeáint) *vt, vi* show; display,
exhibit; illustrate
taispeáint (*gs* **taispeána**) *nf3*: **ar ~**
on display
taispeánadh (*gs* **taispeánta**, *pl*
taispeántaí) *nm* apparition;
revelation
taispeántas *nm1* show, exhibition;
display
taisritheoir *nm3* moisturizer
taisteal *nm1* travel; travelling;
gníomhaire taistil travel agent;
lucht taistil (community)
travellers
taistealaí *nm4* traveller
taistil (*pres* **taistealaíonn**) *vt, vi*
travel
taithí *nf4* experience; practice; **dul
i d~ ar rud** to get used to sth; to
familiarise oneself with sth;
bheith as ~ to be out of practice
taithigh *vt, vi* frequent; practise;
experience
taithíoch (*gsm* **taithíoch**) *adj*
familiar; intimate; **bheith ~ ar rud**
to be familiar with sth; **bheith ~ ar
dhuine** to be intimate with sb
taitin (*vn* **taitneamh**, *pres*
taitníonn) *vt, vi* (*sun*) shine;
appeal to, please; **níor thaitin an
leabhar léi** she didn't like the book
taitneamh *nm1* shine; brightness;
pleasure; **~ a thabhairt do
dhuine** to take a fancy to sb; **~ a
bhaint as rud** to enjoy sth
taitneamhach *adj* pleasant;
enjoyable; likeable; shining
tál *nm1* (*of milk*) yield ▷ *vt, vi* (*milk*)
yield; (*tears, blood*) shed
talamh (*gsm* **talaimh**, *gsf* **talún**, *pl*
tailte) *nm1, nf* earth; land; ground;

faoi thalamh underground; **ó
thalamh** (*fool*) utter; (*review etc*)
thorough; **~ slán a dhéanamh de
rud** to take sth for granted; **an ~ a
bhrath** to put out feelers, test the
ground
talcam *nm1* talcum powder, talc
tallann *nf2* impulse; whim; talent;
~ feirge (fit of) temper
tallannach *adj* impulsive,
temperamental; talented
talmhaigh *vt, vi* dig in; (*Elec*) earth,
ground (*US*); (*Sport*) touch down
talmhaíocht *nf3* agriculture
talmhaíochta *n gen as adj*
agricultural
talún *see* **talamh**
Tamais *nf2*: **an ~** the Thames
tamall *nm1* while; spell; span;
(short) distance; **~ oibre** a spell of
work; **~ den lá** a part of the day;
go ceann tamaill for a while; **faoi
cheann tamaill** after a while; **~ ó
bhaile** some distance from home
támh *nf2* trance; coma; daze; nap;
apathy; **dul i d~** to go into a trance
tamhach *nm*: **~ táisc** commotion
támhnéal (*pl* **támhnéalta**) *nm1*
trance; swoon
tanaí *adj* thin; (*water etc*) shallow;
(*soup etc*) watery; skinny
tanaigh *vt, vi* thin; slim; dilute;
dwindle
tánaiste *nm4* deputy Prime
Minister; second-in-command;
third finger
tánaisteach *adj* secondary
tanc (*pl* **tancanna**) *nm4* (*Mil*) tank
tancaer *nm1* tanker
taobh (*pl* **taobhanna**) *nm1* side;
flank; aspect; **~ tíre** region, area;
(an) ~ istigh/amuigh (the) inside/
outside; **bheith i d~ le** to depend
on; **~ thall de** (on) the other side

of; **~ thiar de** behind; **~ le ~** side by side; **i d~** + *gen* about; **cad ina thaobh?** why?; **fá d~ de** about; **le ~** + *gen* compared to; **d'aon ~** united

taobhach *adj* lateral; **~ le** biased towards

taobhaí *nm4* supporter

taobhaigh *vt, vi* approach; **~ le** side with, support; favour; trust

taobhlíne *nf4* (*Sport*) sideline, touchline

taobhmhaor *nm1* linesman

taobhshráid *nf2* side street

taoibh *n gen as adj* side

taoide *nf4* tide; **~ thuile** flood tide; **~ thrá** ebb tide

taoiseach *nm1* chief; leader; **An T~** (*Pol*) Prime Minister of Ireland

taom (*pl* **taomanna**) *nm3* (*Med*) seizure, fit; **~ croí** heart attack

taomach *adj* (*illness*) fitful; moody

taos *nm1* paste; dough; **~ fiacla** toothpaste

taosc *vt, vi* drain; bail

taoschnó *nm4* doughnut

taosrán *nm1* pastry

tapa *nm4* readiness ▷ *adj* quick, rapid; **bheith ar do thapa** to be alert

tapaigh *vt* quicken; (*opportunity*) seize, take

tar (*pres* **tagann/tig**, *past* **tháinig**, *fut* **tiocfaidh**, *vn* **teacht**, *vadj* **tagtha**) *see also* **grammar section** *vt, vi* come; (*time*) arrive; (*events*) happen; **teacht abhaile** to come home; **teacht an t-aicearra** to take the short-cut; **tar amach** come out; emerge; **tar aníos** come up; **tar anuas** come down; criticise; **tar ar** come on, come upon; arrive on; (*mode of transport*) come by; discover, find; catch;

teacht ar rothar to come by bicycle; **teacht ar fhianaise nua** to discover new evidence; **tháinig an ulpóg uirthi** she caught the flu; **tá fearg ag teacht air** he is getting angry; **tar as** come out of; (*danger etc*) escape from; (*sickness*) recover from; result from; **teacht as rud** to get over sth; **tar chuig/ chun** come to; reach; **teacht chugat féin** (*from sickness, faint*) to come round; **tar de** come of; (*background*) come from; **tar do** happen to; suit; **tagann an gúna di** the dress suits her; **thiocfadh dó (go)** it might be (that); **tar faoi** come to; come within; **teacht faoi aon de rud** to come within a whisker of sth; **tar gan** do without; **beidh ort teacht gan é** you will have to do without it; **tar i** come to; come into; reach; attain; **teacht in aois** to come of age; **teacht i gcabhair ar dhuine** to come to sb's aid; **tar isteach** come in; enter; (*prophecy*) come to pass; **teacht isteach ar rud** to get the hang of sth; **tar le** come along (with); come to; agree with; suit; (*colour etc*) match; do with; be able; **teacht le tuairim** to agree with an opinion; **ní thig liom dul** I can't go; **tar ó** come from; originate from; (*danger*) escape from; (*sickness*) recover from; **tar roimh** come before; intercept; (*in conversation*) interrupt; **tar suas le** catch up with; **tar thar** come over; (*bridge etc*) cross; refer to, mention; **teacht thar chás** to mention a case; **tar thart** come round, recover; **tar trí** come through; **teacht trí thinneas** to come through an illness

tarbh *nm1* bull; **An T~** (*Astrol*)
Taurus

tarbhchomhrac *nm1* bullfight,
bullfighting

tarbhghadhar *nm1* bulldog

tarcaisne *nf4* insult; scorn;
contempt

tarcaisneach *adj* offensive;
disparaging

tarcaisnigh *vt* insult; scorn;
demean

tarchuir *vt* (*Radio, TV*) transmit;
(*Law*) remit

tarchuradóir *nm3* transmitter

tarlaigh (*past* **tharla**) *vi* happen;
occur, come about; **ó tharla go …**
seeing that …; **tharla ann é** he
happened to be there

tarlóir *nm3* haulier

tarlú *nm* happening; occurrence

tarnocht *adj* (stark) naked

tarpól *nm1* tarpaulin

tarra *nm4* tar

tarracóir *nm3* tractor

tarraiceán *nm1* drawer

tarraing (*vn* **tarraingt**) *vt, vi* pull;
drag, haul; draw; attract; **~ ar**
approach; **bruíon/troid a
tharraingt** to cause trouble/a
fight; **na cosa a tharraingt** to
drag one's feet

tarraingt (*gs* **tarraingthe**, *pl*
tarraingtí) *nf* pull; tug; draw;
attraction; (*in door, chimney*)
draught; (*Med*) traction; **~ na
téide** tug of war; **~ a bhaint as
buidéal** to take a drink from a
bottle; **ar ~** (*Med*) in traction

tarraingteach *adj* attractive;
appealing; fetching; seductive

tarramhacadam *nm1*
tarmac(adam)

tarrtháil *nf3, vt* rescue; help;
salvage

tart *nm3* thirst; **tá ~ orm** I'm
thirsty; **do thart a chosc** to
quench one's thirst

tartmhar *adj* (*work etc*) thirsty

tasc (*pl* **tascanna**) *nm1* task; chore

tásc *nm1* tidings; report; **níl ~ ná
tuairisc orthu** there is no word of
them

táscach *nm1* (*Gram*) indicative

táscaire *nm4* indicator; (*Comput*)
cursor

tástáil *vt, vi* test, sample ▷ *nf3* test,
trial; **~ agus earráid** trial and error

tathag *nm1* solidity; fullness; (*of
wine etc*) body

tathagach *adj* solid; (*wine*)
full-bodied

táthaire *nm4* welder; (*inf*)
scrounger

táthar *vb see* **bí**

tatú *nm4* tattoo

tatuáil *vt* tattoo

TCI *n abbr* (= **teilifís ciorcaid iata**) CCTV

TD *n abbr* (= **Teachta Dála**) Dáil
Deputy, ≈ MP

tE (*remove* "t") *see* **E…**

te (*pl, compar* **teo**) *adj* hot, warm;
buidéal te hot-water bottle

té *pron* whoever, whosoever; **an té
a thiocfaidh air** whoever finds it;
an té atá ar iarraidh the missing
person

teach (*gs* **tí**, *pl* **tithe**, *ds* **tigh**) *nm*
house; (*Admin etc*) household;
place; **i d~ Phádraig, tigh
Phádraig** at Patrick's; **~ beag** or **an
asail** toilet; **~ gloine** greenhouse;
~ na ngealt asylum; **~ ósta** hostel,
inn; **~ pobail** chapel, church;
~ solais lighthouse

teacht *nm3* approach; arrival; **~ an
tsamhraidh** the coming of
summer; **le ~ na hoíche** at
nightfall; **~ isteach** income;

t

~ abhaile homecoming; **~ aniar** stamina, resilience; **~ i láthair** presence, self-assurance; *see also* **tar**

téacht *vt, vi* freeze; congeal; *(jelly etc)* set

teachta *nm4* envoy; representative; *(Pol)* deputy; **~ parlaiminte** MP; **T~ Dála** Dáil Deputy, TD

teachtaire *nm4* messenger

teachtaireacht *nf3* message, errand; communication

téacs *(pl* **téacsanna)** *nm4* text

téacsáil *nf3* *(on mobile phone)* text(ing) ▷ *vt, vi* text; **~ réamhaisnéise** predictive text(ing)

téacsleabhar *nm1* textbook

téacs-scéal *nm1*, **téacsteachtaireacht** *nf3* *(on mobile phone)* text message

téad *nf2* rope; line; cord; *(also Mus)* string; **~ léimní** skipping rope; **~ ruthaig** lasso; **~ tarraingthe** towrope; **bheith ar an ~ chéanna (le duine)** to take the same line (as sb); **~ a gutha** vocal cords

téadléimneach *nf2* skipping

téaduirlis *nf2* *(Mus)* stringed instrument; **~í** *npl* *(Mus)* strings

téagar *nm1* substance; bulk; *(term of endearment)* dearest; **dul i d~** *(grow)* to fill out

téagartha *adj* hefty; stout; substantial

teagasc *vt* teach; instruct; coach ▷ *nm1* *(npl* **teagasca)** teaching(s); tuition; instruction

teagascóir *nm3* tutor; instructor

teaghlach *nm1* family; *(persons)* household

teaghlaigh *n gen as adj* family, domestic

teaglaim *nf3* collection; compilation; *(Math)* combination

teaglamaigh *vt* compile; collect; *(Math)* combine

teagmhaigh *(vn* **teagmháil)** *vi*: **~ le** touch; encounter; connect with

teagmháil *nf3* meeting; encounter; contact; **~ a bheith agat le duine** to be in touch with sb; **dul i d~ le duine** to contact sb

teagmhálaí *nm4* opponent; go-between

teagmhas *nm1* contingency; incident; chance occurrence

teagmhasach *adj* incidental, contingent

Téalainn *nf2:* **an ~** Thailand

teallach *nm1* hearth; fireplace; **cois teallaigh** by the fire

téama *nm4* theme

téamh *nm1* heating; **~ domhanda** global warming; **~ lárnach** central heating; *see also* **téigh¹**

teampall *nm1* temple; church

téana *(vn* **téanachtaint)** *vi* *(imperative verb)* come (along)

teanchair *nf2* tongs; pincers; pliers

teanga *(pl* **teangacha)** *nf4* tongue; language; **~ dhúchais** native language; **dán a bheith ar do theanga agat** to have a poem off by heart; **do theanga a bheith i do leathbhéal agat** to speak tongue in cheek

teangaire *nm4* interpreter

teangeolaí *nm4* linguist

teangeolaíocht *nf3* linguistics

teann *vt, vi* *(vn* **teannadh)** tighten; squeeze; *(lock etc)* secure; *(tyre etc)* inflate ▷ *nm3* *(gs, pl* **teanna**, *gpl* **teann)** strength, force; stress ▷ *adj* taut; tight; strenuous; firm; forceful; **~ ar** or **le** approach, close in on; **bheith ag obair ar theann**

do dhíchill to be working flat out;
~ a chur le rud (*word, point*) to
emphasize sth; (*door*) to secure sth;
le ~ nirt by sheer strength; **bheith
ar theann do dhíchill** to try your
very best; **i d~ na dtrioblóidí** at
the height of the troubles;
seasamh go ~ to stand firm; **~adh
ar dhuine** to put pressure on sb; **tá
an t-am ag ~adh orainn** we are
pressed for time

téann see **téigh**

teannaire *nm4* (*bicycle etc*) pump

teannas *nm1* strain; tension;
(*muscle*) tone

teannta *nm4* predicament;
foothold; support; **bheith i d~** to
be in a fix; **do chos a chur i d~** (*also
fig*) to stand firm; **i d~ +** *gen* along
with; as well as; moreover

teanntás *nm1* boldness, audacity;
assertiveness; **~ a dhéanamh le
duine** to make bold with sb

teanntásach *adj* assured;
assertive; audacious

teanór *nm1* (*Mus*) tenor

tearc (*gsm* **tearc**) *adj* scarce; sparse

téarma *nm4* term; semester; **thar
~** (*Fin*) overdue; **~í** *npl* conditions

téarmaíocht *nf3* terminology

tearmann *nm1* asylum, sanctuary,
refuge; (*for tribe etc*) reservation

téarnamh *nm1* convalescence

teas *nm3* heat; warmth

teasaí *adj* hot; fiery; hot-headed;
(*argument*) heated

teasc *vt* amputate; sever; hack off

teascán *nm1* segment; section

teaspach *nm1* (*of weather*) heat; (*of
person*) exuberance; high spirits

teastaigh (*vn* **teastáil**) *vi* be
wanted; **"giolla ag teastáil"**
"waiter wanted"; **teastaíonn breis
ama uaithi** she wants more time

teastas *nm1* certificate; diploma;
(*for job*) reference; **~ báis/breithe/
pósta** death/birth/marriage
certificate

teibí *adj* abstract

teicneoir *nm3* technician

teicneolaíoch *adj* technological

teicneolaíocht *nf3* technology;
~ an eolais information
technology, IT

teicníc *nf2* technique

teicníocht *nf3* technique

teicniúil *adj* technical

teideal *nm1* title; claim; **bheith i d~
ruda** to be entitled to sth; **teidil
chreidiúna** (*Cine, TV*) credits

teidealach *adj* titular

teifeach *adj, nm1* fugitive

téigh¹ (*vn* **téamh**) *vt* heat, warm
(up); **théigh mo chroí leis** I took a
liking to him

téigh² (*pres* **téann**, *fut* **rachaidh**,
past **chuaigh**, *past dependent*
deachaigh, *vn* **dul**, *vadj* **dulta**) *see
also* **grammar section** *vi* go; last;
dul a luí to go to bed; **tá sé ag dul
a thógáil tí** he's going to build a
house; **téigh ag** succeed; **chuaigh
agam é a dhéanamh** I managed
to do it; **téigh amach ar** go out
through/by; **dul amach ar an
bhfuinneog** to get out through
the window; **téigh ar** go on; (*mad,
astray*) go; **dul ar bord eitleáin** to
board an aeroplane; **dul ar
aghaidh/ar gcúl** to progress/
regress; **dul ar mire** to go mad;
téigh as go away from; (*fire etc*) go
out; go out of; **chuaigh an solas
as** the light went out; **téigh
chuig/chun** go to; become; **dul
chun donais** to get worse; **dul
chun cainte le duine** to go and
speak to sb; **dul chun tairbhe do**

t

rud to benefit sth; **téigh do** go to; be due to; affect; **cá mhéad atá ag dul duit?** how much are you owed?; **téigh faoi** go under; sink; (*sun etc*) set; go within; **dul faoi chónaí** to retire (to bed); **téigh gan** go *or* do without; **téigh i** to go in(to); (*member*) join; (*responsibility*) undertake; become; **dul i bhfolach** to go into hiding; **dul i mbun ruda** to take charge of sth; **dul i bhfuaire** to get cold; **téigh idir** go between; intervene; **téigh isteach ar** go in by; (*exam, competition*) enter; **téigh le** go with; accompany; match; (*pursuit, career*) take up; become; **dul le múinteoireacht** to take up teaching; **dul le fána** to go downhill; **téigh ó** go from; **dul ó mhaith** to become useless; **téigh roimh** go before; precede; interrupt; **dul roimh dhuine sa chaint** (*in conversation*) to interrupt sb; **téigh siar ar** (*word*) go back on; (*step*) retrace; **téigh síos** go down; sink; **téigh thar** go over; pass (by); exceed; (*rule*) break; **dul thar sáile** to go overseas; **téigh thart** go round; (*time etc*) go by; **téigh trí** go through; penetrate; (*resources*) spend, use

teiléacs *nm4* telex

teileafón *nm1* telephone; ~ **ceallach** cellphone

teileafónaí *nm4* telephonist

teileagraf *nm1* telegraph

teileascóp *nm1* telescope

teilg (*vn* **teilgean**) *vt, vi* throw; fling; (*colour*) fade; (*Law*) condemn

teilgean *nm1* projection

teilgeoir *nm3* projector

teilidhíol, teilidhíolachán *nm3* telesales

teilifís *nf2* television, TV; ~ **dhaite** colour television; ~ **dhigiteach** digital television

teilifíseán *nm1* television (set), TV

teilitéacs *nm4* Teletext®

téim *etc vb see* **téigh**

teimhligh *vt* tarnish; stain

teip *nf2* failure; flop; (*Tennis*) fault ▷ *vi* (*pp* **teipthe**) fail; **theip orm** I failed; **gan** ~ without fail; **theip an tsláinte air** his health failed; ~ **ar dhuine** to let sb down

téip (*pl* **téipeanna**) *nf2* tape; ~ **dhearg** (*fig*) red tape

téipthaifeadán *nm1* tape recorder

teiripe *nf4* therapy

teirmeach *adj* thermal

teirmeas *nm1* (Thermos®) flask

teirmeastat *nm1* thermostat

teirmiméadar *nm1* thermometer

teirminéal *nm1* (*also Comput, Elec*) terminal

teist (*pl* **teisteanna**) *nf2* testimony; test; reputation; (*service etc*) record

teistiméireacht *nf3* (*Scol etc*) certificate; testimony; (character) reference

teith *vi* flee, run (off); ~ **ó** avoid; flee

teitheadh (*gs* **teite**) *nm* flight; escape; **bheith ar do theitheadh** to be on the run

téitheoir *nm3* heater

teo *see* **te**

teochreasach *adj* tropical

teochrios (*gs* **teochreasa**, *pl* **teochriosanna**) *nm3*: **an T~** (*Geog*) The Tropics

teocht *nf3* temperature; warmth; **dul i d~** to get warm

teoiric *nf2* theory; ~ **an chandaim** the quantum theory; ~ **na coibhneasachta** the theory of relativity

teoiriciúil *adj* theoretical

teoirim *nf2* theorem

teolaí *adj* comfy; snug

teorainn (*gs* **teorann**, *pl* **teorainneacha**) *nf* border; frontier; limit; boundary; **an T~** (*Pol*) The Border; **gan ~** unlimited, boundless; **~ aoise/luais** age/speed limit

teorann *gs as adj* border; boundary; (*waters*) territorial

teoranta *adj* finite; (*also Econ*) limited

th (*remove "h"*) *see also* **t**...

thabharfainn *etc vb see* **tabhair**

thagadh, tháinig *etc vb see* **tar**

thairis, thairsti *see* **thar**

thall *adv, adj* over; beyond; **~ i Meiriceá** over in America; **an bruach ~** the far bank; **~ ansin** over there; **~ is abhus** here and there

thángamar, thángthas *vb see* **tar**

thar (*prep prons* = **tharam, tharat, thairis, thairsti, tharainn, tharaibh, tharstu**) *prep* over; above; beyond; more than; across; **~ barr** excellent; **dul ~ d'acmhainn le rud** to go out of your depth with sth; **~ sáile** abroad, overseas; **~ mhíle** over a mile; **~ a bheith fuar** extremely cold; **thairis sin** moreover; **~ gach rud** above all

tharla *vb see* **tarlaigh**

tharstu *see* **thar**

thart *adv, prep* about, around; round; by; past; over; **amharc ~** to look around; **rud a chur ~** to pass sth round; **teacht ~** to come round; **dul ~** (*time*) to pass; **tá an cluiche ~** the game is over; **an tseachtain seo a chuaigh ~** last week; **dul ~ le rud** to pass sth by

théadh *vb see* **téigh²**

theas *adv, adj* (*position*) south; southern; southerly

thiar *adv, adj* (*position*) west; western; westerly; rear; **taobh ~ den doras** behind the door; **tá ~ air** he is done for; **faoi dheireadh ~** at long last

thiocfadh *vb see* **tar**

thíos *adv* (*position*) below, beneath; down; (*in writing*) below; **~ faoi** beneath, underneath; **bheith ~** (*kettle, pot*) to be on; **bheith ~ le rud** to lose (out) by sth; **~ staighre** downstairs

thoir *adv, adj* (*position*) east; eastern; easterly

thú *see* **tú**

thuaidh *adv, adj* (*position*) north; northern; northerly; **an Mhuir T~** the North Sea

thuas *adv, adj* (*position*) above; overhead; up, upper; **~ staighre** upstairs

thug *etc vb see* **tabhair**

thusa *see* **tusa**

tl (*remove "t"*) *see* **l**...

tí *nf4*: **bheith ar tí rud a dhéanamh** to be on the point of doing sth

tí² *see* **teach**

tiachóg *nf2* wallet; satchel

tiarcais *n*: **a thiarcais!** (*exclamation*) my goodness!

tiarna *nm4* lord; peer; **~ talaimh** *or* **talún** landlord; **An T~** (*Rel*) the Lord; **Teach na dT~í** the (House of) Lords

tiarnas *nm1* rule; lordship; dominion

tiarnúil *adj* haughty; (*tone*) overbearing

tibhe *see* **tiubh**

tic *nm4* (*of clock, mark*) tick; **~ a chur le rud** to tick sth off

t

ticéad *nm1* ticket; **~ páirceála/séasúir/dea-mhéine** parking/season/complimentary ticket; **~ fillte/singil** return/single ticket

ticeáil *vt, vi* tick (off)

tig *vb see* **tar**

tigh *see* **teach**

tíl (*pl* **tíleanna**) *nf2* tile

tím *nf2* thyme

timbléar *nm1* (*glass*) tumbler

timire *nm4* messenger; attendant

timireacht *nf3* household chores; running errands

timpeall *nm1* circuit; round; roundabout way; circumference ▷ *adv* round; about ▷ *prep* round; about; **~ +** *gen* around, round; approximately, roughly, in the region of; **~ an tí** around the house; **~ 60** 60-odd; **inár d~** around us; **ag dul ~** going round; **~ mí ó shin** about a month ago

timpeallach *adj* (*route, means*) roundabout, circuitous; surrounding

timpeallacht *nf3* surroundings; environment; vicinity

timpeallachta *n gen as adj* environmental

timpeallaigh *vt* circle, surround; go round

timpeallán *nm1* (*Aut*) roundabout

timpiste *nf4* accident; **bhain ~ dó** he had an accident; **de thimpiste** by accident

timpisteach *adj* accidental

timthriall *nm3* (*Biol, Math, Phys*) cycle

timthriallach *adj* cyclical; recurring; (*movement, work*) repetitive

tincéir *nm3* (*pej: gipsy*) tinker (!)

tine (*pl* **tinte**) *nf4* fire; **~ chnámh** bonfire; **~ gháis** gas fire; **trí** *or* **le**

thine on fire; **~ a chur síos** to set a fire; **rud a chur trí thine** to set sth on fire

tinn *adj* ill, sick; sore, aching; **buaileadh ~ í** she took ill; **bheith ~ tuirseach de rud** to be sick and tired of sth

tinneas *nm1* illness, sickness; ache; **~ cinn/cluaise/fiacaile** headache/earache/toothache; **~ clainne** (*childbirth*) labour; **~ farraige** seasickness; **~ cinn a bheith ort** to have a headache; **~ na circe** the fidgets; **~ póite** hangover

tinreamh *nm1* attendance

tinte *see* **tine**

tinteán *nm1* hearth; fireplace; **níl aon ~ mar do thinteán féin** there's no place like home

tintreach *nf2* lightning

tintrí *adj* (*temper*) hot; hot-headed; ardent

Tiobraid Árann *nf* Tipperary

tiocfaidh *etc vb see* **tar**

tíogar *nm1* tiger

tíolacadh (*gs* **tíolactha**, *pl* **tíolacthaí**) *nm* (*spiritual*) gift

tíolaic (*pres* **tíolacann**) *vt, vi* dedicate; bestow

tiomáin *vt, vi* drive; propel

tiomáint (*gs* **tiomána**) *nf3* (*also Comput*) drive; power

tiománaí *nm4* (*also Golf*) driver; chauffeur

tiomna *nm4* will, testament; **An T~ Nua** the New Testament

tiomsaigh *vt, vi* assemble; collect; accumulate

tiomsaitheoir *nm3* compiler; collector

tionchar *nm1* influence; impact; **faoi thionchar an alcóil** under the influence of alcohol

tionlacaí *nm4* (*Mus*) accompanist

tionlacan *nm1* (*entourage*) escort; (*Mil*) convoy; (*Mus*) accompaniment

tionlaic (*pres* **tionlacann**, *vn* **tionlacan**) *vt* escort; (*also Mus*) accompany; (*bride*) give away

tíonna *see* **tí²**

tionóil (*pres* **tionólann**) *vt*, *vi* convene; muster; assemble

tionóisc *nf2* accident; ~ **bhóthair** road accident; **trí thionóisc** by accident

tionóisceach *adj* accidental

tionól *nm1* gathering; assembly; (*of assembly etc*) sitting

tionónta *nm4* tenant

tionóntacht *nf3* tenancy

tionscadal *nm1* project

tionscain (*pres* **tionscnaíonn**) *vt*, *vi* initiate, start; institute; mastermind; originate

tionscal *nm1* industry

tionscantach *adj* initial; original; (*person, mind*) enterprising

tionsclaíoch (*gsm* **tionsclaíoch**) *adj* industrial

tionscnamh *nm1* origin; (*setting up*) establishment; initiative

tionscnóir *nm3* initiator; originator; promoter

tiontaigh *vt*, *vi* turn; convert; translate; **tiontú ar ais** to turn back

tíopa *nm4* (*Biol*) type

tíoránach *nm1* tyrant; bully

tíoránta *adj* tyrannical; oppressive; (*heat, pain*) intense

tíorántacht *nf3* tyranny; despotism

tíos *nm1* housekeeping; thrift; (*Scol*) home economics; **airgead tís** housekeeping (money)

tíosach *adj* thrifty; economical

▷ *nm1* (*TV, Radio etc*) host

tipiciúil *adj* typical

tír (*pl* **tíortha**) *nf2* country; land; ~ **dhúchais** native country, homeland; ~ **mór** mainland; **ceol** ~**e** folk music; **teacht i d~** survive, manage; **teacht i d~ ar rud/ dhuine** to take advantage of sth/ sb; **do bheatha a thabhairt i d~** to make one's living

Tír Chonaill *nf* Donegal

tírdhreach (*gs, npl* **tírdhreacha**, *gpl* **tírdhreach**) *nm3* landscape

Tír Eoghain *nf* Tyrone

tíreolaíocht *nf3* geography

tírghrá *nm4* patriotism

tírghrách (*gsm* **tírghrách**) *adj* patriotic

tirim *adj* dry; arid; **airgead** ~ ready cash

tirimghlanadh (*gs* **tirimghlanta**) *nm* dry-cleaning

tirimghlantóir *nm3* dry-cleaner('s)

tíriúil *adj* homely; sociable; (*story*) racy

tit (*vn* **titim**, *pp* **tite**) *vi* fall (down); drop; sag; **thit mo chodladh orm** I fell asleep; ~**im i laige** *or* **i bhfanntais** to faint; ~**im isteach** (*roof etc*) to cave in; ~**im as a chéile** to fall apart; ~**im chun deiridh** (*also fig*) to fall behind; ~**im amach** (*events*) to happen; ~**im amach le duine** to fall out with sb; ~**im chun feola** to put on weight; ~**im i do chodladh** to fall asleep

tithe *see* **teach**

tithíocht *nf3* housing

titim *nf2* fall; decline; (*in prices etc*) drop; tumble

titimeas *nm1* epilepsy

tiúb (*pl* **tiúbanna**) *nf2* tube

tiubh (*gsm* **tiubh**, *gsf, compar* **tibhe**) *adj* thick; dense; fast; **chomh** ~

géar is a thig leat as soon as you can

tiúilip *nf2* tulip

tiúin (*pl* **tiúineanna**) *nf2* tune; mood; **bheith i d~/as ~ le** to be in/ out of tune with ▷ *vt, vi* (*pres* **tiúnann**, *vn* **tiúnadh**, *gs, pp* **tiúnta**) tune (up)

tiús *nm1* thickness; density; **20cm ar ~** 20cm thick

tláith *adj* weak; pale; tender; mild

T-léine *nf4* T-shirt

tlú (*pl* **tlúnna**) *nm4* tongs

TnaG *n abbr* (= *Teilifís na Gaeilge*) Irish language television

tnáite *adj* jaded; exhausted

tnúth *nm3* envy; rivalry; expectation; longing ▷ *vt, vi* envy; long for; **rud a thnúth do dhuine** to begrudge sb sth; **~ le rud** to yearn for sth; expect sth

tnúthach *adj* envious

tnúthán *nm1* expectancy

tO (*remove "t"*) *see* **O...**

tobac *nm4* tobacco; **"ná caitear ~"** "no smoking"

tobacadóir *nm3* tobacconist

tobán *nm1* tub

tobann *adj* sudden; abrupt; impetuous; short-tempered; **go ~** suddenly

tobar (*pl* **toibreacha**) *nm1* (*of water*) well; spring; fountain

tochail (*pres* **tochlaíonn**, *vn* **tochailt**) *vt, vi* dig; burrow

tochailt *nf2* digging, excavation

tochais (*pres* **tochasann**) *vt, vi* scratch; itch

tochas *nm1* itch; **~ a bheith ionat** to itch

tochasach *adj* itchy

tochrais *vt, vi* wind

tocht¹ (*pl* **tochtanna**) *nm3* mattress

tocht² *nm3* (*Med*) stoppage;

emotion; **~ a bheith ort** to be (very) emotional

tochtmhar *adj* (very) emotional

tocsain *nf2* toxin

tocsaineach *adj* toxic

todhchaí *nf4* future

todóg *nf2* cigar

tofa *vadj* choice; (*fool etc*) utter

tóg *vt, vi* raise *or* lift (up); pick up; take; build; (*family*) bring up, rear; (*cattle*) raise, rear; (*emotion*) stir (up); (*slope*) ascend; (*fare etc*) collect; (*space, time*) take, require; (*police*) arrest, lift; (*step, photograph*) take; (*language, skill*) pick up; (*flu etc*) catch, contract; **teach a thógáil** to build a house; **clann a thógáil (le Gaeilge)** to rear a family (through Irish); **thógfadh sé uair nó dhó dul ann** it would take an hour or two to get there; **achrann a thógáil** to stir up a row; **grianghraf a thógáil (de rud)** to take a photograph (of sth); **áit duine a thógáil** to take sb's place; **~ go bog é!** take it easy!; **tóg ar** raise *or* lift upon; undertake; take for; blame for, hold against; **rud a thógáil ar do ghualainn** to lift sth up on your shoulder; **ní thógfainn orm féin sin a dhéanamh** I wouldn't take it upon myself to do that; **rud a thógáil ar dhuine** to hold sth against sb; **teach/carr a thógáil ar cíos** to rent a house/car; **tóg as** lift *or* take out of; take from; blame for; **tóg chuig** *or* **chun** take to; **rud a thógáil chugat féin** (*remark etc*) to take sth personally; **tóg de** lift off; take off; **do shúil a thógáil de rud** to take your eye off sth; **duine a thógáil den pháirc** (*Sport: substitution*) to take sb off; **tóg do** take to; **olc a**

thógáil do dhuine to take a grudge against sb; **tóg í** take into, lift into; **tóg isteach** take in; (*dress etc*) shorten; **tóg le** lift with; excite by; take to; take away; **~áil le duine/rud** to take to sb/sth; **rud a thógáil leat** to take sth away; (*trick, skill etc*) to pick sth up; **tóg ó** take from; lift from; **achasán a thógáil ó dhuine** to take an insult from sb; **tóg suas** lift *or* raise up

toga *nm4* toga

tógáil *nf3* upbringing; *see also* **tóg**

tógálach *adj* (*Med*) infectious; catching; (*person*) touchy

tógálaí *nm4* builder; breeder

togh (*pp* **tofa**) *vt, vi* choose; select; elect; (*Pol: candidate*) return

togha *nm4* choice; pick; **~ oibre** excellent work; **~ + *gen*** the best of; **~ fir!** good man!; **~ agus rogha** the pick of the bunch

toghadh (*gs* **tofa**) *nm* election, selection

toghchán *nm1* election

toghchánaíocht *nf3* electioneering

toghlach *nm1* constituency

toghluasacht *nf3* abortion

toghthóir *nm3* elector; constituent; **na ~í** the electorate

tógtha *vadj* excited; agitated; **éirí ~ (faoi rud)** to get excited *or* worked up (about sth)

toiciúil *adj* affluent; well-to-do

toil *nf3* will; desire; inclination; **le do thoil, más é do thoil é** please; **in éadan do thola** against your will; **de do thoil féin** of your own accord; **is ~ liom** I wish *or* desire to; **~ a thabhairt do rud** to take a liking to sth; **teanga a bheith ar do thoil agat** to be fluent in a language; **do thoil a thabhairt do**

rud to give your consent to sth

toiligh *vt, vi* consent, agree; **toiliú le rud** to consent to sth

toilteanach *adj* willing; voluntary

tóin (*pl* **tóineanna**) *nf3* backside, bottom; (*trousers*) seat; lowest part; **dul go ~ (poill)** (*boat*) to sink; **cic sa ~** (*fam*) an injection of urgency; **dul ar do thóin i rud** to back out of sth; **thit an ~ as** (*also fig*) it fell apart

toinn *see* **tonn**

tointe *nm4* strand, thread; (*of clothes*) stitch

tóir (*pl* **tóireacha**) *nf3* pursuit; chase; **dul sa ~ ar dhuine** to chase sb; **~ a bheith ort** to be popular

toirbhir (*pres* **toirbhríonn**, *vn* **toirbhirt**) *vt, vi* deliver; present; dedicate

toircheasach *adj* pregnant

toirchigh *vt* make pregnant; (*Biol*) fertilize

toirmeasc *nm1* prohibition; mishap; mischief

toirmisc *vt, vi* prohibit; prevent; **rud a thoirmeasc ar dhuine** to forbid sb sth

toirmiscthe *adj* forbidden

toirneach *nf2* thunder

toirniúil *adj* thundery

tóirse *nm4* torch; flare

tóirsholas *nm1* searchlight

toirt (*pl* **toirteanna**) *nf2* mass, bulk; volume; **ar an ~** immediately

toirtéis *nf2* self-importance; pride

toirtéiseach *adj* self-important; proud

toirtín *nm4* scone; cake

toirtís *nf2* tortoise

toirtiúil *adj* bulky; (*person*) heavy

toisc (*pl* **tosca**) *nf2* factor, circumstance; **~, de thoisc** because, due to; **~ é a bheith as**

láthair due to his absence; **~ go bhfuil sí tinn** because she is ill; **d'aon ~** on purpose

toise nm4 measurement; dimension

toit nf2 smoke; **~ a dhéanamh** (fire) to smoke; **~ a chaitheamh** to have a smoke

toitcheo nm4 smog

toiteach adj smoky

toitín nm4 cigarette, fag; (of cannabis) joint; **~ leictreonach** e-cigarette

tólamh n: **i d~** always; all the time

tolg¹ vt, vi (storm) gather; (illness) contract; develop; **slaghdán a tholgadh** to catch a cold

tolg² nm1 settee, sofa; couch

tolglann nf2 lounge (bar)

toll¹ vt, vi bore, drill

toll² nm1: **rudaí a chur i d~ a chéile** to put things together

toll³ adj (also sound) hollow; pierced

tollán nm1 tunnel

tom nm1 bush; shrub; tuft; clump

tomhais (pp **tomhaiste**) vt, vi measure; gauge; estimate, guess

tomhaiste vadj regular; measured

tomhaltas nm1 consumption

tomhaltóir nm3 consumer

tomhas nm1 measure; dimension; guess; puzzle, riddle; **~ a láimhe féin a thabhairt do dhuine** to give sb as good as one gets

ton nm1 tone

tonn (pl **tonnta**, ds **toinn**, gpl **tonn**) nf2 (also Radio) wave; **~ tuile** tidal wave; **thar toinn** overseas; **faoi thoinn** underwater; **~ teaspaigh** heatwave ▷ vt, vi gush; (smoke) billow; (terrain) undulate

tonna nm4 ton

tor nm1 shrub; bush; tuft

toradh (pl **torthaí**) nm1 fruit; product; produce; (of test, game etc)

result, outcome; **~ citris** citrus fruit; **bhí de thoradh air go …** it resulted in …; **de thoradh** + gen as a result of

tóraí nm4 robber; outlaw; **T~** (Pol) Tory

tóraíocht nf3 search, pursuit; (Police) manhunt; **~ taisce** treasure hunt

torann nm1 (loud) noise

torannach adj noisy

torbán nm1 tadpole

torc nm1 boar

torcán nm1 young boar; **~ craobhach** porcupine

tormán nm1 noise; boom

tormánach adj noisy

tormas nm1: **ag ~** grumbling; sulking

tornádó (pl **tornádónna**) nm4 tornado

tornapa nm4 turnip

torrach adj pregnant

tórramh nm1 wake; funeral (procession); **teach tórraimh** wake house

torthúil adj fertile; fruitful

tosach (gs, pl **tosaigh**) nm1 beginning; start; front; lead; onset; (Naut) bow, prow; **ó thosach** from the beginning; **i d~** at first; **teacht chun tosaigh** to come to the fore; **chun tosaigh** in the lead; forward

tosaí nm4 (Sport) forward

tosaigh¹ vt, vi begin, start (off) or (up); initiate; (Comput) boot; **~ arís** resume; **tosú ar rud** to begin sth

tosaigh² n gen as adj front; opening; (in race etc) leading; **roth ~** front wheel; see also **tosach**

tosaíocht nf3 preference; priority; **~ a thabhairt do rud** to give priority to sth

tosaitheoir nm3 beginner

tosca see **toisc**

toscaire nm4 delegate; deputy

toscaireacht nf3 delegation; deputation

tost nm3 silence ▷ vi go or be silent; **bí i do thost!** shut up!; **duine a chur ina thost** to silence sb; **fanacht i do thost** to remain silent

tósta nm4 (Culin) toast

tostach adj taciturn

tóstaer nm1 toaster

tóstáil vt (bread) toast

tóstal nm1 assembly; pageant

trá¹ (pl **tránna**) nf4 beach; strand; **bheith ag iarraidh an dá thrá a fhreastal** to try to do two things at once; **ar an ~ fholamh** destitute; **ar an ~ thirim** high and dry

trá² nm4 ebb; (Comm) recession; see also **tráigh**

trácht¹ (pl **tráchtanna**) nm3 mention, comment; discussion ▷ vt, vi mention, comment; discuss; **~ a chloisteáil ar rud** to hear (tell) of sth; **is annamh ~ air** it's rarely mentioned; **~ ar rud** to mention or speak of sth; **gan ~ ar** not to mention

trácht² (pl **tráchtanna**) nm3 (of foot) sole, instep; (of tyre) tread

trácht³ (pl **tráchtanna**) nm3 traffic; **soilse ~a** traffic-lights

tráchtáil nf3 trade, commerce

tráchtaire nm4 commentator

tráchtaireacht nf3 commentary

tráchtála n gen as adj commercial

tráchtas nm1 dissertation; thesis; tract

trádáil nf3 trade, commerce ▷ vt, vi trade; deal

trádálaí nm4 trader

trádmharc nm1 trademark

traein (gs **traenach**, pl **traenacha**) nf train; **ar an** or **leis an ~** by train; **~ luais** express train

traenáil vt, vi train; coach ▷ nf3 training; coaching

traenáilte adj trained

traenálaí nm4 trainer; coach

tragóid nf2 tragedy

tragóideach adj tragic

traidhfil nf4 (also Culin) trifle; small amount

tráidire nm4 tray

traidisiún nm1 tradition

traidisiúnta adj traditional

traigéide nf4 (Theat) tragedy

traigéideach adj (Theat) tragic

tráigh (vn **trá**) vi ebb; recede; dry up; decline

tráill nf2 slave; wretch

traipisí npl personal belongings; junk; **rud a chaitheamh i d~** to discard sth, give sth up

trálaer nm1 trawler

tralaí nm4 trolley

tram (pl **tramanna**) nm4 tram, tramcar, streetcar (US)

trampáil vt, vi tramp

trampailín nm4 trampoline

trangláilte adj crowded; cluttered

tranglam nm1 clutter; tangle; disorder

tránna see **trá¹**

traoch vt exhaust, tire out; overcome

traochta vadj exhausted; exhausting

tras- prefix trans-, cross-

trasatlantach adj transatlantic

trasghearradh (gs **trasghearrtha**, pl **trasghearrthacha**) nm cross-section

trasna prep, adv (+ gen) across; **(dul) ~ na sráide** (to go) across the street; **teacht ~ ar dhuine** to contradict sb; **3m ~** 3m across

t

trasnaigh vt, vi (traverse) cross; intersect; contradict

trasnaíocht nf3 (Radio, TV) interference

trasnán nm1 crossbar; (Math) diagonal

trasnú nm intersection, traverse; (in conversation) interruption

trasrian (pl **trasrianta**) nm1: **~ coisithe** pedestrian crossing; **~ le soilse lámhrialaithe** pelican crossing

tráta nm4 tomato

tráth (pl **tráthanna** or **trátha**, gpl **tráth**) nm3 hour; time; occasion; (formerly) once; meal; **i d~a a dó a chlog** around 2 o'clock; **in am agus i d~** in good time; **~ bia** a meal; **~ na gceist** quiz

tráthas n: **idir sin is ~** somewhat later; later on

tráthnóna (pl **tráthnónta**) nm4 evening; afternoon; **~** or **um thráthnóna** in the afternoon or evening

tráthrialta adv: **go ~** regularly; punctually

tráthúil adj timely, opportune, apt

treabh (vn **treabhadh**) vt, vi plough; **~adh leat** (fig) to plod on; **~adh le duine** to get along with sb

treabhsar nm1 trousers; slacks

tréad (gs, pl **tréada**) nm3 (also Rel) flock; fold; herd

trealamh nm1 equipment; gear; kit; fitting, furniture; paraphernalia

treallach adj fitful; capricious

treallúsach adj assertive; enterprising; industrious

tréan (compar **treise, tréine**) adj strong, mighty; vehement ▷ nm1 strength; power; **~ + gen** plenty

(of), a lot (of); **~ airgid** plenty of money; **le ~ áthais** out of sheer delight

tréaniolra nm4 (Gram) strong plural

treas adj third

treascair (pres **treascraíonn**) vt fell; (enemy) rout; (régime) overthrow

treascairt (gs **treascartha**) nf3 overthrow; downfall; defeat

treascrach adj overpowering; overwhelming; stunning

tréaslaigh (vn **tréaslú**) vt congratulate; **rud a thréaslú le** or **do dhuine** to congratulate sb on sth

treaspás nm1 trespass(ing); **"ná déantar ~"** "no trespassing"

tréatúir nm3 traitor

trédhearcach adj transparent

treibh (pl **treibheanna**) nf2 tribe; race; people

tréidlia (pl **tréidlianna**) nm4 vet, veterinary surgeon

tréig (vn **tréigean**, pp **tréigthe**) vt, vi (place, cause) abandon, desert; forsake; (colour) fade; (health) fail

tréigthe vadj derelict; deserted; (colour) faded

tréimhse nf4 period, spell

tréimhseachán nm1 periodical

tréimhsiúil adj periodic(al)

tréine see **tréan**

treis n: **teacht i d~** to come to power; **rud a thabhairt i d~** (subject) to bring sth up; **bheith i d~ i rud** to be involved in sth

treise nf4 strength; emphasis; **~ a chur le rud** to strengthen or emphasize sth; see also **tréan**

treisigh (vn **treisiú**) vt, vi strengthen; reinforce; **treisiú le rud/duine** to support sth/sb

tréith (gs, pl **tréithe**) nf2 trait;

quality, characteristic; **fios a thréithe a thabhairt do dhuine** to tell sb a few home truths

tréitheach *adj* gifted; characteristic; tricky

treo (*pl* **treonna**) *nm4* direction; way; **cén ~ ar imigh sé?** what direction did he go?; **i d~ +** *gen* towards

treodóireacht *nf3* orienteering

treoir (*gs* **treorach**, *pl* **treoracha**) *nf* guidance; direction; leadership; indicator; (*on gun*) sight; progress; **~ a dhéanamh do dhuine** to give sb directions; **duine a chur dá threoir** to confuse sb; **i d~** ready, in order; **treoracha** directions or instructions (for use)

treoraí *nm4* guide

treoraigh *vt* guide; direct; lead

trí¹ (*pl* **tríonna**) *num, nm4*: **a ~** three; **a ~ déag** thirteen; **~ mhála** three bags; **seomra a ~** room 3

trí² (*prep prons* = **tríom, tríot, tríd, tríthi, trínn, tríbh, tríothu**) *prep* (*becomes* **tríd** *before art* **an**) through; throughout; by; **~(na) chéile** confused; **~d síos** right through; **bheith i bhfad ~d** to be far gone; **~d is ~d** by and large; **~ Ghaeilge** *or* **~d an nGaeilge** through Irish

triacla *nm4* treacle

triail *nf* test; (*also Law*) trial, experiment ▷ *vt* (*also Law*) try; test

trialach *adj* trial, experimental

triall (*pl* **triallta**) *nm3* journey ▷ *vt, vi*: **~ ar an mbaile** to make for home; **cá bhfuil do thriall?** where are you heading?

trian (*pl* **trianta**) *nm1* (*fraction*) third

triantán *nm1* (*Math, Mus*) triangle

triarach *adj* triple; triplicate

tríbh *see* **trí²**

tríchosach *nm1* tripod

tríd *see* **trí²**

trídhathach *adj* tricolour

trídhualach *adj* (*wool*) three-ply

trilseán *nm1* plait; braid; pigtail; (*of onions*) string

trína = **trí²** + *poss adj* **a**; **trí²** + *rel part* **a**

trínar = **trí²** + *rel part* **ar**

trínár = **trí²** + *poss adj* **ár**

trínn *see* **trí²**

trinse *nm4* trench

trioblóid *nf2* trouble; distress; **~í** (*Pol etc*) troubles

trioblóideach *adj* troublesome

trioc *nm4* furniture

tríocha (*gs* **tríochad**, *pl* **tríochaidí**) *num, nm* thirty

tríochadú *num, adj, nm4* thirtieth

tríom *see* **trí²**

triomach *nm1* dry weather; drought

triomadóir *nm3* dryer; **~ gruaige** hair dryer

triomaigh *vt, vi* dry (up)

tríonna *see* **trí¹**

Tríonóid *nf2*: **An ~ Naofa** (*Rel*) the Holy Trinity

triopall *nm1* bunch; (*of dress*) train

triopallach *adj* clustered; tidy

tríot *see* **trí²**

tríothu *see* **trí²**

trírín *nm4* triplet

tríthi *see* **trí²**

tríú *num, adj, nm4* third; **an T~ Domhan** the Third World

triuch (*gs* **treacha**) *nm3* whooping cough

triuf (*pl* **triufanna**) *nm4* (*Cards*) club

triúr *nm1* three (people); **chuaigh ~ againn ann** 3 of us went; **tá siad ~ ann** there are 3 of them

triús *nm1* trousers

t

trócaire nf4 mercy; leniency; **~ a dhéanamh ar dhuine** to have mercy on sb

trócaireach adj merciful; lenient

trodach adj quarrelsome; belligerent

trodaí nm4 (also fig) fighter

trófaí nm4 trophy

troid nf3 fight; fighting; quarrel ▷ vt, vi fight; quarrel; **~ a chur ar dhuine** to challenge sb to a fight

troigh (pl **troithe**) nf2 (also measure) foot; **sé troithe ar airde** 6 feet tall

troisc (vn **troscadh**) vi fast

troistneach nf2 commotion; noise

troitheán nm1 pedal

trom nm4 weight; burden; bulk ▷ adj heavy; (work) hard; (blow) hefty; **~ na hoibre** the bulk of the work; **bheith ~ ar an ól** to be a heavy drinker

tromaí adj weighty; grave; heavy-hearted

tromaigh vt, vi make or become heavier

tromaíocht nf3 censure; condemnation; **bheith ag ~ ar dhuine** to criticise sb

tromán nm1 weight; **~ páipéir** paperweight; **~ lúith** dumbbell

trombóis nf2 thrombosis

trombón nm1 trombone

tromchroíoch adj heavy-hearted

tromchúiseach adj grave, serious

tromlach nm1 majority

tromluí nm4 nightmare

trópaic nf2 tropic

trosc nm1 cod

troscadh nm1 fast; see also **troisc**

troscán nm1 furniture

trost nf2 thud; (noise) thump

trua nf4 pity; sympathy; compassion ▷ adj (meat) lean; **is ~ liom é** I pity him; **is ~ go ...** it's a pity that ...; **nach mór an ~!** what a pity!; **~ a bheith agat do dhuine** to feel sorry for sb

truacánta adj pitiful; plaintive; touching

truaill nf2 sheath; covering

truaillí adj corrupt; base; mean

truailligh vt pollute; contaminate

truaillíocht nf3 pollution

truaillithe vadj polluted; contaminated

truailliú nm pollution

truamhéala nf4 pathos; compassion

truamhéalach adj pathetic; piteous; pitiful

trucail nf2 truck; cart

truflais nf2 rubbish; trash

truilleán nm1 push, shove

trúipéir nm3 trooper

trumpa nm4 trumpet

trunc nm3 trunk

trup (pl **trupanna**) nm4 noise

trúpa nm4 troop

ts (remove "t") see **s...**

tU (remove "t") see **U...**

tú (as object of verb **thú**) pron you; **tú féin** yourself; **dá bhfeicfeá thú féin anois** if you saw yourself now; **tú féin a dúirt é** it was you who said it

tua (pl **tuanna**) nf4 axe, hatchet

tuaileas nm1 hunch, idea

tuáille nm4 towel; **~ sláintíochta** sanitary towel

tuaiplis nf2 blunder

tuairgníonn see **tuargain**

tuairim nf2 opinion; idea ▷ prep about, approximately; **~ is** about, around; **is é mo thuairim go ...** it is my belief that ...; **buille faoi thuairim a thabhairt** to hazard a guess

tuairimíocht *nf3* speculation; guesswork

tuairisc *nf2* information; account; report, tale; **~ duine a chur** to inquire about *or* ask after sb; **~ a thabhairt ar rud** to give an account of sth

tuairisceoir *nm3* reporter; (*news*) correspondent

tuairisceoireacht *nf3* (*news*) reporting

tuairiscigh *vt, vi* report

tuairt (*pl* **tuairteanna**) *nf2* crash, bump; thud; smash

tuairteáil *vt* bump, crash into; smash; ram

tuaisceart *nm1* north; **T~ Éireann** Northern Ireland

tuaisceartach *adj* north, northern ▷ *nm1* northerner

tuaithe *n gen as adj* country; rural; *see also* **tuath**

tuama *nm4* tomb; vault; tombstone

tuar (*pl* **tuartha**) *nm1* omen, sign; forecast ▷ *vt* forebode; predict; deserve; **tháinig an ~ faoin tairngreacht** the prophecy was fulfilled; **~ ceatha** rainbow

tuarascáil (*pl* **tuarascálacha**) *nf3* report, account; description

tuarascálaí *nm4* reporter

tuarastal *nm1* salary

tuargain (*pres* **tuairgníonn**) *vt* pound; thump; batter

tuaslagán *nm1* (*Chem*) solution

tuaslaig (*pres* **tuaslagann**) *vt, vi* dissolve

tuata *nm4* lay person ▷ *adj* lay; secular

tuath (*gs* **tuaithe**) *nf2* country(side); laity; (*Hist*) people, tribe; (*Hist*) territory; **faoin ~** in the country

tuathal *adj, adv* anticlockwise ▷ *nm1* blunder; **dul ~** to go anticlockwise

tubaiste *nf4* calamity; catastrophe, disaster

tubaisteach *adj* catastrophic, disastrous; tragic

tugaim, tugann *vb see* **tabhair**

tugtha *vadj* exhausted, spent; **~ do** prone to, fond of, devoted to; **bheith ~ do rud** to be addicted to sth; *see also* **tabhair**

tuí *nf4* thatch; straw; **teach ceann ~** thatched cottage

tuig (*vn* **tuiscint**) *vt, vi* understand, realize; **~tear dom go ...** I gather that ...; **tuiscint do dhuine** to empathize with sb; **tuiscint as rud** to get the gist of sth

tuile *nf4* (*pl* **tuilte**) flood; torrent

tuill (*vn* **tuilleamh**) *vt* deserve; earn; **bhí sé ~te aici** she deserved it; **~te go maith** well-deserved

tuilleadh *nm1* more; addition; **ar mhaith leat a thuilleadh tae?** would you like (some) more tea?; **ní thagann sé a thuilleadh** he no longer comes

tuilleamaí *nm4* dependence; reliance; **bheith i d~ duine/ruda** to be dependent on sb/sth

tuilte *see* **tuile**

tuin *nf2* tone; accent

Túinéis *nf2*: **an ~** Tunisia

tuinnín *nm4* tuna (fish)

Tuirc *nf2*: **an ~** Turkey

Tuircis *nf2* (*Ling*) Turkish

túirín *nm4* turret

tuirling (*pres* **tuirlingíonn**) *vt, vi* descend; (*Aviat*) land

tuirlingt (*gs* **tuirlingthe**) *nf2* descent; (*Aviat*) landing; touchdown; **~ éigeandála** emergency landing

tuirne *nm4* spinning wheel

tuirse *nf4* tiredness; fatigue; strain;
~ **a bheith ort** to be tired

tuirseach *adj* tired; weary

tuirsigh *vt, vi* tire

tuirsiúil *adj* tiring; tiresome

túis *nf2* incense

túisce *compar adj, adv* sooner; first;
an rud is ~ the first thing

tuisceanach *adj* understanding,
sympathetic, considerate;
discerning

tuiscint (*gs* **tuisceana**) *nf3*
understanding; perception;
realization; *see also* **tuig**

tuiseal *nm1* (*Gram*) case

tuisle *nm4* stumble; trip; **bhain** ~
dó he lost his footing; ~ **a bhaint**
as duine to trip sb

tuisligh *vi* stumble; trip (up); falter;
stagger

tuismeá *nf4* horoscope

tuismitheoir *nm3* parent

tulach *nm1* hill; mound

tum *vt, vi* dip, immerse, submerge;
dive, plunge

tumadh (*gs* **tumtha**, *pl* **tumthaí**)
nm dive, plunge; (*Culin*) dip

tumadóir *nm3* diver

tumadóireacht *nf3* diving

tur *adj* dry; tasteless; (*subject*) dull;
(*person*) humourless

túr *nm1* tower

turas *nm1* journey, trip; pilgrimage;
occasion; **d'aon** ~ on purpose;
T~ na Croise (*Rel*) the Stations of
the Cross

turasóir *nm3* tourist

turasóireacht *nf3* tourism

Turcach *adj* Turkish ▷ *nm1* Turk

turcaí *nm4* turkey

turcaid *nf2* turquoise

turgnamh *nm1* experiment

turraing *nf2* stumble; shove; (*Elec*)
shock

turtar *nm1* turtle

tús *nm1* start, beginning, outset;
onset; **ar d~** at first; **ó thús** from
the beginning; **i d~ báire** first of
all, first and foremost; ~ **a chur le**
rud to begin sth; **ar thús** + *gen* at
the front of

tusa (*as object of verb* **thusa**) *pron*
(*emphatic*) you

túslitir (*gs* **túslitreach**, *pl*
túslitreacha) *nf* initial

tútach *adj* awkward; tactless; rude;
crude

tvuíteáil *vt* (*on Twitter*) to tweet

u

uabhar *nm1* pride; arrogance; **dul chun uabhair** to get uppity

uacht (*pl* **uachtanna**) *nf3* will, testament; **rud a fhágáil le h~ ag duine** to bequeath sth to sb

uachtar *nm1* top, upper part; cream; (*of water*) surface; **an lámh in ~ a fháil (ar dhuine)** to get the upper hand (over sb); **~ reoite/coipthe** ice/whipped cream

uachtarach *adj* upper, top; (*in rank*) superior

uachtarán *nm1* president; superior; **U~ na hÉireann** the President of Ireland

uachtarlann *nf2* creamery

uafar *adj* ghastly, horrible; dreadful

uafás *nm1* horror; atrocity; astonishment; a lot of; **~ a chur ar dhuine** to astound *or* horrify sb; **Ré an Uafáis** the Reign of Terror; **an t-~ airgid/daoine** an awful lot of money/people

uafásach *adj* awful, horrible; astonishing; **caill ~** terrible loss; **radharc ~** horrifying sight

uaibh *see* **ó¹**

uaibhreach *adj* proud, arrogant; (*growth*) lush; (*food*) rich

uaidh *see* **ó¹**

uaigh (*pl* **uaigheanna**) *nf2* grave

uaigneach *adj* lonely; solitary; spooky; **saol ~** lonely life; **áit ~** lonely *or* spooky place

uaigneas *nm1* loneliness; solitude; isolation; **~ a bheith ort** to be *or* feel lonely

uaill *nf2* howl, wail; **~ a ligean asat** to howl, yell

uaillmhian *nf2* ambition

uaim *see* **ó¹**

uaimh (*pl* **uaimheanna**) *nf2* cave; grotto; vault; **~ ifrinn** hell pit

uaimheadóireacht *nf3* (*activity*) potholing

uain (*pl* **uaineacha**) *nf2* time; opportunity, occasion; turn, spell; weather; **ar aon ~ le** simultaneous with; **~ a bheith agat ar rud** to have time to do sth; **fanacht ar d'~** to wait for your turn; **ar ~ibh** occasionally

uaine *adj, nf4* (bright) green

uaineoil *nf3* (*meat*) lamb; **ceathrú uaineola** leg of lamb

uainíocht *nf3* rotation, interchange; shift work; **~ a dhéanamh** to take turns

uainn *see* **ó¹**

uair (*pl* **uaireanta** *or* **uaire**) *nf2* hour; time; **~ an chloig** an hour; **cá h~?, cén ~?** when?; **gach ~** every time; **an chéad ~** the first time; **an chéad ~ eile** the next time; **~ sa tseachtain** once a week; **~ amháin** once; **obair ~e** an

u

hour's work; **dhá ~ níos faide**
twice as long; **10 gciliméadar san
~** 10 km an hour; **i láthair na h~e**
at the moment; **ar ala na h~e** on
the spur of the moment; **~eanta**
sometimes, at times; **~eanta
cuartaíochta** visiting hours;
~eanta oibre working hours;
~eanta oifige office hours

uaireadóir nm3 watch

uaisle¹ see **uasal**

uaisle² nf4 nobility; (fam) gentry

uaisleacht nf3 nobility

uait, uaithi see **ó¹**

ualach (pl **ualaí**) nm1 load, burden;
weight; **faoi ~ +** gen laden with

ualaigh vt load; weigh down

uamanna see **uaim²**

uan nm1 (animal) lamb

uas- prefix maximum, top, upper

uasaicme nf4 upper class,
aristocracy; (fam) gentry

uasaicmeach adj upper-class,
aristocratic

uasal (pl **uaisle**) nm1 nobleman;
gentleman; aristocrat; **~ le híseal
a dhéanamh ar dhuine** to
patronize sb ▷ adj (gsf, pl, compar
uaisle) noble; worthy; precious;
an tU~ Ó Murchú Mr Murphy; **A
Dhuine Uasail** Dear Sir; **A Bhean
U~** Dear Madam; **a dhaoine
uaisle** ladies and gentlemen;
cloch ~ precious stone; **gníomh ~**
honourable deed

uasbhealach nm1 flyover

uascán nm1 idiot

uascánta adj silly; simple-minded

uaslathas nm1 (Pol) aristocracy

uaslódáil vt, vi upload

uath- prefix auto-; spontaneous

uatha adj, nm4 (Gram) singular

uathoibríoch (gsm **uathoibríoch**)
adj automatic

uathu see **ó¹**

uathúil adj unique

ubh (pl **uibheacha** or **uibhe**) nf2
egg; **~ bhruite/bheirithe** boiled
egg; **~ fhriochta** fried egg;
~ scallta poached egg; **~ scrofa**
scrambled egg

ubhchruth nm3 oval

ubhchruthach adj oval, egg-shaped

ubhchupán nm1 eggcup

ubhthoradh nm1 aubergine

U-chasadh nm (in pipe) U-bend

ucht (pl **uchtanna**) nm3 chest;
breast, bosom; lap; **suí in ~ duine**
to sit in sb's lap; **as ~ +** gen for the
sake of, on account of; **as ~ Dé** for
God's sake

uchtach nm1 courage; hope; **d'~ a
chailleadh** to lose heart; **~ a
thabhairt do dhuine** to
encourage sb

uchtaigh vt (child) adopt

uchtú nm adoption

Úcráin nf2: **an ~** Ukraine

Úcráinis nf2 (Ling) Ukrainian

Úcráinach adj, nm1 Ukrainian

úd¹ nm1 (Rugby) try

úd² adj that, yonder; **an lá úd** that
day

údar nm1 author; (expert) authority;
origin; cause; **scéal gan ~** baseless
story; **~ a chur le gníomh** to
justify an action; **~ gach oilc** the
root of all evil

údarach adj authentic

údaraigh vt authorize; cause, bring
about

údarás nm1 authority; **na húdaráis**
the authorities; **~ poiblí/sibhialta**
public/civil authority; **gan ~** (story)
unauthenticated

údarásach adj authoritative;
authoritarian; **go h~** (informed)
reliably

Uí, uí, uíbh *see* **ó²**
uibheacha, uibhe *see* **ubh**
uibheagán *nm1* omelet(te)
Uíbh Fhailí *nmpl* Offaly

○ EOCHAIRFHOCAL

uile *adj, adv* **1** *(with art; precedes n; lenites)* every; **an uile áit** everywhere; **an uile ní** everything; **ón uile thaobh** from every side **2** *(with* **gach***; precedes n; lenites)* every; **gach uile áit** everywhere; **gach uile rud** everything; **gach uile dhuine** everyone **3** *(with art; comes after pron, vb, n)* all; whole; **cairde muid uile** we are all friends; **táimid uile anseo** we are all here; **an domhan uile** the whole world; **sin uile** that's all; **ina dhiaidh sin is uile** after all **4** *(followed by* **go léir***)* all; whole; **na daoine uile go léir** all of the people; **an t-am uile go léir** the whole time
▷ *adv* all, completely; **trína chéile uile (go léir)** all confused; **go huile is go hiomlán** completely

uilechumhachtach *adj (also Rel)* almighty, omnipotent
uile-Éireann *n gen as adj* all-Ireland
uileghabhálach *adj* comprehensive
uilíoch *adj* universal
uilleach *adj* angular
uillinn *(pl* **uillinneacha***, also gs, gpl* **uilleann***) nf2* elbow; angle; **~ ar ~** arm in arm; **~ airde** angle of elevation; **ar ~ nócha céim** at an angle of 90 degrees
úim *(pl* **úmacha***) nf3* harness; tackle; **~ shábháilteachta** safety harness

uime *see* **um**
uimhir *(gs* **uimhreach***, pl* **uimhreacha***) nf* number; numeral; **U~ Aitheantais Phearsanta** PIN (number); **~ chuntais/cheadúnais/theileafóin** account/licence/telephone number; **~ chláraithe** *(also Aut)* registration number; **~ Rómhánach** Roman numeral
uimhirchlár *nm1* licence plate, number plate
uimhirphláta *nm4* number plate
uimhreach, uimhreacha *see* **uimhir**
uimhrigh *vt, vi* number
uimhríocht *nf3* arithmetic
uimpi *see* **um**
úinéir *nm3* owner
úinéireacht *nf3* ownership
úir *nf2* soil, earth
uirbeach *adj* urban
uirbiú *(gs* **uirbithe***) nm* urbanization
úire *nf4* freshness; **as ~** afresh, anew
uireasa *nf4* lack, absence; deficiency; **d'~ airgid** for want of money; **déanamh d'~ ruda** to do without sth
uireasach *adj* lacking; inadequate; incomplete; *(also Gram)* defective
úirinéal *nm1* urinal
uiríseal *(gsf, pl, compar* **uirísle***) adj* lowly; menial; humble; slavish
uirísligh *vt* humble; humiliate
uirlis *nf2* tool; (musical) instrument
uirlise *n gen as adj (music)* instrumental
uirthi *see* **ar¹**
uisce *n gen as adj* water; aquatic ▷ *nm4* water; **~ a chur ar rud** to water sth; **chuirfeadh sé ~ le**

d'fhiacla it would make one's mouth water; **dul/cur faoi ~ to** submerge; **~ abhann** *or* **locha** freshwater; **~ beatha (braiche)** (malt) whisk(e)y; **~ coipeach/ mianrach** tonic/mineral water; **~ coisricthe** holy water; **~ faoi thalamh** (fig) intrigue

uisceadán nm1 aquarium

Uisceadóir nm3: **An t~** (Astrol) Aquarius

uiscedhath nm3 watercolour

uiscedhíonach adj waterproof; watertight

uiscigh vt water; irrigate

uisciú nm irrigation

uisciúil adj watery; (ground) soggy

uiséir nm3 usher

Ulaidh (gpl **Uladh**) npl: **Cúige Uladh** Ulster

ulchabhán nm1 owl

úll (pl **úlla**) nm1 apple; (Anat) ball joint; **~ taifí** toffee apple; **~ na haithne** the forbidden fruit; **~ na scornaí** Adam's apple; **~ an chromáin** hip joint

úllagán nm1 dumpling

ullamh adj ready; willing; prompt; in readiness; **bheith ~ (do rud)** to be prepared (for sth)

ullmhaigh vt, vi prepare, (get) ready; fix; set; **ullmhú i gcomhair scrúduithe** to prepare for exams; **béile a ullmhú** to prepare a meal

ullmhú nm preparation; **~ bia** preparation of food

ullmhúchán nm1 preparation; groundwork; **scoil ullmhúcháin** prep(aratory) school

úllord nm1 orchard

Ultach adj Ulster ▷ nm1 native of Ulster

ultrafhuaim nf2 ultrasound

um (prep prons = **umam, umat,**

uime, uimpi, umainn, umaibh, umpu) prep about, at, around, in, on; **um Nollaig** at Christmas; **um thráthnóna** in the afternoon

úmacha see **úim**

umar nm1 (water) tank; (also Geol) trough; vat; font; **~ ola** (Aut) pump; **~ peitril** petrol tank; **~ baiste** baptismal font

umat see **um**

umha nm4 copper; bronze

umhal (pl **umhla**) adj humble, obedient; supple; **~ ábalta** willing and able

umhlaigh vt, vi bow; genuflect; humble; (fig) stoop

umhlaíocht nf3 obedience; humility; respect; **dul ar an ~** to swallow one's pride

umhlú nm genuflection; curtsey; (with body) bow

umpu see **um**

uncail nm4 uncle

únfairt nf2 wallowing; tossing and turning; fumbling; messing; **bheith do d'~ féin** to toss and turn; **bheith ag ~ le rud** to fumble with sth

ungadh (gs **ungtha**, pl **ungthaí**) nm ointment; salve; (cosmetics) cream; **~ beola** lip salve

Ungáir nf2: **an ~** Hungary

Ungáiris nf2 (Ling) Hungarian

Ungárach adj, nm1 Hungarian

unsa nm4 ounce

ur- prefix pre-, pro-, ante-

úr adj new; fresh; novel

Uragua nm4 Uruguay

Úránas nm1 (planet) Uranus

urchar nm1 shot; **~ maith a bheith agat** to be a good shot; **~ gunna** gunshot; **~ iomraill** (shot) miss; **~ reatha** pot shot

urchóid nf2 harm; malice; (Med)

malignancy; **an ~ a bhaint as ráiteas** to take the sting out of a statement; **gan ~** harmless

urchóideach adj harmful; malicious; (also Med) malignant

urghabh vt (Law) seize

urghabháil (pl **urghabhálacha**) nf3 (Law) seizure

urghnách adj (meeting, motion) extraordinary

urlabhra nf4 (faculty) speech; manner of speech

urlabhraí nm4 spokesperson; mouthpiece

urlacan nm1 vomit; **~ folamh** retching

urlaic (pres **urlacann**) vt, vi vomit

urlámhas nm1 control; authority

urlár nm1 floor; (of bus, bridge) deck; **an chéad ~** the first floor; **~ leacán** tiled floor

urnaí nf4 prayer; praying; **bheith ag ~** to pray

úrnua adj brand-new; new; **tosú go h~** to start from scratch

urra nm4 guarantor; (for money) surety; (Radio, TV, Sport) sponsor; authority; strength; **faoi ~** guaranteed; **ceann ~** leader; **dul in ~ ar dhuine** to act as a guarantor for sb; **~ a chur le scéal** to back up a story

urraigh vt sponsor, go surety for

urraim nf2 respect; reverence; **~ a thabhairt do dhuine** to treat sb with respect

urraíocht nf3 sponsorship

urramach adj respectful ▷ nm1 (title) reverend; **an tU~ de Brún** Reverend Brown

urrann nf2 compartment

urrúnta adj strong; hardy, robust

urrús nm1 guarantee, security; **~ in aghaidh caillteanais** indemnity against loss

urrúsach adj confident, assured

ursain nf2 door-post

úrscéal (pl **úrscéalta**) nm1 novel

úrscéalaí nm4 novelist

urú (gs **uraithe**, pl **uruithe**) nm eclipse; (Gram) eclipsis

ús nm1 (Comm) interest; **an ráta úis** the interest rate

úsáid nf2, vt use; **in/as ~** in/out of use; **~ a bhaint as rud** to use sth; **gan ~** useless

úsáideach adj useful

úsáideoir nm3 user; consumer

úsc nm1 extract; grease, fat; sap, resin ▷ vt, vi ooze, exude; seep; **~ éisc** fish oil

úscach adj oily, greasy

úspaireacht nf3 drudgery, slog

úspánta adj clumsy

útamáil nf3 fumbling; **bheith ag ~ le rud** to fumble with sth; **ag ~ thart** pottering about

úth (pl **úthanna**) nm3 udder

Útóipe nf4 Utopia

Útóipeach adj Utopian

vác (*pl* **vácanna**) *nm4* (*of duck*) quack

vacsaín (*pl* **vacsaíní**) *nf2* vaccine

vacsaínigh *vt* vaccinate

vaiféal *nm1* waffle

vaigín *nm4* wag(g)on

vailintín *nm4* valentine (card); **Lá Fhéile V~** St Valentine's Day

vallait *nf2* wallet

válsa *nm4* waltz

vardrús *nm1* wardrobe

Vársá *nm4* Warsaw

vása *nm4* vase

vástchóta *nm4* waistcoat

vata *nm4* watt

Vatacáin *nf2*: **an ~** the Vatican; **Cathair na ~e** Vatican City

veain (*pl* **veaineanna**) *nf4* van

vearanda *nm4* veranda(h), porch

vearnais *nf2* varnish

véarsa *nm4* (*poem*) verse; stanza

véarsaíocht *nf3* (*Poetry*) verse

veasailín *nm4* Vaseline®

veidhleadóir *nm3* violinist

veidhlín *nm4* violin

veigeatóir *nm3* vegetarian

veilbhit *nf2* velvet

Véineas *nf4* (*planet*) Venus

Veinéis *nf2*: **an ~** Venice

veinír *nf2* veneer

Veiniséala *nm4* Venezuela

Veiniséalach *adj, nm1* Venezuelan

veist (*pl* **veisteanna**) *nf2* vest; waistcoat

vialait *nf2* (*colour*) violet

Victeoiriach *adj* Victorian

Vín *nf4* Vienna

vióla *nf4* viola

víosa *nf4* visa

víreas *nm1* (*also Comput*) virus

vitimín *nm4* vitamin

Vítneam *nm4* Vietnam

Vítneamach *adj, nm1* Vietnamese

Vítneamais *nf2* (*Ling*) Vietnamese

V-mhuineál *nm1* V-neck

voc *nm4* wok

volta *nm4* volt

voltas *nm1* voltage

vóta *nm4* vote

vótáil *nf3* voting; poll ▷ *vt, vi* vote; **ionad vótála** polling booth; **lucht vótála** voters

W X

W, w no letter "w" in Irish except in loan words

X-chrómasóm *nm1* X-chromosome
xéaracs *nm4* Xerox®
x-gha (*pl* **x-ghathanna**) *nm4* (*ray*) X-ray
x-ghathú *nm* (*photo*) X-ray
xileafón *nm1* xylophone

Y z

Y-chrómasóm *nm1*
Y-chromosome

zipeáil *vt* (*file*) zip
zipchomhad *nm1* zip file
zú (*pl* **zúnna**) *nm4* zoo

Language in Action
Teanga i nGníomh

CONTENTS

CLÁR ÁBHAIR

> Letter (formal/semiformal)

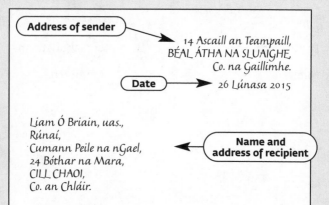

Address of sender →

14 Ascaill an Teampaill,
BÉAL ÁTHA NA SLUAIGHE,
Co. na Gaillimhe.

Date → 26 Lúnasa 2015

Liam Ó Briain, uas.,
Rúnaí,
Cumann Peile na nGael,
24 Bóthar na Mara,
CILL CHAOI,
Co. an Chláir.

← Name and address of recipient

A Mhic Uí Bhriain, a chara,
Tá mé ag scríobh chugat le buíochas a ghabháil leat as
mo vallait a sheoladh ar ais chugam. D'fhág mé i mo
dhiaidh í sa seomra feistis i ndiaidh an chluiche Dé
Domhnaigh agus níor bhraith mé uaim í go raibh an
bus leath bealaigh go Gaillimh. Bhí an t-ádh orm gur
duine ionraic a tháinig uirthi agus go raibh mo
sheoladh istigh. Beidh mé níos cúramaí feasta.
Go raibh maith agat arís.

Mise,
Le meas,

Barra Mac Dónaill
Barra Mac Dónaill

> Letter (informal)

Address of sender

108 Gairdíní Uí Mhórdha,
AN tINBHEAR MÓR,
Co. Chill Mhantáin.

Date

14 Iúil 2015

A Shiobhán dhil,

Conas tá an saol agat? Uaigneach go leor, is dócha, ó goideadh an fón póca ort. D'inis Ciara an scéal ar fad dom. Bhí sé uafásach. Tá sé chomh fada sin ó scríobh mé litir go bhfuil mé as cleachtadh! Ach seo mar atá anois. Beidh mé féin agus Aingeal ag dul go Loch Garman Dé Sathairn ag siopadóireacht tar éis an tsaoil. Más féidir leat teacht, buailfimid leat ag caifé Idlewise ar a haon a chlog. Ná bí mall. Agus tabhair na grianghraif leat!

Slán go fóill,

Aoife

5

> Opening formula

FORMAL

Dear Sir/Madam,	A chara,
Dear Sir,	A dhuine uasail,
Dear Madam,	A bhean uasal,
Dear Secretary,	A Rúnaí, a chara,
Dear Chairman/Chairwoman,	A Chathaoirligh, a chara,
Dear Senator,	A Sheanadóir, a chara,

LESS FORMAL, OR WHERE NAME IS KNOWN

Dear Mr Folan	A Mhic Uí Chualáin, a chara,
Dear Mrs Barry	A Bhean de Barra, a chara,
Dear Miss Murphy	A Iníon Uí Mhurchú, a chara,
Dear Sister Geraldine	A Shiúr Gearóidín, a chara,
Dear Father O'Neill	A Athair Uí Néill, a chara,
Dear Brother Thomas	A Bhráthair Tomás, a chara,
Dear Dr Morgan (male, or female married with change of name)	A Dhochtúir Uí Mhuireagáin, a chara,
Dear Dr Dougherty (female, unmarried or retains maiden name)	A Dhochtúir Ní Dhochartaigh, a chara,

INFORMAL

Dear Grandma	A Mhamó dhílis,
Dear Auntie Mary	A Aintín Máire,
Dear Ciara	A Chiara dhil,
Dear Thomas, My dear Thomas	A Thomáis, a chara dhil,
My dear Áine, Dearest Áine	A Áine, a chroí,

> Closing formula

FORMAL

English indicates equivalence of use rather than literal meaning.

I remain,	Mise,
Yours faithfully	Le meas,

LESS FORMAL

Kind regards, With every good wish	Beir bua agus beannacht,
Best wishes, Kind regards	Le dea-mhéin,
Wishing you every success, God bless you	Rath Dé ort,

INFORMAL

Goodbye	Beannacht,
Bye for now	Slán go fóill,
All the best	Ádh Mór,
Much love	Grá mór,
Your friend/pal	Do chara,
With love from	Le grá ó

> Postcard

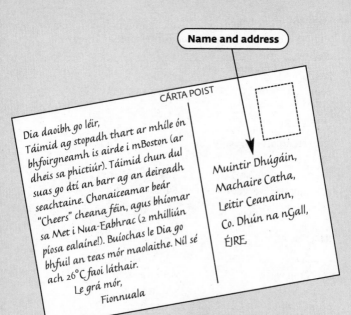

Name and address

CÁRTA POIST

Dia daoibh go léir,
Táimid ag stopadh thart ar mhíle ón
bhfoirgneamh is airde i mBoston (ar
dheis sa phictiúr). Táimid chun dul
suas go dtí an barr ag an deireadh
seachtaine. Chonaiceamar beár
"Cheers" cheana féin, agus bhíomar
sa Met i Nua-Eabhrac (2 mhilliún
píosa ealaíne!). Buíochas le Dia go
bhfuil an teas mór maolaithe. Níl sé
ach 26°C faoi láthair.
Le grá mór,
Fionnuala

Muintir Dhúgáin,
Machaire Catha,
Leitir Ceanainn,
Co. Dhún na nGall,
ÉIRE

8

> E-mail

go:	tomasos@eircom.net
ó:	niallmac@hotmail.com
cc:	jgleeson@aol.com
ábhar:	**coirm cheoil**
bcc:	

Scéala nua

[ceangaltán]   [seol]

Ní chreidfidh sibh é seo, ach d'éirigh liom dhá thicéad eile a fháil don choirm cheoil sa Point Dé Sathairn. Scéal fada é, ach tá cara le mo dheirfiúr ag obair le hiris cheoil... Tá súil agam go bhfuil sibh beirt fós saor le teacht liom. Cuirigí scéala chugam chomh luath agus is féidir, mar tá neart custaiméirí eile agam!

Ádh Mór,
Niall

> E-mail vocabulary

new message	teachtaireacht/scéala nua
to	go
from	ó
subject	ábhar
cc	cóip chuig
bcc	cóip cheilte
attachment	ceangaltán
send	seol
reply	freagair

9

TIME

AN tAM

What time is it?
It's ...

Cén t-am é?
Tá sé ...

a haon a chlog

leath i ndiaidh a haon

deich (nóiméad) i ndiaidh/
tar éis a haon

fiche go dtí/chun a dó

ceathrú i ndiaidh a haon

ceathrú go dtí a dó

At what time?

Cén t-am?

ar a dó dhéag (san oíche)

ar a haon tráthnóna

ar a dó dhéag (meán lae)

ar a hocht (a chlog)
tráthnóna/san oíche

LET'S TALK TIME

LABHRAÍMIS FAOI CHÚRSAÍ AMA

this/next Monday	Dé Luain seo chugainn/seo ag tarraingt orainn
last week	An tseachtain seo caite/seo a chuaigh thart/seo a d'imigh tharainn
every Saturday morning	gach maidin Sathairn
Monday to Saturday (Am.) Mon. through Sat.	ó Luan go Satharn
next year	an bhliain seo chugainn, san athbhliain
last year	anuraidh
for the past year, for a year now	le bliain anuas
for a year (future); for the next (coming) year	go ceann bliana
for the next (following) year	go ceann/ar feadh bliana (ina dhiaidh sin)
in a week, in a week's time	i gceann seachtaine
within a week, by the end of a/the week	faoi cheann seachtaine
by lunchtime tomorrow	faoi am lóin amárach
for a whole month	i rith míosa
during the month	i rith/i gcaitheamh na míosa
throughout the month	ar feadh na míosa
a week from today (future)	seachtain ó inniu
a month ago this Monday	mí is/gus an Luan seo chugainn
this time last year	an t-am seo anuraidh, bliain go ham seo
three months ago	trí mhí ó shin
in a month's time, (by) this time next month	mí ó inniu
this morning	maidin inniu
yesterday evening	tráthnóna inné
the day before yesterday	arú inné
the day after tomorrow	anóirthear, amanathar, arú amárach

DAYS OF THE WEEK

LAETHANTA NA SEACHTAINE

Sunday	an Domhnach
Monday	an Luan
Tuesday	an Mháirt
Wednesday	an Chéadaoin
Thursday	an Déardaoin
Friday	an Aoine
Saturday	an Satharn

on Sunday	Dé Domhnaigh
on Monday	Dé Luain
on Tuesday	Dé Máirt
on Wednesday	Dé Céadaoin
on Thursday	Déardaoin
on Friday	Dé hAoine
on Saturday	Dé Sathairn

MONTHS

NA MÍONNA

January	Eanáir
February	Feabhra
March	Márta
April	Aibreán
May	Bealtaine
June	Meitheamh
July	Iúil
August	Lúnasa
September	Meán Fómhair
October	Deireadh Fómhair
November	Samhain
December	Nollaig

NUMBERS

There are two forms of cardinal numbers in Irish. The first list shows
cardinal numbers used in counting.

zero, nothing	0	nialas, náid, neamhní
one	1	a haon
two	2	a dó
three	3	a trí
four	4	a ceathair
five	5	a cúig
six	6	a sé
seven	7	a seacht
eight	8	a hocht
nine	9	a naoi
ten	10	a deich
eleven	11	a haon déag
twelve	12	a dó dhéag
thirteen	13	a trí déag
fourteen	14	a ceathair déag
fifteen	15	a cúig déag
sixteen	16	a sé déag
seventen	17	a seacht déag
eighteen	18	a hocht déag
nineteen	19	a naoi déag
twenty	20	fiche
twenty-one	21	fiche a haon
twenty-two	22	fiche a dó
thirty	30	tríocha
forty	40	daichead
fifty	50	caoga
sixty	60	seasca
seventy	70	seachtó
eighty	80	ochtó
ninety	90	nócha
a hundred	100	céad
a hundred and one	101	céad a haon
a hundred and thirty	130	céad is tríocha
three hundred	300	trí chéad
three hundred and one	301	trí chéad a haon
a thousand	1,000	míle
ten thousand	10,000	deich míle
a hundred thousand	100,000	céad míle
a million	1,000,000	milliún

The second list shows cardinal numbers used in conjunction with a noun. The noun is represented here by three dots.

a, one, a single	1	(aon) ... amháin
two	2	dhá (things)/beirt (persons)
three	3	trí/triúr
four	4	ceithre/ceathrar
five	5	cúig/cúigear
six	6	sé/seisear
seven	7	seacht/seachtar
eight	8	ocht/ochtar
nine	9	naoi/naonúr
ten	10	deich/deichniúr
eleven	11	(aon) ... déag
twelve	12	dhá ... déag
thirteen	13	trí ... déag
fourteen	14	ceithre ... déag
fifteen	15	cúig ... déag
sixteen	16	sé ... déag
seventeen	17	seacht ... déag
eighteen	18	ocht ... déag
nineteen	19	naoi ... déag
twenty	20	fiche
twenty-one	21	... is fiche
twenty-two	22	dhá ... is fiche
thirty	30	tríocha
forty	40	daichead
fifty	50	caoga
sixty	60	seasca
seventy	70	seachtó
eighty	80	ochtó
ninety	90	nócha
a hundred	100	céad
a hundred and one	101	céad is aon
a hundred and thirty	130	céad is tríocha
three hundred	300	trí chéad
three hundred and one	301	trí chéad is aon
a thousand	1,000	míle
ten thousand	10,000	deich míle
a hundred thousand	100,000	céad míle
a million	1,000,000	milliún

first	1ST	an chéad/t-aonú
second	2ND	an dara/dóú
third	3RD	an tríú
fourth	4TH	an ceathrú
fifth	5TH	an cúigiú
sixth	6TH	an séú
seventh	7TH	an seachtú
eighth	8TH	an t-ochtú
ninth	9TH	an naoú
tenth	10TH	an deichiú
eleventh	11TH	an t-aonú ... déag
twelfth	12TH	an dóú/dara ... déag
thirteenth	13TH	an tríú ... déag
fourteenth	14TH	an ceathrú ... déag
fifteenth	15TH	an cúigiú ... déag
sixteenth	16TH	an séú ... déag
seventeenth	17TH	an seachtú ... déag
eighteenth	18TH	an t-ochtú ... déag
nineteenth	19TH	an naoú ... déag
twentieth	20TH	an fichiú
twenty-first	21ST	an t-aonú ... is fiche
twenty-second	22ND	an dóú/dara ... is fiche
thirtieth	30TH	an tríochadú
fortieth	40TH	an daicheadú
fiftieth	50TH	an caogadú
sixteith	60TH	an seascadú
seventieth	70TH	an seachtódú
eighteith	80TH	an t-ochtódú
ninetieth	90TH	an nóchadú
hundredth	100TH	an céadú
hundred and first	101ST	an céad is aonú ...
hundred and eleventh	111TH	an céad is aonú ... déag
thousandth	1000TH	an míliú
one millionth	1,000,000TH	an milliúnú

a half	1/2	leath
a third	1/3	trian
two thirds	2/3	dhá dtrian
a quarter	1/4	ceathrú
three quarters	3/4	trí cheathrú
one fifth	1/5	cúigiú
nought point five	0.5	náid pointe a cúig
three point four	3.4	trí pointe a ceathair
ten per cent	10%	deich faoin gcéad
one hundred per cent	100%	céad faoin gcéad